KB216856

제2판 수정증보판

근로기준법 주해

I

노동법실무연구회

박영사

발 간 사(제2판 수정증보판)

　　근로기준법 주해 제2판이 출판된 지도 벌써 5년이 지났습니다. 그 사이에 근로기준법 등 개별적 근로관계에 관한 법령이 수차례 개정되었고 주목할 만한 판례도 많이 선고되었습니다.

　　먼저 근로기준법이 타법 개정으로 인한 것을 제외하고도 5차례 개정되었습니다(2020. 3. 31. 법률 제17185호, 2021. 1. 5. 법률 제17862호, 2021. 4. 13. 법률 제18037호, 2021. 5. 18. 법률 제18176호, 2024. 10. 22. 법률 제20520호). 계속근로기간이 1년 미만인 근로자의 연차 유급휴가 사용 촉진을 위한 규정 등이 신설되었고, 단위기간이 3개월을 초과하고 6개월 이내인 탄력적 근로시간제가 신설되었으며, 직장 내 괴롭힘 금지제도와 관련하여 사용자에 대하여 객관적 조사 의무를 부여하고 사용자가 직장 내 괴롭힘을 한 경우 과태료를 부과하는 규정이 신설되었습니다. 부당해고 시 원직복직이 불가능한 경우에도 부당해고 구제절차를 통하여 금전보상을 받을 수 있는 근거가 마련되고 구제명령 불이행에 대한 이행강제금의 한도가 상향되었으며, 임신 중인 여성 근로자의 업무 시작 및 종료 시각의 변경 신청이 허용되었습니다. 미지급 임금에 대한 지연이자 지급의 적용 범위가 재직 중인 근로자까지 확대되었으며, 상습적인 체불사업주에 대한 제재조치를 확대·강화하기 위한 근거 등이 마련되었습니다. 근로기준법 개정에 발맞춰 남녀고용평등법, 근로자퇴직급여 보장법, 임금채권보장법 등 개별적 근로관계에 관한 법령도 개정되었습니다.

　　다음으로 여러 전원합의체 판결이 선고되어 해당 쟁점에 관한 법적 규율의 기준을 새롭게 세웠습니다. 대법원 2020. 1. 22. 선고 2015다73067 전원합의체 판결은 기준근로시간을 초과하는 약정 근로시간에 대한 임금으로서 월급 형태로 지급되는 고정수당을 시간급 통상임금으로 환산하는 경우, 특별한 정함이 없는 한 근로자가 실제로 근로를 제공하기로 약정한 시간 수 자체를 합산하여야 하는 것이지, 가산수당 산정을 위한 '가산율'을 고려한 연장근로시간 수와 야간근로시간 수를 합산할 것은 아니라고 하였습니다. 대법원 2020. 2. 20. 선고 2019두 52386 전원합의체 판결은 근로자가 부당해고 구제신청을 하여 해고의 효력을 다투던 중 정년에 이르거나 근로계약기간이 만료하는 등의 사유로 원직에 복직 하는 것이 불가능하게 되었으나 해고기간 중의 임금 상당액을 지급받을 필요가 있는 경우, 구제신청을 기각한 중앙노동위원회의 재심판정을 다툴 소의 이익이 있다고 보았습니다. 대법원 2023. 5. 11. 선고 2017다35588, 35595 전원합의체 판 결은 사용자가 취업규칙을 근로자에게 불리하게 변경하면서 근로자의 집단적 의사결정방법에 따른 동의를 받지 못한 경우, 노동조합이나 근로자들이 집단적 동의권을 남용하였다고 볼 만한 특별한 사정이 없는 한 해당 취업규칙의 작성 또는 변경에 사회통념상 합리성이 있다는 이유만으로 그 유효성을 인정할 수는 없다고 하여 종전 판례의 이른바 '사회통념상 합리성 법리'를 폐기하였습니다. 대법원 2024. 12. 19. 선고 2020다247190 전원합의체 판결은 통상임금의 개념을 새로이 정립하여 종전 판례가 제시한 고정성 개념을 통상임금의 개념적 징표에 서 제외하였습니다.

위 전원합의체 판결들 이외에도 플랫폼 종사자의 근로자성 판단 기준에 관 한 판결, 전속적 지입차주의 근로자성에 관한 판결 등 근로기준법상 근로자 해 당 여부에 관한 판결들, 임금인상 소급분을 통상임금에 해당한다고 본 판결, 파 견과 도급의 구별에 관한 판결, 파견근로자였다가 직접 고용된 근로자에게 적용 할 근로조건에 관한 판결, 정년유지형 임금피크제를 연령차별로 무효로 본 판 결, 정년 후 재고용 기대권·용역업체 변경에 따른 고용승계 기대권·정규직 전 환 채용 기대권 등 기대권에 관한 판결, 대학 시간강사의 소정근로시간에 관한 판결, 근무성적이나 근무능력 부진을 이유로 한 통상해고에 관한 판결, 정리해 고 후 재고용의무 위반에 따른 손해배상책임에 관한 판결, 취업규칙이나 근로계 약에 임금 공제의 근거를 마련한 경우 그 효력에 관한 판결, 대기시간·휴식시 간·교육시간의 근로시간 해당 여부에 관한 판결, 1주간 연장근로 한도 초과 여 부의 판단 기준에 관한 판결, 휴일 해당 여부에 관한 판결, 연차휴가 미사용수 당 청구권의 소멸시효와 기산점에 관한 판결, 근로자의 작업중지권에 관한 판 결, 사업주의 육아기 근로자에 대한 일·가정 양립을 위한 배려의무 위반 여부 와 판단 기준에 관한 판결, 육아휴직을 마친 근로자에 대한 인사발령의 적법성 에 관한 판결 등이 있었습니다.

이번 근로기준법 주해 제2판 수정증보판에서는 2024. 12. 31.까지 개정된 법률과 선고된 판례를 반영하였습니다. 다만, 제2판 출판 이후에 발간된 문헌의 경우 일부를 제외하고는 반영하지 못하였는데, 이에 관하여는 제3판에서의 반영을 기약해봅니다.

대법원 노동법실무연구회는 근로기준법 주해 제2판을 펴낸 이후 2023. 2.에 노동조합 및 노동관계조정법 주해 제2판을 펴낸 바 있습니다. 그에 이어서 근로기준법 주해 제2판 수정증보판 작업에도 함께해주신 집필자와 편집위원들께 진심으로 깊이 감사드립니다. 그리고 계속해서 이 책의 출판을 맡아준 박영사 관계자 여러분께도 감사의 말씀을 드립니다.

이 책이 개별적 근로관계에서 인간의 존엄성이 보장되어야 한다는 헌법의 구상이 실현되는 데 조금이나마 보탬이 되기를 기원합니다.

감사합니다.

2025. 1.

공동편집대표

이 홍 구

발 간 사(제 2 판)

　　대법원 노동법실무연구회(이하 '노실연'이라 약칭)가 초대 회장이신 김지형 전 대법관님의 주도 하에 2010년 9월 15일 근로기준법 주해 초판을 펴낸 뒤 강산이 변하기에 족한 세월인 10년이 흘렀습니다. 그동안 개별 근로관계 분야에는 상당한 변화와 발전이 있었습니다.

　　먼저, 상대적으로 약자의 지위에 있는 근로자에 대한 실효적 보호를 위해 법률의 개정이 몇 차례 있었습니다. 2010. 5. 25. 법률 제10319호로 개정되어 2012. 1. 1.부터 시행된 근로기준법(제15차 개정)은 사용자의 근로조건 명시 및 서면 교부의무를 강화하였습니다. 이러한 입법취지에 따라 판례는 포괄임금제를 제한해 왔습니다. 2012. 2. 1. 법률 제11270호로 개정된 근로기준법(제16차 개정)은 악의적이고 상습적인 임금체불 사업주에 대한 명단공개를 통해 임금체불을 예방하고자 하였고, 도급사업 근로자의 임금채권 보호를 위해 상위 수급인의 책임을 강화하였으며, 근로자의 휴가사용 촉진제도도 개선하였습니다. 2019. 1. 15. 법률 제16270호로 개정된 현행 근로기준법(제21차 개정)과 개정 산업재해보상보험법, 개정 산업안전보건법 등은 직장 내 괴롭힘 금지 규정을 신설하였습니다.

　　다음으로, 많다고 할 수는 없지만 중요한 대법원 전원합의체 판결들이 있었습니다. 대법원 2013. 12. 18. 선고 2012다89399 전원합의체 판결은 통상임금의 의의와 요건을 구체화하고 신의칙 항변의 기준을 적시하였습니다. 아울러 재직조건 기타 고정성 요건이나 근로관계에 대한 신의칙 항변 적용의 타당성에 대하여 학계의 많은 논의와 사회적 관심을 촉발하였습니다. 대법원 2018. 6. 21. 선고 2011다112391 전원합의체 판결은 연장근로와 휴일근로의 중복 가산임금 지급에 관하여 법리를 밝혔습니다. 대법원 2019. 4. 18. 선고 2016다2451 전원합의체 판결은 소정근로시간만을 단축하는 택시회사 노사 합의를 최저임금법을 잠탈하는 탈법행위로 규제하였습니다. 대법원 2019. 8. 22. 선고 2016다48785 전원합의체 판결은 선택적 복지제도에 기초한 복지포인트의 임금성 여부를 판단하였습니다.

그리고 전원합의체 판결 외에도 노동법 분야에 큰 영향을 미친 판례들이 많이 있었습니다. 근로기준법상 근로자성을 보다 확대한 판결들, 불법파견 법리를 정립하고 사용자성을 확대하여 간접고용 근로자의 보호를 도모한 판결들, 기간제근로자의 갱신기대권 법리와 정규직 전환기대권 법리 등을 통해 기간제근로자의 보호를 강화한 판결들, 유리 조건 우선 원칙에 따라 근로자에게 유리한 근로계약이 집단적 동의를 받은 취업규칙보다 앞선다는 것을 밝힘으로써 근로조건은 동등하고 자유롭게 결정되어야 한다는 법리를 확인한 판결 등을 꼽을 수 있습니다.

노실연은 위와 같은 법률 및 판례의 변화·발전과 고용관계의 다양화, 산업·노동환경의 변화를 둘러싸고 발생한 새로운 노동법 쟁점들에 대한 학계와 현장의 목소리를 노동법 실무에 반영하기 위해 노력해왔습니다. 노실연은 2015. 4. 1. 노동조합 및 노동관계조정법 주해를 출간한 데 이어 2015. 10.경 근로기준법 주해 개정 준비작업 착수를 의결하고 2017. 7.부터 본격적인 개정 작업을 진행하였습니다. 근로기준법 주해 초판 집필에 동참한 22명의 필진에 새로이 22명의 필진이 힘을 보태었습니다. 초판의 조문과 주제에 대한 해설 이외에 직장 내 괴롭힘 금지 등 신설 조문에 대한 해설을 새롭게 마련하였고, '사직, 합의해지 등', '정년제', '인사이동', '교원에 대한 불이익처분과 구제절차', '최저임금법', '도산절차와 근로관계', '남녀고용평등법상 모성보호 및 일·가정의 양립 지원' 등 새로운 주제에 대한 해설을 추가하였습니다. 각 조문, 주제의 집필자가 초고를 작성한 후에 노실연 발표와 편집위원회 독회 등을 통해 많은 토론과 수정 작업을 거쳐 최종 원고가 완성되었습니다. 2년 6개월 정도의 노력 끝에 제 2 판을 출판하게 되었습니다.

제 2 판 작업에도 함께 해주신 김지형 초대 회장님, 노동법을 사랑하고 올바른 노사관계를 고민하는 판사, 변호사, 교수로 구성된 집필진과 권창영, 김민기, 김진, 김진석, 도재형, 신권철, 최은배 편집위원, 김희수, 마은혁, 임상민 편집위원 겸 간사, 그리고 노실연 세미나에서 제 2 판 원고가 발표되고 치열하게 논의되도록 도와 준 대법원 근로조 재판연구관들, 제 2 판 원고의 교정 작업에 동참해 준 법원 노동법분야연구회 회원들의 희생적인 노고가 있었기에 제 2 판의 출판이 가능했습니다. 진심으로 깊이 감사드립니다. 그리고 초판에 이어 또 다시 이 책의 출판을 맡아준 박영사 관계자 여러분께도 감사의 말씀을 드립니다.

　　우리는 구성원 모두가 인간으로서의 존엄과 가치를 존중하고 행복하게 살아갈 수 있는 사회를 바랍니다. 우리 사회 구성원의 절대 다수를 차지하고 재화와 용역의 직접 생산자인 근로자들이 차별받지 않고 정당하게 대우받는 것이 그러한 사회의 출발점이 될 것입니다. 이 책이 노동이 존중받고 노사가 화합하며 사각지대에 있는 근로자가 보호받아 좀 더 아름답고 살기 좋은 사회를 이루는 데 한 점 보탬이 되기를 희망합니다. 부족한 점이 있겠지만, 노동법에 대한 사랑과 고민이 여기저기에 묻어 있습니다. 독자 여러분께서 따가운 질책과 더불어 부드러운 격려도 함께 해 주시기를 간곡히 부탁드립니다.

　　감사합니다.

2020. 1.
공동편집대표
김 선 수

제 2 판 펴냄에 즈음하여

현대 노동법의 아버지라고 불리는 후고 진쯔하이머(Hugo Sinzheimer, 1875~1945)는 그의 저서 『노동법 원리』(Grundzüge des Arbeitsrechts)에서 노동법학의 궁극적 과제를 "**종속노동(abhängige Arbeit)에 의존하는 인간의 지위를 사회구조 전체 안에서 어떻게 결정할 것인가**"로 집약했습니다. 그는 '노동 법령과 문헌·판례가 이러한 과제를 해결할 것'으로 희망했습니다. 오늘날 우리는 과연 이러한 과제에 얼마나 가까이 다가갔을까요.

돌아보면 2010년에 이 주해서의 초판이 나왔습니다. 늦었지만 우리 노동법 분야에서 최초로 선보인 주석서인 데다가 실무가들 중심으로 집필한 것이어서 처음 발간 당시의 기억과 감회가 지금도 새롭습니다. 그로부터 딱 10년이 지나 이번 제 2 판이 나왔습니다. 그사이 변모한 우리 노동 법령과 문헌·판례가 개정작업을 떠밀었습니다.

개인적으로도 10년의 틈새에 여러 일이 있었습니다. 법복의 무게를 벗고 얼마 되지 않아 노동법연구소 해밀을 창립하였습니다. "노동의 문제가 있는 곳에 노동법이 진정한 해답이 되어야 한다"는 것이 '해밀'의 설립 목적이었습니다. 창립 7주년을 넘긴 것만으로도 스스로 대견합니다. 그동안 '삼성전자 반도체 및 LCD 사업장에서의 백혈병 등 희귀질환 발병을 둘러싼 문제해결을 위한 조정위원회', '구의역 사고 진상조사위원회'에 이어 최근의 '고 김용균 사망사고 진상규명과 재발방지를 위한 석탄화력발전소 특별노동안전조사위원회'에 이르기까지 노동 관련 사회적 의제를 다루는 논의기구에도 참여하였습니다. 성과는 불문으로 하고, 노동문제에 대한 사회적 논의의 장(場)이 마련되었다는 것, 노동현장의 문제를 곧바로 직접 다루었다는 것, 노동을 '상품이 아닌 인격'으로 바라볼 수 있는 사회적 경험의 축적이 시작되었다는 것, 이런 것들에서 엿볼 수 있는 의미가 없지는 않았다고 봅니다. 하지만 '노동이 자본과 상생하고 공존하는 해법'을 찾아내는 것은 결코 쉬운 일이 아닙니다. 애써 그 여정을 떠난 노동법이 앞으로도 걸어가야 할 길은 아직도 한참 멀구나 하는 생각을 지우기 어렵습니다. 이러한 생각은 "노동법을 어떻게 공부하고, 무엇을 노동법이라고 말할 것인가"라는 고민으로 직결됩니다.

그사이 많은 노동법 연구자들도 비슷한 고심을 해왔을 것으로 짐작합니다. 예를 들어, 도재형 교수는 2016년에 펴낸 『노동법의 회생』에서 노동법의 미래 과제를 짚어 주었습니다. 1990년대 이후 신자유주의적 구조조정 정책이 추진되면서 우리 노동법이 겪은 위기, 2000년대 중반 이후 노동법이 회생을 모색해 나간 과정 등을 서술하면서, 노동법이 앞으로 해결해야 할 과제가 무엇인지를 차분히 밝히고 있습니다. 서울대학교 고용복지법센터 이철수 교수가 2017년에 편저자로 펴낸 『전환기의 노동과제』도 눈여겨볼 만합니다. 노동법학·노동경제학·노사관계학·사회복지학·경영학 등 다양한 분야의 연구자들이 거시적인 관점의 노동현안과 아울러 법 개정 또는 정책적 개선이 필요한 노동과제 각론에 대해 문제점과 원인을 심층 분석·진단하고 해법이나 대안을 제시하려고 했습니다. 일일이 거명하지 못해 송구하지만, 대법원 노동법실무연구회를 비롯하여 한국노동법학회, 서울대학교 노동법연구회, 노동법이론실무학회, 한국노동연구원, 노동법연구소 해밀 등에 속한 수많은 실무가와 학자들이 꾸준히 노동법 연구에 진력해 왔습니다.

2020년의 이번 제 2 판 역시, 이렇게 다양한 경로로 축적되고 있는 노동법의 연구결과 및 논의들과 더불어, 노동법 관련 세부 이슈와 쟁점들에 대해 이해의 폭을 넓히고, 노동법이 장차 해결해야 할 과제들에 대해 문제의식을 공유하는 데 일조를 할 것입니다.

이 주해서 초판이 출간된 바로 같은 해에 경제평론가 아나톨 칼레츠키(Anatole Kaletsky, 1952~)가 저술한 『자본주의 4.0』이 나와 세계적인 주목을 받았습니다. 칼레츠키는 이 책에서 자본주의의 원년을 1776년으로 잡았습니다. 애덤 스미스(Adam Smith, 1723~1790)의 『국부론』이 출간된 해입니다. 이렇게 시작된 자본주의 경제 패러다임은 1930년경까지 1.0 버전의 자유방임주의, 1930년경부터 1980년경까지 2.0 버전의 수정자본주의를 거쳐, 1980년 이후 이른바 3.0 버전의 신자유주의로 이어졌으나, 2008년 맞이한 세계적인 금융위기를 계기로 4.0

버전으로 전환되었다고 진단합니다.

칼레츠키에 의하면 3.0 버전의 신자유주의에서는 정치와 경제가 분리되어 시장이 경제를 주도하였다고 합니다. 그러나 4.0 버전에서 정치와 경제는 분리될 수 없으며 정부와 시장이 상호의존적인 관계로 결속되어야 한다고 주장합니다. 노동법의 역할도 3.0 버전과 4.0 버전에서 서로 다를 것입니다. 칼레츠키의 이러한 견해에 비추어 본다면, 3.0 버전에서 4.0 버전으로 막 전환되던 무렵에 나온 초판과 비교하여 온전히 4.0 버전으로 바뀐 뒤에 나온 이 제 2 판에서 달라진 노동법의 변곡점을 읽어내는 것도 흥미로울 듯합니다.

물론 우리 노동법은 앞으로 더 많은 진화가 필요합니다. 따라서 이 제 2 판에도 불구하고 여전히 남겨져 있는 부분은 향후 제 3 판, 제 4 판 등에 담아내는 노력이 계속되어야 할 것입니다.

앞서 이미 말씀드렸듯이, 우리가 노동법학의 궁극적 과제에 얼마나 가까이 다가갔는지는 선뜻 답을 내놓기 어렵습니다. 그러나 적어도 이것 하나만은 분명합니다. 대법원 노동법실무연구회가 이 주해서 초판과 이어진 이번 제 2 판 발간 작업에 공을 들인 것은 우리에게 주어진 위 궁극의 과제를 해결하기 위한 작지만 한 걸음이고 결실이라는 점입니다.

그 길을 연구회의 역대 회장을 역임해 주신 김용덕·조희대·조재연 전·현 대법관님들과 현 회장이신 김선수 대법관님이 앞장서 이끌어 주셨습니다. 당연히 이 제 2 판 집필 작업에 헌신적으로 참여해 주신 분들이 계시지 않았다면 이 책은 세상에 나올 수 없었습니다. 집필진 44명 한분 한분의 성함은 본문에서 확인하는 것이 좋겠다고 판단해 여기서 거명하는 것은 과감히 줄이겠습니다. 나아가 편집위원들의 공로도 결코 빼놓을 수 없습니다. 김민기·김진석 고등법원 고법판사, 권창영·김진·최은배 변호사, 도재형·신권철 법학전문대학원 교수와 함께 편집위원회 간사인 마은혁 지방법원 부장판사, 김희수·임상민 재판연구관이 거칠고 힘든 편집작업에 정성을 다해 주었습니다. 특히 편집위원회 간사 마은혁 부장판사의 선한 의지, 성실한 추진력, 착한 열정은 자칫 더딜 수도 있는 발간 작업을 힘있게 견인해 주었습니다. 각별한 고마움을 표합니다. 그리고 막판 원고 교정 작업에 힘을 보태준 법원 노동법분야연구회 회원 여러분의 노고에도 치하의 말씀을 드립니다. 끝으로 초판에 이어 제 2 판 발간을 맡아준 박영사 관계자분들에게도 깊이 감사드립니다.

　출산에는 산고(産苦)가 동반합니다. 하지만 출산은 축복입니다. 산고를 잊고 기쁨을 같이하게 합니다. 이 제 2 판 출간 역시 마찬가지입니다. 출간과 더불어 출간 때까지의 고통을 잊고 연구회 회원 모두, 그리고 이 책을 펼쳐 들 독자 여러분들과 기쁨을 같이 나누려 합니다. 출산과 동시에 갓난애가 산모인 엄마의 몸을 나와 세상을 마주하듯이, 이 책 역시 출간이 완료되는 순간부터는 연구회의 손을 떠나 이 책을 펴드는 독자 여러분들을 마주하게 됩니다. 그것은 새로운 소통의 시작입니다. 모쪼록 이 제 2 판 발간을 계기로 '노동이란 무엇인가', '노동법은 무엇이어야 하는가'에 대한 물밑 토론을 독자 여러분과 계속 이어가길 소망합니다.

　감사합니다.

2020년 1월 31일
공동편집대표
김 지 형

책 펴냄에 즈음하여(초판)

법(法) 안에서 법을 묻다

법을 하는 사람들에게, 법은 언젠가 도달하여야 할 목표이다. 적어도 처음 시작할 때의 생각은 그러하였다. 넘어야 할 산(山)이었다. 시선은 저 높이 산봉우리부터 향하였고, 떠나기에 앞서 신발 끈을 질끈 동여매었다. 노동법이라고 다를 바 뭐 있으랴.

하지만 산(山)은 그런 치기(稚氣)를 받아주지 않았다. 그러기엔 너무 크고 끝이 없었다. 그래서 서서히 깨달을 수 있었다. 법은 극복해야 할 대상이 아니다. 정복해야 할 상대가 아니다. 정상(頂上)에서 만날 수 있는 그 무엇이 아니다.

그런 깨우침의 시간 속에서 많은 이들을 만날 수 있었다. 산길을 걸으면서 서로가 서로에게 물었다. 그래서 '길 위에서 길을 묻다'고 하였던가, '산속에서 산을 묻다'고 하였던가.

깊은 산속 옹달샘에서 솟아나는 샘물 한 모금으로 목마름을 달래본 적이 있는 이는 알 일이다. 문답을 나누는 것은 그것만으로 단맛 나는 즐거움이었다. 한번쯤 그런 이야기들을 남겨두어야겠다는 욕심이 들 법도 하지 않겠는가. 누구라도 산길에서 만날 수 있는 조그마한 이정표라도 세워둔다면 나쁘지 않을 것이다. 처음 산을 오를 때 산봉우리를 향했던 시선은 잠시 거두어도 좋지 않겠는가.

그러나 우리 모두는 잘 알고 있다. 아직 가야 할 길은 멀고 먼 길이다. 계속해서 그 길을 걷는 것을 멈추지 않을 것이다. 하지만 조급해 하지도 않을 것이다. 누군가의 말처럼, 빨리 가려면 혼자 갈 것이지만, 멀리 가려면 함께 가야 한다. 이 산에 이렇게 함께 갈 많은 이들이 있으니, 두려움도 없고 망설임도 없다. 그저 고맙고 든든하며 한없이 여유로울 뿐이다.

빛과 그리고 그림자

이 책이 드디어 세상에 빛을 보게 되었습니다. 책을 펴냄에 즈음하여 이 글을 쓰고 있는 이 순간, 기쁨에 넘쳐 주절주절 떠오르는 단상(斷想)부터 생각나는 대로 적어보았습니다.

내가 행복해야 세상이 행복한 것이 아니라 세상이 행복하여야 내가 행복할 수 있다고 믿는 사람들, 우리가 살고 있는 세상이 좀 더 아름다워질 수 있다고 믿는 사람들, 그런 법률가들이 만났습니다.

그 때가 2005년 여름쯤인 것으로 기억합니다. "세상을 경륜하고 백성에게 혜택을 베풀어주는 학문을 하라"는 다산(茶山)의 가르침에 공감하여 『노동법실무연구회』를 창립하였습니다.

"노동법에 관심 있는 법관이나 변호사 등 실무가들이 한데 모여 마음껏 이야기할 수 있는 공간이 있으면 좋겠다"는 바람에서 출발하였는데, 20명가량의 법관과 15명가량의 변호사들이 뜻을 같이 해 주었습니다.

"노동법에 관한 실무적 연구 성과를 통해 뭔가 우리 사회에 기여할 수 있는 길은 없는지 찾아보자", "실무가들은 비교적 노동사건을 생생하게 접할 수 있는 위치에 있기에 실무가들끼리 현장감 있는 이야기를 나누어보면 좀 더 실제적이고 유익한 토론이 될 수 있겠다"는 등등, 많은 이야기 끝에 연구회의 활동을 하나로 집약할 수 있는 일차적인 목표로 근로기준법을 비롯한 노동법 주석서의 발간을 추진하기로 하였습니다.

연구회는 이후 대법원 산하 연구회로 공식 편성되었고 2006년 3월경부터 월례모임으로 본격적인 세미나를 가졌습니다. 집필자로 선정된 회원은 집필한 원고를 발제하고, 집필자마다 2명의 지정토론자를 두어 송곳처럼 날카로운 지적과 찬반토론을 주도하게 하였으며, 세미나에 참석한 회원 전원이 자유토론을 이어가게 함으로써 충실하고 물샐 틈 없는 논의가 이루어질 수 있도록 하였습니다.

2007년 12월까지 근로기준법 분야에 관한 발제를 마쳤습니다. 그 사이 편집위원회가 구성되어, 근로기준법 주석서 집필의 방향, 집필의 방식 및 체제의 통일 등에 관하여 논의하였습니다.

집필진에서는 이 책을 이렇게 써보겠다고 마음먹었습니다.

무엇보다 이 책은 법조문을 순서대로 따라가면서 그 법조문이 담고 있는 의미를 세밀하게 풀어쓴 '주석서'입니다. 따라서 우리 법조문의 해석론을 중심으로 서술함을 원칙으로 하였습니다. 해당 법조문의 연혁이나 비교법적 검토 등은 대부분 생략하였습니다. 다만, 외국에서 우리나라와 동일한 쟁점에 관하여 논의가 있는 경우에 한하여 이를 간략하게 소개하되, 이 때에도 외국의 법규정과 우리나라 법규정을 비교하여 외국에서의 논의가 그대로 우리 법상 해석론으로 적용될 수 있는지를 검토하는 정도에 그치는 것으로 하였습니다. 아울러 쟁점에 대한 깊은 연구와 그에 대한 집필자의 주관적 견해를 제시하기보다는, 다양하고 광범위한 쟁점의 발굴과 이에 대한 해석론이나 판례를 풍부하게 제시하는 데 비중을 두고 집필자의 개인적 견해는 간략하게 언급하고자 하였습니다.

이 책은 실무가들이 실무적 관점에서 쓴 '실무서'입니다. 학문적 연구 성과를 제공하는 것을 주된 목적으로 하는 이론서와는 구분될 수 있습니다. 따라서 실무적 해결에 도움을 줄 수 있는, 유용하고 품위 있는 법률정보의 제공을 목적으로 하였습니다. 해당 법조문의 모든 쟁점에 관하여 빠짐없이 서술하고, 경우에 따라서 구체적인 실무 현황에 관하여도 언급하려고 한 것은 바로 이런 연유에서입니다. 또한 우리 판례는 중요 하급심 판결을 포함하여 가능한 한 모두 수록함을 원칙으로 하되, 판례는 선고일자 및 사건번호를 기재하여 특정하고 본문 중에는 그 요지만을 기술하였습니다. 나아가 관련 판례에 대한 평석이 있는 경우 매우 중요한 몇몇 판례를 제외하고는 평석의 요지만을 설명하고, 각주에서 그 평석의 출처를 표시함으로써 그 상세한 내용을 확인할 수 있도록 하였습니다.

이 책은 이론서는 아니지만 '학술서'로서의 성격도 함께 갖추려고 하였습니다. 학술적 연구자료로서 가치를 가질 수 있도록 하기 위하여, 참고문헌을 최대한 광범위하게 인용하려고 하였습니다. 다만, 본문 중에 이를 일일이 열거하는 것보다는 해당 법조문 첫머리에 일괄하여 예시하고, 본문 중에는 저자와 면수만을 인용하는 방식을 택하였습니다. 한편 학설 및 판례는 국내의 것을 우선 소개하고 경우에 따라 일본 등 외국의 것을 보충하였습니다.

마지막으로 이 책은 동시에 '실용서'로서 기능하여야 한다고 생각하였습니다. 노동법이라는 전문분야를 다루기는 하지만 법률전문가뿐만 아니라 일반 노동실무가들에게도 접근이 가능하여야 하고, 따라서 될 수 있는 한 쉬운 문체로 서술하려고 하였습니다.

빛이 비추어지는 모든 것에는 반드시 그림자가 따릅니다. 이 책이 빛을 볼 수 있었던 것은 두말할 나위 없이 집필진을 포함한 연구회 회원들의 보이지 않는 땀과 열정이 있었기에 가능한 일이었습니다.

우리 모두에게는 갈증이 있었습니다. 노동법과의 인연을 공유하면서도 부족한 그 무엇을 채워야만 했습니다. 이 책은 한두 사람이 아닌 우리 모두의 힘으로 만든 것입니다. 그래서 우리에게 마르지 않는 샘이 되어 줄 것입니다. 처음 시작해서 5년여에 이르기까지 우리 모두 한결같이 함께 할 수 있었기에, 우리는 오늘 더욱 행복할 수 있습니다.

'삶의 본질은 온기이다'

노동의 역사는 길지만, 노동법의 역사는 짧습니다. 노동법은 더욱 성장할 것이고, 또 성장하여야만 합니다. 노동법은 이제 더 이상 주변에 머물러 있는 법 영역이 아닙니다. 노동문제는 다름 아닌 인간의 문제입니다. 노동법은 서로 대립하고 상충할 수 있는 인간관계의 가장 본질적이고 중요한 문제를 다룹니다. 현재뿐만 아니라 미래의 우리 삶을 결정지을 수 있는 법 분야입니다. 그러기에 노동법에 관하여 우리 사회는 갈수록 어려운 여러 가지 숙제를 던져주고 있습니다. 개별 노동법규의 해석의 문제는 물론이고, 새로운 노동법제의 패러다임을 모색해야 하는 입법의 문제, 실체법의 문제뿐만 아니라 절차법의 문제에 이르기까지 숱한 난제들이 쌓여 있습니다. 이 책에서 다루어지고 있는 근로기준법은 그러한 노동법의 문제들 중 가장 기초적인 분야의 하나입니다. 집필에 관여한 우리 모두는 적지만 있는 힘을 다해 진지하게 고민하고 논의한 결과물을 이 책 속에 담아보려고 노력하였습니다.

그러나 우리는 이 책이 '완성'이라고는 결코 말하지 않습니다. 앞으로도 더 많은 '과정'이 남아 있음을 예감합니다. 누군가 '삶의 본질은 온기이다'라고 말한 것을 기억합니다. 아직 크게 부족하지만 서둘러 이 책을 선보이는 것은, 이 책에서 집필자들과 그 밖에 관계한 모든 분들의 순수한 온기가 느껴지기를 바라는 욕심 때문이라고 이해해 주시길 바랄 뿐입니다.

　　근로기준법에서 무엇을 어떻게 읽을 것인가, 그것은 이제 이 책을 펴 드시는 분들의 몫일 것입니다. 질정을 달게 기다리겠습니다.

　　앞으로도 우리 연구회는 처음 시작했을 때와 마찬가지로 정기적인 학술모임을 거듭하면서 많은 이야기를 나누고 노동법에 관한 유익한 경험을 쌓아갈 것입니다. 스스로의 부족함을 잘 알고 있기에 그 부족함을 채울 수 있다는 약속도 드릴 수 있습니다.

　　끝으로 이 책의 출판을 맡아준 박영사와 관계하신 직원 여러분에게도 감사를 전합니다.

　　고맙습니다.

2010년 8월 31일

編輯代表

金　　知　　衡

편집위원회(제 2 판 수정증보판)

편집대표

김선수[전 대법관, 사법연수원 석좌교수]

김지형[전 대법관, 변호사, 법무법인(유한) 지평]

이흥구[대법관, 노동법실무연구회 회장]

편집위원

권오성[연세대학교 법학전문대학원 교수]

권창영[변호사, 법무법인(유한) 지평]

김민기[수원고등법원 고법판사]

김　진[변호사, 법무법인 지향]

김진석[대전고등법원 청주재판부 고법판사]

도재형[이화여자대학교 법학전문대학원 교수]

신권철[서울시립대학교 법학전문대학원 교수]

최은배[변호사, 법무법인 엘케이비앤파트너스]

편집위원 겸 간사

김영진[변호사, 법무법인(유한) 광장]

김희수[의정부지방법원 고양지원 부장판사]

마은혁[헌법재판관]

박가현[광주지방법원 순천지원 부장판사]

성준규[서울서부지방법원 판사]

여연심[변호사, 법무법인 지향]

유동균[서울고등법원 고법판사]

이명철[변호사, 법무법인(유한) 율촌]

이병희[서울고등법원 고법판사]

임상민[부산고등법원 고법판사]

최윤정[창원지방법원 부장판사]

(이상, 가나다 순)

집 필 자(제 2 판 수정증보판)

강문대[변호사, 법무법인 서교]

고종완[대구지방법원 부장판사]

구민경[창원지방법원 부장판사]

권두섭[변호사, 법무법인 여는]

권창영[변호사, 법무법인(유한) 지평]

권혁중[서울고등법원 부장판사]

김민기[수원고등법원 고법판사]

김선일[변호사, 김·장 법률사무소]

김성수[변호사, 법무법인(유한) 태평양]

김용신[광주지방법원 부장판사]

김 진[변호사, 법무법인 지향]

김진석[대전고등법원 청주재판부 고법판사]

김태욱[변호사, 법무법인 여는]

김흥준[전 부산고등법원장]

김희수[의정부지방법원 고양지원 부장판사]

도재형[이화여자대학교 법학전문대학원 교수]

마은혁[헌법재판관]

민중기[변호사, 법률사무소 이작]

박상훈[변호사, 법무법인(유한) 화우]

성준규[서울서부지방법원 판사]

신권철[서울시립대학교 법학전문대학원 교수]

여연심[변호사, 법무법인 지향]

오승이[대구지방법원 김천지원 부장판사]

유동균[서울고등법원 고법판사]

이명철[변호사, 법무법인(유한) 율촌]

이미선[헌법재판관]

이병희[서울고등법원 고법판사]

이상훈[변호사, 법무법인(유한) 광장]

이용구[전 법무부차관]

이정아[대법원 재판연구관]

이정한[변호사, 법무법인(유한) 태평양]

이현석[변호사, 김·장 법률사무소]

이효은[서울남부지방법원 판사]

임상민[부산고등법원 고법판사]

임상은[서울중앙지방법원 판사]

임자운[변호사, 법률사무소 지담]

정재헌[변호사, 에스케이텔레콤 사장]

정지원[변호사, 법률사무소 정]

정진경[변호사]

진창수[변호사, 법무법인(유한) 광장]

차승환[서울중앙지방법원 부장판사]

최누림[서울중앙지방법원 부장판사]

최은배[변호사, 법무법인 엘케이비앤파트너스]

최정은[서울대학교 법학전문대학원 임상부교수]

홍준호[변호사, 김·장 법률사무소]

(이상, 가나다 순)

편집위원회(제 2 판)

편집대표   김선수[대법관]

                       김지형[전 대법관, 변호사, 법무법인(유한) 지평]

편집위원   권창영[변호사, 법무법인(유한) 지평]

                       김민기[서울고등법원 고법판사]

                       김　진[변호사, 법무법인 지향]

                       김진석[부산고등법원 창원재판부 고법판사]

                       도재형[이화여자대학교 법학전문대학원 교수]

                       신권철[서울시립대학교 법학전문대학원 교수]

                       최은배[변호사, 법무법인 엘케이비앤파트너스]

편집위원   김희수[대법원 재판연구관]

겸   마은혁[서울중앙지방법원 부장판사]

간　　사   임상민[대법원 재판연구관]

(이상, 가나다 순)

집 필 자(제2판)

강문대[변호사, 청와대 사회조정비서관]
고종완[대구지방법원 의성지원 판사]
구민경[창원지방법원 부장판사]
권두섭[변호사, 민주노총 법률원]
권창영[변호사, 법무법인(유한) 지평]
권혁중[대전고등법원 부장판사]
김민기[서울고등법원 고법판사]
김선일[춘천지방법원 원주지원장]
김성수[변호사, 법무법인(유한) 태평양]
김용신[서울중앙지방법원 판사]
김 진[변호사, 법무법인 지향]
김진석[부산고등법원 창원재판부 고법판사]
김태욱[변호사, 민주노총 법률원]
김홍준[서울남부지방법원장]
김희수[대법원 재판연구관]
도재형[이화여자대학교 법학전문대학원 교수]
마은혁[서울중앙지방법원 부장판사]
민중기[서울중앙지방법원장]
박상훈[변호사, 법무법인(유한) 화우]
성준규[제주지방법원 판사]
신권철[서울시립대학교 법학전문대학원 교수]
여연심[대법원 재판연구관]
오승이[인천지방법원 판사]
유동균[법원행정처 정보화심의관]
이명철[대법원 재판연구관]

이미선[헌법재판관]

이병희[서울고등법원 고법판사]

이상훈[변호사, 법무법인(유한) 광장]

이용구[법무부 법무실장]

이정한[변호사, 법무법인(유한) 태평양]

이현석[대전지방법원 부장판사]

이효은[서울중앙지방법원 판사]

임상민[대법원 재판연구관]

임상은[서울서부지방법원 판사]

임자운[변호사, 법률사무소 지담]

정재헌[서울중앙지방법원 부장판사]

정지원[변호사]

정진경[변호사, 법무법인 정앤파트너스]

진창수[변호사, 법무법인(유한) 광장]

차승환[대전지방법원 부장판사]

최누림[대구지방법원 포항지원 부장판사]

최은배[변호사, 법무법인 엘케이비앤파트너스]

최정은[대법원 재판연구관]

홍준호[변호사, 김·장 법률사무소]

(이상, 가나다 순)

편집위원회(초판)

편집대표   김지형(대법관)
편집위원   김선수(변호사, 법무법인 시민)
              김성식(변호사, 법무법인 화우)
              김원정(변호사, 김·장 법률사무소)
              김흥준(수원지방법원 안산지원장)
              민중기(서울고등법원 부장판사)
              박상훈(변호사, 법무법인 화우)
              이상훈(변호사, 법무법인 광장)
              이원재(변호사, 법무법인 한결)
              이정한(변호사, 법무법인 태평양)
              정진경(변호사, 법무법인 정세)
간   사   강문대(변호사, 법률사무소 로그)
              권창영(서울고등법원 판사)
              김민기(대법원 재판연구관)
              김진석(서울고등법원 판사)
              최은배(인천지방법원 부장판사)

(이상, 가나다 순)

집 필 자(초판)

강문대(변호사, 법률사무소 로그)

구민경(부산지방법원 판사)

권두섭(변호사, 민주노총 법률원)

권창영(서울고등법원 판사)

김민기(대법원 재판연구관)

김성수(광주지방법원 순천지원 부장판사)

김　진(변호사, 법률사무소 이안)

김진석(서울고등법원 판사)

김흥준(수원지방법원 안산지원장)

김희수(창원지방법원 판사)

마은혁(서울가정법원 판사)

민중기(서울고등법원 부장판사)

박상훈(변호사, 법무법인 화우)

이병희(수원지방법원 판사)

이상훈(변호사, 법무법인 광장)

이용구(사법연수원 교수)

이정한(변호사, 법무법인 태평양)

정재헌(서울중앙지방법원 판사)

정지원(의정부지방법원 판사)

정진경(변호사, 법무법인 정세)

최은배(인천지방법원 부장판사)

홍준호(수원지방법원 성남지원 부장판사)

(이상, 가나다 순)

일러두기

이 책에 서술된 법률이론이나 견해는 집필자들이 소속된 기관의 공식 견해가 아님을 밝혀둔다.

1. 조   문

법 2조 1항 1호 ← 근로기준법 제 2 조 제 1 항 제 1 호
법 44조의2 ← 근로기준법 제44조의2
영 10조 1항 ← 근로기준법 시행령 제10조 제 1 항

2. 법령약어

가. 법   률

건설근로자의 고용개선 등에 관한 법률	건설근로자법
경제사회노동위원회법	경사노위법
고용보험법	고보법
고용상 연령차별금지 및 고령자고용촉진에 관한 법률	고령자고용법
고용정책 기본법	고기법
공무원연금법	공연법
공무원의 노동조합 설립 및 운영 등에 관한 법률	공무원노조법
교원의 노동조합 설립 및 운영 등에 관한 법률	교원노조법
교육공무원법	교공법
국가공무원법	국공법
국민 평생 직업능력 개발법	평생직업능력법
국제노동기구헌장	ILO 헌장
근로기준법	법 또는 근기법
근로복지기본법	근복법
근로자참여 및 협력증진에 관한 법률	근로자참여법

근로자퇴직급여 보장법	퇴직급여법
기간제 및 단시간근로자 보호 등에 관한 법률	기간제법
남녀고용평등과 일·가정 양립 지원에 관한 법률	남녀고용평등법
노동위원회법	노위법
노동조합 및 노동관계조정법	노조법 또는 노동조합법
민사소송법	민소법
민사조정법	민조법
민사집행법	민집법
산업안전보건법	산안법
산업재해보상보험법	산재법 또는 산재보험법
어선원 및 어선 재해보상보험법	어선원재해보험법
외국인근로자의 고용 등에 관한 법률	외국인고용법
임금채권보장법	임보법
장애인고용촉진 및 직업재활법	장애인고용법
장애인차별금지 및 권리구제 등에 관한 법률	장애인차별금지법
지방공무원법	지공법
직업교육훈련 촉진법	직업교육훈련법
직업안정법	직안법
진폐의 예방과 진폐근로자의 보호 등에 관한 법률	진폐예방법
채무자 회생 및 파산에 관한 법률	채무자회생법
청년고용촉진 특별법	청년고용법
최저임금법	최임법 또는 최저임금법
파견근로자 보호 등에 관한 법률	파견법
행정소송법	행소법
행정심판법	행심법

나. 시행령, 시행규칙 또는 예규

근로기준법 시행령	영 또는 근기법 시행령
근로기준법 시행규칙	규칙 또는 근기법 시행규칙
남녀고용평등 업무처리 규정	남녀고용평등규정
노동위원회규칙	노위규칙

3. 문헌약어

국내교과서·주석서, 일본교과서·주석서 등을 아래와 같이 저자명만으로 또는 서명·서명약어만으로 인용한다. 여기에 기재되지 아니한 참고문헌은 각 조에 대한 해설 첫머리의 참고문헌 모음에 표시하고, 참고문헌 모음에서 밑줄을 긋고 굵은 글씨로 표시한 저자명만으로 또는 서명·서명약어만으로 인용한다.

가. 국내교과서·주석서

김유성, 노동법 Ⅰ―개별적 근로관계법―, 법문사(2005) → 김유성

김유성, 노동법 Ⅱ―집단적 노사관계법―, 법문사(2001) → 김유성Ⅱ

김지형, 근로기준법 해설, 청림출판(2000) → 김지형

김형배, 노동법(제26판), 박영사(2018) → 김형배

노동법실무연구회, 근로기준법 주해 Ⅰ, 박영사(2010) → 근기법주해(초판) Ⅰ

노동법실무연구회, 근로기준법 주해 Ⅱ, 박영사(2010) → 근기법주해(초판) Ⅱ

노동법실무연구회, 근로기준법 주해 Ⅲ, 박영사(2010) → 근기법주해(초판) Ⅲ

노동법실무연구회, 노동조합 및 노동관계조정법 주해 Ⅰ, 박영사(2015)
         → 노조법주해 Ⅰ

노동법실무연구회, 노동조합 및 노동관계조정법 주해 Ⅱ, 박영사(2015)
         → 노조법주해 Ⅱ

노동법실무연구회, 노동조합 및 노동관계조정법 주해 Ⅲ, 박영사(2015)
         → 노조법주해 Ⅲ

민주사회를 위한 변호사모임 노동위원회, 변호사가 풀어주는 노동법Ⅰ―
         근로기준법(신판), 여림(2014) → 민변노동법 Ⅰ

민주사회를 위한 변호사모임 노동위원회, 변호사가 풀어주는 노동법Ⅱ―
         노동조합 및 노동관계조정법, 민주사회를 위한 변호사모임(2009)
         → 민변노동법Ⅱ

민주사회를 위한 변호사모임 노동위원회, 변호사가 풀어주는 비정규직법,
         법문사(2018) → 민변비정규직법

박홍규, 노동법 1 ―고용법·근로기준법―(제 2 판), 삼영사(2005) → 박홍규

이병태, 최신노동법(제 8 전정판), 중앙경제(2008) → 이병태

이상윤, 노동법(제16판), 법문사(2019) → 이상윤

이철수 · 김인재 · 강성태 · 김홍영 · 조용만, 로스쿨 노동법(제 4 판), 오래(2019)
        → 이철수 외 4명

임종률, 노동법(제17판), 박영사(2019) → 임종률

조용만 · 김홍영, 로스쿨 노동법 해설(제 4 판), 오래(2019) → 조용만 · 김홍영

하갑래, 근로기준법(전정제32판), 중앙경제(2019) → 하갑래

해고와 임금, 사법연수원(2016) → 해고와 임금

나. 일본교과서 · 주석서

스게노 카즈오, 이정 역, 일본노동법(전면개정판), 법문사(2015) → 菅野(역)

菅野和夫, 勞働法(第十一版補正版), 弘文堂(2017) → 菅野

東京大學勞働法硏究會, 注釋 勞働基準法(上) · (下), 有斐閣(2003)
       → 注釋 (上) · (下)

東京大學勞働法硏究會, 注釋 勞働時間法, 有斐閣(1990) → 時間法

西谷 敏, 勞働法(第2版), 日本評論社(2013) → 西谷

西谷 敏 · 野田 進 · 和田 肇, 新基本法コンメンタール, 勞働基準法 · 勞働契約法,
      日本評論社(2012) → 新基本法コンメ勞基 · 勞契

日本勞働法學會編, 現代勞働法講座 第1~15卷, 總合勞働硏究所(1981)
       → 現代講座

日本勞働法學會編, 講座21世紀の勞働法 第1~8卷, 有斐閣(2000) → 21世紀講座

日本勞働法學會編, 講座勞働法の再生 第1~6卷, 日本評論社(2017) → 再生講座

林豊 · 山川隆一 編, 新 · 裁判實務大系 16 · 17 勞働關係訴訟法[Ⅰ] · [Ⅱ],
      靑林書院(2001) → 勞働訴訟[Ⅰ] · [Ⅱ]

靑木宗也 外 5人, 勞働判例大系 第1~20卷, 勞働旬報社(1993) → 判例大系

下井隆史, 勞働基準法(第4版), 有斐閣(2007) → 下井

荒木尙志, 勞働法(第3版), 有斐閣(2016) → 荒木

荒木尙志 · 菅野和夫 · 山川隆一, 詳說勞働契約法(第2版), 弘文堂(2014)
       → 詳說勞働契約法

厚生勞働省 勞働基準局編, 平成22年版勞働基準法 (上) · (下), 勞務行政硏究所
      (2011) → 勞基(上) · (下)

4. 판례 인용례

아래와 같이 기재하고, 출처는 따로 표시하지 아니한다.

가. 법원 판례

대법원 판결 인용 시 → 대법원 1996. 4. 26. 선고 96다1078 판결[1]

대법원 전원합의체 판결 인용 시 → 대법원 1995. 11. 16. 선고 94다56852, 56853 전원합의체 판결

대법원 결정 인용 시 → 대법원 1996. 11. 16.자 95마252 결정

하급심 판결 인용 시 → 서울중앙지법 2004. 3. 18. 선고 2003가합10574 판결

☞ 하급심 법원 이름은 '서울고등법원 → 서울고법', '서울중앙지방법원 → 서울중앙지법', '서울행정법원 → 서울행법', '제주지방법원 → 제주지법'과 같이 줄여 쓴다(법원명이 변경되거나 폐지된 경우에는 판결선고·결정고지 당시 법원명을 사용한다).

나. 헌법재판소 결정

헌법재판소 결정 인용 시 → 헌재 1994. 7. 29. 선고 92헌바49, 52 결정[2]

---

1) 사건명은 적지 않는다. 사건 번호는 병합, 반소, 참가 사건 구분 없이 '94다56852, 56853' 과 같이 나열한다. 다만 사건번호가 3개 이상 연속된 경우에는 최초의 사건번호만 표기하고 등을 말미에 첨가한다(예: 2005다123, 345, 678의 경우는 '2005다123 등'으로 표기한다).
2) 만일 소부에서 선고 없이 나온 결정이라면, '2007. ○. ○.자 2006헌바○ 결정'으로 표기한다.

차   례

근로기준법 주해 Ⅱ

제 2 장   근로계약

근로기준법 주해 Ⅲ

제 3 장 임   금

제 4 장 근로시간과 휴식

제5장 여성과 소년

제 6 장　안전과 보건

제 6 장의2　직장 내 괴롭힘의 금지

제 7 장　기능 습득

제 8 장　재해보상

제 9 장   취업규칙

제10장   기 숙 사

제11장   근로감독관 등

서   론

서   론

[참고문헌]

강성태, "제정 노동법의 주요내용과 특징 — 일본법과의 비교를 중심으로", 노동법학 48
호, 한국노동법학회(2013); **강희원a**, "노동법의 역사적 전개", 노동법학 7호, 한국노동법
학회(1997); **강희원b**, "노동법의 법원에 대한 일고찰", 경희법학 37권 1호, 경희대학교 법
학연구소(2002. 12.); **고태관**, "노동쟁의의 사적조정사례 검토", 노동법강의 — 기업구조조
정과 노동법의 중요과제, 법문사(2002); **곽윤직**, 민법총칙, 박영사(2006); **김근주a**, 국제기
준의 근로조건 규율 — ILO 협약을 중심으로, 한국노동연구원(2016); **김근주b**, "ILO 핵심
협약 비준의 쟁점", 노동리뷰 152호, 한국노동연구원(2017); **김대휘**, 법원론에 관한 연구,
서울대학교 대학원 박사학위논문(1992); **김선수**, "개정 노동법의 문제점", 시민과 변호사
38호, 서울지방변호사회(1997); **김수복**, 노동법, 중앙경제사(2004); **김영문**, "노동관의 변
천과 노동법", 한림법학 6권, 한림대학교 법학연구소(1997); **김유성a**, "개정 노동법의 평
가와 과제", 노동법연구 6호, 서울대학교 노동법연구회(1997); **김윤환**, 한국노동운동사 I,
청사(1982); **김인재**, "이명박 정부 노동정책의 평가와 과제", 민주법학 50호, 민주주의법
학연구회(2018); **김진**, "쟁의행위의 목적", 서울대학교 대학원 박사학위논문(2018); **김치
선**, 노동법강의, 박영사(1990); **김형배a**, "1974년 12월 24일의 노동제법의 개정과 노사관
계의 전망", 법정 5권 7호, 한국사법행정학회(1975); **김형배b**, "한국노동법의 개정방향",
법학논집 30집, 고려대학교 법학연구원(1994); **김홍준**, "근로자의 의사표시에 대한 사실
인정과 그 해석", 노동법연구 12호, 서울대학교 노동법연구회(2002. 6.); **노중기**, "박근혜
정부 노동정책에 관한 비판적 고찰", 경제와 사회 103호, 비판사회학회(2014); **노중기·
전병유**, "시장친화와 노조파괴·노조억압 노동정책", 「독단과 퇴행, 이명박 정부 3년 백
서」, 전국민주화를 위한 전국교수협의회 등(2011); **도재형**, 노동법의 회생 — 신자유주의
적 구조조정과 한국 노동법, 이화여자대학교출판문화원(2016); **박상필**, 한국노동법(전정
판), 대왕사(1988); **박상훈**, "부당해고의 구제절차", 노동법강의 — 기업구조조정과 노동법
의 중요과제, 법문사(2002); **박수근**, "레미콘운송기사와 경기보조원의 근로자성에 관한
검토", 노동법학 14호, 한국노동법학회(2002); **박양균**, 노동법개정 일지, 자유기업센터
(1998); **박제성**, 하청노동론: 근로계약의 도급계약화 현상에 대한 법학적 분석, 퍼플

(2018); **변양규**, "노동정책", 이명박 정부 정책평가 및 선진화과제 (상), 한국경제연구원 (2011); **신권철**, "노동관행 소고 — 통상임금 산정관행을 중심으로", 노동법학 48호, 한국 노동법학회(2013) **신인령a**, "한국 노동법의 제문제", 사회과학논집 11집, 이화여자대학교 법정대학(1991); **신인령b**, "97년 개정 집단노사관계법의 주요 내용과 평가", 법학논집 2 권 2호, 이화여자대학교 법학연구소(1998); **심태식**, 노동법개론, 법문사(1989); **알랭 쉬피 오**(박제성 역), 필라델피아 정신: 시장전체주의 비판과 사회정의의 복원을 위하여, 매일 노동뉴스(2019); **이달휴a**, "노동법의 이념과 실현", 노동법학 6호, 한국노동법학회(1996); **이달휴b**, "노동법상 임금결정원칙", 노동법논총 21집, 한국비교노동법학회(2011); **이병태 a**, "노동법 개정의 방향", 고시계 9권 4호, 고시계사(1964); **이승길**, "근로계약법제에 관 한 연구", 성균관대학교 대학원 박사학위논문(1999); **이승욱**, "ILO 핵심협약 비준 관련 논의 경과와 과제", ILO 핵심협약 비준의 쟁점 공동학술대회 자료집, 한국노동법학회 · 서울대학교 노동법연구회 · 한국노동연구원(2019); **이원보**, 한국노동운동사 100년의 기록, 한국노동사회연구소(2013); **이철수a**, "근로계약법제와 관련한 방법론적 검토", 노동법의 존재와 당위 — 김유성 교수 정년 기념 논문집, 박영사(2006); **이철수b**, "개정 노동법의 평가와 향후의 과제", 법학논집 2권 2호, 이화여자대학교 법학연구소(1998); **이철수 · 박 은정**, "노동분쟁해결시스템의 현황과 과제: 법원 및 노동위원회를 중심으로", 노동법연구 18호, 서울대학교 노동법연구회(2005); **이홍재a**, 해고제한에 관한 연구, 서울대학교 대학 원 박사학위논문(1988); **이홍재b**, "21세기의 노동법적 과제와 새로운 패러다임의 모색", 외법논집 19집, 한국외국어대학교 법학연구소(2005); **이홍재c**, "이익균점권의 보장과 우 촌 전진한의 사상 및 역할 — 우촌의 사회법사상 궤적의 탐색을 위한 초심곡", 법학 46권 1호, 서울대학교 법학연구소(2005); **이홍재d**, "노동법 제정의 특징과 전진한의 역할", 법 학 50권 4호, 서울대학교 법학연구소(2009); **정인섭**, "노동분쟁의 특수성과 노동법원의 전문성", 노동법연구 19호, 서울대학교 노동법연구회(2005); **정호영**, "근로기준법 제23조 와 부당해고로 인한 손해배상청구소송", 대법원판례해설 4호, 법원행정처(1988); **조경배**, "87년 헌법 이후 역대 정부의 노동정책과 제도", 민주법학 60호, 민주주의법학연구회 (2018); **조용만**, "결사의 자유 협약 관련 노조법 쟁점 개선방안", ILO 핵심협약 비준의 쟁점 공동학술대회 자료집, 한국노동법학회 · 서울대학교 노동법연구회 · 한국노동연구원 (2019); **조임영**, "종속관계의 변화와 노동법", 민주법학 24호, 민주주의법학연구회(2003); **조홍석**, "국제노동기구의 헌장 및 기본조약과 국내노동법의 충돌", 한터 이철원 교수 정 년 기념 논문집(1998); **팀 드 메이어**, "ILO 핵심협약 비준: 한국에 주는 시사점", ILO 핵 심협약과 사회통합 토론회 자료집, 노사발전재단(2018); **하경효**, "노동법의 기능과 법체 계적 귀속", 사회변동과 사법질서 — 김형배 교수 정년 퇴임 기념 논문집, 박영사(2000); **현경대**, "우리나라 노동법제의 특징과 변천", 노동법의 제문제 — 가산 김치선 박사 화갑 기념 논문집, 박영사(1983); **후고 진쯔하이머**(이원희 역), 노동법원리, 관악사(2004); **沼田 稻次郎**, 市民法と社會法, 日本評論社(1953); **坂本重雄**, "勞働法と社會保障法", 現代講座 1

卷; <u>石井照久</u>, 新版 勞働法(第 3 版), 弘文堂(1973); <u>片岡 曻</u>(송강직 역), 勞働法, 박영사
(1995); <u>本多淳亮</u>, "勞働法の法源", 現代講座 1卷.

Ⅰ. 노동법 총설

1. 노동법의 의의

노동법(Arbeitsrecht)이란 용어가 사용되기 시작한 것은 제 1 차 세계대전 전
후로서, 1919년 바이마르 헌법에 사용된 것이 계기가 되어 법률용어로 확립되었
다.[1] 독일 노동법의 기초를 만든 후고 진쯔하이머(Hugo Sinzheimer)는 노동자의
여러 관계를 규율하는 통일적 법을 노동법이라 부르고, 그 물적 구성요소로서
종속노동을, 인적 구성요소로서 노동자를 들고 있다.[2] 그 중 종속노동은 노동하
는 인간이 하나의 법적 권력관계 아래에서 급부하는 노동으로 이해하고, 그것은
채권적이라기보다 권력적(처분적)이며, 개별적이라기보다 협동적인 성격을 가진
것으로 보았다.[3]

위와 같은 전통적 패러다임을 바탕으로 노동법이 과연 어떤 법인가에 관하
여는 학자마다 조금씩 견해가 다르다. 전통적으로는 '종속노동론'을 바탕으로
노동법을 종속노동에 관한 법규의 총체로 이해하고 있다. 노동의 종속성은 자본
주의 체제 내에서 본질적·구조적인 특성이기 때문에 이를 법적 계기로 포착하
여 기존의 시민법과 다른 접근방식으로 규율하여야 한다는 것이다.[4] 말하자면
종속노동은 노동법을 독립된 법영역으로 성립시키는 기본적 범주이며, 노동법학
을 체계적으로 구성하는 중심적 개념으로 파악된다.[5]

학자에 따라서는 이와 같이 종속노동이라는 규율대상을 중심으로 노동법을
이해하는 전통적 견해를 견지하면서도 이와 나란히 노동법의 근거·목적·체

---

1) 20세기 중반 이후 노동법, 사회보장법, 경제법은 시민법 원리를 수정하면서 공법과 사법
어느 영역에도 속하지 않는 제 3의 법영역으로 사회법으로 통칭되어 왔으나 최근에는 각 법
영역의 공통성보다 이질성과 독자성이 강조되고 있다고 한다(임종률, 4면).
2) 후고 진쯔하이머, 1~5면.
3) 후고 진쯔하이머, 8~14면.
4) 이철수a, 5면.
5) 김영문, 203면. 단적으로 이상윤 교수는 노동법이라 함은 '종속적 노동에 관한 법'이라고
정의하고 있다(이상윤, 25면).

계·주체 간의 관계 등을 함께 고찰하려는 입장을 취하기도 한다. 예컨대 '근로
자의 근로관계를 규율대상으로 하여 근로자의 생존을 확보해 주는 것을 목적으
로 하는 법규의 총체',[6] '자본주의 사회에서 근로자가 인간다운 생활을 할 수
있도록 노동관계를 규율하는 법',[7] '근로관계를 최저기준의 설정 또는 단체자치
의 보장 등의 방식으로 규율함으로써 헌법상 규정된 근로자의 인권을 보장하
고 근로자와 사용자 간의 실질적 대등성을 추구하는 법규의 총체'[8]라고 하는
것이다.

　　한편 종속노동은 노동법의 적용대상을 확정하기 위한 중요한 기술적 개념
이기는 하나 노동법의 본질은 아니고, 민법의 고용계약으로부터 종속노동만을
떼어내 근로계약으로 이론을 구성할 필요가 있었던 독일과는 달리 처음부터 고
용계약이 종속노동만을 대상으로 하고 있는 우리 민법체계 하에서는 그럴 필요
가 없다고 하면서 노동법을 '근로자의 고용, 근로조건 그리고 노동단체에 관한
법'이라고 정의하고 있는 학자도 있다.[9]

　　어느 견해를 취하더라도 종속노동이 노동법의 중심개념이 될 수밖에 없을
것이나, 여기서는 보다 종합적으로 이해하기 위해 노동법을 규율 대상, 규율 방
식, 규율 목적 3가지 차원에서 그 개념을 파악하고자 한다.

가. 규율 대상

(1) 배　　경

　　노동법은 노동관계, 즉 임금과 근로의 교환을 주된 내용으로 하는 근로자와
사용자 간의 법률관계를 규율하는 법이다. 노동관계에는 국가가 법률에 의해 최
저기준을 설정하는 등의 방법으로 규율하는 개별적 근로관계와 노사당사자의
집단적 자치를 보장하는 등의 방법으로 규율하는 집단적 노사관계 두 가지가
모두 포함된다.[10]

　　유럽에서 근로자와 사용자 사이의 근로관계가 사회적 실재(實在)로서 본격
적으로 등장한 것은 산업혁명을 전후한 시기였는데, 초기에 근로관계를 규율한
것은 인격의 자유와 평등, 사적 소유권의 보장, 계약의 자유 및 과실책임주의를

　　6) 김형배, 6면.
　　7) 임종률, 3면.
　　8) 김유성, 4면.
　　9) 박홍규, 50면.
　　10) 김유성, 4면.

기본원리로 하는 시민법이었다.[11] 그러나 사인 간의 계약관계에 대하여는 국가
가 간섭하지 않는다는 시민법의 태도는 근로관계의 경우 성립·형성·종료 등
모든 면에서 사용자에게 일방적 자유를 보장하는 것이었다. 노동력이라는 상품
은 다른 상품과는 달리 우선 인격과 분리되어 매매될 수 없고, 보존성·신축
성·대체성의 면에서 다른 상품과 비교할 수 없을 정도로 열악한데다가 근로자
는 노동력을 매매하는 외에는 다른 생계수단이 없다는 점을 시민법이 간과하였
다. 노동력 거래에서 노사 간의 대등성은 전문직 기술자를 제외한 대부분의 근
로자에게 애초부터 기대할 수 없는 전제였다. 고용계약에 따라 성립한 근로조건
은 그것이 아무리 열악하더라도 쌍방 당사자의 자유의사에 기한 것으로서 법적
으로 승인되었고, 이에 따라 저임금·장시간 노동의 근로조건이 계약의 자유라
는 이름 하에 방치되었다. 근로자가 산업재해를 당하더라도 과실책임주의라는
원칙에 따라 피해를 보상받기 어려웠으며, 사용자에게 채용 및 해고의 자유가
보장됨으로써 근로자는 실업의 공포 속에 생활하였다. 이에 대항하기 위한 근로
자의 자구행위로서의 단결활동은 계약자유의 원칙을 침해하는 것으로 엄격히
금지되어 범죄로 취급되고 손해배상의 대상이 되었다.[12]

　　이와 같은 노동의 현실, 즉 사용자에게 종속된 근로관계의 실체를 있는 그
대로 직시하고, 이를 규율의 대상으로 삼아 종속성 속에 묻혀 있는 근로자의 인
간으로서의 삶을 회복하기 위한 노력으로 노동법이 발전하게 되었다.

(2) 노동의 종속성

　　원래 노동법은 독일, 프랑스 등에서 노동의 종속성이라는 개념을 기초로 발
전되어 왔다. 노동의 종속성에 관한 이론은 시민법 원리에 대한 비판으로 나타
난 노동법에 개념적 기초를 부여하고 노동법을 통일성 있는 독자적 법영역으로
서 다른 법영역과 구별하기 위하여 제1차 세계대전 전후의 독일을 중심으로

---

11) 片岡 교수는 자본주의체제의 경제사회인 시민사회의 내부질서를 국가의 권력작용을 통하
　　여 보장하기 위한 법을 '근대시민법' 또는 단순히 '시민법'이라고 하면서 시민사회의 내부질
　　서라고 하는 것은 결국 상품교환의 질서에 지나지 않는 것이기 때문에 시민법은 상품교환의
　　법이며, 이와 같은 시민법의 구조원리를 표현하고 있는 민법이 시민법의 일반법이 되는데,
　　여기에는 상품교환을 성립시키는 세 개의 계기, 즉 상품교환의 주체적 측면으로서의 법적 인
　　격, 상품교환의 전제로서의 물건에 대한 사적 소유권, 교환과정을 실현하는 주체 간의 자유
　　로운 계약이 가장 기초적이고도 중심적인 개념이 되고, 이와 더불어 개인의 자유가 이념 또
　　는 기본원리로 된다고 한다(片岡, 23면 이하).
12) 菅野, 2면.

전개되었다.

　독일의 종속성이론은 대체로 인격적 종속(persönliche Abhängigkeit)을 그 핵심으로 삼는다. 근로자는 사용자에게 자신과 분리할 수 없는 노동력에 대한 처분권을 양도함으로써 생산과정에서 자신에 대한 사용자의 지배를 용인하지 않을 수 없고, 노동의 종류·방법·장소 등에 관하여 사용자의 지시·결정에 복종함으로써 인적인 종속관계에 설 수밖에 없다는 것이다.13) 노동력과 인격의 불가분성(不可分性)에서 종속의 원인을 찾는다.

　반면 조직적 종속(organisatorische Abhängigkeit)을 강조하는 입장에서는 현대적 노동의 특징인 '사업장에의 편입'에서 종속의 원인을 찾는다. 근로자는 근로계약에 의하여 사용자의 경영조직에 편입됨으로써 사용자의 조직지휘·운영권에 복종하게 되는 것이 종속근로관계의 본질이라고 파악한다. 사용자는 소유권에 근거하여 경영조직을 지휘·운영할 수 있는 권한을 갖고 있는데, 경영조직에는 물적 시설뿐 아니라 근로자의 노동력도 포함되므로 근로자는 경영조직에서 요구하는 질서와 규율에 종속될 수밖에 없다는 것이다.

　인격적 종속성과 조직적 종속성은 노무급부과정에서 나타나는 종속성이라는 면에서 이를 통칭하여 광의의 인격적 종속성이라 부르기도 한다.14) 반면, 노무급부과정 이전인 노동시장에서의 종속, 즉 경제적 종속(wirtschaftliche Abhängigkeit)을 종속노동의 본질로 보는 견해도 있다. 신체 외의 다른 생산수단이 없는 보통의 근로자들은 사용자에게 고용되어 노동력을 제공하는 것 외에는 경제적으로 독립해서 생활을 영위할 수 없고, 사용자의 고용 여부에 따라 자신의 생존 여부가 결정되는 경제적 종속관계에 있다는 것이다.15) 요컨대 자신의 노동력을 팔지 않고서는 생활할 수 없는 경제적 또는 사회적 지위로부터 종속성이 유래된다고 파악하는 견해이다.16)

---

13) 제2차 세계대전 후의 독일에서는 인적 종속성을 기초로 하여 근로관계를 단순한 채권법적 관계를 넘어선 인격법적 공동체로 파악하여 노사의 충실의무 등 특유한 권리·의무관계가 발생한다는 견해가 지배적 지위를 점하였다. 1970년경부터는 이에 대한 비판이 강화되어 근로관계를 채권관계로 재구성하려는 이론적 경향이 두드러졌지만, 노동법의 중심적 기초개념으로서의 종속성 개념 자체는 계속 유지되고 있다(片岡, 61면).

14) 김유성, 8면.

15) 그 외 근로자가 노무제공의 채무를 이행할 때 사용자의 명령 하에 사용자의 감독을 받게 되고 그의 징계권에 복종하는 측면을 중시하여 법적 종속성을 주장하는 견해, 자본주의사회에서 근로자들은 생산수단을 가지지 못하여 전체로서 자본이나 자본가에게 종속하고 있다고 보아 계급적 종속성을 주장하는 견해도 있다.

16) 최근 경제환경의 변화에 따라 기업이 기업과 일정한 거리를 가지는 단시간 근로자, 기간제

생각건대 노동의 종속성은 노무급부과정과 노동시장에서의 종속성을 다 함께 고려하는 것이 타당하며, 그것이 우리나라 학자의 일반적인 입장일 뿐 아니라, 우리나라 노동법도 같은 입장으로 이해된다. 근기법을 비롯한 개별적 근로관계법이 상대적으로 노무급부과정에서의 인격적 종속성에 보다 중점을 두고 있다면, 노조법을 비롯한 집단적 노사관계법이나 직안법, 고보법 등을 비롯한 노동시장 관련법에서는 근로자의 경제적 종속성에 보다 중점을 두고 있다고 평가할 수 있다.[17]

여기서 유의할 것은 노동법의 중심 개념이 노동의 종속성에 있다고 하여 노동의 종속성 자체를 긍정하거나 이를 고정화하려는 것이 아니라는 점이다. 노동법은 노동의 종속성이 자본주의체제 하의 근로관계를 지탱하는 시민법원리 자체로부터 초래되고 있다고 인식하여 시민법원리에 일정한 수정을 가함으로써 근로자의 생존을 도모하려고 하는 것이다. 다시 말하면 종속노동의 현실을 직시하면서 종속노동을 극복하는 것이 노동법의 임무인 것이다.

그런데 오늘날의 근로자들은 그 교육의 정도, 기능·기술, 경제력에 있어서 근대산업 초기의 단순근로자들과는 비교될 수 없으며, 일부의 경우에는 전문적인 노동력을 제공하고 있으므로, 그만큼 사용자의 지배로부터 벗어나 독립적인 노무를 제공하고 있다. 기계화·정보화되어 가는 현대산업사회에서의 근로자의 역할이나 기능은 과거의 근로자들이 담당했던 경제적 기능과는 비교될 수 없을 정도로 크게 변화하였다. 다른 한편으로는 기간제, 파견, 하청, 특수고용 등의 비정규노동과 같은 노무공급방식의 다양화가 근로자들의 낮은 임금과 지위의 불안정성을 야기하였다. 이에 따라 노동법 내에서의 근로자 보호의 내용과 필요성도 달라지고 있다. 이러한 상황변화에 맞추어 현대사회에서 노동법의 기능과 실효성에 대하여 수정 내지 비판의 소리가 확대되어 가고 있으며, 이는 세계화된 대부분의 국가가 공통적으로 풀어야 할 숙제라고 할 수 있다.[18] 예컨대 노동

근로자, 재택 근로자, 파견 근로자 등으로 노동조직을 구성하거나 외곽에 도급이나 위임 형태의 외부 노동력을 활용하고 있는 점을 지적하며 노동 이행 과정에서 구체적·직접적 지휘·명령 유무만을 기준으로 하여서는 이들에 대한 노동법적 보호를 제공할 수 없다고 비판하고, 노동법 탄생의 본질은 경제적 지배 관계와 교섭력의 불균형이라는 사회적 사실을 토대로 한 것이지 애초부터 사용종속 관계나 근로계약 관계를 전제로 한 것이 아니라고 주장하는 견해도 경제적 종속성을 중시하는 입장이라 할 수 있다(조임영, 340면 이하).

17) 김유성, 9면.
18) 김형배, 11~12면.

과 자본은 불가분리의 관계이므로 '자본이 없으면 노동도 없고, 노동이 있으므로 자본도 있는 것'은 너무나 당연한 사물의 이치라고 하면서, 이러한 '상생노동'을 노동법의 대상으로 상정할 때에야 비로소 진정한 의미에 있어서 근본적 구조 변혁의 패러다임 전환이 있을 것이라는 견해도 이러한 목소리의 하나이다.[19]

나. 규율 방식

(1) 최저기준의 강제와 단결권의 보장

노동법이 종속관계에 놓여 있는 근로자의 보호를 위하여 취하고 있는 규율 방식으로는 2가지가 언급된다. 첫 번째 방식은 최저기준을 설정하여 이에 미치지 못하는 근로조건을 무효화하는 방법이다. 시민법은 사적 자치의 원칙 하에 당사자 간의 법률관계 형성을 당사자의 의사에 전적으로 맡기고 있는데, 근로관계에서는 근로자의 종속성으로 인하여 대등한 인격 주체 간의 계약 체결이 현실적으로 어렵고, 그로 인하여 근로조건이 최저한의 인간다운 생활을 영위하지 못할 정도로 열악하게 결정될 우려가 농후하였으며, 실제로도 그러하였다. 근로자는 노동력의 매매가 유일한 생계수단이므로 그 대가가 많건 적건 간에 일을 하지 않을 수 없었으며, 심지어는 노동의 재생산 자체가 곤란할 정도로 생존을 위협받기도 하였다. 노동조합은 이러한 문제를 지속적으로 때로는 격렬하게 제기하여 왔고, 각국 정부는 노동문제의 심각성을 인식하여 근로자가 인간다운 생활을 영위할 수 있는 최저한의 기준을 설정하고 최저기준을 위반한 당사자 간의 합의를 무효로 하는 규율 방식을 채택하기에 이르렀다. 근기법에서도 이 법에서 정하는 근로조건은 최저기준이라고 명시하면서(법 3조), 이에 미치지 못하는 근로조건을 정하는 근로계약은 그 부분에 한정하여 무효로 하고, 무효로 된 부분은 이 법이 정한 기준에 의한다고 규정하고 있다(법 15조).

두 번째 방식은 근로자측에 노동력의 집단적 거래를 위한 단결과 단체교섭 및 단체행동을 법적 권리로서 승인하고 이를 보장함으로써 노사당사자 간에 대등성을 확보하려고 하는 방식이다. 첫 번째 방식에 따라 노동법이 최저기준을 설정하면 두 번째 방식이 보장하는 단체협약 등을 통해 최저기준보다 유리한 근로조건을 확보하도록 하는 것이 전통적인 근로조건의 결정시스템이라 할 수 있다.

---

19) 이흥재b, 158면.

첫 번째 방식이 주로 개별적 근로관계 분야에서 사용되는 방식으로서 14세기 구빈법 및 19세기 공장법의 전통을 이어받아 사회적으로 건전한 노동력을 유지하기 위하여 국가가 사법적 관계에 간섭하였던 방식인 반면, 두 번째 방식은 주로 집단적 노사관계 분야에서 사용하는 방식으로서 기본적으로 사적 자치의 원리를 존중하면서도 근로자측에 이른바 노동 3 권이라고 하는 집단적 힘의 행사를 허용해 줌으로써 노사 간에 실질적 대등성을 확보하려는 방식이다.[20] 노사의 이익이 자연조화적으로 조절되리라고는 현실적으로 기대하기 어렵고 국가의 보호에만 전적으로 의존할 수도 없는 상황 하에서 근로자들은 단결력을 배경으로 집단적 교섭을 통하여 자주적으로 근로관계를 형성하기 위한 투쟁을 지속하였고, 그 결과 제 1 차 세계대전 후에 이르러 주요 자본주의국가에서 노동 3 권을 법적으로 승인한 이래 대부분의 자본주의국가가 이를 보장하고 있다.[21]

(2) 규율 방식의 새로운 전개

전통적인 노동법이 포착해 온 사업의 구조는 국민국가의 통치모델, 즉 사용자는 주권적 존재로 묘사되고, 사용자의 입법 · 행정 · 사법권의 행사로서 취업규칙 제정권, 업무지시 및 감독권, 징계권 등을 가지고서 근로자를 관리하는 타율적 규제기반 속에서 이루어져 왔다.[22] 그러나 20세기 말부터 이러한 근로자 관리의 기반이 규율에 따른 권한의 행사가 아니라 경영효율에 근거한 자율적 조정장치를 통한 지배로 변화되었다.[23] 이는 기업이 제시하는 일정한 수치와 신호에 근로자들이 자율적, 자동적으로 반응하도록 하여 사용자의 지배나 근로자의 종속이 가시화되지 않게 만드는 것이고, 이는 구체적으로 보면 사용자 · 지시 · 책임이 사라진 노동관계를 만들어 내었다.

이러한 노동관계를 구체적 현실로 보면, 20세기 말부터 경제의 세계화와 불안정, 실업문제의 심화, 급속한 기술혁신 및 산업구조의 변화, 국가의 규제기

---

20) 김유성, 10면.
21) 조합운동의 발전이 빨라 노동조합의 법적 승인이 비교적 점진적으로 진행된 영국의 경우 전통적인 자유방임의 원칙을 확장하여 노동조합을 민 · 형사상 책임으로부터 해방하는 것이 단결권의 내용이었던 반면, 급박한 정치적 위기 하에서 일거에 단결권 확립을 실현한 독일의 경우 단결권은 헌법상 생존권 이념에 의거한 독자적 기본권으로 되어 공권력뿐만 아니라 사용자에 대한 관계에서도 권리로서의 효력을 발휘하였다(片岡, 30면 이하).
22) 박제성, 11면.
23) 박제성, 12면.

능의 축소, 고용형태의 다양화를 배경으로 선진국에서는 노동법의 탄력화와 규제 완화에 관한 논의로 진행되고 있다.24) 전통적으로 근로조건은 국가의 근로자보호법을 최저기준으로 하여 주로 단체협약, 취업규칙에 의해 결정되는데, 근로조건의 유연화 추세는 국가법이나 산업별 단체협약의 비중을 줄이는 대신 사업장 또는 개인 수준과 같은 하위 수준에서 근로조건결정의 자유를 확대할 것을 요구한다. 이러한 요구는 법적 규제완화와 근로조건 결정시스템의 변경으로 나타난다.25)

법적 규제완화는 노동보호법제를 채택하고 있는 대륙법계에서 강하게 나타나는데, 독일에서는 1980년 후반부터 비정규 고용범위의 확대, 폐점시간을 포함한 근로시간제도의 유연화, 해고제한의 완화, 최저기준의 저하 등을 위해 지속적으로 법을 개정하여 왔고, 일본에서는 1998년 노동기준법 개정을 통하여 근로계약기간, 근로시간 등의 면에서 노동의 유연화를 제고하고 있다.26)

이와 더불어 근로조건을 결정함에 있어 하위시스템의 비중이 높아지는 경향이 있다. 산업별 단체협약에 의한 횡단적 근로조건의 결정이 후퇴하고, 기업수준 노사관계의 중요성이 증가하고 있다. 산업 수준의 단체협약과 기업 수준의 경영협정의 이원적 구조를 이루는 독일의 경우 종업원 평의회가 체결하는 경영협정의 비중이 증대하고 있다.27)

국내에서도 이러한 배경을 기초로 하여 이데올로기적 성향이 강한 종속노동론을 강하게 비판하며 새로운 시각으로 접근하여야 한다는 견해들이 제기되고 있다. 현재의 근로자상은 노동보호법제가 마련되기 시작한 19세기 당시의 근로자상과는 사회적·경제적·정치적 위상을 달리하며, 그들이 보유하고 있는 학력·기능·기술의 정도에 있어서도 커다란 차이가 있을 뿐만 아니라 기업 내에서의 위치와 영향력도 전혀 비교될 수 없다고 하면서, 근로자들에 대한 보호제도는 후견적·시혜적 차원에서 자치적·협조적 차원으로 과감히 이전되어야 하고 근기법의 규정 중 근로자들의 실질적이고 합리적인 보호를 위한 필수적인 보호규정 등은 그대로 유지하면서도 근로자와 사용자 사이의 건전하고 균형 잡힌 개별적 근로계약관계의 유지를 위하여 근로자의 기본적인 의무와 준수 사항

---

24) 이철수a, 9면.
25) 이철수a, 10면.
26) 이철수a, 10면.
27) 이철수a, 10면.

도 근로자보호규정과 함께 포괄적이고 체계적으로 규정되어야 한다는 견해,[28] 근기법은 과거와 같이 단순히 근로자의 일방적 보호·규제차원에서 벗어나 당사자 간의 의사를 존중하는 계약자유의 원칙에 충실하게 재구성되어야 한다면서 근기법은 단순히 근로조건의 최저기준을 설정하는 단계가 아닌 근로계약의 내용을 체계화하는 방향으로 무게 중심이 옮겨져야 한다는 견해,[29] 여기서 한걸음 더 나아가 노동법의 독자성에 의문을 제기하면서 노동법은 근로자보호뿐만 아니라 이해관계조정의 규율체계로 이해되어야 하고 법의 해석·적용·발견에 있어서 노동법만의 고유한 방법론은 인정되기 어렵다는 견해[30]등이 바로 그것이다.

이와 같은 근로계약법제에 관한 논의에 대하여는 근로계약의 체결 및 내용 형성에 있어 근로자의 자기결정요구를 최대한 반영하고 보호법제의 경직성을 완화시키고자 하는 기본 논지에는 찬성하면서도 근로계약법제가 헌법상 생존권 보장취지를 간과하고 경영전략적 관점에서 아전인수식으로 해석될 우려가 있으므로 세심한 성찰 없이 단순히 보호관념의 탈피를 주장하는 것은 오해의 소지가 있다면서 결코 시민법으로 회귀하기를 지향해서는 안 되고, 노동의 유연화 추세와 맞물리면서 사용자의 결정권이 강화될 개연성을 지니고 있기 때문에 국가의 적극적 지원을 통해 역기능을 해소하는 것이 필수적이라는 비판이 있다.[31]

다. 규율 목적 — 근로자 생존권의 보장과 노동인격의 실현

(1) 배   경

재산권의 보장, 개인의 자유·평등이라는 시민법원리가 관철되는 과정에서 근로자들은 혹독한 생활고와 부자유·불평등을 겪어야만 하였다. 근로자들은 생존의 보장을 확보하기 위하여 단결을 통한 저항을 치열하게 전개하여 왔으며, 마침내 1919년 바이마르공화국 헌법에서 단결의 자유를 비롯한 생존권적 기본권을 규정한 이래 대부분의 나라에서 노동 3 권을 보장하기에 이르렀다. 이처럼 생존권은 자본주의 사회에서 근로자와 같이 종속적 지위에 있는 자에게 초래된 생존의 위기를 인식하고 그들에게 인간적 생존을 보장하기 위한 법원리로 등장

---

28) 김형배b, 117면.
29) 이승길, 2면.
30) 하경효, 223면.
31) 이철수a, 20면.

하였다.32) 나아가 생물학적 인간으로서의 생존의 유지에 더하여 종속적 노동과 정에서 법주체로서의 지위를 잃지 않고서 노동인격을 실현할 수 있는 법원리로 서도 노동법은 작용한다. 이하에서 노동법의 규율 목적(이념)으로서 생존권의 보장과 노동인격의 실현을 본다.

(2) 생존권의 보장

자본주의 체제는 내재된 모순을 의식하여 근로자의 생존권을 일정 범위에서 법적으로 승인하고, 재산권질서 내지 시민법질서가 가져오는 결함이나 폐해를 교정하려고 하였다. 이러한 점에서 노동법이 생존권의 보장을 목적으로 하고 있다 하더라도 그것이 자본주의의 극복을 의미하는 것은 아니고 오히려 자본주의 경제질서와 법질서를 전제로 자본주의를 수정·보완하려는 것이다.33)

근로자에게 생존권이란 근로자가 인간으로서 인간다운 생활을 영위할 수 있는 권리를 의미하는데, 노동법의 영역에서 나타난 생존권의 구체적 모습이 노동 3 권이다. 노동 3 권은 노사 간에 실질적인 대등성을 실현함으로써 근로자에게 스스로 인간다운 생활을 영위할 수 있는 기초적인 환경을 마련하려고 한다. 여기서 말하는 인간다운 생활이란 인간의 존엄성이 보장되는 생활을 의미하며, 헌법 32조 3항에서도 "근로조건의 기준은 인간의 존엄성을 보장하도록 법률로 정한다"고 규정하여 이를 확인하고 있다. 따라서 인간적 생존의 내용은 인간의 존엄에 적합하고, 개인의 자율과 자기 발달의 자유에 대한 요청이 충족되어야 한다.34)

---

32) 片岡, 66면.
33) 김수복 교수는 이 점을 다음과 같이 비판하고 있다. "노동법은 본질적으로 반자본주의적 사회집단으로서의 성격을 가지는 근로자 단결의 투쟁을 체제 내에 편입시킴으로써 자본주의의 틀에 부분적 개량을 가하는 사회개량주의 형태를 띠고 있다. … 노동법은 시민법을 전제로 하되 그것이 가져오는 폐해를 부분적으로 교정하는 범위 내에서만 생존권의 실현을 도모하려는 데 불과하다"(김수복, 102면).
34) 片岡, 66면. 片岡 교수는 생존권 이념과 자유와의 관계를 다음과 같이 정리하고 있다.
　1. 생존권 이념은 시장원리에 의거한 부자유·불평등을 시정하기 위한 제약원리로 기능하고, 근로자 기타 개인의 생존에 관계되는 경제적·사회적·문화적 조건에 대한 규제를 초래한다.
　2. 생존권 이념은 근로자 개인의 인간적 생존에 대한 평등한 보장을 요구할 권리, 즉 평등적 사회권(교육권, 사회보장의 권리, 근로자로서의 제권리 등)의 승인을 이끌어낸다. 이들 사회권의 승인은 경제적 자유에 대한 일정한 제약을 용인하고 정당화하는 작용을 포함한다.
　3. 생존권 이념에 있어서 경제적 자유를 제외한 사상·양심의 자유, 인신의 자유, 정치적 자유 등 개인의 기본적 자유는 평등하게 보장되어야 한다. 사회권의 보장에 의거하여

인간의 존엄성에 관한 헌법규범은 입법부와 행정부에 대하여는 국민소득,
국가의 재정능력과 정책 등을 고려하여 모든 국민이 물질적인 최저생활을 넘어
가능한 범위 안에서 최대한으로 인간의 존엄성에 맞는 건강하고 문화적인 생활
을 누릴 수 있도록 하여야 한다는 행위의 지침, 즉 행위규범으로서 작용한다.
다만, 헌법재판에 있어서는 다른 국가기관, 즉 입법부나 행정부가 국민으로 하
여금 인간다운 생활을 영위하도록 하기 위하여 객관적으로 필요한 최소한의 조
치를 취할 의무를 다하였는지의 여부를 기준으로 국가기관의 행위의 합헌성을
심사하여야 한다는 통제규범으로 작용한다.35)

(3) 노동인격의 실현

근로자는 신체를 가진 사람이어서 생존의 보장이라는 기본적 욕구가 충족
되어야 하는 것이 필요하다. 그에 더하여 자신의 노동을 통해 스스로의 존엄과
자율성을 보장받아야 한다. 그러기 위해서는 노동 자체에 대한 사회적 존중이
필요하다. '노동은 상품이 아니다'라는 1944년 ILO의 필라델피아 선언에 나타난
노동존중의 의미는 상품이 아닌 노동과 인격적 존재로서의 노동자를 유지하기
위한 신념이기도 하다.36)

노동법은 근로자가 근로자로서의 생존과 향유할 수 있는 노동을 확보함으
로써 노동인격의 완성, 즉 근로자가 근로관계에서도 인격적 존재로서 생활할 수
있도록 하는 것을 목적으로 한다.37) 생존권의 보장이 물질적 욕구충족이라면 노
동인격의 실현은 물질적 관계를 넘어서는 사회적 관계에서 노동을 통한 자기실
현을 의미한다. 이는 노동을 통해 자유로운 삶을 향유할 수 있는 노동향유의 권
리38)와도 맞닿아 있다. 대법원에서도 사용자는 신의칙상 의무로서 근로자가 근

이들 자유를 제약하는 것은 허용되지 아니한다.
  4. 사회권의 내부에 있어서도 개인의 자유의 존중과 평등한 참가에 의거한 실질적 자유의
    보장이 필수적으로 요청된다.
35) 헌재 1997. 5. 29. 선고 94헌마33 결정. 이와 같은 판례의 태도는 인간의 존엄성을 협소하게
  해석하려는 것이라기보다는 규범통제로서의 사법작용이 갖는 한계 때문인 것으로 이해된다.
36) 1944년 ILO의 필라델피아 선언에 관한 설명으로는 알랭 쉬피오, 10~30면.
37) 생존권의 이념과 노동인격의 완성을 구별하여, 자기노동에 대한 자기 결정을 통하여 노동
  인격을 실현하는 것이 노동법의 목적이라고 주장하면서 근로자의 경영참가와 노사자치를 강
  조하는 입장도 있다(이달휴a, 272면).
38) 이홍재a, 38~42면(이홍재 교수는 노동향유권의 두 가지 내용으로 노동인격권과 노동재산권
  을 구분하고, 노동의 수단적 측면으로서의 재화획득을 위한 것과 노동의 목적적 측면으로서
  자기 인격실현을 구분하고 있다. 이홍재 교수는 노동과 인격 사이의 분리불가능성을 강조하
  면서 노동인격권을 노동을 통한 자기인격의 실현으로 보고 있다); 이달휴 교수도 노동을 수

로제공을 통하여 참다운 인격의 발전을 도모함으로써 자신의 인격을 실현시킬 수 있도록 하여야 함을 지적하며, 임금만 지급하고 노무수령을 거부하는 것은 근로자의 인격적 법익을 침해하는 것이라 하고 있다.[39] 이는 근로자의 임금을 통한 생존권 보장에서 더 나아가 목적으로서의 노동, 자율로서의 노동을 통한 노동인격 실현의 보장을 의미하는 것이기도 하다.

2. 노동법의 체계

가. 노동법의 분야

노동법을 그 규율대상에 따라 크게 개별적 근로관계법과 집단적 노사관계법으로 양분하는 것이 일반화되어 있다. 개별적 근로관계법은 개개의 근로자와 사용자 간의 결합에 의거한 관계를 규정하는 법으로서 국가권력의 직접적인 개입이 예정되는 영역이다. 이에 반하여 집단적 노사관계법은 근로자의 단결, 특히 노동조합의 활동을 중심으로 하여 전개되는 관계를 규정하는 법으로서 집단적 자치 내지 단체자치가 기반으로 되는 것이어서 국가권력의 개입은 간접적으로만 예정된다.[40] 노동법은 개별적 근로관계에서는 사용자의 계약자유에 맞서 근로자 보호목적의 후견적 개입을 하고, 집단적 노사관계에서는 노사당사자의 자치를 위한 조성적 개입을 한다.

(1) 개별적 근로관계법

노동법이 규율 대상으로 삼고 있는 근로관계는 사용자와 근로자 간의 근로계약을 전제로 하는 것이므로 이러한 근로계약의 체결을 통하여 성립되는 근로관계가 개별적 근로관계법의 중심을 이룬다. 즉, 근로계약의 체결, 근로관계 당사자의 권리·의무, 근로계약상 의무의 불이행, 근로계약의 이전·변경·소멸 등에 관한 문제가 개별적 근로관계법의 주된 내용이 된다.

근기법을 중심으로 하여 퇴직급여법, 최임법, 임보법, 남녀고용평등법, 산안법 등이 이에 해당하며, 사회보장법의 성격까지 겸유하고 있는 산재법도 개별적 근로관계법으로 분류된다.

단으로서의 기능 외에 목적으로서의 기능을 강조하면서 근로자가 자신의 삶을 완성 내지 자기실현을 위한 목적을 가지고서 노동관계 속에서 노동인격적 삶을 추구하는 것으로 이해한다(이달휴b, 336면).

39) 대법원 1996. 4. 23. 선고 95다6823 판결.

40) 片岡, 70면.

(2) 집단적 노사관계법

집단적 노사관계법은 근로자의 단결을 중심으로 전개되는 노사 간의 집단
적인 관계를 규율하는 법영역에 대한 명칭이다. 원래 노동법은 근로자의 생활관
계를 개별적인 관계의 장에서 규정함에서 비롯되었는데, 초기의 노동법은 시혜
적·구제적인 성격을 가지고 있었다. 노동운동의 진전 및 노동단체법의 확립과
함께 이러한 요소는 점차 불식되어 노동법에 의한 보호는 사회적·경제적 약자
로서의 근로자에 대하여 은혜적으로 부여되는 것이 아니라 근로자의 단결을 통
하여 스스로 쟁취하는 형태로 변화되어 갔다. 그러한 의미에서 집단적 노사관계
법은 근로자의 지위 향상이라는 목적을 위하여 기초가 되는 개별적 근로관계법
을 보강하는 역할을 담당한다고 할 수 있다.[41]

집단적 노사관계법은 노동법 체계에서 가장 기본적 지위를 점하고 있거니
와 노동조합의 결성·조직·운영, 단체교섭과 단체협약, 노동쟁의 등에 관한 문
제가 주된 논의의 대상이 된다. 노조법을 중심으로 공무원노조법, 근로자참여법,
노위법 등이 여기에 해당한다.

(3) 고용보장법

대체로 노동법은 개별적 근로관계법과 집단적 노사관계법으로 대별되지
만,[42] 학자에 따라서는 근로자에 대한 고용확대를 목적으로 하는 입법이 전면화
되고 있음을 직시하여 이러한 법률을 노동법의 이념에 따라 노동법의 체제 내
에 바르게 설정하는 것이 중요한 과제로 되었다면서 이를 노동법의 독립된 분
야로 취급할 필요가 있다고 주장한다.[43] 개개의 근로자에 대하여 취업의 기회를
제공하고, 직업훈련이나 실업 중의 생활을 보장함으로써 근로자의 생존권을 확
보하고자 하는 법영역으로 이를 고용보장법이라 칭하고 있다.

이 법영역에 해당될 수 있는 법률로는 고기법, 직안법, 고령자고용법, 외국
인고용법, 장애인고용법, 청년고용법 등을 들 수 있다.

---

41) 김형배, 74면.
42) 다만, 김형배 교수는 현대노동법은 개별적 근로관계법, 집단적 노사관계법, 협동적 근로관
    계법의 3층적 구조로 이루어져 있다면서 근로자참여법은 넓은 의미에서는 집단적 노사관계
    법에 속한다고 할 수도 있으나, 노동 3 권에 기초를 둔 법률이 아니고 노사 간의 참여와 협력
    을 통해 근로자가 경영과 이윤분배에 참가하는 협동적 노사관계법에 해당한다는 견해를 취
    하고 있다(김형배, 74~75면).
43) 片岡, 71면.

나. 다른 법영역과의 관계

(1) 시민법과의 관계

시민법 체계는 개인을 국가권력으로부터 보호하려는 자유권적 사상을 기초로 생성된 것이므로, 사법에 있어서는 소유권의 불가침을 그 원칙으로 채택하고, 개인 상호간의 관계에 대한 규율을 개인의 자유의사에 방임함으로써 계약자유의 원칙을 수립하였다. 시민법 체계의 중심에 위치하고 있는 민법은 모든 개인을 세상에 태어날 때부터 봉건적·신분적 제약으로부터 완전히 자유롭고 서로 평등하며, 한편으로는 이성적이면서 다른 한편으로는 이기적인 추상적 개인(Abstrakter Einzelmensch), 즉 인격체(Person)로 보고, 이러한 개인을 출발점으로 하고 있다.[44]

시민법이 보장하는 이러한 자유는 사람을 소유권의 대상으로 삼았던 물권적 구속으로부터 근로자를 해방시켰다. 그러나 자유로운 근로계약이 근로자의 사회적 구속까지 해체시킨 것은 아니었다. 근로자에게 주어진 자유는 기껏해야 생산시설을 가진 소유자가 제공하는 일자리를 스스로 선택하는 자유에 불과하였고, 스스로 생활조건과 근로조건을 형성할 수 있는 자유는 아니었다. 자본가와 근로자가 매수인과 매도인으로서 시장에서 대립하는 것은 우연이 아니었다. 일방은 노동력의 매도인으로서 상품시장으로 후퇴하고 자신의 노동생산물은 타방의 매매수단으로 변하였다. 사실 근로자는 자본가에게 매도되기 전에 자본에 귀속되어 있었고, 이러한 경제적 종속성은 은폐되어 있었다.[45]

노동법은 시민법에서 은폐되고 방치되고 있었던 노동문제의 심각성을 인식하고 근로자를 추상적 인격체가 아닌 일종의 계급적 존재(der Mensch als Klassenwessen)로 파악하여 근로자의 생존권을 실현하려고 하였다. 노동법은 노동의 종속성을 중심으로 노동법체계의 독자성을 강조하며 근로관계에서 시민법 질서와 대립하고, 구분되는 수정원리를 만들어 왔다.

그 결과 노동법은 시민법과 대비하여 다음과 같은 특색을 가지게 되었다. 첫째, 시민법이 평균적 정의와 형식적 평등을 중시하는 것이라면 노동법은 배분적 정의와 실질적 평등을 중시한다. 둘째, 공법과 사법의 혼합과 교차가 두드러진다. 셋째, 집단적 자치와 자치규범이 존중된다.[46]

---

44) 곽윤직, 69면.
45) 강희원a, 147면.
46) 김유성, 11면.

그런데 노동법의 등장은 시민법원리에 대한 수정적 계기로서 의의를 가지는 것일 뿐, 시민법의 부정을 의미하는 것은 아니다. 시민법의 개인주의적 자유의 원리를 전제로 하면서 그것이 초래하는 사회적 폐해를 교정하려고 하는 것에 오늘날 노동법이 갖는 현실적 의의가 있다.[47] 시민법과 노동법은 단순한 대립관계에 있는 것이 아니라 오히려 협력관계에 있으며, 시민법적인 개인의 자유와 평등의 사상을 배제하는 것이 아니라 이를 실질적 의미에서 근로자에게 확대하고 구체화하는 것이라고 할 수 있다.

최근 노동환경 및 경제환경의 급격한 변화에 호응하여 일부 학자 사이에서는 노동법의 독자성에 의문을 표시하며 노동법도 사법질서체계 속에 귀속될 것을 주장하는 견해[48]가 있다. 이 견해에서는 민법과 다른 내용의 입법과 판례를 통해 형성·발전된 노동법의 독자성을 지나치게 강조한 나머지 근로관계에서 민법의 적용 자체를 부인하거나, 노동법의 사법질서 내에서의 체계적 지위에 대한 올바른 이해 없이 근로자 보호관념에 의존하여 모든 노사 간의 법적 문제를 해결하려는 태도를 비판한다. 나아가 현대산업사회에서는 근로자 보호라는 하나의 가치에 따른 판단보다는 이른바 복합적 사고에 의해서만 규명되고 해결될 수 있는 사안이 늘어갈 수밖에 없기 때문에 근로자 보호와 함께 기업활동의 자유, 파업 중이거나 실업 중인 근로자의 이해관계 등 모든 가치에 대한 적절한 고려를 통해서만 문제의 타당한 해결이 가능하고, 이러한 점에서 노동법은 근로자 보호체계에서 노사의 이해관계를 타당하게 조절하는 규범체계로 이행되어야 할 것이라고 주장한다.

이와 같은 시각이 노동문제의 해결과 노동법학의 현대적 정립에 많은 시사점을 던져주는 것은 사실이다. 다만, 섣불리 종속노동론을 포기하고 노동법의 독자성을 부인하기보다는 급격한 변화를 겪고 있는 근로관계의 여러 개별적 측면에서 노동법이 얼마만큼 구체적으로 타당하고 다른 이익주체와의 관계에서 조화롭게 근로자의 생존권을 확보할 수 있는가라는 관점 하에 노동문제 전반에 걸친 신중한 검토가 이루어져야 할 것이다. 특히, 노동법은 근로자 보호입법으로 축소해석될 것이 아니라 노동의 자율성과 인격성을 지향하기 위한 법이라는 점이 강조될 필요가 있다.

---

47) 片岡, 65면.
48) 하경효, 221면.

(2) 사회법과의 관계

생존권 이념이 확대됨에 따라 사회법(Sozialrecht)으로 불리우는 새로운 법영역이 등장하게 되었다. 사회법에 관하여는 명확한 개념적 통일이 이루어져 있지 않지만, 대개 2가지의 입장이 있는 것으로 이해된다.

첫 번째 입장은 법사상으로서의 사회법 개념을 주장하는 입장으로서, 법철학자 라드부르흐(G. Radbruch)는 사회법을 '구체적인 사회화된 인간을 목적으로 하는 법'이라고 하면서 근대법에 있어서 개인법리와 대조된 의미에서 새로운 법리로서의 개념, 즉 사회법리를 주창하였다.

두 번째 입장은 특정한 실정법 영역에 관하여 사회법 개념을 인정하는 입장이다. 후고 진쯔하이머는 노동법이 인간을 사회적 현실성 속에서 파악하여 인간을 사회의 제한으로부터 해방하고 인간에게 새롭게 보장된 생존을 부여하려는 법이라고 하면서 노동법이야말로 구체적인 인간의 사회적 결합관계를 의식적으로 법규정의 대상으로 삼고 있다는 점에서 진정한 사회법이라고 주창하였다. 이 입장에서의 사회법이란 생존권적 기본권의 실현을 목적으로 하는 법이라고 할 수 있는데, 이를 좀더 구체화하면 '자본주의의 기구적 모순의 피해자인 계급 내지 사회계층의 실천적 요구에 의거하여 국가 권력의 부분적 양보를 통하여 인간의 생존을 확보하는 것을 가치원리로 하여 성립하는 법'[49]이라든가, '시민법원리 하에 사실상 자본주의 사회의 압박을 받을 수밖에 없는 특수한 부분사회(사회집단)에 소속된 사회적 인간을 예상하여 그 생존권을 고려하는 내용의 사회적 정의를 법적 원리로 삼아 구성하는 법'[50]이라는 설명이 가능하겠다.

이러한 관점에서 제1차 세계대전 전 독일에서는 노동계약법, 근로자보호법, 사회보험법을 총칭하는 명칭으로 사회법이라는 용어를 사용하기도 하였다. 제2차 세계대전 후부터는 사회보험과 공적 부조, 사회사업이 통합된 법제도로서 사회보장법이 독자적 법영역으로 형성되기 시작하여 노동법과 사회보장법은 상이한 두 영역으로 분류되었고, 노동법 분야에 포함되었던 노동보험, 재해보상 등이 사회보장법 분야에서 제도적으로 발전·정비되었다.[51]

---

49) 片岡, 68면.
50) 沼田稻次郎, 77면(坂本重雄, 35면에서 재인용).
51) 김수복, 105면.

(3) 경제법과의 관계

시민법이 개인 간의 이익조정을 형식적 권리·의무의 관계에서 파악하는 것이라면, 경제법은 기업 상호간, 기업과 국가, 기업과 소비자 간의 관계를 실질적 경제질서의 측면에서 파악하는 것이라 할 수 있다. 독점규제 및 공정거래에 관한 법률, 소비자기본법, 제조물책임법, 약관의 규제에 관한 법률 등이 이에 해당한다.

근로자와 관련하여 볼 때 경제법은 경제질서의 실질적 민주화를 꾀함으로써 결과적으로 근로자의 경제적·사회적 종속을 극복하려고 한다는 점에서 노사의 실질적 평등을 실현하려고 하는 노동법과 이념적으로 공통하는 면이 있다. 또한 국가의 적극적 개입이 예정되고 있어 공법과 사법이 교차한다는 점에서도 경제법과 노동법은 유사하다.[52]

그러나 노동법은 근로관계와 노사관계를 규율 대상의 중심으로 삼고 근로자의 생존권과 노동인격의 확보를 그 이념적 지향으로 삼고 있다는 점에서 경제법과는 구별되는 법영역이다.

II. 노동법의 법원(法源)

1. 법원(Source of law, Rechtsquelle)의 의미

법원(法源)이라는 말은 종래부터 다의적으로 사용되어 왔다. 첫 번째로는 법사학에서 사용하는 용법으로, 과거의 법을 인식할 수 있는 자료라는 의미를 갖는다. 법전, 입법 이유서, 판례집 등과 같이 각종의 기록, 문헌 기타 법에 관한 사료를 법원이라 칭하는 입장이다.[53] 두 번째로는 주로 법철학에서 사용하는 용법으로, 법의 타당 근거, 즉 법이 법으로서 성립하여 사람을 구속하는 효력이 유래하는 이념을 의미한다. 신의 의지, 이성, 국가, 국민의 규범의식 등이 법원으로 거론된다.[54] 세 번째로는 법사회학이나 법사학에서 사용하는 용법으로, 법의 내용의 원천, 즉 법을 창설하고 성립시키는 원동력을 법원이라 이해하는 입

---

52) 바이마르 시대의 독일에서는 노동법과 나란히 경제법도 사회법의 중요한 일익을 담당하는 것으로 취급하였다(片岡, 68면).

53) 법정보원(法情報源, Rechtsinformationsquelle)이라 할 수 있다(김대휘, 8면).

54) 법이념과 가치와 관계에 의한 법의 효력이나 구속력의 근거(Geltungs- od. Verbindlich-keitsgrundlage)라는 점에서 법효력원(法效力源) 내지 구속원(拘束源)이라 할 수 있다(김대휘, 10면).

장이다.55) 도덕, 관습, 종교 기타 사회규범은 물론 외국법, 판례, 학설 등도 법원으로 받아들인다. 네 번째로는 주로 법해석학에서 사용하는 용법으로, 법의 존재형식, 즉 법이 어떠한 모습으로 형성되고 표현되는 것인가를 구체적으로 인식할 수 있게 하는 단서를 말한다. 법을 해석하고 적용하는 데에서 해석자와 법관이 원용하고 의거하는 법규범의 형식을 말하는 것이다.56)

이와 같이 법원의 의미는 다양하지만, 통상적으로 사용되는 용법은 네 번째의 용법, 즉 재판규범으로서 법의 존재형식이다. 이는 특정 시대에 특정 국가에서 효력 있는 법의 규율을 찾아볼 수 있는 수단을 의미한다.57) 여기서도 이러한 의미에서 법원의 개념을 사용하기로 한다.

그런데 이러한 접근방식만을 고집할 경우 현실에서 생성되고 있는 법현실을 제대로 반영하지 못하는 법실증주의적 오류에 빠지게 될 우려가 있다는 지적이 있다. 이 견해에 의하면, 자본주의가 발전하여 사회생활이 복잡해지면서 성문법이 현실의 상황에 즉응하여 사회생활을 완벽하게 규율하는 것은 불가능하고 법의 흠결이 불가피하다. 그럴 경우 재판에 적용할 규범을 발견하기 위해서 관습, 조리 등을 탐구하여 제정법을 보충할 수밖에 없고, 제정법의 흠결과 간격을 메우기 위해서 생성되는 사회적 자주법(社會的 自主法), 관행 등과 같이 현실의 사회에서 행위규범으로서 작용하는 규범에 대하여 충분히 배려하지 않으면 제정법을 사회의 정의에 합치되게 운용할 수 없으며, 재판의 공정성과 타당성을 도모할 수가 없다. 특히 노동법은 자본주의 사회에서 자본가와 근로자 간의 계급적 대립이라는 모순의 격화를 기반으로 생겨났고, 노동자 계급의 생존권 요구 운동을 매개로 하여 생성되고 발전되어 왔기 때문에 형식적 의미의 법원만을 따로 떼어내어 고정된 것으로 파악할 수는 없고, 항상 법의 성립 기반과 타당 근거를 고려하여야 한다는 것이다.58)

---

55) 법산출원천(法産出源泉, Rechtserzeugungsgrundlage od. quelle)이라 할 수 있다. 법은 강제라는 요소에 의하여 다른 사회규범과 구별되는데, 강제의 배후에는 사회적 힘이 있고, 이것이 법을 산출하는 경험적 원천이 된다고 한다(김대휘, 9면).
56) 本多淳亮, 107면 이하.
57) 독일학계의 지배적 경향은 한 국가 안에서 타당한 법을 어디서, 어떻게 인식할 수 있는가라는 의미에서의 법원 개념, 즉 법인식원(法認識源, Rechtserkenntnisquelle)과 구별하여, 직접적이고 구속적인 법의 존재근거로서 법원, 즉 법의 성립근거(Entstehungsgrundlage od. quelle) 내지 법성립원(法成立源)이란 개념을 제시하고 있다. 예컨대 대륙법계 국가의 판례와 조리는 법성립원은 아니지만 법인식원에 해당한다. 자세한 것은 김대휘, 8면 이하 참조.
58) 本多淳亮, 108면 이하.

이러한 지적은 학계에서 널리 수용되고 있거니와, 실정법의 자기완결성을 고집하는 개념법학적 실증주의에 의하면 실정법을 근거로 하지 않은 어떠한 법원도 인정하지 않으려고 하므로 노동법의 법원을 축소시키는 결과를 가져온다고 비판하면서, 실정법뿐만 아니라 근로계약, 이른바 노사자치법규·노동관행 등을 논의하고 이에 대한 규범적 가치평가를 하기 위해서는 현행법의 존재형식으로서 그 규범적 의미 내용을 인식하는 매개체로 법원의 개념을 정의하여야 한다는 견해[59]도 같은 맥락에서 이해할 수 있다.

그런데 현실의 사회에서 생성되고 있는 행위규범 또는 사회규범을 재판에서 고려한다고 하더라도 이들 규범이 모두 법원으로 평가를 받아 재판의 규준으로 되는 것은 아니다. 사회 내부에 그것을 당연히 따르지 않으면 아니 되는 법으로서 인식하고 법적 확신으로 지지되고 있다고 판단될 수 있는 사회규범만이 법규범, 즉 재판규범으로 되는 것이다. 그와 같은 법적 확신의 유무를 판정하는 데에는 당해 규범이 어떠한 사회적 조건 하에서 어떠한 규범적 의미로서 생성되고 타당한 것인가 하는 문제에 대한 인식을 빠뜨려서는 아니 된다.[60]

2. 법원의 종류

전통적인 사법 영역의 법률관계는 주로 당사자의 의사에 의해 자율적으로 형성되고, 강행적 법률 규정은 예외적으로만 개입하는 데에 비하여, 근로관계에 대하여는 해당 노사 당사자의 의사인 근로계약 외에 일반적으로 구속력 있는 단체협약, 사용자가 일방적으로 제정하는 취업규칙 등 다양한 결정 인자가 있으며, 강행적 법률규정이 적용되는 영역도 상대적으로 확장되어 있다. 게다가 강행적 효력은 대부분 근로자를 위한 사용자에 대한 효과이기 때문에 다른 법령과는 달리 편면적이다.[61]

후고 진쯔하이머는 노동법의 법원으로 법률과 명령으로 구성된 국가적 노동법, 조직된 사회적 힘에 의해 산출된 자치적 노동법, 노동관습법과 국제노동법으로 구분하고, 단체자치(조합규약 등)와 계약자치(단체협약, 경영협정)에 따른 규정들은 자치적 노동법에 포함시키고 있다.[62] 재판규범으로서 노동법의 법원

---

59) 김형배, 76면.
60) 本多淳亮, 109면.
61) 강희원b, 15면.
62) 후고 진쯔하이머, 39~52면.

을 각국에서 어떻게 인정하여 왔는가는 전통과 실무, 노사관계의 상황 등에 따라 다를 수 있겠지만 일반적으로 거론되는 노동법의 법원은 다음과 같다.

가. 제 정 법

제정법은 국가에 의하여 성립한 규범으로서 근대국가의 성립 이래 가장 중요한 지위를 가지는 법원이다. 제정법은 일반적으로 문장으로 표시되어 있어 성문법에 해당하는데, 전통적으로 불문법주의를 취하고 있는 영미법계 국가에서도 특별법의 영역에서는 상당한 성문화(成文化)가 이루어져 사실상 성문법주의로 접근하는 경향을 보이고 있고, 특히 정책입법의 성격이 강한 노동법의 분야에서는 더욱 현저하다.[63]

(1) 헌   법

헌법은 노동법의 여러 법원 중에서 최상위의 규범이다. 헌법에 위배되는 규범은 효력이 없으며, 법관이 재판규범으로 이를 적용할 수가 없다. 헌법상 규정 중 노동법의 영역과 특히 관련이 있는 것으로는 헌법 32조(근로의 권리)와 33조(노동 3 권)를 들 수 있다. 개별적 근로관계를 중심으로 하여 근로자들의 근로조건 또는 고용보장에 관한 법률은 헌법 32조를, 집단적 노사관계를 중심으로 하여 노사 간의 교섭, 쟁의행위 및 경영참가 등에 관한 법률은 헌법 33조를 기초로 하고 있다. 따라서 헌법 32조와 33조는 이러한 법률과 관련된 헌법소원이나 위헌법률심판제청사건 등의 헌법소송에서는 직접 재판규범으로 적용되며, 이러한 법률이 적용되는 일반 소송에서는 이들 헌법규정이 보장하는 기본권 이념에 부합하도록 관련 법률을 해석하는 기준이 된다. 예컨대 헌법 32조 3항에서 규정하고 있는 '인간의 존엄성'은 근로조건의 기준을 규정한 근기법에 대하여 최상위에 있는 규범적 보호 기능을 담당한다.[64] 이러한 의미에서 헌법은 규범이 구속력을 가지는 원천, 즉 법효력의 원천으로서의 성격이 강한 규범이라 할 수 있다.

헌법 32조와 33조 외에 노동법의 영역에서 문제되는 헌법 규정으로는 헌법 7조(공무원의 정치적 중립), 10조(인간의 존엄과 가치), 11조(평등권), 12조(신체의 자유), 16조(주거의 자유), 17조(사생활의 비밀과 자유), 18조(통신의 비밀), 19조(양심의

---

63) 강희원b, 18면.
64) 김형배, 78면. 김형배 교수는 노동관계법에 대하여 헌법규정이 중요한 의의를 가지는 것은 근로자의 종속적 지위를 개선하여 노사 사이에 실질적 평등을 확보해야 할 노동관계법의 구조적 틀을 규정하고 있기 때문이라고 한다.

자유), 20조(종교의 자유), 21조(집회 · 결사의 자유), 34조(사회보장) 등을 들 수 있다.

(2) 법   률

법원으로서 법률이란 국가의 입법기관이 '법률'의 형식으로 제정하는 규범을 말한다. 즉 국회의 의결을 거쳐 대통령이 서명하고 공포함으로써 성립하는 형식적 의미의 법률이 이에 해당하는데, 법원 중에서 가장 중요한 재판규범이다. 물론 헌법에 합치하는 범위 안에서 효력을 가지는 것이긴 하나 헌법재판소의 위헌 결정이 있기 전까지는 국회가 제정한 법률은 유효하게 근로관계를 규율하고, 법률에 위임 근거를 가지지 못하는 명령은 법규적 효력을 발휘하지 못한다.

근로관계에 관한 법률은 원칙적으로 강행적 효력을 가지고 있고, 특히 근로자 보호에 관한 분야에서 강행적 성격이 두드러진다.[65] 그러나 이와 같은 강행적 효력은 어느 경우에나 적용되는 절대적인 것은 아니다. 단체협약 · 취업규칙 · 근로계약에 의하여 법률이 정한 기준 이상으로 유리한 약정을 하는 것은 전혀 강행적 법규에 위배되지 아니한다. 근기법은 이 법이 정한 기준이 최저 기준임을 명확히 하면서(법 3조) 이 법이 정한 기준에 미치지 못하는 근로조건을 정하는 근로계약의 부분을 무효로 하고 있는바(법 15조), 이는 법의 강행성이 근로자의 보호를 위한 방향으로만 적용되는 편면적 성격을 가지기 때문이다. 근기법이 천명하고 있는 노사 간 동등한 지위에서 자유의사에 따라 근로조건을 대등하게 결정하는 원칙(법 4조)도 근로조건의 내용 외에 근로조건의 합의방법 자체의 대등성도 함께 보장하여 근로자 보호의 역할을 하고 있다.

(3) 명령 ― 시행령과 시행규칙

오늘날 복잡한 사회에서 제정법이 법원으로서 비중이 점점 높아가지만 많은 영역에서 의회에 의한 입법만으로는 대처할 수 없게 되었다. 의회가 원칙적으로 입법권을 행사하되 의회는 기본 윤곽만을 정하고, 구체적 내용 형성을 다

---

65) 예컨대 노사 간에 매월의 월급이나 매일의 일당 속에 퇴직금을 포함시켜 지급받기로 하는 약정을 체결하였다 하더라도 이는 최종 퇴직 시 발생하는 퇴직금청구권을 사전에 포기하는 것으로서 구 법(2005. 1. 27. 법률 7379호로 개정되기 전의 것) 34조에 위반되어 무효라고 해석하는 것(대법원 2007. 8. 23. 선고 2007도4171 판결)은 노동법의 강행법규성을 여실히 보여준다. 다만 위와 같은 퇴직금분할지급 약정이 무효라 하더라도 근로자가 기지급받은 퇴직금 명목의 돈은 부당이득이므로 사용자가 이를 반환청구할 수 있을 뿐만 아니라 이를 자동채권으로 하여 상계할 수 있다(대법원 2010. 5. 20. 선고 2007다90760 전원합의체 판결).

른 국가기관에 위임하는 방향으로 전환되어 가고 있다.[66] 근로관계 법률도 일반
적으로 추상적·포괄적인 규정이 많으므로 대통령령, 총리령, 부령 등과 같은
명령에 의한 보충기능은 상당히 중요한 의미가 있고, 그만큼 행정기관의 정책적
또는 자의적인 판단이 개입할 여지도 크다.

  명령은 법률의 위임 범위 내에서 법률의 내용을 보충하고 그 시행을 확보
하기 위하여 행정기관이 제정하는 것인데, 그 중에서도 대통령령이 최상위의 규
범으로서 중요한 지위를 점하고 있다. 명령은 그 효력의 위계상 헌법과 법률에
반할 수 없고, 특히 근로자의 생존권 보장을 목적으로 하는 근로관계 법률에 반
하는 명령은 근로자의 보호라는 법의 기능을 파괴하기 때문에 법률로부터 개별
적·구체적으로 위임받은 범위를 엄격히 준수하여야 한다.

  행정기관이 정하는 명령 중에는 법률의 위임에 따라 국민의 권리와 의무를
직접 규율하는 '법규명령' 외에, 행정 내부의 조직과 활동을 규율하는 '행정규
칙'이 있다. 행정규칙은 주로 고시·훈령·예규·통첩 등으로 발령되지만, 대통
령령·총리령·부령의 형식으로 공포되기도 한다. 일반적으로 행정규칙은 헌법
과 법률의 근거를 요하지 아니하고 그 고유의 권한으로 국민의 권리·의무와 직
접 관계가 없는 행정 내부의 조직과 권한 분배, 업무 처리 절차, 업무 처리 기
준 등의 사항을 정한다. 이와 같이 행정규칙은 행정청이나 공법인의 내부에서만
효력을 가지고, 법관도 이에 구속되지 않아 그 법원성은 부정되는 것이 일반적
견해이고 판례의 입장이기도 하다.[67]

  그런데 실제로 행정규칙 중에는 국민의 권리·의무에 간접적으로 영향을
미치는 내용을 포함하고 있는 것이 많다. 특히 행정규칙 중 노동 문제에 대한
행정해석은 노동행정의 통일적 기준이 되고, 노사 당사자에게 중요한 행위규범
으로 작용한다.[68] 이러한 점을 중시하여 법관이 소송에서 행정관청의 해석을 존
중하는 한 행정해석은 외형상 재판의 규준으로서 기능하지만 그것 자체가 법원을

---

  66) 김대휘, 210면.
  67) 대법원 2001. 11. 27. 선고 99다22311 판결 등 다수.
  68) 헌법재판소는 "행정규칙이라도 재량권행사의 준칙으로서 그 정한 바에 따라 되풀이 시행
    되어 행정관행을 이루게 되면, 행정기관은 평등의 원칙이나 신뢰보호의 원칙에 따라 상대방
    에 대한 관계에서 그 규칙에 따라야 할 자기구속을 당하게 되는바, 이 경우에는 대외적 구속
    력을 가진 공권력의 행사가 된다"고 하여 외국인산업기술연수생의 보호 및 관리에 관한 지
    침(1998. 2. 23. 노동부 예규 369호로 개정된 것) 중 일부 규정에 대하여 대외적 구속력을 갖
    는 공권력행사라고 보고 헌법소원의 대상으로 받아들였다(헌재 2007. 8. 30. 선고 2004헌마670
    결정).

구속한다거나 청구권의 기초로서의 법원성을 가지지는 않는다는 견해가 있다.[69]

행정해석을 포함하여 행정규칙은 법령이나 판례에 준하는 정도로 효력 있는 법규범이 될 개연성이 높다고 평가하기도 한다.[70] 실제로 행정청이 정한 불확정 개념의 해석준칙이나 재량준칙이 법원의 해석에 영향을 주는 경우가 적지 않겠으나, 그렇다고 하여 행정규칙 자체가 법원성을 가지는 것은 아니고, 행정규칙에 의하여 그 내용과 의미가 명확해진 상위규범인 법령이 재판규범으로 되는 것일 뿐이다. 또 행정 업무의 통일적 기준이 평등의 원칙을 매개로 하여 국민의 권리·의무에 영향을 주는 간접적인 법규성을 가진다고 평가할 수 있겠으나, 이 경우 법관을 구속하는 것은 그 통일적 기준을 정하는 행정규칙이 아니라 평등의 원칙 또는 평등권의 보장이라는 규범이다. 다만, 이와 같은 행정규칙이 노사 당사자의 현실적인 행위규범이 됨으로써 그 내용이 노동관행이 되고 이에 대한 법적 승인이 있는 경우에는 노동관습법으로서 법원이 될 수도 있을 것이다.[71]

나. 국제노동법규 ― ILO 협약과 권고를 중심으로

우리나라는 1991. 12. 9. UN 가입과 함께 152번째 국제노동기구(ILO)의 정식 회원국이 되었다. ILO는 제1차 세계대전 후 파리평화회의에서 체결된 파리평화조약 중 13편 노동조항에 따라 설치된 이래 현재 그 회원국은 187개 국(2019년 5월 기준)에 이른다. ILO 회원국은 ILO 헌장상의 기본목적을 준수하여야 하고, 총회에서 채택된 협약(Convention[72])의 비준 및 권고(Recommendation)의 수락, 연례보고서의 제출, 분담금 납부 등의 의무를 지는데, 그 중 특히 중요한 의무는 협약의 비준과 권고의 수락이다. 비준된 협약은 국내법과 같은 구속력을 갖지만,[73] 권고는 단지 기준만을 설정한 것으로서 수락되더라도 단지 국내조치의 지침이 될 뿐이라는 점에서 구별된다.[74]

---

69) 김형배, 90면.
70) 김대휘, 216면.
71) 片岡, 81면.
72) 조약이라고도 번역된다.
73) 헌재 2014. 5. 29. 선고 2010헌마606 전원재판부 결정. 이 결정은 ILO 협약 135호 '기업의 근로자대표에게 제공되는 보호 및 편의에 관한 협약'을 2002. 12. 27. 우리나라도 비준하여 발효되었으므로 국내법과 마찬가지로 이를 준수할 의무가 있다고 하였다. 그러나 노조전임자에 대한 근로시간 면제의 최대한을 총량으로 제한하고 있는 노조법 규정이 135호 협약과 충돌되는 것은 아니라 보았고, ILO 결사의 자유위원회의 권고는 국내법과 같은 효력이 있거나 일반적으로 승인된 국제법규가 아니라 보았다.
74) ILO 헌장 19조 6항 a.
    비준한 협약의 경우에는 협약실천을 위한 국내조치상황의 실태를 보고하여야 한다. 보고

ILO 신규 회원국의 경우 가입 이전에 이미 채택한 협약을 비준할 의무를 지지 않으나, 가입 이후에 채택되는 협약에 대하여는 가입국 정부는 ILO 총회 회기 종료 후 1년 이내에 비준을 받기 위하여 협약을 국회에 상정하여야 할 의무를 갖는다. 비준된 협약은 회원국이 ILO 사무총장에게 통지한 날로부터 원칙적으로 1년 후에 회원국에서 국내법과 동일한 효력을 갖게 되므로, 이미 시행 중인 노동관계 법률이 협약 비준 이후 1년 안에 개정되지 않고 서로 충돌하는 경우에는 신법우선의 원칙에 의하여 비준된 협약의 적용이 앞선다.[75] 2018년 기준 ILO가 채택한 189개의 협약 중 4개 분야의 8개 핵심협약은 다음과 같다.

ⅰ) 결사의 자유 관련 87호 협약(결사의 자유 및 단결권 보장에 관한 협약, 1948) 및 98호 협약(단결권 및 단체교섭권에 대한 원칙의 적용에 관한 협약, 1949)[76]

ⅱ) 강제노동금지 관련 29호 협약(강제노동에 관한 협약, 1930) 및 105호 협약(강제노동의 철폐에 관한 협약, 1957)

ⅲ) 균등대우에 관한 100호 협약(동일가치의 근로에 대한 남녀근로자의 동일보수에 관한 협약, 1951) 및 111호 협약(고용 및 직업의 차별처우에 관한 협약, 1958)

ⅵ) 아동노동금지에 관한 138호 협약(취업의 최저연령에 관한 협약, 1973) 및 182호 협약(가혹한 형태의 아동노동 철폐에 관한 협약, 1999)

ILO 협약은 다른 협약과는 달리 비준 시 유보가 인정되지 않는다. 따라서 국내법의 내용과 모순되는 협약 조항이 있을 경우 그 부분을 유보하고 비준할 수는 없다(유보금지의 원칙 또는 무조건 비준의 원칙). ILO 협약은 전 세계의 노동자를 보호하기 위하여 사회적 최저기준을 정한 규정으로서 특정 국가의 특수성을 인정할 수 없기 때문이다.

이러한 ILO 협약의 특성으로 인해 우리나라는 2021년 이전까지 189개의

서에는 협약의 내용을 규정하고 있는 국내입법이 포함되어야 하며, 기구나 전담기관의 설치가 필요한 경우에는 실제적인 조치사항이나 운영사항 등이 포함되어야 한다(헌장 22조). 비준하지 않은 협약의 경우 ILO 이사회는 비준하지 않은 많은 협약 중 기본적으로 중요하다고 판단되는 협약의 비준을 위한 국가적 조치사항에 관한 보고서를 매년 제출하도록 되어 있다(헌장 5조 e).

75) 김지형, 47면.

76) 2019년 5월 기준 ILO의 결사의 자유 관련 87호 협약은 187개 회원국 중 155개국이, 98호 협약은 166개국이 비준하였다(조용만, 29면).

협약 중 29개만을 비준하고 있었다.77) 그로 인해 ILO와 OECD 등 국제기구나
국가인권위원회78)로부터 노동법 개정 및 협약 비준의 압력을 받았고, 노동계로
부터는 핵심기본협약 중 87호와 98호 협약에 대한 비준의 요구가 강하였다. 특
히 노동관계법령 중 ILO의 핵심협약과 충돌하는 제도들, 예를 들면 공공부분의
단결권 제한, 설립신고제도, 해고자의 조합원 자격 제한, 노조전임자 급여지급금
지, 파업에 대한 실질적 형사처벌(각 87호 협약 또는 98호 협약과의 충돌),79) 대체
복무와 교정시설의 강제노동(29호 협약 및 105호 협약과의 충돌) 등의 협약과 충돌
되는 국내법의 해결책을 둘러싸고 선입법 후 비준을 주장하는 의견과 선비준
후 입법을 주장하는 의견이 대립되기도 하였고, 정부 주도의 노동법 개정안을
요구하는 입장과 노사정 대화를 통한 사회적 합의의 필요성을 중시하는 입장이
대립되기도 하였다.80)

　　ILO 8개 핵심협약과 관련하여 한국은 균등대우와 아동노동금지에 관한 4
개 협약(100호, 111호, 138호, 182호)은 2001년 이전에 비준하였지만 나머지 4개
핵심협약은 위와 같은 논쟁으로 지연되다가 협약 비준을 위해 일부 노동법 개
정이 이루어진 이후인 2021년에 이르러서야 29호 강제노동에 관한 협약, 87호
결사의 자유 및 단결권 보장에 관한 협약, 98호 단결권 및 단체교섭권에 대한
원칙의 적용에 관한 협약을 국회에서 비준하여 1년 뒤인 2022년 발효되었다.

　　ILO 핵심협약 8개 중 국내에서 비준되지 않은 협약은 이제 105호 강제노

---

77) 우리나라가 2021년 이전까지 비준했던 29개 협약은 앞서 본 8개 핵심협약 중 100호, 111
　호, 138호, 182호 외에, 19호(산업재해로 인한 보상에 있어서의 내·외국인 평등대우에 관한
　협약), 26호(최저임금의 결정제도에 관한 협약), 53호(상선에 승무하는 선장과 직원에 대한
　직무상 자격의 최저요건에 관한 협약), 73호(선원의 건강진단에 관한 협약), 81호(공업 및 상
　업부문에서 근로감독에 관한 협약), 88호(고용서비스 기관에 관한 협약), 122호(고용정책에
　관한 협약), 131호(최저임금제도 수립에 관한 협의), 135호(근로자 대표에 관한 협약), 142호
　(인적 자원의 개발에 있어서 직업지도 및 훈련에 관한 협약), 144호(국제노동기준의 이행을
　촉진하기 위한 3자협의에 관한 협약), 150호(노동행정에 관한 협약), 156호(가족부양의 의무
　가 있는 근로자의 고용 및 기회균등에 관한 협약), 159호(장애인 직업재활 및 고용에 관한
　협약), 160호(노동통계에 관한 협약), 162호(석면에 관한 협약), 170호(작업장에서의 화학물질
　사용·안전에 관한 협약), 185호(선원의 신분확인서류에 관한 협약), 2호(실업협약), 47호(주
　40시간 협약), 115호(방사선보호 협약), 139호(직업성 암 협약), 해사노동협약(MLC, 이로 인
　해 기존의 비준한 협약인 73호 선원건강검진 협약과 53호 관리자 자격증명에 관한 협약은
　2015. 1. 19. 자동철회됨) 등이었다(김근주a, 26~27면).
78) 국가인권위원회 2018. 12. 12.자 보도자료 제목: "인권위, 결사의 자유 관련 ILO 제87호, 제
　98호 협약 가입 권고".
79) 이승욱, 11~12면; 조용만, 30~39면.
80) 김근주b, 4면.

동의 철폐에 관한 협약뿐이다. 강제노동의 철폐에 관한 협약은 ⅰ) 정치적 강압이나 교육의 수단으로 또는 기존의 정치·사회·경제 체제에 반대되는 정치적 견해를 가지거나 표현한 것에 대한 처벌로, ⅱ) 경제발전을 목적으로 노동력을 동원하고 사용하는 방법으로, ⅲ) 노동규율(징계)의 수단으로, ⅳ) 파업참여에 대한 처벌로, ⅴ) 인종, 사회, 국가 또는 종교적 차별의 수단으로 강제노동을 악용하는 것을 금지한다. 한국의 경우 노동법상 파업 등으로 인한 업무방해 형사처벌 규정 중 징역형이 수형자들에게 노동을 강제하고 있어 2024년 5월 현재 비준을 못하고 있으나 중국과 일본은 2022년에 모두 비준하였다.[81]

　　강제노동의 철폐에 관한 협약이 비준되지 않은 이상 헌법 6조가 규정하는 국내법적 효력을 갖지 못하는 것은 당연하나, 헌법 6조 1항의 국제법 존중의 원칙을 고려할 때 ILO 협약의 근본적 취지는 헌법·법률의 해석에 있어서 충분히 고려되어야 한다. 특히 파업을 형법상 업무방해죄로 의율하여 징역형으로 형사처벌하는 규정이 문제가 된다. 이와 관련해 비준을 하지 않은 ILO 협약이라도 그 내용은 근로권, 단결권 등의 헌법상의 권리를 그 기본 이념에 입각해서 전개되는 것이고, 또한 압도적 다수의 국가가 비준하는 등으로 국제적으로 노동규범을 형성한다고 판단되는 경우에는 헌법 6조의 '일반적으로 승인된 국제법규'로서 그 법원성을 긍정하여야 한다는 견해[82]가 있으나, 판례가 ILO 협약 중 일반적으로 승인된 국제법규로 파악하고 있는 협약은 아직 확인되지 않는다.[83]

다. 자치법규범[84]

　　노동법 분야에는 자치적인 규범이 차지하는 비중이 크다. 노동법이 노사 간의 집단적 자치와 노동단체 내부의 단체자치를 존중하고, 거기서 형성된 자주적 질서를 수용하는 자세를 취해 왔기 때문이다. 이러한 자주적 질서를 형성하는

---

81) 참고로 2021년 초 기준으로 ILO의 187개 회원국 중 146개국, OECD 36개 회원국 중 32개국이 8개 핵심협약을 모두 비준하였다(연합뉴스 2021. 2. 26.자 제목: ILO 핵심협약 한국 비준 현황 - 기사출처는 정부 및 한국노동연구원); 반면에 미국은 2개의 핵심협약만을 비준하였다(팀 드 메이어, 6면).

82) 강희원b, 34면. 片岡 교수도 같은 입장을 취하고 있다(片岡, 81면).

83) 헌법재판소는 "강제노동의 폐지에 관한 ILO의 105호 협약은 우리나라가 비준한 바가 없고, 헌법 6조 1항에서 말하는 일반적으로 승인된 국제법규로서 헌법적 효력을 갖는 것이라고 볼 만한 근거도 없으므로 이 사건 심판대상 규정의 위헌성 심사의 척도가 될 수 없다"고 판시하고 있다(헌재 1998. 7. 16. 선고 97헌바23 결정).

84) 김치선 교수는 이를 자율적 노동법규라 하고(김치선, 92면), 片岡 교수는 노동자주법이라 한다(片岡, 76면).

자치법규로는 노동조합 규약, 단체협약, 취업규칙을 들 수 있다. 그 중 노동조합
규약이 근로자의 연대성에 바탕을 둔 동질적 사회의 자치법이라면, 단체협약과
취업규칙은 근로자·노동조합과 사용자·사용자 단체라는 대립주체 간의 사회관
계에 관한 자치법이다. 이러한 노동법상의 자치법규는 국가가 제정한 법원이 아
니므로, 법관이 그 존재와 내용을 직권으로 조사할 필요는 없고, 그 자치법규에
의하여 이익을 주장하는 당사자가 이를 입증하게 된다.[85]

(1) 노동조합 규약

노동조합은 자주적 조직체로서 법인격 유무를 불문하고 조합의 조직·운영,
조합원의 권리·의무, 조합 재산 등에 관하여 조합규약을 정할 수 있다. 노조법
은 조직의 자주적·민주적 운영을 보장하기 위하여 목적, 조합원, 대표자와 임
원, 해산, 쟁의 등에 관한 사항을 규약에 규정하도록 하고 있고(노조법 11조), 설립
신고 때 이를 첨부하여 제출하도록 하고 있다(노조법 10조).

이와 같은 노동조합의 규약은 제정법이 그 내부 규율에 관하여 자치에 맡
기고 있는 범위 안에서는 재판규범이 된다.[86] 예컨대 제명당한 조합원이 조합원
지위의 존재확인을 구하는 소, 단체교섭의 결과를 승인하는 조합의 결의에 대하
여 조합원이 무효 확인을 구하는 소 등에서 법관은 노동조합 규약의 해석, 적용
을 통하여 당부를 판단한다. 또 단체협약의 효력 범위를 정할 때 조합원의 자격
이 문제되는 경우 단체협약의 적용 여부에 관하여는 조합원의 자격에 관한 규
약 규정이 재판규범으로 된다.[87] 즉, 노동조합 내부의 규범이 재판과정에서 법
관에 의하여 적용됨으로써 법규범이 되는 것이다.

제정법으로 단체의 내부 규율을 정할 것인가는 입법 정책의 문제이지만 통
상은 단체의 내부 규율은 사적 자치에 맡겨두고, 단체 스스로 정한 자치적 규율
이 단체 구성원들 사이에서 법규범이 된다.[88] 특히 노동조합의 규약이나 정관은

---

85) 김치선, 93면.
86) 영미법계에서는 노동조합과 조합원 또는 조합원 상호간의 계약으로 취급하여 본래의 의미
    로서 법원성을 부정하는 경우가 있지만, 대륙법계에서는 조합규약을 일반적으로 노동조합이
    라는 사단의 자주적인 법규범으로 인정하고, 노동법상의 법원의 하나로 여긴다(本多淳亮, 116면).
      판례도 노동조합 규약과 이에 근거하여 자체적으로 만든 규정은 일종의 자치적 법규범으
    로서 소속 조합원에 대하여 법적 효력이 있다고 한다(대법원 2002. 2. 22. 선고 2000다65086
    판결 참조).
87) 대법원 2003. 12. 26. 선고 2001두10264 판결, 대법원 2004. 1. 29. 선고 2001다6800 판결, 대
    법원 2004. 1. 29. 선고 2001다5142 판결 참조.
88) 김대휘, 267면.

헌법 33조의 단결권 보장에 궁극적인 근거를 두고 있다. 단결권의 보장은 단결
자치, 즉 노동조합이 근로자 스스로 정립한 자주적 규범을 기초로 운영되고, 구
성원들의 단결 의사와 규범 의식에 따라 활동하는 것을 법적으로 승인함을 내
포하기 때문이다. 나아가 조합 민주주의는 단결 자치의 원리를 꿰뚫는 기본 원
칙이므로, 단결 자치와 조합 민주주의는 노동조합 규약의 법원성을 지탱하는 두
가지 이념이고, 그 중 어느 하나가 흠결될 경우에는 법원성이 동요될 수밖에 없
다.[89] 노동조합 지부가 지부장과 수석 부지부장을 러닝 메이트로만 입후보하도
록 하여 선거를 실시한 것이 관련 규약에 대한 노동조합 선거관리위원회의 유
권해석에 따른 것이라면 위 지부 선거관리위원회가 수석 부지부장 후보의 후보
사퇴를 이유로 그와 러닝 메이트 관계에 있는 지부장 후보의 입후보 등록을 무
효라고 결정한 것은 조합 규약이나 헌법 33조의 단결권을 침해한 것으로 볼 수
없다고 한 판결[90]은 단결권 보장의 이념에 따라 단결 자치를 존중한 취지로 이
해된다. 한편, 노동조합의 최고 의결 기관인 총회에 갈음할 대의원회의 대의원
을 조합원의 직접·비밀·무기명투표에 의하여 선출하도록 규정하고 있는 구 노
동조합법(1996. 12. 31. 법률 5244호로 폐지) 20조 2항에 반하여 조합원이 대의원의
선출에 직접 관여하지 못하도록 간접적인 선출방법을 정한 규약이나 선거 관리
규정 등을 무효라고 선언한 판결[91]은 위 조항이 조합 민주주의를 실현하기 위
한 강행규정으로 보았기 때문이다.

　　나아가 제정법이 노동조합의 내부 사항에 관하여 규율하고 이를 강제하고
있는 경우 이에 위배된 규약은 효력이 없다. 근로자가 징계해고를 당한 후 해고
무효확인의 소를 제기하면서 노동조합에 대하여 대의원선거 선거인 명부에 등
록하여 달라고 요청하였으나 노동조합이 그 조합원 자격을 부인하며 이를 거절
한 사안에서, 구 노동조합법(1996. 12. 31. 법률 5244호로 폐지) 3조 4호 단서의 취
지는 단지 사용자가 정당한 이유 없이 근로자를 해고함으로써 노동조합의 설립
이나 존속을 저지하는 것을 막기 위한 것에 그치는 것이 아니라, 해고된 근로자
가 해고된 때로부터 상당한 기간 안에 노동위원회에 부당노동행위 구제신청을
하거나 법원에 해고무효확인의 소를 제기하여 그 해고의 효력을 다투고 있는
경우에는, 그 해고에도 불구하고 근로자의 신분이나 노동조합의 조합원의 신분

---

89) 本多淳亮, 117면.
90) 대법원 1992. 6. 9. 선고 91다42128 판결.
91) 대법원 2000. 1. 14. 선고 97다41349 판결.

을 계속 보유하는 것으로 보아야 하는 것이므로 조합규약에서 "조합원은 고용
계약의 소멸과 동시에 탈퇴된다"고 정하더라도 조합원의 지위를 상실하지 않는
다고 한 판결[92]은 이 점을 분명히 하고 있다.

　이와 같은 명시적인 상위규범 외에도 노동조합 규약이 효력을 가지기 위해
서는 내재적 한계가 있는데, 필요하고 합리적인 범위를 벗어나 헌법이 보장하고
있는 조합원 개개인의 기본적 인권을 과도하게 침해하거나 제한하여서는 아니
된다.[93]

(2) 단체협약

　노동조합과 사용자(단체)는 근로조건의 집단적 · 통일적 규율을 위하여 단체
협약을 체결한다. 단체협약에는 근로조건, 근로자의 대우 등 개별적 근로관계에
관한 규범적 부분과 평화 조항, 유일 교섭단체 조항 등 체결 당사자 사이의 권
리 · 의무를 규율하는 채무적 부분이 포함되어 있다. 채무적 부분은 노동조합과
사용자(단체)라는 체결 당사자가 권리 · 의무의 주체가 된다는 점에서 법적 구속
력의 근거를 당사자 사이의 합의에서 찾을 수 있다.

　규범적 부분은 단체협약의 체결 당사자가 아닌 개별 근로자에게 규범적 효
력을 미치는데, 이와 같이 단체협약의 효력이 체결 당사자가 아닌 자에게 미치
는 근거가 어디에 있는가 하는 것이 법원론과 관련하여 문제로 된다. 이에 관하
여는 노동조합이 제 3 자인 근로자를 위해 체결한 것이라는 제 3 자를 위한 계약
설, 노동조합이 조합원을 대리하여 체결한 것이라는 대리설 등과 같이 시민법적
인 시각에서 근거를 제시하는 견해가 오래 전에 있었으나, 현재 이러한 학설을
견지하는 학자는 찾아보기 어렵다. 현재에는 그 근거를 국가법에 의한 승인이라
는 점에서 구하는 수권설,[94] 기업이나 산업 차원에서 노동관련 단체가 설정한
사회규범을 자주적 법규범으로 취급하여야 한다는 사회적 법규범설,[95] 노사의

---

92) 대법원 1997. 3. 25. 선고 96다55457 판결.

93) 이와 같은 이유를 들어 대법원은 노동조합규약에 근거하여 제정된 신분보장대책기금관리
　　규정에 기한 위로금의 지급을 둘러싼 노동조합과 조합원 간의 분쟁에 관하여 노동조합을 상
　　대로 일체 소송을 제기할 수 없도록 정한 규정은 조합원의 재산권에 속하는 위로금의 지급
　　을 둘러싸고 생기게 될 조합원과 노동조합 간의 법률상의 쟁송에 관하여 헌법상 보장된 조
　　합원의 재판을 받을 권리를 구체적 분쟁이 생기기 전에 미리 일률적으로 박탈한 것으로서
　　국민의 재판을 받을 권리를 보장한 헌법규정 등에 위반되어 무효라고 하였다(대법원 2002. 2.
　　22. 선고 2000다65086 판결).

94) 김유성 Ⅱ, 159면; 박상필, 434면; 박홍규, 722면; 임종률, 153면.

95) 강희원b, 25면; 심태식, 169면.

자주적 협정에 의하여 법규범에 해당하는 협약을 설정할 수 있다는 노동관습법의 존재로 설명하는 백지관습법설,[96] 협약당사자의 집단적 규율의사와 협약자치를 근거로 조합원들에게 기준적(규범적) 효력을 미치게 된다는 집단적 규범(기준) 계약설[97] 등의 견해를 찾아볼 수 있다. 아무튼 그 근거에 관하여 학자에 따라 견해가 다르긴 하지만, 단체협약에 대하여 상당한 정도로 객관적 법의 성격을 인정하는 것이 우리 노동법 학계의 다수설이다.[98]

(3) 취업규칙

취업규칙은 사업장에서 근로자에게 적용되는 근로조건 및 복무규율 등에 관하여 사용자가 일방적으로 작성하는 것으로서 기존의 취업규칙을 변경할 때 근로자측의 의견을 들어야 하고, 불이익하게 변경할 경우에는 근로자측의 동의가 필요하다. 취업규칙은 실제 사업장 안에서 근로자에게 강한 구속력을 발휘하고 있는데, 자치적 계약관계이어야 할 근로관계가 사용자만의 의사에 의하여 확정될 수는 없다는 점에서 취업규칙에 법원성을 인정할 수 있는가 하는 의문이 생길 수 있다.

이러한 문제의식을 바탕으로 근로자가 어떤 형태로든 취업규칙의 내용에 동의를 하였을 때에 비로소 그 동의를 계기로 법적 구속력을 인정할 수 있다는 계약설[99]이 주장되기 시작하였는데, 그 중에서도 일방적으로 제정된 취업규칙은 사실상의 규범에 불과하고 근로자의 명시적·묵시적 동의에 의해서만 법적 효력을 발휘한다는 사실규범설, 일반적인 근로관계 중에는 '취업규칙에 따른다'라는 사실인 관습이 존재하는데 근로자가 취업규칙에 따르지 않겠다는 의사를 표명하지 아니하는 한 그 내용이 일괄하여 계약 내용으로 된다고 하는 사실관습설이 있다. 이와 같이 계약설은 취업규칙을 사회적 사실이나 사회적 규범으로 인정하면서도 그것은 법규범이 아니고 노사 간의 합의 내용으로 파악할 수 있

---

96) 石井照久, 427면(菅野, 547면에서 재인용).
97) 김형배, 1069~1071면.
98) 독일에서도 단체협약이 노사관계를 규율하는 객관적 법을 산출하는 법원이라는 것이 다수설이다(김대휘, 269면). 이에 비해 단체협약을 일종의 신사협정으로 파악하는 영국에서는 단체협약에 대하여 법적 효력을 부여하겠다는 의사를 문서로써 합의한 경우에 한하여 법원성이 인정되고 있다(이상윤, 38면).
99) 김형배 교수는 기본적으로 계약설의 입장에 찬동하고 있으나 취업규칙이 일반약관과 같은 성질을 가지므로 근로자들에게 사전에 주지되고, 합리성을 가진 경우에만 근로자의 수용의사가 추단되어 근로관계를 정형적·일반적으로 규율한다고 본다(김형배, 295면).

다고 본다.[100]

이에 대해 법규설은 취업규칙이 사회규범으로서 강력한 기능을 수행하고 있는 현실을 직시하고 이것을 법규범으로 평가하는데, 근본적인 문제는 일방적으로 제정된 취업규칙이 어떠한 근거로 법규범성이 인정되는 것인가 하는 것이다. 법원으로서 구속력의 연원을 소유권 또는 경영권에서 찾는 경영권설,[101] 취업규칙은 사회규범으로 작용하기 때문에 관습법에 준하는 법규범의 성질을 갖는다는 관습법설,[102] 취업규칙은 그 자체로는 법규성을 가지지 아니하는 사회규범이지만 취업규칙이 정한 기준에 미달하는 근로조건을 정한 근로계약을 무효화하는 법 97조를 통하여 국가가 사용자에게 법규범으로서 취업규칙을 제정할 권한을 수여하였다는 수권설[103] 등의 견해가 주장되고 있다.

판례는 취업규칙에 대하여 "근기법이 종속적 근로관계의 현실에 입각하여 실질적으로 불평등한 근로자의 입장을 보호·강화하여 그들의 기본적 생활을 보호·향상시키려는 목적의 일환으로 그 작성을 강제하고 이에 법규범성을 부여한 것"이라고 하여 수권설의 입장을 취하고 있다.[104] 이와 같이 법 97조는 근로자 보호의 목적에서 취업규칙에 법규범성을 인정한 것이므로 사용자가 취업규칙을 일방적으로 불이익하게 변경하는 것은 허용되지 아니한다.[105] 취업규칙 불이익변경에 대한 보다 구체적인 내용은 법 94조(규칙의 작성, 변경 절차)에 대한 해설 참조.

라. 관습법·관행

관습법이란 사회의 거듭된 관행으로 생성한 사회생활규범이 사회의 법적 확신과 인식에 의하여 법적 규범으로 승인·강행되기에 이른 것을 말하고, 그러한 관습법은 법령에 저촉되지 아니하는 한 법으로서 효력이 있다.[106] 이와 같이

---

100) 本多淳亮, 124면.
101) 이상윤, 412면.
102) 김치선, 250면.
103) 김유성, 200면.
104) 대법원 1977. 7. 26. 선고 77다355 판결. 이 판결에 대한 분석과 취업규칙의 법적 성질에 대해서는 '취업규칙 전론(前論)' 참조.
105) 취업규칙의 법적 성질이 무엇인가는 근로자에게 불이익하게 변경된 취업규칙의 효력 발생 요건의 문제를 해결하기 위한 수단으로 논의되었는데, 법은 1989년 개정을 통하여 이 문제를 입법적으로 해결하였기 때문에 논의의 실익은 그만큼 줄어들었다고 평가하는 의견이 있다(임종률, 365면).
106) 대법원 2005. 7. 21. 선고 2002다1178 판결. 종중 구성원 자격을 남성으로만 제한해 온 종래의 관습법의 효력을 변경한 이 판결은 나아가 "사회의 거듭된 관행으로 생성한 어떤 사회생

관습법의 성립요건으로서는 주관적 요건인 법적 확신과 객관적 요건인 관행이
라는 두 가지 요건이 요구되는데, 노사가 서로 대립하는 근로관계의 영역에서
노사 모두에게 공통적인 법적 확신이 있는 경우를 찾기는 어렵다.[107] 법적 확신
에 이르지 못한 관행은 민법 106조의 '사실인 관습'으로서 당사자의 의사표시
해석 기준이 되나, 당사자가 명시적으로 관행의 적용을 배제하는 의사를 표시하
거나 관행에 따를 수 없는 특수한 사정이 있는 경우에는 그 관행은 적용되지
아니한다.

　　판례에 나타난 노동관행의 취급 태도는 이중적이다. 먼저, 금품의 지급이
관행에 따라 계속적으로 이루어져 노사 간에 그 지급이 당연한 것으로 여겨질
정도의 관례가 형성된 경우 그 금품은 평균임금 산정의 기초가 되는 임금 총액
에 포함된다는 판례,[108] 상여금은 원칙적으로는 그 지급기간의 말일까지 지급하
면 되나, 해당 월의 일정한 기일에 지급하는 것이 노사관행으로 확립된 경우에
는 그 관행에 따라 지급하여야 한다는 판례[109]의 경우처럼 규범 의식에 의한
지지 여부를 거론하지 않는 경우가 있다.

　　다음으로, 기업의 내부에 존재하는 특정의 관행이 근로계약의 내용을 이루
고 있다고 하기 위해서는 그러한 관행이 기업 사회에서 일반적으로 근로관계를
규율하는 규범적인 사실로서 명확히 승인되거나 기업의 구성원에 의하여 일반
적으로 아무도 이의를 제기하지 아니한 채 당연한 것으로 받아들여져서 기업
안에서 사실상의 제도로서 확립되어 있다고 할 수 있을 정도의 규범의식에 의

　　활규범이 법적 규범으로 승인되기에 이르렀다고 하기 위하여는 헌법을 최상위 규범으로 하
　는 전체 법질서에 반하지 아니하는 것으로서 정당성과 합리성이 있다고 인정될 수 있는 것
　이어야 하고, 그렇지 아니한 사회생활규범은 비록 그것이 사회의 거듭된 관행으로 생성된 것
　이라고 할지라도 이를 법적 규범으로 삼아 관습법으로서의 효력을 인정할 수 없다"고 판시
　하고 있다.
107) 本多 교수는 노동관행에 대한 법규범성의 승인에는 또 다른 관점을 도입할 필요가 있다고
　하면서 그 기준의 하나로 "노사관행이 단결권, 단체행동권 보장의 취지에 근거하고 있는 경
　우로서 그 관행을 파기하면 이들 권리의 행사를 부당하게 제약하는 결과를 초래하는 경우"
　를 들고 있다. 노조전임제도, 조합비원천징수, 조합사무소 제공 등의 관행 등은 노동기본권의
　구체화 내지 단결승인으로서의 성격을 농후하게 띠고 있다고 평가하면서, 노동기본권의 구체
　적 실현으로서의 의미가 있는 노사관행은 노사의 법적 확신에 의해 지지된 관습법적 규범이
　고, 원칙적으로 일방적으로는 파기할 수 없다고 한다(本多淳亮, 129면).
　　片岡 교수도 근로자가 종업원으로서의 지위를 유지하면서 조합업무에 전념하는 노조전임
　의 관행이 헌법상 단결권의 보장을 기초로 한 사회의 법적 확신에 의하여 지지되는 것이어
　서 관습법에 해당한다고 한다(片岡, 78면).
108) 대법원 2002. 5. 31. 선고 2000다18127 판결.
109) 대법원 2002. 4. 12. 선고 2001다41384 판결.

하여 지지되고 있어야 함을 전제로, 당해 연도 단체협약 체결 전에 퇴직한 근로자에게 단체협약의 체결로 생긴 임금 및 퇴직금 인상분의 차액을 지급하여 온 관행,110) 또는 사용자가 근로자의 동의를 얻지 아니하고 기업 그룹 내 다른 계열 회사로 근로자를 전적시키는 관행111)이 있었더라도 위와 같은 정도의 규범의식에 의하여 지지되고 있는 것이 아니라는 이유로 그 관행은 근로계약의 내용으로 되지 않았다고 하여 관행의 적용에 엄격한 태도를 취한 경우도 있다.

　　생각건대, 판례가 이와 같이 다소 모순되는 듯한 태도를 취하는 이유는 전자의 경우에는 구체적인 권리·의무의 형성이 전적으로 노사 간의 의사에 달려 있는 영역인 반면, 후자의 경우에는 사용자가 퇴직 근로자에게 소급하여 임금 인상분을 지급할 의무가 없다거나 근로자의 동의 없이는 다른 계열 회사로 전적시킬 수 없다는 실정법상 원칙과는 다른 권리·의무를 형성하기 위해서는 그 근거가 되는 노동관행에 대하여 규범의식에 의한 지지가 필요하다고 함으로써 마치 사업장 단위에서 적용되는 관습법으로 취급하고 있는 것이 아닐까 짐작해 본다. 이에 대하여 판례가 전자와 같이 "노사간에 당연한 것으로 여겨질 정도의 관례가 형성"된 경우로 보는 것은 노사간의 규범적 의식을 법원이 확인하여 거기에 규범적 효력을 인정하지만, "기업내부에 존재하는 특정한 관행"이라는 사실로서만 법원이 의미지우는 경우에는 노동관행이 규범력을 발휘하지 못한다고 분석하는 견해도 있다.112)

　　최근에는 휴일근로가 1주간 기준근로시간이나 연장근로시간에 포함되는지 여부에 관해 법령의 제정 연혁, 목적과 입법취지 외에 근로관계 당사자들의 인식과 기존 노동관행 등을 종합적으로 고려해 휴일근로가 1주간 기준근로시간이나 연장근로시간에 포함되지 않는다고 해석하였는데,113) 이는 노동관행이나 당사자들의 인식까지도 법 해석을 위한 참고요소로 할 수 있음을 보여주고 있다.

---

110) 대법원 2002. 4. 23. 선고 2000다50701 판결. 대법원은 근로자들이 재직할 당시 사용자가 이미 퇴직한 근로자들에게 임금 및 퇴직금 인상분 차액을 지급하여 온 사실에 기하여 자기들도 퇴직하게 되면 같은 대우를 받을 것이라는 기대를 하고 있었다고 볼 수는 있으나, 이러한 기대가 그해 체결될 단체협약의 내용에 따라 장차 산정될 임금 및 퇴직금인상분 차액을 청구할 조건부채권이 되기 위해서는 사용자와 그 재직 근로자들 사이에서 규범적으로 "단체협약이 퇴직자에게도 적용된다"는 내용의 노사관행이 성립되어 있었어야 한다고 논리를 전개하고 있다.

111) 대법원 1993. 1. 26. 선고 92다11695 판결.

112) 신권철, 248면.

113) 대법원 2018. 6. 21. 선고 2011다112391 전원합의체 판결.

마. 근로계약

학자 중에는 근로계약의 법원성을 긍정하는 견해가 있다. 근로계약은 근로관계를 성립시키는 법률행위로서 근로자와 사용자 사이의 중요한 권리·의무를 규정하고, 특히 단체협약이나 취업규칙에서 규정되어 있지 않은 부가적 근로조건을 규율하거나 유리한 조건 우선의 원칙에 의하여 보다 높은 근로조건을 규율한다는 견해,114) 법질서의 체계에 속해 있는 규범을 보충·수정·대체하는 법관의 권능은 계약규범에도 적용되며, 이와 같이 수정·보충되는 법은 대부분 국가에 의해서 제정된 규범으로 구성되지 않고 오히려 사용자에 의해서 제정된 지시·규칙, 근로관계 당사자에 의해 제정된 계약 규칙 또는 집단적 합의로 구성된다는 견해115)가 바로 그것이다. 이와 같은 견해는 객관적 규범성이나 일반성을 법원의 필수적 개념표지라고 한다면 법원은 객관적인 법(objective Recht)과 동일한 개념이 될 뿐이라고 비판하면서, 법관에 대하여 구체적으로 재판의 규준이 되는 모든 규범의 현상 형태를 법원으로 이해하여야 한다고 한다.116)

공적 권위에 의하여 창출되고 사회 구성원의 조직과 활동을 규제하는 법적 규율과 사회 구성원 사이에 주관적 권리를 창출하는 계약적 규율을 준별하여 전자에 대하여만 법원성을 인정하는 전통적인 법원론이 계약을 통해서도 객관적 법이 산출되어 온 역사를 제대로 반영하고 있지 아니한 것은 사실이다. 국가 간 조약이나 국가연합의 계약적 구성, 연방국가에서 각 주정부 간의 합의나 자치단체의 구성과 같은 국제법적 차원은 물론이고, 국내법의 차원에서도 단체협약, 보통거래약관 등과 같이 객관적 법과 계약 사이에 서는 중간적 유형의 규범들이 출현하고 있기 때문이다.

그러나 객관적 법으로 효력이 있다는 것은 수범자의 구체적인 의사와 상관없이 수범자를 구속한다는 법규범의 특성을 말하는 것이다. 규범의 설정에 반대한 소수자는 물론 그 설정 절차에 참여하지 않은 자에 대하여도 일단 객관적 법으로서 성립한 규범은 그 효력을 가진다. 이러한 점에서 객관적 법은 법관계에 참여한 자들이 그들의 관계를 스스로 정한 법과는 구별된다. 이 법은 그들이

---

114) 김형배, 93면. 임종률 교수는 유리의 원칙(유리한 조건 우선의 원칙)이 노동법상의 원칙으로 존재하지는 않지만 하위규범이 상위규범보다 근로자에게 유리한 경우에는 하위 규범이 우선 적용된다고 하여 같은 입장을 취하고 있다(임종률, 16~17면).

115) 강희원b, 35면.

116) 김형배, 76~77면.

스스로 이에 구속될 것을 의사의 내용으로 하였기 때문에 효력이 있는 것이다. 따라서 오로지 계약 당사자에 대하여서만(intra partes) 효력이 있는 계약적 규율은 객관적 법에서 제외된다고 봄이 타당하다.[117) 이러한 점에서 근로계약은 법원성을 인정할 수 없고, 주관적 권리만을 창출할 뿐이다.

3. 법원의 적용순서

동일한 대상에 대하여 적용되는 노동법의 법원이 서로 충돌하는 경우에 어느 규범이 우선 적용되는지가 문제된다. 이를 법원의 경합 또는 충돌이라 한다. 노동법의 법원은 헌법을 최상순위로 하여 법률, 명령, 단체협약, 취업규칙, 노동조합 규약의 적용 순서를 가진다. 법적 확신에 의하여 지지되는 노동관습법, 비준된 조약은 법률과 동일한 적용 위치에 있다. 같은 단체협약이라도 기본협약에 대하여 보충협약은 하위에 있다.

상·하위의 규범이 서로 충돌하는 경우에는 당연히 상위법 우선의 원칙에 따른다. 다만 하위규범이 근로자에게 유리할 때에는 하위규범이 우선 적용된다는 이른바 유리한 조건 우선의 원칙(Günstigkeitsprinzip)이 논의되는데,[118) 우리 판례 중에는 근로계약에 의해 지급되었던 각종 수당(약정수당과 만근수당)이 취업규칙을 통해 더 이상 지급되지 않도록 유효하게 변경되었다고 하더라도 그에 동의하지 않은 개별 근로자의 경우 취업규칙보다 유리한 근로계약이 우선하여 유효하게 적용된다고 한 사례[119)와 근로자와 개별 근로계약에서 연봉을 특정한 후 집단적 동의로 유효하게 변경된 취업규칙으로 임금피크제를 도입하면서 연봉을 대폭 삭감한 경우에 기존의 개별 근로계약이 집단적 동의로 유효하게 변경된 취업규칙보다 우선하여 적용된다면서 취업규칙의 우선 적용을 긍정한 원심을 파기한 사례[120)가 있다.

한편, 노조법 33조의 해석을 둘러싸고 취업규칙 등에서 정한 근로조건이 단체협약에서 정한 기준과 다르게 규정되어 있으면 그 내용이 유리한 것이든

---

117) 김대휘, 266면.
118) 김형배, 92~93면.
119) 울산지법 2017. 6. 14. 선고 2016가합23102 판결, 항소심 부산고법 2017. 8. 30. 선고 2017나 53715 판결, 상고심 대법원 2017. 12. 13.자 2017다261387 판결(심리불속행 기각 판결임).
120) 대법원 2019. 11. 14. 선고 2018다200709 판결(근기법 97조가 정하는 유리한 조건 우선의 원칙과 근기법 4조가 정하는 근로조건 자유결정의 원칙을 근거로 적시하고 있다).

불리한 것이든 모두 무효로 된다는 학설(양면적용설)[121]과 불리한 것만 무효로 된다는 학설(편면적용설)[122]이 대립하고 있다.

동순위의 규범들이 서로 충돌하는 경우에는 신법 우선의 원칙과 특별법 우선의 원칙에 의하여 우선순위가 결정된다.

Ⅲ. 노동입법의 전개

1. 해방 이전

19세기 초부터 유기, 야철 등의 수공업 부문에서 상업 자본가와 장공(匠工) 사이에 임금 노동의 맹아적 형태가 나타나긴 했으나 본격적인 임금 노동의 형태가 발생한 것은 1876년 강화도조약(江華島條約)이 체결된 이후 부산, 인천 등의 항구가 개방되면서 성장한 부두 근로자의 노동관계일 것이다. 1905년 을사늑약과 1910년 일제강점을 통하여 일본 자본주의가 우리나라를 식민지로 장악하면서 자급자족적 가내 수공업이 파탄되고, 그 대신 임금 노동의 형성이 촉진되었다.

일제강점기 하의 노동운동은 일제의 타도를 요구하는 민족주의적 성향과 자본가의 타도를 요구하는 사회주의적 성향을 띤 정치적 운동이었으며, 근로자의 경제적 이익을 보호하려는 노동조합 운동의 본래 목적은 2차적이었다.[123] 1943년 기준으로 우리나라 공장 및 광산근로자 수는 73만여 명에 이르렀는데,[124] 당시의 각종 근로관계 입법은 노동운동에 대한 탄압수단에 불과하였다. 경찰범처벌령, 노동자모집취체규칙과 같이 재해 예방을 위한 설비의 단속, 악질 직업 소개인의 단속 등 경찰 행정에 의한 부차적인 단속을 규율하던 법규는 근로자 보호 입법으로서는 거리가 먼 것이었고, 그 후 임금통제령, 선원급여통제령, 노동조정령 등이 제정되었으나 이 역시 통제 입법의 성격이 강하였다. 1938년 조선광부노무부조규칙과 1940년 조선직업소개령은 보호 입법의 성격이 전혀

---

121) 김유성 교수는 단체협약에서 정한 기준은 최저기준이 아니라 정형적·표준적 기준으로 보아야 하며 특히 우리나라와 같이 기업별 협약이 지배적인 경우에는 후자의 것으로 보는 것이 현실적이라고 한다(김유성Ⅱ, 170면).

122) 김형배 교수는 단체협약은 근로자를 보호하기 위하여 근로조건의 최저기준을 설정한 것이므로 사용자가 자발적으로 단체협약의 기준 이상을 급부하는 것은 유효하다고 한다(김형배, 93면).

123) 현경대, 379면.

124) 김윤환, 51면.

없다고는 할 수 없으나, 사회정책 입법으로서 노동 입법은 아니었고, 심지어 은
혜적·자선적 보호 입법이라고도 볼 수 없었다. 그 실질은 오로지 전쟁의 완수를
위하여 노동력을 확보하고 그 수급을 조절하기 위한 전쟁 입법의 일환이었을 뿐
이었다. 요컨대 이 시기는 우리나라 노동입법의 진공 시대라고 할 수 있다.[125]

2. 미군정시대

1945. 9. 민족 해방 직후 우리나라에 진주한 미군은 군정을 선포하고 일제
시대의 치안유지법, 정치범처벌법, 예비검속법을 폐기하고, 일반노동임금(군정법
령 14호),[126] 노동자의 보호(군정법령 19호), 근로문제에 관한 공공정책 및 노동부설
치(군정법령 97호), 미성년자 노동의 보호(군정법령 102호),[127] 최고노동시간(군정법령
121호)[128]에 관한 입법을 차례로 공포하였다.

이와 같이 미군정은 민주주의 정책 실시의 일환으로 새로운 노동정책을 폈
으나, 그 기본 성격은 일제 하의 절대적 노예상태에서 구제하는 것(relieving labor
from the condition of absolute servitude)일 뿐이었으며, 노동조합 활동의 자유를 보
장한 것 이외에 집단적 노사관계법은 찾아볼 수 없었고,[129] 주로 개별적인 노동
보호 입법에만 국한하였다.[130] 그나마도 앞서 본 법령 중 일반노동임금, 노동자
의 보호에 관한 군정법령은 유명무실한 것이었으며, 주목할 만한 내용을 담고
있던 미성년자 노동의 보호와 최고노동시간에 관한 군정법령은 모두 그 시행이
보류되어 끝내 실시되지 못하였다.[131]

---

125) 현경대, 380면.
126) 이 법령은 사기업에 있어서 일정수준의 기본임금을 지급하도록 하였으며, 남녀 및 소년의
    임금차별을 허용하였고, 현물급여제도(trunk system)를 금지하였다(현경대, 383면).
127) 이 법령은 12세 미만의 아동의 고용을 금지하는 동시에, 14세·16세·18세 미만의 소년에
    대하여 각각 일정한 신체건강상 또는 비도덕적 사업에의 취업을 금지하였고, 특히 18세 미만
    의 소년의 고용기간을 6월을 초과할 수 없도록 하였다.
128) 이 법령은 1일 근로시간 8시간제를 확립하고, 주 근로시간을 48시간으로 하되 노사의 협정
    이 있는 경우 60시간으로 연장할 수 있으나 48시간을 초과하는 시간에 대하여는 임금을 기
    본급의 150% 이상으로 지급하도록 하고, 법정공휴일을 유급휴가로 하면서 8시간의 기본급을
    지급할 것을 주요한 내용으로 하고 있다.
129) 1945년 10월 30일 제정·공포된 군정법령 19호 중 노동자의 보호에 관한 규정(2조)은 국민
    생활에 필수불가결한 생활시설에서의 노동쟁의로 인한 생산의 중단 내지 감축을 예방하기
    위하여 노동조정위원회를 설치하고, 이 위원회의 결정이 최종적인 구속력을 갖는 것으로 하
    는 내용으로서 노동기본권의 보장과는 거리가 멀었다.
130) 박상필, 65면.
131) 신인령a, 94면.

그럼에도 불구하고 1947. 5. 현재 단위 노동조합이 683개, 조합원이 12만여명에 이르렀던 것은 당시 노동운동이 정치적 성향을 강하게 띠고 있었기 때문이었다.

3. 제 1 공화국

1948. 7. 17. 대한민국 정부 수립의 기초 작업으로 대한민국 헌법이 공포됨으로써 근로관계에 대한 새로운 기본질서가 마련되었다. 제정 헌법은 근로조건의 기준은 법률로 정하고, 여자와 소년의 근로는 특별한 보호의 대상이 되도록 하였으며(헌법 17조), 단결권·단체교섭권·단체행동권과 근로자의 이익균점권을 보장하였다(헌법 18조).[132]

노동기본권을 구체적으로 보장하려는 근로관계, 노사관계 입법은 6.25 전쟁으로 5년여 동안 실현되지 못하다가 1953년에 이르러 노동조합법, 노동쟁의조정법, 노위법, 근기법 등 노동 4법이 제정되었다. 6.25 전쟁으로 전시 인플레, 실업의 격증 등으로 경제적 파탄에 직면한 상태에서 기업가들의 점증하는 부당한 대우로 크고 작은 노동쟁의가 일어났다.[133] 특히 1952년의 조선방직쟁의는 정부 수립 후 가장 치열하고 규모가 큰 쟁의로서 우리나라 노동법 제정의 촉진제가 되었다.[134] 그러나 노동 4법은 선진 자본주의 국가와 같이 근로자 계급의 자각과 자본가에 대한 항쟁의 결과나 타협의 산물로 제정된 것이 아니라 빈곤 확대와 그에 따른 사회·정치적 혼란이 야기됨에 따라 국가가 사회 불안의 제거와 예방 조치로서 노동운동의 방향 제시와 한계 설정을 위하여 제정한 것이라 할 수 있다.[135]

위의 노동 4법은 우리나라 노사관계의 현실과 본질, 외국 법제에 대한 면밀한 조사와 연구로 이루어진 것이 아니라 전후 맥아더 군정의 노동정책으로 입법된 일본의 노사관계법제를 참조한 것이었다. 이러한 점을 염두에 두고 일본

---

132) 근로자의 이익균점권에 관하여 제정 헌법 18조 2항은 다음과 같이 규정하였다. "영리를 목적으로 하는 사기업에 있어서는 근로자는 법률의 정하는 바에 의하여 이익의 분배에 균점할 권리가 있다." 근로자의 이익균점권은 자본주의 국가로서는 획기적인 제도였으나, 이후 구체적인 입법이 되지 못해 사문화되었다가, 결국 제 3 공화국 헌법에서 삭제되었다. 보다 자세한 내용은 이흥재c, 264면 이하.

133) 현경대, 385면.

134) 조선방직 노동쟁의의 구체적 내용은 이원보, 146~148면.

135) 이병태a, 141면.

노동법이나 한국 노동법은 전체적인 법체계, 특히 근로계약과 단체협약에 대한 법이론적인 면에서 대륙법적 기초 위에 서 있으면서도 부당노동행위 제도, 냉각기간과 노동위원회에 의한 조정, 노동위원회 제도 등은 미국 노동법상 제도를 받아들인 혼합적인 법제가 되었다고 평가하기도 한다.[136] 그러나 노동 4법의 제정 배경과 과정을 국회의사록 등을 분석하여 노동현실에 근거한 입법자들의 주체적 노력과 토론 등을 통해 독창적인 형태의 노동법령이 제정되었다는 의견이 있고,[137] 특히 제정된 노동 4법의 내용을 일본의 당시 노동법과 비교하여 그 차이점을 분석해 근로기준법의 해고제한(정당한 이유 없는 해고의 금지), 퇴직금과 가산근로의 할증률 등의 독자성을 강조하기도 한다.[138]

노동 4법이 우리나라의 당시 현실과 거리가 있어 실제 장기간 규범력을 가지지 못했던 것은 사실이지만, 집단적 노사관계법의 경우 노동조합의 자유설립주의, 노동조합의 대내적 민주성과 대외적 자주성의 확보, 협약 자율, 자립적 조정의 원칙, 자유로운 쟁의권 행사 등을 내용으로 하는 자유주의적 노사자치주의를 그 기반으로 하였다고 평가된다.[139]

4. 제 3 공화국

1961년 5·16 쿠데타로 세워진 군사정부는 계엄령과 포고령으로 통치하다가 그해 6월 국가재건비상조치법을 제정·공포하여 이른바 '혁명 과업 수행'에 지장이 없는 범위 안에서만 기본권을 보장하였고 국가 권력을 '국가재건최고회의'에 통합시켰다. 당시의 헌법(제 2 공화국 헌법)은 비상조치법에 위배되지 않는 범위 안에서만 효력이 유지되었고, 노동 4법은 정부포고령 6호로 효력이 정지되는가 하면 모든 정당과 사회단체 해산명령과 함께 기존 노동조직도 해체되었다.

1962년 헌법이 전문 개정되면서 노동 3 권의 경우 일반 근로자에 대하여는 법률유보 조항을 삭제한 반면 공무원의 노동 3 권을 명문으로 제한함으로써 종래 공무원 관련 법규로 규제되던 것을 헌법 차원으로 끌어올렸고, 근로자의 이익균점권을 헌법에서 삭제하였다.

제 3 공화국 정부가 수립되자 정부는 즉시 노동 4법의 개정작업에 착수하였

---

136) 김형배, 45면.
137) 이홍재d, 190~191면.
138) 강성태, 154~156면.
139) 현경대, 391면.

다. 정부가 1962년부터 장기 경제개발계획을 추진하면서 노동정책은 경제개발계획을 성공적으로 수행하기 위한 노동제도의 정비라는 성격을 띠게 되었다. 정부는 당시 근로관계의 대립적 투쟁현상이 경제개발계획에 저해 요인으로 작용할 것으로 보고 자본과 노동 간의 대립을 완화하기 위해 집단적 노사관계법을 개정하였는데, 당시 입법의 방향은 집단적 노사관계에서 국가 개입 강화에 의한 노동조합 활동의 제약, 쟁의행위 제한, 부당노동행위의 구제주의로의 전환, 국가 개입 중심의 노동행정 등으로 모아졌다.

이에 따라 1963년 개정된 노동조합법에서는 조직이 기존 노동조합의 정상적인 운영을 방해하는 것을 목적으로 하는 경우 이를 노동조합의 결격 사유로 규정하였고, 노동조합의 정치 활동을 금지하였으며, 사용자의 부당노동행위에 대해 처벌주의 대신 구제주의를 채택하였다. 개정된 노동쟁의조정법은 공익사업의 범위를 확대하고, 전국적인 규모를 가진 노동조합의 산하 단체가 쟁의행위를 하고자 할 때에는 소속 조합의 승인을 받도록 하였으며, 노동쟁의 발생 신고가 있으면 노동위원회가 그 적법 여부를 심사하도록 하였고, 노동쟁의 긴급조정제도를 신설하였다. 개정된 노위법은 3인 동수의 노·사·공 3자대표로 구성하는 원칙을 깨고 공익위원의 수를 3인 또는 5인으로 증원할 수 있도록 하였고, 중앙노동위원회의 지시권 규정을 신설하였다.

한편, 정부는 개별적 근로관계에서는 노동보호 입법을 강화하여 1963년 근기법을 개정하여 평균임금이 통상임금보다 저액일 경우 통상임금을 평균임금으로 하도록 하고, 퇴직금 제도를 일부 개정하였으며, 여자의 산후 휴가 확보 규정을 두었고, 1963년에는 산재법을, 1967년에는 직업훈련법을 각각 제정하였다.

5. 제 4 공화국

가. 이른바 10월 유신

1970년대 초 스태그플레이션의 여파로 선진 자본주의국가들이 전반적으로 침체 국면으로 접어들자 우리나라도 전체적으로 경제성장이 둔화되었고, 특히 외국 관련 기업의 부실 경영이 표면화되면서 노동쟁의가 빈발하였다. 정부는 1971. 10. 15. 위수령 선포에 이어 12. 6. 국가비상사태를 선포함으로써 이른바 10월 유신을 단행하였다. 1972. 12. 27. 공포된 이른바 유신헌법에서는 단결권, 단체교섭권, 단체행동권을 법률이 정하는 범위 안에서 보장하도록 하였고, 공무원과 국가·지방자치단체·국영기업체·공익사업체 또는 국민 경제에 중대한 영향을 미치는 사업체에 종사하는 근로자들의 단체행동권은 법률이 정하는 바에 의하여 이를 제한하거나 인정하지 아니할 수 있도록 하였다. 이에 따라 1973년 노동조합법, 노동쟁의조정법, 노위법이 개정되었는데, 개정된 노동조합법에서는 노동쟁의의 제기를 총회 의결사항으로 하였으며, 종전의 산업별 노동조합 체제를 바꾸어 기업별 노동조합 체제로 전환을 기도하였고, 노사협의회의 기능과 노동조합의 기능을 분리하여 단체협약 또는 취업규칙에 규정된 범위 안에서 불만처리 등에 관해 협의를 하도록 하였다. 개정된 노동쟁의조정법은 공익사업의 범위를 국회의 동의 없이 대통령이 독자적으로 지정할 수 있도록 하였고, 노동위원회에 속해 있던 노동쟁의에 대한 적법 여부 심사권을 행정관청으로 이관하였다.

이처럼 1970년대 노동 입법은 단체교섭의 기능 약화, 노동쟁의의 규제 강화, 국가에 의한 노동행정의 강화로 요약될 수 있다.

나. 1·14 긴급조치

1960년대 세계 경제 불황은 1973년 유류 파동으로 이어져 장기화의 조짐을 보였고, 이에 따라 우리나라 경제도 고용 불안정, 실질임금 하락, 불황 속의 인플레이션 현상 심화 등으로 위기 상황을 드러냈으며, 그로 인해 사용자들의 부당 해고, 임금 체불, 부당노동행위, 단체협약 위반 등의 사례가 빈번하였다. 정부는 1974. 1. 14. 긴급조치 3호로 임금 채권의 우선 변제, 근기법 처벌 강화, 단체협약 위반자에 대한 처벌, 부당노동행위에 대한 처벌 강화를 단행하였는데, 이는 근로자의 노동 3권이 철저히 제약됨으로써 근로자나 노동조합이 자율적으로 극복할 수 없는 사용자의 부당한 노동행위에 대해 정부가 개입하여 해결하고자 한 것이었다. 이와 같은 정부의 개입은 근로자들의 불만이 체제 저항으로 발전하는 것을 사전에 차단하고 노동운동의 정치화를 억제하려는 데에 그 의도가 있었다.

긴급조치 3호는 원래 1년 후 해제를 예정했던 것으로 1974. 12. 긴급조치 안에 있던 근로자 보호 규정들을 해당 법으로 편입시키고 기존 법의 미비점을 보완하는 개정 작업이 이루어졌다. 1974년 개정된 근기법은 안전·보건 및 재해보상에 관한 보호 규정을 상시 5인 이상 16인 미만의 근로자를 사용하는 사업 또는 사업장에 확대 적용하고, 임금 채권의 우선변제권을 보장하였으며, 근기법의 실효성을 확보하기 위해 벌칙을 현실화하고 근로감독관에게 사법경찰관의 권한을 부여하였으며, 노동행정의 전문화와 합리화를 위해 보건사회부에 속했던 권한을 노동청장에게 이관하였다.

또한 개정 노동조합법은 노사협의회의 운영에 관한 사항을 구체화하였고 노동조합법상 노동조합이 아닌 단체의 쟁의행위는 신고조차 못하게 하였다. 정부는 노동조합에 대한 통제를 강화하면서 동시에 노동조합을 대체할 기구로서 노사협의회를 통하여 분쟁을 예방하려는 의도였다.

6. 제 5 공화국

1979년 10·26 사태로 유신 체제가 붕괴되자 사회 각 부분에서 민주화 운동이 폭발적으로 진행되었다. 노동 분야에서는 대형 노동쟁의가 과격한 양상을 띠며 잇달아 발생하였는데, 이러한 사태의 궁극적인 원인은 노사 간에 자율적인 분규 해결 능력이 결여된 데 있었다. 그런데 1980년 5·17 군부 쿠데타 이후 상황은 급속히 냉각되어 외형적으로는 노사관계가 안정되는 것처럼 보였다. 그 이후 정부의 노동정책은 개별 노동에 대한 보호와 노동운동에 대한 규제라는 방향으로 나타났다.

1980. 10. 25. 공포된 제 5 공화국 헌법은 1972년 10월 유신으로 제한된 헌법상 근로권 규정을 일부 개선하였다. 위 헌법 30조 1항에서는 고용의 증진과 적정 임금의 보상을 선언함으로써 국가의 추상적 의무를 규정하는 등으로 복지국가 이념을 간접적으로 표명하였고, 같은 조 3항에서는 근로조건의 최저 기준을 인간의 존엄성을 보장할 수 있는 수준으로 법률로 정한다고 규정하여 개별적 근로관계법의 방향을 제시하였다. 집단적 노사관계에 관하여는 단결권과 단체교섭권에 대한 법률유보를 삭제하고 자주적인 단체교섭을 강조하였으나 단체행동권의 행사에 대해서는 법률에 유보하는 한편 단체행동권의 제한 범위에 방위산업체를 새로 추가함으로써 단체행동권에 관한 한 제 4 공화국 헌법보다 나을 게 없었다.

국가보위입법회의의 의결을 거쳐 1980. 12. 31. 노동 4법이 개정되고, 노사협의회법이 새로 제정되었다. 개정 노동조합법에서는 노동조합의 활동 목적에 근로자의 복지 향상이라는 내용을 추가하고, 제 3 자가 노동문제에 개입할 수 없도록 하였으며, 노동조합의 설립 요건을 강화하였고, 노동조합의 단체교섭은 원칙적으로 제3자에게 위임할 수 없도록 하였으며, 단체협약의 최장 유효기간을 임금에 관한 것을 제외하고는 3년으로 연장하여 노사 간의 마찰을 최소화하고자 하였다. 개정 노동쟁의조정법은 공익사업에 한해서만 직권으로 중재에 회부할 수 있었던 것을 일반 사업의 노동쟁의에도 가능하도록 확대하였고, 냉각기간을 연장하였다.

이러한 정책은 노동기본권의 보장을 통한 노사자치로 노동 문제를 해결한다는 원칙과 거리가 먼 것으로서 제4공화국의 노동정책과 근본적인 차이가 없었다고 말할 수 있다.

7. 제6공화국

가. 노태우 정부

1987년 6·29 조치 이후 노사관계의 제도 개혁과 임금을 포함한 각종 근로조건 개선을 요구하는 노사분규가 폭발적으로 발생하였다. 6. 29. 이후 10월 말까지 발생한 노사분규는 3,250건에 이르렀다. 이런 미증유의 사태는 1960년대 이후 경제성장에도 불구하고 이에 상응하는 적극적 분배 정책이 실시되지 못하였다는 데에 근본적인 원인이 있었다고 보는 견해가 많았고, 이를 계기로 노동법의 개정도 분배 제도의 개선이라는 차원에서 논의되기 시작하였다.

1987. 10. 29. 공포된 현행 헌법은 32조에서 최저임금제의 시행을 명하고, 여성 근로자의 차별을 금지하며, 연소자 근로에 대한 특별한 보호를 천명하였고, 33조에서는 법률 유보 없이 근로자의 노동3권을 보장하면서 다만 단체행동권의 행사에 관하여 법률이 정하는 주요방위산업체에 종사하는 근로자에 한정하여 제한함으로써 이전의 헌법에 비하여 대폭 제한을 완화하였다.

그에 맞추어 1987. 11. 근기법, 노동조합법, 노동쟁의조정법, 노사협의회법이 개정되고, 1987. 12. 4. 남녀고용평등법이 제정되었다.

개정 근기법은 기업 도산 시 최종 3개월분 임금에 대하여는 최우선변제를 받도록 하는 한편, 변형 근로시간 제도를 폐지하고, 근기법 적용범위를 상시 10인 이상의 근로자를 사용하는 사업 또는 사업장으로 확대하였다. 그리고 즉시 해고를 할 수 있는 근로자의 귀책사유에 관한 열거규정을 삭제하였다.

개정 노동조합법은 기업별 조직인 단위 노동조합의 설립만을 허용하던 규정을 삭제하여 노동조합의 조직 유형과 설립 형태를 근로자의 자유에 맡겼고, 규약·결의의 취소·변경 명령을 법령에 위반하였을 경우로 국한하였으며, 노동조합 임원의 자격 제한 규정과 행정관청의 노동조합 해산 및 임원 개선 명령권을 삭제하였고, 단체협약의 유효기간을 3년에서 2년으로 단축하고, 일정한 경우 유니언 숍 조항을 체결할 수 있도록 하였다.

개정 노동쟁의조정법은 공익사업의 범위를 축소하고, 임의 조정 제도에 관한 규정을 두어 노사 간의 자주적인 조정을 권장하였으며, 쟁의행위가 금지되는 국영 기업체와 방위산업체의 범위를 축소하고, 냉각기간을 단축하였다.

개정 노사협의회법은 근로자 위원의 결격 사유와 관계 공무원의 의견진술권 등의 규정을 삭제하고, 협의 사항에 인사·노무관리의 합리적 운영을 위한 제도적 개선에 관한 사항을 추가하여 협의회의 기능에 충실을 기하였다.

제6공화국 초기 근로관계법의 개정은 노사 문제의 자주적 해결에 초점을 두고, 노동쟁의의 원만한 해결을 위한 방향으로 이루어졌다고 평가할 수 있다.

한편 1989년 여소야대의 국회에서 근기법이 다시 개정되었는데, 그 중 중요한 내용으로는 근기법의 적용범위가 상시 5인 이상의 근로자를 사용하는 모든 사업장으로 확대되었고, 부당해고 등에 대하여 노동위원회에 구제신청을 할 수 있도록 하는 제도를 마련하였으며, 주 48시간의 기준근로시간을 주 44시간으로 단축하고, 취업규칙 작성이나 변경 시 과반수 노동조합이나 근로자 과반수의 대표의 의견을 듣도록 한 것을 불이익 변경 시에는 과반수 노동조합이나 근로자 과반수의 동의를 얻도록 한 것을 들 수 있다.

나. 김영삼 정부

세계 질서가 국가 경제력에 의하여 재편되어 감에 따라 이에 대처하고, 1991년 ILO 가입을 계기로 우리나라의 근로기준과 노사관계 제도를 국제 수준에 맞도록 개선하여야 한다는 주장이 각계에서 제기되었다. 특히 1996년 초반부터 OECD 가입 문제가 중요한 국가적 관심사가 되면서 우리나라의 후진적인 노동관계법이 국제적인 비판을 받고 있다는 사실이 OECD 가입의 걸림돌로 작용하게 되었다.

이러한 배경 하에 1996년 대통령의 이른바 신노사관계 구상[140])에 따라

---

140) 김영삼 대통령은 신노사관계의 5대 원칙으로 공동선의 극대화, 참여와 협력, 노사자율과 책임, 교육중시·인간중시, 제도와 의식의 세계화를 제시하였다(박양균, 13면).

노·사·공익대표 30명으로 구성된 노동관계개혁위원회(이른바 노개위)가 설치되었다. 노사의 이익이 첨예하게 대립하는 가운데, 이른바 '3금', 즉 복수 노조 금지, 제3자 개입 금지, 공무원·교원 노조 금지의 삭제와 '3제', 즉 변형 근로시간제·정리해고제·파견근로제의 도입이 핵심 쟁점으로 떠올랐다. 노개위는 약 6개월에 걸친 논의와 토론 끝에 1996. 11. 몇 가지 중요한 쟁점에 대한 합의를 보류한 채 노동관계법 개정 요강을 확정하였다.

당시 신노사관계 구상의 중심적 목표는 근로자의 삶의 질 향상과 국가경쟁력 강화라는 두 가지였는데, 정부는 계속되는 국가경쟁력 약화의 원인이 고비용·저효율 구조의 생산자 측면에서 찾아야 한다는 재계쪽의 논리를 수용하여 근로자의 인간다운 삶의 질 보장보다는 국가경쟁력 강화라는 명제에 훨씬 큰 비중을 둔 근기법, 노조법, 근로자참여법, 노위법 등 개정법률안을 확정한 다음 1996. 12. 10. 국회에 이를 제출하였다.

노동계와 시민단체는 개정법률안이 노동보호법은 물론이고 노동단체법의 영역에서조차 노동기본권을 크게 후퇴시킨 것으로 보고 연대 파업을 선언하였다. 야당은 여당이 연내 통과를 공언하자 여당의 졸속 처리를 비난하며 국회의 장실을 점거하였다. 1996. 12. 26. 새벽 6시 여당의원들만이 참석한 가운데 본회의를 개최하여 상임위원회의 심의도 거치지 않은 6개 법안을 7분 만에 기습 통과시켰다. 1996. 12. 30. 정부는 그 중 근기법, 노조법, 근로자참여법, 노위법 등 4개 법률을 공포하였다.[141]

이에 항의하여 노동계는 '날치기법 무효'를 주장하며 총파업에 돌입하였고 각계 각층의 파업에 대한 지지와 동참이 이루어졌다. 해방 이후 최대의 총파업에 직면하여 어쩔 수 없이 김영삼 대통령은 1997. 1. 21. 여·야 영수회담을 열어 노동법 재개정 문제를 국회에서 논의하기로 합의함으로써 1997. 2. 17. 임시 국회가 소집되었다. 노동법 개정 시한을 2차에 걸쳐 연장한 끝에 가까스로 여야 합의안을 만들어 1997. 3. 10. 국회 본회의에서 변칙 통과시켰던 4개 법률을 폐지하고 4개 개정안을 통과시켰고, 정부는 1997. 3. 13. 이를 공포함으로써 새 근로관계법을 확정하였다.

이 근로관계법 개정의 특색은 내용은 '개정'이면서 형식은 재(再)'제정'이라는 것, 그리고 법의 내용뿐만 아니라 그 명칭과 체계에도 많은 변화가 있다는

---

141) 위 법률에 대한 평가로는 김유성a, 9면 이하; 김선수, 57면 이하 참조.

것이다. '개정'이 아니라 '제정'의 형식을 취하게 된 것은 1996. 12. 26. 변칙 통과된 법의 효력문제를 둘러싼 국회 여야의 입장을 접근시키지 못하여 취한 타협의 소산물이었다. 법의 체계 및 명칭은 기존 노동기본 5법, 즉 근기법·노동조합법·노동쟁의조정법·노위법·노사협의회법 중 노동조합법과 노동쟁의조정법을 통합하여 명칭을 노동조합 및 노동관계조정법으로 하고, 노사협의회법은 근로자참여 및 협력증진에 관한 법률로 명칭을 변경하였다.

제정의 형식으로 개정된 새 노동관계법은 변칙 통과된 개정안에 비하면 노동계의 요구를 약간 반영하였다. 즉 '3금' 중 복수 노조 금지 조항은 삭제하고 (단, 기업별 단위노조의 경우 5년간 시행유보), '3제'의 경우 정리해고(경영상 이유에 의한 해고조정)의 요건을 다소 엄격히 규정한 후 그 시행을 2년간 유보하였다.

노태우 정부 시기인 1990년대 초반부터 김영삼 정부 시기에 이르기까지 경영계는 중심/주변부 노동력을 구분해 고용 유연화 전략을 펴 왔고, 정부뿐만 아니라 법원도 기간제 근로에 있어 고용 유연화에 우호적인 판례 법리를 통해 근로자를 쉽게 퇴출시킬 수 있게 하였으며, 그러한 경향이 1990년대 후반까지 이어지며 비정규 근로자의 규모는 점차 확대되고, 1997년 외환위기 시에는 고용 유연화 정책이 중심부 노동력인 정규직의 정리해고에까지 이르게 되었다.[142]

다. 김대중 정부

1997년 말 외환위기로 국제통화기금(IMF)으로부터 구제금융을 받으면서 IMF는 우리 정부에 노동시장의 유연성을 높이기 위한 노동시장의 개혁을 요구하였다. 노동계가 새로 집권한 김대중 정부에 민주적 노동개혁을 기대하고 있는 가운데 정부는 1998년 1월 IMF가 요구하는 개혁을 노동계·재계·정부가 합의를 통하여 이루기 위하여 노사정위원회를 설치하였다.

노사정위원회에서 가장 문제된 쟁점은 정리해고 제도의 조기 도입 여부였다. 노동계가 반대하는 가운데 이 위원회는 1998. 2. 7. 정리해고제를 즉각 시행하고 실업, 고용안정대책재원을 5조 원으로 하기로 하는 등의 '경제위기극복을 위한 사회협약'을 체결하였다. 민주노총은 총파업을 선언하는 등 우여곡절이 있었으나 경제를 살려야 한다는 여론에 밀려 총파업에 돌입하지는 못한 채 정부에 의하여 관계 노동법의 제·개정이 일단락되었다. 즉, 정부는 1998. 2. 20. 기업

---

142) 도재형, 19면.

의 구조조정을 원활하게 하기 위하여 노동시장의 유연성을 제고하고 이로 인하여 발생되는 사태에 대처하기 위하여 근기법, 고보법, 고기법, 노조법을 개정하고, 파견법, 임보법을 제정하였다.

　　노사정위원회는 1998. 10. 31. 위 사회협약의 후속 조치의 일환으로 교원의 노동조합 결성권을 보장하기로 합의하였고, 그에 따라 정부는 1999. 1. 29. 교원노조법을 제정하였다. 이 법률에서는 교원에게 단결권과 단체교섭권을 인정하되 법령·조례 및 예산 등에 의해 규정되는 내용과 법령 또는 조례에 의한 위임을 받아 규정되는 내용에 대하여는 단체협약으로서의 효력을 가질 수 없도록 하였고, 교원노조의 가입자격을 초·중등교육법 19조에서 규정하고 있는 교원으로 한정하였으며, 노조와 조합원의 쟁의행위는 일체 허용하지 아니하였다.

　　김대중 정부는 1999. 5. 24. 노사정위원회의 설치 및 운영 등에 관한 법률을 제정하여 노사정위원회를 법률상의 기구로 설립하였고, 그에 따라 노동법 개정 논의는 더욱 노사정위원회를 중심으로 전개되었다. 논의의 주된 내용은 주 5일 근무제, 비정규 근로자의 보호, 정리해고의 제한 완화, 생리휴가 무급제, 실업자의 노동조합 설립, 노동조합 전임 간부에 대한 급여지원 규제, 복수노조의 교섭 창구 단일화, 필수공익사업에 대한 직권중재 등이었다.

　　2001. 3. 28. 김대중 정부는 2001. 12. 31. 시행을 앞두고 있던 기업 단위의 복수노조 허용에 관한 규정, 노동조합전임자에 대한 급여지급의 금지 및 부당노동행위에 관한 규정의 시행 시기를 2006. 12. 31.로 5년간 유예하는 내용으로 노조법을 개정하였다.

　　김대중 정부 초기의 외환위기에 대한 대책으로서의 노동법 개정 등과 더불어 이루어진 대규모 구조조정의 결과 한국 경제가 어느 정도 회복되기는 하였지만 소득 양극화와 비정규 근로 등의 문제는 점차 심각해졌고, 그로 인해 정부와 법원은 주변부 노동력의 고용 보호 법제의 신설과 비정규직 보호를 위한 새로운 판례 법리를 채택하기도 하였다.[143]

라. 노무현 정부

　　근로시간 단축과 관련하여서는 김대중 정부 시기인 2000. 5.부터 노사정위원회 내에 근로시간단축특별위원회가 구성되어 이해관계의 조정 끝에 2002. 9.

[143) 도재형, 20면.

입법안을 마련하였고, 입법안이 제출된 2002. 10.부터 국회 내에서 협의가 시작되었다. 노사 간의 이해대립으로 최종합의에 이르지 못하던 중 결국 노무현 정부 초기인 2003. 9. 15. 법정근로시간을 주 40시간으로 단축하는 대신, 생리휴가를 무급화하고 탄력적 근로시간제의 단위기간을 확대하는 내용으로 근기법이 개정되었다.

또한 노무현 정부는 2005. 1. 27. 인구 고령화에 대응하여 현재 일시금 위주로 운영되고 있는 퇴직금제도를 퇴직연금제도로 전환할 수 있도록 하여 노후 소득재원 확충을 통한 근로자의 노후 생활안정에 기여하도록 하는 한편, 상시근로자 4인 이하 사업장에 대하여 퇴직급여제도를 확대 적용하기 위하여 퇴직급여법을 제정하였다.

한편, 노사정위원회에서는 오랜 시간의 토론을 거쳐 어렵게 성안된 2개의 안이 2006. 11.과 12.에 의결되었다. 그 중 하나는 비정규직 보호 입법이고 다른 하나는 노사관계선진화 입법으로 불린다.

비정규직 보호 입법은 기간제법의 제정과 파견법과 노위법의 개정으로 나타났다. 그 주요 내용을 보면, 기간제근로자, 단시간근로자, 파견근로자 등의 비정규직에 대한 불합리한 차별대우를 금지하고 노동위원회에 그 시정절차를 마련하였으며, 기간제근로자의 총 사용기간을 2년으로 제한하고 2년 초과 시 기간의 정함이 없는 근로로 의제하고, 단시간근로자의 초과근로시간을 주 12시간으로 제한하였다. 또한 파견근로자의 파견업무는 대상업무 열거방식을 유지하되 현실에 맞게 확대·조정할 수 있도록 요건을 일부 수정하였으며, 파견기간 2년을 초과할 경우 파견근로자에 대한 직접고용의 의제를 직접고용의 의무로 변경하면서 합법파견뿐만 아니라 불법파견까지도 적용되도록 하였다.

노사관계선진화 입법은 근기법, 노조법, 근로자참여법의 개정으로 이어졌다. 그 주요 내용을 보면, 부당해고에 대한 형사처벌 조항을 삭제하는 대신 노동위원회의 구제명령에 대한 이행강제금 및 확정된 구제명령에 대한 처벌조항을 신설하였고, 정리해고 후 3년 이내 해고된 근로자와 동일 업무에 근로자를 채용할 경우 해고된 근로자를 우선적으로 고용하도록 의무화하였다. 또한 기업단위의 복수노조 설립의 허용시기 및 노조전임자에 대한 급여지원금지의 시행시기를 2009. 12. 31.까지로 3년 연장하였고, 필수공익사업에 대한 직권중재제도를 폐지하되, 필수유지업무제도를 도입하여 쟁의행위 시 대체근로를 부분적으로 허용하였으며, 제3자 개입금지조항을 삭제하여 노사가 제3자로부터 자유롭게 지원받을 수 있도록 하였다. 나아가 근로자위원의 활동을 촉진하기 위하여 노사협의회 출석 및 이와 직접 관련된 시간은 근로한 것으로 인정하고, 협의 및 의결사항에 관련된 자료를 사전에 요구할 수 있는 근거를 마련하였다.

마. 이명박 정부

2008년 2월 출범한 이명박 정부 초기의 노동정책은 크게 두 가지로 볼 수 있는데, 비즈니스 프렌들리라는 경제우위적 기반하에 '노동시장 유연성 제고'를 통한 일자리 창출과 '법치주의 확립'을 통한 노사관계 안정화라 할 수 있다.[144] 이는 대체로 기존의 노동보호 제도들을 경제활성화에 저해되는 경직된 규제나 걸림돌로 인식하고서 기존의 노동보호제도들을 해체하거나 완화하기 위한 정책적 노력에 힘쓰게 하였고, 그러한 노동정책과 제도들의 입안은 노동조합이나 근로자들의 반발을 불러일으키게 되었다.

이명박 정부의 출범 초기 노동정책의 구체적 수행 방식을 보면 먼저 2008. 5. 노동부에 차관이 위원장인 노동규제개혁위원회를 두어 개혁과제 설정 및 액션플랜 마련, 규제 발굴 및 개선방안 마련 등의 노동규제개혁 추진절차를 마련하였다.[145] 2008년 이후 2017년까지 매년 고용노동부는 근로자나 사용자가 제안하여 발굴된 노동규제에 관한 개혁추진성과를 홈페이지에 게시하였다.[146]

이명박 정부의 노동유연화 확대정책은 개별적 근로관계에서의 기간제나 단시간 근로의 활성화, 파견근로와 유연근무의 확산으로 이어졌고,[147] 노사관계 선진화제도라는 이름으로 집단적 노사관계에서는 복수노조의 합법화, 교섭창구 단일화, 노조전임자 폐지를 위한 노조법 개정이 이루어졌다.

이명박 정부에서는 특히 공공부분의 구조조정과 민영화로 인한 노동조합의 반발을 엄정한 법집행을 통해 해결해야 한다는 인식을 가지고 있었다. 이에 따라 철도노조의 파업에 대한 조합원 대량징계, 공무원노동조합의 불인정 등이 이루어지고, 사회적으로도 쌍용자동차와 같은 민간기업의 파업과 관련해 공권력이 이전에 비해 적극적으로 개입하였다.[148] 이러한 사회적 분위기 속에서 파업에

---

144) 변양규, 122~123면.
145) 노동부, 2008. 5. 19. 보도자료 제목: "노동부, 규제개혁 세부추진계획 발표".
146) https://www.moel.go.kr/participate/reform/view.do?bbs_seq=1384771044572 (2019. 5. 31. 최종 방문)
147) 이원보, 401면.

참가한 노동조합과 조합원에 대한 가압류와 손해배상 청구가 노동조합의 단결을 깨뜨리는 수단으로서 사용자에 의해 보다 적극적으로 활용되었다. 이명박 정부의 노동정책에 대해서 비판적인 학자들은 '친자본적 노동정책을 통한 노동규범의 해체시도',[149] '신자유주의 노동정책의 전면적 실시',[150] '노사정위원회 등 사회적 대화기구를 통한 정책 실행의 후퇴'[151] 등으로 이명박 정부의 노동정책을 평가하였다.[152]

바. 박근혜 정부

2013. 2. 출범한 박근혜 정부는 '경제민주화'라는 구호 아래 다양한 노동정책을 선거공약으로 제시하였다. 그러나 실제 선거 이후 2013. 5. 정부국정과제로 채택된 노동정책 관련 내용들은 공약의 내용이 삭제되거나 수정된 것들이 적지 않았다.[153] 선거 유세 중에 약속했던 참여와 소통의 공약은 삭제되고, '법질서 준수'와 '불법행위 엄단'[154]의 기조가 노동정책 집행을 위한 하나의 수단을 이루게 된다.

이명박 정부와 달리 박근혜 정부는 노사정 협의체를 활용한 노동제도 개선을 택하였다. 박근혜 정부는 2014. 9. 노사정위원회 내에 노사정 협의체로서 노동시장 구조개선 특별위원회를 두어 노동시장의 이중 구조, 임금, 근로시간, 정년, 사회안전망 등의 문제를 다루도록 하였다. 위 특별위원회는 약 1년간의 논의를 통하여 2015. 9. 15. 노사정 대타협[155]이라는 이름으로 노동법제도의 개정 합의안을 마련한다. 그 주요 내용 중 일부를 보면 다음과 같다.[156]

① 임금피크제 도입을 통해 절감된 재원을 청년고용에 활용함

② 노동시장 이중구조 개선을 위한 원·하청, 대·중소기업의 상생협력과

---

148) 이원보, 402~403면.
149) 조경배, 30~31면.
150) 노중기·전병유, 114면.
151) 김인재, 178면.
152) 반면에 자유시장경제 이념을 추구하는 한국경제연구원은 이명박 정부가 노사관계에서 법과 원칙의 준수라는 항목과 관련해 불법시위, 공공부문과 대기업의 파업에 대한 개입을 통해 정부의 확고한 의지와 실천을 보여준 것이라 평가하기도 하였다(변양규, 106~107면).
153) 노중기, 59~60면.
154) 노중기, 61~62면.
155) 2015. 9. 15. 노사정 대타협 당시 한국노총은 참여하였으나 민주노총은 참여하지 않았다.
145) 2015. 9. 15. 노동시장 구조개선을 위한 노사정 합의문 전문은 아래 홈페이지 참조.
   http://www.esdc.go.kr/images/agrement(2015. 10. 26).pdf (2019. 5. 30. 최종방문)

동반성장
　③ 비정규 고용 및 차별시정제도 개선
　④ 합리적 인사원칙과 공정한 평가체계와 근로계약 해지 기준과 절차 명확화
　⑤ 출퇴근재해보상, 감정노동의 업무상 질병 인정, 실업급여 개선 등 사회
안전망 확충
　⑥ 통상임금 명확화
　⑦ 실근로시간 단축 등 근로시간제도 개편
　⑧ 휴일근로에 연장근로 포함 및 주당 근로시간 52시간으로 정함

　　위와 같은 합의의 내용과 관련해 대체로 노동계에서는 해고요건의 완화, 임금피크제 등 취업규칙의 불이익변경, 통상임금 범위의 축소 등을 허용하는 것이라 하여 반발하고, 일부 학자들 또한 국회 토론회 등을 통하여 9·15 노사정 대타협이 가진 문제점 등을 지적하였다.157) 반면에 당시 여당의원 159명은 노사정 대타협 다음날인 2015. 9. 16. 5대 노동법 개정안158)을 발의하였으나 2016. 5. 29. 19대 국회 임기만료로 모두 폐기되어 빛을 보지는 못하였다.
　　2016. 6. 이후의 20대 국회 초반에는 박근혜 정부 하에서 여소야대 상황이 발생하여 정부 주도의 노동법률 개정이 좌절될 수 밖에 없었다. 그리하여 2014년부터 노동법 개정을 준비해 오던 노동시장 구조개선 특별위원회도 2016. 9. 18. 그 활동을 종료하였다.
　　그러나 박근혜 정부의 고용노동부는 2016. 1. 사용자들이 해고와 근로조건 변경에 활용할 수 있는 '공정인사(일반해고) 지침'과 개정된 '취업규칙 해석 및

---

157) 2015. 10. 14. 한국노동법학회, 서울대학교 노동법연구회, 한국비교노동법학회가 주최한 '915 노사정 대타협과 법적 쟁점'에 대한 국회토론회에서는 주로 노동부의 지침을 통한 해고 요건과 임금피크제 등 취업규칙 변경의 문제점 등이 지적되었다.
158) 근기법 개정안은 통상임금을 정의하고, 1주를 휴일을 포함해 7일로 명시하는 등 임금과 근로시간제도의 개편을 위한 개정안이다. 고보법 개정안은 구직급여의 소정급여일수와 기여요건의 피보험단위기간을 연장하고, 구직급여일액의 금액비율을 상향조정하는 개정안이다. 산재법 개정안은 출퇴근 재해를 업무상 재해로 인정하되, 그 예외와 시행시기를 일부 조정하는 개정안이다. 기간제법 개정안은 기간제근로자 중 35세 이상은 근로자의 신청을 받아 2년 더 연장하도록 하고, 운송과 안전과 관련된 일정 업무에는 기간제근로자 사용을 제한하며, 2년 내 3회를 초과해 반복·갱신하는 근로계약에 대해서는 과태료를 부과하는 개정안이다. 파견법 개정안은 55세 이상의 고령자, 고소득 관리·전문직 종사자, 뿌리산업 종사업무에 대해 파견을 허용하고, 철도사업의 여객운송 업무나 안전관리·보건관리 업무의 파견을 금지하는 등의 개정안이다.

운영 지침'을 마련하여 인사관리나 저성과자 해고시 판단기준과 절차를 제시하고, 임금피크제나 근로시간 단축시행 등에 있어 취업규칙 변경 시 사회통념상 합리성 인정기준을 제시하여 사업장에서 활용하도록 하였다. 이러한 지침은 사실상 사업장 내에서 참조할 수 있는 매뉴얼의 성격만을 가지고 있어 재판과정에 실제 적용되는 규범일 수는 없었으나 실제 사업장에서는 사용자측에 유리한 기준으로 활용될 수 있었다. 그러나 그 내용이 법이 규정한 해고와 취업규칙 변경의 요건을 다소 완화시켜 설명하고 있다는 점에서 비판을 받을 만하였다.

사. 문재인 정부

문재인 정부는 2017. 3. 대통령 탄핵 이후 선거를 거쳐 2017. 5. 출범하였다. 문재인 정부는 사회정책에 있어 '노동존중 사회'를 바탕으로 하여 노동법제도의 개혁을 시도하였다. 2017. 8. 제시된 노동정책에서의 주요 국정과제를 보면, 2017년 만들어진 양대 지침, 즉 공정인사 지침과 취업규칙 해석 및 운영지침을 폐지하고, 공공기관 성과연봉제 관련조치도 폐기하기로 하였다. 아울러 ILO 핵심협약 비준, 근로자 대표제도 기능 강화, 체불근로자 생계 보호와 체불사업주 제재 강화, 직장 내 괴롭힘 대책 마련 등을 통한 노동존중 사회 실현을 제시하고 있다.[159]

그 외에 차별 없는 일터 만들기로서 비정규직 사용사유 제한제도 도입 추진, 비정규직 차별시정제도 전면 개편, 도급인의 임금지급 연대책임과 안전보건 조치의무 강화, 2020년 최저임금 1만 원 실현과 소상공인 부담 완화, 감정 노동자 보호를 위한 법적 근거 마련 및 특수형태 근로종사자 산재보험 적용 확대 등을 제시하고 있다.

위와 같은 노동정책들 중 양대 지침은 2017. 9. 25. 공식적으로 폐기되었고, 공공기관 성과연봉제는 2017. 6. 16. 공공기관 운영위원회를 열어 공공기관 내에서 자율적으로 성과연봉제 운영 여부를 결정하도록 하였다. 아울러, 2019. 1. 근기법을 개정하여 직장 내 괴롭힘 방지제도를 마련하고, 산재법과 산안법을 개정해 직장 내 괴롭힘에 대한 업무상 재해 인정과 정부의 예방조치를 규정하였다.

그 밖에 정부 출범 이후 확인된 공공기관이나 금융기관의 과거 채용비리에 대해 채용의 공정을 요구하는 사회의 목소리가 높아지자 채용의 불공정으로 인해 탈락한 피해자들을 구제하고, 불공정한 채용을 취소하며, 채용비리에 연루된

---

159) 대한민국정부, 100대 국정과제, 2017, 80면.

임직원들을 징계와 형사처벌하는 등의 개별적 조치가 이루어지고, 제도적으로는 공정한 채용을 위한 채용절차법의 개정안들이 제안되었다.

ILO 핵심협약 비준과 관련해서는 강제노동금지 협약을 제외한 3개 협약(결사의 자유, 차별금지, 아동노동금지)에 대해서 2021년 초 비준동의안이 국회를 통과하고, 2020년 말과 2021년 초 협약 비준을 위한 노동관계법 개정안과 병역법 개정안이 차례로 국회를 통과하여 ILO 협약비준과 관련된 국회절차가 마무리되어 2022년부터 발효되었다.

최저임금과 관련하여서는 정부 초기 급격한 인상에 대해 자영업자나 소상공인의 부담을 가중시켜 저임금 일자리가 더 줄어들었다는 비판을 받았고, 코로나19 상황으로 인해 2022년 임기만료까지 최저임금은 1만 원에 이르지 못하였다.

문재인 정부는 기존의 경제사회발전노사정위원회법을 2018. 6. 12. 전부개정하여 그 명칭 또한 경제사회노동위원회법으로 개칭하고, 경제사회노동위원회를 노사정과 공익을 대표하는 위원으로 구성하여 고용노동정책에 대한 사회적 협의를 하여 그 의결사항을 정부 정책에 반영할 수 있도록 하였다. 경제사회발전노사정 위원회의 논의를 통해 일부 노사합의사항은 노동관계법 개정을 통해 반영되었지만, ILO 핵심협약 비준 등에 관해서는 노사 간 협의가 이루어지지 않아 정부 주도로 노동법 개정이 진행된 경우도 있었다.

아. 윤석열 정부

2022. 5. 출범한 윤석열 정부는 여소야대 국회에서 노동정책을 수행하였다. 여소야대 국면에서는 정부·여당이 노동법 개정에 대한 주도성을 갖기 어렵고, 야당 또한 대통령의 재의요구권(거부권) 행사로 일방적으로 법안을 통과시킬 수 없어 구조적으로 노동입법의 통과가 쉽지 않다. 실제 윤석열 정부 전반기에 통과된 근기법 개정안은 여야 합의로 이루어진 사용자의 임금체불에 대한 제재강화와 임신 및 출산 근로자의 근로시간 단축 제도 개선을 위한 근기법 개정 하나뿐이다.

윤석열 정부 시기 여소야대 국회가 지속되면서 야당의 노동법 관련 개정법안이 발의되어 야당이 과반수로 국회를 통과시키는 경우에도 중요 쟁점에 대한 여야 또는 정부와의 이해 대립에 따른 대통령의 재의요구권(거부권)이 행사된 경우가 있다. 예컨대 야당 주도로 발의한 노조법 2조 및 3조 개정법률안(노동조합 및 근로자의 쟁의행위로 인한 손해배상책임을 제한하는 이른바 '노란봉투법안')의 경우 야당의 발의와 과반수 의결에 대해 2023. 12.(21대 국회) 및 2024. 8.(22대 국회) 대통령이 재의요구권(거부권)을 행사하였다.

2022. 7. 제시된 윤석열 정부의 120대 국정과제 중 노동관련 분야를 보면, '노동의 가치가 존중받는 사회'라는 기치(旗幟) 아래 ⅰ) 산재예방 강화 및 기업 자율의 안전관리체계 구축 지원, ⅱ) 공정한 노사관계 구축 및 양성평등 일자리 구현, ⅲ) 노사협력을 통한 상생노동시장 구축, ⅳ) 일자리 사업의 효과성 제고 및 고용서비스 고도화, ⅴ) 고용안전망 강화 및 지속가능성 제고, ⅵ) 전 국민 생애단계별 직업능력개발과 일터학습 지원, ⅶ) 중소기업·자영업자 맞춤형 직업훈련 지원 강화를 국정과제로 제시하고 있다(국정과제 49항 내지 55항).[160]

위와 같은 국정과제 세부과제의 주요내용 중 노동법 관련 구체적 변화가 필요한 주요 세부내용을 보면 ⅰ) 산업안전보건 법령 개정 등을 통한 현장의 불확실성을 해소하고, 지침·메뉴얼을 통한 경영자의 안전 및 보건확보 의무 명확화,[161] ⅱ) 사용자의 부당해고·부당노동행위, 노조의 불법파업 등은 법과 원칙에 따라 처리,[162] ⅲ) 노사협의회 근로자위원 대표성·독립성 강화를 위한 제도 개선 추진,[163], ⅳ) 구직급여 반복수급 개선, 실업인정 제도개선 등을 통한 실업급여의 지속가능성 제고[164] 등이 있으나 전반적으로는 개별적 근로관계나 집단적 노사관계 법제의 개선보다는 고용안정을 위주로 한 직업훈련과 고용안전망 강화와 상생 노동시장 구축과 같은 것이 노동관련 국정과제의 중점이 되어 있다.

위와 같은 형식적 국정과제와 달리 정부의 의지와 관점을 확인할 수 있는 구체적인 노동정책은 '노동개혁'이라는 이름으로 시작된 윤석열 정부 전반기의 일련의 행정적 조치들에서 확인할 수 있다. 윤석열 정부의 노동정책은 노동입법을 통한 개정보다는 현행 노동법령을 바탕으로 한 구체적 집행을 통해 시행 가능한 조치들을 중심으로 이루어졌다.

윤석열 정부 초기인 2022. 7.에는 고용노동부 내에 노동 분야 관련 학자를 중심으로 '미래노동시장 연구회'를 발족하여 5개월여간의 연구회와 간담회 등을

160) 대한민국정부, 윤석열 정부 120대 국정과제, 7면 및 89면.
161) 대한민국정부, 윤석열 정부 120대 국정과제, 91면.
162) 대한민국정부, 윤석열 정부 120대 국정과제, 92면.
163) 대한민국정부, 윤석열 정부 120대 국정과제, 93면.
164) 대한민국정부, 윤석열 정부 120대 국정과제, 95면.

거쳐 연구회가 정부에 건의하는 형식의 권고문이 2022. 12. 12. 제안되었다. 권고문은 노동시장을 규율하는 법과 제도가 과거의 것이어서 현재의 노동시장 이중구조, 인구구조의 변화, 경제적 저성장의 문제를 해결할 수 없다고 진단하고서[165] 근로시간과 임금체계에 대한 개혁의 구체적 방향과 내용을 제시하였다.[166]

　　그러나 전문가 위주로 구성된 미래노동시장 연구회 권고문의 근로시간과 임금체계의 개편 내용과 파견법제나 노조법 개정 제안은 사실상 정부가 당시 시행하고자 하는 노동정책이나 경영계의 요구 위주로 구성되어 있다는 비판을 받았다.[167] 양대노총에서는 권고 내용에 대한 반대 입장을 내었고,[168] 사회적 비판도 지속되면서[169] 미래노동시장 연구회의 권고 내용을 정책화하거나 입법화하는 데에는 사실상 성공하지 못하였다.

　　윤석열 정부 전반기(2022. 5. ~ 2024. 11.)의 노동정책과 관련해 노동개혁 성과로 대통령실이 홈페이지에 게시하고 있는 내용을 보면 '노사법치'의 내용으로 ⅰ) 역대 정부 최초 노조회계 공시제도 도입, ⅱ) 건설 현장 폭력·채용 강요 등 불법행위 척결, ⅲ) '조합원 자녀 채용 가점' 고용세습 시정, ⅳ) 노동조합 파업에 따른 근로일수의 감소를 들고 있고, '노동유연성'의 내용으로 2024년 9월 일·육아병행 지원을 위한 육아지원 3법(고평법, 고보법, 근기법) 개정 등을, '노동약자보호'의 내용으로 2024년 9월 상습체불 사업주 경제 제재강화를 위한 근기법 개정 등을 들고 있다.[170]

　　위의 대통령실이 제시하고 있는 노사법치의 내용은 '불법행위 척결'이나 '고용세습 시정'과 같이 순화되지 않은 단순한 언어로 성과를 드러내고 있으나, 구체적으로 보면, 그 성과 내용이 노동조합 및 조합원의 노동 3권에 대한 정부의 침해나 제한의 법적 경계에 있는 영역인 점에서, 쉽게 성과로서 단정하기 어

---

165) 미래노동시장 연구회, "공정한 노동시장, 자유롭고 건강한 노동을 위하여 - 미래노동시장 연구회 권고문", 2022. 12. 12.자, 1면.
166) 미래노동시장 연구회, 위 권고문, 9~16면.
167) 매일노동뉴스 2022. 12. 22.자 제목: "미래노동시장연구회, 원인 진단부터 틀렸다."
168) 시사저널 2022. 12. 12.자 제목: "양대노총, 미래노동시장 연구회 권고에 '자본천국, 노동지옥' … 전면 재검토"
169) 동아일보 사설 2022. 12. 13.자 제목: "정부자문硏 노동개혁 권고… 입법 비전 없는 희망고문일뿐"
170) 대한민국 정책브리핑 뉴스 2024. 11. 12.자 제목: 윤석열 정부 임기 반환점 주요 성과 - 노동개혁. 아래 대한민국 정책 브리핑 뉴스 참조.
　　 https://www.korea.kr/multi/visualNewsView.do?newsId=148936201(2025. 1. 30. 최종방문)

려운 부분이 있다. 특히 조합원 자녀 채용 특혜와 관련해서는 대법원이 2020년 전원합의체 판결로 단체협약이 노사의 협약자치의 결과물이라는 점에서 그 협약의 효력에 대한 법원의 후견적 개입은 신중할 필요가 있다면서 산재 사망 조합원의 직계가족을 채용하는 단체협약의 유효성을 긍정한 적이 있다[171]는 점에서도 그러하다. 필요하다면 입법을 통한 개선을 해야 할 것으로 보인다.

IV. 근기법 제·개정의 연혁

이하에서는 이 책의 주된 논의대상인 개별적 근로관계법, 특히 근기법을 중심으로 그 제·개정의 내용을 구체적으로 살펴보기로 한다.

1. 근기법 제정(1953)

근기법은 제정 헌법 17조에서 근로조건의 기준은 법률로 정한다고 선언한 이래 5년 만인 1953. 5. 10. 이승만 정부 하에서 법률 286호로 제정되었다. 이로써 미군정법령인 최고노동시간법(Regulation of Maximum Working Hours, 121호) 및 미성년자노동보호법(Regulation of Child Labor, 102호)은 폐지되었다.[172] 근로자의 기본적 생활을 보장·향상시키며 균형 있는 국민경제의 발전을 기하기 위하여 제정된 근기법은 12장 115조로 편제되었는데, 그 주요 내용은 다음과 같다.

① 법에 위배되는 근로계약 무효(법 20조)
② 사용자에게 근로계약 체결 시 근로조건 명시 의무 부과(법 22조)
③ 사회부로 하여금 일정사업 종사 근로자의 최저임금을 정할 수 있는 근거 마련(법 34조)[173]
④ 1일 8시간, 1주 48시간 근로시간을 원칙으로 하고, 당사자 합의를 조건

---

171) 대법원 2020. 8. 27. 선고 2016다248998 전원합의체 판결.
172) 부칙 114조.
173) 이에 대하여 다음과 같은 예외를 두고 있었다.
    35조(최저임금 통용의 예외) 최저임금이 정해진 경우에는 사용자는 그 금액에 미달하는 임금으로 사용자를 사용할 수 없다. 단, 다음의 경우에는 예외로 한다.
    1. 정신 또는 신체의 장해로 근로능력이 저위에 있는 자로서 사회부의 인가를 얻은 경우
    2. 근로자의 사정으로 소정근로시간을 완료하지 못하는 경우
    3. 수습사용 중에 있는 자 또는 소정근로시간이 특히 짧은 자로서 사회부의 인가를 얻은 경우

으로 1주 12시간을 한도로 하는 연장근로, 특별한 사정이 있는 경우 사회부의 인가를 조건으로 한 연장근로 허용(법 42조)

⑤ 13세 미만자 원칙적 사용 금지(법 50조), 여자와 18세 미만자는 도덕상·윤리상 유해위험 작업 사용 금지(법 51조)

⑥ 근로자의 업무상 부상 또는 질병의 경우 사용자의 비용으로 요양보상, 휴업보상, 장해보상 지급(법 78~80조)

⑦ 상시 10인 이상 근로자 사용 사용자에게 취업규칙 신고 의무 부과(법 94조)

⑧ 근로감독관 설치(법 102조)

2. 근기법 개정

가. 박정희 정부의 개정

(1) 제1차 개정(1961. 12. 4. 법률 791호)

1960년 5·16 군사쿠데타로 집권한 박정희 정부는 1962년 개정된 신헌법에 따른 국회가 구성되기도 전인 1961. 12. 4. 국가재건최고회의를 통하여 근기법을 법률 791호로 개정하였다. '고도 경제 성장을 통한 조국의 근대화'라는 정책목표를 설정한 5·16 군사정권은 노동 입법 개정의 방향을 집단적 노사관계에 대한 국가 개입 강화와 개별적 근로관계에 관한 근로자 보호의 강화에 주안점을 두었다. 이에 따라 개정된 근기법의 주요 내용은 다음과 같다.

① 평균임금의 산출기초일을 '총 근로일수'에서 '총 일수'로 변경하고, 대신 그와 같이 산출된 금액이 통상임금액보다 저액일 경우에는 통상임금액을 평균임금으로 취급(법 19조)

② 30일 전 해고예고제도 신설(법 27조의2)

③ 계속근로연수 1년에 30일분 이상의 평균임금을 지급토록 하는 퇴직금제도 신설(법 28조)[174]

④ 금품청산기간을 7일에서 14일로 연장(법 30조)

⑤ 부득이한 사유로 사업계속 불능 시 노동위원회의 승인을 조건으로 휴업

---

174) 개정 전 근기법(제정 근기법)에서는 해고수당으로 2년 이상 계속근로한 근로자에 대하여는 계속근로연수 1년에 대하여 30일씩, 10년 이상인 때에는 10년을 초과한 1년에 대하여 60일씩을 해고수당 30일분의 평균임금에 가산토록 하여(법 28조 2항), 현행 퇴직금에 상당하는 돈을 해고를 당한 근로자에게만 지급되도록 하고 있었다.

수당을 지급치 않을 수 있도록 함(법 38조 단서 신설)

　⑥ 일정 업종에 대해 공익 또는 국방상 필요 시 보건사회부장관 승인을 조
건으로 주 48시간 범위 내에서 1일 8시간(유해위험작업의 경우 주 36시간의 범위
내에서 1일 6시간)의 연장근로 허용(법 47조의2 신설)

　⑦ 2년 이상 계속근로한 자에 대하여 1년 초과 근로연수 1년에 대하여 1일
의 유급휴가 부여(법 48조 2항)

(2) 제 2 차 개정(1974. 12. 24. 법률 2708호)

　세계경제 불황의 장기화에 따라 노동 현장에서 사용자들의 가혹 행위와 부
당 대우의 사례가 빈발해지고, 그로 인해 노동계의 불만이 고조되자[175] 정부는
1974. 1. 14. 긴급조치 3호를 선포하여 임금채권의 우선 변제, 벌칙의 강화, 단체
협약 불이행자에 대한 처벌, 부당노동행위에 대한 처벌강화를 단행하였다. 정부
는 1974. 12. 긴급조치 3호의 해제를 앞두고 1·14 조치에 의한 근로자 보호 규
정을 해당 노동제법 속에 편입하는 법 개정이 이루어졌다. 그리하여 1974. 12.
24. 법률 2708호로 근기법이 개정되었는데, 그 주요 내용은 다음과 같다.

　① 임금채권 우선 변제 규정 신설(법 30조의2)[176]
　② 연소자 근로시간 보호 규정의 적용을 16세 미만에서 18세 미만으로 확
대(법 55조)
　③ 완치 불능 시 일시보상액을 평균임금액의 1,000일분에서 1,340일분으로
확대,[177] 기준 요양 기간을 1년에서 2년으로 연장(법 84조)
　④ 임금 채권과 재해보상청구권 시효를 2년에서 3년으로 연장(법 41조, 93조)[178]
　⑤ 벌칙 강화(법 107~112조)

---

175) 1970년 서울 청계천 평화시장 재단사 전태일의 분신과 연이은 근기법에 대한 사회적 관심,
　　노동계 요구 등을 들 수 있다.
176) 이 조항의 내용은 다음과 같다.
　　30조의2 임금, 퇴직금, 재해보상금 기타 근로관계로 인한 채권은 사용자의 총재산에 대하여
　　질권·저당권·조세·공과금을 제외하고는 다른 채권에 우선하여 변제받을 권리가 있다.
177) 당시 산재법(9조의9)에서 정하던 일시 급여 수준과 같게 하였다.
178) 민법에 이미 임금채권의 소멸시효기간을 3년으로 규정하고 있었으므로(163조 2호), 근기법
　　에서 소멸시효기간을 2년에서 3년으로 연장하였다 하더라도 특별보호법규로서의 의의는 없
　　다(김형배a, 45면).

한편, 근기법은 그 적용범위에 관하여는 원칙적으로 모든 사업 또는 사업장에 적용하도록 하면서 대통령령이 정하는 사업 또는 사업장에는 적용하지 않는다고 규정하고 있었고(법 10조), 시행령에서는 적용제외사업장을 상시 15인 이하의 근로자를 사용하는 사업 또는 사업장으로 정하고 있었는데(영 1조), 1962. 9. 25. 개정된 시행령(각령 977호)에서는 상시 16인 이상 30인 미만의 사업장에 대하여도 퇴직금 제도 등 일부 조항은 적용하지 않기로 하였다. 1975. 4. 28. 개정된 시행령(대통령령 7613호)에서는 적용제외사업장의 상시 사용 근로자수를 4인 이하로, 일부 적용 제외 사업장의 상시 사용 근로자수를 5인 이상 16인 미만으로 낮추는 대신 일부 적용 제외 사업장에 적용되지 않는 근기법의 규정은 확대하였다.179)

나. 전두환 정부의 개정

(1) 제3차 개정(1980. 12. 31. 법률 3349호)

전두환 정부에서 1980. 10. 22. 개정된 제5공화국 헌법은 근로자에 대한 적정 임금 보장 규정을 신설하고, 근로조건의 기준을 법률로써 정하도록 하면서 그 기준을 인간 존엄성의 보장에 두도록 명시하였으며, 유신헌법과 달리 단결권과 단체행동권에 대한 개별적 법률유보조항을 삭제하는 등 전체적으로 노동기본권 조항을 강화하였다. 그러나 국가보위입법회의에서 전격적으로 개정된 노동4법의 개정 방향은 근로기준의 완화, 기업 내 종업원관계의 중시, 국가주도적 노사관계 강화, 노동쟁의 억제와 그 해결의 일원화 등으로 요약된다.180) 1980. 12. 31. 법률 3349호로 개정된 근기법의 주요 내용은 다음과 같다.

① 하나의 사업 내 퇴직금 차등 제도 금지(법 28조 2항)

② 임금채권 우선 변제 순위를 조세·공과금에 앞서도록 조정(법 30조의2)181)

③ 도급사업에서 하수급인이 직상 수급인의 귀책사유로 임금을 지급하지 못한 경우 직상 수급인에게 하수급인의 근로자 임금 지급에 대한 연대 책임 부과(법 36조의2)

④ 당사자 합의를 조건으로 4주간을 평균하여 1주간의 근로시간이 48시간을 초과하지 아니하는 범위 내에서 특정일에 대하여 8시간, 특정주에 대하여 48

---

179) 적용 사업장의 확대는 1976. 1. 1.부터 시행되었다.

180) 신인령a, 100면.

181) 다만, 질권·저당권에 우선하는 조세·공과금은 임금채권보다 우선하도록 하였다(30조의2 단서).

시간을 초과하여 근로시킬 수 있도록 허용(법 42조 2항)

⑤ 당사자 합의를 조건으로 1일 7시간의 연소 근로자 근로시간을 8시간까지 연장할 수 있도록 허용(법 55조)

⑥ 임금 체불에 대하여 징역형을 과할 수 있도록 처벌 강화(법 109조)

(2) 최저임금법 제정(1986. 12. 31. 법률 3927호)

1986. 12. 31. 근로자에 대하여 임금의 최저 기준을 보장함으로써 근로자의 생활안정과 노동력의 질적 향상을 도모함을 목적으로 최저임금법이 법률 3927호로 제정·공포되었다. 이로써 최저임금을 정한 근기법 34조와 35조는 삭제되었다.

(3) 제 4 차 개정(1987. 11. 28. 법률 3965호)

1987. 10. 29. 제정·공포된 제6 공화국 헌법은 최저임금제의 실시를 명문화하고(헌법 32조 1항),[182] 종래 여자와 소년을 하나의 조항에서 특별 보호대상으로 규정했던 것을 각각 분리하여 여자의 근로에 대한 특별한 보호와 성차별금지를 선언하였으며(헌법 32조 4항), 노동 3 권 중 단체행동권에 대한 유보조항을 삭제하고, 단체행동권에 대한 특별한 제한이나 금지의 대상규정에서 주요 방위산업체 종사 근로자만 남기고 그 밖의 근로자에 대한 규제 가능성을 모두 삭제하였다(헌법 33조).

헌법 개정 직후 근기법을 비롯한 근로관계법이 개정되었으나, 당시 개정된 근로관계법은 개헌과 총선 직전의 혼란스러운 분위기 속에서 여야의 무원칙한 타협의 소산으로 평가받고 있다.[183] 1987. 11. 28. 법률 3965호로 개정된 근기법의 주요 내용은 다음과 같다.

① 임금 중 최종 3월분에 대하여 질권·저당권에 의하여 담보된 채권보다 앞서는 최우선 변제권 부여(법 30조의2 2항)

② 42조 2항에서 규정하던 변형 근로제 폐지

한편, 여성 근로자에 대한 성차별금지를 명한 헌법 32조에 따라 1987. 12. 4.

---

182) 최저임금법에서는 노동부장관으로 하여금 1987. 12. 15.까지 최저임금을 결정·고시할 것을 명하고 있었다(부칙 3조 3항).

183) 신인령a, 103~104면.

법률 3989호로 남녀고용평등법이 제정되었다. 헌법의 평등 이념에 따라 고용에서 남녀의 평등한 기회 및 대우를 보장하고, 모성을 보호하며, 직업능력을 개발함으로써 근로여성의 복지증진에 기여하기 위하여 제정된 이 법은 사업주에 대하여 근로자의 모집·채용·교육·배치·승진·정년·퇴직 및 해고에 있어서 여성에게 여성인 것을 이유로 남성과 차별대우할 수 없도록 하고, 특히 근로여성의 혼인·임신 또는 출산을 퇴직사유로 예정하는 근로계약을 체결할 수 없도록 금지하였으며(남녀고용평등법 6조, 8조), 생후 1년 미만의 영아를 가진 근로여성에게 1년 이내의 무급의 육아휴직을 허용하도록 하고, 육아휴직을 이유로 불리한 처우를 하지 못하도록 하였다(남녀고용평등법 11조). 이 법은 1988. 4. 1.부터 시행되었다.

다. 노태우 정부의 개정

(1) 제5차 개정(1989. 3. 29. 법률 4099호)

1987년 노동법 개정에 대한 노동계의 불만으로 강력한 법 개정 투쟁과 여론 환기로 1989. 3. 여소야대 상황의 임시국회에서 노동조합법, 노동쟁의조정법, 근기법, 남녀고용평등법이 통과되었다. 그러나 노동조합법, 노동쟁의조정법에 대하여는 대통령이 거부권을 행사함으로써 근기법, 남녀고용평등법만 개정·시행되었다. 1989. 3. 29. 법률 4099호로 개정된 근기법의 주요 내용은 다음과 같다.

① 근기법의 적용 대상 사업장을 상시 사용 근로자수 5인 이상으로 확대, 4인 이하의 사업장에도 일부 규정 적용(법 10조)

② 부당해고 등의 불이익처분에 대하여 노동위원회를 통한 구제 절차 신설(법 27조의3)

③ 근로자 취업 방해를 목적으로 하는 명부 작성, 통신 등 금지(법 31조의2)

④ 기준근로시간을 1주 44시간으로 단축(법 42조)

⑤ 취업규칙의 불이익 변경 시 근로자 과반수 동의 필요(법 95조 1항)

(2) 산안법 제정(1990. 1. 13. 법률 4220호)

1990. 1. 13. 법률 4220호로 산업안전보건법(산안법)이 제정되었다. 산안법은 안전과 보건에 관한 근기법의 내용을 흡수·통합하여 산업재해예방과 관련된 모법으로 위치를 차지하게 되었다. 이 법 제정과 함께 안전과 보건에 관한 근기법 6장(법 64~73조)의 규정이 삭제되었다.

라. 김영삼 정부의 개정

(1) 제6차 개정(1996. 12. 31. 법률 5245호)

김영삼 정부는 1996년 노동관계개혁위원회를 설치하였다. 그 즈음하여 근로자측에서는 집단적 노사관계법을 중심으로 종전에 비정상적 입법기관에 의해 추가된 독소 조항을 철폐해줄 것을 요구하였고, 사용자측에서는 개별적 근로관계법을 중심으로 새로운 노사 환경에 맞게 과도한 노동 보호 조항을 재조정해줄 것을 주장하였다. 정부는 국제 경쟁력의 강화라는 명분을 앞세워 근로자측의 요구보다는 사용자측의 요구에 치중한 법률안을 마련한 다음 노동계, 야당, 시민단체의 반대에도 불구하고 1996. 12. 26. 여당만이 소집된 본회의에서 근기법 개정안을 비롯한 6개 법률안을 통과시키고, 1996. 12. 31. 그 중 4개 법률을 공포하였다. 당시 법률 5245호로 개정된 근기법의 내용은 다음과 같다.

① 단시간근로자의 개념을 정의하고 그 근로조건은 동종 업무에 종사하는 통상 근로자의 근로시간에 비례하여 결정하도록 함(법 19조의3, 22조의2)

② 경영상의 이유에 의한 해고 도입, 요건과 절차 법정(법 27조의2)[184]

③ 퇴직금 중간정산제와 퇴직연금 보험 제도 도입(법 28조)

④ 평균임금의 70/100에 해당하는 휴업수당이 통상임금보다 많은 경우 통상임금으로 휴업수당을 지급할 수 있도록 허용(법 38조)

⑤ 취업규칙으로 2주 단위 탄력적 근로시간제를, 노사간 서면 합의로 1월 단위 탄력적 근로시간제를 도입할 수 있도록 허용(법 42조의2)

⑥ 근로자의 선택에 따라 시업과 종업시각을 정하도록 하는 선택적 근로시간제 도입(법 42조의3)

⑦ 공공의 편의나 업무의 특성에 따라 근로시간을 연장할 필요가 있는 업종에 대하여는 노사 간 서면 합의를 조건으로 주 12시간 연장근로시간한도를 초과할 수 있도록 허용(법 42조의4)

⑧ 노사 간 서면 합의를 조건으로 연·월차휴가일에 갈음하여 특정근로일

---

184) 일반적으로 정리해고조항이 신설된 것을 두고 노동의 유연성을 제고시킨 것이라고 설명하는데, 그러하지 않다는 견해가 있다. 이철수 교수는 정리해고의 4요건은 판례상 인정되어 온 것에 불과하고 이를 처음으로 채택한 일본에서도 4요건을 완화하는 추세에 있다는 점을 감안하면, 4요건을 법적 요건으로 규정하고 있는 개정 근기법의 태도는 이론적으로는 적어도 정리해고의 요건을 강화한 것으로 풀이된다고 한다(이철수b, 168면).

에 근무시킬 수 있도록 허용(법 48조의2)

    ⑨ 최저 취업 연령을 13세에서 15세로 상향 조정(법 50조)

(2) 근기법 재제정(再制定. 1997. 3. 13. 법률 5309호)

    1996. 12. 26. 기습적으로 국회 본회의를 통과한 근기법 개정 법률안에 대하여 무효 논란이 끊이지 않자[185] 여야는 4개 노동관련법률을 폐지하고 새로 관련 법률을 제정하기로 합의하여 1997. 3. 13. 법률 5305호로 근기법을 폐지하고, 같은 날 법률 5309호로 근기법을 제정·공포하였다. 재제정된 근기법은 전체적으로 보아 폐지된 법률 5245호와 유사하나, 다만 위 폐지된 법률에서는 정리해고의 요건 중 하나인 '긴박한 경영상의 필요'를 예시하여 계속되는 경영의 악화, 생산성 향상을 위한 구조조정과 기술혁신 또는 업종의 전환 등을 명시적으로 규정하고 있었으나, 재제정된 법률에서는 이와 같은 예시를 삭제하였고(법 31조), 또 그 시행을 2년 뒤로 유예하였다(부칙 1조).

(3) 제 1 차 개정(1997. 12. 24. 법률 5473호)

    헌법재판소는 1997. 8. 21. 근기법 37조 2항에서 퇴직금 전액을 질권·저당권에 의하여 담보된 채권보다 우선하여 변제받을 수 있도록 한 것은 질권·저당권의 본질적 내용을 침해하거나 과잉금지의 원칙에 위배된다고 하면서 이에 대한 헌법불합치와 1998. 1. 1.부터 효력 상실을 선고하였다.[186] 정부는 1997. 12. 24. 이 결정 취지에 맞추어 근기법을 개정하였다. 주요 내용은 다음과 같다.

    ① 사용자가 근로자를 피보험자 또는 수익자로 하여 퇴직보험 또는 퇴직일시금신탁에 가입한 경우에도 법정 퇴직금 제도를 설정하는 것으로 간주(법 34조 4항)

    ② 질권·저당권에 의하여 담보된 채권에 우선하여 변제받을 수 있는 퇴직금의 범위를 퇴직 전 최종 3년간으로 제한(법 37조)

---

185) 당시 야당의원 125명은 국회의장이 개의시간을 통지하지도 않은 채 비공개로 본회의를 개의하는 등 헌법 및 국회법이 정한 절차를 위반하여 법률안을 가결시킴으로써 독립된 헌법기관인 국회의원의 법률안 심의·표결권을 침해하였다고 주장하면서 그 권한침해의 확인과 아울러 가결선포행위에 대한 위헌 확인을 구하는 권한쟁의심판을 청구하였는데, 헌법재판소는 권한침해 청구 부분은 받아들이고, 가결선포행위에 대한 위헌 확인 부분은 기각하였다(헌재 1997. 7. 16. 선고 96헌라2 결정).

186) 헌재 1997. 8. 21. 선고 94헌바19 등 결정.

(4) 제 2 차 개정(1998. 2. 20. 법률 5510호)

외환위기로 우리나라에 구제금융을 한 국제통화기금(IMF)은 정리해고제도의 즉시 실시를 요구하였다. 이에 따라 정부는 1999. 3. 13.부터 실시하기로 하였던 정리해고를 즉시 실시하기로 하면서 1998. 2. 20. 법률 5510호로 근기법을 개정하였다. 그 주요 내용은 다음과 같다.

① 경영 악화를 방지하기 위한 사업의 양도·인수·합병의 경우 긴박한 경영상의 필요가 있는 것으로 간주(법 31조 1항)

② 정리해고 시 남녀의 성을 이유로 한 차별을 금지(같은 조 2항)

③ 정리해고 시 근로자대표와 60일 전까지 통보하고 협의하도록 사용자에게 의무조항 신설(같은 조 3항)

④ 정리해고 후 2년 이내에 근로자 채용 시 정리해고된 근로자를 우선 고용하도록 노력할 의무를 사용자에게 부과(법 31조의2)

⑤ 정리해고 유예 기간 삭제[부칙(1997. 3. 13.) 1조 단서 삭제]

마. 김대중 정부의 개정

(1) 제 3 차 개정(1999. 2. 8. 법률 5885호)

경제 침체 속에 정부는 1999. 2. 8. 법률 5885호로 근로자 보호를 위한 일부 규제를 폐지·완화하는 근기법 개정을 단행하였다. 그 주요 내용은 다음과 같다.

① 업무상 재해로 인한 요양기간 또는 산전·산후 휴업기간과 그 후 30일의 기간에 사업의 수행이 불가능하여 근로자를 해고하는 경우 노동부장관의 인정을 거치도록 한 것을 폐지(법 30조)

② 근로자가 고의로 사업에 막대한 지장을 초래하거나 재산상 손해를 끼쳐 해고의 예고 없이 해고할 경우 노동부장관의 인정을 거치도록 한 것을 폐지(법 32조)

③ 여자와 18세 미만의 자가 해고일로부터 14일 내에 귀향하는 경우 지급하는 귀향 여비 제도 폐지(법 74조 삭제)

④ 18세 미만의 자를 30인 이상 사용하는 경우 부담하던 교육시설 설치의무 폐지(법 75조 삭제)

(2) 제 4 차 개정(2001. 8. 14. 법률 6507호)

2001. 8. 14. 여성 근로자 보호 범위를 조정한 근기법 개정이 법률 6507호로 이루어졌는데, 그 주요 내용은 다음과 같다.

① 개정 전에는, 여자와 18세 미만인 자를 도덕상 또는 보건상 유해·위험한 사업에 사용하지 못하도록 한 것을, 18세 이상의 여성 중 임산부(산후 1년이 지나지 않은 여성 포함)는 임신 또는 출산에 관한 기능에 유해·위험한 사업에만 사용하지 못하도록 하여 18세 이상 여성을 사용하지 못하도록 한 업종 범위를 축소함(법 63조)

② 개정 전에는, 여자와 18세 미만인 자를 오후 10시부터 오전 6시까지의 사이에 근로시키지 못하고 휴일근로에 종사시키지 못하도록 하고, 다만 그 근로자의 동의와 노동부장관의 인가를 얻은 경우에는 근로시킬 수 있도록 하던 것을 개정하여, 18세 이상의 여성은 노동부장관의 인가가 없어도 그 근로자의 동의나 명시적인 신청이 있으면 오후 10시부터 오전 6시까지와 휴일 근로를 시킬 수 있도록 하여 18세 이상 여자에 대해 야간 근로와 휴일 근로를 시킬 수 있는 경우를 확대함(법 68조)

③ 임신 중의 여성에 대하여 산전후를 통하여 90일의 보호휴가(그 중 45일 이상이 산후에 배치)를 보장하고, 최초 60일은 유급으로 하도록 함(법 72조)

바. 노무현 정부의 개정

(1) 제 5 차 개정(2003. 9. 15. 법률 6974호)

근로시간 단축에 관한 노사정위원회의 조정안에 따라 김대중 정부는 2002. 10. 근기법 개정안을 국회에 제출하였고, 오랜 이견의 조율 끝에 노무현 정부에서 2003. 9. 15. 법률 6974호로 근로시간 및 휴가제도를 국제 기준에 맞추어 개선하기 위한 목적으로 근기법 개정이 이루어졌다. 개정된 법의 주요 내용은 다음과 같다.

① 법정근로시간을 주 44시간에서 주 40시간으로 단축(법 49조)
② 탄력적 근로시간제의 단위 기간을 1월에서 3월로 확대(법 50조)
③ 사용자가 근로자 대표와 서면 합의로 연장근로수당·야간근로수당·휴

일근로수당에 갈음하여 휴가를 부여할 수 있도록 함(법 55조의2)

④ 월차유급휴가 폐지(법 57조 삭제)

⑤ 생리휴가 무급화(법 71조)

⑥ 연차휴가를 1년 간 80% 이상 출근한 자에 대하여 15일의 유급휴가를 주고, 2년마다 1일의 휴가를 가산하되, 상한을 25일로 한정하여 연차유급기간을 조정하고 상한을 마련함(법 59조)

⑦ 미사용 연차휴가에 대한 사용자의 보상 의무 면제(법 59조의2)

(2) 퇴직급여법 제정(2005. 1. 27. 법률 7379호)

2005. 1. 27. 퇴직급여법이 제정되면서 퇴직금 관련 근기법 규정 내용을 퇴직급여법으로 옮겼고, 근기법에서는 퇴직급여제도는 퇴직급여법에 따르도록 하였다(법 34조).

(3) 제 6 차 개정(2005. 3. 31. 법률 7465호)

2005. 3. 31. 의원 발의로 체불사업주에 대한 경제적 제재를 강화하되 형사처벌 제도는 합리적으로 개선하고, 취업최저연령을 의무교육이 종료되는 연령으로 상향조정하는 등의 근기법 개정이 법률 7465호로 이루어졌다. 그 주요 내용은 다음과 같다.

① 임금지급을 지연하는 경우 연 40%의 범위에서 대통령령이 정하는 이율의 지연이자를 지급하도록 함(법 36조의2)

② 최저취업연령을 15세 미만으로 유지하면서 중학교에 재학 중인 18세 미만인 자도 근로자로 사용하지 못하도록 하여 최저취업연령을 일부 상향 조정함(법 62조)

③ 사용자의 취업규칙 작성·신고 대상에 산전후휴가·육아휴직 등 여성 근로자의 모성 보호에 관한 사항 추가(법 96조)

④ 임금체불행위를 반의사불벌죄로 함(법 112조)

(4) 제 7 차 개정(2005. 5. 31. 법률 7566호)

제 6 차 개정이 있은 지 얼마 되지 않아 다시 국회의원 발의를 거쳐 2005. 5. 31. 법률 7566호로 근기법이 소폭 개정되었다. 그 주요 내용은 다음과 같다.

① 임신 16주 이후 유산 또는 사산한 경우에도 보호휴가를 부여함(법 72조 2항)

② 남녀고용평등법에 의하여 국가가 산전후휴가급여 등을 지급한 경우 그 한도 내에서 출산휴가 유급 부분 지급 책임을 면제함(법 72조 3항)

(5) 제 8 차 개정(2006. 12. 21. 법률 8072호)

2006. 12. 21. 의원 입법으로 취업규칙 제도를 보완하는 내용으로 근기법 개정이 법률 8072호로 이루어져 취업규칙의 게시 또는 비치 장소를 근로자가 자유로이 열람할 수 있는 장소로 명시하였다(법 13조).

(6) 기간제법 제정(2006. 12. 21. 법률 8074호)

기간제근로자, 단시간근로자 등 비정규직 근로자가 급격히 증가하고 이들 근로자에 대한 차별적 처우와 남용행위가 사회적 문제로 대두됨에 따라, 기간제 및 단시간근로자에 대한 불합리한 차별을 시정하고 사용자의 남용행위를 규제하기 위하여 2006. 12. 21. 법률 8074호로 기간제 및 단시간근로자 보호 등에 관한 법률(기간제법)이 제정되었다.

기간제법은 2년을 초과하지 아니하는 범위 안에서 기간제근로자를 사용할 수 있도록 규정함과 동시에(기간제법 4조), 이와 달리 근로계약기간을 1년으로 제한하고 있던 근기법 23조를 삭제하였다(기간제법 부칙 3조).[187]

(7) 제 9 차 개정(2007. 1. 26. 법률 8293호)

노사정위원회가 오랜 격론 끝에 노사관계선진화입법안을 확정하자 노무현 정부는 2006. 11. 6. 국회에 근기법 개정안을 제출하였고, 국회 의결을 거쳐 2007. 1. 26. 법률 8293호로 개정 근기법이 공포되었다. 주요 개정 내용은 다음과 같다.

① 근로계약을 체결할 때 사용자는 임금 외에 근로시간, 휴일 및 휴가에 관한 사항에 대하여도 서면으로 명시하도록 하고 근로자가 요구하면 임금, 근로시간, 연차 유급휴가 등에 관한 서면을 근로자에게 교부하도록 함(법 24조)

② 정리해고 사전 통보 시점을 60일 전에서 50일 전으로 단축(법 31조)

---

187) 다만, 기간제법의 시행일인 2007. 7. 1. 이전인 2007. 4. 11. 근기법이 전문 개정되면서 개정 전 23조의 내용이 16조로 변경되어 규정되었는데, 기간제법 부칙 3조의 당초 규정취지를 유지하기 위하여 개정 근기법 16조의 효력을 기간제법의 시행일 전날인 2007. 6. 30.까지만 효력을 가지도록 하였다(법부칙 3조).

③ 종전에는 단순히 노력하도록 하여야 한다고 한 정리해고자 우선 재고용 조항을 개정하여, 정리해고된 때부터 3년 안에 해고된 근로자가 담당하던 업무와 동일한 업무에 근로자를 채용하는 경우에는 해고된 근로자를 우선적으로 고용하도록 사용자에게 의무를 부과함(법 31조의2)

④ 사용자가 근로자를 해고하는 경우에는 해고 사유와 해고 시기를 서면으로 통지하여야 해고의 효력이 발생하도록 함(법 32조의2)

⑤ 부당해고된 근로자가 원직복직을 원하지 아니하는 경우에는 구제명령으로 복직을 명하는 대신 근로자가 해고 기간 동안 지급받을 수 있었던 임금 상당액 이상의 금품 지급을 명할 수 있도록 근거를 마련함(법 33조의3)

⑥ 부당해고 등에 대한 처벌규정을 삭제하는 대신, 구제명령 불이행자에 대하여 이행강제금을 부과할 수 있도록 하고, 확정된 구제명령을 이행하지 않은 자에 대하여 벌칙을 부과함(법 33조의6, 110조, 113조의2)

⑦ 벌칙 조항을 개정하여, 보고·출석, 법령 요지 등 게시, 사용증명서, 근로자 명부, 계약 서류의 보존, 임금대장, 연소자 증명서, 재해보상 서류 보존, 취업규칙 작성·신고, 기숙사규칙 작성·변경, 근로감독관 임검·검진·심문 등 조사 협조 등 위반 행위에 대하여 종전에는 벌금형에 처하도록 한 것을 과태료를 부과하고, 친권자·후견인의 근로계약 대리 금지 위반에 대하여는 벌칙을 삭제함(법 115조, 117조)

(8) 제10차 한글화 전부개정(2007. 4. 11. 법률 8372호)

2007. 4. 11. 법률 한글화의 일환으로 법률 8372호로 근기법이 개정되었다. 법적 간결성·함축성과 조화를 이루는 범위에서 법 문장의 표기를 한글화하고 어려운 용어를 쉬운 우리말로 풀어쓰며 복잡한 문장은 체계를 정리하여 쉽고 간결하게 다듬었다.

(9) 제11차 개정(2007. 7. 27. 법률 8561호)

불법 하도급으로 인해 건설일용근로자에 대한 임금체불을 예방하기 위하여 건설업의 하도급 관계에서 발생하는 임금지급 방식을 개선하고, 이와 아울러 18세 미만인 자의 근로조건을 서면으로 명시하여 교부하도록 함으로써 연소 근로자의 노동기본권을 보호하기 위한 의원 입법으로 2007. 7. 27. 법률 8561호로 근기법이 개정되었다. 그 주요 내용은 다음과 같다.

① 건설업에서 사업이 2차례 이상 건설산업기본법에 따른 도급이 이루어진 경우에 건설업자가 아닌 하수급인이 그가 사용한 근로자에게 임금을 지급하지 못한 경우에는 그 직상 수급인에게 임금지급의 연대책임을 부과함(법 44조의2)

② 하수급인의 근로자에게 임금채권이 있음을 증명하는 집행증서, 확정된 이행권고결정 등 집행권원이 있는 경우 직상 수급인 또는 원수급인이 하도급대금 채무의 부담 범위에서 그 하수급인이 사용한 근로자에게 직접 지급하도록 함(법 44조의3)

③ 18세 미만인 자와 근로계약을 체결한 경우 임금, 소정근로시간, 휴일, 연차 유급휴가 등의 근로조건을 서면으로 명시하여 교부하도록 함(법 67조)

사. 이명박 정부의 개정

(1) 제12차 개정(2008. 3. 21. 법률 8960호)

정부 발의 개정안과 의원들이 발의한 개정안들에 대한 대안으로 국회 환경노동위원회가 마련한 개정안이 국회에서 의결되어 2008. 3. 21. 법률 8960호로 근기법이 개정되었다. 단시간근로자의 요건과 적용 배제 조항을 법률로 규정하고, 법률에 명시적인 위임 근거 없이 대통령령으로 정하던 사항을 법률로 규정하거나 위임 근거 규정을 마련하는 등의 내용을 담고 있다. 주요 내용은 다음과 같다.

① 4주 동안(4주 미만으로 근로하는 경우에는 그 기간)을 평균하여 1주 동안의 소정근로시간이 15시간 미만인 근로자에 대하여는 55조(주휴일 규정)와 60조(연차 유급휴가 규정)를 적용하지 않도록 함(법 18조 3항)

② 상시 5명 이상 사용하는 사업 또는 사업장에 근기법을 적용하는 것과 관련하여 상시 사용하는 사용자 수를 산정하는 방법을 대통령령으로 정하도록 하고(법 11조 3항), 각종 재해보상의 시기, 신체장해 등급 결정 기준, 유족의 범위, 유족보상의 순위 등에 관하여 대통령령에 위임할 수 있는 근거를 마련하거나 직접 법률에 규정함(법 78조 내지 83조)

③ 임신한 여성 근로자가 임산부 정기건강진단을 받는 데 필요한 시간을 청구하는 경우 이를 허용해주도록 하고 이를 이유로 임금을 삭감해서는 아니되도록 함(법 74조의2 신설)

④ 휴업보상을 받을 자가 임금의 일부를 지급받은 경우 평균임금에서 그 지급받는 금액을 뺀 금액의 60%를 휴업보상으로 지급하도록 함(법 79조 2항)

⑤ 개정 전에는 단순히 2년 동안 재해보상 관련 서류를 보존하도록 하던 것을 개정하여, 재해보상이 끝나지 아니하거나 재해보상 청구권이 시효로 소멸되기 전에 이를 폐기할 수 없도록 함(법 91조)

⑥ 법정근로시간을 주 44시간에서 주 40시간으로 단축하는 2003. 9. 15. 법률 6974호의 시행 시기 관련 부칙을 개정하여, 공사의 발주자가 같고 공사의 목적, 장소 및 공기(工期) 등에 비추어 하나의 일관된 체계에 따라 시공되는 것으로 인정되는 공사(=관련공사)에 사용되는 모든 근로자에 대하여는 관련공사의 발주 시 총 공사 계약금액을 바탕으로 대통령령으로 정하는 바에 따라 산정한 관련공사의 상시 근로자 수를 기준으로 주 40시간 근로시간을 적용할지를 결정함 [법부칙(2007. 4. 11.) 5조의2 신설]

(2) 제13차 개정(2008. 3. 28. 법률 9038호)

2명의 의원이 각각 발의한 개정안들에 대한 대안으로 환경노동위원회가 마련한 개정안이 국회에서 의결되어 2008. 3. 28. 법률 9038호로 근기법이 개정되었다. 그 구체적 내용은 다음과 같다.

① 산전후휴가 종료 후 휴가 전의 업무와 동일하거나 동등한 대우를 받는 직무로 여성 근로자를 복귀시키도록 함(법 74조 5항 신설. 위반 시 벌칙 규정 법 114조 개정)

② 취업규칙 신고사항에 여성의 모성보호뿐 아니라 직장과 가정생활의 양립 지원에 관한 사항과 근로자 개인의 특성을 고려한 작업환경 개선에 관한 사항을 추가(법 93조)

(3) 제14차 개정(2009. 5. 21. 법률 9699호)

정부 발의로 벌칙과 과태료 조항을 조정하고 양벌 규정을 개정하는 내용의 근기법 개정이 2009. 5. 21. 법률 9699호로 이루어졌다. 시행일은 공포 후 3개월이 경과한 날(2009. 8. 21.)이다. 주요 내용은 다음과 같다.

① 사용자가 기숙사 생활의 자치에 필요한 임원 선거에 간섭할 경우 벌금

형에 처하던 것을 과태료 부과로 전환함(법 114조 1호, 116조 1항 2호)

　② 사업주가 그 위반행위를 방지하기 위하여 해당 업무에 관하여 상당한 주의와 감독을 게을리하지 아니한 경우에는 벌하지 않도록 하는 등 양벌 규정을 개정함(법 115조)

　(4) 제15차 개정(2010. 5. 25. 법률 10319호)

　의원 발의로 사용자의 근로조건 명시 및 교부의무를 강화하는 내용의 근기법 개정이 2010. 5. 25. 법률 10319호(2012. 1. 1. 시행)로 이루어졌다. 기존 근기법은 근로계약을 체결할 때에 사용자로 하여금 근로조건에 관한 사항을 근로자에게 명시하도록 하고, 특히 임금의 구성항목 · 계산방법 · 지급방법, 소정근로시간, 휴일 및 휴가 등에 관한 근로조건은 서면으로 명시하되, 근로자의 요구가 있는 경우에만 이를 교부하도록 하고 있었다. 그러나 사용종속적 지위에 있는 근로자가 적극적으로 근로조건을 명시한 근로계약서의 교부를 요구하지 못하는 경우가 많이 발생하고, 근로계약 체결 시뿐만 아니라 근로계약을 변경하는 경우에도 근로조건을 명시할 필요성이 있음을 고려하여 개정법은 근로계약을 체결할 때에는 물론, 이를 변경하는 경우에도 근로조건을 명시하도록 하고, 사용자의 서면으로 명시한 근로계약서 교부를 근로자의 요구가 없더라도 근로계약 체결 시 의무적으로 이행하도록 강화함으로써 근로자가 직접 자신의 근로조건에 대한 내용을 서면으로 확인할 수 있도록 하였다. 그 구체적 내용은 다음과 같다.

　① 사용자에게 임금과 소정근로시간 등의 일정한 근로조건이 명시된 서면을 근로계약 체결 시에 근로자에게 교부할 의무를 부과(법 17조 1항 및 2항)

　② 임금과 소정근로시간 등의 일정한 근로조건이 변경된 경우에는 근로자의 요구가 있을 때 사용자에게 그 변경내용이 적힌 서면을 교부할 의무를 부과(법 17조 1항 및 2항)

　(5) 제16차 개정(2012. 2. 1. 법률 11270호)

　의원들의 여러 개정안들을 국회 환경노동위원회가 통합하여 하나의 개정안으로 통과시킨 근기법 개정이 2012. 2. 1. 법률 11270호로 이루어졌다. 그 입법취지는 악의적 · 상습적 임금체불 사업주에 대한 명단공개를 통해 임금체불을 예방하고, 도급사업 근로자의 임금채권 보호를 위해 상위 수급인의 책임을 강화하며, 근로자의 휴가 사용이 촉진되도록 제도를 개선하고, 유산·사산 근로자에 대한 보호를 강화하는 것이다. 그 구체적 내용은 다음과 같다.

① 고용노동부장관이 임금 등을 지급하지 않은 사업주 중 일정 요건에 해당하는 사업주의 명단을 공개할 수 있도록 하고, 종합신용정보 집중기관에 체불 사업주의 인적사항 등에 관한 자료를 제공할 수 있도록 함(법 43조의2 및 43조의3 신설)

② 여러 차례의 도급으로 행해지는 사업에 있어서 체불임금지급 연대책임의 범위를 원수급인 등 귀책사유가 있는 모든 상위 수급인으로 확대함(법 44조 1항 단서 신설 및 2항)

③ 근로시간을 산정함에 있어 사용자의 지휘·감독 아래에 있는 대기시간 등을 근로시간으로 보도록 함(법 50조 3항 신설)

④ 1년간 80퍼센트 미만을 출근한 근로자에게도 1개월 개근 시 1일의 연차 유급휴가를 주도록 함(법 60조)

⑤ 연차휴가 사용촉진 조치를 시행할 수 있는 시점을 1년간의 휴가청구권 행사기한 "3개월 전"에서 "6개월 전"으로 앞당김(법 61조)

⑥ 유산, 사산 등의 위험이 있는 경우에 출산전후휴가를 출산 전에 나누어 사용할 수 있도록 함(법 74조 2항 신설)

아. 박근혜 정부의 개정

(1) 제17차 개정(2014. 1. 21. 법률 12325호)

2013년 중반 3명의 국회의원이 각각 대표발의한 개정안들을 심의하여 국회 환경노동위원회가 하나의 대안으로 통합한 개정안이 2014. 1. 21. 법률 12325호로 통과되었다. 그 개정취지는 다태아 산모인 근로자의 경우 일반 산모에 비해 산후 회복시간이 길고, 육아부담도 크므로 출산전후 휴가기간을 늘려주는 것을 목적으로 하고 있다. 구체적 내용은 다음과 같다.

① 다태아를 임신한 근로자에게는 출산전후휴가를 현행 90일에서 120일로 확대함(법 74조)

② 다태아의 경우 출산전후휴가 중 유급휴가 부분을 60일에서 75일로 확대

함(법 74조)

(2) 제18차 개정(2014. 3. 24. 법률 12527호)

2명의 국회의원이 각각 대표발의한 개정안들에 대한 심의를 거쳐 국회 환경노동위원회가 마련한 대안이 2014. 3. 24. 법률 12527호로 통과되었다. 개정의 목적은 사용자가 근로자에 대한 해고예고 시에는 따로 해고사유와 시기를 통지할 의무를 면하게 하여 절차를 간명하게 하고, 임신기 유산이나 조산의 위험을 고려해 근로시간 단축제를 도입해 임신과 출산에 친화적인 근로환경을 조성하는 것이다. 구체적 내용은 다음과 같다.

① 사용자가 근로자에게 해고 예고를 하는 때에 해고사유와 해고시기를 명시하여 서면으로 한 경우에는 법에 따른 해고사유 등 통지를 한 것으로 봄(법 27조 3항 신설)

② 임신 후 12주 이내 또는 36주 이후에 있는 여성 근로자가 근로시간 단축을 신청하면 사용자는 이를 허용하여야 하고, 단축 후 근로시간은 1일 6시간으로 함(법 74조 7항부터 9항까지 신설)

자. 문재인 정부의 개정

(1) 제19차 개정(2017. 11. 28. 법률 15108호)

여러 의원이 각각 발의한 개정안들에 대한 대안으로 환경노동위원회가 마련한 개정안이 2017. 11. 28. 법률 15108호로 통과되었다. 법 개정의 목적은 육아친화적인 환경을 만들고, 근속기간 2년 미만 근로자의 휴가권을 보장하기 위해 연차 유급휴가일수 산정에 관한 규정을 개선하고, 벌금형 수준을 징역형에 비례(1년 당 1,000만 원)하도록 조정하는 한편, 어려운 법률용어를 순화하고자 하는 것이었다. 그 구체적 내용은 다음과 같다.

① 최초 1년간의 근로에 대한 유급휴가를 다음해 유급휴가에서 빼는 규정을 삭제하여 1년차에 최대 11일, 2년차에 15일의 유급휴가를 각각 받을 수 있도록 함(법 60조 3항 삭제)

② 연차 유급휴가일수 산정 시 육아휴직으로 휴업한 기간을 출근한 것으로 보도록 명시함(법 60조 6항 3호 신설)

③ '임검'(臨檢)을 '현장조사'로 대체함(법 102조 1항·105조 및 116조 1항)

④ 벌금액을 징역 1년당 1,000만 원으로 조정함(법 107조·109조 및 110조)

(2) 제20차 개정(2018. 3. 20. 법률 15513호)

정부 출범 이후 실근로시간 단축을 위한 노력과 더불어 1주당 최대 근로시간에 대한 논란을 해소하고, 가산임금에 대한 중복할증률을 규정하는 등 근로기준법 상의 근로시간법제를 개선하는 내용이 제20차 개정을 통하여 이루어졌다. 여러 의원이 각각 발의한 개정안들에 대한 대안으로 환경노동위원회가 마련한 개정안이 2018. 3. 20. 법률 15513호로 통과되었다. 그 주요 내용은 다음과 같다.

① 1주가 휴일을 포함한 연속된 7일임을 명시함(법 2조 1항 7호)

② 2021년 7월부터 2022년까지 30인 미만 중소사업장에 대해서는 노사합의로 8시간의 특별연장근로 허용(법 53조 3항 및 6항)

③ 공무원과 일반 근로자가 공평하게 휴일을 향유할 수 있도록 관공서의 공휴일에 관한 규정에 따른 공휴일을 유급휴일로 하고, 기업의 부담을 감안하여 기업규모별로 3단계, 2년에 걸쳐 시행(법 55조 2항 및 부칙 2조 4항)

④ 8시간 이내의 휴일근로에 대해서는 통상임금의 50%를 가산하여 지급하고, 8시간을 초과하는 휴일근로에 대해서 통상임금의 100%를 가산하여 지급함(법 56조 2항 신설)

⑤ 사용자가 근로자대표와 서면으로 합의한 경우 주 12시간을 초과하여 연장근로를 하게 하거나 휴게시간을 변경할 수 있는 개인 근로시간 특례업종을 육상운송업 등 5개로 제한하고, 근로시간특례가 유지되는 업종에 대해서도 근로일 사이에 11시간 이상의 연속휴식시간을 부여하도록 함(법 59조)

⑥ 연소자의 1주간 근로시간 한도를 40시간에서 35시간으로 축소함(법 69조)

(3) 제21차 개정(2019. 1. 15. 법률 16270호)

20대 국회에서 지속적으로 논의되어 오던 직장 내 괴롭힘 방지제도를 규정하는 법안들에 대한 심사를 거쳐 근기법, 산재법, 산안법에 '직장 내 괴롭힘'을 방지하는 규정을 두고, 헌법재판소의 2015년 결정[188]에 따라 6개월이 되지 못한 월급근로자를 해고예고의 적용에서 제외한 규정이 위헌으로 선언된 것을 계기

---

188) 헌재 2015. 12. 23. 선고 2014헌바3 결정.

로 해고예고 적용예외규정을 정비하는 개정이 2019. 1. 15. 법률 16270호로 통과
되었다. 그 주요 내용은 다음과 같다.

① 해고 예고에 대한 적용 예외 사유들을 '계속 근로한 기간이 3개월 미만
인 경우'로 일원화함(법 26조 개정, 35조 삭제)

② 사용자 또는 근로자에 대해 직장에서의 지위 또는 관계 등의 우위를 이용
하여 업무상 적정범위를 넘어 다른 근로자에게 신체적·정신적 고통을 주거나 근
무환경을 악화시키는 직장 내 괴롭힘을 금지시키고, 직장 내 괴롭힘 발생 사실에
대한 신고권, 사용자의 조사실시의무, 조사기간 내 피해자 보호를 위한 적절한 조
치의무, 조사결과에 따른 피해근로자 및 행위자에 대한 적절한 조치의무, 신고근
로자와 피해근로자에 대한 불리한 처우 금지 의무 등을 규정함(법 76조의2, 3 신설)

③ 취업규칙에 포함되어야 할 내용에 직장 내 괴롭힘의 예방 및 발생 시
조치 등에 관한 사항을 추가함(법 93조 11호 신설)

④ 사용자는 부속 기숙사를 설치·운영할 때 기숙사의 구조와 설비, 기숙사
의 설치 장소, 기숙사의 주거 환경 조성 등에 관하여 대통령령으로 정하는 기준
을 충족해야 함(법 100조)

⑤ 사용자는 부속 기숙사에 대하여 근로자의 건강 유지, 사생활 보호 등을
위한 조치를 마련해야 함(법 100조의2 신설)

⑥ 사용자가 직장 내 괴롭힘 발생 사실을 신고한 근로자 및 피해근로자등
에게 해고나 그 밖의 불리한 처우를 한 경우 3년 이하의 징역 또는 3,000만 원
이하의 벌금에 처함(법 109조 1항)

(4) 제22차 개정(2020. 3. 31. 법률 17185호)

20대 국회 마지막 근기법 개정으로, 기존 근기법은 사업이 여러 차례의 도
급에 따라 행하여지는 경우에 하수급인이 직상 수급인의 귀책사유로 임금을 지
급하지 못하는 경우 그 직상 수급인과 연대하여 하수급인이 임금 지급의 책임
을 지도록 하고 있는데, 해석상 한 차례의 도급으로 행해지는 경우에도 위 규정
이 적용되는지 여부가 논란이 될 수 있어 한 차례의 도급으로 행해지는 경우에
도 이를 적용할 수 있음을 명확히 한 것이다. 그 외에 계속근로기간이 1년 미만
인 근로자의 연차 유급휴가의 사용 촉진과 소멸을 위한 규정을 신설하는 개정

으로 그 구체적 내용은 다음과 같다.

① 도급 사업에 대한 임금 지급과 관련하여 '여러 차례의 도급'을 '한 차례 이상의 도급'으로 개정하고, 한 차례에서의 도급관계에서의 도급인과 수급인 사이에서도 미지급 임금에 대해 연대책임을 지도록 함(법 44조 1항 괄호 추가 개정).

② 계속근로기간이 1년 미만인 근로자의 유급휴가에 대해서는 최초 1년의 근로가 끝날 때까지의 기간 내에 행사하지 않는 경우 소멸되도록 함(법 60조 7항 괄호 추가 개정).

③ 계속근로기간이 1년 미만인 근로자의 유급휴가에 대한 사용 촉진 제도 마련(법 61조 제2항 신설).

(5) 제23차 개정(2021. 1. 5. 법률 17862호)

21대 국회(2020. 5. 30. 임기 시작) 첫 근기법 개정으로, 경제사회노동위원회의 일부 합의 내용인 탄력적 근로시간제도의 개정 등을 반영하였다. 주요 내용은 다음과 같다.

① 「전자문서 및 전자거래 기본법」 2조 1호에 따른 전자문서의 방법으로도 근로조건을 명시하여 교부할 수 있도록 함(법 17조 2항 및 67조 3항).

② 대통령령으로 정하는 일용근로자에 대해서는 근로자 명부를 작성하지 아니할 수 있도록 근로자 명부 작성 예외조항 신설함(법 41조 1항 단서 신설).

③ 단위기간이 3개월을 초과하고 6개월 이내인 탄력적 근로시간제를 신설함(법 51조의2 및 116조 1항 3호 신설).

④ 신상품 또는 신기술의 연구개발 업무에 한정하여 선택적 시간근로제 정산기간을 3개월로 확대하고, 1개월을 초과하는 정산기간을 정하는 경우에는 근로일 간 11시간 연속 휴식을 부여하며, 매 1개월마다 평균하여 1주간의 근로시간이 주40시간을 초과한 시간에 대해 가산수당을 지급하도록 함(법 52조).

⑤ 사용자는 특별한 사정으로 고용노동부장관의 인가와 근로자의 동의를 받아 근로시간을 연장하여 근로시키는 경우 연장근로를 하는 근로자의 건강 보호를 위하여 건강검진 실시 또는 휴식시간 부여 등 적절한 조치를 하도록 함(법 53조 7항 신설).

(6) 제24차 개정(2021. 4. 13. 법률 18037호)

2019년부터 신설된 직장 내 괴롭힘 금지제도와 관련하여 가해자가 사용자나 그 친인척 등인 경우가 있음에도 불구하고 그 조사주체는 사용자일 수밖에 없어 사용자의 조치의무 이행을 기대하기 어려운 문제점을 해결하기 위해 사용자에 대해 객관적 조사의무를 부여하고, 사용자 등의 직장 내 괴롭힘 행위나 조치의무 미이행에 대해서는 과태료를 부과하는 제재규정을 신설하고, 조사과정에서도 비밀을 누설하지 않을 의무를 부과하여 제도의 실효성을 높이기 위한 개정을 하였다. 주요 내용은 다음과 같다.

① 사용자는 직장 내 괴롭힘 행위의 신고를 접수하는 경우 등에 당사자 등을 대상으로 그 사실 확인을 위하여 객관적으로 조사를 실시하도록 함(법 76조의3 2항).

② 직장 내 괴롭힘 발생 사실을 조사한 사람 등은 조사 과정에서 알게 된 비밀을 피해근로자 등의 의사에 반하여 다른 사람에게 누설하지 않도록 함(법 76조의3 7항 신설).

③ 사용자(사용자의 친족 중 대통령령으로 정하는 사람이 해당 사업장의 근로자인 경우를 포함함)가 직장 내 괴롭힘을 한 경우 1천만 원 이하의 과태료를 부과함(법 116조 1항 신설).

(7) 제25차 개정(2021. 5. 18. 법률 18176호)

근기법상의 부당해고 구제절차에서 근로자가 원직복직과 금전보상 중 원하는 조치를 선택할 수 있지만, 계약기간 종료, 정년 등으로 원직복직이 불가능해진 경우에는 금전보상도 받지 못하는 문제점이 있어 이러한 경우에도 부당해고 구제절차를 통해 금전보상을 받을 수 있도록 근거를 마련하는 개정안이 도입되었다. 그 외에 부당해고 구제명령 불이행에 대한 제재수단인 이행강제금 한도를 상향하고, 임금 지급 시 구체적 임금산정방식에 대한 정보가 포함된 임금명세서 교부를 의무화하고, 임신 중인 여성 근로자의 출퇴근 시간 조정 요청의 근거를 마련하였다. 그 구체적 내용은 다음과 같다.

① 노동위원회는 근로계약기간의 만료, 정년의 도래 등으로 근로자가 원직

복직이 불가능한 경우에도 구제명령이나 기각결정이 가능하도록 하고, 부당해고 시에는 해고기간 동안 받을 수 있었던 임금 상당액에 해당하는 금품을 근로자에게 지급할 수 있도록 함(법 30조 4항 신설).

② 노동위원회의 구제명령을 이행하지 아니한 경우 사용자에게 부과하는 이행강제금의 한도를 2천만 원에서 3천만 원으로 인상함(법 33조 1항).

③ 사용자가 임금을 지급하는 경우 근로자에게 임금의 구성항목·계산방법, 임금의 일부를 공제한 경우의 내역 등을 적은 임금명세서를 서면 또는 전자문서로 교부하도록 함(법 48조 2항 신설).

④ 임신 중인 여성근로자가 업무의 시작 및 종료 시각의 변경을 신청하는 경우 사용자가 이를 허용하도록 하고, 위반 시 500만 원 이하의 과태료를 부과함(법 74조 9항 신설 및 116조 2항 2호).

차. 윤석열 정부의 개정 – 제26차 개정(2024. 10. 22. 법률 20520호)

10여 명의 의원이 각각 발의한 15개의 근기법개정안들에 대한 대안으로 국회 환경노동위원회가 마련한 개정안이 2024. 9. 26. 국회 본회의 의결을 거쳐 2024. 10. 22. 법률 20520호로 공포되었다. 개정된 근기법 조항 중 부칙에 특별히 다른 규정을 둔 것을 제외하고는 공포 후 1년 뒤인 2025. 10. 23. 시행된다.

법 개정의 목적은 사용자의 미지급 임금과 관련된 제재를 강화하고(상습체불사업주에 대한 신용제재, 정부지원 제한, 공공부문 입찰 시 계약상 불이익 부여, 징벌적 손해배상 도입, 출국금지 요청, 반의사불벌죄 적용 배제), 근로자의 임신기 및 육아기 근로시간 단축을 사용할 수 있는 범위기간을 확대하고, 그로 인해 연차휴가에서 불이익을 입게 되는 것을 막기 위해 단축된 근로시간에 대해서도 출근간주를 해 주어 연차휴가일수에 있어 불이익을 막아 임산부와 태아의 건강을 보호하려는 데 그 목적이 있다. 그 구체적 내용을 요약하면 다음과 같다.

① 미지급임금에 대한 지연이자(법 37조): 사용자가 임금이나 퇴직금을 근기법이 정한 날까지 미지급하면 그 다음날부터 대통령령이 정하는 이율(현재는 연 20%)에 따른 지연이자를 지급하여야 하고(1항), 미지급 임금에 대한 지연이자 발생 후 근로자가 사망 또는 퇴직한 경우 해당 임금에 대한 지연이자는 근기법 43조 2항에 따라 계산하며(2항), 천재·사변 등의 사유로 사용자가 임금 지급을

지연하는 경우 그 사유가 존속하는 기간에 대해서는 지연이자 적용을 제외함(3항).

② 체불사업주 명단 공개(법 43조의2): 임금(임금, 보상금, 수당, 퇴직급여 등의 금품 포함)을 지급하지 아니한 사업주(법인 대표자 포함. 이하 '체불사업주')의 명단 공개 기준일 이전 3년 이내 임금을 체불해 2회 이상 유죄가 확정된 자로서 명단 공개 기준일 이전 1년 이내 임금체불총액이 3천만 원 이상인 경우 그 인적 사항 등을 공개할 수 있고, 다만 사망·폐업 등으로 명단 공개의 실효성이 없는 경우 등은 제외하고(1항), 고용노동부장관이 체불사업주에게 3개월 이상의 소명 기회를 부여(2항), 체불사업주 인적사항 등의 공개 여부와 상습체불사업주 심의를 위해 고용노동부에 임금체불정보심의위원회 설립 및 구성(3항 및 4항)과 명단 공개의 구체적 내용 및 기간 등은 하위법령에 위임(5항)

③ 임금체불자료의 제공(법 43조의3): 상습체불사업주와 임금체불 총액이 2,000만 원 이상 등 일정 조건을 갖춘 사람에 대해 고용노동부장관은 종합신용 정보집중기관이 체불사업주의 인적사항과 체불액 등을 요구할 때 자료 제공할 수 있다고 하여 상습체불사업주를 자료제공 대상에 추가함(1항)

④ 상습체불사업주에 대한 보조·지원 제한 신설(법 43조의4): 임금체불정보 심의위원회가 반복되거나 체불임금액이 큰 상습체불사업자를 심의를 거쳐 정할 수 있고, 그 경우 고용노동부장관이 중앙행정기관의 장, 지방자치단체의 장, 일정한 공공기관의 장에게 상습체불사업주에 대해 위 각 기관의 장에게 보조·지원 사업의 참여 배제나 수급 제한, 입찰참가 시 감점 등 불이익조치를 하도록 요청할 수 있도록 함(3항)

⑤ 근로복지공단에 체불관리업무를 위탁할 수 있도록 하는 규정 신설(법 43조의5)

⑥ 고용노동부장관의 체불사업주 명단 공개를 위한 자료제공 요청 규정 신설(법 43조의6)

⑦ 출국금지 규정 신설(법 43조의7): 고용노동부장관은 명단이 공개된 체불사업주에 대해 법무부장관에게 출국금지를 요청할 수 있고, 법무부장관이 그 요청에 따라 출국금지를 한 경우 그 결과를 통보해야 하며, 체불임금 지급 등으로 출국금지 사유가 없어진 경우 그 해제를 법무부장관에게 요청해야 함

⑧ 체불임금에 대한 징벌적 손해배상청구 신설(법 43조의8): 근로자는 ⅰ) 사업주가 명백한 고의로 임금을 지급하지 아니한 경우, ⅱ) 1년 동안 임금을 지급

하지 아니한 개월 수가 3개월 이상인 경우, iii) 지급하지 않은 임금총액이 3개월 이상의 통상임금에 해당하는 경우에는 그 임금의 3배 이내의 금액을 지급할 것을 청구할 수 있고, 법원은 임금 체불기간, 경위, 횟수, 체불임금의 규모, 사업주의 임금지급 노력 정도와 재산상태 등을 고려해 금액을 결정하도록 함

⑨ 명단 공개 체불사업주에 대한 반의사불벌죄 적용 제외(법 109조 2항): 명단 공개 체불사업주가 명단 공개 기간 중에 임금체불을 한 경우에는 반의사불벌죄 적용 제외

⑩ 임신기 및 육아기 근로시간 단축기간에 대한 출근간주 신설(법 60조 6항 4호 및 5호): 출근일수에 따른 연차 유급휴가 산정에 있어 기존의 육아휴직 등으로 휴업한 기간을 출근한 것으로 간주하는 것과 같이 임신기 및 육아기 근로시간 단축을 사용하여 단축된 근로시간을 출근한 것으로 간주해 주는 규정을 신설함

⑪ 임산부의 보호(법 74조 1항 및 7항): 미숙아 출산의 경우 출산 전후를 통하여 90일의 출산전후휴가를 100일로 늘리고, 여성 근로자가 임신 12주 이내 또는 36주 이후부터 1일 2시간 근로시간 단축을 신청할 수 있던 것에서 임신 12주 이내 또는 32주 이후부터 근로시간 단축을 신청할 수 있는 것으로 근로시간 단축의 혜택을 받을 수 있는 기간을 확대함

⑫ 고용노동부장관의 자료제공요청 규정 신설(법 102조의2): 고용노동부장관이 근기법에 의한 근로조건을 보호하기 위하여 중앙행정기관의 장, 지방자치단체의 장, 근로복지공단 등 관련 기관·단체의 장에게 소득세법에 따른 종합소득에 관한 자료, 고용보험법에 따른 피보험자격에 관한 신고자료 등의 제공 및 관계 전산망의 이용을 무료로 요청할 수 있는 근거를 마련함

V. 노동분쟁과 해결절차

1. 노동분쟁의 의의

가. 개 념

노동분쟁이란 용어는 다의적으로 사용되는데, 가장 넓은 의미로는 근로자 개인·근로자단체와 사용자·사용자단체 사이의 분쟁(노사분쟁)뿐만 아니라, 근로자측과 국가기관 사이의 분쟁(노정분쟁) 및 근로자단체 상호간, 근로자 개인 상

호간 또는 근로자단체와 근로자 개인 간의 분쟁(노노분쟁)도 포함한다.[189] 그러
나 일반적으로는 근로자·노동조합과 사용자·사용자단체 사이에 의견이 불일치
하여 발생하는 노사분쟁을 말한다. 노동분쟁은 노사 간의 구체적 분쟁이어야 하
므로 근로자계층과 자본가계층 간의 긴장이나 갈등과 같은 추상적 분쟁은 이에
해당하지 아니한다.[190]

　　이와 관련하여 노동분쟁은 실정법상 개념이 아니고, 노조법상 '노동쟁의'
규정과 같이 특정한 분쟁만을 다루는 것이 아니라 노동관계의 당사자 간 구체
적 이해의 대립을 기초로 하여 일방당사자에 의한 압력과 대립 당사자의 반응
이 상호 이루어지는 상태로 개념 정의하고 그 분쟁의 내용에 따라 그 해결방법
으로서 자주적·조정적·판정적 분쟁 해결방식을 찾아야 한다는 의견이 있
다.[191] 이러한 노동분쟁 개념 정의에 따르면 쟁의행위 목적에 있어 이익분쟁만
으로 한정하고, 권리분쟁을 제외하는 것은 부당하다고 한다.

나. 노조법상 노동쟁의 개념과의 관계

　　노조법 2조에서는 노동쟁의에 관하여 "노동조합과 사용자 또는 사용자단체
간에 임금·근로시간·복지·해고 기타 대우 등 근로조건의 결정에 관한 주장의
불일치로 인하여 발생한 분쟁상태를 말한다. 이 경우 주장의 불일치라 함은 당
사자 간에 합의를 위한 노력을 계속하여도 더 이상 자주적 교섭에 의한 합의의
여지가 없는 경우를 말한다"고 정의하고 있다(5호).

　　노조법상 노동쟁의는 근로자측 주체가 근로자 개인이 아니고 근로자 단체
인 노동조합에 한정하고 있어 집단적 분쟁의 성격을 가질 수밖에 없다. 노조법
상 노동쟁의는 분쟁대상이 근로조건의 결정에 한정하고 있어 그 분쟁은 특정한
분쟁에만 해당할 뿐이며, 시기적으로도 합의가능성이 희박한 상태를 요구하고
있어 그 전단계로서 당사자가 합의를 위하여 노력할 필요가 있는 상황은 제외

---

189) 참고로 영국의 노동조합 및 노동관계조정법[TULRCA, Trade Union and Labour Relations
　　 (Consolidation) Act 1992]에서는 노동분쟁(trade dispute)의 의미를 a) 근로자가 노무를 제공하
　　 는 고용의 조건이나 물리적 조건, b) 근로자 1인 이상의 고용 여부, 또는 고용이나 고용상
　　 의무의 종료나 정지, c) 근로자들 또는 근로자 집단 간 업무 또는 고용상 의무의 할당, d) 징
　　 계, e) 근로자의 노동조합 가입 여부, f) 노동조합 간부를 위한 편의제공, g) 교섭 또는 협의
　　 와 이러한 절차를 수행하는 데 있어 근로자를 대표할 노동조합의 권리에 대한 사용자 또는
　　 사용자 단체의 인정을 포함하여, "이러한 문제들과 관련한 교섭 또는 협의와 기타 절차를 위
　　 한 제도에 전적으로 또는 주로 관련된 것"으로 정의하고 있다(김진, 30~31면).
190) 고태관, 378면.
191) 김진, 80~81면.

되고 있다. 결국 노동분쟁은 주체, 대상, 시기의 면에서 노조법상 노동쟁의를 포함하는 개념이다.[192]

다. 재판예규상 노동사건 개념과의 관계

민사 및 가사조정의 사무처리에 관한 예규(재판예규 1547호. 2015. 10. 19. 개정)에서는 노동사건에 관하여 전문성과 신속성을 부여하기 위한 조정절차의 특례를 규정하면서 노동사건을 민사사건 중 (i) 해고, 휴직, 정직, 전직 등의 효력을 다투는 사건, (ii) 임금, 수당, 퇴직금 등 청구사건, (iii) 손해배상(산) 등 개별적 근로관계에서 발생한 손해배상청구 등 사건, (iv) 쟁의행위 등 집단적 노사관계에서 발생한 손해배상청구 등 사건, (v) 노동조합 관련 사건, (vi) 기타 근로관계 또는 노사관계를 원인으로 한 사건으로 정의하고 있다(재판예규 37조).

위 재판예규에서 정의한 노동사건은 민사소송사건 중 노동관련사건을 말하는 것으로 법원에 민사소송으로 제기된 개별적·집단적 권리분쟁을 유형화한 것이라 할 수 있다. 노동분쟁은 위 재판예규상의 노동사건을 포함하는 상위 개념이다.

2. 노동분쟁의 성격[193]

가. 계 속 성

근로관계나 노사관계는 계속적 법률관계의 성격을 갖고 있다. 따라서 거기서 발생하는 노동분쟁도 계속적인 성격을 가질 수밖에 없다. 1회 발생한 분쟁은 다시 반복적으로 발생할 가능성이 높다. 노동분쟁이 당사자의 특유한 문제에서 비롯되는 경우도 있지만 조직 고유의 분위기에서 발생할 수도 있기 때문이다.

그러한 성격으로 인해 하나의 분쟁이 해결되었다 하더라도 그것이 새로운 분쟁의 원인이 되기도 한다. 예컨대 해고구제절차가 종국적으로는 복직으로 종결되더라도 그 복직이 노사관계의 새로운 갈등요인이 되기도 한다.

나. 파 급 성

분쟁이 개별적 근로관계에서 발생하는 권리분쟁이라 하더라도 그 해결의 결과는 분쟁당사자만이 아니라 그와 유사한 상황에 처해 있는 다른 당사자에게도 직접적인 영향을 미친다. 예컨대, 사용자는 문제된 근로자의 해고를 당해 사

---

192) 고태관, 381면.
193) 특별한 인용이 없는 한 정인섭, 13~15면을 참조하였음을 밝혀둔다.

업장의 선례로 삼고자 하는 의지를 가지고 있는 경우가 종종 있고, 근로자는 동료 근로자의 연대를 의식하여 사용자와의 합의에 쉽게 이르지 못하는 경향이 있다. 경우에 따라서는 분쟁 당사자가 자신의 입장만을 고려하여 분쟁절차에 참여한다기보다는 이를테면 근로자 단체 또는 사용자 단체를 배후에 둔 대리전의 양상을 띠는 경우가 적지 않다.

다. 불균형성

근로관계나 노사관계의 벗어날 수 없는 속성으로서 당사자 간에 교섭력의 균등을 상정하기 어렵다. 노동관계법에서는 노사 간의 역학관계의 실질적 불평등을 시정하여 근로자가 사용자에 대하여 대등한 입장에 설 수 있도록 근로자에게 많은 법적 보호를 부여하고 있다. 그런데 노동분쟁이 민사소송절차에서 다루어지는 경우에는 당사자대등의 원칙을 엄격하게 적용하는 민사소송법이 규율하고 있기 때문에 근로자의 실체법상의 권리가 제대로 실현되지 못하고 노동법의 입법취지가 소송상 관철되지 못하는 결과가 발생할 우려가 있다.194)

3. 노동분쟁의 유형

가. 분쟁의 성격에 따른 구분

노동분쟁을 분쟁의 성격에 따라 구분하면, 노동조합과 사용자·사용자 단체 간의 단체교섭이 실패하여 단체협약이 체결되지 못한 경우에 발생하는 '이익분쟁', 근로관계나 노사관계에서 발생하는 법적 권리의무에 관한 다툼이나 단체협약의 해석 및 적용에 관한 다툼인 '권리분쟁'으로 나눌 수 있다.195) '이익'과 '권리'라는 어감에서도 찾아볼 수 있듯이 양자의 분쟁유형은 단체협약의 체결과정에서 향후 근로자의 근로관계상 새로운 이익쟁취를 위한 단체교섭의 노력이 실패함으로써 발생하였는지,196) 아니면 기왕에 마련된 법·단체협약·취업규칙·근로계약상의 근로조건과 관련된 권리를 침해당하였는지에 따른 구분 방식이다.197)

---

194) 김홍준, 5면.
195) 정인섭 교수는 이미 설정되어 있는 규범(계약, 단체협약, 법령)에 따른 권리·의무의 존부에 관하여 발생한 것인가 아니면 새롭게 규범을 설정하는 과정에서 발생한 것인가에 따라 권리분쟁과 이익분쟁으로 나눌 수 있다고 하는데(정인섭, 3면), 결국 같은 의미로 이해된다.
196) 이상윤 교수는 이익분쟁이란 근로계약이나 단체협약을 체결하기 이전, 즉 권리·의무관계가 형성되기 이전에 당사자가 이러한 권리·의무관계를 어떠한 내용으로 형성할 것인지에 대하여 각자의 이익을 주장함으로써 발생하는 분쟁이라고 하여(이상윤, 902면), 근로계약의 체결을 둘러싸고 벌어지는 분쟁까지도 이익분쟁으로 포함시키고 있다.

　이러한 분쟁의 성격에 따라 그 해결 방식에 차이가 있다. 이익분쟁은 공신력 있는 제3자가 개입하여 조정의 방식에 의해 해결함이 적절한 반면, 권리분쟁은 법원 혹은 이와 유사한 사법적 기구를 통하여 판정의 방식으로 해결함이 상당하다. 다만, 이와 같은 상관관계가 절대적인 것은 아니고, 권리분쟁이라도 교섭 혹은 조정에 의한 해결이 적합한 경우가 있음은 물론이다.

나. 분쟁의 주체에 따른 구분

　노동분쟁은 근로자 개인에 의한 분쟁인가 아니면 근로자 집단, 즉 노동조합 기타 이와 유사한 단체에 의한 분쟁인가에 따라 개별적 분쟁과 집단적 분쟁으로 나누어진다. 개별적 분쟁은 근로자 개인과 사용자 사이의 개별적 근로관계에서 근로조건에 관한 권리의 행사 또는 의무의 이행을 둘러싸고 발생하는 분쟁이며, 집단적 분쟁은 근로자 단체인 노동조합과 사용자·사용자 단체 사이에 근로조건의 결정 등의 문제를 둘러싸고 발생하는 분쟁이다.[198] 근로자 개인에 관한 문제라도 노동조합이 문제를 제기하여 사용자와의 분쟁이 야기된 경우에는 집단적 분쟁에 해당되나, 다수의 근로자가 관련된 경우라도 노동조합이 개입되지 아니하고 각기 자신의 문제를 주장하는 경우에는 개별적 분쟁이 된다.[199]

　전형적인 개별적 분쟁으로는 사용자가 임금, 법정 수당, 퇴직금 등을 지급하지 않는 경우, 사용자가 정당한 이유 없이 해고 기타 불이익한 처분을 한 경우, 사용자에게 재해보상·손해배상의 책임이 있는 산재사고가 발생한 경우 등을 들 수 있다. 전형적인 집단적 분쟁으로는 노동조합과 사용자 사이에 단체협약의 체결을 둘러싸고 의견이 대립하는 경우, 사용자가 노동조합의 활동에 지배개입한 경우, 사용자가 노동조합을 상대로 불법쟁의로 인한 손해배상을 청구한 경우 등을 들 수 있다.

　이익분쟁은 주로 단체교섭 결렬 시 발생하는 분쟁이라는 점에서 대부분 집단적 분쟁이 되는 반면, 권리분쟁은 주체가 누구인가에 따라서 개별적 분쟁일 수도 있고, 집단적 분쟁일 수도 있다.

　그런데 이러한 분쟁 유형의 구분이 언제나 명확한 것은 아니다. 노사 한쪽에서는 분쟁사항에 관하여 이미 단체협약에 포함된 것이어서 권리분쟁이라고

---

197) 이철수·박은정, 69면.
198) 해고와 임금, 3면.
199) 이상윤, 902면.

서 론

생각하더라도 다른 쪽에서는 단체협약으로 명시적으로 체결된 바가 없다고 하면서 이익분쟁이라고 주장할 수도 있을 것이다. 또한 취업규칙에 의한 퇴직금 및 수당의 청구라는 개별적 근로관계에서 발생하는 분쟁에서도 취업규칙의 불이익변경에 대하여 노동조합의 동의가 있었는지가 문제되는 경우라면 그 분쟁에 집단적 성격이 내포되어 있을 수 있다.

4. 노동분쟁 해결절차의 종류

노동분쟁의 해결절차는 해결주체를 기준으로 사적 조정에 의한 해결, 근로감독행정기구에 의한 해결, 노동위원회에 의한 해결, 법원에 의한 해결로 분류할 수 있겠으나, 여기서는 분쟁해결방식에 따라 판정적 절차, 조정적 절차, 사실조사 등의 3가지로 분류하기로 한다.

가. 판정적 절차(adjudicative process)

판정을 통한 분쟁해결은 종국적이고 구속력이 있는 해결방식이다. 일반법원 또는 노동법원과 같이 사법기구에 의한 판결, 노동위원회와 같은 준사법행정기구에 의한 판정이 이에 해당한다.[200] 이러한 분쟁해결방식은 판정기구가 분쟁을 종국적으로 해결해준다는 점 때문에 이익분쟁보다는 권리분쟁에 많이 사용되고 있다. 이익분쟁에 판정적 해결기구가 개입하게 되면 노사자치주의를 심각하게 훼손할 위험이 있으나, 권리분쟁의 경우에는 대부분 법 또는 단체협약상의 권리의 존부 및 침해를 이유로 하는 것이므로 상대적으로 그와 같은 위험이 경미하고, 전문적 지식과 기능을 갖춘 판정적 해결기구가 내린 권리 존부 및 침해 여부에 관한 판정이 노사 당사자를 구속함으로써 분쟁을 효과적으로 해결할 수 있는 이점이 있다.[201]

---

200) 중재법에 의한 중재는 사법상의 분쟁을 대상으로 하므로 사법상의 권리분쟁인 노동분쟁에 대하여 당사자의 합의로 중재절차가 개시되어 중재인이 판정을 하는 것은 판정적 해결방식의 한 유형이라 할 것이다. 반면 노조법상의 중재는 이익분쟁인 노동쟁의를 대상으로 하는 것이므로 조정적 해결방식의 한 유형으로 보아야 할 것이다(대법원 1990. 9. 28. 선고 90도602 판결은 중재의 대상에 이익분쟁과 권리분쟁이 모두 포함된다고 판시하였으나, 위 판례 후 구 노동쟁의조정법의 개정을 통하여 노동쟁의의 개념을 다시 정의하면서 주장 불일치의 대상이 '근로조건에 관한'에서 '근로조건의 결정에 관한'으로 변경되었기 때문에 이와 같은 정의를 두고 있는 노조법 하에서는 중재의 대상에 권리분쟁이 포함되지 않는다는 것이 일반적 견해다).
201) 이철수·박은정, 72면.

나. 조정적 절차(consensual process)

조정(調整)이란 이해관계가 대립되는 경우에 객관적인 입장에서 문제의 해결을 도모하는 것으로서 원칙적으로 노사 당사자 간에 조정에 응하기로 하는 의사의 일치가 이루어지지 않는 한 당사자를 구속하는 효력이 없다.

조정의 방법에는 알선(斡旋, conciliation), 조정(調停,[202]) mediation), 중재(仲裁, arbitration)가 있다. 알선이 제3자가 분쟁의 당사자들을 한자리에 불러 의견을 이야기하게 하고 당사자가 스스로 해결안을 제시하도록 조력하는 제도라면, 조정은 제3자가 보다 적극적으로 노동분쟁에 개입하여 분쟁해결을 위한 해결안을 제시하는 제도이다.[203] 영국 등 일부 국가에서는 원칙적으로 알선의 방식, 예외적으로 조정의 방식을 사용하도록 하고 있지만, 노사자치의 이념을 가급적 손상시키지 않는 한도 내에서 제3자의 조력을 통해 노사 당사자 스스로 합의안을 이끌어낸다는 점에서 양자는 실제로 별다른 차이가 없다. 현행 노조법도 구 노동쟁의조정법에서 규정하고 있던 알선제도를 폐지하였다.

조정은 당사자들의 합의로 지정한 조정자에 의한 사적 조정[204]과 사법적 또는 준사법적 기구를 통한 공적 조정으로 분류할 수 있고, 또 조정절차의 개시 여부가 당사자의 자유로운 의사에 달려 있는가에 따라 임의조정과 강제조정으로 분류할 수 있다.

한편 중재는 제3자가 직접 분쟁을 파악한 후 최선이라고 생각되는 중재안, 즉 재정을 제시함으로써 분쟁을 해결한다는 점에서 조정(調停)과는 다른 제도이다. 중재는 특별히 법이나 단체협약으로 그것에 구속력을 부여하는 경우를 제외하면, 노사 당사자가 중재를 선택하고 중재안을 받아들일 것을 합의한 경우에만 종국적인 구속력을 가지게 된다.

중재는 4가지로 구분될 수 있는데, (i) 절차의 개시와 중재안의 수용 여부가

---

202) 임종률 교수는 노조법에서 '조정(調停)'과 '조정(調整)'을 일본에서 사용되는 용어를 수정 없이 그대로 받아들인 결과이나, 우리의 경우에는 한글표기와 발음이 같아 혼동하기 쉬우므로 '처리'나 '해결' 등 다른 용어로 바꾸는 것이 바람직하다고 한다(임종률, 194면).

203) 이철수·박은정, 72면.

204) 사적 조정은 당사자가 처한 상황에 대해서 전문적인 식견과 조정기법을 갖춘 조정인이 제시하는 공정·합리적인 대안이 당사자에 의해서 신뢰받기 때문에 공적인 분쟁해결절차에서 생길 수 있는 부담을 피할 수 있다. 사적 조정이 성공적으로 정착하기 위해서는 조정전문가의 풀(pool)이 존재하고, 신뢰하고 따르는 당사자의 의지가 전제되어야 한다(정인섭, 9면). 우리 노조법 52조에서 사적 조정과 사적 중재의 근거를 마련해두고 있으나, 아직 활성화되어 있지는 않다.

모두 임의적인 경우, (ii) 절차의 개시는 임의적이지만 중재안은 법적으로 구속
력을 가지는 경우, (iii) 절차의 개시는 강제적이지만 중재안의 수용은 임의적인
경우, (iv) 절차의 개시와 중재안의 수용 모두가 의무적인 경우이다. 이 가운데
(iv)의 경우가 강제중재205)이며 나머지는 임의중재에 해당하는데, 특히 (ii)의 경
우가 가장 일반적이다.206)

다. 사실조사(fact finding)

사실조사란 노사분쟁에 관한 사실 및 쟁점들을 명백히 조사·확정하고, 이를
근거로 하여 당사자를 구속하지 아니하는 해결안을 제시하는 제도를 말한다.207)
사실조사의 해결안은 대부분 외부에 공포하게 되며, 이는 분쟁에 대한 대중의
여론을 유도하여 당사자 간의 합의를 촉진하는 역할을 하게 된다.208)

사실조사는 일반적으로 조정적 절차보다는 제3자 개입의 정도가 더 적극
적이지만, 조정적 절차와 마찬가지로 노사 당사자의 자발적 분쟁해결에 목적을
두고 있다는 점에서는 조정적 절차와 동일하다.

5. 노동분쟁의 쟁송절차

쟁송절차는 법원, 노동위원회와 같은 사법적·준사법적 기구에서 유권적 판
정을 통하여 분쟁을 해결하는 절차인데, 그 대상은 주로 권리분쟁이다. 긴급조
정사건의 경우 중앙노동위원회가 강제로 중재에 회부하여 중재재정을 하는 경
우가 있고 이 경우의 분쟁은 이익분쟁의 성격을 갖는 노조법상의 노동쟁의이나,
이는 어디까지나 예외적인 것이다.

권리분쟁에는 개별적 분쟁과 집단적 분쟁 모두 포함되나, 여기서는 개별적
권리분쟁을 중심으로 그에 대한 판정적 절차를 살펴보기로 한다.

---

205) 노조법은 과거 필수공익사업과 긴급조정의 경우에 강제중재제도를 두었으나 2006. 12. 30.
    개정으로 2008. 1. 1.부터 필수공익사업에 대한 강제중재는 폐지되었다(노조법 62조 3호, 79조,
    부칙 1조).
206) 이철수·박은정, 74면.
207) 이상윤, 905면.
208) 공무원노조법 12조 3항에서 공무원 노동쟁의에 대한 조정절차에서 중앙노동위원회가 조정
    안에 이유를 붙여 공표하고, 필요한 때에는 신문 또는 방송에 보도 등 협조를 요청할 수 있
    도록 규정한 것도 이러한 맥락에서 이해할 수 있다.

가. 부당해고 등의 구제절차

(1) 민사소송에 의한 구제

법 23조 1항에 위배하여 정당한 이유 없이 한 해고, 휴직, 정직, 전직, 감봉 그 밖의 징벌은 사법상 무효라는 것은 판례의 확립된 견해이다. 따라서 해고당한 근로자는 언제든지 해고의 효력을 다투기 위하여 법원에 사용자를 상대로 하여 민사소송으로 해고무효확인소송을 제기할 수 있다. 다만, 사용자로부터 해고된 근로자가 퇴직금 등을 수령하면서 아무런 이의의 유보나 조건을 두지 않았다면, 해고의 효력을 인정하지 아니하고 이를 다투고 있었다고 볼 수 있는 객관적인 사정이 있다거나 그 외에 상당한 이유가 있는 상황 하에서 이를 수령하는 등의 특별한 사정이 없는 한 그 해고의 효력을 인정하였다고 할 것이고, 따라서 그로부터 오랜 기간이 지난 후에 그 해고의 효력을 다투는 소를 제기하는 것은 신의칙이나 금반언의 원칙에 위배되어 허용될 수 없다는 것이 판례의 입장이다.209) 판례에 대한 구체적 분석은 법 '제28조~제33조 전론(前論): 부당해고의 구제' 참조.

해고무효확인소송에서 근로자는 사용자에게 채용되었다가 해고당한 사실만 주장·입증하면 되고, 그 해고에 정당한 이유가 있었다는 점에 대한 주장·입증책임은 사용자에게 있다.210)

근로자는 해고무효의 확인과 동시에 해고기간 중 받을 수 있었던 임금의 소급지급을 구할 수 있다. 해고기간 중 중간수입을 얻은 경우 판례는 휴업수당의 한도 내에서는 공제의 대상으로 삼을 수 없다는 입장을 취하고 있다.211)

해고가 불법행위에 해당하는 경우에는 사용자에 대하여 손해배상을 청구할 수도 있다. 판례는, 사용자가 근로자를 징계해고할 만한 사유가 전혀 없는데도 오로지 근로자를 사업장에서 몰아내려는 의도 하에 고의로 어떤 명목상의 해고

---

209) 대법원 2000. 4. 25. 선고 99다34475 판결. 소 제기를 신의칙이나 금반언의 원칙에 반한다고 본 판결로는 대법원 1991. 5. 28. 선고 91다9275 판결, 대법원 1991. 10. 25. 선고 90다20428 판결, 대법원 1992. 3. 13. 선고 91다39085 판결, 대법원 1992. 7. 10. 선고 92다3809 판결 등. 퇴직금을 수령하였으나 소 제기를 허용한 경우로는 대법원 1993. 1. 26. 선고 91다38686 판결, 대법원 1995. 11. 21. 선고 94다45753 판결, 대법원 1996. 3. 8. 선고 95다51847 판결, 대법원 2005. 11. 25. 선고 2005다38270 판결, 대법원 2014. 9. 4. 선고 2014다210074 판결 등.

210) 대법원 1992. 8. 14. 선고 91다29811 판결. 그 이전의 판례는 해고무효확인소송에서 해고절차의 적법성에 관한 주장증명책임이 사용자에게 있다고 하였다(대법원 1991. 7. 12. 선고 90다9353 판결).

211) 대법원 1996. 4. 23. 선고 94다446 판결, 대법원 1996. 4. 23. 선고 94다7997 판결.

사유를 만들거나 내세워 징계라는 수단을 동원하여 해고한 경우나, 해고의 이유로 된 어느 사실이 취업규칙 등 소정의 해고사유에 해당되지 아니하거나 해고사유로 삼을 수 없는 것임이 객관적으로 명백하고 또 조금만 주의를 기울이면 이와 같은 사정을 쉽게 알아볼 수 있는데도 그것을 이유로 징계해고에 나아간 경우 등 징계권의 남용이 우리의 건전한 사회통념이나 사회상규상 용인될 수 없음이 분명한 경우에 있어서는 그 해고가 정당성을 갖지 못하여 효력이 부정되는 데 그치는 것이 아니라, 위법하게 상대방에게 정신적 고통을 가하는 것이 되어 근로자에 대한 관계에서 불법행위를 구성한다고 한다.[212)

근로자는 민사소송에 의한 종국판결을 얻기 전이라도 현저한 손해가 발생하거나 발생할 위험이 급박하여 이를 피할 필요가 있는 경우에는 임금의 전부 또는 일부의 지급을 구하거나 해고의 효력정지를 구하는 가처분신청을 할 수 있다.

(2) 노동위원회 구제절차에 의한 구제

근로자는 해고의 정당한 이유가 없음을 이유로 법 28조에 따라 노동위원회에 부당해고구제신청을 할 수 있다. 일반적으로 법원의 재판은 시일이 오래 걸리므로 근로자에게 간편한 구제방법으로 노동위원회에 의한 행정적 구제방법을 설정한 것이다.

근로자는 부당해고가 있은 날부터 3월 이내에 지방노동위원회에 구제신청을 하여야 한다. 부당해고가 일정한 기간이 경과한 후에 그 효력을 발생하는 경우에는 그 효력 발생일부터 3월의 기간을 기산한다.[213) 3월의 기간은 제척기간이므로, 이 기간이 경과한 이후에는 구제신청을 할 수 없고, 신청인이 책임질 수 없는 사유로 그 기간을 준수하지 못하였다는 등 정당한 사유가 있다고 하여도 마찬가지이다.

부당해고구제신청을 관할하는 지방노동위원회는 원칙적으로 사용자의 사업장 소재지를 관할하는 곳이고, 둘 이상의 관할구역에 걸친 사건은 주된 사업장 소재지를 관할하는 지방노동위원회에서 관할한다(노위법 3조 2항). 선원의 경우에는 해양수산부장관 소속 하에 있는 선원노동위원회에 구제를 신청하여야 한다

---

212) 대법원 1999. 2. 23. 선고 98다12157 판결.
213) 대법원 2002. 6. 14. 선고 2001두11076 판결, 사립학교 교원에 대한 임면권자의 파면 또는 해임의 징계처분의 불법행위에 대해서도 같은 취지의 대법원 2002. 9. 24. 선고 2001다44901 판결.

(선원법 34조).

지방노동위원회는 구제신청이 부적법하면 각하결정을, 부당해고가 성립하지 않는다고 판정하면 기각결정을, 부당해고가 성립한다고 판정하면 사용자에게 구제명령을 내린다. 구제명령의 내용으로는 원직복귀명령과 소급임금의 지급명령이 포함된다. 근로자가 원직복직을 원하지 않으면 그 대신 소급임금 이상의 금품을 근로자에게 지급하도록 명할 수 있다(법 30조 3항).

지방노동위원회의 기각 또는 각하결정에 대하여는 근로자가, 구제명령에 대하여는 사용자가 중앙노동위원회에 재심을 신청할 수 있다. 신청기간은 명령서 또는 결정서의 송달일부터 10일 이내이다(법 31조). 중앙노동위원회는 근로자의 재심신청이 부적법하거나 이유가 없는 경우 각하 또는 기각결정을 하고, 이유가 있는 경우에는 지방노동위원회의 초심판정을 취소하고 구제명령을 내린다. 사용자의 재심신청이 부적법하거나 이유가 없는 경우에는 각하 또는 기각결정을 하고, 이유가 있는 경우에는 지방노동위원회의 초심판정을 취소하고 근로자의 구제신청을 기각 또는 각하한다.

재심신청이나 행정소송을 제기하더라도 구제명령의 효력은 정지되지 아니하므로(법 32조), 지방노동위원회 또는 중앙노동위원회의 구제명령상 이행기한까지 구제명령을 이행하지 않은 사용자에 대하여는 재심신청이나 행정소송의 제기 여부를 불문하고 이행강제금을 부과할 수 있다(법 33조).

(3) 행정소송에 의한 구제

중앙노동위원회의 재심판정에 불복하는 근로자나 사용자는 중앙노동위원회 위원장을 피고로 하여 재심판정의 취소를 구하는 행정소송을 제기할 수 있다. 통상 근로자가 원고가 된 경우에는 사용자가 피고보조참가인으로 참가하고, 사용자가 원고인 경우에는 근로자가 피고보조참가인이 된다. 제소기간은 재심판정서 송달일부터 15일 이내이다(법 31조 2항).

근로자는 민사소송으로 해고무효확인을 구하면서 이와 동시에 또는 순차적으로 노동위원회에 부당해고구제신청을 할 수 있기 때문에 양자 사이의 관계에서 소의 적법성이 문제되는 경우가 있다.

① 노동위원회에 구제신청을 하였다가 기각결정을 받아 그 결정이 확정된 경우 노동위원회의 구제명령은 사용자에 대하여 명령에 복종하여야 할 공법상의

의무를 부담시킬 뿐 직접 근로자와 사용자 사이의 사법상의 법률관계를 발생 또는 변경시키는 것은 아니므로, 근로자는 별도로 민사소송을 제기할 수 있다.[214]

　　② 노동위원회에 해고에 대한 구제신청을 하여 구제절차가 진행되던 중 법원에 별도로 제기한 해고무효확인소송에서 패소판결을 받아 그 판결이 확정된 경우에는 부당해고가 아니라는 점이 이미 확정되어 더 이상 구제절차를 유지할 필요가 없게 되었으므로 구제이익이 소멸한다.[215]

나. 부당노동행위의 구제절차

　　사용자의 부당노동행위에 대하여는 권리를 침해당한 근로자뿐만 아니라 노동조합도 노동위원회에 구제신청을 할 수 있다(노조법 82조 1항). 제척기간, 지방노동위원회 및 중앙노동위원회에서의 절차는 앞서 본 부당해고구제신청의 경우와 같다.[216]

　　근로자는 당해 해고가 부당노동행위에 해당함을 이유로 부당노동행위구제신청을 하면서 이와 동시에 근기법상 부당해고에 해당함을 이유로 부당해고구제신청을 할 수도 있다. 이러한 경우 부당해고에 해당함을 이유로 구제명령이 발하여졌다 하더라도 그 구제명령은 근로자에 대한 해고처분이 부당노동행위에 해당함을 전제로 이루어진 것이라고 할 수 없으므로,[217] 부당노동행위신청부분을 기각한 지방노동위원회의 결정에 대하여 재심신청을 할 수 있고, 이를 기각한 중앙노동위원회의 재심판정에 대하여는 그 취소를 구하는 행정소송을 제기할 수 있다.

다. 임금, 수당, 퇴직금 등 금품 미지급의 구제절차

　　개별적 근로관계에서 발생하는 임금, 각종 수당, 퇴직금 등이 미지급된 경우 근로자는 사용자를 상대로 그 지급을 구하는 민사소송을 제기할 수 있다. 금품청산기간 후부터 지급받을 때까지 연 20%의 비율에 의한 지연손해금도 청구할 수 있다(법 37조 1항; 영 17조).

---

214) 부당노동행위 구제신청에 관한 것으로는 대법원 1992. 5. 22. 선고 91다22100 판결. 같은 취지의 대법원 1991. 7. 12. 선고 90다9353 판결, 대법원 1988. 12. 13. 선고 86다204 판결. 부당해고 구제신청에 관한 것으로는 대법원 2011. 3. 24. 선고 2010다21962 판결.
215) 대법원 1992. 7. 28. 선고 92누6099 판결. 이에 대하여는 부당해고에 대한 민사상 구제절차와 행정상 구제절차는 그 취지를 달리하므로 각각 독자적인 구제이익 또는 소의 이익이 있다고 보아야 한다는 견해가 있다(박상훈, 281면).
216) 다만, 부당노동행위의 구제명령에 대하여는 부당해고에 대한 구제명령과는 달리 이행강제금제도가 없다.
217) 대법원 1992. 5. 22. 선고 91누5884 판결.

서 론   97

    만일 사용자가 지방노동위원회의 승인을 얻어 법정 휴업수당 이하의 휴업
수당을 지급하였다면, 근로자는 법정 휴업수당의 감액에 관한 지방노동위원회의
승인에 대하여 중앙노동위원회에 재심을 신청할 수 있고,218) 재심신청을 받아들
이지 않은 중앙노동위원회의 판정에 대하여는 행정소송을 제기할 수 있다.

    만약 사용자가 근로계약 체결 시에 근로자에게 명시한 임금 등의 근로조건
에 위반하여 임금 등을 지급하지 않은 것이라면, 근로자는 사용자를 상대로 노
동위원회에 손해배상의 청구를 할 수 있다(법 19조). 다만, 노동위원회의 손해
배상결정에 대하여 당사자 쌍방이 행정소송을 제기하지 아니하여 확정되었을
경우에도 이에 대하여 집행력을 부여할 근거가 없어 실효성이 있는지는 의문
이다.219)

라. 산재사고로 인한 손해의 구제

    근로자가 근무 중 업무수행과 관련하여 부상 또는 사망하거나 질병이 생긴
경우에는 사용자가 산재법에 의한 산재보험에 가입되어 있으면 그 법에 정한
각종 보험급여를 청구할 수 있다. 산재보험급여에 대하여 이의가 있는 경우에는
근로복지공단에 심사를 청구하고, 그 결정에 이의가 있으면 산업재해보상보험심
사위원회에 재심사를 청구할 수 있으며, 그 재결에 이의가 있으면 근로복지공단
을 상대로 하여 행정소송을 제기할 수 있다(산재법 103조 이하). 근로복지공단의 심
사청구와 산업재해보상보험심사위원회의 재심사청구는 반드시 거쳐야 하는 절
차는 아니므로, 이러한 절차를 거치지 않고 직접 산재보험급여에 관한 근로복지
공단의 처분에 대하여 그 취소소송을 제기할 수도 있다(행정소송법 18조 1항 본문).

    근로자가 산재보험급여를 청구하지 않고 곧바로 사용자에 대하여 근기법에
정한 각종 재해보상을 청구할 수 있는지에 관하여 종래 견해의 대립이 있었으
나, 산재법 80조 1항에서 "수급권자가 이 법에 따라 보험급여를 받았거나 받을
수 있으면 보험가입자는 동일한 사유에 대하여 근기법에 따른 재해보상 책임이
면제된다"고 규정하고 있으므로, 근기법에 근거한 직접 청구는 할 수 없다.220)

---

218) 이 경우 지방노동위원회의 처분에 관하여 이해관계가 있는 근로자는 이 처분이 사용자에
    게 송달된 날이나, 그 처분이 있었던 것을 안 날로부터 10일이 아니라 행정심판법 18조(현행
    법 27조)가 규정하는 기간(원칙적으로 90일) 내에 재심신청을 제기하면 족하다(대법원 1995.
    6. 30. 선고 94누9955 판결).
219) 정호영, 223면.
220) 대법원 2001. 9. 18. 선고 2001다7834 판결 참조.

마. 단체협약 해석에 관한 구제

단체협약의 해석·적용·이행과 관련된 집단적 권리분쟁의 신속한 해결을 도모하기 위하여 노조법 34조 1항에서는 "단체협약의 해석 또는 이행방법에 관하여 관계당사자 간에 의견의 불일치가 있는 때에는 당사자 쌍방 또는 단체협약의 규정이 있는 경우에는 어느 일방이 노동위원회에 그 해석 또는 이행방법에 관한 견해의 제시를 요구할 수 있다"고 규정하고 있다.

노동위원회는 관계당사자로부터 단체협약의 해석 또는 그 이행방법에 관하여 견해제시를 요청받은 경우, 그날로부터 30일 이내에 명확한 견해를 제시하여야 하며(노조법 34조 2항), 노동위원회가 제시한 해석 또는 이행방법에 관한 견해는 중재재정과 동일한 효력을 가진다(노조법 34조 3항).

따라서 단체협약의 해석 또는 이행방법에 관하여 노동위원회가 제시한 견해의 효력을 다투고자 할 때에는 노동위원회가 행한 중재재정의 효력을 다투는 절차를 정한 노조법 69조[221]에 따라 노동위원회의 견해 제시가 위법이거나 월권에 의한 것이라고 주장하며 재심신청 또는 행정소송을 제기할 수 있다. 판례는 노동위원회가 단체협약의 의미를 오해하여 그 해석 또는 이행방법에 관하여 잘못된 견해를 제시하였다면 이는 법률행위인 단체협약의 해석에 관한 법리를 오해한 위법을 범한 것으로서 노조법 69조에서 정한 불복사유인 위법사유가 있는 경우에 해당된다고 한다.[222]

[김 홍 준·신 권 철]

---

221) 노조법 69조에서는 중재재정이 위법이거나 월권에 의한 것이라고 인정하는 경우 중앙노동위원회에 그 재심을 신청할 수 있도록 규정하고 있다.
222) 대법원 2005. 9. 9. 선고 2003두896 판결.

제 1 장

총   칙

제 1 장 총 칙

제 1 조(목적)

　이 법은 헌법에 따라 근로조건의 기준을 정함으로써 근로자의 기본적 생활을 보장, 향상시키며 균형 있는 국민경제의 발전을 꾀하는 것을 목적으로 한다.

〈세 목 차〉

[참고문헌]

강성태a, "다면적 근로관계와 사업주책임", 노동법연구 7호, 서울대학교 노동법연구회 (1998); **강성태b**, "교육훈련비 등의 상환약정의 효력", 노동법률 111호, 중앙경제(2000. 8.); **강희원a**, "근로기준법상 취업규칙의 개념에 대한 일고찰 — 취업규칙론의 재정립을 위해", 노동법학 42호, 한국노동법학회(2012); **강희원b**, "노사관계의 헌법적 구축", 노동법연구 39호, 서울대학교 노동법연구회(2015); **고호성**, 노동법상의 집단적 자치원리 — 협약법제와 교섭법제의 유기적 이해를 위한 시론 —, 서울대학교 대학원 박사학위논문 (1995); **권오성a**, "정기상여금에 붙은 '지급일 재직 조건'의 문제점", 노동법논총 41집, 한국비교노동법학회(2017); **권오성b**, "회사분할과 근로관계의 승계", 노동법학 66호, 한국노동법학회(2018); **권창영**, "선원법상 재해보상에 관한 연구", 사법논집 35집, 법원도서관 (2002); **권혁**, "헌법상 민주주의원리와 노동법상 사업장 민주주의", 안암법학 43호, 안암법학회(2014. 1.); **김근주**, "강제노동에 관한 핵심협약 비준 논의의 쟁점", 노동리뷰 152호, 한국노동연구원(2017. 11.); **김도형**, "통상임금의 고정성 징표로서의 재직자 조건에 대한 검토", 2014 노동판례비평, 민주사회를 위한 변호사모임(2015); **김선수**, "1년을 초과하는 근로계약기간을 정한 근로계약의 효력", 노동법연구 6호, 서울대학교 노동법연구회(1997); **김성진**, "근로조건 대등결정의 원리", 노동법학 54호, 한국노동법학회(2015); **김수복**, 근로기준법, 중앙경제(2000); **김재훈**, "감시 · 단속적 근로자 관련 법리 연구", 법과 사회 30호, 법과사회이론학회(2006); **김지형a**, "헌법상 기본권과 노동법 — 개별적 근로관계에 있어서의 논의를 중심으로 —", 재판자료 76집 헌법문제와 재판(중), 법원도서관(1997); **김지형b**, "국제적 근로계약관계의 준거법", 저스티스 68호, 한국법학원(2000); **김지형c**, "취업규칙에 의한 퇴직금규정의 불이익 변경", 노동법강의: 기업구조조정과 노동법의 중요과제, 법문사(2002); **김치선**, 노동법강의, 박영사(1990); **김형배a**, "단체교섭권과 경영권 — 단체교섭대상에 관한 재론", 노동법학 18호, 한국노동법학회(2004); **김홍영**, "통상임금에 포함시키지 않는 재직자 조건, 일정 근무일수 조건에 대한 비판적 검토", 노동법연구 37호, 서울대학교 노동법연구회(2014); **노병호**, "단체협약에 있어서 몇 가지 문제점에 관한 고찰", 민법의 과제와 현대법의 조명 — 경암 홍천용 박사 화갑 기념, 21세기 국제정경연구원(1997); **노호창**, "헌법상 근로권의 내용과 성격에 대한 재해석", 노동법연구 29호, 서울대학교 노동법연구회(2010); **도재형a**, "단체협약의 해석 · 이행방법에 관한 노동위원회의 제시 견해에 대한 불복 방법 및 불복 사유선택권", 조정과 심판 25호, 중앙노동위원회(2006. 3.); **도재형b**, "근로기준법상 근로자대표 및 서면합의제도", 노동법학 37호, 한국노동법학회(2011); **박상필a**, 축조 근로기준법해설, 대왕사(1985); **박상필b**, 근로기준법강의, 대왕사(1989); **박상필c**, 한국노동법(전정판), 대왕사(1988); **박수근**, "노동관행의 규범성과 단체협약의 소급적 효력", 2002 노동판례비평, 민주사회를 위한 변호사모임(2003); **박제성**, "사업 개념의 재검토: 가능태로서의 사업", 노동법의 존재와 당위 — 김유성 교수 정년 기념, 박영사(2006); **박종희**, "유리한 조건 우선의 원칙에 대한 법이론적 검토와 체계상 재구성 시론", 노동법학 8호, 한국노동법학회(1998. 12.); **박철**, "배치전환명령과 징계", 민사판례연구 15권, 민사판례연구회(1993. 5.); **박홍규a**, 노동법론(2판), 삼영사(1998); **박홍규b**, 근로기준법론, 삼영사(1998); **변종춘**, "근로기준법상 근로자의 범위", 민사재판의 제문제 9권, 민사실무연구회(1997); **서보건**, "헌법상 근로의 권리의 보장과 국가의 역할", 헌법학연구 23권 2호, 한국헌법학회(2017); **석광현**, 국제사법해설(2001년 개정), 지산(2001); **송강직**, "단체교섭의 대상 —인사 · 경영사항을 중심으로—", 노동법의 쟁점과 과제 — 김유성 교수 화갑 기념, 법문사(2000); **신권철a**, "헌법상 노동권 소고", 노동법연구 22호, 서울대학교 노동법연구회(2007); **신권철b**, "법정근로관계 설정의 법리", 노동법연구 34호, 서울대학교 노동법연구회(2013); **심태식**, 근로기준법해설, 신성인쇄사(1977); **이달휴a**, "노동법의 이념과 실현", 노동법학 6호, 한국노동법학회(1996); **이달휴b**, "근로기준법에서의 근로자대표제", 노동법학 8호, 한국노동법학회(1998); **이달휴c**, "근로권과 해고제한의 근거", 공법학연구 13권 2호, 한국비교공법학회(2012); **이상윤a**, "외국인 근로자의 노동법상 지위", 저스티스 70호, 한국법학원(2002); **이승욱a**, 사업양도와 근로자의 지위, 서울대학교 대학원 박사학위논문(1997); **이승욱b**, "분절된 노동시장 극복을 위한 새로운 법규범의 모색”, 법과 사회 56호, 법과사회이론학회(2017); **이영희**, 근로계약의 법적 성격과 제약구조에 관한 연구, 서울대학교 대학원 박사학위논문(1987); **이재후**, “취업규칙의 법적 성질과 그 변경”, 법조 27권 2호, 법조협회(1978. 2.); **이준일**, 헌법학강의 (2판), 홍문사(2007); **이철수a**, “취업규칙에 대한 판례법리와 문제점”, 사법행정 34권 8호, 한국사법행정학회(1993. 8.); **이철수b**, “4인 이하 사업장에 대한 법의 적용확대”, 노동법연구 6호, 서울대학교 노동법연구회(1997); **이흥재**, “노동법제정의 특징과 전진한의 역할”, 법학 153호, 서울대학교 법학연구소(2009. 12.); **임종률a**, “단체교섭의 대상”, 노동법에 있어서 권리와 책임 ― 김형배 교수 화갑 기념 논문집, 박영사(1994); **임종률b**, “의무적 교섭사항”, 노동법학 7호, 한국노동법학회(1997); **임종률c**, “취업규칙의 성질과 변경절차”, 법률신문 1981. 3. 16.자; **장주영**, “노무조항의 문제점과 개정방향”, 아시아사회과학연구원 법・언론 연구총서 9권, 아시아사회과학연구원(2000); **전광석**, 한국헌법론(4판), 법문사 (2006); **전형배a**, “단체협약에 예정된 근속기간을 초과한 기간에 대한 퇴직금 누진율의 판단”, 2001 노동판례비평, 민주사회를 위한 변호사모임(2002); **전형배b**, “정리해고의 효력요건으로서 근로자대표에 대한 사전 통보기간”, 2003 노동판례비평, 민주사회를 위한 변호사모임(2004); **정진경**, “경영사항의 단체교섭대상성”, 사법논집 39집, 법원도서관 (2004); **조경배**, “직접고용의 원칙과 파견근로”, 민주법학 19호, 민주주의법학연구회 (2001); **주석형법 각칙(3)**(4판), 한국사법행정학회(2006); **주석형법 각칙(4)**(4판), 한국사법행정학회(2006); **최공웅**, “국제사법의 적용대상과 섭외성의 판단”, 법조 48권 8호, 법조협회(1999. 8.); **최석환**, “회사 분할에 따른 근로관계의 승계에 관한 법리”, 노동법연구 36호, 서울대학교 노동법연구회(2014); **최홍엽**, “국제근로계약의 준거법과 해외투자기업 산업연수생”, 노동법연구 19호, 서울대학교 노동법연구회(2005); **피용호**, “경영해고의 단체교섭대상 여부”, 비교사법 11권 2호, 한국비교사법학회(2004. 6.); **하경효**, 노동법사례연습 (제 3 판), 박영사(2017); **하우영**, 노동법(Ⅰ), 전남대학교 출판부(2003); **한덕렬**, “취업규칙”, 재판자료 40집 근로관계소송상의 제문제(하), 법원행정처(1987. 12.); **한수웅**, 헌법학 (9판), 법문사(2019); **한용식**, 근로기준법, 형설출판사(1979); **허영**, 헌법이론과 헌법(신판), 박영사(2007); **堺鑛二郎**, 勞働法(新訂版) ― 個別的勞働關係法, 創成社(2002); 久保敬治・浜田富士郎(**久保・浜田**), 勞働法, ミネルヴァ書房(1993); 木下正義・小川賢一(**木下・小川**), 勞働法(改訂版), 成文堂(1992); 西谷敏・萬井隆令(**西谷・萬井**), 勞働法2(4版), 法律文化社 (2002); 西村健一郎・高木紘一 外(**西村・高木**), 勞働法講義3 ― 勞働者保護法(新版), 有斐閣 (1990); 石松亮二・宮崎鎭雄 外(**石松・宮崎**), 現代勞働法(4訂版), 中央經濟社(2006); 新勞働法講座7(**新講座**), 勞働保護法(1), 日本勞働法學會, 有斐閣(1966); 安枝英訷・西村健一郎(**安枝・西村**), 勞働法(第 9 版), 有斐閣(2006); 吾妻光俊(**吾妻**), 註解 勞働基準法, 靑林書院 (1962); 萩澤淸彦(**萩澤**), 勞働基準法(上), 靑木書院(1996); 片岡 曻(**片岡**), 勞働法(2)(第 4版) ― 勞働者保護法, 有斐閣(1999).

Ⅰ. 의   의

법은 근로기준의 최저한도를 보장하고 근로자의 기본적 생활을 보장·향상시키는 것을 목적으로 한다.[1] 이와 관련하여 법 1조는 헌법에 따라 근로조건의 기준을 정함으로써 근로자의 기본적 생활을 보장, 향상시키며 균형 있는 국민경제의 발전을 도모하는 것을 목적으로 규정하여, 법의 기본원칙이 근로자의 기본적 생활 보장에 있음을 선언하고 있다.[2] 이러한 목적 규정은 법 해석의 기준이자 기본 이념으로 작용한다.[3]

헌법이 근로조건의 기준을 법률로 정하도록 한 이유는 인간의 존엄에 상응하는 근로조건에 관한 기준의 확보가 사용자에 비하여 경제적·사회적으로 열등한 지위에 있는 개별 근로자의 인간 존엄성 실현을 위해 중요한 사항일 뿐만 아니라, 근로자와 사용자 사이에 이해관계가 첨예하게 대립될 수 있는 사항이기 때문에 사회적 평화를 위해서도 민주적으로 정당성이 있는 입법자가 이를 법률로 정할 필요성이 있기 때문이다.[4]

Ⅱ. 내   용

1. "헌법에 따라"

우리나라 노동법의 중요한 특징은 노동법의 기본 원칙 내지 권리를 국가의 최고규범인 헌법에서 선언·보장하고 있다는 데 있다.[5]

헌법 10조는 "모든 국민은 인간으로서의 존엄과 가치를 가지며, 행복을 추구할 권리를 가진다"라고 규정하고, 헌법 32조 3항 역시 '근로조건'의 기준이 '인간의 존엄성'을 보장하도록 법률로 정한다고 규정하고 있으며, 33조 1항은 근로자의 근로조건 향상을 위하여 노동 3 권을 인정하고 있다.[6]

모든 국민은 근로의 권리[7]를 가지고(헌법 32조 1항). 근로자의 근로조건은 인

---

1) 김형배, 182면; 박홍규, 146면.
2) 김형배, 183면.
3) 민변노동법 Ⅰ, 5면.
4) 헌재 1996. 8. 29. 선고 95헌바36 결정, 헌재 2003. 7. 24. 선고 2002헌바51 결정, 헌재 2005. 9. 29. 선고 2002헌바11 결정, 헌재 2006. 7. 27. 선고 2004헌바77 결정.
5) 임종률, 18면.
6) 대법원 2018. 9. 13. 선고 2017두38560 판결.
7) 근로의 권리가 법률에 의해서 비로소 형성되는 권리인지, 국민이 국가에 대해서 직접 근로

간의 존엄성을 보장하도록 법률로 정하여야 하며(3항), 국가는 적정임금의 보장
에 노력하여야 하고, 최저임금제를 시행하여야 한다(1항). 또한 여성의 근로는 특
별한 보호를 받아야 하고, 고용·임금 및 근로조건에 있어서 부당하게 차별하지
않아야 하며(4항), 연소자의 근로는 특별히 보호하여야 한다(5항). 이들 헌법 규정
은 인간다운 생활을 할 권리(헌법 34조 1항)를 중심으로 하는 생존권적 기본권의
일종이고 복지국가(사회국가)의 이념에 근거하여 근로자의 인간다운 생활을 실질
적으로 보장하기 위하여 설정된 것이기도 하다.[8]

　　헌법은 "근로조건의 기준은 인간의 존엄성을 보장하도록 법률로 정한다"고
규정함으로써(헌법 32조 3항), 근로조건의 규율에 관한 기본원칙이 '인간의 존엄성
보장'에 있음을 밝히고 있다.[9] 이에 따라 제정된 이 법 1조는 입법목적을 '근로
자의 기본적 생활의 보장·향상'으로 정하고 있다.[10] 이와 같이 노동법학에서는
법을 근로조건 법정주의를 규정한 헌법 32조 3항에 근거하는 것으로 이해하는
것이 다수설이다.[11] 반면 헌법학에서는 법을 헌법 32조 1항 소정의 근로의 권리
를 실현하기 위한 근로조건을 창출하도록 국가가 개입하는 것이라고 이해하는
견해[12]와 헌법 32조 3항을 위임의 근거로 보는 견해[13]로 나뉜다.

　　국가는 인간의 존엄성이 보장되는 근로조건에 관한 사항을 입법으로 실현하

의 권리를 주장할 수 있는지, 국가에 대하여 근로 기회를 제공하여 줄 것을 요구할 수 있는
권리인지, 근로의 권리에 기초하여 실업자가 국가에 대하여 실업수당을 청구할 수 있는지,
자유권적 기본권으로서의 성격도 가지고 있는지 등 헌법상 근로의 권리의 성격과 내용에 대
하여는 헌법 제정 당시 이래 지금까지 논쟁이 되어 왔다(서보건, 5면 이하 참조).

8) 임종률 18면. 근로의 권리가 사회권적 성격 외에 자유권적 성격도 겸유하고 있음을 전제로
'근로자가 자신의 의사와 능력과 취미에 따라 근로의 종류·내용·장소 등을 선택하여 근로
관계를 형성하고, 타인의 방해를 받음이 없이 근로관계를 유지하며, 근로의 기회를 얻지 못
한 경우에는 국가에 대하여 근로의 기회를 제공하여 줄 것을 요구할 수 있는 권리'로 이해하
는 견해로 김유성, 16면.

9) 임종률, 20면.

10) 김유성, 32면.

11) 김유성, 20면; 김형배, 106면; 노호창 138면 이하; 이흥재, 46면 이하; 임종률, 20면. 현재의
노동법 시스템은 표준적 노동관계 모델을 전제로 한 것이어서 노동시장의 분절화(分節化)에
서 기인하는 불평등과 차별을 해결하는 데에는 한계가 있으므로, 노동법 규범의 헌법상 근거
를 헌법 119조 2항에서 보충적으로 구하는 것이 필요하다는 견해도 제기된다(이승욱b, 177면
이하). 또한 법 1조가 사회국가원리를 바탕으로 한 사회적 시장경제질서의 구현이라는 헌법
의 기본 이념과 기본 질서를 구현하기 위한 것이라고 보는 입장으로, 민변노동법Ⅰ, 5면 참조.

12) 이은일, 816~820면; 전광석, 348~355면; 허영, 692~693면. 헌법 32조 3항에서 규정하고 있
는 '인간의 존엄성에 상응한 적정한 근로조건의 확보'는 근로의 권리를 실현하기 위한 수단
이고, 헌법 32조 1항에서 규정하고 있는 적정임금의 보장 및 최저임금제 시행과 함께 근로의
권리에 포함되는 것으로 이해한다.

13) 한수웅, 985면.

고 근로자의 인간다운 생활의 확보를 위한 적극적 정책을 시행할 의무를 진다. 모든 근로자는 건강하게 일할 수 있는 작업환경, 일에 대한 정당한 대가, 적정한 근로시간·휴식시간·연차휴가 제도·퇴직금 제도·재해 대책 등이 실현될 수 있도록 적절한 조치를 요구할 수 있다. 나아가 인간의 존엄성에 상응하는 근로조건의 보장을 요구할 수 있는 권리는 부당해고로부터 보호를 요구할 권리[14]를 포함한다. 임금 수준과 관련해서는 근로자가 지급받는 임금은 우선 인간의 존엄성을 보장할 수 있는 최저임금이어야 함은 물론 일한 대가에 걸맞는 적정한 임금이어야 하고, 근로자는 이러한 최저임금 및 적정한 임금의 보장을 요구할 권리가 있다.

　　이와 같이 근로의 권리와 근로조건에 관한 헌법 32조의 규정은 근로자가 인간으로서 존엄성을 지키면서 일을 할 수 있는 환경을 조성할 것을 입법·사법·행정기관에 명하는 노동 헌법에 해당하고,[15] 근로조건의 최저 기준을 정하는 법의 해석 기준으로 작용한다.[16]

　　한편, 헌법상의 근로의 권리 또는 인간의 존엄성에 상응하는 근로조건 보장의 요구는 객관적 가치질서의 성격 때문에 사인 간에도 간접적인 효력을 미친다.[17] 인간의 존엄성에 상응하는 근로조건의 보장은 원칙적으로 입법자의 책무이지만, 개개의 법률규정 중에 불확정 개념이나 일반 조항을 두고 있는 경우에는 헌법상의 객관적 가치질서에 부합하도록 해석하여야 하고, 이러한 간접적인 적용을 통하여 기본권 규정이 사법(私法) 관계에 효력을 미친다.[18]

---

14) 부당해고로부터의 보호(해고제한)의 헌법적 근거에 관하여 헌법학에서는 헌법 32조에서 나온 것으로 보는 견해와 헌법 15조 직업의 자유에서 파생한다는 견해, 헌법 37조 1항의 기본권의 제한에 해당한다는 견해로 나뉘나, 노동법학에서는 헌법상 근로권에 직접 근거하는 것으로 보고 있다(이달휴c, 117면).

15) "근로의 권리가 '일할 자리에 관한 권리'만이 아니라 '일할 환경에 관한 권리'도 함께 내포하고 있는바, 후자는 인간의 존엄성에 대한 침해를 방어하기 위한 자유권적 기본권의 성격도 갖고 있어 건강한 작업환경, 일에 대한 정당한 보수, 합리적인 근로조건의 보장 등을 요구할 수 있는 권리 등을 포함한다"(헌재 2007. 8. 30. 선고 2004헌마670 결정, 헌재 2011. 9. 29. 선고 2009헌마 351 결정, 헌재 2015. 12. 23. 선고 2014헌바3 결정, 헌재 2016. 3. 31. 선고 2014헌마367 결정).

16) 전형배b, 270면.

17) 대법원 2018. 9. 13. 선고 2017두38560 판결("헌법상 기본권은 제 1 차적으로 개인의 자유로운 영역을 공권력의 침해로부터 보호하기 위한 방어적 권리이지만 다른 한편으로 헌법의 기본적인 결단인 객관적인 가치질서를 구체화한 것으로서, 사법을 포함한 모든 법 영역에 그 영향을 미치는 것이므로 사인 간의 사적인 법률관계도 헌법상의 기본권 규정에 적합하게 규율되어야 한다. 다만 기본권 규정은 성질상 사법관계에 직접 적용될 수 있는 예외적인 것을 제외하고는 관련 법규범 또는 사법상의 일반원칙을 규정한 민법 2조, 103조 등의 내용을 형성하고 그 해석기준이 되어 간접적으로 사법관계에 효력을 미치게 된다").

18) 김지형a, 680면.

특히, 사적 자치의 원칙이 충분히 작용할 수 있는 일반적 계약관계와 달리 경제적·사회적 약자의 자유와 권리를 보호하여야 할 요청이 강한 노동관계에서 헌법상의 기본권 규정은 개개의 법률 규정이나 단체협약, 취업규칙, 근로계약 등을 해석하는 기준으로서 그 영향력이 증대될 수밖에 없다.[19] 기업의 경영에 관한 의사결정의 자유 등 영업의 자유와 근로자들이 누리는 일반적 행동자유권 등이 근로조건의 설정을 둘러싸고 충돌하는 경우에는, 근로조건과 인간의 존엄성 보장 사이의 헌법적 관련성을 염두에 두고 구체적인 사안에서의 사정을 종합적으로 고려한 이익형량과 함께 기본권들 사이의 실제적인 조화를 꾀하는 해석 등을 통하여 이를 해결하여야 하고, 그 결과에 따라 정해지는 두 기본권 행사의 한계 등을 감안하여 두 기본권의 침해 여부를 살피면서 근로조건의 최종적인 효력 유무 판단과 관련한 법령 조항을 해석·적용하여야 한다.[20]

2. 근로조건의 법정(法定)

근로조건은 근로계약 당사자 사이의 자유로운 합의에 따라 정하는 것이지만, 국가는 이를 당사자에게만 맡기지 않고 그 최저기준을 법률로 정할 의무를 부담한다.[21] 입법자는 이 법의 제정을 통하여 이와 같은 헌법위임을 이행하였다.[22]

법은 근로조건에 대한 정의규정을 두고 있지 않다. 판례는 "'근로조건'이라 함은 사용자와 근로자 사이의 근로계약관계에서 임금·근로시간·후생·해고 등 근로자의 대우에 관하여 정한 조건"으로 본다.[23] 헌법재판소는 "근로조건이라 함은 임금과 그 지불방법, 취업시간과 휴식시간, 안전시설과 위생시설, 재해보상 등 근로계약에 의하여 근로자가 근로를 제공하고 임금을 수령하는 것에 관한 조건"이라고 한다.[24] 협의의 근로조건은 개별적 근로계약의 내용이 되어야 할 사항 또는 노동력의 거래에 관한 조건을 지칭하는 것으로, 광의의 근로조건은 임금, 근로시간 등 근로자의 대우에 관한 일체의 사항, 채용이나 해고 등 노사

---

19) 김지형a, 680면.
20) 대법원 2018. 9. 13. 선고 2017두38560 판결(국내외 항공운송업을 영위하는 회사가 취업규칙에서 소속 직원들이 콧수염 기르는 것을 전면 금지한 데 대하여, 그와 같은 취업규칙 조항은 항공기 기장의 일반적 행동자유권을 침해하므로 법 96조 1항, 민법 103조 등에 따라 무효라고 한 사례).
21) 임종률, 20면.
22) 한수웅, 985면.
23) 대법원 1992. 6. 23. 선고 91다19210 판결, 대법원 1996. 2. 23. 선고 94누9177 판결. 채용에 관한 기준은 근로조건에 포함되지 않는다(대법원 1992. 8. 14. 선고 92다1995 판결).
24) 헌재 2003. 7. 24. 선고 2002헌바51 결정, 헌재 2011. 7. 28. 선고 2009헌마408 결정.

관계의 발생과 소멸의 원인뿐만 아니라 기숙사 제도 등 근로생활과 밀접한 관계가 있는 것을 포함하는 것으로 이해할 수 있다. 근로의 제공과 직접 관련되어 있지 않더라도 궁극적으로 근로계약의 내용이 될 수 있는 모든 조건이 근로조건에 포함되는 것으로 보아야 한다.25)

　　근로조건 중 주요한 것은 임금(기본급, 각종 수당, 상여금, 퇴직금), 근로시간, 휴식(휴게, 휴일, 휴가), 안전·보건·작업환경, 보상(해고예고수당, 재해보상), 복리후생(사택 제공, 주택자금의 대여, 기업연금) 등이다.26)

　　법 17조는 사용자로 하여금 근로계약을 체결할 때에 임금, 소정근로시간, 법 55조에 따른 휴일, 법 60조에 따른 연차 유급휴가, 그 밖에 대통령령으로 정하는 근로조건을 근로자에게 명시하도록 규정하고 있고, 영 8조는 취업의 장소와 종사하여야 할 업무에 관한 사항, 법 93조 1호부터 13호까지의 규정에서 정한 사항, 사업장 부속 기숙사에 근로자를 기숙하게 하는 경우에는 기숙사 규칙에서 정한 사항 등을 근로계약에 명시하도록 하고 있다. 이러한 근로기준에 관한 법령의 주된 규정은 다수 근로자에게 적어도 위와 같은 사항에 대해서만은 근로계약에 명시함으로써 획일화할 것을 요구하는 취지이지 위와 같은 사항 이외의 것은 근로조건의 범위에서 제외하는 취지는 아니라고 보아야 한다.

　　근로자의 배치, 배치전환, 포상, 징계, 해고 등 인사에 관한 사항도 근로조건에 해당한다. 이에 관하여는 근로조건에 관한 사항이 동시에 사용자의 경영상 권한에 속하는 경우에 단체교섭의 대상이 되는지 여부를 둘러싸고 '근로조건 그 자체인지 아니면 근로조건은 아니지만 근로조건에 영향을 주는 사항인지'에 관하여 견해의 대립이 있다. 즉, 인사에 관한 사항은 사용자의 인사권에 속하기 때문에 단체교섭의 대상이 아니라는 부정설,27) 인사에 관한 사항도 그것이 근로조건에 영향을 주는 사항인 경우에는 의무적 교섭사항이 된다고 보는 제한적 긍정설,28) 배치전환·해고·징계 등 인사에 관한 사항은 경영문제와는 달리 그 자체가 근로조건에 속하고 따라서 당연히 의무적 교섭사항으로 된다고 보는 긍정설29)이 대립하고 있고, 인사에 관한 사항이 근로조건에 해당하는지 아니면 근로

---

25) 민변노동법Ⅰ, 3면.
26) 임종률, 139면.
27) 김형배b, 71~72면.
28) 심태식, 218면; 임종률, 137면; 피용호, 672면.
29) 김유성, 144면; 송강직, 379면; 임종률, 144면.

조건에 영향을 주는 사항인지에 따라 제한적 긍정설과 긍정설 사이에 차이가 있게 된다. 부정설과 제한적 긍정설은 인사문제도 경영문제와 마찬가지로 근로조건이 아니라는 전제에 서 있으나 법 규정에 비추어 동의하기 어렵다. 즉, 법 93조 4호에 '퇴직에 관한 사항', 12호에 '표창과 제재에 관한 사항' 등이 근로조건으로 포함되어 있고, 노조법 2조 5호에서 '임금·근로시간·복지·해고 기타 대우 등'을 근로조건으로 명시하고 있는 이상 근로자의 해고 등 인사에 관한 사항이 근로조건에 포함되는 것은 분명하다.[30] 다만, 구체적인 배치전환 명령은 근로계약에 구체적으로 정해지지 아니한 근로의 종류, 내용, 장소 등을 상세하게 결정 또는 변경하는 것으로 근로조건에 영향을 주는 사항으로 이해된다.[31] 판례에 따르면, 서울특별시 지하철공사의 직제규정에서 별표로 규정한 '정원표'는 근로관계를 직접 규율하는 내용이 아니라 근로자들의 적정한 운용과 배치를 위한 기준으로 삼기 위하여 각 부서별·직급별로 배치할 정원의 기준을 일단 정해둔 것에 불과하여 근로조건에 해당하지 않고,[32] 입사 전의 경력에 대응한 등급 부여를 정하고 있는 인사규정은 사용자가 부여할 등급에 속할 근로자를 채용함에 있어 입사 전의 경력으로 어느 정도를 요구한다는 취지의 채용에 관한 기준으로 근로조건을 정하는 기준에 해당하지 않는다.[33] 또한, 근로계약의 기간은 근로계약의 존속기간에 불과할 뿐 근로조건에는 해당되지 않는다고 한다.[34] 노동의 내용, 밀도, 방법, 장소, 환경도 원칙적으로 근로조건이 되지만, 일상적인 경미한 것으로서 그 성질상 사용자의 지휘명령권에 위임되어 있는 것은 근로조건이 아니라는 견해도 있다.[35]

3. 기본적 생활의 보장·향상

법이 헌법에 따라 근로조건의 기준을 정함으로써 보장·향상시키고자 하는 근로자의 '기본적 생활'이 무엇인지 일의적으로 논단하기는 어렵다. 생존권이

---

30) 김유성, 144면; 박홍규a, 709면; 송강직, 379면; 임종률, 144면; 정진경, 287면; 대법원 1992. 6. 23. 선고 91다19210 판결, 대법원 1996. 2. 23. 선고 94누9177 판결(면직기준과 상벌위원회의 설치 및 그 구성 등 상벌위원회 관련 사항이 근로조건에 해당한다고 설시).
31) 대법원 1991. 9. 24. 선고 90다12366 판결(이에 대한 평석으로는 박철, 283면), 대법원 1998. 12. 22. 선고 97누5435 판결.
32) 대법원 1992. 6. 23. 선고 91다19210 판결.
33) 대법원 1992. 8. 14. 선고 92다1995 판결.
34) 대법원 1996. 8. 29. 선고 95다5783 판결(이에 대한 평석으로는 김선수, 537면 이하).
35) 菅野, 851면; 임종률, 139면.

보장되는 생활을 말한다는 견해36)와 헌법 32조 3항에서 근로조건의 기준으로
제시된 '인간의 존엄성을 보장'하는 생활로서 '인간다운 생활을 보장'한다는 것
과 같은 뜻이라고 파악하는 견해37)가 있다.

　　기본적 생활은 그 자체가 객관적으로 정해진 것이 아니고, 그 판단기준도
사회·경제적 상황이나 시간의 변화에 따라 변모하는 상대적 성격을 띠는 만큼
그에 상응하는 근로조건에 관한 기준도 시대상황에 부합하게 탄력적으로 구체
화되어야 한다.38) 헌법이 근로조건의 기준을 법률에 유보하고 있는 이유도 시대
상황에 따른 탄력성을 확보하기 위한 것으로 이해된다. 따라서 무엇이 근로자의
기본적 생활이고 그에 부합하는 근로조건이 무엇인지에 관하여는 입법자에게
어느 정도 입법재량이 부여되어 있다고 볼 수 있다.39) 하지만, 인간의 존엄성을
기준으로 과소금지 원칙에 따라 입법자의 형성의 자유에 한계를 그을 수 있
고40) 이는 재판규범으로서 법을 해석하는 기준으로 작용할 수 있다.

　　기본적 생활을 보장하기 위해 가장 중요한 것은 일정 수준의 물질적 조건
이고, 헌법 32조 3항과 법 1조가 이를 보장하려는 것임은 분명하다. 그러나 기
본적 생활을 향상시키고 인간의 존엄성을 보장하기 위해서는 물질적인 근로조
건과 함께 근로자의 정신적 자유·행복도 매우 중요한 요소이다. 따라서 헌법
32조 3항과 법을 통해 보장·향상시키려는 기본적 생활은 물질적 조건뿐만 아
니라 자유·행복 등 정신적 조건도 관련되어 있다고 보아야 할 것이다.41) 예를
들어 법에 의한 근로시간 규제는 단순히 하루 또는 1주 근로시간의 양을 제한
하고 피로의 경감을 도모하는 목적으로만 이루어지는 것이 아니라 근로자의 일
상생활의 자유를 보장하기 위한 것도 될 수 있다.

　　근로자의 기본적 생활의 보장·향상은 국민경제의 발전에도 적극적으로 공
헌하는 것이라고 해석되어야 한다.42)

---

36) 민변노동법 I , 5면; 박홍규, 147면.
37) 임종률, 20면.
38) 헌재 2003. 7. 24. 선고 2002헌바51 결정.
39) 헌재 1999. 9. 16. 선고 98헌마310 결정, 헌재 2011. 7. 28. 선고 2009헌마408 결정.
40) 이준일, 819면.
41) 西谷·萬井, 13면.
42) 김형배, 183면.

Ⅲ. 법의 기본원칙

법은 노동관계의 성립·전개(내용 형성)·종료의 전 과정에 걸친 기본적인
원칙으로 최저기준, 근로조건 대등결정, 균등대우, 인격 존중, 중간착취의 배제,
공민권 행사의 보장 등을 규정하고 있다. 근로자의 기본적 생활의 보장 등 입법
목적을 달성하기 위한 원칙이다.

1. 최저기준의 원칙

법에서 정하는 근로조건의 기준은 최저기준이다(법 3조). 근로관계 당사자는
법으로 정한 최저기준을 이유로 근로조건을 낮출 수 없다. 사용자와 근로자는
법이 정하는 기준에 미달하는 근로조건을 합의할 수 없고, 법에 위반되는 내용
의 합의는 무효이며, 무효로 된 부분은 법이 정한 최저기준에 의한다(법 15조).
나아가 근로관계 당사자는 근로조건의 향상을 위해 노력하지 않으면 안 된다.[43)]
여기에 법의 근로조건 개선적 성격이 있고, 헌법 32조 3항이 근로조건의 최저
기준을 인간의 존엄성을 보장하도록 법률로 정한다고 규정한 의미가 있다.[44)] 법
제정 당시와 비교하면 근로조건의 일반적인 수준이 높아졌다고 할 수도 있겠으
나, 아직도 법 규정을 그대로 옮겨 놓은 단체협약이나 취업규칙 조항이 많은 것
을 보면 근로조건 개선을 위한 노력이 충분히 이루어지고 있다고 하기는 어렵
다. 이하 자세한 내용은 법 3조(근로조건의 기준)에 대한 해설 참조.

2. 근로조건 대등결정의 원칙

법은 근로자와 사용자가 서로 대등한 지위에서 자유의사에 의하여 근로조
건을 결정하도록 규정하고 있다(법 4조). 이는 사용자가 사회·경제적으로 우월한
힘을 가졌다고 하여 일방적으로 근로조건을 결정해서는 안 되고 근로자와 사용
자가 대등한 지위에서 각자의 자유의사에 따라 결정해야 한다는 의미이다.[45)]

그러나 현실적으로 노사간의 사회적·경제적인 힘의 관계에 있어 사용자가
우월한 지위에 있다는 것을 부인할 수 없다. 따라서 법은 근로자와 사용자가 실
질적으로 대등한 관계에서 근로조건을 결정할 수 있도록 개입한다.[46)] 이하 자세

---

43) 민변노동법Ⅰ, 5면.
44) 김형배, 183면.
45) 김유성, 33면; 임종률, 379면.
46) 김형배, 183면.

한 내용은 법 4조(근로조건의 결정)에 대한 해설 참조.

　　법은 근로자와 사용자가 대등한 입장에서 근로조건을 결정한 이상 이를 준
수하고 성실하게 이행할 의무가 있음을 규정하고 있다(법 5조). 이하 자세한 내용
은 법 5조(근로조건의 준수)에 대한 해설 참조.

3. 균등대우의 원칙

　　법은 사용자에게 근로자를 평등하게 대우하고 차별하지 않도록 균등대우
(평등대우, 차별금지)의 원칙을 규정하고 있다. 사용자는 근로자에 대하여 남녀의
성을 이유로 차별적 대우를 하지 못하고, 국적·신앙 또는 사회적 신분을 이유
로 근로조건에 대한 차별적 처우를 하지 못한다(법 6조). 이는 헌법상의 평등원칙
(헌법 11조 1항)을 노동관계에서 구체화하여 실현하고자 하는 취지에서 마련된 것
이다.47) 이하 자세한 내용은 법 6조(균등한 처우)에 대한 해설 참조.

4. 인격 존중의 원칙

　　법은 봉건적 노동관행을 제거하고 근로자의 인권을 옹호하기 위한 구체적
인 원칙으로, 강제 근로의 금지(법 7조), 폭행 금지(법 8조) 등의 규정을 두고 있다.

가. 강제 근로의 금지

　　사용자는 폭행, 협박, 감금, 그 밖에 정신상 또는 신체상의 자유를 부당하게
구속하는 수단으로써 근로자의 자유의사에 어긋나는 근로를 강요하지 못한다(법
7조). 이는 강제노역을 금지하는 헌법 12조 1항 2문 후단을 노동관계에서 실현하
기 위한 것이다. 이하 자세한 내용은 법 7조(강제 근로의 금지)에 대한 해설 참조.

나. 폭행의 금지

　　법은 사용자의 근로자에 대한 폭행을 금지한다(법 8조). 근로자의 인격권을
보호하고 전근대성을 타파하기 위한 규정이다. 이하 자세한 내용은 법 8조(폭행
의 금지)에 대한 해설 참조.

5. 중간착취의 배제

　　법은 제 3 자가 영리로 타인의 취업에 개입하거나 중간인으로서 이익을 취

---

47) 김유성, 33면.

득하는 행위를 금지한다(법 9조). 이는 근로자의 열등한 사회경제적 지위 등을 이용하여 취업이나 근로관계의 존속에 개입함으로써 이득을 취하거나 임금을 착취하는 행위를 금지하는데 목적이 있다. 다만 법률을 통한 제도적 허용과 중간착취의 염려가 없는 비영리적 개입의 가능성은 열려 있다.

중간착취의 배제(법 9조) 규정이 법의 기본원칙 중 하나로 '직접고용의 원칙'을 표현하고 있다는 견해도 있다. 직접 고용의 원칙이란 기업의 통상적이고 영속적인 업무를 위하여 필요한 인력은 직접 고용하여 사용해야 한다는 원칙을 말한다.48) 우리 헌법이나 법이 이를 명문으로 규정하고 있지 않지만 직안법에 의한 근로자공급사업의 원칙적 금지와 파견법을 통한 예외적 간접고용의 허용, 이 법 9조가 직접고용의 원칙을 간접적으로 표현하고 있다고 한다.49) 이하 자세한 내용은 법 9조(중간착취의 배제)에 대한 해설 참조.

6. 공민권 행사의 보장

법은 근로자가 시민으로서 공적 활동을 수행할 수 있는 시간을 보장한다(법 10조). 근로자는 공민권 행사 또는 공의 직무 집행을 위하여 불이익을 받지 않고 근무에서 벗어날 수 있고, 사용자는 근로자의 공민권 행사 등을 방해할 수 없다. 사용자가 이를 위반하면 벌칙이 적용된다(법 110조).

7. 기   타

그 밖에 '사용자 책임 회피 방지의 원칙'을 법의 기본원칙에 포함하는 견해도 있다.50) 사용자 책임 회피 방지의 원칙은 '근로자 보호'라는 노동법의 목적을 달성하기 위해서 근로자의 노무급부로부터 주된 이익을 향수하는 자가 그 근로자에 대한 관계에서 노동보호법상의 사업주로서 각종 보호법규 상의 책임을 져야 한다는 원칙, 즉 근로자의 노무 제공으로 이익을 향수하는 자는 그에 따른 책임도 함께 져야 하며 계약 형식을 달리하거나 외형상의 사업주를 따로 두는 등의 방법을 통해 자신의 책임을 회피할 수 없다는 것이다.

[이 용 구 · 최 정 은]

---

48) 조경배, 41면.
49) 신권철b, 193면.
50) 강성태a, 228면.

제 2 조(정의)

① 이 법에서 사용하는 용어의 뜻은 다음과 같다.

1. "근로자"란 직업의 종류와 관계없이 임금을 목적으로 사업이나 사업장에 근
로를 제공하는 사람을 말한다.

〈세 목 차〉

[참고문헌]
강선희, "H자동차 아산공장 모든 공정의 사내하도급근로자는 도급으로 위장된 파견근로자이다", 노동리뷰 121호, 한구노동연구원(2015); **강성태a**, "특수고용관계와 근로기준법상 근로자성 판단", 노동법학 11호, 한국노동법학회(2000); **강성태b**, "미국법에서의 비정규직의 규율", 노동법연구 15호, 서울대학교 노동법연구회(2003. 12.); **강성태c**, "근로기준법상 근로자의 결정", 1996 노동판례비평, 민주사회를 위한 변호사모임(1997); **강성태d**, 근로자의 개념, 서울대학교 대학원 박사학위논문(1994); **강성태e**, "사내하도급 근로자의 보호방안", 국회환경노동위원회 정책연구과제 — 용역노동자의 노동실태와 관련 법제도 고찰 및 정책제언(2007); **강성태f**, "경영상 이유에 의한 채용내정취소의 정당성", 노동법률 103호, 중앙경제(1999); **강성태g**, "근로자 개념 문제에 대한 올바른 접근", 판례실무연구 Ⅸ, 박영사(2010); **강성태h**, "사내하청에 관한 세 가지 판단-Browning-Ferris, 현대중공업 그리고 KTX", 노동법연구 40호, 서울대학교 노동법연구회(2016); **강윤구**, "가. 근로기준법 제11조, 제36조 위반죄와 …", 대법원판례해설 62호, 법원도서관(2006); **국가인권위원회**, 특수고용직 노동권침해실태조사보고서(2006); **권혁**, "고용세습조항에 대한 소고", 노동법률 300호, 중앙경제(2016); **김기덕**, "유가족 채용 협약 무효판결 유감", 매일노동뉴스 칼럼(2016. 8. 30.); **김도형**, "시용근로자에 대한 해고의 정당성 판단기준", 노동법연구 25호, 서울대학교 노동법연구회(2008); **김선수a**, "채용내정자의 법적 지위", 노동법연구 8호, 서울대학교 노동법연구회(1999); **김선수b**, "고용노동부 임금·단체교섭 지도개입행위의 위

법성", 한국노총 주최 2016. 5. 24. 발표문; **김선수c**, 노동을 변호하다, 오월의봄(2014); **김소영**, "근로자의 취업청구권 ― 비교법적 고찰을 중심으로 ―", 한국노동연구 5집, 한국노동연구원(1994); **김윤수**, "채용내정과 시용기간의 법률관계", 재판자료 39집(상), 법원행정처(1987); **김지형a**, "헌법상 기본권과 노동법 ― 개별적 근로관계에 있어서의 논의를 중심으로 ―", 재판자료 76집 헌법문제와 재판(중), 법원도서관(1997); **김형진**, "근로기준법상 근로자의 판단기준", 특별법 연구 5권, 특별소송실무연구회(1997); **법원실무제요 민사집행Ⅳ**, 법원행정처(2014); **김홍영**, "KTX 여승무원의 실질적 사용자가 철도공사인지 여부", 노동리뷰 121호, 한구노동연구원(2015); **김희성**, "미국노동법에서의 공동사용자이론에 관한 연구", 노동법학 44호, 한국노동법학회(2012); **박수근a**, "레미콘운송기사와 경기보조원의 근로자성에 관한 검토", 노동법학 14호, 한국노동법학회(2002); **박수근b**, "업무상 재해를 당한 조합원의 가족채용에 관한 단체협약의 효력", 노동판례리뷰 140호, 한국노동연구원(2016); **박순영**, "회사로부터 제공받은 차량을 이용한 운송기사의 근로기준법상의 근로자 여부", 대법원판례해설 83호, 법원도서관(2010); **박은정**, "산재법상 특수형태근로종사자 개념의 비판적 이해", 노동법학 57호, 한국노동법학회(2016); **박인호**, "시용기간과 근로자의 해고", 대법원판례해설 8호, 법원도서관(1998); **박재우**, "근로자성의 판단기준에 관한 고찰", 재판자료 118집 노동법 실무연구, 법원도서관(2009); **박지순**, 독일의 유사근로자(특수형태고용종사자)의 유형과 노동법상의 지위에 관한 연구, 한국노동연구원(2005); **방준식**, "채용내정법리의 재고찰", 노동법학 36호, 한국노동법학회(2010); **배동희**, 판례 분석을 통한 근로자성 판단기준에 관한 연구, 고려대학교 대학원 박사학위논문(2016), **변종춘**, "근로기준법상 근로자의 범위", 민사재판의 제문제 9권, 한국사법행정학회(1997); **손미정**, "단체협약상 우선·특별채용규정의 효력에 관한 법적 연구 ― 고용세습규정을 중심으로 ―", 법학연구 16권, 한국법학회(2016); **신권철a**, "퇴직근로자 경업규제의 법리: 경업금지가처분을 중심으로", 노동법의 존재와 당위 ― 김유성 교수 정년 기념, 박영사(2006); **신권철b**, "채용의 공정 ― 채용비리를 중심으로", 노동법학 67호, 한국노동법학회(2018); **오윤식**, "골프장캐디의 근로자성", 법조 61권 12호, 법조협회(2012); **오상호**, "독일의 근로자개념과 근로자성 판단", 강원법학 44권, 강원대학교 비교법학연구소(2015); **유성재**, "취업청구권에 관한 입법론적 고찰", 하경효 교수 정년기념논문집, 박영사(2017); **윤애림a**, "특수고용노동자의 근로자성과 입법의 방향", 민주법학 23호, 민주주의법학연구회(2003); **윤애림b**, "ILO 고용관계권고와 한국 특수고용 입법논의", 노동법학 23호, 한국노동법학회(2006); **윤애림c**, "간접고용에서 사용자 책임의 확대 ― 집단적 노동관계를 중심으로 ―", 노동법연구 14호, 서울대학교 노동법연구회(2003); **이국환**, "근로기준법의 각 규정에 대한 준수의무의 주체로서의 사용자", 대법원판례해설 29호, 법원도서관(1998); **이다혜**, "공유경제(sharing economy)의 노동법적 쟁점", 노동법연구 42호, 서울대학교 노동법연구회(2017); **이상광**, "사회법에 있어서 근로자의 개념", 현대사회연구 8집, 숙명여대 통일문제연구소(2000); **이승길**, "노동법상 사용자의 채용 자유와 제한: 채용

절차법을 중심으로", 사회법연구 26호, 한국사회법학회(2015); **이승욱a**, "채용내정에 대한 부제소특약의 효력과 정당성", 노동법률 110호, 중앙경제사(2000); **이승욱b**, "특수형태근로종사자에 대한 노동법적 보호방안의 모색", 노동법학 23호, 한국노동법학회(2006); **이승욱c**, "노동법상 근로자·사용자 개념 확대를 둘러싼 쟁점과 입법적 과제", 노동법학 49호, 한국노동법학회(2014); **이원재**, "비등기 임원의 근로자성 판단기준", 노동법률 311호, 중앙경제(2017); **이정a**, "과도적 근로관계 — 채용내정·시용에 대한 고찰", 외법논집 21집, 한국외국어대학교 법학연구소(2006); **이정b**, "KTX 여승무원에 대한 묵시적 근로계약관계와 파견계약관계의 성립 여부", 노동법률 287호, 중앙경제(2015); **이종범·박동열**, "학교회계직원의 사용자에 대한 고찰 및 입법 정책적 검토", 행정법연구 41호, 행정법이론실무학회(2015); **이희성**, "독일법에 있어서 근로자를 취업시킬 사용자의 의무", 비교사법 6권, 한국비교사법학회(1999); **임상민a**, "골프장 캐디의 근로자성", 인권과 정의 430호, 대한변호사협회(2012); **임상민b**, "전속 지입차주인 운송기사의 근로자성", 저스티스 141호, 한국법학원(2014); **임상민c**, "학습지교사의 근로자성", 대법원판례해설 115호, 법원도서관(2018); **장의성**, 우리나라 특수형태근로종사자의 노동법적 보호방안에 관한 연구, 고려대학교 대학원 박사학위논문(2006); **정진경**, "복직거부와 위자료 — 취업청구권의 인정여부를 중심으로", 노동법연구 6호, 서울대학교 노동법연구회(1997); **조경배**, "독립노동(특수형태근로)의 법적 규율에 관한 연구", 노동법연구 19호, 서울대학교 노동법연구회(2005); **조윤희**, "간접고용의 법률관계", 행정재판실무연구집(재판자료 108집), 법원도서관(2005); **조임영a**, "근로계약의 본질과 근로자개념", 노동법연구 15호, 서울대학교 노동법연구회(2003); **조임영b**, "ILO 고용관계권고의 주요 내용과 시사점", 노동법의 존재와 당위 — 김유성 교수 정년 기념, 박영사(2006); **최영호**, "계약근로형 노무공급자의 근로자성", 노동법연구 13호, 서울대학교 노동법연구회(2002); **최용근**, "공동사업주의 법리", 노동법연구 42호, 서울대노동법연구회(2017); **최은배**, "가. 근로기준법상 근로자 해당 여부의 판단기준 …", 대법원판례해설 63호, 법원도서관(2007); **하경효**, "근로자의 취업청구권", 법실천의 제문제 — 동천 김인섭 변호사 화갑기념논문집, 박영사(1996); **吉田美喜夫**, "雇用就業形態の多様化と勞働者槪念", 學會誌 勞働法 68号, 總合勞働研究所(1986); **名古道功**, "採用の自由", 勞働判例百選(第 9 版), 有斐閣(2016); **八代徹也·古川陽二·宮里邦雄**, "集團的勞働關係における新しい課題", 勞働判例 968号(2009); **脇田 滋**, "個人請負勞働者と「勞働基準法上の勞働者」をめぐる問題", 勞働法律旬報 1742号, 旬報社(2011); **毛塚勝利**, "採用內定·試用期間", 現代講座 10, 總合勞働研究所(1986); **Bauer, D.**, "The misclassification of independent contractors: The fifty-four billion dollar problem", Rutgers Journal of Law & Public Policy 12(2)(2015); **Bredan Burchell**, Simon Deakin and Sheila Honey, "The Employment Status of Individuals in Non-standard Employment", Employment Relations Research, DTI(1999); **Fact sheet** 13: Employment relationship under the fair labor standards act(FLSA), U.S. Department of

Labor(2008); **Fendrick, Lisa J.**, "A Third Class of Worker: The Dependent Contractor", Student Publication(2018); **Independent Contractor(Self-Employed) or Employee?**, IRS (Internal Revenue Service) (2018); **Pinsof, J.**, "A New Take on an Old Problem: Employee Misclassification in the Modern Gig Economy", Michigan Telecommunications and Technology Law Review(2016).

Ⅰ. 근로자의 정의

법 2조 1항 1호는 법의 적용 대상이 되는 근로자의 개념을 '직업의 종류와 관계없이 임금을 목적으로 사업이나 사업장에 근로를 제공하는 자'라고 정의하고 있다.

법의 적용 대상이 되는 근로자의 개념과 관련하여 판례는 '사용종속성'이라는 기준을 가지고 그 판단을 위한 구체적인 징표(판단요소, 판단기준)[1]를 제시하고 있다.

구체적인 내용은 다음과 같다.

1. 직업의 종류와 관계없이

근기법상 근로자인지를 판단할 때 직업의 종류는 불문한다. 근로의 내용이 정신노동이든 육체노동이든 노무의 성질을 가리지 않는다(법 2조 1항 3호). 수입의 다과, 주업인지 부업인지, 계약 기간의 유무나 길고 짧음, 재산의 정도, 임금 이외에 다른 소득을 올리고 있는지 여부를 묻지 않는다. 공무원, 교원, 의사, 농업 근로자, 부업 근로자(아르바이트) 등도 근로자이고 생산직은 물론 사무직, 관리직, 영업직도 근로자이다. 교육·훈련과 근로제공을 겸할 수 있으므로 위탁실습생[2]이나 수련의[3]도 근로자이다. 회사의 이사 등 임원도 위임 업무 이외의 노무를 담당하고 그 대가로 일정한 보수를 받아왔다면 근로자에 해당한다.[4] 한편

---

1) 법상 근로자로 인정받기 위해서 모두 갖출 것이 요구되는 '판단요건'이 아니다(대법원 2001. 2. 9. 선고 2000다57498 판결 참조).
2) 대법원 1987. 6. 9. 선고 86다카2920 판결.
3) 대법원 1991. 11. 8. 선고 91다27730 판결.
4) 대법원 1997. 10. 24. 선고 96다33037 판결, 대법원 1997. 11. 11. 선고 97도813 판결, 대법원 2000. 9. 8. 선고 2000다22591 판결, 대법원 2003. 9. 26. 선고 2002다64681 판결, 대법원 2017. 9. 7. 선고 2017두46899 판결 등.

일반 외국인은 물론 불법체류외국인도 근기법상 근로자에 해당한다.[5]

2. 임금을 목적으로

'임금'이란 사용자가 근로의 대가로 근로자에게 임금, 봉급, 그 밖에 어떠한 명칭으로든지 지급하는 모든 금품을 말한다(법 2조 1항 5호).

근기법상 근로자는 '임금을 목적으로 근로를 제공하는 자'라야 하므로, 무상으로 또는 임금 이외의 이익을 목적으로 근로를 제공하는 자는 근기법상 근로자가 아니다.

현재 임금을 받고 있지 않더라도 근로계약관계를 유지하는 자는 근기법상 근로자에 해당한다. 무급으로 휴직·정직 중인 자, 파업참가자, 무급의 노조전임자 등이 이에 속할 수 있다.[6]

3. 사업이나 사업장

'사업'이란 사회생활상 지위에서 하는 일로서 계속적으로 하는 작업조직[7] 또는 경영상의 일체를 이루면서 계속적, 유기적으로 운영되고 전체로서 독립성을 갖춘 기업체 그 자체를 뜻한다.[8] '사업장'이란, 사업의 일부분으로서 업무·노무관리·회계를 독자적으로 수행하는 것(공장 내의 진료소, 사업부 등) 또는 장소적으로 분리되어 있는 것(본사와 분리된 공장, 공사장, 지점, 출장소 등)을 말한다.[9] 사업이나 사업장은 개인 사업체인지 법인 사업체(회사)인지 가리지 않는다. 사기업은 물론이고 국가, 지방자치단체, 국영기업체, 정부투자기관 등 공기업도 포함된다. 반드시 영리를 목적으로 하는 사업일 필요가 없고, 사회 사업이나 종교 사업 등 비영리 사업도 포함된다.[10]

실업자는 '사업이나 사업장에 근로를 제공하는 자'가 아니므로 근기법상 근로자에 해당하지 않는다. 그러나 사업이나 사업장에 고용되어 있는 경우에는 휴직, 휴가, 휴업, 파업 참가 등의 사유로 일시 근로제공을 중단하고 있더라도 근

---

5) 이상윤, 89면.
6) 이상윤, 90면.
7) 임종률, 33면.
8) 대법원 1990. 3. 13. 선고 89다카24445 판결, 대법원 1997. 11. 28. 선고 97다24511 판결 등. '사업', '사업장'의 구체적 의미에 관하여는 상시 5명 이상 모든 사업 또는 사업장이라는 법 적용 범위에 관한 법 11조 설명 부분 참조.
9) 임종률, 33~34면. 다만 사업과 사업장을 명백히 구분하는 판례는 잘 보이지 아니한다.
10) 대법원 2023. 8. 18. 선고 2019다252011 판결.

기법상 근로자에 해당한다.11)

4. 근로를 제공하는 사람

가. '근로'의 개념과 사용종속관계

근로자의 개념 요소로서 근기법이 거시하는 것 중 핵심적인 부분은 '근로'를 제공하여야 한다는 부분이다.

이 부분 문구와 근로의 본질을 근거로 학설과 판례는 근로를 '종속적 노동'으로, 근로자를 '사용종속관계 내지 종속적인 관계 하에서 임금을 목적으로 노무를 제공하는 자'라고 설명하고 있고, 이에 따라 근기법상 근로자인지 여부를 판단하는 본질적 징표 내지 기준으로 사용종속관계를 제시하고 있다.

그러나 일본의 노동기준법은 근로자를 정의하면서 '사용'이라는 문언을 삽입하고 있어 근로자의 개념 요소로 사용종속관계를 도출하기 쉬운 반면에,12) 우리 근기법은 '사용'이라는 문언이 들어 있지 아니하여 상대적으로 법 문언으로부터 사용종속관계를 당연히 도출하기는 어려운 측면이 있어 보인다.13)

나. 사용종속관계의 구체적 내용

위 사용종속관계의 구체적인 징표나 각 징표의 평가와 적용 방법에 관하여 다양한 논의가 이루어지고 있다.

사용종속관계 내지 종속노동의 의미나 본질에 관하여는 인적 종속성설, 경제적 종속성설, 법적 종속성설, 조직적 종속성설 등이 주장된다.14)

인적 종속성은, 근로자가 그 노동력을 자신의 신체·인격과 분리하여 제공할 수 없기 때문에 노동력 제공 과정에서 사용자의 지휘·감독을 받게 되는 것을 의미한다. 즉, 사용자가 근로자의 노동력 사용을 구체적으로 지배, 결정한다는 것이다.

경제적 종속성은, 근로자로서는 자신의 노동력을 유상으로 제공하지 않고서는 생활할 수 없으므로 사용자가 제시한 보수 기타 거래 조건을 받아들여 근

---

11) 임종률, 35면.
12) 일본 노동기준법 9조는 근로자를 정의하면서, "…使用される者(…사용되는 자)"라는 문언을 삽입하고 있다.
13) 그러나 '사용'이란 근로자가 제공하는 근로를 사용자의 관점에서 바라본 것에 불과하므로, 그 용어가 있다고 하여 당연히 '근로'라는 용어보다 종속노동을 설명하기에 원활하다고 단정하기 어려운 측면도 있어 보인다.
14) 김유성, 8~10면; 김형배, 10면; 임종률, 3면.

로계약을 맺을 수밖에 없음을 의미한다.

　법적 종속성은, 근로자는 근로의 제공에 관하여 사용자의 지시에 복종할 법률상 의무를 부담하는 것을 의미한다.

　조직적 종속성은, 근로자가 사용자와의 근로계약관계를 통해 사용자의 지배영역인 경영조직에 편입되어 노무를 제공한다는 것을 의미한다.

　근기법상 근로자의 개념 요소인 사용종속관계의 본질에 관하여 통설은 인적 종속성을 주된 개념으로 보면서 경제적 종속성, 조직적 종속성 등을 함께 고려하는 것으로 보인다.[15] 판례도 사용종속관계의 의미에 관하여 명시하고 있지는 않지만 통설과 크게 다르지 않은 것으로 보인다.

다. 사용종속관계에 관한 비교법적 고찰

(1) 미　　　국

　미국에서는 근로자성 판단기준으로 ① 공정근로기준법(Fair Labor Standard Act, FLSA)상 판단기준, ② 보통법상 테스트(Common Law test), ③ ABC 테스트 등 3가지가 혼용되고 있다.[16]

　미국의 연방대법원은 공정근로기준법상 근로자성 결정에서 경제적 실체를 중요시하여 왔다(경제적 실체 테스트, economic realities test). 그것을 종합, 정리한 Donovan 판결,[17] Tony 판결[18] 등에 의하면 공정근로기준법상 근로자성 판단을 위해서는 다음 여섯 가지 요소를 종합적으로 검토해야 한다고 한다. ① 제공된 노무가 해당 사용자 사업에 통합된 정도, ② 자신의 경영상 기술에 의존하는 기회 또는 손실과 관련한 해당 노무공급자의 기회, ③ 해당 사용자와 노무공급자가 한 상대적 투자의 범위, ④ 제공된 노동에 특별한 기술과 주도성이 요구되는지 여부, ⑤ 해당 관계의 지속성, ⑥ 해당 사용자가 행사하거나 보유했던 지배의 정도 등. 공정근로기준법(Fair Labor Standard Act, FLSA)상 판단기준은 지휘·감독의 정도보다 경제적 실체에 중점을 두고 있다고 평가된다.[19]

---

15) 김유성, 9면(개별적 근로관계법에서는 인적 종속성에, 집단적 노사관계법에서는 경제적 종속성에 중점이 있다); 김형배, 36면(인적으로는 종속되어 있지 않으나 경제적으로 종속되어 있어 보호 필요성이 있는 자를 유사근로자로 파악한다); 임종률, 36면(근기법상 근로자가 인적 종속을 중시한 개념이라면, 노조법상 근로자는 경제적 종속을 중시한 개념이라 할 수 있다).

16) Fendrick, Lisa J., p. 8.

17) Donovan v. Sureway Cleaners, 656 F.2d 1368(1981), C.A.9 (Cal.).

18) Tony and Susan Alamo Foundation v. Secretary of Labor, 471 U.S. 290, 296(1985).

19) Fact Sheet, p. 1.

보통법 테스트는 미국에서는 최초로 활용된 근로자성 판단기준인데, 특정 사업자의 노무 제공자에 대한 지휘 · 감독의 정도에 초점을 맞춘다. 구체적인 판단요소로는 특정 사업자의 행위(behavior), 즉 지휘 · 감독의 실태, 특정 사업자와 노무 제공자 중 누가 재정적 주도권을 가지는지(finance), 특정 사업자와 노무 제공자의 관계의 유형(type of relationship) 등이 있다.[20]

한편 최근 미국의 일부 주들은 경제적 실체 테스트보다 엄격한 ABC 테스트라는 새로운 접근법을 도입하고 있는데, 이에 의하면 모든 노무제공자(worker)는 일단 근로자(employee)로 추정되고, 아래의 ABC 3 요소 모두에 해당할 때에만 추정을 번복하여 독립사업자로 판단함으로써 노동법적 보호에서 제외된다.[21]

(A) 노무제공자가 계약상 및 사실상 노무를 제공할 때 지시와 통제로부터 자유로울 것[22]

(B) 노무제공자가 제공하는 노무가 사용자의 통상적 영업과정 밖에서 제공되거나 사용자의 모든 사업장 밖에서 제공될 것[23]

(C) 노무제공자가 제공하는 노무와 같은 성질의 것으로서 독립적으로 형성된 거래, 직업(업무), 사업 등에 관행상 종사할 것[24]

미국에서는 근로자성 판단기준이 불일치할 뿐만 아니라 플랫폼 노동자와 같은 새로운 부류에 대하여 (공정근로기준법상) 근로자(employee)인지 독립사업자(independent contractor)인지라는 이분법적 사고만으로는 제대로 대처할 수 없다는 이유로 제 3 자의 영역을 설정하여야 한다는 견해가 많다.[25]

---

20) Independent Contractor(Self-Employed) or Employee?, p. 1.

21) Fendrick, Lisa J., p7[ABC 테스트는 당초에 실업보험세(unemployment tax) 결정을 위한 기준으로 활용되었다고 한다.]; Pinsof, J., p. 369~370; 이다혜, 419~520면. ABC 테스트에 따라 근로자성을 판단(인정)한 대표적인 판결로는 캘리포니아 주 대법원이 선고한 Dynamex Operations West, Inc. v. Superior Court, 4 Cal.5th 903(2018)이 있다.

22) The worker must be free from direction and control in the performance of the service, both under the contract of hire and in fact.

23) The worker's services must be performed: either (1) outside the usual course of the employer's business or (2) outside all of the employer's places of business.

24) The worker must be customarily engaged in an independently established trade, occupation, profession or business of the same nature as the service being provided.

25) Bauer, D., p. 138~143(특이한 점은, 원천징수, 실업보험세 등 국가나 지방자치단체의 재정수입 확대를 위해서도 독립사업자가 아닌 제 3 자의 영역을 확대하여야 한다고 주장하는 부분이다).

(2) 독   일

독일은, 노동법 전체적인 근로자성 판단기준을 법률 자체에서는 통일적으로 규정하고 있지 아니하지만, 판례와 통설은 근로자, 유사근로자, 독립사업자를 구별하는 3원주의 모델을 채택함으로써 근로자를 통일적인 개념으로 파악하고 있다.[26]

즉 독일에서는 인적 종속성이 인정되는 자를 근로자(Arbeitnehmer), 인적 종속성이 부정되는 자를 독립사업자로 구별하면서, 인적 종속성이 부정되지만 경제적 종속성이 인정되는 자를 유사근로자(Arbeitnehmerähnliche Person)로 파악한다.[27]

근로자성 판단기준 즉 인적 종속성 판단지표는 1974년에 오케스트라 단원 사건[28]을 통해 구체화된 이후 현재까지 유지되고 있다. 이에 의하면 본질적(실질적) 지표로는, ① 업무장소, 시간, 내용 등에 관한 지시구속성, ② 경영에의 편입, ③ 시간적 구속성, ④ 거래관념, ⑤ 정규고용 근로자와의 비교 등을 들고 있고, 형식적 지표로는, ① 보수의 형식, ② 소득세 및 각종 사회보험료 납입 여부, ③ 신분서류의 작성 등을 들고 있다.[29] 다만 인적 종속성의 결정적 징표라 할 수 있는 타인결정성의 의미를 완화하여 근로자성 인정범위를 확장하고 있는 추세라고 한다.[30]

(3) 영   국

영국은 근로자 판단기준을 입법으로 정하고 있지 않고 판례법 내지 보통법(case law, common law)으로 발전시켜왔다. 영국에서 보통법으로 발전한 근로자 판단기준은 ① 관리·통제(control), ② 사업 편입·통합(integration), ③ 경제적 실체(economic reality), ④ 의무의 상호성(mutuality of obligation) 등 네 가지로 주로 언급된다.[31] 관리·통제 기준은 가장 전통적인 판단기준이다. 사업 편입·통합 기준은 숙련공 내지 전문직 근로자의 근로자성을 판단할 때에 관리·통제 기준을 대체하는 기준으로 많이 사용된다. 근로자와 독립사업자는 사회 경제적 위험 부

---

26) 배동희, 88~95면.
27) 유사근로자는 그 법적 지위가 기본적으로는 독립사업자이므로, 일정한 노동법적 보호가 인정되는 범위를 제외하면 경제법의 적용대상이다(박지순, 192면).
28) BAG AP Nr. 16 zu §611 BGB Abhängigkeit.
29) 오상호, 366~367면.
30) 배동희, 94~95면.
31) Bredan Burchell, p. 5~9.

담의 측면에서 다르다는 점에서 미국 연방대법원의 영향을 받아 경제적 실체기준도 사용된다. 가사근로자(homeworker), 수임 근로자(agency workers) 등은 의무의 상호성이 없어서 근로자성이 부정된다고 한다.

(4) 일   본

일본 노동기준법도 근로자의 정의에 대하여 우리나라와 유사한 규정을 두고 있는데, 일본의 통설, 판례 역시 인적 종속성을 주된 개념으로 한 사용종속관계를 기준으로 근로자성을 판단한다.

1985. 12. 19. 일본 노동대신의 사적 자문기관인 노동기준법연구회가 정리한 보고서인 "勞働基準法の『勞働者』の判斷基準について"는, 근로자성에 관하여 인적 종속을 중시하면서 근로자성 인정 여부를 종합적으로 판단하고 있는데, 이 방법이 통설, 판례로 된 것이다.

위 보고서는 근로자성의 판단기준을 ① 사용종속성에 관한 판단기준과 ② 독립사업자성에 관한 판단기준으로 대별하면서, ① 사용종속성의 판단기준을 '지휘감독하에서의 노무'에 관한 판단기준과 '보수의 노무대상성'이라는 판단기준으로 다시 구분한다. 그리고 '지휘감독하에서의 노무'에 대한 구체적인 판단요소로는, 업무 의뢰나 업무 종사에 대한 승낙 자유의 유무, 업무수행상의 지휘감독 유무, 구속성 유무 등을 들면서 업무대체성의 유무를 보충요소로 거시한다. 한편 독립사업자성의 구체적인 판단요소로는, 기계ㆍ기구의 부담관계, 보수액 등 독립사업자성 유무, 전속성의 정도 등을 들고 있다.[32]

(5) 우리나라

근로자성 판단기준에 관하여 독일, 일본을 거쳐 온 인적 종속성 기준이 우리나라에 직접적인 영향을 주었고, 그 결과 우리나라 판례 역시 기본적으로 인적 종속성을 기준으로 하되 독립사업자와의 구별이라는 측면을 중시하여 근로자성 판단기준을 구체화하는 것으로 보인다.

5. 근로자와 사용자 지위의 중첩 가능성

사용자로서 법의 규정을 준수하여야 하고 이를 위반하면 벌칙이 적용되는 법상의 사용자 개념에는 뒤에서 보는 바와 같이 사업주뿐만 아니라 근로자에

---

32) 菅野, 176면; 脇田 滋, 21~22면; 일본 후생노동성 홈페이지, https://jsite.mhlw.go.jp/osaka-roudoukyoku/library/osaka-roudoukyoku/H23/23kantoku/roudousyasei.pdf.

대하여 지휘 · 명령을 할 지시권을 가진 '사업경영담당자'나 '근로자에 관한 사항에 대하여 사업주를 위하여 행위하는 자'도 포함된다.

그리하여 회사의 임원 또는 간부 사원은 일반근로자에 대하여는 사용자로부터 위임받은 지시권과 감독권을 행사하는 사용자의 지위에 있지만, 한편으로 회사에 대한 관계에서는 최고 경영자의 지휘 · 명령에 따르면서 노무를 제공하는 근로자의 지위에도 있게 되는 이중적 지위에 서게 된다. 그 결과 후자의 관계에서는 법상 근로자로서 보호를 받아 해고, 퇴직금, 재해보상 등에 관하여 법의 규정이 적용된다. 즉, 법상의 근로자 개념은 근로자 보호라는 견지에서 상대적으로 규정되는 것이다.

판례는 회사의 업무집행권을 가진 이사 등 임원은 회사로부터 일정한 사무처리의 위임을 받고 있으므로 사용자의 지휘 · 감독 아래 일정한 근로를 제공하고 임금을 받는 근로자가 아님이 원칙이나,[33] 회사의 이사가 회사로부터 위임받은 사무를 처리하는 이외에 일정한 노무를 담당하고 그 대가로 일정한 보수를 지급받는 경우에는 법상의 근로자에 해당한다고 하고 있다.[34]

Ⅱ. 근기법상 근로자성 판단기준에 관한 판례의 변화

1. 1994년 이전의 판례

대법원은 종래에 일정한 기준을 제시하지 않고 개별 사안별로 근기법상 근로자성 즉 사용종속관계를 판단해 왔다. 그에 비해 노동부 유권 해석에서는 근로자성 인정의 일반적인 기준이 있었다.[35] 1994년까지 판례가 근로자성 판단의 징표로 주로 채용한 것들은 다음과 같다. ① 노무이용자의 지시 등이 의뢰적인가 아니면 권리적인 것인가, ② 노무공급자에게 업무 종사의 승낙 여부에 대한 재량이 있는지 여부, ③ 보수가 근로 자체에 대한 대상적 성격이 있는지 여부, 혹

---

33) 대법원 1988. 6. 14. 선고 87다카2268 판결.
34) 대법원 1997. 10. 24. 선고 96다33037, 33044 판결.
35) '① 근로자가 업무를 수행함에 있어 사용자로부터 정상적인 업무수행명령과 지휘 · 감독에 대하여 거부할 수 없어야 함. ② 시업과 종업 시간이 정하여지고 작업 장소가 일정 장소로 특정되어야 함. ③ 업무의 내용이 사용자에 의해 정하여지고 업무의 수행 과정도 구체적으로 지휘감독을 받아야 함. ④ 지급받는 금품이 업무 처리의 수수료(수당) 성격이 아닌 순수한 근로의 대가이어야 함. ⑤ 상기 내용이 충족되고 복무 위반에 대하여는 일반 근로자와 동일하게 징계 등 제재를 받아야 함'이 그것이다(1988. 4. 25. 근기 01254-6463).

은 ④ 타 직무의 겸직 허용 여부, ⑤ 징계대상이 되었는지 여부, 기타 ⑥ 계약의
내용, 작업의 성질과 내용 등이 근기법상 근로자성을 판단하는 요소들이었다.36)

2. 1994년 이후 2006년까지의 판례

대법원은 1994년 들어 최초로 근기법상 근로자성 해당 여부에 대한 판단
기준을 구체적으로 제시하였다(이하 '1994년 대법원 판결').37) 1994년 대법원 판
결은, "근기법상의 근로자에 해당하는지 여부를 판단함에 있어서는 그 계약의
형식이 민법상의 고용계약인지 또는 도급계약인지에 관계없이 그 실질에 있어
근로자가 사업 또는 사업장에 임금을 목적으로 종속적인 관계에서 사용자에게
근로를 제공하였는지 여부에 따라 판단하여야 한다."고 전제한 다음, 사용종속
관계가 있는지 여부를 판단하는 기준으로 아래와 같이 8가지 요소를 제시하면
서 이러한 요소들을 종합적으로 고려하여 판단하여야 한다고 판시하고 있다.

① 업무의 내용이 사용자에 의하여 정하여지고 취업규칙 또는 복무(인사)규
정 등의 적용을 받으며 업무수행과정에 있어서도 사용자로부터 구체적, 개별적
인 지휘·감독을 받는지 여부

② 사용자에 의하여 근무시간과 근무장소가 지정되고 이에 구속을 받는지
여부

③ 근로자 스스로가 제 3 자를 고용하여 업무를 대행케 하는 등 업무의 대
체성 유무

④ 비품, 원자재나 작업도구 등의 소유관계

⑤ 보수의 성격이 근로 자체의 대상적 성격이 있는지 여부와 기본급이나
고정급이 정하여져 있는지 여부

⑥ 근로소득세의 원천징수 여부 등 보수에 관한 사항

⑦ 근로제공관계의 계속성과 사용자에의 전속성의 유무와 정도

⑧ 사회보장제도에 관한 법령 등 다른 법령에 의하여 근로자로서의 지위를
인정받는지 여부와 양 당사자의 경제·사회적 조건

대법원은 이후 학습지 상담교사 사건,38) 입시학원 단과반 강사 사건,39) 골

---

36) 강성태a, 37면.
37) 대법원 1994. 12. 9. 선고 94다22859 판결.
38) 대법원 1996. 4. 26. 선고 95다20348 판결.
39) 대법원 1996. 7. 30. 선고 96도732 판결.

프장 캐디 사건,40) 신문판매요원 사건,41) 보험모집인 사건,42) 광고영업사원 사건,43) 레미콘 지입차주 사건,44) 주식회사 명목상 임원 사건,45) 택배배달원 사건,46) 소사장 사건47) 등에서 위 기준을 적용하여 근로자성 인정 여부를 판단하였다. 신문판매요원 사건, 광고영업사원 사건, 주식회사 명목상 임원 사건, 택배배달원 사건에서는 근로자성을 인정한 한편, 나머지 사건들에서는 근로자성을 부정하였다.

3. 2006년 이후의 판례

가. 종전 판단기준에 대한 학계의 비판

종래 판단기준에 대하여는 현실의 다양한 노무공급관계의 변화48)에 적절하게 대응하지 못하고 있다는 비판이 제기되었다.

즉 대법원 판례가 제시해 온 사용종속관계의 기준은 종래 독일의 통설이었던 '타인결정성' 내지 '지휘명령성'을 중심으로 사용종속관계를 파악한 것으로서 종래의 타인결정성 기준이라는 것은 주로 공장, 사무실, 광산 등에서 생산활동에 종사하는 자들을 표준으로 하여 정해진 것49)이고, 또한 그것은 전통적으로

---

40) 대법원 1996. 7. 30. 선고 95누13432 판결.
41) 대법원 1996. 10. 29. 선고 95다53171 판결.
42) 대법원 2000. 1. 28. 선고 98두9219 판결.
43) 대법원 2001. 6. 26. 선고 99다5484 판결.
44) 대법원 2003. 1. 10. 선고 2002다57959 판결.
45) 대법원 2003. 9. 26. 선고 2002다64681 판결.
46) 대법원 2004. 3. 26. 선고 2003두13939 판결.
47) 대법원 2004. 3. 11. 선고 2004두916 판결.
48) 구체적인 노무공급관계의 변화 형태로는, ① 근로제공의 태양의 변화, 즉 육체적, 대면적 노무의 제공에서 정신적, 정보통신적 제공으로, 집단적 제공에서 개별적 제공으로, 장소적 제공에서 관계적 제공으로의 변화, ② 노무지휘의 태양의 변화, 즉 직접적, 구체적 지휘에서 간접적, 포괄적 지휘로의 변화, ③ 보수체계의 변화, 즉 고정적, 연공적 체계에서 가변적, 성과연동적 체계로의 변화를 들 수 있다(박재우, 27면). 이러한 노무공급관계의 변화에 따라 한편으로는 형식상 위임 내지 도급 계약을 체결하고 있어서 독립사업자로 보이지만 다른 한편으로는 위임인 내지 도급인에게 종속된 측면도 있어서 독립사업자성과 근로자성을 함께 가지고 있는 것으로 보이는 종사자들을 통상 '특수형태근로종사자'라고 부른다. 특수형태근로종사자라는 용어는 산재보험법이 2007년에 개정되면서 법조문의 내용으로 등장하였다. 그리고 위와 같은 노무공급관계의 변화에 대한 주요 원인이 이른바 기업의 '비근로자화 정책'이었다. 비근로자화란, 근무실태는 근로자와 동일함에도 불구하고 취업자와 위탁계약을 체결하고 근로에 종사시키거나, 종전에는 근로자가 행하던 업무를 위탁 내지 위임계약으로 대체시켜 행하게 하는 것을 말한다(八代徹也 · 古川陽二 · 宮里邦雄, 13~14면).
49) 장의성, 22면에서도 "1994년 대법원 판결의 판단 표지는 20세기 중반의 전형적인 산업구조 하에서 정립된 것이어서 서비스업 중심의 산업구조에서 새로운 형태의 사안에 대해 획일적

128   제 1 장 총   칙

이들에 대한 법적 보호가 사회적으로 가장 요구되었다는 점과 관련이 있으나,
현재에는 생산, 사무 영역 이외에 판매, 광고 모집, 수금, 기타 서비스, 연구 영
역과 전문기술 영역 등에 종사하는 노무공급자들이 광범위하게 존재하고 이들
역시 전통적인 의미의 근로자들에 못지않게 법적으로 보호할 필요가 있다. 이러
한 직업군 자체의 변화는 종래 전통적인 사용종속관계에 관한 기준이 타당할
수 있는 영역을 상당히 축소시켰다.50)

    한편으로 위장 자영인 확산의 문제점도 지적되고 있다. 즉 이른바 진정한
의미의 독립노동51)이라고도 할 수 없는 가장 또는 허위의 위장 자영인의 확산
문제가 지적되고 있다. "위장 자영인은 실질적으로 근로자성의 중요한 판단기준
인 인적 종속성이 존재하지만 그 판단기준의 불명확성과 유동적 성격으로 인하
여 근로자로 인정받지 못하는 경우를 말하는데 탈법적으로 널리 이용되고 확산
되고 있는 실정이며,52) 이는 위장 자영인화의 문제가 근원적으로 내재하고 있음
을 말해준다. 현재 우리나라에서 주로 문제되는 특수고용노동의 유형, 즉 특정
한 사용자의 사업조직에 절대적으로 편입되어 있는 골프장 경기보조원이나 학
습지 교사, 레미콘 지입 차주, 특정 보험회사에 전속되어 있는 보험모집인 등의
직업군은 다른 나라에서는 그 예를 찾아보기가 어렵고 이러한 직업군은 자기의
계산으로 사업의 위험을 스스로 부담하고 고객을 자유롭게 선택하는 등 독립사
업자로서의 성격이 거의 없다"라고 한다.53)

    대부분의 학설은 사용자의 지휘·감독 여부에 대한 지나친 강조, 전통적인
근로자 개념에 지나치게 구애되어 있는 점, 각 판단요소 상호간의 관계, 상대적
중요성에 대한 기준 제시의 결여 등을 이유로 종래 판례의 입장을 비판하였다.54)

      으로 적용하는 데는 무리가 있는 점도 있다"고 지적한다.
    50) 강성태c, 75면.
    51) 특수고용관계, 특수형태근로 등을 의미하는 표현으로 사용되고 있다.
    52) 윤애림a, 320~321면에서는 위장 자영인과 관련하여 "우리나라의 상당수 특수고용노동은 그
       업무나 업종이 처음부터 특수고용형태에 의하여 수행되었던 것이 아니라 기존에 정규직으로
       사용하여 행하던 것을 구조조정의 일환으로써 강제 또는 반강제로 근로자들에게 개인사업자
       등록을 내는 방식으로 이러한 고용형식을 도입 또는 전환시킨 것이라는 점에서 근원적으로
       문제점을 안고 있다"고 한다.
    53) 조경배, 153면.
    54) 장의성, 22~23면도 "판례의 문제점은 ① 1994년 대법원 판결의 판단 표지 적용 원칙의 불
       명확함으로 인한 법적 안정성 저해와 법관의 자의적 판단에 내맡겨질 가능성, ② 위 판단 표
       지가 전통적인 의미의 사용종속성만으로 구성, 운용되는 점 등 크게 2가지로 정리해 볼 수
       있다"고 지적한다.

　　종전 판례의 기준과 적용 방식에 대하여 학계에서 제기되는 비판적 견해[55)]를 구체적으로 분류하면 다음과 같다.

　　(1) 대법원 판례는 사용종속성의 판단에서 지휘명령관계의 존재 여부에 중점을 둠으로써 근로자성 판단에서 다루어야 할 노무공급자의 독립사업자성에 대한 판단을 소홀히 하고 있다. 즉 지휘명령성의 요소라고 할 수 있는 ① 근로자가 담당하는 업무의 내용이 사용자에 의하여 정하여지는가, ② 취업규칙 · 복무규정 · 인사규정 등의 적용을 받는가, ③ 업무수행과정에서 근로자가 사용자로부터 구체적이고 직접적인 지휘 · 감독을 받는가, ④ 사용자에 의하여 근무시간과 근무장소가 지정되고 이에 구속을 받는가 등의 요소들을, 독립사업자성의 판단요소라고 할 수 있는 ① 비품 · 원자재 · 작업도구 등의 소유 관계, ② 근로자 스스로가 제 3 자를 고용하여 업무를 대행케 하는 등 업무의 대체성이 있는가, ③ 근로제공관계의 계속성과 사용자에게서 받는 전속성의 유무와 정도 등의 요소들보다 많이 고려한다.

　　이는 근로자성 결정을 위한 실태 파악에 지나치게 사용자가 가지는 주도권 내지 권한에 중점을 두는 것으로 미국이나 일본 및 독일에서 근로자성을 결정할 때 중요하게 고려하는 노무공급자의 독립사업자성에 대한 검토가 상대적으로 약하고, 독립사업자성을 결정할 때 보다 중요한 요소라고 할 수 있는 독자적인 시장접근성의 유무와 정도(예를 들어 학습지 교사나 보험모집인이 여러 회사의 상품을 자신의 선택과 소비자의 기호에 따라 판매하는 경우와 한 회사의 상품만을 판매하는 경우는 다르게 보아야 한다), 이익과 손실에 대한 독자적 기회의 존재 여부, 사업자로서 전문적인 능력이나 경제적 능력을 가지고 있는가, 독립적 사업수행에 필요한 도구나 시설을 실제로 직접 소유 또는 관리하고 있는가 하는 등의 요소를 고려하지 않고 있다.[56)]

　　(2) 지휘명령성의 요소를 고려할 때에도 지휘명령성의 존재 여부를 고전적 · 전통적 의미에서 파악하고 있다. 취업 · 고용형태의 다양화에 수반하여 오늘날 사용자의 지휘명령권은 종래와 같은 직접적 · 구체적인 것에서 간접적 · 포괄적인 것으로 변화하고 있다.[57)] 즉 구체적인 노무 공급의 시간, 장소, 내용, 태양 등에

---

55) 강성태a, 35면; 강성태c, 57면 이하; 장의성, 22면 이하; 조임영a, 178면 이하; 최영호, 123면 이하.

56) 강성태c, 73면; 박재우, 18면.

57) 이병태, 556면은 "특히 노무지휘의 내용이 직접적, 구체적인 것에서 간접적, 포괄적인 것으

관해서는 노무공급자의 일정한 자율에 맡기고 포괄적인 의미의 지휘감독을 행하는 경우가 증대하고 있는데, 종래의 판례는 이를 고려하지 못하고 있다.[58]

예를 들어 학습지 상담교사에 관한 대법원 판결[59]은 "업무장소가 특정되지 않았다. 즉 작업장소에 관한 구체적 지휘명령성이 없었다"고 보았지만, 상담교사의 활동지역이 회사에 의해 정해질뿐더러 상담교사의 업무 특성상 업무장소가 학생들의 주거일 수밖에 없었다는 점을 고려하면 작업 장소에 관한 사용자의 포괄적 지휘명령관계를 긍정할 수도 있다.

한편 포괄적인 의미에서의 지휘감독의 존재 여부를 파악할 때에는 노무공급관계의 성립과 종료에 대한 주도권이 누구에게 있는가를 중요하게 고려하여야 한다. 노무이용자가 노무공급관계의 형성과 존속에 대해서 주도권을 가지고 있다면, 특히 노무이용자가 임의로 노무공급자에 대해 그 관계를 해지할 수 있는 권한을 가지고 있다면 근로자성이 존재함을 추정하는 데에 중요한 고려 요소가 된다.

(3) 근로자성 결정에서 중요하게 고려해야 할 사실적 징표(실질적 징표)와 부수적인 징표(형식적 징표)를 구별하지 않은 채, 제반 사실적 징표를 병렬적으로 나열하고 있다.[60] 이에 따라 구체적 사례를 판단할 때 부차적으로 고려되어야 할 형식적 징표들이 실질적 징표와 동등한 수준에서 검토되고 있다.[61] 여기서

로 변하고 있다는 점에 유의해야 한다"고 지적한다.

58) 강성태a, 47면; 최영호, 134면. 최영호, 134면은 "사용자의 노무지휘권의 범주를 ① 업무수행에 대한 감독, 지시(작업감시, 시간관리, 근무장소의 지정 등), ② 업무 내용의 지시(업무의 종류, 업무수행방법, 노동강도 등), ③ 업무 완성에 대한 검사, 지시(업무수행결과의 승인, 수정, 보완지시와 평가 등)로 대별할 경우, 전통적인 의미의 노무지휘는 ①의 범주가 중요한 의미를 가지는 것에 대하여 특수고용관계에서는 ①의 범주보다는 ②와 ③의 범주가 중시되게 되어 노무지휘의 형태가 직접적, 구체적인 형태로부터 간접적, 포괄적인 형태로 변화하게 된다"고 한다.

59) 대법원 1996. 4. 26. 선고 95다20348 판결.

60) 강성태a, 48면; 김재훈, 22~23면; 장의성, 22면. 장의성, 22면은 이와 관련하여 "사용종속관계의 징표들로 나열되는 각각의 기준을 어떻게 적용할 것인지, 당해 고용형태가 제시한 징표들 중 몇 가지 요소들을 충족시켜야 근로자로 인정할 수 있을 것인지, 또한 그러한 각각의 징표들을 핵심적 요소와 부수적 요소로 나누어 분리할 수 있을 것인지 등이 불명확함으로 인하여 법적 안정성이 저해되고 법관의 자의적 판단에 내맡겨지게 될 가능성을 배제할 수 없다"고 지적한다.

61) 김유성, 24면은 "판례는 종속관계의 유무의 판단을 위한 제 요소를 나열하고 있을 뿐 어떤 요소가 핵심적이고 본질적인 것인지, 어떤 요소가 부차적인 것인지 구분하지 않고 있다. 그 결과 구체적인 사건에서 판단자가 어떤 요소에 가중치를 두는가에 따라 판단결과가 달라질 수 있는 문제점을 안고 있다"면서 근로자에 비해 경제적으로 우월적 지위에 있는 사용자의 주관적, 일방적 의사에 의해 좌우될 수 있는 요소(취업규칙 등의 적용 여부, 기본급, 고정급

부수적·형식적 징표에는 주로 사용자가 경제적·사회적 지위의 우월성을 이용하여 일방적으로 결정할 수 있는 사항이 해당되는데, ① 취업규칙·복무규정·인사규정 등의 적용을 받는가, ② 기본급이나 고정급이 정하여져 있는가, ③ 보수의 지급 방식 ④ 세법(근로소득세의 공제 여부)이나 사회보장제도에 관한 법령 등 다른 법령에 의하여 근로자로서 지위를 인정받는지 여부 등이 이에 해당한다.[62] 특히 기본급의 설정 여부는 사용자가 일방적으로 정할 수 있는 것일뿐더러, 법 47조가 기본급이 없이 실적이나 업적에 따라 보수가 정해질 수도 있음을 전제하고 있다는 점에서 부수적 징표로만 고려되어야 한다.[63] 사용종속관계에서 보수(임금)가 가지는 기본적 특징은 일의 결과보다는 일의 수행 자체에 대한 보상(근로의 대상성)이라는 점에 있지만, 일의 결과에 대해 보수가 지급되는 경우라도 보수가 결정되는 단위가 매우 세분화되어 있고 단위 기간당 그 총액이 높지 않은 수준이라면 일반적인 도급계약이나 위임계약과 같은 자유노무공급계약에서의 보수라고 보기는 어렵다.

　(4) 또한 사업 결합성이라는 기준을 제시하면서 근로자인가 아닌가 여부는 노무공급자가 제공하는 노무가 '자신(自身)의 업(業)'으로서 제공된 것인가 아니면 '타인(他人)의 업(業)'을 위하여 제공된 것인가의 구별에 있다고 하면서, 노무공급자의 노무 공급 자체에 대한 노무 이용자의 주도권이 확보되어 있는가라는 관점에서가 아니라, 제공된 노무가 당해 사업에 통상적으로 필요한 것이거나 또는 당해 사업의 내부 부문과 상당한 정도 이상 결합되어 있다면 그 제공된 노무는 '자신(自身)의 업(業)'이 아닌 '타인(他人)의 업(業)'을 위하여 제공된 것으로 본다.[64] 즉 다른 사업과 결합한 정도가 통상적인 사업 운영에서 보이는 일반적

　　의 유무), 근기법상의 근로자 여부에 따라 기타 법령의 적용 여부가 좌우되는 요소(사회보장제도 등 기타 법령상 근로자 지위 인정 여부), 근기법과는 입법의 취지를 달리하는 법률에서의 취급실태에 관한 요소(근로소득세의 원천 징수 여부) 등에 강조점을 두게 되면 계약당사자의 주관적 의사보다는 계약관계의 객관적 실체를 중시하여 근로자 여부를 판단하여야 한다는 기본적 원칙이 손상될 우려가 있다고 지적하였다.

62) 이와 관련하여 인천지법 부천지원 2001. 4. 13.자 2001카합177 결정은 고려 요소 중 ①항 내지 ⑥항 기재의 요소(위 대법원 판례의 기준 번호)는 실질적 징표라고 할 것이고, ⑦항 내지 ⑨항 기재의 요소는 그 내용이 사용자가 자신의 우월한 경제·사회적 지위를 이용하여 일방적으로 결정하는 것이 가능하다는 점을 감안하여 볼 때 형식적 징표라고 할 수 있을 것이며, 이와 같이 실질적 징표와 형식적 징표를 종합하여 고려하여도 사용종속관계의 판단이 어려울 경우에는 나아가 ⑩항 양당사자의 경제·사회적 조건에 대한 검토도 필요하다고 판시하였다.

63) 김유성, 24면.

64) 강성태a, 49면.

인 관련성 정도 이상이면 이는 당해 사업에 결합된 노무공급으로서 그 노무공급자는 근로자성이 있고, 반면에 그 관련성이 통상적인 사업 간의 그것 정도에 그친다면 그 노무공급자는 독립적인 노무공급자로 보아야 한다. 또 제공된 노무가 당해 사업에서 필요한 정도를 고려해야 한다. 제공된 노무가 당해 사업 운영에서 통상적으로 필요한 것이거나 중요한 것일 때에는 당해 노무공급은 당해 사업에 결합된 정도가 강하다고 볼 수 있다.

나. 새로운 판단기준의 제시

대법원은 위 학설의 비판을 수용하여 이후 근로자성 인정기준에 대하여 다소 변화된 설시를 하고 있다. 변화된 최초의 설시는 2006년 대학입시학원 종합반 강사 사건 판결[65]에서 나타난다(이하 '2006년 대법원 판결').

2006년 대법원 판결의 판시에 따르면, "근기법상의 근로자에 해당하는지 여부는 계약의 형식이 고용계약인지 도급계약인지보다 그 실질에 있어 근로자가 사업 또는 사업장에 임금을 목적으로 종속적인 관계에서 사용자에게 근로를 제공하였는지 여부에 따라 판단하여야 한다."는 전제하에, 종속적인 관계가 있는지 여부를 판단하는 기준으로 아래와 같이 8가지 요소를 제시하면서 이러한 요소들을 종합적으로 고려하여 판단하여야 한다고 판시하였다.

① 업무 내용을 사용자가 정하고 취업규칙 또는 복무(인사)규정 등의 적용을 받으며 업무 수행 과정에서 사용자가 상당한 지휘·감독을 하는지,[66]

② 사용자가 근무시간과 근무장소를 지정하고 근로자가 이에 구속을 받는지,

③ 노무제공자가 스스로 비품·원자재나 작업도구 등을 소유하거나 제 3 자를 고용하여 업무를 대행케 하는 등 독립하여 자신의 계산으로 사업을 영위할 수 있는지,

④ 노무 제공을 통한 이윤의 창출과 손실의 초래 등 위험을 스스로 안고 있는지,[67]

⑤ 보수의 성격이 근로 자체의 대상적 성격인지,

---

65) 대법원 2006. 12. 7. 선고 2004다29736 판결.
66) 종래의 '구체적, 개별적' 지휘·감독에서 '상당한' 지휘·감독으로 용어가 바뀐바, 앞서 본 학설의 두 번째 비판에 대응한다. 최근에 선고된 대법원 2019. 11. 28. 선고 2019두50168 판결은 아예 '상당한'이라는 용어도 삭제하였다. 이는 지휘·감독만 있으면 그 정도를 묻지 않고 근기법상 근로자성을 인정하는 요소로 평가하겠다는 취지로 보여서, 향후 근기법상 근로자성을 확대하는 또 하나의 근거가 될 수 있을지 주목된다.
67) 독립사업자성을 강조한 앞서 본 학설의 첫 번째 비판에 대응한다.

⑥ 기본급이나 고정급이 정하여졌는지 및 근로소득세의 원천징수 여부 등 보수에 관한 사항,

⑦ 근로 제공 관계의 계속성과 사용자에 대한 전속성의 유무와 그 정도,

⑧ 사회보장제도에 관한 법령에서 근로자로서 지위를 인정받는지 등의 경제적·사회적 여러 조건

나아가 말미에, '다만, 기본급이나 고정급이 정하여졌는지, 근로소득세를 원천징수하였는지, 사회보장제도에 관하여 근로자로 인정받는지 등의 사정은 사용자가 경제적으로 우월한 지위를 이용하여 임의로 정할 여지가 크기 때문에, 그러한 점들이 인정되지 않는다는 것만으로 근로자성을 쉽게 부정하여서는 안 된다.'는 점을 추가하고 있다.[68]

2006년 대법원 판결에서 제시한 판단기준을 보면, 종래의 '구체적, 개별적 지휘·감독'에서 '상당한 지휘·감독'으로 바뀌었고,[69] 독립사업자성에 대한 판단기준을 추가하였으며, 일정한 판단기준은 근기법상 근로자성을 강화하는 요소일 뿐 부정하는 요소로 작용할 수 없도록 정하고 있다.

위와 같이 변화된 판례의 입장[70]은 이후에도 대체로 존중되고 있다.[71] 그러나 이러한 변화에도 불구하고 종전의 판례가 전원합의체 판결로 폐기된 것이 아니었다는 점에서 여전히 문제의 소지를 안고 있다. 즉, 2006년 대법원 판결

---

68) 앞서 본 학설의 세 번째 비판에 대응한다. 다만, 취업규칙이나 인사규정의 적용 여부 또한 사용자가 경제적으로 우월한 지위를 이용하여 임의로 정할 여지가 크기 때문에, 그러한 점들이 인정되지 않는다는 것만으로 근로자성을 쉽게 부정하여서는 안 되는 요소로 추가되어야 할 것으로 보인다. 이러한 취지를 법리로 설시하지는 않았지만 개별 판단에서 이러한 취지를 반영한 판례로는 대법원 2006. 12. 7. 선고 2004다29736 판결, 대법원 2007. 1. 25. 선고 2005두8436 판결, 대법원 2007. 9. 7. 선고 2006도777 판결 등이 있다. 한편 최근에 선고된 대법원 2019. 11. 28. 선고 2019두50168 판결은 이러한 취지를 수용하여, '사용자가 정한 취업규칙 또는 복무(인사)규정 등이 적용되는지' 여부도 기본급이나 고정급이 정해져 있는지 등과 마찬가지로 근로자성 부정 요소로 고려되어서는 안 된다는 법리를 명시하였다.

69) 예컨대 대법원 2023. 9. 1. 선고 2021도11675 판결은 의료소비자생활협동조합의 봉직의가 근기법상 근로자인지가 쟁점인 사안에서, 상당한 지휘·감독'을 근로자성 판단의 근거로 판시하는 한편, 구체적, 개별적 지휘·감독을 받지 않더라도 이는 의사의 진료업무 특성에 따른 것으로서 근로자성을 판단할 결정적인 기준이 될 수 없다고 판시하였다.

70) 위 8가지 요소 중 ①, ②, ⑤, ⑦은 사용종속관계 중 주로 인적 종속에 관한 요소이고, ③, ④는 독립사업자와의 구별요소에 해당하는 것으로 볼 수 있을 것이다.

71) 대법원 2007. 1. 25. 선고 2005두8436 판결(종합반 입시학원 강사 사건), 대법원 2007. 3. 29. 선고 2005두13018, 13025 판결(대학교 시간강사 사건), 대법원 2007. 9. 6. 선고 2007다37165 판결(지입제 학원버스 운전기사 사건), 대법원 2008. 5. 15. 선고 2008두1566 판결(채권추심원 사건), 대법원 2012. 1. 12. 선고 2010다50601 판결, 대법원 2013. 4. 26. 선고 2012도5385 사건(차량 소유자인 운송기사 사건) 등에서 근로자성을 인정하면서 법리를 동일하게 설시하고 있다.

이후에도 종전의 판단기준을 설시한 판결들이 여전히 나오고 있다.[72] 향후 대법원 판결이 하나의 기준 즉 2006년 대법원 판결이 제시한 새로운 판단기준으로 일관되게 정착되어야 할 것이다.

Ⅲ. 판례가 제시하는 근로자성 판단기준의 구체적 검토

대법원 판례의 특징은 '사용종속관계 유무에 따른 판단', '실질적 판단', '제반 요소의 종합적 고려'로 요약할 수 있다. 각 기준의 세부적인 내용과 적용 방법에 있어서는 다소 이견들이 있으나, 전체적으로 이 세 가지 특징은 근로자성 판단에서 우리나라의 학설은 물론이고 외국의 학설·판례에서도 기본적으로 지지되고 있다.[73]

1. 실질적 판단

판례는 종속적 관계에서의 노무제공인가를 판단할 때 계약의 형식이 아니라 당해 노무제공의 실질을 기준으로 판단하고 있다. 즉 '그 계약의 형식이 민법상의 고용계약인지 또는 도급계약인지에 관계없이 그 실질에 있어 근로자가 사업 또는 사업장에서 임금을 목적으로 종속적인 관계에서 사용자에게 근로를 제공하였는지 여부에 따라 판단하여야 할 것'이라고 한다. 이러한 입장은 종래 우리 대법원이 지켜온 것으로 독일이나 미국 또는 일본의 근로자성 판단도 동일하다.[74] 독일연방노동법원도 사용종속관계의 유무를 판단하면서 계약 문구나 당사자의 표현된 의사보다 실제 양 당사자 사이에 존재하였던 사실 관계에 주목하면서 그 이유에 대하여 '노동법의 적용을 회피하기 위해 의식적으로 또는 무의식적으로 그 법률관계를 다르게 표시하는 사례가 존재하기 때문'이라고 한다.[75] 국제노동기구(ILO) 고용관계 권고에서도 '사실우선의 원칙'을 규정하여 실

---

72) 대법원 2007. 1. 25. 선고 2006다60793 판결, 대법원 2012. 12. 13. 선고 2012다77006 판결, 대법원 2016. 8. 24. 선고 2015다253986 판결 등. 위 판결들을 보면, 여전히 '구체적·개별적' 지휘감독 내지 '구체적·직접적 지휘감독'을 요건으로 설시하고 있고, '독립하여 자신의 계산으로 사업을 영위할 수 있는지', '노무 제공을 통한 이윤 창출과 손실 초래 등 위험을 스스로 안고 있는지' 등 독립사업자성 여부에 토대한 판단기준이 제외되어 있으며, 부수적·편면적 고려요소에 대한 평가도 기재되어 있지 아니하다.

73) 강성태a, 45면.

74) 강성태c, 61면.

75) 강성태c, 61~62면.

질적 판단의 중요성을 강조하고 있다.[76]

2. 종합적 고려에 의한 판단(유형론적 판단 방법)

판례는 종속적 관계의 유무를 판단하면서 당해 노무 공급 관계의 실질에 나타난 여러 요소를 종합적으로 고려하여 판단한다. 전형적인 근로자의 모습에서 도출되는 다양한 징표를 추출하여 유형화한 다음, 개별 사안에서 그렇게 유형화한 징표가 나타나는지 여부를 종합적으로 판단하여 근로자성 여부를 밝히는 이른바 유형론적 접근 방법을 사용하고 있다. 그리하여 유형화된 징표 중 일부가 나타나지 않는다고 하여 곧바로 근로자성을 부정하는 것이 아니라, 전체 징표를 종합적으로 고찰하여 근로자성을 판단하고 있다. 판례는 "전체적으로 보아 임금을 목적으로 종속적 관계에서 사용자에게 근로를 제공하였다고 인정되는 이상, 근로자에 관한 여러 징표 중 근로조건에 관한 일부의 사정이 결여되었다고 하여 그러한 사유만으로 근기법상의 근로자가 아니라고 할 수는 없다"고 하면서, 덧붙여 "이러한 사용종속성의 판단에 있어서는 노동관계법에 의한 보호 필요성도 고려하여야 한다"고 한다.[77]

종합적 고려의 대상이 되는 여러 요소와 그러한 여러 요소의 평가 방법이 문제된다. 사실 이것이 근로자성 결정에 가장 중요한 것이라고 할 수 있다. 왜냐하면 어떠한 사실관계를 어떠한 방식으로 법적으로 가치 있는 것, 즉 근로자성의 결정 요소로서 중요하게 고려하느냐 하는 것은 다양한 직업군이 형성·변화·소멸되어 가는 현실에서 법의 대상 영역을 확정하는데 가장 중요하기 때문이다. 그러므로 대법원 판례가 제시하는 기본방식의 적절성 여부는 무엇보다도 대법원 판례가 고려하는 요소들이 현실의 다양한 취업·고용형태 및 그 변화를 올바르게 반영하는가에 달려 있다.[78]

현실을 보면 산업구조의 고도화와 노동력 구조의 변화에 따른 취업, 고용형태의 다양화, 전문 직종의 상대적인 자율성을 가진 노무제공 형태의 확산, 사

---

76) 조임영b, 201면. 예컨대 대법원 2023. 9. 1. 선고 2021도11675 판결에서는, 진료위탁계약서에 '계약당사자는 근로자가 아니므로 노동관계법과 관련한 부당한 청구를 하지 않는다.'는 취지로 기재되어 있더라도 처분문서의 문언 기재와 달리 실제로는 계약당사자인 의사가 정해진 시간 동안 진료업무를 수행하고 그 대가로 고정적으로 지급받는 것이 계약의 핵심이라면서 그 실질에 따라 근기법상 근로자성을 인정하였다.

77) 대법원 2001. 6. 26. 선고 99다5484 판결, 대법원 2004. 3. 26. 선고 2003두13939 판결 등.

78) 강성태a, 45면.

용자 책임 회피 의도의 강화 등으로 인해 근로를 제공하고도 경제적으로 열등한
지위 때문에 외형상 자영업자와 같은 계약 형태를 취할 수밖에 없는 자들을 노
동법상 보호할 필요가 있다. 이를 위하여는 근로자성 판단기준을 근대 산업 사회
의 전통적인 근로자 모습에서 따온 구체적이고 개별적인 사용종속관계 기준에서
좀더 개괄적이고 포괄적인 사용종속관계 기준으로 유연하게 할 필요가 있다.[79]

  법 회피의 유인이 많은 분야인 만큼 실태 판단이 중요하다. 학원 강사의 근
로자성이 다퉈진 사건에서 대법원이 "원·피고 사이에 매년 '강의용역제공계약
서'라는 이름의 계약서가 작성되었고, 그 계약서에는 수강생 인원이 10명 미만
인 경우 강의용역 제공을 거부할 수 있고 다른 학원에 강의를 나가더라도 학원
측이 이의를 제기하지 못하도록 되어 있다. 이러한 사정들은 실질적인 노무 제
공 실태와 부합하지 않는 계약서 문언에 불과하거나 사용자인 피고가 경제적으
로 우월한 지위에서 사실상 임의로 정할 수 있는 사정에 불과하여 원고들의 근
로자성을 뒤집는 사정이라고 보기에는 어렵다"[80]라고 판시한 것은 이러한 지적
을 고려한 판단으로 보인다.

  아래에서는 2006년 대법원 판례가 설시하고 있는 사용종속관계의 구체적
징표의 의미와 이후 판례에 나타나는 변화를 살펴본다.

가. 업무 내용을 사용자가 정하는지 여부

  한편 업무의 내용이 업무의뢰자에 의하여 결정되거나 업무의뢰자의 구체적
인 업무의뢰를 노무제공자가 거부할 수 없다는 사정은 사용종속관계를 인정할
수 있는 중요한 요소가 될 수 있다. 위와 같은 사정은 업무의뢰자가 업무상 상
당한 지휘·감독의 권한을 갖고 있고, 그에 대한 거부가 업무지휘명령의 부정으
로서 일반적으로 징계사유에 해당할 수 있는 사정을 의미하기 때문이다.

나. 취업규칙 또는 복무(인사)규정 등의 적용 여부

  근로자 명부, 인사기록카드, 출근부 등 조직내에 업무지휘상의 필요를 위하
여 노무제공자에 대한 인사관리체제가 갖추어져 있고 복무규율을 위하여 취업
규칙, 복무규정 등의 제도를 실행하는 등 업무관리가 이루어지고 있거나, 업무
수행상의 지시나 명령에 노무제공자가 불응한 경우 계약의 해지나 손해배상 외
에 다른 징계제도가 있는 경우에는 사용종속관계를 인정하기 쉽다. 물론 일반

---

79) 최은배, 555면.
80) 대법원 2006. 12. 7. 선고 2004다29736 판결, 대법원 2007. 1. 25. 선고 2005두8436 판결.

근로자와 같은 구체적인 징계제도를 두고 있지 않더라도 일정한 제재로서 계약 해지가 가능하도록 되어 있다면 이 역시 근로자성 인정에 유리한 요소가 될 것이다. 판례를 보면 "시간강사가 위와 같은 업무를 수행하면서 업무수행에 불성실하거나 대학교의 제반 규정을 위반하고 교수로서의 품위를 유지하지 못하는 경우 등에는 전임교원(총장, 학장, 교수, 부교수, 조교수 및 전임강사)에 대한 재임용 제한 및 해임 또는 파면 등 징계처분과 동일한 의미를 갖는 조치인 재위촉제한 또는 해촉(해임)을 받도록 되어 있는 점"[81]이라고 하여 재위촉 제한이나 해촉 제도 역시 징계제도의 일환으로 보고 있다. 백화점 판매원 사건에서도 "피고가 횡령 등 비위행위를 저지른 판매원과의 판매용역계약을 중도 해지하거나 매출이 부진한 매장 매니저와의 판매용역계약을 해지하는 등의 조치를 한 것도 실질적으로는 징계해고 권한을 행사하는 것과 별로 다르지 아니하다"[82]고 하여 위임계약서에서 정한 해지사유를 이유로 징계해고 권한을 사업주가 보유한 것으로 보았다.

　한편 취업규칙 또는 복무(인사)규정 등의 적용과 관련하여 대법원 2006. 12. 7. 선고 2004다29736 판결 이후 변화된 판례에 의하면 이 부분이 여전히 근로자성 판단의 요소이기는 하지만, 이는 사용자가 경제적으로 우월한 지위에서 사실상 임의로 정할 수도 있으므로 이 요소가 인정되지 않는다고 하여 근로자성을 부정해서는 안 된다고 판시하고 있다.

　그리하여 판례는 ① "망인을 비롯한 참가인 회사의 채권추심원에게는 정규직 직원에게 적용되는 취업규칙·복무규정·인사규정 등이 적용되지 않았고, 위임직의 관리를 위하여 마련된 참가인 회사의 지침에도 통상 취업규칙 등에 포함되는 사항이 규정되어 있지 않은 점 등은 최근에 급격하게 증가하고 있는 시간제 근로자에게 일반적으로 나타나는 현상이거나 사용자인 참가인이 경제적으로 우월한 지위에서 사실상 임의로 정한 사정들에 불과하다. 따라서 위와 같은 사정들만으로 망인의 근로자성을 부정하기는 어렵다고 할 것이다"[83]고 하였으며, ② "피고인이 강사들에 대하여 복무·징계 등에 관한 취업규칙, 복무규정, 인사규정 등 일체의 규정을 정하지 않았던 사정들은, 최근에 급격하게 증가하고 있는 시간제 근로자에게 일반적으로 나타나는 현상이거나 사용자인 피고인이

---

81) 대법원 2007. 3. 29. 선고 2005두13018, 13025 판결.
82) 대법원 2017. 1. 25. 선고 2015다62456 판결
83) 대법원 2008. 5. 15. 선고 2008두1566 판결.

경제적으로 우월한 지위에서 사실상 임의로 정한 사정들에 불과하다. 따라서 위
와 같은 사정들만으로는 위 공소외인의 근로자성을 부정할 수 없다"[84]고 하였
고, ③ "담임강사 등은 일반직원들에게 적용되는 취업규칙·복무(인사)규정·징계
규정 등의 적용을 받지 않았으며, 일정한 사정들은 실질적인 노무제공 실태와
부합하지 않는 계약서 문언에 불과하거나 사용자인 원고가 경제적으로 우월한
지위에서 사실상 임의로 정할 수 있는 사정들에 불과하여 그러한 사정만으로
담임강사 등의 근로자성을 부정할 수 없다"[85]고 판시하였다.

다. 업무 수행 과정에서 사용자가 상당한 지휘·감독을 하는지

업무의 내용과 수행방법에 관하여 사용자의 구체적, 직접적 지시나 명령 또
는 감독을 받고 있다는 점은 사용종속관계를 판단하는 중요한 요소라 할 수 있다.

이 요소는 1994년 대법원 판결 이후 대법원 판례가 '업무수행과정에 있어
서도 사용자로부터 구체적, 개별적인 지휘·감독을 받는지 여부'라고 하였으나,
2006년 대법원 판결 이후부터는 위와 같이 '구체적, 개별적인 지휘·감독'에서
'상당한 지휘·감독'으로 바뀌었다.

대법원 판례의 이러한 변화는 종전 판례에 대하여, 취업·고용형태의 다양화
에 수반하여 오늘날 사용자의 지휘명령권은 직접적·구체적인 것에서 간접적·포
괄적인 것으로 변화하고 있는 점을 간과하고 있다는 비판을 수용한 결과로 보인다.

1994년 이전 판례인 한국방송공사 시청료 징수원 판결에서도 "업무처리과
정에 있어 다소 자유로운 입장에 있었다 하더라도 이는 텔레비전 수상기 보유
자에 대한 호별방문의 방법, 방문순서 등에 국한되는 것이고, 이 범위 안에서
업무처리상의 독자성이 인정되는 것은 그 담당업무의 특수성 때문에 그러한 것
이지 이것만 가지고 사용자의 지휘·감독과 통제로부터 벗어난 것이라고 할 수
없다"[86]고 하여 일부 사례에서 이를 반영한 판결도 있다.

그러나 2006년 대법원 판결 이후에는 이를 본격적으로 수용하여 "위 위임
계약서에 의하더라도, 회사는 근로자로 하여금 관계 법령에 의하거나 교육 등
필요한 경우 일정한 시간과 장소를 정하여 업무를 수행하게 할 수 있고, 필요한
경우 그 근로자에게 업무의 효율적 수행과 관련한 지시를 할 수 있으며, 회사가

---

84) 대법원 2007. 9. 7. 선고 2006도777 판결.
85) 대법원 2006. 12. 7. 선고 2004다29736 판결, 대법원 2007. 1. 25. 선고 2005두8436 판결.
86) 대법원 1993. 2. 9. 선고 91다21381 판결.

요구할 경우 근로자는 그 업무 처리 상황을 즉시 회사에 통보하도록 규정하고 있었으므로, 회사가 비록 근로자의 채권추심업무 수행에 관하여 구체적이고 직접적인 지휘·감독을 하지는 않는다고 하더라도 참가인의 필요에 따라 적절한 방법으로 망인에 대한 상당한 지휘·감독할 수 있는 여지는 있다"[87]고 하여 구체적인 지휘·감독은 아니어도 상당한 지휘·감독할 수 있는 여지가 있음을 이유로 근로자성을 인정하였다. 나아가 "목표설정에서부터 채권추심업무의 처리에 이르기까지 모든 업무의 과정을 채권관리시스템에 입력하게 한 것"[88]과 "업무운용수칙과 스크립트 등은 관련 법령 준수를 위한 지침으로서의 성격뿐만 아니라, 피고를 위한 업무수행의 내용과 방법 등에 관한 지침으로서의 성격도 함께 포함되어 있다"[89]고 하여 전산시스템에 의한 관리나, 업무매뉴얼(지침)의 존재도 지휘감독의 방법으로 인정하고 있다. 또 "검침과 송달 등의 업무는 피고의 사업에서 핵심적이고 중요한 업무라 할 수 있으므로, 피고로서는 적정한 업무수행을 보장하기 위하여 위탁원들의 업무에 대하여 상당한 지휘·감독을 하고자 하는 유인이 크다"[90]거나, "판매원들의 판매업무는 피고의 사업에서 핵심적이고 중요한 부분이다. 그리고 피고의 매장에서 고객을 직접 응대하는 판매원의 근무태도는 매출에도 영향이 있을 뿐만 아니라 피고의 대외적인 이미지에도 큰 영향을 줄 수 있으므로, 피고로서는 판매원의 적정한 업무수행을 보장하기 위하여 판매원의 업무에 대하여 지휘·감독을 하고자 하는 유인이 크다"[91]고 하여 해당 업무가 사업에서 주요업무라면 구조적으로 지휘감독의 가능성이 있다고 보기도 하였다.

대법원 2006. 12. 7. 선고 2004다29736 판결 이후 판시 내용을 보면 업무의 구체적인 내용까지 사용자에 의해 정해지지 않는 경우에도 그것이 업무 자체의 특성이나 전문직종의 상대적 자율성에 기인한 것이라면 근로자성을 부정해서는 안 된다고 한다. 가령 '시간강사들이 원고들로부터 강의내용이나 방법 등에 관한 구체적인 지휘·감독을 받지 않은 것은 지적 활동으로 이루어지는 강의업무의 특성에 기인하는 것일 뿐 그들이 근로자가 아니었기 때문이라고 할 수 없다'는 것이다.[92]

---

87) 대법원 2008. 5. 15. 선고 2008두1566 판결.
88) 대법원 2016. 4. 15. 선고 2015다252891 판결.
89) 대법원 2016. 10. 27. 선고 2016다29890 판결.
90) 대법원 2014. 11. 13. 선고 2013다25460, 2013다25477(병합) 판결.
91) 대법원 2017. 1. 25. 선고 2015다62456 판결.
92) 대법원 2006. 12. 7. 선고 2004다29736 판결, 대법원 2007. 3. 29. 선고 2005두13018, 13025

같은 업무를 근로계약을 체결하고 수행하는 경우가 있거나, 있었다면 이와
비교하는 것도 의미가 있다. 만약 지휘감독의 모습이 본질적으로 동일하다면 그
것은 '해당 업무'가 가진 특성에 기인한 지휘감독의 방식으로 볼 수 있고 근로
자성을 인정하는데 유리한 징표가 된다. 물론 지휘감독의 모습이 다르다고 하여
바로 지휘감독이라는 징표가 부정되는 것은 아닐 것이다. 재택집배원 사건에서
"원고들은 우편배달업무를 수행하는 피고의 다른 근로자인 상시위탁집배원·특수
지위탁집배원과 본질적으로 같은 업무를 동일한 방식으로 처리하였다"93)고 한
것은 원고들의 이와 같은 주장을 받아들인 설시로 보인다.

라. 사용자가 근무시간과 근무장소를 지정하고 근로자가 이에 구속을 받는지

출퇴근 시간 등 소정근로시간이 정하여져 있거나 작업장소가 사용자의 지
시에 따라 좌우되는 경우에는 사용종속관계의 인정이 용이하다. 다만 최근에는
탄력적 시간제, 재택근로제 등의 채택과 외근형인 경우에는 근무장소에 있어서
업무의 특성이 있으므로 이러한 점을 고려해야 한다.

대법원 판결도 "회사가 근무시간이나 근무장소에 제한을 하지 않았다고 해
도 이는 채무자 면담 등을 위하여 주로 출장 근무의 형식으로 이루어지는 채권
추심 업무의 특성에 기인하는 것으로 보일 뿐이다. 따라서 위와 같은 사정들만
으로 근로자성을 부정하기는 어렵다고 할 것"94)이라고 판시한 예가 있다.

마. 노무제공자가 스스로 비품·원자재나 작업도구 등을 소유하거나 제3자를 고용하여 업무를 대행하게 하는 등 독립하여 자신의 계산으로 사업을 영위할 수 있는지, 노무제공을 통한 이윤의 창출과 손실의 초래 등 위험을 스스로 안고 있는지

근로자성 판단과 같은 유형론적 접근에서는 구별하고자 하는 대상과 비교
하는 것이 중요하다. 근로자의 개념은 근로자와 사업자 사이의 구별을 위한 것
인 만큼 특정 노무공급자의 근로자성은 근로자적 징표뿐만 아니라, 사업자적 징
표까지 함께 고려하여야 한다.95) 그런데 종전 1994년 대법원 판결은 '근로자 스

판결, 대법원 2007. 9. 7. 선고 2006도777 판결, 대법원 2014. 12. 24. 선고 2012다81609 판결,
  대법원 2023. 9. 1. 선고 2021도11675 판결.
93) 대법원 2019. 4. 23. 선고 2016다277538 판결.
94) 대법원 2008. 5. 15. 선고 2008두1566 판결.
95) 최은배, 550면.

스로가 제 3 자를 고용하여 업무를 대행케 하는 등 업무의 대체성 유무, 비품, 원자재나 작업도구 등의 소유관계'라고 하는 징표만을 제시하고 있었고 이에 대하여는 노무공급자의 사업자성에 대한 판단을 소홀히 한다는 비판이 있었다.

　　2006년 대법원 판결은 여기에 "독립하여 자신의 계산으로 사업을 영위할 수 있는지, 노무제공을 통한 이윤의 창출과 손실의 초래 등 위험을 스스로 안고 있는지"라는 징표를 추가함으로써 근로자성 판단에서 사업자성을 같이 고려해야 함을 강조하였다. 따라서 자신의 계산으로 사업을 영위할 수 있는 독자적인 전문성과 경제적 능력을 가지는지 여부, 다른 사업자와도 거래할 수 있고 이윤의 창출과 손실의 초래 등 사업 운영에서 비롯되는 위험도 인수하고 있는지 여부도 고려되어야 한다.

　　판례도 "원고가 운행하는 버스의 소유권 등록 명의를 학원 앞으로 하였다면 위 버스로 학원 원생들을 통학시키는 것 외에 원고가 그 버스를 운전하여 다른 영업을 할 경우, 이는 여객자동차 운수사업법에서 정하는 여객자동차운송사업을 면허 없이 영위하는 것이 되고, 사고가 생겼을 때 보험금을 받지 못하게 되는 등의 사정 때문에 원고로서는 위 학원의 학원생을 통학시키는 것 외에 사실상 다른 운송사업을 영위할 수 없었다는 점 등을 보태어 보면, 원고는 버스 운행업무 수행 과정에서 학원으로부터 상당한 지휘·감독을 받았고, 학원이 지정한 근무시간과 근무장소에 구속되었으며, 버스 운행과 관련하여 독립하여 자신의 계산으로 사업을 영위하지 못하였고, 노무 제공을 통한 이윤의 창출과 손실의 초래 등 위험을 스스로 안지 못하였다"[96]고 판시하여 이를 구체적으로 적용하고 있다.

바. 보수의 성격이 근로 자체의 대상적(對償的) 성격인지, 기본급이나 고정급이 정하여졌는지 및 근로소득세의 원천징수 여부 등 보수에 관한 사항

　　제공된 근로시간에 대응하여 대가로서 보수가 지급되거나, 결근지각의 경우 보수를 공제하거나 연장근로에 따른 별도의 수당을 지급하는 경우처럼 제공된 근로의 양에 따른 대가관계의 비례성이 강한 경우에는 그 대가를 임금으로 볼 수 있으므로 당해 노무제공자를 근로자로 파악하기가 용이하다. 이와 반대로

---

96) 대법원 2007. 9. 6. 선고 2007다37165 판결.

업무수행의 대가로 지급하는 보수가 당해 기업에서 비슷한 수준의 정규사원에
비하여 현저히 높게 산정되는 경우에는 그와 같은 업무수행자는 독자적인 사업
자의 성격이 강하고 근로자성은 희박하다.

　　과거 일부 판결들은 일의 성과에 따라 급여가 지급되는 경우, 이는 일의 결
과에 대한 대가이지 임금은 아니라는 전제에서 근로자성 부정의 상당한 근거로
삼았다. 하지만 임금이 정해지는 방법은 시간이나 업무의 양에 따라 정해지든지
고정급·성과급 등으로 다양하게 정해질 수 있다. 도급제 임금(법 47조)을 정하고
있는 것도 이러한 점에 기인한다. 일의 성과에 따라 보수가 지급되는 경우를 보
면, 예를 들어 수임 사건의 종결에 따라 지급되는 변호사의 보수, 건축물에 대
한 공사대금 등 순전한 일의 결과에 따라 지급되는 것도 있으나, 하루 몇 톤의
석탄을 캤는가(광부), 하루 몇 회, 몇 킬로미터 여객, 화물을 운송하였는가(운송),
오늘 하루 얼마의 돈을 수금하였는가(수금원), 오늘 하루 얼마의 물건을 팔았는
가(점원), 오늘 하루 몇 시간 강의를 하였는가(강사) 등에 따라 보수를 지급하는
형태가 많고 이러한 경우 보수 지급 방법이 세부적, 산술적으로 정하여져 있어
그 대가가 일의 결과라기보다는 근로 제공 자체에 대한 대가로 지급되는 성격
이 강한 것이 적지 않다. 따라서 성과급 보수를 보는 관점을 유연하게 할 필요
가 있다.97)

　　한편 종래 이 표지와 관련하여, '기본급이나 고정급이 정하여졌는지, 근로
소득세 원천 징수 여부'와 같은 부분은 사용자가 경제적으로 우월한 지위에서
일방적으로 정할 수 있는 부수적 징표인데 종전 1994년 대법원 판결에 대하여
는 근로자의 결정에서 중요하게 고려해야 할 사실적 징표(실질적 징표)와 부수적
인 징표(형식적 징표)를 구별하지 않은 채 제반 사실적 징표를 병렬적으로 나열
하고 있고, 구체적 사례를 판단할 때 부차적으로 고려되어야 할 형식적 징표들
을 실질적 징표와 동등한 수준에서 검토하고 있다는 비판이 있었다.

　　2006년 대법원 판결은 "기본급이나 고정급이 정하여졌는지, 근로소득세를
원천징수하였는지 등의 사정은 사용자가 경제적으로 우월한 지위를 이용하여
임의로 정할 여지가 크다는 점에서, 그러한 점들이 인정되지 않는다는 것만으로
근로자성을 쉽게 부정하여서는 안 된다"고 하여 이러한 비판을 수용하였다. 이
후 "원고들이 받은 보수는 기본급이나 고정급 없이 성과급의 형태로만 지급되

---

97) 최은배, 556~557면.

었지만 이는 채권추심업무의 특성에 의한 것일 뿐이고, 원고들이 제공한 근로의 양과 질에 대한 대가로서의 임금의 성격을 지니지 아니한 것이라고 보기는 어렵다"[98])거나, "망인이 매월 지급받는 보수는 기본급이나 고정급이 아니라 운반물량에 의하여 정산한 금액이기는 하나 이러한 성과급의 형태의 금원은 노동의 양과 질을 평가하는 것이라 할 수 있어 근로의 대가인 임금의 성격이 반드시 부정된다고 볼 수 없는 점"[99])이라고 하여 실적 내지 업무 결과에 비례하여 지급하는 경우에도 그 임금성을 인정하고 있다.

근무실적에 연동하는 임금의 경우에 고정성이 부정되어 통상임금에 해당하지 않을 수 있으나 전년도 근무실적에 따라 당해 연도 특정 임금의 지급 여부나 지급액을 정하는 경우의 당해 연도 임금은 고정성이 인정되어 통상임금에 해당한다는 판결,[100]) 공공기관의 경영평가성과급이 경영실적 평가결과에 따라 그 지급 여부나 지급률이 달라질 수 있더라도 임금성을 인정한 판결[101]) 등도 모두 성과급이 임금임을 전제로 한 판결로 이해할 수 있다.

사. 근로 제공 관계의 계속성과 사용자에 대한 전속성의 유무와 그 정도

제도적으로 또는 현실적으로 근로자가 2개 이상의 사업장에 동시에 근로를 제공할 수 없거나 다른 작업을 할 수 없다면 업무의 전속성이 있어서 사용종속관계를 인정하기 쉽다. 다만 시간제 근로자는 근로제공관계가 단속적인 경우가 일반적이며 특정 사용자에게 전속되어 있지도 않다. 이는 최근에 급격하게 증가하고 있는 시간제 근로자에게 일반적으로 나타나는 현상이므로 이를 이유로 근로자성을 부정해서는 안 될 것이다.[102])

아. 사회보장제도에 관한 법령에서 근로자로서 지위를 인정받는지

사회보장제도에 관하여 근로자로 인정받는지 등의 사정은 사용자가 경제적으로 우월한 지위를 이용하여 임의로 정할 여지가 크다는 점에서 그러한 점들이 인정되지 않는다는 것만으로 근로자성을 쉽게 부정하여서는 안 된다.

"공소외인 등은 건강보험, 국민연금, 고용보험, 산재보험 등 이른바 '4대보

---

  98) 대법원 2016. 4. 15. 선고 2015다252891 판결.
  99) 대법원 2010. 5. 27. 선고 2007두9471 판결.
 100) 대법원 2013. 12. 18. 선고 2012다89399 전원합의체 판결.
 101) 대법원 2018. 10. 12. 선고 2015두36157 판결, 대법원 2018. 12. 13. 선고 2018다231536 판결 등.
 102) 대법원 2007. 3. 29. 선고 2005두13018, 13025 판결.

험'에 위 학원의 사업장 근로자로 가입되어 있지 않았던 사정은 사용자인 피고
인이 경제적으로 우월한 지위에서 사실상 임의로 정한 사정들에 불과하다"고
한 사례가 있다.103)

자. 양 당사자의 경제적·사회적 여러 조건

근로자 개념의 핵심 징표는 인적 종속성(사용종속성) 여부이겠으나, 경제적 종
속성으로서 양 당사자의 경제적, 사회적 지위 역시 고려되어야 하는 요소이다.

Ⅳ. ILO 고용관계 권고의 관련 내용과 시사점104)

1. 채택 경과

ILO도 새롭게 나타나는 노무 제공 형태를 주목하여 10여 년에 걸쳐 다양한
차원에서 대응 방안을 논의하여 왔다. 이러한 활동의 결과로 ILO는 2006년 제
95차 총회에서 '고용관계권고'105)를 채택하였다.106) 고용관계권고는 ILO의 2003년
총회에서 채택된 '고용관계에 관한 결의'107)를 바탕으로 하고 있다. 이 결의 결론
부분의 다음과 같은 표현은 고용관계권고 채택의 배경을 잘 보여주고 있다.

"노동시장구조와 노동조직의 변화로 인해 고용관계의 틀 내부·외부 모두
에서 노동의 패턴이 바뀌고 있다. 어떤 상황에서는 근로자가 피용자인지 진정한
자영업자인지가 불명확해진다. 노동시장 구조, 노동조직의 변화, 미흡한 법 적용
과 관련된 결과들 중 하나는 사실상 피용자이나 고용관계의 보호를 받지 못하
는 근로자들이 증가하고 있다는 것이다. 이러한 거짓된 자영업자의 형태는 비공
식 경제에서 보다 일반화되고 있다. 그러나 잘 조직된 노동시장을 가진 많은 나
라들도 또한 이러한 현상의 증가를 경험하고 있다. 이러한 전개의 일부는 새로
운 것이며 다른 일부는 수 십년 동안 존재해 왔다. 근로자의 노동 수행이나 서
비스 제공의 매우 다양한 방식들을 적절한 법적 틀 안에 놓이도록 하는 것은

---

103) 대법원 2007. 9. 7. 선고 2006도777 판결.
104) 자세한 내용은 윤애림b, 255면 이하; 조임영b, 189면 이하 참조.
105) R198 Employment Relationship Recommendation, 2006.
106) 국내법적 효력을 가지는 것은 아니나, 국제노동기구의 회원국으로서 권고에 나타나 있는
국제적 협력의 정신을 존중하여 되도록 그 취지를 살릴 수 있도록 노력하여야 할 의무가 있
으므로, 입법과 해석에서 권고의 함의를 고려해야 한다(헌재 1991. 7. 22. 선고 89헌가106 결
정 참조).
107) http://www-ilo-mirror.cornell.edu/public/english/dialogue/ifpdial/ll/er_conc.htm.

노동시장의 모든 주체들을 위한 것이다. 명확한 규칙은 노동시장의 공정한 규율을 위해 필요 불가결하다."

2006년 채택된 ILO의 고용관계권고는 고용관계의 존재에 대한 판단과 관련하여 근로자와 사용자에게 지침이 될 수 있는 명확한 방법을 촉진하도록 하면서(10조), 이와 관련한 기준과 방법들을 제시하고 있다.

2. 사실 우선의 원칙

고용관계권고는 "고용관계에서 근로자를 보호하기 위한 국가정책을 위해 고용관계의 존부 결정은 당사자와 사이에 합의된 계약이나 다른 형태의 법적 형식에 불구하고 기본적으로 노동의 수행, 근로자의 보수와 관련한 사실에 의해야 한다"고 하여 '사실 우선의 원칙'을 규정하고 있다(9조).

고용관계의 존재 여부를 판단할 때 노무 제공 관련 사실에 따라 판단하여야 한다는 원칙은 세계적으로 승인된 보편적 원칙이며 이를 고용관계권고에서 확인한 것이다. 사실 우선의 원칙은 계약 당사자의 계약 의사에 관계없이 노동이 행해지는 사실 관계에 따라 고용관계가 존재하는지 여부를 판단하여 그에 따른 법률관계를 확정지우고 법률효과를 부여하라는 것이다. 이는 노동법은 강행법으로서 고용관계가 일종의 사회적 질서에 해당하고 고용관계에 해당하는지 여부는 당사자의 의사에 의해 좌우될 수 없음을 의미한다.108)

3. 고용관계 존재의 판단조건 및 구체적 지표의 정의

고용관계권고는 회원국은 고용관계의 존재를 판단하는 데 적용할 조건들, 예를 들면 종속성(subordination) 또는 의존성(dependence)을 명확히 규정할 것을 검토하여야 한다고 규정하고 있다(12조). 회원국은 법규 혹은 다른 방법으로 고용관계의 존재에 관한 구체적 지표를 규정할 수 있는지를 검토해야 하고, 이러한 지표는 다음과 같은 것들을 포함하여야 한다(13조).

(a) - 상대방의 지시와 통제에 따라 노동이 수행된 사실
- 근로자가 기업 조직에 통합되어 노동이 행해진다는 사실
- 오로지 또는 주로 타인의 이익을 위해 노동이 수행된 사실
- 근로자가 직접 노동을 수행해야 한다는 사실

---

108) 조임영b, 297면.

- 특정한 노동 시간 또는 노동을 요구하는 상대방에 의해 특정되거나 합의된 장소에서 노동이 수행된 사실

- 특정한 기간 동안 일정한 계속성을 가지고 노동이 수행된 사실

- 근로자가 사용자의 처분 상태에 있다는 사실

- 노동을 요구하는 상대방이 도구, 재료, 기계를 제공한 사실

(b) - 근로자에 대한 보수가 정기적으로 지급된 사실

- 그러한 보수가 근로자의 유일한 혹은 주된 수입의 원천을 이루는 사실

- 식사, 주거, 교통 수단과 같은 현물이 지급된 사실

- 주휴나 연휴와 같은 권리가 인정된 사실

- 노동을 요구하는 상대방이 근로자가 일하기 위해 이용하는 교통수단에 대한 비용을 지불한 사실

- 근로자가 재정적 위험(financial risk)을 부담하지 않는 사실

이 지표들은 개별 국가들이 고용관계의 존재 여부를 판단할 때 일반적으로 사용하는 지표들을 포괄한 것으로 보인다. 우리나라 판례가 제시하는 근기법상 근로자성 판단기준과 구별되는 판단기준으로 볼 수 있는 것들은, '오로지 또는 주로 타인의 이익을 위해 노동이 수행된 사실', '보수가 근로자의 유일한 혹은 주된 수입의 원천을 이루는 사실', '근로자가 기업 조직에 통합되어 노동이 행해진다는 사실' 등으로 보인다.109) 위 판단기준은 인적 종속성을 징표하는 기준이라기보다는 경제적 종속성, 조직적 종속성을 징표하는 기준으로 볼 수 있는데, 우리나라 판례는 위 판단기준을 근기법상 근로자성 판단기준이 아니라 노동조합법상 근로자성 판단기준으로 포섭하고 있는 것으로 보인다.

V. 구체적인 근로자성 판단 사례

1. 일 반 론

대법원 판례에서 나타나는 근기법상 근로자성 인정 사례와 부정 사례들을 살펴본다. 하지만 같은 직종이라도 구체적인 사실관계에 따라 결론이 달라질 수 있음은 물론이다.110)

---

109) 조임영b, 298~299면.

110) 예컨대, 다수 판결이 채권추심원의 근기법상 근로자성을 인정하였으나, 대법원 2013. 7. 12. 선고 2013다27336 판결은 채권추심원의 근기법상 근로자성을 부정하였다.

외근형 노무 제공자 중 근로자성이 인정된 사례로는, 신문사 광고외근원,[111] 방송사 시청료 위탁징수원,[112] 신문판매확장 요원,[113] 채권추심원,[114] 전속 지입 차주,[115] 재택위탁집배원,[116] KT 스카이라이프 설치 서비스 기사,[117] 방과 후 (컴퓨터) 강사,[118] 정수기 등 제품의 설치·유지·점검 등 업무를 위탁받은 엔지니어[119] 등이 있다. 근로자성이 부정된 사례로는 전기요금 위탁 수금원,[120] 생명보험회사 외무 사원,[121] 전속 지입차주,[122] 학습지교사,[123] 보험모집인,[124] 방문판매회사 판매대리인,[125] 채권추심원,[126] 카마스터,[127] 아이돌보미[128] 등이 있다.

전문직 종사자 중 근로자성이 인정된 사례로는, 학술 용역 계약 형태를 취

---

111) 대법원 1988. 11. 8. 선고 87다카683 판결.
112) 대법원 1993. 2. 9. 선고 91다21381 판결.
113) 대법원 1996. 10. 29. 선고 95다카53171 판결.
114) 대법원 2008. 5. 15. 선고 2008두1566 판결, 대법원 2016. 4. 15. 선고 2015다25891 판결, 대법원 2020. 4. 29. 선고 2019다241547 판결, 대법원 2020. 4. 29. 선고 2019다290822 판결, 대법원 2020. 4. 29. 선고 2018다229120 판결, 대법원 2020. 6. 25. 선고 2018다292418 판결, 대법원 2022. 12. 1. 선고 2021다210829 판결 등.
115) 대법원 2018. 10. 25. 선고 2015두51460 판결(전속 지입차주의 근기법상 근로자성을 부정한 판결로는 대법원 2013. 7. 11. 선고 2012다57040 판결이 있다), 지입차주 아닌 전속적 운송기사의 근기법상 근로자성을 긍정한 다른 판결로는, 대법원 2021. 4. 29. 선고 2019두39314 판결도 참조.
116) 대법원 2018. 10. 25. 선고 2015두51460 판결.
117) 대법원 2019. 11. 28. 선고 2019두50168 판결.
118) 대법원 2020. 6. 25. 선고 2020다204346 판결, 대법원 2020. 6. 25. 선고 2020다219843 판결.
119) 대법원 2021. 8. 12. 선고 2021다222914 판결, 대법원 2021. 11. 11. 선고 2019다221352 판결, 대법원 2021. 11. 11. 선고 2020다273939 판결.
120) 대법원 1970. 7. 21. 선고 69누152 판결, 대법원 1978. 7. 25. 선고 78다510 판결.
121) 대법원 1990. 5. 22. 선고 88다카28112 판결.
122) 대법원 2013. 7. 11. 선고 2012다57040 판결.
123) 대법원 1996. 4. 26. 선고 95다20348 판결, 대법원 2018. 6. 15. 선고 2014두12598, 2014두12604 판결.
124) 대법원 2000. 1. 28. 선고 98두9219 판결.
125) 대법원 2002. 7. 12. 선고 2001도5995 판결.
126) 대법원 2009. 5. 14. 선고 2009다6998 판결, 대법원 2013. 7. 12. 선고 2013다27336 판결, 대법원 2015. 9. 10. 선고 2013다40612, 40629 판결, 대법원 2020. 4. 29. 선고 2018다293534 판결.
127) 대법원 2022. 7. 14. 선고 2021두60687 판결.
128) 대법원 2023. 8. 18. 선고 2019다252004 판결, 대법원 2023. 8. 18. 선고 2019다252011 판결(여성가족부가 발간하는 '아이돌봄 지원사업 안내'가 지침이 되어 이에 따라 지휘, 감독이 이루어진 점, 정해진 시간, 장소에서 노무를 제공한 점, 제 3 자로 하여금 업무를 대행하게 할 수 없었던 점, 근무시간에 비례하여 일정액을 보수로 지급받았을 뿐 추가적인 이윤 창출이나 손실 초래 위험을 부담하지 아니한 점, 근로소득세를 원천징수하고 4개 보험에 가입하였으며, 퇴직금도 지급받은 점 등을 근기법상 근로자성 인정 근거로 판시하면서 근로자성을 부정한 원심을 파기환송하였다. 한편 위 판결들에서는 국가 또는 지방자치단체로부터 서비스기관 지정을 받아 서비스기관을 설치, 운영한 피고들을 사용자로 판시하면서 서비스기관을 사용자로 본 원심을 파기환송하기도 하였다).

한 노무제공자,[129] 전공의로 임명된 인턴·레지던트,[130] 전문직 공무원으로 신분이 전환되기 이전의 공중보건의사로 일반 병원에 배치되어 근무하던 사람,[131] 대학교 언어교육연구원 시간강사,[132] 방송사 소속 관현악단원,[133] 입시학원 단과반 강사[134] 등이 있다. 근로자성이 부정된 사례로는, 유흥업소 가수[135] 등이 있다.

이하에서는 특수형태근로종사자를 중심으로 근기법상 근로자성이 문제된 주요 사례들을 구체적으로 검토한다.

2. 구체적 사례 검토

가. 학습지 교사(대법원 1996. 4. 26. 선고 95다20348 판결, 대법원 2018. 6. 15. 선고 2014두12598, 2014두12604 판결): 근로자성 부정[136]

대법원은 주식회사 재능교육 학습지 교사의 근기법상 근로자성이 문제된 두 건의 사안에서 모두 근로자성을 부정하였다.[137]

대법원은 근기법상 근로자성을 인적 종속성에 대한 적극적 판단기준과 독립사업자성에 대한 소극적 판단기준을 함께 고려하여 판단해 왔다. 학습지 교사의 경우, 상당한 지휘·감독 등 인적 종속성에 관하여는, 학습지 회사로부터 표준필수업무를 시달받는 등 적극적 요소와 출퇴근의무가 없는 등 부정적 요소가 공존한다고 볼 수 있다. 반면, 학습지 교사가 학습지 회사로부터 지급받는 수수료는 학습지회원의 유지 여부, 학습지 교사의 자격인증보유 여부, 신입회원 모집 정도 등에 의하여 결정되므로, 노무 제공을 통한 이윤 창출과 손실 초래 등 위험을 상당 정도 스스로 부담하고 있다는 점에서 독립사업자성을 인정할 수 있는 요소를 가지고 있다고 볼 수 있다. 이러한 사정을 고려하여, 학습지 교사의 근기법상 근로자성이 부정된 것으로 보인다.[138]

---

129) 대법원 1991. 12. 13. 선고 91다24250 판결.
130) 대법원 1989. 7. 11. 선고 88다카21296 판결.
131) 대법원 1996. 2. 9. 선고 95다28731 판결.
132) 대법원 1994. 1. 11. 선고 93다17843 판결.
133) 대법원 1997. 12. 26. 선고 97다17575 판결.
134) 대법원 2019. 1. 17. 선고 2018다260602 판결.
135) 대법원 1994. 4. 29. 선고 93누16680 판결.
136) 대법원 1996. 4. 26. 선고 95다20348 판결에 대한 비판으로는 강성태c, 83면 이하; 윤애림a, 329면 이하.
137) 다만 대법원 2018. 6. 15. 선고 2014두12598, 2014두12604 판결에서는 학습지교사의 노조법상 근로자성을 인정하였다.
138) 임상민c, 348면.

한편 주식회사 대교 학습지 교사의 근기법상 근로자성이 문제된 사건에서도 원심에서 근로자성을 부정하였고 대법원에서 심리불속행 기각된 적이 있다.[139]

나. 보험모집인(대법원 2000. 1. 28. 선고 98두9219 판결): 근로자성 부정

대법원은 여러 사정을 들어, 그 업무수행에 관한 보험회사의 지시감독은 간접적인 형태로 이루어질 수밖에 없다는 특성을 감안하더라도, 보험모집인의 근로시간 및 근로내용이 보험회사에 의하여 지배, 관리된다고 볼 수는 없으므로 보험모집인이 보험회사와 종속적인 관계에서 노무를 제공하였다고 할 수 없다고 판시하면서 근기법상 근로자성을 부정하였다.[140]

구체적인 사실관계가 다양할 수 있으나, 대법원이 보험모집인의 근기법상 근로자성을 부정한 것 역시, 상당한 지휘·감독을 인정하기에 부정적인 요소가 있을 뿐만 아니라, 대체로 학습지 교사보다 독립사업자성이 더 강하다고 볼 수 있는 요소들이 있음을 고려한 것으로 보인다.

다. 채권추심원(대법원 2020. 4. 29. 선고 2018다229120 판결 등 vs 대법원 2020. 4. 29. 선고 2018다293534 판결 등): 근로자성 인정례(다수)[141]와 근로자성 부정례[142]가 나뉨

대법원은 다수의 판결에서 채권추심원의 근기법상 근로자성을 인정하였다. 다수의 판결에서 채권추심원의 근기법상 근로자성을 인정한 근거는 다음과 같다. ① 신용정보법상 각종 규제를 받아야 하는 업무의 특성상 강력한 통제 즉

---

139) 대법원 2016. 12. 29.자 2016다42640 판결.

140) 최근 보험회사 위탁계약형 지점장의 근기법상 근로자성이 문제된 사건들이 다수 있었는데, 근로자성을 인정한 판결도 있고, 근로자성을 부정한 판결도 있다. 근로자성을 인정한 판결로는 대법원 2022. 4. 14. 선고 2021두33715 판결(한화생명보험, 파기환송), 대법원 2022. 4. 14. 선고 2020다238691 판결(농협생명보험, 원심 수긍), 근로자성을 부정한 판결로는 대법원 2022. 4. 14. 선고 2020다254372 판결(오렌지라이프생명보험, 원심 수긍), 대법원 2022. 4. 14. 선고 2021다246934 판결(흥국화재해상보험, 원심 수긍) 등이 있다.

141) 대법원 2007. 11. 30. 선고 2005도2201 판결, 대법원 2008. 5. 15. 선고 2008두1566 판결, 대법원 2010. 4. 15. 선고 2009다99396 판결, 대법원 2016. 4. 15. 선고 2015다252891 판결(원심 파기), 대법원 2018. 6. 28. 선고 2018다211655 판결(원심 파기), 대법원 2020. 4. 29. 선고 2019다241547 판결, 대법원 2020. 4. 29. 선고 2019다290822 판결, 대법원 2020. 4. 29. 선고 2018다229120 판결(원심 파기), 대법원 2020. 6. 25. 선고 2018다292418 판결(원심 일부 파기, 원심은 채권추심원이 입사 당시 근로기준법상 근로자였음을 인정하면서도 다른 근무처에서 얻은 소득이 50% 이상이 된 일정 시점 이후에는 더 이상 근로기준법상 근로자가 아니라고 판단하였으나, 대법원은 다른 근무처에서 얻은 소득이 50% 이상인지 여부를 근로관계의 실질 판단에서 일의적 기준으로 삼을 수 없다는 이유로 원심을 일부 파기환송하였다).

142) 대법원 2009. 5. 14. 선고 2009다6998 판결, 대법원 2013. 7. 12. 선고 2013다27336 판결, 대법원 2015. 9. 10. 선고 2013다40612, 40629 판결, 대법원 2020. 4. 29. 선고 2018다293534 판결.

상당한 지휘, 감독이 필요하다. ② 정규 직원과 동일하게 근무시간, 장소의 구속을 받고, 업무 지시 및 교육 훈련 등을 받는다. ③ 컴퓨터 사용을 위해 사무실에 출근하지 않고서는 업무수행이 불가능한 한편, 사무실, 컴퓨터, 전화 등 제반 비품은 회사 소유이다. ④ 업무의 전속성과 계속성이 인정된다. ⑤ 계약내용에 취업규칙에 갈음할 만한 사항이 포함되어 있고, 계약관계의 성립, 유지, 종료에 대한 주도권이 회사에게 있다.

채권추심원의 근기법상 근로자성을 부정한 판결에서 판시하는 주된 근거는 다음과 같다. ① 시간·장소적 구속성이 없고 구체적인 지휘·감독이 없다.[143] ② 고정급이 없고 수수료 편차가 크다. ③ 실적 관리와 이에 따른 불이익조치 등 상당한 지휘·감독에 대한 증명이 부족하다.

채권추심원이 노무를 제공하는 형태에 따라 근기법상 근로자성 판단이 달라질 수 있는 것은 당연하지만, 과연 위 판례들이 서로 다른 노무 제공 형태에 따라 판단을 달리 하고 있다고 단정할 수 있는지는 의문이다. 독립사업자성을 인정할 수 있는 요소를 얼마나 가지고 있는지가 주된 판단요소가 되어야 하지 않을까 생각한다.

한편 대법원은 같은 회사의 경우에도 시기에 따라 채권추심원의 근로자성을 다르게 볼 수 있다고 판단하였음을 유의하여야 한다. 즉 채권추심업무계약서를 변경하여 '채권추심원은 자유직업소득자로서 업무수행 시간과 장소는 별도로 정하지 아니한다'고 규정하고, 근무시간 및 장소에 관한 규정을 삭제하였을 뿐만 아니라 출근 여부나 출근시간이 실질적으로 강제되었다고 보기 어려우며, 채권추심원을 팀으로 나누어 팀장이 팀원들을 관리하면서 실적을 독려하는 팀제도와 채권추심원의 실적에 따라 벌점을 부과하거나 시상을 하는 상벌제도를 일정 기간 유지하였으나 그 후 그러한 제도를 폐지하는 등 노무 제공 형태가 실질적으로 변경된 사안에서 그러한 변경 시점 이후에는 근로자성을 부정하였다.[144]

라. 골프장 캐디(대법원 1996. 7. 30. 선고 95누13432 판결): **근로자성 부정**[145]

대법원은 다음과 같은 사정을 근거로 골프장 캐디의 근기법상 근로자성을

---

143) 상당한 지휘·감독으로 판단 기준이 변화된 이상, 구체적 지휘·감독의 부존재를 이유로 근기법상 근로자성을 부정하는 것은 타당하지 않다 할 것이다.

144) 대법원 2022. 9. 29. 선고 2019다295773 판결.

145) 이 판결에 대한 비판으로는 강성태c, 87면 이하; 김선수c, 39면 이하; 오윤식, 201면 이하; 임상민a, 64면 이하.

부정하였다.

① 골프장 시설운영자(회사)와 사이에 근로계약·고용계약 등의 형태로 된 노무공급계약을 체결하고 있지 않았다.

② 캐디가 제공하는 경기 보조 용역은 원래 골프장측이 내장객에 대하여 당연히 제공하여야 하는, 필요 불가결한 성격의 것이 아니다.

③ 경기 보조 업무 수행의 대가로 내장객한테서 직접 캐디 피(caddie fee)라는 명목으로 봉사료만을 수령하고 있을 뿐 회사한테서는 어떠한 금품도 받지 않는다.

④ 용역을 제공하면서 순번의 정함은 있으나 근로시간의 정함이 없어 자신의 용역 제공을 마친 후에는 골프장 시설에서 곧바로 이탈할 수 있다.

⑤ 내장객의 감소 등으로 예정된 순번에 자신의 귀책 사유 없이 용역 제공을 할 수 없더라도 회사가 캐디 피에 상응하는 금품이나 법 소정의 휴업수당을 지급하지 않는다.

⑥ 업무 수행 과정에서 회사로부터 구체적이고 직접적인 지휘·감독을 받고 있지 않다. 업무 수행을 게을리 하여도 순번이 맨 끝으로 배정되는 등의 사실상의 불이익을 받을 뿐 회사가 달리 복무 질서 위배 등을 이유로 징계 처분을 하지는 않는다.

⑦ 근로소득세를 납부하지 않는다.

골프장 캐디의 근로자성은 이후에도 여러 번 소송에서 다투어졌다.[146] 그러나 대법원 2014. 2. 13. 선고 2011다78804 판결, 대법원 2014. 2. 27. 선고 2010두29284 판결, 대법원 2014. 5. 29. 선고 2012다47241 판결 등에서 근기법상 근로자성이 계속하여 부정되었다.[147]

위 대법원 판결은 다음과 같은 점에서 그 타당성에 의문이 있다.

첫째, 2006년 대법원 판결 이후에는 상당한 지휘·감독으로 판단기준이 변화하였음에도 불구하고 여전히 구체적 지휘·감독이라는 판단기준을 이용하고 있다. 구체적 지휘·감독이 있으면 다른 판단기준에 대한 고려 없이 그 자체로 근기법상 근로자성을 인정할 수 있을 것이나, 구체적 지휘·감독이 없더라도 상당한 지휘·감독이 인정되면 다른 판단기준들과의 종합적 고려를 통해 근기법상 근로자성을 인정받을 수 있음에도 상당한 지휘·감독 여부에 대한 판단이 없다.

---

146) 골프장 캐디는 전속지입차주인 운송기사와 함께 하급심에서 근로자성 판단이 가장 많이 갈렸던 직종이다. 골프장 캐디에 대한 쟁송 사례는 임상민a, 73면 참조.

147) 다만 대법원 2014. 2. 13. 선고 2011다78804 판결에서는 노조법상 근로자성을 인정하였다.

둘째, 근로소득세 미납은 근기법상 근로자성을 약화시키는 판단기준이 될 수 없다.

셋째, 근로계약의 체결 여부는 형식이 아닌 실질을 통해 판단하여야 하는데, 실질적 판단이 흠결된 것으로 보인다.

넷째, 캐디가 제공하는 경기 보조 용역이 원래 골프장이 내장객에 대하여 당연히 제공하여야 하는, 필요 불가결한 성격의 것이 아니라고 단정할 수 있는지 의문이다. 또한 이 부분 판단기준이 2006년 대법원 판결이 정립한 근기법상 판단기준의 어디에 해당하는지도 불분명하다. 나아가 적어도 골프장 캐디가 제공하는 용역은 골프장 회사의 경영을 위하여 필수불가결한 요소에는 해당한다.

다섯째, 캐디 피 금액의 결정권이 골프장 회사에 있고, 골프장 회사가 캐디 피의 지급 여부도 관리한다는 점에서 보면, 캐디 피의 지급과정은 골프장 회사가 내장객으로부터 받아서 캐디에게 지급할 것을 근로자성을 회피하기 위하여 내장객이 캐디에게 직접 지급하는 형식을 취한 것으로 이해할 수 있다.

결국 골프장 회사의 캐디에 대한 상당한 지휘·감독이 인정되고, 캐디가 골프장 회사와 독립적으로 이윤창출이나 손실의 위험을 부담한다고 볼 수 없다면, 근기법상 근로자성을 인정함이 타당하다고 볼 여지가 상당할 것이다.

마. 전속 지입차주인 운송기사(대법원 2013. 7. 11. 선고 2012다57040 판결 vs. 대법원 2018. 10. 25. 선고 2015두51460 판결): 근로자성 부정례와 인정례가 나뉨

(1) 대법원 2012다57040 판결[148]: 근로자성 부정

대법원은 운수회사와, 자신의 소유이나 지입회사(운수회사) 명의로 등록된 화물트럭에 관한 '위·수탁 관리계약' 또는 '제품 운송용역 계약'을 체결하여 지입회사가 제 3 자로부터 위탁받은 제품운송업무 중 일부를 수행하면서 용역비 명목으로 매월 일정액을 지급받아 온 사안에서, 다음과 같이 판단하여 근기법상 근로자성을 부정하였다.

① 일정한 자본을 투자하여 운송사업을 영위하는 지입차주로서 지입회사와 별도의 운송용역계약을 체결하고 그에 따른 용역비를 지급받은 것으로 봄이 타당하다.

② 지입차주가 상당기간 고정된 운송일정과 운송경로에 따라 특정 운송업무를 반복 수행하며 지입회사에서 일정한 금원을 지급받은 것은 위 운송용역계

---

148) 이 판결에 대한 평석으로는, 임상민b, 311~321면 참조.

약의 내용과 특성에 따른 것일 뿐 그와 같은 사정만으로 갑이 을 회사에 대하여 종속적인 관계에서 임금을 목적으로 근로를 제공하는 근기법상 근로자에 해당한다고 볼 수 없다.

(2) 대법원 2015두51460 판결: 근로자성 인정

대법원은 최근에 다음과 같은 사정을 근거로 위 판결에서 전속 지입차주의 법상 근로자성을 인정하였다(상고기각).

① 전속 지입차주인 운송기사 원고는 휴일을 제외한 날을 근무일로 하여 운송 업무를 담당하면서 그 대가로 운송회사로부터 매월 고정급과 실비변상적인 유류비, 도로통행비, 주차비 등을 지급받아 왔다. 휴일에 근무하는 경우에는 특근으로 인정되어 추가로 수당을 지급받았다.

② 원고가 지급받은 급여는 물품 운송의 양이나 배송 횟수, 배송 거리 등에 따라 그 액수가 달라지지 않았다. 원고는 운송 업무의 증감에 따른 위험을 부담하지 않았고, 이윤과 손실은 모두 참가인에게 귀속되었다.

③ 원고는 운송회사의 지시에 따라 물품을 운송하였고, 독립적인 지위에서 물품 운송을 위탁받을 수 없었으며, 운송회사가 지정하는 물품 외에 다른 물품 운송을 할 수 없었다.

④ 원고의 휴가일수와 기간이 미리 정해져 있었고, 배송조수의 고용 여부와 근로조건도 운송회사가 정하였다.

(3) 검   토

종래 판결을 전체적으로 보면, 지입차주에 관하여는 대체로 근로자성을 부정하는 판결이 많지만, 지입차주의 노무 제공 태양을 볼 때 전속성이 있는 경우에는 독립사업자성을 부정하여 근로자성을 인정하는 판결이 오히려 다수였다고 평가할 수 있다.

지입차주의 근로자성을 부정한 판결 중 대법원 1995. 6. 30. 선고 94도2122 판결, 대법원 1996. 11. 29. 선고 96누11181 판결, 대법원 2000. 10. 6. 선고 2000다30240 판결, 대법원 2011. 6. 9. 선고 2009두9062 판결 등은 제 3 자 업무 대체성이 인정되는 사안(특히 96누11181 판결은 지입차주가 운전기사를 고용하는 형태였음)이어서 독립사업자성이 강한 사안이다. 또한 대법원 1998. 5. 8. 선고 98다6084 판결은 지게차 지입차주 스스로 제 3 자와 중기임대차계약을 체결하는 사

안이어서 회사 측에서 제 3 자(화주)와 배송계약을 체결하고 지입차주가 제 3 자
즉 시장에 독립적으로 접근할 수 없는 전속 지입차주와는 사안이 다르다.

　　반면에, 대법원 2000. 1. 18. 선고99다48986 판결, 대법원 2013. 4. 26. 선고
2012도5385 판결,[149] 서울고법 2010. 5. 12. 선고 2009누18907 판결[150] 등은 모
두 원칙적으로 고정급인 점, 인력 대체가 현실적으로 불가능한 점, 독립적인 시
장 접근 가능성이 없는 점 등을 이유로 전속 지입차주의 근로자성을 인정하였
다. 그리고 대법원 2010. 5. 27. 선고 2007두9471 판결은 화물자동차에 대한 대
내적 소유권을 가진 지입차주가 아니라는 점에서 근로자성을 인정하기 유리한
측면이 있는 한편, 고정급이 아니라 운반물량에 의하여 정산된 변동급을 수령하
였다는 점에서 근로자성을 인정하기 불리한 측면도 있는 사안에서 근기법상 근
로자성을 인정하였다. 또 대법원 2007. 9. 6. 선고 2007다37165 판결은 화물자동
차 운전기사가 아니라 99다48986 판결과 같이 학원 운전기사 사안이고, 회사가
4대 보험, 원천징수 근로소득세를 납부한 점에서 근로자성을 인정하기에 유리한
측면이 부가되어 있는 사안에서 근기법상 근로자성을 인정하였다. 대법원 2024.
1. 25. 선고 2020두54869 판결은 지입차주가 출장문서파쇄업을 하는 회사의 업
무지시를 받고 지입차량에 설치된 파쇄장비로 문서파쇄 및 운송업무를 수행하
면서 매월 고정급을 지급받고 위 회사의 문서파쇄업무를 위해서만 지입차량을
사용해 온 사안에서 지입차주의 근기법상 근로자성을 인정하였다.

　　요컨대, 대법원 판례의 주류적 흐름을 보면 전속성이 인정되고 업무 대체성
이 없는 전속 지입차주에 관한 사안에서는 레미콘 운송기사를 제외하고는 근기
법상 근로자성을 인정해 왔다고 볼 수 있다. 그런 점에서 보면, 대법원 2012다
57040 판결은 주류적 흐름에 부합하는 판결로는 보이지 아니한다. 또한 대법원
2012다57040 판결은 2006년 대법원 판결이 제시한 근기법상 근로자성 판단기
준을 구체적으로 대입하여 판단하지 아니하였다는 점에서도 그 타당성에는 의
문이 있다.

) 화물자동차 운전기사가 아니라 수영장 셔틀버스 운전기사 사안이라는 점에서 차이가 있으
　　나 그 차이가 결론을 달리 할 만한 본질적인 차이라고 보이지는 아니한다.
150) 상고미제기로 확정되었다.

바.　입시학원 단과반 강사(대법원 1996. 7. 30. 선고 96도732 판결 vs. 대법원
　　2019. 1. 17. 선고 2018다260602 판결): 근로자성 부정례와 인정례가 나뉨[151]

(1) 대법원 96도732 판결: 근로자성 부정[152]

대법원은 다음과 같은 사정을 근거로 위 판결에서 원심을 파기하고 입시학
원 단과반 강사의 법상 근로자성을 부정하였다.

① 학원이 강사의 강의내용에 대하여 거의 규제를 하지 아니하였다.

② 학원 강사들이 자신의 지명도를 높이기 위해 독자적으로 선전광고를 시
행하였고, 특정학원에만 출강하는 것도 아니었다(전속성 부정). 나아가 불법고액
과외 등 다른 형태의 업무에도 종사하였다.

③ 강사료 수입을 보더라도, 월 강사료가 616,000원인 강사가 있었던 반면
4,760,000원인 강사도 있었다. 즉 수강생 감소로 인한 위험을 전적으로 강사가
부담하고 있었다.

(2) 대법원 2018다260602 판결: 근로자성 인정

이 사건에서는 입시학원 단과반 강사가 입시학원에서 한 특강 시간, 정규반
강의나 질의응답 시간이 소정근로시간에 포함되는지가 쟁점이었는데, 대법원은
다음과 같은 사정을 근거로 원심을 파기하고 소정근로시간에 해당하는 것으로
판단하였다. 이는 입시학원 단과반 강사의 근기법상 근로자성이 인정됨을 전제
로 한 것이다.

① 특강의 개설이나 폐지 여부를 피고 학원이 결정하였다. 강사들은 피고
학원이 개설하여 배정한 시간에 피고 학원이 지정한 장소에서 피고 학원의 수
강생들을 대상으로 특강 강의를 하였다.

② 기숙학원인 피고 학원은 정규반 강의와 질의응답 시간 외에 특강 시간까
지 포함하여 수강생들의 일정을 관리해 왔다. 이를 위해 피고 학원과 강사들은
특강의 개설과 배정, 보수의 지급 등에 관하여 미리 정하고 있었던 것으로 보이
고, 피고 학원이 강사들의 특강 업무를 구체적으로 관리·감독한 것으로 보인다.

③ 원고들이 특강에 대한 대가로 수강생이 지급한 수업료의 50%를 지급받

---

151) 입시학원 담임강사의 근로자성을 인정한 사례로는 대법원 2007. 1. 25. 선고 2005두8436 판
　　결, 대학교 시간강사의 근로자성을 인정한 사례로는 대법원 2007. 3. 29. 선고 2005두13018 판
　　결 참조.
152) 1994년 대법원 판결이 판시한 판단기준을 토대로 한 것이므로, 2006년 대법원 판결이 판
　　시한 판단기준을 토대로 할 때에도 결론이 동일할 것이라고 단정하기는 어렵다.

았다고 하여 그러한 보수가 근로의 대가로 지급된 임금이 아니라고 볼 수 없다.

(3) 그 외 학원 강사: 근로자성 인정

대법원은 위 대법원 96도732 판결에서 입시학원 단과반 강사의 근기법상 근로자성을 부정한 이외에는, 입시학원 보직 담당 종합반 강사,[153] 미용학원 강사,[154] 대학입시 기숙학원 강사,[155] 수학학원 강사,[156] 어학원 외국어 또는 원어민 강사[157] 사건에서 모두 근기법상 근로자성을 인정하였다.

(4) 방과 후 (컴퓨터)강사: 근로자성 인정

대법원 2020다204346 판결, 대법원 2020다219843 판결[158]은 초등학교 방과 후 (컴퓨터)강사에 관하여 학교와 위탁계약을 체결하고 강사를 보낸 회사를 사용자로 하여 근기법상 근로자성을 인정하였다.

사. 백화점 내 매장 관리·판매원(대법원 2017. 1. 25. 선고 2015다59146 판결 vs 대법원 2020. 6. 25. 선고 2020다208287 판결 등): 근로자성 긍정례와 부정례(다수)가 나뉨[159]

(1) 대법원 2015다59146 판결: 근로자성 인정

대법원은 다음과 같은 사정을 근거로 원심판결을 파기하고, 백화점 내 매장 관리·판매원의 근기법상 근로자성을 인정하였다.

① 백화점 입점 회사는 당초 정규직으로 하여금 백화점 내 매장 관리·판매업무를 수행하도록 하다가 일괄 사직서를 제출받고 그들과 판매용역계약을 체결하여 백화점 내 매장 관리·판매업무를 수행하도록 하였는데, 정규직이었던 시기와 백화점 내 매장 관리·판매원인 시기의 업무내용이 달라진 것으로 보이지 않는다.

② 백화점 내 매장 관리·판매원이 백화점 입점 회사에 의하여 지정된 근

---

153) 대법원 2007. 1. 25. 선고 2005두8436 판결.
154) 대법원 2007. 9. 7. 선고 2006도777 판결.
155) 대법원 2012. 7. 26. 선고 2010도15672 판결.
156) 대법원 2011. 8. 18. 선고 2011도2236 판결.
157) 대법원 2015. 7. 9. 선고 2015다19483 판결, 대법원 2015. 6. 11. 선고 2014다88161 판결, 대법원 2019. 10. 18. 선고 2018다239110 판결.
158) 대법원 2020. 6. 25. 선고 2020다204346 판결, 대법원 2020. 6. 25. 선고 2020다219843 판결.
159) 백화점 내 매장 관리·판매원의 근기법상 근로자성을 인정한 사례로는 대법원 2017. 1. 25. 선고 2015다59146 판결이 있다. 근기법상 근로자성을 부정한 사례로는 대법원 2020. 6. 25. 선고 2020다207864 판결, 대법원 2020. 6. 25. 선고 2020다208287 판결, 대법원 2020. 6. 25. 선고 2020다211184 판결이 있다.

무장소에서 백화점 영업시간 동안 지정된 물품만을 지정된 가격으로 판매한다.

③ 백화점 내 매장 관리·판매원은 백화점 근무 시 백화점 매장관리 지침을 준수하면서 백화점에서 요구하는 통상적인 수준의 서비스 품질을 유지할 것을 요구받았다. 또한 백화점 입점 회사는 전산시스템을 통하여 각 매장의 재고 현황을 실시간으로 파악할 수 있었다.

④ 백화점 입점 회사가 백화점 내 매장 관리·판매원과 판매용역계약을 체결한 후 내부 전산망을 통하여 백화점 내 매장 관리·판매원에게 업무와 관련하여 각종 공지를 하였다.

⑤ 백화점 내 매장 관리·판매원이 휴가, 병가 등을 사용할 경우 사전 또는 사후에 백화점 입점 회사에 보고하였다.

⑥ 매장에서 사용되는 비품, 작업도구 등이 모두 백화점 입점 회사 소유로 백화점 내 매장 관리·판매원에게 무상으로 제공되었다.

(2) 대법원 2020다207864 판결: 근로자성 부정

대법원은 다음과 같은 사정을 근거로 백화점 내 매장 관리·판매원의 근기법상 근로자성을 부정한 원심판결을 수긍하였다.

① 정규직 직원으로 근무하다가 일괄적으로 사직서를 제출하고 위탁판매계약을 체결하는 등의 방법으로 신분이 강제 전환된 사람들과 달리, 이 사건 백화점 내 매장 관리·판매원들은 처음부터 위탁판매계약에 따른 매장관리자의 지위만을 유지해 왔다.

② 백화점 입점 회사는 백화점 내 매장 관리·판매원의 출근 및 퇴근 시간을 정기적으로 확인하는 등 근태관리를 하지 않았고 휴가를 통제하지 않았으며, 징계권을 행사하지도 않았다.

③ 백화점 입점 회사는 매장의 판매원 채용에 관여하거나 판매원의 급여를 부담하지 않았으며, 백화점 내 매장 관리·판매원은 매장 상황에 따라 필요한 판매원을 직접 채용하여 근무를 관리하면서 급여를 지급하였다.

④ 백화점 내 매장 관리·판매원은 다른 판매원으로 하여금 일정 정도 자신을 대체하여 근무하게 할 수 있었고, 백화점 입점 회사와 위탁판매계약을 체결하고 아울렛 매장을 운영한 사람이 동시에 백화점 입점 회사의 대리점을 운영하는 등 겸업을 하기도 하였다.

⑤ 백화점 내 매장 관리·판매원은 백화점 입점 회사가 무상으로 사용하게 한 비품을 제외한 매장 운영에 필요한 나머지 비품을 구입하거나 비용을 부담하였다.

(3) 검   토

백화점 내 매장 관리·판매원의 근기법상 근로자성을 인정한 사례와 부정한 사례를 비교해 보면, ① 기존에 같은 업무를 수행한 정규직 근로자였는지, ② 근무시간, 휴가 사용 등에 구속 내지 통제를 받았는지, ③ 다른 판매원을 채용하여 자신을 대체하게 하거나 겸업을 할 수 있었는지, ④ 매장 운영비용을 자신이 부담하였는지 등에 대한 간접사실이 서로 다른 사안이었다고 볼 수 있다. 따라서 근기법상 근로자성을 인정한 사례와 부정한 사례는 합리적인 이유로 서로 결론을 달리한 것으로 평가할 수 있을 것이다.

아. **일용 공사현장의 십장**(什長, 대법원 2018. 8. 30. 선고 2018두43330 판결): 근로자성 인정

대법원은 다음과 같은 사정을 근거로 원심판결을 파기하고, 일용 공사현장 십장의 근기법상 근로자성을 인정하였다.

① 십장은 공사의 원수급자에게 단열재를 납품한 A로부터 단열재 시공 작업을 해 줄 것을 요청받고 공사에 참여하였다. 공사에 사용된 단열재 등 자재의 구입비용도 십장이 부담한 것은 아니다.

② 원수급인의 현장작업지시자들은 십장에게 작업현장의 도면을 건네주거나 보여주지 않고 단열재 부착 위치와 방법 등 십장이 수행하여야 할 구체적인 업무의 내용을 직접 지시하는 등 업무 수행 과정에서 십장과 그 팀원들에게 상당한 지휘·감독을 한 것으로 보인다.

③ 십장은 공사현장에서 원수급인 또는 A의 지시에 따라 단열재 시공 업무를 수행하고 일정한 보수를 지급받기로 하였다. 십장과 그 팀원들이 지급받기로 한 보수는 그 산정 경위 등에 비추어 시공면적보다는 공사에 투입될 인력을 기준으로 산정된 것으로 보여 근로제공 자체에 대한 대가로서의 성격이 커 보인다.

④ 공사 이전에 십장이 사업자등록을 하고 부가가치세를 신고·납부한 적이 있으나 그러한 사정만으로 근로자성이 부정된다고 단정할 수 없다(더구나 십장은 공사와 관련하여서는 세금계산서를 발행하지도 않았다).

자. 임원: 근로자성 부정례와 인정례가 나뉨

회사 임원이 근기법상 근로자인지에 관하여는 부정례와 인정례가 나뉜다. 부정례로는 대법원 2001. 2. 23. 선고 2000다61312 판결을 들 수 있다. 인정례로는 대법원 1997. 12. 23. 선고 97다44393 판결, 대법원 2003. 9. 26. 선고 2002다64681 판결, 대법원 2017. 9. 7. 선고 2017두46899 판결, 대법원 2020. 6. 4. 선고 2019다297496 판결[160]을 들 수 있다.

한편 회사 임원은 등기임원과 비등기임원으로 대별할 수 있다.[161]

임원의 근기법상 근로자성을 부정한 대법원 2000다61312 판결은, '주식회사의 업무집행권을 가진 이사 등 임원'이라는 표현을 쓰고 있어 등기임원에 대한 사안으로 보인다.

임원의 근기법상 근로자성을 인정한 대법원 97다44393 판결, 대법원 2002다64681 판결 등은 모두 비등기임원에 대한 사안이다.[162] 비등기임원은 주주총회의 선임 결의, 등기 등을 거쳐서 법정 권한을 보유하는 등기임원과 달리 비록 이사라는 직함을 사용하더라도 상법상 이사로서의 직무권한을 행사할 수 없음을 주된 이유로 한다. 이에 대하여 비등기임원이라 하더라도, 대기업의 특정 사업부분 등의 최고책임자로서 인사, 재정, 대외적 계약체결 등의 폭넓은 재량권을 가지고 등기임원에 준하는 권한과 처우가 인정되는 자와 소규모 기업 등에서 실질적으로는 경영자이지만 등기로 인한 법적 규제를 회피할 목적으로 등기를 하지 아니한 자의 경우에는 근로자로 보아서는 안 된다는 비판이 있다.[163]

임원의 근기법상 근로자성을 인정한 대법원 2017두46899 판결 사안은 등기임원에 대한 사안이다. 비록 등기임원이지만 근무시간, 근무장소에 구속되는 등 대표이사의 지휘·감독 아래 있음을 주된 이유로 한다. 그러나 상법상 이사로서

---

160) 대법원 2019다297496 판결의 원심(서울서부지법 2019. 11. 14. 선고 2019나32419 판결)은 부사장으로 호칭되었고 일반 근로자가 아닌 관리자로 근무하였으며, 사원총회에서 의결권을 행사한 점 등을 들어 근로기법상 근로자성을 부정하였다. 그러나 대법원 2019다297496 판결은 임원으로 등기되지 않았고, 회사 운영에 실질적으로 관여하지 않았으며, 정시 출근하여 배분받은 용역 업무를 수행하였고, 회사 취업규칙의 적용을 받은 사정 등을 들어 근기법상 근로자성을 인정하면서 원심을 파기환송하였다.

161) 대법원 2002다64681 판결은 "등기임원과 비등기임원 사이에 있어서 업무수행권한의 차이가 없다고 단정할 수 없다."고 판시하고 있다.

162) 대법원 2000. 9. 8. 선고 2000다22591 판결은 '이사대우'에 대한 사안인데, 비등기임원과 마찬가지로 근기법상 근로자성이 인정되었다.

163) 이원재, 99면.

의 직무권한을 행사할 수 있음에도 불구하고 실질적으로 위임계약이 아니고 근로계약이라고 단정할 수 있는지 의문의 여지가 있어 보인다.

　　차. 재택위탁집배원(대법원 2019. 4. 23. 선고 2016다277538 판결): 근로자성 인정

　　대법원은 다음과 같은 사정을 근거로 재택위탁집배원의 근기법상 근로자성을 인정하였다.

　　① 근무시간, 근무장소에 관하여 구속된다.

　　② 담당 집배구 임의 변경 불가, 날짜별 우편물의 양, 수수시간, 반환시간 등 기재 또는 결재, '재택집배원 근무상황부'를 통한 출근, 결근, 휴가 등 관리, 휴대용 단말기(PDA) 제공을 통한 등기우편물의 배달결과 실시간 입력 등으로 상당한 지휘·감독이 이루어진다.

　　③ 시간당 일정 금액에 이 사건 위탁계약에서 정한 근무시간과 실제 근무일수를 곱한 위탁수수료를 매월 말일 받았고, 연장 및 휴일근로수당 등을 지급받았으며, 2014. 2.경부터는 세대수를 기준으로 산정한 수수료와 등기우편물 배달수수료 등을 받았다.164)

　　④ 우편배달업무를 수행하는 피고(대한민국)의 다른 근로자인 상시위탁집배원·특수지위탁집배원과 본질적으로 같은 업무를 동일한 방식으로 처리하였다.

　　카. 주민자치센터 자원봉사자(대법원 2019. 5. 30. 선고 2017두62235 판결
　　　　등165)): 근로자성 인정

　　대법원은 다음과 같은 사정을 근거로 주민자치센터 자원봉사자의 근기법상 근로자성을 인정하면서 이와 반대 취지로 판시한 항소심 판결을 파기, 환송하였다.166)

　　① 봉사실비 명목으로 지급받는 돈, 총괄관리자 및 회계책임자로서 지급받는 지원금 등을 합치면 최저임금법상의 월 최저임금액과 유사하거나 이를 상회한다.

---

164) 따라서 수익 창출이나 손실 부담의 위험을 스스로 부담하고 있다고 볼 수 없다.
165) 대법원 2020. 7. 9. 선고 2018두38000 판결도 근기법상 근로자성을 인정하였다.
166) 피고보조참가인이 2009. 1.경부터 원고 지방자치단체로부터 자원봉사자로 위촉되어 계속 근무하다가 2013. 1. 2.경 다시 자원봉사자로 재위촉되어 계속 근무해 왔는데(2013. 2.경부터 총괄관리자 및 회계책임자로서의 업무도 수행하였다), 지방자치단체가 2015. 12.경 재위촉을 거부하자, 피고보조참가인이 원고 지방자치단체를 상대로 부당해고 구제신청을 한 사안이다. 경기지방노동위원회가 참가인이 원고의 근로자임을 전제로 구제신청을 인용하였고, 중앙노동위원회가 원고의 재심신청을 기각하자, 원고가 재심판정의 취소를 구하는 소를 제기하였다. 1심은 근기법상 근로자성을 인정하여 원고의 청구를 기각하였으나, 항소심은 근기법상 근로자성을 부정하여 1심 판결을 취소하고 원고의 청구를 인용하였다.

② 사용자(지방자치단체)와 자원봉사자 모두 봉사실비와 지원금을 근로의 대가로 인식한 것으로 보인다.

③ 지방자치단체 또는 그 소속 주민자치센터는 자원봉사자의 근무시간, 근무장소를 정하였고, 운영세칙이 정한 업무수행, 근무일지와 근무상황부 작성, 업무자료 작성 및 제출, 근무일지 확인 등을 통해 자원봉사자에게 상당한 지휘·감독을 하였다.

④ 지방자치단체가 자원봉사자의 4대 보험 가입을 추진하였고, 구청에 자원봉사자 현황 보고를 요구하는 공문을 보내기도 하였다.

다만 대법원은 재위촉 거부 당시에 자원봉사자가 근기법상 근로자에 해당한다는 취지로 판시하고 있어, 자원봉사자 위촉 당시부터 근기법상 근로자였다는 것인지, 총괄관리자 및 회계책임자로서의 업무를 수행한 이후부터 비로소 근기법상 근로자가 되었다는 것인지를 분명하게 밝히고 있지는 않다.[167]

타. 천도교 종무위원 겸 교무관장(대법원 2020. 7. 23. 선고 2019두59417 판결): 근로자성 부정

원심(서울고법 2019누31053 판결)[168]은, 다음과 같은 이유로 천도교 종무위원 겸 교무관장의 근기법상 근로자성을 부정하였는데, 대법원이 상고를 기각함으로써 그대로 확정되었다.

---

167) 만일 총괄관리자 및 회계책임자로서의 업무를 수행한 이후부터 비로소 근기법상 근로자가 되었다고 본다면, 봉사 명목 실비만 받고 업무를 수행하는 전국 주민자치센터 자원봉사자들의 근기법상 근로자성을 인정하는 취지의 판결은 아니고 해당 사안의 특수한 사정에 따른 개별 사건의 판단으로 볼 수 있다. 그러나 자원봉사자 위촉 당시부터 근기법상 근로자였다고 본다면, 봉사 명목 실비만 받고 업무를 수행하는 전국 주민자치센터 자원봉사자들의 근기법상 근로자성을 인정하는 취지여서 다수의 주민자치센터 자원봉사자들과 관련하여 최저임금법 위반이 정면으로 문제될 수 있을 것이다. 사견으로는, 다음과 같은 이유로 자원봉사자들의 근기법상 근로자성을 부정할 논거를 찾기가 쉽지 않을 것으로 생각한다. 첫째, 자원봉사활동 기본법이 정하는 자원봉사활동은 무보수(무대가) 활동을 전제로 하므로(위 기본법 3조 1호), 봉사 명목 실비가 진정한 '실비', 즉 실제 소요된 경비로 지급된 것이 아니라면 봉사 명목 실비는 자원봉사활동(자원봉사자가 제공하는 노무)의 대가, 즉 보수로 지급된 것이라 할 것이고, 그렇다면, 자원봉사자가 제공하는 노무를 위 기본법이 정하는 자원봉사활동이라고 볼 수 없다. 둘째, 자원봉사자가 제공한 노무가 근기법이 정하는 근로, 즉 종속노동에 해당한다면(상당한 지휘·감독 등이 인정되고 독립사업자성이 없다면) 봉사 명목 실비의 실질은 근로의 대가 즉 임금이라 할 것이다. 결국 자원봉사자들은 임금을 목적으로 근로를 제공하는 자, 즉 근기법상 근로자로 볼 여지가 있다. 다만, 다수의 주민자치센터 자원봉사자들을 근기법상 근로자로 보고 봉사 명목 실비에 관하여 최저임금법을 적용하는 것이 정책적으로 부당하고 위 기본법의 취지에 반한다고 볼 여지 또한 있을 것이다.

168) 서울고법 2019. 8. 21. 선고 2019누31053 판결. 그러나 지노위, 중노위와 제 1 심(서울행법 2018. 12. 13. 선고 2018구합64627 판결)은 근기법상 근로자성을 인정하였다.

　① 종무위원과 교무관장은 천도교 교회 내부적으로 명예직이자 봉사직으로 인식된다.

　② 따라서 노무 제공 대가로 받은 돈 또한 활동비를 포함하여 명예로운 사례이지 임금 명목이라 볼 수 없다.

　③ 교무관장은 종무위원회 의결에 참여하고 분담사무의 종사를 지휘하므로 직무수행상 종속성이 없고, 상급자인 교령이나 종무원장의 구체적인 업무지시를 받았다고 볼 수 없다.

　그러나 위 판결은 다음과 같은 이유로 타당성에 의문이 있다.

　첫째, 천도교 종무위원 및 종무관장은 교령 등과 달리 원고(천도교중앙총부)의 취업규칙인 인사·복무규정, 보수규정의 적용을 받는 교역자로 구분되고, 인사·복무규정은 그 적용대상자에 관하여 근로계약, 휴직, 복직, 근로조건, 근로시간, 해고 등을 정하고 있으며, 보수규정 또한 교무관장을 임명직이나 선출직과 구별되는 일반직으로 분류하고 직급별 기본급과 수당 등을 정하고 있다. 즉 천도교중앙총부의 취업규칙은 교무관장 및 종무위원이 근기법상 근로자임을 전제로 하고 있다.

　둘째, 교헌에 따르면 종무원장이 종무위원을 지휘·감독하고 주요사항의 결재권한도 가지고 있으며, 천도교중앙총부가 내세우는 징계사유 중에는 '사전에 출장명령을 받지 않고 출장을 갔다.'는 것이 포함되어 있는데, 이 또한 지휘·명령 내지 업무의 종속성을 뒷받침한다고 봄이 타당하다. 나아가 근기법 근로자성 판단기준인 지휘·감독은 상당한 지휘·감독으로 족함에도 불구하고 원심에는 구체적 지휘·감독을 전제로 판단하는 오류가 있다.

　셋째, 인사·복무규정에 의하면 교무관장 및 종무원장은 주 40시간, 1일 8시간(09:00~18:00)의 근무시간에 구속될 뿐만 아니라 근무장소 또한 천도교중앙총부로 정해져 있어 근무장소에도 구속된다. 나아가 업무의 계속성·전속성도 인정된다.

　넷째, 교무관장 및 종무원장 스스로 비품·원자재나 작업도구 등을 소유하거나 제 3 자를 고용하여 업무를 대행하게 하는 등 독립하여 자신의 계산으로 사업을 영위하지 않았다. 또한 천도교중앙총부로부터 주어진 업무를 수행하고 그 대가로 고정급(월 215만 원)을 받았을 뿐이므로 노무 제공을 통한 이윤 창출과 손실 초래 등 위험을 스스로 안고 있었다고 볼 수도 없다. 즉 독립사업자성을 표상할 만한 징표가 없다.

다섯째, 기본급(고정급)이 정해져 있었고, 근로소득세를 원천징수하였으며, 4대 보험에도 가입되어 있었다.

결국 근기법상 근로자성을 인정함이 마땅한 사안임에도 불구하고 이와 달리 판단한 것은 종교인의 종교적 활동을 근로라 할 수 있는지, 그 대가를 임금이라 할 수 있는지 여부 즉 종교인이 수행하는 종교적 활동의 특수성 때문이 아닌가 한다. 그러나 비록 종교적 활동이라 하더라도 실비변상이 아닌 이상 지휘·감독관계 하에서 제공하는 노무를 근로라 함이 마땅하고, 근로 제공의 대가인 이상 보수의 임금성 또한 인정되어야 할 것이다.

한편 이 사건 외에도 종교인의 근기법상 근로자성이 문제된 선례가 여럿 있다. 근기법상 근로자성을 부정한 판례로는 대법원 2009다79385 판결(심리불속행기각, 담임목사),[169] 대법원 2011다100565 판결(심리불속행기각, 관리집사),[170] 대법원 2013다32413 판결(심리불속행기각, 부목사)[171] 등이 있다. 근기법상 근로자성을 인정한 판례로는 대법원 2013다99805 판결(심리불속행기각, 부목사),[172] 대법원 2014다109 판결(심리불속행기각, 장로),[173] 대법원 2015두40903 판결(심리불속행기각, 원목)[174] 등이 있다. 향후 종교인의 근로자성에 대하여도 심층적인 검토가 필요하다고 생각한다. 구체적인 사실관계에 따라 판단이 달라질 수 있을 것이나 일응 담임목사 등 종교단체 대표자와 그 외의 종교인을 구별하여 검토할 필요가 있을 것이다. 그리고 근기법상 근로자성 판단기준 일반론을 그대로 적용하여야지 종교인이라고 하여 그 판단기준을 함부로 달리 할 수는 없을 것이다.

파. 보험회사 지점장(대법원 2022. 4. 14. 선고 2021두33715 판결 vs 대법원 2022. 4. 14. 선고 2020다254372 판결): **근로자성 긍정례와 부정례가 나뉨**[175]

(1) 대법원 2021두33715 판결: 근로자성 인정

대법원은 다음과 같은 사정을 근거로 원심판결을 파기하고, 보험회사 지점

169) 대법원 2010. 1. 14.자 2009다79385 판결.
170) 대법원 2012. 2. 9.자 2011다100565 판결.
171) 대법원 2013. 7. 25.자 2013다32413 판결.
172) 대법원 2014. 3. 27.자 2013다99805 판결.
173) 대법원 2014. 4. 10.자 2014다109 판결.
174) 대법원 2015. 8. 13.자 2015두40903 판결.
175) 보험회사 지점장의 근기법상 근로자성을 인정한 사례로는 대법원 2022. 4. 14. 선고 2021두33715 판결, 대법원 2022. 4. 14. 선고 2020다238691 판결이 있다. 근기법상 근로자성을 부정한 사례로는 대법원 2022. 4. 14. 선고 2020다254372 판결, 대법원 2022. 4. 14. 선고 2021다246934 판결이 있다. 한편 최근 헬스장 트레이너의 근기법상 근로자성에 대한 판결도 나뉘고

장의 근기법상 근로자성을 인정하였다.

① 보험회사는 '지역본부－지역단－지점'으로 이어지는 영업 조직에서 지역단장이 위탁계약형 지점장에게도 시기별로 구체적인 실적목표를 제시하였고, 목표 달성을 독려하는 차원을 넘어 실적 달성을 위한 구체적인 업무 내용에 관하여 일일보고, 현장활동보고 등을 지시하는 등 위탁계약형 지점장인 갑의 업무 수행 과정에서 상당한 지휘·감독을 하였다.

② 위탁계약에 따르면 계약기간 만료 전에도 실적 부진 등을 이유로 해지할 수 있을 뿐만 아니라 보험회사의 필요에 따라 위탁계약형 지점장의 소속 지점변경이 가능하였고 이는 실질적으로는 정규직 지점장의 인사이동과 크게 다르지 않았다.

③ 위탁계약형 지점장의 실제 업무시간은 정규직 지점장과 크게 다르지 않았고, 지점 내에 을 회사가 제공한 사무실에서 지점 운영 업무를 수행하면서 현장활동 시 등에는 지역단에 보고가 이루어졌으며, 휴가일정도 지역단에 보고되었고, 지점 사무실에 배치된 보험회사의 서무직원에 의해 출근부 관리가 이루어졌다고 볼 여지도 있어 위탁계약형 지점장이 근무시간과 근무장소에 구속을 받았다.

④ 위탁계약형 지점장이 스스로 비품·원자재나 작업도구 등을 소유하거나 제3자를 고용하여 업무를 대행하게 하는 등 독립하여 자신의 계산으로 사업을 영위할 수 없었다.

(2) 대법원 2020다254372 판결: 근로자성 부정

대법원은 다음과 같은 사정을 근거로 보험회사 지점장의 근기법상 근로자성을 부정한 원심의 판단을 그대로 수용하였다.

① 지점장들은 스스로의 판단에 따라 피고의 BM(branch manager)에 지원하여 대체로 1년 단위로 자발적으로 위탁계약을 체결하였다.

② 지점장들은 자율적이고 다양한 방식으로 업무를 수행하였고, 민법상 위임계약의 본지에서 벗어난 것으로 보이지도 아니한다.

③ 출근시간이 대체로 07:30 전후였으나 보험회사가 출퇴근 시간을 정해주었다거나 관리한 것으로 보이지 아니한다.

있다. 헬스장 트레이너의 근기법상 근로자성을 인정한 사례로는 대법원 2017. 10. 31.자 2017다253904 심리불속행기각 판결, 대법원 2021. 9. 15. 선고 2021다240370 판결(소액 상고기각)이 있다. 근기법상 근로자성을 부정한 사례로는 대법원 2018. 6. 29.자 2018다228523 심리불속행기각 판결이 있다.

④ 지점장이 받은 수수료(수당)는 지점의 실적 결과에 기초한 것으로 지점 간 편차가 상당하고, 지점장들 개인별로 시기에 따라 격차나 변동이 상당하였다.

(3) 검　토

보험회사 지점장의 근기법상 근로자성을 인정한 판결은 정규직 근로자인 지점장이 제공한 근로와 노무 수행 형태가 비슷하다는 점을 강조한 데 특색이 있다. 보험회사 지점장의 근기법상 근로자성을 부정한 판결은 자발적으로 위탁 계약을 체결하였고 수행한 업무가 위임 사무로서의 성격을 띤다는 것을 강조하고 있다. 다만 자발적으로 위탁계약의 형식을 취하였다 하더라도 그 실질이 근로계약일 수 있고, 근로계약과 다른 계약의 성격을 띠고 있다는 점을 강조하면 근로자성 판단요소 하나하나에 대한 검토를 통한 종합적 판단이라는 판례의 취지가 퇴색될 수 있다는 점에서 근기법상 근로자성을 부정한 위 판결의 논증방식에는 의문을 제기할 여지가 있어 보인다.

하. 의료소비자생활협동조합의 봉직의(대법원 2023. 9. 1. 선고 2021도11675 판결): 근로자성 인정

대법원은 다음과 같은 사정을 들어 의료소비자생활협동조합 봉직의의 근기 법상 근로자성을 인정하여 이에 반대 취지로 판시한 항소심 판결을 파기, 환송하였다.

① 이 사건 계약의 형식이 위탁진료계약이라고 하더라도 이 사건 계약 내용의 가장 중요한 부분은 의사가 정해진 시간 동안 이 사건 의원에서 진료업무를 수행하고 사용자인 피고인은 의사에게 그 대가를 고정적으로 지급하는 것이다.

② 진료업무를 수행하였던 유일한 의사로서 주중 및 토요일 대부분을 이 사건 의원에서 근무하면서 매월 진료업무 수행의 현황이나 실적을 피고인에게 보고하여야 했으므로, 피고인은 의사의 근무시간 및 근무장소를 관리하고 의사의 업무에 대하여 상당한 지휘·감독을 하였다고 봄이 타당하다.

③ 의사는 피고인이 제공하는 의료장비나 사무기기를 활용하여 진료업무를 수행하였고 피고인으로부터는 환자 치료실적에 따른 급여의 변동 없이 매월 고정적으로 돈을 받았으므로, 의사가 지급받은 돈은 근로 자체의 대상적 성격으로 보는 것이 타당하다.

④ 의사가 비록 진료업무수행 과정에서 피고인으로부터 구체적, 개별적인

지휘 · 감독을 받지는 않은 것으로 보이나 이는 의사의 진료업무특성에 따른 것이
어서 의사의 근로자성을 판단할 결정적인 기준이 될 수는 없다.

거. 온라인 플랫폼 기반 차량 대여 및 기사제공 서비스에서의 운전업무 수행 기사(대법원 2024. 7. 25. 선고 2024두32973 판결): 근로자성 인정

원고가 원고 자회사가 운영하는 앱을 통해 이용자에게 원고 소유 차량을 대
여하고 운전용역을 제공할 운전기사를 알선해 주는 서비스를 운영하였고, 협력
업체와 '운전용역 제공 계약'을 체결함으로써 차량의 운전기사를 공급받았는데,
운전기사는 협력업체와 '드라이버 프리랜서 계약'을 체결하고, 배차 받은 원고
소유 차량을 이용하여 위 앱이 지정한 이용자에게 운전용역을 제공한 사안에서
운전기사가 근로자인지와 사용자가 누구인지(원고인지 협력업체인지) 문제되었다.

대법원은 근로자성 판단의 일반 법리를 인용하면서 "온라인 플랫폼(노무제
공과 관련하여 둘 이상의 이용자 간 상호작용을 위한 전자적 정보처리시스템을 말한다)
을 매개로 근로를 제공하는 플랫폼 종사자가 근로자인지를 판단하는 경우에는
노무제공자와 노무이용자 등이 온라인 플랫폼을 통해 연결됨에 따라 직접적으
로 개별적인 근로계약을 맺을 필요성이 적은 사업구조, 일의 배분과 수행 방식
결정에 온라인 플랫폼의 알고리즘이나 복수의 사업참여자가 관여하는 노무관리
의 특성을 고려하여 위 요소들을 적정하게 적용하여야 한다."고 판시하고, 운전
기사가 원고에게 근로를 제공하였다고 보아 근로자성을 인정하여 같은 취지의
원심을 수긍하였다.[176)]

VI. 노동조합 및 노동관계조정법상의 근로자 개념과의 관계

1. 학설의 대립

노조법 2조 1호는 "근로자라 함은 직업의 종류를 불문하고 임금, 급료 기타
이에 준하는 수입에 의하여 생활하는 자를 말한다"고 규정하여 근기법과 다소
다르게 근로자 개념을 규정하고 있다. 그렇다면 근기법상 근로자 개념과 노조법
상 근로자 개념은 구분되는 것인지 문제된다.[177)]

---

176) 누가 사용자인가를 판단할 때에도 계약의 형식이나 관련 법규의 내용에 관계없이 실질적
    인 근로관계를 기준으로 하여야 하고, 근기법상 근로자인지를 판단할 때에 고려하였던 여러
    요소들을 종합적으로 고려하여야 한다는 법리를 들어 원고 회사를 사용자라고 판단한 사례임.
177) 다만 실업자나 구직 중인 자가 노조법상 근로자의 개념에 포함된다는 점에 대하여는 통설

학설은 구별부정설(소수설)과 구별긍정설(노조법상 근로자성 확장설, 통설에 가까운 다수설)이 대립한다.

가. 구별부정설

근기법과 노조법은 모두 근로자들의 근로조건 유지·개선을 목적으로 하는 점에서 동일하고, 다만 근기법은 근로조건의 최저기준을 강행법규로 설정, 강제함으로써, 노조법은 단결권, 단체교섭, 단체행동권 등을 토대로 한 단체자치를 통해 근로자들의 근로조건 개선을 도모하므로, 근로조건의 개선방법이 다를 뿐이라고 한다.[178]

위 견해에 의하면, 양 법상의 근로자성 판단기준은 모두 원칙적으로 사용종속성 내지 인적 종속을 요건으로 한다.[179]

나. 구별긍정설[180]

근기법상 근로자성보다 노조법상 근로자성을 넓게 보는 견해인데, 그 근거는 다음과 같다.

① 법체계 및 법문상 근로자에 대한 정의 규정이 서로 다르므로 두 법상 근로자는 독자적인 개념이다.[181]

② 노조법에서 군이 '기타 이에 준하는 수입'이라는 용어를 사용함으로써 근기법상 근로자보다 확장 적용을 예정하고 있고, 고용형태 다양화 및 비전형 근로관계를 고려할 때 '기타 이에 준하는 수입'을 보다 적극적으로 해석, 활용할 필요가 있다.[182]

③ 노조법상 '기타 이에 준하는 수입'은 임금이 아니면서 임금과 유사한 수입, 예컨대 사업주가 아닌 개인에게 일시적으로 근로를 제공하거나, 종속적 근로는 아니지만 유사한 노무를 공급하는 등의 대가로 얻는 수입을 말한다. 근기법상 근로자는 '임금에 의하여 생활하는 자'에 포함되고, 임금에 준하는 수입에

과 판례(대법원 2004. 2. 27. 선고 2001두8568 판결)가 이를 인정하고 있다.

178) 김형배, 913~919면; 김형진, 512면.

179) 양 법상의 근로자성 판단기준으로 인적 종속이 아니라 경제적 종속을 주장하는 견해도 있는 듯하나, 이에 대하여는 별도로 기재하지 아니한다.

180) 김선수c, 44면; 김유성 Ⅱ, 53면; 변종춘, 33면; 이승욱b, 36면[비교법적으로도 보아도, 종속적 자영인(캐나다), 유사근로자(독일) 등에게 노동 3 권이 인정되는 것을 보면, 노동 3 권의 주체가 될 수 있는 자의 범위가 개별법상의 근로자보다 넓은 것이 일반적이라고 한다]; 임종률, 36면; 최영호, 145면.

181) 박수근a, 35면 이하.

182) 변종춘, 33면.

의하여 생활하는 자는 근기법상 근로자는 아니지만 노조법상 근로자에는 포함
된다. 노조법상 근로자는 임금에 준하는 수입에 의하여 생활하는 자와 노동 의
사를 가진 실업자도 포함한다. 이 점에서 근기법상의 근로자가 협의의 근로자라
면 노조법상의 근로자는 광의의 근로자라 할 수 있고, 근기법상의 근로자가 인
적 종속성을 중시한 개념이라면 노조법상 근로자는 경제적 종속성을 중시한 개
념이라고 할 수 있다. 노조법이 근로자를 넓게 정의한 취지는 사업(장)에 고용되
어 있지 않거나 종속적 근로를 제공한다고 보기 어려워 근기법상의 보호는 받
을 수 없더라도 사업(장)에 고용될 의사를 가진 자 또는 이에 준하여 생활하고
있거나 그렇게 할 의사를 가진 자들이 스스로 단결하여 그 노동·생활조건을 개
선할 수 있는 길을 열어 줄 필요가 있기 때문이다.183)

④ 노동법은 노무제공관계의 종속성에서 파생되는 문제점을 해결하는 것을
주된 목적으로 하는데, 근기법은 주로 노무급부과정 그 자체에서 발생하는 종속
성에 주목하는 반면, 노조법은 노무급부과정 이전에 노무제공관계가 형성되는
단계에서 노동시장에서의 종속성에 주목하는 것이어서, 그러한 종속성을 가진
근로자의 범위 또한 차이가 있을 수밖에 없다.184)

⑤ 노조법상 근로자 개념을 정할 때 가장 중요하게 고려하여야 할 것은 노
조법의 목적과 근로자에 대한 정의 규정이다. 노조법은 1조에서 분명히 밝힌 바
와 같이 '헌법에 의거하여 근로자의 자주적인 단결권, 단체교섭권과 단체행동권
을 보장하는 것'을 제1차적인 목적으로 하고, 이러한 목적에 부합하도록 2조 1
호에서 근로자를 '임금, 급료 기타 이에 준하는 수입에 의하여 생활하는 자'라
고 간단하게 요건을 정하고 있다. 결국 노조법은 노동3권의 향유 주체가 될 수
있는 자의 범위를 '임금 등에 의하여 생활하는 자'로 규정함으로써 그 어떤 실
정 노동법상의 근로자 개념보다 넓은 범위로 근로자를 파악하고 있다. 한편 근
기법상의 근로자와 노조법상의 근로자가 상당한 범위에서 공통되더라도 양 법
률에서 파악하는 근로자에 대한 기본적인 관점은 근기법이 주로 '국가의 직접적
개입에 의한 보호의 필요성이 있는 자인가'를 중심으로 한 것인 반면, 노조법은
국가의 직접적 개입이 아니라 '노무공급자들 사이의 단결 등을 보장해줄 필요성
이 있는가'라는 관점에서 접근하고 있으므로, 근기법상 근로자 해당성은 '특정

---

183) 임종률, 36면.
184) 강성태g, 134~135면.

사업과 현실적으로 결합한 정도'에 의해서 결정할 수 있겠지만 노조법상 근로자 해당성은 특정 사업과 결합하였는지 여부와 상관없이 '단결 활동의 보장 필요성'에 의해서 결정되어야 한다. 실제로 문제가 많이 되는 현실적 노무공급자에 한정하여 양 법률의 근로자 범위를 볼 때, 노조법 4조에서 말하는 '임금ㆍ급료'는 근기법상 '임금'으로 보아야 하지만 '기타 이에 준하는 수입'은 독자적인 의미를 가진 것이기 때문에 노조법상 근로자 개념이 더 넓다. 그리고 '임금, 급료'를 해석할 때에는 근기법상 '임금'에 상당하도록 사업과 결합한 정도에 의해서 판단하면 되고, '기타 이에 준하는 수입'을 해석할 때에는 근기법상 근로자에 준할 정도로 단결 활동 내지 노동조합 운동의 주체로서 보호할 필요성이 있는 노무공급자에 대한 것으로 보아야 한다.185)

2. 판례의 입장

대법원은 종래에 원론적으로 노조법상 근로자성을 근기법상 근로자성보다 넓게 인정하였다. 대표적으로 대법원 2004. 2. 27. 선고 2001두8568 판결186)(서울여성노동조합 사건)을 들 수 있다. 위 판결은 일시적으로 실업 상태에 있는 자나 구직 중인 자를 근기법상 근로자로 볼 수는 없지만 노조법상 근로자로 인정할 수 있다는 취지로 판단하였다(다만 기업별 노동조합의 조합원 자격을 인정한 것은 아니다).

대법원이 위와 같이 판단한 이유는 근기법과 노조법의 입법 목적이 서로 다르다고 보았기 때문이다. 근기법은 '현실적으로 근로를 제공하는 자에 대하여 국가의 관리ㆍ감독에 의한 직접적 보호 필요성이 있는가'라는 관점에서 개별적 근로관계를 규율할 목적으로 제정된 것인 반면에, 노조법은 '노무공급자들 사이의 단결권 등을 보장해 줄 필요성이 있는가'라는 관점에서 집단적 노사관계를 규율할 목적으로 제정된 것이다.187)

그러나 대법원은 종래 취업 중인 근로자의 경우에는 골프장 캐디 사건 2건188)을 제외하고는 실질적으로는 근기법상 근로자와 노조법상 근로자의 인정 범위를 동일하게 판단해 왔다.

---

185) 강성태d, 173~176면.
186) 같은 취지의 판시는 이후 대법원 2013. 9. 27. 선고 2011두15404 판결, 대법원 2015. 1. 29. 선고 2012두28247 판결, 대법원 2015. 6. 25. 선고 2007두4995 전원합의체 판결 등으로 이어졌다.
187) 대법원 2004. 2. 27. 선고 2001두8568 판결. 같은 견해로는 김유성, 23면.
188) 대법원 1993. 5. 25. 선고 90누1731 판결, 대법원 2014. 2. 13. 선고 2011다78804 판결.

그러다가 대법원은 2018년 이후 연속하여 같은 취지의 판결들[189]을 선고함
으로써 취업 중인 근로자에 관하여도 노조법상 근로자의 인정범위가 근기법상
근로자의 인정범위보다 넓고, 노조법상 근로자는 근기법상 근로자와 달리 경제
적 종속성, 조직적 종속성을 중심으로 판단하면서, 다음과 같이 근기법상의 근
로자성 판단기준과는 다른 새로운 판단기준을 제시하였다.[190]

① 노무제공자의 소득이 특정 사업자에게 주로 의존하고 있는지

② 노무를 제공 받는 특정 사업자가 보수를 비롯하여 노무제공자와 체결하
는 계약 내용을 일방적으로 결정하는지

③ 노무제공자가 특정 사업자의 사업 수행에 필수적인 노무를 제공함으로
써 특정 사업자의 사업을 통해서 시장에 접근하는지

④ 노무제공자와 특정 사업자의 법률관계가 상당한 정도로 지속적 · 전속적인지

⑤ 사용자와 노무제공자 사이에 어느 정도 지휘 · 감독관계가 존재하는지

⑥ 노무제공자가 특정 사업자로부터 받는 임금 · 급료 등 수입이 노무 제공
의 대가인지

특히 방송연기자 사건(대법원 2018. 10. 12. 선고 2015두38092 판결)에서는 일부
근로자의 경우에 위 6개의 판단요소 중 ① 소득의존성, ④ 지속성, 전속성 요소
가 약하더라도, ② 계약 내용 결정의 일방성, ③ 조직적 편입성 등을 주된 판단
요소로 하여 노조법상 근로자성을 인정하였다.

---

189) 대법원 2018. 6. 15. 선고 2014두12598, 2014두12604 판결(학습지교사의 노조법상 근로자성
   인정, 근기법상 근로자성은 부정하였음), 대법원 2018. 10. 12. 선고 2015두38092 판결(방송연
   기자의 노조법상 근로자성 인정), 대법원 2019. 2. 14. 선고 2016두41361 판결(철도매점운영자
   의 노조법상 근로자성 인정), 대법원 2019. 6. 13. 선고 2019두33712 판결, 대법원 2019. 6. 13.
   선고 2019두33828 판결(각 카마스터의 노조법상 근로자성 인정, 대법원 2022. 7. 14. 선고
   2021두60687 판결은 카마스터의 근기법상 근로자성은 부정하였음), 대법원 2024. 9. 27. 선고
   2020다267491 판결(대리운전기사의 근로자성 인정). 위 대법원 판결들은 노조법상 근로자성
   판단기준으로도 근기법상 근로자성 판단기준과 마찬가지로 '사용종속관계'라는 용어를 사용
   하고 있으나, 사용종속관계의 구체적인 의미는 다르다고 할 것이다(근기법은 인적 종속성이
   주된 요소이고, 노조법은 경제적 종속성이 주된 요소이므로). 한편 하급심 또는 노동위원회에
   서 노조법상 근로자성이 문제되는 직종으로는 택배기사, 배달기사, 대리기사 등 플랫폼 노동
   자들이 있는데, 대법원은 2024. 9. 27. 선고 2020다267491 판결에서 대리운전 기사의 노조법상
   근로자성을 인정하였다.
190) 일본 최고재판소 판결과 통설 역시 조직적 종속성과 경제적 종속성을 주된 노조법상 근로
   자성 판단기준으로 삼음으로써 근기법상 근로자성 판단기준보다 그 범위를 넓히고 있다. 구
   체적인 내용은 임상민c, 354~355면. 노동 3 권을 행사할 수 있는 근로자의 범위를 영국, 독일,
   기타 EU 국가들도 경제적 종속성을 중심으로 판단하고 있다. 구체적인 내용은 임상민c,
   351~353면, 355~356면.

　　한편 카마스터 사건 판결(대법원 2019두33712 판결)은 "카마스터들이 현대자동차 이외의 다른 회사 자동차도 판매하는 등으로 독립사업자의 성격을 가지고 있다고 하더라도, 위에서 살펴본 바와 같이 원고와 경제적, 조직적 종속관계가 있는 이상…" 노조법상 근로자로 인정될 수 있음을 판시하였다.

　　판례가 노조법상 근로자성을 근기법상 근로자성보다 확장한 것은 세계적 추세에 부합할 뿐만 아니라, 각 법의 입법 목적이나 근로자 보호 방법, 사용자에게 미치는 영향 등이 다른 점, 각 법상 근로자 정의 규정이 다른 점 등을 고려하면 타당한 결론이다.

　　대법원 판례가 경제적, 조직적 종속성을 중심으로 노조법상 근로자 인정범위를 근기법상 근로자 인정범위보다 넓힘으로써 특수형태근로종사자 중 상당부분이 노조법상 근로자로 인정될 수 있는 길이 열렸다고 할 것이다.

　　한편 근기법상 근로자가 아닌 노조법상 근로자의 경우에는 비록 근기법상 근로계약이 아닌 노무 제공 계약이라 하더라도 노조법상 근로계약으로 포섭되어야 하고, 그에 따라 그 노무 제공 조건(노조법상 근로계약의 근로조건)이 단체교섭의 주된 대상이 될 것이고, 단체교섭의 결과 이루어진 단체협약의 규범적 효력 또한 위 노무 제공 계약에 미친다고 할 것이다.[191]

Ⅶ. 그 외 노동 관련 법령상 근로자 개념과의 관계

　　최임법, 산안법, 산재법 등 근기법, 노조법 외 다른 노동 관련 법률은 기본적으로 근기법 2조 1항 1호에서 정의하는 근로자를 그 적용 대상으로 하므로, 근기법상 근로자 개념은 근기법, 노조법 외 노동 관련 법령을 적용할 때에도 원칙적으로 그대로 원용된다.[192]

　　다만 2019년 개정 산안법은[193] 보호대상자를 '노무를 제공하는 자'라고 기재하여 근기법상 근로자보다 확대되도록 하였고, 산재법과 마찬가지로 특수형태근로종사자를 일정한 범위에서 보호하도록 규정한다.

---

191) 같은 견해로는, 노조법주해 Ⅱ, 131면(마은혁 집필 부분).
192) 구체적으로 근로자라는 용어를 사용하는 유형은 다음과 같이 법률마다 다르다. 즉, ① 법률에서 개념을 정의하는 유형, ② 근기법상 근로자 개념을 사용하는 유형, ③ 아무런 정의 규정이 없는 유형으로 나뉜다(이상광, 11면).
193) 2020. 1. 16.부터 시행된다.

다만 법 2조 1항 1호의 근로자 정의 규정을 다른 법률이 원용하더라도, 그 다른 법률을 적용할 때 근로자 개념을 반드시 근기법과 동일하게 해석할 필요는 없다고 할 것이다.194) 동일한 문언이라도 그 문언이 기재된 개별 법률의 입법 취지나 목적, 전체 조문의 체계 등이 서로 다르면 달리 해석할 수 있기 때문이다.

한편 특수형태근로종사자를 근기법, 노조법 외의 노동 관계 법령상 어느 범위까지 보호해야 할 것인지는 대단히 어렵고도 중요한 문제이다. 예컨대, 현행 산재법은 원칙적으로 근기법상 근로자를 보호범위로 정하면서 입법으로 대통령령으로 정하는 직종에 해당하는 특수형태근로종사자만을 추가로 보호하는 구조를 취하고 있는데(2019년 개정 산안법도 마찬가지이다), 법 개정을 통해 노조법상 근로자에 해당하는 이상 대통령령에 의한 포섭절차 없이도 산재법상 근로자로 보호하는 것도 고려할 필요가 있다고 생각한다.195) 현행 산재법은 명확성 및 법적 안정성의 관점에서는 수긍할 수 있지만, 사회적 보호 필요성의 충족이라는 관점에서는 적절하지 않기 때문이다. 다만 그에 부합하여 보험료 징수를 누구로부터 어떤 방식으로 할 것인지 등에 대한 검토가 필요할 것이다.

그 외 특수형태근로종사자를 관련된 각 개별 법률의 보호범위에 포함할 것인지는 각 개별 법률의 목적, 취지 등을 고려하여 입법론 또는 해석론으로 판단하여야 하는 문제이므로, 여기서는 구체적인 언급을 생략한다.

[권 두 섭 · 임 상 민]

---

194) 서울행법 2006. 4. 19. 선고 2005구합32873 판결은, "산업재해보장보험시스템이 보호의 대상으로 삼고 있는 근로자의 범위를 근로기준법에 일임한 취지는 그 사회보험의 혜택을 확대하여 근로자를 두텁게 보호하고자 함에 있었던 것이다. 그런데 IMF 금융위기 이후 현재와 같은 노동시장의 유연화 정책의 시행, 그에 따른 비정규직 근로자의 폭증으로 인하여 근로기준법상 근로자의 범위에 논란의 여지가 발생하게 되었다. 그렇다고는 하더라도 사회보장, 사회복지의 혜택에서 이러한 특수고용직종을 제외시키는 것이 온당한 것인가는 고용정책, 사회복지정책상 신중한 재검토가 필요하다고 본다. 사회보장법 영역에서 보호의 대상으로 삼을 수 있는 수혜자의 범위를 노동법에 비하여 오히려 유연하게 해석해야 할 여지는 없을 것인지에 신중한 검토가 필요하다."고 판시하였는데, 이를 참고할 필요가 있다.

195) 박은정, 144~155면은 경제적 종속관계에 있는 자를 산재법상 근로자로 보호하여야 한다고 주장하는데 결국 같은 취지라고 볼 수 있을 것이다.

제 2 조(정의)

① 이 법에서 사용하는 용어의 뜻은 다음과 같다.

2. "사용자"란 사업주 또는 사업 경영 담당자, 그 밖에 근로자에 관한 사항에 대하여 사업주를 위하여 행위하는 자를 말한다.

〈세 목 차〉

Ⅰ. 의　　의

근기법의 적용을 받는 사업 또는 사업장의 사용자는, 근기법이 근로자 보호를 위하여 정하고 있는 근로조건에 관한 사항에 대하여 강제적으로 이를 준수하지 않으면 안 되는 민·형사상의 법적 책임을 부담하는 자를 뜻한다.[1]

※ 이 조에 관한 각주의 참고문헌은 제 2 조 제 1 항 제 1 호 해설의 참고문헌을 가리킨다.

1) 김지형, 139면.

사용자란 근로자를 사용종속관계 아래에 두어 근로를 제공받고 그 대가로 임금을 지급하는 내용의 근로계약을 체결한 자를 의미하므로, 원칙적으로 근기법의 적용을 받는 근로자가 일하는 사업 또는 사업장의 '사업주'가 사용자에 해당함은 의문의 여지가 없다. 그러나 사업주 이외에 다른 자에게도 근로자에 대한 관계에서 그 법적 책임을 부담시키는 것이 근로자 보호를 위하여 필요한 경우가 있을 수 있으므로 법은 사업주 이외에 사업주에 준하여 근기법상의 법적 책임을 부담하는 자를 확장시켜,2) 법 2조 1항 2호에서 사용자의 개념을 '사업주 또는 사업경영담당자 그 밖에 근로자에 관한 사항에 대하여 사업주를 위하여 행위하는 자'를 말한다고 규정하고 있다.3) 다만 사업경영담당자 또는 근로자에 관한 사항에 대하여 사업주를 위하여 행위하는 자는, 체불임금에 대하여 양벌규정 등 관계법령에 의하여 형사책임을 부담할 수는 있지만, 근로계약의 당사자가 아니므로 민사상 근로자에게 임금을 지급할 의무가 없고 근로자를 해고할 권한도 없다 할 것이다.4)

한편 원칙적인 사용자는 사업주이므로, 근기법을 위반한 자가 당해 사업의 근로자에 관한 사항에 대하여 사업주를 위해 행위를 한 대리인·사용인 기타 종업원인 경우에 이들에게 벌칙이 적용됨과 더불어 사업주에 대하여도 벌금형이 과해진다(근기법 115조의 양벌규정). 또한 사업주가 아닌 사업경영담당자 또는 사업주를 위하여 행위하는 자가 근기법을 위반한 경우에도 그 위반의 효과는 궁극

---

2) 김지형, 139면; 김형배, 201~202면. 대법원 2008. 4. 10. 선고 2007도1199 판결은 노동현장에서 근로기준법상의 각 조항에 대한 실효성을 확보하기 위한 정책적 배려 때문이라면서 같은 취지로 판시하고 있다.

3) 노조법 2조 2호는 노조법상 사용자에 관하여 근기법상 사용자 개념과 유사하게, '2. "사용자"라 함은 사업주, 사업의 경영담당자 또는 그 사업의 근로자에 관한 사항에 대하여 사업주를 위하여 행동하는 자를 말한다.'라고 규정하고 있다('행위'와 '행동'으로 일부 문언이 다르게 기재되어 있기는 하다). 근기법상 사용자는 근기법 준수의무자로서 파악되는 한편, 노조법상 사용자는 노조의 상대방, 단체교섭의 상대방, 부당노동행위 금지규범의 수규자로서 의미를 가진다(김형배, 202면).

4) 김형배, 203면. 대법원 2007. 3. 30. 선고 2004다8333 판결은 "근로기준법상 퇴직금지급의무를 지는 사용자라 함은 실질적으로 근로자가 제공하는 노무에 대하여 보수를 지급할 의무를 지는 자를 말하는 것이고, 그러한 관계에 있지 않다면, 근로기준법 기타 다른 법률 등에 의하여 사용자로 취급되는 경우가 있다고 하여 특별한 사정이 없는 한 근로기준법상의 퇴직금지급의무까지 진다고 할 수 없다."고 판시하고 있다(항운노동조합이 근기법상 사용자에 해당한다 하더라도 퇴직금 지급의무 주체인 사용자는 아니라고 판단한 사안이다). 대법원 2008. 10. 23. 선고 2007다7973 판결 역시 "실질적인 근로관계에 있지 않다면 근로기준법 기타 다른 법률 등에 의하여 사용자로 취급되는 경우가 있다고 하여 근로기준법상의 임금 및 퇴직금지급의무까지 진다고 할 수 없다"고 판시하고 있다.

적으로 사업주에게 미치므로, 불이행으로 인한 이행책임은 사업주가 부담한다.[5]

II. 사용자 해당성 판단 기준

　　대법원은 2006. 12. 7. 선고 2006도300 판결에서, 근기법상 근로자 판단 기준을 설시한 후, 어떤 근로자에 대하여 누가 법 32조, 36조 소정의 의무를 부담하는 사용자인가를 판단할 때에도 계약의 형식이나 관련 법규의 내용에 관계없이 실질적인 근로관계를 기준으로 하여야 하고, 이때에도 위와 같은 여러 요소(근기법상 근로자 판단 요소)들을 종합적으로 고려하여야 한다고 하여 사용자 해당 여부를 판단할 때에도 근로자 내지 근로관계 해당성 판단 기준을 그대로 사용하여야 한다고 판시하였다.[6] 따라서 사용자성의 판단은 근로자성의 판단과 같은 방법으로 이루어져야 하고, 또 그것으로 충분하다고 말할 수 있다.

III. 사용자의 유형

1. 사 업 주

　　사업주란 사업경영의 주체로서 근로자와 근로계약을 체결한 당사자를 말한다.[7]

---

5) 김형배, 202면.

6) 같은 취지의 판결로 대법원 2019. 12. 12. 선고 2019다253175 판결, 대법원 2020. 4. 29. 선고 2018다263519 판결 등이 있다. 대법원 2019다253175 판결에서는, 갑 주식회사가 을 주식회사로부터 유치원 등 신축공사 중 철근콘크리트 공사를 도급받은 후 그중 목공사의 노임공사 부분을 미등록건설업자인 병에게 하도급을 주었는데, 인력공급업체를 운영하는 정이 병의 요청에 따라 공사 현장에 근로자들을 공급하였고, 위 근로자들은 병의 지휘ㆍ명령을 받아 목공사 업무를 수행한 사안에서, 위 근로자들의 사용자는 병이라고 보아야 하므로 갑 회사는 근기법 44조의2 1항에 따라 하수급인인 병의 직상 수급인으로서 병과 연대하여 근로자들의 임금을 지급할 책임을 지는데도, 이와 달리 본 원심판단에 법리오해 등의 잘못이 있다고 판단하였다. 대법원 2018다263519 판결 사안은 사무장 병원의 운영과 관련하여 근기법상 임금 및 퇴직금 지급 주체인 사용자가 문제가 되었는데, "의료인이 아닌 사람이 월급을 지급하기로 하고 의료인을 고용해 그 명의를 이용하여 개설한 의료기관인 이른바 '사무장 병원'에 있어서 비록 의료인 명의로 근로자와 근로계약이 체결되었더라도 의료인 아닌 사람과 근로자 사이에 실질적인 근로관계가 성립할 경우에는 의료인 아닌 사람이 근로자에 대하여 임금 및 퇴직금의 지급의무를 부담한다고 보아야 한다. 이는 이른바 사무장 병원의 운영 및 손익 등이 의료인 아닌 사람에게 귀속되도록 하는 내용의 의료인과 의료인 아닌 사람 사이의 약정이 강행법규인 의료법 제33조 제 2 항 위반으로 무효가 된다고 하여 달리 볼 것은 아니다."라고 판시하면서, 근로계약 체결 명의자인 의료인이 아니라 병원을 실질적으로 운영하는 비의료인이 사용자라고 판단하였다.

7) 김유성, 27면, 대법원 2015. 6. 11. 선고 2014도15915 판결. 한편 사업주를 협의의 사용자라

'경영 주체'라 함은 개인사업체에서는 개인, 회사 기타 법인체에서는 법인
을 뜻한다. 사기업의 기업주뿐만 아니라, 국가, 지방자치단체, 국영기업체 등도
사업주가 될 수 있고, 영리 사업인지 비영리 사업인지 불문하므로 공익사업, 사
회사업 또는 종교사업의 사업주도 여기서 말하는 사업주에 해당한다.[8]

근로계약 당사자 또는 단체교섭 당사자로서의 사용자는 사업주를 말한다.[9]
사업주는 통상 단수일 것이나, 경우에 따라 복수일 수도 있다.[10]

2. 사업경영담당자

사업경영담당자란 사업주가 아니면서도 사업경영 일반에 관하여 책임을 지
는 자로서 사업주로부터 사업경영의 전부 또는 일부에 대하여 포괄적인 위임(민
법 680조)을 받고 대외적으로 사업을 대표하거나 대리하는 자를 말한다.[11] 통상
주식회사의 대표이사, 합명회사나 합자회사의 업무집행사원, 유한회사의 이사,
회생회사의 관리인, 상법상의 지배인, 민법상 미성년자나 피한정후견인·피성년후
견인이 사업주인 경우 그 법정대리인 또는 후견인 등이 이에 해당한다. 명목이
아니라 실질을 기준으로 판단해야 한다.

근기법이 각 조항에 대한 준수의무자로서 사용자를 사업주에 한정하지 않고
사업경영담당자 등으로 확대하고 있는 이유는 노동 현장에서 법 실효성을 확보
하기 위한 정책적 배려에 있는 만큼, 사업경영담당자란 원칙적으로 사업 경영 일
반에 관하여 권한을 가지고 책임을 부담하는 자로서 관계 법규에 의하여 제도적
으로 근기법의 각 조항을 이행할 권한과 책임이 부여되어 있다면 이에 해당하고,
반드시 현실적으로 그러한 권한을 행사하여야만 하는 것은 아니다.[12] 또 대법원
1997. 11. 11. 선고 97도813 판결은 "법인등기부상 대표이사직에서 사임했으나 실
제로는 회장으로서 회사를 사실상 경영하여 온 경우 법상의 사용자에 해당한다"

고 부를 수 있다(임종률, 42면).
8) 김지형, 140면.
9) 임종률, 42면. 퇴직급여법 9조는 사용자에 대하여 퇴직금 지급의무를 규정하는데, 그 문언
대로 해석하면 사업경영담당자나 관리자(사업주를 위하여 행위하는 자)도 의무자가 될 수 있
으나(위 법 2조 2호는 위 법상 사용자가 근기법상 사용자임을 명시하고 있다), 퇴직금 지급
의무가 근로계약에 따른 의무임을 전제로 하면, 위 법 9조에서 말하는 사용자는 사업주를 의
미한다고 해석할 수 있을 것이다.
10) 이상윤, 95면; 菅野, 179면.
11) 대법원 1988. 11. 22. 선고 88도1162 판결, 대법원 1997. 11. 11. 선고 97도813 판결 등.
12) 대법원 1997. 11. 11. 선고 97도813 판결.

고 하여 회장으로서 실질적인 사주 역할을 한 사람과 대표이사로 선임된 자 모두 임금체불에 대한 형사책임을 부담해야 할 사용자라고 판시하였다.13)

3. 그 밖에 근로자에 관한 사항에 대하여 사업주를 위하여 행위하는 자

근로자에 관한 사항에 대하여 사업주를 위하여 행위하는 자란, 사업주 또는 사업경영담당자로부터 그 권한을 위임받아 자신의 책임 아래 근로자를 채용하거나 해고 등 인사처분을 할 수 있고, 직무상 근로자의 업무를 지휘·감독하며 근로시간이나 임금 등 근로조건에 관한 사항을 결정하고 집행할 수 있는 자를 말한다. 따라서 형식상 회사 안에서 가지는 직함의 높고 낮음에 관계없이 그 독자적인 책임 하에 근로자를 고용하여 사용종속관계에 두고 근로를 제공하게 하면서 그 근로자에 대하여 근로조건의 전부 또는 일부에 관한 사항을 결정할 수 있는 권한을 부여받은 자이면 그 권한과 책임의 한도 안에서는 근로자에 대한 관계에서 사용자로 본다.14) 판례는 '근로자에 관한 사항에 대하여 사업주를 위하여 행위하는 자'라 함은 근로자의 인사, 급여, 후생, 노무관리 등 근로조건의 결정 또는 업무상의 명령이나 지휘·감독을 하는 등의 사항에 대하여 사업주로부터 일정한 권한과 책임을 부여받은 자를 말한다고 하면서 여기에 해당하는지 여부를 가리기 위해서는 그가 근로자에 관한 어떤 사항에 대하여 사업주로부터 일정한 권한과 책임을 부여받고 있었는지의 여부를 심리하여야 한다고 하고 있다.15)

실무상 학교법인 산하 사립학교 교장,16) 법인이 경영하는 병원 원장,17) 회사의 공장장, 현장소장,18) 광업소장,19) 농업협동조합의 4급 과장20) 등 주로 일정한 영역 안에서 소속 근로자에 대하여 근로조건의 전부 또는 일부에 관한 사

---

13) 다만, 사업주인 기업이 탈법적인 목적 등으로 특정인을 명목상으로만 대표이사로 등기하여 두고 당해 등기부상의 대표이사를 모든 업무의 집행에서 배제하여 등기부상 대표이사는 형식상 대표이사로 등기되었을 뿐 아무런 업무를 집행하지 아니한다면, 그러한 경우까지 사업주로부터 임금지불 등에 관한 실질적 권한과 책임을 부여받은 것으로는 보기 어렵다고 한다(이국환, 344면).

14) 김지형, 141면.

15) 대법원 2008. 10. 9. 선고 2008도5984 판결. 노조법상 사용자의 이익대표자도 마찬가지이다 (대법원 1989. 11. 14. 선고 88누6924 판결 참조).

16) 대법원 1986. 7. 8. 선고 86도722 판결.

17) 대법원 1980. 11. 11. 선고 80도1070 판결.

18) 대법원 1983. 11. 8. 선고 83도 2505 판결.

19) 대법원 1976. 10. 26. 선고 76다1090 판결.

20) 대법원 2005. 1. 28. 선고 2004다51115 판결.

항을 결정할 수 있는 권한을 부여받은 자로서 그 권한과 책임의 한도 안에서 그 근로자에 대한 관계에서 사용자로 인정되는 자가 이에 해당한다.[21)

사용자를 위하여 행위하는 자는 사용자이기도 하지만 한편으로 근로자이기도 하다는 점에서 그 범위를 엄격하게 획정할 필요가 있다.[22) 또한 일정한 직급이나 직책에 따라 일률적으로 판단하여서도 아니된다.[23)

IV. 사용자의 외부적 범위

1. 간접고용

사업경영담당자와 근로자에 대하여 사업주를 위하여 행위하는 자에 관한 문제는 사용자의 내부적 범위에 관한 문제라고 할 수 있다.

한편 오늘날 사용자가 근로자와 사이에 중간업자를 근로계약의 형식적인 당사자로 개입시키고 노동법상 사용자에게 부과되는 책임을 회피하려는 고용형태를 간접고용이라고 한다.[24) 직접고용이란 사용자가 자신(의 사업)을 위하여 사용 또는 이용하는 근로자와 직접 근로계약을 체결하는 고용 형태를 말한다. 직접고용에서는 근로계약의 체결이나 근로자의 사용 등에서 타인을 매개시키지 아니함으로써 근로계약의 체결 주체, 근로자 사용 주체, 임금의 지급 주체, 근로자 사용으로 인한 이익의 향유 주체가 일치한다. 이에 비해 간접고용은 근로자와 근로계약을 체결하지 아니한 자가 자신의 사업을 위하여 그 근로자를 사용 또는 이용하는 형태이다.[25) 이 때 어떤 경우에 간접고용자 즉, 원 사업주를 사용자로 볼 수 있는가는 사용자의 외부적 범위에 관한 문제라고 할 수 있다.

비정규직 근로자들이 증가함에 따라 간접고용 근로자들 역시 확대되고 있으며 이로 인한 분쟁도 늘고 있다.

위장도급에 해당하는 경우에 그 실질관계가 무엇인가를 보면 첫째 파견근로관계인 경우가 있고, 둘째 아예 수급인이 사업주로서 독자성이 없거나 독립성

---

21) 강윤구, 476면. 한편 전쟁기념사업회 노동조합의 조합장이 구 노동조합법 3조 단서 1호 소정의 '사용자 또는 항상 그의 이익을 대표하여 행동하는 자'에 해당하지 않는다고 한 사례가 있다(대법원 1998. 5. 22. 선고 97누8076 판결).
22) 임종률, 43면.
23) 대법원 2011. 9. 8. 선고 2008두13873 판결. 노조법상 사용자를 위하여 행위하는 자에 대한 사안이기는 하나 근기법상 사용자의 이익 행위자에게도 동일하게 적용될 수 있을 것이다.
24) 윤애림c, 147면.
25) 강성태e, 126면.

을 결하여 도급인의 노무대행기관과 동일시 할 수 있는 등 그 존재가 형식적, 명목적인 것에 지나지 아니하여 도급인과 근로자 사이에 묵시적 근로계약관계가 성립되어 있다고 평가될 수 있는 경우로 나누어 볼 수 있다.[26)]

　　판례는 위장도급이 문제되는 경우에 다음의 두 단계 접근방식을 취하고 있다고 한다. 즉 먼저 하청업체 또는 파견업체의 독립성 여부에 따라 묵시적 근로계약관계가 존재하는지를 검토한다. 즉 독립성이 부정되면 묵시적 근로계약관계의 성립을 인정하고, 독립성이 인정되어 묵시적 근로계약관계가 부정되면 다음 단계로, 지휘명령권을 기준으로 진정한 근로자파견관계가 존재하는지 아니면 도급관계인지를 판단한다.[27)]

　　묵시적 근로계약관계와 관련하여 판례는 "원고용주에게 고용되어 제 3 자의 사업장에서 제 3 자의 업무에 종사하는 자를 제 3 자의 근로자라고 할 수 있으려면 원고용주는 사업주로서의 독자성이 없거나 독립성을 결하여 제 3 자의 노무대행기관과 동일시 할 수 있는 등 그 존재가 형식적, 명목적인 것에 지나지 아니하고, 사실상 당해 피고용인은 제 3 자와 종속적인 관계에 있으며, 실질적으로 임금을 지급하는 자도 제 3 자이고, 또 근로제공의 상대방도 제 3 자이어서 당해 피고용인과 제 3 자 간에 묵시적 근로계약관계가 성립되어 있다고 평가될 수 있어야 할 것"이라 한다.[28)] 이처럼 형식상 근로계약의 사용자가 아닌 제 3 자라 하더라도, 실질적인 근로계약상의 사용자로 보고 사용자 책임을 물을 수 있는 경우가 있다.[29)]

　　진정도급과 파견의 구별에 관한 자세한 내용은 법 9조에 대한 해설 Ⅲ. 1. 나. (3) 참조.

---

26) 다른 말로 하면, 위장도급은 위장하고자 하는 관계가 직접 근로관계(묵시적 근로계약관계)인 경우와 근로자파견관계인 경우로 나눌 수 있다. 한편 위장도급에 의하여 위장하고자 하는 관계가 직접 근로관계인 경우 그 직접 근로관계의 본질에 관하여 묵시적 근로계약관계설과 사실적 노동계약관계설(조윤희, 687, 701면)이 대립하나, 판례와 통설이 묵시적 근로계약관계설을 채택하고 있다. 이에 관한 상론은 생략한다.

27) 이승욱c, 239~240면; 이정b, 133면.

28) 대법원 1999. 11. 12. 선고 97누19946 판결, 대법원 2002. 11. 26. 선고 2002도649 판결.

29) 직접적인 사용자 책임을 회피하기 위하여 타인의 노동력을 상시적으로 필요로 하는 자가 직접 근로자를 고용하지 않고 타인에게 고용된 근로자를 마치 자신이 고용한 것처럼 사용하는 간접고용의 확대가 갈수록 심각해지고 있다. 근로자파견, 용역, 도급, 위탁, 사내하청, 외주, 분사, 소사장제 도입 등 다양한 형태의 간접고용의 활용은 인력활용의 유연화를 꾀하는 한편 직접 고용시 부담해야할 사용자의 책임(근로자의 고용안정과 근로조건 보장을 위해 노동법상 규정되어 있는 보호조항)으로부터 벗어날 수 있게 해 주는데, 이로 인하여 노동법의 근간이 훼손될 위기에 처해 있다.

그리고 집단적 노동관계에서도 사용자의 외부적 범위가 문제될 수 있다. 구체적으로는, 사내 하도급 근로자들이 원도급 사업주의 사업장 안에서 일상적인 노동조합 활동을 할 수 있는지, 나아가 쟁의행위의 일환으로 일정한 범위에서 직장점거를 할 수 있는지,[30] 원도급 사업주는 대체근로 금지의무를 부담하는지, 사내 하도급 근로자들이 원도급 사업주를 상대로 단체교섭을 요구할 수 있는지, 사내 하도급 근로자들이 노동조합을 결성한 경우에, 하도급 업체가 폐업하거나 다른 형태로 원도급 사업주가 관여하는 경우에 부당노동행위가 성립하는지[31] 등이 문제될 수 있는 것이다.

2. 법인격부인

법인격부인론은, 법인격의 형해화와 법인격의 남용을 요건으로 한다.[32] 법인격이 부인될 경우에는 부인되는 법인과 함께 그 배후자에게도 법적 책임을 동일하게 귀속하는 효과가 발생한다. 우리나라에서는 주로 배후자에게 강제집행을 확장하기 위하여 법인격부인론이 활용된다. 그러나 일본에서는 노조파괴 등 부당한 목적으로 회사가 해산된 경우에, 이를 위장해산과 진정해산으로 구별하여, 위장해산의 경우에는, 법인격부인을 통해 배후자와 사이에 묵시적 근로계약

---

30) 대법원 2011. 6. 9. 선고 2010도17772 판결(현대하이스코 사건)의 원심은, 원도급 사업주(원청)는 노조법 38조 1항에서 말하는 '쟁의행위와 관련 없는 자'라는 이유로 원도급 사업주의 사업장 직장점거를 위법하다고 판단하면서 원도급 사업주에 대한 업무방해죄를 인정하였는데, 대법원이 상고를 기각하였다. 대법원 2017. 1. 12. 선고 2016도14592 판결(울산과학대학교 사건)의 원심도, 같은 취지로 업무방해죄를 인정하였는데, 대법원이 상고를 기각하였다. 이러한 판결들에 비추어 보면, 현재 대법원의 입장은 사내 하수급 근로자가 원도급 사업주의 사업장에서 적법하게 직장점거를 할 수 없는 것으로 보는 듯하다. 사내 하도급의 특수성을 고려하면 달리 볼 여지가 있다는 주장도 가능할 여지가 있는 한편, 위 대법원의 입장을 토대로 하더라도, 하도급 사업주가 하수급 근로자의 근로조건에 관하여 실질적 지배력을 가지는 경우에는 사용자성이 하도급 사업주로 확대될 수 있으므로 이 경우에는 달리 보아야 할 것이다.
31) 대법원은 사내협력사 근로자들이 사내하청노동조합을 결성한 후 이들의 소속 협력사들이 연달아 폐업을 하자, 노동조합이 불이익취급(해고)과 지배·개입의 부당노동행위로 구제신청한 사건에서, 불이익취급 및 부당해고 부분에 대해서는 원청과 사내협력사 근로자들 간에 묵시적 근로계약관계가 성립되어 있다고 평가할 수 없다는 이유로 부당노동행위와 부당해고책임을 인정하지 않았으나, 지배·개입 부분에 대하여는 "근로자의 기본적인 노동조건 등에 관하여 그 근로자를 고용한 사업주로서의 권한과 책임을 일정 부분 담당하고 있다고 볼 정도로 실질적이고 구체적으로 지배·결정할 수 있는 지위에 있는 자가, 노동조합을 조직 또는 운영하는 것을 지배하거나 이에 개입하는 등으로 노조법 81조 4호 소정의 행위를 하였다면, 그 시정을 명하는 구제명령을 이행하여야 할 사용자에 해당한다."면서 원청의 부당노동행위책임을 인정하였다[대법원 2010. 3. 25. 선고 2007두9075 판결(현대중공업 사건, 상고기각)].
32) 대법원 2008. 9. 11. 선고 2007다90982 판결, 대법원 2016. 4. 28. 선고 2015다13690 판결 등.

관계의 성립을 인정하는 등으로 배후자에게 사용자로서의 근로자에 대한 책임
을 귀속시키는 도구 법리로도 활용되고 있다.[33]

위장해산의 유형은 크게 세 가지이다.

첫째, 수평적 법인격부인형이다. 회사 해산 후 실질적 동일성이 있는 신회
사를 설립하여 사업을 계속하는 유형이다. 양 회사 사이에 실질적 동일성이 있
으므로 부당한 목적이 인정되면 법인격부인에 의하여 신회사가 해산회사의 근
로관계를 승계한다.[34]

둘째, 수직적 법인격부인형이다. 모회사가 자회사를 부당한 목적으로 해산
하고 그 사업을 승계하는 유형이다. 이 경우에도 모회사가 자회사의 근로관계를
승계한다. 그런데 모회사가 자회사를 부당한 목적으로 해산한 후 그 사업을 승
계하지 않는 경우에도 법인격부인을 통해 모회사가 자회사의 근로관계를 승계
하는지가 문제된다. 일본 하급심 판결례는 승계를 인정하는 입장과 임금 지급
등 개별채무에 관하여는 승계를 인정하면서도 근로관계의 포괄적 승계는 부정
하는 입장이 대립한다.[35]

셋째, 결합형이다. 모회사가 자회사를 해산시켜 별도의 자회사에게 업무를
인계시키는 유형이다. 별도의 자회사가 형해화되어 있고 모회사의 한 부문에 불
과한 경우에는 모회사가 근로관계를 승계한다. 그런데 별도의 자회사가 실체가
있고 해산된 자회사와 동일성 있는 사업을 계속하는 경우에는 누가 근로관계를
승계하는지가 문제된다. 일본 하급심 판결례는, 모회사가 근로관계를 승계한다
는 입장과 별도의 자회사가 승계한다는 입장이 대립한다.[36]

3. 공동사업주(공동사용자)

앞서 본 간접고용에서의 묵시적 근로계약, 파견, 법인격부인 등의 법리는
모두 사용자의 외부적 범위를 확장하기 위한 법리들이다. 그런데, 묵시적 근로
계약이나 법인격부인 법리는 형식적인 사용자를 전제로 하는 개념이고, 파견의
경우에는 파견사업주와 사용사업주의 역할과 책임이 분명하게 나뉨을 전제로
하고 있다. 따라서 형식적이지 아니한 실질적 사용자가 복수로 존재하더라도 이

---

　33) 荒木, 63~67면.
　34) 荒木, 63~64면.
　35) 荒木, 64~65면.
　36) 荒木, 65~67면.

들 복수의 실질적 사용자 모두에게 근로관계상의 책임을 귀속시키기 위하여 나타난 법리가 공동사업주(공동사용자) 법리이다.[37]

공동사업주(공동사용자) 법리는 서구, 특히 미국을 중심으로 전개되어 왔는데,[38] 최근 우리나라 일부 하급심이 이 법리를 채택하고 있다.[39] 우리나라 일부 하급심 판결들은, 공동사업주(공동사용자)의 책임을 판단할 때에 고려하여야 할 주요 징표로는, ① 사업 또는 사업장 내의 구체적인 인력운용 및 관리의 실태, ② 해당 사업 수행에 있어 사용자들 사이의 업무분담의 내용과 방식 등을 들고 있다.[40]

공동사업주(공동사용자) 법리가 적용될 수 있는 유형으로는, ① 복수의 법인이 하나의 기업집단을 이루어 소속 근로자들로부터 일체의 근로를 수령하는 경우, ② 복수의 법인이 모자회사인 경우, ③ 복수의 법인이 특수목적에 따라 설립, 운영되는 경우 등이다. 이들 유형은 모두 복수의 사업자가 위계적 구조를 가지는 경우에 해당한다고 볼 수 있다.[41]

공동사업주(공동사용자) 법리를 채택한 위 하급심 판결들은 모두 임금 등 금전 지급을 청구하는 사안이었고 공동사업주(공동사용자)에게 '연대'하여 지급할 의무가 있다고 판단하였다. 향후 임금 등 금전 지급만이 아니라 해고무효확인의 소, 근로자지위확인의 소 등과 같이 근로관계 전반에 걸쳐서 적용될 수 있는지가 문제될 수 있을 것이다.[42]

최근 간접고용, 플랫폼 노동의 확대에 따라 현실에서는 복수의 사용자가 등장하고 있다. 진짜 사용자를 찾는 노력과 함께 존재하는 복수의 사용자에게 합

---

37) 최용근, 289~292면.
38) 김희성, 99~113면.
39) 서울중앙지법 2014. 5. 23. 선고 2013가합521826 판결(항소심에서 강제조정으로 확정), 인천지법 2015. 2. 17. 선고 2012가단100615 판결(항소심에서 임의조정으로 확정), 대전지법 2015. 11. 11. 선고 2014가단219054 판결(항소기각 및 대법원 2016. 12. 15.자 2016다248240 심리불속행기각 판결로 확정), 서울고법 2013. 5. 10. 선고 2011나87954 판결(대법원 2013. 8. 22.자 2013다44386 심리불속행기각 판결로 확정) 등. 대법원이 근로관계와 관련하여 명시적으로 공동사업주 법리를 판시한 적은 없지만 공동사업주를 인정한 원심판결(대전고법 2003. 7. 18. 선고 2003누160 판결, 서울중앙지법 2016. 6. 30. 선고 2016나4425 판결 등)에 대하여 소액 상고기각 판결(대법원 2016. 10. 27. 선고 2016다241591 판결) 또는 심리불속행 기각 판결(대법원 2003. 10. 24.자 2003두9381 판결) 등으로 확정한 적이 있고, 비록 근로관계와 관련된 것은 아니지만 공동사용자임을 전제로 한 판시들이 있다(대법원 2008. 5. 29. 선고 2006두8419 판결, 대법원 2009. 4. 29. 선고 2008두23153 판결 등).
40) 최용근, 282~289면.
41) 최용근, 292면.
42) 근로관계 전반에 걸쳐서 적용될 수 있다는 견해로는, 최용근, 295~296면.

당한 책임을 지도록 하는 것이 노동법의 중요한 과제가 되고 있다.

대법원은 현대중공업 사내하청 사건 등[43])에서 노조법상 사용자는 반드시 근로계약상 당사자일 필요는 없다고 판단하였다. 부당노동행위에 관한 사안이었지만 단체교섭 당사자성까지 인정한 것으로 볼 수 있는데, 일본 朝日放送事件최고재판소 판결도 원청 사용자의 단체교섭 거부를 부당노동행위로 인정한 것이었다.[44]) 위 법리에 따라 원청 사업주가 단체교섭 의무를 진다고 할 때, 실질적인 지배력을 미치는 사항에 대하여는 원청 사업주를 '공동사업주(사용자)'로 볼 수 있는지가 검토될 수 있다. 예를 들어 시급 인상은 원청 사업주가 실질적으로 결정하면, 그것이 도급료에 반영되고 하청 사업주는 근로자에게 인상된 시급으로 임금을 지급한다. 만약 원청 사업주를 '시급'에 기초한 임금에 대하여 공동사업주로 볼 수 있다면, 시급에 기초한 임금 사항에 대하여 원청 사업주에게 교섭의무를 지울 수 있는지, 하청 사업주와 공동하여 교섭에 응하도록 할 수 있는지(공동 교섭의무의 부과), 단체협약의 이행 문제(원청 사업주와 하청 사업주가 개별적으로 또는 연대하여 책임지는 것) 등에 관하여 해석론의 전개가 좀 더 용이할 것이다.

V. 구체적인 사례

근기법상 근로조건에 관한 사항에 대하여 근로자를 보호할 법적인 책임과 의무를 부담하는 사용자에 해당하는지 여부와 관련하여 판례에 나타난 구체적인 사례를 살펴본다.[45])

1. 사용자의 내부적 범위와 관련하여 문제가 된 경우

'사업경영담당자' 또는 '근로자에 관한 사항에 대하여 사업주를 위하여 행위하는 자'에 해당하는지 여부가 문제된 사례는 다음과 같다.

가. 회생회사의 대표이사

주식회사에 대한 회생절차개시결정에 따라 관리인이 선임되면 그 회사의 대표업무집행과 재산관리 및 처분권 등은 관리인이 전담하며 그 종업원과 관계

---

43) 대법원 2010. 3. 25. 선고 2007두8881 판결, 대법원 2014. 2. 13. 선고 2011다78804 판결.
44) 最高裁 1995. 2. 28. 判決(民集 49권 2호, 559면); 강성태h, 68면.
45) 이하 김지형, 141면 내지 148면 등 참조.

도 회사 대 종업원의 관계로부터 관리인 대 종업원의 관계로 변경된다. 따라서
이 경우 회사 대표이사는 더 이상 사업경영담당자로서 사용자가 아니고 회생절
차개시결정 이후에 퇴직하는 근로자에 대하여 퇴직금 등을 지급할 책임을 지지
않는다.46)

나. 주식회사의 이사 등 임원

주식회사의 이사나 감사 등 임원은 법률상으로는 이사회의 구성원으로서
업무 집행을 위한 의사 결정에 참여하거나 직무의 집행을 감사하는 권한을 회
사로부터 위임받고 있다. 그러나 단순히 이러한 사실만으로는 법상의 사용자 범
위에 드는 것이 아니다. 나아가 사업주로부터 사업 경영의 전부 또는 일부에 대
하여 포괄적인 위임을 받고 대외적으로 사업을 대표하거나 대리하면서 실질적
으로 회사를 경영하게 되었다거나, 사업주나 사업경영담당자인 대표이사로부터
책임과 권한을 부여받은 경우에 한하여 사업경영담당자 또는 근로자에 관한 사
항에 대하여 사업주를 위하여 행위하는 자로서 사용자의 범주에 속하게 된다.47)

따라서 주식회사의 이사가 전무이사직에 있으면서 대표이사 지시에 의하여
근로자들을 임시 고용한 바 있더라도, 전체적으로 자기가 맡은 분야의 업무만을
수행한 것에 불과하고 대내외 관계에서 독자적으로 회사 업무를 담당·집행한다
고 볼 수 없는 경우에는 사용자로서 근기법상 책임을 지지 않는다.48) 반면 주식
회사의 이사가 대표이사와 같이 근로자들을 고용하고 급료를 지급하는 등 근로
자에 관한 사항에 대하여 실질상 직무를 집행하여 왔다면 법 2조 1항 2호의 사
용자에 해당한다.49)

다. 학교법인 산하 사립학교 교장

학교법인 산하에 설립, 운영되는 사립학교의 교장이 비록 그 학교의 일반직
직원들에 대한 임면권을 가지고 있지 않더라도 직원들을 학교에 근무시키면서
학교 운영의 일환으로 업무를 지시·감독하고 학교 예산에서 자신의 명의로 직
원들의 봉급을 매월 지급하여 왔을 뿐더러, 학교 예산은 학교장이 이를 편성하

---

46) 대법원 1989. 8. 8. 선고 89도426 판결.
47) 김지형, 147면. 대법원 1978. 2. 14. 선고 77다3673 판결, 대법원 1990. 10. 12. 선고 90도1794
　　판결.
48) 김지형, 147면. 대법원 1983. 10. 11. 선고 83도2272 판결, 대법원 1988. 11. 22. 선고 88도
　　1162 판결.
49) 대법원 1995. 12. 5. 선고 95도2151 판결.

여 집행하게끔 되어 있다면, 교장이 직원들에 대한 임금이나 퇴직금을 체불한 경우 교장은 근로자에 관한 사항에 대하여 사업주를 위하여 행위하는 자로서 사용자에 해당하고 형사처벌을 받는다.[50]

라. 법인이 경영하는 병원의 원장

법인이 경영하는 병원의 원장도 그 법인의 피용자이지만 그 병원의 간호사들을 병원장이 자신의 책임하에 직접 채용하여 그의 지휘 · 감독 아래 근무하게 하였다면 적어도 위 간호사들에 대한 관계에서는 사업주인 법인을 위하여 행위하는 자로서 근기법상의 사용자이다. 따라서 부당하게 법정 근로시간을 넘어 시간외 근로를 지시하였다면 근기법 위반의 형사책임을 진다.[51]

마. 대학교 의료원장

대학교 의료원장이 의료원을 대표하며 의료원 산하 각 병원 및 기관의 운영 전반을 관장하고, 의료원은 의료원 산하 각 병원의 연간 종합 예산 등의 편성 · 조정 · 통제, 각 병원별 자금운용수지 현황 관리 등의 업무를 담당해 온 사안에서, 의료원 산하 각 병원이 독립채산제로 운영되고 해당 병원장이 그 전결사항으로 소속 근로자들에 대한 임금을 지급하여 왔다 하더라도, 의료원장은 의료원 산하 병원 등 소속 근로자들에 대한 관계에 있어서 근기법상 사업경영담당자에 해당한다.[52]

바. 회사의 공장장, 현장소장, 광업소장 등

회사 내에서 공장장, 현장소장, 광업소장 등의 직책을 맡고 있는 자가 그 공장, 건설공사 현장, 광업소 등 일정한 범위의 사업장의 업무 수행과 관련하여 자신의 책임 하에 근로자들을 채용하고 작업을 직접 지휘 · 감독하면서 회사 돈으로 임금을 지급하는 업무를 했다면, 임금체불에 대하여 근기법 위반의 형사책임을 진다.[53]

반면 판례는, 회사의 이사 겸 상가 신축 공사 현장소장으로 있었으나 인부들의 공사 감독은 주로 대표이사의 친척되는 사람이 맡았으며, 노임 등도 대표이사가 위 친척되는 사람을 통하여 지급하여 왔는데 대표이사가 수표 등 부도

---

50) 김지형, 147면. 대법원 1986. 7. 8. 선고 86도722 판결.
51) 김지형, 147~148면. 대법원 1980. 11. 11. 선고 80도1070 판결.
52) 대법원 2008. 4. 10. 선고 2007도1199 판결.
53) 대법원 1976. 10. 26. 선고 76다1090 판결, 대법원 1983. 11. 8. 선고 83도2505 판결.

로 도주한 후 위 현장소장이 사후 수습을 위하여 미불 노임 등 채무를 조사·확인한 사실이 있을 뿐인 사안에서, 위 현장소장은 법 2조 1항 2호에 규정된 사업 경영담당자이거나 근로자에 관한 사항에 대하여 사업주를 위하여 행위하는 자라고 할 수 없다고 하였다.[54]

또 부사장직에 취임하였으나 회사의 이사가 아니고 회사 경영에 참여하거나 직원을 채용하는 지위에 있지 아니하며 무보수로 대표이사를 보좌하였을 뿐이라면 사용자라고 볼 수 없다고 한 판례가 있고,[55] 대리점 경영주한테서 대리점 경영을 부탁받고 자신이 근무중이던 회사에서 퇴근 후에만 위 대리점에 출근하여 경리 전표를 정리해 주는 등으로 위 대리점 운영을 도와주다가 대리점 업주가 부도를 내고 행방을 감추어 버리자 부득이 한달 남짓 동안 그의 사무를 관리하여 주어서 위 대리점 운영에 관여해 온 것이라면 그를 법 36조 소정의 금품을 지급하여야 할 사용자라고 할 수는 없다고 한 판례가 있다.[56]

2. 사용자의 외부적 범위와 관련하여 문제가 된 경우[57]

가. 국가·지방자치단체에서 근무하는 잡급직원의 사업주

국가 또는 지방자치단체 산하 행정조직의 장이 일용 잡부 등 잡급 직원을 채용하여 근무하게 한 경우 이들을 국가 또는 지방자치단체의 예산으로 고용한 것이라면 국가 또는 지방자치단체가 그 사업주로서 근기법의 적용을 받아(법 12조) 이들에 대하여 근기법에 의한 퇴직금 지급 등 법적 책임을 진다. 그러나 국가 또는 지방자치단체의 예산이 아닌 별도의 임의 단체의 예산에 의하여 그 단체의 위임에 따라 국가 또는 지방자치단체 산하의 기관장이 이들 잡급 직원을 고용한 경우에는 국가 또는 지방자치단체가 이들의 사업주라 할 수 없고 그 임의 단체가 사업주가 된다.[58]

시 교육장의 지시에 따라 공립 초등학교 교장이 시의 예산 지원을 받아 고용기간 1년으로 하는 일용 잡급의 형태로 과학 실험 조교를 채용하여 근무하게 하고 고용 기간이 만료되면 다시 채용하는 형식으로 계속 근무하게 하였으며,

---

54) 대법원 1983. 6. 28. 선고 83도1090 판결.
55) 대법원 1978. 1. 31. 선고 77도3528 판결.
56) 대법원 1989. 9. 26. 선고 89도1191 판결.
57) 다만 파견에 관한 자세한 내용은 법 9조에 대한 해설 Ⅲ. 참조.
58) 김지형, 142면.

공휴일과 방학 기간을 제외한 해당 학교의 수업일에 근로를 제공하고 보수는 일당제로 지급받아 오면서 본인이 희망하는 경우 교원의료보험에도 가입하였다면 그 사업주는 교육법에 따라 위 학교를 설치·운영하는 시가 된다고 한 사례가 있고,[59] 지방자치단체 산하 고등학교에 학교 운영을 지원하고 학생의 복리를 증진하기 위해 학부모들이 육성회를 조직하고, 그 육성회에서 잡급 직원을 고용하여 육성회 재정에서 보수를 지급하며, 학교장은 육성회의 당연직 이사로서 잡급 직원의 임용에 대하여 결재한 경우, 학교장의 임용 행위와 업무 지시 행위 등은 육성회의 당연직 이사 또는 그 회무 수임자로서 한 것일 뿐이고, 더욱이 육성회는 학부모들로 구성된 임의 단체로서 시로부터 일정한 제한·감독을 받으나 그 지배하에 있지 아니하므로, 그 잡급 직원과 지방자치단체 사이에 근로계약관계가 있다고 볼 수 없다고 하면서 육성회를 사업주로 본 사례가 있다.[60]

나. 지입 차량 운전자의 사업주

자동차 운수회사가 지입차주와 위수탁 계약을 체결하고 그 회사 명의로 차량을 소유하고 자동차 운수사업을 경영하고 있다면 위 차량을 운전하는 운전자를 채용하고 임금 지급 등의 업무를 전적으로 지입차주가 자신의 책임 하에 전담해 왔다 하더라도 이는 위 회사가 차주와 맺은 합의에 의한 내부적인 관행에 불과한 것으로서 대외적인 관계에서는 위 회사가 차량을 소유하고 이를 운행하는 경영 주체라고 보지 않을 수 없고, 따라서 그 사업장의 근로자와의 관계에서도 위 회사(또는 그 대표이사)가 직접적인 근로계약상의 책임을 진다.[61]

건설기계관리법과 같은 법 시행령이 시행된 후에는 지입차주로서는 지입 차량의 등록 명의를 실질관계에 부합하게 자신 앞으로 전환하여 그 차량을 개인이 혼자서 운영하는 개별 건설기계 대여업의 형태로 운영하거나 혹은 2인 이상의 법인이나 개인이 공동으로 운영하는 공동 건설기계 대여업의 형태로 운영할 수 있음에도, 여전히 그 등록 명의를 지입회사 앞으로 남겨둔 채 종래의 지입 체제를 그대로 유지하여 온 경우, 비록 지입차주가 지입 차량의 실질적인 소유자로서 직접 이를 실제로 운영하여 왔다고 할지라도 지입회사는 지입 차량의 운행 사업의 명의대여자로서 제 3 자에 대하여 그 지입 차량이 자기의 사업에

---

59) 대법원 1992. 4. 14. 선고 91다45653 판결 등 다수.
60) 대법원 1997. 8. 26. 선고 96다31079 판결 등 다수.
61) 대법원 1987. 2. 24. 선고 86도2475 판결.

속하는 것임을 표시하였다고 볼 수 있을 뿐만 아니라 객관적으로 지입차주를
지휘·감독하는 사용자의 지위에 있는 것으로 볼 수 있고, 지입 차량 운전자에
대하여도 직접 근로계약상의 책임을 지는 사용자로서 산안법 소정의 안전관리
조치의무를 부담한다.62)

다. 광업수급업자에 의하여 채용된 광부의 사업주

광업권을 가지고 광업을 경영하는 탄광 회사로부터 노무도급 형식으로 채
탄 작업의 일부를 도급받은 수급업자가 채용하여 위 회사 소속 광업소에서 광
부로 종사하는 근로자의 사업주는 광업권자 회사다.

즉 탄광 회사와 수급업자 사이 노무도급 계약은, 광업권자인 회사가 광업법
13조에 의하여 금지되는 이른바 광산 덕대계약(德大契約)63)을 회피하는 한편 광
산사고로 인한 책임 또는 법상의 책임을 면하기 위한 방편으로 이용된 것이고
회사는 산업재해보상보험에서 대외적으로 사업주이었고, 도급 작업에 종사하는
광부들과 사이에 기본임금을 보장한다는 단체협약을 맺었으며, 광부들이 위 회
사로부터 제반 시설을 대여 받아 실질상 회사의 강력한 지휘·감독과 통제 아래
채탄 작업을 하는 경우에는 광부는 수급업자를 통하여 실질적으로 광업권자와
고용계약을 맺은 것으로 보아야 하므로 광업권자 회사가 광부들의 사업주로서
퇴직금 지급 등 근기법상 책임이 있다.64)

라. 건설공사 노무도급계약상 수급인에게 고용된 일용근로자의 사업주

건설 회사로부터 특정 부분 공사를 하도급 받은 자에게 고용되어 그 회사
의 공사장에서 일용 근로자로 근무한 경우, 건설 회사가 일용 근로자에 대한 사
업주로서 위 근로자를 산업재해보상보험에 가입시키고, 위 근로자에게 일당의
형식으로 매월 2회씩 계속적으로 임금을 지급하여 왔으며, 위 공사에 필요한 제
반 장비와 시설을 제공함은 물론, 위 하도급 업자를 통하여 작업을 지휘 감독하
여 왔다면, 위 건설 회사와 근로자 사이에 하도급 업자가 개재되었더라도 그 근
로자는 실질적으로 위 건설 회사와 고용계약을 맺은 것으로서 그들 사이에 종
속적·계속적인 근로자·사용자 관계가 있는 것으로 보아 마땅하고, 그 결과 위 건

---

62) 대법원 1998. 1. 23. 선고 97다44676 판결.
63) 광업권자가 광물의 채굴에 관한 자기의 권리를 제 3 자인 덕대(德大)에게 수여하고 덕대는
   자기의 자본과 관리 하에 광물을 채굴하고 그 대가를 지불할 것을 약정하는 계약을 말한다.
64) 김지형, 143면, 대법원 1979. 7. 10. 선고 78다1530 판결.

설 회사는 위 근로자에 대하여 근기법상의 퇴직금 지급채무를 부담한다.65)

마. 할인 매장 판매원

대형 할인 매장 운영 업체가 근로자들로 하여금 매장 내 상품(한 업체가 아니라 여러 업체가 납품한 상품)을 진열하고 판매하는 업무를 하게 하고, 보수는 입금할 업체와 입금액을 근로자별로 정하여 각 납품 업체로 하여금 매월 해당 근로자의 예금 계좌에 입금하게 하는 방법으로 이를 지급하게 한 사안에서, 대법원은 ① 매장 운영 업체 직원들이 근로자들을 만나보고 근무 시작 여부를 결정하고 보수를 정하였으며, ② 보수를 납품 업체로 하여금 근로자들에게 직접 계좌 입금하게 하고, ③ 기존 납품 업체가 납품을 중단하고 새로운 납품 업체가 들어오면 새로운 납품 업체의 상품을 진열할 업무를 맡을 근로자를 새로이 채용하지 않고 기존 근로자들로 하여금 계속 그 업무를 맡게 하고 새로이 들어온 납품 업체가 종전 업체에 이어서 그 근로자에게 보수액을 입금하였으며, ④ 근로자들은 자신에게 보수를 입금하는 업체의 상품과 관계없는 매장 업무를 처리하는 경우가 상당히 많았고 매장 외부 직거래 장터에 가서 매장 업무를 수행하기도 하였으며, ⑤ 출퇴근·휴가 처리를 납품 업체가 하지 않고 매장 업체가 담당하였다는 점을 들어 할인 매장 업체를 금품 청산과 임금 지급 책임을 지는 근기법상 사용자로 본 1심과 원심 판단을 그대로 수긍하였다.66)

바. 철도 또는 항만의 하역노무자의 사업주

대법원은, 철도나 항만의 하역노무작업에 종사하는 노무자들에 대한 사용자를 하역업체 또는 화물운송업체로 보지 않고 항운노동조합으로 보고 있다.67)

한편 대법원은 노무자들이 항운노동조합의 전국 연합 단체인 전국항운노동조합연맹과 사이에 근로계약관계나 그 외 직접적인 계약법·단체법상의 권리의무

---

65) 대법원 1986. 8. 19. 선고 83다카657 판결.
66) 대법원 2006. 12. 7. 선고 2006도300 판결.
67) 김지형, 144면, 145면; 대법원 1980. 12. 9. 선고 79다2147 판결, 대법원 1987. 2. 10. 선고 86다카1949 판결, 대법원 1996. 3. 8. 선고 94누15639 판결, 대법원 1996. 6. 11. 선고 96누1504 판결, 대법원 1997. 9. 5. 선고 97누3644 판결, 대법원 1997. 11. 14. 선고 97누8908 판결, 대법원 1998. 1. 20. 선고 96다56313 판결.
    한편 항운노동조합을 사용자로 보지만 대법원은 퇴직금의 후불적 임금이라는 성질상 항운노동조합이 조합원들에 대해 근기법상 퇴직금 지급채무를 지는 사용자에는 해당하지 않는다고 한다(대법원 2007. 3. 30. 선고 2004다8333 판결). 이에 관한 자세한 내용은 법 9조에 대한 해설 Ⅱ. 5. 라. 참조.

관계를 맺었다고 볼 수도 없다고 한다.68)

사. 소 사 장

기존 기업 중 일부 생산부문의 인적 조직이 이른바 '소사장 기업'이라는 별
개의 기업으로 분리된 경우 그 소사장 기업에 고용된 채 기존 기업의 사업장에
서 기존 기업의 생산업무에 종사하는 자를 기존 기업의 근로자로 보기 위해서
는 그가 소속된 소사장 기업이 사업주로서 독자성이 없거나 독립성을 결여하여
기존 기업의 한 부서와 동일시할 수 있는 등 그 존재가 형식적, 명목적인 것에
지나지 아니하고, 사실상 당해 근로자는 기존 기업과 사용종속관계에 있다고 평
가될 수 있어야 한다.69)

아. 모자 회사 관계

모자 회사 관계에서는, 자 회사가 근로계약을 체결하고, 임금 지급, 지휘명
령이나 인사관리 등을 하는 이상 자 회사를 사업주로 보아야 할 것이다.70)

그러나 대법원은 다음과 같은 사실 관계에서 모 회사와 자 회사 사이의 업
무 도급 관계를 위장 도급으로 보고, 자 회사 소속 근로자들의 사용자를 모 회
사로 보았다(인사이트 코리아 사건).71)

① 모 회사(갑)의 자 회사(을)가 100% 주식을 가진 A 회사(인사이트 코리아)
는 1997. 8.경 갑 회사와 업무 도급 계약을 맺고 140여 명의 근로자들을 전국에
소재한 갑 회사의 11개 물류센터에서 근무하게 하였다. ② 업무 도급 계약에 따
르면 A 회사는 근로자들을 관리하고 직접 지휘·감독하기 위해 현장대리인을
선임하여야 하고, 갑 회사는 계약의 이행에 관한 지시를 현장대리인이 아닌 종
업원에게는 직접 행하지 아니하도록 되어 있다. ③ 그러나 갑 회사는 물류센터
에서 일할 사람이 필요한 때에는 채용광고 등의 방법으로 대상자를 모집한 뒤
그 면접을 갑 회사 물류센터 소장과 관리과장 등이 A 회사 이사와 함께 참석한
가운데 실시했고, 현장대리인을 거치지 않고 근로자들에 대하여 갑 회사 직원과
구별 없이 업무 지시, 직무 교육 실시, 표창, 휴가 사용 승인 등 제반 인사 관리

---

68) 대법원 1998. 1. 20. 선고 96다56313 판결.
69) 대법원 2002. 11. 26. 선고 2002도649 판결.
70) 菅野, 179면.
71) 대법원 2003. 9. 23. 선고 2003두3420 판결. 모 회사와 근로자 사이에 직접적이고 명시적인
   근로계약을 체결하지 않았지만 실질적인 근로계약관계를 인정한 것이므로, 위장도급 중 '묵
   시적 근로계약관계' 유형으로 볼 수 있을 것이다.

를 직접 했다. 팀 구성 등의 조직 편성이나 경조회의 운영에서 아무런 차이를 두지 아니하였으며, 근로자들의 업무 수행 능력을 직접 평가하고 임금 인상 수준도 갑 회사 직원들에 대한 임금 인상과 연동하여 결정하였다. ④ A 회사의 역대 대표이사는 갑 회사의 전임 임원이 선임되었고 거의 전적으로 갑 회사의 업무만을 도급받아 오는 등 형식상으로는 독립 법인으로 운영되었지만 실질적으로는 모자(母子)회사의 관계로서 사실상의 결정권을 갑 회사가 행사했고, A 회사는 갑 회사의 한 부서와 같이 기능하였다.

자. 모자 회사 관계 아닌 (위장) 도급 관계[72]

조선 업체(현대미포조선)가 다른 업체(용인기업)와 도급 형식의 계약을 맺고 그 업체 소속 근로자들로 하여금 일정 작업을 하게 한 사안에서 대법원이 그 근로자들의 사용자를 조선 업체로 본 사례가 있다. 이 판결은 종래 소사장 제도나 모자 회사 관계 등 경영적 지배가 있는 경우에만 예외적으로 원도급 업체와 근로자 사이의 직접 근로관계를 인정하던 것에서 한발 나아가 사용자 인정 범위를 더 넓혔다는 점에서 주목된다.

대법원은 원도급 업체가 하도급 업체 근로자 채용·징계 요구·출퇴근·조퇴·휴가·연장 근무 등에 개입한 정도, 구체적인 작업 지시, 도급계약의 목적 외 다른 작업의 지시, 시간 단위의 개별 작업량에 따라 정해지는 세부적인 보수 산정, 원도급 업체 임금 상승률에 연동되는 보수 인상, 하도급 업체의 독자적 장비 등 사업시설 불비(不備) 등의 사정을 들어, 외형상 도급계약의 수급인 지위에 있는 하도급 업체는 형식적으로는 원도급 회사와 도급 계약을 체결하고 소속 근로자들로부터 노무를 제공받아 자신의 사업을 수행한 것과 같은 외관을 갖추었다 하더라도, 실질적으로는 업무 수행의 독자성이나, 사업 경영의 독립성을 갖추지 못한 채, 원도급 회사의 일개 사업 부서로서 기능하거나, 노무대행기관의 역할을 수행하였을 뿐이고, 오히려 원도급 회사가 근로자들로부터 종속적인 관계에서 근로를 제공받고, 임금을 포함한 제반 근로조건을 정하였다고 봄이 상당하므로, 근로자들과 원도급 회사 사이에 묵시적인 근로계약관계가 직접 맺어졌다고 보아야 한다고 하였다.

---

72) 대법원 2008. 7. 10. 선고 2005다75088 판결.

차. 열차승무원의 사업주[73]

열차승무원들이 재단법인 홍익회 또는 주식회사 한국철도유통과 근로계약
을 체결하고 재단법인 홍익회 등이 한국철도공사와 체결한 위탁협약에 따라 승
객서비스업무를 수행한 후 한국철도공사를 상대로 근로자지위확인을 청구한 사
안이다.

원심은 재단법인 홍익회 등이 직접 열차승무원을 채용, 관리하면서 인사권
을 독자적으로 행사하였고, 한국철도공사 소속 열차팀장과 열차승무원들의 업무
가 구분되어 있었던 점 등을 들어, 열차승무원들과 한국철도공사 사이에 묵시적
근로계약관계나 파견근로관계가 성립할 수 없다고 판단하였고, 대법원은 원심의
판단이 정당하다면서 열차승무원들의 상고를 기각하였다.

한국철도공사에 대한 재단법인 홍익회 등의 독립성이 인정되는 이상 묵시
적 근로계약관계를 인정하지 아니한 대법원 판결은 수긍할 수 있어 보인다. 그
러나 파견근로관계(불법파견)가 존재하는지에 관하여는, 사실인정의 문제이기는
하나, 열차승무원들이 실질적으로는 여객의 안전이나 여객운송서비스라는 한국
철도공사의 업무를 수행한다고 볼 수 있고, 그러한 업무 수행 과정에서 열차팀
장과 열차승무원들 사이에는 일정한 지휘명령관계가 예정되어 있다고 볼 수도
있어, 대법원 및 그 원심과 달리 판단할 여지도 있었던 것으로 보인다.[74]

카. 유료직업소개사업에 따른 사용자

판례는, 인력공급업체가 직업안정법상 유료직업소개사업으로서 근로자를
공급받는 업체와 해당 근로자 사이에 고용계약이 성립되도록 알선하는 형태로
인력공급을 한 것이라면, 특별한 사정이 없는 한 해당 근로자의 사용자는 인력
을 공급받는 업체로 봄이 상당하고, 특히 일용직 인력공급의 경우 그 특성상 외
형상으로는 인력공급업체가 임금을 지급하거나 해당 근로자들을 지휘·감독한
것으로 보이는 사정이 있다고 하더라도 이는 실질적으로 업무의 편의 등을 위
해 인력공급업체와 인력을 공급받는 업체 사이의 명시적·묵시적 동의하에 구
상을 전제로 한 임금의 대위지급이거나, 임금 지급과 관련한 근거 자료 확보 등
을 위해 근로자들의 현장 근로상황을 파악하는 모습에 불과할 수 있으므로, 이

---

73) 대법원 2015. 2. 26. 선고 2012다96922 판결.
74) 같은 취지로는, 김홍영, 89~91면.

를 근거로 섣불리 근로자들의 사용자를 인력공급업체라고 단정하여서는 안 된다고 판시하였다.[75]

타. 사내협력업체 근로자의 사업주[76]

판례는, 현대자동차가 사내협력업체 소속 근로자에 대한 일반적 작업배치권, 변경결정권을 가지고 수행할 작업량, 작업방법, 작업순서, 작업속도, 작업장소, 작업시간 등을 결정한 점 등 여러 사정들을 고려하여, 위 근로자들은 사내협력업체에 고용된 후 현대자동차의 작업현장에 파견되어 현대자동차로부터 직접 지휘·감독을 받는 근로자파견관계에 있다고 판단하였다. 즉 현대자동차를 사용사업주로 판단한 것이다. 사실관계에 비추어 타당한 결론이라 할 것이다.[77]

파. 학교회계직원의 사용자

학교회계직원이란, 개별 학교에서 교육, 급식 및 행정업무 등을 지원 또는 보조하기 위하여 필요한 근로를 제공하고 학교회계에서 보수를 받는 자로서 공무원이 아닌 자를 의미한다.[78] 국공립학교 학교회계직원의 사용자가 국공립학교의 장인지 국공립학교가 소속한 국가 또는 지방자치단체인지가 다투어진다. 서울행법 2007. 7. 24. 선고 2007구합2777 판결은 국공립학교의 장을 사용자로 보았다.[79] 그러나 서울행법 2013. 1. 15. 선고 2012구합28346 판결은 지방자치단체를 사용자로 보았다.[80] 이후의 대법원의 판단도 국가 또는 지방자치단체를 사용자로 보고 있다.[81] 대법원의 판단은, 비록 국공립학교의 장이 학교회계직원을 채용하는 근로계약을 체결하더라도 국공립학교가 국가 또는 지방자치단체의 하부기관이고 국공립학교의 장은 하부기관장으로서 근로계약을 체결한 것이므

---

75) 대법원 2021. 11. 11. 선고 2021다25501 판결. 이 판결 사안과 유사한 사실관계 하에서 인력공급업체가 아닌 미등록건설업자를 사용자로 본 판결로는, 대법원 2019. 12. 12. 선고 2019다253175 판결 참조.

76) 대법원 2015. 2. 26. 선고 2010다106436 판결.

77) 이 판결의 결론에 동의하면서도 판결의 판단구도 등에 대하여 문제점과 한계가 있다는 견해로는, 강선희, 86~87면.

78) 이종범·박동열, 249면.

79) 서울고법 2008. 1. 23. 선고 2007누21602 판결로 항소기각된 후 상고미제기로 확정되었다. 이와 같은 견해로는, 이종범·박동열, 253~264면.

80) 서울고법 2013. 9. 26. 선고 2013누5410 판결로 항소기각된 후 대법원 2014. 2. 13.자 2013두22666 심리불속행기각 판결로 확정되었다.

81) 대법원 2018. 5. 15. 선고 2015다249079 판결은 지방자치단체가 사용자라는 원심 판단을 수긍하였다.

로 근로계약의 법적 귀속 주체는 국가 또는 지방자치단체라는 논리에 근거하고
있다.82)

[권 두 섭 · 임 상 민]

제 2 조(정의)
　① 이 법에서 사용하는 용어의 뜻은 다음과 같다.
　3. "근로"란 정신노동과 육체노동을 말한다.

　법 2조 1항 1호는 근로자를 정의하면서 직업의 종류를 불문한다고 규정하
고 있다. 따라서 정신노동이든 육체노동이든 사용종속적인 관계에서 노동을 제
공하는 자는 법의 보호대상이 되는 근로자이다.
　법에서 '근로'라 함은 정신노동과 육체노동을 말하는 것으로서 주로 육체적
노동을 제공하는 생산직 노동, 정신적 노동을 제공하는 사무직 노동, 그 중간에
있는 서비스직 노동 등 모든 노동의 형태가 근로의 범주에 들어간다.
　'노동'의 의미는 사전적으로 파악할 수밖에 없을 것이다. 사전적으로 '노동'
은 '몸을 움직여 일을 함'이라는 뜻이다.1) 하지만 근로의 제공이라는 것을 일정
한 육체적, 정신적 활동을 통해 사용자를 위한 구체적인 업무에 종사하는 것만
을 의미한다기보다는 자신의 노동력을 사용자의 처분에 맡긴 상태를 뜻한다고
봄이 상당하다.2)

[권 두 섭 · 임 상 민]

---

　82) 대법원 2008. 9. 11. 선고 2006다40935 판결(노동청장이 그 이름으로 직업상담원들과 사법상
　　근로계약을 체결하더라도 각 지방노동청장이 행정주체인 국가 산하의 행정관청으로서 근로
　　계약체결사무를 처리한 것에 지나지 아니하므로, 사법상 근로계약관계의 권리·의무는 행정주
　　체인 국가에 귀속된다고 판단하였다). 대법원 2019. 5. 30. 선고 2017두62235 판결에서는, 주민
　　자치센터장이 모집 공고하여 위촉한 자원봉사자에 대하여 근기법상 근로자성을 인정하여 원
　　심을 파기하였는데, 이 판결에서도 사용자를 주민자치센터장이 아닌 지방자치단체로 판단하
　　였다. 같은 법리를 토대로 한 것으로 보인다.
　 1) 동아 새국어사전 5판, 두산동아(2004).
　 2) 자세한 내용은 임금의 본질에 관한 법 2조 1항 5호에 대한 해설 Ⅱ. 참조.

제 2 조(정의)

　① 이 법에서 사용하는 용어의 뜻은 다음과 같다.

　4. "근로계약"이란 근로자가 사용자에게 근로를 제공하고 사용자는 이에 대하여
　　임금을 지급하는 것을 목적으로 체결된 계약을 말한다.

〈세 목 차〉

Ⅰ. 근로계약의 의의

　　본 조는 근기법의 보호대상이 되는 근로계약의 범위를 정하려는 데에 규정
의 취지가 있다. 근로계약이란 근로자와 사용자 사이에서 근로관계를 설정하고
근로관계 속에서 양 당사자가 가지는 권리와 의무의 내용을 정하는 계약인바,

　※ 이 조에 관한 각주의 참고문헌은 제 2 조 제 1 항 제 1 호 해설의 참고문헌을 가리킨다.

근로자는 사용자에게 근로를 제공하고 사용자는 근로자에 대하여 임금을 지급
하는 것을 목적으로 하는 계약이다. 근로계약은 근로제공과 임금지급이라는 채
권·채무의 성립을 목적으로 하는 채권계약으로 근로와 임금이 대가적 교환관
계에 있는 유상·쌍무계약에 해당하고, 계약의 체결에 있어 특정한 형식을 요하
지 않는 낙성·불요식 계약이다. 실질적으로 근로관계의 성립을 목적으로 하는
계약인 경우, 민법상 도급 또는 위임의 형식을 갖는 계약도 그 명칭과 형식에
구애됨이 없이 근로계약으로 본다.[1] 근로계약의 체결은 반드시 서면으로 이루
어져야 하는 것은 아니고 구두에 의한 근로계약의 체결도 가능하다. 다만 사용
자는 근로계약을 체결할 때 근로자에 대하여 임금, 소정근로시간, 휴일, 연차유
급휴가 등을 명시하여야 하고(법 17조 1항) 그 중 임금의 구성항목·계산방법·지
급방법 및 근기법 17조 1항 2호부터 4호까지의 사항이 명시된 서면을 근로자에
게 교부하여야 한다(법 17조 2항). 다만, 근로자의 근로조건은 취업규칙, 단체협약
등 집단적인 규범으로 정해지는 경우가 많으므로 개별 근로자가 작성한 근로계
약서는 형식화되어 있는 경우가 많다.

    근로계약은 민법상 고용계약의 개념을 수정하여 대두된 개념이다. 그런데
현행 실정법상의 개념 규정에서는 근기법의 경우 근로계약의 당사자를 "근로자
와 사용자"로 정하고 있는 데 비해 민법에서는 이를 "당사자 일방과 상대방"으
로 정하고 있고, 보수액과 그 지급시기에 관한 규정(민법 656조)과 계약의 해지
통고권(민법 659조, 660조)에 관한 규정에 약간의 차이가 있을 뿐, 그 밖의 계약
의 목적이나 내용에서는 실질적으로 크게 차이가 없다. 여기에서 근로계약과 고
용계약은 구별되는 것인가가 문제된다.

    근로계약은 그 이념이나 규제 내용의 면에서 민법상의 고용계약을 대폭 수
정하고 있지만, 민법상의 고용계약도 종속성을 전제로 하는 것이므로 계약개념
으로서 양자 사이에 본질적인 차이가 없다는 구별 부정설[2]과, 근로계약은 민법
상 고용계약에서 그 법형식과 실체 사이의 모순인 종속성을 극복하기 위하여
등장한 것으로 그 성립과정이 다르고, 근로계약의 개념 구성은 근로자의 생존권
보장이라는 기본 이념의 실현에 있으므로 양 계약의 이론적인 출발점이 다르다
는 것, 그 규제 내용으로 고용관계에서 사실로 존재하는 신분적, 조직적 요소를

---

1) 대법원 1994. 12. 9. 선고 94다22859 판결.
2) 이병태, 585면.

근로계약에서는 법적 계기로 받아들여 사회법적 규제를 가하고 있다는 것 등을 근거로 구별해야 한다는 구별 긍정설3)이 있다. 구별 긍정설이 다수설4)이다. 그러나 구별 부정설도 민법이 대등 당사자간의 계약을 규율하는 것에 대하여 근기법은 근로자의 생존 보호를 목적으로 하고 있다는 이념의 차이를 부정하지는 않는다.5)

근로계약은 그 형성 과정, 기본 이념, 규율 원리 등에 비추어 볼 때 민법상의 고용계약과 동일한 차원에서 파악해서는 안 되는 것인바, 시민법과 노동법의 특질을 각각의 원리적 입장에서 명확히 하고 노동법의 전 체계를 통일적으로 이해하고 구성할 필요성이 있으므로 원칙적으로 양자를 구별하는 것이 타당할 것이다. 다만 근로관계법에 규정이 없는 경우 보충적으로 민법상 고용계약에 관한 규정이 성질에 반하지 않는 범위 내에서 근로계약에 적용될 수는 있을 것이다.

한편 우리나라에서는 근로자 보호법인 근기법에서 근로계약에 관하여 규율하고 있으나, 일본은 노동기준법과 별개로 2007. 11.에 노동계약법을 제정하여 근로계약관계를 독자적으로 규율하고 있다.

Ⅱ. 근로계약의 기본 내용

근로계약은 근로의 제공과 임금의 지급을 목적으로 하는 계약이다.6)

근로계약에 따른 근로관계는 인적·조직적·계속적 관계이므로 근로자와 사용자는 주된 의무로서 근로제공의무와 임금지급의무를 부담하는 이외에도 부수적 의무로서 근로자는 성실의무를, 사용자는 배려의무를 부담한다.7)

이하에서는 주된 의무와 부수적 의무로 나누어 설명한다.

---

3) 김유성, 55~56면.
4) 김형배, 208면(모든 근로관계는 고용관계이지만, 모든 고용관계가 근로관계인 것은 아니라고 한다); 임종률, 355면(근로계약은 대부분 고용계약에 해당하지만 반드시 일치하지는 않고, 도급 또는 위임의 형식이나 비전형 노무공급계약을 취할 수도 있다고 한다).
5) 이병태, 585면.
6) 근기법 2조 1항 4호는 근로계약을 '근로자가 사용자에게 근로를 제공하고 사용자는 이에 대하여 임금을 지급하는 것을 목적으로 체결된 계약'으로 정의하고 있다.
7) 임종률, 358면; 菅野, 149면(菅野는 근로계약관계를 노동력의 제공과 보수, 즉 임금의 지급관계, 조직적 노동관계, 성실배려관계로 분설하면서, 조직적 노동관계로부터 사용자의 인사권, 업무명령권, 기업질서정립·징계권이 나온다고 설명하고 있다).

1. 근로계약상의 주된 의무

근로계약상의 주된 의무는 근로자의 근로제공의무와 사용자의 임금지급의무이다. 근로자의 근로제공의무에 대응하여 사용자에게 노무급부청구권, 지휘명령권이 인정되고, 사용자의 임금지급의무에 대응하여 근로자에게 임금청구권이 인정된다.

가. 근로제공의무

근로제공의무는 근로계약 체결 당시부터 발생하는 근로자의 기본적인 의무로서 근로의 구체적인 제공은 사용자의 지시에 따라 이루어지며 근로제공은 반드시 현실적인 근로급부의 실현만을 의미하는 것이 아니라, 근로자 자신의 노동력을 사용자의 처분 가능한 상태에 두는 것으로 충분하다. 즉 노무제공의무의 내용은 근로자가 약정된 노무의 실현을 위하여 일정한 시간대에 그의 노동력을 사용자의 처분이 가능한 상태에 두는 것을 말한다.[8]

제공할 근로의 내용, 장소, 수행방법 등은 근로계약의 취지 및 당사자의 약정에 따라 정해지지만, 대부분은 근로계약 체결 당시 근로의 종류 등에 대해 대강만을 정하고 구체적인 것은 노동관행 및 사용자의 지시에 따르는 것이 일반적이다. 그러나 이때에도 사용자의 지시권 행사는 당사자 사이의 약정, 근로계약의 취지, 취업규칙, 단체협약, 근기법 등 법률의 규정, 신의칙 등에 의하여 인정되는 범위 내에서만 가능하다. 따라서 근로자는 이에 반하는 사용자의 근로제공 요구를 거절할 수 있다고 할 것이다.

예를 들어 ① 생명·신체에 위험이 수반되는 근로제공 요구를 거절할 수 있는지가 문제된다. 헌법상 인간으로서 존엄과 가치를 존중받을 기본권에 기초하여 인정되는 일반적 인격권의 내용으로서 개인이 사적 생활영역에서 생명·신체·건강에 대한 위협으로부터 보호받아야 할 인격적 이익은 가장 근원적인 인격가치에 속한다. 근로자가 제공하여야 할 본래의 노무급부의 성질상 생명·신체에 위험이 통상적으로 수반하는 경우(예를 들어, 경호원의 경호 업무 등)에는 그것이 사회통념상 특별히 위험한 근로라고 하더라도 그러한 근로의 제공은 근로계약의 범위 내에 속한다고 할 것이지만, 본래 예정되어 있던 통상의 위험을

---

8) 임종률, 357면; 대법원 2002. 5. 31. 선고 2000다18127 판결, 대법원 2011. 3. 11. 선고 2010다13282 판결 등 다수.

넘어서 생명·신체에 특별한 위험이 뒤따를 염려가 있는 근로에 대하여는 그러한 근로의 제공은 근로계약상의 의무에 속하지 아니하므로 사용자가 그러한 취로를 강제할 수 없다고 할 것이다. '특별한 위험'이 없는 경우에도 근로자는 사용자가 산안법에 위반하여 지시하는 근로에 관하여는 근로의무를 부담하지 않고 사용자의 취로명령을 거부할 수 있다고 해석된다. 즉 근기법 76조가 "근로자의 안전과 보건에 관하여는 산안법이 정하는 바에 의한다."고 규정하고 있고, 이에 따라 산안법은 근로자의 안전과 보건을 규율하는 범위 내에서 근기법의 내용의 일부분을 이루면서 근로관계를 직접 규율하는 법률이라고 볼 것이므로, 같은 법에 규정된 사용자의 안전배려의무(5조), 구체적인 유해·위험예방조치의무(34조 이하) 등은 근로자에 대하여 사법적 효력이 미친다고 보아야 할 것이다. 따라서 근로자는 사용자가 산안법에 규정된 의무를 게을리 함으로써 그 작업환경에 위험이 발생한 경우에는 근로를 거부할 수 있다.[9] 즉 재해발생의 위험이 있거나, 작업환경이 유해하다고 판단될 경우에는 근로제공을 거부할 수 있다고 할 것이다. 예를 들어 건설현장에서 안전망을 설치하지 않거나, 안전모를 지급하지 않고 작업지시를 하는 경우, 기준치 이상의 발암물질에 노출될 위험이 있는 경우 등이 있을 것이다. 이 경우에도 근로자는 임금청구권을 가지고 사용자는 이를 이유로 징계를 하지 못한다.

　　② 사용자의 노무지휘권 행사에 대한 제한의 한 유형으로서 근로자에게 굴욕감 등 정신적 고통을 수반하는 근로를 명하는 것은 근로자의 정신적 자유에 관한 인격적 이익의 보호의 관점에서, 근로자의 인격적 권리를 부당하게 침해하는 것이 아닌, 합리적으로 인정되는 범위 내에서만 허용될 뿐이라고 해석된다. 예를 들어 호텔에서 용역전환 전적동의서에 동의를 거부한 직접고용 계약직 근로자들을 대기발령하고 지하 3층 교육실에서 하루 종일 책을 읽게 한 후 독후감을 제출하라는 인사명령을 지시하여 논란이 된 일이 있다[10] 일본 최고재 판결에 의하면 "강회 제거작업은 직장환경을 정비하고 노무의 원활화·효율화를 도모하기 위한 필요한 작업이고, 작업내용·방법 등에 있어서도 사회통념상 상당한 정도를 넘는 지나치게 가혹한 업무라고는 할 수 없어 근로계약상의 의무에 포함된다 할 것이며, 이 사건 업무명령은 원고가 배지를 착용한 채로 근무하

---

9) 김지형a, 716면. 산안법 52조에 규정된 작업중지권은 사용자의 법 위반 여부와 상관없이 산재발생의 급박한 위험이 있을 때에 실시되는 것으로 보아야 할 것이다.
10) 2007. 7. 9.자 한겨레신문 기사(http://www.hani.co.kr/arti/society/labor/221107.html).

려고 하였기 때문에 직장규율의 유지를 위하여 지장이 적은 강회 제거작업에
종사시킨 것이고, 직장관리상 부득이한 조치로서 원고에게 특별히 불이익을 과
하려고 하는 위법·부당한 목적에서 이루어진 것은 아니다."11)라고 판시하여 그
위법성을 부정한 바 있다. 반면, 취업규칙의 필사명령,12) 의장·포장업무를 직무
로 하는 파트타임 근로자에 대하여 잡초를 뽑고 유리를 닦도록 하는 업무명
령13) 등에 대하여 위와 같은 입장에서 사용자의 업무명령을 권리남용으로 해석
하면서 동시에 불법행위책임을 인정한 사례가 있다.14)

결국 그와 같은 작업지시의 업무상 필요성이 있는지, 근로계약의 취지 등에
비추어 사회통념상 상당한 정도를 넘는 지나치게 가혹한 업무지시가 아닌지, 다
른 부당한 목적을 위한 것은 아닌지 등을 검토하여 판단해야 할 것이다.

나. 임금지급의무

사용자는 근로자의 근로제공에 대한 대가로서 임금을 지급할 의무를 부담
한다. 따라서 근로자가 결근이나 조퇴 등 자신의 책임 있는 사유로 근로를 제공
하지 못한 경우에는 사용자는 임금지급의무가 없다(무노동 무임금의 원칙).

그러나 근로자가 자신의 노동력을 사용자의 처분이 가능한 상태에 두었다
면 사용자가 이를 처분하지 못하였더라도 근로제공의무를 이행한 것으로 되므
로 사용자에게 그 반대급부인 임금을 청구할 수 있다. 예를 들면 사용자가 근로
제공의 수령을 거부하거나 부당해고 등 사용자의 책임 있는 사유로 근로자가
실질적인 근로제공을 할 수 없었다 하더라도 사용자는 근로자에게 임금을 지급
할 의무를 진다.15)

2. 근로계약상의 부수적 의무

근로계약관계는 계속성을 갖고 있으며 한편으로 근로자를 기업 조직에 편
입시키는 특성을 갖기 때문에 근로계약의 주된 의무에 수반하여 신의칙에 따른

---

11) 最高裁 1993. 6. 11. 判決 平成1年(オ)1631호(国鉄鹿児島自動車営業所事件, 判例時報 1466호,
   151면).
12) 福岡地裁小倉支部 1990. 12. 13. 判決 昭和61年(ワ)838호[国鉄清算事業団(ＪＲ九州)事件, 勞働
   判例 575호, 11면] ; 仙臺高裁秋田支部 1992. 3. 25. 判決, 平成3年(行ウ) 4 호[仙台勞基署長(三菱
   建設)事件, 勞働法律旬報 1311호, 51면].
13) 最高裁 1987. 10. 16. 判決 昭和62年(オ)871호(平安閣事件, 勞働判例 506호, 13면).
14) 김지형a, 720~721면.
15) 임종률, 357~358면.

부수적인 의무가 있다.

가. 근로자의 성실의무(충실의무)

근로자는 사용자 또는 경영상의 이익이 침해되지 않도록 고려하여야 하는 신의칙상의 의무를 부담하는바, 이를 성실의무 또는 충실의무라고 한다.

(1) 비밀유지의무

근로제공과 관련하여 지득한 사업이나, 경영상의 비밀을 다른 제 3 자에게 누설하지 말아야 하는 비밀유지의무가 있다.[16] 비밀유지의무는 사용자가 그 비밀유지에 정당한 경제적 이익을 가지고 있어야 하고 부정경쟁금지위반행위, 범죄행위, 기타 법률위반행위 및 명백한 계약위반행위 등은 사용자의 정당한 이익으로 보호되지 않는다. 또한 회사의 신용이나 명예 등과 관련된 비밀을 제 3 자나 일반인에게 공포하여야 할 정당한 이익이 있고 그 이익이 사용자가 침해받는 이익과 비교하여 더 클 경우에는 근로자의 비밀유지의무는 성립하지 않는다.

(2) 경업금지의무

근로자의 경업금지의무라 함은 근로자가 근로관계의 존속 또는 종료 후에 사용자와 경쟁적 관계에 있는 동종 영업을 스스로 영위하거나, 사용자와 경쟁적 관계에 있는 동종 영업체에 전직하는 등의 방법으로 사용자와 경쟁적 영업행위나 직업 활동을 피하여야 하는 부작위 의무이다.[17] 근로계약에 따라 부수적으로 발생하는 신의칙상 의무이므로 근로계약 존속 중에만 미치는 것이 원칙이다. 사용자가 근로자의 전직 등에 따라 영업비밀이 외부로 유출되는 것을 방지하고 근로자가 근무 중 습득한 전문지식이나 기능 등을 이용하여 경업관계에 있는 다른 사업장에 취업하거나 퇴직 후 경업관계에 있는 영업을 스스로 운영하는 것을 방지하기 위하여 근로자와 사이에 사용자의 영업비밀에 속하는 사항의 사용·공개나 사용자와의 경업행위 등을 금지하는 특약을 하거나, 경우에 따라서는 이러한 내용을 취업규칙 등에 근로자의 퇴직 후 의무사항으로 규정하는 경우가 있을 수 있다.[18] 이와 같이 경업금지특약을 체결하거나, 퇴직 후에도 영업비밀 유지의무를 지도록 하는 영업비밀유지약정을 체결한 경우[19]에 퇴직 후에

---

16) 임종률, 358~359면.

17) 신권철a, 165면.

18) 김지형a, 733면.

19) 퇴직 후 영업비밀유지의무에 대한 특약을 체결하는 경우에 동종업종으로의 전직이 제한되

도 경업금지의무를 질 수 있다. 이러한 경업금지의무는 합법적인 취업이나 창업 자체를 제한하는 것이어서 직업선택의 자유 및 노동의 자유를 제한하는 효과가 강하기 때문에 그 유효요건을 엄격히 하고 효력범위를 제한할 필요성이 대두된다.

한편 경쟁적 업종에 종사하는 것을 금지하는 경업금지의무는 노무제공의 충실성을 담보하기 위한 좁은 의미의 겸직금지의무와는 구분될 수 있다. 겸직금지의무는 근로자가 근로관계 존속 중에 본래 급부하여야 할 근로의 내용에 지장을 미치는 겸업이나 겸직에 종사하는 것을 피해야 할 의무이다. 넓게 보면 근로관계 존속 중의 경업금지의무를 포함하는 개념이기는 하지만, 이를 제외한 겸직금지의무로 좁게 이해한다면, 경업금지의무와는 구별되는 개념이다. 원칙적으로 근로시간 외의 활동은 근로자의 사적 영역이고 근로자의 자유로운 선택에 속하는 것이므로 근로자는 겸직(겸업, 부업)의 자유가 보장된다고 보아야 할 것이다.20)

대법원은 "퇴직후 경업금지약정을 체결하거나 근로자가 전직한 회사에서 영업비밀과 관련된 업무에 종사하는 것을 금지하지 않고서는 회사의 영업비밀을 보호할 수 없다고 인정되는 경우에는 구체적인 전직금지약정이 없다고 하더라도 부정경쟁방지법 10조 1항에 의한 침해행위의 금지 또는 예방 및 이를 위하여 필요한 조치 중의 한 가지로서 그 근로자로 하여금 전직한 회사에서 영업비밀과 관련된 업무에 종사하는 것을 금지하도록 하는 조치를 취할 수 있다"21)고 하여 근로자는 특약이 없어도 부정경쟁방지법에 의하여 경업금지의무를 지게 될 수 있다.

이러한 경업금지의무위반의 경우에 보통 퇴직근로자에 대한 경업금지청구는 가처분의 형태로 제기되며, 손해배상소송의 형태로도 문제가 되고 있다.

경업금지특약의 유효 요건에 대하여 사용자의 사업활동상의 정당한 이익과 비교형량하여 근로자의 직업활동의 자유를 제약하는 정도가 합리적이고 필요불가결한 범위를 넘은 것인지 여부를 판단하기 위해서는 근로자의 종전 직무상의 지위 고하 및 그 직무 내용, 경업금지의 목적, 제한의 대상으로 된 기간·지역·

는 결과를 가져오고 경업금지특약의 경우에도 그 의무위반을 판단할 때 사용자의 영업비밀 및 그에 대한 퇴직근로자의 침해여부가 중요한 판단요소가 되기 때문에 그 구분이 모호한 경우가 많다. 신권철a, 166면.

20) 東京地裁 1982. 11. 19. 決定 昭和57年(ㅋ)2267호(小川建設事件, 勞働関係民事裁判例集 33권 6호, 1028면).

21) 대법원 2003. 7. 16.자 2002마4380 결정.

직업활동범위 등의 내용, 제한으로 인하여 근로자가 입게 될 손실을 전보할 수 있는 대상조치 유무 등 여러 가지 사정이 종합적으로 고려해야 한다.[22] 구체적으로 보면[23] ① 사용자의 합법적 보호이익이 있어야 한다. 여기서 합법적 보호이익은 대체로 영업비밀과 일치하는 것으로 보고 있다. 대법원도 퇴직한 근로자에 대하여 전직 금지의무를 부과하는 것은 종전에 근무하던 직장의 영업비밀을 보호하기 위한 것이므로 특별한 사정이 없는 한 영업비밀의 존속기간을 넘는 기간까지 전직을 금지할 수는 없다고 한다.[24] 따라서 사용자의 영업비밀이 인정되지 않는 경우에는 경업금지특약에 기한 경업금지의무가 인정되지 않는다. ② 근로자에게 불합리한 부담이 되는지 여부를 살펴야 한다. 이는 경업금지기간, 지역, 업종뿐만 아니라, 근로자가 자신의 몸에 체화된 지식, 기술, 경험, 사회적 관계를 계속 유지할 수 있는지 여부 등이 문제된다. 또 경업금지의무는 대상조치에 의하여 보상되어야 한다. 근로관계 종료 후에 퇴직 근로자에게 노무를 금지시키기 위해서는 그에 대한 일정한 보상이 필요하다고 할 것이다. ③ 공공의 이익에 대한 침해가 있어서는 안 된다. 주로 의료나 교육 등 공공적 서비스가 경업금지특약에 의해 제한되는 경우가 문제된다. 또 영업비밀이 아닌 독점적 이익을 확보하기 위한 목적의 경업금지특약은 공공의 이익을 침해할 우려가 있어 그 유효성을 인정받기 어려울 것이다.

　　경업금지특약이 유효성을 인정받는 경우에도 합리적인 기간 내로 경업금지기간이 제한되어야 한다. 나아가 경업금지의무가 소멸되었는지 여부도 판단해야 한다.[25] ① 사용자가 주장하는 영업비밀이 실질적으로 근로자의 오랜 노력으로 만들어 낸 것이거나, 일반적인 지식이나 기술로 근로자에게 인격적으로 귀속되었다고 하는 경우, 즉 일본에서는 '근로자는 고용 중 다양한 경험에 의하여 많은 지식과 기능을 얻게 되는데, 이것들이 당시의 동일 업종의 영업에서 보편적인 것인 경우, 즉 근로자가 다른 사용자 아래에서도 마찬가지로 얻을 수 있는 일반적 지식·기능을 획득하는데 그치는 경우에는 그것들은 근로자의 일종의 주관적 재산을 구성하는 것이고 그러한 지식·기능은 근로자가 근로관계 종료 후 활용하는 것이 예상되는 것이며 이것을 금지하는 것은 단순히 사용자의 경

---

22) 김지형a, 736면.
23) 자세한 논의는 신권철a, 177~179면 참조.
24) 대법원 2003. 7. 16.자 2002마4380 결정.
25) 신권철a, 183~184면 참조.

쟁제한의 목적으로 근로자의 직업선택의 자유를 부당하게 제한하는 것이 되어 공서양속에 반한다.'고 판시한 사례가 있다.[26] ② 근로관계의 종료사유가 부당해고나 정리해고, 임금미지급이나 의도적 진급 누락에 의한 퇴직 등은 경업금지 특약이 대체로 근로자 자의에 의한 퇴직을 전제로 하고 있는 의무라는 점에 비추어 볼 때 퇴직 후 경업금지의무를 강제하는 것이 부당할 수 있다. ③ 경업금지특약 체결 시에는 사용자의 합법적 보호이익 범위 내였으나, 현재에는 업종이나 지역, 영업비밀의 내용이 변경되어 사용자의 합법적 보호이익이 소멸하였다고 하는 경우에는 퇴직 근로자의 경업금지의무가 소멸되었다고 볼 수도 있다.

(3) 조사협력의무

근로자는 기업의 기업질서위반 사건 조사에 협력할 의무를 부담하는가?

일본 최고재판소는, 조사협력이 직무의 내용으로 되어 있는 경우와 그렇지 않더라도 필요하고 합리적인 범위 내에 있다고 볼 수 있는 경우에는 조사협력 의무를 부담하지만 그 외의 경우에는 조사협력의무를 부담하지 않는다고 판시하였다.[27] 우리나라 판결 중에도, 근로계약에 부수하는 신의칙상 의무로서 근로관계 관련 사고 발생시 사용자의 조사에 협조할 의무가 있다고 판시한 것이 있다.[28]

(4) 직무전념의무의 인정 여부

근로자는 취업시간 중에는 일체의 육체적, 정신적 활동력, 주의력을 직무에만 사용하여야 하는가?

---

26) 東京地裁 1995. 10. 16. 判決 平成7年(ヨ)3587호(東京リーガルマインド事件, 判例時報 1566호, 83면).

27) 最高裁 1977. 12. 13. 判決 昭和49年(オ)687호(富士重工原水禁事情聽取事件, 最高裁判所民事判例集 31권 7호, 1037면). 구체적인 판시내용은 다음과 같다. "기업이 기업질서위반 사건을 조사할 수 있다는 것으로부터 바로 근로자가 이에 대응하여 언제나 어떠한 경우에나 기업이 행하는 위 조사에 협력해야 할 의무를 지는 것이라고 해석할 수는 없다. 근로자는 근로계약을 체결하여 기업에 고용되는 것에 의해서 기업에 대해서 근로제공의무를 짐과 함께 이에 부수하여 기업질서준수의무 기타 의무를 지지만 기업의 일반적인 지배에 복종하는 것은 아니기 때문이다. 이와 같은 관점에서 볼 때 근로자가 다른 근로자에 대한 감독, 지도, 기업질서의 유지 등을 직책으로 하는 자로서 기업의 조사에 협력하는 것이 직무의 내용으로 되어 있는 경우에는 기업의 조사에 협력하는 것이 근로계약상 기본적 의무인 근로제공의무의 이행 자체이므로 위의 조사에 협력해야 할 의무를 지는 것이라고 해야 하지만, 그 이외의 경우에는 조사대상인 위반행위의 성질, 내용, 근로자의 위반행위 인지 경위, 직무집행과의 관련성, 보다 적절한 조사방법의 유무 등 제반 사정을 종합하여 판단할 때 기업의 조사에 협력하는 것이 근로제공의무를 이행할 때 필요하고도 합리적이라고 인정되지 않는 한 기업의 조사에 협력할 의무를 지는 것은 아니라고 함이 상당하다."

28) 서울행법 2008. 7. 17. 선고 2007구합46005 판결(항소기각, 상고기각으로 확정됨).

　　일본 최고재판소는 전화국 내에서 직무수행 중에 뱃지를 착용한 행위에 대하여 위와 같은 직무전념의무에 위반하였다고 판단하였다.[29]

　　그러나 이후 동경고재는 근로자는 근로계약상 노동을 성실하게 수행할 의무를 부담할 뿐, 취업시간 중이더라도 사용자에게 전인격적으로 종속되어서는 안 되므로 모든 정신적, 육체적 활동을 직무수행에 집중해야 할 의무를 부담한다고 볼 수는 없다고 판단하였다.[30]

　　동경고재의 입장이 타당하다고 본다.

나. 사용자의 배려의무

　　근로관계는 계속적 관계로서 사용자는 안전·건강 등 근로자의 이익을 보호할 신의칙상 배려의무를 진다. 배려의무의 내용으로 대표적인 것이 안전배려의무이다.[31] '안전배려의무'는 사용자가 사업시설, 기계, 기구 등의 위험으로부터 근로자의 생명, 신체, 건강을 안전하게 보호할 의무를 말한다. 근로제공은 근로자가 자신의 인격·신체와 불가분의 일체를 이루는 노동력을 사용자의 처분에 맡기는 것이므로 사용자는 근로자의 생명 및 건강 등을 업무상 질병 등의 산업재해의 위험으로부터 안전하게 보호하도록 배려하여야 할 주의의무를 부담하는 것이다.[32] 이 의무는 사용자가 근로자의 안전과 건강을 침해하지 않을 소극적 의무와 노무를 제공하는 과정에서 생명, 신체, 건강을 해치는 일이 없도록 인적·물적 환경을 정비하는 등 필요한 조치를 강구하여야 할 적극적 의무를 포함한다.[33]

　　이 외에도 근로의 제공을 위해 사업장 내에 가지고 들어오는 물건, 예를 들면 자전거, 의류 등에 대하여 도난, 훼손을 방지하기 위한 적절한 조치를 취할 것과 근로제공 과정에서 근로자의 인격이 침해되지 않도록 배려해야 하는 것도 안전배려의무의 내용으로 보고 있다.[34]

---

29)　最高裁 1977. 12. 13. 判決 昭和47年(オ)777호(目黒電報電話局事件, 最高裁判所民事判例集 31권 7호, 974면).
30)　東京高裁 1988. 6. 23. 判決 昭和62年(行コ)72호(オリエンタルモーター事件, 勞働判例 521호, 20면).
31)　임종률, 360면.
32)　대법원 1989. 8. 8. 선고 88다카33190 판결, 대법원 1999. 2. 23. 선고 97다12082 판결, 대법원 2000. 5. 16. 선고 99다47129 판결 등.
33)　대법원 2006. 9. 28. 선고 2004다44506 판결.
34)　임종률, 360면.

일본 최고재는 사용자의 안전배려의무가 국가와 공무원 사이에도 그대로
적용된다고 판시하였다.35)

다. 근기법이 정하는 사용자의 의무

근기법은 근로계약 체결에 따르는 사용자의 의무로 근로조건 명시(17조), 위
약금 예정금지(법 20조), 강제저축의 금지(법 22조) 등을 정하고 있다. 이에 관하여
는 각 조항에 대한 해설 부분에서 구체적으로 설명한다.

3. 근로자의 책임

근로자가 근로제공의 과정에서 고의·과실로 사용자에게 손해를 발생시키
면 채무불이행 또는 불법행위에 따른 손해배상 책임을 지게 되나, 위험작업에
종사하는 근로자에 대하여는 과실이 있다는 이유만으로 작업 수행 중에 발생한
손해 전액에 대하여 책임을 물을 수 없는 경우가 있다. 위험작업이란 작업의 성
질상 근로제공 과정에서 근로자의 실수를 완전히 회피할 수 없는 작업유형을
말한다. 예를 들어 자동차 운전업무가 대표적이다. 이러한 위험작업의 수행 중
에 근로자의 실수에 따른 손해의 발생은 마치 작업시설이나 기계가 고장을 일
으키는 경우처럼 경영위험에 속하고 그 경영위험을 사용자가 부담하는 만큼 근
로자의 배상책임이 감경 또는 면제된다고 볼 수 있다. 대법원은 "일반적으로 사
용자가 피용자의 업무수행과 관련하여 행하여진 불법행위로 인하여 직접 손해
를 입었거나 그 피해자인 제 3 자에게 사용자로서의 손해배상책임을 부담한 결
과로 손해를 입게 된 경우에 있어서, 사용자는 그 사업의 성격과 규모, 시설의
현황, 피용자의 업무내용과 근로조건 및 근무태도, 가해행위의 발생원인과 성격,
가해행위의 예방이나 손실의 분산에 관한 사용자의 배려의 정도, 기타 제반 사
정에 비추어 손해의 공평한 분담이라는 견지에서 신의칙상 상당하다고 인정되
는 한도 내에서만 피용자에 대하여 손해배상을 청구하거나 그 구상권을 행사할

---

35) 最高裁 1975. 2. 25. 判決 昭和48年(才)383호(自衛隊車両整備工場事件, 最高裁判所民事判例集
    29권 2호, 143면). 구체적인 판시내용은 다음과 같다. "국가는 공무원에 대하여 국가가 공무
    수행을 위해서 설치해야 하는 장소, 시설 또는 기구 등의 설치관리 및 공무원이 국가 또는
    상사의 지시 하에서 수행하는 공무의 관리에 있어서 공무원의 생명 및 건강 등을 위험으로
    부터 보호하도록 배려할 의무(안전배려의무)를 진다고 해석해야 한다. … 안전배려의무는 어
    떤 법률관계에 따라 특별한 사회적 접촉 관계에 들어간 당사자 사이에서 법률관계의 부수의
    무로서 당사자의 일방 또는 쌍방이 상대방에 대해서 신의칙상 지는 의무로 일반적으로 인정
    되어야 하는 것이므로 국가와 공무원 사이에서도 이를 달리 해석해야 할 근거가 없다."

수 있다"[36]고 판시하여 신의칙을 바탕으로 제한함으로써 결과적으로 근로자의 책임을 경감시키고 있다.

근로자가 관리하는 금고나 창고에 금전이나 물품의 결손이 발생한 경우도 사용자가 증명책임을 지도록 하거나 과실상계를 인정함으로써 근로자의 책임을 경감하는 방안이 강구되어야 한다. 사용자가 계약상 합의에 의하여 결손에 대한 위험을 근로자에게 전담케 하는 경우에는 적절한 경제적 보상(결손위험수당 등)을 지급하여야 한다.[37]

Ⅲ. 취업청구권

1. 문제의 제기

취업청구권(Beschaftigungsanspuch)이란 근로자가 근로계약에 기초한 노무 제공에 대하여 임금지급을 청구하는 것과 별도로 사용자에게 실제로 취업할 것을 청구할 수 있는 권리를 의미한다.[38] 전통적인 근로계약상 권리의무체계에서는, 사용자의 임금지급과 근로자의 근로제공이 주된 급부로서 서로 대가관계에 있고, 근로자가 근로계약에 의하여 노동력의 처분권을 사용자에게 위임함으로써 사용자는 노동력 처분권한을 토대로 노무지휘권을 획득하므로,[39] 사용자에게 그의 노동력 처분권한 행사라고 할 수 있는 취업을 청구할 수 있는 근로자의 권리를 도출하기는 어렵다. 그러나 사용자가 임금만 지급하고 취업을 시키지 않는 것은 실질적으로는 비자발적 퇴사를 유도하는 강력한 수단이 되는 등 근로자에게 부당한 결과가 초래될 수 있으므로 이러한 결과를 방지하기 위해 근로자의 취업청구권을 인정할 것인지가 논의되고 있다.

취업청구권이 현실로 문제되는 것은, 무효인 해고나 휴직 또는 출근정지처분을 받은 근로자가 취업을 요구하였으나 사용자로부터 거절당한 경우에 근로방해금지가처분을 신청하는 경우이다.[40] 즉 취업청구권이 이 경우에 피보전권리로 인정될 수 있는지가 다투어지는 것이다.

---

36) 대법원 1996. 4. 9. 선고 95다52611 판결, 대법원 2009. 11. 26. 선고 2009다59350 판결, 대법원 2014. 5. 29. 선고 2014다202691 판결, 대법원 2017. 4. 27. 선고 2016다271226 판결 등.
37) 김형배, 339~340면.
38) 하경효, 408면.
39) 菅野, 149면.
40) 김형배, 348면.

한편 헌법 32조 1항 1문이 규정하는 '근로의 권리'는 국가에 대한 권리라는 점에서 계약당사자인 사용자에 대한 권리인 취업청구권의 근거가 될 수는 없다는 견해가 있다.41)

2. 독일의 논의

독일에는 근로자의 취업청구권에 관한 실정법상의 규정은 없다.

독일제국법원은 1911년 이전에는 사용자의 노무수령의무 또는 근로자의 취업청구권을 인정하지 않았는데, 1911년에 무대공연계약과 같이 근로자에게 취업활동에 대한 특별한 이익이 있고 사용자가 이를 알았거나 알 수 있었을 경우에 한하여 예외적으로 근로계약의 해석을 통하여 사용자의 노무수령의무 또는 근로자의 취업청구권을 최초로 인정하였다.42)

독일의 연방노동법원은 1955년 판결에서 기본법상 인격권을 근거로 하여 근로자의 취업청구권이 인정된다고 판단하였다.43) 이 판결로 인하여 이전에는 예외적으로만 인정되고 원칙적으로 부정되던 취업청구권이 원칙적으로 인정되고 예외적인 경우에 한하여 부정되는 관계로 바뀌게 되었다. 즉 사용자가 '일을 시키지 않는 것'이 정당화되려면 특별한 근거가 필요하게 된 것이다.44) 그러나 독일기본법상 인격권으로부터 직접 취업청구권을 도출하는 이 판결의 논리전개는 이후 학설에서 많은 비판을 받았다.

독일의 연방노동법원은 위 학설의 비판을 수용하여 1985년 판결에서 기본법상 인격권과 독일 민법 242조의 신의칙상 배려의무의 결합을 근거로 하여 취업청구권이 인정된다고 판단하였다.45) 그러나 의무(Pflicht)와 책무(Obliegenheit)가 구별되어야 하고, 만일 사용자의 노무수령의무가 인정되면, 일을 할 권리(채권자의 지위)와 일을 할 의무(채무자의 지위)가 모두 근로자에게 귀속되어 채권이 혼동으로 소멸하는 법적 문제가 발생하므로, 사용자가 노무를 수령하는 것은 법적 의무가 아니라 책무일 뿐이라는 비판이 있다.46)

---

41) 유성재, 516면.
42) 유성재, 518면.
43) BAG 10. 11. 1955 AP Nr. 2 zu §611 BGB Beschäftigungspflicht.
44) 유성재, 519면.
45) BAG 27. 2. 1985 AP Nr. 14 zu §611 BGB Beschäftigungspflicht.
46) 유성재, 522면. 책무를 위반하더라도 채권자지체에 따른 불이익을 감수하면 될 뿐이므로, 의무(채무) 위반을 전제로 한 채무이행책임 또는 채무불이행에 따른 손해배상책임을 부담하

3. 일본의 논의

하급심 판례47)와 다수설48)은, 근로의무는 어디까지나 권리가 아닌 의무임을 전제로, 사용자는 임금을 지급하는 한 근로를 수령할 의무는 없으므로 근로자의 취업청구권을 인정할 수 없다는 입장이다. 다만 근로계약에서 특별히 약정한 경우 또는 업무의 성질상 근로자가 노무의 제공에 관하여 특별한 이익을 가지는 경우(주로 근로자가 특수한 기능자인 경우)49) 등 예외적인 경우에만 취업청구권을 인정할 수 있다고 한다.

다수설에 의하면, 사용자는 채무의 본지에 따른 근로 제공에 대하여만 수령의무가 있는데, 무엇이 채무의 본지에 따른 근로제공인지는 사용자의 구체적인 지휘명령에 의하여 확정되므로, 설령 근로자의 취업이익을 인정하더라도 그로부터 직접 사용자의 노무수령의무를 인정할 수 없다는 것이다.50) 만일 사용자의 부당한 노무수령거절이 강행법규나 신의칙에 반함으로써 불법행위를 구성하여 손해배상책임을 발생시키는 것은 별론으로 하고, 이를 넘어서서 채무불이행책임을 긍정하거나 취업강제를 인정할 수는 없고, 현실로 취업을 강제하려면 부당노동행위사건에서 인정되는 노동위원회의 원직복직명령과 같이 명확한 법령상의 근거를 요한다고 한다.51)

그러나 소수설52)은, 근로가 임금 획득을 위한 수단적 활동일 뿐만 아니라 그 자체가 목적인 활동임을 고려하면, 사용자는 신의칙상 급부의무 또는 부수의무로 근로자를 취업시킬 의무를 부담하므로, 근로자는 원칙적으로 취업청구권을 가지고, 이에 따라 사용자의 취업거부는 채무불이행에 해당한다고 주장한다.

소수설에 의하면, 근로계약에서 취업의무를 부정하는 취지의 특별한 합의를 한 경우 또는 사용자에게 근로자를 취업시키지 않는 것에 대하여 법적으로 보호할 가치가 있는 이익이 있는 경우에만 예외적으로 근로자의 취업청구권을

지는 않는다는 취지로 이해된다.

47) 東京高裁 1958. 8. 2. 決定 昭和31年(ラ)897호(読売新聞見習社員解雇事件, 勞働関係民事裁判例集 9권 5호, 831면), 東京地裁 1997. 2. 4. 判決 平成7年(ワ)301호(日本自転車振興会事件, 勞働判例 712호, 12면) 등.

48) 菅野, 150면; 荒木, 273면.

49) 이 경우 역시 근로계약상의 묵시적 합의가 그 근거라고 이론을 구성하여야 할 것이다.

50) 菅野, 150면; 荒木, 274면.

51) 菅野, 150면; 荒木, 274면.

52) 西谷, 94면.

부정한다.53)

4. 우리나라의 논의

가. 학   설

우리나라도 일본과 마찬가지로 부정설54)과 긍정설55)이 갈린다.

부정설의 논거는 다음과 같다.

① 근로계약이 고도의 인적 관계인 점에서 볼 때 근로자에게 근로제공의무 이행을 강제할 수 없는 것처럼 근로제공의 실현도 사용자의 조직적, 인격적 수용에 의존하므로, 부당해고 등에 대한 노동위원회의 원직복직명령과 같이 특별히 명확한 법적 근거가 없는 한 당사자 사이의 특약에 의하여 인정되거나 특수한 기능자(연수생, 기술자, 의사, 연구원, 배우 등)를 제외하고는 취업청구권을 인정할 수 없다.56)

② 동일한 급부에 대하여 채권자와 채무자가 근로자로 일치하게 되면 혼동의 문제가 발생하므로, 법적 의무인 채무와 책무를 구별하여야 한다.57) 따라서 법정책적 타당성은 별론으로 하고, 현행법 해석상 근로관계에서 일반적으로 취업청구권을 인정할 수는 없다.

긍정설의 논거는 다음과 같다.

① 근로관계를 단순히 권리의무관계로만 볼 수는 없고, 근로자가 이를 통하여 인격을 실현하는 법적 관계로 이해하여야 한다. 따라서 사용자가 근로를 수령하는 것은 단순한 책무가 아니라 인격배려적 의무라고 보아야 한다.58)

② 취업청구권을 부정할 경우, 사용자는 임금만 지급하면 근로자를 사업장에서 배제할 수 있게 되어 사실상 해고제한 등으로부터 자유로워지는 부당한 결과를 막을 수 없다.59)

---

53) 西谷, 95면.
54) 유성재, 526~530면; 이희성, 538면; 임종률, 361~362면; 하경효, 424면.
55) 김소영, 142면; 김형배, 346~348면; 이상윤, 187면; 정진경, 529~535면.
56) 임종률, 362면.
57) 유성재, 528면; 이희성, 538면; 하경효, 424면. 다만 유성재, 529면 이하는 입법론상 취업청구권을 인정할 필요가 있다고 한다.
58) 김소영, 142면; 김형배, 347~348면.
59) 정진경, 529~535면.

나. 판   례

우리나라 하급심 실무는 취업청구권을 피보전권리로 하여 근로방해금지가
처분을 허용하고 있어 긍정설의 입장에 서 있다고 볼 수 있다.[60]

대법원은 일정한 경우에 사용자의 계속적인 근로수령거부가 신의칙 위반을
이유로 불법행위에 해당한다고 보고 그 손해배상책임을 인정하고 있다.[61] 또한
대학 교수의 취업이 문제된 사안에서 근로방해금지가처분도 인용하고 있다.[62]
대법원 판례가 대학 교수 외에 일반적으로 근로방해금지가처분을 인용하고 있
지는 아니하고 있으므로, 부정설을 토대로 일정한 기능자에 한하여 취업청구권
을 인정하는 것인지 긍정설을 토대로 일반적으로 취업청구권을 인정하는 것인
지 명확하지는 않다.[63]

5. 결   론

취업청구권을 인정할 것인지는 다음 두 가지 관점에서 검토할 필요가 있다.

첫째, 부정설과 긍정설 어느 견해도 사용자의 근로수령의무 내지 근로자의
취업청구권을 전면적으로 인정하거나 전면적으로 부정하지는 않는다. 원칙적으
로 부정하면서 특약이 있거나 근로자가 일정한 기능자인 경우와 같이 근로자에
게 특별한 보호가치가 있는 경우에 한하여 긍정할 것인지, 원칙적으로 긍정하면
서 특약이 있거나 사용자에게 특별한 보호가치가 있는 경우에 한하여 부정할
것인지의 문제이다.

긍정설은 책무와 채무의 구별 문제, 혼동 문제, 인격권이 가처분의 피보전
권리가 될 수 있는지 등 민법상의 문제와 함께 전통적인 근로계약관계와의 정
합성 문제를 완전히 극복한 것으로 보이지는 않는다. 반면 부정설은 노동현실에

---

60) 법원실무제요 민사집행Ⅳ, 466면.
61) 대법원 1996. 4. 23. 선고 95다6823 판결(삼익악기 사건), 대법원 2008. 6. 26. 선고 2006다
    30730 판결(사립대학교수 직위해제사건). 삼익악기 사건에서, 원심은 채무불이행에 기한 위자
    료청구와 불법행위에 기한 위자료청구를 모두 부정하였는데, 대법원은 불법행위에 기한 위자
    료청구 부분이 인정된다면서 파기환송하였다. 채무불이행책임을 부정한 원심을 파기하지 아
    니한 점을 강조하면 취업청구권을 부정하는 취지라고 볼 수 있는 반면, 취업청구권 인정의
    근거인 인격권과 신의칙상 의무를 인정한 점을 강조하면 취업청구권을 인정하는 취지라고
    볼 수 있다.
62) 대법원 2014. 10. 22.자 2010마1671 결정(재항고기각), 대법원 2015. 11. 24.자 2015마1187 결
    정(심리불속행 기각).
63) 취업청구권에 관한 대법원의 입장이 무엇인지에 대하여도 학설이 나뉜다(유성재, 525면 참조).

있어서 근로자의 보호필요성을 충분히 반영하고 있지 못하다. 만일 긍정설을 채택하려면 입법으로 이를 명확하게 할 필요가 있고, 부정설을 채택하려면 예외적 근로자 보호 사유를 합리적인 해석을 통해 확대하거나 근로자 보호를 위한 적절한 법리를 세울 필요가 있다.

둘째, 독일의 경우 노동위원회가 별도로 없고 노동법원이 재량으로 다양한 구제명령이나 시정명령을 한다. 반면 우리나라와 일본은 독일과 달리 노동위원회가 법원과 별도로 존재하면서 재량으로 다양한 구제명령이나 시정명령을 한다. 만일 우리나라에서 취업청구권을 원칙적으로 인정한다면 사실상 노동위원회가 그동안 행사하던 권한의 상당 부분을 법원이 노동위원회의 사전 절차 없이 행사할 수 있게 되는 결과로 이어질 수 있다. 따라서 법원과 노동위원회의 권한 배분이라는 측면에서도 검토가 필요한 문제이다.[64]

IV. 채용내정과 시용

1. 채용내정

가. 의   의

채용내정이란 사용자가 공개시험이나 추천 등을 통하여 정식채용(본채용)의 상당기간 전에 채용할 자를 미리 결정해 두는 것을 말한다.[65] 채용 예정자로 확정된 후 정규사원으로 입사하여 실제로 취업하기 이전의 지위에 있는 자를 채용내정자라고 한다. 사용자로서는 우수한 인재를 조기에 확보하고 근로자 쪽에서도 졸업 전에 직장을 미리 확보해 두는 기능을 가진다. 그러나 사용자가 본채용을 지연하거나 채용내정을 취소하면 근로자는 다른 기업체에 취업할 기회마저 상실하는 등 불이익을 받게 되므로 채용내정 취소[66]가 실무상 주로 문제가 되고 있다.

---

64) 우리 판례는 대기발령·직위해제·휴직명령을 인사명령의 하나로 보면서 이에 대하여 근기법 23조 1항을 적용하여 '정당한 이유'의 존재를 요구하고 있다. 한편 현행법은 위 대기발령 등을 노동위원회의 구제대상에 포함시키고 있다. 사용자가 근로관계를 유지하면서 부당하게 노무수령을 거부하고 임금만 지급한다면 이는 대기발령 등 위 인사명령과 유사하므로 '정당한 이유'의 존재가 필요하고, 정당한 이유가 없다면 대기발령 등 위 인사명령과 마찬가지로 노동위원회에 구제신청을 할 수 있다 할 것이다(같은 견해로는 유성재, 529면).

65) 김선수c, 96면; 김유성, 71면.

66) 민법상 취소가 아니라는 점에서 정확한 법령상 용어라고 보기 어렵지만 일반적으로 통용되는 용어이므로 그대로 사용한다.

나. 법적 성질

채용내정에 대해서는 명문의 법률 규정이 없기 때문에 채용내정자를 근기법상 근로자로 볼 수 있는가와 관련하여 채용내정의 법적 성질이 무엇이냐가 문제되어 왔다.

주로 일본에서 발전되어 온 초기의 학설로는 근로계약의 체결을 위한 한 과정으로서 사실행위에 불과하고 법률상의 의미는 없다는 근로계약체결과정설이 있다. 이 견해에 의하면 채용내정은 채용내정자와 사용자 어느 쪽도 구속하지 않고 그 취소에 관해서는 경우에 따라서 채무불이행 또는 기대권 침해의 불법행위가 성립하여 손해배상을 청구하는 것만 가능하며 근로계약의 체결을 소송상 청구할 수 없다고 한다.

예약설은 대학을 졸업하는 등 일정한 기간이 경과한 다음에 근로계약을 체결하기로 하는 예약으로 파악하는 견해인데, 역시 그 불이행에 대하여 손해배상을 청구할 수는 있으나, 근로계약의 체결을 소송상 구할 수는 없게 된다.

오늘날의 통설[67]과 판례[68]는 채용내정으로 근로계약이 체결된 것으로 보는 근로계약성립설이다.

근로계약성립설에 의하면 기업에서의 모집은 근로계약 청약의 유인에 해당하고, 이에 대하여 근로자가 응모·응시한 것은 근로계약의 청약이고 이에 대한 사용자의 채용내정의 통지는 그 청약에 대한 승낙이므로 채용내정의 통지로써 사용자와 내정자 사이에 근로계약이 성립되는 것이다. 다만, 그 이행에 대하여는 시기가 부과되어 있고 또한 졸업을 못한다든가 근무를 감당할 수 없는 질병에 걸린다든가 등의 사유를 해약원인으로 하는 해약권유보부 근로계약이 성립된 것으로 본다. 이 경우에도 채용내정 통지서나, 서약서 등에 기재된 취소사유에 해당한다고 하여 바로 채용내정 취소가 정당화되는 것이 아니고, 해약권의 행사는 해고에 해당하므로 근기법 23조 1항의 정당한 이유가 있어야 한다.[69]

---

67) 김유성, 72면; 김형배, 280~281면; 박홍규, 450면; 이병태, 590면; 임종률, 403면.
68) 대법원 2000. 11. 28. 선고 2000다51476 판결, 대법원 2000. 12. 10. 선고 2000다25910 판결.
69) 김형배 교수는 이를 강조하기 위하여 해약권을 유보한 것이 아니라, 시기부근로계약이 성립된 것으로 파악하고 있으나, 해약권이 유보된 것으로 보는 학설이나 판례도 해약권의 행사를 해고로 보고 그 사유가 근기법 23조 1항의 정당한 이유를 충족해야 한다고 보고 있기 때문에 결과적으로 큰 차이는 없다. 결국 '정당한 이유'의 존부 판단을 어떻게 할 것인가가 문제일 것이다.

다. 법률관계

(1) 구체적인 근로계약 성립시기

채용내정을 통해 근로관계가 성립하는 과정은 회사의 모집공고, 구직자의
응모(필요서류의 제출), 채용시험의 실시와 합격의 결정, 채용내정 통지, 채용통지
서 등에 따른 서약서, 신원보증서 등의 제출과 건강진단의 실시, 졸업, 입사식
및 취업 등의 순서로 이루어진다. 판례와 통설인 근로계약성립설에 의하면, 사
용자의 근로자모집을 청약의 유인으로, 구직자의 응모 및 수험을 근로계약의 청
약으로, 사용자의 채용내정 통지를 승낙으로 보아, 사용자가 채용내정 통지를
발송하여 그 통지가 도달한 때에 근로계약이 성립한다.70)

(2) 취업규칙, 근기법 적용 문제

채용내정기간 중에는 현실적인 근로의 제공과 임금지급은 이루어지지 않지
만, 보고서의 제출, 공장견학, 연수 등에 참가가 요구되는 경우도 있고 또 사용
자의 명예나 신용의 보호, 기업비밀의 보호 유지 등의 의무가 문제되는 경우도
있다. 우선 취업을 전제로 하지 않은 취업규칙의 조항은 채용내정자에게도 적용
될 수 있다. 그러므로 채용내정자로서는 학업에 지장이 없는 범위 내에서는 보
고서 제출이라든가 회사 설명회 또는 연수 참석 등 일정한 의무를 부담한다. 사
용자로서도 일정한 의무를 부담하게 되는데 예를 들면 채용내정자에 대한 연수
를 실시하는 경우 필요한 비용과 교통비의 지급 등 채용 후의 연수와 동일한
의무를 지며 연수과정 중에 재해가 발생하는 경우에는 산재보상의 의무를 지게
된다.71)

근로계약이 성립되었다고 보게 되므로 채용내정자는 근기법상 근로자로서
근기법의 적용을 받게 된다. 실제 근로를 제공하고 있지는 않으므로 근기법이
전면적으로 적용되지는 않지만, 채용내정 취소와 관련된 해고 제한규정, 예정된
취업일이 사용자의 사정으로 연기되는 경우에 지급되어야 하는 휴업수당 규정,
기타 현실적인 취업을 예정하고 있지 않은 근기법 조항들은 채용내정자에게도
적용된다.

70) 김선수a, 211면; 임종률, 403면.
71) 김선수a, 212면.

라. 채용내정의 취소

(1) 채용내정 취소의 법적 성격

채용내정은 근로계약의 성립 시기와 실제 취업시기 사이에 간격이 있기 때문에 실제 취업 이전에 채용내정이 취소될 수 있다. 이러한 사용자에 의한 일방적인 채용내정의 취소는 해고에 해당하게 되므로 근기법상의 해고에 관한 제한 규정이 적용된다.[72]

(2) 채용내정 취소 사유

해약권을 유보하였다고 하여 해고제한법리의 완화 또는 회피를 목적으로 보통의 해고에 비하여 채용내정자의 취소를 용이하게 할 수 있다고 단정해서는 안 된다. 그렇다면 채용내정 취소의 정당한 이유와 법상 해고의 정당한 이유는 동일한지에 대하여 견해가 대립한다.

동일설은, 채용내정자를 일반 근로자에 비하여 용이하게 해고하는 것을 인정할 필요성도 없고 그렇게 하는 것이 채용내정제도의 본질에 부합된다고도 할 수 없으므로 채용내정 취소사유도 일반적인 해고사유와 동일하게 해석하여야 한다고 주장한다.[73]

비동일설은, 근기법상 해고와 마찬가지로 정당한 이유가 있어야 하지만, 채용내정이 해약권을 사용자에게 유보한 특수한 계약관계라는 점을 고려하여 채용내정 취소에 관한 정당한 이유는 일반 근로자의 해고보다 넓게 해석될 수밖에 없다고 주장한다.[74]

일본 최고재판소는, 해약권 유보의 취지, 목적에 비추어 객관적으로 합리적이라고 인정되는 사회통념상 상당하다고 시인할 수 있는 경우에 허용된다고 판시하고 있는데,[75] 비동일설을 취하여 일반근로자에 대한 해고보다는 폭넓게 인정하는 것으로 보인다.[76]

채용내정의 취소사유에 관하여 근로자가 제출한 서약서나 사용자의 채용내정통지에 명시적으로 규정되어 있다고 해도 근기법의 규정에 따라 정당한 이유

---

72) 대법원 2000. 11. 28. 선고 2000다51476 판결, 대법원 2002. 12. 10. 선고 2000다25910 판결.
73) 김선수a, 216면.
74) 임종률, 403면.
75) 最高裁 1979. 7. 20. 判決 昭和52年(才)94호(大日本印刷採用內定取消事件, 最高裁民事判例集 33권 5호, 582면).
76) 방준식, 272면.

가 있는가에 대한 법적 평가를 다시 거쳐야 할 것이다. 다만, 일반적으로 채용
내정은 학교를 졸업한 시점에 취업할 것을 예정하는 것이므로 예상 졸업시기에
졸업을 하지 못하게 되면 채용내정의 본질상 당연히 취소할 수 있다고 할 수
있다. 또한 취업 예정 시기에 중대한 질병이나 신병의 구속 상태 등으로 말미암
아 현실적으로 취업할 수 없게 된 사유 역시 정당한 채용내정 취소사유가 될
수 있다. 이력서 또는 신상서 등에 허위사실을 기재한 경우를 채용내정 취소사
유로 정하였을 경우에는 허위기재의 내용과 정도가 중대하여 업무 수행에 부적
격할 정도이거나 당사자 사이에 신뢰관계가 유지될 수 없는 정도에 해당한다면
채용내정의 취소가 정당화될 것이다.[77]

　　채용내정을 취소할 때에는 원칙적으로 수습사용 중의 근로자에 대하여 해
고예고 조항은 적용하지 않는 점을 고려할 때 해고예고 조항은 적용되지 않는
다고 보아야 할 것이다.

(3) 경영상의 이유에 의한 채용내정의 취소

　　사용자가 채용내정 후 경영상의 이유에 의하여 채용내정을 취소하는 경우
도 있을 수 있다. 이 경우에도 원칙적으로 근기법 24조의 요건을 갖추었는지를
살펴서 정당성 여부를 판단해야 할 것이다.[78] 합리적이고 공정한 기준에 의하여
대상자를 선정하였는가라는 요건과 관련하여, 채용내정자는 현실적인 노무제공
을 하지 않은 상태로서 '근로관계의 밀접도'가 통상의 근로자에 비하여 떨어진
다고 할 것이어서 기존의 근로자에 비해 우선적으로 정리해고 대상에 속할 수
있다고 판시한 판례가 있다.[79] 근속기간, 회사에의 기여도, 부양가족수 등이 합
리적인 기준의 하나로서 지적되고 있기 때문에 이러한 관점에서 본다면 채용내
정자가 정규근로자에 비하여 대상자 선정에서 불리한 점이 있을 것이나, 단지
근로관계의 밀접도라는 하나의 요건만으로 채용내정자 전부를 우선대상자로 하
는 것, 즉 통상의 근로자에게 적용되는 제반의 기준들을 채용내정자에게는 전혀
적용하지 않고 그 판단 자체를 하지 않는 것은 합리적이지 않다면서 판례를 비
판하는 견해가 유력하다.[80] 채용내정부터 취업시기까지는 짧게는 1, 2개월부터

---

77) 김형배, 279면; 임종률, 403면.
78) 이에 대하여 법 24조의 요건을 완화하여 적용하여야 한다는 견해로는 방준식, 278~279면.
79) 서울고법 2000. 4. 28. 선고 99나41468 판결(대법원 2002. 12. 10. 선고 2000다25910 판결로
　　써 상고기각되었다).
80) 강성태f, 37~38면; 김선수a, 218면.

길게는 5개월 정도의 시간적 간격이 있게 되는데 그 사이에 근로자측의 사유가
아니라, 사용자측의 경영상 이유에 의한 해고를 하는 것임에도 비교적 단기간인
위 기간 동안의 경제사정 또는 경영형편에 대한 평가를 회사의 잘못으로 그르
쳐 채용내정을 한 후에 이를 취소함으로써 그 책임을 채용내정자에게 전가하는
결과가 된다는 점에서 부당한 면이 있다. 다만 채용내정자와 정식으로 채용된
통상의 근로자의 비교라는 관점에서만 보면 위 판례를 합리적으로 수긍할 여지
도 있을 것이다.

　　해고회피노력의무와 관련하여 채용계획의 수립과 배치 및 채용내정의 결정
등을 그룹 차원에서 한 경우 채용예정회사만을 기준으로 하여 해고회피노력의
무를 이행하면 족한가 아니면 전체 그룹을 대상으로 해고회피노력의무를 이행
하여야만 하는가 하는 문제점이 있다. 예를 들면 그룹의 다른 계열사에서 추가
로 신규채용을 한다면 취소대상자들에게 우선적으로 그 회사에의 채용기회를
부여하는 등의 노력을 하여야 하는 것은 아닌가 하는 점이다. 채용계획의 수립
과 배치 및 채용내정의 결정 등이 그룹 차원에서 이루어진 경우라면 그룹 전체
차원에서 해고회피노력의무의 이행 여부를 판단해야 할 것이다.[81]

　　한편 채용내정자는 근로계약 해약권이 유보되어 있다는 이유로, 채용내정
자를 경영상 이유에 의하여 해고할 때에는 근기법 24조 3항(60일전에 통보, 근로
자대표와 성실한 협의 절차)이 적용되지 않는다고 본 판례[82]도 있다. 그러나 채용
내정자에 대한 사용자측 사유에 의한 취소는 엄격한 기준에 따라야 할 것이라
는 점, 근기법 24조는 이른바 4가지 요건 모두를 만족시키도록 하고 있는 점,
사용자의 협의의무를 정당화 요건의 하나로 명시한 점, 협의대상을 과반수 노조
등 근로자대표에 한정하고 있는 점, 협의대상에 해고회피노력과 해고대상자선별
기준을 포함하도록 하고 있는 점, 협의의무에 해고예정일 60일 전의 통보의무를
포함시키고 있는 점 등을 들어 위 판례를 비판하는 견해가 있다.[83]

(4) 채용확정 후의 법률관계

　　채용내정자가 사용자로부터 통지받은 채용일부터 사용자가 근로를 수령할
수 있는 상태로 둔 이상, 사용자가 위 채용일이 지나서 채용내정을 취소하였고

---

81) 김선수a, 218면.
82) 대법원 2000. 11. 28. 선고 2000다51476 판결.
83) 강성태f, 37면.

그 취소가 해고로서 정당하더라도 근로자는 채용일 이후 근로관계가 소멸할 때까지 취업할 수 없었던 날에 대한 임금을 청구할 수 있다.[84] 한편 채용내정자가 근로자의 지위를 취득한 후에는 노무제공상태에 있는 한 사용자에 대한 임금청구권이 발생하므로, 채용내정자가 채용발령 연기에 대하여 부제소합의를 하였다 하더라도 임금청구권까지 당연히 포기한 것으로 볼 수는 없다.[85]

(5) 채용내정자의 사직

복수내정으로 인하여 채용내정자가 내정을 취소하는 경우가 있다. 채용내정에 의하여 근로계약이 성립된 것으로 보게 되면 채용내정자의 채용내정 취소 또는 입사거부는 사직의 성격을 갖게 된다. 근로계약기간의 정함이 없는 경우에는 원칙적으로 근로자에게 해약의 자유가 인정되므로 내정취소도 적어도 30일간의 유예기간을 두는 한 자유롭게 할 수 있다(민법 650조). 채용내정기간 중에는 취업하고 있는 것이 아니고 예고기간을 둔 취지가 담당업무의 인계 등에 필요한 시간을 확보하고자 하는 데에 있으므로 채용내정자에 의한 채용내정 취소의 경우에는 예고도 필요 없이 즉시 해지할 수 있다고 하여야 할 것이다.[86]

2. 시   용

가. 시용 및 시용기간의 의의[87]

시용이란 정식채용(본채용) 이전에 업무 적격성을 판단하기 위해 일정기간 시험적으로 고용하는 것을 말한다.[88] 이에 따라 시용기간이란 근로자를 채용할 때의 시험, 면접, 기타 조사로는 알 수 없었던 능력과 적성 등을 사용자가 정확하게 파악하기 위하여 근로자를 실제 업무에 종사시켜 보면서 조사·관찰하는 기간을 말한다. 이러한 시용기간은 근로계약이나 취업규칙에서 그 기간을 구체

---

84) 서울고법 2000. 4. 28. 선고 99나41468 판결(대법원 2002. 12. 10. 선고 2000다25910 판결로써 상고기각되었다).
85) 대법원 2002. 12. 10. 2000다25910 판결; 이승욱a 참조.
86) 김선수a, 220면.
87) 수습과 시용이 혼용되는 경향이 있으나, 수습(견습)기간은 정식채용된 근로자의 직업능력 양성·교육을 목적으로 설정되는 것인 반면, 시용기간은 정식채용을 전제로 직업능력과 기업 적응성을 판단하기 위한 것이므로 개념상 구별된다(김형배, 284면). 다만 수습기간이라고 사용되고 있으나 그 실질이 시용기간인 경우가 있을 수 있다(중노위 2007. 3. 2. 판정 2006부해 1009에서도 수습이라는 표현에도 불구하고 시용으로 판단하고 있다).
88) 김유성, 73면. 대법원 2022. 2. 17. 선고 2021다218083 판결, 대법원 2022. 4. 14. 선고 2019두 55859 판결.

적으로 정하고 있어야 한다. 시용제도는 사용자가 채용한 근로자를 기업 조직에
최종적으로 편입시키는데 신중을 기하기 위하여 확정적인 근로관계로 들어가기
이전에 일정한 시용기간을 설정하여 그 시용기간 동안 당해 근로자의 직업적
능력과 업무 적격성 등을 관찰·판단하려는 데에 그 목적과 취지가 있다. 예를
들어 특수기능자, 숙련근로자, 관리직 사원 등의 경우에는 사전에 필기 및 면접
시험과 경력조사만으로는 당해 근로자의 직업능력이나 업무적성을 정확히 평가
판단하는 것이 곤란하고, 실험에 의한 평가가 필요할 것이라는 것은 쉽게 예상
할 수 있고 시용기간을 설정할 합리성과 의의가 인정될 것이다.[89]

　　시용기간의 적용 여부는 근로자의 입장에서 매우 중요한 문제이므로 근로
계약 체결 당시 시용기간이 적용되는지 여부가 명시되지 않으면 근로자는 정식
근로계약을 체결한 것으로 보아야 한다.[90] 판례도 "취업규칙에 신규 채용하는
근로자에 대한 시용기간의 적용을 선택적 사항으로 규정하고 있는 경우에는 그
근로자에 대하여 시용기간을 적용할 것인가의 여부를 근로계약에 명시하여야
하고, 만약 근로계약에 시용기간이 적용된다고 명시하지 아니한 경우에는 시용
근로자가 아닌 정식 사원으로 채용되었다고 보아야 한다."고 판시하고 있다.[91]

　　또한 시용기간이 정해져 있는 사안에서, "시용기간에 있는 근로자의 경우에
도 사용자의 해약권이 유보되어 있다는 사정만 다를 뿐 그 기간에 확정적 근로
관계는 존재한다. 업무적격성 평가와 해약권 유보라는 시용의 목적에 따라 시용
기간에 제공된 근로 내용이 정규 근로자의 근로 내용과 차이가 있는 경우에도
종속적 관계에서 사용자를 위해 근로가 제공된 이상 시용 근로계약은 성립한다.
제공된 근로 내용이 업무 수행에 필요한 교육·훈련의 성격을 겸하고 있는 경우
에도 마찬가지이다. 시용기간 중의 임금 등 근로조건은 경제적으로 우월한 지위
에 있는 사용자가 자신의 의사대로 정할 여지가 있으므로 종속적 관계에서 사
용자를 위해 근로가 제공된 이상, 시용기간 중의 임금 등을 정하지 않았다는 사
정만으로 시용 근로계약의 성립을 쉽게 부정해서는 안 되고, 단순히 근로계약
체결 과정 중에 있다고 볼 수도 없다."라고 판시한다.[92]

　　한편 시용기간은 근로계약의 존속기간을 정한 것이 아니므로 시용기간을

---

89) 김윤수, 164면.
90) 김형배, 284면; 임종률, 405면.
91) 대법원 1999. 11. 12. 선고 99다30473 판결.
92) 대법원 2022. 4. 14. 선고 2019두55859 판결.

정한 근로계약을 기간제 근로계약으로 볼 수는 없다.

나. 시용기간의 법적 성질

　　종래 일본에서는 시용기간을 정한 근로계약의 법적 성질에 관한 이론 구성을 놓고 학설이 나뉘어져 있었는데, 시용계약은 정식의 근로계약과 구별되는 별개의 예비적인 계약으로서 근로자의 직업적 능력과 업무 적격성을 판정할 것을 목적으로 하는 특별계약이라는 견해, 시용계약은 근로자의 능력·적격성 판정을 위한 특수한 근로계약과 시용기간 중에 부적격성이 판명되지 않는 경우에는 그 기간이 만료될 때에 본계약인 근로계약을 체결해야 한다는 의미의 예약이 병존하고 있다고 하는 견해, 시용계약을 시용기간 만료 후 사용자로부터 적격성에 관한 긍정적인 평가가 있을 것을 정지조건으로 하는 기간의 정함이 없는 근로계약(정지조건부 근로계약설)이라거나, 시용계약을 시용기간 동안 사용자의 부정적 평가가 있게 되는 것을 해제조건으로 하는 기간의 정함이 없는 근로계약(해제조건부 근로계약설)이라는 조건부 근로계약설이 있었다. 그러나 오늘날의 통설[93]과 판례[94]는 시용계약은 그 자체로 근로계약이고 다만 정규 종업원으로서 적격성이 없다고 판단되는 경우에는 본채용을 거절할 수 있다는 의미에서 사용자에게 해약권이 유보된 것이라고 보고 있다(해약권 유보설).

다. 시용계약의 유형

　　시용계약의 유형으로는 다음 세 가지가 있다. 첫째는, 기간의 정함이 없는 근로계약을 체결하면서 최초의 일정 기간을 시용기간으로 설정하는 유형이다. 가장 전형적인 형태이다. 둘째는, 기간제 근로계약을 체결하면서 최초의 일정 기간을 시용기간으로 설정하는 유형이다.[95] 셋째는, 오로지 시용 목적으로 기간제 근로계약을 체결하고, 그 기간만료 후 본채용을 위한 새로운 근로계약을 체결하는 유형이다.[96]

　　유형은 위와 같이 다양하지만 어느 유형이든 그 본질은 시용기간을 설정한

---

93) 김유성, 73~74면; 김형배, 285면; 박홍규, 457면; 임종률, 405면.
94) 대법원 1999. 2. 23. 선고 98두5965 판결, 대법원 2001. 2. 23. 선고 99두10889 판결, 대법원 2006. 2. 24. 선고 2002다62432 판결, 대법원 2022. 4. 14. 선고 2019두55859 판결 등. 시용기간은 퇴직금 산정의 기초가 되는 계속근로기간에 포함된다(대법원 2022. 2. 17. 선고 2021다 218083 판결).
95) 대법원 2018. 8. 30. 선고 2018두44111 판결 사안이 이에 해당한다.
96) 대법원 2003. 7. 22. 선고 2003다5955 판결, 대법원 2015. 11. 27. 선고 2015두48136 판결 사안이 이에 해당한다.

시용계약으로 해약권이 유보되어 있다는 점에서 동일하므로, 동일한 시용 법리가 적용되어야 할 것이다.

라. 적법한 시용기간의 문제

시용기간은 근로자의 업무능력이나 근무태도를 판단하는 데 필요한 합리적인 기간으로 한정되어야 한다.[97] 긴 시용기간은 근로자의 지위를 불안정하게 할 우려가 있으므로 장기간의 부당한 시용기간은 공서양속에 반하는 것으로 무효라고 해석된다.[98] 따라서 합리적인 기간을 명백하게 초과하는 장기간의 시용기간을 정하는 것은 적어도 초과되는 부분에 관한 한 효력이 없다고 보아야 한다.[99] 단시간 근로자, 촉탁근로자로 고용된 자가 정규사원으로 전환될 요건을 갖추었음에도 불구하고 그 전단계로 다시 시용기간을 설정하는 것은 무효로 보아야 한다.[100]

시용기간의 연장이나 갱신이 허용되는가에 관하여는 시용근로자의 이익을 위하여 원칙적으로는 허용되지 않고, 이것은 취업규칙에 연장이나 갱신에 관한 정함이 있는 경우에도 마찬가지라고 보는 점에 이론이 없다.[101] 다만, 근로자의 동의가 있거나, 시용계약 체결 당시 예견할 수 없었던 근로자의 장기 질병, 사용자의 예기치 않은 휴업, 근무성적평가에 중대한 의혹이 있는 경우 등과 같이 예외적인 경우에는 연장이 가능하다고 할 것이다.[102]

시용기간과 관련해서는, 시용근로자에 대한 본채용 거부가 시용제도 본래의 목적과 취지를 벗어나 근기법상 해고 제한의 법리를 회피하여 용이한 인원조정의 수단으로 남용되는 경우가 있으므로 이를 어떻게 규제할 것인가가 문제로 대두되고 있다.[103]

---

97) 우리나라나 일본에서는 시용기간을 취업규칙이나 단체협약 등에서 통상 3개월로 정하는 것이 일반적이라고 한다(이정, 188면). 한편 입법론으로 3개월을 초과하는 시용기간은 무효로 하여야 한다는 견해가 있다(이정, 200면).
98) 김형배, 288면.
99) 김윤수, 176면.
100) 김형배, 288면.
101) 김윤수, 175면.
102) 김형배, 288면.
103) 김도형, 342면.

마. 본채용의 거부

(1) 본채용 거부의 법적 성격

사용자가 유보된 해약권을 행사하여 본채용을 거부(시용기간 중의 해고 포함)하는 것을 근기법이 정한 해고와 동일하게 볼 것인지가 문제되는데, 견해가 대립한다.

동일설은 근기법상 해고에 해당하므로 일반 해고와 동일하게 '정당한 이유'의 존부를 판단하여야 한다는 견해이다.[104)

비동일설은 근기법상 해고와 완전히 동일하게 볼 수는 없으므로, 비록 일반 해고와 마찬가지로 정당한 이유가 있어야 하지만, 그 정당한 이유는 일반 해고보다 넓게 인정되어야 한다는 견해이다.[105) 위 견해에 의하면, 해약권이 유보된 특성을 고려하여야 하고, 사회통념상 상당하다고 볼 정도의 정식채용을 거부할 만한 객관적이고 합리적인 이유가 인정되면 족하다고 한다.

대법원 판례는 "시용기간 중에 있는 근로자를 해고하거나 시용기간 만료시 본계약의 체결을 거부하는 것은 사용자에게 유보된 해약권의 행사로서 당해 근로자의 업무능력, 자질, 인품, 성실성 등 업무적격성을 관찰·판단하려는 시용제도의 취지·목적에 비추어 볼 때 보통의 해고보다는 넓게 인정되나, 이 경우에도 객관적으로 합리적인 이유가 존재하여 사회통념상 상당하다고 인정되어야 한다"는 판단기준을 설시하고 있다.[106)

시용기간을 정한 근로계약이라고 하더라도 시용기간 중 사용자에게 해약권이 유보되어 있다는 점에서만 차이가 있을 뿐 정식의 근로계약을 체결하는 경우와 마찬가지로 근로계약관계는 성립하는 것이어서 시용근로자에 대한 해고도 근기법 23조 1항 소정의 '정당한 이유'가 있어야 하고, 다만 정식 채용에 앞서서 시용근로자의 직업적 능력과 업무 적격성 여부를 판단하고자 하는 시용제도의 특성상 그 정당성 판단에는 통상의 해고보다 완화된 기준이 적용되기는 하지만 유보된 해약권 행사가 사용자의 자유재량에 속하는 것은 아니어서 사용자가 이를 자의적으로 행사할 수는 없다는 것이 대법원이 취하고 있는 기본적 태

---

104) 이병태, 592면.
105) 김형배, 286면; 임종률, 406면.
106) 대법원 1992. 8. 18. 선고 92다15710 판결, 대법원 1994. 1. 11. 선고 92다44695 판결, 대법원 2005. 7. 15. 선고 2003다50580 판결.

도라고 할 수 있다.107)

　　결국 해고의 구체적인 정당성 판단 기준을 어떻게 할 것이냐가 중요한 문제라고 할 수 있다.

(2) 본채용 거부의 정당성 판단

　　본채용 거부 역시 해고이므로 해고의 실체적 정당성, 절차적 정당성을 갖추어야 한다. 그 정당성 판단과 관련하여 아래와 같은 부분이 논의되고 있다.

　　① 근로자의 실제 취업을 통한 직업적 능력과 업무 적격성 평가라는 시용제도 고유의 목적을 가지는 본래적 시용과 그런 목적 없이 이름만 시용기간일 뿐인 명목상의 시용을 구분하여 양자 간에 해고제한 기준을 달리 적용해야 한다. 위에서 본 바와 같이 시용제도의 취지, 목적에 비추어 객관적으로 합리적인 이유가 존재하는 경우에만 해지권의 행사가 허용된다. 시용제도는 원래 실제로 취업시켜 보지 아니하면 근로자의 직업적 능력, 적격성의 유무를 판단할 수 없기 때문에 설정되는 것이고 취업시켜 보지 아니하고도 그 판단이 가능한 경우나 취업시켜 보아도 그것이 불가능한 경우 그 시용제도의 설정은 무의미하고 이러한 경우에 있어서 시용제도의 설정은 해고제한의 법리를 회피하기 위한 것이라고 볼 수 있다. 따라서 이러한 경우에 유보된 해약권은 일반해고의 기준에 따라 행사되어야 할 것이고 과거의 근로경험이나 일정한 구체적인 근로능력이 요구되는 경우에만 위와 같은 기준에 따라 해고제한의 법리가 완화된다고 할 것이다.108)

　　② 본채용 거부의 사유, 즉 해고의 사유는 시용기간 중에 나타난 업무의 수행능력과 자질 및 근무태도 등을 토대로 사용자가 내린 직업적 능력과 업무 적격성의 평가에 국한된다. 문제는 그 범위가 어디까지인가 여부인데, 본래적 시용목적과 함께 그 외의 다른 기능이나 목적이 혼재하는 경우에는, 시용목적 달성을 위하여 필요한 범위에 한정된 사유, 즉 직업능력과 업무적성의 평가에 관하여는 본래적 시용의 경우와 동일한 기준에 의하고 그 이외의 사유에 관하여는 통상의 해고와 동일한 기준으로 판단해야 할 것이라는 견해가 있다. 예를 들면 사상·경향이 좋지 않다거나, 기업질서에 융화되지 않는 성향이 보인다거나, 경력을 사칭한 것이 드러났다거나, 가정환경이 좋지 않다거나 하는 일반적 해고

---

107) 김도형, 349~350면.
108) 김도형, 351면; 박인호, 204면.

사유로서는 정당하지 않은, 기업이 갖는 기피의 이유에 의하여 본채용을 거부하는 것은 허용될 수 없다고 한다. 결국 이 입장에 의하면, 시용기간을 그 해고사유의 면에서 본채용 근로관계의 경우와 비교할 때 시용근로관계에 특유한 해고사유가 인정되는 것은 본래적 시용목적에 관련된 사항에 한정된다. 따라서 그 외에 일반적으로 사용자가 시용기간의 설정에 의하여 기도하는 바와 같이 조사관찰기간으로서 기능하게 한 결과 사후적으로 발견할 수 있는 경력·사상 등의 신원사항이나 성격·태도 등 전인격적 평가와 관계있는 사항은, 그것이 위와 같은 직업능력·업무적성에 관계되는 것이 명백하다고 보이는 특별한 사정이 없는 한 시용근로관계에 특유한 해고사유로 삼을 수 없다는 것이다.[109]

한편 경향사업체와 같은 경우에는 근로자의 사상·신조 등이 근로자의 직업적 적격성 내지 직업상 행태와 밀접한 관련이 있다. 따라서 이러한 경우에는 사용자가 시용근로자의 사상·신조 등에 대한 허위고지 등을 시용근로관계의 해지사유 즉 해고사유로 삼을 수 있다 할 것이다.[110]

결국 시용기간의 법률관계에 있어서는 위와 같은 근로자와 신원에 관한 사항이나 인격적 평가에 관한 사항이 시용근로관계에 특유한 해고사유가 될 수 있는가 하는 것이 가장 문제되는 대목이라고 할 것이다.[111]

③ 시용기간 중의 직업적 능력 및 업무 적격성의 평가가 합리적인 기준과 방법에 따라 객관적으로 이루어져야 한다. 사용자가 본채용에 대한 부적격사유를 제시하지 않거나 제시한 부적격사유가 근로관계 유지와 전혀 무관할 때에는 사용자의 시용기간만료 통지는 무효이다.[112] 또 평가절차가 사전에 정해져 있다면 그 절차를 준수해야 한다. 만일 평가가 추상적이고 주관적인 평가에 머무르고 있다면 해고의 정당성을 인정받기 어렵다. 대법원 판례[113]도 '근무성적 평정표 및 평정의견서만으로 원고들의 업무수행능력이 어느 정도, 어떻게 부족하였는지 또 그로 인하여 업무수행에 어떠한 차질이 있었는지를 알 수 없는 점'을 시용근로계약의 해지가 정당하지 않은 이유로 들고 있다.

또 본채용에서 탈락하는 하위등급자의 수를 사전에 할당하고 그 결과 절대

---

109) 毛塚勝利, 105~106면; 김도형, 352면.
110) 김형배, 287면.
111) 김윤수, 173면.
112) 김형배, 286면.
113) 대법원 2006. 2. 24. 선고 2002다62432 판결.

적인 평가가 아닌 상대적 평가를 하여 탈락자를 추려내는 것은 시용기간 동안 객관적으로 현출되는 시용근로자 개개인의 구체적 능력과 자질 등의 수준과는 무관하게 미리 본채용을 받지 못하는 일정 수의 탈락자를 못 박고 있는 것이어서 객관적이고 합리적인 평가방법이라고 할 수 없다. 예를 들면 각 지점별로 C 또는 D의 평정등급 해당자 수를 할당하는 경우가 그러하다.114)

④ 시용근로관계에서 사용자가 본 근로계약 체결을 거부할 때에는 해당 근로자로 하여금 그 거부사유를 파악하여 대처할 수 있도록 구체적·실질적인 거부사유를 서면으로 통지하여야 한다(법 27조).115)

바. 시용기간의 경과

사용자가 본채용을 거절하지 않은 채 시용기간이 경과하면 해약권의 유보가 없는 통상 근로관계로 전환된다.

만일 시용 중의 부당해고와 같이 사용자에게 귀책사유가 있어서 시용기간이 중단된 채 시용기간이 경과한 경우에 시용근로자의 법적 지위는 어떻게 되는지가 문제된다. 해약권이 유보된 근로계약으로 보는 한 해약권의 행사가 적법하게 이루어지지 않은 채 시용기간이 경과한 이상 유보된 해약권은 소멸하고 정식 근로관계에 놓이게 되는 것으로 해석해야 한다.116) 대법원 판례117)도 시용근로자에 대한 부당해고 후 복직 합의서의 의미를 해석함에 있어서 "해고가 위법한 이상 적법한 해약권이 행사되지 못하고 시용기간이 경과한 데에는 피고 회사에게 그 귀책사유가 있고, 원고가 시용근로를 계속하여야만 할 특별한 사정도 없어 보이는 점, 이 사건 해고가 없었다면 원고는 별다른 사정이 없는 한 정식근로자로 채용되었을 것으로 보이는 점" 등을 근거로 위 복직 합의에 의하여 시용근로자의 지위가 아닌 정식 근로자의 지위로 복직하는 것이라고 판시하였는데, 동일한 입장에 서 있는 것으로 보인다.

---

114) 대법원 2006. 2. 24. 선고 2002다62432 판결.
115) 대법원 2015. 11. 27. 선고 2015두48136 판결.
116) 김도형, 360면; 임종률, 407면.
117) 대법원 2005. 7. 15. 선고 2003다50580 판결.

V. 채용의 자유

1. 채용 자유의 의의와 근거

근로계약의 체결은 통상 근로자측에서는 취업 또는 취직을, 사용자측에서는 채용을 의미하고, 노동관계의 쌍방인 사용자와 근로자는 원칙적으로 근로계약과 관련하여 계약의 자유를 가진다. 채용의 자유는 사용자가 근로계약을 통해 특정 근로자를 채용할 때에 가지는 여러 가지 형태의 자유를 말하는 것으로서, 근로계약관계에서 사용자가 가지는 계약 자유의 근간을 이룬다.[118] 즉 사용자는 채용의 자유에 의하여 어떠한 근로자를 어떠한 기준으로 채용할지 결정할 자유가 인정된다.[119]

채용의 자유는 헌법 15조가 정하는 직업선택의 자유에 속하는 영업의 자유, 헌법 23조 1항이 정하는 재산권, 헌법 119조가 정하는 시장경제질서원리, 헌법 전문의 자유민주적 기본질서 등에 근거하고 있다고 볼 수 있다.

2. 채용 자유의 제한

가. 개   설

헌법상의 기본권도 질서유지, 공공복리 등을 위하여 법률로써 제한될 수 있으므로(헌법 37조 2항), 채용의 자유 역시 일정한 제한을 받을 수 있다. 특정 법률이 구체적으로 채용의 자유를 제한하지 않더라도, 사용자의 자발적인 의사를 토대로 한 취업규칙이나 단체협약으로 제한될 수도 있다.

근로계약이 성립한 후 그 근로계약의 전개 및 종료에 관한 사용자측 계약의 자유에 대하여는 일찍부터 근기법 등에 의하여 많은 제약을 받아 왔지만, 근로계약의 성립과 관련하여 사용자가 가지는 채용의 자유에 대하여는 종래 기업의 전권으로 인식되어 별다른 제한이 행해지지 아니하였다. 그러나 근로자의 인권이 강조되고 취업 시장의 환경이 열악해지자, 근로자 인권 보호 또는 고용촉진 등의 관점에서 법률 기타 여러 가지 형태로 채용의 자유에 대한 제한이 출현하고 있고, 이에 따라 그 적법, 유효성이 다투어지고 있다.

---

118) 菅野, 213면.
119) 한편, 근로계약 체결의 자유는 근로자에게는 '강제노동으로부터의 자유'를 의미한다(김유성, 62면).

나. 법령에 의한 제한

(1) 근기법 6조

근로조건 균등처우원칙을 규정한 근기법 6조에서 말하는 근로조건에 채용이 포함되는지가 다투어지는데, 다수설은 이를 부정한다(자세한 내용은 근기법 6조에 대한 해설 Ⅱ. 2. 참조).[120]

(2) 근기법 64조 1항

근기법 64조 1항은 15세 미만인 미성년자의 채용을 원칙적으로 금지한다.

(3) 노조법 81조 2호

근로자가 특정 노동조합의 조합원이 될 것을 고용조건으로 하는 행위는 부당노동행위에 해당하여 금지된다. 다만 노동조합이 당해 사업장 종사 근로자의 2/3 이상을 대표하는 경우에는, 근로자가 그 노동조합의 조합원이 될 것을 고용조건으로 하는 단체협약은 유효하다(위 호 단서[121]).

(4) 채용절차법

채용절차의 공정을 확보하기 위해 2014. 1. 21. 채용절차법이 제정되었다. 위 법은 거짓 채용광고 등의 금지, 채용서류의 거짓 작성 금지, 채용심사비용의 부담금지 등을 규정하고 있다.[122]

(5) 기　타

① 남녀고용평등법 7조는 근로자의 모집·채용에 있어서 남녀차별을 금지한다.

② 고령자고용법 4조의4는 근로자의 모집·채용에 있어서 연령을 이유로 근로자 또는 근로자가 되려는 사람을 차별하는 것을 금지한다.

③ 장애인고용법 5조 2항은 근로자가 장애인이라는 이유로 채용 등에 있어서 차별대우를 하는 것을 금지하고 28조 1항은 장애인 의무고용률을 규정한다.

④ 고기법 7조는 근로자 모집·채용에 있어서 합리적 이유 없이 성별, 신앙, 연령, 신체조건, 사회적 신분, 출신지역, 학력, 출신학교, 혼인·임신 또는 병

---

120) 대법원 1992. 8. 14. 선고 92다1995 판결은, 구 근기법 98조(현행 근기법 97조)의 취업규칙에 정한 기준에 채용에 관한 기준은 포함되지 않는다고 판시하였는데, 같은 취지로 보인다.
121) 헌법재판소는 이에 대하여 합헌결정을 하였다(헌재 2005. 11. 24. 선고 2002헌바95 결정).
122) 구체적인 내용 및 개정론에 관하여는, 이승길, 118면 이하 참조.

력 등을 이유로 한 차별을 금지하고, 균등한 취업기회를 보장하도록 사업주에게 의무지우고 있다.

⑤ 파견법 6조의2는 일정한 경우 사용사업주로 하여금 파견근로자를 직접 고용하도록 의무지우고 있다.123)

⑥ 공공기관운영법 52조의3 내지 52조의5는 채용 관련 비위행위자에 대한 수사 의뢰, 행위자 명단 공개, 관련자 합격취소 등을 규정하고 있다.124)

⑦ 국가유공자법 4장은 취업지원에 관하여 규정한다. 구체적인 내용으로는, 국가유공자 유족에게 채용시험의 가점을 주고(31조), 일정한 범위에서 국가기관 등에게 채용의무를 부과하고(32조), 일정한 범위에서 기업체 등에게도 우선고용 의무 등을 부과하고 있다(33조의2).

⑧ 직업안정법 30조는 국외에 취업할 근로자를 모집할 경우에는 고용노동부장관에게 신고하도록 규정하고, 32조는 근로자 모집과 관련된 금품 수령을 금지한다.

⑨ 기간제법 7조는 사용자로 하여금 기간의 정함이 없는 근로계약 체결시 기간제근로자를 우선적으로 고용하도록 노력할 의무를 부과한다.

⑩ 민법 103조는 사회질서 등 공서양속에 반하는 법률행위를 무효로 한다고 규정하고, 민법 750조는 불법행위로 인한 손해배상책임을 규정한다. 사용자에게 채용의 자유가 있더라도 채용의 공정을 현저하게 침해하거나 근로자의 헌법상 기본권을 현저하게 제한하는 경우에는 위법성이 인정되어 불법행위를 구성하거나 공서양속 위반으로 무효가 될 수 있다.

다. 단체협약에 의한 제한

채용의 자유는 사용자와 노동조합의 단체협약에 의하여 제한되기도 한다.125) 역사적으로 보면, 노동조합은 조합의 단결력과 독점력을 확보하기 위해 사용자의 채용 자유를 제한하는 숍(shop) 제도를 관철시켜 왔다. 노동조합의 조

---

123) 그 외 공공복리를 위한 채용 제한 법령에 관하여 헌법재판소에서 합헌결정을 한 사례에 관하여는 신권철b, 87~88면 참조. 다만 단체협약이나 취업규칙은 사용자의 자발적 의사에 기한 것이므로 타율적 제한이라고 할 수는 없다.

124) 위 조항들은 2018. 3. 27.에 신설되었는데, 강원랜드 채용비리 사건 등이 그 계기가 된 것으로 보인다.

125) 신권철b, 86면. 대법원 2020. 8. 27. 선고 2016다248998 전원합의체판결 역시 채용의 자유를 과도하게 제한하는 등의 특별한 사정이 없는 한 단체협약을 유효하다고 보고 있어, 단체협약에 의한 채용자유의 제한을 인정한다.

합원만이 근로자가 될 수 있는 클로즈 숍(closed shop) 조항,126) 채용 후 조합원
자격을 취득하지 못하거나 탈퇴 등으로 조합원 자격을 잃으면 해고하여야 하는
유니언 숍(union shop) 조항 등이 그것이다. 사용자는 또한 취업규칙으로 채용의
구체적 기준을 정함으로써 스스로 채용의 자유를 제한할 수도 있다.

　　최근 대법원은 유니온 숍 조항은 어느 노동조합에도 가입하지 아니한 미조
직 근로자에게만 그 효력이 미친다고 판시함으로써 신규 조합원이 유니온 숍
협정을 체결한 지배적 노동조합이 아닌 다른 노동조합에 가입하더라도 유니온
숍 조항을 들어 해고하는 것은 부당해고라고 판단하였다.127) 노동조합제도가 안
정화된 이후에는 각종 숍 조항을 금지하거나 엄격하게 허용해 온 것이 조직강
제에 대한 역사이면서 현재의 세계적 경향인 점, 근로자의 근로권과 생존권을
보호하고 복수노동조합 사이에 단결권의 평등한 보호가 필요한 점 등을 고려할
때 타당한 결론이라 할 것이다.

　　채용의 자유를 제한하는 내용의 단체협약 조항이 유효한지가 쟁송의 대상
이 된 사례가 있다. 노동조합이 단체협약으로 산업재해 사망자 유족(직계비속 1
인)에 대하여 결격사유가 없는 한 우선특별채용의 기회를 부여하는 조항의 효력
이 문제되었다. 하급심은, 사용자의 채용 자유를 현저하게 제한하고, 청년실업이
라는 사회적 현실에도 불구하고 고용세습이라는 결과를 초래하여 채용기회의
공정에 반하는 점, 어떠한 요건도 요구하지 않고 사용자에게 채용의무를 부과함
으로써 산재 유족에게 과도한 혜택을 부여하는 점 등을 이유로 민법 103조에
의하여 무효라고 판단하였다.128) 그러나 이러한 하급심 판결에 대한 학설의 입
장은 대체로 비판적이다.129) 위 학설들은, 사용자의 처분권한 범위 내에 있는
사항에 대하여 사용자가 합리적인 이익 판단에 따라 스스로의 의사에 기하여
합의한 것이므로 근로계약체결의 자유를 침해하였다고 볼 수 없고, 사용자인 회
사에 대한 장기간 기여자임에도 불구하고 희생당한 조합원 유족의 생계보장이
라는 정당한 목적이나 동기가 있으며, 실제 위 조항에 기한 채용인원이 극소수

---

126) 앞서 본 바와 같이 노조법 81조 2호에 의하여 부당노동행위가 될 수 있다.
127) 대법원 2019. 11. 28. 선고 2019두47377 판결.
128) 서울고법 2016. 8. 18. 선고 2015나2067268 판결(대법원 2020. 8. 27. 선고 2016다248998 전
　　원합의체 판결에 의하여 파기환송되었다). 유사한 쟁점이 문제된 사안으로는 울산지법 2013.
　　5. 8. 선고 2012가합2732 판결(항소미제기로 확정)이 있는데, 위 판결은 단체교섭의 대상이 될
　　수 없다는 판단까지 추가하고 있는데 그 판단의 타당성에는 의문이 있다.
129) 김선수b, 23~25면; 박수근b, 354~359면.

여서 청년실업에 별다른 영향이 없다는 점 등을 근거로 들고 있다. 한편 유족에
대한 생계보전 목적이 뚜렷하고 그 필요성이 일정 기준 이상으로 요구되는 경
우에는 유효하다고 보아야 한다는 견해,130) 사회적 보호 필요성이 큰 경우에는
사회질서에 반한다고 볼 수 없다는 견해131) 등도 있다. 한편 고용노동부는 장기
근속자 자녀 우선특별채용조항이나 정년퇴직자 자녀 우선특별채용조항에 대하
여는 시정명령을 하면서도 산업재해사망자 유족에 대한 우선특별채용조항에 대
하여는 공서양속 위반이 아니라고 보고 시정명령을 하지 아니하였는데, 서울고
법 2016. 8. 18. 선고 2015나2067268 판결 선고 후에는 입장을 바꾸어 산업재해
사망자 유족에 대한 우선특별채용조항에 대하여도 시정명령을 하고 있다.

　　그러나 대법원은 산업재해 유족에 대한 특별채용을 내용으로 한 단체협약
조항을 유효하다고 판단함으로써 위 하급심판결을 파기환송하였다.132) 산업재해
유족에 대한 특별채용은 업무상 재해에 대한 보상을 정하는 것이므로 중요한
근로조건에 해당하는데 사용자가 자유로운 의사로 그 근로조건에 관하여 노동
조합과 합의하여 체결한 것이므로 존중되어야 하는 점, 업무상 재해로 사망한
근로자의 희생에 상응하는 보상을 하고 유족의 생계 어려움을 해결하도록 하는
것이므로 사회적 약자를 보호, 배려하여 실질적 공정을 달성하는데 기여하는
점, 결격사유가 없는 근로자로 채용 대상을 한정하고 있어 일률적, 무조건적으
로 특별채용을 강제한다고 볼 수 없는 점, 일반적인 공개경쟁채용절차와 별도의
특별채용절차를 통해 채용되고 그 비율이 대단히 미미한 점133) 등을 고려하면
선량한 풍속 기타 사회질서에 반하여 무효라고 볼 수 없다는 것이 그 판단의
요지이다. 이에 대하여 소수의견은, 사용자의 채용의 자유를 현저히 제한한다고
볼 수 없는 점은 동의하지만, 구직희망자의 희생 하에 유족을 보호하는 것은 공
정하지 아니한 점, 고령의 직계존속이나 배우자 등의 유족, 비혼 1인 가구나 직
계비속을 두지 않은 부부는 보호될 수 없어 평등에 반하는 점 등을 들어 여전

---

130) 손미정, 439~440면.

131) 권혁, 40면.

132) 대법원 2020. 8. 27. 선고 2016다248998 전원합의체 판결(2명의 소수의견이 있었고, 2개의
　　다수의견에 대한 보충의견이 있었다).

133) 2013년부터 2019년까지 피고 기아자동차가 신규 채용한 근로자의 숫자는 5,281명이고 그
　　중 이 사건 산재 유족 특별채용 조항에 따른 채용인원은 5명으로 그 비율은 약 0.094%이다.
　　같은 기간 피고 현대자동차가 신규 채용한 근로자의 숫자는 약 18,000명이고 이 사건 산재
　　유족 특별채용 조항에 따른 채용인원은 11명으로 그 비율은 약 0.061%이다.

히 반사회질서행위로 무효라고 주장한다. 그러나 법적 권리로까지 평가될 수 없는 구직희망자의 기대나 희망을 근거로 법적 권리인 유족의 특별채용권을 무효로 할 수는 없고, 유족의 상황에 따라 서로 다른 보상이 주어지는 것이 잘못이라고 볼 수 없을 뿐만 아니라 일부 혜택을 받지 못하거나 불공평하게 혜택을 받는 사람이 있다고 하여 모두의 혜택을 없애는 것은 본말이 전도된 것이라는 보충의견의 반박이 타당해 보인다.

라. 다른 기본권과의 관계에 따른 내재적 제약

사용자의 채용 자유는 근로자의 다른 기본권과의 관계에서 일정한 내재적 제약이 있다. 이에 관하여는 채용 자유의 구체적인 내용에서 함께 설명한다.

3. 채용 자유의 구체적인 내용

채용의 자유는, ① 채용인원 결정의 자유, ② 모집방법 결정의 자유, ③ 채용을 위한 조사의 자유, ④ 선발의 자유, ⑤ 계약체결의 자유 등을 내용으로 한다.[134]

가. 채용인원 결정의 자유

사용자는 그 사업을 위하여 근로자를 채용할 것인지, 채용한다면 몇 명을 채용할 것인지를 결정할 자유가 있다. 이는 사업수행상 필요성과 지불능력에 따라 사용자가 자유롭게 결정할 수 있는 영업의 자유에 속한다.

나. 모집방법 결정의 자유

사용자는 일정한 수의 근로자를 채용한다는 방침을 세운 후에는, 근로자를 어떤 방법으로 채용할 것인지를 결정할 자유가 있다. 공모할 것인지 연고모집할 것인지, 직업소개소 등에 대한 위탁을 통해 모집할 것인지 스스로 모집할 것인지 등을 자유로이 정할 수 있다.

다. 채용을 위한 조사의 자유

응모자를 채용할 것인지를 판단하는 과정에서 사업의 목적에 적절한지를 판단하기 위한 자료를 취득할 필요가 있으므로, 채용의 자유의 한 내용으로, 사용자는 응모자에게 일정한 사항에 관하여 신고를 요구하는 등의 방법으로 채용을 위한 조사를 할 자유가 있다.

---

134) 이승길, 105~106면; 임종률, 395~396면; 菅野, 215~218면.

그러나 조사의 자유는 응모자의 인격권, 프라이버시권 등과의 관계에서 일
정한 제약을 받을 수밖에 없다. 따라서 직업상 능력과 기능, 직업적격성 등 사
업의 목적과 관련된 부분에 한하여 조사할 수 있다 할 것이다.135) 한편 조사방
법과 관련해서도, 원칙적으로 응모자에 대한 질문을 통해서 조사하여야 하고,
응모자의 동의 없이 일방적으로 조사기관이나 진료기관 등을 이용하여 조사하
는 것은 허용되지 않는다.136)

라. 선발의 자유

사용자는 응모자를 채용할 때에 어떠한 자를 어떠한 기준으로 채용할 것인
지를 결정할 자유가 있다. 이는 채용 자유의 가장 핵심적 부분이다. 따라서 어
떠한 자질을 가진 근로자를 채용할 것인지, 그 결정을 위해 기능, 지능, 성격 기
타 여러 가지 기준 중에서 어떠한 기준을 채택할 것인지를 자유로이 정할 수
있다.

그러나 선발의 자유에는 일정한 제약이 있다.

특정 노동조합의 조합원을 불리하게 취급하는 것(예를 들면 채용비율을 낮게
정하는 것)이 부당노동행위인지가 문제될 수 있는데, 이를 부정한 일본 최고재판
소 판결이 있다.137) 그러나 이에 대하여는 비판적인 학설이 유력하다.138)

사용자가 근로자의 사상이나 신조를 이유로 채용을 거부할 수 있는지가 근
로자의 사상이나 양심의 자유 또는 평등권 침해와 관련하여 문제된다. 일본 최
고재판소는, 사상·신조를 직접적인 이유로 하여 채용을 거부하는 것은 공서양속
에 반하여 무효라는 원심139)을 파기환송하면서, 근로자의 특정 사상이나 신조를
이유로 채용을 거부하더라도 당연히 위법하다고 할 수는 없다면서 근로자의 사
상이나 양심의 자유 또는 평등권 침해가 아니라는 취지로 판단하였다.140) 그러
나 우리나라의 경우, 이는 고기법 7조 등에 반할 뿐만 아니라, 사상·신조가 직업

---

135) 西谷, 139면.
136) 西谷, 139면.
137) 最高裁 1993. 12. 22. 判決 平成13年(行ヒ)56호[ＪＲ東日本·日本貨物鉄道·ＪＲ東海(国勞本州)事
件, 勞働判例 864호, 5면].
138) 菅野, 216면.
139) 東京高裁 1978. 6. 12. 判決 昭和42年(ネ)1590호(三菱樹脂本採用拒否事件, 最高裁民事判例集
27권 11호, 1580면) 등.
140) 最高裁 1973. 12. 12. 判決 昭和43年(オ)932호(三菱樹脂本採用拒否事件, 最高裁民事判例集 27
권 11호, 1536면).

적격성이나 직업수행능력 등 직업 관련성이 없다면 이를 이유로 한 채용 거부는 합리적인 이유 없이 사상이나 양심의 자유 또는 평등권을 현저하게 제한하므로 위법하다고 평가할 수 있을 것이다.[141]

마. 계약체결의 자유

채용 자유의 또 하나의 중요한 내용은 근로계약의 체결을 강제할 수 없다는 것이다. 예를 들면, 사용자가 합리적인 이유 없이 사상·신조 등을 이유로 특정 근로자의 채용을 거부하더라도 불법행위로 인한 손해배상책임을 지는 것은 별론으로 하고, 원칙적으로 근로계약의 체결 자체를 강제할 수는 없다.[142] 다만 단체협약이나 취업규칙으로 일정한 근로자와 사이의 근로계약 체결 자체를 정하고 있다면 그에 따른 체결을 강제하더라도 계약체결의 자유를 침해한다고 볼 수 없을 것이다.

[권 두 섭 · 임 상 민]

---

141) 西谷, 137면; 名古道功, 19면(일본에서도 위 최고재판소 판결에 대하여 비판적인 견해가 많다).
142) 임종률, 397면; 菅野, 218면.

제 2 조(정의)

　　① 이 법에서 사용하는 용어의 뜻은 다음과 같다.

　　5. "임금"이란 사용자가 근로의 대가로 근로자에게 임금, 봉급, 그 밖에 어떠한 명칭으로든지 지급하는 모든 금품을 말한다.

〈세 목 차〉

[참고문헌]

민주사회를 위한 변호사모임 노동위원회, <u>2004 노동판례비평</u>(2005); **강문대a**, "봉사료가 임금에 해당하는지 여부", 1999 노동판례비평, 민주사회를 위한 변호사모임(2000); **강문 대b**, "태업시에도 무노동무임금 원칙이 적용되는지 여부", 법률신문 2014. 1. 16.자 4191 호(2014); **강성태a**, "평균임금의 범위와 산정방법", 1997 노동판례비평, 민주사회를 위한 변호사모임(1998); **강성태b**, "작업출장비와 특별성과상여금이 평균임금에 속하는가", 노 동법률 92호, 중앙경제(1999. 1.); **강성태c**, "근로기준법상 임금제도의 개선방향에 관한 연 구", 노동법연구 10호, 서울대학교 노동법연구회(2001); **강성태d**, "파업기간 중 노조 전임 자의 급여", 2003 노동판례비평, 민주사회를 위한 변호사모임(2004); **강용현**, "통상임금의 정의와 성질상 통상임금에 산입되어야 할 수당을 통상임금에서 제외하기로 하는 노사간 합의의 효력 유무", 대법원판례해설 19-2호, 법원행정처(1993); **강주원**, "의도적으로 높인 평균임금의 인정 여부", 노동판례평석집 II, 한국경영자총협회(1997. 12.); **강희원**, "근로 관계 존속중 퇴직금 분할 지급과 부당이득", 노동법학 36호, 한국노동법학회(2010); **고영 남**, "통상임금 노사합의의 효력 — 근로기준법과 신의칙, 그리고 부당이득 —", 민주법학 54호, 민주주의법학연구회(2014); **구태회**, "월급에 포함하여 지급된 퇴직금의 효력", 재판 자료 118집 노동법 실무연구, 법원도서관(2009); **권영국**, "형식적 전액관리제 하에서 (평 균)임금의 산정 방법", 노동법률 181호, 중앙경제(2006. 6.); **권오성a**, "태업과 무노동 무 임금의 원칙", 노동리뷰 106호, 한국노동연구원(2014. 1.); **권오성b**, "'근로시간 면제자'에 대한 급여의 임금성", 노동리뷰 160호, 한국노동연구원(2018. 7.); **권오성c**, "경영 성과급 의 임금성", 노동법률 352호, 중앙경제(2020. 3.); **권창영**, "연봉제와 퇴직금" 인권과 정의 324호, 대한변호사협회(2003. 8.); **권혁**, 통상임금논쟁의 허와 실, 법문사(2013); **길기봉**, "취업 당일 사망한 근로자의 평균임금", 대법원판례해설 20호, 법원행정처(1994); **김기덕 a**, "노동부 예규 「통상임금 산정지침」에 관한 검토", 노동과 법 6호 통상임금, 금속법률 원(2006); **김기덕b**, "주휴일 임금과 통상임금의 산정", 노동과 법 6호 통상임금, 금속법률 원(2006); **김기덕c**, "통상임금 개념요소로서의 고정성", 노동과 법 6호 통상임금, 금속법 률원(2006); **김기덕d**, "통상임금의 법리에 관한 재검토", 노동과 법 6호 통상임금, 금속법 률원(2006); **김기선a**, "독일의 임금체계", 국제노동브리프 2014년 3월호, 한국노동연구원 (2014); **김기선b**, "재직 중인 자에게만 지급되는 임금도 통상임금이다", 노동리뷰 109호, 한국노동연구원(2014. 4.); **김기선c**, "수습기간 중 평균임금 산정사유 발생시 그 산정방 법", 노동법학 52호, 한국노동법학회(2014); **김기영**, "기업합병시 회사의 퇴직금 지급규정 에 관하여", 노동법률 38호, 중앙경제(1994. 7.); **김기중**, "노동조합전임자의 근로관계", 노 동법연구 5호, 서울대학교 노동법연구회(1996); **김도형**, "통상임금의 고정성 징표로서의 재직자 조건에 대한 검토", 2014 노동판례비평, 민주사회를 위한 변호사모임(2015); **김동 배 · 정진호**, 임금체계의 실태와 정책과제, 한국노동연구원(2006); **김병태**, "재요양시 휴업 급여의 기초인 평균임금의 산정기준점", 노동법률 96호, 중앙경제(1999. 5.); **김상호**, "노조전임자의 급여지급금지 문제", 노동법학 31호, 한국노동법학회(2009. 9.); **김선수**, "쟁의 행위에 대한 임금공제의 범위(하)", 인권과 정의 204호, 대한변호사협회(1993. 9.); **김성수**, "사례를 통한 비전형적 퇴직금제도의 고찰", 재판실무연구, 광주지방법원(2004); **김성진a**, "대법 '임금 재직요건규정' 판결은 무효다", 경향신문 2014. 1. 27.자; **김성진b**, "통상성으로 본 대법원의 통상임금법리", 노동법학 49호, 한국노동법학회(2014. 3.); **김성진c**, "통상임금 판단에 있어서 임금지급기준의 효력", 노동법학 51호, 한국노동법학회(2014. 9.); **김소영**, "'연봉에 퇴직금을 포함하여 분할 지급'하는 중간정산의 법적 효력", 노동법학 26호, 한국노동법학회(2008); **김영문a**, "임금개념과 평균임금ㆍ통상임금의 산정범위", 기업법연구 18권 2호, 한국기업법학회(2004); **김영문b**, "금원의 통상임금해당성 판단에 관한 기준의 비판적 고찰", 노동법학 43호, 한국노동법학회(2012); **김영문ㆍ이상윤ㆍ이정**, 임금 개념과 평균임금ㆍ통상임금의 산정 범위, 법문사(2004); **김용직**, "퇴직금과 관련한 평균임금의 산정과 신의칙", 민사재판의 제문제(상) — 송천 이시윤 박사 화갑 기념, 박영사(1995); **김원정**, "숙직근무에 대한 임금청구가 가능한가 여부에 관한 판결", 노동법률 49호, 중앙경제(1995. 6.); **김재훈**, "성과금은 임금에 포함되는가?", 노동법률 180호, 중앙경제(2006. 5.); **김지석**, "기타공공기관 성과급 전부에 대한 최초의 통상임금 부정 판례에 대한 고찰", 노동법률 317호, 중앙경제(2017. 11.); **김지형a**, "회사의 합병에 따른 근로관계의 승계와 취업규칙상 퇴직금규정의 적용", 인권과 정의 214호, 대한변호사협회(1994. 8.); **김지형b**, "퇴직금 산정의 기준이 되는 평균임금에 산입될 연월차수당의 범위", 저스티스 32권 3호, 한국법학원(1999); **김치중**, "징계해고 등의 경우에 퇴직급여액을 감액 지급한다는 규정의 효력과 직위해제 후 퇴직한 경우의 퇴직금 산정 방법", 대법원판례해설 21호, 법원행정처(1994); **김태욱a**, "개인실적에 따라 지급되는 성과급의 임금성", 2011 노동판례비평, 민주사회를 위한 변호사모임(2012); **김태욱b**, "근로시간 면제자가 받는 급여는 임금이다", 노동법률 331호, 중앙경제(2018. 12.); **김형진**, "일정 직급 이상의 근로자에게 차량의 보유ㆍ운전을 조건으로 지급한 자가운전보조비가 임금에 해당하는지 여부", 대법원판례해설 23호, 법원도서관(1995); **김홍영a**, "월 중간에 퇴직하더라도 당해 월의 보수 전액을 지급하는 경우 퇴직금의 계산", 1999 노동판례비평, 민주사회를 위한 변호사모임(2000); **김홍영b**, "성과급의 임금성 여부", 노동법연구 17호, 서울대학교 노동법연구회(2004); **김홍영c**, "월급에 포함된 퇴직금 지급의 효력", 노동법연구 24호, 서울대학교 노동법연구회(2008); **김홍영d**, "택시기사가 의도적으로 현저하게 평균임금을 높인 사안에서 평균임금의 산정 방법", 노동법연구 28호, 서울대학교 노동법연구회(2010); **김홍영e**, "퇴직금 분할 지급과 부당이득반환", 2010 노동판례비평, 민주사회를 위한 변호사모임(2011); **김홍영f**, "정기상여금을 통상임금에 포함", 노동법학 42호, 한국노동법학회(2012); **김홍영g**, "통상임금의 해석상 쟁점", 노동법연구 35호, 서울대학교 노동법연구회(2013); **김홍영h**, "통상임금 전원합의체 판결의 의의", 노동리뷰 107호, 한국노동연구원(2014. 2.); **김홍영i**, "통상임금에 포함시키지 않는 재직자 조건, 일정 근무일수 조건에 대한 비판적 검토", 노동법연구 37호, 서울대학교 노동법연구회(2014); **김홍영j**, "임금의 판단기준", 노동판례백선, 한국노동법학회(2015); **김홍영k**, "퇴직금 분할지급 약정", 노동판례백선, 한국노동법학회(2015); **김홍영l**, "선택적 복지비가 통상임금에 포함되는지 여부", 노동법학 55호, 한국노동법학회(2015); **김홍영m**, "통상임금 및 임금의 법리", 법관연수 어드밴스(Advance) 과정 연구논문집, 사법연수원(2016); **김홍영n**, "정기상여금 통상임금 사건에서 신의칙 적용을 부정한 사례", 노동법학 60호, 한국노동법학회(2016. 12.); **김홍준**, "파업기간 중의 임금지급범위", 노동법연구 6호, 서울대학교 노동법연구회(1997); **김희성**, "연봉제와 퇴직금 — 월급에 포함된 '퇴직금 명목 금원'의 부당이득 성립 여부 —", 노동법학 36호, 한국노동법학회(2010); **김희철**, "퇴직금 산정의 기초가 되는 평균임금의 범위", 노동법률 102호, 중앙경제(1999. 11.); **노태악**, "택시기사의 사납금을 초과하는 운송수입금이 산업재해보상보험법상 보험급여의 기초가 되는 평균임금에 포함되는지 여부", 대법원판례해설 34호, 법원도서관(2000); **노호창a**, "태업과 임금지급 등의 관계에 관한 대법원 2013. 11. 28. 선고 2011다39946 판결에 대한 검토", 노동법학 50호, 한국노동법학회(2014. 6.); **노호창b**, "사유 발생일 이전 1년 간의 기간을 평균임금 산정에 반영한 것이 정당한지 여부", 노동법학 50호, 한국노동법학회(2014. 6.); **도재형a**, "근속수당의 통상임금 해당성", 노동법률 137호, 중앙경제(2002. 10.); **도재형b**, "통상임금의 의의와 범위에 관한 법적 검토", 노동과 법 6호 통상임금, 금속법률원(2006); **도재형c**, "통상임금 소고", 노동법연구 35호, 서울대학교 노동법연구회(2013); **도재형d**, "통상임금 전원합의체 판결의 검토", 노동법연구 36호, 서울대학교 노동법연구회(2014); **문무기 외 3명**, 임금제도 개편을 위한 노동법적 과제, 한국노동연구원(2006); **민중기a**, "구 근로기준법시행령 제 5 조 소정의 '평균임금을 정할 수 없는 경우'의 의미와 이 경우 평균임금의 산정 방법", 대법원판례해설 33호, 법원도서관(2000); **민중기b**, "연차휴가의 산정방법과 연차휴가수당의 선급여부", 대법원판례해설 35호, 법원도서관(2001); **민창욱**, "통상임금의 기본원리와 개념요소에 대한 검토 — 대법원과 2013년 하급심 판례를 중심으로(상)", 저스티스 138호, 한국법학원(2013. 10.); **박순영a**, "퇴직금 명목 금원의 부당이득 성립 여부 및 상계의 허부", 사법 13호, 사법발전재단(2010); **박순영b**, "대법원 전원합의체 판결에 나타난 통상임금의 의의와 그 구체적 적용", 사법논집 58집, 법원도서관(2014); **박용상 외 3명**, "통상임금과 법정수당에 관한 고찰 — 서울민사지방법원 노동전담부 합의42부의 실무처리를 중심으로 —", 사법논집 21집, 법원행정처(1990); **박원석**, "무노동 무임금", 노동법학 4호, 한국노동법학회(1994); **박은규**, "임금성 판단의 법리적 고찰", 노동법학 50호, 한국노동법학회(2014); **박이규**, "근로관계 종료와 연차휴가수당", 대법원판례해설 54호, 법원도서관(2006); **박종희**, "평균임금대상의 확정과 퇴직금 산정의 기초범위의 판단", 노동법률 98호, 중앙경제(1999. 7.); **박지순a**, "통상임금에 관한 최근 대법원 판결의 의미와 쟁점", 노동리뷰 92호, 한국노동연구원(2012. 11.); **박지순b**, "통상임금 판결의 쟁점과 정책과제", 노동리뷰 107호, 한국노동연구원(2014. 2.); **박지순c**, "통상임금 관련 노사합의에 대한 신의칙 적용상의 쟁점", 하경효 교수 정년기념 논문집, 박영사(2017); **박진환**, "태업 시 무노동 무임금 원칙의 적용 여부", 대법원판례해설 97호, 법원도서관(2014); **박진호**, "현행법상 임금의 본질과 통상임금에 관한 연구 ─ '임금', '근로시간, '소정근로'의 개념적 도구를 통한 분석", 노동법학 61호, 한국노동법학회(2017); **박훈**, "통상임금 계산의 문제점", 노동과 법 6호 통상임금, 금속법률원(2006); **백운걸**, "파업에 참가하지 않은 근로자에게 임금을 지급해야 하는지", 노동법률 11호, 중앙경제(1992. 4.); **성준규**, "통상임금 해당성 여부의 판단기준 ─ 소정근로 대가로서의 본질에 기초한 고정성 개념의 해석을 중심으로", 법관연수 어드밴스(Advance) 과정 연구논문집, 사법연수원(2016); **송영섭**, "통상임금의 판단기준과 신의성실의 원칙", 2013 노동판례비평, 민주사회를 위한 변호사모임(2014); 고용·산재보험**실무편람**, 근로복지공단(2006. 2.); 노동부, "연봉제, 성과배분제 **실태조사**"(2005); **심재진**, "공기업 경영평가성과급의 임금성", 노동리뷰 167호, 한국노동연구원(2019. 2.); **유성재a**, "퇴직금 분할 약정과 부당이득반환 여부", 노동법학 39호, 한국노동법학회(2011); **유성재b**, "경영평가성과급의 임금성", 노동법률 343호, 중앙경제(2019. 12.); **유성재·임서정**, "상여금의 통상임금성", 노동법포럼 9호, 노동법이론실무학회(2012); **이광범**, "주 44시간 근로시간제 아래에서 토요일 오전에 근무한 자에게만 오후 4시간분의 임금을 보전하여 주기로 한 경우 시간급 통상임금의 산정방법", 대법원판례해설 30호, 법원도서관(1998); **이국환**, "항공기 승무원이 최저승무시간을 초과하여 승무할 경우 실제의 승무실적에 관계없이 일률적으로 지급받은 일정시간분에 해당하는 보장비행수당이 통상임금에 포함되는지 여부", 대법원판례해설 25호, 법원도서관(1996); **이달휴a**, "프랑스의 임금의 개념과 임금채권보장", 법학논집, 청주대학교(1998); **이달휴b**, "최근 대법원 전원합의체 판결과 임금·통상임금의 판단요소", 법제 664호, 법제처(2014); **이동흡a**, "평균임금과 통상임금(1)", 법조 44권 1호, 법조협회(1995. 1.); **이동흡b**, "평균임금과 통상임금(2)", 법조 44권 2호, 법조협회(1995. 2.); **이미선**, "통상임금", 사법 27호, 사법발전재단(2014); **이선신**, "근로기준법상 임금정의규정의 합리적 해석방안", 노동법학 46호, 한국노동법학회(2013); **이승길a**, "연봉제의 노동법적 문제", 노동법연구 11호, 서울대학교 노동법연구회(2001); **이승길b**, "성과주의 임금제도에 대한 소고(1)", 노동법률 159호, 중앙경제(2004. 8.); **이승길c**, "성과주의 임금제도에 대한 소고(2)", 노동법률 160호, 중앙경제(2004. 9.); **이용인**, "무효인 퇴직금 중간정산과 부당이득", 민주법학 36호, 민주주의법학연구회(2008); **이정a**, "통상임금과 평균임금의 판단기준에 대하여", 2003 노동판례비평, 민주사회를 위한 변호사모임(2004); **이정b**, "통상임금에 대한 판례법리의 재검토", 노동법학 43호, 한국노동법학회(2012); **이철수a**, 임금에 관한 법리, 한국노동연구원(1993); **이철수b**, "통상임금의 법리", 노동법연구 3호, 서울대학교 노동법연구회(1993); **이철수c**, "회사 합병에 있어서 근로관계의 포괄적 승계와 퇴직금규정의 적용", 노동판례평석집 I, 한국경영자총협회(1995); **이철수d**, "쟁의행위 기간 중의 임금 지급 여부", 노동법률 57호, 중앙경제(1996. 2.); **이철수e**, "현행 임금제도의 비판적 검토", 노동법연구 12호, 서울대학교 노동법연구회(2002); **이철수f**, "정기적, 일률적으로 지급되지 않은 중식대는 통상임금에 해당하지 않는다", 노동법률 151호, 중앙경제(2003. 12.); **이철수g**, "복리후생비의 통상임금에의 포함 여부", 2003 노동판례비평, 민주사회를 위한 변호사모임(2004); **이철수h**, "통상임금에 관한 판례법리의 변화", 노동법연구 17호, 서울대학교 노동법연구회(2004); **이철수i**, "통상임금에 관한 판례법리의 변화와 정책적 함의", 노동과 법 6호 통상임금, 금속법률원(2006); **이철수j**, "통상임금에 관한 최근 판결의 동향과 쟁점", 법학 54권 3호, 서울대학교 법학연구소(2013); **이철수k**, "통상임금 관련 2013년 전원합의체 판결의 의미와 평가", 노동법학 49호, 한국노동법학회(2014. 3.); **이철수l**, "통상임금의 판단기준", 노동판례백선, 한국노동법학회(2015); **이호철a**, "연봉제하에서의 퇴직금 선지급의 법적 효력", 형평과 정의 22집, 대구지방변호사회(2008); **이호철b**, "태업시 무노동 무임금 원칙의 적용 여부 및 임금 등의 감액 방법", 판례연구 26집, 부산판례연구회(2015); **이흥재**, "대법원의 근로관계 인식에 대한 조명 — 민주헌정 이후 시민법적 인식으로의 회귀 및 지속의 평가 —", 법학 124호, 서울대학교 법학연구소(2002. 9.); 2015 **임금보고서** — 임금체계의 이해: 역사와 통계조사, 경제사회발전노사정위원회(2016); **임상민**, "연봉제 하에서 월급에 포함된 퇴직금의 법적 성격", 재판자료 118집 노동법 실무연구, 법원도서관(2009); **임종률a**, "파업기간 중 임금지급에 관한 대법 판결", 노동법학 6호, 한국노동법학회(1996); **정인섭**, "최저임금법상 비교대상임금과 통상임금", 노동법연구 23호, 서울대학교 노동법연구회(2007); **정재성a**, "퇴직금산정기초인 평균임금이 특별한 사유로 현저하게 적게 된 경우의 산정방법", 1999 노동판례비평, 민주사회를 위한 변호사모임(2000); **정재성b**, "평균임금을 산정할 수 없는 경우의 평균임금", 노동법연구 9호, 서울대학교 노동법연구회(2000); **정진경a**, "직위해제기간 중에 퇴직한 자의 퇴직금 산정", 노동법연구 4호, 서울대학교 노동법연구회(1994); **정진경b**, "직위해제 후 퇴직한 자의 퇴직금 산정", 사법연구자료 22집, 법원행정처(1995); **조경배**, "쟁의기간 중의 임금지급 문제", 1996 노동판례비평, 민주사회를 위한 변호사모임(1997); **조상욱**, "경영평가 성과급의 임금성", 노동법률 331호, 중앙경제(2018. 12.); **조성혜**, "성과금 및 격려금의 평균임금 산입 여부", 노동법률 156호, 중앙경제(2004. 5.); **조영선**, "성과급이 근로기준법상 임금에 해당하는지", 2004 노동판례비평, 민주사회를 위한 변호사모임(2005); **조용만**, "형식적인 퇴직금 분할 약정의 본질: 퇴직금 명목의 가면이 씌워진 임금", 노동법학 44호, 한국노동법학회(2012); **조준모·이상희**, 통상임금 소송에 관한 법경제학적 이해, 법문사(2013); **조해섭**, "월의 중도퇴직과 퇴직금 산정의 기초가 되는 평균임금", 국민과 사법 — 윤관 대법원장 퇴임 기념(1999); **최원식**, "유급휴일 및 휴게와 시간급 통상임금의 산정", 1998 노동판례비평, 민주사회를 위한 변호사모임(1999); **최은배a**, "가. 산업재해보상보험법상 평균임금 증감 제도의 취지, 나. 업무상 재해를 입고 요양을 받다가 요양을 종결한 후 요양종결 이전 시점부터 임금이 소급하여 인상된 경우, 산업재해보상급여의 산정 기초가 되는 평균임금의 증액 여부", 대법원판례해설 64호, 법원도서관(2007); **최은배b**, "가. 퇴직 후 직업병 진단이 확정된 근로자의 평균임금 산정 방법, 나. 직업병에 걸린 근로자의 평균임금 산정방법을 정한 구 산업재해보상보험법 제38조 제 5 항, 같은 법 시행령 제26조 제 2 항, 제 3항의 취지, 다. 사업", 대법원판례해설 65호, 법원도서관(2008); **최은배c**, "통상임금 포함여부에 관한 노동조합과 사용자 간 합의가 무효임을 주장하는 개별 근로자 주장의 신의칙 위반 여부", 이상훈 대법관 재임기념 문집, 사법발전재단(2017); **최홍기**, "복지포인트의 통상임금 여부에 대한 판단과 평가", 노동법률 317호, 중앙경제(2017. 10.); **최파라**, "재직조건 또는 일정근무일수 조건이 있는 상여금의 통상임금성", 법조 706호, 법조협회(2015. 7.); **하갑래a**, "통상임금제도의 변화와 과제", 노동법학 44호, 한국노동법학회(2012); **本多淳亮**, "勞働契約と賃金", 季刊勞働法 25호, 總合勞働開發硏究所(1957); **金子征史·西谷敏** 編, 勞働基準法(第 5 版), 日本評論社(2006).

Ⅰ. 임금 서설

1. 임금의 법적 보호

임금은 근기법이 보호하는 대상 중 가장 필수적이고 중요한 보호 대상이다. 임금은 근로자가 생존을 확보하기 위하여 가지는 유일한 수단이기 때문이다. 또한 근기법은 근로자를 '임금을 목적으로' 사업이나 사업장에 근로를 제공하는 자라고 정의하고 있는 것에서 보다시피(법 2조 1항 1호) 임금은 근로자 내지 근로의 핵심 징표로서도 큰 의미를 가진다.

헌법 32조 1항은 "모든 국민은 근로의 권리를 가진다. 국가는 사회적·경제적 방법으로 근로자의 고용의 증진과 적정 임금의 보장에 노력하여야 하며, 법률이 정하는 바에 의하여 최저임금제를 시행하여야 한다"고 규정하고 있고, 3항은 "근로조건의 기준은 인간의 존엄성을 보장하도록 법률로 정한다"고 규정하고 있다. 그리하여 헌법은 적정 임금 보장의 노력 의무와 법률이 정한 바에 따른 최저임금제 시행 의무를 국가에게 지우고 있고, 인간 존엄성 보장을 위하여 임금을 포함한 근로조건의 법정주의를 밝히고 있다. 하지만 법이 적정 임금의 보장에 관하여 실질적으로 규정해둔 것은 없다고 할 수 있다.[1]

임금의 체계와 그 결정 방법은 사회 현실의 반영임과 동시에 노사관계 현실의 반영이다. 우리나라는 과거보다 많이 바뀌기는 하였지만, 아직도 많은 산

---

[1] 박홍규, 386면.

업 영역에서 서구와 같은 직종별 연봉제 대신 복잡한 임금 체계를 가지고 있다. 그리하여 대부분 기본급 외에 각종 수당, 상여금 등이 능력별로 지급되지 않고 연공제로 지급되고 있다. 복잡한 임금체계 때문에 여러 수당, 퇴직금 등의 계산에서 노사 간의 분쟁도 적지 않다. 이렇게 발생하는 분쟁과 그 분쟁 해결의 비용을 줄이기 위해서는 결국 임금체계를 단순화하고 간명하게 할 필요가 있음은 두말할 필요가 없다.

　　우리 사회가 이렇게 복잡한 임금체계를 가지게 된 것은 임금이 구체적이고 현실적인 노동의 대가라는 면과 함께 노동력을 사용자의 지배 아래 둔 것 자체에 대한 대가라는 측면이 공존하고, 후자의 측면에서 생활보장적 임금의 성격이 반영된 결과이다. 특히 후자의 생활보장 성격 임금 부분이 큰 것은 사회보장이 잘 갖추어진 나라에서 공공 영역이 맡고 있는 많은 사회 서비스(의료, 교육, 육아, 주거, 환경 등)를 우리나라 정부가 그 나라 수준만큼 사회 구성원에게 제공하지 못한 데에 기인하는 면이 크다. 다른 한편으로는 개별 근로자의 임금 수준 내지 사회 전체의 평균적인 임금 수준이 건강보험, 국민연금, 고용보험, 산업재해보상보험 등의 공보험과 손해보험, 생명보험 등 사보험의 보험료와 보험금, 보험급여액 산정 기준이 되고, 정부 노임 단가·도시일용노임 등의 도구를 통하여 공사비 등 각종 용역비 산정의 기준이 되기도 하며, 교통사고, 산업재해를 비롯한 여러 손해배상 청구 사건에서 손해액 산정 기준이 되는 등, 우리 사회의 수많은 공공 영역과 사적 영역에서 공적 부담 내지 비용 산정의 기준이 되고 있는 현실의 반영이기도 하다. 즉 정부와 기업 등은 이와 같은 공적 부담 내지 비용 산정의 기준을 일정 수준으로 묶어 두고, 이와 같은 부담이나 비용의 증가를 억제하기 위해 정액급 등 표면적인 임금 수준 상승은 억제한 데에서 복잡한 임금체계가 만들어진 면이 없지 않다. 다시 말해, 개별 근로관계에서는 경제발전에 따라 임금 인상을 도모하면서 공적 부담이나 비용 상승을 억제하기 위해 기본급은 묶고 임금 아닌 명목으로 각종 수당, 상여금 등을 제공하게끔 정책 등으로 유도한 측면이 있다. 근로자 측도 근로소득세 등 직접적인 조세 내지 공적 부담을 덜려는 의도에서 이러한 표면적인 정액급 억제를 묵인한 것 또한 부정할 수 없다. 이 점에 관하여 노사 모두 전향적인 자세가 필요하고, 사회보장제도를 시급히 확충하여 공무원 급여 등 임금 체계의 본보기를 보이는 공공 영역부터 생활보장적 임금의 발생 요인을 줄여나감과 동시에 정액 급여를 인상하며, 연금,

공공 보험 등의 급여액 부담을 줄이려는 의도 아래 만들어진 여러 수당과 임금 성격의 업무추진비, 판공비 등을 축소하는 과정을 통하여 왜곡된 임금 체계를 바로잡고, 실질 임금 보장에 노력하여야 한다.

한편 앞서 잠깐 언급하였지만, 우리나라는 서구에 비하여 사회보장제도가 취약한 까닭에 임금 보호의 차원을 달리할 필요가 있다. 우리나라는 사회보장제도가 취약하고 국방과 치안을 제외하고는, 의료·육아·보육·교육·주거·체육 시설·문화 시설·환경 등 많은 기초 생활 보장과 노동 재충전 영역에서 공공 영역이 이를 충족시키지 못하고 사회 구성원이 자신의 부담으로 해결하여야 하는 것이 너무 많다. 사적 영역에서 해결하여야 할 생활 보장과 노동 재충전 영역을 노사가 분담하여야 한다는 점에서, 순수하게 사적 영역만의 시장 경제 원리로 임금 수준이 결정되어야 한다는 이론이나 당사자의 의사를 절대시하여 임금의 성격을 파악하거나, 서유럽이나 미국 등 선진국의 임금액 결정의 현실을 그대로 우리에게 투영하려 할 경우 허술한 사회 안전망에 처해 있는 많은 저소득 근로자가 인간다운 생활에서 멀어질 수 있음을 유의하여야 한다.

그러한 점에서 우리 현실에서 임금 보호 수준을 서구나 다른 선진국의 수준보다 더 높임으로써 근로자의 기본 생활을 보장해야 할 필요가 있다. 그리고 서구나 다른 선진국의 경우와 같이 연봉제와 단기 근로계약, 해고의 자유 등으로 근로관계를 유연하게 하는 데에는 한계가 있다. 퇴직급여 제도도 연금 등을 관리하는 공공기관 대신 기업으로 하여금 근로자의 퇴직 후 생활보장을 기하게 하려 한 것이다. 임금 보호는 이러한 공공의 관점에서 이루어져야 한다.

2. 현행법상 임금 보호 규정

가. 헌법상 임금 보호 규정

11조 평등 원칙

32조 적정임금의 보장, 최저임금제의 시행, 남녀 임금 차별 금지

나. 근로기준법상 임금 보호 규정

6조 균등한 처우

17조 1항 1호 근로계약을 체결할 때 임금 명시(근로조건 일반)

21조 전차금이나 그 밖에 근로할 것을 조건으로 하는 전대(前貸) 채권과 임

금의 상계 금지

36조 금품 청산

37조 금품 청산에 대한 지연이자율의 가중 적용

38조 임금 채권의 우선 변제

43조 임금 지급 원칙(전액 지급, 매월 1회 이상 지급)

44조 도급 사업에 대한 임금 지급 보호

44조의2 건설업에서의 임금 지급 연대책임

44조의3 건설업의 공사도급에 있어서의 임금에 관한 특례

45조 비상시 지급

46조 휴업수당

47조 도급제 근로자에 대한 일정액 임금 보장

48조 임금대장 작성

49조 임금의 시효[2]

56조 연장근로 · 야간근로 · 휴일근로에 대한 임금 가산 지급

93조 2호 임금 사항의 취업규칙 기재

94조 임금에 관한 취업규칙 불이익 변경 때 근로자측 동의 필요(근로조건
　　　일반)

95조 취업규칙 감급 규정의 제한

107조~116조 위 조항 위반에 대한 형사 처벌 또는 과태료의 제재

다. 최저임금법

6조 최저임금액 이상의 임금 지급

라. 남녀고용평등과 일 · 가정 양립 지원에 관한 법률

8조 동일 가치 노동 동일 임금 보장

마. 근로자퇴직급여 보장법

8조 계속근로기간 1년에 대해 30일분 이상 평균임금 퇴직금 지급 제도 설
　　　정 의무

---

2) 일반 채권의 소멸시효보다 단기로 소멸시효를 정한 것이어서 정확히 말하면 임금 채권의
　보호라고 말하기는 어렵다. 민법 163조 1호에서 정한 급여 채권의 3년의 소멸시효와 같은 기
　간으로 되어 있다. 노역인과 연예인의 임금은 이보다 더 짧은 1년의 소멸시효가 적용된다(민
　법 164조 3호).

12조 퇴직급여 등 채권의 우선 변제

바. 파견근로자보호 등에 관한 법률

21조 차별 처우의 금지 및 시정 등

34조 사용사업주의 임금 지급 연대 책임

사. 임금채권보장법

7조 체불 임금의 국가 체당 지급

Ⅱ. 임금의 본질과 법적 성격, 임금지급청구권

1. 경제학상 임금 이론

경제학에서는 임금을 노동력의 대가(代價)로 보는 견해와 노동의 대가로 보는 견해가 있다. 이러한 의미의 임금론과 법적인 임금 개념은 반드시 연관되지는 않는다.[3] 하지만 임금 협상이나 중재 과정, 최저생계비 결정 과정 등에서 임금이 노동력의 재생산비나 생계비라는 점은 무시될 수 없고 사실상 구속을 받는다.[4]

2. 노동법상 임금론 — 임금의 법적 성격

임금은 유상·쌍무 계약인 근로계약에 기초하여 근로자가 노무를 제공한 데에 대한 대가이나, 그 대가가 구체적·현실적 근로의 대가(노동대가설)인가 아니면 노동력을 사용자의 지배 아래 둔 것에 대한 대가, 즉 노동력 제공에 대한 대가(노동력대가설)인가 하는 문제가 있다. 이러한 관점의 차이는 기본급 외에 상여금, 각종 수당, 복리후생비, 은혜적·임의적으로 지급되는 금품이 임금에 해당하는지 여부를 밝히는 데에 사고의 단초를 제공한다는 것에 의미가 있고, 그 외 쟁의행위가 있었을 때 임금이 공제되어야 하는가, 공제된다면 모든 임금이 공제되어야 하는가의 문제 등에서 구체적으로 차이가 드러난다.

이와 관련한 논의는 주로 일본에서 이루어졌고 그 논의가 우리나라에 그대로 수용된 것이라 할 수 있다.

---

3) 박홍규, 389면.
4) 박홍규, 389면.

가. 학   설5)

(1) 노동대가설

노동대가설은 근로계약을 근로와 임금의 교환계약으로 보고 근로 제공의 대가로 임금이 지급된다고 보는 견해이다. 그리하여 근로자가 구체적으로 근로를 제공할 때 비로소 임금청구권이 생긴다고 본다. 대표적인 판결은 일본 前橋地裁 1963. 11. 14. 判決이다.6)

(2) 노동력대가설

노동력대가설은 임금을 근로의 대가로 보지 않고, 사용자에게 자신의 노동력을 일정 시간 동안 처분할 것을 맡긴 것에 대한 대가로 보는 견해다. 이 견해는 근로가 종속 노동이라는 점에서 출발한다. 근로자의 근로는 사용자의 지휘 · 감독을 받아 이루어지기 때문에 근로계약은 근로 그 자체의 제공을 약속한 것이 아니라 일정한 조건 아래 노동력의 처분 권한을 사용자에게 주는 계약으로 파악하는 것이 옳다고 한다.7)

노동력대가설은 휴업수당, 가족수당 등 구체적인 근로의 제공과 관련이 없는 여러 수당에 대하여 노동대가설이 설명할 수 없는 부분을 설명할 수 있다는 장점이 있다. 노동대가설의 대안으로 다수 학자들이 주장하였고, 일본의 판례에도 많은 영향을 미쳤으며, 후술하는 임금이분설의 이론적 토대가 되었다.8) 이 노동력대가설에 대하여는 경제학적 개념인 노동력의 개념을 매개 없이 법률해석학에 끌어들였다는 비판이 있다.9) 이에 대해 노동력대가설은 경제학에서 임금을 노동력의 대가로 보는 것과는 관련성이 없다고 반박한다.10) 대표적인 판결은 札幌地裁 室蘭支部 1964. 4. 8. 判決이다.11)

---

5) 박원석, 9면 이하에서는 그 외 구체적 노동설 혹은 제공설(계약의 본지에 따른 노동의 제공을 하여야만 비로소 임금지급청구권이 발생한다는 설), 노동관계설 내지 노동관계대가설(근로자가 사용자에게 노동력을 맡김으로써 그의 생존을 걸고 있다는 점을 강조하면서 임금을 노동관계에서 오는 대가라고 설명)을 열거하고 있다. 일본에서 주장된 위 학설들에 대한 자세한 논의는 생략한다.

6) 明星電気附加金請求事件, 勞民集 14권 6호, 1419면. 판결문의 요지는 이철수a, 17면 이하.

7) 노동력대가설을 지지하는 최근(2017년) 견해로는 박진호, 120면.

8) 이철수a, 17면.

9) 김영문 · 이상윤 · 이정, 31면.

10) 박홍규, 390면; 이철수d, 27면.

11) 國鐵室蘭棧橋賃金カット事件, 勞民集 15권 2호, 232면. 판결문의 요지는 이철수a, 18면 이하.

한편 노동대가설은 노동력대가설과 표현의 차이를 보일 뿐 실질적 차이가 없다고 보는 견해도 있다.12) 이 견해에 따르면 노동력을 계약의 본지에 따라 사용자의 처분에 맡긴 이상, 사용자가 노동력을 사용하지 않아 현실적으로 노동을 하지 않았더라도 근로자는 계약상 근로의무는 이행한 것이어서 임금청구권을 취득한다고 하면서, 이 점은 노동대가설도 부정할 수 없을 것이라 한다. 그러면 순수한 노동력대가설도 임금이분설을 취하지 않는 이상 보장적 임금의 존재를 부정할 것이라고 한다.

(3) 임금이분설

노동대가설은 근로에 대한 직접적 대가라 할 수 없는 각종 상여금과 수당 등을 충분하게 설명하지 못하고, 노동력대가설은 종속노동의 개념을 도입함으로써 임금의 범위를 넓히기는 했지만 종속노동의 개념 자체가 변하고 있는 현실에서 이 견해가 여전히 유효한지에 관하여 의문이 생긴다.

임금이분설은 이 점에 관하여 임금은 구체적 근로와 직접 관련되는 교환적 임금 부분과 그렇지 않은 보장적 임금 부분으로 구성된다고 하는 견해다. 이 견해에 따르면, 근로계약은 기업이 근로자의 지위를 취득하기 위하여 사용자와 근로자 사이에 맺어진 계약(일종의 신분적 계약)이라고 하는 이른바 고정적 부분과, 근로자의 근로 제공에 대하여 사용자가 그 대가로 임금을 지급하기로 하는 계약(단순한 채무계약)이라고 하는 이른바 변동적 부분으로 이루어진다. 그리하여 이 견해는 임금을 고정적 부분에 대한 보장적 임금과 변동적 부분에 대한 교환적 임금으로 구분한다. 보장적 임금은 종업원이라는 지위에 대하여 지급되고 생활보장의 의미가 포함된 것으로서, 가족수당, 통근수당, 학력·근속·연령에 따라 정하는 전통적 연공서열형 임금 등이 이에 해당한다. 교환적 임금은 실제의 근로 제공에 대하여 지급되는 것으로서 정근수당, 근무성과급, 직무급, 직능급, 특수작업수당 등이 이에 해당한다고 한다.

이 견해는 노동력대가설에서 더 발전된 이론으로서, 1965년 明治生命 사건에서 일본 최고재판소가 처음으로 채택한 이후13) 다수의 하급심 판결이 이를 따르고 있다.

---

12) 임종률a, 32면.
13) 最高裁 1965. 2. 5. 判決(明治生命保險相互会社事件, 勞民集 19권 1호, 52면).

나. 판   례

우리 대법원은 과거 대법원 1992. 3. 27. 선고 91다36307 판결14) 등에서 임금이분설에 따라 임금을 파악하기도 하였으나, 대법원 1995. 12. 21. 선고 94다26721 전원합의체 판결15)로 견해를 바꾸어 임금이분설을 폐기하고 노동대가설에 따라 임금을 파악하고 있다.16)

이러한 대법원의 견해 변경에 대하여는, 근로계약을 채권계약으로 파악하고 근로계약의 사회법적 규제를 완화하려는 경향이 인식의 기저에 깔려 있다는 비판이 있다.17)

3. 임금청구권

가. 개   요

임금청구권이 발생하기 위하여는 계약상 채무의 이행, 즉 근로를 제공하는 것만으로 충분한가, 아니면 사용자가 근로를 수령함으로써 근로자가 실제로 근

---

14) 그 판결의 요지는 "근로자는 쟁의기간 중의 임금을 청구할 수 없지만(무노동 무임금의 원칙), 그 지급청구권이 없는 임금의 범위는 임금 가운데 사실상 근로를 제공한 데에 대하여 받는 교환적 부분과 근로자의 지위에 따라 받는 생활보장적 부분 중 전자만에 국한된다"는 것이다.

15) "모든 임금은 근로의 대가로서 '근로자가 사용자의 지휘를 받으며 근로를 제공하는 것에 대한 보수'를 의미하므로 현실의 근로 제공을 전제로 하지 않고 단순히 근로자로서의 지위에 기하여 발생한다는 이른바 생활보장적 임금이란 있을 수 없고, 또한 우리 현행법상 임금을 사실상 근로를 제공한 데 대하여 지급받는 교환적 부분과 근로자로서의 지위에 기하여 받는 생활보장적 부분으로 2분할 아무런 법적 근거도 없다. 뿐만 아니라 임금의 지급 실태를 보더라도 임금은 기본적으로 근로자가 생활하는 데 필요한 생계비와 기업의 지불능력과의 상관관계에 따라 형성되는데 임금을 지불항목이나 성질에 따라 사실상 근로를 제공한 데 대하여 지급받는 교환적 부분과 현실의 근로 제공과는 무관하게 단순히 근로자로서의 지위에 기하여 받는 생활보장적 부분으로 나누고(이른바 임금2분설) 이에 따라 법적 취급을 달리하는 것이 반드시 타당하다고 할 수도 없고, 실제로 현실의 임금 항목 모두를 교환적 부분과 생활보장적 부분으로 준별하는 것은 경우에 따라 불가능할 수 있으며, 임금2분설에서 전형적으로 생활보장적 임금이라고 설명하는 가족수당, 주택수당 등도 그 지급 내용을 보면 그것이 근로시간에 직접 또는 비례적으로 대응하지 않는다는 의미에서 근로 제공과의 밀접도가 약하기는 하지만 실질적으로는 근로자가 사용자가 의도하는 근로를 제공한 것에 대하여 그 대가로서 지급되는 것이지 단순히 근로자로서의 지위를 보유하고 있다는 점에 근거하여 지급한다고 할 수 없으며, 이러한 수당 등을 지급하게 된 것이 현실의 근로 제공과는 무관하게 단순히 근로자의 생활이나 지위를 보장하기 위한 것이라고 할 수도 없으므로, 이러한 수당 등을 현실적인 근로 제공의 대가가 아닌 것으로 보는 것은 임금의 지급 현실을 외면한 단순한 의제에 불과하다."

16) 반면 문무기 외 3명, 40면은 위와 같은 판례 태도가 노동대가설인지 노동력대가설인지 굳이 따질 이유도 없고, 또 분명하지 않다고 한다.

17) 이흥재, 207면 이하.

로를 하여야만 하는가. 현실적으로 근로를 하지 않은 경우 근로자의 임금청구권
은 발생하지 않는 것인가. 이에 관하여 유력하게 제기되었던 학설이 위에서 언
급한 일본의 '노동력대가설'이다. 이 학설은 근로관계란 노동력의 매매라는 경
제학적인 이해를 전제로 하여 앞서 본 바와 같이 근로자가 근로를 제공할 준비
를 갖추어 그 노동력을 사용자에게 제공하고 그것을 사용자가 이용할 수 있는
상태에 둠으로써 임금청구권이 발생하고, 사용자가 이를 실제로 수령하였는지
여부, 다시 말해 근로자가 현실적으로 근로를 하였는지 여부는 임금청구권의 발
생과 무관하다고 한다.[18)]

하지만 이 노동력대가설에 대하여는 경제학적 개념인 노동력의 개념을 매
개 없이 법률해석학에 끌어들였다는 비판이 있다고 함은 앞서 본 바와 같고,[19)]
그 외 채권 일반 이론에 따르면 채무의 제공과 수령지체로부터 당연하게 반대
채권이 발생하는 것은 아니라는 비판(채권자에게 귀책사유가 있어야 함)이 있다. 현
재 대부분의 일본 학자는, 무노동 무임금의 원칙 등에 따라 임금청구권이 발생
하기 위하여는 근로를 제공하여야 한다고 하고, 근로자가 실제 근로를 제공하지
않은 경우에는 그것이 사용자의 귀책사유에 의한 이행불능이라고 인정되는 한
도에서만 임금청구권이 발생한다고 한다.[20)]

우리 대법원 판례는 근로 제공이 있어야 임금청구권이 발생한다고 하면서,
근로자측의 원인으로 근로가 이루어지지 않은 경우에는 임금청구권이 생기지
않는다고 한다.[21)] 그리하여 쟁의행위로 사용자에게 근로를 제공하지 않았다면
임금을 청구할 수 없다고 한다.[22)] 나아가 근로자가 근로 제공을 하였다면 실제
현실적인 근로를 하지 않더라도 이러한 경우는 사용자의 수령지체에 해당하여
근로자는 임금청구권을 행사할 수 있다고 한다. 또한 사용자의 부당한 해고처분
이 무효이거나 취소된 때에는 그동안 피해고자의 근로자로서 지위는 계속되고,
그간 근로의 제공을 하지 못한 것은 사용자의 귀책사유로 인한 것이므로 근로

---

18) 本多淳亮, 92면 이하.
19) 하지만 노동력대가설이 말하는 것은 경제학상 임금의 개념과 관련이 없다는 반론도 적지
   않다는 것 역시 앞서 본 바와 같다.
20) 문무기 외 3명, 42면.
21) 대법원 2002. 8. 23. 선고 2000다60890, 60906 판결. "근로계약은 근로자가 사용자에게 근로
   를 제공할 것을 약정하고 사용자는 이에 대하여 임금을 지급할 것을 약정하는 쌍무계약으로
   서, 근로자의 임금청구권은 특별한 약정이나 관습이 없으면 근로를 제공함으로써 비로소 발생
   하는 것이고 근로자가 근로를 제공하지 않은 이상 그 대가관계인 임금청구권을 갖지 못한다."
22) 대법원 1995. 12. 21. 선고 94다26721 전원합의체 판결.

자는 민법 538조 1항에 의하여 계속 근로하였을 경우 받을 수 있는 임금 전부
의 지급을 청구할 수 있다.[23] 채용하기로 내정되었다가 그 채용 내정을 취소하
였다면 내정으로 종업원의 지위를 취득한 입사예정일부터 채용 내정이 확정적
으로 취소된 날까지 기간 동안의 임금청구권은 채용의 취소, 즉 해고와 관계없
이 당연히 발생하는 권리이다.[24]

나. 쟁의행위 기간 중 임금청구권

(1) 현행 노조법 44조 1항 — 원칙적 부정

1997. 3. 13. 법률 5310호로 제정된 현행 노조법 44조 1항은 "사용자는 쟁의
행위에 참가하여 근로를 제공하지 아니한 근로자에 대하여는 그 기간 중의 임
금을 지급할 의무가 없다."고 하여, 쟁의행위 기간 중의 임금청구권에 관하여는
임금의 성격과 관련한 논의와 무관하게 더 이상 문제될 여지는 없게 되었다. 하
지만 이 규정은 임의 규정이다. 노사 합의로 쟁의행위 기간 중 임금 지급에 관
한 다른 합의를 할 수 있음은 당연하다. 다만, 위 법 44조 2항은 "노동조합은
쟁의행위 기간에 대한 임금의 지급을 요구하여 이를 관철할 목적으로 쟁의행위
를 하여서는 아니 된다."고 규정하고 있어, 그 합의를 위한 쟁의행위는 할 수
없다.

원론적으로 보면, 쟁의행위 기간 중 임금청구권 발생 여부에 관하여는 앞서
본 임금의 법적 성질에 관한 학설에 따라 결론을 달리한다. 즉, 노동대가설은
이를 부정하고, 노동력대가설은 전면적으로 긍정한다. 임금이분설은 일부 임금
에 관하여 청구권을 인정한다.

(2) 파업 기간 중 임금 공제의 근거

한편 파업 기간 중 임금 공제의 근거에 관하여는 무노동 무임금론(쌍무계약
의 법리), 파업 기간 중에는 근로관계가 정지된다는 견해(근로관계정지론) 등이 있
고, 임금 공제의 범위에 관하여는 임금일체설(전면삭감설),[25] 임금이분설(일부삭감
설), 의사해석설(계약해석설)[26]이 제시된다. 이 중 의사해석설(계약해석설)이 통설

---

23) 대법원 1981. 12. 22. 선고 81다626 판결, 대법원 1992. 3. 31. 선고 90다8763 판결, 대법원
   1995. 11. 21. 선고 94다45753, 45760 판결, 대법원 2002. 5. 31. 선고 2000다18127 판결, 대법원
   2012. 2. 9. 선고 2011다20034 판결 등 다수.
24) 대법원 2002. 12. 10. 선고 2000다25910 판결.
25) 노동대가설, 노동력대가설을 취하는 경우 이 견해에 따르게 된다고 한다. 임종률a, 31면.
26) 김홍준, 483면 이하.

이라 할 수 있다.27) 결국 당해 단체협약 규정이나 노동 관행의 취지에 따라 각
종 수당청구권의 존부를 개별적으로 판단한다.28)

(3) 쟁의 기간 중 임금청구권 일체를 부정한 판례와 이에 대한 비판

한편 쟁의 기간 중 임금청구권 일체를 부정한 대법원 1995. 12. 21. 선고 94
다26721 전원합의체 판결에 관하여 위 판결이 계약해석설(의사해석설)의 견해를
취하고 있다고 보는 견해가 있고,29) 임금일체설의 견해를 취하고 있다고 보는
견해도 있다.30) 그리고 임금 공제의 근거에 관하여 위 판결이 "쟁의행위는 집단
적 투쟁행위로서 그 기간 중 근로제공의무를 일시 정지시킨다"고 설시하고 있
는 점을 들어 근로관계정지에 입각하고 있다고 보는 견해도 있다.31)

한편 위 전원합의체 판결에 대하여는, 법원이 지나치게 시민법상 계약해석
론에 치중하였다는 비판,32) 단체협약의 해석에서 노사자치의 영역을 간과하고
사용자측 사정만을 들었다는 비판,33) 파업참가자와 결근자를 임금지급에서 차
별할 수 없음에도 취업규칙상 정근수당을 전액 지급하도록 하는 결근자와 달리
파업참가자에게 정근수당을 지급하지 않는 것은 차별이라는 비판34)이 있다.

(4) 태업과 임금청구권

나아가 전면적인 근로제공 거부(파업)가 아닌, 불완전 근로제공의 쟁의행위
인 태업의 경우는 어떠한가. 이에 관하여는 제공된 근로의 불완전성 비율 또는
요구되는 근로제공을 이행하지 않은 비율에 따라(태업에 참가한 시간의 길이가 아
니라) 감액한다는 견해35)가 있다. 근로를 이행하지 않은 비율을 어떻게 산정할
것인지에 관하여는, 단순히 태업에 참여한 기간만을 기준으로 할 수는 없고 태
업으로 인하여 감소한 생산량 등을 평소의 그것과 비교하여 산출하는 등 평상
시의 해당 근로자의 근로 내용, 근로 성과 등과 태업의 형태, 태업으로 인한 경
영 장애의 내용(기업 이미지 저하 등 포함) 등을 종합하여야 할 것이다.

---

27) 김홍준, 492면; 박원석, 16면; 임종률a, 40면; 조경배, 230면.
28) 이철수d, 27면.
29) 임종률a, 36면; 조경배, 230면.
30) 김홍준, 489면.
31) 임종률a, 37면.
32) 이철수d, 27면; 김홍준, 489면.
33) 김홍준, 494면; 조경배, 232면.
34) 임종률a, 41면. 나아가 조경배, 233면은 쟁의행위는 헌법상 보장된 권리라는 점에서 결근자
    보다 더 불리하게 대우한 것은 타당하지 않다고 한다. 김선수, 135면도 같은 취지이다.
35) 임종률, 265면.

판례는 이에 관하여, "근로를 불완전하게 제공하는 형태의 쟁의행위인 태업도 근로제공이 일부 정지되는 것이라고 할 수 있으므로, 여기에도 이러한 무노동 무임금 원칙이 적용된다고 봄이 타당하다."고 하면서, 원심이 한 판단, 즉 "근로를 불완전하게 제공하는 형태의 쟁의행위의 일종인 태업의 경우 임금의 감액 수준은 단체협약 및 취업규칙에 정한 바가 없다면 각 근로자별로 근로제공의 불완전성의 정도를 판단하여 산정함이 타당하다. 그러나 이 사건의 경우 ① 원고들의 근로제공 형태는 협동작업이고, 그러한 업무수행의 방법상 개별 근로자의 태업은 자신을 제외한 다른 근로자의 생산성에 바로 영향을 미치는 구조이어서 근로자별로 근로제공의 불완전성 정도를 산정할 수는 없고 전체적인 생산성의 저하를 기준으로 근로제공의 불완전성 정도를 따질 수밖에 없는 점, ② 원고들의 쟁의행위 기간 동안 생산성이 급격히 저하된 데에는 태업 이외의 다른 요인이 있었다고 볼 만한 사정이 없고 생산성 저하의 가장 중요한 요인은 태업이었던 점, ③ 원고들 중 태업시간이 가장 긴 사람을 기준으로 보더라도 태업기간 동안 월별 태업시간은 총 노동시간의 20% 내지 66%인 데 비하여 그 기간 동안 생산성 하락 비율은 약 75% 내지 90%에 이르는 점과 원고들이 행하는 공동작업의 특성 등에 비추어 볼 때, 태업시간 동안 제공한 근로의 불완전성의 정도는 그 태업시간 전부에 해당하는 100%로 봄이 타당한 점, ④ 태업으로 인한 생산 감소량을 기준으로 하여 개별 근로자의 태업시간 비율로 계산된 금액을 임금에서 공제하는 것보다 임금을 기준으로 하여 개별 근로자의 태업시간 비율로 계산된 금액을 임금에서 공제하는 것이 이 사건 근로자들에게 유리한 점 등을 종합하면, 피고가 각 근로자별로 측정된 태업시간 전부를 비율적으로 계산하여 임금에서 공제한 것이 불합리하다고 할 수 없다."는 원심을 그대로 수긍하였다.[36]

다. 파업 불참 근로자의 임금청구권

민법 법리상 파업의 경우, 원칙적으로 사용자가 직장폐쇄를 하지 않는 한 파업 불참 근로자가 근로 제공을 하였는데 사용자가 파업을 이유로 이를 수령할 수 없었다면 민법상 위험부담 법리(민법 538조 1항)에 따라 근로자는 반대 급

---

[36] 대법원 2013. 11. 28. 선고 2011다39946 판결(이 판결에 대한 평석은 강문대b, 11면; 권오성a, 78면 이하; 노호창a, 299면 이하; 박진환, 395면 이하; 이호철b, 645면 이하). 긍정하는 평석(박진환, 이호철b)과 납득하기 어렵다고 하는 평석(강문대, 권오성, 노호창)으로 나뉘어져 있다.

부인 임금 지급을 사용자에게 청구할 수 있다.

이 문제에 관하여 일본에서는, 위험부담 법리에 따라 파업에 사용자의 귀책사유가 있는지 여부로 판단해야 한다는 견해(위험부담론)와 파업 불참 근로자는 통상대로 노무를 제공할 태세를 취함으로써 사용자의 지휘 명령 아래 들어갔다고 보고 임금청구권을 인정하여야 한다는 견해로 나뉜다. 일본의 판례(最高裁 1987. 7. 17. 判決37))와 학설은 기본적으로 위험부담론을 지지하고 있고, 이에 따라 사용자가 부당노동행위 의사 또는 부당한 목적을 가지고 파업을 유도하게 한 것과 같은 특별한 사정이 없는 한 파업 불참자는 임금청구권을 상실한다고 한다.38) 반면 지방법원 판결(前橋地裁 1963. 11. 14. 判決)로는 사업장에 둘 이상의 노동조합이 있을 때 어느 한 노동조합 소속 조합원이 파업을 하여 사업장이 휴업하였다면 이는 사용자의 귀책사유로 휴업한 경우이므로 파업에 참가하지 아니한 다른 노동조합 소속 근로자는 휴업수당을 청구할 수 있다고 한 판례가 있다.39)

Ⅲ. 임금의 체계, 지급형태와 연봉제, 임금피크제, 성과급40)

1. 임금의 체계와 지급형태

임금에는 일정 기간마다 정기적으로 지급되는 것과 특별한 경우 지급되는 것(상여금, 퇴직금 등)이 있다. 전자는 기본급과 수당으로 구성되는데, 수당은 일반적으로 지급되는 것(예컨대 가족수당)과 당해 근로자의 특별한 근로에 따라 지급되는 것(연장근로수당 등)이 있다.

기본급은 1시간, 1일, 1주일, 1월마다 지급되는 정액급과 성과에 따른 성과급, 양자를 병용한 총합급으로 구분된다.

정액급은 다시 학력, 훈련·자격, 근속 또는 경력, 연령 등 직무수행에 필요한 개인의 능력 또는 속인적 특성의 차이에 따라 결정하는 속인급, 직무분석 및

---

37) 노스웨스턴 에어라인즈인코포레이션 사건(勞働判例 499호, 6면).
38) 백운걸, 22면 이하.
39) 일본 노동기준법 26조(우리 근기법 46조 휴업수당)에서 말하는 '사용자의 귀책사유'는 민법에서 말하는 귀책사유 개념과는 사회적 배경이 다르고, 노동자의 생활보장 관점에서 보아야 한다. 그리하여 사용자의 관리가 아닌 경영상 책임을 포함한다.
40) 우리나라의 연봉제, 성과급 실태와 노동법적 문제, 개선방향 등에 관하여는, 김동배·정진호, 1면 이하; 이승길a, 141면 이하; 이승길b, 129면 이하; 이승길c, 114면 이하; 강성태c, 161면 이하 참조. 우리나라 임금체계의 역사적 변화를 개괄한 것으로는 임금보고서, 21면 참조.

직무평가를 통한 직무가치의 상대적 차이에 따라 결정하는 직무급, 직무수행에
필요한 개인의 능력 단계에 따라 직급이나 임금등급을 결정하고 직무를 수행할
수 있는 능력이 향상됨에 따라 급여가 상승하는 임금체계로 직능급 등으로 나
눌 수 있다.[41] 이 가운데 직능급은 연공주의와 능력주의를 조화시키려는 기본급
형태로서 직능자격제도를 기초로 한다. 이는 직무수행능력에 따른 구분(사무직,
기능직, 관리직 등)을 기본으로 하고, 그것을 다시 자격에 따라 계열별로 유형화
하고, 그 자격을 등급화(호봉)하는 것이다.[42]

　　　고용노동부 · 한국노동연구원(1999~2008)에 따르면,[43] 100인 이상 비농 · 민
간 · 전 산업 중에서 속인급인 호봉제는 2004년 59.1%에서 2013년 71.9%로 증
가한 것으로 나타났고, 성과급적 요소가 일부 포함된 연봉제는 1996년 1.6%에
서 2012년 66.7%로, 성과배분제는 1996년 5.7%에서 2012년 39.9%로 급격하게
증가한 것으로 나타났다. 특히 속인급의 변화보다는 외환위기 이후 성과급의 확
산이 보다 현격하게 나타났다. 한편 한국노동연구원 패널조사(2005, 2007, 2009,
2011)에 따르면, 100인 이상 비농 · 민간 · 전 산업 중에서 속인급인 호봉급은
2005년 65.0%에서 2011년 59.2%로, 그리고 직무급은 2005년 29.4%에서 2011년
25.5%로 큰 변동없이 유지되고 있는 것으로 나타났다.[44] 그리고 고용노동부
(2009~2013)의 조사 결과를 보면, 1인 이상 비농 · 민간 전 산업 중에서 속인급인
호봉급은 2009년 43.5%에서 2013년 36.3%로, 직무급은 2009년 34.4%에서 2013
년 24.2%로 모두 낮아졌다. 특히 첫 번째 및 두 번째 자료와 비교 가능한 100
인 이상으로 한정하면, 2013년 현재 속인급인 호봉급은 71.9%, 직무급은 40.8%
로 높게 나타났다.[45] 그러나 여전히 호봉급과 연봉제를 같이 활용하고 있음을
알 수 있다.[46]

2. 연 봉 제

　　종래 연공급의 임금체계가 임금관리 측면에서 문제점을 드러내자 이를 보

41) 임금보고서, 18면.
42) 박홍규, 396면.
43) 고용노동부, 연봉제 · 성과배분제 실태조사(1999~2005); 한국노동연구원, 임금제도실태조사
　　(2006~2008, 2013). 임금보고서, 29면에서 재인용.
44) 한국노동연구원, 사업체패널조사(2005, 2007, 2009, 2011). 임금보고서, 31면에서 재인용.
45) 고용노동부, 사업체노동력조사 부가조사(2009~2013). 임금보고서, 31면에서 재인용.
46) 임금보고서, 31면.

완, 수정하기 위해 성과주의가 도입, 확산되고 있다. 직무 평가, 목표성취도를 계수화하여 임금을 결정하고, 성과를 직접 임금에 결합시키려 하는 성과주의 임금은 우리나라에도 뚜렷이 나타나고 있다.[47]

우리나라에서 연봉제는 2001년 노동부 실태조사결과(100인 이상 사업장, 4,697개)에 따르면, 그 비율이 1996년 말에는 1.6% 정도였으나, 2001년 초에는 27.1%로 급증하였고,[48] 고용노동부 임금근로시간 정보시스템 게시 자료(2019. 5. 27. 검색 http://www.wage.go.kr/real/real_view.jsp?sub=04)에 따르면, 그 비율이 2008. 8. 57.6%, 2017. 6. 74.7%에 이르고 있다(100인 이상 사업장).[49]

연봉제에 관한 법적 문제는 근로계약의 체결과 성과, 업적 평가, 연봉액의 결정, 임금, 근로시간과 상관관계, 근로조건의 명시와 취업규칙 기재, 임금의 지급 방법, 연봉액의 인하, 연봉제의 도입과 취업규칙의 불이익변경, 연봉액의 사후적 조정, 평균임금, 통상임금, 연월차유급휴가의 산정 등에서 제기된다.[50]

연봉제의 도입 자체는 현행 임금법제 하에서 큰 문제는 없어 보이나,[51] 현행 임금법제와 조응하지 않는 측면이 없지 않다.[52] 임금의 결정 기준, 지급 형태 등은 원칙상 노사 자치에 맡겨진 것으로서 연봉제는 노사에 의하여 임금액이 연단위로 결정되지만, 그 적용대상이 근로자인 이상 임금의 지급형태와 관련해서는 기존의 정기급제와 다를 바가 없다.

3. 임금피크제

임금피크제란 근로자가 일정한 연령에 도달한 시점에 임금을 점진적으로 삭감하는 대신 근로자의 고용을 보장하는 제도를 말한다. 미국·유럽·일본 등 일부 국가에서 공무원과 일반 기업체 직원들을 대상으로 선택적으로 적용하고

---

47) 이승길a, 143면.
48) 이승길a, 145면 이하.
49) 위 정보시스템 게시 자료상 연봉제 도입 추세는 다음과 같다.

조사시점	'02. 11	'04. 6	'06. 7	'08. 8	'10. 9	'12. 6	'14. 6	'16. 6	'17. 6
도입비율	32.3%	43.0%	50.6%	57.4%	62.7%	66.7%	72.2%	75.3%	74.7%

50) 이승길a, 153면 이하.
51) 강성태c, 167면.
52) 즉 개별 연봉계약이 단체협약과 충돌할 여지가 적지 않고, 연봉제 아래에서도 포괄임금제를 취하지 않는 한 법정 수당 문제는 항상 발생하며, 연봉 속에 퇴직금을 포함시키는 것이 가능한지, 가능하다면 그러한 퇴직금을 월할 지급하는 것이 가능한지, 연봉계약 기간과 근로계약 기간이 혼동되는 경우의 문제 등이 생긴다.

있으며, 한국에서는 2001년부터 금융기관을 중심으로 이와 유사한 제도를 도입해 운용하고 있다. 공공기관에서는 신용보증기금이 2003. 7. 1. 임금피크제를 적용한 것이 처음이라고 보고 있다.

4. 성과급제

성과급제는 상여금의 지급형태로 나타나는바, 이에 관한 법적 문제점은 임금 해당성, 통상임금 해당성에 관한 부분에서 설명하기로 한다.

한편 정부(기획재정부)는 2010년 '공공기관 성과연봉제 권고'를 통해 직간접적으로 경영에 영향을 미치는 공공부문 기관 간부직 직원에게 성과연봉제를 시행하였고, 2016년에는 그 기관 전직원에게 성과연봉제를 시행하려 한 바 있다. 이 성과연봉제는 2010년 시행에서는, 직급별 호봉 또는 연봉표를 폐지하고 대신 직급별 임금 범위(pay-band)로 급여를 관리하고, 기본 연봉 조정 방식은 자동적 인상을 지양하고 평가를 통하여 차등 인상하며, 상하위 등급 간 인상률은 2%p 이상으로 하였다. 그러나 2016. 1. 28. 기획재정부 발표 '공공기관 성과연봉제 권고안'에서는 비간부직까지 확대하여 성과연봉제를 시행하려 하였는데, 그 임금체계는 2010년의 그것과 비슷하였다. 즉 종전의 기본급, 고정적·일률적으로 지급되던 각종 수당 등 임금은 원칙적으로 기본연봉으로 통폐합하며, 성과상여금(경영평가성과급 포함) 등 평가결과에 따라 개인별 차등지급되는 성격의 임금은 성과연봉으로 구성하고, 연차휴가보상금, 연장근로수당 등 일률적으로 지급되지 않는 법정수당 등은 기타 수당으로 구성하였다.

이 제도는 2016년 6월까지 이사회 의결 등을 통해 기관 대부분에서 도입·시행에 들어갔지만, 조직 융화 저해, 단기적 성과 집중, 구성원 통제, 정치적 개입 등의 문제가 지적되고, 외국에서도 도입에 실패한 제도로 알려져 있는 등 비판에 직면하였다. 무엇보다 근로조건의 불이익변경에 해당하여 법 94조 1항 단서에 따라, 해당 사업 또는 사업장에 근로자의 과반수로 조직된 노동조합이 있는 경우에는 그 노동조합, 근로자의 과반수로 조직된 노동조합이 없는 경우에는 근로자의 과반수의 동의를 받아야 함에도 대다수 기관에서 이러한 동의를 받지 않았다는 법적 문제점이 대두되었다. 그리고 공공기관 노동조합에서도 일제히 이러한 일방적 성과형 임금체계 확대 도입에 반대하였고, 전국철도노동조합이 74일간 파업을 한 것을 비롯하여 사상 유례없는 공동 파업을 전개하기도 하였

으며, 30여 개 이상 기관의 노동조합이 전국적으로 취업규칙 무효확인 소송 등
을 제기하는 등 집단고발 및 대규모 소송을 제기하였다.

  문재인 정부가 들어선 후 정부는 2017. 6. 16. 공공기관 운영위원회에서 '공
공기관 성과연봉제 관련 후속조치 방안'을 의결하여, 기왕에 진행되었던 공공부
문 성과형 임금체계의 일반직 확대 시행을 사실상 폐기하였다. 이렇듯 공공부문
성과형 임금체계가 무기 연기되기까지 해당 취업규칙의 효력에 대한 가처분 소
송과 본안소송이 이어졌고 그 중 상당수의 사건에서 해당 취업규칙이나 보수
규정의 개정이 무효라고 보기도 하였다[서울중앙지법 주택보증공사, 기업은행(금융
기관), 대전지법 코레일, 한국철도시설공단, 한국원자력안전기술연구원, 한국수자원공사,
한국가스기술공사 등].

Ⅳ. ILO와 외국의 임금체계와 보호 제도[53]

1. ILO

  1928년 '최저임금결정제도의 설정에 관한 협약'(26호), 1949년 '임금보호에
관한 협약'(95호), 1970년 '최저임금 결정에 관한 협약'(131호)과 그 권고(135호) 등
에 임금보호 제도가 채택되어 있다.[54] 이 중 우리나라는 26호, 131호, 135호 협
약에 가입하였고 2001년 12월에 이를 비준하였다.

2. 미   국

  미국의 경우 임금은 보상 개념 가운데 하나로 이해되고 있다. 즉 보상은 임
금 또는 급여와 복리 후생으로 구분된다. 임금은 기본급이라고 하는데 이는 시
간급, 연간급으로 구분할 수 있고, 연간급은 급여가 연간으로 결정되고 격주 또
는 매월 지급된다.

  관리직, 전문직 등 사무관리직(화이트칼라)에게는 연봉제나 월급제가 주로
적용되고 생산직(블루칼라)에게는 시간급제가 주로 적용된다.

  시간급제는 주로 직무급을 바탕으로 한다. 각 직무의 평가에 따라 임금액의

---

  53) 문무기 외 3명, 55면 이하와 김영문·이상윤·이정, 299면 이하에서 주로 인용하였다. 그
      외 미국, 일본, 영국, 독일 등 주요 선진국의 임금체계 변화에 관한 문헌으로는 임금보고서,
      71면 이하 참조.
  54) 이상윤, 195면.

범위가 정해지고 실제 지급 임금액은 해당 근로자의 업무 성적과 능력에 따라 정해진다. 이러한 시간급제 근로자에게는 공정근로기준법(The Fair Labor Standard Act)이 적용되어 주 40시간을 넘는 초과 근로시간에 대하여는 50%의 연장 노동 수당을 지급하여야 한다.

미국의 경우 노동의 대가는 임금성 대가와 비임금성 대가로 구분할 수 있고, 임금성 대가는 총액임금으로 현금 임금과 복리후생 임금으로 구성되어 있으며, 비임금성 대가는 신분보장, 직무만족 등 관계 보상을 의미한다.

미국은 대기업들이 퇴직금을 지급하고 있지만 퇴직금 조항이 있지는 않다. 우리나라의 연금과 같이 근속기간 동안 회사와 근로자가 공동으로 세금 형태로 부담한다. 반면 건강보험이 법제화되어 있지 않아 기업이나 개인 자신이 건강보험 책임을 진다. 상당수 근로자가 건강보험에 가입하지 않는다.

임금에 대하여 규율을 하는 대표적인 법은 연방 공정근로기준법이다.

이 법의 적용을 받는 근로자에게 최저임금보다 낮은 임금을 지급하여서는 아니 된다.[55] 그리고 주 40시간을 초과하는 근로시간에 대하여는 50% 할증한 수당을 지급하여야 한다.

미국의 임금제도는 직무급 제도,[56] 기능급 제도,[57] 연공급과 성과급, 업적에 따른 변동급[58] 제도가 기능하고 있다고 말할 수 있다.

3. 일   본

우리 근기법과 내용이 대단히 비슷하다. 민법상 고용계약의 정의 규정(일본 민법 623조), 임금의 정의 규정(일본 노동기준법 11조), 평균임금 규정(일본 노동기준법

---

55) 2019. 5. 현재 미국 공정근로기준법상 최저임금은 2009. 7. 24.자로서 시간당 7.25달러다 (2019. 5. 30. 검색, 미 노동부 홈페이지 http://www.dol.gov/whd/minimumwage.htm). 1997. 9. 1.부터 약 10년 간 5.15달러로 정해졌다가 2007. 7. 24.부터 높은 상승률로 인상되었고, 지금은 10년째 7.25달러를 유지하고 있다. 2019. 3. 29. 현재 남부 루이지애나, 미시시피, 앨라배마, 사우스 캐롤라이나, 테네시를 제외한 모든 주에서 주법으로 최저임금제를 따로 시행하는데, 연방과 주 최저임금 중 높은 금액의 최저임금을 보장받는다. 캘리포니아, 미시건, 일리노이, 오하이오, 플로리다, 뉴욕 등 약 30개의 많은 주는 연방 공정근로기준법보다 높은 수준으로 최저임금을 정해놓고 있다.
56) 직무 내용을 임금 결정에 반영함. 직무 분석, 직무 기술서, 직무 평가 등을 판단 요소로 한다.
57) 생산직 근로자나 고객과 직접 상대하여 실적을 올리는 사원들의 능력을 향상시키기 위하여 도입된 것으로서 일정 기능 습득에 따라 임금의 승급이 이루어진다.
58) 개인업적 평가급, 이익분배 제도, Gain Sharing 제도(생산성 향상에 따른 이익을 종업원에게 환원함), 종업원지주 제도, 스톡옵션 제도 등이 있다.

12조), 그 외 각종 임금보호 규정 등 우리나라 법에 대응하는 많은 규정이 있다.

일본의 급여 체계는 매월 지급되는 임금과 상여금으로 구분할 수 있고, 월급제가 대부분이다.

일본은 전후 개별 근로자의 직무 내용과 범위가 불명확하고 직무 간 이동도 빈번하여 엄밀한 의미의 직무급 제도는 거의 정착되지 못하였고, 생활보장급여가 많은 부분을 차지하는 연공적 임금제가 널리 보급되었다. 그러다가 일경련(日經連)이 제창한 '능력주의 관리'를 계기로 직능급 제도가 보급되어 오늘날 대기업 대다수가 직능급 제도를 채택하여, 현재 일본은 일반적으로 연공서열제 임금으로 이루어진 임금체계를 가졌다고 말할 수 없게 되었다.[59] 근속과 더불어 임금이 상승하는 것은 맞지만 실제 승급액은 매년 인사고과에 의하여 결정되기 때문이다. 하지만 연공서열적 부분과 함께 직능급의 결정기준인 등급자격의 결정에서 연공적인 결정, 운용이 행해지는 경우도 적지 않다.

최근 와서 국제경쟁의 격화, 중고령 근로자의 증가, 업무성격의 변화, 근로자의 의식변화(개인주의 경향) 등으로 '능력주의' 내지 '성과주의' 임금제로 이행하는 현상이 크게 나타나고 있다. 구체적으로는 연공, 근속급 부분이 줄어들고 직능급 부분이 확대되거나 관리직을 주로 대상으로 하여 연봉제를 도입하고 구체적 성과, 실적에 따라 임금액을 결정하는 형태로 이루어진다.

4. 프 랑 스

프랑스에서 임금 결정은 원칙적으로 최저임금(SMIC, salaire minimum interprofessionnel de croissance)을 하회하지 않는다면 양 당사자의 자율에 맡겨져 있다.

프랑스에서는 임금을 법적인 관점, 사회적 관점, 직업적 관점, 경제적 관점에서 분석한다.[60] 법적인 관점에서 임금은 쌍무적 계약 범주에 속하고 근로자의 노동급부에 대한 대가를 말한다. 원칙적으로 임금은 쌍무계약을 통하여 총액, 성질, 형태, 계산 방법 등이 자유롭게 결정된다. 사회적 관점에서 임금은 부양적 성격이 있다. 임금의 사회적·부양적 성격은 임금으로써 근로자 전체의 생활이 보장됨을 뜻한다. 임금의 일시불적 성격, 정기적 지급, 최저임금의 보장, 산재보상, 출산수당 등은 이러한 성격에 따른 것이다. 직업적 관점에서 임금은 기업

---

59) 문무기 외 3명, 82면.
60) 이달휴a, 233~234면(문무기 외 3명, 111면에서 재인용).

고용과 관련한 직접, 간접 그리고 현금 또는 현물의 총체적 보수를 뜻한다. 이러한 광의의 임금 개념은 기업 안에서 근로자의 직업적 지위를 반영한 것으로서, 순임금의 총합을 능가한다. 총체적 보수에는 (i) 기본급, 성과급으로 대표되는 근로자의 직접적 보수, (ii) 간접적 또는 다양한 화폐적 범주(이익분배, 스톡옵션 등), (iii) 개인적 성격을 가진 선택적 범주(여행, 선물, 회사차 이용, 판공비, 출장수당 등), (iv) 집단적 성격을 가진 규정 범주(노동단체와 사용자 사이에 합의된 회사 생산품 할인, 회사의 대부, 학자금 등)를 포함한다. 이러한 다양한 보수들은 법적 관념에서 모두가 임금에 해당하는 것은 아니다. 경제적 관점에서 임금은 물가, 경기의 팽창, 수축에 영향을 미친다. 기업이 볼 때 임금 총액은 자본 소득에 대비되는 노동 소득을 의미한다. 물가 정책과 소득 정책은 임금의 문제로 귀결된다. 이러한 관점에서 임금을 고찰하는 것이 경제적 관점에서 본 임금이다.

　　프랑스의 임금 구조는 기본급과 부가급여(현물급여, 부수입, 위험수당 등 업무 관련비용, 팁, 각종 수당)로 되어 있다. 임금에는 시간급, 성과급, 사기를 돋우기 위해 개인의 업적에 따라 지급되는 상여금·장려금, 팁, 거래액에 대한 수수료, 월급, 퇴직금 등 여러 형태가 있다.

　　프랑스의 임금 결정은 자율 협상이 원칙이지만 일정한 제한이 있다. 첫째, 단체협약을 비롯한 여러 협약에 따라 상위 범주에서 정해진 최저 수준보다 낮은 수준으로 임금을 정할 수 없다. 둘째, 차별이 있어서는 아니 된다. 그리고 '동일 노동, 동일 임금' 원칙이 적용된다. 셋째, 사용자는 최저임금에 따라야 한다.

　　프랑스의 임금은 법이 정한 최저임금과 단체협약이 정한 최저임금기준에 적지 않게 영향을 받는다. 프랑스는 국가가 정한 최저임금, 산업별 단체협약이 정한 최저임금수준, 개별 기업 단위에서 결정되는 기업별 임금이라는 임금 결정 구조를 가지고 있다. 따라서 단체협약에 따르는 임금 결정은 산업별, 기업별 임금의 최저수준을 정하는 중요한 과정이다.

　　프랑스 임금 제도의 특징은 임금 결정에서 노사교섭에 기초한 산업별 단체협약이 미치는 영향이 크다는 것이다. 법정 최저임금(SMIC)은 그 수준이 높고 그 적용을 받는 근로자의 비율이 커 전체 임금 수준에 큰 영향을 미친다. 한편 프랑스 임금 제도는 계층별 집단·평등적 임금 제도에서 성과주의에 기초한 개별적 임금 결정으로 변화하고 있다.

5. 독   일

독일의 단체협약시스템은 산업별 단체협약으로 특징 지워져 왔고, 임금결
정은 전통적으로 산업별 단체협약(Flächentarifvertrag)의 핵심적인 영역에 속한다.
산업별 단체협약시스템하에서는, 산업 전체에 걸쳐 모든 근로자에게 통일적인
근로조건이 적용되는 것이 일반적이다. 전통적인 산업분야라 할 수 있는 금속·
전자산업, 철강산업, 화학산업, 통합서비스노조(ver.di)가 단체교섭을 주도하는 공
공부문, 서비스분야 등에서는 산업별 단체협약에 의해 임금결정이 이루어지고
있다.61)

독일의 산업별 단체협약의 대표적인 산업분야라 할 수 있는 독일 금속산업
의 임금체계 및 산업별 단체협약을 보면, 개별 근로자의 임금은 임금등급에 따
른 기본급(Grundentgelt), 개별 근로자의 성과에 따른 능률급(Leistungsentgelt), 그리
고 업무수행에 발생하는 부담 정도에 따른 추가수당(Belastungszulage)으로 구성되
어 있다. 독일 금속산업의 신임금기본협약에서는 임금등급분류 기준 및 절차,
각 사업장에서의 신임금기본협약의 도입관련 절차 등에 관한 규정을 두고 있다.
한편 몇몇 산업별 단체협약에서는 개별 근로자의 임금등급에 따라 결정된 기본
급에 근속이 고려되고 있으나, 동일한 임금등급 내에서만 근속연수를 고려하는
것이 가능하고 근속연수에 따라 임금등급이 변화되지는 않는다. 이러한 점에서
전체적으로 독일의 경우 개별 근로자의 임금에서 연령 또는 근속연수에 따른
자동적인 임금상승은 제한적인 의미로만 활용되고 있다고 평가할 수 있다.62)

V. 임금의 정의63)

1. 근기법상 임금의 정의

가. 정   의

법 2조 1항 5호는 임금을 '사용자가 근로의 대가로 근로자에게 임금, 봉급

---

61) 김기선a, 4면.
62) 김기선a, 16~17면.
63) 학자들의 교과서 외에, 임금의 개념과 각 항목별 급여의 임금 해당성, 평균임금과 통상임
    금의 개념, 평균임금의 산정, 통상임금 해당성, 시간급 통상임금 산정에 관한 설명 일체가 담
    긴 문헌은 김지형, 149면 이하; 이동흡a, 24면 이하; 이동흡b, 13면 이하; 해고와 임금, 71면
    이하.

그 밖에 어떠한 명칭으로든지 지급하는 모든 금품'이라고 정의한다.

나. 임금과 다른 금품 사이의 차이점

근로자가 사용자로부터 받는 돈이나 급여가 임금이 아니라면, 일반 채권에 불과하고 법에 따른 보호를 받지 못한다. 즉 우선변제특권이 없고, 퇴직 후 14일 내 청산 대상이 아니며, 이를 지급하지 않더라도 사용자는 형사 처벌을 받지 않는다. 반면 임금에 해당한다면 근기법의 보호를 받는다. 한편 임금은 평균임금의 산정 기초가 되어 이에 따라 퇴직금, 재해보상과 산재법상 보험급여 등이 산정된다. 그리고 그 임금은 할증임금 등 통상임금으로 볼 수 없는 임금이 아닌한 통상임금으로 취급되어, 이를 기초로 연장, 야간, 휴일근로수당 등 가산 수당금액이 산정된다.

또한 임금은 근로자나 근로계약을 판단할 때 중요한 판단요소가 된다. 법 2조 1항 1호는, "근로자란 직업의 종류와 관계없이 임금을 목적으로 사업이나 사업장에 근로를 제공하는 자를 말한다."라고 규정하고 있고, 법 2조 1항 4호는, "근로계약이란 근로자가 사용자에게 근로를 제공하고 사용자는 이에 대하여 임금을 지급하는 것을 목적으로 체결된 계약을 말한다."라고 규정하고 있다. 즉 임금은 이와 같이 근로자와 근로계약 판단에 중요한 판단기준이 되고 있다.[64]

다. 임금 개념의 판단 표지

법에 터잡아 도출되는 임금의 판단 요소는 (i) 근로의 대가일 것, (ii) 명칭을 불문하고 사용자가 지급하는 모든 금품일 것이다. 한편 판례는 위 판단 요소중 근로의 대가라는 요소에 관하여는, (a) 계속적 · 정기적 · 일률적으로 지급되었을 것(우발적이거나, 특수하고도 우연한 사정으로 지급되었거나, 실비변상적으로 지급된 것과 대비된다), (b) 사용자에게 지급 의무가 지워져 있을 것(은혜적 지급과 대비된다)을 판단 표지로 삼는다.

2. 외국의 임금 개념

가. ILO

ILO 95호 협약 1조는, 임금을 "그 명칭이나 계산 방법을 불문하고 금전 형태로 표현될 수 있고, 상호간 계약 또는 국가의 법이나 법률 등으로 정해지며,

---

64) 이선신, 137면.

서면 또는 구두의 고용계약에 따라 제공되었거나 앞으로 제공될 근로자의 근로 또는 서비스에 대하여 지급되는 보수 또는 수입"이라고 정의한다. 위 협약 적용에 관한 전문가위원회의 의견은, 임금 총액에 변함이 없으면서 임금 개념에서 벗어나는 각종 복지 혜택이나 다양한 수당이 도입되는 이른바 비임금화 정책(desalarization)에 관하여, 임금의 범위에 포함되지 않는 급여의 증가 자체는 협약 위반이 아니나, 그러한 비임금화 정책이 임금 개념 자체의 의미가 상실될 정도에 이르렀다는 사실을 지적하고 있다.[65]

나. 미   국

미국의 몇몇 주법은 임금을, "근로자가 수행한 근로나 서비스에 대하여 시간, 업무, 작업량, 수수료 혹은 그 외 계산 방법으로 정해지는 것으로서 근로자가 지급받으리라는 합리적인 기대를 가지고 있는, 금품으로 받을 권리를 보유하게 되는 모든 임의적이지 않은 대가"라 정의한다. 임금에는 질병수당, 휴가수당, 해고수당, 연장근로수당, 수수료, 상여금 기타 근로자와 사용자 간에 지급하기로 약정된 금액과 더불어 사용자가 이에 대한 지급방침이나 관행을 가지고 있는 경우로 의료, 보건, 병원, 복지, 연금 등에 관한 지급과 같이 근로자의 복지를 위한, 근로자 또는 기금에 대한 지급이 포함된다.[66]

다. 프 랑 스

프랑스에는 임금에 관한 일반적인 정의 규정이 없다. 상여금이나 각종 수당, 은혜적 급부에 대하여는 개별적 판례에 의하여 임금성을 판단한다.[67]

라. 일   본

일본 노동기준법 11조는 "이 법률에서 임금이란 임금, 급료, 수당, 상여 기타 명칭 여하와 무관하게 노동의 대상(代償)으로서 사용자가 노동자에게 지불하여야 하는 것을 말한다"고 규정하여 우리 법과 대단히 비슷하게 임금을 정의하고 있다. 그리고 우리와 같이 평균임금과 통상임금을 구분하여 규정하고, 그 산정 방법도 우리와 아주 비슷하다. 다만, 통상임금에 관하여 우리 영 6조 1항과 같이 정기성, 계속성, 일률성 등을 요구하는 일반적 정의 규정이 없다.

---

65) 문무기 외 3명, 29면.
66) 문무기 외 3명, 30면.
67) 문무기 외 3명, 30면.

마. 소   결

위에서 든 ILO와 각 나라가 파악하는 임금 개념에는 공통적으로 근로자의 급여를 근로에 대한 대가로서 임금에 해당하는 부분과 임금에 해당하지 않는 부분으로 구분하고 있다고 말할 수 있다. 우리나라가 임금을 평균임금과 통상임금으로 구분한 후 통상임금에 관하여는 일정한 급여를 제외하고 있는 것은 반드시 국제적 기준에 비추어 현저하게 근로자에게 불이익하다고 말할 수는 없다.[68]

VI. 임금의 구체적 판단 표지와 임금 해당성의 유형별 판단

1. 임금 해당성의 판단 원칙 — 실질적, 유형론적 판단

임금 정의 규정인 법 2조 1항 5호가 '어떠한 명칭으로든지'라는 표현을 사용하고 있는 것처럼, 사용자가 근로자에게 지급하는 어떤 명목의 금품이 임금에 해당하는지 여부는 아래에서 보는 여러 판단 표지를 동원하여 실질적으로 판단하여야 하고, 명칭에 구애받아서는 아니 된다. 다만, 그 명목은 그 금품의 실질적 성격을 판단하기 위해 필요한 정황이 될 수 있다. 또한 여러 판단요소를 활용한 유형론적 판단이 불가피하다.[69] 근로자 여부, 근로관계 존재 여부를 판단할 때 계약의 명칭과 상관없이 그 실질을 살펴 판단해야 한다는 것과 같은 이치다.

2. 근로의 대가

임금은 '근로의 대가'로 지급되는 금품이다. 따라서 근로에 대한 대가와 무관하게 사용자가 순전히 소속 근로자의 복리 후생을 위해 지급하는 금품이나 근로자에게 제공하는 복리 시설 이용 혜택은 임금이라 말할 수 없다.

가. 판례·학설이 드는 근로 대가성의 판단 표지와 이에 대한 비판

(1) 판례·학설의 태도

판례는 근로의 대가로서 임금에 해당하는지 여부를 판단하기 위해 (a) 계속적·정기적으로 지급되었을 것(우발적이거나, 특수하고도 우연한 사정으로 지급되었거나, 실비변상 등 조건에 따라 지급되었다는 것과 대비된다), (b) 사용자에게 지급

---

68) 문무기 외 3명, 33면.

69) 판례가 이렇게 유형론적 접근 방법으로 임금을 판단하고 있다고 보는 견해는 박은규, 39면.

의무가 지워져 있을 것(은혜적으로 지급하는 것과 대비된다)을 판단 요소로 제시하
고 있다. 그리고 해당 지급의무의 발생이 근로제공과 직접적으로 관련되거나 그
것과 밀접하게 관련된다고 볼 수 있는 금품은 근로의 대가로 지급된 것이라 할
수 있다고 하고 있다.

즉 판례는 임금을, '사용자가 근로의 대가로 근로자에게 지급하는 금품으로
서, 근로자에게 계속적·정기적으로 지급되며 그 지급에 관하여 단체협약·취업
규칙·급여규정·근로계약·노동관행 등에 의하여 사용자에게 그 지급의무가 지
워져 있는 것'이라 한다.[70] 그러면서 판례는 사용자 이외의 자가 지급한 금품이
나 근로자가 특수한 근무조건에서 직무를 수행하기 때문에 더 드는 비용을 변

---

70) 대법원 1990. 12. 7. 선고 90다카19647 판결, 대법원 1992. 4. 14. 선고 91다5587 판결, 대법
원 1997. 5. 28. 선고 96누15084 판결, 대법원 1999. 2. 9. 선고 97다56235 판결, 대법원 1999. 9.
3. 선고 98다34393 판결, 대법원 2001. 10. 23. 선고 2001다53950 판결, 대법원 2002. 5. 31. 선
고 2000다18127 판결, 대법원 2004. 11. 12. 선고 2003다264 판결, 대법원 2005. 9. 9. 선고 2004
다41217 판결(이에 대한 해설은 김홍영j, 50~53면), 대법원 2005. 10. 13. 선고 2004다13755 판
결, 대법원 2005. 10. 13. 선고 2004다13762 판결, 대법원 2006. 5. 26. 선고 2003다54322, 54339
판결, 대법원 2006. 12. 8. 선고 2006다48229 판결, 대법원 2011. 3. 10. 선고 2010다77514 판결,
대법원 2011. 7. 14. 선고 2011다23149 판결, 대법원 2012. 2. 9. 선고 2011다20034 판결, 대법
원 2013. 4. 11. 선고 2012다48077 판결, 대법원 2014. 10. 27. 선고 2012다71725 판결, 대법원
2018. 1. 25. 선고 2015다57645 판결, 대법원 2018. 10. 12. 선고 2015두36157 판결, 대법원 2018.
12. 13. 선고 2018다231536 판결. 대법원 2019. 4. 23. 선고 2014다27807 판결, 대법원 2020. 4.
29. 선고 2016다7647 판결. 한편 김유성, 77~78면은, 판례가 이와 같은 판시를 하면서, 근로
의 대가의 외연을 꾸준히 넓혀 왔다고 평가하고 있다.
한편 판례는 대법원 1998. 4. 24. 선고 97다58491 판결, 대법원 2012. 6. 14. 선고 2010다77293
판결 등에서, '근로의 대상으로 계속적·정기적으로 지급되는 금품이라면 그 명칭이나 그 지
급 근거가 급여 규정에 명시되어 있는지 여부에 구애받지 않고 이에 포함되지만' 등의 표현
을 쓰고 있다. 이런 점을 보면 '계속성·정기성'과 '지급의무성'이라는 요소는 종합적 고려요
소 내지 병렬적 사정에 불과하지 반드시 모두 충족하여야 임금에 해당한다는 '조건'이라고
보기는 어렵다. 나아가 대법원 2011. 6. 10. 선고 2010두19461 판결은 '근로의 대가로 근로자
에게 지급한 금품이 비록 현물로 지급되었다 하더라도 근로의 대가로 지급하여 온 금품이라
면 평균임금의 산정에 있어 포함되는 임금으로 봄이 상당하다'고 하여, 근로의 대가만이 임
금의 개념 요소임을 분명히 밝히고 있기도 하다.
또한, 판례는 대법원 2002. 10. 17. 선고 2002다8025 판결, 대법원 2011. 6. 10. 선고 2010두
19461 판결 등에서, 위 판시 문구 외에 '또한 일정 요건에 해당하는 근로자에게 일률적으로
지급하는 것이라면 임금에 해당한다'는 문구를 더하였다. 그리고 대법원 1990. 11. 27. 선고
90다카23868 판결, 대법원 1991. 2. 12. 선고 90다15952, 15976 판결, 대법원 1992. 4. 10. 선고
91다37522 판결, 대법원 1995. 7. 11. 선고 93다26168 전원합의체 판결 등에서 특정 수당이 위
와 같이 '계속적·정기적으로 지급하였고 지급의무가 단체협약·취업규칙·근로계약 기타 관
련규정에 의한 것'이라고 보는 것 외에, (일정한 요건에 해당하는 자에게) '일률적으로 지급
되어 왔으므로' 임금에 포함시킨 것이 정당하다고 하여 일률성을 임금성 판단의 징표로 들기
도 하였다. 그러나 이러한 판시는 임금성을 긍정하면서 그 긍정 사유로 든 논거에 불과하고,
위에 거시한 다른 대법원 판례의 판시에는 그러한 표현이 없는 점을 고려하면 이 '일률성'은
임금성 판단요소로는 단순한 고려요소에 불과하다고 봄이 상당하다.

상하기 위하여 지급되는 실비변상 명목의 돈은 임금이 아니라고 한다.[71] 그리고 금품이 계속적·정기적으로 지급되었더라도 사용자에게 지급 의무가 생기게 된 것이 개별 근로자에게 생긴 특수하고 우연한 사정 때문이라면 그 금품을 지급하게 된 것이 단체협약, 취업규칙, 근로계약 등이나 사용자의 방침에 따른 것이라도 임금이라 볼 수 없다고 한다.[72]

또한 판례에 따르면 근로의 대가라는 임금에 해당하려면 '사용자에게 지급 의무'가 있어야 하는데, 이는 그 지급 여부를 사용자가 임의로 결정할 수 없다는 것을 뜻한다. 다시 말해 사용자가 지급의무 없이 은혜적으로 지급하는 것은 근로의 대가로 지급되는 것이 아니어서 임금이 아니다. 하지만 여기서 말하는 지급의무는 반드시 단체협약, 취업규칙, 근로계약에 의한 것일 필요는 없고, 사용자의 방침이나 관행에 따라 금품 지급이 계속 이루어져 근로자와 사용자 사이에 금품 지급이 당연한 것으로 인식할 정도의 관례가 형성된 경우처럼 노동관행에 의한 것이라도 무방하다.[73]

대체적인 학설 또한 이러한 판례 취지를 소개하면서 개별 항목의 임금 해당성 여부를 판단하고 있다.[74]

이러한 판례 취지에 따른다면, 뒤에서 보다시피 임금 가운데 통상임금(근로자에게 정기적·일률적으로 소정근로 또는 총 근로에 대하여 지급하기로 정하여진 시간급금액·일급금액·주급금액·월급금액 또는 도급금액[75])에 해당하기 위하여는 이와 같이 계속적·정기적으로 지급되어야 한다는 것 외에 일률적·고정적으로 지급되어야 한다는 점에서, 임금의 판단 기준과 통상임금의 판단 기준은 차이가 있다.[76]

---

71) 대법원 1990. 11. 9. 선고 90다카4683 판결, 대법원 1999. 2. 9. 선고 97다56235 판결, 대법원 2003. 4. 22. 선고 2003다10650 판결 등.

72) 대법원 1995. 5. 12. 선고 94다55934 판결, 대법원 1996. 5. 14. 선고 95다19256 판결, 대법원 2011. 7. 14. 선고 2011다23149 판결 등.

73) 대법원 1987. 2. 24. 선고 84다카1409 판결, 대법원 1990. 11. 27. 선고 90다카23868 판결, 대법원 1990. 12. 7. 선고 90다카19647 판결, 대법원 1991. 2. 12. 선고 90다15952 등 판결, 대법원 1992. 4. 14. 선고 91다5587 판결, 대법원 1995. 7. 11. 선고 93다26168 판결, 대법원 2002. 5. 31. 선고 2000다18127 판결.

74) 김유성, 78면 이하; 김형배, 352면 이하; 임종률, 409면 이하.

75) 영 6조 1항.

76) 종전 판례는 소정근로의 대가로 근로자에게 지급되는 금품으로서 정기적·일률적·고정적으로 지급되는 것인지를 기준으로 통상임금 해당 여부를 판단하였다. 그러나 대법원 2024. 12. 19. 선고 2020다247190 전원합의체 판결은 소정근로 대가성과 정기성, 일률성 외에 '고정성'이라는 징표를 더하는 것은 소정근로를 중심으로 도출되어야 하는 정당한 통상임금의 범위를 축소시키게 되어 부당하다는 등의 이유로, 종전 판례가 제시한 고정성 개념을 통상임금의

(2) 판례에 대한 비판

이와 같은 판례가 드는 근로의 대가성 판단 표지에 대하여, 의례적·호의적 금품, 실비변상적 금품이라 하여 모두 근로의 대가가 아니라고 할 수 없고, 사용자가 근로자의 근로를 전체로 평가하여 보수로 지급되는 금품이라고 볼 수 있으면 모두 임금으로 보아야 한다는 견해가 있다. 이 견해에 따르면, 판례가 드는 정기성·일률성은 영 6조 1항의 통상임금 정의 규정에서 비로소 마련된 것으로서 이를 근로의 대가인 임금성 판단의 기준으로 보는 것은 옳지 않다고 한다.[77] 그리고 이 견해는 임금에 해당하기 위하여는 단체협약·취업규칙·근로계약·관행 등으로 사전에 지급 의무가 정하여져 있어야 한다는 점에 대하여도 의문을 제기한다. 즉 이 견해는 법 2조 1항 5호는 사전에 지급하기로 정하여져 있어야 할 것을 임금의 개념 요소로 삼지 않았고, 사전에 지급 의무가 정해지지 않았더라도 근로자가 제공한 근로를 사용자가 사후에 평가하여 그 대가로 근로자에게 금품을 지급하였다면 이것 역시 임금에 해당한다고 한다. 결국 이 견해는 사용자가 근로자에게 근로관계 속에서 지급하는 금품은 실비변상 부분이 아닌 한 근로의 대가에 해당하므로 임금으로 보아야 한다고 한다.[78]

또 다른 견해는 판례가 근로의 대가성에 관하여 아무런 판단 기준을 제시하지 않고, 계속성·정기성은 임금 해당 여부에 관한 별개의 판단 징표로 보고 있다고 하면서, 근로의 대가성 여부에 관하여 '근로의 제공과 직접 또는 밀접하게 관련되어 있을 것'이라는 공허한 내용만을 제시하고 있다고 비판하고, 임금은 말 그대로 근로의 대가로 파악하여야 한다고 한다.[79]

개념적 징표에서 제외하였다. 위 변경된 판례 법리에 따르면 더 이상 근기법상 임금과 통상임금의 판단 기준의 차이 중 하나로 '고정성'을 들 수는 없다. 다만, 위 2024년 전원합의체 판결은 위와 같이 변경된 판례 법리가 2024. 12. 19. 이후의 통상임금 산정부터 적용된다고 하였다. 따라서 근기법상 임금과 통상임금의 판단 기준의 차이 중 하나로 '고정성'을 든 위와 같은 설명은 2024. 12. 18.까지 제공한 연장근로 등에 대하여 새로이 제기되는 통상임금 소송과 관련하여서는 여전히 유효하다.

77) 김기덕d, 101면 이하. 이선신, 146면에서도 "'일률성'은 임금의 하위개념으로서 통상임금을 판단할 때 사용되는 기준이어야 할 것이고, 만약 임금의 개념에 이 일률성이 요구된다고 한다면 '평균임금'을 파악할 때에도 이것이 요구될 것인데 일률성은 우리 법상 통상임금과 평균임금 차이를 전제할 때, 일률성은 평균임금에는 들어맞지 않는다."고 하면서, 이 '일률성'은 임금개념 판단기준상 요건이 아니라고 한다.

78) 김기덕d, 103면 이하.

79) 김영문·이상윤·이정, 26면 이하. 하지만 판례의 취지는 그것이 아니라 근로의 대가라는 요건의 구체적 의미를 계속성·정기성·일률성과 사용자의 지급 의무 구비 등의 징표로 채우고 있고, 구체적 사례에 따라 그 중 일부의 요건이 갖추어지지 않았을 때, 그와 같이 갖추지

　　그리고 판례가 개별 근로자의 특수하고도 우연한 사정에 기초하여 지급되
는 것이 아니라 모든 근로자에게 일률적으로 지급될 것을 임금의 구비 요건으
로 보는 것[80])에 대하여는, 이러한 일률성의 요건은 임금의 하위 개념으로서 '통
상임금'을 판단할 때 사용되는 기준이고, 만일 임금 판단에 이러한 일률성을 요
구한다면 평균임금도 이러한 일률성이 요구되는데 평균임금 판단에는 일률성을
요구하지 않는다는 점에서 '일률성'은 임금의 요건이 아니라고 봐야 한다는 견
해가 있다.[81])

　　이러한 비판에 따를 경우 판례상 임금 해당 여부가 문제된 많은 사례에서
임금성이 인정될 개연성이 크다.

　　또 판례가 근로의 대가성을 판단하면서 임금지급의 실질에 나타난 제반 요소
(계속적·정기적 지급)와 의무성(단체협약·취업규칙 등에 의한 사용자의 지급의무)을 판
단요소로 삼는데 이 판단요소를 객관적 판단요소로 보고 유형론적으로 근로의 대
가성을 판단하는, 이러한 유형론적 접근 방법은 한계가 있고, 이러한 객관적 판단
요소만으로 근로의 대가성을 판단하는 것에는 신중하게 접근할 필요가 있다는 견
해가 있다.[82]) 이에 따르면 새로운 판단 방법의 모색으로 해당 금품이 근로에 대
하여 지급된 금품인지를 1차적으로 확인하여 그것이 명백하다면 곧바로 임금성을
긍정하고, 그러한 1차적 확신이 어려울 경우, 판례와 같이 객관적 판단요소를 추
출하여 근로의 대가성을 추정하고, 아울러 해당 금품의 생성배경 및 목적, 지급
경위, 당사자의 해당 금품에 대한 인식과 운영실태 등 주관적 판단요소를 아울러
확인하여 해당 금품의 임금성을 판단하는 것을 모색할 필요가 있다고 한다.[83])

　　또 다른 견해로 다음과 같은 견해가 있다.[84]) 즉, 판례가 '근로의 대가'가 무
엇을 의미하는가에 관해 '그 지급의무의 발생이 근로제공과 직접적으로 연관되
어 있거나 그것과 밀접하게 관련된 것으로 볼 수 있어야 한다'고 하는데, 그 구
체적 판단에서 대법원이 근로의 대가성이 있는지를 어떻게 파악하고 있는지 이
해할 수 있는 것은 쉬운 일이 아니라고 하면서 그 자체가 공허하다고 하는 비

　　못한 판단 징표를 적시하고 있을 따름이라 생각한다.
80) 대법원 2002. 10. 17. 선고 2002다8025 판결, 대법원 2011. 6. 10. 선고 2010두19461 판결 등.
81) 문무기 외 3명, 11면 이하. 반면 김영문·이상윤·이정, 24면 이하는 일률성을 임금의 개념
　　요소로 들고 있다.
82) 박은규, 41면.
83) 박은규, 44~46면.
84) 이선신, 146~175면.

판이 있는데,[85] 타당한 지적이라고 한다. 그러면서 '계속성' 등 임금표지요소들의 체계적 관련성이 불분명하며('근로의 대가성'에 내포되는 의미요소인지, 별개의 의미요소인지, 또다른 연관성을 갖는다는 것인지 불분명하다), 판례가 지나친 사법적 편의에 치우쳐 있다고 한다. 그리하여 합리적인 근기법상 임금 정의 규정의 해석방안으로 제시하기를, 임금의 본질 내지 임금 정의 규정에서 말하는 '근로의 대가'란 '근로관계 유지의 보상'으로 봄이 타당하고, 이 때 말하는 '대가성'이란 '지급의무성'과 '교환관계성'의 두 가지 의미요소로 구성된다고 한다. 그러면서 '근로의 대가성' 여부는 당사자의 의사에 의해 판단하여야 하며, 그 '근로의 대가성' 여부를 당사자의 의사에 의해 판단하는 것이 불가능하거나 현저히 곤란할 경우에는 사용자의 지급의사(또는 동기)를 참작하여 판단하여야 한다고 한다. 나아가 그것도 불가능하거나 현저히 곤란한 경우에는 보충적으로 사회적 통념에 따라 판단하여야 하는데, 사회적 통념상 근로의 대가성은 사실상 추정된다고 하고, 그 추정의 배척 내지 강화와 관련한 요소를 몇 가지 소개하고, 그 개별적 고려요소들로 판례가 표지로 제시하는 '근로의 대가성' 외의 표지인 '계속성', '정기성', '발생근거 있는 지급의무', '일률성' 등을 개별적으로 고찰한다.

(3) 검   토

판례가 든 계속성·정기성, 사전 지급의무의 존재 등 판단 표지는 앞서 본 바와 같이 임금 해당성의 근기법상 법문의 판단기준, 즉 '근로의 대가' 여부에 관한 실질 판단에 도움이 된다. 하지만 그러한 판단 표지가 모두 갖추어져야 임금에 해당한다고 볼 것은 아니다.

사용자가 근로자에게 지급하는 금품은 원칙적으로 일단 임금으로 보고 논의를 출발해야 한다. 사용자와 근로자는 개념필연적으로 타자의 존재를 전제하는데 그들 사이를 맺어주는 것은 근로관계이며 그 법적 표현이 근로계약이다. 이 근로관계 내지 근로계약은, '당사자 한쪽(근로자)이 노무(근로)를 제공하고, 이를 대가로 다른 한쪽(사용자)이 보수(임금)를 지급하는' 관계(계약)이다. 즉 사용자는 근로자와는 근로계약에 따라 근로의 대가로 금품을 공여하지 원칙적으로 다른 금품을 줄 이유가 없다. 만일 납품대금으로 금품을 준다면 이를 받는 사람은 근로자가 아니라 물품공급 상대방(납품업자)이고, 공사대금으로 준다면 이를 받

---

85) 김영문a, 54면. 이선신, 147면에서 재인용.

는 사람은 근로자가 아니라 공사 수급인이다. 만일 사용자와 근로자가 다른 명목으로 금품을 주고받는다면 그것이 임금이 아니라는 점은 그것이 임금이 아니라고 주장하는 자가 증명해야 한다.

한편 당사자가 근기법상 근로기준에 미달하는 계약을 한 경우 근기법은 그 효력을 부인한다. 사용자와 근로자가 근로계약을 하면서 특정 금품을 지급하였고, 그 금품이 객관적으로 임금('근로의 대가로 명칭과 상관없이 지급되는 금품')이라면, 아무리 사용자와 근로자가 이 금품을 '근로의 대가'가 아니라고 의사 합치를 보았다거나, 사용자가 '근로의 대가'로 지급하는 것이 아니라는 의사를 가지고 금품을 근로자에게 공여하였다 하더라도, 그 금품이 임금임은 변함이 없고, 그 의사 합치 내지 사용자의 '근로 대가 아님'의 의사는 근기법의 강행규정에 위배되어 무효이다. 이러한 점에서 임금의 해당성 판단기준인 '근로의 대가' 여부는 객관적으로 판단하여야 하며('근로의 대가로 임금을 지급하는 것'이라는 근로계약도 근로자성 판단처럼 객관적으로 판단한다), 그 판단을 위한 여러 고려요소 중 대표적인 것이, 판례가 든 계속성·정기성, 사전 지급의무의 존재 등이다. 사용자가 근로자에게 지급한 금품이 임금이 아니라는 점을 증명하는 데에서도 이러한 임금의 객관성과 당사자 사이의 의사합치에 대한 근기법의 강행규정을 충분히 고려하여야 한다. 만연히 사용자가 근로자에게 금품을 제공하면서 사용자의 의사나 사용자와 근로자 사이의 의사 합치가 '근로의 대가'가 아니라는 것이었다 해도, 객관적으로 보아 임금이라면 근기법의 강행규정성에 따라 그 의사는 무효이다. 그 임금의 객관적 판단지표는 '근로의 대가' 여부이며, 그것만으로 판단이 어렵다면 그 금품 지급의 계속성·정기성·사전 지급의무 존재 여부 등 인자를 끌어들여 임금성을 판단하여야 한다. 이렇게 보아야만 법문과 판례가 설시하는 바가 조화롭게 해석된다.

도급제 임금의 경우 성과에 따라 정해지는 것으로서 엄밀히 말하면 일률성이 없다고 말할 수 있는데, 그 일률성이 없다는 점 때문에 임금성이 없다고 말할 수 없다. 그리고 사용자가 특정 시점에 어느 근로자가 제공한 업무 성과를 평가하고 그 결과에 따라 임금을 더 주었을 경우 그 추가 지급된 돈은 미리 정해진 지급 의무에 따라 지급된 금품은 아니지만, 이 금품은 근로자가 사용자에게 제공한 근로에 대한 대가로 받은 금품이 분명한 이상 법에 정해진 임금 정의 규정을 충족한다.

　　결국 위와 같은 계속성·정기성·일률성, 지급의무의 존재 등의 요소는, 그 존재가 인정될 경우 임금 해당성을 긍정하는 판단 표지가 된다. 하지만 거꾸로 그 일부가 존재하지 않더라도 임금 해당성을 부정하는 것에는 신중을 기하여야 한다. 즉 이들 판단 표지는 이른바 편면적 판단 표지로만 기능한다고 봄이 상당하다.

　　이하에서는 이러한 점을 고려하되 판례를 중심으로 개별 명목 금품의 임금성 여부를 설명한다.

나. 정기성·계속성 여부가 주로 문제된 사례

(1) 가족수당 또는 자녀학자금보조비 등

　　가족수당이 단체협약 등으로 사용자에게 지급의무가 지워져 있고 일정 요건에 해당하는 근로자에게 일률적으로 지급되면 임의적·은혜적 급여가 아니라 근로의 대가로서 임금에 해당한다.86) 자녀학자금보조비 또는 가계보조비 명목의 금품도 마찬가지다. 고용노동부예규 통상임금 산정지침87)은 가족수에 따라 달라지는 가족수당을 임금에서 제외하고 있는데 납득하기 어렵다.88)

　　판례 중에는 회사가 취업규칙에 직원의 복지후생을 위하여 예산의 범위 안에서 각종 보조비, 후생비를 지급할 수 있게 하였고, 그에 따라 마련된 회사의 복지후생규정이 취학 자녀 중 2명 범위 안에서 중고생, 대학생의 공납금을 보조할 수 있도록 규정한 것에 따라 근로자가 받은 학비보조비는 임금이 아니라고 한 것이 있다.89)

(2) 사택의 제공 또는 사택 수당, 그 외 복지후생시설의 제공

　　원칙적으로 사택은 복지후생시설이어서 그 이용에 따른 이익 상당액은 임금이 아니다. 그러나 사택을 제공받지 않는 다른 근로자(주택 소유 근로자도 포함)에게도 일정액만큼 균형을 맞춘 급여로 사택수당이 지급된다면 사택수당은 임금에 해당하고, 그에 상당하는 '사택의 제공 그 자체'도 그 평가액의 한도 안에서 임금에 해당한다.90)

---

86) 대법원 1987. 2. 24. 선고 84다카1409 판결, 대법원 1990. 11. 27. 선고 90다카23868 판결, 대법원 1990. 12. 7. 선고 90다카19647 판결, 대법원 1991. 2. 12. 선고 90다15952 등 판결, 대법원 1992. 4. 14. 선고 91다5587 판결, 대법원 1995. 7. 11. 선고 93다26168 판결, 대법원 2002. 5. 31. 선고 2000다18127 판결, 대법원 2006. 5. 26. 선고 2003다54322, 53339 판결.
87) 1988. 1. 14. 제정되고 2012. 9. 25. 고용노동부예규 47호로 최종 개정되었다.
88) 문무기 외 3명, 141면도 같은 취지.
89) 대법원 1991. 3. 26. 선고 90다15662 판결.
90) 1979. 10. 18. 노정근 1455-4728 등 행정해석례. 대법원 1990. 11. 9. 선고 90다카6948 판결.

복지후생시설의 이용 자체, 예를 들어 테니스장·체력단련장 등 사내외 운동시설 이용, 자체 보유 휴양시설이나 이용 계약을 통한 콘도미니엄·놀이공원 등 외부 놀이 시설 이용, 사업장 내 무료 음료수·간식 취식, 본인이나 자녀 교육을 위한 학교 설치·운영 등 금품으로 제공되지 않는 무형의 복리후생시설 이용 혜택은 임금이 아니다.[91]

(3) 식   대

식대가 모든 근로자에게 계속적·정기적·일률적으로 지급되었다면 임금이고,[92] 특정 근로자에게 계속적·정기적으로 지급되었다면 역시 임금에 해당한다.[93] 또한 근로자가 근로를 제공하면서 현물로 제공받거나 구매권으로 지급받는 식사의 평가액 역시 임금이다.[94] 출근일에 한하여 지급되었다 해도 이 역시 임금이고 통상임금에 포함된다.[95]

판례에서 부정된 경우도 적지 않다. 그 이유는 대부분 실비변상 명목의 돈이라는 것이다. 예를 들면 단체협약에서 식사 제공을 복지후생이라 명시하였고, 사용자가 제공하는 식권은 2일 동안 유효하고 식사를 하지 않으면 다른 금품으로 대체 청구할 수 없으며, 실제 근무 근로자에 한해 식사를 현물로 제공하였다면 그 식사 제공은 임금이 아니다.[96] 그리고 출장 식대가 화물차 운전자에게만 지급되고, 운전자가 회사 구내를 벗어나 작업하게 되어 가정이나 구내식당에서 식사를 하지 못하고 매식을 하는 경우 지급된 것이라면 실비변상 명목의 돈이지 임금이 아니며,[97] 판매직 사원들에게만 지급되는 추가 중식 지원비도 임금이 아니라고 한다.[98]

이러한 판례 취지 중 일률성이 갖추어지지 않았음을 이유로 한 것에 대하여는, 일률성은 모든 근로자를 대상으로 하는 경우에만 성립하는 것이 아니라

---

91) 다만, 실제 이용을 하지 않은 근로자에게도 다른 형태로 금품이 제공되었다면, 사택의 경우인 위 90다카6948 판결 취지와 같이 그 이용 혜택을 임금으로 볼 수 있을 것이다.
92) 대법원 1974. 7. 23. 선고 74다106 판결, 대법원 1990. 11. 9. 선고 90다카6948 판결, 대법원 1995. 9. 26. 선고 94다28123 판결, 대법원 2003. 2. 11. 선고 2002다50828 판결.
93) 대법원 1981. 10. 13. 선고 81다697 판결.
94) 대법원 1993. 5. 11. 선고 93다4816 판결, 대법원 1993. 5. 27. 선고 92다20316 판결.
95) 대법원 1993. 5. 11. 선고 93다4816 판결.
96) 대법원 2002. 7. 23. 선고 2000다29370 판결. 비슷한 취지로 대법원 2003. 10. 9. 선고 2003다30777 판결, 대법원 2006. 5. 26. 선고 2003다54322, 54339 판결.
97) 대법원 1998. 1. 20. 선고 97다18936 판결.
98) 대법원 2002. 7. 12. 선고 2001다82125 판결.

일정한 조건에 해당하는 근로자를 대상으로 하는 경우도 포함하는 것이어서, 운전사 전원 또는 판매직 전원에게 추가 식대를 지급하였다면 일률성을 갖추었다고 보아 임금으로 보아야 한다는 비판이 있다.99)

(4) 특별상여금 내지 성과급

판례는 대체로, 특별상여금 또는 성과급 등으로 부르면서 보수 규정 등 취업규칙이나 단체협약으로 그 지급 근거가 마련되어 있어 그 지급 여부가 미리 정하여져 있거나, 계속적 · 정기적으로 지급되고 그 지급액이 확정되어 있다면 임금에 해당한다고 한다.99) 반면 매년 노사 합의로 그 구체적 지급조건이 정해지며 그 해의 생산실적에 따라 지급 여부나 지급률이 달라지는 등 지급사유의 발생이 불확정적이고, 일시적으로 지급되는 것은 임금으로 볼 수 없다고 한다.100)

한편 이러한 판례에 대하여는 다음과 같이 반론할 수 있다. 즉, 성과와 관계 없이 근로 제공 사실만으로 임금은 지급되는 것이지만, 그렇다고 하여 다음과 같은 금품, 즉 성과가 생기지 않으면 지급되지 않고, 성과가 생기면 일정한 조건이나 노사 합의를 통해 지급하는 금품을 임금이 아니라고 말할 수는 없다는 것이다. 왜냐하면 성과 역시 근로(의 제공으)로 생긴 것인 이상 성과로 인해(성과를 대가로) 특정 금품을 지급한다면 이러한 금품 역시 임금이라는 것이다. 충분히 경청할 가치가 있다고 생각한다.101) 이렇게 보아야만 성과급을 대체로 임금으로 보는 판례에 부합하며, 도급제 임금을 인정하는 근기법이나 실무 입장에도 부합한다.

판례가 특별상여금 내지 성과급을 임금으로 인정한 사례는 다음과 같다.

(i) 방송사가 신문사, 광고 회사를 흡수 합병한 후 통합 창사 2주년을 맞아 모든 직원에게 특별상여금 명목으로 기본급의 200%를 지급하고, 그 후 매년 통합 창사기념일에 같은 액수를 지급한 경우.102) (ii) 회사 규정에 지급 여부가 회

---

99) 문무기 외 3명, 24면 이하.

99) 대법원 2006. 5. 26. 선고 2003다54322, 53339 판결 참조.

100) 대법원 2002. 6. 11. 선고 2001다16722 판결, 대법원 2005. 9. 9. 선고 2004다41217 판결(이 판결에 대한 평석은 김홍영j, 50~53면), 대법원 2005. 10. 13. 선고 2004다13755 판결, 대법원 2005. 10. 13. 선고 2004다13762 판결, 대법원 2006. 2. 23. 선고 2005다54029 판결, 대법원 2006. 5. 26. 선고 2003다54322, 53339 판결 등.

101) 그 성과가 근로자 한 개인의 성과냐, 근로자 집단(부서 등)의 성과냐에 따라 임금 여부를 달리 보는 것도 가능하다. 일단 여기서는 그 점에 관해 논하지 않기로 한다.

102) 대법원 1981. 11. 24. 선고 81다카174 판결. 그 외 대법원 1982. 4. 13. 선고 81다카137 판결, 대법원 1982. 10. 26. 선고 82다카342 판결, 대법원 1982. 11. 23. 선고 81다1275 판결, 대법원 1983. 2. 8. 선고 81다카1140 판결.

사의 재량에 맡겨진 듯 되어 있어도 그동안 예외 없이 모든 직원에게 정기적·계속적으로 일정액이 지급된 경우.[103] (iii) 임금 규정에 상여금 지급이 의무가 아닌 것으로 되어 있고 상공부장관 승인이라는 지급조건이 있었더라도[104] 사용자가 상여금을 일률적으로 정기 지급한 경우.[105] (iv) 보수규정 등에 명시적으로 그 성격, 지급조건 등을 정한 바는 없으나, 오래 전부터 의사들에게 지급하던 의사연구비를 폐지하는 대신 이사회 결의로 예규를 마련하고 의사들에게 직책 등급에 따라 의사 특별상여금이라 하여 매월 일정액을 지급한 경우.[106] (v) 회사가 특별생산격려금을 지급하게 된 경위가 노동쟁의의 조정 결과 생산격려금을 지급하기로 합의한 것에 따른 것이고 당시 조정안에서 위 생산격려금은 전년도의 경영성과를 감안한 특별상여금으로서 1회에 한하기로 약정했더라도 이후 회사의 경영실적 변동이나 근로자의 업무 성적과 관계없이 정기적·계속적·일률적으로 특별생산격려금을 지급하여 온 경우.[107] (vi) 매년 같은 시기에 같은 비율에 따라 지급하지 않고 회사가 일방적으로 정한 지급시기와 지급액수, 지급기준에 따라 지급하였지만 구두류 제품 판매를 주업으로 하면서 그 역점 사업인 상품권 판매를 위해 직원들이 벌인 영업 활동에 대하여 포상금을 지급한 경우.[108] (vii) 한국산재의료원 소속 의사들에게 기본급과 제 수당 외에 '진료포상

---

103) 대법원 1977. 1. 11. 선고 76다1408 판결.
104) 임금규정에 "경영실적에 따라 연 4회, 한번에 통상임금 100% 이내의 상여금을 줄 수 있다. 다만, 상공부장관의 승인을 얻어 지급한다"고 되어 있었다.
105) 대법원 1976. 6. 22. 선고 76다439 판결, 대법원 1976. 10. 26. 선고 76다502 판결.
106) 대법원 1975. 9. 23. 선고 74다1293 판결. 위 판결은 이 사안에 대해 '지급조건을 정하여 이를 매월 정기적으로 지급한 것으로서 특수한 기능과 자격을 가진 의사들에게 그들의 특수한 근무에 상응하는 대가로서 제도적으로 지급한 것'으로 보았다.
107) 대법원 2001. 10. 23. 선고 2001다53950 판결. 위 판결은 이 사안을 '근로계약이나 노동관행 등에 의하여 사용자에게 그 지급의무가 지워져 있는 것'이라 보았다. 하지만 아래에서 보는 대법원 2006. 5. 26. 선고 2003다54322, 54339 판결은 비슷한 이름의 '생산장려격려금'에 관하여 그 판시와 같은 사정을 들면서 임금에 해당하지 않는다고 보았다.
108) 대법원 2002. 5. 31. 선고 2000다18127 판결, 대법원 2003. 2. 11. 선고 2002재다388 판결. 위 판결은 이 사안에 대해 "상품권 판매 영업 활동은 피고 회사 주업에 해당하여 그 영업 활동에 대해 지급되는 포상금은 근로의 대가에 해당하고, 해마다 그 지급시기는 다르나 매년 한두 차례 시행되는 것이 관례화되어 있고, 회사가 해마다 미리 지급기준과 지급비율을 정하고 그에 따라 계산된 포상금을 지급한 이상 직원들이 그 요건에 맞는 실적을 달성하였다면 피고로서도 그 실적에 따른 포상금의 지급을 거절할 수 없을 것이므로 우발적, 일시적 급여라거나, 은혜적 급부라고 할 수 없으며, 직원 대다수가 포상금을 업무와 관련된 용도로 사용했다 해도 피고가 포상금을 업무 관련 용도에만 쓰도록 했다고 볼 자료가 없는 이상 그 용도는 직원들의 의사에 맡겨져 있어 그와 같은 사정이 있다고 하여 임금의 성격이 부정되는 것은 아니다"라고 보았다.

비 지급기준' 또는 '진료성과급 지급기준'에 따라 계속적·정기적으로 지급한 진료포상비.[109] (viii) 자동차 판매회사가 영업사원들에게 매월 자동차 판매수량에 따라 지급한 일정 비율의 인센티브(성과급).[110] (ix) 정부산하기관 관리기본법, 공공기관의 운영에 관한 법률 등에 근거하여, 정부의 경영실적 평가결과에 따라 지급률이 정해진 공기업 경영평가성과급.[111]

　　한편, 위와 같이 판례가 공기업의 경영평가성과급(집단적 실적을 기초로 지급한다는 점에서 개인적 실적평가급과는 성격이 약간 다르다)을 임금으로 본 것과 달리 사기업에서 지급된 경영성과평가급을 임금으로 보지 않는 아래에 보는 판례[112]에 대해 비판적인 견해가 많다.[113] 한편 최근 에스케이하이닉스, 삼성전자, 엘지디스플레이, 삼성디스플레이, 삼성카드 등 사기업에서 지급된 경영평가성과급의 임금성을 다투는 소송이 진행 중이고, 에스케이하이닉스의 경영평가성과급 사건의 경우 임금성을 부인하는 판결이 선고되기도 하였다(수원지법 여주지원 2020. 1. 21. 선고 2019가단50590 판결. 위 판결에 대해서는 2021. 2. 4. 수원지법 2020나55510호로

---

109) 대법원 2011. 3. 10. 선고 2010다77514 판결. 이 진료포상비에는 기본포상비와 특진포상비, 진료수익의 다과에 비례하는 성과포상비, 협진료 및 전과포상비 등이 포함되어 있었는데, 해당 의사는 매월 230만 원의 기본포상비와 진료수익이나 실적에 따라 지급되는 위 나머지 각 포상비를 지급받아 왔고, 의료원이 소속 의사의 실적을 판단하는 기준으로 삼은 진료와 특진, 협진 등의 업무는 매달 이를 수행하는 횟수에 차이는 있을지언정 그 자체는 의사 고유의 업무로서 의료원에게 제공된 근로의 일부이므로, 그에 대한 포상비는 근로의 대가로 지급된 것으로 보아야 한다는 점 등을 근거로 들어, 원심[부산고법(창원) 2010. 8. 26. 선고 2010나1664 판결]은 임금성을 인정하였다. 그리고 대법원은 이러한 원심 판단을 그대로 수긍하였다.

110) 대법원 2011. 7. 14. 선고 2011다23149 판결. 인센티브 지급규정이나 영업 프로모션 등으로 정한 지급기준과 지급시기에 따라 인센티브를 지급하여 왔고, 영업사원들이 차량판매를 위하여 하는 영업활동은 회사에 대하여 제공하는 근로의 일부라 볼 수 있어 인센티브는 근로의 대가로 지급되는 것이며, 인센티브의 지급이 매월 정기적·계속적으로 이루어지고, 지급기준 등 요건에 맞는 실적을 달성하였다면 회사로서는 그 실적에 따른 인센티브의 지급을 거절할 수 없을 것이며, 인센티브를 일률적으로 임금으로 보지 않을 경우 인센티브만으로 급여를 지급받기로 한 근로자는 근로를 제공하되 근로의 대가로서 임금은 없는 것이 되고 퇴직금도 전혀 받을 수 없게 되는 불합리한 결과가 초래될 것인 점 등을 근거로 들었다. 이 판결에 대한 평석은 김태욱a, 197면 이하.

111) "경영실적 평가결과에 따라 그 지급 여부나 지급률이 달라질 수 있다고 하더라도 그러한 이유만으로 경영평가성과급이 근로의 대가로 지급된 것이 아니라고 볼 수 없다."고 판시하였다. 대법원 2018. 10. 12. 선고 2015두36157 판결(이에 대한 평석은 조상욱, 51면 이하), 대법원 2018. 12. 13. 선고 2018다231536 판결(이에 대한 평석은 심재진, 78면 이하), 대법원 2018. 12. 28. 선고 2018다219123 판결, 대법원 2018. 12. 28. 선고 2016다239680 판결.

112) 대법원 1998. 1. 20. 선고 97다18936 판결, 대법원 1999. 9. 3. 선고 98다34393 판결, 대법원 2002. 6. 11. 선고 2001다16722 판결, 대법원 2006. 5. 26. 선고 2003다54322, 54339 판결 등.

113) 권오성c, 65면 이하; 심재진, 78면 이하; 유성재b, 33면.

항소기각 판결이 선고되었고, 현재 대법원 2021다219994호로 상고심 계속 중).

반면 다음 경우는 판례가 임금이 아니라고 보았다.

① 당해 연도 경영실적에 따라 지급되는 특별성과상여금이 단 1회 지급되었을 뿐이고 장래 계속 지급될지 여부가 불확실하여 계속적이고 정기적으로 지급된다고 할 수 없는 경우.[114] 이에 대하여는 그 사안이 '연내'라고 하는 최종 기한이 정해져 있었고, 지급 자체는 단체협약으로 사용자에게 의무지워졌다는 점에서 임금으로 보아야 했다는 비판이 있다.[115]

② 특별상여금의 지급 근거가 급여 규정에 있을 뿐 단체협약에는 없고, 그 급여 규정도 회장이 특히 공로가 있다고 인정하는 직원에 대하여 지급할 수 있다고만 규정할 뿐 구체적으로 그 지급 기준, 지급 액수, 지급 시기 등에 관하여는 아무런 규정을 하지 않았으며, 실제 1987년에 처음으로 월 급여액의 30%가 지급되었고 1988, 1989년에는 지급된 바 없다가, 1990년도에 다시 30%를 지급한 다음, 1991년도에는 2회에 걸쳐 합계 120%, 1992년부터 1994년까지 3년 간은 12월에 100%씩 지급되다가 다시 중단되었고, 그 지급 명목도 구구한 경우.[116]

③ 지급조건과 지급시기가 단체협약 등에 정하여져 있다고 하더라도 근로

---

114) 대법원 1998. 1. 20. 선고 97다18936 판결, 대법원 2002. 6. 11. 선고 2001다16722 판결.

115) 강성태b, 50면 이하.

116) 대법원 1999. 9. 3. 선고 98다34393 판결. 대법원 2006. 5. 26. 선고 2003다54322, 54339 판결도 사안이 비슷하다. 다만, 위 판결에서 문제된 금품은 (i) 명목이 노사화합특별격려금이었고, 그 돈 외에 성과금이 따로 지급되었으며, 급여규정이나 단체협약에 규정된 바가 없었던 점, (ii) 매년 임금협약 때 노사 합의 형태로 지급액(지급률), 지급조건 유무 및 그 내용 등이 정해졌다는 점, (iii) 지급 시기가 대체로 임금협약 교섭 타결 즉시로서 일정하긴 하나, 이는 회사측이 임금교섭의 조기 타결을 유도하기 위한 것으로 보이는 점, (iv) 지급 금액의 결정 기준이 일정 금액 기준 또는 상여금 비율 기준 등으로 매년 일정하지 않았던 점, (v) 지급 명목이 해마다 달랐던 점, (vi) 근로 제공과 직접 또는 밀접한 관련 없이 임금교섭의 무분규·조기 타결을 위한 일시적 지급이라는 사정이 반영된 점, (vii) 임금 교섭 때 노동조합이 이 돈의 지급을 요구한 적이 없었던 점, (viii) 어떤 해는 분규 발생과 상관없이 특별격려금이 지급되어 그 지급에 '무분규 타결'이라는 지급조건이 부가되지 않았던 것으로 보이는 점에서 특색이 있었다. 이 판결이 수긍한 원심 서울고법 2003. 9. 18. 선고 2002나18697, 18703 판결에 대한 평석은 조성혜, 21면 이하. 비슷한 취지의 판결로 대법원 2002. 6. 11. 선고 2001다16722 판결, 대법원 2005. 9. 9. 선고 2004다41217 판결, 대법원 2005. 10. 13. 선고 2004다13755 판결, 대법원 2005. 10. 13. 선고 2004다13762 판결, 대법원 2006. 2. 23. 선고 2005다54029 판결 등이 있다. 한편, 김재훈, 41면 이하는 앞서 본 성과금, 상여금, 특별상여금 등에 관한 여러 판결들의 취지를 분석하면서 최근 대법원 판결의 경향을 요약해보면, 지급기준, 지급액수, 지급시기 등이 미리 정해져 있어 근로자에게 법적으로 보호할 만한 기대권이 인정될 수 있으면 계속적·정기적·일률적이라고 하는 임금의 일반 요건은 다소 완화하여 해석하고 있다고 볼 수 있고, 최근 임금체계의 유연화 경향에 따라 성과금을 일시적인 금원 지급의 성격으로 판단하려는 경향을 나타내고 있다고 평가하였다.

자 개인의 실적에 따라 성과급이 지급된 경우.[117] 이에 대해서는 많은 비판이
있다. 요지는 "근로자 개인의 업무 실적에 따라 지급된 것이라면 당연히 근로의
대가로 보아야 한다"는 것이다.[118] 다시 말해 근로자 개인의 실적에 따라 결정되
는 성과급의 가장 전형적이고 기초적인 형태는 도급제 임금인데,[119] 위 판례가
이러한 도급제 임금까지 임금이 아니라고 할 것인지 의문이고, 근로자 개인의 실
적에 따라 금액이 달라진다고 하는 것은 고정적 임금 여부를 중시하는 통상임금
판단에서 문제될 수 있지 근로의 대가 여부를 판단하는 임금성 판단에서 문제
삼는 것은 기존 판례 태도와 배치되며,[120] 이 사건 성과급은 그 이전 일정액으
로 지급되는 상여금 제도 대신 도입되었다는 점을 간과하였다는 것 등이다.[121]

　　④ 생명보험 회사 임직원에게 지급된 장기성과급 명칭의 금품.[122] 개개인의
업무성과와 관계없이 회사 차원에서 일정한 성과를 달성한 경우 회사에 3년 이
상 근속한 임직원들 중 회사 재량으로 지급대상자를 선발하여 지급한 급여라는
점, 회사가 모든 정규 직원들을 대상으로 개개인의 업무성과를 고려하여 매년 3
월경 별도로 지급한 연간상여금과는 전혀 다른 성질의 것이라는 점, 해당 근로자
에게 4년 연속 지급되기는 하였지만, 이는 매년 회사가 재량으로 그 근로자를 대
상자로 선발하였기 때문이지 일정 자격 이상의 임직원들에게 그 장기성과급을 지
급하기로 하는 관행이나 관례가 성립하였기 때문은 아닌 점 등을 근거로 들었다.

(5) 차량운행수당, 교통비, 차량유지비, 자가운전보조비 등

　　통근하는 데에 드는 교통비, 통근하는 데에 쓰는 자가용을 유지하는 비용은
원래 근로자가 부담하여야 하는 것으로서 그 비용을 회사가 수당 형태로 지급
한다면 실비 변상 명목의 업무비로 볼 수 없고, 그 지급 기준이 정해져 있는 한
임금에 해당한다.[123]

---

117) 대법원 2004. 5. 14. 선고 2001다76328 판결. 비슷한 취지로 대법원 2006. 5. 26. 선고 2003다
　　54322, 54339 판결. "지급조건의 충족 여부는 근로자 개인의 실적에 따라 달라지는 것으로서
　　근로자의 근로제공 자체의 대가라고 볼 수 없다"고 하였다. 반면에 대법원 2002. 5. 31. 선고
　　2000다18127 판결, 대법원 2011. 3. 10. 선고 2010다77514 판결, 대법원 2011. 7. 14. 선고 2011
　　다23149 판결 등은, 지급조건과 지급시기가 단체협약 등에 정하여져 있는 경우에 근로자 개
　　인의 실적에 따른 성과급의 임금성을 인정하고 있어, 최근에는 개인성과급의 임금성을 인정
　　하는 입장이 주류적인 것으로 보인다.
118) 2004 노동판례비평, 20면 이하; 김홍영b, 275면 이하; 조영선, 88면 이하.
119) 법 46조; 영 6조 1항 통상임금 정의에 도급금액이 포함된 점 등 참조.
120) 김홍영b, 283면 이하.
121) 조영선, 100면.
122) 대법원 2013. 4. 11. 선고 2012다48077 판결.

　　판례는 (i) 출퇴근 교통비가 단체협약, 취업규칙 등에 명시되어 있지 않았더라도 정기적이고 제도적으로 지급되어 왔고, 부서장을 제외한 부서 모든 직원에게 그 직급에 따라 일률적으로 지급되어 왔으며, 부서장에게는 이를 대신하여 출퇴근 차량이 제공된 경우,[124] (ii) 차량유지비가 전 직원에 대하여 또는 일정한 직급을 기준으로 일률적으로 지급된 경우,[125] (iii) 운송회사가 운전수인 근로자에게 지급한 차량운행수당 명목의 돈이 차량운행횟수와 운행거리에 따라 그 지급액에 차이가 있다 해도 관례적으로 1회에 지급될 금액 등 지급기준을 정하고 운행횟수에 비례하여 매월 임금지급일에 계속적·정기적으로 지급된 경우[126] 그 지급된 돈은 모두 임금에 해당한다고 보았다.

　　그리고 고용노동부 예규는 통근비에 갈음하여 모든 직원에게 지급된 정기승차권은 근로 제공을 원활하게 하기 위해 지급된 임금이라 한다.[127]

　　반면 차량유지비가 지급되었지만 그 돈이 직원들 개인 소유의 차량을 업무용으로 사용하는 데 필요한 비용을 보조하기 위해 지급된 것이라면 실비변상이지 근로의 대가가 아니다.

　　판례는 "자가운전보조비 명목의 돈이 일정 직급 이상의 직원 중 자기 차량을 가지고 운전하는 직원에게만 지급되었다면 이는 자기 차량 보유와 운전 여부라는 특수하고 우연한 사정에 따라 그 지급 여부가 좌우되는 것으로서, 자가운전보조비 중 회사가 직원들에게 자기 차량의 보유와 관계 없이 교통비 명목으로 일률적으로 지급하는 금액을 초과하는 부분은 비록 그것이 실제 비용의 지출 여부를 묻지 아니하고 계속적이고 정기적으로 지급되었다 해도 근로의 대가가 아니다"라고 하였다.[128] 하지만 이에 대하여는 일정 직급 이상, 자기 차량 보유·운전이라는 조건 역시 일정 조건에 해당하고 그 일정 조건을 충족한 근로자에게 계속적·정기적·일률적으로 금품이 지급된 이상 판례의 기존 태도에 비추어 보더라도 임금성을 인정하는 것이 옳지 않았나 하는 비판이 가능하다.

123) 박홍규, 394면.
124) 대법원 1981. 10. 13. 선고 81다697 판결, 대법원 1990. 11. 27. 선고 90다카23868 판결, 대법원 1990. 12. 7. 선고 90다카19647 판결, 대법원 1992. 4. 10. 선고 91다37522 판결.
125) 대법원 1995. 3. 28. 선고 94다37639 판결('차량보조금'이라는 명목의 돈에 관한 사안이었다), 대법원 1997. 10. 24. 선고 96다33037, 33044 판결, 대법원 2002. 5. 31. 선고 2000다18127 판결.
126) 대법원 1997. 5. 28. 선고 96누15084 판결(이에 대한 평석으로는 강성태a, 87면 이하).
127) 고용노동부예규 30호, "평균임금산정에 포함되는 임금의 범위 예시와 확인요령" 3조 2항 가목 (8) (나) 참조.
128) 대법원 1995. 5. 12. 선고 94다55934 판결(이에 대한 평석으로는 김형진, 335면 이하).

(6) 축하금, 격려금, 선물비

축하금, 격려금 명목의 돈이 문제된 사안에서 판례는 단체협약이나 취업규칙 등에 그 지급대상이나 지급조건 등을 정하지 않은 점, 그 지급기준과 지급명목이 미리 정해지지 않고 회사가 임의적으로 정한 점 등을 들어 임금성을 부인한 사례가 있다.[129) 반면 노사합의에 따라 선물비를 연 200,000원 상당으로 책정한 후 그에 상응하는 선물을 현품으로 지급한 사실을 인정하면서 이를 임금으로 본 원심을 수긍한 판례가 있다.[130)

(7) 체력단련비, 휴가비, 후생용품비 등

노사 합의에 따라 모든 근로자에게 지급한 체력단련비, 휴가비 명목의 돈은 임금에 포함된다.[131)

판례는 휴가 사용 여부와 상관없이 일률적으로 휴가비를 지급하였다면 임금에 해당하고, 그렇지 않고 실제 휴가를 쓴 근로자에게만 휴가비를 지급하였다면 은혜적으로 지급된 금품에 불과하여 임금에 해당하지 않는다고 한 사례가 있다.[132)

후생용품비에 관하여 복리후생 명목으로 지급되는 금품이나 시설 이용 등의 임금성에 관하여는 앞에서 본 바와 같다. 판례 중에는 회사가 후생용품비 명목으로 매년 200,000원을 지급한 것을 임금으로 본 원심을 수긍한 사례가 있다.[133)

(8) 연구비 등 교수·교원에게 지급되는 금품

학교법인이 소속 대학 교수에게 정기적·계속적·일률적으로 지급한 연구수당

---

129) 대법원 1994. 5. 24. 선고 93다4649 판결(삼척탄좌개발 사건). 회사가 근로자에게 1981년 말부터 1991년 말까지 일정 지급 사유가 있을 때 증산축하금, 생산성향상축하금, 노사신뢰구축격려금, 노사신뢰회복격려금, 가동독려금 등 명목의 돈을 매년 말 지급한 사안이었다.

130) 대법원 2005. 9. 9. 선고 2004다41217 판결, 대법원 2005. 10. 13. 선고 2004다13762 판결.

131) 대법원 1990. 12. 27. 선고 90다카19647 판결, 대법원 1991. 1. 15. 선고 90다6170 판결, 대법원 1991. 2. 12. 선고 90다15952 등 판결, 대법원 1991. 2. 26. 선고 90다15662 판결, 대법원 1993. 5. 27. 선고 92다20316 판결, 대법원 2006. 5. 26. 선고 2003다54322, 54339 판결.

132) 대법원 1996. 5. 14. 선고 95다19256 판결(단체협약 등이 "모든 종업원에게 일률적으로 일정액을 하기휴가비로 지급하고, 하기휴가 3일은 일정 기간 동안에 반드시 실시하며 연월차, 급여, 수당과는 무관하다"고 규정한 사안이었다).

133) 대법원 2006. 5. 26. 선고 2003다54322, 54339 판결(그 사안은 회사가 상반기와 하반기로 나누어 20만 원을 후생용품비 명목으로 지급하기로 노사가 합의를 하고, 그에 따라 1년에 2회씩 각 10만 원 상당의 여러 생활용품을 전시한 후 근로자로 하여금 필요한 생활용품을 선택하게 하고, 만일 선택한 상품이 10만 원을 초과할 경우 그 초과 금액 상당액을 임금에서 공제하는 방식으로 현물로 지급한 사안이었다. 위 판결이 수긍한 원심은, 위 후생용품비가 단체협약에 의해 회사에 지급 의무가 지워졌고, 모든 근로자 또는 일정한 요건에 해당하는 근로자에게 일률적으로 지급된 것으로 보아 위 후생용품비의 임금성을 인정하였다).

(다만 교원 직급에 따라 차등 지급)과 학생지도수당은 임금에 해당한다.[134]

특정 연구를 위해 지급되거나 특별한 연구실적이 있는 경우 지급되는 연구비, 연구수당 등 명목의 돈은 일반적으로 실비변상의 성격의 금품으로 볼 것이고 임금에는 해당하지 않을 것이다.[135]

다. 실비변상 여부가 주로 문제된 사례

업무를 수행하는 데 소요되는 비용을 변상하기 위해서 지급되는 금품은 근로의 대가에 해당하지 않는다. 다만, 사용자가 근로자들에게 실제로 그 해당 명목으로 사용되는지를 불문하고 근무일마다 실비변상 명목으로 일정 금액을 지급하는 경우에, 위와 같이 지급된 금원을 실비변상에 해당한다는 이유를 들어 임금 또는 통상임금에서 제외할 수는 없다는 것이 판례이다.[136]

그리하여 판례는 버스여객자동차운송사업을 하는 사용자가 노사협의에 따라 실제 경비로 사용되는지를 불문하고 근로를 제공한 소속 운전직 근로자 모두에게 담뱃값, 장갑대, 음료수대, 청소비, 기타 승무 시 소요되는 경비 명목으로 지급한 일비를 임금으로 보았고(실제 경비로 사용되지 아니하였다는 이유로 사용자가 일비를 지급하지 않거나 감액하였다고 볼 만한 자료도 없다고 보았다), 정기적·일률적·고정적으로 지급된 것으로 통상임금에도 포함된다고 보았다.[137]

또한 판례는 버스여객자동차운송사업을 하는 사용자가 1998. 3.경 버스에 CCTV를 설치하면서 당일 출근하는 모든 운전직 근로자들에게 연초(담배), 장갑, 음료수, 기타 잡비 명목으로 일비 10,000원을 지급하기로 합의하였고, 이후 2012. 1.경 피고 노사가 노후한 CCTV를 철거하고 새로운 CCTV를 설치하면서는, CCTV 교체기간에는 음료대금 명목으로 일비 5,000원을 지급하고, 위 교체작업이 완료되는 2012. 1. 19. 이후에는 실비변상조로 장갑, 음료수, 담배, 기타 잡비 명목으로 일비 10,000원에 상당하는 피고 발행의 구내매점용 물품구입권을 지급하였으며, 실제 경비로 사용되는지 여부를 불문하고 당일 출근하는 운전직 근로자 모두에게 2012. 1. 18.까지는 통화를, 2012. 1. 19.부터는 물품구입권을 각 지급한 사안에서, 그 CCTV 수당은 운전직 근로자의 근로제공과 관련하여

134) 대법원 1977. 9. 28. 선고 77다300 판결.
135) 해고와 임금, 95면.
136) 대법원 2019. 4. 23. 선고 2014다27807 판결, 대법원 2020. 4. 29. 선고 2016다7647 판결, 대법원 2024. 11. 14. 선고 2020다227189 판결.
137) 대법원 2019. 4. 23. 선고 2014다27807 판결.

소정근로의 대가로서 임금이고, 통상임금에도 포함된다고 보았다.[138]

실비변상에 해당하여 임금성을 인정하지 않은 사례들은 아래와 같다.

(1) 출장비 등

출장에 필요한 여비나 숙박비로 지급되는 출장비는 실비변상적인 성질을 갖는 것으로서 임금에 해당하지 않는다.[139]

운송회사가 화물운전사들에게 지급한 작업출장비 명목의 금품에 관하여 판례는 실비변상 성격의 돈이어서 임금이 아니라고 판단하였다.[140] 이 판결에 대해서는 비판이 있다.[141]

출장 갔을 때 지급되는 식대 명목의 돈도 원칙적으로 임금이 아니다.[142]

(2) 일직 · 숙직 수당

판례는 일직 · 숙직 수당의 임금 여부가 문제된 사안에서, "이 사건 일직 · 숙직 근무수당은 보수규정에 규정되지 않았고, 보수규정 시행세칙의 부칙에 규정된 것으로서 일직 · 숙직 근무 당일의 식비 등으로 소비되는 실비변상 성격의 돈으로서 임금에 해당하지 않는다"고 보았다.[143]

하지만 구체적 사안에서 일직 · 숙직 때 사업장에서 당해 근로자가 수행하여야 할 업무 내용이 통상 업무의 연장으로 보일 때에는 그 일직 · 숙직 근무에 대응되는 수당은 연장 · 야간 · 휴일근로수당으로서 임금으로 보아야 하고,[144] 그 수

---

138) 대법원 2020. 4. 29. 선고 2016다7647 판결.

139) 대법원 1971. 10. 22. 선고 71다1982 판결(설사 그 돈이 월급에 포함되었더라도 임금으로 볼 수 없다고 하였다).

140) 대법원 1998. 1. 20. 선고 97다18936 판결(그 금품이 근로의욕 제고, 업무 능률 향상, 화주에 대한 부당한 금품 요구 관행 시정, 운행 중 발생하는 경미한 사고의 처리와 고장 수리, 화주의 사업장 내 현장 직원 독려 등을 위한 출장 중 운전사의 개인적 비용 지출에 대한 부담 해소 차원의 금품이라는 점을 근거로 들었다).

141) 강성태b, 49면 이하(요지는 "이 사건 작업출장비 지급의 직접 원인이 운송실적이라는 근로 제공인 점, 작업출장비의 산정 방법, 지급 시기에 관하여 상세한 기준이 마련되었다는 점, 일부 실비변상적 요인이 있지만, 시급제 아래에서 근로 의욕의 제고, 화주에 대한 부당금품 요구 관행의 시정, 작업의 독려 비용 등 그렇지 않은 요인이 더 크다는 점, 출장 비용 중 실비변상에 해당하는 식대나 고속도로 통행료가 별도로 지급되었다는 점, 회계처리상 운행 경비로 취급되고 있다거나 초과근무수당이 따로 지급되고 있다거나 그 금액이 상당히 고액이라는 것 등은 임금성 판단과 관련이 없거나 적다는 점 등을 볼 때 근로의 대가로 보아야 한다"는 것이다).

142) 대법원 1998. 1. 20. 선고 97다18936 판결, 나. (3)항 식대 부분 설명 참조.

143) 대법원 1990. 11. 27. 선고 90다카10312 판결. 하지만 이 판결에 대하여는 일직 · 숙직 수당을 특별근로에 대한 대가로 보아야 한다는 비판이 있다(박홍규, 392면).

144) 대법원 1990. 12. 26. 선고 90다카13465 판결, 대법원 1995. 1. 20. 선고 93다46254 판결(이에

당액이 통상임금과 그 일직·숙직 근로시간에 따라 산정된 금액에 미치지 못한다면 사용자는 근로자에게 그 차액을 추가 지급할 의무가 있다.

일직·숙직 내용을 통상의 근로에 해당한다고 인정하기 위해서는 근로의 본질에 따라 판단하여야 한다. 즉 일직·숙직 시간의 처분권을 사용자에게 맡겼는지(다시 말해 사용자의 지휘·명령 아래 있었는지), 아니면 머무는 장소만 사업장일 뿐 그 시간을 근로자가 자유로이 사용할 수 있었는지 여부에 따라 판단할 것이지만, 일직·숙직 시간 중 언제라도 사용자의 구체적인 지시·명령이 있으면 그에 따라야 한다거나 근무 지침에 따라 대기하면서 일정 상황이 발생하면 그에 따른 조치를 취하여야 할 수준의 일직·숙직 형태라면 근로 제공으로 인정해야 한다.[145] 구체적으로는 일직·숙직 때 시간의 사용이 통상의 근무 시간 때 이루어지는 사용자의 지휘·명령에서 완전히 벗어난 것인가 또는 통상의 근무 태양이 그대로 계속되고 있는가, 병원 근무자의 경우 일직·숙직 도중 입원 환자나 응급 환자에 대한 조치 등 본래의 업무에 종사하게 되는 빈도와 시간의 길고 짧음, 숙직 근무 때 충분한 수면시간이 보장되는지 여부 등이 고려될 수 있다. 다만, 근로 제공으로 인정되더라도 근무 수칙 등에서 규칙적이고 일정한 수면시간이 보장된다면 그 수면 시간은 근로 시간에서 제외된다. 일직·숙직 근무가 전체적으로 보아 근로의 밀도가 현저히 낮은 대기성의 단속적 업무에 해당할 경우에는 일직·숙직 근무 중 실제 근로에 종사한 시간(예를 들어 병원 근무자의 경우 실제 환자에 대하여 조치를 취한 시간[146])에 대해 연장·야간·휴일근로수당 등의 가산임금이 지급될 것이다.

(3) 그 외 실비변상 성격의 돈으로서 임금이 아니라고 본 것

① 판공비·기밀비·접대교제비 등(회사의 영업 활동에 드는 경비로서 실비변상 성격의 돈이다)

② 영업수당[147]

대한 평석으로는 김원정, 19면 이하).
145) 근로시간의 포함 여부에 관한 대법원 1993. 5. 27. 선고 92다24509 판결, 대법원 2006. 11. 23. 선고 2006다41990 판결 등 참조.
146) 하지만 일직·숙직 도중 경비 업무를 볼 경우 일반적으로 경비원의 근무 시간 모두를 근로 시간이라 보지 않을 이유가 없으므로 정해진 수면 시간을 제외한 나머지 시간 전부를 근로 시간으로 볼 것이다.
147) 회사의 급여 규정이 아닌 별도 지급규정에 따라 지급되는 것으로서, 회사 밖에서 영업 활동을 위하여 외근하는 영업사원만을 대상으로 출근하여 영업활동을 한 날에 그 영업활동에

③ 근무복 · 기구수당148) · 사무용품 · 작업장비149) 등 구입비

④ 해외주재 수당150)

라. 지급 의무의 존부(임의적 · 은혜적 지급 여부)가 주로 문제된 사례

(1) 축의금 · 조의금 · 위로금 등

축의금 · 조의금 · 위로금 등 명목의 돈은 통상적으로 의례적인 의미에서 임의로 지급되는 것이어서 임금이 아닌 경우가 대부분이다. 단체협약, 취업규칙 등에 경조사비 명목 금품 지급에 관한 규정이 있을 때 이를 임금으로 보아야 할지에 관하여는 긍정설151)과 부정설152)이 있다.

(2) 임시로 지급되는 물건 등

임시로 지급되는 물건, 축제일이나 근로자의 개인적 길흉화복에 따라 지급되는 물건은 임금이 아닐 것이지만,153) 이는 단체협약 등에 지급 규정이 없는 경우에 한하고, 만일 그 규정이 존재한다면 긍정설과 부정설로 나뉘어질 수 있음은 축의금 등의 경우와 같다.

마. 그 외 문제되는 사례

(1) 택시운전사의 사납금 초과 운송수입액

판례는 택시운전사의 사납급 초과 운송수입액의 임금성을 인정하고 있다. 그 근거로는 근로 형태의 특수성과 계산의 편의 등을 고려하여 사납금을 초과한 나머지 운송수입금을 운전사 개인의 수입으로 하고 자유로운 처분에 맡겨

드는 비용 명목으로 지급하는 돈. 이 영업수당은 실비변상 성격의 돈으로서 임금에서 제외된다(해고와 임금, 94면).

148) 1966. 8. 22. 노정근 1455.9-4071.

149) 1981. 12. 22. 근기 1455-37763.

150) 국외주재 직원으로 근무하는 동안 지급받은 급여 가운데 동등한 직급 호봉의 국내 직원에게 지급되는 급여를 초과하는 부분은 근로의 대가로 지급받은 것이 아니라 실비변상적인 것으로 볼 여지가 있다고 본 대법원 1990. 11. 9. 선고 90다카4683 판결 참조(하지만 위 판결은 위 돈을 실비변상적인 것 또는 특수한 근무조건에 따라 국외주재 직원으로 근무하는 동안 임시로 지급받은 임금이라고 보면서 평균임금 산정의 기초가 되는 임금에서 제외하도록 한 회사 취업규칙이 무효가 아니라고 판시한 것이었고, 반드시 해외주재 수당이 임금이 아니라고 본 것은 아니었다).

151) 김기덕d, 102면; 박홍규, 392면.

152) 김형배, 353~354면은, "지급사유가 미리 확정되어 있지 않고 지급조건도 회사가 임의적으로 정하기 때문에 임금이라고 할 수 없다."고 하면서 대법원 1994. 5. 24. 선고 93다4649 판결을 들어 부정설을 취한다. 다만 위 판결은 경조사비 일반이 아니라 축하금, 격려금 명목의 돈에 관한 사안이라 혼인, 부의금의 성격까지 포괄하는지 여부는 신중하게 보아야 한다.

153) 박홍규, 393면.

왔다는 점을 든다.[154]

　　그리고 판례는 정당한 사유 없이 해고된 택시운전사에게 지급되어야 할 해고 기간 중 임금에 사납금 초과 운송수입금이 포함되는지 여부에 관하여, 운송수입의 회사 입금액만으로 임금액을 산정하여서는 아니 되고 통계소득을 기준으로 해고 기간 중의 임금을 산정할 수는 없으며, 해고 당시의 실제 수입을 기초로 임금액을 산정하여야 한다고 판시하였다.[155]

　　다만, 판례는 사납금 초과 운송수입금은 퇴직금 산정의 기초가 되는 평균임금에는 포함되지 않는다고 한다.[156] 사용자가 출연하는 퇴직금을 산정함에는 예측가능성이 있어야 하므로 전액 관리 가능하거나 지배 가능한 부분만 퇴직금 산정의 기초가 되는 평균임금에 포함되어야 한다는 점을 근거로 했다.[157] 이에 대하여는 임금 총액을 평균임금에 포함시킨다는 평균임금 개념에 비추어 법리적 근거가 불분명하고 평균임금의 취지에 맞지 않다는 비판이 있고,[158] 이와 같이 임금에 해당한다고 하면서 관리상의 어려움을 들어 평균임금에서 제외시키는 것은 법률적 근거가 없다는 비판이 있다.[159]

　　하지만 판례는 위와 같은 경우라도, 운송회사 근로자가 총 운송수입금을 전부 운송회사에 납부한 후 다시 운송회사로부터 사납금 초과 부분을 지급받은 경우에는 운송회사가 사납금 초과 수입금의 발생 여부와 금액 범위를 확인·특정할 수 있기 때문에 사납금 초과 수입금을 관리하고 지배할 수 있다고 본다. 그리하여 이러한 경우에는 그 사납금 초과 수입금을 퇴직금 산정의 기초가 되는 평균임금에 포함시킨다.[160]

　　반면 이러한 사납금 초과 운송수입금이 산재법상 휴업급여, 장해급여 등 각종 보험급여의 산정 기초가 되는 평균임금을 산정할 때에는 이러한 사용자의

154) 대법원 1988. 3. 22. 선고 87다카570 판결, 대법원 1993. 12. 24. 선고 91다36192 판결, 대법원 1997. 3. 25. 선고 96누17905 판결, 대법원 1998. 3. 13. 선고 95다55733 판결, 대법원 1999. 4. 23. 선고 98다18568 판결, 대법원 2000. 4. 25. 선고 98두15269 판결(이에 대한 평석으로는 노태악, 367면 이하).
155) 대법원 2006. 4. 27. 선고 2004다27105 판결(이에 대한 평석으로는 권영국, 40면 이하. 위 평석은 이 판결이 증거 편재에 따르는 증명의 어려움을 근로자에게 전가했다고 비판한다).
156) 대법원 1998. 3. 13. 선고 95다55733 판결, 대법원 1999. 4. 23. 선고 98다18568 판결.
157) 노태악, 367면.
158) 권영국, 43면; 김유성, 84면; 김희철, 40면 이하.
159) 문무기 외 3명, 141면; 이철수e, 139면 이하.
160) 대법원 2002. 8. 23. 선고 2002다4399 판결.

예측가능성을 고려할 것까지는 아니어서 임금 해당성의 일반 원칙으로 돌아가 당연히 평균임금에 포함된다는 것이 판례 취지이다.[161)

(2) 노동조합 전임자에게 지급된 금품과 근로시간 면제 대상으로 지정된 근로자에게 지급된 급여

노조법 24조 2항은, '노동조합 전임자는 그 전임기간 동안 사용자로부터 어떠한 급여도 지급받아서는 아니된다'고 규정하고, 노조법 81조 4호는 노동조합 전임자에게 급여를 지원하는 행위를 부당노동행위에 포함시켜 금지하고 있다. 이 규정은 여러 차례 시행 연기를 거쳐 최종적으로 2010. 1. 1. 시행에 들어갔다. 그러면서 이 노동조합 전임자 제도를 대체하여 노조법은 24조 4항, 24조의2를 두고 2010. 7. 1.부터 근로시간 면제 제도를 시행하였다. 이 제도에 따르면 노사가 단체협약으로 정하거나 사용자가 동의하는 경우, 고용노동부장관이 고시한 근로시간 면제 한도의 범위 내에서 근로자는 임금 손실 없이 대(對) 사용자 협의·교섭, 고충처리, 산업안전 활동 등 업무와 건전한 노사관계 발전을 위한 노동조합 유지·관리업무를 할 수 있다(노조법 24조 4항). 이 근로시간 면제 제도에 따라 노동조합 전임자가 사용자로부터 받는 금품은, 노조법 24조 4항의 '임금의 손실 없이 ⋯ 업무를 할 수 있다'는 문언을 그대로 해석할 때 '임금의 손실' 없이 업무를 하여 받는 금품은 여전히 임금이라고 해석되는 점, 이 제도에 따라 노동조합이 전임자가 행하는 업무는 노사 공동의 이해관계에 속하는 활동(협의·교섭, 고충처리, 산업안전, 건전한 노사관계 발전을 위한 노동조합 유지·관리업무)이어서 이 역시 사용자에게 제공하는 근로로 보아야 한다는 점을 고려할 때 임금으로 볼 것이다. 판례 또한 같은 태도이다.[162) 다만 위 판례는 임금 인정 범위를, '동종 유사 업무 종사 동일 유사 직급·호봉 근로자가 받을 수 있는 금액과 비교하여 사회통념상 수긍할 만한 합리적인 범위 안'으로 제한하고 있다.

한편 이 근로시간 면제 제도 시행과 사용자의 노동조합 전임자에 대한 급여 지급 금지 규정 시행 이전에 이루어지던 노동조합 전임자 지급 금품이 임금인지 여부가 문제되었는바, 판례는 이를 부정한 바 있다. 즉 판례는, "노동조합

---

161) 노태악, 367면.
162) 대법원 2018. 4. 26. 선고 2012다8239 판결(이에 대한 평석은 권오성b, 89~92면; 김태욱b, 34~36면). 반면 해고와 임금, 91면은 근로시간 면제 제도 대상으로 지정된 근로자에게 지급된 급여의 임금성을 부정한다. 종전 판례가 노동조합 전임자 지급 금품의 임금성을 부정하였는데, 그 논리의 연장선상에 있다는 이유를 든다.

전임자는 사용자와 사이에 기본적 노사관계는 유지되고 근로자의 신분도 그대로 가지지만, 근로 제공 의무가 면제되고 사용자의 임금 지급 의무도 면제된다는 점에서 휴직상태에 있는 근로자와 비슷하고, 사용자가 단체협약 등에 따라 노동조합 전임자에게 일정한 돈을 지급하였다 하더라도 이는 근로의 대가인 임금이라고 할 수 없다"고 하였다.[163]

한편 판례는, 노동조합 전임자가 받는 급여는 임금이 아니지만, 일반 조합원이 쟁의행위 때 그 쟁의행위 기간에 대한 임금을 받지 못하는 것과 마찬가지로 노동조합 전임자가 사용자에게서 받는 급여로서 쟁의행위 기간에 해당하는 부분은 사용자에게 청구할 수 없다고 하였다.[164]

(3) 사회보험 보험료, 원천징수 납부 소득세액 등

근로자가 피보험자인 공공 보험에서, 법률상 근로자가 납부하여야 할 보험

---

163) 대법원 1998. 4. 24. 선고 97다54727 판결(노동조합 전임자의 퇴직금은 통상 생활 임금을 보장한다는 퇴직금 제도 취지에 비추어 볼 때, 같은 직급, 같은 호봉의 근로자 평균임금을 기초로 산정하여야 한다), 대법원 2003. 9. 2. 선고 2003다4815 등 판결. 이 판결에 대하여는 노동조합 전임자의 전임관계는 휴직과 유사한 관계가 아니라 비사업적 근로자 파견과 유사하다는 점, 노동조합의 전임관계에 관한 단체협약 규정은 채무적 효력만이 아니라 규범적 효력이 있고 파견과 유사한 관계라는 점에서 전임자의 급여는 임금으로 볼 수 있으며, 사용자에 대하여 직접 행해진 근로제공의 대가만을 임금으로 보지 않는 여러 경우와 같이 노동조합 전임자의 급여 역시 임금으로 보아야 한다는 비판이 있다(강성태d, 187면 이하). 또한 사용자는 통상 '노조전임자의 근무를 인정하고 임금을 지급한다'는 내용으로 단체협약을 체결하는데 노조 전임자가 회사 업무와 밀접한 관련이 있는 노조활동을 수행하는 데 대해 근로계약상 정해진 임금을 지급하는 것으로 해석해야 하고, 임금 판단 기준으로 근로대가성이란 반드시 근로를 실제 해야만 한다는 것을 요구하지 않는다는 점, 휴직을 유급으로 하는 경우도 얼마든지 있는데 그 때 지급되는 금품도 임금인 점 등을 들어 비판하는 견해가 있다(김상호, 9~11면), 노동조합과 또한 노동조합 전임자가 근로 제공 의무가 면제되는 휴직 상태와 비슷하다고 본 것에 대하여는, 휴직은 근로관계의 주된 의무들이 정지되는 상태를 의미하지만, 노조 전임자가 출근을 해야 하고 단지 쉬는 것이 아니라 회사의 노무관리업무에 관련된 노조 업무를 수행하여야 하고, 노조 전임자에게 징계를 할 수 있다는 점을 고려할 때 휴직과 성질이 다르다는 비판이 있다(김상호, 8~9면). 노조 전임자도 취업규칙이나 사규의 적용을 받고, 노동조합 사무실에 출근하여 조합 업무에 착수할 의무가 있는데 그렇게 하지 않았다면 무단 결근에 해당하며, 이에 대하여 징계해고가 가능하다고 한 판결(대법원 1995. 4. 11. 선고 94다58087 판결, 대법원 1997. 3. 11. 선고 95다46715 판결) 취지와 맞지 않는다는 점에서 그 비판은 적절하다.

164) 대법원 2003. 9. 2. 선고 2003다4815 등 판결, 대법원 2009. 12. 24. 선고 2007다73277 판결 등 판결. 논거로는, "노동조합 전임자를 일반조합원보다 더욱 유리하게 처우하는 것은 단체협약의 규정을 둔 목적이나 취지에 비추어 볼 때 노사 쌍방이 당초 의도한 바와 합치하지 아니하고, 또 파업으로 인하여 일반조합원들이 무노동 무임금 원칙에 따라 임금을 지급받지 못하게 된 마당에 그 조합원들로 구성된 노동조합의 간부라고 할 수 있는 노동조합 전임자들이 자신들의 급여만은 지급받겠다고 하는 것은 일반조합원들에 대한 관계에 있어서도 결코 정당성이 인정될 수 없"다는 점을 들었다. 이에 대한 평석으로는 강성태d, 186면 이하.

료(고용보험료, 국민건강보험료, 국민연금보험료 등165))의 전부 또는 일부를 회사가
대신 납부할 경우, 그 대신 납부하는 보험료 상당액은 직접 근로자에게 지급되
는 것이 아니라도 임금이다. 또한 사용자가 근로자의 급여에서 원천징수하여 납
부하여야 하는 근로소득세액 상당액을 회사의 부담으로 납부한 경우에도 그 세
액 상당액은 임금이다.166)

　　또한 회사가 노동조합과 사이에 매월 개인연금으로 일정액을 불입하기로
노사합의를 하고 그 무렵부터 기타 수당이라는 이름으로 이를 지급하였고, 회사
는 위 개인연금 보조금을 지급하면서 이를 월급여 총액에 포함시켜 소득세까지
공제했다면 이 개인연금보조금은 임금이다.167)

　　하지만 산재보험, 고용보험, 국민건강보험, 국민연금 등 각종 사회보험제도
에서 사용자가 부담하는 보험료 부분은 임금이 아니고,168) 그와 같은 사회보험
제도에 따라 받는 각종 보험급여도 임금이 아니다.

(4) 월급여 또는 일당에 포함되어 분할 지급받은 퇴직금 상당액

⑺ 원   칙

　　사용자가 월급여나 일당 속에 퇴직금이라는 명목으로 일정 금액을 지급하
였다 하더라도 퇴직금 지급으로서 효력이 없음은 물론 그와 같은 약정을 하는
것은 강행법규에 위반되어 무효이다.169)

　　이와 같이 퇴직금 지급으로서 효력이 없는 퇴직금 명목의 금품이 임금에
해당하는지에 관하여 학설은 긍정설170)과 부정설171)로 나뉜다. 한편 대법원은

---

165) 사용자가 부담하는 보험료는 따로 있다. 반면 산업재해보상보험료는 사용자가 전액 부담한다.
166) 해고와 임금, 87면. 한편 급여로 매월 일정액을 지급하되 그에 대하여 부과되는 근로소득
　　세 등을 대납해 주기로 근로계약을 체결한 사안에서 대납하기로 한 근로소득세 등 상당액은
　　평균임금 산정의 기초가 되는 임금총액에 해당한다고 판단한 판결로는, 대법원 2021. 6. 24.
　　선고 2016다200200 판결 참조.
167) 개인연금과 사내 신용협동조합 출자보조금에 관하여는 대법원 2002. 10. 17. 선고 2002다
　　8025 전원합의체 판결 참조. 개인연금 또는 단체개인연금 보험료에 관하여는 대법원 2005. 9.
　　9. 선고 2004다41217 판결, 대법원 2006. 5. 26. 선고 2003다54322, 54339 판결, 대법원 2011.
　　6. 10. 선고 2010두19461 판결.
168) 대법원 1994. 7. 29. 선고 92다30801 판결.
169) 대법원 1998. 3. 24. 선고 96다24699 판결, 대법원 2002. 7. 12. 선고 2002도2211 판결, 대법
　　원 2002. 7. 26. 선고 2000다27671 판결, 대법원 2007. 8. 23. 선고 2007도4171 판결, 대법원
　　2010. 5. 20. 선고 2007다90760 전원합의체 판결 등.
170) 강희원, 625면; 구태회, 153면; 권창영, 119면; 김성수, 170면; 김홍영c, 210면; 이용인, 309
　　면; 이호철a, 197면. 한편 유성재 교수는 퇴직금지급규정(퇴직급여법 8조 1항)을 위반한 퇴직
　　금 분할 지급 금전은 임금이라 보고, 단순한 퇴직금 중간정산규정을 위반한 퇴직금 명목의

2010. 5. 20. 선고 2007다90760 전원합의체 판결로 임금성을 부정하였다(논거는 '퇴직금 분할 약정이 유효하지 않다면 사용자는 퇴직금 명목 돈을 지급할 의무가 있었던 것이 아니므로, 위 약정으로 지급한 돈은 임금이 아니라'는 것이다).[172] 나아가 이와 같이 퇴직금 명목으로 지급된 돈은 부당이득으로 사용자에게 반환하여야 한다고 판시하였다(그 논거는, "사용자는 법률상 원인 없이 근로자에게 돈을 지급함으로써 위 돈 상당의 손해를 입은 반면 근로자는 같은 금액 상당의 이익을 얻은 셈이 되므로, 근로자는 이 돈을 부당이득으로 반환하여야 한다고 보는 것이 공평의 견지에서 합당하다고 한다"는 것이다).[173] 또한 위 판결은 이와 같이 사용자에게 반환하여야 할 퇴직금 명목의 돈은, 사용자가 근로자에 대하여 가지는 채권으로서 근로자의 임금채권과 상계하지 못한다고 하는 임금 전액 지급 원칙에 대한 예외로서 허용되는 이른바 조정적 상계[174]의 대상이 될 수 있다고 하면서, 다만 공익적 · 사회정책적 이유에서 급여 채권의 2분의 1에 해당하는 금액을 압류 금지하는 민사집행법 246조 1항 5호 규정과 압류 금지 채권의 채무자는 상계로 채권자에게 대항하지 못한다는 민법 497조 규정에 비추어 그 부당이득반환 채권을 자동채권으로 하여 근로자의 퇴직금채권과 상계하는 것은 퇴직금채권의 2분의 1을 초과하는 부분에 해당하는 금액에 관하여만 허용된다고 보았다.[175]

금전은 임금으로 보기 어렵다 하면서, 이 돈은 부당이득이지만 민법 742조의 악의의 비채변제나 도의관념에 적합한 비채변제에 해당하여 반환청구의 대상이 될 수 없다고 한다(유성재 a, 282면 이하).

171) 임금성을 부인하는 견해는 결국 이 돈은 부당이득이 된다는 것인데, 그 견해는 그 반환 청구를 인정하는 견해와 부정하는 견해로 다시 나뉜다. 전자(부당이득반환 긍정)는 김소영, 350면; 임상민, 185면 이하. 후자(부당이득반환 부정)로는 김홍영c, 212면(부당이득반환 여부만에 관한 견해이다. 임금성 여부에서는 긍정설을 취한다); 김희성, 251~252면, 255면, 이용인, 312면(부당이득반환 여부만에 관한 견해이다. 임금성 여부에서는 긍정설을 취한다).

172) 이 전원합의체 판결에 대한 평석은 김홍영k, 202~205면; 박순영a, 326면 이하.

173) 이 전원합의체 다수의견에 대해 별개 및 반대의견은, "임금은 그 명칭이 어떠한지는 문제되지 아니하고, 퇴직금 분할 약정에 따라 퇴직금 명목으로 지급되는 돈은, 근로계약이 존속하는 동안에 지급되는 것이라는 점에서 퇴직금일 수 없고, 그 약정에 따라 지급의무를 져서 근로자에게 계속적 · 정기적으로 지급하는 것이지만 퇴직금은 아니라는 점에서 근로의 대가로 지급되는 임금의 일종이라고 볼 수밖에 없다"고 하였다.

174) 계산의 착오 등으로 임금을 초과 지급한 경우에, 근로자가 퇴직 후 그 재직 중 받지 못한 임금이나 퇴직금을 청구하거나, 근로자가 비록 재직 중에 임금을 청구하더라도 위 초과 지급한 시기와 상계권 행사의 시기가 임금의 정산, 조정의 실질을 잃지 않을 만큼 근접하여 있고 나아가 사용자가 상계의 금액과 방법을 미리 예고하는 등으로 근로자의 경제생활의 안정을 해할 염려가 없는 때에는, 사용자는 위 초과 지급한 임금의 반환청구권을 자동채권으로 하여 근로자의 임금채권이나 퇴직금채권과 상계할 수 있는 경우를 이른바 조정적 상계라 한다.

175) 한편 별개 및 반대의견은, "퇴직금 분할 지급 약정에 따라 근로자에게 지급된 돈은 퇴직금일 수 없고, 근로의 대가로 지급되는 임금의 일종이라고 볼 수밖에 없다. (상계 허용은) 결과

이 판결에 대하여는 다음과 같은 비판이 있다. 즉 분할 지급 퇴직금을 임금이 아니라고 할 경우, 근로자에게 유효하게 지급되는 중간 정산 퇴직금[176]이 인정되는 이상 분할 지급 퇴직금을 임금으로 보지 않을 논리적 타당성이 없다. 분할 지급 퇴직금을 임금으로 보지 않는 것은, 부당이득 법리를 끌어와 상계를 인정하기 위한 논리적 조작이 목적이다. 퇴직금 분할 지급 약정은 주로 사용자의 필요에 의해 일방적인 요구로 이루어지는 것이고, 반사회질서로서 불법원인급여의 부당이득 문제로 보아야 했다. 이러한 상계 허용은 사용자의 탈법을 열어주었다.[177] 또다른 비판으로는, 실제 퇴직금 분할 지급 명목의 돈 중 상계가 되지 아니하는 2분의 1의 돈이 퇴직금 분할 지급으로 사실상 인정되는 것이 현실로 될 수 있다. 사용자가 법적으로 무효인 이 약정을 활용할 위험이 있다. 계약의 형식에 숨어 있는 노동관계의 실질을 제대로 파악하지 못하였다.[178]

(나) **퇴직금 분할 약정이 아니라 실질이 임금을 정한 것으로 보는 경우**

판례는 위와 같이 퇴직금을 월급이나 일당과 함께 미리 지급하기로 약정하여 무효로 보면서 그 지급된 퇴직금 명목의 돈이 임금이 아니라고 하는 법리를 제시하면서도, 다만 "위와 같은 법리는 사용자와 근로자 사이에 실질적인 퇴직금 분할 약정이 존재함을 전제로 하여 비로소 적용할 것"이라고 하였다. 그러면서 판례는, "사용자와 근로자가 체결한 당해 약정이 그 실질은 임금을 정한 것에 불과함에도 불구하고 사용자가 퇴직금의 지급을 면탈하기 위하여 퇴

적으로 근로계약이 존속하는 동안에 퇴직금 명목으로 지급된 금원에 대하여 퇴직금을 분할하여 미리 지급한 효력을 그대로 인정하는 것과 아무런 차이가 없고, 이는 당초에 다수의견이 퇴직금 분할 약정에 따라 지급된 금원에 퇴직금 지급으로서의 효력을 부정하려는 것과는 모순된다"고 지적하였다. 또다른 별개 및 반대견해는 "퇴직금은 후불적 임금의 성격 이외에도 사회보장적 급여의 성격과 공로보상의 성격이 있다. 그리고 사용자가 근로자에 대하여 가지는 채권을 가지고 일방적으로 근로자의 임금채권과 상계하는 것은 원칙적으로 금지되고, 이러한 법리는 퇴직금의 경우에도 마찬가지로 적용된다. 퇴직금 명목의 돈 상당의 부당이득 반환청구권은 미리 행하여진 이른바 '퇴직금 분할 약정'에 기하여 의도적으로 퇴직금을 미리 지급함으로 말미암아 발생한 것으로서 조정적 상계가 허용되는 계산의 착오 등으로 임금이 초과 지급된 경우와는 그 법률적 성격을 확연히 달리한다는 점에 비추어 볼 때, 다수의견에는 퇴직금의 후불적 임금의 성격만을 지나치게 강조한 나머지 사회보장적 급여 및 공로보상으로서의 성격을 간과하였다는 점에서 문제가 있고, 사용자 내지 기업의 공공성·사회성 관점을 고려하지 아니한 형식적인 해석론이고, 상계를 금지한 제도적 취지를 지나치게 형해화할 우려가 있다"는 취지로 다수의견을 반대하였다.

176) 퇴직급여법 8조 2항은 주택구입 등 대통령령(퇴직급여법 시행령 3조 1항 각 호가 정하고 있다)으로 정하는 사유가 있을 경우 퇴직금 중간 정산을 인정하고 있다.

177) 이상 강희원, 624면 이하.

178) 이상 김홍영e, 207면 이하.

직금 분할 약정의 형식만을 취한 것인 경우에는 위와 같은 법리를 적용할 수 없다.", "사용자와 근로자 사이에 월급이나 일당 등에 퇴직금을 포함시키고 퇴직 시 별도의 퇴직금을 지급하지 않는다는 취지의 합의가 존재할 뿐만 아니라, 임금과 구별되는 퇴직금 명목 금원의 액수가 특정되고, 위 퇴직금 명목 돈을 제외한 임금의 액수 등을 고려할 때 퇴직금 분할 약정을 포함하는 근로계약의 내용이 종전의 근로계약이나 근로기준법 등에 비추어 근로자에게 불이익하지 아니하여야 하는 등, 사용자와 근로자가 임금과 구별하여 추가로 퇴직금 명목으로 일정한 금원을 실질적으로 지급할 것을 약정한 경우에 한하여 위와 같은 법리가 적용된다."고 판시하였다.179) 즉 판례는 사실 인정의 문제로 당사자 사이에 실질은 임금을 약정하면서 명목만 분할 퇴직금으로 한 경우는, 위 전원합의체 판결이 제시한 법리가 적용되지 않고 퇴직금 명목의 돈은 그 자체가 임금이라 보고 퇴직금 산정 등 평균임금 산정의 기초가 되는 금품의 범위에 포함된다고 한다. 그러나 판례가 보는 것과 같이 '실질적 퇴직금 분할 약정'과 '실질이 임금을 약정하면서 형식만 퇴직금 약정을 한 경우'를 구분하여 전자에 대하여 강행법규를 어긴 사용자에게 일정 보호(2분의 1 상계 허용)를 해주는 것은 지나치게 작위적이다. 그 사용자에게 임금 지급 효과 부여, 반환청구 불가, 별도 퇴직금 지급의 제재에 가까운 불이익을 가하는 것이 퇴직금 제도 잠탈을 막는 효과적인 방안이라는 점에서 이러한 전원합의체 판결의 태도에 찬동하기 어렵다.

바. 근기법에서 규정한 수당, 보상

(1) 해고예고수당

사용자가 근로자를 해고하면서 해고일 30일 전까지 해고를 예고하지 않을 때 지급하여야 하는 해고예고수당(30일분 이상의 통상임금)의 임금성에 대하여는 부정하는 견해180)와 긍정하는 견해181)가 있다.

한편 판례는 해고예고수당 성격의 무예고 해고보상금 청구권은 임금채권에 해당하므로 법 49조에 정하여진 소멸시효에 따른다고 한다.182)

---

179) 대법원 2010. 5. 27. 선고 2008다9150 판결, 대법원 2012. 10. 11. 선고 2010다95147 판결(이 판결에 대한 평석은 조용만, 378~381면), 대법원 2012. 12. 13. 선고 2012다77006 판결.

180) 해고와 임금, 88면.

181) 박홍규, 395면. 이 견해에 따르면 이론적으로 예고기간 중에도 취업하였다고 보고, 이 때 의제된 근로에 대하여 통상임금을 기준으로 지급되는 것이어서, 임금의 일종으로 볼 수 있다고 한다.

182) 대법원 1965. 7. 6. 선고 65다877 판결.

(2) 연장, 야간, 휴일근로수당

연장근로수당, 야간근로수당, 휴일근로수당은 당연히 근로의 대가로서 임금이다.[183]

(3) 휴업수당

사용자의 귀책사유로 휴업하는 경우 사용자가 지급하여야 할 휴업수당(법 46조 1항)은 위험부담자로서의 사용자가 근로의 대가로 지급하는 것으로서 임금에 해당한다.[184]

(4) 재해보상

법 8장 78조부터 83조까지 규정된 요양보상, 휴업보상, 장해보상, 유족보상, 장의비 등은 근로의 대가로 지급되는 것이 아니기 때문에 임금이 아니다. 단체협약 등에 사용자가 법정보상기준 이상으로 지급하도록 규정되었더라도, 그 초과액 성격은 여전히 재해보상이고, 임금으로 바뀐다고 볼 수 없다.

3. 명칭 불문 사용자가 지급하는 모든 금품

가. 금   품

임금은 금품이어야 한다. 금전이 보통일 것이나, 유가증권일 수도 있고, 현물[185]이나 시설의 제공 등 이익을 제공하는 것도 모두 포함된다. 임금은 통화로 지급되어야 하지만(법 43조 1항), 그러한 규정이 있다고 하여 통화 이외의 다른 지급수단을 임금에서 제외할 것은 아니다.[186] 다만, 대금이 징수되는 것(대금이 지극히 저렴한 경우 제외)이나 복리후생시설에 해당하는 것은 임금에서 제외된다.

나. 명칭 불문

금품의 명칭에 따라 임금에 해당하는지 여부가 달라지지 않는다. 임금 여부의 판단은 그것이 근로의 제공과 관련이 있는 것으로서 근로의 대가인지 여부에 달려 있지 명칭에 따라 달라지지 않는다.

별정수당, 체력단련비, 자녀학비보조비, 가계보조비, 출근수당 또는 출근장려수당, 정근수당, 생산장려금 또는 생산장려(독려)수당, 기능장려수당, 입갱수당,

---

183) 휴일근로수당에 관하여는 대법원 1992. 4. 14. 선고 91다5587 판결 참조.
184) 해고와 임금, 88면.
185) 대법원 1990. 12. 7. 선고 90다카19647 판결, 대법원 2005. 9. 9. 선고 2004다41217 판결.
186) 김지형, 153면.

연료수당, 물가수당, 위험수당, 월동보조비, 김장비, 여름휴가비, 명절휴가비 등의 이름으로 지급되는 것은 그 명칭만으로 임금에 해당하는지 여부를 판가름할 수 없다. 앞서 본 바와 같이 그것이 근로의 대가에 해당하면 임금에 해당하고, 특히 취업규칙, 단체협약, 급여규정 등에서 사용자에게 지급의무가 지워져 있고 그 지급조건에 해당하는 모든 근로자에게 계속적·정기적·일률적으로 지급되는 것이면 당연히 임금에 해당하며, 그러한 표지가 일부 없더라도 실질을 따져 근로 대가성이 인정되면 임금에 해당한다.

다. 사용자가 지급

임금은 사용자와 근로자 사이의 관계, 즉 근로관계를 맺은 당사자 사이에 지급되는 것이어야 한다. 문제되는 사례는 다음과 같은 것이 있다.

(1) 봉사료(팁)

호텔이나 식당과 같은 접객업소에 종사하는 근로자나 택시회사 운전기사가 손님이나 승객한테 받는 팁은 사용자가 지급하는 것이 아니므로 원칙적으로 임금이 아니다.[187] 하지만 봉사료라 하더라도 사용자가 일정률 또는 일정금액으로 정하여 이를 관리하면서 분배하는 경우나 사용자가 '팁'을 일정액으로 정하거나 사실상 일정액을 받도록 직·간접적으로 규제한다면 이를 임금으로 볼 여지가 생긴다.[188]

판례는 골프장의 캐디가 법상 근로자인지 여부에 관한 판단을 하면서, 내장객의 경기보조업무를 수행한 대가로 내장객으로부터 직접 '캐디 피'라는 명목으로 봉사료만을 받았을 뿐 골프장 시설운용자로부터는 어떠한 금품도 지급받지 아니하였다고 하여 봉사료가 임금이 아니라는 취지를 간접적으로 밝힌 바가 있는 반면,[189] 골프연습장 캐디가 손님에게서 받은 봉사료에 관하여 이는 명칭만 봉사료일 뿐 실질적으로는 영업에 따른 판매 대금의 일부이고, 분배도 사용자가 한다는 점에서 임금에 해당할 여지가 있다고 본 사례도 있다.[190]

187) 1969. 4. 21. 법무 810-4419; 1988. 1. 20. 노동부예규 150호 임금산정의 범위에 포함되는 금품 예시 — [별표 1-3] ⑦ 나 참조(해고와 임금, 97면에서 재인용).
188) 민주사회를 위한 변호사모임, 86면; 하갑래, 216면.
189) 대법원 1996. 7. 30. 선고 95누13432 판결.
190) 대법원 1992. 4. 28. 선고 91누8104 판결. 이 판결은 봉사료 명목의 수입을 사업자의 부가가치세 과세표준에 포함시켜야 할 것인지 여부가 쟁점이 되었다. 위 판결은 골프연습장 캐디 서비스 용역은 그 시설이용을 원활케 할 목적으로 제공되는 인적 용역으로서 봉사료 상당 금액은 캐디들의 노무제공에 대한 급여 지급이라고 볼 수 있을지언정 캐디들의 독립된 용역 공급의 대가를 전달한 것이라고 보기 어렵다고 판시하였다.

또한 판례는 고객이 자의로 직접 카지노 영업직 사원(딜러)들에게 지급한 봉사료를 근로자가 직급과 근속연수에 따라 자율적으로 분배한 것은, 직원들 임금액이 봉사료를 제외하고도 같은 규모, 같은 산업의 다른 근로자의 임금액에 비하여 비교적 높은 수준에 있는 사실 등에 비추어 볼 때, 사용자로부터 지급받은 근로의 대가라고 할 수 없다고 하였다.[191]

하지만 오로지 고객에게서 받은 팁만을 위하여 근로를 제공하는 경우에는, 그 근로자가 근로 제공의 대가로 사용자에게서 현금 대신 일정한 영업설비를 이용할 수 있는 이익을 제공받는 관계로 인정되므로, 그 근로자가 고객한테서 받는 팁은 근로자가 사용자에게서 제공받은 이러한 영업설비 사용이익에 갈음하는 것으로서 그 자체가 임금이 된다.[192]

한편 오로지 팁만을 위하여 근로 제공을 하여야만 이를 임금으로 보는 것에 의문을 제기하는 견해가 있다.[193] 일부는 사용자로부터 돈을 받고 일부는 고객으로부터 팁을 받는다 해도 근로자가 사용자와 근로관계를 형성할 때 사용자가 근로 제공에 따른 수입으로 그 전부를 파악하여 제시하였다면 그 전부를 근로 제공의 대가로 파악함이 마땅하다.

(2) 육성회·기성회로부터 받은 교재연구비

판례는 육성회·기성회로부터 받은 교재연구비의 임금성을 부정한다.[194] 즉 사립 학교 교수 등 교직원에게 지급되는 교재연구비가 학부형으로 조직된 육성회나 기성회에서 증여 형식으로 지출된 것이라면, 육성회나 기성회의 금전 납입과 지출 사무를 학교 법인이 사실상 담당한다고 하여 육성회나 기성회가 법인의 지배 아래에 있다고 할 수 없으므로 그와 같은 교재연구비는 임금이 아니라고 한다.

(3) 행정 목적 기능공 양성과정 수강생에게 지급되는 수당

지방자치단체가 기능공 양성을 위하여 행정적인 목적에서 재정적 지원을 하여 운영되는 기관이 모집한 수강생과 강사들은 근로자라 할 수 없으므로, 이들에게 지급된 수당은 임금이 아니라 일종의 장려금이라고 본 판례가 있다.[195]

[최 은 배]

---

191) 대법원 1999. 1. 26. 선고 98다46198 판결(이에 대한 평석으로는 강문대a, 133면 이하).
192) 1969. 4. 21. 법무 810-4419(김지형, 152면에서 재인용).
193) 김기덕d, 100면 이하.
194) 대법원 1973. 11. 27. 선고 73다498 판결, 대법원 1976. 3. 9. 선고 75다872 판결.
195) 대법원 1977. 10. 11. 선고 77도2507 판결.

제 2 조(정의)

　① 이 법에서 사용하는 용어의 뜻은 다음과 같다.

　6. "평균임금"이란 이를 산정하여야 할 사유가 발생한 날 이전 3개월 동안에 그 근로자에게 지급된 임금의 총액을 그 기간의 총일수로 나눈 금액을 말한다. 근로자가 취업한 후 3개월 미만인 경우도 이에 준한다.

　② 제 1 항 제 6 호에 따라 산출된 금액이 그 근로자의 통상임금보다 적으면 그 통상임금액을 평균임금으로 한다.

영　6조(통상임금)

　① 법과 이 영에서 "통상임금"이란 근로자에게 정기적이고 일률적으로 소정(所定)근로 또는 총 근로에 대하여 지급하기로 정한 시간급 금액, 일급 금액, 주급 금액, 월급 금액 또는 도급 금액을 말한다.

<세 목 차>

Ⅰ. 평균임금과 통상임금

1. 법령상 정의 규정

어떤 사유가 발생하여 임금, 퇴직금 기타 그 외 근로자에게 지급하여야 할 돈을 산정하여야 할 때, 그 금액 산정에 쓰이는 개념 도구가 평균임금과 통상임금[1]이다.[2] 평균임금은 법 2조 1항 6호와 같은 조 2항이 규정하고 있고, 통상임금의 정의에 관하여는 영 6조 1항의 규정이 있다. 통상임금의 정의에 관하여 법은 아무런 규정을 두지 않았고, 이를 하위 법령에 위임한 바도 없는데, 영이 그 정의 규정을 두고 있는바, 이에 관하여는 그 영 규정은 무효라고 하는 견해가 있다.[3] 법이 정의 규정을 두지 않고 하위 법령에 위임한 바도 없다면, 영 6조 1

※ 이 조에 관한 각주의 참고문헌은 제 2 조(정의) 제 1 항 제 5 호 해설의 참고문헌을 가리킨다.
1) 통상임금은 그 외 평균임금의 대체개념(평균임금이 통상임금보다 낮을 경우 통상임금을 평
   균임금으로 한다는 법 2조 2항 참조)으로도 쓰인다(김기덕d, 82면).
2) 박홍규, 398면.
3) 김기덕d, 89면 이하; 김홍영g, 5면; 민창욱, 336면; 유성재·임서정, 247면. 박지순 교수 또한

항의 통상임금 정의 규정의 법규성을 인정하기는 어렵다.[4] 한편 영 6조 1항은 통상임금을 정의하고 있고, 2항 이하에서는 시간급 금액, 일급 금액, 주급 금액, 월급 금액, 도급 금액 등으로 정하여진 통상임금을 시간급 금액과 일급 금액으로 산정하는 방법에 관한 규정을 두고 있다.

2. 평균임금과 통상임금을 구별하는 이유

평균임금과 통상임금을 구별하여 경우에 따라 달리 임금을 산정하는 이유는, 일정한 경우 임금을 통상임금을 기준으로 산정하지 않고 평균임금을 기준으로 함으로써 근로자를 더 보호하기 위함이다.[5] 그리고 평균임금 제도는 이론적인 것이 아니라 실제적인 편의를 위한 것이고, 평균임금을 통하여 수당을 지급하거나 보상을 하고자 하는 기본적인 취지는 근로자의 생활을 보장하고자 하는 데에 있으며, 이러한 수당액을 계산하는 표준이 되는 평균임금은 근로자의 통상생활 임금을 사실대로 산정하는 것을 기본원리로 삼는다.[6]

현행 근로기준법은 법률이 정하고 있는 사안에 대해서 가산임금 또는 법정수당을 지급하라는 원칙만을 정하고 있을 뿐 계산기준을 직접 제시하고 있지 않으므로 영 6조 1항의 강행규정성을 인정할 근거가 명확하지 않다는 입장으로 보이나(박지순a, 31면 이하), 위와 같이 통상임금 산정에 관한 입법의 미비로 말미암아 그에 관한 노사의 자율적 결정을 가급적 존중하자는 결론에 이르고 있다. 한편 헌법재판소는 '법원이 통상임금의 개념 징표로 정기성, 일률성, 고정성이라는 비교적 일관된 판단 기준을 제시하고 있어, 법관의 보충적 해석을 통하여 무엇이 통상임금에 해당하는지에 관하여 합리적 해석 기준을 얻을 수 있다'는 이유로, 연장근로에 대한 통상임금 기준의 가산수당 지급 원칙을 규정한 근로기준법 제56조 중 '통상임금' 부분이 명확성의 원칙에 위반하지 않는다고 하였다(헌재 2014. 8. 28. 선고 2013헌바172, 317 결정).
4) 같은 취지의 견해로는 김홍영g, 5면. 반면 선원법에서는 법률에 통상임금의 정의 규정을 두고 있다. 즉, 같은 법 2조 11호에서는 "통상임금"을 "선원에게 정기적 · 일률적으로 일정한 근로 또는 총근로에 대하여 지급하기로 정하여진 시간급금액, 일급금액, 주급금액, 월급금액 또는 도급금액"으로 정의하고 있다. 다만 판례는 영 6조 1항의 정의 규정에 따라 '소정근로 또는 총근로의 대상으로 근로자에게 지급되는 금품으로서 그것이 정기적, 일률적으로 지급되는 것이면 원칙적으로 모두 근기법상의 통상임금에 속하는 임금'이라고 하였고(대법원 1998. 4. 24. 선고 97다28421 판결 등), 대법원 2013. 12. 18. 선고 2012다89399 전원합의체 판결 또한 '근기법은 통상임금에 관하여는 직접 정의 규정을 두고 있지 않지만, 영 6조 1항에서 통상임금을 정의하고 있다'는 점을 전제로 통상임금에 관한 법리를 설시한 바 있다. 한편 대법원 2024. 12. 19. 선고 2020다247190 전원합의체 판결은 '근기법은 통상임금의 범위에 대하여 명확한 기준을 제시하지 않고 영의 통상임금 정의규정도 구체적 사안에서 통상임금성을 판정할 수 있는 실천적 판단 기준으로 삼기에 부족하다'는 점을 언급하면서도, 영 6조 1항의 문언으로부터 '소정성'의 개념을 도출한 다음 '이를 고정성으로 변경하여 해석하고 통상임금의 개념적 징표로 삼는 것은 문언상 근거가 부족하다'고 하여, 여전히 영 6조 1항에 근거하여 통상임금 개념을 설명하고 있다.
5) 박홍규, 398면.
6) 이철수b, 293면; 이철수e, 133면.

3. 평균임금이 쓰이는 곳

평균임금에 따라 임금이나 그 외 근로자에게 지급할 급여액을 산정하는 경우는 퇴직금(법 34조; 퇴직급여법 8조), 휴업수당(법 46조), 재해보상 중 휴업보상, 장해보상, 유족보상, 장의비, 일시보상(법 79조 내지 84조), 산재보험 보험급여 중 휴업급여,7) 장해급여, 유족급여, 상병보상연금,8) 장의비(산재법 52조, 57조, 62조, 66조, 71조) 등의 경우이고, 그 밖에 근로자 제재로서 감급 제한 규정(법 95조)에도 평균임금이 쓰이고 있다.

그 밖에 평균임금이 다른 법령에서 쓰이는 경우는, '공익사업을 위한 토지 등의 취득 및 보상에 관한 법률'에 따른 보상 중 휴직 또는 실직 보상(같은 법 시행규칙 51조), 고보법상 실직급여 중 구직급여(40조 1항, 45조), 조기재취업수당(64조 3항, 고보법 시행령 84조), 평생직업능력법상 재해위로금(11조; 평생직업능력법 시행령 5조), 석탄산업법상 폐광대책비(같은 법 39조의3 1항 1호; 같은 법 시행령 41조 1항), 선원법상 퇴직금(55조 1항·5항),9) 장해보상(97조), 유족보상(99조), 장제비(100조), 행방불명보상(101조) 등, 어선원재해보험법상의 장해급여(25조), 일시보상급여(26조), 유족급여(27조), 장례비(28조), 행방불명급여(29조) 등, 진폐예방법에 따른 진폐위로금(작업전환수당, 진폐재해위로금)(24조, 25조) 등이다.

4. 통상임금이 쓰이는 곳

위와 같이 평균임금을 이용하여 퇴직금, 휴업수당, 재해보상, 산재보험 보험급여 등을 산정하는 것 외에는, 수당, 급여 등의 금액을 산정할 때 일반적으로 통상임금을 쓴다.

대표적인 것으로는 연장근로수당, 야간근로수당, 휴일근로수당(법 56조)이다. 그리고 1주에 평균 1회 이상 보장해야 할 유급휴일인 주휴일(법 55조 1항)에 지급

---

7) 부분휴업급여(53조), 저소득 근로자의 휴업급여(54조), 고령자의 휴업급여(55조), 재요양 기간 중의 휴업급여(56조)도 마찬가지다.

8) 저소득 근로자의 상병보상연금(67조), 고령자의 상병보상연금(68조), 재요양 기간 중의 상병보상연금(69조)도 마찬가지다.

9) 선원법에서는 임금을 정의하면서 근기법과 달리 '금전'이라 하고 있어(반면 근기법은 '금품'), '물품'은 임금에서 제외하고 있다(선원법 2조 10호). 선원법에는 승선평균임금이라는 용어를 쓰고 있으나, 이 역시 근기법상 평균임금과 같은 법리로 판단하여야 한다고 볼 것이다 (선원법 2조 12호; 선원법 시행령 3조의3, 4 참조).

하는 주휴수당, 사용자는 근로자에게 대통령령(영 30조 2항)으로 정하는 휴일10)과 근로자의 날(5월 1일)을 유급으로 보장해야 하는데(법 55조 2항, 근로자의 날 제정에 관한 법률) 그 유급휴일에 지급하는 수당, 해고예고수당(법 26조), 연차휴가수당(법 60조 5항)11)도 통상임금으로 산정하여 지급한다. 또한 사용자는 임신 중 여성 근로자에게 출산전후휴가 중 최초 60일은 유급으로 주어야 하고(법 74조 3항), 근로자가 배우자의 출산을 이유로 휴가를 청구하는 경우에 5일의 범위에서 3일 이상의 휴가를 주어야 하고, 이 때 그 휴가기간 중 최초 3일은 유급으로 하여야 하는데(남녀고용평등법 18조의2 1항), 이 유급휴가에 지급되는 임금 역시 통상임금으로 산정하여 주어야 한다. 한편 해고예고수당과 연차휴가근로수당(연차휴가를 지정하고도 그 휴가를 사용하지 않고 그 휴가일에 일하는 경우 지급되는 수당)을 성질상 맞지 않는 시간급 통상임금으로 산정하는 법 태도에 대하여는 부당성을 지적하는 견해가 있다.12)

　　그 외 다른 법령에서 통상임금이 쓰이는 경우는, 고보법상의 출산전후휴가급여(75조, 75조의2, 76조), 남녀고용평등법에 따른 출산전후휴가급여, 유산·사산휴가급여(18조), 구 선원법상의 임금 상계 제한(2019. 7. 15. 이전 선원법 31조),13) 선원법상 선원근로계약의 해지예고수당(33조), 실업수당(37조), 송환수당(39조), 부상 또는

---

10) 관공서의 공휴일에 관한 규정 2조 각 호(1호 제외)에 따른 공휴일(4대 국경일, 한글날, 신정, 설날 연휴, 부처님오신날, 어린이날, 현충일, 추석 연휴, 기독탄신일, 공직선거법 34조에 따른 임기만료에 의한 선거의 선거일, 그 외 정부에서 수시 지정하는 날)과 대체공휴일(설날 연휴나 추석 연휴가 다른 공휴일과 겹칠 경우 그 연휴 다음의 첫 번째 비공휴일, 어린이날이 토요일이나 다른 공휴일과 겹칠 경우 다음의 첫 번째 비공휴일). 다만 그 시행일은 사업장 규모에 따라 2020. 1. 1.(상시 근로자 300명 이상 사업장, 일정 요건의 관공서, 공공기관), 또는 2021. 1. 1.(상시 근로자 30명 이상 300명 미만 사용 사업장), 2022. 1. 1.(상시 근로자 5인 이상 30명 미만 사업장)이다.
11) '통상임금 또는 평균임금'을 지급하도록 규정되어 있어 통상임금이 아닌 평균임금을 지급한다고 볼 여지도 있겠으나 실제 현실을 보면 연차휴가를 사용했을 때 연차휴가를 사용하지 않은 같은 조건의 근로자의 같은 달 급여와 비교할 때 수령액에 차이가 없는 점을 보면 실제 지급되는 것은 통상임금이다.
12) 박홍규, 403면. 일본 노동기준법은 가산임금(연장, 야간, 휴일근로수당)에 대하여만 통상임금으로 산출하도록 하고 있는데, 시간급으로 계산되는 기초임금을 해고예고수당으로 주는 것은 해고예고제도의 취지상 근로자 보호에 충분치 않고, 연차휴가를 시간급으로 계산하여 줄 이유가 없다는 점을 근거로 한다.
13) 구 선원법 31조 단서에서 '상계금액이 통상임금의 3분의 1을 초과하지 아니하는 경우에는 상계할 수 있다'고 하고 있어 통상임금 개념이 사용되었으나, 2019. 1. 15. 개정 선원법(시행 2019. 7. 16.) 31조는 "선박소유자는 선원에 대한 전차금(前借金)이나 그 밖에 근로할 것을 조건으로 하는 전대(前貸)채권과 임금을 상계(相計)하지 못한다"고 규정하여 통상임금 개념이 사용될 여지가 없어졌다.

질병 중에 있는 선원에 대한 임금 지급(54조), 연장근로수당(62조 1항), 예비원에
대한 임금 지급(67조), 유급휴가급(73조), 상병보상(96조), 행방불명보상(101조), 소지
품 유실보상(102조), 어선원재해보험법상 상병급여(24조), 행방불명급여(29조), 소지
품 유실급여(30조) 등을 들 수 있다.

Ⅱ. 평균임금

1. 평균임금의 개념

법 2조 1항 6호에 정의되어 있다. 즉 산정 사유가 발생한 날 이전 3개월 동
안에 그 근로자에게 지급된 임금의 총액을 그 기간의 총일수로 나눈 금액이 평
균임금이다. 취업 후 3개월이 되지 않은 경우는 이에 준하여 산정한다(같은 호 후
문). 다만, 이에 따라 산출된 금액이 그 근로자의 통상임금보다 적으면 그 통상
임금액을 평균임금으로 한다(같은 조 2항).

평균임금은 그 근로자에게 지급된 임금의 총액을 말하므로, 법 2조 1항 5
호가 말하는 임금은 모두 평균임금 산정에 포함된다. 이러한 점에서 통상임금이
임금 중에서도 고정적 급여라는 요소를 포함하는 임금을 가리키는 반면, 평균임
금은 임금의 요소에서 더 요구하는 개념 요소는 없다고 말할 수 있고, 결국 우
리나라에서 말하는 임금은 평균임금을 말한다고 할 수 있다.[14]

앞에서 설명한 바와 같이 평균임금 제도는 이론적인 것이 아니고 실제적인
편의를 위한 것으로서, 평균임금을 통하여 수당이나 보상을 하고자 하는 기본적
인 취지는 근로자의 생활을 보장하고자 하는 데에 있고, 이러한 수당액을 계산
하는 표준이 되는 평균임금은 근로자의 통상적인 생활 임금을 사실대로 산정하
는 것을 기본원리로 삼는다.[15]

[14) 유일한 예외는 영 2조 2항에서 정하고 있는 '임시로 지급된 임금, 수당과 통화 외의 것으
로 지급된 임금'이다. 하지만 이 예외 때문에 임금과 평균임금이 다르다고 말하기는 어렵다.
우리나라와 달리 일본 노동기준법은 '3개월을 초과하는 기간을 단위로 지급되는 임금'을 평
균임금 산정에서 제외하고 있어 중대한 예외를 두고 있다.
15) 이철수e, 133면; 대법원 1991. 4. 26. 선고 90누2772 판결, 대법원 1995. 2. 28. 선고 94다8631
판결, 대법원 1997. 11. 28. 선고 97누14798 판결, 대법원 1998. 1. 20. 선고 97다18936 판결, 대
법원 1999. 11. 12. 선고 98다49357 판결, 대법원 2010. 4. 15. 선고 2009다99396 판결, 대법원
2020. 7. 23. 선고 2019다292415 판결.

2. 평균임금의 산정

가. 개　　요

(1) 원　　칙

평균임금은 이를 산정하여야 할 사유가 발생한 날 이전 3개월 동안에 그 근로자에게 지급된 임금의 총액을 그 기간의 총일수로 나누어 산정한다(법 2조 1항 6호). 산정 요소를 둘로 나누면 '평균임금 산정 기간'과 '근로자에게 지급된 임금 총액'이다. 원칙은, 산정 사유 발생일 이전 3개월이 평균임금 산정 기간이고, 그 기간 중 지급된 임금 총액을 그 기간의 총일수로 나누면 될 것이나 예외가 있다.

(2) 법 2조 1항 6호에 따라 평균임금을 산정할 수 없는 경우

그리고 위와 같은 방법에 따라 평균임금을 산정할 수 없는 경우에는 고용노동부장관이 정하는 바에 따른다(영 4조). '평균임금을 산정할 수 없는 경우'에는 근기법의 관계규정에 의하여 평균임금을 산정하는 것이 현저하게 부적당한 경우도 포함된다.[16]

이에 따라 노동부장관은 2004. 7. 26. 노동부고시 2004-22호로 '평균임금산정 특례 고시'를 제정하였고, 다시 2007. 12. 3. 노동부고시 2007-47호로 위 종전 고시를 폐지하고 새로이 '평균임금산정 특례 고시'를 제정하였으며, 2012. 9. 25. 일부 개정 후 다시 2015. 10. 14. 고용노동부고시 2015-77호로 일부를 개정하여 평균임금을 산정할 수 없는 일정한 경우에 대한 평균임금 산정방법을 마련하였다.[17]

---

16) 대법원 1995. 2. 28 선고 94다8631 판결.
17) 그 이전 노동부는 노동청 시절인 1979. 2. 26. 예규 222호로 '퇴직근로자 평균임금 산정업무 처리 규정'을 제정하였고, 노동부 승격 후인 1981. 5. 7. 노동부예규 31호(개정 1982. 6. 26. 노동부예규 66호)로 '퇴직근로자 평균임금 산정업무 처리규정'을 제정하여 근로자가 퇴직한 후 업무상 질병이 발생한 경우 산재보험 보험급여의 산정기초인 평균임금을 산정하기 위한 방법을 정하였는데, 그 때 정한 평균임금 산정 방법은 "퇴직한 날의 평균임금을 산재법 시행령 규정에 따라 개정(=증감)한 금액으로 한다"는 것이었다(현재 판례인 대법원 2007. 4. 26. 선고 2005두2810 판결 등과 그 태도가 같다). 그 후 1992. 10. 29. 노동부예규 219호(1983. 8. 10. 노동부예규 88호 '진폐등 업무상질병 이환근로자 평균임금 산정 특례 업무규정'의 개정 예규)로 위 예규는 폐지되었고, 대신 1992. 10. 29. 노동부예규 219호는, 퇴직자에 대한 평균임금을 통계소득을 기초로 정하도록 하였다.

(3) 판   례

한편 위와 같은 고용노동부고시가 있기 이전 판례는 법규에 따른 평균임금을 산정할 수 없는 경우의 평균임금 산정 방법에 관하여, "규정에 따라 노동부장관이 정하거나 고시한 것이 없어 이를 전제로 평균임금을 산정할 수 있는 길이 없으나, 평균임금은 퇴직금, 휴업수당, 연차 유급휴가수당, 휴업보상, 장해보상과 감급 제재 제한액 등 여러 가지 급여를 산정하는 기준이 되고, 위와 같은 여러 수당과 보상 등을 마련한 취지는 어디까지나 근로자의 생활을 보장하고자 하는 데 있으므로, 그 산정 기준이 되는 평균임금은 근로자의 통상 생활 임금을 사실대로 산정하는 것을 기본 원리로 하여야 한다. 따라서 근로기준법과 그 시행령의 규정에 따라 평균임금을 산정할 수 없을 때에는 근로자의 통상 생활 임금을 사실대로 산정할 수 있는 방법에 따르되 그와 같은 방법이 없을 때에는 당해 근로자가 근로하고 있는 지역을 중심으로 한 일대에 같은 종류의 작업에 종사하고 있는 상용 근로자의 평균임금액을 표준으로 삼아야 한다"고 한 바 있다.[18) 그리고 이러한 판시는 2004년 노동부고시가 나온 뒤에도 계속 이어지고 있는바, '근로기준법 및 근로기준법 시행령 등이 정한 원칙에 따라 평균임금을 산정하였다고 하더라도, 근로자의 퇴직을 즈음한 일정 기간 특수하고 우연한 사정으로 인하여 임금액 변동이 있었고, 그 때문에 위와 같이 산정된 평균임금이 근로자의 전체 근로기간, 임금액이 변동된 일정 기간의 장단, 임금액 변동의 정도 등을 비롯한 제반 사정을 종합적으로 평가해 볼 때 통상의 경우보다 현저하게 적거나 많게 산정된 것으로 인정되는 예외적인 경우라면, 이를 기초로 퇴직금을 산출하는 것은 근로자의 통상적인 생활임금을 기준으로 퇴직금을 산출하고자 하는 근로기준법의 정신에 비추어 허용될 수 없는 것이므로, 근로자의 통상적인 생활임금을 사실대로 반영할 수 있는 합리적이고 타당한 다른 방법으로 그 평균임금을 따로 산정하여야 한다'라고 판시하고 있다.[19)

이하에서는 평균임금 산정의 원칙과 예외, 위 판례 취지와 구체적으로 문제

---

18) 대법원 1991. 4. 26. 선고 90누2772 판결. 이 판결은 고용계약과 도급계약이 혼합된 이른바 노무도급계약의 한 형태인 '품떼기 계약'을 맺은 원고가 작업 인부를 고용하고 공사를 하던 중 부상을 입은 사안이었다. 같은 취지로 근로자의 통상 생활임금을 사실대로 산정하는 것을 기본원리로 하여 평균임금을 산정하여야 한다고 판시한 판결은 대법원 1993. 12. 28. 선고 93누14936 판결, 대법원 1995. 2. 28. 선고 94다8631 판결, 대법원 1997. 11. 28. 선고 97누14798 판결, 대법원 1998. 1. 20. 선고 97다18936 판결, 대법원 1999. 11. 12. 선고 98다49357 판결 등.
19) 대법원 2010. 4. 15. 선고 2009다99396 판결, 대법원 2020. 7. 23. 선고 2019다292415 판결.

되는 경우, 고용노동부고시 등을 '평균임금의 산정 기간', '지급된 임금의 총액' 순으로 살펴보고, 산재법상 평균임금 산정 특례를 따로 본다.[20]

나. 평균임금 산정 기간

(1) 평균임금을 산정하여야 할 사유가 발생한 날

(가) 일 반 론

평균임금을 산정하여야 할 사유가 발생한 날에는 각각의 산정 사유에 해당하는 날이 이에 해당한다. 산정하여야 할 것이 퇴직금이라면 근로자가 퇴직한 날, 휴업수당이라면 사용자가 책임져야 할 사유로 휴업한 날,[21] 재해보상이나 산재법에 따른 보험급여를 지급할 경우라면 업무상 재해로서 사망이나 부상의 원인이 되는 사고가 발생한 날 또는 진단에 따라 질병이 발생되었다고 확정된 날(영 52조),[22] 근로자에 대한 제재로서 감급과 관련하여서는 제재의 의사표시가 제재 대상 근로자에게 도달한 날[23]이 여기에 해당한다.

(나) 퇴직 후 평균임금 산정 사유가 발생한 경우

만일 평균임금을 산정하여야 할 사유가 생긴 날이, 근로자가 퇴직한 이후인 경우와 같이 근로관계가 존속하지 않는 경우는 어떠한가? 이러한 사례는 업무상 질병의 진단이 퇴직 후(또는 사업 폐지 후)에 확정된 경우에 주로 발생하고, 특히 폐광으로 탄광이 폐업한 후 광부로 근무하던 자가 상당 시간이 경과한 후 진폐증 진단이 확정된 경우에 문제된다. 퇴직이라는 사실이 없었다면 그 진단확정일 당시의 평균임금에 따라 휴업보상, 휴업급여 등 재해보상 내지 산재보험급

---

20) 평균임금을 산정할 수 없는 경우에 관한 개괄적 설명과 사례 분석, 산정 방법에 관한 일반적 설명은 정재성b, 40면 이하 참조.

21) 휴업한 날이 2일 이상인 경우에는 휴업한 첫날이 사유 발생일이라고 보아야 한다. 같은 취지로 대법원 1999. 11. 12. 선고 98다49357 판결.

22) 대법원 1998. 10. 23. 선고 97누19755 판결은 같은 취지로 휴업급여 등 산재법상 보험급여의 기초인 평균임금 산정의 기준시점은 '사상의 원인이 되는 사고가 발생한 날 또는 진단에 의하여 질병이 발생되었다고 확정된 날'이 된다고 하였다. 나아가 위 판결은, 재요양 중에 지급될 휴업급여 등 각종 보험급여 산정의 기초가 되는 평균임금 산정 기준시점은 '진단에 의하여 재요양의 대상이 되는 상병이 발생되었다고 확정된 날'이라고 보았다. 위 판결은 그 근거를, "재요양은 일단 요양이 종결된 후에 당해 상병이 재발하거나 또는 당해 상병에 기인한 합병증에 대하여 실시하는 요양이라는 점 외에는 최초의 요양과 그 성질이 다를 바 없다"는 점을 들었다. 이에 대한 평석은 김병태, 34면 이하.
　　2007. 12. 14. 전문 개정된 산재법 56조는 위 판결 취지와 마찬가지로 재요양 기간 중 휴업급여의 평균임금 산정은 '재요양 당시'의 임금을 기준으로 하도록 규정하였다.

23) 제재가 있은 날 또는 제재를 받아야 할 행위가 있은 날을 뜻한다고 보는 반대설도 있다. 김지형, 170면 참조.

여액이 산정될 것인데, 퇴직한 근로자의 경우에는 그 진단확정일 당시에 당해 사업장에서 근로를 제공하고 있지 않아 평균임금 산정이 어렵다.

이에 관하여 판례는 퇴직 후 직업병 진단이 확정된 근로자에게 지급할 보험급여의 산정 기초가 되는 평균임금은 퇴직 당시의 평균임금에 평균임금 증감(=조정)을 거친 금액으로 하여야 한다고 하여, 진단 확정일까지의 기간을 제외한 퇴직일을 평균임금 산정 사유 발생일로 보았다.24)25)

이 점에 관하여는 Ⅱ. 2. 라. 산재법상 평균임금 산정의 특례 이하에서 다시 설명한다.

(2) 이전 3개월의 기간

이하에서는 (i) '3개월'의 계산 방법[㈎], (ii) 평균임금 산정기간에 포함되지 않는 기간[㈏], (iii) 취업 후 3개월이 되지 않았거나 근로 제공 첫날에 평균임금 산정 사유가 생긴 경우[㈐, ㈑], (iv) 평균임금 산정에서 제외되는 기간이 3개월 이상인 경우[㈒], (v) 3개월 미만에 대한 준용 가부[㈓], (vi) 사유 발생일 이전 1년 간의 기간을 평균임금 산정에 반영한 예외적 경우[㈔], (vii) 수습 기간 중 평균임금 산정 사유가 생긴 경우[㈕] 등에 관해 차례로 설명한다.

㈎ 역에 의한 계산과 사유 발생일 당일 불포함

이전 3개월의 기간은 민법상 기간계산에 관한 규정에 따라 역(曆)에 의하여 과거로 소급하여 계산한다(민법 160조).

---

24) 대법원 2007. 4. 26. 선고 2005두2810 판결(이에 대한 평석으로는 최은배b, 355면 이하), 대법원 2007. 4. 27. 선고 2005두10903 판결, 대법원 2007. 4. 27. 선고 2006두11521 판결, 대법원 2008. 12. 24. 선고 2007두10945 판결.

25) 한편 근로자가 여러 사업장에서 근무하다 퇴직한 후 진폐 등 직업병 진단이 확정되어 평균임금을 산정할 때 그 기준이 되는 퇴직일은, 원칙적으로 그 직업병의 발병 또는 악화와 상당인과관계가 있는 업무를 수행한 사업장들 중 직업병 진단 확정일에 가장 가까운 마지막 사업장에서 퇴직한 날을 의미한다고 보아야 한다(대법원 2023. 6. 1. 선고 2018두60380 판결). 위 대법원 2018두60380 판결은, 1973. 6. 1.부터 1989. 11. 1.까지 굴진공으로 근무하였다가 1992. 8. 4.부터 1992. 8. 19.까지 다른 회사의 터널신설 공사현장에서 착암공으로 근무하다 퇴직한 후 진폐 진단을 받은 근로자에 대해, 해당 근로자가 퇴직 당시의 회사에서 16일간 근무하기 전에 다른 회사에서 16년 넘게 탄광 굴진업무를 수행하였고 퇴직 후 진폐 진단을 받을 당시에는 이미 진폐가 상당한 정도로 진행된 점에 비추어 착암업무가 일반적으로 진폐의 원인이 될 수 있는 업무라는 사정만으로 위 각 사업장을 진폐의 원인 사업장으로 볼 것이 아니라, '근로자가 각 사업장에서 수행해 온 업무의 내용과 근무기간, 유해 요소에 노출된 정도, 진폐 진단일까지의 시간적 간격 및 진단된 진폐의 정도 등을 종합하여 위 착암업무가 진폐의 발병 또는 악화와 상당인과관계에 있는 업무에 해당하는지를 판단하였어야 한다'며 퇴직 당시의 회사를 적용사업장으로 하여 평균임금을 산정한 원심을 파기하였다.

'이전 3월 간'이라고 조문에 표시되어 있으므로 문언상으로는 산정하여야 할 사유가 생긴 날도 포함되는 것이라 볼 수도 있으나, 민법 157조는 기간 계산을 할 때 첫날은 산입하지 않는다고 규정하고 있고, 산정 사유 발생 당일은 노무를 완전하게 제공하지 않는 경우가 많으며 임금도 지급되지 않는 경우가 많으므로 이 날은 3개월 기간에 포함시키지 않는다고 해석함이 타당하다.[26]

(나) 평균임금 산정 기간에 포함되지 않는 기간

① 영 2조 1항　　영 2조 1항은 평균임금 산정 기간에서 제외하여야 할 기간을 다음과 같이 정하고 있다. 이 기간은 실제로 지급되는 임금이 낮아지는 결과 평균임금이 부당하게 낮게 산정되는 것을 막기 위한 것이다. 법에 따로 대통령령에 대한 위임 규정이 없다 하더라도 이와 같은 대통령령 규정은 타당하다고 본다. 그 기간에 해당하는 임금 역시 평균임금 산정에서 제외하여야 한다. 이와 같은 일정 기간이 산정 기간에서 제외되고 산정 기간이 짧아지는 결과 평균임금이 부당하게 높게 산정되거나 낮게 산정되는 경우가 생기는데, 이에 관하여는 후술한다. 입법론으로는 성질상 불가능한 경우가 아니라면 제외되는 기간만큼 산정기간의 시점(始點)이 앞으로 당겨져야 한다고 생각한다.

1. 근로계약을 체결하고 수습 중에 있는 근로자가 수습을 시작한 날부터 3개월 이내의 기간. 다만 이 영 조항이 적용되는 것은 평균임금 산정사유 발생일을 기준으로 그 전 3개월 동안 정상적으로 급여를 받은 기간뿐만 아니라 수습 기간이 함께 포함되어 있는 경우에 한한다.[27]

2. 법 46조에 따른 사용자의 귀책사유로 휴업한 기간

3. 법 74조[28]에 따른 출산전후휴가 기간

4. 법 78조[29]에 따라 업무상 부상 또는 질병으로 요양하기 위하여 휴업한 기간

---

26) 대법원 1989. 4. 11. 선고 87다카2901 판결.

27) 대법원 2014. 9. 4. 선고 2013두1232 판결. 그리하여 위 판결은 "근로자가 수습을 받기로 하고 채용되어 근무하다가 수습기간이 끝나기 전에 평균임금 산정사유가 발생한 경우에는 위 시행령과 무관하게 평균임금 산정사유 발생 당시의 임금, 즉 수습사원으로서 받는 임금을 기준으로 평균임금을 산정하는 것이 평균임금 제도의 취지 등에 비추어 타당하다."고 하였다. 이 판결에 대한 평석은 김기선c, 394면 이하.

28) ① 사용자는 임신 중의 여성에게 출산 전과 출산 후를 통하여 90일(한 번에 둘 이상 자녀를 임신한 경우에는 120일)의 출산전후휴가를 주어야 한다(이하 생략).

29) ① 근로자가 업무상 부상 또는 질병에 걸리면 사용자는 그 비용으로 필요한 요양을 행하거나 필요한 요양비를 부담하여야 한다(이하 생략).

5. 남녀고용평등법 19조[30]에 의한 육아휴직 기간

6. 노조법 2조 6호[31])에 따른 쟁의행위기간. 판례는 이에 관하여 그 쟁의행위기간이란 '헌법과 노조법에 의하여 보장되는 적법한 쟁의행위로서 주체, 목적, 절차, 수단과 방법에 관한 요건을 충족한 쟁의행위기간'만을 의미한다고 한다.[32]

7. 병역법·예비군법·민방위기본법에 따른 의무를 이행하기 위하여 휴직하거나 근로하지 못한 기간. 다만, 그 기간 중 임금을 지급받은 경우에는 그러하지 아니하다.

8. 업무 외 부상이나 질병, 그 밖의 사유로 사용자의 승인을 받아 휴업한 기간[33]

② 그 외 평균임금 산정 기간 포함 여부가 문제되는 기간

㉠ 근로자가 퇴직한 후에 직업병 진단이 확정된 경우 그 퇴직일부터 평균임금 산정 사유 발생일(직업병 진단 확정일)까지의 기간은 평균임금 산정 기간에서 제외되어 퇴직일이 평균임금 산정 기준일이 된다.[34] 퇴직일부터 평균임금 산

---

30) ① 사업주는 근로자가 만 8세 이하 또는 초등학교 2학년 이하의 자녀(입양한 자녀를 포함한다)를 양육하기 위하여 휴직을 신청하는 경우에 이를 허용하여야 한다(이하 생략).

31) '쟁의행위'라 함은 파업·태업·직장폐쇄 기타 노동관계 당사자가 그 주장을 관철할 목적으로 행하는 행위와 이에 대항하는 행위로서 업무의 정상적인 운영을 저해하는 행위를 말한다.

32) 대법원 2009. 5. 28. 선고 2006다17287 판결. 위 판결은 그 이유를 다음과 같이 든다. "이와 달리 위와 같은 요건을 충족하지 못하는 위법한 쟁의행위기간까지 제한 없이 제 6 호에 포함되는 것으로 해석하게 되면, 결과적으로 제 6 호의 적용 범위 또는 한계를 가늠할 수 없게 되어 평균임금 산정 방법에 관한 원칙 자체가 무의미하게 되는 상황에 이르게 되는바, 이는 평균임금 산정에 관한 원칙과 근로자 이익 보호 정신을 조화시키려는 구 근로기준법 시행령 제 2 조 제 1 항의 취지 및 성격이나 근로자의 권리행사 보장이 필요하거나 근로자에게 책임을 돌리기에 적절하지 않은 경우만을 내용으로 삼고 있는 위 조항의 다른 기간들과 들어맞지 않기 때문이다."

한편 노조법 2조 6호에는 사용자의 쟁의행위인 직장폐쇄도 포함되는바, 직장폐쇄가 있은 경우 그 직장폐쇄가 적법하다면 그 직장폐쇄기간 역시 평균임금 산정 기간에서 제외될 것이다. 다만 이 때 근로자의 위법한 쟁의행위 참가기간과 겹치는 경우라면 산정 기간 제외가 되지 않고 이 기간은 평균임금 산정 기간에 포함된다. 그리고 위법한 직장폐쇄로 사용자가 여전히 임금지급의무를 부담하는 경우라면, 근로자의 이익을 보호하기 위해 그 기간을 평균임금 산정 기간에서 제외할 필요성을 인정하기 어려우므로 영 2조 6호에 해당하는 기간이라고 할 수 없다. 이와 달리 직장폐쇄의 적법성, 이로 인한 사용자의 임금지급의무 존부 등을 고려하지 않은 채 일률적으로 사용자의 직장폐쇄기간이 영 2조 1항 6호에서 말하는 '노조법 2조 6호에 따른 쟁의행위 기간'에 해당한다고 할 수 없다(대법원 2019. 6. 13. 선고 2015다65561 판결).

33) 대법원 2002. 12. 27. 선고 2000다18714 판결의 사례가 이 기간에 관한 사례다.

34) 대법원 2007. 4. 26. 선고 2005두2810 판결(이에 대한 평석으로는 최은배b, 355면 이하), 대법원 2007. 4. 27. 선고 2005두10903 판결, 대법원 2007. 4. 27. 선고 2006두11521 판결, 대법원 2008. 12. 24. 선고 2007두10945 판결.

정 사유 발생일까지 기간이 3개월 미만인 경우는 평균임금 산정 사유 발생 3개월 전부터 퇴직일까지 기간이 평균임금 산정 기간이 될 것이다.

ⓛ 직위해제로 근무하지 못한 기간은 평균임금 산정 기간에서 제외되지 않고, 이 때 평균임금이 통상임금보다 낮다면 통상임금이 평균임금으로 된다는 판결이 있다.35) 그리고 사용자에게 책임을 물을 수 없는 사유로 휴업한 기간은 평균임금 산정 기간에서 제외할 것은 아니라는 견해가 있다.36) 하지만 아래에서 보는 '특수하고도 우연한 사정으로 평균임금이 통상의 경우보다 많거나 적게 된 경우'로 판례가 들고 있는 사유들이 직위해제 기간이나 사용자에게 책임을 물을 수 없는 사유로 휴업한 기간과 다를 바 없으므로 직위해제로 근무하지 못한 기간을 평균임금 산정 기간에 포함시킨 대법원 1994. 4. 12. 선고 92다20309 판결은 이제는 유지되기 어려운 판결이 아닌가 생각된다.

ⓒ 근로자가 의도적으로 현저하게 평균임금을 높이기 위한 행위를 한 경우,37) 평균임금 산정 기간 동안에 범죄행위로 구속된 경우38) 등 특수하고도 우연한 사정으로 평균임금이 통상의 경우보다 현저하게 많거나 적게 된 기간 또한 영 4조에서 정해진 '평균임금을 산정할 수 없는 경우'로서 평균임금 산정기간에서 제외된다.39) 이 경우 평균임금 산정 기간은 위와 같은 제외 사유가 발생하기 직전 3개월의 기간으로 하여야 한다는 것이 판례이지만, 제외하는 사유에 따라 평균임금 산정에서 제외하는 기간과 임금 범위를 개별적으로 살펴보아야 한다고 본 판결도 있다.40)

---

35) 대법원 1994. 4. 12. 선고 92다20309 판결(이에 대한 평석은 김치중, 532면 이하). 이 판례에 반대하는 견해는 박홍규, 401면 이하; 정진경a, 263면 이하; 정진경b, 385면 이하 등.

36) 해고와 임금, 101면.

37) 대법원 1995. 2. 28. 선고 94다8631 판결, 대법원 1998. 1. 20. 선고 97다18936 판결, 대법원 2009. 10. 15. 선고 2007다72519 판결(이에 대한 평석은 김홍영d, 1면 이하. 요지는 평균임금이 어느 정도 증가하여야 현저한 증가라고 인정할 수 있는지, 무엇을 논거로 의도적이라고 판단할 수 있는지 기준이 불명확하다는 비판을 할 수 있고, 평균임금 산정을 위 판결과 같이 하는 것은 합리적인 방책이라는 것이다).

38) 대법원 1999. 11. 12. 선고 98다49357 판결(이에 대한 평석은 민중기a, 395면 이하; 정재성a, 163면 이하).

39) 대법원 1995. 2. 28. 선고 94다8631 판결, 대법원 2002. 12. 27. 선고 2000다18714 판결(그렇게 하지 않을 경우 근로자의 통상의 생활을 종전과 같이 보장하려는 제도의 근본취지에 어긋나고, 평균임금은 원칙적으로 근로자의 통상의 생활임금을 사실대로 산정하는 것이 기본원리라고 하였다. 이에 대한 평석으로는 강주원, 34면 이하; 김용직, 717면 이하).

40) 대법원 2009. 10. 15. 선고 2007다72519 판결. 위 판결은 택시기사가 퇴직 전 3개월 기간 동안 사납금 초과 수입금을 의도적으로 늘렸다고 하는 사안에서 평균임금의 산정의 기초로 삼을 수 없는 것은 위 사납금 초과 수입금 부분에 한정되어야 하고(따라서 사납금 초과 수

㉣ 근로자에게 인상된 임금액을 기준으로 근로기준법 및 근로기준법 시행령 등이 정한 원칙에 따라 산정한 평균임금이 전체 근로기간, 임금액이 변동된 기간의 장단, 임금액 변동의 정도 등을 비롯한 제반 사정을 종합적으로 평가해 볼 때 통상의 경우보다 현저하게 많게 산정된 것으로 보아, 인상되기 직전의 임금액을 기준으로 평균임금을 산정한 것은 정당하다.41)

㉤ 판례 중에는 평균임금 산정 기간(3개월)에서 영 2조 1항 8호의 사유인 업무 외 부상으로 사용자의 승인을 받아 휴업한 기간을 평균임금 산정 기간에서 제외하고 남은 기간을 평균임금 산정 기간으로 하여 산정한 평균임금이 통상의 경우보다 현저하게 적은 것이 아닌지 심리해보지 않은 채 다른 방법(동일 직종 종사 다른 근로자의 3개월 임금 총액으로 평균임금 산정)으로 평균임금을 산정한 원심을 파기한 사례가 있다.42)

㉥ 반면 정년을 앞두고 대기 발령을 받는 바람에 연장근로를 하지 못해 연장근로수당을 지급받지 못한 기간은 특수하고 우연한 사정으로 평균임금이 통상의 경우보다 적게 된 경우에 해당하지 않는다.43)

㉦ 위법한 쟁의행위(노조법이 보장하는 적법한 쟁의행위로서의 요건을 갖추지 못한 쟁의행위)기간은 평균임금 산정 기간에서 제외되지 않는다는 것이 판례다.44)

㈐ **취업 후 3개월이 아직 되지 않았을 때 평균임금 산정 사유가 생긴 경우**

근로자가 취업 후 3개월이 되지 않아 휴업, 업무상 재해 등 평균임금을 산정하여야 할 사유가 생긴 때에는 취업한 모든 기간을 평균임금 산정 기간으로 본다(법 2조 1항 6호 후문).

합병, 분할, 영업양도 등의 사유로 근로관계 승계가 이루어진 후 새로운 사용자에게 고용된 기간이 3개월에 미치지 못한 경우는 취업 후 3개월 미도과에

임금을 제외한 나머지 일반 항목 임금은 그대로 퇴직 직전 3개월분 임금에 따라야 한다), 그 사납금 초과 수입금은 단순히 의도적으로 늘리기 직전 3개월 기간 동안의 수입금에 따를 것이 아니라 그 퇴직기사나 근무조건이나 근무성과가 비슷한 지위에 있는 기사들의 사납금 초과 수입금이 그 택시기사가 의도적 행위를 하기 시작한 시점부터 그 택시기사 퇴직 시점까지 평균적으로 증가한 비율을 반영하여야 한다고 하였다. 이에 대한 평석은 김홍영d, 1면 이하.

41) 대법원 2020. 7. 23. 선고 2019다292415 판결.
42) 대법원 2002. 12. 27. 선고 2000다18714 판결.
43) 대법원 2003. 7. 25. 선고 2001다12669 판결.
44) 대법원 2009. 5. 28. 선고 2006다17287 판결, 위법한 직장폐쇄기간도 평균임금 산정 기간에서 제외되지 않는다는 판결로는 대법원 2019. 6. 13. 선고 2015다65561 판결.

해당하지 않는다.[45] 퇴직금 중간 정산 후 아직 3개월이 지나지 않은 경우,[46] 기간의 정함이 있는 근로계약을 갱신하고 그 갱신 후 3개월이 지나지 않은 경우, 퇴직 후 재입사의 형식을 거쳤지만 그것이 형식에 불과하고 실질적으로 근로관계가 단절되지 않은 경우,[47] 퇴직 후 재입사를 하였지만 호봉, 근속기간 등에서 불이익이 없게 할 의도로 근로관계는 계속 이어지는 것으로 근로자와 사용자가 합의하고 재입사한 후 3개월이 아직 되지 않은 경우 등도 마찬가지로 취업 후 3개월 미도과에 해당하지 않는다.

㈐ 근로제공의 초일(初日)에 평균임금 산정사유가 발생한 경우

근로제공 초일(初日)에 평균임금 산정사유가 발생한 경우 역시 앞서 본 취업 후 3개월이 되지 않은 경우 중 하나에 해당하므로 취업한 모든 기간 다시 말해 취업 당일, 즉 1일만 평균임금 산정 기간으로 하여야 할 것이나 이를 관철할 경우 부당한 결과가 생길 수 있다.

이에 관하여 판례는 근로자의 통상 생활임금을 사실대로 산정하는 것이 평균임금의 기본 원리인데, 그 통상 생활임금을 사실대로 산정하는 방법이 없을 때에는 같은 직종의 직업에 종사하는 상용근로자의 평균임금액을 표준으로 하여야 한다고 한다.[48] 이에 관해 고용노동부장관은 이 경우를 평균임금을 산정하기 곤란한 경우로 보아 그 근로자에게 지급하기로 한 임금의 1일 평균액으로 평균임금을 추산한다고 한다(평균임금산정 특례 고시 2조). 이러한 방법으로 계산한

---

45) 대법원 1987. 2. 24. 선고 84다카1409 판결, 대법원 1990. 11. 27. 선고 90다5429 판결, 대법원 1991. 8. 9. 선고 91다15225 판결, 대법원 1991. 11. 12. 선고 91다12806 판결, 대법원 1992. 7. 14. 선고 91다40276 판결, 대법원 1993. 4. 27. 선고 92다47090 판결, 대법원 1994. 1. 25. 선고 92다23838 판결, 대법원 1994. 3. 8. 선고 93다1589 판결(이 판결들에 대한 평석은 김기영, 14면 이하; 김지형a, 86면 이하; 이철수c, 43면 이하).

46) 퇴직금 중간 정산의 효과는 새로이 계속근로기간이 시작된다는 것이지 평균임금 산정 기간에서 퇴직금 중간 정산 시점 이전의 기간을 제외하고 그 기간 중 받은 임금을 평균임금 산정을 위한 임금총액에서 제외한다는 취지로까지 볼 것은 아니다.

47) 대법원 1980. 5. 27. 선고 80다617 판결, 대법원 1981. 9. 8. 선고 80다3263 판결, 대법원 1982. 4. 13. 선고 81다137 판결, 대법원 1986. 10. 28. 선고 86다카1347 판결, 대법원 1989. 8. 8. 선고 88다카15413 판결. 퇴직 후 재입사가 형식에 불과하다고 보면서 통정허위표시로 본 사례로는 대법원 1988. 4. 25. 선고 86다카1124 판결, 대법원 1991. 3. 22. 선고 90다6545 판결 등이 있고, 비진의의사표시로 본 사례로는 대법원 1979. 11. 13. 선고 79다1397 판결, 대법원 1988. 5. 10. 선고 87다카2578 판결, 대법원 1991. 2. 12. 선고 90다9513 판결, 대법원 1992. 9. 22. 선고 91다40931 판결, 대법원 1993. 1. 15. 선고 92다37673 판결 등이 있다.

48) 대법원 1993. 12. 28. 선고 93누14936 판결(이에 대한 평석은 길기봉, 353면 이하), 대법원 1997. 11. 28. 선고 97누14798 판결(이에 대한 평석은 강성태a, 87면 이하).

평균임금은 근로자의 통상 생활임금을 반영한 것으로서 이 규정은 위 판례 취
지와 어긋나지 않는다.

이와 같이 그 근로자에게 지급하기로 한 임금의 1일 평균액을 알 수 있으
면 그 금액을 평균임금으로 한다. 당해 근로자가 평균임금 산정 사유 발생 당시
근무하고 있었던 사업장에서 계속 근무하였다면 받을 수 있을 것으로 인정되는
임금을 알 수 있으면 그 임금액을 평균임금으로 볼 것이다.[49]

만일 이러한 방법으로 그 근로자에게 지급하기로 한 임금의 1일 평균액을
알 수 없는 경우에는 통상의 생활임금으로 볼 수 있는 금액을 찾아야 하고, 그
날 당해 사업장에서 같은 업무에 종사한 근로자에게 지급하기로 예정되어 있는
임금액이 있다면 이를 평균임금으로 하여야 한다. 이러한 방법으로도 평균임금
을 알 수 없다면 앞서 본 판결의 취지에 따라 같은 직업에 종사하는 상용(常用)
근로자의 평균임금액을 그 근로자의 평균임금으로 볼 것이다.

구체적으로는, 1일 10시간 근무에 일급 6만 원, 고용기간 1개월로 하여 취
업한 일급제 일용근로자인 토목공이 당일 업무상 재해로 사망한 사례에서 평균
임금을 48,000원(=60,000원×8/10)으로 할 것이 아니라, 토목공의 작업 방법, 관행
등에 비추어 망인이 종사하던 근로일마다 매일 6만 원씩 임금을 지급받았을 것
이고, 여기에 법상 유급 휴일까지 고려하면 망인의 평균임금은 6만 원이라고 판
시한 예가 있다.[50]

(마) 평균임금 산정에서 제외되는 기간이 3개월 이상인 경우

앞서 본 바와 같이 영 2조 1항에 따라 평균임금 계산에서 제외되는 기간이
3개월 이상인 경우에는 제외되는 기간의 최초일을 평균임금 산정 사유가 발생
한 날로 본다(평균임금산정 특례 고시 1조 1항). 가령 업무상 재해로 부상을 당하거나

---

49) 대법원 1993. 12. 28. 선고 93누14936 판결(이에 대한 평석은 길기봉, 353면 이하).
50) 위 대법원 1993. 12. 28. 선고 93누14936 판결. 그리고 대법원 1997. 11. 28. 선고 97누14798
    판결은, 착암공으로 1일 10시간 근무하고, 일당은 5만 원을 받기로 하고 취업한 당일 업무상
    재해로 부상한 사안에서 원심이 8시간 근무를 하였을 경우 받을 수 있는 36,363.63원[=50,000
    원×8시간/(8시간+2시간×1.5)]을 일급 통상임금으로 보고, 위 근로자의 평균임금도 이 일급 통
    상임금과 같은 금액이라고 한 것에 대해, 원심을 파기하고 통상 생활임금을 산정할 수 있는
    방법이 있는지, 그러한 방법이 없다면 위 근로자가 받기로 한 일당이 근무일에 한하여 지급
    받기로 한 것인지 아니면 월급여 계산방법을 편의상 그와 같이 정한 것인지, 나아가 착암공
    숙련 정도, 작업 방법, 작업 관행 등을 알아보고 나서 위 근로자가 작업하던 공사현장 일대
    에서 위 근로자와 같은 종류와 숙련 정도의 작업에 종사하는 상용 근로자의 평균임금액에
    관한 심리를 하여 위 근로자의 평균임금액을 결정하여야 한다고 하였다(이에 대한 평석으
    는 강성태a, 87면 이하).

질병을 얻고 요양을 받다가 퇴직한 경우, 그 요양기간이 3개월이 넘어 평균임금 산정 기간을 정할 수 없다면 그 요양을 하기 시작한 첫날(대개 업무상 재해를 당한 날, 또는 업무상 재해가 질병이라면 그 진단을 받은 날)이 평균임금 산정 사유 발생일이 된다.

이와 같이 평균임금 산정 기간에서 제외되는 기간의 첫날을 평균임금 산정 사유가 발생한 날로 보아 평균임금을 산정할 때 그 제외되는 기간이 오랜 기간이어서 그 기간 동안의 물가 변동 등 경제 사정의 변화를 반영하지 못하는 부당한 경우가 생길 수 있다. 이를 시정하기 위하여 평균임금산정 특례 고시는, "평균임금 산정 사유 발생일 당시 그 근로자가 속한 사업 또는 사업장에서 같은 직종의 근로자에게 지급된 통상임금의 1명당 1개월 평균액(이하 "평균액"이라 한다)이, 평균임금 산정기간에서 제외되는 기간의 최초일이 속한 달에 지급된 평균액보다 100분의 5 이상 변동된 경우에는 그 변동비율에 따라 인상되거나 인하된 금액으로 하되, 그 변동 사유가 발생한 달의 다음 달부터 적용한다. 다만, 제 2 회 이후의 평균임금을 조정하는 때에는 직전 회의 변동 사유가 발생한 달의 평균액을 산정기준으로 한다."는 영 5조를 준용하도록 하고 있다(평균임금산정 특례 고시 1조 2항). 이는 평균임금의 조정에 해당한다.

㈒ 평균임금 산정에서 제외되는 기간이 3개월 미만인 경우에 대한 준용 가부

이와 같이 평균임금 산정 기간에서 제외되는 기간이 반드시 3개월이 넘어야만 위와 같이 제외되는 날 첫날을 평균임금 산정 사유 발생일로 보아야 하는가? 극단적으로 평균임금 산정에서 제외되는 기간이 3개월에 단 하루 모자라는 2개월 29일(또는 30일)이라면 단 하루만을 평균임금 산정 기간으로 보아야 하는가?

이러한 사례는, 평균임금 산정 기간에서 제외되는 기간이 끝난 후에 평균임금 산정 사유가 생긴 경우, 예를 들어 업무상 재해로 입은 부상의 치료를 위하여 휴업하다가 다시 업무를 보기 시작한 후 3개월이 되지 않아 평균임금 산정 사유(예를 들어 퇴직)가 생긴 경우에 있을 수 있고, 아니면 평균임금 산정 기간에서 제외되는 기간이 3개월이 되지 않았을 때 평균임금 산정 사유가 생긴 경우, 예를 들어 2018. 3. 7.에 업무상 재해를 입고 휴업하던 중 2018. 5. 1.에 평균임금 산정 사유(예를 들어 퇴직)가 생긴 경우에 있을 수 있다.

이러한 경우에도 원칙에 따라 평균임금 산정 사유가 생긴 날 이전 3개월

기간 중 산정 기간에서 제외되는 기간이 아닌 기간(위의 예에서 2018. 2. 1.부터 2018. 3. 6.까지)에 지급된 임금 총액을 그 기간의 일수(위의 예에서 34일)로 나눈 금액을 평균임금으로 하고, 이렇게 산정한 금액이 근로자의 통상 생활 임금을 사실대로 반영하고 있지 않다고 보이는 경우에는 그 산정 기간에서 제외되는 기간이 아닌 날로서 평균임금 산정 사유 발생 이전 3개월의 기간(위의 예에서 2017. 12. 7.부터 2018. 3. 6.까지)에 받은 임금 총액을 그 기간(90일)으로 나눈 금액을 평균임금으로 하여야 한다고 생각한다.

(사) 사유 발생일 이전 1년 간의 기간을 평균임금 산정에 반영한 예외적 경우

판례는 대법원 2013. 10. 11. 선고 2012다12870 판결에서, "근로기준법과 근로기준법 시행령 등이 정한 원칙에 따라 평균임금을 산정하였다고 하더라도, 휴업 직전의 일정 기간 특수하고 우연한 사정으로 임금액 변동이 있었기 때문에 위와 같이 산정된 평균임금이 전체 근로기간, 임금액이 변동된 일정 기간의 장단, 임금액 변동의 정도 등을 비롯한 제반 사정을 종합적으로 평가해 볼 때 통상의 경우보다 현저하게 적거나 많게 산정된 것으로 인정되는 예외적인 경우라면, 이를 기초로 휴업수당을 산출하는 것은 근로자의 통상적인 생활임금을 기준으로 휴업수당을 산출하고자 하는 근로기준법의 정신에 비추어 허용될 수 없으므로, 근로자의 통상적인 생활임금을 사실대로 반영할 수 있는 합리적이고 타당한 다른 방법으로 그 평균임금을 따로 산정하여야 한다."고 하면서, 원심(서울고법 2011. 12. 23. 선고 2010나124917 판결)이 한 판단, 즉 "이 사건의 특수한 사정을 고려하여 휴업수당 산정을 위한 평균임금의 산정기준기간을 근로자(원고)들이 회사로부터 정상적으로 임금을 지급받은 최종 시점인 2006. 9. 30.을 기준으로 하여 그로부터 소급하여 3개월의 기간 동안 근로자가 회사로부터 받은 임금을 기준으로 하되, 위 기간 중에는 받은 금액이 없거나 과소한 반면, 그 전의 다른 기간에는 받은 금액이 있거나 많은 임금 항목이 있는 경우에는, 위 3개월의 기간이 본래 근로기준법상 산정사유가 발생한 날 이전의 3개월의 기간에 해당되지 않는 임의의 기간인 점을 고려하여 2006. 9. 30.부터 소급하여 1년의 기간인 2005. 10.부터 2006. 9.까지에 해당하는 금액을 3개월분으로 환산하여 월 평균임금을 산정"한 판단을 정당하다고 수긍하였다.[51]

---

51) 이 판결에 대한 평석은 노호창b, 411~414면.

이 판례는 평균임금을 산정하면서 근로자의 통상적인 생활임금을 사실대로 반영할 수 있는 다른 방법을 적극 탐지하려는 자세를 보였다는 점에서 주목할 만하다.

(아) 수습 기간 중 평균임금 산정 사유가 생긴 경우

근로자가 수습을 받기로 하고 채용되어 근무하다 수습 기간이 끝나기 전에 평균임금 산정 사유가 생긴 경우, 그 근로자의 평균임금을 어떻게 산정하여야 하는가에 관하여는 법령 등에 특별한 정함이 없다. 이런 사안에 대해 '수습기간과 그 기간 중에 지급된 임금은 평균임금 산정기준이 되는 기간과 임금의 총액에서 공제한다'는 영 2조 1항 1호를 문언 그대로 적용하여 평균임금을 산정할 수 없는 경우로 파악한 후, 같은 직종 근로자의 평균임금으로 그 근로자의 평균임금을 정할 것인지가 문제될 수 있다. 판례는 이를 부정하면서 이 경우 수습사원으로서 받는 임금을 기준으로 평균임금을 산정해야 한다고 한다.[52]

다. 평균임금 산정 기간 중 근로자에게 지급된 임금 총액

(1) 지급된 임금

'지급된' 임금이라 함은 평균임금 산정 기간 중에 근로자에게 지급된 임금을 말한다. 여기에는 실제로 지급된 임금뿐 아니라, 평균임금을 산정하여야 할 사유가 생긴 날을 기준으로 하여 당연히 지급되어야 할 임금 중 아직 받지 못한 임금도 포함된다. 예를 들어 퇴직 전에 임금 인상을 내용으로 한 단체협약(임금협정)이 맺어진 후 아직 그 임금 인상이 현실화되지 않았더라도 그 임금 인상분은 평균임금의 산정을 위한 임금 총액에 포함된다.[53]

---

52) 대법원 2014. 9. 4. 선고 2013두1232 판결. "'수습기간과 그 기간 중에 지급된 임금은 평균임금 산정기준이 되는 기간과 임금의 총액에서 공제한다'는 내용의 근로기준법 시행령 제 2 조 제 1 항 제 1 호는, 그 기간을 제외하지 않으면 평균임금이 부당하게 낮아짐으로써 결국 통상의 생활임금을 사실대로 반영함을 기본원리로 하는 평균임금 제도에 반하는 결과를 피하고자 하는 데 입법 취지가 있으므로, 그 적용범위는 평균임금 산정사유 발생일을 기준으로 그 전 3개월 동안 정상적으로 급여를 받은 기간뿐만 아니라 수습기간이 함께 포함되어 있는 경우에 한한다고 봄이 상당하다. 따라서 근로자가 수습을 받기로 하고 채용되어 근무하다가 수습기간이 끝나기 전에 평균임금 산정사유가 발생한 경우에는 위 시행령과 무관하게 평균임금 산정사유 발생 당시의 임금, 즉 수습사원으로서 받는 임금을 기준으로 평균임금을 산정하는 것이 평균임금 제도의 취지 등에 비추어 타당하다." 이에 대한 평석은 김기선c, 394면 이하.

53) 金子征史·西谷 敏, 47면 이하. 하지만 퇴직 후에 그와 같은 단체협약이 맺어졌다면 그 인상분은 임금 총액에 반영되지 않는다(대법원 1980. 12. 9. 선고 80누411 판결).

(2) 특정 임금에 대한 평균임금 제외 약정의 유효 여부

판례는 산재보험 보험급여액 산정을 위한 평균임금 산정에는 현실로 지급
되었거나 지급하기로 한 임금만을 포함하지 노사 합의로 임의로 이를 제외하거
나 포함시키는 것은 허용되지 않는다고 한다.54) 이는 사업장 내 사업주와 소속
근로자가 임의로 평균임금의 산정 대상을 정함으로 말미암아 공적 보험인 산재
보험 급여액이 달라지는 것은 옳지 않다는 점에 근거를 둔 듯하다.

산재보험 보험급여 산정과 달리 개별 사업장 안에서 평균임금 포함 대상
임금을 법에 정한 것과 달리 하는 것은 그 결과가 법이 정한 기준에 미달하지
않는 한 임의로 정할 수 있다. 그리하여 퇴직금 산정에 관하여, 노사 간 별도
합의로 법상 평균임금에 해당하는 특정 수당을 퇴직금 산정의 기초가 되는 평
균임금에서 제외시키거나, 임금에 해당하지 않는 특정 금품 상당액을 퇴직금 산
정 기초가 되는 평균임금에 포함시키기로 한 경우, 퇴직금지급률 등 퇴직금 산
정 방식에 관한 다른 요소에서 법과 달리 정한 사정이 있고, 그 결과 산정되는
퇴직금액이 구 법(현 퇴직급여법)이 정한 퇴직금의 하한을 상회하는 금액이라면,
그 합의는 유효하다.55)

(3) 임   금

평균임금을 산정하기 위하여는 그 산정 기간 중 근로자에게 지급된 금품
가운데 임금의 성질을 갖는 것을 모두 합산하여야 한다.

한편 어떤 임금이 평균임금 산정의 기초가 되는 임금에 해당하는지 여부는
그 평균임금 산정 사유 발생 시점 당시를 기준으로 판단하여야 한다.56) 예를 들
어 성과급이 어떤 연도에는 근로의 대가로서 임금으로 보았는데, 특정 연도에는
순수한 은혜적 금품으로서 임금이 아닌 것으로 본다면, 평균임금 산정 사유 발
생 시점 이전 3개월 기간 중 지급된 성과급이 평균임금 산정 기초가 될지 여부
는 해마다 달라질 것이다.

(가) 기본적 임금항목, 법정수당, 상여금 등

평균임금 산정을 위한 임금에는, 각종 기본 급여 항목의 임금(기본급, 제 수

---

54) 대법원 2003. 6. 27. 선고 2003두2151 판결.
55) 대법원 1995. 9. 26. 선고 94다28123 판결, 대법원 1998. 1. 20. 선고 97다21086 판결, 대법원
2003. 12. 11. 선고 2003다40538 판결, 대법원 2006. 5. 26. 선고 2003다54322, 54339 판결.
56) 대법원 2006. 5. 26. 선고 2003다54322, 54339 판결.

당)은 물론, 일정 요건이 갖추어지면 지급하도록 되어 있는 연장근로수당, 야간 근로수당, 휴일근로수당, 연차휴가수당, 월차휴가근로수당, 생리휴가근로수당, 산전산후휴가근로수당 등 법정수당이 모두 포함된다.

　　그리고 1개월이 넘는 기간 단위로 지급되는 상여금도 임금에 해당하는 한 여기에 포함된다.[57] 하지만 퇴직금은 근로의 대가이지만 퇴직금 청구권은 퇴직 시에 발생하는 것이어서 평균임금 산정의 기초가 되는 임금에는 포함되지 않 는다.

　　㈏ 임금 수준의 변동이 있는 경우(임금 소급 인상의 문제)

　　평균임금 산정 기간 안에 임금 수준이 변하더라도 기간별로 늘어나거나 줄 어든 임금을 합산하면 되므로 특별히 문제될 것은 없다.

　　문제되는 것은 소급하여 임금이 증감한 경우이다. 예를 들어 2019. 5. 1.에 노사 합의 또는 새로운 취업규칙의 시행 등으로 2019. 1. 1.로 소급하여 임금을 인상하기로 하고, 2019. 5. 말에 5월분 급여를 지급하면서 1월부터 4월까지 기간 에 대한 추가 임금을 지급하였는데, 그 시점을 전후하여 평균임금 산정 사유가 생겼다면 평균임금의 산정은 어떻게 할 것인가가 문제된다. 살피건대 임금 인상 을 하기로 정한 시점(2019. 5. 1.) 이후에 평균임금 산정 사유가 생겼다면(예를 들 어 2019. 5. 10. 사유 발생), 소급 임금 인상 결과를 반영하여 평균임금을 산정하여 야 하고, 임금 인상 결정 시점 이전에 평균임금 산정 사유가 생겼다면(예를 들어 2019. 4. 30. 사유 발생), 그 소급 인상의 결과는 평균임금 산정에 반영되지 않는다 고 볼 것이다. 평균임금 산정 사유 발생 시점에 임금 인상이 결정되지 않았다면 사후에 임금 인상 결정이 있었다고 하여 평균임금이 변경되는 것은 안정성을 해칠 수 있기 때문이다.[58]

　　하지만 이 경우 평균임금 조정(증감)까지 불가능하다고 볼 것은 아니다. 즉 위와 같이 소급 인상된 임금의 상승률이 5% 이상이라면 소급 인상 결정 시점 (위 경우 2019. 5. 1.) 다음 달부터는 조정된 평균임금을 적용하여 해당 급여를 지 급할 것이다(영 5조 참조. 퇴직금 등 한 번의 평균임금 산정으로 금전지급관계가 끝나 는 경우는 평균임금 조정에 따른 급여액 변동이 있을 소지는 없고, 평균임금 산정 사유

---

57) 일본의 경우 3개월 이상 단위로 지급되는 급여는 평균임금에서 제외하고 있어 이 점은 우 리와 큰 차이가 있다.

58) 대법원 1980. 12. 9. 선고 80누411 판결, 해고와 임금, 105면; 金子征史·西谷 敏, 48면.

발생 이후 특정 급여를 계속 지급할 경우가 생기는 휴업보상, 장해보상의 경우에만 인상된 급여액 문제가 발생한다59)).60)

㈐ 둘 이상의 사용자로부터 임금을 따로 받은 경우

과거 노동부 행정해석은 근로자가 같은 기간 중에 여러 사용자와 근로관계를 맺어 임금을 받은 경우 모든 사용자로부터 지급받은 임금의 합산액을 평균임금 산정을 위한 임금으로 보아서는 아니 되고, 평균임금 산정 사유가 생긴 사업장의 사용자로부터 받은 임금만을 평균임금 산정에 포함시켜야 한다고 한다.61)

생각건대 이 문제는 평균임금을 산정해야 할 급여에 따라 개별적으로 보아야 하지 않을까 생각한다. 당해 사업장 사용자 사이에만 지급관계가 문제되는 퇴직금, 각종 수당, 재해보상에 관하여는 당해 사업장 사용자 지급 임금만을 평균임금 산정 대상으로 해야겠지만, 모든 사업장과 관련되는 산재법상 휴업급여, 장해급여, 상병보상연금, 유족급여 등에는 모든 사업장에서 받은 임금을 기초로 평균임금을 산정해야 한다. 그렇게 보지 않을 경우 같은 양의 일을 하면서 한 사용자로부터 임금을 받는 근로자와 형평에 맞지 않기 때문이다.

산재법 적용 사업의 사업주는 당연히 보험가입자가 되므로(고용보험 및 산업재해보상보험의 보험료 징수 등에 관한 법률 5조 3항) 위와 같은 경우 산재법이 적용되는 사업의 사업주이기만 하면 둘 이상의 사용자 중 일부가 현실적으로 보험료를 납부하였는지 여부와 관계없이 모든 사업장에서 받은 임금 모두를 기초로 평균임금을 산정한다.

㈑ 2명 이상 근로자가 임금을 일괄하여 지급받은 경우

근로자 2인 이상을 1개조로 하여 임금을 일괄하여 지급하는 경우 개별 근로자에 대한 배분방법을 미리 정하지 않았다면 근로자의 경력, 생산실적, 실근로일수, 기술·기능, 책임, 배분에 관한 관행 등을 감안하여 근로자 1명당 임금액을 추정하여 그 금액으로 평균임금을 추산한다(평균임금산정 특례 고시 3조).

59) 한편 산재법 36조 3항은 2007. 4. 11. 전문 개정 전 산재법 38조 3항이 동종 근로자의 임금 수준 변동에 따라 평균임금 조정을 한 것과 달리, 전체 근로자의 임금 평균액의 증감률에 따라 평균임금을 증감하도록 하였다(근로자 연령이 60세에 도달한 이후에는 소비자물가변동률에 따라 평균임금을 증감). 그리하여 산재법상 보험급여액에 관하여는 소급 임금 인상에 따른 평균임금 변동 문제는 생기지 않는다.
60) 대법원 2006. 9. 22. 선고 2004두2103 판결(이에 대한 평석은 최은배a, 630면 이하), 대법원 2006. 9. 22. 선고 2005두2018 판결, 대법원 2006. 10. 27. 선고 2006두3568 판결.
61) 1965. 7. 26. 노정근 1455-2982.

㈐ **임금총액의 일부가 명확하지 않은 경우**

평균임금의 산정기간 중에 지급된 임금의 일부를 확인할 수 없는 기간이 포함된 경우에는 그 기간을 빼고 남은 기간에 지급된 임금의 총액을 남은 기간의 총일수로 나눈 금액을 평균임금으로 본다(평균임금산정 특례 고시 4조).

㈑ **임금총액의 전부가 명확하지 아니한 경우 등**

평균임금산정 특례 고시 1조부터 4조까지 정해진 방법(평균임금 계산에서 제외되는 기간이 3개월 이상인 경우, 근로제공의 초일에 평균임금산정 사유가 발생한 경우, 임금이 근로자 2명 이상 일괄하여 지급되는 경우, 임금총액 일부가 명확하지 않은 경우)으로 평균임금을 산정할 수 없는 경우에는 지방노동관서장이 다음 각 호의 사항을 감안하여 적정하다고 결정한 금액을 해당 근로자의 평균임금으로 본다(평균임금산정 특례 고시 5조).

(i) 해당 사업장이 있는 지역의 임금수준 및 물가사정에 관한 사항

(ii) 해당 근로자에 대한 소득세법 및 관련 법령에 따라 기재된 소득자별 근로소득원천징수부, 국민연금법·국민건강보험법·고보법에 따라 신고된 보수월액·소득월액·월평균임금 등에 관한 사항

(iii) 해당 사업장이 있는 지역의 업종과 규모가 동일하거나 유사한 사업장에서 해당 근로자와 동일한 직종에 종사한 근로자의 임금에 관한 사항

(iv) 해당 사업장의 근로제공기간 중에 받은 금품에 대하여 본인 또는 그 가족 등이 보유하고 있는 기록(이 경우 사업주가 인정하는 경우에만 한정한다) 등 증빙서류에 관한 사항

(v) 고용노동부장관이 조사·발간하는 "고용형태별근로실태조사보고서" 및 "사업체노동력조사보고서" 등 고용노동통계에 관한 사항

위 각 호의 규정은 통상의 생활임금 반영이라는 평균임금 산정의 취지를 판단하는 데에 하나의 지표가 될 수 있을 것이다.

한편 대법원 2019. 11. 14. 선고 2016두54640 판결은, 특례 고시 5조 각 호에서 정한 자료의 일부를 확인할 수 없다고 하더라도, 나머지 각 호에서 정한 자료를 통해 통상의 생활임금에 가까운 합리적인 평균임금을 산정할 수 있다면 그 금액을 근로자의 평균임금으로 하여야 한다고 판시하였다.

⒮ 그 외 문제되는 임금

① 노무도급계약의 수급인이 도급인에게서 받은 계약금액 중 자신에게 귀속하는 임금   고용계약과 도급계약이 혼합된 노무도급계약의 한 형태인 이른바 '품떼기 계약'을 맺은 수급인이 작업 인부를 고용하고 공사를 하던 중 부상을 입은 사안에서, 판례는 "품떼기 계약금액에는 수급인이 고용하는 인부에게 지급할 노임과 경비, 수급인 자신의 임금, 이윤 등이 포함되어 있어, 이 계약금액에서 수급인의 평균임금을 산정하는 것은 불가능하다. 원심은 이 경우 직종별임금실태조사보고서의 임금수준을 기준으로 평균임금을 산정하는 것이 상당하다고 보았으나, 이 직종별임금실태조사보고서는 임금실태에 대한 일반적인 자료에 불과하여 이를 평균임금을 정하는 데에 참고자료로 고려함은 모르되 바로 평균임금 산정의 기준으로 삼을 수 없다. 이 경우 통상의 생활임금을 사실대로 산정할수 있는지 여부를 살펴야 한다"고 하면서, 만일 방법이 없을 때에는 앞서 본 바와 같이 당해 근로자가 근로하고 있는 지역을 중심으로 한 일대에 같은 종류의 작업에 종사하고 있는 상용근로자의 평균임금액을 표준으로 삼아 평균임금을 산정하여야 한다고 하였다.62)

② 근로시간 면제 대상으로 지정된 근로자 또는 노동조합 전임자가 사용자에게서 받은 금품   노조법 24조 2항, 81조 4호는 노동조합 전임자에 대한 사용자의 급여 지급 행위를 금지하고 있고, 대신 노조법 24조 4항, 24조의2로 근로시간 면제 제도를 두었다. 이 제도에 따르면 노사가 단체협약으로 정하거나 사용자가 동의하는 경우, 고용노동부장관이 고시한 근로시간 면제 한도의 범위 내에서 근로자는 임금 손실 없이 대(對) 사용자 협의·교섭, 고충처리, 산업안전 활동 등 업무와 건전한 노사관계 발전을 위한 노동조합 유지·관리업무를 할 수있다(노조법 24조 4항). 이에 따라 근로시간 면제 대상 근로자가 사용자로부터 받는 금품은 임금으로 보아야 하고, 판례63) 또한 같은 취지(다만 '동종 유사 업무 종사 동일 유사 직급·호봉 근로자가 받을 수 있는 금액과 비교하여 사회통념상 수긍할 만한 합리적인 범위 안'의 금액에 한정된다고 한다)이다. 자세한 내용은 법 2조 1항 5호에 대한 해설 VI. 2. 마. (2) 참조. 따라서 근로시간 면제 대상 근로자의 평균

---

62) 대법원 1991. 4. 26. 선고 90누2772 판결.
63) 대법원 2018. 4. 26. 선고 2012다8239 판결(이에 대한 평석은 권오성b, 89~92면; 김태욱b, 34~36면).

임금을 산정할 때에는 특별한 사정이 없는 한 그 근로자가 단체협약 등에 따라 지급받는 급여를 기준으로 하되, 다만 과다하게 책정되어 임금으로서 성격을 가지고 있지 않은 초과 급여 부분(위 판례에 따를 때 '동종 유사 업무 종사 동일 유사 직급 · 호봉 근로자가 받을 수 있는 금액과 비교하여 사회통념상 수긍할 만한 합리적인 범위'를 초과하는 금액)은 제외하여야 할 것이다.

한편 과거 노동조합 전임자에게 근로시간 면제 제도(노조법 24조 4항)에 따른 임금 지급이 아닌, 사용자가 지급한 금품의 임금성에 관하여, 판례는 노동조합 전임자는 사용자와 사이에 기본적 노사관계는 유지되고 근로자 신분도 그대로 가지는 것이지만 근로 제공 의무가 면제되고 사용자의 임금 지급 의무도 면제된다는 점에서 휴직 상태에 있는 근로자와 유사하고, 사용자가 단체협약 등에 따라 노동조합 전임자에게 일정한 금품을 지급한다고 하더라도 이를 근로의 대가인 임금이라고 할 수 없다고 하였다.64)

그리하여 판례는 노동조합 전임자의 평균임금은 노동조합 전임자로서 실제로 지급받은 급여를 기준으로 할 수 없고, 통상 생활임금을 종전과 같이 보장하려는 퇴직금 제도의 취지에 비추어 볼 때 그와 같은 직급과 같은 호봉을 가진 근로자의 평균임금을 평균임금 산정 기초로 해야 한다고 하였다.65)

③ 일용근로자   건축공, 인부, 항만하역인부 등과 같이 매일 일당을 받고 고용되는 일용근로자는 실제로 노무를 제공하는 날이 고르지 않고 그 임금액도 사업장에 따라 일정하지 않다. 이러한 일용근로자에게 상용근로자의 경우를 염두에 두고 만들어진 일반적인 산정 방법을 적용하는 것이 적당하지 않을 때가 많다. 이러한 점을 고려하여 영 3조는 "일용근로자의 평균임금은 고용노동부장관이 사업이나 직업에 따라 정하는 금액으로 한다"고 규정하고 있다. 하지만 현재 고용노동부장관은 이를 정하지 않았다.66) 다만, 고용노동부 유권해석은

64) 대법원 1993. 8. 24. 선고 92다34926 판결, 대법원 1995. 4. 11. 선고 94다58087 판결(이에 대한 평석은 김기중, 271면 이하), 대법원 1996. 12. 6. 선고 96다26671 판결, 대법원 1998. 4. 24. 선고 97다54727 판결.
65) 대법원 1998. 4. 24. 선고 97다54727 판결.
66) 이와 관련하여 하급심 판례로 다음과 같은 판결이 있다. 즉 서울행법 1999. 7. 1. 선고 98구19789 판결은, "일반적으로 일용근로자는 실제로 일하는 날이 고르지 않고 근무장소와 근무일수, 임금액 또한 일정하지 않아 산정시기에 따라 평균임금의 변동이 크기 때문에 평균임금을 산정하는 것이 적절하지 않다는 취지에서 영 3조에서 일용근로자에 대하여는 노동부장관이 사업별 또는 직업별로 정하는 금액을 평균임금으로 정하도록 하고 있으나, 실제로 노동부장관은 현재까지 같은 규정에 따른 임금을 정하지 않고 있는 실정이다. 이와 같이 영 3조에 의한 노동부장관의 결정이 아직까지 마련되어 있지 않는 이상 일용근로자의 경우 일응 평균

"일반(상용)근로자의 경우와 같이 3개월 동안의 지급된 임금 총액을 총일수로 나누면 된다"고 하고 있다.[67) 한편 산재법상 보험급여 산정에 관하여는 일용근로자의 평균임금 산정 방법에 관한 특례 규정을 산재법이 따로 두고 있다(36조 5항, 산재법 시행령 23조, 24조 참조). 이에 관하여는 후술한다.

(4) 평균임금 산정에서 제외되는 임금

㈎ **평균임금 산정 기간에서 제외되는 기간 중 지급된 임금**

평균임금 산정 기간에서 제외되는 기간 중 지급된 임금은 평균임금 산정에서 제외된다.

그리하여 영 2조 1항 각 호에 정해진 것으로서 (i) 수습 사용 기간, (ii) 사용자에게 책임 있는 사유로 휴업한 기간, (iii) 출산전후휴가 기간, (iv) 업무상 재해로 입은 부상·질병의 요양을 위하여 휴업한 기간, (v) 육아휴직 기간, (vi) 쟁의행위기간, (vii) 병역·예비군·민방위 등의 공적 의무를 위해 휴직하거나 근로하지 못한 기간과 그 외 해석 등으로 평균임금 산정 기간에서 제외되는 것으로서 (i) 퇴직 후 평균임금 산정 사유 발생일까지 기간, (ii) 특수하고도 우연한 사정으로 임금이 통상의 경우보다 현저하게 많거나 적게 된 기간 중에 지급된 임금 등은 평균임금 산정 대상 임금총액에서 제외된다.

㈏ **영 2조 2항이 정한 임금**(임시로 지급된 임금·수당, 통화 외의 것으로 지급된 임금)

임시로 지급된 임금·수당과 통화 외의 것으로 지급된 임금은 평균임금 산정에서 제외한다. 다만, 고용노동부장관이 정하는 것은 그러하지 아니하다(영 2조 2항).[68)

임금을 산정할 수 없는 경우에 해당한다고 볼 여지가 있기는 하다. 그런데, 여기에서 '평균임금을 산정할 수 없는 경우'라 함은 문자 그대로 그 산정이 기술상 불가능한 경우나 위 관계 규정에 의하여 평균임금을 산정하는 것이 현저하게 부당한 경우를 말한다고 보아야 할 것이다. 돌이켜 이 사건에 관하여 보면, 원고는 위 인정사실과 같이 이 사건 재해가 발생하기 전 3개월간의 임금이 구체적으로 밝혀져 있으므로 이를 토대로 원고의 통상의 생활임금을 사실대로 산정할 수 있다고 보여지며 나아가 그와 같은 방법을 취한다 하더라도 그 액수가 통상의 경우보다 현저하게 많거나 적어져 심히 부당하다고 보이지 아니하므로 원고의 평균임금은 이 사건 재해 전 원고가 실제로 지급받은 금액을 기초로 산정하는 것이 타당하다."고 하였다.

67) 1970. 10. 23. 근기 1455-9989.
68) 하지만 현재 고용노동부장관이 평균임금 산정에서 제외하는 '임시로 지급된 임금·수당' 또는 '통화 외의 것으로 지급된 임금'으로 정한 것은 없다.

여기에서 '임시로 지급된 임금·수당'이라 함은 일시적이고 우발적인 사유로 지급된 것과 같이 그 지급사유의 발생이 사전에 확정되지 않은 것을 말한다. 따라서 일정 요건에 해당하는 근로자에게 계속적·정기적으로 급여에 가산하여 지급하여 온 것은 여기에 해당하지 않는다.[69)]

판례는 국외 주재 직원에 지급된 급여 중 동등 직급 국내 직원 급여액 초과 부분은 실비변상이거나 해외근무라는 특수한 근무 조건에 따라 임시로 지급받은 임금이라고 볼 여지가 있다고 하여 그 임금을 평균임금 산정 대상에서 제외해야 한다고 하였다.[70)]

⒟ 그 외 해석상 평균임금 산정 대상 제외 여부가 문제된 임금

① 사용자의 관리·지배가 불가능한 사납금 초과 운송수입금   판례는 사납금 초과 운송수입금은 사용자의 관리·지배 가능성이 없다는 이유로 퇴직금 산정을 위한 평균임금 산정 대상에서 제외한다.[71)] 하지만 산재법상의 보험급여 산정을 위한 평균임금과 고보법상 구직급여의 기준이 되는 평균임금에는 사납금 초과 운송수입금이 포함된다.[72)] 그리고 사용자의 관리·지배가 가능한 경우라면 사납금 초과 운송수입금은 평균임금 산정에 포함된다. 그리하여 총 운송수입금을 전부 회사에 납부한 후 다시 회사에게서 받은 초과 운송수입금액은 퇴직금 산정의 기초가 되는 평균임금에 포함된다.[73)]

② 월 중간에 평균임금 산정 사유(특히 퇴직)가 생겼을 때 지급된 당해 월 보수 전액   취업규칙이나 단체협약 등에 월의 중도에 퇴직하더라도 당해 월의

---

69) 대법원 1978. 12. 13. 선고 78다2007 판결, 대법원 1981. 10. 13. 선고 81다697 판결.

70) 대법원 1990. 11. 9. 선고 90다카4683 판결.

71) 대법원 1998. 3. 13. 선고 95다55733 판결, 대법원 1999. 4. 23. 선고 98다18568 판결. 대법원 2023. 5. 18. 선고 2020다255986 판결은, '운전기사인 원고가 택시를 운행한 부분에 대하여 운행기록 저장장치인 타코미터(Tachometer)에 승·하차시간, 영업거리, 요금, 빈차거리, 빈차시간 등이 기록 및 저장되었고, 평균임금 계산 기간은 이미 택시승차요금의 신용카드 결제가 보편화된 단계 이후여서 실제 승객들의 카드 결제대금이 사업자인 피고에게 우선 전부 입금되는 형태로 운영될 수밖에 없었다'는 등의 이유로 원고의 초과운송수익금에 대하여 피고에게 관리·지배가능성이 있었다고 본 원심을, 원고의 운행으로 발생한 월 카드 결제대금은 월 사납금에도 미치지 못하여 결국 부족한 사납금을 현금으로 납부한 것으로 보이는 점, 타코미터에 기록된 영업시간 및 영업거리를 훨씬 초과하는 야간 공차시간 및 공차거리 구간에 관하여 원고의 개별적 영업소득이 전혀 없었다고 단정할 만큼 위 운행기록을 그대로 믿기는 어려워 보인다는 점 등을 들어 파기하였다.

72) 대법원 2000. 4. 25. 선고 98두15269 판결(이에 대한 평석으로는 노태악, 367면 이하), 대법원 2019. 7. 25. 선고 2016두42289 판결.

73) 대법원 2002. 8. 23. 선고 2002다4399 판결.

보수 전액을 지급한다는 규정이 있는 경우, 당해 월 급여 전액을 평균임금 산정 기초가 되는 임금으로 보아야 하는지에 관하여 종전 판례는 이를 긍정하였으나,[74] 대법원은 1999. 5. 12. 선고 97다5015 전원합의체 판결로 판례를 변경하여 이를 부정하였다. 정책적·은혜적 배려에 따른 것으로서 퇴직 근로자에게 실제 근무일수와 무관하게 퇴직 당해 월의 임금을 인상하여 전액 지급한다는 취지는 아니라는 점을 근거로 들었다.[75]

(5) 평균임금 산정 기간 중에 제공한 근로의 대가

실제로 근로자가 임금을 지급받은 시점이 평균임금 산정 기간 중이라도 그것이 평균임금 산정 기간이 아닌 다른 기간에 근로를 제공한 것에 대한 대가라면 그 임금은 평균임금 산정에 포함시켜서는 아니 된다. 문제되는 것은 연차휴가수당과 상여금과 같이 1개월을 초과하는 기간을 단위로 지급되는 임금이다.

㈎ 연차휴가수당

현행 법상 연차휴가와 관련한 수당은 두 가지가 있다. 첫째는 근로자가 연차휴가를 사용하였을 때 유급으로 지급되는 연차휴가수당(법 60조 5항)이고, 둘째는 근로자가 휴가시기를 지정하고도 그 휴가일에 휴가를 보내지 않고 근로를 하였을 때 그 근로에 대한 대가로 지급되는 연차휴가근로수당이다.[76]

평균임금 산정 포함 여부가 문제되는 것은 그 가운데 연차휴가수당이다.[77] 근로자는 1년 동안 8할 이상 출근하면 15일의 유급휴가를 쓸 수 있고, 3년 이상 계속 근로한 경우에는 최초 1년을 초과하는 계속근로연수 매 2년에 대해 1일을 가산한 유급휴가를 쓸 수 있고, 다만 그 휴가일은 25일을 넘지 못한다(법 60조 1항·4항).

구체적 예를 들면 다음과 같다. 2010. 1. 1. 입사하여 2016. 12. 31.까지 7년 동안 계속 근무한 근로자는 2017. 1. 1.부터 2017. 12. 31.까지 기간 중 8할 이상 출근하면 8년을 근로한 2018년 중에는 18일(=15일+7년/2, 1년 미만 버림)의 연차휴가를 쓸 수 있다. 만일 이 근로자가 2018년 중에 시기를 지정하지 않고 이 연차

---

74) 대법원 1993. 5. 27. 선고 92다24509 판결.
75) 이 판결에 대한 평석으로는 김홍영a, 145면 이하; 박종희, 13면 이하; 조해섭, 605면 이하. 조해섭 논문은 이를 긍정적으로 평가한 반면, 김홍영, 박종희 논문은 비판적이다.
76) 자세한 논의는 김지형b, 152면 이하.
77) 연차휴가근로수당은 근로자가 연차휴가를 보낼 날을 지정하였음에도 그 지정된 휴가일에 휴가를 보내지 않고 근로를 한 데 대한 수당이므로 그 지정된 휴가일이 평균임금 산정 기간에 해당되는지 여부에 따라 평균임금 포함 여부를 정하면 될 것이어서 큰 문제가 없다.

휴가를 쓰지 않았다면 2019. 1. 1. 연차휴가수당을 청구할 수 있다.[78] 또한 만일 2018. 1. 1.부터 2018. 12. 31.까지 기간 중에 연차휴가를 쓰지 않은 채 퇴직한 때에도 휴가를 쓰지 않은 것으로 확정되어 퇴직 때 연차휴가수당을 청구할 수 있다.[79]

　따라서 이와 같은 연차휴가를 쓸 수 있는 근로자가 가령 2018. 5. 1.에 퇴직함과 동시에 그 연차휴가수당을 받았다 하더라도 이 연차휴가수당은 2017년 중 8할 이상 출근한 데에 대한 대가이지, 평균임금 산정 기간인 2018. 2. 1.부터 2018. 4. 30.까지 3개월 기간 동안의 근로 대가가 아니다.[80] 따라서 이 연차휴가수당은 평균임금 산정의 기초가 되는 임금에 해당하지 않는다.

　반면 2018. 2. 1.에 퇴직하고 이 때 2017년 8할 이상 출근에 대한 연차휴가수당을 받았다면 그 연차휴가수당 중 평균임금 산정 기간에 들어가는 2017. 11. 1.부터 2017. 12. 31.까지 기간에 해당하는 부분은 평균임금 산정 기초가 되는 임금에 포함된다.

　나아가 이 근로자가 2018년 중에 위 연차휴가를 사용하지 않고 2018년에도 8할 이상 출근한 상태에서 2019. 1. 1. 퇴직한다면 2017년 8할 이상 출근에 따른 연차휴가수당(18일분이다) 외에 2018년 8할 이상 출근에 대한 연차휴가수당[15일 +8년/2=19일분이다]을 따로 지급받을 것인데, 2017년 8할 이상 출근에 따른 연차휴가수당은 평균임금 산정 기간 중 임금에 해당하지 않겠지만, 2018년 8할 이상 출근에 대한 연차휴가수당 중 평균임금 산정기간인 2018. 10. 1.부터 2018. 12. 31.까지 기간에 해당하는 부분은 평균임금 산정에 포함된다.

---

78) 법 60조 7항 본문은 "제 1 항부터 제 4 항까지의 규정에 따른 휴가는 1년 간 행사하지 아니하면 소멸한다"고 규정하고 있어, 휴가를 실시하지 않으면 수당청구권도 소멸하는 것 아니냐는 견해도 있을 수 있으나, 이 규정이 신설된 1980년 이후 선고된 대법원 판결은 일관하여 "휴가권이 소멸하는 대신 연차휴가일수에 상응하는 임금으로서 연차휴가수당을 청구할 수 있다"고 판시하여 수당청구권을 인정하고 있다. 아래 각주 판결 참조.

79) 대법원 1990. 12. 21. 선고 90다카24496 판결, 대법원 1991. 8. 13. 선고 91다14437 판결, 대법원 1991. 11. 12. 선고 91다14826 판결, 대법원 1991. 12. 24. 선고 91다20494 판결, 대법원 1993. 4. 27. 선고 92다37161 판결, 대법원 1994. 5. 24. 선고 93다4649 판결, 대법원 1996. 11. 22. 선고 95다36695 판결, 대법원 1996. 12. 23. 선고 95다32631 판결, 대법원 2000. 12. 22. 선고 99다10806 판결(이에 대한 평석은 민중기b, 431면 이하), 대법원 2005. 5. 27. 선고 2003다 48549, 48556 판결(이에 대한 평석은 박이규, 568면 이하).

80) 대법원 1990. 12. 21. 선고 90다카24496 판결, 대법원 1991. 8. 13. 선고 91다14437 판결, 대법원 1991. 11. 12. 선고 91다14826 판결, 대법원 1991. 12. 24. 선고 91다20494 판결, 대법원 1993. 4. 27. 선고 92다37161 판결, 대법원 1994. 5. 24. 선고 93다4649 판결, 대법원 1996. 11. 22. 선고 95다36695 판결, 대법원 1996. 12. 23. 선고 95다32631 판결(이에 대한 평석으로는 김지형b, 149면 이하), 대법원 2011. 10. 13. 선고 2009다86246 판결, 대법원 2017. 5. 17. 선고 2014다232296, 232302 판결.

⒃ 상여금 등 1개월을 초과하는 기간 단위로 지급되는 급여

상여금 등 1개월을 초과하는 기간에 대한 근로의 대가로서 1년에 1회나 2
회, 4회 등으로 나누어 지급되는 임금은, 평균임금 산정 기간 중에 실제 지급되
었다 하더라도 이를 그대로 평균임금 산정 임금에 포함시켜서는 아니 되고, 평
균임금 산정 사유가 생기기 직전 1년 동안 지급된 총액에서 3개월분만을 평균
임금 산정에 포함시켜야 한다.[81] 상여금 등이 평균임금 산정 기간 중에 실제 지
급되지 않았더라도 마찬가지이다.

1년 단위로 지급되는 경우는 직전 1년 동안에 지급된 총액 중 3개월분을, 1
년이 아닌 기간을 지급 단위 기간으로 한 경우(예를 들어 9개월에 한번씩 일정액을
상여금 등으로 지급한 경우)에는 그 지급 단위 기간에 지급된 총액에서 3개월분을
평균임금 산정에 포함시킨다.

라. 산재법상 평균임금 산정의 특례

산재법에 따른 평균임금 산정도 일반적인 평균임금 산정 방법에 따른다. 다
만, 산재법은 평균임금을 산정하는 것이 적당하지 아니하는 경우를 상정하여 몇
가지 특례를 규정하고 있다.

(1) 특이한 근로형태 등의 사정으로 평균임금을 적용하는 것이 적당하지 아니하다고 인정되는 경우(일용근로자, 둘 이상의 사업에서 근로하는 단시간근로자)

산재법상 보험급여(진폐보상연금 및 진폐유족연금은 제외한다)를 산정할 때 해
당 근로자의 근로 형태가 특이하여 평균임금을 적용하는 것이 적당하지 아니하
다고 인정되는 경우로서 대통령령으로 정하는 경우에는 대통령령으로 정하는
산정 방법에 따라 산정한 금액을 평균임금으로 한다(산재법 36조 5항).

이에 따라 마련된 산재법 시행령 23조는 이와 같이 근로형태가 특이하여
평균임금을 적용하는 것이 적당하지 아니하다고 인정되는 경우로 두 가지를 들
고 있다. 첫째가 1일 단위로 고용되거나 근로일에 따라 일당(미리 정하여진 1일
동안의 근로시간에 대하여 근로하는 대가로 지급되는 임금을 말한다. 이하 같다) 형식
의 임금을 지급받는 근로자(이하 "일용근로자"라 한다)[82]에게 평균임금을 적용하

---

81) 대법원 1989. 4. 11. 선고 89다카2901 판결.
82) 다만, 다음의 하나에 해당하는 경우는 일용근로자로 보지 않는다(산재법 시행령 23조 단서).
    1. 근로관계가 3개월 이상 계속되는 경우
    2. 그 근로자 및 같은 사업에서 같은 직종에 종사하는 다른 일용근로자의 근로조건, 근로계

는 경우이고, 둘째가 둘 이상의 사업(고용보험 및 산업재해보상보험의 보험료징수 등에 관한 법률 5조 3항·4항 및 6조 2항·3항에 따른 산재보험의 보험가입자가 운영하는 사업을 말한다)에서 근로하는 근기법 2조 8호에 따른 단시간근로자(일용근로자는 제외한다)에게 평균임금을 적용하는 경우이다.

　전자의 경우 평균임금은 해당 일용근로자의 일당에 일용근로자의 1개월간 실제 근로일수 등을 고려하여 고용노동부장관이 고시하는 근로계수(통상근로계수)(현재 73/100이다[83]))를 곱하여 산정한다.[84] 후자의 경우 평균임금 산정기간 동안 해당 단시간근로자가 재해가 발생한 사업에서 지급받은 임금과 같은 기간 동안 해당 사업 외의 사업에서 지급받은 임금을 모두 합산한 금액을 해당 기간의 총일수로 나누어 산정한다(산재법 시행령 24조 1항).[85]

(2) 평균임금이 지나치게 높거나 낮은 경우의 특례

(개) 내　용

　산재법상의 보험급여(장의비를 제외한다)를 산정할 때 그 근로자의 평균임금[86] 이 고기법 17조의 고용구조 및 인력수요 등에 관한 통계에 따른 상용근로자 5명 이상 사업체 전체 근로자의 임금 평균액의 1.8배(이하 "최고 보상기준 금액"이라 한다)를 초과하거나, 2분의 1(이하 "최저 보상기준 금액"이라 한다)보다 적으면 그 최고 보상기준 금액이나 최저 보상기준 금액을 각각 그 근로자의 평균임금으로 하되, 최저 보상기준 금액이 최저임금법 5조 1항에 따른 시간급 최저임금액에 8을 곱한 금액(이하 "최저임금액"이라 한다)보다 적으면 그 최저임금액을 최

　약의 형식, 구체적인 고용 실태 등을 종합적으로 고려할 때 근로 형태가 상용근로자와 비슷하다고 인정되는 경우

83) 고용노동부 2017. 12. 29. 고시 2017-82호. 통상 근로자와 다르게 한 달 모두를 일하지 않고 한 달 동안 생계를 유지하고, 1일의 노동강도가 통상 근로자와 다르며, 주휴일, 연월차휴가 등이 없이 일당으로 모든 임금이 지급되는 것을 고려한 것이다.

84) 다만, 평균임금 산정사유 발생일 당시 해당 사업에서 1개월 이상 근로한 일용근로자는 위와 같이 산정한 금액을 평균임금으로 하는 것이 실제의 임금 또는 근로일수에 비추어 적절하지 아니한 경우에는 실제의 임금 또는 근로일수를 증명하는 서류를 첨부하여 근로복지공단에 산정 방법의 적용 제외를 신청할 수 있다(산재법 시행령 24조 2항).

85) 단시간근로자가 산재법 36조 2항에 따라 보험급여를 청구할 때에는 재해가 발생한 사업 외의 사업에 취업한 사실, 근로시간 및 임금을 증명하는 서류를 근로복지공단에 제출하여야 한다(산재법 시행령 24조 3항).

86) 근로형태가 특이한 근로자에 대한 평균임금 산정 특례, 후술하는 평균임금의 조정, 진폐증 등 질병에 걸린 환자에 대한 평균임금 산정 특례 규정(산재법 36조 3항 내지 6항)의 적용을 받은 경우에는 그 평균임금 조정이나 평균임금 산정 특례를 거친 평균임금이 여기서 말하는 평균임금이 된다(산재법 36조 7항).

저 보상기준 금액으로 한다. 다만, 휴업급여와 상병보상연금을 산정할 때에는 최저 보상기준 금액을 적용하지 않는다(산재법 36조 7항).[87]

이 최고 보상기준 금액과 최저 보상기준 금액은 매년 고용노동부장관이 고시한다(산재법 36조 8항).[88]

(나) 휴업급여, 상병보상연금의 특례

평균임금이 낮은 저소득 근로자의 휴업급여와 상병보상연금에 대하여는 최저 보상기준 금액을 평균임금으로 하지 않는 대신 휴업급여의 경우에는 산재법 54조, 56조 2항에서, 상병보상연금의 경우에는 산재법 67조, 69조 1항에서 각 보험급여 산정 방법을 규정하고 있다.[89]

---

[87] 한편 최고 보상기준 금액에 따라 평균임금액을 제한하고 평균임금의 최저한을 최저 보상기준 금액으로 하는 이 특례는 1999. 12. 31. 법률 6100호로 산재법이 개정되면서 신설되었고, 2000. 7. 1.부터 시행되었다. 이 산재법 개정 법률 부칙 7조는 시행일 이전에 업무상 재해를 입은 자에게는 2002. 12. 31.까지는 종전 규정이 적용되고, 2003. 1. 1.부터는 이 신설된 특례 규정이 적용된다고 하였는데, 헌법재판소는 이 부칙 규정, 즉 '2002. 12. 31.까지' 종전 규정에 의한다는 부분은 소급입법금지원칙에 위배한 것은 아니지만, 신뢰보호원칙에 위배하여 재산권을 침해하는 것이어서 헌법에 위반된다고 하였다(헌재 2009. 5. 28. 선고 2005헌바20 결정). 그리하여 위 시행일 이전에 업무상 재해를 입은 자는 이 특례 규정의 적용을 받지 않고 종전 규정에 따라 보험급여가 지급되고 있다.

[88] 최근 고시는 2023. 12. 27. 고시로(고용노동부고시 2023-74호), 이에 따르면 최고 보상기준 금액은 1일 253,354원, 최저 보상기준 금액은 1일 78,880원으로 한다(적용 기간 2024. 1. 1.부터 2024. 12. 31.까지).

[89] ① 저소득 근로자의 휴업급여로서, 휴업급여는 평균임금의 100분의 70으로 하는데(산재법 52조 본문), 만일 이와 같이 산정한 휴업급여가 최저 보상기준 금액의 100분의 80보다 적거나 같으면 그 근로자에 대하여는 평균임금의 100분의 90에 상당하는 금액을 1일당 휴업급여 지급액으로 한다. 다만, 그 근로자의 평균임금의 100분의 90에 상당하는 금액이 최저 보상기준 금액의 100분의 80보다 많은 경우에는 최저 보상기준 금액의 100분의 80에 상당하는 금액을 1일당 휴업급여 지급액으로 한다(산재법 54조 1항)[바꾸어 말하면 자신의 평균임금이 최저보상기준 금액의 9분의 8(88.88%) 미만이라면 휴업급여가 자신의 평균임금의 90%이고, 9분의 8(88.88%) 이상 7분의 8(114.29%) 미만이라면 휴업급여가 최저 보상기준 금액의 80%이며, 7분의 8(114.29%) 이상이라면 휴업급여가 자신의 평균임금의 70%이다](산재법 54조 1항).

② 위와 같이 산정한 저소득자의 휴업급여 지급액이 최저임금법액보다 적으면 그 최저임금 금액을 그 근로자의 1일당 휴업급여 지급액으로 한다(산재법 54조 2항).

③ 재요양 기간 중의 휴업급여는 재요양 당시의 임금을 기준으로 산정한 평균임금의 100분의 70에 상당하는 금액을 1일당 휴업급여 지급액으로 한다(이 경우 평균임금 산정사유 발생일은 대통령령으로 정한다). 여기에는 위와 같은 저소득 근로자의 휴업급여가 적용되지 않으나, 위와 같이 산정한 1일당 휴업급여 지급액이 최저임금액보다 적거나 재요양 당시 평균임금 산정의 대상이 되는 임금이 없으면 최저임금액을 1일당 휴업급여 지급액으로 한다(산재법 56조 1항·2항).

④ 상병보상연금은 폐질등급(제 1 급~제 3 급)에 따라 평균임금의 329일분 내지 257일분을 지급하는데(산재법 66조), 이 때 그 근로자의 평균임금이 최저임금액에 70분의 100을 곱한 금액보다 적을 때에는 최저임금액의 70분의 100에 해당하는 금액을 그 근로자의 평균임금으

(3) 진폐증 등 직업병에 걸린 근로자에 대한 평균임금 산정 특례

업무상 질병에 걸린 근로자에 대하여 재해보상을 하는 경우 진단에 따라 질병이 발생되었다고 확정된 날을 평균임금의 산정 사유가 발생한 날로 한다(영 52조). 그런데 산재법은 일정한 특례를 규정하고 있다.

㈎ **일반적인 경우**(휴업 · 폐업 전에 직업병이 확인되었을 때)

보험급여를 산정할 때 진폐 등 대통령령이 정하는 직업병[90]으로 보험급여를 받게 되는 근로자에게 그 평균임금을 적용하는 것이 근로자의 보호에 적당하지 아니하다고 인정되면 대통령령으로 정하는 산정 방법에 따라 산정한 금액을 그 근로자의 평균임금으로 한다(산재법 36조 6항).

이에 따라 마련된 산재법 시행령 25조 2항 내지 6항은 그 산정 방법을 구체적으로 정하고 있다. 이에 따르면 진폐의 경우는 전체 근로자의 임금 평균액을 고려하여 고용노동부장관이 매년 고시하는 금액[91]을 평균임금으로 하고(산재법 시행령 25조 2항 1호), 그 외의 경우(산재법 시행령 25조 1항 2호 · 3호에 해당하는 직업병의 경우)는 통계법 3조 2호에 따른 지정통계로서 고용노동부장관이 작성하는 사업체노동력조사(이하 "사업체노동력조사"라 한다)에 따른 근로자의 월평균 임금총액에 관한 조사내용 중 해당 직업병에 걸린 근로자와 성별 · 직종 및 소속한 사업의 업종 · 규모가 비슷한 근로자의 월평균 임금총액을 해당 근로자의 직업병이 확인된 날이 속하는 분기의 전전분기 말일 이전 1년 동안 합하여 산출한 금액

로 보아 산정한다. 그리고 이와 같이 산정한 상병보상연금액을 365로 나눈 금액(이하 1일당 상병보상연금액)이 위에서 본 저소득 근로자의 휴업급여 산정(산재법 54조)에 따른 1일당 휴업급여 지급액보다 적으면 위 저소득 근로자의 휴업급여 산정(산재법 54조)에 따른 금액을 1일당 상병보상연금액으로 한다(산재법 67조).

⑤ 재요양 후 상병보상연금을 지급할 때에는 재요양 기간 중의 휴업급여 산정에 적용되는 평균임금을 적용하는데, 이 때 그 평균임금이 최저임금액에 70분의 100을 곱한 금액보다 적거나 재요양 당시 평균임금 산정의 대상이 되는 임금이 없을 때에는 최저임금액의 70분의 100에 해당하는 금액을 그 근로자의 평균임금으로 보아 산정한다(산재법 69조 1항).

90) 진폐증을 비롯하여 영상단말기(VDT) 증후군 등 근골격계질환, 석면폐증, 각종 분진으로 발생한 천식, 신경정신계질병, 납 · 수은 등 중금속이나 이황화탄소 등 유해 가스 · 벤젠 등 유기용제에 노출되어 발생하는 병, 직업성 암 등 나중에 진단을 통해 확인이 되는 직업병 등이 망라되어 있고, 그 밖에 유해 · 위험요인에 장기간 노출되어 걸렸거나 유해 · 위험요인에 노출된 후 일정기간의 잠복기가 지난 후에 걸렸음이 의학적으로 인정되는 질병도 일반적으로 포함되도록 규정하고 있다. 자세한 내용은 산재법 시행령 25조 1항, [별표 3] 참조.

91) 이에 따라 고용노동부장관은 매년 진폐고시임금을 고시하였고, 최근 것으로는 고용노동부 고시 2023-80호가 있다. 이에 따르면 2024년도 진폐고시임금은 1일 140,752원23전이다. 이 고시는 2024. 12. 31.까지 효력을 가진다.

을 그 기간의 총 일수로 나눈 금액을 평균임금으로 한다. 이 경우 성별·직종 및 소속한 사업의 업종·규모가 비슷한 근로자의 판단기준은 근로복지공단이 정한다 (산재법 시행령 25조 2항 2호).

이와 같은 특례 규정의 취지는, 진폐증 등 일정 직업병의 경우 그 진단이 쉽지 않아 근로자가 업무로 말미암아 진폐증 등 질병에 걸렸음에도 이를 확인하지 못하고 업무를 계속 수행하는 때가 있는데 그 직업병 때문에 근로 제공을 제대로 하지 못하고 임금을 제대로 받지 못함에도 그 임금액에 터잡아 평균임금을 산정하는 것은 근로자의 보호에 적당하지 않아, 이러한 경우 그 평균임금 대신 고용노동부장관이 고시하는 금액(진폐의 경우) 또는 해당 직업병에 걸린 근로자와 성별·직종 및 소속한 사업의 업종·규모가 비슷한 근로자의 임금액(그 이외 직업병의 경우)을 그 근로자의 평균임금으로 하여 산재법상의 보험급여를 산정하기 위한 것이다. 따라서 이와 같은 특례가 적용되는 경우는 '근로자 보호에 적당하지 아니하다고 인정되는 경우'에 한하고, 만일 그 근로자가 업무상 질병에 걸렸음이 확인될 당시 그 근로자의 평균임금이 만일 고용노동부장관이 고시하는 금액(진폐의 경우)이나 해당 직업병에 걸린 근로자와 성별·직종 및 소속한 사업의 업종·규모가 비슷한 근로자의 임금액(그 이외 직업병의 경우)보다 높다면 이러한 평균임금 산정의 특례를 적용할 수 없다.[92]

(나) 휴업·폐업 후 직업병이 확인되었을 때

업무상 질병에 걸린 근로자에 대하여 위와 같은 평균임금 산정 특례를 적용할 때, 만일 그 근로자가 소속한 사업이 휴업 또는 폐업한 후에 그 근로자에게 직업병(진폐는 제외한다)이 확인된 경우(휴업 또는 폐업 전에 그 근로자가 퇴직한 경우를 포함한다)에는 그 사업이 휴업 또는 폐업한 날을 기준으로 그 근로자와 임금 수준이 비슷한 근로자의 평균 임금 수준으로 산정하되, 직업병으로 확인된 날까지 평균임금의 조정 방법에 따라 증감된 금액을 당해 근로자의 평균임금으

---

[92] 대법원 2007. 4. 26. 선고 2005두2810 판결(이에 대한 평석으로는 최은배b, 355면 이하), 대법원 2008. 12. 24. 선고 2007두10945 판결, 대법원 2012. 1. 12. 선고 2011두2545 판결, 대법원 2012. 8. 23. 선고 2010두20690 판결. 한편 대법원 2019. 11. 14. 선고 2016두54640 판결은 근기법 시행령 4조, 고용노동부장관고시 '평균임금산정 특례 고시' 5조에 따라 산정되는 평균임금과 산재법 시행령상 평균임금 산정 특례 규정에 따라 산정된 금액을 비교하여 더 높은 금액을 산재법상 각종 보험급여의 산정기준인 평균임금으로 하여야 하고, 특례 고시 5조 각 호 일부를 확인할 수 없다 하여 곧바로 산재법 시행령상 평균임금 산정 특례 규정을 적용할 것은 아니라고 하였다.

로 본다(산재법 시행령 25조 5항).

이 규정은 그 직업병이 확인된 때에 그 근로자가 소속한 사업이 존재하지 않거나 휴업한 후 또는 근로자가 퇴직한 후이어서 그 근로자에 대한 평균임금을 알 수 없어 평균임금을 산정하기 어려운 경우를 위하여 마련된 규정이지만,[93] 산재법 시행령 25조 5항 역시 산재법 36조 6항의 구체적 시행을 위하여 마련된 규정이므로, 산재법 36조 6항이 '근로자의 보호에 적당하지 않는 경우'에 한하여 위 규정이 적용된다.[94] 퇴직 후, 사업 폐업 후 · 휴업 중이라도 그 근로자에게는 퇴직 당시, 사업 폐업 당시, 사업 휴업 개시 시점 당시의 평균임금에서, 평균임금 조정을 거친 금액이라는 평균임금 산정 방법이 엄연히 존재하기 때문이다.[95] 따라서 이 시행령 25조 5항의 규정은, 사업 폐업 후 또는 사업 휴업 중에 직업병이 확인되어 그 진단 확정 당시 평균임금을 알 수 없는 경우에 산재법 시행령 25조 2항 대신 5항을 적용한다는 의미에 불과하지, 사업 폐업 후 또는 사업 휴업 중에 직업병이 확인된 모든 경우에 적용되는 규정은 아니다.

3. 평균임금의 조정

업무상 재해를 당하여 사망하거나 부상을 입은 경우 또는 업무상 질병에 걸린 경우, 근로자는 일정한 요건에 해당하면 평균임금을 기초로 하여 산정되는 법 79조 이하에 정하여진 휴업보상, 장해보상, 유족보상, 일시보상 등을 받을 수 있다. 또한 이 경우 산재법의 적용 대상이 아닌 경우가 아닌 한, 평균임금을 기초로 하여 산정되는 위 법에 따른 각종 보험급여(휴업급여, 장해급여, 유족급여, 상병보상연금, 장의비 등)를 받게 된다. 이 때 그 근로자가 오랜 기간 요양하거나 오랜 기간 요양을 받다가 사망하게 된 경우와 같이 보상금이나 보험급여를 오랫동안 지급받거나 오랜 기간이 지난 후 보상금이나 보험급여를 받게 될 경우 평균임금을 산정할 사유가 발생한 날인 재해를 입은 날을 기준으로 한 평균임금을 계속 적용하게 되면 불합리한 경우가 생길 수 있다.

그리하여 영 5조는 일정한 경우 같은 직종 근로자의 통상임금 변동 비율에

---

93) 실무편람, 76면.

94) 대법원 2007. 4. 26. 선고 2005두2810 판결(이에 대한 평석은 최은배b, 355면 이하), 대법원 2012. 1. 12. 선고 2011두2545 판결.

95) 오랜 시간의 경과, 임금 자료의 소실 등의 사정으로 평균임금을 알 수 없는 사정이 생길 수 있다. 이러한 사정은 사실적인 문제이지 법적인 문제는 아니다.

따라 평균임금을 증감하도록 규정하였고, 산재법 36조 3항, 산재법 시행령 22조
는 산업재해보상보험 급여액 산정에 관하여 전체 근로자 임금 평균액의 증감률
과 소비자물가변동률에 따라 평균임금을 증감하도록 하고 있다.

이와 같이 평균임금을 증감하는 것을 평균임금의 조정 또는 증감[96]이라 한다.

그리고 이와 같은 경우 외에 업무상 재해를 당하여 부상을 입거나 업무상
질병에 걸린 근로자가 그 후에 퇴직하여 퇴직금을 산정할 때 오랜 기간 요양을
받는 사정으로 부상을 입거나 질병의 진단을 받았을 때의 평균임금으로 퇴직급
여법 8조에 따른 퇴직금을 산정할 경우에도 앞서 본 바와 같은 불합리가 생길
수 있다. 이러한 경우에도 영 5조 4항에 따라 같은 직종 근로자의 통상임금 변
동 비율에 따라 평균임금을 증감하도록 규정하고 있다. 이 역시 평균임금 조정
의 한 유형이다.

대법원은 산재법의 입법 목적과 평균임금 증감 제도를 둔 취지 등을 고려
하면 2010. 5. 20. 법률 10305호로 개정된 산재법[97] 시행 전에 지급 사유가 발생
한 진폐에 대하여 장해보상일시금을 산정하는 경우에도 근로복지공단이 정당한
이유 없이 그 지급을 거부하거나 늦춤으로 인하여 보험급여의 실질적 가치가
하락한 경우에는 보험급여 지급결정일까지 평균임금을 증감해야 한다고 판시하
였다.[98]

가. 재해보상금 또는 산재보험급여 산정을 위한 평균임금의 조정

(1) 재해보상금 산정을 위한 평균임금 조정

법 79조(휴업보상), 80조(장해보상), 82조(유족보상), 83조(장의비), 84조(일시보
상)의 규정에 따른 재해보상금을 산정할 때 적용할 평균임금은 그 근로자가 소
속한 사업 또는 사업장에서 같은 직종의 근로자에게 지급된 통상임금의 1명당
1개월 평균액(이하 '평균액')이 그 부상 또는 질병이 발생한 달에 지급된 평균액

---

96) 평균임금의 조정이라는 말은 영 5조가 쓰고 있고, 산재법 시행령 22조는 이 말 대신에 '평
   균임금의 증감'이라는 표현을 쓰고 있다. 한편 1994. 11. 9. 개정 전 산재법 시행령은 '평균임
   금의 개정'이라는 표현을 쓰고 있다. 일본에서는 '슬라이드(slide)'라 표현한다. 여기서는 영 5
   조에 따라 원칙적으로 평균임금 조정이라는 말을 쓰되, 산재법 관련 서술 부분에서는 필요에
   따라 평균임금 증감이라는 표현도 함께 쓴다.
97) 기존에는 진폐에 대해서도 다른 업무상 재해와 같이 장해보상연금 또는 장해보상일시금
   등이 보험급여로 지급되었으나, 개정 산재법 시행 후에 진단받은 진폐에 대하여는 위 장해보
   상연금 또는 장해보상일시금을 대신하여 진폐보상연금을 지급하는 것으로 보험급여의 내용
   이 변경되어 장해보상일시금이 없음.
98) 대법원 2024. 4. 16. 선고 2019두45616 판결.

보다 100분의 5 이상 변동된 경우에는 그 변동비율에 따라 인상되거나 인하된 금액으로 하되, 그 변동 사유가 발생한 달의 다음 달부터 적용한다. 다만, 제 2 회 이후의 평균임금을 조정하는 때에는 직전 회의 변동 사유가 발생한 달의 평균액을 산정기준으로 한다(영 5조 1항).[99]

그리고 만일 그 근로자가 소속한 사업 또는 사업장이 폐지된 경우에는 그 근로자의 업무상 부상 또는 질병이 발생한 당시에 그 사업 또는 사업장과 같은 종류, 같은 규모의 사업 또는 사업장의 같은 직종 근로자의 평균액으로 100분의 5 이상 변동 여부를 판단한다(영 5조 2항). 사업이나 사업장이 폐지되어 같은 직종 근로자의 평균액을 알 수 없는 경우를 위하여 마련된 규정이다.

그리고 위와 같은 경우 그 근로자의 직종과 동일한 직종의 근로자가 없을 때에는 그 직종과 유사한 직종의 근로자를 기준으로 한다(영 5조 3항).

(2) 산재보험급여 산정을 위한 평균임금의 증감

산재보험급여를 산정하는 경우 해당 근로자의 평균임금을 산정하여야 할 사유가 발생한 날부터 1년이 지난 이후에는 매년 전체 근로자 임금 평균액의 증감률에 따라 평균임금을 증감하되, 그 근로자의 연령이 60세에 도달한 이후에는 소비자물가변동률에 따라 평균임금을 증감한다. 다만, 직업병에 걸린 근로자에 대한 평균임금 산정 특례(산재법 36조 6항)에 따라 산정한 금액을 평균임금으로 보는 진폐에 걸린 근로자에 대한 보험급여는 제외한다(산재법 36조 3항).[100]

이 때 전체 근로자 임금 평균액의 증감률과 소비자물가변동률의 산정 기준과 방법은 대통령령으로 정하고,[101] 그렇게 하여 산정된 증감률과 변동률은 매년 고용노동부장관이 고시한다(산재법 36조 4항).[102]

---

99) 매달 같은 직종 근로자의 통상임금이 5% 미만의 비율로 조금씩 증감하여 평균임금 조정 요건이 되지 않는다고 보게 되는 불합리를 막기 위한 것이다.

100) 2013년 이후에는 2033년까지 단계적으로 소비자물가변동률에 따라 평균임금을 증감하는 연령을 65세까지로 연장한다[산재법 부칙(2007. 12. 14.) 2조].

101) 전체 근로자의 임금 평균액의 증감률은 사업체노동력조사의 내용 중 전체 근로자를 기준으로 근로자 1명당 월별 월평균 임금총액의 합계의 연간 증감률에 따르고, 소비자물가변동률은 통계법에 따른 지정통계로서 통계청장이 작성하는 소비자물가조사의 내용 중 전도시의 소비자물가지수 변동률에 따르고, 소수점 이하 다섯째자리에서 반올림한다(산재법 시행령 22조 1항, [별표 2] 전체 근로자의 임금 평균액의 증감률 및 소비자물가변동률의 산정 기준과 방법).

102) 이에 따라 고용노동부장관이 매년 고시한 전체 근로자의 임금 평균액 증감률과 소비자물가변동률 중 최근 고시는 2023. 12. 27. 고용노동부고시 2023-81호로 한 고시로 이에 따르면, 전체 근로자의 임금 평균액의 증감률은 1.0322(3.22% 상승)이고, 소비자물가변동률은 1.0478

종전 산재법은 평균임금의 증감 방법을 대통령령에서 정하도록 하였고(2007. 12. 14. 개정 전 산재법 38조 3항), 이에 따라 마련된 대통령령인 구 산재법 시행령 (2008. 6. 25. 대통령령 20875호로 전문 개정되기 전의 것) 25조 1항은, 영 5조가 규정한 것과 같은 방법으로 평균임금을 증감하게끔 한 바 있다. 현행 제도에 따르면 산재보험 보험급여를 산정할 때 당해 사업장에서 임금 수준의 변동이 있었는지 여부를 확인할 필요가 없고, 사업장 사이나 퇴직자, 연금 수급자 사이에 발생하는 형평성 문제가 상당 부분 해소되었다고 평가할 수 있다. 반면 업무상 재해를 당하지 않았다면 당해 사업장의 임금 변동에 따라 임금 수준이 결정되는데 업무상 재해를 당하였다는 이유로 보상 수준이 전체 근로자의 임금 수준 변동 내지 소비자물가변동률에 따르게 되는 문제가 생겼다.

나. 업무상 재해를 입은 근로자의 퇴직금 산정을 위한 평균임금의 조정

업무상 재해로 부상을 입거나 업무상 질병에 걸린 근로자가 퇴직하는 경우 퇴직금을 산정할 때 그 기초가 되는 평균임금은 산정 사유가 발생한 시점인 퇴직 당시 평균임금으로 할 수 없는 경우가 많다. 즉 부상이나 질병의 치료를 위하여 휴업하던 중 퇴직을 할 경우, 그 치료를 위하여 휴업한 기간은 평균임금 산정 기간에서 제외되고(영 2조 1항 4호), 만일 그 기간이 3개월을 넘는 경우, 퇴직금 산정을 위한 평균임금은 업무상 재해를 당하여 부상을 입거나 업무상 질병 진단을 받고 요양을 시작한 날을 평균임금 산정 사유가 발생한 날로 보고 평균임금을 산정한다(영 4조, 평균임금산정 특례 고시 1조 1항). 또한 만일 치료 기간이 3개월에 미치지 못한다면 퇴직 전 3개월 기간 가운데 그 치료를 위해 휴업한 기간을 뺀 나머지 기간 동안 받은 임금 총액만으로 평균임금을 산정한다.

이와 같이 퇴직금을 산정할 때에도 영 5조에 정한 평균임금 조정 규정이 적용된다(영 5조 4항). 즉 그 근로자가 소속한 사업 또는 사업장에서 같은 직종의 근로자에게 지급된 통상임금의 1명당 1개월 평균(이하 "평균액"이라 한다)이 그 부상 또는 질병 치료를 위하여 휴업하기 시작한 달에 지급된 평균액보다 100분의 5 이상 변동된 경우에는, 부상 또는 질병 치료를 위하여 휴업하기 시작한 시점의 평균임금을 그 변동비율만큼 인상하거나 인하한 금액을 퇴직금 산정을 위한 평균임금으로 한다(영 5조 1항).[103]

(4.78% 상승)이다(2024. 1. 1. 시행, 2024. 12. 31.까지 유효).

103) 영 5조 2항·3항도 적용된다고 규정하고 있으나, 사업 또는 사업장의 존재를 전제로 퇴직이

Ⅲ. 통상임금[104)]

1. 통상임금의 개념

법에서 규정하고 있는 통상임금에 관하여 법은 정의 규정을 두지 않았고, 하위 법령에 통상임금의 정의를 위임하지도 않았다. 단지 영 6조 1항에 통상임금 정의 규정이 있다. 영 6조 1항 규정의 법규성을 인정할 수 없음은 앞에서 언급한 바와 같다(자세한 내용은 2조 6호 및 2항 해설 Ⅰ. 1. 참조).

한편 우리나라와 임금 관련 규정 체계가 비슷한 일본의 노동기준법은 연장, 야간, 휴일근로에 대하여 할증임금을 규정하고 있다. 이 법은 할증임금을 통상의 근로시간(연장근로나 야간근로의 경우) 또는 근로일(휴일근로의 경우)의 임금을 기준으로 산정하고, 할증임금의 산정 기초가 되는 '통상의 근로시간 또는 근로일의 임금'에는 가족수당, 통근수당 그 외 후생노동성령이 정하는 임금을 제외하도록 하고 있다(일본 노동기준법 37조). 이에 따라 후생노동성령인 노동기준법 시행규칙에서 할증임금 산정 기초가 되는 임금에서 제외하는 임금을 규정하고 있다(일본 노동기준법 시행규칙 21조). 이와 같이 일본 노동기준법에는 일정 수당을 할증임금 산정 기초 임금에서 제외하는 규정만 있을 뿐이고 통상임금 정의에 관한 규정은 없다.

통상임금의 개념은 사전적 의미에서 먼저 출발하고 나아가 통상임금이 쓰이는 경우와 그 통상임금이 쓰이게 된 배경, 법규의 목적, 취지 등을 종합적으로 고려하여 판단해야 한다.

한편 영 6조 1항은 통상임금을 "근로자에게 정기적이고 일률적으로 소정(所定)근로 또는 총 근로에 대하여 지급하기로 정한 시간급 금액, 일급 금액, 주급 금액, 월급 금액 또는 도급 금액"이라고 하고 있다.

2. 통상임금의 기능

통상임금의 기능에 관하여는 다음과 같은 견해가 있다.[105)]

라는 것이 있을 수 있기 때문에 퇴직 당시 사업 또는 사업장이 폐지되는 경우는 상정할 수 없다고 보아야 하므로 2항·3항이 적용될 여지는 없다고 본다.

104) 통상임금의 개념, 의의, 통상임금에 해당하는 급여의 범위에 관한 실무례, 시간급 통상임금의 산정 방법 등에 관한 개괄적 설명이 담긴 문헌은, 박용상 외 3명, 241면 이하.

105) 김성진c, 101면; 김홍영g, 11면.

첫째, 평균임금의 가변성을 보정하는 기능 내지 평균임금의 최저 한도 보장 기능을 수행한다. 평균임금은 성과급이나 법정수당 등 모든 임금이 포함되어 있어 시기별로 변동가능성이 크고 산정기간이 3개월에 불과하여 가변성을 완충하기에는 한계가 있다. 통상임금은 평균임금을 보완하여 근기법 2조 2항에서 평균임금이 너무 적은 경우 통상임금을 하한으로 하도록 하고, 근기법 46조 1항에서 휴업수당의 평균임금이 너무 많은 경우 그 상한을 통상임금으로 제한한다.

둘째 통상임금은 연장근로, 휴일근로, 야간근로 등 수당과 같은 법정수당 계산의 기초가 된다. 평균임금과 대비하여서는 기준근로시간 외의 근로를 억제하거나 역으로 촉진하는 기능을 수행하기도 한다.

3. 판례의 임금이분설 폐기와 통상임금 개념·범위의 근본적 변화[106]

통상임금 개념을 최초로 설시한 대법원 판결은 대법원 1978. 10. 10. 선고 78다1372 판결이다. 이 판결은 평균임금과 차이에 중점을 두고 한 판결로서 "통상임금이란 평균임금의 산정과는 달라서 실제 근무일수나 실제 수령한 임금에 구애됨이 없이 고정적이고 평균적인 일반임금, 즉 기본적인 임금과 이에 준하는 고정적으로 지급되는 수당의 1일 평균치라고 보아야 할 것"이라고 판시하였다.

그러다 1982. 8. 13. 대통령령 10898호로 근기법 시행령이 개정되어 현행 6조 1항과 같이 "근로자에게 정기적이고 일률적으로 소정(所定)근로 또는 총 근로에 대하여 지급하기로 정하여진 것"이라고 통상임금 정의가 대통령령으로 규정된 후 판례는, 기본적으로 영 6조 1항에 따라 "소정근로 또는 총 근로의 대가로 지급되는 금품으로서 그것이 정기적, 일률적으로 지급되는 것은 통상임금에 속하는 임금이다. 다만 …[107]를 볼 때 어떤 임금이 통상임금에 해당하려면 그것이 정기적, 일률적으로 지급되는 고정적인 임금에 속하여야 하므로 실제의 근무성적에 따라 지급 여부 및 지급액이 달라지는 임금은 고정적인 임금이라 할 수 없어 통상임금에 해당하지 않는다"라고 하였다.[108]

---

106) 이 부분 기술은 주로 이미선, 352~353면을 인용하였다.
107) 그 생략된 문언은 다음과 같다. "다만 근로기준법이 평균임금의 최저한을 보장하고 시간외근로수당·야간근로수당·휴일근로수당과 같은 할증임금, 해고예고수당 등을 산정하는 기준이 되는 통상임금을 인정하고 있는 입법취지와 통상임금의 기능 및 필요성에 비추어 볼 때…"
108) 대법원 1996. 2. 9. 선고 94다19501 판결, 대법원 1996. 5. 10. 선고 95다2227 판결, 대법원 1996. 5. 14. 선고 95다19256 판결, 대법원 1996. 5. 28. 선고 95다36817 판결, 대법원 1996. 6. 28. 선고 95다24074 판결, 대법원 1998. 4. 24. 선고 97다28421 판결, 대법원 2003. 4. 22. 선고

　　그런데 대법원 1990. 12. 26. 선고 90다카12493 판결은 통상임금을 "근로의 양 및 질에 관계되는 근로의 대상으로서 실제 근무일수나 수령액에 구애됨이 없이 정기적 · 일률적으로 1임금산정기간에 지급하기로 정하여진 고정급임금"으로 정의하여 통상임금의 개념 요소로 '1임금산정기간 내 지급'을 추가하였다. 이는 임금이분설에 기초한 것이다. 임금이분설은, 임금을 교환적 부분과 보장적 부분으로 구분하는 이론으로서, 이에 따를 경우 통상임금은 임금 중 구체적 · 현실적으로 제공되는 근로에 대한 임금인 '교환적 임금'으로 한정하여 보는 것이 일반적이다. 위 판결은 1임금산정기간, 즉 1개월을 초과하여 지급되는 임금은 소정근로시간에 직접적으로 대응하는 것이 아니라는 이유로 '교환적 임금'에 해당하지 않는다고 보았다. 이러한 이론적 배경 외에도 대법원은 1988. 1. 14. 제정된 '통상임금 산정지침'을 참조한 것으로 추측된다. 또한 판례는 임금 중 교환적 부분이 아닌 보장적 부분(생활보장적 부분)은 통상임금에서 제외된다고 보아 가령 특정 근속수당은 숙련공을 확보하기 위하여 지급되는 것이거나 근로의 질에 대한 대가로서 고정적으로 지급되는 근로교환적 임금이라고는 볼 수 없다는 이유로 통상임금 해당성을 부정하였다.[109]

　　그러다 대법원은 1995. 12. 21. 선고 94다26721 전원합의체 판결을 선고하여 임금이분설을 폐기하고 노동대가설로만 임금을 파악하였다. 즉 위 판결은, "모든 임금은 근로의 대가로서 '근로자가 사용자의 지휘를 받으며 근로를 제공하는 것에 대한 보수'를 의미하므로, 현실의 근로제공을 전제로 하지 않고 단순히 근로자로서의 지위에 기하여 발생하는 이른바 '생활보장적 임금'이란 있을 수 없고, 임금을 근로의 제공 대가로 지급받는 교환적 부분과 근로자의 지위에서 받는 생활보장적 부분으로 구별할 아무런 법적 근거도 없다."고 판시하여, 단체협약 등에 특별한 규정이 없는 한 근로자가 근로를 제공하지 아니한 쟁의행위 기간에는 근로제공 의무와 대가관계에 있는 임금청구권이 발생하지 않는다는 '무노동 무임금 원칙'을 정립하였다. 이에 따라 판례는 이른바 보장적 임금, 생활보장적 임금을 통상임금에서 제외한다는 논지를 폐기하기에 이르렀고, 통상임금의 인정범위를 확대하였는데, 뚜렷한 변화는 근속수당의 통상임금성 인정과 1개월을 초과하는 기간마다 지급되는 임금도 통상임금에 해당할 수 있다고 본 것이다.[110]

　　2003다10650 판결, 대법원 2005. 9. 9. 선고 2004다41217 판결 등.

109) 대법원 1992. 5. 22. 선고 92다7306 판결.

110) 위 대법원 1995. 12. 21. 선고 94다26721 판결이 통상임금 법리에 미친 영향을 자세히 밝힌

　　대표적인 것이 대법원 1996. 2. 9. 선고 94다19501 판결로, 위 판결에서는 1 개월을 초과하는 기간마다 지급되는 것이라도 그것이 정기적·일률적으로 지급되는 것이면 통상임금에 포함될 수 있다고 명시적으로 판시하였다. 위 판결에 대해서는, 1임금산정기간에 지급하기로 정하여진 임금으로 본 종전 판결과의 저촉을 지적하면서 대법원이 전원합의체 판결을 거치지 않은 채 판례를 변경하였다는 비판이 제기되기도 하였으나, 이는 임금이분설 폐기에 따른 논리적 결과이므로 별도로 전원합의체를 거칠 필요가 없다는 반론도 유력하다.

4. 통상임금의 개념요소와 고려 요소

가. 통상임금의 개념요소

　　위와 같이 판례는 영 6조 1항의 문언 자체로부터 도출되는 '소정근로 대가성', '정기성', '일률성' 요소와 함께, 통상임금의 제도적 취지 등에 비추어 '고정성' 또한 통상임금의 개념요소로 파악하여 왔다. 그러면서 대법원 2013. 12. 18. 선고 2012다89399 전원합의체 판결(이하 이 'Ⅲ. 통상임금' 항에서 이 전원합의체 판결을 약칭하여 "2013년 전원합의체 판결"이라 한다)[111]은 다시 같은 취지의 판시를 내놓았다. 즉 2013년 전원합의체 판결은 통상임금의 판단 방법에 관한 원론적 판시로 "어떠한 임금이 통상임금에 속하는지 여부는 그 임금이 소정근로의 대가로 근로자에게 지급되는 금품으로서 정기적·일률적·고정적으로 지급되는 것인지를 기준으로 객관적인 성질에 따라 판단하여야 한다."고 하였다.[112] 그런데 대법원 2024. 12. 19. 선고 2020다247190 전원합의체 판결(이하 이 'Ⅲ. 통상임금' 항목에서 이 전원합의체 판결을 약칭하여 "2024년 전원합의체 판결"이라 한다)은, 통상임금 개념은 기준임금으로서 요청되는 통상임금의 본질과 기능에 부합하는 방향으로 새로이 정립되어야 한다며, 법령 부합성, 강행성, 소정근로 가치 반영성, 사전적 산정 가능성, 정책 부합성 등의 요청을 종합적으로 고려할 때 종전 판례가 제시한 고정성 개념은 통상임금의 개념적 징표에서 제외하는 것이 옳다고 하였다.

　　문헌으로는 도재형c, 65~72면.

111) 이 판결에 대한 전반적인 평석은 도재형d, 179~205면; 이미선, 337면 이하; 이철수k, 1~31면; 이철수l, 56~57면.

112) 대법원 2015. 8. 19. 선고 2012다119351 판결, 대법원 2019. 4. 23. 선고 2014다27807 판결, 대법원 2020. 4. 29. 선고 2016다7647 판결도 같은 취지이다.

나. 통상임금 개념의 특징과 고려 요소

소정근로의 대가로 지급된다는 의미에서 사용자는 근로계약을 체결하면서 '소정근로의 양과 질에 대하여 어떤 평가를 하였는가', 즉 '노동력을 어떻게 평가하였는가'에 착안하여 통상임금의 개념을 찾아야 한다. 이러한 점에서 통상임금은 사전적 · 평가적 의미의 임금개념이다(반면 평균임금은 사후적 · 산술적 의미의 임금개념이다).[113]

통상임금 해당 여부를 둘러싸고 판결 간에도 서로 모순되고 충돌하는 사례가 발견되는 것은 통상임금의 사전적 · 평가적 성격에 기인한다고 한다.[114] 즉 어떤 종류의 임금이 통상임금에 포함될 것인가는 단순히 임금의 명목으로 이를 일의적 · 획일적으로 판정할 수 없고, 근로계약 체결 당시 사용자가 근로자의 노동력 또는 소정근로의 가치를 어느 정도로 인정하는가를 단체협약, 취업규칙, 근로계약 내용, 구체적 사안에서 통상임금의 제도적 존재 의의, 거래계의 임금약정과 지급관행, 기업마다 특수한 임금체계와 노사 간 단체교섭과 협약의 실태, 당사자의 노동조합 가입 여부, 직종 및 근무형태, 종전 노동행정당국의 행정지도상의 관례, 당사자 간의 법적 분쟁 야기 경위 등을 종합적으로 고려하여 판단하여야 한다고 한다.[115]

실제로 통상임금에 산입되는 임금 종류에 관하여는 근로자의 경제적 지위에 미치는 영향이 지대하여 이를 둘러싼 노사의 이해 대립이 크다.[116] 통상임금에 관하여 주로 문제되는 것은 통상임금의 범위와 산정 방법이다. 이 중 전자는 현행 우리의 임금체계가 복잡하기 때문에 여러 항목 가운데 어떤 것이 통상임금에 포함되는지에 관한 문제이고, 후자는 통상임금에 속하는 임금을 어떻게 최소기본 단위로 환산하는가에 관한 문제이다.[117] 그 중 통상임금의 범위와 관련하여, 판례에 따른 통상임금의 각 개념요소들의 구체적인 내용과 해당 개념요소들 간의 관계 등에 대하여 이하에서 보다 구체적으로 살펴보기로 한다.

---

113) 김기덕d, 93면; 김유성, 86면; 문무기 외 3명, 148면; 이철수g, 256면 이하; 이철수h, 38면; 이철수i, 65면.

114) 문무기 외 3명, 149면; 이철수h, 38면.

115) 문무기 외 3명, 149면; 이철수b, 296면.

116) 이철수b, 289면; 이철수e, 144면. 한편 이렇게 통상임금 논란이 큰 이유를 그동안 고용노동부와 재계가 장시간 노동체제를 유지하기 위해 탈법적으로 근기법을 해석하고 운영하여 왔기 때문이라고 하는 의견이 있다(송영섭, 219면).

117) 이철수e, 145면.

(1) 소정근로 대가성

'소정근로의 온전한 제공'이라는 요건이 충족되면 이를 이유로 지급되는 가상의 임금이 통상임금이다.[118] 통상임금이 그 대가 지급의 대상으로 전제하고 있는 개념인 '소정근로'란 일반적으로 소정근로시간(1일 8시간, 1주 40시간 등의 법정근로시간 범위에서 근로관계 당사자 사이에 정한 근로시간)에 통상 제공하기로 한 근로이다.[119]

그리고 통상임금은 그 자체가 임금산정의 기초가 되는 하나의 단위이므로 소정근로에 대하여 지급되는 '대가'가 임금에 해당하여야 함은 당연하다.[120] 한편 소정근로의 '대가'이기 위해서는 그것이 소정근로에 대하여 지급되는 임금이면 족하고, 반드시 소정근로시간의 근로에 직접적으로 또는 비례적으로 대응하여 지급될 필요는 없다.[121]

소정근로의 대가 개념에 관하여 대법원은, 2013년 전원합의체 판결에서 "소정근로의 대가라 함은 근로자가 소정근로시간에 통상적으로 제공하기로 정한 근로에 관하여 사용자와 근로자가 지급하기로 약정한 금품을 말한다. 소정근로의 대가가 무엇인지는 근로자와 사용자가 소정근로시간에 통상적으로 제공하기로 정한 근로자의 근로의 가치를 어떻게 평가하고 그에 대하여 얼마의 금품을 지급하기로 정하였는지를 기준으로 전체적으로 판단하여야 하고, 그 금품이 소정근로시간에 근무한 직후나 그로부터 가까운 시일 내에 지급되지 않았다고 하여 소정근로의 대가가 아니라고 할 수는 없다."고 하였다. 그리고 2024년 전원합의체 판결에서는 "통상임금은 소정근로의 가치를 평가한 개념이므로, 실근로와 무관하게 소정근로 그 자체의 가치를 온전하게 반영하는 것이라야 한다. 이 점에서 통상임금은 법정 기간 동안 근로자에게 실제 지급된 임금의 총액을 기초로 하여 사후적으로 산정되는 평균임금과 구별된다. 통상임금은 가상의 도구

---

118) 2024년 전원합의체 판결. 따라서 위 전원합의체 판결에서는, 소정근로가 온전하게 제공되었다는 이유만으로 지급되는 것이 아닌 임금 항목(예컨대 순수한 의미의 성과급)은 통상임금이 아니라고 하였다.

119) 임종률, 414면.

120) 종래 임금을 근로제공의 대가인 교환적 부분과 근로자의 지위에 기한 생활보장적 부분으로 구분하였던 이른바 '임금2분설'이 대법원 1995. 12. 21. 선고 94다26721 전원합의체 판결로 폐기됨에 따라, 근로의 제공을 계기로 근로자에게 지급되는 돈 중 실비변상적 성격의 돈을 제외한 대부분이 근로의 대가인 임금에 해당하게 되었다.

121) 대법원 1996. 2. 9. 선고 94다19501 판결.

개념이고 그 개념이 전제하는 근로자는 '소정근로를 온전하게 제공하는 근로자'
이다. 이처럼 통상임금을 실근로 또는 실제 임금과 분리하는 것은 법문에 부합
할 뿐만 아니라 소정근로의 가치를 온전하게 반영하는 방식이다. 그렇게 해석함
으로써 실제 임금의 변동 가능성이 통상임금에 투영되는 것을 막아 기준임금으
로서의 통상임금의 본질을 지켜낼 수 있다."고 하였다.

(2) 정 기 성

과거 일부 판례는 1개월을 넘는 기간마다 정기 또는 임시로 기업의 경영실
적, 근로자의 근무성적 등을 감안하여 지급되고 있는 상여금은 통상임금의 산정
기초가 될 임금에 포함되지 않는다거나,[122] 통상임금이란 정기적, 일률적으로
1임금산정기간에 지급하기로 정하여진 고정급 임금을 의미한다고 함으로써,[123]
1임금산정기간에 지급될 것을 정기성의 내용에 포함하였다고 이해될 소지가 있
었다.

그러나 대법원 1996. 2. 9. 선고 94다19501 판결은, "근로자에 대한 임금이
1개월을 초과하는 기간마다 지급되는 것이라도 그것이 정기적, 일률적으로 지급
되는 것이면 통상임금에 포함될 수 있는 것이고, 소정근로시간의 근로에 직접적
또는 비례적으로 대응하여 지급되는 임금이 아니라 하더라도 그것이 소정근로
에 대하여 지급되는 임금이 아니라고 할 수 없다."고 하여, 연 1회 지급되는 '체
력단련비'와 '월동보조비'의 각 1/12이 '월급 통상임금'에 속한다고 본 이래, 1
개월을 초과하는 단위로 지급되어 온 금품 또한 기타의 요건을 구비한 이상 통
상임금에 해당한다는 취지의 판결이 잇달아 선고되었다.[124]

이에 대해서는 정기성 등 기타의 개념요소에 비해 소정근로 대가성이 통상
임금 해당성 여부의 판단을 위한 보다 핵심적인 요소임을 전제로, 소정근로시간
의 최대단위가 '월'이라는 점을 분명히 한 영 6조 1항 등에 따라 1임금산정기간
을 기준으로 하여 소정근로에 대한 대가성 여부를 우선적으로 파악할 것을 강
조하면서, 위 대법원 94다19501 판결 등은 정기성·일률성을 갖춘 특정 급여는

---

122) 대법원 1990. 2. 27. 선고 89다카2292 판결.
123) 대법원 1990. 12. 26. 선고 90다카12493 판결, 대법원 1994. 10. 28. 선고 94다26615 판결. 대
　　법원 1990. 11. 9. 선고 90다카6948 판결 또한 '소정 근로시간에 대한 대상으로 볼 수 없는 임
　　금(상여금 등 1개월 이상을 단위로 지급되는 임금) 등은 통상임금의 산정범위에서 제외된다'
　　는 원심의 판단을 수긍한 바 있다.
124) 대법원 1996. 5. 10. 선고 95다2227 판결, 대법원 2012. 3. 29. 선고 2010다91046 판결(이에
　　대한 평석은 김홍영f, 350~353면) 등.

모두 통상임금이 된다는 결론으로 이어질 수 있어 소정근로에 대한 대가라는 통상임금의 법적 의미가 몰각될 수 있다고 비판하는 견해가 있다.[125) 고용노동부예규인 '통상임금 산정지침' 또한 1임금산정기간을 초과하여 지급되는 상여금을 통상임금에 해당하지 않는 금품으로 열거하고 있었다.[126)

그러나 '소정근로'가 앞서 본 바와 같이 소정근로시간을 기초로 한 개념이라 할지라도, 그로부터 통상임금의 지급·산정기간이 반드시 법 50조 등에서 법정근로시간의 단위로 예시한 1일이나 1주, 혹은 법 43조 2항이 임금 지급의 원칙적인 기간으로 정한 1월 내에서만 설정되어야 한다는 결론이 논리 필연적으로 도출된다고 보기는 어렵다.[127) 예컨대 영 6조 2항 5호에서도 월 단위를 초과하여 정한 통상임금의 존재를 예정하여 이에 대한 시간급 금액 환산 방법을 정하고 있는바, 같은 조 1항에서 통상임금을 '시간급·일급·주급·월급' 금액으로 정한 것은 산정·지급 주기가 다양한 임금의 형태를 예시한 것으로 봄이 상당하다.[128)

2013년 전원합의체 판결 또한 "어떤 임금이 통상임금에 속하기 위해서 정기성을 갖추어야 한다는 것은 그 임금이 일정한 간격을 두고 계속적으로 지급되어야 함을 의미한다. 통상임금에 속하기 위한 성질을 갖춘 임금이 1개월을 넘는 기간마다 정기적으로 지급되는 경우, 이는 노사 간의 합의 등에 따라 근로자가 소정근로시간에 통상적으로 제공하는 근로의 대가가 1개월을 넘는 기간마다 분할지급되고 있는 것일 뿐, 그러한 사정 때문에 갑자기 그 임금이 소정근로의 대가로서의 성질을 상실하거나 정기성을 상실하게 되는 것이 아니다."고 하여, 특정 임금이 1임금산정기간에 지급되는지 여부가 해당 임금의 소정근로 대가성과 정기성을 판단하는 기준이 될 수 없음을 분명히 하였다.[129)

---

125) 박지순a, 28면 이하. 김영문b, 151면 이하; 조준모·이상희, 165면 이하도 같은 취지이다. 한편 권혁 교수는, '통상임금의 정기성이란 1임금지급기 내의 정기성을 의미한다'고 하여 위와 같은 입장을 취하면서도, 위 대법원 94다19501 판결 등의 취지가 '그 실질이 본래 매임금지급기를 단위로 나누어 지급하여야 할 것인데도 형식적으로만 이를 합산하여 연 1회 등으로 지급하는 경우 정기성을 긍정하여야 한다는 데 있다'고 보아 해당 판결 또한 기존과 논리적 일관성을 유지하는 것으로 설명하고 있다(권혁, 157면 이하).

126) 2013년 전원합의체 판결의 별개의견도 "특별한 사정이 없는 한 상여금이나 1개월을 넘는 기간마다 지급되는 수당을 통상임금에 포함시키는 해석은 노사합의나 노사관행의 법적 효력을 부정하는 위법한 해석이라 할 것이고, 원칙적으로 기본급과 1개월 이내의 기간마다 지급되는 수당만이 통상임금에 포함된다고 해석하여야 한다."고 하였다.

127) 같은 취지로는 민창욱, 345면 이하 등.

128) 임종률, 415면.

129) 2013년 전원합의체 판결은 "최저임금법 6조 4항은 사용자가 근로자에게 지급하는 임금 중 매월 1회 이상 정기적으로 지급하는 임금 외의 임금으로서 고용노동부장관이 정하는 것을

위와 같이 통상임금의 개념요소 중 하나로 논의되는 정기성에 대하여는, 그것이 통상임금 해당 여부에 대한 판단의 전단계로서 특정 급부의 임금 해당성 여부와 관련되는 것이라는 이유로 통상임금성을 판단하는 독자적인 요건으로 볼 수 없다는 견해가 있다.[130]

(3) 일 률 성

통상임금이 되기 위하여는 원칙적으로 모든 근로자에게 그 임금을 지급하기로 정해져 있어야 한다. 하지만 근로자의 직급 등 고정적 조건에 따라 지급 여부나 지급액에 차이가 생긴다고 하여 그것이 통상임금이 아니라고 볼 수 없다. 따라서 모든 근로자에게 지급하는 것 뿐 아니라 '일정한 조건이나 기준에 해당하는 근로자'에게 지급되는 것도 '일률적' 급여에 해당한다.[131] 다만 판례는 그 일정한 조건이란 고정적인 조건이어야 하고 일시적이거나 유동적인 조건은 제외된다고 한다.[132]

최저임금과 비교할 '비교대상 임금'에서 제외하고 있다. 그러나 최저임금제도의 목적은 임금의 최저수준을 보장하여 근로자의 생활 안정과 노동력의 질적 향상을 기하고자 하는 데에 있어 연장 · 야간 · 휴일 근로에 대한 가산임금 등을 산정하기 위한 통상임금제도와 그 목적을 달리하므로, 위와 같은 최저임금법의 규정을 근거로 통상임금을 매월 1회 이상 정기적으로 지급하는 임금으로 한정하여야 한다고 보는 것은 타당하지 않다."고 하기도 하였다.

한편 2013년 전원합의체 판결에서 언급된 최저임금과 통상임금의 관계에 관해서는, '최저임금이나 최저임금의 적용을 위한 비교대상 임금은 통상임금과는 그 기능과 산정 방법이 다른 별개의 개념이므로, 사용자가 최저임금의 적용을 받는 근로자에게 최저임금액 이상의 임금을 지급하여야 한다고 하여 곧바로 통상임금 자체가 최저임금액을 그 최하한으로 한다고 볼 수 없다'는 이유로, '통상임금이 최저임금액보다 적은 경우에는 곧바로 최저임금액을 기준으로 연장근로수당 등을 산정하여야 한다'고 본 원심판결을 파기한 대법원 2017. 12. 28. 선고 2014다49074 판결 참조(다만, 위 대법원 2014다49074 판결에서는 위와 같은 취지에 이어 '최저임금의 적용을 받는 근로자에게 있어서 비교대상 임금 총액이 최저임금액보다 적은 경우에는 비교대상 임금 총액이 최저임금액으로 증액되어야 하므로, 이에 따라 비교대상 임금에 산입된 개개의 임금도 증액되고 그 증액된 개개의 임금 중 통상임금에 해당하는 임금들을 기준으로 통상임금이 새롭게 산정될 수는 있을 것이다'라는 점을 함께 언급하였다).

130) 김기덕d, 118면 이하; 도재형b, 32면; 민창욱, 346면에서도, 판례가 지급의 정기성 등을 임시적, 은혜적인 금품과 구별하는 임금성의 판단기준으로 삼고 있어 굳이 통상임금의 개념요소로 정기성을 내세울 필요가 있을지에 대해 의문을 제기한다.
131) 대법원 2005. 9. 9. 선고 2004다41217 판결.
132) 대법원 1990. 11. 7. 선고 90다카6948 판결, 대법원 1992. 5. 22. 선고 92다7306 판결, 대법원 1993. 5. 27. 선고 92다20316 판결, 대법원 1994. 5. 24. 선고 93다31979 판결. 대법원 2018. 9. 28. 선고 2016다212869 판결은, 소속 근로자들의 근무형태를 3조 3교대에서 4조 3교대로 변경하면서 근무형태 변경에 따른 연장근로수당 감소분을 보전하기 위하여 교대조 근로자 전원에게 매월 기본일급의 3배에 해당하는 금액을 4/3조 수당으로 지급한 사안에서, 수당의 지급기준, 지급형태, 지급금액 등에 비추어 4/3조 수당은 교대제 근로자의 소정근로 자체에 대한 대가로 지급된 것으로 보이고, 교대조에 속한 근로자들은 주간조로 배치가 조정되지 않는 한 계속 교대조에서 근무한 것으로 보이므로, 수당의 지급조건인 교대조 근무는 일시적, 유

　　이에 관해 2013년 전원합의체 판결은, '단체협약이나 취업규칙 등에 휴직자나 복직자 또는 징계대상자 등에 대하여 특정 임금에 대한 지급 제한사유를 규정하고 있더라도 이는 해당 근로자의 개인적인 특수성을 고려하여 그 임금 지급을 제한하고 있는 것에 불과하므로, 그러한 사정을 들어 정상적인 근로관계를 유지하는 근로자에 대하여 그 임금 지급의 일률성을 부정할 것은 아니다'라고 하였다. 다만 전원합의체 판결은, 일정 범위의 모든 근로자에게 지급된 임금이 일률성을 갖추고 있는지 판단하는 잣대인 '일정한 조건 또는 기준'은 '통상임금이 소정근로의 가치를 평가한 개념'이라는 점을 고려할 때, 작업 내용이나 기술, 경력 등과 같이 소정근로의 가치 평가와 관련된 조건일 것을 요구한다.

　　따라서 판례에 의할 때, 일정한 기술, 자격이나 면허 소지, 특정 작업이나 위험 작업 등에 고정적으로 종사하거나, 작업환경이 열악한 특수 지역에서 고정적으로 근무하는 경우와 같이, 근로자가 제공하는 근로 자체가 일반적인 경우보다 특수한 것으로 인정할 만한 객관적 기준을 정할 수 있어 그러한 특수한 고정적 근로를 제공하는 대가로 해당 근로자 모두에게 수당을 지급하기로 하였다면,[133] 이는 통상임금에 해당한다.[134] 다만, 판례 중에는 지하 600m 이하 심부작업장에서 일하는 근로자에게 지급된 특수직무수당에 관하여, 해당 근로자가 고정적으로 그 작업장에서만 근무한 것인지 여부 등을 알 수 없어 위 수당이 일률적으로 지급된 통상임금이라고 단정할 수 없다고 한 것이 있다.[135]

――――――――――

　　동적이 아닌 고정적인 조건에 해당하여 4/3조 수당은 일률성을 갖추었다고 판단하였다(대법원 2020. 8. 20. 선고 2017다273663 판결 또한 같은 취지이다).

133) 기술수당, 면허수당, 특수작업수당, 위험수당, 벽지수당 등이 이름으로 불릴 수 있는 수당들이다. 이철수 교수는 일률성 개념을 구성하는 '고정적 조건'에 관하여, 일정한 기술·자격·면허증 소지자, 특수작업이나 위험작업에 고정적으로 종사하는 근로자, 작업환경이 열악한 특수지역에서 고정적으로 근무하는 근로자와 같이 근로자가 제공하는 근로 자체가 일반적인 경우보다 특수한 것을 인정할 만한 객관적인 기준을 정할 수 있는 것으로 설명한다(이철수h, 41면 이하).

134) 전년도 온도측정에 따라 확정된 고열등급대로 같은 공정 내의 사원들에게 지급된 고열작업수당의 일률성을 긍정한 대법원 2005. 9. 9. 선고 2004다41217 판결 참조. 대법원은, 항공사가 국제선 캐빈승무원들을 대상으로 어학자격 급수에 따라 지급한 '캐빈어학수당'에 대해서도, '자격의 유무 또는 내용이 근로자가 사용자에게 제공하는 소정근로의 질이나 내용에 영향을 미칠 수 있다면, 특별한 사정이 없는 한 소정근로의 가치 평가와 관련된 일정한 조건이라고 볼 수 있다'고 전제한 후, '외국어 어학자격등급 유무 및 취득한 등급의 수준에 따라 근로자들이 제공하는 외국인 고객 응대 등과 같은 소정근로의 질이나 내용이 달라질 수 있다'고 하여 위 수당의 통상임금성을 인정하였다(대법원 2020. 6. 25. 선고 2015다61415 판결).

135) 대법원 1993. 5. 27. 선고 92다20316 판결(이에 대한 평석은 강용현, 292면 이하), 대법원 1994. 5. 24. 선고 93다31979 판결. 한편 고열작업수당에 관한 위 대법원 2004다41247 판결에서는 '고열작업장에 결원이 생길 때에 투입되는 지원조의 경우에는 해당 월 작업일수를 기준

한편 부양가족이 있는 근로자에게만 지급되는 가족수당과 같이 소정근로의 가치 평가와 무관한 사항을 조건으로 하여 지급되는 임금(그럼에도 해당 급여가 소정근로의 대가성까지 상실하였다고 볼 수 없음은 앞서 언급하였다) 또한 판례에 의하면 일률성을 인정하기 어려울 것이다.[136]

결국 통상임금의 개념요소로서 일률성은, 소정근로 대가성 및 정기성 등을 갖춘 임금의 통상임금 해당성 여부를 판단할 때 통상임금의 범위를 제한하는 요소로 기능한다. 즉, 어떤 임금이 특정 근로자에게는 소정근로의 대가로 정기적·고정적으로 지급되어 왔더라도(예컨대 부양가족의 수에 따라 지급되는 가족수당의 경우, 기혼 근로자 개인의 입장에서 볼 때 위 수당은 그 지급 여부가 사전에 확정되어 고정적으로 지급되는 임금으로서, 위 수당을 기초로 가산수당 등을 산정하는 것이 어렵지 않다), 해당 임금이 전체 근로자 혹은 고정적인 조건을 충족하는 모든 근로자에게 지급되지 않을 경우 통상임금성을 상실한다.[137]

일률성에 관하여는, 위 요소는 단체협약이나 근로계약 등에 명시되지 않은 특정 급여에 대한 사용자의 지급 의무가 문제되는 상황에서 노동관행에 의한 임금 지급이 있었는지를 판단하기 위한 기준으로서 임금성에서 판단하면 되고 통상임금의 판단에는 반드시 필요한 요소가 아니라는 견해,[138] 통상임금성 유무는 해당 근로자를 기준으로 판단하면 족하고, 모든 근로자 또는 일정한 조건에 해당하는 모든 근로자에 대하여 지급되도록 정할 것을 요하는 것이 아니라는 이유로 위 요소를 통상임금의 개념요소로 볼 필요가 없다는 견해도 있다.[139]

으로 하여 50% 이상을 고열작업장에서 근무하면 당해 월의 고열작업수당을 지급하는 반면 그 미만인 경우에는 고열작업수당을 지급하지 않았다는 것이므로, 근무실적에 따라 지급되는 것으로서 통상임금에 해당되지 않는다고 볼 여지가 있다'고 하였다.

136) 대법원 2000. 12. 22. 선고 99다10806 판결, 대법원 2003. 12. 26. 선고 2003다56588 판결, 대법원 2013. 12. 18. 선고 2012다89399 전원합의체 판결.

137) 소정근로의 대가로 지급되는 임금은 개별 근로자가 사용자와 합의를 통해 체결한 근로계약상의 반대급부 내용이나, 통상임금은 해당 업무에 종사하는 근로자 전체에게 공통적으로 적용될 수 있는 근로의 가치평가액으로서, 양자를 구별할 수 있게 하는 것이 바로 일률성 개념이라고 본 권혁, 131면 이하 참조.

138) 이달휴b, 24면 이하.

139) 김기덕d, 119면 이하. 김홍영 교수 또한, 전체 근로자 중 특정인 혼자만 지급되는 임금항목이어서 일률성을 가지지 않지만 그가 행한 소정근로의 대가로 지급된다면 그의 연장근로에 대한 가산임금을 정하는 기준이 되는 통상임금에 포함된다고 하여, 같은 견해를 보이고 있다(김홍영i, 66면).

(4) 고 정 성

통상임금의 개념을 정의한 영 6조 1항에 고정성 관련 내용은 명시되어 있다고 보기 어려우나, 종전 판례는 근로기준법이 평균임금의 최저한을 보장하고 시간외근로수당 등과 같은 가산임금, 해고예고수당 등을 산정하는 기준이 되는 통상임금을 인정하고 있는 입법취지와 통상임금의 기능 및 필요성에 비추어 특정 임금이 통상임금에 해당하기 위해서는 고정적인 임금에 속하여야 한다고 하여, 정기성·일률성과 함께 고정성을 통상임금의 개념요소로 파악하여 왔다.[140]

고정성 또한 앞서 본 일률성 요소와 마찬가지로 통상임금의 범위를 제한하는 기능을 수행한다. 즉, 종전 판례에 의하면 고정성은 근로계약 등에 따라 근로자가 통상적으로 제공하게 될 근로의 가치를 사전적·추상적으로 평가하여 이로써 가산임금 등을 산정하기 위한 통상임금의 도구적 성격으로부터 도출되는 요소이므로, 소정근로에 대하여 실제 지급된 총 임금 중 사전에 지급할 것이 확정되어 있는 고정적인 임금만이 통상임금이다.[141]

과거 판례는 근로자가 실제 근무한 연수나 근무성적에 따라 지급 여부 및 지급액이 달라지는 임금은 고정적인 임금에 속하지 않는다고 보아, 예컨대 1년 이상 근속한 운전사에게 1년당 정액의 근속수당을 근속연한에 따라 가산하여 지급하기로 약정한 근속수당,[142] 출근일수가 15일 이상인 근로자에게는 전액을 지급하나 15일 미만인 경우에는 일할 계산하여 지급하기로 한 근속수당,[143] 매 근무일마다 지급한 교통비·승무수당[144] 등이 모두 고정성을 결여하였다는 이유

---

140) 대법원 1996. 2. 9. 선고 94다19501 판결 등.

141) 다만 근기법 47조는 도급이나 그 밖에 이에 준하는 제도로 사용하는 근로자에게 근로시간에 따라 일정액의 임금을 보장하도록 하고, 근기법 시행령 6조 2항 6호에서는 도급 금액으로 정한 임금에 대해서는 도급제에 따라 계산된 임금의 총액을 해당 임금산정 기간의 총 근로시간수로 나눈 금액을 시간급 통상임금으로 산정하도록 하는 등, 그 자체로 변동적 급여로서의 성격을 가진 도급 근로자의 임금에 대해서도 이를 일정한 요건 하에 법정수당 산정의 기초 임금으로 포함할 수 있는 길을 열어두고 있다.

142) 대법원 1992. 5. 22. 선고 92다7306 판결.

143) 대법원 1996. 3. 22. 선고 95다56767 판결. 이 판결은 2013년 전원합의체 판결이 "일할계산하여 지급되는 최소한도의 임금은 고정적인 임금이라고 보아야 한다."고 하며 변경되어 판례로서 의미를 상실하였다.

144) 대법원 2002. 7. 23. 선고 2000다29370 판결. 이 판결은 그후 2013년 전원합의체 판결이 "매 근무일마다 일정액의 임금을 지급하기로 정함으로써 근무일수에 따라 일할계산하여 임금이 지급되는 경우에는 실제 근무일수에 따라 그 지급액이 달라지기는 하지만, 근로자가 임의의 날에 소정근로를 제공하기만 하면 그에 대하여 일정액을 지급받을 것이 확정되어 있으므로, 이러한 임금은 고정적 임금에 해당한다."는 판시를 볼 때, 위 2000다29370 판결에서 통상임

로 통상임금성을 부정한 바 있다.

　기존 판례의 위 고정성 개념에 대하여는, 소정근로에 대해 지급되는 시급, 일급, 주급, 월급 등도 모두 실제 근무 여부에 따라 지급이 달라지는 것이어서 통상임금에 해당하지 않는 결과가 되어 부당하고, 실제 근무 성적에 따라 지급 여부나 지급액 변동이 있다고 하여 통상임금에서 제외할 이유가 없으며, 가산임금 등의 산정 시점에서 유동적이지 않고 확정될 수 있으면 충분하다는 견해,[145] 기술적인 이유로 사전확정이 불가능한 경우가 아니라면 최저임금법상의 비교대상임금과 통상임금은 원칙적으로 동일하며, 통상임금에 고정성까지 요구하는 기존의 법리는 오류라는 견해,[146] 근기법 시행령상 정의 규정에도 존재하지 않는 고정성을 입법취지와 통상임금의 기능 및 필요성이라는 추상적인 표현을 근거로 통상임금의 요건으로 추가하는 것은 법관에 의한 법형성의 한계를 넘어선 것으로서, 통상임금 범위를 제한하는 고정성의 역할은 일률성 판단에서 '조건의 고정성'에 대한 심사를 통하여 보완가능하다는 견해[147] 등과 같은 비판이 있다.[148]

　이후 대법원은, '단체협약에 따라 분기별로 지급하되 퇴직자에 대해서는 월별로 계산·지급하도록 한 상여금에 대해, 위 단체협약의 의미가 상여금 지급대상 기간 중에 퇴직한 근로자에게도 재직기간에 비례하여 상여금을 지급하겠다는 것이라면, 상여금은 지급 여부 및 지급액이 근로자의 실제 근무성적 등에 따라 좌우되는 것이라 할 수 없고, 오히려 그 금액이 확정된 것이어서 정기적·일률적으로 지급되는 고정적인 임금인 통상임금에 해당한다'는 취지로 판시하였

금에 해당하지 않는다고 본 '매 근무일마다 근로자에게 지급한 교통비·승무수당과 현물로 제공한 식사의 가액'이 매 근무일 1일에 일정 금액 내지 가액으로 지급되었다면, 이 수당과 식사의 가액도 위 전원합의체 판결 판시에 따라 통상임금으로 보아야 할 것이다.

145) 김기덕d, 125면. 김기덕c, 198면에서는, '고정성은 근로기준법의 해석에 의하여 반드시 도출되는 것이 아니며, 위임 없이 규정한 근로기준법 시행령의 통상임금 정의규정에서도 명시한 바 없는 개념'임을 강조한다.

146) 정인섭, 142면 이하.

147) 유성재·임서정, 248면 이하.

148) 박진호 박사는, 영 6조 1항의 규율방식(간접적 내포방식)을 고려할 때 고정성은 통상임금에 대한 별도의 요건이라기보다는 소정근로대상성 자체에 수반되는 일종의 '내적 성질'로 보는 것이 타당하다고 한다(박진호, 161면 이하). 그리고 김성진 교수는, 고정성은 기능적인 측면에서 통상임금의 중요한 개념요소로 작용하긴 하나, 이는 고정성 보다 우위에 있는 개념인 '통상성'에 의해 통제되어야 한다고 한다(김성진b, 41면 이하). 한편 하갑래 교수는, 고정성을 관념적으로 지급액이 고정된 '절대적 고정성'과 지급조건이 고정된 '상대적 고정성'으로 구분하면서, 판례는 전체적으로 상대적 고정성을 기준으로 통상임금성 유무를 판단하는 것으로 변화를 보여 왔다고 평가한다(하갑래a, 11면 이하).

고,149) 나아가 2013년 전원합의체 판결에서 '고정성'이라 함은 '근로자가 제공한 근로에 대하여 그 업적, 성과 기타의 추가적인 조건과 관계없이 당연히 지급될 것이 확정되어 있는 성질'을 말하고, '고정적인 임금'은 '임금의 명칭 여하를 불문하고 임의의 날에 소정근로시간을 근무한 근로자가 그 다음 날 퇴직한다 하더라도 그 하루 근로에 대한 대가로 당연하고도 확정적으로 지급받게 되는 최소한의 임금'이라고 정의할 수 있다고 하여, 고정성 개념을 보다 구체적으로 정의하였다.150)

그러나 2024년 전원합의체 판결은, ① 법령상 근거 없이 '지급 여부나 지급액의 예외 없는 사전 확정'이라는 의미를 가지는 '고정성'이라는 징표를 더하는 것은 소정근로를 중심으로 도출되어야 하는 정당한 통상임금의 범위를 축소시키게 되어 부당한 점, ② 2013년 전원합의체 판결의 '고정성' 개념은 당사자가 강행적 성격을 가지는 통상임금의 범위를 쉽게 좌우할 수 있게 허용하는 결과, 사용자가 우월한 지위에서 임금에 조건을 부가함으로써 통상임금의 범위를 부당하게 축소할 위험을 초래한 점, ③ 조건 충족 여부에 임금 지급 여부가 연계되면 고정성이 결여된다고 보는 것은 '소정근로의 온전한 제공'이라는 요건이 충족되면 지급되는 가상의 임금으로서의 통상임금의 성격에 부합하지 않는 점, ④ 고정성 개념은 통상임금의 범위를 법령상 근거 없이 축소시켜 통상임금이 소정근로의 가치를 합당하게 평가한 단위 임금 기능을 수행하지 못하게 함으로써 연장근로 등을 억제하고 그에 상응하는 보상을 하고자 하는 근기법의 정책 목표에 부합하지 않는 결과가 발생하는 점 등을 들어, 고정성을 통상임금의 개념적 징표로 볼 수 없다고 하였다.151) 다만 고정성을 징표에서 제외하면서도

---

149) 대법원 2012. 3. 29. 선고 2010다91046 판결(이 판결에 대한 평석은 김홍영f, 350~353면).

150) 이철수k, 14면; 이철수l, 56면은 이러한 전원합의체 판결 판시를 평가하면서 '지급액의 절대고정성에 함몰되어 있던 기존의 논의를 극복할 수 있는 진일보한 해석'이라 평가하였다. 한편 전원합의체 판결은 위와 같은 기준을 설시하면서, 일정 근무일수를 기준으로 그 미만은 일할계산하여 지급하고 그 이상은 전액 지급하기로 정한 근속수당을 지급 여부 및 지급액이 실제 근무성적에 의하여 달라지는 비고정적인 임금으로 보아 통상임금성을 부정한 대법원 1996. 3. 22. 선고 95다56767 판결 등 판례를 변경하였다. 근무일수에 연동하는 임금이나 특정 시점에 재직 중인 근로자에게만 지급하는 임금 등 일정 유형의 임금에 대하여 전원합의체 판결이 고정성 판단 기준을 설시한 내용은 이하 해당 부분에서 인용한다.

151) 다만 2024년 전원합의체 판결은 위와 같이 변경된 판례 법리가 2024. 12. 19. 이후의 통상임금 산정부터 적용된다고 하였다. 즉 2024. 12. 19. 이후 제공된 연장근로 등에 대한 법정수당은 새로운 법리에 따른 통상임금의 범위를 기초로 그 지급액을 산정해야 하나, 그 전까지 제공된 연장근로 등에 대한 법정수당은 2024년 전원합의체 판결 사건 및 병행사건(2024. 12. 19.을 기준으로, 변경된 판례 법리가 재판의 전제가 되어 통상임금 해당 여부가 다투어져 법

'지급이 미리 정해진 상태' 즉 '소정성'이 징표로 요청됨은 분명히 하고 있다.

한편 판례가 위와 같이 통상임금의 독자적인 개념요소로 파악한 고정성과 일률성, 특히 일률성의 판단기준으로 든 '고정적 조건' 사이의 관계가 문제된다.

고정성과 일률성의 관계 일반에 대해서는, 일률성은 임금지급대상의 비차별성·동등성 혹은 통일성을 강조한 반면, 고정성은 임금지급액의 불변동성에 초점을 둔 것이라는 견해,152) 일률성은 누구에게(to whom) 지급할 것인가에 대한, 고정성은 무엇을 어느 정도(what and how) 지급할 것인가에 관한 개념이라면서, 일률성 심사를 통해 적용범위가 정해지면 그 인적 범위 내의 근로자 개개인의 임금 변동성 여부를 묻는 것이 고정성의 문제라고 보는 견해,153) 한편 앞서와 같이 일률성 판단에서 말하는 '조건의 고정성'에 대한 심사를 통해 고정성을 보완가능하다는 전제 하에 일률성과 관련된 조건을 '지급대상자의 선정에 영향을 미치는 조건'(근속연수 등과 같은 신분적 조건)과 '지급액의 결정에 영향을 미치는 조건'(특수직무수당 등과 같이 업무의 내용과 관련이 있거나 출근일수 등과 같이 근로의 양과 관련이 있는 조건)으로 구별하되, 전자의 경우에는 고정성을 인정하자는 견해154) 등이 제시되고 있다.

판례는 일정한 조건에 달한 모든 근로자에게 지급되는 특정 임금의 일률성이 인정되기 위해서는 앞서 본 바와 같이 위 조건이 '고정적인 조건'일 것과 '소정근로의 가치 평가와 관련된 조건'일 것을 요구한다[(3)항 참조]. 예컨대, 가족수당 등과 같이 소정근로의 가치 평가와 사이의 관련성이 문제되는 국면에서는 일률성과 고정성의 요소는 그 구별이 일응 용이할 것이나, 일률성의 판단기준 중 하나인 고정적인 조건과 고정성은 그 개념 자체만으로는 구별이 쉽지 않고, 판례 또한 이에 대해 구체적으로 설명한 바 없다. 종래 판례가 특수직무수당의 지급대상인 근로자가 고정적으로 지하 600m 이하의 심부작업장에서만 근무하는지 여부를 알 수 없다는 이유로 일률성을 부정하거나,155) 승무원이 국내

원에 계속 중인 사건)을 제외하고는 2013년 전원합의체 판결 등 종래 법리에 따른 통상임금을 기초로 산정되어야 한다. 따라서 이 'Ⅲ. 통상임금' 항목 등에서 다루어지는 고정성 등에 관한 설명은 2024. 12. 18.까지 제공한 연장근로 등에 대하여 새로이 제기되는 통상임금 소송과 관련하여서는 여전히 유효하다.

152) 김기덕c, 193면; 이정b, 192면 이하.
153) 이철수j, 898면.
154) 유성재·임서정, 248면 이하.
155) 대법원 1993. 5. 27. 선고 92다20316 판결.

선에 탑승하게 되는 경우에 한하여 이·착륙 횟수에 따라 지급되는 이·착륙수
당의 (고정성이 아닌) 일률성을 부정한 사례156)에서는 모두 임금의 지급대상인
'소정근로'의 내용을 사전에 확정하기 어렵다는 사정(승무원이 매달 국내선에 탑승
하는 근무일수를 근로계약 시점에서 미리 확정하기 어렵다는 사정 등)을 일률성을 부
정하는 근거로 삼았다. 이와 같이 볼 때, 판례는 근로자가 제공하기로 한 근로
의 내용이 확정되어 있음을 전제로 소정근로를 제공하였을 경우 지급받기로 한
돈의 액수 등까지도 사전에 확정되어 있는가 하는 문제를 고정성으로, 근로계약
체결 당시 소정근로의 내용 자체가 확정되어 있지 않은 경우를 일률성에서 말
하는 '고정적 조건'으로(그 결과 고정성 심사에 앞서 일률성에서 말하는 '고정적 조건'
을 심사하게 될 것이다) 파악하여 온 것으로 이해할 여지가 있으나,157) 위와 같은
구별 기준이 반드시 타당한지는 의문이다.

(5) 각 개념요소들의 관계

  판례가 제시한 통상임금의 개념요소들, 특히 소정근로 대가성과 정기성·일
률성·고정성 요소(고정성 등 개별 요소의 독자적 의의를 부정하는 견해는 해당 부분
에서 살핀 바 있다) 사이의 관계에 대하여는 다음과 같은 견해가 있다. 즉, 통상
임금의 본질은 '소정근로의 대가'이지만 어떤 것이 통상임금에 해당하는가를 판
단하는 기준이 정기성·일률성·고정성이고, 이 기준을 모두 구비한 임금이 통
상임금에 해당한다는 것이 판례이어서, 따라서 '정기성·일률성·고정성'은 통상
임금의 판단 기준인 동시에 개념적 징표라고 하는 견해,158) 소정근로 대가성을
통상임금의 실질적 요소로, 정기성·일률성·고정성을 지급형태상의 요소로 파
악하는 견해,159) 소정근로에 대한 대가는 정기성을 가지나, 정기적으로 지급하

---

156) 대법원 1996. 6. 28. 선고 95다24074 판결.
157) 안동대학교 내로 운행하는 차량을 운전한 버스기사에게 안동대학교 운행 1일당 15,000원을
  수당 명목으로 지급하였으나, 개별 버스기사의 안동대학교 운행이 불규칙하게 이루어졌고 안
  동대학교 운행 횟수도 일정하지 않았던 점 등을 근거로, 해당 수당의 지급조건인 안동대학교
  운행을 고정적인 조건이 아니라 일시적이고 유동적인 조건으로 보아 해당 수당의 일률성을
  부정한 대법원 2018. 11. 29. 선고 2017다277184 판결과 CCTV가 설치된 버스를 운전한 근로
  자에게 1일당 5,000원의 수당을 지급한 피고 회사에서 근무한 근로자들 중 재직기간 동안
  CCTV가 설치된 버스만 운전한 근로자들에게 지급된 CCTV 수당은 고정성 및 일률성을 갖
  추었다고 본 반면, 재직기간 동안 CCTV가 설치된 버스를 운전하기도 하고 CCTV가 설치되
  지 않은 버스를 운전하기도 한 근로자들의 경우 고정적으로 'CCTV 장착 버스 운전'을 하였
  다고 볼 수 없어 해당 근로자에게 지급된 CCTV 수당은 일률성이 없다고 본 대법원 2020. 4.
  9. 선고 2015다54523 판결 또한 같은 취지로 이해된다.
158) 이미선, 356면.

는 금품이 언제나 소정근로에 대한 대가라고 할 수는 없다는 점 등을 이유로 정기성·일률성·고정성은 소정근로 대가성과 동의어가 아니며 이를 판단하기 위한 제2의 요건이라는 견해,[160] 정기성·일률성·고정성은 통상임금 판단에서 독립된 하나의 요건이 아니라 소정근로 대가성을 확정하는 일종의 보충적 요소로 고려하여야 한다는 견해,[161] 정기성·일률성·고정성은 통상임금의 성립요건이 아니라 통상임금의 개념적 징표에 불과하여 위 요소 중 어느 하나가 결여되거나 부족하다는 이유로 곧바로 통상임금성을 부정하여서는 안 된다는 견해[162] 등이 있다. 하지만 이는 기본적으로 통상임금의 각 개념요소에 대한 이해나 접근방식의 관점 차이에서 비롯된 것으로서 각 개념요소 사이의 관계에 대한 위와 같은 표현상의 차이 자체에 큰 의미를 부여할 실익은 크지 않다고 생각한다.

　　한편 2024년 전원합의체 판결은, 소정근로의 가치를 임금으로 전환한 개념을 통상임금으로 보아 법령상 정의된 통상임금의 본질적인 판단 기준은 '소정근로 대가성'이라고 하면서, '정기성'과 '일률성'은 이러한 '소정근로 대가성' 있는 임금의 전형적 속성으로서, 임금의 지급 시기와 지급 대상이 미리 일정하게 정해지도록 요구함으로써 통상임금의 범위를 사전에 합리적으로 결정하도록 하는 역할을 담당한다고 하였다.

다. 고용노동부예규 '통상임금 산정지침'과 '노사지도지침'

　　노동부장관(고용노동부장관)은 1988. 1. 14. 노동부예규 150호로 제정하고 몇 차례 개정을 거쳐 2012. 9. 25. 고용노동부예규 47호로 '통상임금 산정지침'을 마련하여, 사용자가 지급하는 금품 중 어떤 것이 통상임금에 해당하는지에 관한 판단 기준으로 제시한 바 있다. 그러나 2013년 전원합의체 판결이 선고되었고, 그 판결 판시와 위 통상임금 산정지침상 내용이 상당히 달라[163] 고용노동부에

---

159) 이철수j, 880면. 통상임금의 개념요소 중 소정근로 대가성을 기본요소로, 정기성·일률성·고정성을 세부요소로 분류하거나(하갑래a, 3면), 소정근로 대가성을 선결문제이자 실질적 요건으로, 정기성·일률성·고정성을 임금 지급의 방식 내지 형식적 요소로 분류하는 견해(김영문b, 150면)도 존재한다.

160) 박지순a, 28면.

161) 박진호, 161면 이하.

162) 도재형d, 197면. 김홍영g, 10면 이하도, '통상임금의 해석에서 특정 개념징표를 절대적으로 고집하는 것은 오히려 통상임금을 사용하는 근로기준법의 취지를 몰각할 우려가 있다'고 한다.

163) 대표적인 것으로 위 통상임금 산정지침은, '소정근로시간에 대하여 지급하기로 정하여진 기본적 임금'과 함께 통상임금 산정기초가 되는 임금으로 '1임금산정기간에 지급하기로 정하여진 고정적 임금'을 포함시키고 있어(위 예규 3조 1항), 1임금산정기간을 초과하여 지급되는 임금이라도 요건에 맞으면 통상임금에 해당한다는 위 전원합의체 판결이나 그 이전 판례 판

서는 2014. 1. 23. 근로감독관 노사지도지침으로 '통상임금 지도지침'이라는 자료
를 내놓았다. 이에 따르면 1임금지급기 요건을 폐지하여 지급주기가 1개월을 넘
더라도 정기성 요건을 충족해 통상임금이 될 수 있다고 하였고 그 외 대법원
판시대로 근속기간을 일률성 요건인 '일정한 조건 또는 기준'에 포함시키도록
하였다. 하지만 공식적으로 위 산정지침 예규를 폐지하지는 않고 있다. 어떻든
위 산정지침이나 지도지침은 행정기관의 내부 지침에 불과하여 법규성을 인정
할 수 없다.[164]

5. 재직자 조건, 일정 근무일수 조건 관련 논의

2013년 전원합의체 판결은 통상임금의 개념요소인 소정근로 대가성과 고정
성에 대하여 앞서와 같이 설명하면서, 다양한 유형의 임금이 통상임금에 속하는
지에 관해 구체적 판단기준을 제시하였다.

그중 일정 근무일수 조건을 붙인 임금의 통상임금 해당 여부에 관하여는
다음과 같이 설시하였다. 즉 판례는, '일정 근무일수를 충족하여야만 지급되는
임금은 소정근로를 제공하는 외에 일정 근무일수의 충족이라는 추가적인 조건을
성취하여야 비로소 지급되는 것이고, 이러한 조건의 성취 여부는 임의의 날에 연
장·야간·휴일 근로를 제공하는 시점에서 확정할 수 없는 불확실한 조건이므로
고정성을 갖추었다고 볼 수 없다'고 하면서,[165] '예컨대 근무일수가 15일 이상이
면 특정 명목의 급여를 전액 지급하고, 15일 미만이면 근무일수에 따라 그 급여
를 일할계산하여 지급하는 때에는, 소정근로를 제공하기만 하면 최소한 일할계산

시와 어긋난다는 점이다. 그 외 위 지침이 '통상임금에 포함되는 임금'의 예시를 별표로 나
열하고 있는 것에 따르면 여러 군데에서 판례 판시나 위 전원합의체 판결 판시와 심하게 어
긋난다.

164) 통상임금 산정지침에 대한 비판으로는 김기덕a, 219면; 김기덕d, 87면, 91면; 도재형c, 75면
이하.

165) 한편 대법원 2020. 1. 16. 선고 2019다223129 판결은, '노동조합이 사용자 측과 기존의 임금
등 근로조건을 결정하는 기준에 관하여 소급적으로 동의하거나 이를 승인하는 내용의 단체
협약을 체결한 경우에 그 동의나 승인의 효력은 단체협약이 시행된 이후에 그 사업체에 종
사하며 그 협약의 적용을 받게 될 노동조합원이나 근로자들에 대해서만 생기고, 단체협약 체
결 이전에 이미 퇴직한 근로자에게는 효력이 생길 여지가 없다'는 법리를 바탕으로 하여,
2014. 9. 2. 단체협약이 체결되면서 과거 '50% 미만 출근시 미지급' 조건을 두고 있던 명절휴
가비의 경우 50% 미만 출근자에 대하여도 명절휴가비의 50%를 지급하기로 하는 한편, 위
협약을 2014. 1. 1.부터 소급하여 적용하기로 하였기 때문에 2014. 1.부터의 명절휴가비 중
50%는 통상임금에 해당한다고 본 원심과는 달리 2014. 8. 28. 이전에 퇴직한 원고들에게는 위
단체협약이 적용되지 않아 명절휴가비의 고정성을 인정할 수 없다는 취지로 판시하였다.

되는 금액의 지급은 확정적이므로 그 한도에서 고정성이 인정된다'고 하였다.[166]

그리고 재직자 조건이 붙은 임금, 다시 말해 특정 시점에 재직 중인 근로자에게만 지급하는 임금의 통상임금 해당 여부에 관하여는, '소정근로에 대한 대가의 성질을 가지는 것이라고 보기 어려울 뿐 아니라[167] 근로자가 임의의 날에 근로를 제공하더라도 그 특정 시점이 도래하기 전에 퇴직하면 당해 임금을 전혀 지급받지 못하여 근로자가 임의의 날에 연장·야간·휴일 근로를 제공하는 시점에서 그 지급조건이 성취될지 여부가 불확실하므로 고정성도 결여한 것'이라 한다.

이렇게 일정 근무일수나 재직자 조건을 붙인 임금에 대해 '고정성'을 부정하거나 '소정근로 대가성'을 부정하는 데에는 아래에서 보는 것과 같이 일정 근무일수나 재직자 조건을 붙이는 것 자체에 위법성이 있어 무효라는 비판이 있고, 설령 그 조건을 붙인 것에 유효성을 인정하더라도 그 임금 역시 통상임금으로 보아야 한다는 비판이 있다. 이하에서 보는 바와 같이 2024년 전원합의체 판결은 2013년 전원합의체 판결과 달리 재직조건부 임금 및 근무일수 조건부 임금의 통상임금성을 인정하였다.

가. 재직자 조건, 일정 근무일수 조건 부가의 유효성

재직자 조건, 일정 근무일수 조건과 관련하여서는, 2013년 전원합의체 판결이 전제한 것과 마찬가지로 그 유효성을 인정하는 견해[168]와 재직자 조건, 일정 근무일수 조건은 근로제공에 비례하여 그 대가로 지급되어 온 급여의 임금으로 가지는 본질을 침해하는 것으로 무효라는 견해[169]가 대립하고 있다.

---

166) 매 근무일마다 일정액의 임금을 지급하기로 정함으로써 근무일수에 따라 일할계산하여 지급되는 임금의 경우에도, 실제 근무일수에 따라 그 지급액이 달라지기는 하지만 근로자가 임의의 날에 소정근로를 제공하기만 하면 그에 대하여 일정액을 지급받을 것이 확정되어 있으므로, 고정적 임금에 해당한다고 본다.

167) 2013년 전원합의체 판결은, 특정 시점에 재직 중인 근로자에게만 지급하기로 정해져 있는 임금에 관하여 '기왕에 근로를 제공했던 사람이라도 특정 시점에 재직하지 않는 사람에게는 지급하지 않는 반면, 그 특정 시점에 재직하는 사람에게는 기왕의 근로 제공 내용을 묻지 않고 모두 이를 지급하는 것이 일반적'이고, '그와 같은 조건으로 지급되는 임금이라면 그 임금은 이른바 소정근로에 대한 대가의 성질을 가지는 것이라고 보기 어렵다'고 하였다.

168) 박지순b, 8~10면. 전원합의체 판결 이후 하급심 또한 대체로 재직자 조건이 유효하다는 전제 하에 해당 조건이 부가된 급여의 고정성 유무를 판단하고 있다. 서울중앙지법 2016. 1. 29. 선고 2012가합87787 판결 등.

169) 구체적으로 소개하면 다음과 같다. ① 중도퇴직자에게 최소한 재직기간 등에 상응하여 비례적으로 수당을 지급하지 않고 수당청구권을 전면적으로 부정하는 것은 강행법규 위반으로 무효로 볼 가능성을 배제할 수 없다(이철수j, 899면; 이철수k, 18면). ② 퇴직일이 포함된 임

검토하건대 긍정설, 즉 최임법 6조가 정한 임금지급액의 하한 내지 근기법 43조가 정한 임금지급의 방법 등 임금지급에 관한 명문의 강행규정에 저촉되지 않는 이상, 취업규칙·단체협약·근로계약 등을 통한 근로관계 당사자의 합의로 상여금 등 특정 급여에 재직자 조건, 일정 근무일수 조건을 부가하는 것은 가능하다는 견해를 상정할 수는 있다. 그러나 재직자 조건, 일정 근무일수 조건을 붙이는 것은 임금의 사전 포기에 해당할 여지가 크다. 그리고 특정 항목 임금 지급일에 재직 또는 일정 근무일수를 충족하였는가에 따라 임금 지급 여부가

금산정기에서 근로제공에 대해 지급하여야 할 임금을 사전에 포기시키거나 일방적으로 미지급하겠다는 것인데 이는 무효이다, 퇴직일이 우연히 특정항목의 임금지급일 이전에 해당되어 그전에 제공한 근로에 대해 임금을 지급받지 못하더라도 그 부분은 전체의 재직기간 중 극히 일부일 뿐이고, 판례나 기업실무는 재직요건규정이 있다고 해도 이를 임금 판단기준으로 삼지 않았다. 임금지급일에 재직했다는 우연한 사정은 임금의 판단 기준으로 삼을 합리적인 이유가 없다. 그러함에도 재직자 조건을 임금 부정의 기준으로 한다면 그동안 임금으로 인정되었던 것이 전면적으로 부정되는 혼란이 초래된다. 만약 이러한 판결이 지속되면 사용자는 일방적으로 재직자에게만 지급하는 방식으로 임금이었던 것을 손쉽게 임금 혹은 통상임금이 아닌 것으로 만들어버리는 대단히 불공정한 결과를 초래할 수 있다(김성진a, 29면; 김성진b, 44~50면). ③ 이미 근로를 제공하였음에도 퇴직, 근무일수 미달을 이유로 임금을 지급하지 않는다면 이는 노동착취이며 강제 근로와 다름없고, 재직자와 퇴직자, 만근자와 결근자를 합리적 이유 없이 차별하는 것이며, 임금의 사전 포기 내지 탈법행위로서 무효이다(김기선b, 81면; 김홍영g, 29, 32면; 김홍영i, 37~61면; 도재형d, 197면). ④ 퇴직자에게 부당한 임금 상실을 초래하며 퇴직의 자유를 제한하는 것으로 사회통념상 상당성을 인정할 수 없다(김홍영i, 51~61면; 김도형, 66면). ⑤ 재직자 조건, 일정 근무일수 조건은 퇴직자, 근무일수 미달자에게는 그 금품을 지급하지 않는 부지급조건을 의미하므로, 그 조건을 두어야 할 합리적인 필요성이 있어야 하고, 근로자가 입게 되는 손실의 정도 내지 금액 비중의 적정성이 있어야 사회통념상 상당성이 인정되어 적법하고 유효하다(그렇지 않으면 무효이다. 김홍영i, 38~61면; 김홍영m, 942면. 최파라, 176면 이하도 같은 취지이다). ⑥ 통상적인 모습으로 예정된 소정근로가 앞으로 제공될 것을 조건으로 미리 그 지급이 정해져 있다면 통상임금에 해당하는 것이고, 퇴직이라는 이례적인 상황에서 사용자가 퇴직 전 근무시간에 비례하여 일할계산하여 지급하는지 여부를 기준으로 통상임금을 구분하는 것은 잘못이다(송영섭, 233면). ⑦ 같은 취지의 하급심 판결로 '고정적 금액이 계속적·정기적으로 지급되는 형태의 정기상여금은 임금, 즉 근로의 대가에 해당하고, 그 지급기간이 수개월 단위인 경우에는 이는 근로의 대가를 수개월간 누적하여 후불하는 것에 불과하므로, 정기상여금의 지급일 이전에 퇴직하는 근로자도 퇴직 전에 자신이 실제로 제공한 근로에 상응하는 정기상여금에 대하여는 근로의 대가로서 당연히 그 지급을 청구할 수 있어야 한다'는 이유로 고정급 형태의 정기상여금에 부가된 재직자 조건이 '지급일 전에 퇴직하는 근로자에 대하여 이미 제공한 근로에 상응하는 부분까지도 지급하지 아니한다는 취지로 해석되는 한 무효'라고 본 서울고법 2018. 12. 18. 선고 2017나2025282 판결이 있다(상고심 계속 중). 한편 정기상여금이 아니라 기본성과연봉이나 내부평가성과연봉 중 최소보장부분과 관련하여 재직자조건을 무효로 보고 통상임금성을 인정한 판결로는 서울고법 2019. 5. 14. 선고 2016나2087702 판결, 부산고법 2019. 9. 18. 선고 2018나55282 판결 등이 있다. 유사한 취지에서 상여금에 붙은 재직자 조건 등을 무효로 본 서울고법 2021. 1. 26. 선고 2016나2023654 판결, 서울고법 2021. 6. 30. 선고 2020나2012736 판결, 서울고법 2021. 7. 9. 선고 2018나2074267 판결(모두 상고심 계속 중) 등도 참조.

달라지는 것은, 근로 제공이나 성과 여부에 관계없이 임금 지급 자체를 전부 인
정 아니면 전부 부정하게끔 하여 '합리적 이유 없는 차별은 금지된다'는 근기법
상 대원칙에 위배된다. 또한 지급일 재직 조건이 붙는 금품은 결국 '근로의 대
가'의 인정요소인 '소정근로 대가성'이 부정되어(특정일에 재직하기만 하면 금품이
지급되고 재직하지 않으면 비록 근로를 제공했어도 금품이 지급되지 않는다는 점에서 '소
정근로' 대가가 아닌 것이 된다) 임금에도 해당하지 않는다는 것이 되는데 이는 현
실(평균임금의 산정 기초로 당연히 보고 있다)과 맞지 않는다. 이상의 점 등을 볼 때
재직자 조건, 일정 근무일수 조건 부가는 위법이라고 봄이 상당하다. 하지만 2024
년 전원합의체 판결이 선고되기 이전의 대법원 판례는 재직자 조건 부가의 유효
성을 긍정하는 원심을 그대로 수긍하였다.[170]

나. 재직자 조건, 일정 근무일수 조건 인정상 유의점(관행의 인정 여부)

판례는 단체협약이나 취업규칙 등에 근무일수 조건이나 재직자 조건을 두
지 않은 때에도 위 조건에 관한 이른바 묵시적 합의 내지 노동관행의 성립을
인정하여 특정 임금에 대한 고정성을 부정하는 경우가 적지 않다. 예컨대 재직
자 조건의 경우 '별도의 규정을 두지 않고, 실제로 퇴직한 근로자에게 근무기간
에 비례하여 특정 임금을 지급하지 않았으며, 이에 대해 근로자나 노동조합 측

---

170) 대법원 2017. 9. 26. 선고 2016다238120 판결. 이 판결이 수긍한 원심 판단은, '재직자 조건
부가는 근기법상 위약예정금지원칙 및 임금 전액지급원칙 등에 반하지 않아 유효하다'는 것
이었다. 대법원 2017. 9. 21. 선고 2016다15150 판결 또한 '상여금을 지급일 당시 재직 중인
근로자들만을 지급대상으로 하는 것은 지급 대상기간 동안의 계속 근무를 지급조건으로 한
것으로서 이러한 지급조건을 무효로 볼 수 없다'는 원심의 판단에 법리오해 등의 위법이 없
다고 보았다. 다만 대법원 2020. 4. 29. 선고 2018다303417 판결에서는, '정기상여금의 임금으
로서의 성격을 고려하면, 단체협약이나 취업규칙 등에서 정기상여금을 특정 시점에 재직 중
인 근로자에게만 지급한다는 규정을 두면서, 정기상여금에 관하여 근무기간에 비례하여 지급
한다는 취지의 규정을 두고 있는 경우, 사업장 내에서의 정기상여금의 지급 실태나 관행, 노
사의 인식, 정기상여금 및 그 밖의 임금 지급에 관한 규정 내용 등을 종합하여 특정 시점 전
에 퇴직하더라도 후자의 규정에 따라 이미 근무한 기간에 비례하는 만큼의 정기상여금을 지
급하기로 정한 것은 아닌지를 구체적인 사안별로 신중하게 살펴야 한다'고 하여, 취업규칙상
'상여금 지급은 20일 현재 재직한 자에 한하여 지급한다'는 규정과 '근무일수가 부족한 경우
에는 일할 계산하여 지급한다'는 규정을 함께 두고 있는 피고 회사에서 근로자들을 2007. 3.
31.자로 해고하면서 2007. 3. 21.부터 2007. 3. 31.까지 근로 기간에 대응하는 정기상여금을 일
할로 계산하여 지급한 사안에 대해 원심과 달리 정기상여금의 통상임금성을 긍정하였다. 대
법원 2022. 4. 28. 선고 2019다238053 판결 또한 같은 취지에서 '단체협약 등에서 정기상여금
을 특정 시점에 재직 중인 근로자에 한하여 지급한다는 규정을 둔 경우에도, 그 규정만을 근
거로 이미 근로를 제공했더라도 특정 시점에 재직하지 않는 사람에게는 정기상여금을 전혀
지급하지 않는 취지라고 단정할 것은 아니다'라고 하였다.

이 이의를 제기하였다는 사정 역시 분명하지 않다면, 해당 임금에 대해서는 재
직자 조건을 부가하기로 하는 묵시적 합의가 이루어졌거나 그러한 관행이 확립
된 것으로 볼 수 있다'는 것이 판례의 대체적 경향이다.171)

    결국 판례에 따르면 재직자 조건 등에 관한 명문의 규정이 없어도 특정 임
금이 퇴직자 등에게는 지급되지 않은 것에 대해 근로자 측에서 이의를 제기한
사실이 있는지 여부가 관행의 성립 여부를 판단하는 사실상 유일한 근거이다.
하지만 그와 같이 근로관계를 규율하는 노동관행이 과연 성립하여 근로관계를
규율하는지는 보다 엄격하게 판단하여야 한다.172) 같은 취지에서 근래 대법원
은, 특정 시점이 되기 전에 퇴직한 근로자에게 특정 임금 항목을 지급하지 않는
(사실적) 관행이 있더라도, 단체협약이나 취업규칙 등이 그러한 관행과 다른 내
용을 명시적으로 정하고 있으면 그러한 관행을 이유로 해당 임금 항목의 통상
임금성을 배척함에는 특히 신중하여야 한다고 판시하였다.173)

---

171) 대법원 2013. 12. 18. 선고 2012다94643 전원합의체 판결, 대법원 2014. 1. 29. 선고 2012다
    18281 판결, 대법원 2014. 5. 29. 선고 2012다115786 판결, 대법원 2014. 6. 12. 선고 2012다
    39639 판결, 대법원 2014. 8. 28. 선고 2013다74363 판결, 대법원 2014. 12. 11. 선고 2012다
    90764 판결, 대법원 2016. 2. 18. 선고 2012다29380 판결 등.
172) 기업의 내부에 존재하는 특정의 관행이 근로계약의 내용을 이루고 있다고 하기 위하여는,
    그러한 관행이 기업 사회에서 일반적으로 근로관계를 규율하는 규범적인 사실로서 명확히
    승인되거나 기업의 구성원에 의하여 일반적으로 아무도 이의를 제기하지 아니한 채 당연한
    것으로 받아들여져서 기업 내에서 사실상의 제도로서 확립되어 있다고 할 수 있을 정도의
    규범의식에 의하여 지지되고 있어야 한다는 취지의 대법원 2002. 4. 23. 선고 2000다50701 판
    결과 대법원 2014. 2. 27. 선고 2011다109531 판결이 있다. 또한 근로자가 임금의 일종인 상여
    금을 포기하려면 명백한 의사표시를 요하는데, 회사가 일방적으로 상여금 지급을 중지하고,
    근로자가 그와 같은 조치에 관하여 별다른 이의 없이 근무하여 왔다는 사정만으로 장래에
    발생할 상여금청구권을 포기하였다고 볼 수 없다는 취지의 대법원 1999. 6. 11. 선고 98다
    22185 판결도 있다.
     서울고법(춘천) 2014. 11. 26. 선고 2013나1551 판결은 위 각 판결을 근거로, 피고 회사가
    퇴직한 일부 근로자에게 상여금을 지급하지 않았다는 것만으로는 노사간 상여금의 지급을
    재직 여부와 연동하기로 합의하였다거나 그러한 내용의 노사 관행을 확립한 것으로 볼 수
    없다고 하였다(위 판결에 대해서는 근로자와 회사 측 모두 상고하였으나, 상고가 모두 취하
    되어 위 판결이 확정되었다).
     김성진 교수 또한, 근기법이 강행적으로 보장하고 있는 임금에 대한 포기의 의사표시가 있
    었는지는 엄격하게 해석하여야 하는 점, 근로자가 사용자의 일방적인 임금미지급조치에 별다
    른 이의 없이 근무해왔다는 사정만으로는 장래에 발생할 임금을 포기하였다고 볼 수 없는
    점, 재직자 조건에 관한 관행의 성립을 쉽게 인정한다면 사용자는 재직자 조건이 부가되지
    않은 임금 항목에 대해서도 임의로 재직자에게만 이를 지급하려는 유인을 갖게 되어 부당한
    점 등을 근거로, 관행의 성립을 엄격하게 판단하여야 한다고 한다(김성진b, 47면 이하). 같은
    취지로는 김홍영i, 74~76면; 김홍영m, 943면 이하.
173) 대법원 2021. 12. 16. 선고 2016다7975 판결.

한편 단체협약이나 취업규칙 등에는 중도 퇴직자에게도 특정 임금의 전액 내지 일할계산된 금액을 지급하도록 규정하였으나 실제로는 지급일 이전에 퇴직한 근로자에게 해당 임금을 지급하지 않은 때에도, 마찬가지의 기준에 따라 재직자 조건 등에 관한 묵시적 합의나 관행이 성립되었다고 평가되는 경우가 있을 수 있다. 이때 단체협약이나 취업규칙이 정한 기준에 미달하는 근로계약이나 당사자 간의 합의는 무효(노조법 33조, 근기법 97조 참조)라는 점을 고려하면, 단체협약이나 취업규칙의 내용과 충돌하는 재직자 조건 등에 관한 관행이 유효하게 성립하였는지는 보다 엄격하게 판단하여야 한다.[174]

반면 단체협약 등에는 재직자 요건에 관한 명문의 규정을 두었으나 실제 중도 퇴직자 등에게도 그에 관한 묵시적 합의나 관행이 인정될 정도로 특정 임금의 일부가 장기간 지급되어 온 경우에는, 근로자 보호의 일반 원칙에 따라 묵시적 합의나 관행의 내용을 기준으로 해당 임금의 통상임금성을 판단하면 족하다.[175]

다. 재직자 조건, 일정 근무일수 조건을 붙인 임금의 통상임금 해당성

2013년 전원합의체 판결이 이와 같이 재직자나 일정 근무일수 조건을 붙인 임금에 관하여 '고정성'을 부정하거나 '소정근로 대가성'을 부정하여 통상임금에서 이를 제외하는 판시를 한 것에 대해서는 다음과 같은 비판이 있다. ① 재직자 조건을 붙인 임금을 통상임금이 아니라고 보게 되면, 재직자에게만 지급된다는 현행 복리후생비의 일반적 지급 관행을 고려할 때 대부분의 복리후생비가 통상임금에 해당하지 않게 된다. 이는 임금이분설을 취하던 시절과 유사한 결과를 초래할 가능성이 높게 된다. 소정근로의 대가로 보기 힘들다는 것은 결국 임금이 아니라는 것인데 이는 이해하기 힘들며, 휴가비 등의 이른바 복리후생비에 국한된 것일 뿐만 아니라 재직자 조건 자체의 유효성 여부에 대해서도 판단하

---

174) 대법원 2013. 12. 18. 선고 2012다94643 전원합의체 판결, 대법원 2014. 5. 29. 선고 2012다115786 판결 등도 모두 상여금지급규칙 등에 퇴직자에 대한 특정 임금의 일할지급규정이 마련되어 있는 사안에 관한 것이나, 해당 사안에서 대법원은 통상임금성이 문제가 되는 설·추석상여금 혹은 귀성비가 관계 규정의 해석상 일할지급 대상에서 제외되는 것으로 해석함으로써, 취업규칙 등과 노동관행의 충돌 문제를 정면으로 판단한 바 없다.

175) 구 현대정공 주식회사 및 현대자동차써비스 주식회사를 흡수합병한 현대자동차 주식회사가 근무일수 조건(상여금 지급대상 기간 중 15일 미만 근무시 상여금 전액 미지급)을 부가하는 내용의 상여금지급세칙을 두었으나, 통합전 구 현대자동차써비스 소속 근로자에게는 실제 위 세칙과는 달리 근무일수에 따라 일할계산된 상여금이 지급된 사안에서, 구 현대자동차써비스 소속 근로자에 대하여는 위 세칙에 불구하고 상여금의 통상임금성을 긍정한 서울중앙지법 2015. 1. 16. 선고 2013가합508519 판결 참조.

지 않았기 때문에 정기상여금의 경우에까지 유추하는 것은 신중을 기해야 한다.[176] ② 2013년 전원합의체 판결이 간과한 큰 함정이 있다. 미래의 불확실을 '지급조건으로 추가'하는 것을 노사 자유에 맡기고 그 조건 유무에 따라 통상임금성의 판단을 좌우하게 하는 것은 통상임금 규율을 회피할 수 있는 통로를 열어 통상임금 법리가 근본적으로 훼손될 수 있다. 통상임금을 통한 법적 규율은 연장근로 등 장시간 근로를 억제하는 기능을 제대로 할 수 있는지의 측면에서 근로시간 법리를 강조하여 접근하여야 한다. 그런데 전원합의체 판결은 연장근로 등에 대한 보상 측면에 경도되어, 연장근로 등 이전에 지급이 확정되어 있는지 여부만 중시했고, 가치평가적 고민이 없다. 재직자 조건, 근무일수 조건을 이유로 고정성 기준을 부인하여 통상임금성을 부정하는 해석은 소정근로의 대가인지를 궁극적인 기준으로 하여 통상임금성을 판단하는 방식으로 재해석되어야 한다.[177] ③ 재직자 조건에서 말하는 '퇴직'이 2013년 전원합의체 판결에서 일률성 판단에 영향을 미치지 않는다고 본 휴직, 복직, 징계와 다르다고 보기 어려우며, 오히려 재직 근로자에게 모두 지급한다는 것은 임금의 지급 요건 중 가장 고정적이고 확정적이라고 볼 수 있어, 재직자 조건은 전원합의체 판결 자체 법리와 모순된다.[178] ④ 임금이분설이 폐기된 마당에 재직자 조건이 붙은 임금의 통상임금성을 부정하는 것이 어려움에도 대법원은 무리하게 고정성 징표를 끌어들여 궁여지책으로 통상임금성을 부정하였다.[179] ⑤ 당사자가 임의로 추가적인 임금 지급 기준을 정하더라도 그것은 당사자의 의사에 불과하므로 이에 대해서는 다시 법원의 통제가 필요하고, 법원은 근로자가 지급받는 금품이 임금이나 통상임금에 해당하는지 판단할 때 '객관적 성질'에 따라 판단하여야 한다. 그리고 재직자 기준은 근로의 성과에 관련된 기준이 아니고, 재직자 기준이 있어도 지급액은 고정되어 있고 지급기준도 오로지 재직이라는 단순(우연)한 사실로 설정되어 있어 변동성을 가진다고 보기 어렵다.[180] ⑥ 재직자나 일정 근무일수 조건이 붙은 임금이라도 소정근로를 다 제공하면 받을 수 있도록 예정된 임금이므로 통상임금으로

---

176) 이철수k, 14~23면; 이철수l, 56~57면. 다만, 2024년 전원합의체 판결이 선고되기 이전의 판례는 후술하는 바와 같이 재직자 요건 등이 부가된 상여금에 대해서도 위 요건 자체가 유효함을 전제로 고정성을 부정하였다. 대법원 2017. 9. 26. 선고 2017다232020 판결 등 참조.
177) 김홍영i, 63~66면.
178) 도재형d, 195~196면.
179) 김도형, 62면.
180) 김성진c, 108, 112면.

보아야 한다.[181]

필자도 같은 견해다. 통상임금은 소정근로에 대하여 지급할 것이 사전에 확정된 금액이므로, 예컨대 월급 형태의 임금의 경우 월 단위의 소정근로(법정근로시간의 범위 내에서 해당 월에 제공하기로 한 전체 근로)를 예정대로 제공하였을 경우 지급받을 것이 사전에 확정된 금액을 통상임금으로 보면 족하고, 근로자가 사용자에게 제공하기로 한 소정근로 중 전원합의체 판결과 같이 굳이 '임의의 날'에 이루어진 소정근로시간의 근무를 기준으로 지급의 확정성 여부를 따져 보아야 할 근거를 찾기 어렵다.[182]

2024년 전원합의체 판결 또한 재직조건부 임금 및 근무일수 조건부 임금 모두에 대해 통상임금성을 인정하였다. 그 이유로 재직조건부 임금의 경우, '퇴직'은 정년의 도래, 사망, 해고 등과 함께 근로관계를 종료시켜 실근로의 제공을 방해하는 장애사유일 뿐, 근로자와 사용자가 소정근로시간에 제공하기로 정한 근로의 대가와는 개념상 아무런 관련이 없고, 따라서 어떠한 임금을 지급받기 위하여 특정 시점에 재직 중이어야 한다는 조건이 부가되어 있다는 사정만으로 그 임금의 소정근로 대가성이나 통상임금성이 부정되지 않는다는 점을 들었다. 한편 근무일수 조건부 임금의 경우, 통상임금은 실제 근무일수나 실제 수령한 임금에 관계없이 소정근로의 가치를 반영하여 정한 기준임금이기 때문에, 설령 근로자의 실제 근무일수가 소정근로일수에 미치지 못하여 근로자가 근무일수 조건부 임금을 지급받지 못하더라도 그 임금이 소정근로 대가성, 정기성, 일률성을 갖추고 있는 한 이를 통상임금에 산입하여 연장근로 등에 대한 법정수당을 산정해야 한다고 보았다.[183][184]

---

181) 김홍영g, 33면.

182) 구체적인 내용은 성준규, 782면 이하 참조. 하급심 판결로는, 재직자 조건 자체는 유효하다고 보면서도 그와 같은 조건이 부가된 상여금의 고정성을 인정한 서울고법 2020. 12. 2. 선고 2016나2032917 판결 참조.

183) 반면 소정근로일수를 초과하는 근무일수 조건부 임금은 소정근로를 제공하였다고 하여 지급되는 것이 아니고 소정근로를 넘는 추가 근로의 대가이므로 통상임금이 아니나, 오로지 어떤 근무일수 조건부 임금을 통상임금에서 제외할 의도로 근무실태와 동떨어진 소정근로일수를 정하는 경우와 같이 통상임금의 강행성을 잠탈하고자 하는 경우에는 소정근로일수에 관한 합의의 효력이 부정될 수 있다(2024년 전원합의체 판결).

184) 2024년 전원합의체 판결은 2013년 전원합의체 판결 중 고정성을 통상임금의 개념적 징표로 삼은 부분, 그에 따라 재직조건부 임금, 근무일수 조건부 임금, 성과급의 통상임금성을 고정성 인정 여부를 기준으로 판단한 부분, 재직조건부 임금이 조건의 부가로 인하여 소정근로 대가성을 갖추지 못하였다고 판단한 부분을 변경하였다. 다만 각주 151)에서 언급한 바와 같이, 2024년 전원합의체 판결에서는 2024. 12. 18.까지 제공된 연장근로 등에 대한 법정수당은

6. 임금 유형별 통상임금 해당 여부

가. 상 여 금

상여금(賞與金)은 정기 또는 임시로 기업의 경영실적, 근로자의 근무 성적 등을 고려하여 사용자가 근로자에게 지급하는 돈을 말한다. 과거 판례는 상여금이 '1개월을 넘는 기간마다 정기 또는 임시로 기업의 경영실적, 근로자의 근무 성적 등을 감안하여 지급되고 있다'는 이유를 들어 임금에 해당하지 않는다고 하거나,[185] '매년 4회 정기적으로 정액(기본급 100%)을 지급하되 상여금 지급기간의 1/2 미만을 근무하고 퇴직한 자에게는 근무일수에 따라 일할지급하도록 한 상여금' 명목의 금품이 보수규정상 지급 여부와 지급액이 근로자의 실제 근무 성적에 따라 좌우되어 고정적인 임금이라 할 수 없어 통상임금에 속하지 않는다고 판시한 바 있다.[186]

이후 고정성 등에 관한 구체적 법리를 제시한 2013년 전원합의체 판결을 통해 '지급기간 중 퇴직한 근로자에 대해 근무일수에 따라 일할하여 지급한 상여금'에 대해서도 통상임금성을 인정하기에 이르렀으나, 판례는 재직자 조건이나 근무일수 조건이 부가된 상여금에 대해서는 2024년 전원합의체 판결에 의하여 통상임금성이 인정되기 전까지는 앞서 본 2013년 전원합의체 판결의 취지에 따라 대체로 고정성이 결여되었다고 보아 통상임금성을 부정하였다.[187][188]

2024년 전원합의체 판결 사건 및 병행사건을 제외하고는 2013년 전원합의체 판결 등 종래 법리에 따른 통상임금을 기초로 산정되어야 한다고 하였다.

185) 대법원 1990. 2. 27. 선고 89다카2292 판결.

186) 대법원 1996. 2. 9. 선고 94다19501 판결.

187) 근무일수 조건이 부가된 상여금에 관한 대법원 2014. 8. 20. 선고 2013다10017 판결, 대법원 2016. 3. 24. 선고 2015다14075 판결. 재직자 조건이 부가된 상여금에 관한 대법원 2017. 9. 26. 선고 2016다238120 판결, 대법원 2017. 9. 26. 선고 2017다232020 판결, 대법원 2018. 7. 12. 선고 2013다60807 판결, 대법원 2018. 10. 25. 선고 2016다237653 판결 등.

188) 반면 재직자 조건 등이 부가된 상여금 등의 통상임금성을 인정하는 취지의 하급심 판결이 일부 선고되기도 하였는데, 주요 사례는 다음과 같다. ① 부산지법 2014. 10. 10. 선고 2011가합27496 판결(지급시점에 재직 중인 직원에 한하여 매년 짝수월에 정기상여금을 지급하되, 결근자 및 휴직자 등에게는 일할지급한 사안에서, 정기상여금의 지급 형태에 비추어 회사는 소속 근로자의 근로 가치를 평가하고 그에 대한 대가로서 정기상여금을 지급하였던 것으로 보이고, 소정근로 대가 성격이 뚜렷한 정기상여금을 퇴직자들에게 지급하지 않기로 한 단체협약 등이 오히려 근로기준법의 취지에 반한다고 볼 여지가 있다는 점 등을 근거로 정기상여금의 통상임금성을 인정. 이후 근로자 측의 소취하로 사건 종결), ② 울산지법 2015. 1. 22. 선고 2012가합10108 판결(급여세칙에 1회 결근시 3%, 지각 1회시 1%, 견책 1건당 3%씩 기간상여를 감액하여 지급하는 '감률규정'을 둔 사안에서, 감률규정은 상여금의 지급의무는 인정한 채 결근, 징계 등의 사유가 있을 때의 제재로서 지급비율을 감액하는 사유와 그 비율을

한편 임금협약 등에 따라 소급하여 지급되는 기본급과 상여금을 통상임금으로 볼 수 있는지에 대해, 하급심 판결은 '고정성을 부정하는 견해'와[189] '통상임금에 해당한다는 견해'가[190] 대립하였다. 최근 대법원은, 이러한 임금인상 소급분을 통상임금에 해당한다고 판단하였다.[191] 이 판결은, 임금인상 소급분은 소정근로시간을 초과한 근로나 통상 근로 이상의 근로에 대하여 또는 소정근로와 무관하게 지급된 것이 아닌 점, 임금인상 소급분은 원래의 임금항목인 기본급, 정기상여금과 객관적 성질을 같이 보아야 하는 점, 이러한 노사합의는 소정근로에 대한 추가적인 가치 평가 시점만을 부득이 근로 제공 이후로 미룬 것으

정한 규정일 뿐, 지급제외자를 설정하거나 이를 지급받기 위한 추가적인 조건을 설정하는 규정은 아니라는 점 등을 근거로 기간상여의 통상임금성 인정. 항소심인 부산고법 2015나1888 판결은 기간상여에 대한 1심 판단을 인정하면서도 신의칙을 적용하여 원고 청구를 기각하였으나, 대법원은 2016다1975 판결로 '기업이 일시적으로 경영상의 어려움에 처하더라도 사용자가 합리적이고 객관적으로 경영 예측을 하였다면 그러한 경영상태의 악화를 충분히 예견할 수 있었고 향후 경영상의 어려움을 극복할 가능성이 있는 경우에는 신의칙을 들어 근로자의 추가 법정수당 청구를 쉽게 배척해서는 안 된다'고 하여 원심판결을 파기함), ③ 서울북부지법 2015. 1. 13. 선고 2012가단106192 판결(근속기간 6개월 이상의 근로자에 한하여 지급되던 정기상여금에 단체협약상 재직자 조건이 부가된 사안에서, 일정 근속기간에 이른 근로자에 대해서는 일정액의 상여금을 확정적으로 지급하기로 한 것이고, 소정의 근로를 제공하기만 하면 그 지급이 확정된다는 이유로 정기상여금의 통상임금성을 인정. 항소심인 같은 법원 2015나30648 판결에서는 재직자 조건을 이유로 정기상여금의 고정성을 부정하였고, 상고심인 대법원 2017다239984 판결 또한 퇴직한 근로자에게는 지급하지 않았던 상여금의 통상임금성을 부정하는 취지로 판단함), ④ 춘천지법 영월지원 2015. 1. 15. 선고 2013가합500 판결[기준기간 중 15일 미만 근무자들에게는 정기상여금이 지급되지 않은 사안에서, 실제 근무일수 미달로 정기상여금이 지급되지 않은 경우가 드물었던 점에 비추어, 위 근무일수 조건은 상여금을 지급받기 위한 보충적인 요건이 아니라 예외적인 경우를 상여금 지급 대상에서 제외하기 위한 제한적인 조건으로 보아 정기상여금의 통상임금성 인정. 항소심인 서울고법 (춘천) 2015나392 판결에서는 근무일수 조건을 이유로 정기상여금 고정성 부정. 대법원 2019. 5. 16. 선고 2016다212166 판결로 상고기각], ⑤ 서울남부지법 2016. 9. 28. 선고 2015가단212842 판결(재직자 조건에 부가된 상여금에 관하여, 위 조건은 근로자의 퇴직이라는 우연한 조건을 문제삼는 것으로서 이를 근거로 기존의 소정근로 대가가 소급하여 특정되지 않았다고 보기 어려운 점 등을 근거로 상여금의 통상임금성 인정. 항소심인 같은 법원 2016나60674 판결도 같은 취지 판결. 그러나 대법원 2017다232020 판결은 고정성을 갖추지 못하였다는 이유로 원심 파기), ⑥ 서울중앙지법 2016. 5. 26. 선고 2014가합33869 판결(매년 1월, 2월, 5월, 7월, 9월, 11월의 각 첫 영업일에 각 연 100%씩 지급되던 정기상여금에 재직자 조건이 부가된 사안에서, 정기상여금이 선불 임금의 성격을 가짐을 전제로 근로자가 1년 중 어느 날에 퇴직하더라도 퇴직까지의 근로에 대해 이미 정기상여금을 지급받은 것으로 볼 수 있다는 점 등을 근거로 정기상여금의 통상임금성 인정. 항소심인 서울고법 2016나2039352 판결은 재직자 조건을 이유로 고정성 부정, 근로자 측 상고로 2019. 12. 현재 대법원 2017다236718호로 상고심 계속 중).

189) 부산고법(창원) 2015. 12. 10. 선고 2015나277 판결.
190) 서울고법 2017. 8. 18. 선고 2016나2036339 판결.
191) 대법원 2021. 8. 19. 선고 2017다56226 판결.

로, 그에 의한 임금인상 소급분은 근로자의 업적이나 성과의 달성 등 추가 조건
을 충족해야만 지급되는 것이 아니라 소정근로의 제공에 대한 보상으로 당연히
지급될 성질의 것인 점, 노사 합의 전 퇴직한 근로자에게 임금인상 소급분이 지
급되지 않으나 이는 그 단체협약의 효력이 미치지 않기 때문에 발생한 결과에
불과한 점, 임금인상 소급분을 통상임금에 포함하지 않는 경우 연장근로 등에
대해 상응하는 금전적 보상을 해 주려는 통상임금의 기능적 목적에도 반하는
결과가 발생할 수 있는 점을 통상임금성 긍정의 논거로 들고 있다.

나. 체력단련비, 효도휴가비 등 매년 일정 시기 지급 임금

회사가 매년 1회 일정 시기에 전체 근로자에게 월 기본급의 일정액으로 지
급한 체력단련비[192]나 월동보조비[193] 명목의 돈은 통상임금에 해당한다. 그리고
매년 일정한 달 또는 매월 전 직원에게 지급된 효도휴가비, 교통보조비 명목의
돈을 통상임금으로 본 판례도 있다.[194]

그러나 2024년 전원합의체 판결이 선고되기 전까지 판례는 재직 중인 근로
자에게만 지급된 귀성비[195] 및 하기휴가비[196]의 경우 고정적인 임금으로 보기
어려워 통상임금에 포함되지 않는다고 보았다.[197] 그리고 단체협약상 '회사는
김장철에 김장보너스를 지급하며, 지급금액을 노사가 협의하여 정한다'고 규정
된 김장보너스에 대해서도 그 지급액이 사전에 확정되어 있다고 볼 수 없다는
이유로 통상임금성을 부정하였다.[198]

---

192) 대법원 1996. 2. 9. 선고 94다19501 판결, 대법원 1996. 5. 10. 선고 95다2227 판결.
193) 대법원 1996. 2. 9. 선고 94다19501 판결.
194) 대법원 2003. 10. 23. 선고 2003다40859 판결. 이에 대한 평석은 이철수h, 29면 이하.
195) 대법원 2014. 5. 29. 선고 2012다115786 판결.
196) 대법원 2014. 2. 13. 선고 2011다86287 판결, 대법원 2014. 8. 20. 선고 2013다38459 등 판결.
    한편 위 대법원 2011다86287 판결은, 단체협약상 재직자 조건과 함께 '지급기준일 휴직 중인
    근로자에게는 하기휴가비를 지급하지 않는다'는 규정을 둔 것과 관련하여, 파업에 참여한 근
    로자의 경우 파업으로 말미암아 회사와의 근로관계가 일시 정지되었을 뿐 근로관계 자체가
    종료되었다고 할 수는 없으므로 '지급기준일 현재 재직 중인 근로자'에 해당하고, 파업에 참
    여한 것만으로는 '지급기준일 현재 휴직 중인 근로자'에 해당한다고 볼 수 없다고 하였다.
    이 판결에 대한 평석은 김기선b, 79~82면; 김도형, 55면 이하.
197) 대법원 2013. 12. 18. 선고 2012다94643 전원합의체 판결 또한 재직 중인 근로자에게만 지
    급된 선물비, 생일자지원금의 통상임금성을 부정하였다.
198) 대법원 2014. 12. 11. 선고 2012다90764 판결(지급액을 결정하기 위한 객관적인 기준 없이
    단지 사후에 노사협의를 통해 지급액을 결정하도록 한 경우라면 그 지급액이 사전에 확정된
    것으로 볼 수 없다고 하였다).

다. 근속기간에 연동하는 임금

과거 대법원은 매년 일정일을 기준으로 일정 근속년수 이상 근속한 근로자에게 근속년수에 따라 가산 지급한 근속수당 명목의 금품은 통상임금이 아니라고 하면서도,[199] 장기근속수당이나 근속수당이라는 명목의 돈이 일정액으로 일정 근속년수에 이른 자에게 실제 근무 성적과 상관없이 지급되었다면 통상임금에 해당한다고 판시하기도 하였다.[200]

2013년 전원합의체 판결은 근속기간에 연동하는 임금에 대하여, 근속기간은 근로자의 숙련도와 밀접한 관계가 있으므로 소정근로의 가치 평가와 관련이 있는 '일정한 조건 또는 기준'으로 볼 수 있고, 일정한 근속기간 이상을 재직한 모든 근로자에게 그에 대응하는 임금을 지급한다는 점에서 일률성을 갖추고 있으며, 일정 근속기간에 이른 근로자는 임의의 날에 근로를 제공하면 다른 추가적인 조건의 성취 여부와 관계없이 근속기간에 연동하는 임금을 확정적으로 지급받을 수 있어 고정성도 인정된다는 것을 분명히 하였다.

이에 따라 판례는 1년 이상 근속한 근로자에게 근속 1년당 일정 금액을 가산하여 지급하기로 정한 근속수당,[201] 근속년수가 5년 이상인 근로자에게 매월 정기적으로 지급된 장기근속수당,[202] 근속기간이 1개월 이상 3개월 미만인 근로자에게는 지급액의 50%, 근속기간이 3개월 이상 6개월 미만인 근로자에게는 지급액의 70%, 근속기간이 6개월 이상인 근로자에게는 지급액의 100%를 각 지급한 상여금[203]이 모두 통상임금에 해당한다고 보았다.

라. 근무일수에 연동하는 임금

과거 대법원은 갱 안에서 근무한 일수에 따라 매월 차등 지급된 연료수당이나 출근장려수당 명목의 금품이 통상임금에 해당하지 않는다고 하였고,[204] 1개월에 유급 출근일수가 15일 이상인 근로자에게는 일정액으로, 유급 출근일수

---

199) 대법원 1992. 5. 22. 선고 92다7306 판결, 대법원 1994. 10. 28. 선고 94다26615 판결, 대법원 1996. 5. 10. 선고 95다2227 판결, 대법원 2002. 7. 23. 선고 2000다29387 판결(이에 대한 평석으로는 도재형a, 21면 이하). 한편 이 판례를 비판하는 견해로는 김기덕d, 126면.

200) 대법원 1996. 5. 10. 선고 95다2227 판결, 대법원 2000. 12. 22. 선고 99다10806 판결, 대법원 2002. 7. 23. 선고 2000다29370 판결.

201) 대법원 2015. 3. 20. 선고 2013다21987 판결.

202) 대법원 2016. 2. 18. 선고 2012다62899 판결.

203) 대법원 2014. 5. 29. 선고 2012다116871 판결.

204) 대법원 1990. 11. 9. 선고 90다카6948 판결(실제 근로 여부나 근로실적에 따라 지급액이 달라진 것으로서 근무 의욕 고취를 위한 돈이라는 점을 근거로 하였다).

가 15일 미만인 근로자에게는 일할로 계산된 돈으로 지급된 '근속수당' 명목의
금품,205) 일정 기간 계속 근로를 지급 조건으로 하고 감봉 이상의 징계처분을
받았거나 직위해제처분을 받은 근로자에게는 그 금액을 줄여서 지급한다고 규
정된 '정근수당' 명목의 금품206)에 대해서도 통상임금성을 부정한 바 있다.

그러나 일급제로 출근수당, 입갱수당 명목의 돈이 지급된 경우는 월 단위를
기준으로 근로자마다 월 출근일수가 달라 월합산액에 차이가 있다 하더라도 통
상임금으로 보아야 한다. 2013년 전원합의체 판결 또한 근무일수에 비례하여 연
동하는 임금에 대해, 실제 근무일수에 따라 그 지급액이 달라지기는 하지만 근
로자가 임의의 날에 소정근로를 제공하기만 하면 그에 대하여 일정액을 지급받
을 것이 확정되어 있으므로, 고정적 임금에 해당한다고 하였다. 이에 따라 판례
는 출근일수에 비례하여 지급되는 일비,207) CCTV 수당,208) 교통비209) 등에 대
해서도 통상임금성을 인정하였다.

다만 2013년 전원합의체 판결은 일정 근무일수를 충족하여야만 지급되는
임금에 대해서는, 소정근로를 제공하는 외에 일정 근무일수의 충족이라는 추가
적인 조건을 성취하여야 비로소 지급되는 것이며, 이러한 조건의 성취 여부는
임의의 날에 연장근로 등을 제공하는 시점에서 확정할 수 없어 고정성을 부정
하였는바, 이후 2024년 전원합의체 판결이 선고되기 전의 판례 중에도 매월 5일
을 초과하여 승무한 근로자에 한하여 지급한 근속수당과 보험료에 대해 그 지
급 여부가 근로자의 실제 근무성적에 따라 좌우되어 고정적인 임금이라 볼 수
없다고 한 것이 있다.210)

마. 성과급 등 근무실적에 연동하는 임금

지급 대상기간 동안 근로자의 근무실적을 평가하여 이를 토대로 지급 여부
나 지급액이 정해지는 임금은 일반적으로 고정성이 부정될 것이나,211) 근무실적

205) 대법원 1996. 3. 22. 선고 95다56767 판결.
206) 대법원 1996. 5. 10. 선고 95다2227 판결.
207) 대법원 2015. 6. 11. 선고 2013다7660 판결, 대법원 2015. 8. 19. 선고 2012다119351 판결.
208) 대법원 2015. 2. 26. 선고 2013다26630 판결, 대법원 2015. 4. 23. 선고 2012다115526 판결, 대법원 2015. 6. 24. 선고 2012다118655 판결.
209) 대법원 2014. 8. 20. 선고 2013다10017 판결, 대법원 2018. 7. 12. 선고 2013다60807 판결.
210) 대법원 2014. 8. 20. 선고 2013다38459 등 판결.
211) 2024년 전원합의체 판결은, 근로자의 근무실적에 따라 지급되는 성과급은 단순히 소정근로를 제공하였다고 지급되는 것이 아니라 일정한 업무성과를 달성하거나 그에 대한 평가결과가 어떠한 기준에 이르러야 지급되므로 일반적으로 '소정근로 대가성'을 갖추었다고 보기 어

에 관하여 최하 등급을 받더라도 일정액을 지급하는 경우와 같이 최소한도의 지급이 확정되어 있다면, 그 최소한도의 임금은 고정적 임금이다.

2013년 전원합의체 판결은 나아가 근로자의 전년도 근무실적에 따라 당해 연도에 특정 임금의 지급 여부나 지급액을 정하는 경우, 당해 연도에는 그 임금의 지급 여부나 지급액이 확정적이므로 당해 연도에 있어 그 임금은 고정적인 임금에 해당하는 것으로 보아야 하되, 보통 전년도에 지급할 것을 그 지급 시기만 늦춘 것에 불과하다고 볼 만한 특별한 사정[212]이 있는 경우에는 고정성을 인정할 수 없다고 한다. 전년도 근무실적에 따라 당해 연도에 지급된 성과급은 지급시점을 기준으로 할 때 전년도 근무실적 등을 반영한 당해 연도 임금의 상승분과 같은 실질로 평가될 수 있으므로, 특별한 사정이 없는 한 고정성을 인정함에 무리가 없다고 본다.

이에 판례는 전년도 근무실적평가에 따라 80%~120% 사이에 지급액이 결정되어 해당 연도에 지급되는 정기상여금,[213] 월 기본급의 700% 및 전년도 인사평가 등급에 따라 결정된 인상분(A등급 100%, E등급 0%)을 합한 금액을 12개월로 나누어 해당 연도에 매월 지급한 업적연봉[214]에 대하여, 모두 근로자가 소정근로를 제공하기만 하면 해당 연도의 근무실적과는 관계없이 지급되는 것으로서 근로자가 소정근로를 제공하기만 하면 그 지급이 확정된 통상임금에 해당한다고 보았다.

다만 전년도 근무실적평가에 따라 지급될 성과급 등을 당해 연도의 중간에서야 비로소 지급하거나 지급 액수를 확정하는 경우에도 위 전원합의체 판결의 고정성 판단기준이 그대로 적용될 수 있을지에 대해서는 실무상 다툼이 있다.

하급심 판결에서는, 전년도 하반기의 근무실적에 따라 당해 연도 상반기에 매월 실적급을 지급하고, 당해 연도 상반기의 근무실적에 따라 당해 연도 하반기에 매월 실적급을 지급한 사안에서 해당 실적급의 고정성을 인정한 반면,[215] 전년도에 대한 경영평가 결과가 다음 연도 8월경에 확정되고, 위 경영평가 결과

럽다고 하였다.

212) 근무실적 등을 반영한 성과급이 전년도에 지급될 것으로 예정되어 있었음에도, 자금사정의 악화 등 예상치 못한 사유로 부득이 그 지급 시기가 당해 연도로 미루어졌다는 등의 예외적인 사정 하에서만 그 존재가 추단될 수 있을 것이다.

213) 대법원 2016. 1. 14. 선고 2012다96885 판결.

214) 대법원 2015. 11. 27. 선고 2012다10980 판결.

215) 서울중앙지법 2015. 5. 29. 선고 2014가합545805 판결.

를 토대로 다음 달인 9월경에 일시금으로 지급되는 경영평가성과급[216] 및 당해
연도 6월경에 전년도 경영실적 평가결과에 따른 성과급 지급률이 통보·확정되
면, 당해 연도의 3월에 미리 분할 지급된 금액이 확정된 금액을 기준으로 분할
한 액수보다 많을 경우 그 차액을 정산하여 지급한 경영평가성과급[217])에 대해
서는, 경영실적 평가결과가 당해 연도 상반기까지 확정되어 있지 않아 평가결과
가 확정되기 전의 임의의 날에 근로를 제공하는 시점에서는 추가적인 조건의
성취 여부가 확정되어 있지 않다는 이유로 고정성을 부정한 사례가 있다.

바. 부양 가족수에 따른 가족수당 등

판례는 가족수당, 자녀교육수당, 학비보조금 등 부양 가족이나 취학 자녀
유무, 자녀수에 따라 지급 여부나 지급액이 정해지는 급여는 통상임금이 아니라
고 한다.[218] 2013년 전원합의체 판결 또한 가족수당과 같이 소정근로의 가치 평
가와 무관한 사항을 조건으로 하여 지급되는 임금은 일률성이 없어 통상임금으
로 볼 수 없음을 분명히 하였다. 하지만 통상임금의 기능과 필요성에 비추어,
부양가족수 등의 조건은 해당 조건에 따라 가족수당 등을 지급받는 개별 근로
자의 가산임금 등을 산정하기 위한 통상임금의 기능과는 밀접한 관련이 없는
조건으로서(예컨대, 가족수당을 지급받는 기혼 근로자의 입장에서는 연장근로를 제공할
시점에 위 수당을 지급받는 것이 사전적·확정적으로 정하여져 있으므로, 위 수당을 기

---

216) 서울중앙지법 2016. 1. 28. 선고 2014가합37250 판결.
217) 서울중앙지법 2017. 4. 27. 선고 2014가합592719 판결[위 사건의 항소심도 경영평가성과급에
　　대한 판단을 유지하였다(서울고법 2018. 6. 1. 선고 2017나2032242 판결). 이에 대한 평석으로
　　는 김지석, 100면 이하]. 다만 상고심인 대법원 2020. 6. 11. 선고 2018다249308 판결은 '직원
　　연봉규정 시행세칙상 해당 성과급이 전년도의 특정일로 정하여진 지급기준일에 재직하고 있
　　었던 자에 한해 지급된다고 정해져 있어, 성과급이 지급되기 전에 퇴직한 사람도 전년도 근
　　무일수에 비례하여 성과급을 지급받을 수 있는 반면 당해 연도 신규입사자는 전년도 근무일
　　수가 없어 성과급을 지급받지 못하는 점 등에 비추어, 해당 성과급은 전년도에 대한 임금을
　　그 지급 시기만 당해 연도로 정한 것으로 고정성이 없다'고 보아 해당 성과급의 통상임금성
　　을 부정하였다[지급대상연도(성과급이 지급되는 해의 전년도)에 근무한 일수에 비례하여 당
　　해 연도에 지급하도록 한 내부평가급에 대해 통상임금성을 부정한 대법원 2020. 6. 11. 선고
　　2017다206670 판결, 퇴직한 기능직직원은 전년도 근무기간에 대한 자체성과급을 지급받지만
　　해당 연도에 입사한 기능직직원은 해당 연도 자체성과급을 지급받지 못한 사안에서 자체성
　　과급의 통상임금성을 부정한 대법원 2020. 8. 20. 선고 2017다273663 판결도 같은 취지이다].
218) 대법원 1990. 11. 9. 선고 90다카6948 판결, 대법원 1990. 12. 26. 선고 90다카12493 판결, 대
　　법원 1991. 2. 26. 선고 90다카15662 판결, 대법원 1991. 6. 28. 선고 90다카14758 판결, 대법원
　　1994. 10. 28. 선고 94다26615 판결, 대법원 2000. 12. 22. 선고 99다10806 판결, 대법원 2003. 4.
　　22. 선고 2003다10650 판결, 대법원 2003. 10. 9. 선고 2003다30777 판결 등. 이 2003다10650
　　판결에 대한 평석은, 이정a, 137면 이하.

초로 연장근로수당을 산정하는 것이 가능하다), 위 조건을 통상임금의 판단기준으로 하여야 할 논리필연성을 찾기 어렵다는 점은 앞서 언급하였다.[219]

한편 판례는 사용자가 미혼자와 같이 가족이 없는 근로자에게도 일률적으로 부양가족이 있는 근로자가 받는 가족수당액의 절반을 본인수당의 명목으로 지급한 경우, 이는 기본급에 준하는 것으로서 통상임금에 속한다고 하며,[220] 모든 근로자에게 기본금액을 가족수당 명목으로 지급하면서 실제 부양가족이 있는 근로자에게는 일정금액을 추가적으로 지급하는 경우 그 기본금액 또한 소정근로에 대한 대가인 통상임금으로 보았다.[221]

사. 특수 근무 여건 하의 근로 제공에 대한 수당

버스, 택시, 화물자동차, 선박, 항공기 등에서 운행·항해·항공 등의 업무에 종사하였을 때나 광산 등 채광 현장 근무를 했을 때 지급되는 승무수당, 항공수당, 항해수당, 입갱수당 등 명목의 돈은 통상임금에 해당한다.[222]

판례는, 전년도 온도측정에 따라 확정된 고열등급대로 같은 공정 내의 사원들에게 지급된 고열작업수당 명목의 돈이 통상임금에 해당하는지 여부에 관하여, 일정한 공정에 투입된 고열작업장 종사라는 조건은 고정적인 조건으로 보아야 한다고 하면서 통상임금 해당성을 인정하였지만,[223] 일정한 거리를 초과하여 운행을 했을 때 일정액으로 지급된 이른바 연장킬로수당과 안내원 없이 버스를

---

219) 한편 대법원 1995. 12. 21. 선고 94다26721 전원합의체 판결에서 '현실의 근로제공을 전제로 하지 않고 단순히 근로자로서의 지위에 기하여 발생한다는 생활보장적 임금이란 있을 수 없고, 현행법상 임금을 사실상 근로를 제공한 데 대하여 지급받는 교환적 부분과 근로자로서의 지위에 기하여 받는 생활보장적 부분으로 2분할 아무런 법적 근거도 없다'고 하여 이른바 임금2분설을 폐기하였던 점에 비추어, 전원합의체 판결이 가족수당을 근로의 대가로 지급되는 임금으로 전제하면서도 이를 소정근로의 가치 평가와는 무관한 급여로 보는 것에는 모순되는 측면이 있다.

220) 대법원 1992. 7. 14. 선고 91다5501 판결, 대법원 1996. 5. 14. 선고 95다19256 판결. 이 때 미혼자가 받는 본인수당은 물론, 부양가족이 있는 기혼자가 받는 가족수당의 절반도 통상임금에 해당함은 물론이다.

221) 대법원 2015. 11. 26. 선고 2013다69705 판결, 대법원 2015. 11. 27. 선고 2012다10980 판결.

222) 광부에게 일급제로 지급된 출근수당, 입갱수당의 통상임금성을 인정한 대법원 1990. 11. 9. 선고 90다카6948 판결, 근로 자체가 해외라는 특수한 지역에서 행하여진다는 기준에 따라 지급되는 임금이어서 정기성·일률성·고정성이 있다는 이유로, 해외파견직원에게 직별로 매월 일정한 금액으로 지급되는 해외수당의 통상임금성을 인정한 대법원 2020. 6. 11. 선고 2018다249308 판결, 4조 3교대에 속한 근로자 중 해당 월에 심야조 근무를 한 근로자들에게 매월 5만 원씩 지급되는 야간교대수당의 통상임금성을 인정한 대법원 2021. 9. 30. 선고 2019다288898 판결 참조.

223) 대법원 2005. 9. 9. 선고 2004다41217 판결.

운행했을 때 일정액으로 지급된 이른바 개폐수당,224) 일정 시간 이상 승무 내지
이·착륙을 해야 지급되는 이른바 비행수당,225) 국내선 탑승에 한하여 이·착륙
횟수에 따라 지급된 이·착륙수당,226) 대학 내로 운행하는 차량을 운전한 버스
기사에게 운행일수에 따라 지급된 운행수당227) 등에 대하여는 실제 근무 실적
에 비례하여 지급된 것이라 하여 통상임금 해당성을 부정하였다.

아. 식   대

식사 제공이나 식대가 근로자 전원에게 급식수당 형식으로 일률적으로 지
급되었다면 임금에 해당함은 앞서 보았고(임금의 개념 부분), 그 식대가 매월 일
정액으로 지급되었다면 통상임금에 해당한다.228)

판례는, 해외 체류 승무원에게 해외 체류 기간에 대해 지급된 이른바 현지
식비(이른바 Perdiem),229) 8시간 근무, 2시간 이상 연장 근무, 밤 9시 이후 근무한
근로자에게 제공하기로 규정된 점심, 저녁, 야식 식사비 상당액,230) 상근자에게
만 현물로 지급되는 것이 원칙이고 현물로 지급할 수 없는 곳에서 근무하는 자
에게만 현금으로 지급할 수 있다고 규정된 점심 식사값은 통상임금이 아니라고
보았다.231) 반면 전 근로자에게 출근일에 한하여 일정 금액 상당의 식사를 현물

224) 대법원 1992. 5. 22. 선고 92다7306 판결.
225) 대법원 1996. 5. 28. 선고 95다36817 판결[항공기 승무원에게 지급된 비행수당은, 월간 실제
     승무시간이 30시간(최저 승무시간) 이상이 되어야 60시간 분의 비행수당이 지급되었고, 월간
     승무기준시간인 75시간을 초과할 경우 75시간 분의 비행수당과 초과 부분에 대한 가산 비행
     수당이 함께 지급되었으며, 승무 결근자(Missed Flight 월 1회 이상인 자)나 무단결근자 등에
     게는 실제 승무시간이 최저 승무시간을 넘어도 보장수당이 지급되지 않아 통상임금에 해당
     하는 임금이라 할 수 없다](이에 대한 평석으로는 이국환, 333면 이하). 이 판결에 대하여는
     최저 승무시간에 미달하는 경우는 극히 드물다는 점에서 비행수당이 실제 근무 성적과 관련
     하여 지급된 것이라고 볼 수 없다는 비판이 있다(도재형b, 51면). 그 외 대법원 1996. 6. 28.
     선고 95다24074 판결도 같은 취지다.
226) 대법원 1996. 6. 28. 선고 95다24074 판결.
227) 대법원 2018. 11. 29. 선고 2017다277184 판결.
228) 대법원 1996. 5. 10. 선고 95다2227 판결, 대법원 2000. 12. 22. 선고 99다10806 판결.
229) 대법원 1996. 6. 28. 선고 95다24074 판결(현지식비는 국제선에 승무하는 경우에만 지급되
     고, 체류지역마다 지급 단가가 다르며, 그 지급액도 근로 제공과 무관하게 단지 체류 시간에
     비례하여 지급되는 것이어서, 국제선 항공기의 승무에 따른 해외 체류라는 특수한 근무 환경
     에 따라 추가로 소요되는 비용을 보전하여 주려는 실비변상적 성격의 돈이거나 국제선 항공
     기의 운항에 따른 해외체류라는 특수한 기간 동안만 지급되는 성격의 돈에 불과하다).
230) 대법원 1996. 5. 14. 선고 95다19256 판결(식사를 실제 하지 않은 사람에게 그 식사비 상당
     의 금품이 제공되었다고 볼 자료가 없다는 사정도 통상임금 부정의 근거가 되었다).
231) 대법원 2003. 4. 22. 선고 2003다10650 판결(현물을 받지 않은 근로자에게 그에 상당하는
     돈이 지급되었다는 점을 인정할 증거가 없다는 사정이 통상임금 부정의 또다른 근거가 되었
     다), 대법원 2003. 10. 9. 선고 2003다30777 판결(이 두 판결에 대한 평석은 이정a, 137면 이

로 제공하되, 식사를 제공받지 않는 근로자에게는 위 돈에 상당하는 구판장이용 구매권(쿠폰)을 지급한 사안에서 위 식대보조비 상당액을 통상임금으로 본 사례 도 있다.232)

　한편 판례 중에는 시내버스 운전자들에게 1일 식권 3장으로 교부하거나 시 외버스 운전자들에게 현금으로 지급한 식대가 은혜적으로 지급하거나 실비변상 적 성격을 가진 것으로서 통상임금에 해당하지 않는다고 본 사례,233) 근로를 제 공한 모든 운전자에게 식권을 교부하는 형태로 식대를 지급하되, 운행 구간에 따라 운전자들이 회사에 들어와 식사를 할 수 없는 경우에는 외부에서 식사를 할 수 있도록 1식당 4,000원의 현금으로 식대를 제공한 것에 대해, 위 식대가 일률성을 결여하였다고 보아 통상임금성을 부정한 사례,234) 지정된 기사식당에 회사가 식권을 교부한 후 해당 식당에서 근로자들에게 식사를 제공한 다음 청 구되어 결제된 식비에 대해, 근로자들이 실제로 지정 기사식당에서 식사를 한 경우 그 대금을 결제해 준 것에 불과하다는 이유로 통상임금성을 부정한 사 례235)가 있다.

자. 개인단체보험료

통상임금성을 인정한 판례가 있다.236)

하; 이철수f, 21면 이하).

232) 대법원 1993. 5. 11. 선고 93다4816 판결.
233) 대법원 2015. 6. 11. 선고 2013다7660 판결. 이 판결은, 1 근무일당 시내버스 운전자에게는 3,000원 상당의 식권 3장, 시외버스 운전자에게는 4,500원의 식대를 현금으로 지급한 사안에 서, 사용하지 않은 식권을 현금으로 환전하도록 하는 규정이 없고, 단체협약 등에 후생복리 비용 명목으로 식대를 지급하도록 규정하고 있다는 점 등을 들어 위 식대를 실비변상적 내지 은혜적 성격의 금품으로 본 원심의 판단을 수긍하였다. 그러나 특히 시외버스 운전자에게 1 근무일당 현금으로 지급된 식대에 대해서도, 단지 위 식대의 명목이 단체협약상 후생복리비용 으로 되어 있다는 이유만으로 마치 임금성조차 갖추지 못한 것으로 평가한 것은 의문이다.
234) 대법원 2015. 8. 19. 선고 2012다119351 판결. 이 판결은, 위 대법원 2013다7660 판결과는 달리 해당 식대가 소정근로의 대가로 지급하기로 약정한 금품에는 해당한다고 보았다. 다만, 운전자들이 외부에서 식사하는 경우에도 행선지에 따라 그 횟수가 달라지는데, 특정 운전자 가 고정적으로 특정 행선지만을 운행하지는 않았던 점, 운전자들이 식사를 하지 않았을 경우 에도 지급한 식권을 현금으로 교환해 주지는 않았던 점 등을 근거로 일률성을 부정하였다. 위 대법원 판결은, 식대의 지급조건이 되는 외부 운행의 횟수 및 행선지가 고정적이지 않은 사안에 관한 것으로서, 소정근로의 내용 자체가 사전에 확정되어 있지 않은 사정을 일률성의 내용 중 ‘고정적 조건’을 부정하는 근거로 보는 기존 판례의 입장에 충실한 판결로 평가할 수 있다.
235) 대법원 2020. 4. 9. 선고 2015다44069 판결.
236) 대법원 2006. 8. 24. 선고 2004다35052 판결.

차. 복지포인트

공공기관 등을 중심으로 선택적 복지제도의 일환으로 지급되는 '복지포인트'를 통상임금으로 볼 수 있는지를 두고 2010년대 중반에 들어 실무상 다툼이 적지 않았다.

이에 관하여 종전 하급심은 긍정설[237]과 부정설[238]로 판례가 나뉘었는데, 최근 대법원 2019. 8. 22. 선고 2016다48785 전원합의체 판결이 선고되어 복지포인트가 근로기준법에서 정한 임금과 통상임금에 해당하지 않는다는 견해가 우세하게 되었다. 한편 학설 중에는 복지포인트의 통상임금 해당성을 부정하는 논거로, 복지포인트가 갖는 선택적 복지제도의 특수성, 즉 복지포인트를 '근로복지' 개념에서 임금 등 기본적인 근로조건을 제외하고 있는 근로자복지기본법에 근거한 선택적 복지제도의 일환으로 이해할 것을 주장하면서, 선택적 복지제도는 종래 임금성을 가진 복지수당에서 비임금성 복지제도의 실질을 갖기 위해 그 형식과 내용을 변화한 것이라는 점 등을 강조하여 복지포인트의 임금성 자체를 부정하는 견해가 있다.[239]

위 전원합의체 판결의 다수의견이 든 복지포인트의 임금과 통상임금 비해당성 논거 요지는 다음과 같다. ① 선택적 복지제도의 근거 법령인 근로복지기본법상 3조 1항에서 "근로복지(임금·근로시간 등 기본적인 근로조건은 제외한다. 이하 같다)정책은 근로자의 경제·사회활동의 참여기회 확대…"라고 규정하여 근로복지의 개념에서 임금을 명시적으로 제외하고 있는 점에 비추어 복지포인트는 임금 등 근로조건에서 제외된다고 보는 것이 타당한 규범 해석이다. ② 연혁과 그 도입 경위에 비추어도 선택적 복지제도는 근로자의 임금 상승이나 임금 보전을 위해 시작된 것이 아니라 새로운 기업복지체계를 구축한 것이다. ③ 복지포인트는 여행, 건강관리, 문화생활, 자기계발 등으로 사용 용도가 제한되어 있고, 통상적으로 1년 내 사용하지 않으면 이월되지 않고 소멸되며, 양도 가능

---

237) 부산지법 2015. 7. 3. 선고 2013가합13507 판결(이 판결에 대한 평석으로는 김홍영l, 379면 이하), 서울고법 2016. 7. 22. 선고 2015나22900 판결, 서울고법 2017. 4. 19. 선고 2016나 2083847 판결, 서울고법 2017. 8. 18. 선고 2016나2036339 판결 등.

238) 울산지법 2014. 10. 23. 선고 2014가합16810 판결(항소심인 부산고법 2017. 11. 16. 선고 2014 나53608 판결도 같은 취지이다), 대구고법 2015. 10. 21. 선고 2015나305 판결, 서울고법 2016. 1. 15. 선고 2015나2016215 판결 등.

239) 김홍영m, 952면 이하; 최홍기, 32면 이하. 같은 취지의 하급심 판결로는 서울북부지법 2017. 2. 15. 선고 2016가단117138 판결.

성도 없는 등 복지포인트는 근로제공 대가로 지급받아 생계의 기초로 삼는 임금이라고 평가하기에는 적절하지 않은 특성을 다수 가지고 있다. ④ 복지포인트는 근로제공과 무관하게 통상 매년 초에 일괄하여 배정된다. ⑤ 선택적 복지제도를 도입한 개별 사업장에서 복지포인트는 단체협약이나 취업규칙 등에서 '보수'나 '임금'으로 명시하지 않는 경우가 대부분이다. 복지포인트가 근로의 대가가 아님을 근로관계 당사자도 인식하고 있다고 할 수 있다.

　한편 위 전원합의체 판결의 다수의견에 대하여는, '복지포인트 역시 근로의 대가로 지급되는 것이지만 복지포인트의 배정으로 임금 지급이 완료된 것으로는 볼 수 없다'고 하는 별개의견과 '복지포인트는 근로기준법에서 말하는 임금으로 보아야 한다'는 반대의견이 있다. 그 별개의견과 반대의견의 논거 요지는 다음과 같다. ① 임금 여부는 근로의 대가로 지급되었는지에 따라 결정되고, 복리후생적 성격이 있다고 해서 일률적으로 임금이라는 성격이 배제되는 것은 아니다. ② 온라인 전자결제수단으로서 가지는 복지포인트의 성격, 사용 방법과 정산 관계 등을 고려하면, 사용자가 근로자에게 복지포인트를 배정하고 근로자가 이를 사용하는 일련의 과정을 임금 지급으로 평가할 수 있다(이상 별개의견). ③ 근로기준법의 임금, 근로계약의 정의 규정과 근로자 보호라는 입법 취지를 고려하면, 근로계약에 따라 근로를 제공하고 받는 금품은 다른 특별한 사정이 있는 경우가 아닌 한 근로제공과 관련된다고 이해하는 것이 타당하다. '다른 특별한 사정이 있는 경우'란 해당 금품이 실비변상 또는 은혜적인 이유로 지급되거나, 개별 근로자의 근로제공과 무관한 특수하고 우연한 사정에 의해 지급되는 경우 등인데 복지포인트는 이에 해당하지 않는다. ④ 선택적 복지제도가 애초 새로운 기업복리후생 제도라는 관점에서 설계된 것이라고 하더라도, 우리나라 현실에서 실제 시행되고 있는 선택적 복지제도와 복지포인트의 실질은, 종래 여러 임금 항목으로 구성하여 현금으로 지급하거나 사용자가 부담하던 단체보험료, 각종 기념금품, 경조비, 간식비, 건강검진비 등을 선택적 복지제도로 통합한 사례가 많았다. 선택적 복지제도의 애초 취지에도 불구하고, 그 실질은 원래 복리후생적 임금 항목을 선택적 복지제도로 전환한 것에 불과하다. ⑤ 선택적 복지제도가 설계 · 운용되고 있는 현실적인 모습을 보면, 그 복지포인트 사용 항목은 그때그때의 일상적인 필요에 의한 지출 항목이 대부분을 이루고 있어 복지포인트와 임금은 이 점에서 다르지 않다(이상 반대의견).

카. 일정 시간을 유급으로 하기로 함에 따라 지급된 돈

판례는 "1989년 근로기준법 개정으로 주당 근로시간이 48시간에서 44시간으로 줄자, 노사가 단체협약을 체결하면서 임금감소분을 보전하기 위해 주당 근로시간을 44시간으로 하고 토요일 오전 4시간을 근무하면 오후 4시간은 유급으로 하기로 한 경우, 토요일 오후 4시간분의 임금은 토요일 오전의 근무 여부에 따라 그 지급 여부가 달라지는 것으로서 고정적인 임금이라고 볼 수 없어 통상임금에 해당할 수 없다"고 한다.[240] 나아가 이 판결은 시간급 통상임금 산정을 할 때에도 이와 같이 유급으로 지급하기로 한 돈을 통상임금에서 제외하여야 하는데, 월급에 근로기준법 소정의 유급휴일에 대한 임금의 성격을 갖는 부분과 토요일 오후 4시간분에 대한 임금의 성격을 갖는 부분이 포함되어 있어 그 통상임금을 확정하기 곤란한 경우에는 근로자가 유급휴일과 토요일 오후 4시간을 근무한 것으로 의제하여 그 총근로시간수를 산정한 후, 유급휴일에 대한 임금의 성격을 갖는 부분(주휴수당)과 토요일 오후 4시간분의 임금의 성격을 갖는 부분이 포함된 월급을 총근로시간수로 나눈 금액으로 시간급 통상임금을 산정하는 방법도 가능하다고 한다.[241]

타. 연장근로수당, 야간근로수당, 휴일근로수당 등

연장근로수당, 야간근로수당, 휴일근로수당이 통상임금에 해당하지 않음은 개념상 명백하다. 문제는 계산 편의를 위해 일정 시간의 연장, 야간, 휴일 근로에 대한 수당 명목으로 일정액을 고정급으로 지급한 경우, 그 고정급의 급여를 통상임금으로 볼 수 있는가이다. 판례는 이를 부정한다.[242]

---

240) 대법원 1998. 4. 24. 선고 97다28421 판결(이에 대한 평석으로는, 이광범, 365면 이하; 최원식, 127면 이하. 후자는 이 판결을 비판한다).
241) 이 판결에 대한 비판으로는 박훈, 284면.
242) 대법원 1978. 10. 10. 선고 78다1372 판결, 대법원 1990. 11. 27. 선고 89다카15939 판결(계산편의와 근무 의욕 고취를 위해 일정한 실제 근무시간을 기준으로 해서 매월 고정액을 지급하기로 한 것이라고 하면서 통상임금 해당성을 부정하였다), 이에 대한 비판으로는 김기덕d, 107면(요지는 사전에 지급하기로 정해졌다면 통상임금으로 보아야 한다는 것이다). 대법원 2021. 11. 11. 선고 2020다224739 판결(월급제 근로자에게 지급된 '기본급 20% 상당액의 수당'인 고정시간외수당이 평일 소정근로시간을 초과하여 제공하는 근로에 대한 대가로서 지급되었을 가능성이 있음을 들어 소정근로에 대한 대가로서 통상임금에 해당한다고 본 원심을 파기한 사안이다).

파. 휴직자나 복직자 또는 징계대상자 등에 대하여 지급 제한 사유를 규정한 특정 임금

대법원 2019. 8. 14. 선고 2016다9704, 9711 판결은, 휴직자나 복직자 또는 징계대상자 등에 대하여 지급 제한 사유를 규정한 특정 임금의 통상임금 해당성에 관하여, "단체협약이나 취업규칙 등에 휴직자나 복직자 또는 징계대상자 등에 대하여 특정 임금에 대한 지급 제한사유를 규정하고 있다 하더라도, 이는 해당 근로자의 개인적인 특수성을 고려하여 그 임금 지급을 제한하고 있는 것에 불과하므로, 그러한 사정만을 들어 정상적인 근로관계를 유지하는 근로자에 대하여 그 임금이 고정적 임금에 해당하지 않는다고 할 수는 없다"고 하여, 버스운전근로자들의 승객에 대한 친절 행위를 촉진하기 위한 격려금을 도입한 이래 불친절 행위 등 친절서비스의 평가 항목을 정해 놓고 적발 횟수에 따라 인사비의 지급 중단 등에 관한 규정을 두어 근무일수에 비례한 금액을 매월 인사비 등의 명목으로 지급한 사안에서 위 인사비는 고정적인 임금에 해당한다고 보아, 인사비가 친절 행위 등의 이행이라는 소정근로 제공 이외의 추가적인 조건을 충족할 때에만 지급되고 지급여부나 지급액도 언제든지 변동될 수 있는 임금이어서 통상임금에 해당하지 않는다고 본 원심판결을 파기하였다. 대법원 2021. 10. 28. 선고 2019다1329 판결 또한, 개인소유 차량과 사업용 차량의 벌점 합산 점수로 인하여 면허처분을 받은 버스운전근로자들을 노사합의로 상여금 지급대상에서 제외한 사안에서, 이는 통상적으로는 발생하지 않는 개인의 특수한 사정에 해당하는 것이어서 상여금의 고정성을 부정할 사유가 될 수 없다고 하였다.

하. 주휴수당

(1) 주휴수당의 통상임금 해당성 여부

사용자는 근로자에게 1주일에 평균 1회 이상 유급휴일을 주어야 한다(법 55조 1항). 이 유급휴일에 대하여 지급되는 수당이 '주휴수당'이다.[243)

판례는 주휴수당의 통상임금 해당성을 부정한다. 즉 "근로자에게 월급으로 임금을 지급할 경우 그 월급에는 법 55조 소정의 유급휴일에 대한 임금이 포함

---

243) 주휴일임금이라고 부르기도 하고(김기덕b, 291면), 주휴일수당이라고 부르기도 한다(이광범, 374면 등). 이 글에서는 '주휴수당'이라 부르기로 한다.

370   제 1 장 총   칙

되어 있다"고 하고,244) "유급휴일에 대한 임금은 원래 소정근로일수를 개근한
근로자에게만 지급되는 것으로서 정기적·일률적으로 지급되는 고정적인 임금
이라고 할 수 없어 통상임금에는 해당되지 않는다"고 한다.245) 이 주휴수당이
얼마인지는 통상임금에 따라 결정되는 것이기 때문에, 이 금액을 통상임금에 해
당한다고 보게 되면 논리적으로 순환론에 빠지게 되는데246) 판례도 이러한 견
해를 수긍한 것으로 보인다.247)

　　이에 대해서는 주휴수당은 1주일에 반드시 1회 이상 부여받게 예정된 임금
이어서 당연히 통상임금에 해당한다는 비판이 있다.248)

　　한편 판례는 2018. 6. 12. 법률 15666호로 개정되기 전의 최임법 6조 4항,
2018. 12. 31. 대통령령 29469호로 개정되기 전의 최임법 시행령 5조 1항 2호·3
호, 2018. 12. 31. 고용노동부령 240호로 개정되기 전의 최임법 시행규칙 2조,
[별표 1]의 해석과 관련하여 최저임금의 적용을 위한 임금에는 주휴수당을 포함
시켰는바,249) 현재 최임법은 최임법 6조 4항, 최임법 시행령 2조 3호의 반대해
석상 주휴수당은 당연히 최저임금의 적용을 위한 임금에 포함된다.

---

244) 대법원 1985. 12. 24. 선고 84다카254 판결, 대법원 1990. 12. 26. 선고 90다카12493 판결, 대
　　법원 1991. 6. 28. 선고 90다카14758 판결, 대법원 1994. 5. 24. 선고 93다32514 판결.
245) 대법원 1998. 4. 24. 선고 97다28421 판결.
246) 박용상 외 3명, 257~258면.
247) 이광범, 375면. 2024년 전원합의체 판결도 '성질상 통상임금을 기초로 산정되는 주휴수당
　　등과 같은 법정수당은 개념적으로 통상임금이 될 수 없다'고 하였다. 하지만 순환론이라는
　　논거는, 예를 들어 월급 금액을 시간급 통상임금으로 산정하기 위한 계산식[자세한 내용은
　　법 2조 1항 6호 및 2항에 대한 해설 Ⅲ. 9. 라. (1) 참조]을 볼 때 통상임금 제외의 근거로
　　하기는 어렵다.
248) 김기덕b, 296면 이하; 김기덕c, 213면 이하. 그리고 이 견해는 영 30조 1항이 '법 55조 1항
　　에 따른 유급휴일은 1주 동안의 소정근로일을 개근한 자에게 주어야 한다'고 하고 있는데 영
　　30조 1항은 법률 위임 없이 법이 정한 주휴일 발생 요건을 추가하고 주휴수당의 지급 요건
　　을 제한하고 있어 효력을 인정할 수 없다고 한다.
249) 대법원 2007. 1. 11. 선고 2006다64245 판결, 대법원 2017. 11. 9. 선고 2015다7879 판결, 대
　　법원 2017. 12. 28. 선고 2016도8729 판결, 대법원 2018. 6. 19. 선고 2014다44673 판결, 대법원
　　2021. 6. 24. 선고 2020다34356, 34363 판결. 다만 위 판결(2006다64245, 2020다34356 등)은
　　"주휴수당 이외에 주별 또는 월별로 지급된 다른 수당들을 시간에 대한 임금으로 산정함에
　　있어서는 주휴수당 관련 근로시간을 고려할 필요가 없으므로 여기에서 말하는 '1주 또는 월
　　의 소정근로시간'은 근로기준법 제20조에서 정한 근로시간을 말하고 이는 근로기준법 시행령
　　제6조 제2항 제3호, 제4호에 의해 산정되는 '1주 또는 월의 통상임금 산정기준시간수'와
　　같을 수는 없다."고 하여, 받은 임금에 주휴수당을 포함시키면서도 최임법 위반 여부를 따지
　　는 시간급 임금 산정에서는 주휴일 산정에서 유급으로 처리되는 시간수를 포함시키지 않고
　　시간급 임금을 산정할 수 있게 하였다. 그리하여 위 판결들은 최저임금 시급에 유급으로 처
　　리되는 시간까지 포함하여 월 근로시간수를 곱한 금액을 지급하지 않아도 최임법 위반이 아
　　닌 결과가 되게끔 하였는바, 위 최임법 시행령 개정으로 그러한 불합리는 시정되었다.

(2) 주휴수당의 월정액 급여 당연 포함 여부

한편 주휴수당이 통상임금에 해당하지 않는다고 하는 현재 판례는 매월 월
정액으로 급여를 받은 월급제에서는 그 월급액에 당연히 통상임금에 해당하지
않는 주휴수당 부분이 포함되어 있다고 본다.

이에 대하여는 근로계약 내지 근로관계를 구체적으로 살펴 주휴수당을 월
급이나 각종 수당에 포함시키는 것으로 하였는지 여부를 개별적으로 따져야 한
다고 하는 비판적 견해가 있다.[250]

7. 통상임금에 관한 노사합의의 효력[251]

통상임금 포함 여부는 급여의 성질에 따라 객관적으로 결정된다.[252] 즉 어
떤 임금이 통상임금이 되어 가산 · 할증 수당의 산정 기초가 될지 여부를 노사
합의나 중재재정 등에서 임의로 정할 수 없다. 일부 명목의 돈을 통상임금에서
제외한다고 하더라도 이러한 합의는 법 15조 1항에 따라 '법에 정한 기준에 미
치지 못하는 근로조건을 정한 근로계약'으로서 무효다.[253] 노사 합의에 따라 계산
한 금액이 법에서 정한 기준에 미달할 때에는 그 미달하는 범위 내에서 노사 합
의는 무효이고, 무효로 된 부분은 근기법이 정하는 기준에 따라야 한다.[254]

하지만 통상임금을 기초로 산정되는 수당으로서 법에 정하여진 것(연장, 야
간, 휴일, 연차휴가 수당)의 산정에서 통상임금에 해당하는 임금 일부를 제외하더
라도 법과 다른 산정 방법을 쓰도록 한 결과 그 지급된 수당이 법정 수당을 초
과하였다면(가령 연장, 야간, 휴일 근로에 대한 가산율을 0.5가 아니라 1로 한 경우),
통상임금에 해당하는 임금 모두를 산정 기초로 하지 않았다 해도 법 위반이라

---

250) 김기덕c, 212면; 김기덕d, 109면 이하.

251) 통상임금 제외에 관한 노사합의 내지 관행의 효력에 관한 일반적 논의로는 김홍영g,
　　 39~47면; 도재형c, 79~82면.

252) 해고와 임금, 132~133면.

253) 대법원 1993. 5. 11. 선고 93다4816 판결, 대법원 1993. 5. 27. 선고 92다20316 판결(이에 대
　　 한 평석은 강용현, 283면 이하), 대법원 1993. 11. 9. 선고 93다8658 판결, 대법원 1994. 5. 24.
　　 선고 93다5697 판결, 대법원 1997. 6. 27. 선고 95누17380 판결, 대법원 2007. 6. 15. 선고 2006
　　 다13070 판결, 대법원 2009. 12. 10. 선고 2008다45101 판결.

254) 대법원 2014. 3. 13. 선고 2011다95519 판결, 대법원 2014. 9. 4. 선고 2012다71671 판결, 대
　　 법원 2016. 8. 29. 선고 2011다37858 판결. 전원합의체 판결 또한 통상임금에 관한 노사합의의
　　 효력에 대하여 동일한 취지로 판시하면서, 위와 같이 무효로 된 부분은 근기법이 정하는 기
　　 준에 따라야 한다고 하였다.

할 수 없을 것이다.255)256)

한편 법에 정해진 수당이 아닌 수당을 신설하여 그 수당액을 통상임금으로
산정하면서 특정 항목 임금을 통상임금에서 제외하기로 하였더라도, 법상의 법
정수당을 지급하도록 한 취지가 몰각될 우려가 당초부터 없다고 할 것이므로
위와 같은 합의는 유효하다.257)

8. 신의성실의 원칙 적용 문제

가. 적용 여부

강행규정을 위반한 법률행위를 한 당사자가 나중에 해당 강행규정을 이유
로 기존의 법률행위를 무효라고 주장하더라도 특별한 사정이 없는 한 이를 신
의성실의 원칙(이하 '신의칙')에 위배되는 권리라는 이유로 배척할 수는 없다. 만
일 그것이 신의칙에 위배된다고 하여 그 주장을 배척한다면 강행법규에 의하여
배제하려는 것을 실현시키는 셈이 되어 입법취지가 몰각되는 결과를 초래하기
때문이다.258) 이는 강행규정인 근기법에 대해서도 마찬가지로서, 예컨대 단체협

---

255) 근기법 소정의 통상임금에 산입될 수당을 통상임금에서 제외하기로 하는 노사간의 합의는
    그 전부가 무효로 되는 것이 아니라, 그 법에 정한 기준과 전체적으로 비교하여 그에 미치지
    못하는 근로조건이 포함된 부분에 한하여 무효로 된다고 하여, 월차휴가수당의 산정에 있어
    통상임금은 근기법을 기준으로 하고 그 가산율은 단체협약(150%)을 기준으로 하여야 한다는
    근로자 측의 주장을 배척한 대법원 2007. 11. 29. 선고 2006다81523 판결 및 같은 취지의 대법
    원 2019. 2. 28. 선고 2015다200555 판결, 대법원 2019. 11. 28. 선고 2019다261084 판결 참조.
256) 한편 대법원 2020. 11. 26. 선고 2017다239984 판결은, 실제 근로시간과 관계없이 주간근무
    일의 경우 1일 1시간, 연장근무일의 경우 1일 5시간을 연장근로시간으로 간주하되('보장시
    간'), 다만 근무일별로 근로자의 실제 연장근로시간이 위와 같이 간주한 연장근로시간을 초
    과하더라도 곧바로 초과근로시간을 모두 추가 연장근로시간으로 인정하지 않고, 월 단위로
    근로자가 보장시간의 합계를 초과하여 연장근로를 한 경우에 그 초과 근로시간을 보장시간
    외의 추가 연장근로시간으로 인정하기로 약정('월 단위 상계약정')한 사안에서, 임금 산정의
    대상이 되는 근로시간이 소정근로시간인지 또는 연장근로시간인지를 구분하지 않은 채 전체
    근로시간만을 단순 비교하여 연장근로시간을 계산한 결과 실제 연장근로시간 중 소정근로시
    간과 중첩되어 상쇄되는 부분이 발생하는 경우, 그 부분에 대해서는 통상시급에 해당하는 금
    액만이 임금으로 산정되므로 가산임금 지급에 관한 근기법 56조 1항의 기준에 미달하게 되
    고, 비록 단체협약 등에서 야간근로수당과 관련해서는 근기법이 정한 기준보다 근로자를 유
    리하게 대우하였다고 볼 수 있고, 월 단위로 합산한 실제 근로시간이 근무일수에 따라 계산
    한 이 사건 보장시간의 월간 합계에 미치지 않는 달에도 피고가 근로자들에게 이 사건 보장
    시간에 해당하는 임금을 모두 지급한 사정이 인정된다고 하더라도, 연장근로수당에 관한 이
    사건 월 단위 상계약정이 근기법에 위반된다는 결론에 영향을 미치지 않는다고 하였다.
257) 같은 취지 판결로는, 대법원 2007. 11. 29. 선고 2006다81523 판결, 대법원 2013. 1. 24. 선고
    2011다81022 판결, 대법원 2017. 5. 17. 선고 2014다232296, 232302 판결.
258) 대법원 2001. 5. 29. 선고 2001다15422, 15439 판결, 대법원 2004. 6. 11. 선고 2003다1601 판
    결 등.

약 등 노사합의의 내용이 근기법을 위반하여 무효인 때에도 근로자로서는 '특별한 사정이 없는 한' 사용자 측에 대해 그와 같은 노사합의가 무효임을 주장할 수 있다.

그런데 2013년 전원합의체 판결은 근기법의 강행규정성에도 불구하고 신의칙을 우선하여 적용하는 것을 수긍할 만한 '특별한 사정'을 구체화함으로써, 이른바 통상임금 소송에서 사용자 측의 신의칙 항변이 예외적으로 인정되기 위한 요건을 다음과 같이 설시하였다. 즉, "임금협상 과정을 거쳐 이루어진 노사합의에서 정기상여금은 그 자체로 통상임금에 해당하지 아니한다고 오인한 나머지 정기상여금을 통상임금 산정 기준에서 제외하기로 합의하고 이를 전제로 임금수준을 정한 경우, 근로자 측이 앞서 본 임금협상의 방법과 경위, 실질적인 목표와 결과 등은 도외시한 채 임금협상 당시 전혀 생각하지 못한 사유를 들어 정기상여금을 통상임금에 가산하고 이를 토대로 추가적인 법정수당의 지급을 구함으로써, 노사가 합의한 임금수준을 훨씬 초과하는 예상외의 이익을 추구하고 그로 말미암아 사용자에게 예측하지 못한 새로운 재정적 부담을 지워 중대한 경영상의 어려움을 초래하거나 기업의 존립을 위태롭게 한다면, 이는 종국적으로 근로자 측에까지 그 피해가 미치게 되어 노사 어느 쪽에도 도움이 되지 않는 결과를 가져오므로 정의와 형평 관념에 비추어 신의에 현저히 반하고 도저히 용인될 수 없음이 분명하다. 그러므로 이와 같은 경우 근로자 측의 추가 법정수당 청구는 신의칙에 위배되어 받아들일 수 없다."259)

신의칙 적용에 관한 2013년 전원합의체 판결의 위 다수의견에 대하여는 반대의견이 여러 논거를 들어 이를 반박한 바 있다.260) 그 외 이를 비판하는 견해는 다음과 같다. ① 법률의 부지나 법인식상 착오가 있다고 하여 강행규범성을 부정할 수는 없다. '예상밖의 이익'을 논하는데 이런 상황은 노사관계에서 나타

---

259) 판례는 추가 퇴직금의 지급을 구하는 소송에서도 법정수당을 청구하는 경우와 같은 기준에 따라 신의칙 위배 여부를 판단하고 있다(대법원 2019. 4. 23. 선고 2014다27807 판결).

260) 구체적 내용을 간략히 소개하면 다음과 같다. "① 신의칙의 적용을 통하여 임금청구권과 같은 법률상 강행규정으로 보장된 근로자의 기본적 권리를 제약하려 시도하는 것은 헌법적 가치나 근로기준법의 강행규정성에 정면으로 반한다. ② 정기상여금을 통상임금에서 제외하기로 하는 노사합의의 관행이 있다고 볼 근거가 없고, 만일 그러한 관행이 있더라도 이것이 근로자에 의하여 유발되었다거나 그 주된 원인이 근로자에게 있다고 볼 근거가 없다. ③ 근로자가 받았어야 할 임금을 예상외의 이익으로 취급하여 이를 되찾는 것을 정의와 형평 관념에 반한다고 하는 것 자체가 정의 관념에 반한다. ④ '중대한 경영상의 어려움'이나 '기업 존립의 위태'는 모두 모호하고 불확정적인 내용으로서 추가 부담액이 어느 정도가 되어야 그러한 요건을 충족하는 것인지 알기 어렵다." 등.

날 수 있는 것이지만, 이를 근거로 삼아 법원이 옳고 그름을 판단해서는 안 된
다. 소수의 근로자가 본건 소송을 제기한 것뿐이고 권리는 개별적으로 행사하는
것인데, 권리행사자가 제어할 수 없는 외생 변수로 자신의 신의성실성이 판가름
난다면, 이는 심각한 법적 안정성 훼손이다.261) ② 전원합의체 판결은 신의칙이
라는 예외적 법리를 일반적 원리로 바꾸는 마술을 통해 변호사와 하급심 법관
에게 가산임금 소송 해결 책임을 떠넘기고, 정책적 관점에서 장시간 근로 실태
를 임금 문제화하는 오류를 범했고, 기존의 장시간 근로에 관한 노사의 담합 구
조를 사법적으로 묵인했다.262) 노동법 자체가 신의칙의 이념 또는 기초 원리인
'사회적 형평의 고려' 또는 '사회적 조정의 원칙'에 근거한 법제이다. 노동법의
효력을 무력화하는 수단으로 신의칙을 이용해서는 안 된다.263) ③ 근로관계에
관한 분쟁에 신의칙을 적용함으로써 오히려 법원으로부터의 분쟁 해결을 지연
시킬 뿐 아니라 노사 당사자들이 분쟁의 결과를 예측하기 어렵게 만든다.264) ④
판례는 정기상여금이 통상임금에 해당할 수 있음을 1990년대 이래 일관하여 판
시하였음에도, 정부가 이를 무시한 채 행정지침을 개정하지 않음으로써 초래된
노사관계의 혼란은 일부라도 근로자에게 전가되어서는 안 된다.265) ⑤ 신의칙을
내세워 사용자가 의무이행을 거부할 수 있게 하였고, 기업 스스로 초래한 비정
상적 통상임금의 관행을 용인하여 기업의 재정을 우선하였다.266)267)

    이에 대해서는, 신의칙은 사법영역뿐만 아니라 공법영역과 특히 노동법 분
야에서 노동관행과 신뢰책임의 인정근거로서 전통적으로 강조되어 온 법원칙인
점, 대법원 또한 강행규정에 대해서 신의칙을 근거로 예외적으로 그 효력을 제
한할 수 있음을 이미 밝힌 점,268) 강행규정이 안고 있는 불명확성 등 규범적 문
제로 오랜 기간 유지되어 온 잘못된 해석과 관행에 대한 책임을 당사자 일방에
게 전가하는 것은 가혹하다는 점 등을 들어, 신의칙은 예외적으로 강행규정의

---

261) 이철수k, 24~25면.
262) 도재형d, 181, 189~193면.
263) 도재형d, 198면.
264) 김홍영m, 931면 이하.
265) 최은배c, 200면 이하.
266) 송영섭, 244면.
267) 그 외 2013년 전원합의체 판결의 신의칙 적용을 비판한 문헌으로는, 고영남, 99면 이하;
    김성진b, 52~23면 등.
268) 대법원 1973. 7. 24. 선고 73다152 판결, 대법원 1983. 4. 26. 선고 80다580 판결, 대법원
    1992. 1. 21. 선고 91다30118 판결 등.

불완전성을 보완하는 조정적 장치로서 정의와 형평에 기여할 수 있다는 견해도
있다.269)

나. 적용 범위

통상임금의 성격을 가진 정기상여금 등을 통상임금에서 제외하는 노사합의
의 무효를 주장하며 추가 법정수당을 청구하는 소송에서 사용자 측에 의한 신
의칙 항변이 제기되는 경우, 실무에서는 주로 재무제표 분석 등을 통해 확인가
능한 기업의 매출액, 당기순이익(손실), 영업이익, 부채비율 등 경영지표와 함께,
추가 법정수당이 기업의 당기순이익 내지 총 인건비에서 차지하는 비율, 그로
인한 임금상승률 및 기업의 현금성 보유 자산 등을 종합적으로 고려하여 근로
자 측의 추가 법정수당 청구가 신의칙에 위배되는지를 판단하고 있다.270) 최근
판례는 기업의 계속성 · 수익성, 기업이 속한 산업계의 전체적인 동향 등도 종합
적으로 고려할 필요가 있다고 보았다.271) 그러나 신의칙 위배 여부를 판단하기
위한 기준 개념인 '중대한 경영상의 어려움'과 같은 개념의 추상성으로 말미암
아 법원의 통일된 판단기준을 확인하기 쉽지 않다.

2013년 전원합의체 판결 이후 통상임금의 범위에 대해 노사 간에 새로운
합의가 이루어졌다면, 비록 그 노사합의가 법에 저촉되어 무효이더라도 신의칙
위반 항변은 더 이상 문제될 여지가 없다. 다만, 2013년 전원합의체 판결 이후
새로운 노사합의가 이루어지기 전까지 기존 노사합의에 따라 지급된 임금의 통
상임금성이 문제되는 경우에 대해서는, 근기법에 반하는 단체협약 등에 대한 시
정명령 주체인 고용노동부가 그와 같은 공법상 의무를 게을리한 법 상태를 보
호하여서는 안 된다는 이유로 신의칙 적용을 부정하는 견해272)와 2013년 전원
합의체 판결 이전에 체결된 단체협약 등 노사 간의 실질적 협의가 적용되는 시
점까지는 신의칙 위반 항변을 제기할 수 있다는 견해273)가 대립하나, 기존 노사

---

269) 박지순c, 581면 이하.
270) 신의칙 적용을 부인한 대전고법 2016. 8. 1. 선고 2014나3595, 3601 판결 내용을 소개하며,
    신의칙 적용의 문제점을 소개한 평석으로는 김홍영n, 247~253면.
271) 대법원 2021. 12. 16. 선고 2016다7975 판결("통상임금 재산정에 따른 근로자의 추가 법정수
    당 청구가 기업에 중대한 경영상의 어려움을 초래하거나 기업 존립을 위태롭게 하는지는 추
    가 법정수당의 규모, 추가 법정수당 지급으로 인한 실질임금 인상률, 통상임금 상승률, 기업
    의 당기순이익과 그 변동 추이, 동원 가능한 자금의 규모, 인건비 총액, 매출액, 기업의 계속
    성 · 수익성, 기업이 속한 산업계의 전체적인 동향 등 기업운영을 둘러싼 여러 사정을 종합적
    으로 고려해서 판단해야 한다.").
272) 이철수k, 26면 이하.

합의의 효력이 유지되는 기간 동안에는 통상임금의 범위에 관한 노사 합의나 관행이 실질적으로 변경되었다고 보기 어려워 여전히 신의칙 위반 항변이 고려될 수 있다고 본다.

　신의칙의 적용 범위와 관련하여서는, 위와 같은 시적 범위의 문제 외에도 아래와 같은 점이 문제될 수 있다. 우선 '인적 범위'에 관한 것으로, 통상임금 범위의 확대로 인하여 사용자가 추가로 지출하게 될 법정수당의 규모를 어느 범위의 근로자를 기준으로 판단할 것인가의 문제이다. 2013년 전원합의체 판결과 대법원 2014. 5. 29. 선고 2012다116871 판결에서는 전체 근로자에게 소급하여 지급될 법정수당의 규모를 예측하여 이를 경영상 어려움의 판단 자료로 삼았으나,[274] 이에 대해서는 소수의 근로자가 청구권을 행사하였을 뿐임에도 나머지 다수가 모두 청구권을 행사할 것을 예상하여 기업재정 파탄이 존재한다고 인정하는 것이 소송이론상 가능한지 의문을 제기하는 견해도 있다.[275]

　다음으로 '물적 범위'에 관한 것으로, 정기상여금 외 통상임금으로 인정되는 기타 명목의 수당들에 대해서도 사용자가 신의칙 위반을 이유로 추가 법정수당의 지급을 거부할 수 있는가의 문제이다. 그러나 2013년 전원합의체 판결은 노사 간 임금협상의 특수성 외에도, 상여금의 연원이나 지급형태, 정기상여금의 통상임금성에 관한 고용노동부 및 기존 판례의 입장을 모두 고려한 가운데 신의칙 위반 항변의 허용가능성을 언급하였던 것이므로, 일반적으로 정기상여금에 비해 액수가 크지 않을 뿐만 아니라 그 연원이나 성격 등이 상여금과 실질적으로 동일하다고도 보기 어려운 기타 명목의 수당들에 대해서는 원칙적으로 신의칙이 적용되지 않는다고 보아야 한다.[276] 이와 관련하여 판례는, 대부분의 기업에서 정기상여금과 마찬가지로 특정 수당이 그 자체로 통상임금에 해당하지 않

---

273) 박순영b, 311면.
274) 대법원 2019. 2. 14. 선고 2015다217287 판결에서도 '원고들 외에 소송을 제기하지 아니한 근로자들의 추가 법정수당 중 원심 변론종결일 당시 이미 소멸시효가 완성된 부분을 공제'한 추가 법정수당의 규모 등을 기초로 피고의 중대한 경영상의 어려움 유무를 판단하였다.
275) 이철수k, 24면 이하[권리는 개별적으로 행사하는 것인데, 권리행사자가 제어할 수 없는 외생 변수로 인해 자신의 성실성(in good faith)이 판가름 난다면, 법적안정성을 심각하게 훼손시키는 결과가 초래된다는 점도 근거로 들었다]. 그러나 이와 같이 볼 경우, 사용자 측이 소수 근로자를 단위로 한 연쇄적·순차적 소송 제기에 대응하여 신의칙 위반을 문제삼을 여지를 사실상 봉쇄하는 결과를 초래하게 된다는 점에서, 추가 법정수당의 지출 규모를 전원합의체 판결과 같이 소송 당사자들만으로 국한하지 않고 판단하는 것이 불가피한 측면이 있다고 본다.
276) 김홍영h, 25면.

는다는 전제 아래에서, 임금협상 시 노사가 특정 수당을 통상임금에서 제외하기로 합의하는 실무가 장기간 계속되어 왔고, 이러한 노사합의가 일반화되어 이미 관행으로 정착된 경우가 아니라면, 단순히 개별 기업의 노사가 정기상여금이 아닌 특정 수당을 통상임금 산정 기준에서 제외하기로 합의한 후 이를 전제로 임금수준을 정하였다는 등의 사정만으로는 근로자 측이 특정 수당을 통상임금에 가산하여 추가 법정수당 및 퇴직금의 지급을 구하는 것이 정의 관념에 비추어 용인될 수 없는 정도의 상태에 이르렀다거나 근로기준법의 강행규정성에도 불구하고 신의칙을 우선하여 적용하는 것을 수긍할 만한 특별한 사정이 있는 예외적인 경우라고 할 수 없다고 판단하였다.277)

　　그리고 법인인 사용자 내부의 특정 사업부가 다른 사업부와 조직 및 운영, 재무 및 회계 측면에서 명백하게 독립되어 있는 등으로 특정 사업부를 별도의 법인으로 취급하여야 할 객관적인 사정을 인정할 수 있는 경우가 아닌 한, 법인 사용자 자체가 아닌 특정 사업부의 재정 상황 등을 기준으로 삼아 중대한 경영상의 어려움 초래 여부를 판단해서는 아니 된다.278)

　　나아가 근로자의 추가 법정수당 청구가 기업에 중대한 경영상의 어려움을 초래하거나 기업 존립을 위태롭게 하는지를 판단하는 기준 시점과 관련하여, 종래 대법원은 사실심 변론종결시가 그 기준이 됨을 전제로 판시한 경우가 있었으나,279) 이후 대법원은 사실심 변론종결시라는 특정 시점에 국한한 피고의 경영상태만을 기준으로 볼 것은 아니라고 판시하기도 하였다.280) 이러한 판례의 태도를 종합적으로 이해해 보면, 원칙적으로 사실심 변론종결시를 기준으로 삼되, 비록 사실심 변론종결 당시 기업의 경영상태가 좋지 않더라도 사실심 변론종결시까지 드러난 자료에 비추어 사용자가 그러한 경영악화를 예견할 수 있었는지, 그러한 악화된 경영상태가 일시적인 것인지 혹은 극복할 가능성이 있는지, 해당 기업의 계속성이나 수익성은 어떤지 등도 함께 고려해 판단할 필요가

---

277) 대법원 2019. 6. 13. 선고 2015다69846 판결.
278) 대법원 2020. 8. 27. 선고 2016다16054 판결.
279) 예를 들어, 대법원 2019. 4. 23. 선고 2014다27807 판결에서는 "추가 퇴직금 등의 지급으로 인해 피고에게 중대한 경영상의 어려움이 초래되는지를 판단하기 위해서는 사실심 변론종결일을 기준으로 피고의 현금성자산이 얼마나 되는지, 피고 회사의 현금 흐름이 어떠한지 등이 중요한 자료가 된다. 피고는 이에 대하여도 아무런 주장·증명을 하고 있지 아니하다."라거나 "피고가 원심 변론종결일 이전에 수년간 계속하여 영업이익 및 당기순이익이 적자 상태에 있었던 것으로 보이기는 한다. 그러나…" 등과 같이 설시하며 구체적 포섭판단을 하고 있다.
280) 대법원 2021. 12. 16. 선고 2016다7975 판결.

있다는 취지로 이해된다.

다. 엄격 판단

한편 대법원은 신의칙 적용 자체는 긍정하면서도, "근로관계를 규율하는 강행규정보다 신의칙을 우선하여 적용할 것인지를 판단할 때에는 근로조건의 최저기준을 정하여 근로자의 기본적 생활을 보장·향상시키고자 하는 근로기준법 등의 입법 취지를 충분히 고려할 필요가 있다. 또한 기업을 경영하는 주체는 사용자이고, 기업의 경영 상황은 기업 내·외부의 여러 경제적·사회적 사정에 따라 수시로 변할 수 있으므로, 통상임금 재산정에 따른 근로자의 추가 법정수당 청구를 중대한 경영상의 어려움을 초래하거나 기업 존립을 위태롭게 한다는 이유로 배척한다면, 기업 경영에 따른 위험을 사실상 근로자에게 전가하는 결과가 초래될 수 있다. 따라서 근로자의 추가 법정수당 청구가 사용자에게 중대한 경영상의 어려움을 초래하거나 기업의 존립을 위태롭게 하여 신의칙에 위반되는지는 신중하고 엄격하게 판단하여야 한다"고 하였다.[281] 나아가 판례는, 기업이 일시적으로 경영상의 어려움에 처한 경우라도 사용자가 합리적이고 객관적으로 경영 예측을 하였다면 그러한 경영상태의 악화를 충분히 예견할 수 있었고 향

---

[281] 신의칙 요건을 엄격히 적용하여 사용자 측의 신의칙 항변을 배척한 대법원 2019. 2. 14. 선고 2015다217287 판결, 대법원 2019. 4. 23. 선고 2014다27807 판결, 대법원 2019. 4. 23. 선고 2016다37167 판결, 대법원 2019. 7. 4. 선고 2014다41681 판결, 대법원 2020. 8. 20. 선고 2019다14110 판결, 대법원 2020. 8. 27. 선고 2016다16054 판결 등 참조. 한편, 택시운송사업을 하는 회사의 노사가 '택시운행을 통해 벌어들인 운송수입금에서 사납금을 회사에 납입하고 남은 초과운송수입금만을 가져가기로' 하는 이른바 도급제 방식의 근로계약과 월급제 방식의 근로계약 중 근로자가 개별적으로 선택하는 근로계약을 체결하기로 하고, 이에 택시운전근로자인 원고들이 회사와 도급제 방식의 근로계약을 체결하였다가 위 근로계약이 최임법에 위배된다고 주장하며 회사를 상대로 미지급 최저임금 등의 지급을 구한 사안에서, 도급제 방식의 근로계약을 통해 원고들이 가져간 초과운송수입금은 최임법 6조 5항(특례 조항)에서 최저임금 산입에 제외되는 것으로 정한 '생산고에 따른 임금'으로 보아야 하므로 회사는 원고들에게 이를 제외한 최저임금액 이상의 고정급을 임금으로 지급할 의무가 있고, 원고들이 회사와 도급제 방식의 근로계약을 체결하게 된 경위 등 제반 사정에 비추어, 원고들이 특례 조항에 따라 산정한 최저임금의 지급을 구하는 것이 정의관념에 비추어 용인될 수 없는 정도에 해당한다고 보기 어렵다고 하여, 원고들의 주장이 신의칙에 위배되어 허용될 수 없다고 본 원심판결을 파기한 대법원 2018. 7. 11. 선고 2016다9261, 9278 판결도 유사한 취지로 이해할 수 있다. 다만 대법원은 아시아나항공 주식회사, 한국지엠 주식회사 및 쌍용자동차 주식회사에 대한 소속 근로자들의 임금지급 등 소송 사건에서는 '회사가 소송결과에 따라 추가로 지급하게 될 법정수당의 규모', '당기순손실 규모, 부채비율, 유동비율, 차입금 규모 등의 경영지표', '소송 이전에도 상여금 지급축소에 합의하는 등 노사협력으로 회사의 경영위기를 극복하려는 노력이 있었던 점' 등을 들어 근로자들의 청구가 신의칙에 위배된다고 본 원심의 판단을 수긍한 바 있다(대법원 2020. 6. 25. 선고 2015다61415 판결, 대법원 2020. 7. 9. 선고 2015다71917 판결, 대법원 2020. 7. 9. 선고 2017다7170 판결).

후 경영상의 어려움을 극복할 가능성이 있는 경우에는 신의칙을 들어 근로자의
추가 법정수당 청구를 쉽게 배척해서는 안 된다고 판단하였다.[282]

9. 시간급 통상임금의 산정

가. 개　　요

통상임금은 대표적으로 연장 · 야간 · 휴일근로수당(법 56조) 등 법정 수당 산정
에 쓰이고, 그 외 일정한 급여액 산정에 쓰인다는 것은 앞서 본 바와 같다. 이
러한 연장근로, 야간근로, 휴일근로 등의 수당액은 그 연장근로, 야간근로, 휴일
근로 등을 한 시간에 따라 산정되기에, 그 수당액을 산출하기 위하여는 시간급
통상임금을 먼저 정해야 한다.

그 외 통상임금으로 산정되는 수당 가운데 위와 같이 시간으로 산정되는
수당이 아니라 하루 단위로 산정되는 수당인 산전산후휴가, 생리휴가 등은 대개
일급 통상임금으로 산정하는데, 이 일급 통상임금은 시간급 통상임금에 하루 소
정근로시간수를 곱하여 산정되기 때문에(영 6조 3항 참조) 시간급 통상임금 산정은
여기서도 필요하다.

임금을 시간급으로 정했다면 시간급 통상임금은 크게 문제될 것이 없겠으
나, 실제 임금 지급의 현실은 각종 수당 등 여러 명목의 임금을 시간 단위로 지
급하기보다는 월 얼마, 주 얼마 등 일정 기간 단위로 지급하고 있다. 또 택시
운전기사나 광부 등의 경우에는 도급제로 임금을 정하기도 한다.

한편 시간급 통상임금 산정 방법은 비단 근로자가 받은 일급, 주급, 월급,
도급제 임금에 대한 시간급 통상임금이 얼마인지를 알 필요가 있는 경우뿐 아
니라, 일부 통상임금 해당 수당을 사용자가 통상임금에 포함시키지 않음으로 말
미암아 근로자가 받아야 할 각종 수당을 제대로 받지 못한 경우 그 추가 수당
액 계산을 할 때에도 필요하다.

시간급 통상임금의 산정을 어떻게 하느냐에 관하여는 영 6조 2항 규정이
있다.[283]

---

282) 대법원 2021. 12. 16. 선고 2016다7975 판결.
283) 그러나 이 영 6조 2항은 통상임금 정의에 관한 영 6조 1항과 마찬가지로 상위 법률의 위
　　임 없이 제정된 것이다. 한편, 월급 금액으로 정한 통상임금을 시간급 금액으로 산정하는 방
　　법에 관한 당사자의 주장은 자백의 대상이 되는 사실에 관한 진술이라 할 수 없다고 한 대
　　법원 2014. 8. 28. 선고 2013다74363 판결도 참고할 만하다.

나. 일급 금액으로 정하여진 임금에 대한 시간급 통상임금의 산정

(1) '기준근로시간 범위 내의 소정근로시간'에 대한 임금으로 정하여진 경우

일급 금액으로 정하여진 임금은 그 금액을 1일의 소정근로시간수로 나누어 시간급 통상임금을 산정한다. 영 6조 2항 2호도 그와 같이 규정하고 있다.

즉 하루에 n시간 일하기로 한 근로자의 시간급 통상임금은 $\dfrac{\text{일급금액(일당)}}{n}$ 이다.

예를 들어 하루 8시간 일하기로 하고 100,000원을 받기로 한 일급제 근로자가 1시간 연장근로를 했을 경우 그 근로자의 시간급 통상임금은 12,500원 (=100,000원÷8시간)이고, 받을 수 있는 연장근로수당은 18,750원(=12,500원×1시간 ×1.5)이다.

(2) '기준근로시간을 초과하는 약정 근로시간'에 대한 임금으로 정하여진 경우

근로자가 기준근로시간을 초과하여 근무하기로 하고, 그 초과근로시간에 대하여 법 56조에 따른 연장근로수당까지 포함한 일당을 받기로 근로계약을 맺은 경우라면 시간급 통상임금은 위와 같이 계산되지 않는다. 기준근로시간을 넘는 근로시간에 대하여는 연장근로수당이 지급되어야 하는데, 근로계약에는 근로자가 받기로 한 일급 금액에 그와 같이 지급되어야 할 연장근로수당이 포함되는 것으로 되었기 때문이다. 이 경우 시간급 통상임금은 $\dfrac{\text{일급 금액(일당)}}{\text{1일 기준근로시간 + 연장 근로시간} \times 1.5}$ 이다.

예를 들어 8시간의 1일 기준근로시간을 초과하여 하루 10시간 근무하기로 하고 150,000원을 받기로 한 일급제 근로자가 2시간 연장근로를 더 하였다면, 그 근로자의 시간급 통상임금은 13,636원[=150,000원÷(8시간+2시간×1.5)]이고, 받을 수 있는 연장근로수당은 40,908원(=13,636원×2시간×1.5)이다.

하지만 이와 같은 산식으로 시간급 통상임금을 계산하는 경우는 근로자와 사용자 사이에 연장근로수당을 포함한 임금액을 일급으로 정하였다는 약정이 있는 경우에 한한다. 하루 기준근로시간을 초과하여 근로를 제공하기로 하면서 근로계약·단체협약 등에서 연장근로수당을 달리 정하지 않은 상태에서 일급을 받기로 약정하였다면, 근로자가 지급받는 일급에 연장근로수당이 당연히 포함되어 있다고는 볼 수 없으므로, 이 경우 사용자는 그 일급 외에 따로 연장근로에 대한 수당 가산분을 근로자에게 지급하여야 한다. 가령 하루 10시간 일하기로 하고 일급 150,000원을 받기로 한 위의 사안에서, 연장근로수당에 대하여는 일

급에 포함하기로 하는 약정이 따로 없었다면, 시간급 통상임금은 15,000원 [=150,000원÷(8시간+2시간)]이고, 사용자는 2시간의 연장근로에 대한 가산 수당 15,000원(=15,000원×2시간×0.5)을 따로 근로자에게 지급하여야 한다.

　한편 일급제 근로자가 근로기준법이 정한 기준근로시간을 초과하는 약정 근로시간에 대한 임금으로 기본 일급 외에 일급의 형태로 통상임금의 성질을 갖는 고정수당을 지급받아 위 고정수당을 시간급 통상임금으로 환산하는 경우, 위 고정수당에는 연장·야간근로에 대응하는 부분이 포함되어 있으므로 위 고정수당을 연장·야간근로시간을 포함한 약정 근로시간으로 나누는 방식으로 산정하되, 위 고정수당 중에는 근로계약·단체협약 등에서 달리 정하지 않는 한 연장근로수당이나 야간근로수당이 당연히 포함되어 있는 것은 아니므로 실제로 근로를 제공하기로 약정한 시간 수 자체를 합산하여야 하는 것이지, 가산수당 산정을 위한 '가산율'을 고려한 연장근로시간 수와 야간근로시간 수를 합산할 것은 아니다.[284]

다. 주급 금액으로 정하여진 임금에 대한 시간급 통상임금의 산정

(1) '기준근로시간 범위 내의 소정근로시간'에 대한 임금으로 정하여진 경우

　영 6조 2항 3호는 주급 금액으로 정한 임금의 시간급 통상임금은 그 금액을 '1주의 통상임금 산정 기준시간수'로 나누어 시간급 통상임금을 산정하고, '1주의 통상임금 산정 기준시간수'는 1주의 소정근로시간[285]과 소정근로시간 외에 유급으로 처리되는 시간을 합한 시간을 말한다고 한다.[286]

---

284) 대법원 2020. 1. 22. 선고 2015다73067 전원합의체 판결 참조. 위 전원합의체 판결의 구체적 내용은 아래 '라. 월급 금액으로 정하여진 임금에 대한 시간급 통상임금의 산정' 부분에서 후술한다.

　　위 전원합의체 판결에 의하면, 예를 들어 8시간의 1일 기준근로시간을 초과하여 하루 10시간 근무하기로 하고 이에 대한 임금으로 연장근로수당이 포함된 일급 150,000원과 고정수당인 식대수당 5,500원을 별도로 받는 일급제 근로자의 시간급 통상임금은 14,186원[13,636원{=150,000원÷(8시간+2시간×1.5)}+550원{=5,500원÷(8시간+2시간)}]이 된다. 위 전원합의체 판결에 의하여 변경된 종전 판례(대법원 2012. 3. 29. 선고 2010다91046 판결, 대법원 2012. 7. 26. 선고 2011다6106 판결, 대법원 2014. 8. 28. 선고 2013다74363 판결)에 의하면, 위의 일급제 근로자의 경우 식대 수당의 시간급 통상임금은 500원[=5,500원÷(8시간+2시간×1.5)]으로 산정된다.

285) 일반적으로는 1주 40시간을 넘지 않는 시간으로서 근로자와 사용자가 정한 근로시간이고, 유해하거나 위험한 작업으로서 산안법 시행령이 정하는 작업에 종사하는 근로자[현재 산안법 시행령 99조 1항으로 정해진 것은 잠함(潛函) 또는 잠수 작업 등 높은 기압에서 하는 작업에 종사하는 근로자]의 경우는 1주 34시간을 넘지 않는 시간으로서 근로자와 사용자가 정한 시간이다. 법 2조 1항 7호 참조.

영 6조 2항 3호에서 말하는 '소정근로시간 외에 유급으로 처리되는 시간'으로 대표적인 것은 주휴수당이 지급되는 주휴일에 유급 처리되는 시간이다. 사용자는 1주일에 평균 1회 이상 유급으로 주휴일을 주어야 하는데(법 55조 1항), 이 때 지급되는 주휴수당은 판례가 통상임금에 해당하지 않는다고 하고 있다. 한편 주급 금액으로 지급하는 급여에는 이 주휴수당도 함께 포함되어 있다는 것이 근로계약, 취업규칙, 단체협약 내용이거나 관행이라면, 주급 금액으로 정해진 임금에 대한 시간급 통상임금을 산정할 때에는 이 주휴수당에 해당하는 부분을 제외하고 나머지 금액만으로 시간급 통상임금을 산정하여야 한다는 것이 판례의 태도이다. 따라서 시간급 통상임금을 산정하기 위해서는 주급 금액에서 주휴수당을 공제한 주 통상임금을 1주 소정근로시간수로 나누어야 하는데, 이는 주급 금액을 1주 소정근로시간과 주휴일에 유급처리되는 시간을 합산한 시간으로 나눈 것과 동일하다. 결국 판례에 따르면 기준근로시간 범위 내에서 소정근로시간을 정한 주급 금액의 시간급 통상임금은 $\dfrac{\text{주급 금액}}{\text{1주 소정근로시간} + \text{주휴일에 유급으로 처리되는 시간}}$ 이다.

예를 들어 1주에 40시간과 주휴일에 유급처리하기로 한 8시간에 대하여, 주급으로 500,000원(주휴수당 포함)을 받기로 한 근로자가 그 주에 5시간의 연장근로를 하였다면, 판례에 따르면 그 근로자의 시간급 통상임금은 10,416.67원[=500,000원÷(40시간+8시간)]이고, 받을 수 있는 연장근로수당은 78,125원(=10,416.67원×5시간×1.5)이다.[287]

---

286) 이 규정은 1997. 3. 27. 대통령령 15320호로 종전 영을 폐지하고 새로 영을 제정하였을 때 처음 규정되었고[처음에는 '주급 금액을 주의 통상임금 산정 기준시간 수(법 2조 1항 7호에 따른 주의 소정근로시간과 소정근로시간 외에 유급으로 처리되는 시간을 합산한 시간)로 나눈 금액'이라 규정하였다가 2018. 6. 29. 대통령령 29010호로 개정되면서 현행 규정과 같이 규정되었다. 문구만 바뀌었지 내용상으로는 달라지지 않았다], 구 영(1997. 3. 27. 개정 전)에는 일급 금액의 경우와 같이 단순하게 '주급 금액을 소정근로시간수로 나눈 금액'이라고 규정하고 있었다(구 영 31조 2항 3호). 이 영 규정에 대하여도 법의 위임 없이 유급으로 하는 근로시간까지 합산하도록 하여 위법하여 무효이고, 구 영 규정과 같이 주급 금액에 1주 소정근로시간수로 나누어 산정하면 족하다는 비판이 있다(김기덕b, 304면 이하; 박훈, 287면 이하).

287) 반면 주휴수당을 통상임금에서 제외할 이유가 없다고 하는 견해(김기덕b, 304면 이하; 박훈, 287면 이하)에 따르면, 시간급 통상임금은 단순하게 주급 금액을 1주의 소정근로시간수, 즉 당사자 사이에 특별한 합의가 없다면 주 40시간으로 나누기만 하면 된다고 한다[그리고 주휴수당을 따로 청구할 수 있는지 여부는 당사자 사이의 근로계약이나 취업규칙, 단체협약의 내용에 따를 것이므로, 별도 약정이 없었음에도 주휴수당을 따로 지급하지 않았다면 주휴수당을 따로 청구할 수 있을 것이고, 반면 근로계약 등에서 주급 금액에 주휴수당을 포함하기로 정하였다면, 따로 주휴수당을 청구할 수 없을 것이라 한다. 하지만 이 경우에도 시간급

(2) '기준근로시간을 초과하는 약정 근로시간'에 대한 임금으로 정하여진 경우

근로자가 기준근로시간을 초과하여 근무하기로 하면서 법 56조에 따라 산정된 연장근로수당을 포함한 주급 금액을 받기로 하였다면, 주급 금액에서 주휴수당 뿐만 아니라 위 연장근로수당을 공제한 1주의 통상임금을 1주 소정근로시간수로 나누어 시간급 통상임금을 산정하여야 한다. 이는 주급 금액을 1주 소정근로시간과 주휴일에 유급처리되는 시간 및 연장근로시간을 모두 합산한 시간으로 나눈 것과 동일하다. 따라서 이 경우 시간급 통상임금은 주급 금액을 '1주 소정근로시간+주휴일에 유급으로 처리되는 시간수+연장근로시간수×1.5'로 나누어 산정한다.[288]

라. 월급 금액으로 정하여진 임금에 대한 시간급 통상임금의 산정

(1) '기준근로시간 범위 내의 소정근로시간'에 대한 임금으로 정하여진 경우

영 6조 2항 4호는 월급 금액으로 정한 임금의 시간급 통상임금은 그 금액을 '월의 통상임금 산정 기준시간수'로 나누어 시간급 통상임금을 산정하고, '월의 통상임금 산정 기준시간수'는 1주의 통상임금산정 기준시간수에 1년 동안의 평균 주의 수를 곱한 시간을 12로 나눈 시간을 말한다고 한다.

일반적으로 대부분의 근로자는 매월 특정일에 월급 형태로 임금을 받는다. 이러한 월급제를 역월(曆月)월급제라 한다. 판례에 따르면, 이렇게 월급으로 받기로 한 임금에는 실제 근무일에 대하여 지급되는 임금 부분 외에 그달에 포함된 주휴일 등 유급휴일에 근로를 제공하지 않았음에도 당연히 지급되는 임금 부분도 포함되어 있고,[289] 월급제에서 시간급 통상임금을 산정할 때 해당 월의 주휴수당 부분은 제외된다. 한편 월 일수는 1년을 평균하여 '365일÷12개월'로 보고, 1달의 평균 주는 '365일÷12개월÷7일'로 본다.[290] 결국 주휴수당이 통상임

통상임금은 판례와 같은 방법이 아니라 주급 금액을 1주 소정근로시간수(40시간)만으로 나누어 산정할 것이라 한다].

288) 위 대법원 2015다73067 전원합의체 판결의 취지에 따르면, 1주의 소정근로시간을 초과하여 근로하기로 하면서 연장근로수당이 포함된 주급 금액을 수령하는 외에 약정 근로시간에 대한 임금으로서 주급 형태의 고정수당을 별도로 지급받는 경우, 일급에서와 마찬가지로 위 고정수당에 대한 시간급 통상임금 산정의 기준이 되는 총근로시간은 가산율을 고려하지 않은 '주 소정근로시간+주휴일에 유급으로 처리되는 시간수+연장근로시간'으로 이해된다.

289) 대법원 1985. 12. 24. 선고 84다카254 판결, 대법원 1990. 12. 26. 선고 90다카12493 판결, 대법원 1990. 12. 26. 선고 90다카13465 판결, 대법원 1991. 6. 28. 선고 90다카14758 판결, 대법원 1994. 5. 24. 선고 93다19514 판결, 대법원 1998. 4. 24. 선고 97다28421 판결.

290) 대법원 1990. 12. 26. 선고 90다카12493 판결, 대법원 1990. 12. 26. 선고 90다카13465 판결, 대법원 1991. 6. 28. 선고 90다카14758 판결, 대법원 1998. 4. 24. 선고 97다28421 판결, 대법원

금에 해당하지 않고, 월정액 급여에 주휴수당이 포함되어 있다고 하는 현재 판례291)에 따를 경우 시간급 통상임금 산정은 다음과 같이 할 것이다(1일 8시간, 주 40시간 근로의 경우). 즉 시간급 통상임금은 월급액을 월 소정근로시간과 주휴일에 해당하는 근로시간수를 더한 시간으로 나눈 금액으로 산출되고, 결국 월급여액을 208.57로 나눈 금액이다(1일 8시간, 주 40시간의 경우. 통상 기업에서는 정수 209를 사용하여 월급÷209로 계산되는 금액을 시간급 통상임금으로 하고 있다).

시간급 통상임금을 a라 하면, 주휴수당은 $8a$. 1주 동안 실제 근무한 데에 따른 임금은 $40a$. 주휴수당을 포함한 1주 임금은 $8a + 40a = 48a$.

1년의 평균 주수(週數)는 365일 ÷ 7 = 52 + 1/7주, 1월의 평균 주수(週數)는 365 ÷ 7을 다시 12로 나눈 약 4.345238주.

연간 평균 월급은 1주 임금(주휴수당 포함)인 $48a$에 1월 평균 주수 4.345238을 곱한 약 208.57 × a.

따라서 시간급 통상임금은 월급 ÷ 208.57.

따라서 만일 1일 8시간, 주 40시간 근무제를 실시하는 사업장에서 월 300만 원을 받는 근로자가 그 달에 30시간의 연장근로를 하였다면, 판례에 따르면 그 근로자의 시간급 통상임금은 14,383.66원(=3,000,000원÷208.57시간)이고, 받을 수 있는 연장근로수당은 647,264원(=14,383.66원×30시간×1.5)이다. 그리고 만일 그 근로자가 통상임금에 해당하는 어떤 특정 수당(가령 체력단련비)으로 매월 150,000원을 받아왔는데, 사용자가 그 수당을 통상임금에 포함시키지 않은 채 연장, 야간, 휴일근로수당 등을 지급하여 왔다면, 그 근로자는 시간당 통상임금으로 719.18원(=150,000원÷208.57시간)으로 계산되는 각종 수당을 추가로 청구할 수 있다. 가령 위의 예에서 30시간을 연장근로한 위 근로자는 32,363원(=719.18원×30시간×1.5)을 사용자에게 추가 청구할 수 있다.

2012. 3. 29. 선고 2010다91046 판결, 대법원 2015. 4. 23. 선고 2012다115526 판결, 대법원 2015. 8. 19. 선고 2012다119351 판결.
　한편 사업장에 따라 1일 소정근로시간을 8시간으로 하되, 겨울철 동안(예를 들어 11월 1일부터 다음 해 2월 마지막날까지) 평일 근무시간을 1시간 단축하는 경우(2003년 이전 관공서 근무가 그러하였다), 판례는 이에 관해 이러한 근무시간 단축은 에너지절약이라는 정책적 요인과 계절적 요인 등을 고려한 편의적 조치일 뿐 이로써 근로자의 시간급 통상임금을 올리려는 취지는 아니므로, 이러한 사정은 시간급 통상임금 산정을 위한 월소정근로시간수를 정할 때 고려할 것이 아니라고 한다(대법원 1990. 12. 26. 선고 90다카12493 판결, 대법원 1991. 6. 28. 선고 90다카14728 판결).
291) 대법원 1985. 12. 24. 선고 84다카254 판결, 대법원 1990. 12. 26. 선고 90다카12493 판결, 대법원 1991. 6. 28. 선고 90다카14758 판결, 대법원 1998. 4. 24. 선고 97다28421 판결 등.

한편, 이와 같은 판례에 반대하면서 주휴수당을 통상임금에서 제외할 이유가 없다고 보는 견해에 따르면, 통상임금 산정에 주휴수당은 고려될 이유가 없다고 본다. 이 견해에 따르면 시간급 통상임금 산정은 월급여액을 월의 소정근로시간수로 나누기만 하면 된다고 한다. 그리고 이에 따르면 월 소정근로시간수는, 근로시간에 관하여 당사자 사이에 합의가 없을 경우 기준근로시간 자체가 소정근로시간이 되므로 주 40시간일 때 월 소정근로시간은 164.48시간이라고 한다.[292]

한편 판례는 시급제 또는 일급제 근로자가 기본 시급 또는 기본 일급 외에 매월 지급받는 고정수당 중에는 근로계약 · 단체협약 등에서 달리 정하지 않는 한 구 근기법 55조에 따라 부여되는 유급휴일에 실제로 근무를 하지 않더라도 근무를 한 것으로 간주하여 지급되는 법정수당인 주휴수당이 포함되어 있지 않다고 한다. 따라서 시급제 또는 일급제 근로자로서는 근기법상 통상임금에 속하는 매월 지급되는 고정수당을 포함하여 새로이 산정한 시간급 통상임금을 기준으로 계산한 주휴수당액과 이미 지급받은 주휴수당액의 차액을 청구할 수 있고, 이를 주휴수당의 중복 청구라고 할 수 없다고 하였다. 다만 시급제 또는 일급제 근로자에게 매월 지급되는 이러한 고정수당에는 구 근기법 55조에 따라 유급으로 처리되는 시간에 대응하는 부분이 포함되어 있으므로, 매월 지급되는 고정수당액을 월의 소정근로시간과 이처럼 유급으로 처리되는 시간을 합한 총근로시간 수로 나눈 금액을 기본 시급 또는 기본 일급의 시간급 금액에 더하는 방식에 의하여 시급제 또는 일급제 근로자의 시간급 통상임금을 산정하여도 무방하다고 한다.[293]

그러나 판례는 월급제 근로자가 지급받는 고정수당 중 일부가 통상임금으로 새로이 인정되는 경우에 해당 고정수당을 포함하여 재산정한 시간급 통상임금을 기준으로 주휴수당액의 차액을 청구할 수 있는지에 관하여서는, 근로자에 대한 임금을 월급으로 지급할 경우 월급통상임금에는 근기법 55조 1항의 유급

---

[292] [{365일－(365일÷7+1일+n일)}×(40시간÷6일)]÷12개월. '365일÷7+1일'의 1일은 근로자의 날이고(근로자의 날이 주휴일과 겹치지 않는 경우), n일은 법 55조 2항에 따른 민간 적용 관공서 공휴일로서 주휴일과 겹치지 않는 것을 가정할 때 연간 통상 14일 내외이다. 1일 근로시간은 주 40시간을 주당 근무일 6일로 나누어 산정한다. 만일 단체협약 등에서 유급으로 하는 날이 더 있다면(가령 회사 창립 기념일, 노동조합 창립 기념일 등) 그 날짜수를 위 n일란에 더하여 산정하면 된다. 가령 유급으로 하기로 한 추가 휴일이 2일이라면 164.37시간이 될 것이다.
[293] 대법원 2018. 12. 27. 선고 2016다204271 판결, 대법원 2020. 8. 20. 선고 2017다273663 판결.

휴일에 대한 임금도 포함되므로, 월급제 근로자는 근로계약·단체협약 등에서 달리 정하지 않는 한 통상임금이 증액됨을 들어 주휴수당의 차액을 청구할 수 없다고 하였다.[294]

(2) '기준근로시간을 초과하는 약정 근로시간'에 대한 임금으로 정하여진 경우

근로자가 기준근로시간을 초과하여 근무하기로 하면서 지급받는 월 기본급에 법 56조에 따라 산정된 연장근로수당이 포함되어 있는 경우에는 월 기본급을 소정근로시간, 가산율을 고려한 연장근로시간, 주휴근로의제시간을 합산한 총근로시간 수로 나누어야 월 기본급의 시간급 통상임금을 구할 수 있다. 이는 월 기본급에 가산율에 따라 계산된 연장근로수당이 이미 포함되어 있기 때문에 그 연장근로수당을 월 기본급에서 공제하기 위한 당연한 방법이다(위 대법원 2015다73067 전원합의체 판결 참조). 따라서 이 경우 시간급 통상임금은 월급 금액을 '208.57시간+월간 연장근로시간×1.5'로 나누어 산정한다.

한편 기준근로시간을 초과하는 약정 근로시간에 대한 임금으로서 월급 형태로 지급되는 고정수당과 관련하여, 종래 대법원은 위 고정수당에는 통상임금으로 볼 수 없는 근로기준법 제55조 소정의 유급휴일에 대응하는 부분과 근로기준법 제56조 소정의 연장·야간근로에 대응하는 부분이 포함되어 있어 그 통상임금을 확정하기가 곤란하므로, 이러한 경우에는 근로자가 유급휴일에 근무한 것으로 의제하여 이를 약정 근로시간과 합하여 총근로시간을 산정한 후, 고정수당을 총근로시간 수로 나누는 방식에 의하여 시간급 통상임금을 산정하여도 무방하다고 보고, 총 근로시간 수에 포함되는 약정 근로시간 수 중 연장근로시간과 야간근로시간을 산정할 때에는 가산수당 산정을 위한 '가산율을 고려하여야 한다'고 보았다.[295]

그러나 대법원 2020. 1. 22. 선고 2015다73067 전원합의체 판결에서는, 근로기준법이 정한 기준근로시간을 초과하는 약정 근로시간에 대한 임금으로서 월급 내지 일급 형태로 지급되는 고정수당을 시간급 통상임금으로 환산하는 경우, 시간급 통상임금 산정의 기준이 되는 총근로시간 수에 포함되는 약정 근로시간 수를 산정할 때는 특별한 정함이 없는 한 '가산율'을 고려한 연장근로시간 수와 야간근로시간 수를 합산하는 대신 근로자가 실제로 근로를 제공하기로 약정한

---

294) 대법원 2024. 2. 8. 선고 2018다206899 등 판결.
295) 대법원 2012. 3. 29. 선고 2010다91046 판결, 대법원 2012. 7. 26. 선고 2011다6106 판결, 대법원 2014. 8. 28. 선고 2013다74363 판결 등.

시간 수 자체를 합산하여야 하는 것으로 기존의 견해를 변경하였다.

　　즉 위 전원합의체 판결은 ① '동일한 근로'를 제공한 시간에 대해 매 시간당 가치 평가는 같다고 보는 것이 원칙이고, 법령이나 당사자의 약정 등과 같은 특별한 근거 없이 이를 달리 보는 것은 근로의 가치에 대한 자의적 평가에 해당하는 점, ② 근로기준법 제56조는 근로자가 연장 또는 야간근로를 하는 경우 사용자가 그에 대한 법정수당을 지급할 때에 통상임금의 100분의 50 이상을 가산해서 지급해야 한다는 규정일 뿐, 월급 등의 형태로 지급되는 고정수당의 시간급을 산정하기 위해 필요한 약정 근로시간 수를 확정할 때 가산수당 산정을 위한 가산율을 고려해야 할 법적인 근거는 존재하지 않는 점, ③ 사용자가 월급 형태의 고정수당을 통상임금에 포함시키지 않은 채 법정수당을 산정하여 지급한 경우에는 시간급 산정 방식에 관한 의사가 형성되어 있다고 보기 어려운데, 이러한 경우라면 가장 합리적이고 객관적인 시간급 산정방식을 찾아야 하며, 특별한 근거 없이 당사자 일방에게 불리한 의사를 의제하는 방식으로 시간급을 산정하여서는 안되는 점, ④ 종전 판결에 의하면 기준근로시간을 초과하는 근로시간을 약정함으로써 시간급 통상임금이 실제의 가치보다 더 적게 산정되어 근로자 보호의 취지에 어긋나는 결과가 발생하는 점 등을 근거로, 기준근로시간을 초과하는 약정 근로시간에 대한 고정수당을 시간급 통상임금으로 환산하기 위한 기준이 되는 '총근로시간 수'를 산정함에 있어 가산율을 고려하지 않은 초과근로시간 수 자체만을 합산하여야 한다고 판시하였다.296)

---

296) 한편 위 전원합의체 판결은, 단체협약이나 취업규칙 등으로 주휴수당에 가산율을 정한 경우에도 이는 주휴수당을 지급할 때에 기본 주휴수당에 일정한 비율을 가산하여 지급하기로 하는 취지에 불과하므로, 총근로시간 수에 포함되어야 하는 주휴일에 근무한 것으로 의제되는 시간 수를 산정할 때 주휴수당에 정한 가산율을 고려할 것은 아니라고 하였다.
　　다수의견에 대한 반대의견은 ① 고정수당을 시간급으로 어떻게 환산할 것인지는, 당사자 사이의 의사합치에 의해 결정된 고정수당과 관련하여 그 지급의 근거가 된 단체협약이나 근로계약 등을 해석함으로써 고정수당의 내용과 산정 방식 등에 관한 당사자의 의사를 확인해야 하는 문제에 불과한데, 연장·야간근로에 대해 기본시급의 1.5배를 지급하기로 하는 당사자의 의사는 고정수당에도 반영되어 있다고 해석하는 것이 객관적이고 합리적인 점, ② 근로기준법 제56조는 근로의 가치 측면에서 연장·야간근로 1시간의 가치가 기준근로시간 내의 주간근로 1.5시간 근로 이상의 가치를 가진다고 선언한 것으로 이해할 수 있는 데다가, 기준근로시간 내 주간근로와 구분되는 연장·야간근로가 가지는 근로의 특성을 감안하면, 기준근로시간 내 주간근로가 일반적으로 연장·야간근로와 동일한 가치를 가진다고 볼 수는 없는 점, ③ 동일한 사업장에서 1주당 주간 20시간, 야간 10시간 근로하는 근로자 갑(甲)과 주간 35시간 근로하는 근로자 을(乙)에게 통상임금의 성질을 갖는 동일한 액수의 고정수당을 지급한 경우를 상정할 때, 다수의견에 따르면 결과적으로 근로자 갑의 시간급 통상임금이 근로자 을의 시간급 통상임금보다 더 큰 금액이 되어, 양자 모두 시간급 통상임금 35시간분에 해당

388   제 1 장 총   칙

마. 도급제로 정하여진 임금에 대한 시간급 통상임금의 산정

도급 금액으로 정하여진 임금은 도급제에 의하여 계산된 임금의 총액을 당해 임금산정기간의 총 근로시간수로 나누어 시간급 통상임금을 산정한다. 그리고 그 임금산정기간을 정할 때에 만일 도급제 임금을 마감하는 날이 따로 있는 경우에는 그 임금 마감일이 되는 날까지의 기간을 임금산정기간으로 한다.

예를 들어 탄광 근로자가 1일 소정근로시간인 8시간 동안 석탄을 캐고 그 채탄량에 따라 1kg에 1,000원으로 정하여 일당으로 도급 금액 임금을 받기로 하였다면, 위 근로자가 1일 8시간 동안 100kg의 석탄을 캔 경우에 위 근로자의 시간급 통상임금은 도급 금액 100,000원(=100kg×1,000원)을 8시간으로 나눈 12,500원이다.

만일 위 근로자가 1일 8시간을 넘어 2시간의 연장근로를 하라는 지시를 받아 채탄 작업을 하여 120kg의 석탄을 캤다면, 시간급 통상임금은 도급 금액 120,000원(=120kg×1,000원)을 10시간으로 나눈 12,000원인데, 이 경우에는 2시간의 연장근로에 대한 연장근로수당으로 12,000원(=12,000원×0.5×2시간)을 따로 받아야 한다.[297]

다른 예로 일당 도급제의 또다른 형태인 사납금제 택시 운전기사의 경우를 본다.[298] 영업용 택시운전기사가 하루에 12시간을 소정근로시간으로 하여 택시를 운행하기로 하고, 택시 회사에 하루에 140,000원을 사납금으로 지급하고 나머지 금액을 운전사 개인 수입으로 하였을 경우, 위 운전기사가 낮 시간에 12시간 동안 운행하여 하루 총 수입금이 180,000원이 되어 40,000원을 개인 수입으로 하였다면 이 운전기사의 개인 수입에는 통상임금에 해당하지 않는 연장근로수당이 포함되어 있으므로, 앞서 본 소정근로시간이 기준 근로시간을 초과하는 일급 금액(연장근로수당 포함)의 시간급 통상임금 산정 방법과 마찬가지로 40,000원을 14시간(=기준근로시간 8시간 + 연장근로시간 4시간×1.5)으로 나눈 2,857원(원 미만 버림)이 위 운전사의 그날 시간급 통상임금에 포함된다(정액으로 받는 월급여에

하는 근로의 가치를 제공하고 같은 금액의 고정수당을 받았음에도 시간급 통상임금이 달라지는 결과가 되어 부당한 점 등을 들어, 가산율을 고려한 종전 판결의 결론이 타당하다고 하였다.

297) 대법원 1992. 3. 10. 선고 91다11391 판결.
298) 현재 사납금제를 통한 택시 도급제는 금지되어 있지만 아직도 많은 택시 회사는 법망을 회피하면서 부분적으로만 월급제를 시행하고 있다.

따른 시간급 통상임금 별도).

　　그리고 만일 위 운전기사가 야간근무로 밤 9시부터 다음날 아침 9시까지 12시간 일을 하기로 하고 사납금은 150,000원을 내기로 하여, 위 운전사가 그 시간에 170,000원의 수입을 올리고 20,000원을 개인 수입으로 하였다면, 그 금액 중에는 통상임금에 해당하지 않는 연장근로수당(4시간 분)과 야간근로수당(8시간 분)[299]이 포함되어 있어, 그 근로자의 시간급 통상임금 중 사납금 제외 개인 수입으로 하는 금액에서 나오는 시간급 통상임금은 20,000원을 18시간(=기준근로시간 8시간 + 연장근로시간 4시간×1.5 + 야간근로시간 8시간×0.5)으로 나눈 1,111원(원 미만 버림)이다.

　　한편 위 운전사가 야간에 12시간 운행한 것 외에 아침 11시까지 더 택시를 운행할 것을 지시받고 모두 14시간을 운행하여 190,000원의 수입을 올리고 사납금은 160,000원을 내었다면, 2시간의 추가 연장근로에 대한 연장근로수당까지 포괄임금에 포함되어 있다고 볼 수는 없을 것이고, 따라서 위 근로자에게 택시회사는 시간급 통상임금 1,500원[300]에 따라 계산되는 추가 연장근로시간 2시간에 대한 연장근로수당 1,500원(=1,500원×2시간×0.5)을 추가로 지급하여야 한다.[301] 하지만, 이 사납금 초과 개인 수입 30,000원에 추가 2시간의 연장근로시간에 대한 수당도 포함되어 있다고 보게 되면 시간급 통상임금은 더 낮아지고,[302] 따로 받을 연장근로수당은 없게 된다.

[최　은　배 · 성　준　규]

---

299) 오후 10시부터 오전 6시까지 사이의 근로(법 56조).

300) $\dfrac{수입 금액 30,000원}{기준근로시간 8시간 + 연장 근로시간 4시간 \times 1.5 + 야간근로시간 8시간 \times 0.5 + 추가 근로시간 2시간}$
$= \dfrac{30,000원}{20시간}$
$= 1,500원/시간$

301) 대법원 1992. 3. 10. 선고 91다11391 판결 참조. 정액으로 받는 월급여에서 더 받아야 할 연장근로수당은 따로 계산하여 별도 지급하여야 한다.

302) $\dfrac{85,000원}{기준근로시간 8시간 + 연장 근로시간 6시간 \times 1.5 + 야간근로시간 8시간 \times 0.5}$
$= \dfrac{30,000원}{21시간}$
$= 1,428원(원 미만 버림)/시간$

제 2 조(정의)

① 이 법에서 사용하는 용어의 뜻은 다음과 같다.

7. "1주"란 휴일을 포함한 7일을 말한다.

법 50조 1항은 "1주 간의 근로시간은 휴게시간을 제외하고 40시간을 초과할 수 없다"고 정하였고, 이를 초과하면 연장근로에 해당하여 법 53조 1항에 따라 "1주 간에 12시간"을 넘을 수 없다. 이와 같은 '1주' 단위 근로시간에 대한 규제에서 '1주'에 휴일이 포함되는지, 즉 휴일에 근로한 시간을 포함하여 1주 기준근로시간인 40시간과 1주 연장근로시간의 한도인 12시간의 초과 여부를 판단할 것인지에 관하여 과거 견해가 대립되었다. 종래 고용노동부의 행정해석은 이를 부정하였고,[1] 그에 따라 휴일근로가 법 50조 1항, 53조 1항에서 정한 '1주' 단위 기준근로시간 및 연장근로시간의 한도에 구애받지 않고 용인되어 장시간 노동 관행의 주된 원인이라는 비판이 있었다. 이에 2018. 3. 20. 개정 법은 '1주'가 휴일을 포함한 7일임을 명시하되(법 2조 1항 7호), 중소기업의 경영상 부담을 완화하고자 사업장 규모에 따라 단계적으로 이를 시행하기로 하였고,[2] 개정이유에서 1주당 최대 근로시간이 휴일근로를 포함한 52시간임을 분명히 한다고 밝힘으로써 기존의 행정해석은 자동 폐기되었다.

다만, 위 개정 법 시행일 전의 휴일근로에 관하여는 여전히 논란이 있었는데, 대법원이 2018. 6. 21. 선고 2011다112391 전원합의체 판결로 '구 법상 휴일근로시간은 법 50조 1항의 1주간 기준근로시간 40시간 및 법 53조 1항의 1주간

---

1) 1993. 5. 31. 근기 01254-1099, 2000. 9. 19. 근기 68207-2855, 2002. 10. 28. 근기 68207-3125. 이에 따르면 1주에 68시간(=기준근로 40시간 + 연장근로 12시간 + 휴일근로 16시간)의 장시간 근로가 용인되고, 8시간 내의 휴일근로에 대하여 연장근로수당을 지급할 필요가 없다.

2) 법 부칙(15513호, 2018. 3. 20.) 1조(시행일)

② 제 2 조 제 1 항의 개정규정은 다음 각 호의 구분에 따른 날부터 시행한다.

1. 상시 300명 이상의 근로자를 사용하는 사업 또는 사업장, 「공공기관의 운영에 관한 법률」제 4 조에 따른 공공기관, 「지방공기업법」제49조 및 같은 법 제76조에 따른 지방공사 및 지방공단, 국가·지방자치단체 또는 정부투자기관이 자본금의 2분의 1 이상을 출자하거나 기본재산의 2분의 1 이상을 출연한 기관·단체와 그 기관·단체가 자본금의 2분의 1 이상을 출자하거나 기본재산의 2분의 1 이상을 출연한 기관·단체, 국가 및 지방자치단체의 기관: 2018년 7월 1일(제59조의 개정규정에 따라 근로시간 및 휴게시간의 특례를 적용받지 아니하게 되는 업종의 경우 2019년 7월 1일)

2. 상시 50명 이상 300명 미만의 근로자를 사용하는 사업 또는 사업장: 2020년 1월 1일

3. 상시 5명 이상 50명 미만의 근로자를 사용하는 사업 또는 사업장: 2021년 7월 1일

연장근로시간 12시간에 포함되지 않는다'고 판시함으로써 그 논란이 해소되었다. 자세한 내용은 법 53조에 대한 해설 Ⅱ. 5. 및 법 56조에 대한 해설 Ⅱ. 2. 나. (1) 참조.

　　1주는 원칙적으로 일요일부터 토요일까지를 말하지만, 근로계약이나 취업규칙, 단체협약 등에서 '근로자가 사업장에서 근로를 시작한 날' 등 다른 시점을 기산일로 정하면 그에 따른다.[3] 그러나 사용자가 임의로 기산일을 변경할 수 있게 하거나 불규칙하게 지정할 수는 없다.

[고　종　완]

제 2 조(정의)

　　① 이 법에서 사용하는 용어의 뜻은 다음과 같다.

　　8. "소정(所定)근로시간"이란 제50조, 제69조 본문 또는 「산업안전보건법」 제139조 제 1 항에 따른 근로시간의 범위에서 근로자와 사용자 사이에 정한 근로시간을 말한다.

〈세 목 차〉

Ⅰ. 개　　　념

　　소정근로시간이란 법 50조, 69조 본문 또는 산안법 139조 1항에서 정한 기준근로시간의 범위 안에서 근로자와 사용자 사이에 정한 근로시간을 말한다(법 2조 1항 8호). 이는 근로계약, 단체협약, 취업규칙[1] 또는 노사협의회 의결(근로자참

---

[3] 이병태, 770면; 이상윤, 264면; 임종률, 436면. 다른 정함이 없는 경우 근로계약체결일이 기산일이라고 보는 견해로는 김유성, 146면 및 하갑래, 372면.

[1] '업무의 시작과 종료 시각'은 취업규칙의 필수적 기재사항이지만(법 93조 1호), 시업 시각과 종업 시각을 근로자가 자유롭게 정할 수 있는 선택적 근로시간제(법 52조)에서는 그 성격상 이를 취업규칙에 기재하지 않거나, 취업규칙에 기재된 시업 시각과 종업 시각이 적용되지 않는다. 하갑래, 378면. 한편 임신 중인 여성근로자의 변경신청이 있는 경우 업무의 시작 및 종료 시각이 변경될 수 있다(법 74조 9항).

여법 20조 1항 7호) 등으로 정한 '시업 시각'에서 '종업 시각'까지 시간 중 '휴게시간'으로 정한 부분을 뺀 시간으로, 근로자로서는 근로제공의무를 부담하기로 약속한 시간이고, 사용자로서는 근로제공의무의 이행에 대하여 임금을 지급하기로 약속한 시간이다. 따라서 법 55조에서 정한 유급휴일로서 근로제공의무 없이도 유급으로 처리되는 시간은 소정근로시간에 해당하지 않는다.[2]

Ⅱ. 소정근로시간의 의의

본래 '소정근로시간'은 각종 수당의 산정기초가 되는 (특히 시간급) 통상임금을 정하는 데에 쓰이는 개념 도구로 시행령의 통상임금 산정 방법에 관하여만 등장하다가, 1996. 12. 31. 개정 근기법(1997. 3. 13. 폐지) 19조의2 및 1997. 3. 13. 제정 근기법 20조에서 아예 법에 정의 규정을 두었다. 현행 법에서는 단시간근로자의 정의와 근로조건(법 2조 1항 9호, 18조), 명시해야 하는 근로조건(법 17조 2호), 근로시간 계산의 특례(법 58조 1항) 조항에 인용되며, 시행령에서는 통상임금 정의(영 6조)에 쓰이고, 시행령 중 주휴일에 관한 규정에서는 '소정근로일'이라는 표현이 사용되고 있다(영 30조). 종래 통상임금 산정에만 쓰였던 '소정근로시간'이 '근로계약상 근로시간' 또는 '실근로시간을 산정하는 기준' 등으로 그 개념이 확대된 것이다.[3]

---

2) 대법원 2007. 1. 11. 선고 2006다64245 판결, 대법원 2017. 11. 9. 선고 2015다7879 판결, 대법원 2017. 12. 28. 선고 2016도8729 판결 등(소정근로시간은 통상임금 산정 기준시간 수와는 구별되므로, 주급제 혹은 월급제에서 지급되는 유급휴일에 관한 임금인 주휴수당 관련 근로시간은 고려할 필요가 없다). 자세한 내용은 법 2조 1항 6호 및 2항에 대한 해설 Ⅲ. 6. 하. 참조.

3) 한편, ① 퇴직급여법 4조 1항은 "사용자는 퇴직하는 근로자에게 급여를 지급하기 위하여 퇴직급여제도 중 하나 이상의 제도를 설정하여야 한다. 다만, 계속근로기간이 1년 미만인 근로자, 4주간을 평균하여 1주간의 소정근로시간이 15시간 미만인 근로자에 대하여는 그러하지 아니하다"라고 규정하여 본조에서 정의한 소정근로시간을 기준으로 퇴직급여제도의 적용범위를 정하고 있고(대법원 2019. 1. 17. 선고 2018다260602 판결 참조), ② 기간제법 6조는 단시간근로자에 대하여 "소정근로시간을 초과하는 근로"를 초과근로로 보아 사용자의 가산수당 지급의무를 규정하고 있으며, ③ 최저임금법 6조는 "소정근로시간 또는 소정의 근로일에 대하여 지급하는 임금 외의 임금으로서 고용노동부령으로 정하는 임금"을 최저임금 적용을 위한 비교대상 임금에서 제외함으로써(4항 1호) 소정근로시간을 비교대상 임금 해당 여부의 기준으로 삼고 있다.

Ⅲ. '기준근로시간 범위에서'

　　본조에 의하면 소정근로시간은 '기준근로시간의 범위에서' 정해지는데, 여기서 기준근로시간은 법 50조, 69조, 산안법 139조 1항에서 다음과 같이 정하고 있다.

법 조항	적용 대상	기준근로시간	연장 가능 근로시간
법 50조	일반근로자 ('18세 이상'으로서 유해·위험한 작업에 종사하지 않는 근로자)	1일 8시간 1주 40시간	1주 12시간[4]
법 69조	15세 이상 18세 미만 근로자	1일 7시간 1주 35시간	1일 1시간 1주 5시간
산안법 139조 1항	유해하거나 위험한 작업으로서 높은 기압에서 하는 작업 등 대통령령으로 정하는 작업에 종사하는 근로자[5]	1일 6시간 1주 34시간	연장근로 불가

　　근로자와 사용자 사이에 기준근로시간을 초과하는 소정근로시간에 합의한 경우 그러한 합의는 초과 부분에 한하여 무효이므로(법 15조), 근로자는 기준근로시간을 초과하여 근로를 제공할 의무가 없고, 시간급 통상임금의 산정 등에 있어 기준근로시간을 소정근로시간으로 보게 된다. 한편 기준근로시간을 초과하는 소정근로시간을 정하면서 가산임금을 지급하지 않기로 하는 약정은 무효이고 사용자는 기준근로시간을 초과하는 실근로시간에 대하여 연장근로수당을 지급하여야 한다.

　　기준근로시간에 관한 자세한 내용은 법 50조에 대한 해설 Ⅱ. 참조.

[이 정 한·김　　진·고 종 완]

---

4) 다만 산후 1년이 지나지 아니한 여성 근로자의 연장근로에 대하여는 보다 엄격한 제한을 두고 있고(법 71조), 임신 중인 여성 근로자에 대한 연장근로는 금지된다(법 74조 5항).
5) 잠함(潛函) 또는 잠수 작업 등 높은 기압에서 하는 작업에 종사하는 근로자를 말한다(산안법 시행령 99조 1항).

제 2 조(정의)

　① 이 법에서 사용하는 용어의 뜻은 다음과 같다.

　9. "단시간근로자"란 1주 동안의 소정근로시간이 그 사업장에서 같은 종류의 업
　　무에 종사하는 통상 근로자의 1주 동안의 소정근로시간에 비하여 짧은 근로
　　자를 말한다.

〈세 목 차〉

[참고문헌]

강성태, "노동법상 단시간근로의 보호", 법학의 현대적 제문제 — 덕암 김병대 교수 화갑
기념논문집, 대흥기획(1998); **김근주 외 6명**, 비정규직 대책의 현황과 과제, 한국노동연구
원(2018); **이승욱**, "단시간 근로 규제의 문제점과 과제", 법학 53권 1호, 서울대학교 법학
연구소(2012. 3.); **박은정**, "단시간근로자의 의미", 노동법학 45호, 한국노동법학회(2013);
정용진, "기간제법상 단시간근로자 보호에 대한 재검토", 노동법논총 39집, 한국비교노동
법학회(2017); **조용만**, "단시간근로자에 관한 프랑스의 법적 규율 연구", 노동법연구 41
호, 서울대학교 노동법연구회(2016).

Ⅰ. 단시간근로자에 대한 근기법의 규율

1. 특별한 규율의 필요성

　　단시간근로자는 1980년대 이후 확산되고 있는 불안정 고용형태(비정규직)의
하나로, 임금, 해고, 휴가 등의 근로조건에서 일반 근로자에 비하여 불이익을 받
는 경우가 많아 이를 보호하기 위한 법적 장치의 필요성이 제기되어 왔다.

　　통계청 발표에 따르면 2024. 8. 우리나라의 단시간(시간제)근로자는 약 425
만 6천여 명(전체 근로자 중 19.2%, 비정규직 근로자 중 50.3%)[1]으로 2002년 이후

---

1) 통계청, 경제활동인구조사 근로형태별 부가조사 결과(2024. 8.) 보도자료, 9면.

꾸준한 상승세를 보이고 있다. 전체 비정규직 근로자의 경우나 기간제 근로자의 경우 2002년 이래 증감을 거듭하며 최근에는 소폭 감소하는 추세를 보이고 있는데 비하여, 단시간근로자의 경우 오히려 전반적인 상승세를 나타내고 있으며, 전체 비정규직 근로자 유형 중 그 비중이 점차 확대되고 있다는 점에서 주목이 필요하다.2)

　　흔히 단시간 근로는 주부·고령자·학생들이 가사·육아·학업 시간과 근로시간을 양립시킬 수 있는 효용을 가진다고 설명되고 있는데, 단시간근로자들에게는 통상 근로자들보다 시간 활용의 의미가 크므로 근로시간 규제가 중요할 뿐 아니라 소정근로시간을 초과하는 연장·휴일·야간 근로에 대한 규율과 관련하여 특별한 이해관계가 있다. 그리고 근로시간이 짧다는 이유로 노동법의 보호가 충분히 미치지 않는 경우가 많기 때문에 이러한 권익을 비례적으로 보호하는 것이 법적 규율의 중요한 목적이다.

2. 근기법과 기간제법

　　종래 노동부는 단시간근로자의 저임금, 무권리 및 고용불안이라는 특성을 고려하여 '시간제근로자의 근로조건보장에 관한 지침'(이하 '시행지침'이라 한다)3) 을 마련하여 시행하여 오다가, 1996. 12. 31. 개정 근기법(1997. 3. 13. 폐지)과 1997. 3. 13. 제정 근기법에서, 단시간근로자의 근로조건을 보호하고 그들의 고용 안정을 보장하고자 하는 취지에서 단시간근로자의 정의 조항(구법 21조)을 신설하고, 그들의 근로조건을 통상 근로자의 근로조건에 비례하여 결정하도록 하였으며, 2007. 4. 11. 전부 개정에서 2조 정의 규정으로 자리를 옮기고 표현을 다듬었다.4)

---

2) 정용진, 62면.
3) 1992. 1. 4. 근기 32003-2.
4) 시행지침과 개정 근기법의 차이는, (i) '3할 이상 짧은 자'를 단시간근로자로 파악하였던 지침에 비하여 개정 근기법은 그 범위를 상당히 확대하였다는 점, (ii) 지침은 '노사자치의 존중'과 '비례적 평등의 원칙'(시행지침 3조)을 규정하였으나, 개정 법에서는 후자만을 규정하였다는 점, (iii) 지침에 있었던 "사용자는 시간제근로자의 임금이 근로시간, 업무의 양과 질 등을 감안하여 통상 근로자에 비해 불이익하지 아니하도록 노력한다(시행지침 6조 2항)"는 규정과 "시간제근로자의 상여금 등에 관하여는 당사자가 정한 바에 따르고, 정하지 아니한 경우에는 근로시간을 감안하여 통상 근로자에 비해 불이익하지 아니하도록 한다(같은 조 3항)"는 규정, 그리고 퇴직금과 재해보상 및 평균임금의 계산 등에 관한 규정이 개정 법에는 없다는 점, (iv) 지침에서 명시하지 않았던 초과근로에 대한 근로자의 동의 및 약정가산임금의 지급을 현행법은 규정하였다는 점, (v) 지침에서 아무런 언급이 없었던 유급휴일·생리휴

그러나 단시간근로자 등 비정규직 근로자의 권리 보호를 이러한 법 조항 몇 개로 해결할 수는 없었고 우리 사회의 가장 중요한 현안 중의 하나가 될 정도로 점차 심각해져, 2006. 11. 30. 국회에서 기간제법이 제정되어 2007. 7. 1.부터 기간제법이 본격적으로 규율하게 되었다. 기간제법 중 단시간근로자에 대한 부분은 (i) 단시간근로자의 초과근로 제한(6조), (ii) 통상 근로자 전환(7조), (iii) 차별적 처우의 금지(8조 2항), (iv) 차별적 처우 시정 절차에 관한 규정(9조 이하), (v) 불리한 처우 금지(16조), (vi) 근로조건의 서면명시(17조) 등이 있다(기간제법 가운데 단시간근로자 관련 내용은 이하 단시간근로자의 근로조건에 관한 법 18조에 대한 설명 부분에서 개괄적으로 검토한다).

Ⅱ. 단시간근로자의 정의

1. 단시간근로자의 의의

단시간근로자란 1주 동안의 소정근로시간이 당해 사업장의 동종 업무에 종사하는 통상 근로자의 1주 동안의 소정근로시간에 비하여 짧은 근로자를 말한다(법 2조 9호). 이 정의 조항은 "단위기간 동안의 통상 근로시간이 비교가능한 통상 근로자(comparable full-time worker)의 근로시간보다 짧은 근로자"로 단시간근로자(part-time worker)를 정의하고 있는 ILO 협약과 유사하다(1994년 ILO 175호 단시간근로협약 1조). 그 개념적 징표는 ① 1주 동안의 소정근로시간이, ② 그 사업장에서 같은 종류의 업무에 종사하는 ③ '통상 근로자'의 1주 동안의 소정근로시간에 비하여 짧은 근로자라고 말할 수 있다.[5]

기간제법 2조의 정의 규정은 "단시간근로자라 함은 「근로기준법」 제 2 조의 단시간근로자를 말한다"고 하여 이 조항을 그대로 인용하고 있다. 이러한 체계에 대해서는 기간제법이 제정된 이상 근기법의 단시간근로자에 관한 규정은 기간제법으로 옮기는 것이 바람직하다는 견해가 있다.[6]

가·산전후휴가의 부여 및 연·월차유급휴가일수의 계산방법이 개정 법에는 규정된 점 등이 있으며, 종전보다 일부 개선이 있었다고 평가할 수 있지만 충분히 만족할 만한 수준의 것이라고 보기는 어렵다고 한다(강성태, 907면).

5) 김근주 외 6명, 79면(박은정 집필부분).

6) 임종률, 632면.

2. 판단 기준

가. 통상 근로자의 존재

법에서 말하는 '단시간근로자'는 '통상 근로자'의 존재를 전제로 하고 있는 상대적 개념이기 때문에, 같은 사업장에서 같은 종류의 업무에 종사하는 통상 근로자가 없으면 단시간근로자에 해당한다고 볼 수 없고, 반대로 매일 출근하며 매월 일정한 급여를 받는 사람도 그 근무형태가 그 사업장에서 같은 종류의 업무에 종사하는 통상 근로자의 근로시간에 비하여 짧은 경우에는 단시간근로자에 해당한다.[7]

'통상 근로자'인지 여부는 소정근로시간뿐만 아니라 당해 사업장의 고용형태(계약기간), 임금체계 등을 종합적으로 고려해볼 때 통상적으로 근로할 것이 예정되어 있는 정규직 근로자를 의미한다.[8]

1994년 ILO 175호 단시간근로협약(C175 Part-Time Work Convention, 1994)에서는 단시간근로자를 "단위기간 동안의 근로시간이 비교가능한 통상 근로자(comparable full-time worker)의 근로시간보다 짧은 근로자"라고 정의하면서, "비교가능한 통상 근로자"는 원칙적으로 동종의 고용관계 하에 있거나(has the same type of employment relationship), 동종 또는 유사 업종에 종사하고 있거나(is engaged in the same or a similar type of work or occupation), 동종 사업장에 고용되어 있는 경우(is employed in the same establishment)를 의미하는 한편, 동종 사업장 내 비교가능한 통상 근로자가 없는 경우에는 동종 기업에, 동종 기업에 비교가능한 통상 근로자가 없는 경우에는 동종 업종에 종사하는 통상 근로자(when there is no comparable full-time worker in that establishment, in the same enterprise or, when there is no comparable full-time worker in that enterprise, in the same branch of activity)로까지 그 비교대상근로자를 확대하고 있다.

독일 단시간 및 기간제 근로에 관한 법률(TzBfG - Gesetz über Teilzeitarbeit und befristete Arbeitsverträge)에서는 단시간근로자를 "1주 근로시간이 비교대상인 전일

---

7) 대법원 2012. 10. 25. 선고 2011두22938 판결. 위 판결은 보건복지가족부 고시 '요양급여의 적용기준 및 방법에 관한 세부사항' 17장에서 정하는 '시간제 근무자'의 의미에 관한 사례로, 대법원 결론에 대해서는 "단시간근로자의 근로조건 등에 관한 보호법제를 적용하기 위한 조건으로서의 단시간근로자 개념이 국민건강보험법상 요양급여청구에 있어서 식대가산조건으로서의 시간제근로자 개념과 반드시 일치해야 하는 당위성이나 필요성이 있는지 의문"이라는 견해가 있다. 박은정, 458면.
8) 김유성, 383~384면; 2002. 3. 26. 근기 68207-1248.

근로자의 통상적인 1주 근로시간보다 짧은 근로자를 말한다"고 정의하면서 단
시간근로자의 비교대상이 되는 근로자는 "동일한 형태의 근로관계에 있고 동일
또는 유사한 업무를 수행하는 근로자"이고, "사업 내 단시간근로자와 비교대상
인 전일근로자가 없는 경우에는 사업 내에 적용될 단체협약에 의해 이를 정한
다. 이외의 경우에는 해당 산업 분야에서 일반적으로 비교대상 전일근로자로 간
주될 수 있는 자를 기준으로 한다."고 규정하고 있다.9)

　　　프랑스에서 단시간근로자(salarié à temps partiel)는 주, 월 또는 연간 소정근로
시간이 ① 기준근로시간에 비하여 짧은 근로자 또는 ② 해당 산업, 기업 또는
사업장에 통상적으로 적용되는 근로시간에 비하여 짧은 근로자를 말하는데
(L.3123-1조), ②는 통상 근로자의 근로시간이 기준근로시간보다 짧은 경우에 통
상 근로자의 근로시간을 기준으로 하여 그에 미달하는 자를 단시간근로자로 간
주하기 위한 것이다.10)

　　　일본에서는 단시간노동자 고용관리개선 등에 관한 법률(短時間勞働者の雇用
管理の改善等に関する法律) 2조에서 단시간근로자를 일주일간 소정근로시간이 동
일 사업장에 고용된 통상 근로자의 일주간 소정근로시간에 비하여 짧은 근로자
를 의미한다고 규정하고 있다.11)

　　　법 2조 1항 9호에 따라 단시간근로자와 비교대상이 되는 근로자는 동일한
사업 또는 사업장에서 동일한 능력을 가지고 동일하거나 유사한 활동을 하는
통상 근로자이다. 동종 업무에 통상 근로자가 없을 경우에는 그 업무에 종사하
는 가장 일반적인 형태의 근로자를 잠정적으로 통상 근로자로 볼 수 있을 것이
라는 견해도 있으나,12) 그렇게 되면 단시간근로자만을 고용하는 업무에서는 비
교 대상이 없어지므로 (i) 유사한 업무에 종사하는 통상 근로자가 있으면 그 통
상 근로자와 비교하고, (ii) 그것도 없는 경우에는 우선 하나의 사업 아래에 여
러 개의 사업장이 있는 경우에는 다른 사업장에서 동종 업무에 종사하는 통상
근로자와, (iii) 그것이 없으면 다른 사업장에서 유사 업무에 종사하는 통상 근로
자와 비교하고, (iv) 그것조차 없는 경우에는 당해 사업장에서 가장 많이 종사하
고 있는 다른 업무의 통상 근로자와 비교하는 것이 적당하다.13)

---

　9) 김근주 외 6명, 81면(박은정 집필부분).
　10) 조용만, 228면.
　11) 정용진, 74~75면.
　12) 김유성, 384면.

한편 공무원보수규정의 경력환산 기준에서 말하는 '상근'의 의미와 관련하여 대법원은 "'상근'이란 해당 사업장의 취업규칙 등에서 정한 바에 따라 근무일마다 출근하여 일정한 시간을 규칙적으로 근무한 경우를 의미하는 것이고, 1일 8시간, 1주 40시간을 근무하는 소위 '풀타임(Full-time)'만을 의미하는 것은 아니"라고 하여, '단시간근로 직업상담원'도 '통상근로 직업상담원'과 마찬가지로 그 경력이 인정되어야 한다[14]고 함으로써, '상근 여부'와 '소정근로시간'은 별개의 기준임을 밝힌 바 있다. 자세한 내용은 법 18조에 대한 해설 Ⅳ. 3. 참조.

나. 동종 업무 종사

소정근로시간의 비교대상이 되는 '통상 근로자'는 "같은 종류의 업무에 종사하는" 근로자를 말한다.

차별적 처우 시정에 관한 기간제법 8조 2항이 비교대상을 "당해 사업 또는 사업장의 동종 또는 유사한 업무에 종사하는 통상 근로자"라고 하고 있는 것과 관련하여, 해석론으로 달리 볼 이유가 없으므로 근기법상 "같은 종류의 업무"라는 것은 기간제법상 "동종 또는 유사한 업무에 종사"하는 것을 의미하는 것으로 이해할 수 있다는 견해가 있는가 하면,[15] 입법론으로 기간제법 8조와 같이 '동종 또는 유사 업무 종사자'로 개정하는 것이 바람직하다는 견해가 있다.[16]

'동종 업무' 판단은 당해 업무의 수행 방법, 작업의 조건, 업무의 난이도 등을 종합적으로 고려하여 판단하여야 하며,[17] 특히 업무의 이질성으로 인하여 근로조건이 현저하게 구별되어 규정되는지 여부가 중요하다. 예를 들어 제조업의 경우 생산직·사무직, 판매업의 경우 관리직·영업직, 운수업의 경우 관리직·운전직, 학교의 경우 교원과 행정직 등으로 동종업무를 구분할 수 있다.[18]

다. 짧은 소정근로시간

통상 근로자보다 1주 소정근로시간이 짧아야 한다. 실근로시간이나 기준근로시간이 아닌 소정근로시간을 기준으로 하는 것으로, 실제 근로시간이 통상 근

---

13) 강성태, 910면.
14) 대법원 2020. 6. 4. 선고 2020두32012 판결.
15) 김근주 외 6명, 80면(박은정 집필부분). 하지만 이 글은 동시에 "비교대상근로자인 통상 근로자의 개념을 밝혀주는 것, 그러한 통상 근로자가 없을 경우 비교대상자를 찾는 것에 대한 입법적 보완이 필요하다"고도 한다(83면).
16) 정용진, 76면.
17) 1997. 4. 24. 근기 68207-535.
18) 김유성, 383면; 2002. 3. 26. 근기 68207-1248.

로자의 근로시간보다 짧지 않다 하여 단시간근로자에서 제외되는 것은 아니다.[19] 기준근로시간(예컨대 주 40시간)보다 소정근로시간이 짧다고 하여 언제나 단시간근로자인 것은 아니다.[20] 소정근로시간은 기준근로시간 범위 내에서 근로관계 당사자가 약정한 근로시간을 의미하므로 단시간근로자의 한계 획정 기준이 되는 통상 근로자의 주 소정근로시간은 기준근로시간을 하회할 수 있음을 주의해야 한다.[21]

　　종전 시행지침에서는 시간제근로자를 "당해 사업장의 동종 업무에 종사하는 통상 근로자의 소정근로일 또는 소정근로시간에 비해 3할 이상 짧은 자"로 규정하고 있었으나, 법은 통상 근로자에 비해 소정근로시간이 어느 정도 짧아야 단시간근로자에 해당하는지에 대하여는 아무런 기준을 두지 않았다. 따라서 당해 사업장의 동종 업무에 종사하는 통상 근로자의 1주 소정근로시간보다 조금이라도 짧은 근로자는 모두 법상 단시간근로자에 해당하는 것으로 해석해야 한다.[22]

　　매일 근로시간이 달라 주간 소정근로시간이 고정적이지 않더라도 4주를 평균하여 1주 소정근로시간이 통상 근로자와 비교하여 짧다면 법 2조 9호 소정의 단시간근로자에 해당한다.[23] 이 개념은 실질적으로 보아야 할 것이므로, 단시간근로를 정한 근로계약에 불구하고 실제 총 근로시간이 통상 근로자의 소정근로시간과 동일하거나 더 긴 명목상의 단시간근로자는 이에 포함되지 않는다.[24]

[이 정 한·김   진]

---

19) 임종률, 631면.
20) 김근주 외 6명, 80면(박은정 집필부분).
21) 김형배, 846면.
22) 프랑스에서는 주 또는 월 근로시간이 법정 또는 단체협약상 근로시간보다 5분의 1 이상 하회하는 자, 일본은 행정지침을 통해 통상 근로자의 소정근로시간보다 1~2할 적은 자를 단시간근로자로 보고 있다(이병태, 1026면). 후술하는 근로조건 서면명시의 범위 등과 같이 보호의 정도나 방법 자체에 질적인 차이가 있는 경우도 있기는 하지만, 단시간근로자에 대한 보호의 원칙이 근로시간에 따른 비례적 평등에 있다는 점을 고려할 때에 이렇게 일정한 기준 없이 통상 근로자와 비교하여 상대적으로 파악하는 것에 큰 문제는 없다.
23) 김유성, 383면; 2003. 3. 12. 근기 68207-284.
24) 강성태, 911면; 김유성, 383면.

제 3 조(근로조건의 기준)

  이 법에서 정하는 근로조건은 최저기준이므로 근로 관계 당사자는 이 기준을
이유로 근로조건을 낮출 수 없다.

〈세 목 차〉

Ⅰ. 의   의

  법은 근로자의 '인간의 존엄성을 보장'하고(헌법 32조 3항) 기본적 생활을 보
장·향상시키는 입법 목적(법 1조)을 달성하기 위하여 최저기준을 규정하고 있다.[1]
  본래 사적 자치의 원리에 따르면 근로관계의 성립 및 내용은 근로계약에
의하여 결정되는 것이 원칙이지만, 국가가 근로자 보호의 관점에서 법으로 일정
한 기준을 설정함으로써 사적 자율성의 원칙에 대한 예외를 인정하고 있다.[2]
하지만, 사적 자치의 원리를 기초로 하는 법체계에서는 국가가 사적 자율성을
전면적으로 부정하는 것이 허용될 수 없으므로 사적 자치의 원리가 가져오는
폐해를 방지하는 범위에서 예외적이고 한정적으로만 근로조건을 정할 수밖에
없고, 국가가 설정하는 기준이 계약의 자율성과 조화를 이루기 위해서는 기준
설정의 방식도 최저기준을 설정하는 형식을 따를 수밖에 없다.[3] 이러한 의미에
서 법은 노동보호법의 성격을 갖는다. 사적 자치와 최저기준의 원칙 사이의 관
계를 위와 같이 이해한다면, 근로조건에 관한 최저기준의 설정은 사적 자율성을
저해하는 것이 아니라 적절한 기준 설정이나 사용자 권한의 합리적인 제한을
통하여 근로자가 자유롭게 의사결정을 할 수 있도록 조력한다는 점에서 사적
자치의 진정한 실현을 돕는 것으로 이해되어야 한다.[4]

※ 이 조에 관한 각주의 참고문헌은 제 1 조 해설의 참고문헌을 가리킨다.
1) 하우영, 68면.
2) 고호성, 17면.
3) 고호성, 17면; 注釋(上), 62면.
4) 이달휴a, 281면; 김재훈, 246면.

Ⅱ. 법적 성격

법 3조의 법적 성격은 주로 법의 개정으로 인하여 법이 설정한 근로조건이 완화되고 이를 이유로 근로조건을 낮춘 경우에 문제될 수 있다.[5]

법 3조와 같은 내용의 일본 노동기준법 1조 2항 전단에 관하여, 일본에서는 강행규정이라고 해석하고 이에 위반한 행위는 1조 2항 전단 위반으로서 무효가 된다고 보는 견해가 있지만,[6] 법정의 최저기준을 초과하는 이상 근로조건의 설정은 당사자의 자주적인 교섭에 위임되어 있다는 이유로 훈시규정으로 해석하는 것이 다수의 견해이다.[7] 다만, 이를 훈시규정으로 이해하는 경우에도 근로조건의 변경 필요성과 합리성을 판단함에 있어서 근로조건의 변경이 노동기준법 소정의 기준을 이유로 한 것인지 여부를 고려하고 있다.[8]

우리나라에서는 훈시규정 내지 법의 지도이념을 선언한 정신규정으로 보는 견해도 있을 수 있으나, 강행규정으로 이해하는 것이 다수설이다.[9]

Ⅲ. 내   용

1. 최저기준 설정 및 강제

가. 최저기준 설정의 의미

법이 정하고 있는 근로조건은 최저기준이다.[10] 따라서 근로관계 당사자는 법에서 정하고 있는 기준에 미치지 못하는 근로조건을 정할 수 없고, 이러한 최저기준에 미달하는 근로조건을 정한 근로계약은 그 부분에 한정하여 무효이며, 무효로 된 부분은 법이 정한 최저기준에 의한다(법 15조).

근로자가 근로계약을 체결하면서 법정 최저기준에 미치지 못하는 내용의 근로조건을 정하는 것에 동의하더라도 이러한 동의는 유효하지 않다. 이러한 의

---

5) 片岡, 16면.
6) 萩澤, 9면; 堺鑛二郎, 90면.
7) 勞基(上), 62면; 菅野, 128면; 注釋(上), 64면; 安枝·西村, 48면; 吾妻, 14면; 久保·浜田, 284면(다만, 법해석에서 일반적인 지침으로 중요한 의미를 갖고 있다고 한다).
8) 注釋(上), 64면; 安枝·西村, 48면.
9) 김유성, 32면; 박홍규, 42면.
10) 대법원 1996. 12. 23. 선고 96다39042 판결, 대법원 1997. 7. 11. 선고 96다45399 판결, 대법원 2002. 6. 14. 선고 2001다2112 판결.

미에서 민법상 계약자유의 원칙은 제한된다.[11] 판례도 법에 정한 기준에 달하지 못하는 근로조건을 정한 근로계약은 그 부분에 한하여 무효로 되는 것으로서, 법 소정의 기준에 미달하는 근로조건이 단체협약에 의한 것이라거나 근로자들의 승인을 받은 것이라고 하여 유효로 볼 수도 없다고 한다.[12] 다만, 일정한 근로조건이 최저기준에 미달하는지 여부에 대한 판단은 해당 근로조건을 전체적으로 판단하여 법 소정의 최저기준과 비교하여야 하고, 이와 달리 해당 근로조건의 일부가 근로자에게 불이익한 점이 있다 하더라도 그 부분만을 따로 떼어 최저기준 미달 여부를 판단할 수는 없다.[13][14] 한편, 근로관계 당사자가 법에서 정하고 있는 기준을 초과하는 근로조건을 약정하는 것은 계약 자유의 원칙상 얼마든지 가능하다.[15] 취업규칙을 작성하거나 단체협약을 체결하는 경우에도 법의 최저기준이 준수되어야 한다.[16]

나. 최저기준의 적용

법 3조가 규제대상으로 삼는 것은 '근로관계 당사자'로서, 법 4조가 근로조

---

11) 김유성, 32면.

12) 대법원 1976. 9. 28. 선고 75다801 판결, 대법원 1990. 12. 21. 선고 90다카24496 판결, 대법원 1993. 5. 27. 선고 92다24509 판결.

13) 대법원 1994. 5. 24. 선고 93다46841 판결(근로자의 퇴직 당시 시행된 단체협약 등의 퇴직금 규정에 의하여 산출한 퇴직금액이 법 규정에 의하여 산출한 금액을 상회하지만, 단체협약의 퇴직금 규정 중 일부가 법 규정과 달리 근로자에게 불이익한 경우에 그 일부 규정이 무효라고 볼 수 없다고 본 사안).

14) 공립 초·중·고등학교의 회계직원에 대한 연차유급휴가일수에 관하여 1년간의 계속근로에 대하여 법 60조 1항과 달리 10일을 부여하였더라도, 방학기간 중의 대부분이 근로일에서 제외되어 근로제공의무가 부여되지 않아 근로일수가 통상의 근로자들에 비하여 현저히 미달하고, 제공된 근로의 양에 비례한 합리적인 범위 내에서 연차유급휴가일수를 부여한 것으로 보아 법상 최저기준을 위반한 것이 아니라고 본 사안으로, 서울고법 2013. 12. 18. 선고 2013나2006467 판결.

15) 대법원 2002. 6. 14. 선고 2001다2112 판결, 대법원 2005. 9. 9. 선고 2003두896 판결(이에 대한 평석으로는 도재형a, 61면).

16) 대법원 1993. 5. 27. 선고 92다20316 판결(성질상 법 소정의 통상임금에 산입될 수당을 통상임금에서 제외하기로 하는 노사 간의 합의는 법의 기준에 달하지 못하는 근로조건을 정한 계약으로서 무효라고 본 사안), 대법원 2013. 12. 18. 선고 2012다89399 전원합의체 판결(연장·야간·휴일 근로에 대하여 가산임금을 지급하도록 한 법의 규정은 임금산정의 최저기준을 정한 것이므로, 노사합의에 따라 계산한 가산임금액이 법이 정한 기준에 미달할 때에는 미달하는 범위 내에서 노사합의는 무효이다), 대법원 2016. 8. 24. 선고 2014다5098, 2014다5104 판결(기본임금을 정하지 아니한 채 각종 수당을 합한 금액을 월 급여액이나 일당임금으로 정하거나 기본임금을 정하고 매월 일정액을 각종 수당으로 지급하는 내용의 이른바 포괄임금제에 의한 임금지급계약 또는 단체협약을 체결하였다고 하더라도 그것이 근로자에게 불이익하지 않으면 유효하다).

건 결정의 주체로서 '근로자와 사용자'를 규정하고 있는 것과 차이가 난다. 근
로관계는 근로자가 사용자의 지시·감독 아래에서 사용자에게 근로를 제공하고,
사용자는 이에 대하여 임금을 지급하는 것을 주된 내용으로 하는 근로자와 사
용자 사이의 계속적 법률관계를 말한다.[17] 지속적인 법률관계이기 때문에 그러
한 법률관계를 형성하는 주된 원인인 근로계약과는 다른 개념이고, 근로자의 단
결체인 노동조합과 사용자 또는 사용자단체 사이의 집단적 관계인 노사관계와
도 구별된다. 또한 근로관계는 근로자와 사용자 사이의 모든 관계를 포함하는
것이 아니라 사용자의 지시·감독 하에서의 근로제공과 관련된, 근로자와 사용
자 사이의 권리·의무관계만을 의미한다.

　　법 3조의 근로관계 개념은 법이 정하는 기준이 미치는 수범자의 범위를 확
정하기 위한 것으로, 사용자의 지시·감독 아래에서 임금을 대가로 근로를 제공
하는 것이 핵심적인 내용이다. 따라서 이러한 근로관계에 영향을 미치는 관련자
는 모두 법이 정하는 최저근로조건을 준수할 의무가 있다고 보아야 하므로 법
3조의 근로관계 당사자는 근로계약의 당사자인 근로자와 사용자만이 아니라 근
로조건의 결정규범을 정하는 모든 주체, 즉 노동조합과 사용자 단체 등을 포함
한다고 해석된다.[18]

　　법 소정의 최저근로기준은 근로자와 사용자가 법의 수범자인 이상, 업종,
기업 간의 격차, 직급의 상하 및 지역 등에 관계없이 모든 근로자와 사용자에게
일률적으로 적용된다.[19]

2. 최저기준과 근로조건의 저하

　　근로관계 당사자는 법에 정한 기준을 이유로 근로조건을 저하시킬 수 없다.
법 소정의 기준을 이유로 하는 근로조건의 저하를 금지하는 것에 관하여, 법 3
조에서 규정하고 있는 '이유로'의 의미는 법의 목적이 근로조건의 개선에 있으
므로 사용자는 최저기준에 불과한 법의 기준을 내세워 근로조건을 저하시킬 수
없고 언제나 그 향상을 위해 노력하여야 한다는 것으로 해석된다. 즉 법에 해당
규정이 있다는 것이 근로조건을 저하시키는 결정적인 이유가 되어서는 안 된다

---

17) 김형배, 208~209면. 이에 대하여 임금의 요소는 근로관계 개념의 본질적 징표가 아니라는
　　견해가 있다(고호성, 10면).
18) 박홍규, 147면.
19) 박홍규a, 396면; 이상윤, 113면.

는 의미이다. 따라서 법의 개정을 통해 법정 근로조건이 근로자에게 불이익하게 변경되더라도 이것을 이유로 기존의 근로조건을 저하시킬 수는 없다.[20]

구체적인 사안에서 법 3조 위반 여부는 근로조건이 불이익하게 변경된 경우에 그 변경의 필요성이 있었는지 여부와 그 변경이 객관적으로 합리적인지 여부 등을 기준으로 판단하여야 한다.[21] 물론 이 경우에도 법정 최저기준은 준수되어야 하며 당사자 사이의 합의 또는 취업규칙의 불이익변경절차를 거쳐야 하는 것은 당연하다.[22]

법 3조 자체를 위반한 경우에는 아무런 벌칙이 부과되지 않지만, 법이 개별적으로 정하고 있는 최저기준을 위반한 경우에는 벌칙이 적용된다.

3. 탄력적인 최저기준의 설정과 변경

법은 획일적인 최저기준의 설정 및 강행을 목적으로 하지만 경영·운영상의 필요성에 대응하기 위해 획일적인 최저기준에 대한 예외 조치를 용인할 필요가 있고, 산업구조나 취업 형태의 변화에 따라 새로운 제도를 도입하는 것도 필요하다.[23] 또한, 법이 일정한 기준을 설정하는 것이 어렵거나 부적절한 경우에는 이를 사적 자치의 영역에 위임할 필요도 있을 것이다. 하지만 획일적인 최저기준에 대한 예외 조치나 새로운 제도의 도입 등을 사용자 일방에게 위임하는 것은 노동보호법이라는 법의 본질과 성격에 부합하지 않는다. 이러한 관점에서 법은 법 규정 자체에서 획일적인 근로조건이나 기준을 정하는 입법방식을 취하는 대신 '당사자 사이의 합의'를 조건으로 근로조건이나 기준을 정하는 입법방식을 취하면서 당사자 사이의 합의 주체로서 노동조합 또는 근로자대표를 규정하고 있는 경우가 있다. 이러한 방식은 최저기준 법정주의에서 노사자치에 의한 근로조건 등의 결정방식으로 전환함을 의미한다.

이러한 규정에 해당하는 것으로는 탄력적 근로시간제 및 선택적 근로시간제의 실시에 관한 근로자대표와의 서면 합의(법 51조 2항, 51조의2, 52조)가 있다. 또한, 법 56조는 연장근로와 야간근로 또는 휴일근로에 대하여 통상임금의 100분의 50 이상을 가산하여 지급하도록 최저기준을 설정하였지만, 법 57조는 근로자

---

20) 김유성, 32면; 박홍규, 147면; 하우영, 68면.
21) 박홍규, 148면; 이상윤, 114면; 하갑래, 57면; 注釋(上), 64면.
22) 김유성, 32면.
23) 이달휴b, 389면; 임종률a, 379면.

대표와 서면 합의에 따라 임금의 가산 지급 대신에 휴가를 줄 수 있도록 최저
기준의 탄력적 운영을 가능하게 하고 있다.

   상시 30명 미만의 근로자를 사용하는 사용자가 1주 간 12시간의 범위 내에
서 연장된 근로시간에 더하여 1주 간 8시간 이하의 범위에서 근로시간을 연장
하고자 할 때 근로자대표와 합의하는 경우(법 53조 3항),[24] 유급으로 보장하여야
하는 대통령령이 정한 휴일을 특정한 근로일로 대체하기 위하여 근로자대표와
서면으로 합의하는 경우(법 55조 2항),[25] 보상휴가에 관한 근로자대표와의 서면
합의(법 57조)도 이러한 규정에 해당한다.

   그 밖에 위와 같은 규정에 해당하는 것으로는 사업장 밖 근로시간 계산에
관한 근로자대표와의 합의(법 58조 2항·3항), 특례사업에서 주 12시간을 초과하
는 연장근로 및 휴게시간 변경에 관한 근로자대표와의 서면 합의(법 59조 1항),
유급휴가의 대체에 관한 근로자대표와의 서면 합의(법 62조), 임산부 및 18세 미
만 근로자의 야간근로와 휴일근로에 관한 근로자대표와의 협의(법 70조 3항) 등이
있다.[26]

                                          [이 용 구·최 정 은]

제 4 조(근로조건의 결정)

   근로조건은 근로자와 사용자가 동등한 지위에서 자유의사에 따라 결정하여야
   한다.

<세 목 차>

---

24) 2021. 7. 1. 시행하여 2022. 12. 31.까지 유효함(부칙 <15513호, 2018. 3. 20> 1조 3항, 2조).
25) 사업장의 규모에 따라 2020. 1. 1.부터 순차적으로 시행함(부칙 <15513호, 2018. 3. 20> 1조 4항).
26) 근로자대표 및 서면 합의 제도의 문제점과 개선 방안에 관하여는 도재형b 참조.

Ⅰ. 의   의

1. 취   지

법 4조는 근로자와 사용자가 형식적으로나 실질적으로 대등한 입장에서 자유의사에 따라 근로조건을 결정하여야 한다는 근로조건 대등결정의 원칙을 규정하고 있다. 법 4조는 사용자가 일방적으로 근로조건을 결정하여서는 아니 되고, 근로조건은 근로관계 당사자 사이에서 자유로운 합의에 따라 정해져야 하는 사항임을 분명히 함으로써 근로자를 보호하고자 하는 것이 주된 취지이다.[1]

2. 법적 성격

근로조건 대등결정의 원칙을 규정한 법 4조의 법적 성격에 관하여, 현실적으로는 노사 사이에 힘의 우열관계가 있음을 부인할 수 없다는 이유로 법 4조를 개별적 근로관계에서 사용자와 근로자가 봉건적 차등의식을 불식하여야 한다는 취지를 갖는 훈시규정 내지 정신규정이라고 해석하는 것이 우리나라 다수설이다.[2] 법 4조와 같은 취지인 일본 노동기준법 2조 1항에 대한 일본의 학설도 근로관계의 기본이념을 선언한 훈시규정으로 보고 있다.[3] 이에 대하여 현실적으로 힘의 우열관계가 있는 것을 이유로 법 4조의 규정 취지를 단순히 선언규정에 불과한 것으로 평가하는 것은 법의 목적과 정신에 비추어 볼 때 부적절하고, 근로자가 사용자와 동등한 지위에서 자유의사에 따라 결정한 것이 아닌 근로조건은 그 효력을 인정하지 않는다는 효력규정으로서 강행규정으로 보는 것이 타당하다는 견해가 있다.[4]

법 4조의 법적 성격은 주로 취업규칙의 작성·변경에 관한 논의를 통해 문제되고 있다. 법은 근로조건에 관한 사항을 그 주된 내용 중의 하나로 하는 취업규칙의 작성·변경에 관하여 의견청취 의무만을 규정함으로써 근로관계의 한

※ 이 조에 관한 각주의 참고문헌은 제 1 조 해설의 참고문헌을 가리킨다.
1) 대법원 2019. 11. 14. 선고 2018다200709 판결, 대법원 2022. 1. 13. 선고 2020다232136 판결.
2) 박홍규, 150면(법 4조가 근로계약의 법적 이념을 규정한 것으로 이해하더라도 법 4조 위반의 효과는 무효라고 본다); 임종률, 379면; 하우영, 70면.
3) 注釋(上), 67면; 久保·浜田, 285면. 일본 노동계약법 3조 1항에도 노동기준법 2조 1항과 유사한 내용의 규정이 있다.
4) 민변노동법Ⅰ, 162면; 이병태, 520면; 이상윤, 114면.

당사자인 사용자에게 작성·변경권을 인정하되, 특별히 근로자에게 불이익하게
취업규칙을 변경하는 경우에는 그 동의를 받도록 규정함으로써(법 94조 1항) 사용
자가 일방적으로 작성·변경하는 취업규칙에 대하여도 근로조건 대등결정의 원
칙이 지도원리로서 작용하도록 하고 있기 때문이다.5)6)

　　먼저, 의견청취 의무를 위반하여 작성·변경된 취업규칙의 효력에 관하여
보면, 이러한 취업규칙은 근로조건 대등결정의 원칙에 위배된다는 점을 주된
근거로 그 사법상의 효력을 인정할 수 없다는 견해와,7) 취업규칙은 발생사적
으로 사용자가 일방적으로 작성하는 것으로 그 내용 형성의 자유도 사용자에
게 속하고, 근로자의 의견을 존중하여야 한다는 취지에서 그 의견을 구하고 감
독관청에 신고하도록 함으로써 취업규칙에 대하여 법령의 위반이 없도록 행정
적인 감독을 하기 위해서 마련된 규정이므로 이를 위반하였더라도 취업규칙의
효력에는 영향이 없다고 보는 견해8)로 대립한다. 판례는 후자의 입장으로 이해
된다.9)

　　다음, 근로자에게 불이익하게 취업규칙을 변경하는 경우 근로자 집단의 동
의에 관하여 보면, 불이익한 취업규칙 변경에 대하여 근로자 집단의 동의를 얻
지 못하면 해당 취업규칙은 효력이 없다(법 94조 1항 단서).10) 이 집단적 동의 규
정은 취업규칙에 대한 법리를 정립한 대법원 1977. 7. 26. 선고 77다355 판결 이
후의 판례 이론을 입법화한 것으로, 그 핵심은 계약자유의 원칙에 입각하는 경
우에는 사용자의 일방적 의사에 의하여 근로조건이 결정된다는 불합리한 결과를
시정하는 데 한계가 있고, 근로자는 그 단결활동에 의하여 비로소 사용자와 동등
한 지위에 설 수 있기 때문에 다수의 근로자에게 적용될 취업규칙은 원칙적으
로 근로자 개인과 사용자 사이의 합의에 의해서가 아니라 근로자 집단과 사용자
의 합의로써 결정되어야 한다는 근로조건 대등결정의 원칙을 취업규칙 분야에서
확인한 것에 있다.11) 그 후 집단적 동의를 얻지 못한 취업규칙의 효력에 대한

　　5) 한덕렬, 28면.
　　6) 법 94조 1항이 기업 내에서 종업원의 입법참가권을 상당한 수준에서 인정하고 있는 규정
　　이라고 보는 견해도 있다(강희원b, 277면).
　　7) 강희원a, 110면; 김성진, 5면; 박상필a, 496면.
　　8) 김형배, 300면; 임종률a 369면; 하갑래, 170면.
　　9) 대법원 1989. 5. 9. 선고 88다카4277 판결, 대법원 1991. 4. 9. 선고 90다16245 판결, 대법원
　　1994. 12. 23. 선고 94누3001 판결, 대법원 1999. 6. 22. 선고 98두6647 판결.
　　10) 김형배, 306면.
　　11) 이재후, 55면; 이철수a, 21면; 임종률c, 12면.

판례의 변경[12) 등을 통하여 근로조건 대등결정의 원칙이 완화되기는 하였으나, 여전히 근로조건은 근로자와 사용자가 동등한 지위에서 자유의사에 의하여 결정되어야 하는 것으로서, 사용자가 일방적으로 기존의 근로조건을 근로자에게 불이익한 내용으로 변경하는 것은 허용될 수 없다는 원칙을 밝히고 있다.[13)

위와 같은 취업규칙의 불이익 변경에 대한 판례 이론에 비추어 보면, 취업규칙의 불이익 변경에 대한 근로자의 집단적 동의는 직접적으로는 법 94조 1항 단서에 근거하고 있고, 법 4조의 위반 행위가 바로 무효가 되는 구체적인 법적 효과가 발생하는 것은 아니며 벌칙도 부과되는 것은 아니지만, 법 4조가 취업규칙의 불이익 변경 등에 대한 지도 원리로 작용하고 있음을 알 수 있다.

이러한 관점에서 대법원은, 법 94조가 정하는 집단적 동의는 취업규칙의 유효한 변경을 위한 요건에 불과하므로, 취업규칙이 집단적 동의를 받아 근로자에게 불리하게 변경된 경우에도 법 4조가 정하는 근로조건 자유결정의 원칙은 여전히 지켜져야 한다고 하였다.[14)

II. 내   용

1. 근로조건 자유결정의 원칙(계약자유의 원칙)

개별적 근로관계는 당사자인 근로자와 사용자의 합의에 의하여 그 내용을 정할 수 있는 계약관계로 구성된다. 이러한 의미에서 근로조건 자유결정의 원칙은 근대 사법의 기본원칙인 사적 자치의 원칙을 확인하고 있는 것이다.[15) 이는 모든 신분적 차별을 폐지하고 법체계에서 인간을 평등하고 독립된 인간으로 설

---

12) 대법원 1992. 12. 22. 선고 91다45165 전원합의체 판결(취업규칙의 변경이 근로자의 동의를 얻지 못하여 무효인 경우 그 후 변경된 취업규칙에 따른 근로조건을 수용하고 근로관계를 갖게 된 근로자에 대한 관계에서 변경된 취업규칙이 적용된다고 한 사례).

13) 대법원 1997. 9. 12. 선고 96다56306 판결.

14) 대법원 2019. 11. 14. 선고 2018다200709 판결(근로자에게 불리한 내용으로 변경된 취업규칙은 집단적 동의를 받았다고 하더라도 그보다 유리한 근로조건을 정한 기존의 개별 근로계약 부분에 우선하는 효력을 갖는다고 할 수 없고, 이 경우에도 근로계약의 내용은 유효하게 존속하며, 변경된 취업규칙의 기준에 의하여 유리한 근로계약의 내용을 변경할 수 없고, 근로자의 개별적 동의가 없는 한 취업규칙보다 유리한 근로계약의 내용이 우선하여 적용된다고 한 사례), 대법원 2022. 1. 13. 선고 2020다232136 판결(취업규칙이 집단적 동의를 받아 근로자에게 불리하게 변경된 경우, 개별 근로계약에서 근로자에게 유리한 근로조건에 관하여 구체적으로 정하지 않고 있다면 취업규칙 등에서 정하는 근로조건이 근로자에게 적용된다고 한 사례).

15) 김유성, 33면.

정한 후 사법(私法)적 법률 관계를 개인 사이의 권리·의무관계로 파악한 근대법
의 기본구조를 유지하는 이상, 사적 자치의 원칙은 근로계약에도 적용되어야 하
기 때문이다.16) 따라서 사용자의 강제 내지 일방적 의사에 의하여, 임금을 삭감
하거나 상용 근로자를 일용 근로자로 전환시켜 신분상 불이익한 변경을 가져오
게 하는 것, 퇴직금 산정 일수를 감축하는 것 등은 허용되지 않는다.17)

근로계약에 있어서 계약 자유의 원칙은 법의 목적에서부터 비롯되는 최저
기준의 원칙에 따라 수정된다.18) 이로써 근로계약에 있어서 계약 자유의 원칙은
근로조건을 어느 수준에서 정할 것인지는 근로자와 사용자가 대등한 지위에서
각자의 자유의사에 따라 결정하지만, 그러한 결정은 법정 기준 이상의 근로조건
을 전제로 하여야 한다는 것을 의미하게 된다.19)

한편, 법은 근로자의 현실적인 열악한 지위를 고려함과 동시에 특정 근로조
건이 개별 근로자에 한정되지 않고 하나의 사업 또는 사업장에 속하는 대부분
의 근로자에게 공통적으로 적용되는 점 등을 고려하여 근로조건의 결정을 근로
계약의 당사자인 근로자와 사용자의 자유의사에만 맡기지 않고 일정한 경우 근
로자 단체인 노동조합 또는 근로자대표의 관여를 인정하고 있다.20) 근로계약은
계약의 자유라는 측면에서 보았을 때 주로 상대방 선택의 자유를 의미하는 경
우가 많고, 계약 내용의 결정과 계약의 형식이라는 점에 있어서는 실질적으로는
사용자의 일방적 의사에 따라 결정되는 경우가 많기 때문이다.21) 이는 국가가
최저기준을 설정하는 것과는 다른 형태로 계약 자유의 원칙을 수정하는 것이기
는 하지만 집단적 차원에서 사적인 자율성을 유지하고 있다는 점에서 사적 자
치의 원칙과 모순되지 않는 것으로 이해할 수 있다.

법은 근로조건을 결정 또는 변경하거나, 근로조건을 실행하는 데 있어 근로
자가 개별적 또는 집단적으로 의견을 제시하도록 여러 규정을 두고 있다. 근로
자의 개별 참여에 관한 것으로는 여성, 연소자, 산후 1년 미만자의 야간·휴일근
로에 대한 동의(법 70조 1항, 2항 1호, 2호), 연장근로에 대한 합의(법 53조, 69조), 연차
휴가, 생리휴가, 출산전후휴가 분할사용, 유산·사산휴가, 태아검진 시간, 육아

---

16) 고호성, 13면.
17) 민변노동법 I , 161면; 하갑래, 58면.
18) 박홍규, 150면.
19) 김유성, 32면.
20) 자세한 내용은 법 3조에 대한 해설 Ⅲ. 3. 참조.
21) 노병호, 956면; 安枝·西村, 49면; 片岡, 17면.

시간, 임신 중 근로시간 단축, 시·종업 시각 변경 청구(법 60조 5항, 73조, 74조 2항, 3항, 7항, 9항, 74조의2, 75조), 임신 중 여성의 야간·휴일근로에 대한 명시적 청구(법 70조 2항 3호), 임신 중인 여성 근로자의 쉬운 근로 전환 요구(법 74조 5항) 등이 있다.

종전 사용자와 근로자 사이의 근로관계가 해소되고 다른 사용자와 새로운 근로관계가 성립되는 전적(轉籍)은 원칙적으로 근로자의 동의가 있어야 유효하다.[22] 영업양도의 경우 근로관계는 승계되는 것이 원칙이나, 양도계약의 당사자가 근로관계를 승계하지 않기로 하는 특약이 있으면, 그러한 특약이 실질적으로 부당해고에 해당하지 않는 한 승계가 이루어지지 않는다.[23] 회사분할의 경우 상법 530조의10에 따라 분할되는 사업부문의 근로관계는 분할하는 회사가 분할계획서에 대한 주주총회의 승인을 얻기 전에 미리 노동조합과 근로자들에게 이해와 협력을 구하는 절차를 거쳐야 포괄승계되고(해당 근로자의 동의까지 요하는 것은 아님), 다만 회사의 분할이 해고의 방편으로 이용되는 등 특별한 사정이 있는 경우에는 해당 근로자에게 근로관계 승계에 관한 거부권이 인정된다.[24]

한편, 근로자의 동의가 있는 경우에는 근로조건을 불이익하게 변경하는 것은 허용되지만, 형식적인 동의가 실질적으로 근로자의 자유의사에 따라 사용자와 대등한 지위에서 이루어진 것인지가 문제될 수 있고, 만약 사용자가 일방적으로 근로조건을 저하시키면서 우월한 지위를 이용하여 근로자의 동의를 강요한 경우에는 법 4조에 위반하는 것이 될 것이다.[25]

근로자에게 유리한 내용의 근로조건의 기준을 지방의회의 의결로 결정하는 것은 근로조건 자유결정의 원칙에 위배되지 않는다.[26]

---

22) 대법원 1993. 1. 26. 선고 92다11695 판결.
23) 대법원 1994. 6. 28. 선고 93다33137 판결, 대법원 2020. 11. 5. 선고 2018두54705 판결.
24) 대법원 2013. 12. 12. 선고 2011두4282 판결(이에 대한 평석으로는 권오성b, 80면; 최석환, 207면).
25) 민변노동법 Ⅰ, 162면.
26) 대법원 2023. 7. 13. 선고 2022추5156 판결. 부산광역시의회가 부산광역시 소속 노동자 등의 호봉 재산정을 통해 생활임금을 반영하여야 한다는 내용으로 '부산광역시 생활임금 조례 일부개정조례안'을 재의결한 데 대하여 부산광역시장이 제기한 조례안재의결무효확인청구 사건에서 대법원은 근로자에게 유리한 내용의 근로조건의 기준을 조례로써 규정하고 그 내용이 사용자의 근로조건 결정에 관한 자유를 일부 제약한다 하더라도 그와 같은 내용을 규정한 조례가 근기법 4조에 위배되어 무효라고 볼 수 없다고 판단하였다.

2. 근로조건 대등결정의 원칙

가. 의   미

근로조건을 결정할 때 근로자와 사용자가 '동등한 지위'에 있다는 것은 일차
적으로는 근로계약의 당사자로서 그 계약상의 지위가 동등하다는 것을 의미한다.
근대의 사법(私法)적 법률관계는 법률관계를 형성하는 모든 주체가 대등한 인격체
임을 전제로 하고, 모든 사람이 법 앞에 평등하기 때문에 근로계약에서도 근로자
와 사용자가 '동등한 지위'에 있다는 것은 당연하다. 하지만, 현실에서 근로자와
사용자의 관계는 실질적으로 대등한 지위를 확보할 수 없는 것이 일반적이므로,
근로자의 기본적 생활을 보장·향상시키기 위해서는(법 1조) 법적 규제가 필요하다.
		이에 대하여 근로조건 대등결정 원칙의 의미가 실질적인 의미의 대등결정
을 포함하는 것인지, 실질적인 대등결정의 원칙을 포함하는 것으로 이해하는 경
우에도 근로조건 대등결정의 원칙을 실현하는 수단이 무엇인지와 관련하여 법
5조 나아가 집단적 노동관계법과의 관계가 문제되고 있다.
		사회경제적으로 우월한 지위에 있는 사용자에 대하여 근로자로서는 노동조
합 또는 근로자의 단결체를 통하는 경우에 대등한 교섭력을 확보하는 것이 가
능하고, 따라서 근로조건의 결정에 대하여 근로자의 단결체가 그 중심적인 역할
을 할 것이 요구되기 때문이다. 또한 법 자체는 실질적인 의미에서 근로조건 대
등결정의 원칙을 관철하기 위한 규정을 두고 있지 않다는 점도 법 4조의 의미
에 관한 논의의 배경이 되고 있다.[27] 물론 개별적인 근로조건을 결정하거나 취
업규칙을 변경하는 데에 근로자 또는 근로자대표와의 합의·협의 또는 의견청취
를 요구하고 있기는 하지만, 근로조건 결정에 있어서 중요한 의미를 갖는 취업
규칙의 작성·변경은 원칙적으로 사용자 단독의 권한에 속하는 것으로 규정하고
있기 때문에[28] 근로조건 대등결정의 원칙이 근로자 단결의 승인 내지 집단적
대등결정의 원칙을 포함하고 있는 것인지 문제된다.
		먼저, 단체교섭에 의한 근로조건의 결정은 본래 집단적 근로관계에 속한 과
제이고, 법 4조가 단체교섭에 의한 근로조건의 결정까지 승인하고 있는 것은 아
니라는 견해가 있다.[29] 이 견해에 의하면 법 4조의 취지는 개별적 근로관계의

---

27) 西谷·萬井, 16면.
28) 西谷·萬井, 16면.
29) 심태식, 34면; 한용식, 27면; 勞基(上), 68면; 西村·高木, 26면; 新講座, 17면; 堺鑛二郎, 91면.

테두리 안에서 계약법상의 사적 자치 원리를 근로조건 결정의 원칙으로서 확인한 것에 있다고 한다.30)

이에 대하여 개별 근로계약에 의하여 근로조건을 대등하게 결정할 수 없기 때문에 실질적 대등결정을 위해서는 근로자 단체, 특히 노동조합의 관여가 불가결하고 따라서 법 4조는 집단적 차원에서 대등결정의 이념을 선언하고 있다고 보는 견해도 있다.31)

오늘날 근로조건의 결정은 개별 근로계약으로부터 취업규칙이나 단체협약과 같은 집단적 규범으로 그 중심이 이전되어 근로자가 계약 당사자로서 근로조건을 결정할 수 있는 여지는 거의 없게 되었다.32) 근로조건 대등결정의 원칙을 단순히 계약 자유의 원칙으로 환원시켜서 이해하는 것은 이러한 현실을 충분히 반영하지 못할 우려가 있다.

또한 동일한 법적 상황에 처한 근로자의 기본적 생활을 보장·향상하거나 (법 1조) 근로조건을 유지·개선(노조법 1조)하기 위하여 노동법을 체계화하면서 개별적 근로관계법과 집단적 노동관계법을 형식적으로 분리하여 입법하였다고 보기는 어렵고, 오히려 법은 근로자의 단결체, 특히 노동조합을 통하여 근로조건을 개선하는 것을 전제로 하였다고 볼 수 있다.33) 따라서 근로자와 사용자가 '동등한 지위'에서 근로조건을 결정하여야 한다는 것은 법의 이념으로서 근로자와 사용자가 개별적 근로관계에 있어서도 실질적으로 대등한 지위를 확보할 것을 목표로 하고 있음을 명확하게 한 것으로 이해할 수 있고, 법 5조에서 근로자와 사용자에게 단체협약, 취업규칙 등에 대한 성실이행의무를 부여함으로써 실질적인 근로조건 대등결정의 원칙을 실현하는 수단이 단체협약, 취업규칙 등임을 선언하고 있다고 볼 수 있을 것이다.34)35)

개별적 근로관계에서 근로자를 사용자와 실질적으로 대등한 당사자로 존립

30) 西村·高木, 26면; 新講座, 17면.
31) 西谷·萬井, 16면; 注釋(上), 68면; 石松·宮崎, 43면; 片岡, 18면; 木下·小川, 42면.
32) 이영희, 221면.
33) 石松·宮崎, 43면(전후 일본 노동법의 체계화 과정에서 일본 헌법이 보장하는 노동기본권의 구체화로서 노동조합법을 중심으로 하는 단결권 보장 입법의 존재를 전제로 하였고, 노동기준법의 근로조건 대등결정 원칙도 단순히 형식적 대등성을 확인한 것에 그친 것이 아니라, 집단적 노동관계에서 추구되는 것과 같이 개별적 근로관계에서도 실질적 대등성을 확립할 것을 선언한 것이라고 한다).
34) 注釋(上), 68면.
35) 법 제정 당시 실질적 노사대등주의의 실현을 위한 독자적 입법 노력을 다룬 문헌으로 이홍재, 174면 이하 참조.

시키기 위해서는 사용자의 재산권에 대응한 근로자의 노동권을 상정하고 재산권에 상응하는 보호를 노동권에도 부여하여야 한다는 지적이 있다.36)

나. 내   용

근로조건 대등결정의 원칙은 개별 근로계약을 체결하거나 변경하는 경우에 적용되지만, 근로조건을 결정하는 내용의 취업규칙이나 단체협약에 대해서도 적용된다.

사용자는 근로자의 의견을 청취한 후 취업규칙을 일방적으로 작성·변경할 권한을 갖지만, 취업규칙은 법령이나 단체협약에 반할 수 없고, 특히 취업규칙을 불이익하게 변경하는 경우에는 근로자의 집단적 동의를 얻어야 한다는 점에서 근로조건 대등결정의 원칙은 취업규칙에도 관철되고 있다.37)

그 밖에도 탄력적 근로시간제 및 선택적 근로시간제 등에서 근로자대표와의 서면 합의(법 51조 2항, 51조의2, 52조)나 보상 휴가제 실시에 대한 근로자대표와의 서면 합의(법 57조), 사업장 밖의 근로나 재량근로에 있어 근로시간 계산에 관한 근로자대표와의 서면 합의(법 58조 2항·3항), 특례사업에서 주 12시간을 초과하는 연장근로 및 휴게시간 변경에 관한 근로자대표와의 서면 합의(법 59조 1항), 유급휴가의 대체에 관한 근로자대표와의 서면 합의(법 62조), 임산부 및 18세 미만 근로자의 야간근로와 휴일근로에 관한 근로자대표와의 협의(법 70조 3항), 취업규칙 불이익변경에 대한 과반수 노동조합 또는 근로자 과반수의 동의(법 94조 1항), 기숙사규칙의 작성 또는 변경에 관하여 기숙사에 기숙하는 근로자의 과반수를 대표하는 자의 동의(법 99조 2항) 등의 규정은 근로조건 대등결정의 원칙을 반영하고 있다고 할 수 있다.38)

한편, 근로계약의 이행을 목적으로 사용자가 자신의 권한 범위 내에서 근로자에게 지휘·명령을 하고, 그에 따라 근로자가 계약상 의무를 이행하는 것은 근로계약의 특징에 속한 것이기 때문에 근로조건 대등결정의 원칙과는 관련이 없다.39) 징계에 있어서 근로자의 절차적 권리의 근거를 법 23조 1항의 '정당한

---

36) 신권철a, 117면.

37) 김유성, 33면.

38) 근로조건 대등결정의 원칙이 근로자참여법에 반영되어 있음을 전제로, 노사협의회 중 근로자위원의 선출을 위한 선거구 획정은 근로자 수에 비례하여야 한다는 취지의 하급심 판결로 서울중앙지법 2018. 5. 10. 선고 2017가합537232 판결(서울고법 2019. 1. 15. 선고 2018나2029106 판결로 항소기각 확정).

39) 김유성, 33면.

이유'에서 찾는 것이 대체적인 견해이나, 이를 근로조건 대등결정 원리의 실현에서 찾는 견해도 있다.[40]

Ⅲ. 법적 효과

사용자가 법 4조를 위반하여 일방적으로 근로조건을 낮추면 계약 내용에 관한 의사의 합치가 없는 경우에 해당하여 당연히 그 부분에 한하여 무효가 되고,[41] 낮추기 전의 근로조건이 해당 근로자의 근로조건이 된다.[42]

법 4조 위반에 대해서는 벌칙의 적용이 없고, 행정적 감독도 문제되지 않는다.[43]

[이 용 구 · 최 정 은]

제 5 조(근로조건의 준수)
　　근로자와 사용자는 각자가 단체협약, 취업규칙과 근로계약을 지키고 성실하게
　　이행할 의무가 있다.

〈세 목 차〉

---

40) 김성진, 18면.
41) 김유성, 33면; 박홍규b, 43면; 이상윤, 114면; 하갑래, 58면.
42) 하갑래, 58면.
43) 김형배, 183면.

Ⅰ. 의   의

근로자와 사용자는 근로계약을 통해서 임금과 근로시간 등의 근로조건을
서로 대등한 지위에서 자유로이 결정할 수 있다. 하지만, 근로조건은 근로계약
에 의해서만 결정되는 것이 아니라 법을 포함한 관련 법령·단체협약·취업규칙
및 노사관행 등에 의해서도 결정된다.

법 5조는 근로자와 사용자가 대등한 입장에서 단체협약·취업규칙 및 근로
계약을 통하여 근로조건을 결정한 이상 이를 준수하고 성실하게 이행할 의무가
있음을 규정하고 있다.[1]

Ⅱ. 법적 성격

법 5조의 법적 성격과 관련하여, 근로조건의 준수는 노사협조에 의하지 않
고는 그 목적을 달성할 수 없으므로 근로자와 사용자의 의무를 선언한 훈시규
정이라고 하는 견해가 있다.[2] 훈시규정으로 해석하는 이상, 법 5조 자체가 근로
자와 사용자에게 특별한 법적 의무를 부과하는 것은 아니라고 보아야 한다.[3]

위에서 본 바와 같이 법 4조의 근로조건 대등결정의 원칙을 실질적으로 확
보하기 위한 수단을 제시한 법 5조는 근로조건을 결정한 이후 단계에서 근로자
와 사용자가 취하여야 할 근로조건 결정 규범에 대한 태도를 이념적으로 규정
한 것으로 해석된다.[4]

노조법 92조 2호는 단체협약 중 임금, 근로 및 휴게시간, 징계 등에 관한
사항을 위반한 경우에는 1,000만 원 이하의 벌금에 처하도록 벌칙 규정을 두

※ 이 조에 관한 각주의 참고문헌은 제 1 조 해설의 참고문헌을 가리킨다.
　1) 安枝·西村, 50면.
　2) 박홍규, 149면; 임종률a, 379면; 하우영, 70면; 注釋(上), 68면; 木下·小川, 42면.
　3) 注釋(上), 68면.
　4) 注釋(上), 67면.

고 있는데, 헌법재판소에 의하여 구 법 규정에 대하여 위헌결정이 있은 후[5]
2001. 3. 28. 법률 6456호로 이 법 5조와 같이 개정되었다. 취업규칙이나 근로
계약 위반 자체에 대해서는 근기법 및 노조법은 아무런 벌칙 규정을 두고 있지
않다.

Ⅲ. 근로조건 결정 규범

1. 의   의

근로조건의 기준을 규정하고 있는 법을 비롯한 관계법령과 함께 근로자와
사용자가 대등한 지위에서 자유로운 의사에 따라 결정한 단체협약과 근로계약,
사용자가 근로자의 의견을 듣거나 동의를 얻어서 작성한 취업규칙 등은 모두
근로조건을 결정하는 중요한 근거가 되므로 근로자와 사용자는 단체협약·취업
규칙·근로계약을 준수하여야 할 의무가 있다.[6]

하지만 법 5조가 근로자 개개인이 직접 주체가 되지 않는 단체협약이나 사
용자가 일방적으로 작성하는 취업규칙에 대하여 근로자에게 그 준수의무를 부
과하는 것은 자연스럽지 못한 점이 있고,[7] 특히 사용자가 일방적으로 작성하는
취업규칙이 근로자에게 구속력을 갖는 근거를 당사자의 합의 또는 동의에서 구
하는 계약설의 입장에서는 근로자 일반에 대한 취업규칙 준수의무 부과는 보완
적 설명이 필요하다.[8] 그러나 법 5조가 위에서 본 바와 같이 근로자에게 구체적
인 의무를 부과하는 것은 아니고, 단체협약이나 취업규칙이 근로조건의 결정에
있어서 중요한 역할을 담당하고 있는 것이 사실이므로 이러한 상황을 고려하여
근로관계에 적용될 규범질서를 준수하여야 한다는 것을 이념적으로 명확하게 한
것으로 이해할 수 있을 것이다.[9] 구체적인 단체협약, 취업규칙 및 근로계약을 준

---

5) 헌재 1998. 3. 26. 선고 96헌가20 결정[구 노동조합법(1986. 12. 31. 법률 3925호로 최종 개정
   되었다가 1996. 12. 31. 법률 5244호로 공포된 노조법의 시행으로 폐지된 것) 46조의3은 그 구
   성요건을 '단체협약에 … 위반한 자'라고만 규정함으로써 범죄구성요건의 외피(外皮)만 설정
   하였을 뿐 구성요건의 실질적 내용을 직접 규정하지 아니하고 모두 단체협약에 위임하고 있
   어 죄형법정주의의 기본적 요청인 '법률'주의에 위배되고, 그 구성요건도 지나치게 애매하고
   광범위하여 죄형법정주의의 명확성의 원칙에 위배된다].
6) 취업규칙의 준수의무에 관하여 박홍규, 149면.
7) 注釋(上), 68면; 勞基(上), 68면; 堺鑛二郎, 91면.
8) 김형배, 184면.
9) 注釋(上), 69면; 勞基(上), 68면.

수할 의무가 있는 근로자와 사용자의 범위는 법 5조로부터 직접적으로 도출될
수는 없고 해당 규범의 내용에 따라 한정되는 것으로 보아야 한다.10)

2. 유   형

근로자의 근로조건의 내용을 구체적으로 결정하는 규범에는 관계법령·단
체협약·취업규칙 및 근로계약 등이 있다.

가. 관계법령

근로조건은 관계법령에 의하여 결정되며, 이러한 관계법령에는 최고 규범
으로서 헌법 이외에 근기법, 최임법, 남녀고용평등법, 산안법, 산재법, 진폐예방
법, 직안법, 평생직업능력법, 장애인고용법, 사립학교법 및 그 시행령·시행규칙
등이 있다.

근로자 중 특히 공무원인 근로자의 근로조건을 결정하는 관계법령에는 국
공법, 지공법, 경찰공무원법, 공연법 등이 있다.

나. 단체협약

근로조건은 단체협약에 의해서도 결정된다. 단체협약은 노동조합이 사용자
또는 사용자단체와 근로조건 기타 노사관계에서 발생하는 사항에 관하여 체결
한 협정을 말한다(노조법 29조 1항).11)

단체협약은 근로자 단체인 노동조합과 사용자 사이에 체결되는 협약이라는
점에서 근로자 개인과 사용자 사이에 체결되는 근로계약과 구별된다. 또한 단체
협약은 당사자 사이의 합의에 의하여 체결되고 그 효력이 노동조합 및 노동조
합의 조합원에게만 미친다는 점에서 사용자가 일방적으로 작성하고 모든 근로
자에게 그 효력이 미치는 취업규칙과도 구별된다.12)

다. 취업규칙

취업규칙이라 함은 명칭을 불문하고 사업장에서의 근로자에 대한 복무규율
과 임금 등 근로조건에 관한 준칙의 내용을 정한 것이다.13) 취업규칙의 법적 성

---

10) 박홍규, 149면.
11) 대법원 2005. 3. 11. 선고 2003다27429 판결.
12) 이상윤, 106면.
13) 대법원 1992. 2. 28. 선고 91다30828 판결, 대법원 1997. 11. 28. 선고 97다24511 판결, 대법
　　원 1998. 11. 27. 선고 97누14132 판결, 대법원 2002. 6. 28. 선고 2001다77970 판결, 대법원
　　2007. 10. 11. 선고 2007두11566 판결 등.

격을 법규범으로 보는 견해에 따르면, 취업규칙은 기업경영에 있어 근로자의 행동기준을 체계적으로 질서 있게 하고 근로자의 근로조건을 획일화하기 위하여 작성되는 것이다.[14)]

라. 근로계약

근로계약은 근로자가 사용자에게 근로를 제공하고 사용자는 이에 대하여 임금을 지급하는 것을 목적으로 체결된 계약이다(법 2조 1항 4호).

근로조건은 근로자와 사용자가 근로계약의 체결에 의하여 자유로이 결정하는 것이 원칙이지만, 실제의 경우 대부분의 구체적인 근로조건은 관계법령·단체협약·취업규칙 등에 의하여 이미 결정되어 있고, 근로계약은 이미 결정된 근로조건에 대하여 근로자가 이를 수용할지 여부만을 결정하는 계약이 되는 것이 일반적이다. 이를 근로계약의 공동화 현상이라고 한다.[15)]

물론 근로계약은 여전히 근로관계를 구성하는 기본적인 요소일 뿐만 아니라 법 자체도 근로계약에 대한 법적 규제를 대전제로 하고 있기 때문에 노동법의 이론을 구성할 때 근로계약이 기본 단위가 될 수밖에 없다. 또한, 근로계약의 역할이 단지 근로관계의 성립만을 결정하는 것으로 축소되기는 하였지만 계약 상대방의 선택 기능을 통해서 사적 자치의 본래 기능인 근로자와 사용자의 이익 조정 기능을 수행한다고도 볼 수 있다.[16)] 그럼에도 근로조건의 내용은 근로계약 자체보다는 사용자의 노무지휘권에 의해서, 나아가 취업규칙이나 단체협약을 통하여 결정되는 것이 현실임은 부인할 수 없다.[17)] 이러한 현실에서 논의의 초점이 근로계약보다는 취업규칙과 단체협약, 개별적 근로관계보다는 집단적 노동관계로 이전하고 있다.

Ⅳ. 근로조건 결정 규범 상호간의 관계

1. 기본원칙

가. 상위 규범 우선의 원칙

근로관계를 규율하는 규범형식들 상호간에는 헌법을 최상위 규범으로 하고,

---

14) 이상윤, 106면; 대법원 2003. 3. 14. 선고 2002다69631 판결.
15) 이상윤, 105면; 이영희, 216면.
16) 노병호, 957면.
17) 이영희, 215면.

관계법령과 국제노동법규, 단체협약, 취업규칙, 근로계약의 순으로 위계가 있다.[18]
이들 규범 상호간에는 상위 규범이 하위 규범에 우선하는 효력이 있으므로 하
위 규범의 내용이 상위 규범에 모순·저촉되는 경우에는 무효가 되어 근로관계
에 적용될 수 없고, 상위 규범에 정한 내용이 효력을 가진다(법 15조, 96조, 97조,
노조법 33조).

　　노사관행 또는 노동관행에 관하여는 취업규칙과 같은 위계에 있다는 견
해[19]가 있으나, 노동관습법의 지위에 이르지 않은 경우에는 묵시적 합의가 있는
것으로 보거나 당사자가 사실인 관습에 따를 것을 인정한 것으로 보아 근로계
약의 내용이 된다고 보는 것이 일반적이다.[20] 판례도 "기업의 내부에 존재하는
특정의 관행이 근로계약의 내용을 이루고 있다고 하기 위하여는 그러한 관행이
기업 사회에서 일반적으로 근로관계를 규율하는 규범적인 사실로서 명확히 승
인되거나 기업의 구성원에 의하여 일반적으로 아무도 이의를 제기하지 아니한
채 당연한 것으로 받아들여져서 기업 내에서 사실상의 제도로서 확립되어 있다
고 할 수 있을 정도의 규범의식에 의하여 지지되고 있어야 한다"고 하고 있다.[21]

나. 신규범 우선의 원칙

　　상위 규범 우선의 원칙에 따라 적용 순위를 결정할 수 없는 위계에 차이가
없는 규범이 있을 수 있다. 이 경우에 규범의 성립상 시간적 선후관계가 있을
때에는 나중에 성립한 새로운 규범이 우선하는 효력을 가진다.[22]

다. 특별법 우선의 원칙

　　동등한 순위의 노동관계 법령 상호간에도 일반적인 법원칙인 특별법 우선
의 원칙이 적용되고, 단체협약에도 산업 또는 직종을 적용 대상으로 하는 일반
적인 것보다 단위 사업장을 적용 대상으로 하는 개별 단체협약이 우선한다.[23]

---

18) 김지형, 103면.
19) 김지형, 103면.
20) 김형배, 86면; 박홍규, 115면; 전형배a, 84면; 하경효, 498면.
21) 대법원 2002. 4. 23. 선고 2000다50701 판결(이에 대한 평석으로는 박수근, 119면 이하).
22) 김지형, 106면.
23) 김지형, 106면.

2. 법령과 단체협약 · 취업규칙 · 근로계약 사이의 관계

가. 법령과 단체협약 사이의 관계

헌법에 위반하는 단체협약은 무효이다. 단체협약의 내용 자체는 물론이고, 그 적용 · 해석에서도 헌법 33조 1항의 노동 3 권을 침해해서는 안 된다. 법령 중 강행법규에 위반되는 단체협약도 당연히 무효가 된다. 예컨대, 사법(私法)상 공서양속에 위배되는 단체협약이나 법 기준에 미달하는 내용의 단체협약 또는 부당노동행위를 내용으로 하는 단체협약 등은 무효이다.

위법한 단체협약에 대하여 행정관청은 노동위원회의 의결을 얻어 시정을 명할 수 있다(노조법 31조 3항).

나. 법령과 취업규칙 사이의 관계

취업규칙은 법령에 어긋나서는 아니 된다(법 96조 1항). 법은 법령에 어긋난 취업규칙의 효력에 관하여 아무런 규정을 두고 있지 않지만, 법령에 어긋난 취업규칙 부분은 당연무효라고 보아야 한다.[24]

여기서 말하는 '법령'이라 함은 이 법 등 노동관계법령이 주된 것일 테지만 이에 국한하지 않고 국가가 제정한 모든 법령을 포함한다. 법령의 내용에 관하여는 훈시규정이나 단속규정도 포함된다는 견해도 있으나 규정의 취지에 비추어 볼 때 강행법규만을 의미하는 것으로 보아야 한다.

법령에 어긋나는 취업규칙이 무효가 되는 경우에 무효가 된 취업규칙 부분이 당해 법령에 의하여 보충되느냐의 문제가 있다. 이에 대해서는 법 96조에는 법 97조 2문이나 노조법 33조 2항과 같은 직률적(보충적) 효력에 관한 규정이 없고, 오히려 2항에서 고용노동부장관의 취업규칙 변경명령이 규정되어 있는 것을 이유로 이를 부정하는 견해[25]와 고용노동부장관이 변경명령을 하는 것은 무효로 된 취업규칙을 그대로 두는 경우 무효인 취업규칙이 마치 유효한 것과 같은 외관을 가지고 있어 근로자에게 부정적인 영향력을 미칠 우려가 있어 이를 조속히 제거하기 위한 제도에 불과하므로 취업규칙 중에 무효가 된 조항에 대해서는 관

---

24) 연령을 이유로 합리적 이유 없이 임금 등에 관하여 근로자를 차별하는 것을 금지하는 고령자고용법 4조의4에 어긋난 취업규칙은 비록 취업규칙의 불이익 변경에 관하여 근로자의 과반수로 조직된 노동조합의 동의를 받았다고 하더라도 강행규정에 어긋나 효력이 없다고 본 사례로, 대법원 2022. 5. 26. 선고 2017다292343 판결 참조.

25) 심태식, 341면; 한덕렬, 46면.

계법령에 의한 보충을 긍정하는 견해가 있다.[26] 후자의 견해가 타당하다고 본다.

다. 법령과 근로계약 사이의 관계

법에서 정하는 기준에 미치지 못하는 근로조건을 정한 근로계약은 그 부분에 한정하여 무효로 한다(법 15조 1항). 이 경우 무효로 된 부분은 이 법에서 정한 기준에 따른다(법 15조 2항). 따라서 법정 기준에 미달하는 근로조건 부분은 무효로 되고 무효로 된 부분에는 법에 정한 기준이 적용됨이 명백하다.

문제는 근로조건의 내용이 법 이외의 관계법령에 위반되는 경우에도 무효로 되고 관계법령에서 정한 기준으로 보충되는지 여부인데, 이를 긍정하는 견해가 있다.[27]

3. 단체협약과 취업규칙·근로계약 사이의 관계

가. 단체협약과 취업규칙 사이의 관계

(1) 법과 노조법의 규정

취업규칙은 당해 사업장에 적용되는 단체협약에 어긋날 수 없다(법 96조 1항). 노조법은 단체협약에 정한 근로조건 기타 근로자의 대우에 관한 기준에 위반하는 취업규칙 또는 근로계약의 부분은 무효로 한다(노조법 33조 1항)고 정하여 적어도 규범적 부분에 관하여는 근기법과 동일한 규율을 하고 있다. 여기서 취업규칙이 어긋나서는 아니 되는 단체협약의 범위에 관하여 근로조건 기타 근로자의 대우에 관한 기준, 즉 규범적 부분에 한정된다는 견해[28]와 채무적 부분도 포함된다는 견해[29]가 있다. 판례는 단체협약에서 취업규칙의 작성·변경에 관한 노동조합의 동의, 협의, 또는 의견청취 절차를 규정하고 있다고 하더라도 근로조건의 불이익변경이 아닌 한 그러한 절차를 거치지 아니한 채 작성·변경된 취업규칙의 효력을 긍정하고 있다.[30]

노조법 33조 2항은 근로계약에 규정되지 않은 사항에 대해서는 단체협약이 적용된다고 규정하고 있는 것과 달리, 취업규칙에 규정되지 않은 사항에 관한 보충적 효력을 명시하지 않고 있어 이 경우에도 보충적 효력이 인정될 것인지

---

26) 이상윤, 108면.
27) 이상윤, 108면.
28) 註釋(下), 1016면.
29) 한덕렬, 44~45면.
30) 대법원 1994. 12. 23. 선고 94누3001 판결.

문제된다.

(2) 유리한 조건 우선 원칙과의 관계

취업규칙에서 정한 근로조건이 단체협약에서 정한 기준을 상회하는 경우 유리한 조건 우선 원칙에 따라 취업규칙이 적용되는지(유리한 조건 우선 원칙 긍정설, 이하 '긍정설'이라고 한다. 최저기준설이라고도 한다) 아니면 상위 규범인 단체협약이 우선 적용되는지(유리한 조건 우선 원칙 부정설, 이하 '부정설'이라고 한다. 최고기준설이라고도 한다) 여부가 문제된다.[31]

이에 대하여 긍정설(편면적 강행성의 원칙), 부정설(양면적 강행성의 원칙)로 대립한다. 긍정설은 단체협약과 근로계약 사이의 유리한 조건 우선의 원칙을 인정하는 전제 하에, 취업규칙 중 근로조건의 형성에 관한 부분은 근로계약과 동일한 지위 내지 성질을 가지므로, 취업규칙의 내용이 단체협약보다 불리한 때에는 무효이지만 유리할 때에는 우선 적용된다고 한다.[32] 부정설은 단체협약과 근로계약 사이에는 유리한 조건 우선의 원칙이 인정되지만, 취업규칙 등과 같이 근로자에 대한 집단적 규율을 목적으로 하는 하위규범에 대하여는 적용되지 않는다고 한다.[33] 특히 법은 근로자의 과반수로 조직된 노동조합의 동의를 통해 취업규칙의 불이익 변경을 가능하도록 하였으므로(법 94조 1항 단서) 이러한 한도에서 취업규칙과 단체협약 사이의 유리한 조건 우선의 원칙은 입법적으로 배제되어 있다고 한다.

판례는 부정설을 취하고 있다. 취업규칙과 단체협약에서 정년을 60세로 정하고 있다가 단체협약의 정년만을 55세로 변경한 사안에서 근로자의 정년을 단체협약에서 정한 55세라고 판단한 원심을 수긍한 사례[34]가 있고, 단체협약과 취업규칙에서 매년 상여금과 하기휴가비를 지급하기로 정하였다가 이후 단체협약으로 회사의 경영이 정상화될 때까지 상여금과 하기휴가비를 반납하기로 한 사안에서 단체협약에는 당연히 취업규칙상의 유리한 조건을 배제하는 합의가 포함된 것이라고 해석하여 결과적으로 유리한 조건 우선의 원칙을 부정한 사례[35]

---

31) 단체협약과 근로계약 사이에 유리한 조건 우선 원칙을 인정할 것인지도 문제되나 논의의 측면을 달리하므로 구별되어야 한다.
32) 박종희, 484~501면.
33) 김지형c, 66~67면.
34) 대법원 1993. 3. 23. 선고 92다51341 판결.
35) 대법원 2001. 1. 19. 선고 2000다30516 판결(기존 단체협약과 취업규칙보다 불리하게 상여금 일시 포기의 단체협약을 체결한 사안에서 취업규칙상 상여금에 관한 규정의 적용이 배제된

등이 있다.36)

나. 단체협약과 근로계약 사이의 관계

노조법 33조 1항은 단체협약에 정한 근로조건 기타 근로자의 대우에 관한 기준에 위반하는 근로계약 부분을 무효로 하여 단체협약의 규범적 효력 중 '강행적 효력'을 규정하고 있고, 2항은 무효로 된 부분은 단체협약에 정한 기준이 적용된다고 하여 규범적 효력 중 '보충적 효력'을 규정하고 있다.

(1) 강행적 효력

강행적 효력이라 함은 단체협약에서 정한 근로조건 기타 대우에 관한 기준에 위반하는 근로계약 부분을 무효로 하는 효력을 말한다(노조법 33조 1항).

근로계약에서 정한 근로조건이 단체협약에서 정한 기준을 상회하는 경우 유리한 조건 우선 원칙에 따라 근로계약에서 정한 조건이 적용되는지 문제된다.

먼저, 긍정설37)에 의하면, 단체협약의 근로자 보호 기능은 근로자가 스스로 보다 나은 이익을 꾀할 수 있는 경우에는 필요가 없고 이 경우에는 단체협약의 강행적 효력은 없게 된다. 단체협약은 본질적으로 근로조건의 최저 기준을 정한 것이고, 그 강행적 효력은 편면적으로만 작용하여 단체협약에 정한 기준에 미달하는 근로조건을 정한 근로계약은 그 부분이 무효가 되지만 기준을 초과하는 근로조건을 정한 근로계약은 유효하게 된다. 단체협약에서 정한 기준을 최저기준으로 보는 대표적인 입장은 주로 독일에서 발견된다. 독일에서는 산업별 교섭이 주된 단체교섭 방식이므로 단체협약은 산업 전반에 걸쳐 공통되는 부분에 한하여 최저기준을 정하는 것이 원칙이고, 개별 단위 사업장에만 해당되는 특수한 사항은 최저기준을 상회하는 범위 안에서 각 단위 사업장의 실정에 맞도록 개별적 근로계약 등으로 정하도록 하고 있는 것이다.38)

다음, 부정설39)에 의하면, 단체협약에 최저기준이라는 것을 명확하게 규정

다고 판시).

36) 대법원 2001. 9. 18. 선고 2000다60630 판결, 대법원 2001. 10. 30. 선고 2001다24051 판결(기존 퇴직금 규정보다 근로자들에게 불리한 단체협약이 체결된 사안에서, 단체협약의 일반적 구속력에 의하여 비조합원에 대해서도 기존의 퇴직금제도에 대신하여 그 단체협약상의 퇴직금에 관한 규정이 새로이 적용된다고 판시하여 유리한 조건 우선의 원칙을 부정한 사례), 대법원 2006. 4. 27. 선고 2004다4683 판결 등 참조.

37) 김치선, 358면; 김형배, 1080면.

38) 이상윤, 744면.

하고 있는 경우를 제외하고, 단체협약에 규정된 근로조건의 기준은 그것을 상회하는 구 단체협약·취업규칙·개별 근로계약·관행에 근거한 근로조건을 저하시키고, 근로계약의 내용을 단체협약의 기준과 동일하게 변경하는 효력을 가진다. 노조법 33조 1항의 문리해석상 유리한 조건 우선 원칙을 포함하는 것으로 볼 수 없을 뿐만 아니라 노동조합의 조직 형태가 산업별 노동조합이 아니라 대부분 기업별 노동조합인 우리나라 현실에서 기업별 노동조합이 체결한 단체협약은 통상 최저기준이 아닌 당해 기업의 현실 근로조건을 정한 것이 분명하고, 유리한 조건 우선 원칙을 인정할 경우에는 사용자가 이를 교묘히 이용하여 노동조합 파괴를 꾀할 우려마저 있으므로 유리한 조건 우선 원칙은 부정되어야 한다고 한다. 단체협약에서 정한 기준을 절대기준으로 보는 대표적인 입장은 주로 미국에서 발견된다. 미국 전국노동관계법 9조(a)는 소위 '배타적 교섭제도'를 채택하고 있는데, 이는 단체협약에서 정한 기준은 그 기준이 유리하거나 불리하거나 상관없이 근로계약에서 정한 기준보다 우월한 효력을 지니며, 단체협약에서 기준을 정하지 않은 경우 또는 배타적 교섭권한을 가진 노동조합이 없는 경우에만 예외적으로 근로계약에서 정한 기준이 유효하다고 한다.[40]

절충설[41]은 협약당사자가 단체협약 기준을 상회하는 개별 근로계약이나 취업규칙의 근로조건을 부정하려는 명확한 의도가 있고, 개별 합의에 합리적 근거가 없는 경우에 한하여 무효가 된다고 한다. 산업별 교섭하에서는 긍정설이, 기업별 교섭하에서는 부정설이 타당하다는 견해도 있다.[42]

(2) 보충적 효력

보충적 효력이라 함은 단체협약의 강행적 효력이 적용됨으로써 근로계약에 무효가 된 부분이 있거나 근로계약에 아무런 관련 규정을 두고 있지 않은 경우에 단체협약에서 정한 기준이 대신하여 적용되는 것을 말한다(노조법 33조 2항). 보충적 효력은 근로계약의 당사자인 근로자들이 그에 관하여 합의 등을 하지 않더라도 무효가 된 근로계약에 인정된다.[43]

---

39) 김유성, 162면; 박홍규a, 148면; 이병태, 249면(노동운동을 저해하지 않고 근로자의 연대의식을 파괴하지 않는 합리적인 범위 내에서만 유리의 원칙을 인정하여야 한다는 절충설로도 분류될 수 있음); 임종률, 161면.
40) 이상윤, 744면.
41) 민변노동법 I, 166면.
42) 이상윤, 745면.
43) 김형배, 1078면(직접적 효력이라고 한다); 이상윤, 745면.

단체협약의 보충적 효력이 근로계약에 어떻게 적용되는지에 관하여 외부규율설과 내용설(또는 화체설)로 견해가 나뉜다.

먼저, 외부규율설에 의하면, 단체협약의 내용은 근로계약의 내용과 별개이며, 규범적 성질을 갖는 단체협약이 사적 계약에 불과한 근로계약의 내용으로 직접 전환될 수는 없다고 본다. 다만, 단체협약은 근로계약보다 그 효력 면에서 우월하므로 단체협약의 내용이 근로계약의 내용을 구속하고 우선적으로 적용되는 것뿐이라고 한다. 이 견해에 따르면 조합원이 노동조합으로부터 탈퇴하거나 단체협약이 종료되는 경우 조합원의 근로계약관계에 대하여 적용될 단체협약이 존재하지 않게 된다. 독일의 통설이다.[44]

다음, 내용설(또는 화체설)에 의하면, 단체협약의 내용은 근로계약에 화체되어 근로계약의 한 부분으로서 적용되고, 단체협약이 근로계약의 외부에서 별개의 효력을 가지고 근로계약에 적용되는 것은 아니라고 한다.[45] 이 견해에 따르면, 단체협약의 당사자인 노동조합으로부터 탈퇴한 근로자나 단체협약 종료 후의 조합원의 근로계약관계에 대하여 단체협약이 존재하지 않는다 하더라도 그 내용은 이미 근로계약의 내용으로 화체되어 적용되고 있으므로 기존의 단체협약 내용이 근로계약에 그대로 적용된다. 프랑스에서 대체로 인정되고 있는 견해라고 한다.[46]

판례는 "단체협약이 실효되었다고 하더라도 임금, 퇴직금이나 노동시간, 그밖에 개별적인 노동조건에 관한 부분은 그 단체협약의 적용을 받고 있던 근로자의 근로계약의 내용이 되어 그것을 변경하는 새로운 단체협약, 취업규칙이 체결, 작성되거나 또는 개별적인 근로자의 동의를 얻지 아니하는 한 개별적인 근로자의 근로계약의 내용으로서 여전히 남아 있어 사용자와 근로자를 규율한다"고 하여 내용설(또는 화체설)의 입장을 취하고 있는 것으로 해석된다.[47]

4. 취업규칙과 근로계약 사이의 관계

취업규칙에서 정한 기준에 미달하는 근로조건을 정한 근로계약은 그 부분

---

44) 이상윤, 746면.
45) 김형배, 1079면; 박홍규a, 727면.
46) 이상윤, 746면.
47) 대법원 2000. 6. 9. 선고 98다13747 판결, 대법원 2001. 4. 10. 선고 98다13716 판결, 대법원 2009. 2. 12. 선고 2008다70336 판결.

에 관하여는 무효로 한다. 이 경우 무효로 된 부분은 취업규칙에 정한 기준에 따른다(법 97조).

법 97조는 취업규칙에 정한 '기준'에 관하여 근로계약의 근로조건이 취업규칙의 기준에 '미달하는' 경우에만 해당 부분을 무효로 한다고 규정함으로써 취업규칙의 기준이 최저기준임을 분명히 하고 있다.

즉, 단체협약의 경우에는 노조법 33조 1항이 그 기준에 '위반하는' 근로계약 부분을 무효로 한다고 규정하고 있어 그 기준을 상회하는 근로계약 부분을 무효로 한다고 해석할 수 있는 것에 반하여, 취업규칙의 경우에는 그 기준을 상회하는 근로계약을 무효라고 해석할 여지가 없다.[48] 판례는 근로기준법 94조에서 정한 집단적 동의를 받아 근로자에게 불리한 내용으로 취업규칙이 변경되더라도 그보다 유리한 근로조건을 정한 기존의 개별 근로계약 부분에 우선하는 효력을 갖는다고 할 수 없고, 근로자의 개별적 동의가 없는 한 취업규칙보다 유리한 근로계약의 내용이 우선하여 적용되며,[49] 이러한 법리는 근로자와 사용자가 취업규칙에서 정한 기준을 상회하는 근로조건을 개별 근로계약에서 따로 정한 경우에 한하여 적용된다고 본다.[50]

한편, 근로계약의 대부분이 근로조건의 내용을 구체적으로 정하지 않고 단체협약 또는 취업규칙에 그 내용을 위임하는 경우가 일반적인데, 이 경우 근로계약에 규정되지 않은 사항에 대하여 취업규칙이 보충적으로 적용될 수 있는지 문제된다. 취업규칙의 보충적 효력을 인정하는 견해는 근로계약에 정함이 없는 경우에는 취업규칙에 규범적 효력이 인정되어 취업규칙이 보충적으로 적용될 수 있다고 한다.[51]

취업규칙을 일종의 계약으로 보는 견해(계약설)에 의하면, 취업규칙의 보충적 효력은 문제되지 않는다. 보충의 문제는 취업규칙의 성격에 관한 법규범설을 취할 때 비로소 문제된다.

[이 용 구·최 정 은]

---

48) 대법원 2019. 11. 14. 선고 2018다200709 판결.
49) 대법원 2019. 11. 14. 선고 2018다200709 판결.
50) 대법원 2022. 1. 13. 선고 2020다232136 판결.
51) 심태식, 344면.

제 6 조(균등한 처우)

사용자는 근로자에 대하여 남녀의 성(性)을 이유로 차별적 대우를 하지 못하고, 국적·신앙 또는 사회적 신분을 이유로 근로조건에 대한 차별적 처우를 하지 못한다.

〈세 목 차〉

[참고문헌]

강동욱, "구체적 사례를 통한 직장 내 성희롱의 사실인정과 판단기준에 대한 고찰", 형사정책연구 22권 3호, 한국형사정책연구원(2011); **강선희a**, "비정규 차별시정 신청기간과 계속적인 차별적 처우의 의미", 노동법학 41호, 한국노동법학회(2012. 3.); **강선희b**, "기간제교원에 대해 방학기간을 계약기간에서 제외한 것이 비정규차별에 해당하는지 여부", 노동법학 45호, 한국노동법학회(2013. 3.); **강선희c**, "학교 회계직 근로자들의 교섭당사자와 교섭창구 단일화 절차 거부의 부당노동행위", 노동판례리뷰 2012－2013, 한국노동연구원(2014); **강선희d**, "비정규 차별시정 신청사건에서 기간제 근로계약이 만료된 자의 구제이익", 노동리뷰 127호, 한국노동연구원(2015. 10.); **강선희e**, "차별받은 여성·비정규근로자 등은 임금 차액을 청구할 수 있는가?", 노동법학 57호, 한국노동법학회(2016. 3.); **강선희f**, "비정규직 차별시정 관련 판정 및 판례 분석", 경제사회노동위원회 제 3 차 고용차별개선 연구회(2016); **강선희g**, "비정규 차별에서 비교방법에 따른 불리한 처우 및 합리적 이유의 유무", 노동리뷰 147호, 한국노동연구원(2017. 6.); **강선희h**, "파견관계에서의 차별시정 책임주체 및 책임내용", 노동법률 316호, 중앙경제(2017. 9.); **강성태a**, "노동법상 단시간근로의 보호", 법학의 현대적 제문제 — 덕암 김병대 교수 화갑기념논문집, 대흥기획(1998); **강성태b**, 비전형근로와 노동법, 대구대학교 출판부(2000); **강성태c**, "비정규직법 시행 1년의 평가 — 차별시정제도의 현황과 개선과제를 중심으로", 법학논총 25집 4호, 한양대학교(2008); **강성태d**, "고령자 고용법제의 현황과 개선 방안—노동정책과 사회보장정책의 결합을 중심으로", 동아법학 52호, 동아대학교 법학연구소(2011. 8.); **강을영**, "스펙트럼에 갇힌 임금차별 판단기준—남녀고용평등법 제 8 조의 해석", 노동법률 268호, 중앙경제(2013. 9.); **강이수·권혜자·손영주·김양지영·왕인순(이하 '강이수 외 4명')**, 여성 비정규직의 차별실태와 법제도 개선과제, 국회여성위원회(2004); **강주원**, "출

입국관리법을 위반하여 취업한 근로자의 산업재해보상보험법 적용 여부", 노동판례평석
집 Ⅱ, 한국경영자총협회(1997. 12.); **강해룡a**, "행정소송에서의 원고적격", 법률신문 3838
호, 법률신문사(2010. 5.); **강해룡b**, "항고소송에서의 원고적격", 법률신문 4160호, 법률신
문사(2013. 9.); **강현주**, "국내 선행연구에 나타난 비정규직 차별 관련 법적 쟁점 재검토",
경제사회노동위원회 제3차 고용차별개선 연구회(2016); **계희열**, 헌법학(중)(신정 2 판),
박영사(2007); **고용노동부[1]a**, 고용허가제 법률 설명자료(2003. 2.); **고용노동부b**, 비정규직
법 질의회시집(2007. 10.); **고용노동부c**, 연령차별금지제도의 사회경제적 영향분석 및 도
입방안(2007); **고용노동부d**, 비정규직법령 업무매뉴얼(2007. 7.); **고용노동부e**, 「고용상 연
령차별금지 및 고령자고용촉진에 관한 개정법령」시행지침(2009. 3.); **고용노동부f**, 기간
제ㆍ단시간ㆍ파견근로자를 위한 차별시정제도를 알려드립니다(2012); **고용노동부g**, 연령
차별금지제도 안내(2013. 11.); **고용노동부h**, 알기쉬운 고용허가제 안내(2019); **공두현**,
"산업기술연수생에 대한 차별", 인권판례평석, 박영사(2017); **구미영a**, 고용상의 간접차별
규제—미국 사례를 중심으로—, 서울대학교 대학원 석사학위논문(2003. 8.); **구미영b**, "성
별 등을 사유로 한 차별 개념의 의미와 증명", 노동법연구 23호, 서울대학교 노동법연구
회(2007); **구미영c**, "고용상 성차별 사건의 판례 검토", 노동법연구 27호, 서울대학교 노
동법연구회(2009); **구미영d**, 고용상 성차별의 개념과 판단, 서울대학교 대학원 박사학위
논문(2009); **구미영e**, "과거에 누적된 차별과 직급별 정년제도: 대법원 2006. 7. 28. 2006
두3476 판결", 이화젠더법학 창간호, 이화여자대학교 젠더법학연구소(2010. 3.); **구미영f**,
"영국 평등법 개정의 주요 내용", 국제노동브리프 2011년 3월호, 한국노동연구원(2011);
구미영g, "캐나다의 임금차별 판단 법리에 관한 비교법적 검토", 노동법학 40호, 한국노
동법학회(2011. 12.); **구미영h**, "콜텍 임금차별 소송 판결의 의의", 이화젠더법학 3권 2호,
이화여자대학교 젠더법학연구소(2011. 12.); **구미영i**, "임금차별의 판단과 사법적 구제",
법학논고 40집, 경북대학교 법학연구원(2012. 10); **구미영j**, "기간제 단시간 근로자 임금
차별의 판단", 노동법학 42호, 한국노동법학회(2012. 6.); **구미영k**, "동일가치노동 동일임
금 조항 위반의 사법적 효력", 노동법학 49호, 한국노동법학회(2014. 3.); **구미영l**, "내국인
승무원에 대한 용모제한규정의 국적차별 여부", 노동리뷰 146호, 한국노동연구원(2017.
5.); **구미영m**, "성희롱과 사용자의 책임", 노동법연구 44호, 서울대학교 노동법연구회
(2018); **구본권**, "장애인차별금지법상 법원의 적극적 조치", 사회보장법연구 6권 1호, 서
울대 사회보장법연구회(2017); **국가인권위원회a**, 차별판단지침, 차별판단지침연구 태스크
포스편(2008); **국가인권위원회b**, "여성차별철폐협약 선택의정서 발효에 따른 이행방안 모
색", 2007. 1. 12. 토론회 자료집; **국가인권위원회c**, 장애인차별금지법 외국입법례 및 차별
행위 연구, 국가인권위원회(2009. 11.); **국가인권위원회d**, "UN 여성차별철폐협약의 한국
에서의 성과와 과제", 2009. 12. 2. 토론회 자료집; **국가인권위원회e**, 장애인차별금지법 이

---

1) 2010. 6. 4. 법률 10339호로 정부조직법이 개정되어 2010. 7. 5. 시행되면서 부처 명칭이 종전의
'노동부'에서 '고용노동부'로 변경되었다. 이하 변경 전후를 불문하고 '고용노동부'라 칭한다.

행 가이드라인, 국가인권위원회(2009); **국가인권위원회f**, 장애인차별금지법 영역을 기준으로 한 외국사례 연구—미국 장애인법과 호주 장애인차별금지법을 중심으로—, 국가인권위원회(2011); **국가인권위원회g**, 국가인권위원회 15년사, 국가인권위원회(2017); **권영국**, "기간제 근로자들에 대한 임금 차별에 있어 '계속되는 차별적 처우'의 의미", 2011 노동판례비평, 민주사회를 위한 변호사모임(2012); **권영성**, 헌법학원론(개정판), 법문사(2010); **권오성**, "남녀 임금차별과 노동위원회의 배상명령", 사회법연구 44호, 한국사회법학회(2021); **권태령**, "비정규직 차별시정례에 나타난 판정근거에 대한 분석—중노위의 초심취소 또는 초심일부취소 사례를 중심으로", 노동법논총 37호, 한국비교노동법학회(2016. 8.); **권혁a**, "고령자 고용에 있어 연령차별과 고용촉진제도의 법이론적 의미", 비교법학 22집, 부산외국어대학교 비교법연구소(2011); **권혁b**, "정년연장에 따른 임금체계개편과 취업규칙 변경법리", 노동법포럼 15호, 노동법이론실무학회(2015. 7.); **김경태**, "고령자 고용법제의 현황과 과제", 현대사회와 노인법제, 삼우사(2012); **김근주a**, "기간제근로자의 차별시정 구제이익", 노동판례리뷰 2017, 한국노동연구원(2018); **김근주b**, "전업을 기준으로 한 시간강사 임등 차등지급의 위법성—대법원 2019. 3. 14. 선고 2015두46321 판결—", 노동리뷰 170호, 한국노동연구원(2019. 5.); **김기석**, "장애인차별금지법을 통해 보는 인권침해의 사법적 구제—법원의 적극적 시정조치를 중심으로—", CNU Law Review 12호, 전남대학교 법학전문대학원(2017); **김기선**, "차별시정절차 진행 중 손해배상을 하였더라도 차별시정신청의 구제이익은 소멸하지 않는다", 노동리뷰 165호, 한국노동연구원(2018. 12.); **김기영**, "전화교환직렬 여성의 정년차등이 적합한지 여부: 한국전기통신공사사건", 노동판례평석집 Ⅱ, 한국경영자총협회(1997. 12.); **김난희**, "'무기계약직' 근로자에 대한 균등대우원칙 적용", 법학연구 28권 3호, 충남대학교 법학연구소(2017); **김동선·모선희**, "국가인권위원회 판정 사례를 통해 살펴본 고용상 연령차별의 요인탐구", 노인복지연구 51호, 한국노인복지학회(2011. 3.); **김동욱a**, "기간제법상 처우의 의미와 존재시점—대법원 2012. 1. 27. 선고 2009두13627 판결", 노동법학 42호, 한국노동법학회(2012. 6.); **김동욱b**, "기간제 근로자 차별시정신청의 구제이익", 노동법률 271호, 중앙경제(2013. 12.); **김동욱c**, "정규직과 무기계약직의 근로조건 차등에 근로기준법 제 6 조 적용가능?", 노동법률 302호, 중앙경제(2016. 7.); **김명수**, "장애인차별금지법의 제정배경과 개선방안", 홍익법학 20권 1호, 홍익대학교 법학연구소(2019); **김명중**, "일본정부의 동일노동 동일임금 실현을 위한 움직임과 향후 과제", 국제노동브리프 2016년 5월호, 한국노동연구원(2016); **김민기**, "균등대우원칙의 사법적 실현", 노동법연구 25호, 서울대학교 노동법연구회(2008); **김민정**, "직장 내 성희롱 피해자 보호 강화에 관한 연구", 이화젠더법학 7권 3호, 이화여자대학교 젠더법학연구소(2015. 12.); **김범진**, "국가기관도 항고소송의 당사자 될 수 있나", 법률신문 4168호, 법률신문사(2013. 10.); **김상태**, "국가의 항고소송상 원고적격", 한양법학 29집, 한양법학연구회(2010. 2.); **김상호a**, "동일가치노동·동일임금원칙에 관한 입법론적 고찰", 노동변론 2003년 봄 7호, 민주사회를 위한 변호사모임

(2003. 5.); <u>김상호b</u>, "기간제근로자의 차별에 대한 법적 고찰", 법학연구 15집 2호, 경상대학교 법학연구소(2007. 12.); <u>김상호c</u>, "공무원은 기간제근로자의 비교대상 근로자에 해당하나?", 노동법률 291호, 중앙경제(2015. 8.); <u>김선수a</u>, "한국에서의 외국인근로자 인권문제", 시민과 변호사 12호, 서울지방변호사회(1995. 1.); <u>김선수b</u>, "노동권리분쟁의 효율적 해결방안", 서울대학교 노동법연구회 2004년 추계학술발표회 자료집(2004); <u>김선화</u>, "장애로 인한 차별과 편의제공의무―간접차별 개념을 중심으로―", 사법논집 68집, 사법발전재단(2019); <u>김선희</u>, 간접차별법리에 관한 비교법적 연구―유럽인권재판소와 EU사법재판소의 판례를 중심으로―, 헌법재판소 헌법재판연구원(2017); <u>김성희</u>, "직군분리제로 인한 차별의 제도화와 비정규직법", 비정규노동 56호, 한국비정규노동센터(2006. 11.); <u>김수복a</u>, 비정규직 노동법(개정 5 판), 중앙경제(2016); <u>김수복b</u>, 근로기준법(개정 5 판), 중앙경제(2018); <u>김수형</u>, "성희롱으로 인한 불법행위책임에 관하여", 21세기 사법의 전개―송민 최종영 대법원장 재임 기념문집, 박영사(2005. 9.); <u>김엘림a</u>, 남녀고용평등법 해설, 고용노동부(1991); <u>김엘림b</u>, "여성의 인권침해고발사건: 고용상의 여성용모제한의 문제", 민주법학 8・9호, 민주주의법학연구회(1994); <u>김엘림c</u>, 남녀평등실현을 위한 여성노동관계법의 정비에 관한 연구, 이화여자대학교 대학원 박사학위논문(1995); <u>김엘림d</u>, "교환직렬 정년차등의 남녀고용평등 위반 여부", 노동법률 65호, 중앙경제(1996. 10.); <u>김엘림e</u>, "여성차별철폐협약", 국제인권법 1호, 국제인권법학회(1996); <u>김엘림f</u>, 남녀고용평등법 시행 10년의 성과와 과제, 한국여성개발원(1999); <u>김엘림g</u>, "결혼퇴직의 부당해고 여부", 노동법률 114호, 중앙경제(2000. 11.); <u>김엘림h</u>, "부부사원 중 여성의 절대다수가 명예퇴직한 사건의 위법성 여부", 노동법률 134호, 중앙경제(2002. 7.); <u>김엘림i</u>, "고용상 성차별의 개념과 판단기준", 노동법학 15호, 한국노동법학회(2002); <u>김엘림j</u>, "남녀동일가치노동의 동일임금원칙의 적용", 노동법률 144호, 중앙경제(2003. 5.); <u>김엘림k</u>, "동일가치노동・동일임금원칙에 관한 쟁점", 노동법학 17호, 한국노동법학회(2003); <u>김엘림l</u>, "동일가치노동・동일임금 원칙", 한국노동법학회 2003년 하계학술발표회「노동법에서의 평등과 차별」자료집(2003); <u>김엘림m</u>, "참여정부 시대의 남녀평등에 관한 입법의 성과와 과제", 법제 584호, 법제처(2006); <u>김엘림n</u>, 남녀평등과 법, 한국방송통신대학교 출판부(2009); <u>김엘림o</u>, "직장 내 성희롱의 법적 개념과 판단기준", 노동법학 32호, 한국노동법학회(2009); <u>김엘림p</u>, "고용차별분쟁처리제도의 문제와 정비과제", 법제연구 39호, 한국법제연구원(2010); <u>김엘림q</u>, "성별 분리채용・배치에 따른 직종별 임금차등의 위법여부", 노동법률 267호, 중앙경제(2013. 8.); <u>김엘림r</u>, 성차별 관련 판례와 결정례 연구, 한국방송통신대학교 출판부(2013); <u>김엘림s</u>, "여성차별에 관한 사법의 동향", 저스티스 146-3호, 한국법학원(2015. 2.); <u>김엘림・박현미</u>, 성차별 고용분쟁의 처리제도에 관한 연구, 한국여성정책연구원 연구보고서(1993. 1.); <u>김영국</u>, "비정규직 차별시정제도를 둘러싼 주요 쟁점과 과제", 아주법학 7권 4호, 아주대학교 법학연구소(2014); <u>김영택a</u>, "비정규직 차별시정제도의 실효성 연구", 노동법학 65호, 한국노동법학회(2018. 3.); <u>김영택b</u>, "무기계약직이 근로기준법상 사

회적 신분인지 여부", 노동법학 67호, 한국노동법학회(2018. 9.); **김영희**, EU법에서의 남녀평등, 한국여성개발원(1999); **김유성a**, "정년제의 의의와 법적 문제", 법학 90호, 서울대학교 법학연구소(1992. 2.); **김유성b**, "외국인근로자와 노동관계법의 적용", 비상근연구위원 논문집 8집, 법무연수원(1994. 12.); **김인재a**, "직급별 차등정년제와 간접차별", 노동법률 186호, 중앙경제(2006. 11.); **김인재b**, "학교회계직원의 근로관계 쟁점과 고용안정 방안", 노동법연구 29호, 서울대학교 노동법연구회(2010); **김재왕**, "장애인차별금지법 판결 분석", 사회보장법연구 7권 1호, 서울대 사회보장법연구회(2018); **김재원**, "장애 차별에 대한 구제조치―법원을 통한 구제를 중심으로", 법과 사회 45호, 법과사회이론학회(2013); **김재원·최초록·김구열**, "장애인차별금지 및 권리구제 등에 관한 법률 제48조에 따른 '법원의 구제조치'", 장애인법연구, 경인문화사(2016); **김재원·현지원**, "장애 개념과 장애 차별의 특성", 장애인법연구, 경인문화사(2016); **김재형**, "법률에 위반한 법률행위―이른바 강행법규의 판단기준을 중심으로―", 민사판례연구 26권, 박영사(2004); **김재희**, "고용상 차별과 증명책임", 노동법연구 42호, 서울대학교 노동법연구회(2017); **김정환**, 징벌적 손해배상의 적정한 운영방안에 관한 연구, 사법정책연구원(2019); **김종세a**, "외국인근로자의 헌법상 근로권보장과 고용허가제의 쟁점사항", 한양법학 26권 4호, 한양법학회(2015. 11.); **김종세b**, "외국인근로자 출국만기보험금의 권리보호방안", 법학연구 18권 4호, 한국법학회(2018. 12.); **김주환a**, "양성평등원칙의 구체화", 공법학연구 8권 3호, 한국비교공법학회(2007. 8.); **김주환b**, "평등권 심사 기준의 체계화", 강원법학 31권, 강원대학교 비교법학연구소(2010. 10.); **김지현**, "장애인등록증 소지자만이 지원 가능한 특수교육대상자특별전형과 독자(장애)특별전형에서 면접을 실시하는 것이 「장애인차별금지 및 권리구제 등에 관한 법률」 제4조에 따른 차별에 해당하는지에 관한 유권해석", 법제 612호, 법제처(2008. 12.); **김지형a**, 노동법해설, 청림출판(1993); **김지형b**, "외국인근로자의 헌법상 기본권 보장―현행 산업연수생 제도의 위헌성 검토를 중심으로", 저스티스 70호, 한국법학원(2002. 12.); **김진a**, "동일가치노동·동일임금 규정의 규범력", 2003 노동판례비평, 민주사회를 위한 변호사모임(2004. 9.); **김진b**, "여성노동의 현안: 비정규직화를 중심으로", 젠더법학 1권 1호, 한국젠더법학회(2009. 3.); **김진c**, "상시적 구조조정 수단으로서의 금융기관 '후선 발령'의 정당성", 노동법실무연구 1권, 사법발전재단(2011); **김진·정형옥·김태선**, 진정직업적격 등 고용차별 판단기준에 관한 외국판례 조사, 국가인권위원회(2005); **김진하**, "국가기관(장) 등이 항고소송을 제기하는 경우 실무상 쟁점", 재판자료 132집 행정재판실무연구Ⅴ, 법원도서관(2016); **김철수**, 헌법학신론(제21전정신판), 박영사(2013); **김철희**, "「고평법」과 「비정규직법」상의 임금차별 판단구조 비교―법원 및 노동위원회 판정사례를 통해 본 두 법의 판단구조 비교", 노동법포럼 7호, 노동법이론실무학회(2011); **김태정**, "중고령자의 고용확보와 연령차별 금지 법리", 성균관법학 20권 1호, 성균관대학교 비교법연구소(2008); **김태현**, "근로기준법상 '사회적 신분'의 의미와 무기계약직에 대한 차별의 문제", 노동법포럼 20호, 노동법이론실무학회(2017. 2.); **김태호**,

"국가공무원법 제36조 등 위헌확인—공무원시험 응시연령 상한 제한의 공무원 침해 여부—", 헌법재판소결정해설집 2008, 헌법재판소(2009); **김태홍 · 양승주**, 동일노동 · 동일임금에 관한 연구, 한국여성개발원(1993); **김태홍 · 양혁승 · 이승길**, 동일가치노동의 판단을 위한 비교기준에 관한 연구, 한국여성개발원(2001); **김태홍 · 전윤구**, 동일가치노동에 대한 동일임금모델 개발, 한국여성개발원(2002); **김하열**, "젠더평등과 평등헌법", 젠더법학 3권 2호, 한국젠더법학회(2011. 9.); **김학성**, 헌법학원론(전정 3 판), 피앤씨미디어(2019); **김현민**, "고용허가제와 산업연수제도", 노동법률 148호, 중앙경제(2003. 9.); **김현정**, "외국인 근로자에 관한 헌법재판소 판례 분석—인간 존엄성의 관점에서—", 법학논총 31권 2호, 국민대학교 법학연구소(2018); **김형배a**, 근로기준법(제 8 판), 박영사(2001); **김형배 · 박지순**, 노동법강의(제 8 판), 신조사(2019); **김형진**, "가. 출입국관리법상의 외국인고용제한규정을 위반하여 체결한 근로계약의 효력과 그에 따른 근로관계의 성질 등, 나. 취업활동을 할 수 있는 취업자격이 없는 외국인근로자가 근로기준법 소정의 근로자인지 여부", 대법원판례해설 24호, 법원도서관(1996. 5.); **김홍영a**, "노동분쟁에 대한 노동위원회의 역할과 개선과제", 한국노동법학회 2005년 추계학술발표회 자료집(2005); **김홍영b**, "사회통합과 비정규직 노동법의 변화", 저스티스 134-3호, 한국법학원(2013. 2.); **김홍영c**, "선택적 복지비가 통상임금에 포함되는지 여부", 노동법학 55호, 한국노동법학회(2015. 9.); **김홍영d**, "한국의 파견근로자에 관한 차별시정제도와 사례", 노동법논총 41호, 한국비교노동법학회(2017. 12.); **김홍영e**, "파견차별시정에 사용사업주의 연대책임과 배액 배상", 노동판례리뷰 2017, 한국노동연구원(2018); **김희성a**, "남녀 동일가치노동에 대한 동일임금원칙에 관한 연구", 노동법논총 14집, 한국비교노동법학회(2008); **김희성b**, "영국 동일임금법에 관한 연구—판례의 태도를 중심으로", 경영법학 19집 2호, 한국경영법률학회(2009); **남주혁**, 외국인 고용허가제 개선방안에 대한 연구, 부산대학교 대학원 석사학위논문(2006. 2.); **남찬섭**, "장애인차별금지법의 제정과정과 쟁점: 장애인차별금지법 민관공동기획단의 논의를 중심으로", 한국장애인복지학 6호, 한국장애인복지학회(2007); **노상헌a**, "동아시아 국가의 외국인근로자 유입과 법적 보호", 노동법논총 19호, 한국비교노동법학회(2010. 8.); **노상헌b**, "고용차별금지법과 차별시정제도의 법적 쟁점", 서울법학 20권 3호, 서울시립대학교 법학연구소(2013. 2.); **노재철 · 고준기**, "외국인근로자의 임금을 둘러싼 법적 문제점과 개선방안", 한국콘텐츠학회논문지 14권 4호, 한국콘텐츠학회(2014. 4.); **노진귀**, "정년연장에 대한 노동계 입장: 쟁점과 대안", 노동리뷰 90호, 한국노동연구원(2012. 9.); **노호창a**, "외국인 고용에 있어서의 몇 가지 쟁점에 관한 규범적 검토", 행정법연구 43호, 행정법이론실무학회(2015. 11.); **노호창b**, "외국인근로자 고용에 있어서의 법적정책적 쟁점", 노동법학 70호, 한국노동법학회(2019. 6.); **니시타니 사토시**, 노동법의 기초구조, 박영사(2016); **도재형a**, "시간강사료 차등 지급의 위법성", 노동법률 335호, 중앙경제(2019. 4.); **도재형b**, "임금에서 균등대우원칙—대법원 2019. 3. 14. 선고 2015두 46321 판결—", 노동법연구 47호, 서울대학교 노동법연구회(2019. 9.); **류기정**, "정년연장에 대한 경영계 입장: 쟁점과 대안", 노동리뷰 90호, 한국노동연구원(2012. 9.); **문강분**, "동일가치노동의 동일임금원칙을 인정한 사례", 월간 노동 360호, 한국산업훈련협회 (2005. 2.); **문무기a**, "고령자 고용촉진을 위한 법·제도 분석 및 개선방안―개정 연령차 별금지법에 대한 법리분석을 중심으로", 한양법학 24권 3집, 한양법학회(2013); **문무기b**, "신설 비정규직 차별시정제도에 대한 비판적 고찰", 법학논고 47집, 경북대학교 출판부 (2014. 8.); **문무기·윤문희**, 근로자 균등대우 실현을 위한 노동법적 과제, 한국노동연구원 (2007); 민주사회를 위한 변호사모임 노동위원회(이하 '**민변노동법Ⅲ**'), 변호사가 풀어주 는 노동법 Ⅲ, 민주사회를 위한 변호사모임(2007); **문영만**, "외국인노동자의 종사상 지위 별 임금격차 및 임금결정 요인에 관한 연구", 산업노동연구 22권 2호, 한국산업노동학회 (2016); **문재태**, "불법체류 외국인근로자에 관한 법적 검토", 비교법연구 13권 2호, 동국 대학교 비교법문화연구소(2013. 12.); **민대숙**, "직장 내 성희롱 개념의 확장과 실효성 강 화에 대한 소고", 이화젠더법학 4권 2호, 이화여자대학교 젠더법학연구소(2012. 12.); **민 형기**, "단속법규위반행위의 사법상 효력", 대법원판례해설 12호, 법원행정처(1990); **박귀 천a**, "독일의 성차별금지 법리와 현황", 이화젠더법학 3권 2호, 이화여자대학교 젠더법학 연구소(2011. 12.); **박귀천b**, "노동위원회의 고용상 성차별 시정제도 도입 방안", 이화젠더 법학 11권 1호, 이화여자대학교 젠더법학연구소(2019. 5.); **박귀천·김선미·손향미·이영 희·이희진·정란아(이하 '박귀천 외 5명')**, 기업 채용과정의 차별관행에 대한 실태조사, 국가인권위원회(2011); **박귀천·장명선·이소라·이수연·강을영(이하 '박귀천 외 4명')**, 채용상 차별에 관한 해외사례 및 실태조사 연구, 고용노동부(2015); **박기재**, "기간제법 제 4 조 적용시 학교회계직원의 노동법상 문제", 노동법률 262호, 중앙경제(2013. 3.); **박다 혜**, "공공기관 무기계약직에 대한 차별적 처우 적법성 검토", 2015 노동판례비평, 민주사 회를 위한 변호사모임(2016); **박상필a**, 근로기준법강의, 대왕사(1989); **박상필b**, 한국노동 법(전정판), 대왕사(1988); **박선영a**, "한국의 차별시정구제제도의 현황 및 과제", 젠더법 학 4권 1호, 한국젠더법학회(2012. 7.); **박선영b**, "고용상 성차별 시정을 위한 구제 시스템 강화 방안", 2018 여성노동대토론회 자료집(2018. 2.); **박선영·김진**, "현행 법령 속에 존 재하는 성차별 규정 및 개정 방향에 관한 연구", 페미니즘 연구 6호, 한국여성연구소 (2006. 10.); **박선영·김은경·이주희**, 차별시정기구의 국제비교 및 정책적 함의, 한국여성 개발원(2004); **박선영·김태환·권혜자·김정혜·김명아(이하 '박선영 외 4명')**, 여성·가 족 관련 법제의 실효성 제고를 위한 연구(Ⅴ): 남녀고용평등법 제정 30년의 성과와 과제, 한국여성정책연구원(2017); **박선영·박복순·송효진·구미영·김진·양승엽(이하 '박선영 외 5명')**, 여성·가족 관련 판례에 대한 성인지적 분석 및 입법과제(Ⅰ)―여성노동분야, 한국여성정책연구원(2012); **박수근a**, "비정규직법의 해석과 과제", 노동법연구 22호, 서울 대학교 노동법연구회(2007. 6.); **박수근b**, "변형된 분리직군제와 노동법의 적용", 노동법연 구 30호, 서울대학교 노동법연구회(2011); **박시준**, "국가의 행정소송에서 원고로서의 당 사자능력과 당사자적격", 법률신문 3834호, 법률신문(2010. 4.); **박옥주**, "금융기업의 여성

차별적인 고용제도에 관한 통시적 고찰—여행원제, 신인사제도 그리고 분리직군제로의
전환에 관하여—”, 동덕여성연구 12호, 동덕여자대학교 학생생활연구소(2007); **박옥주·
손승영**, “비정규직법 시행 이후 기업의 대응방식과 성 차별적 관행”, 담론 201 15권 3호,
한국사회역사학회(2012); **박원배**, “채용에 있어서 차별금지”, 노동연구 21호, 고려대학교
노동문제연구소(2011. 4.); **박은정a**, “동일노동 동일임금의 판단에 관한 소고”, 노동정책연
구 5권 1호, 한국노동연구원(2005); **박은정b**, “비정규직 차별시정제도 시행 이후 노동위
원회 차별시정판정례 검토”, 노동법학 27호, 한국노동법학회(2008. 9.); **박은정c**, “비정규
직차별시정제도 시행 이후 노동위원회 차별시정판정례 검토—중노위를 중심으로(2008. 7.
1.~2009. 8. 30.)”, 노동법학 32호, 한국노동법학회(2009. 12.); **박은정d**, “주요 비정규직 차
별시정례의 검토”, 동아법학 51호, 동아대학교 법학연구소(2011); **박은정e**, “경영상 해고
에 관한 대법원 판례 분석과 평가”, 노동법학 53호, 한국노동법학회(2015. 3.); **박은정f**,
“단체협약에 근거한 차별의 합리성”, 노동법학 53호, 한국노동법학회(2015. 3.); **박은정g**,
“비정규직차별시정제도가 요구하는 비교대상근로자의 의미”, 노동법학 60호, 한국노동법
학회(2016. 12.); **박은정h**, “기간제법의 쟁점에 관한 제언”, 노동법학 64호, 한국노동법학
회(2017. 12.); **박은정i**, “파견근로자 차별적 처우금지영역과 차별시정책임자 그리고 징벌
적 손해배상”, 노동판례리뷰 2017, 한국노동연구원(2018); **박제성**, “‘비정규직’ 차별 금지
제도의 법적 검토”, 노동리뷰 31호, 한국노동연구원(2007. 7.); **박종운a**, “장애인차별금지
법 제정의 과제와 전망”, 국제인권법 7호, 국제인권법학회(2004); **박종운b**, “장애인차별금
지법의 주요 내용과 의의”, 장애인차별금지법의 제정 의의와 장애인 정책의 방향, 국가
인권위원회(2007); **박종운c**, “장애인차별금지법의 한계와 개정방안”, 월간 복지동향 188
호, 참여연대사회복지위원회(2014); **박종희a**, “노동관계법에서의 차별금지제도의 전개과
정과 향후 발전방향”, 조정과 심판 30호, 중앙노동위원회(2007. 11.); **박종희b**, 비정규근로
자에 대한 차별금지제도 검토, 고용노동부(2007); **박종희c**, “비정규직 근로자에 대한 차
별금지제도의 쟁점 검토”, 조정과 심판 34호, 중앙노동위원회(2008. 10.); **박종희d**, “차별
시정제도 시행 1주년 평가와 향후 입법정책적 논의 방향”, 노동리뷰 47호, 한국노동연구
원(2008. 11.); **박종희e**, “파견근로자에 대한 차별금지 판단의 대상과 내용”, 노동법률 227
호, 중앙경제(2010. 4.); **박종희f**, “비정규직 근로자·차별금지제도의 최근 동향과 쟁점”,
외법논집 34권 3호, 한국외국어대학교 법학연구소(2010. 8.); **박종희g**, “한국의 비정규고
용의 실태와 법률적 쟁점—비정규고용의 현황, 대응과정 및 향후 개선방향을 중심으로”,
외법논집 35권 4호, 한국외국어대학교 법학연구소(2011. 11.); **박종희h**, “고용형태를 이유
로 하는 차별금지제도의 현황과 과제”, 안암법학 53권, 고려대학교 안암법학회(2017. 5.);
박종희·강선희a, “비정규근로자에 대한 차별금지—차별판단의 구조와 기준을 중심으로—”,
산업관계연구 17권 1호, 한국고용노사관계학회(2007. 6.); **박종희·강선희b**, “비정규근로자
에 대한 차별시정제도의 현황과 몇 가지 쟁점에 대한 검토”, 산업관계연구 22권 3호, 한
국고용노사관계학회(2012. 9.); **박종희·김상호·전윤구·김미영(이하 ‘박종희 외 3명’)**, 비

정규직 차별금지에 관한 선진국 제도운용 연구, 고용노동부(2005); **박종희 · 강성태 · 김상
호 · 전윤구 · 강선희(이하 '박종희 외 4명')**, 비정규직 차별금지 판단기준 및 운영에 관한
연구, 중앙노동위원회(2006); **고려대학교 산학협력단(박종희 · 전윤구 · 강선희, 이하 '박종
희 외 2명')**, 차별시정제도 차별금지 규정의 요건, 제재수단 및 구제절차 개선방안, 고용
노동부(2011. 9.); **박주영**, "비정규직 차별 사건의 쟁점과 과제—노동위원회의 차별판단기
준의 문제점을 중심으로", 민주법학 37호, 민주주의법학연구회(2008. 9.); **박진철**, 남녀고
용평등법상 동일가치근로 동일임금원칙, 부산대학교 대학원 석사학위논문(2004. 2.); **박진
환**, "사용자 중 부당노동행위 구제신청의 피신청인적격성 범위", 저스티스 157호, 한국
법학원(2016. 12.); **박현정**, "국가와 지방자치단체의 항고소송에서의 원고적격—판례의
최근 경향을 중심으로—", 행정법연구 30호, 행정법이론실무학회(2011. 8.); **박형준a**, "정
규직에게 지급한 경영실적평가 성과상여금을 기간제 근로자들에게는 지급하지 아니한
것은 기간제법의 차별적 처우에 해당", 월간 조세 248호, 조세통람사(2009. 1.); **박형준b**,
"기간제 근로자에 대한 계속되는 차별적 처우의 판단", 월간 조세 287호, 조세통람사
(2012. 4.); **방준식**, "임금피크제의 도입에 따른 법적 문제", 법학연구 24권, 경상대학교
법학연구소(2016); **백종인**, "한국에서의 장애인차별금지법의 제정 의의와 내용에 대한 일
고찰", 동북아법연구 창간호, 전북대학교 동북아법연구소(2007); **변성영a**, "차별시정대상
항목과 합리적 이유", 경제사회노동위원회 제16차 고용차별개선 연구회(2017); **변성영b**,
"비정규직 차별시정제도의 실무상 쟁점들", 비교법학 30집, 부산외국어대학교 비교법연
구소(2019); **변용찬 · 김성희 · 임성은**, 장애인차별금지법 제정동향과 정책과제, 한국보건사
회연구원(2006); **보건복지부**[2], 장애인차별금지 및 권리구제 등에 관한 법률 해설서
(2008); **서려**, "공립학교 기간제 교원이 성과상여금 지급 대상인지 여부에 대한 검토",
2017 노동판례비평, 민주사회를 위한 변호사모임(2018); **서혜진**, "차별적 처우 금지 위반
의 효과 및 구제의 내용", 노동연구 19호, 고려대학교 노동문제연구소(2010. 4.); **석동현**,
국적법, 법문사(2011); **설동훈 · 고재훈**, 2017년 외국인근로자 근무환경 실태조사, 한국산
업인력공단(2017); **성낙인**, 헌법학(제19판), 법문사(2019); **손미정**, "성차별에 대한 근로자
보호법리", 법학연구 52집, 한국법학회(2013. 12.); **손상식**, 평등권의 침해 여부에 대한 심
사기준, 헌법재판소(2013); **손향미a**, "채용배치 및 승진에 있어서의 성차별에 따른 정년
차별 사례—한국전기공사협회 사례를 중심으로—", (계간)노무사 2호, 한국공인노무사회
(2003. 8.); **손향미b**, "직급 및 직종별 차등정년제도의 법적 문제—법원과 국가인권위원회
판정의 비교검토를 중심으로", 법학논집 17권 4호, 이화여자대학교 법학연구소(2013); **송
강직a**, "가산점제도와 고용차별", 법학논고 25집, 경북대학교 출판부(2006. 12.); **송강직b**,
"동일가치노동 동일임금원칙과 한국적 과제", 강원법학 28권, 강원대학교 비교법학연구

---

2) 2010. 1. 18. 법률 9932호로 정부조직법이 개정되어 2010. 3. 19. 시행되면서 부처 명칭이 종
　 전의 '보건복지가족부'에서 '보건복지부'로 변경되었다. 이하 변경 전후를 불문하고 '보건복
　 지부'라 칭한다.

소(2009); **송강직c**, "미국의 동일임금법", 노동법학 33호, 한국노동법학회(2010. 3.); **송강직d**, "미국 장애인차별금지법", 노동법학 36호, 한국노동법학회(2010. 12.); **송기춘**, "국가인권위원회법 제30조 제 2 항의 차별금지사유의 해석: 사회적 신분의 개념과 예시조항 여부 논의", 공법연구 31집 2호, 한국공법학회(2002. 12.); **송석윤**, "차별의 개념과 법의 지배", 사회적 차별과 법의 지배(서울대학교 법학연구소 법의지배센터 연구시리즈 2004-2), 박영사(2004); **신경아**, "비정규직 여성노동자의 교차적 차별경험에 관한 연구", 한국여성학 33권 4호, 한국여성학회(2017. 12.); **신권철a**, "기간제 근로계약의 무기근로계약으로의 전환", 노동법연구 30호, 서울대학교 노동법연구회(2011. 3.); **신권철b**, "채용의 공정―채용비리를 중심으로", 노동법학 67호, 한국노동법학회(2018. 9.); **신명 · 윤자야 · 이원희**, 여성노동 관련법실무―남녀고용평등법을 중심으로, 중앙경제(2006); **신옥주**, "양성평등의 실현을 위한 국가인권위원회의 역할과 개선방안 연구", 헌법학연구 18권 4호, 한국헌법학회(2012. 12.); **신용자 · 문유경 · 서경숙 · 김엘림 · 이민진(이하 '신용자 외 4명')**, 여성근로자의 정년에 관한 연구, 한국여성개발원(1988); **신인령a**, 여성 · 노동 · 법, 풀빛(1985); **신인령b**, 세계화와 여성 노동권, 이화여자대학교 출판부(2002); **심재진a**, "평등과 노동권에 근거한 (영미)고용차별법의 가치론적 이해", 노동법연구 26호, 서울대학교 노동법연구회(2009); **심재진b**, "미국의 차별적 영향 이론과 유럽연합의 간접차별 법리", 노동법연구 27호, 서울대학교 노동법연구회(2009); **심재진c**, "한국과 영국의 연령차별금지법제의 비교", 노동법학 35호, 한국노동법학회(2010. 9.); **심재진d**, "장애인차별금지와 정당한 편의제공의무", 사회보장연구 29권 1호, 한국사회보장법학회(2013. 2.); **심재진e**, "영국과 미국의 장애인차별금지법제와 장애인사회보장법제의 관계: 고용상의 합리적 편의제공의무와 국가의 장애인고용지원을 중심으로", 노동법학 25호, 한국노동법학회(2014. 12.); **심재진f**, "신청 후 계약기간이 만료된 기간제 근로자의 차별시정신청 구제이익", 노동판례리뷰 2012－2013, 한국노동연구원(2014); **심재진g** "영국의 차별금지법 개관", 최신외국법제정보 2015년 4호, 한국법제연구원(2015); **심재진h**, "균등대우조항상 차별금지사유인 '사회적 신분'의 의미와 조항 위반의 사법적 효력", 노동리뷰 137호, 한국노동연구원(2016. 8.); **심재진i**, "장애인차별금지법상 차별로 보지 않는 '정당한 사유'의 의미와 구제수단으로서의 적극적 조치", 노동법학 57호, 한국노동법학회(2016); **심재진j**, "일반적 차별금지법으로서의 영국의 2010년 평등법 제정의 의미와 시사점", 강원법학 50권, 강원대학교 비교법학연구소(2017. 2.); **심재진k**, "근로기준법 균등 처우 조항에서의 '사회적 신분'의 의미와 '비교집단'의 선정", 노동리뷰 148호, 한국노동연구원(2017. 7.); **심재진l**, "정규직 전환시 비정규직 근무기간 불인정의 정당성: 취업규칙 법리와 근로기준법 균등처우조항의 적용", 법과 기업 연구 7권 2호, 서강대학교 법학연구소(2017); **심재진m**, "근로기준법 균등 처우 조항에서의 '사회적 신분'의 의미와 '비교집단'의 선정", 노동판례리뷰 2017, 한국노동연구원(2018); **심재진n**, "근로기준법 균등 처우 조항에서의 '사회적 신분'의 의미와 '비교집단'의 선정2", 노동리뷰 156호, 한국노동연구원(2018. 3.); **심태식**, 노동법개론, 법문사(1989); **안경환**, “소수자 보호를 위한 법리”, 법과 사회 2호, 법과사회이론학회(1990. 3.); **안진a**, “개별적 차별금지법의 성과와 한계—포괄적 차별금지법 제정을 위한 검토”, 법학논총 37권 3호, 전남대학교 법학연구소(2017. 8.); **안진b**, “포괄적 차별금지법의 입법 쟁점에 대한 일고찰—현행 차별금지법제의 문제점을 중심으로—”, 법학논총 38권 1호, 전남대학교 법학연구소(2018. 2.); **안홍길**, 모집·채용 및 배치과정에서의 성차별에 관한 연구—남녀고용평등법을 중심으로, 서울대학교 대학원 석사학위논문(1991); **양건**, 헌법강 의(제 8 판), 법문사(2019); **양승광**, “「장애인차별금지법」상 정당한 편의제공 거부와 정당 화 사유—수원지방법원 성남지원 2020. 2. 30. 선고 2019가합404160 판결에 관한 평석—”, 사회보장법학 9권 2호, 한국사회보장법학회(2020. 12.); **양승엽**, “기간제법상 차별의 인정 기준—현저한 질적 차이의 유무”, 노동판례리뷰 2017, 한국노동연구원(2018); **양현아a**, “실증주의 방법론과 여성주의 법학”, 법학 46권 2호, 서울대학교 법학연구소(2005); **양현 아b**, “젠더(gender)에 관한 관한 법적 추론의 여러 방식들”, 젠더법학 3권 2호, 한국젠더 법학회(2011. 9.); **오대영**, “장애인 이동권과 차별구제—대법원 2021. 4. 1. 선고 2018다 203418 판결을 중심으로—”, 사회보장법연구 10권 2호, 서울대 사회보장법연구회(2021); **오문완**, “전화교환직렬 직원만의 정년을 차등규정한 규정의 효력”, 1996 노동판례비평, 민주사회를 위한 변호사모임(1997); **오영두**, “근로자파견의 제문제—대법원 2020. 5. 14. 선고 2016다239024, 239031, 239048, 239055, 239062 판결—”, 판례연구 34집, 부산판례 연구회(2023); **오혜경**, “여성장애인의 차별실태 및 차별해소에 관한 연구”, 사회복지리뷰 11집, 가톨릭대학교 사회복지연구소(2006); **옥도진**, “비자발적 동의에 의한 성관계는 강 간인가?—성적 자기결정권 침해 판단기준에 관한 검토”, 인권과 정의 478호, 대한변호사 협회(2018. 12.); **우주형·강종건·윤석진**, 장애인차별금지 및 권리구제 등에 관한 법률에 대한 입법평가, 한국법제연구원(2009); **유성재a**, “차별개선위원회 성희롱결정 및 시정권 고의 행정소송 대상성”, 노동법률 172호, 중앙경제(2005. 9.); **유성재b**, “비정규 근로자에 대한 차별금지에 관한 연구”, 중앙법학 11권, 중앙법학회(2009); **유성재c**, “정년제 및 연 령차별금지에 관한 비교법적 고찰”, 중앙법학 13권 1호, 중앙법학회(2011); **유성재d**, “‘임 금과 복지 그 밖의 근로조건’에 있어서 계속되는 차별의 범위”, 조정과 심판 47호, 중앙 노동위원회(2011); **유성재e**, “근로관계의 종료와 기간제근로자의 차별시정이익”, 노동법 률 313호, 중앙경제(2017. 6.); **유성재f**, “근로자파견에 관한 최근 판례의 동향”, 노동법포 럼 21호, 노동법이론실무학회(2017. 7.); **유재관**, “일본 동일노동 동일임금 가이드라인”, 노동법률 312호, 중앙경제(2017. 5.); **육소영**, “적극적 고용개선조치와 헌법상의 평등권— 한국과 미국 헌법의 분석을 중심으로”, 중앙법학 11권 3호, 중앙법학회(2009); **윤경**, “자 백의 대상과 강행법규위반사실”, 법조 544호, 법조협회(2002. 1.); **윤기택**, “차별시정제도 에 관한 판례 평석—대법원 2016. 12. 1. 선고 2014두43288 판결—”, 사회법연구 37호, 한 국사회법학회(2019); **윤기택·한경식**, “기간제 근로자의 차별처우금지제도에 관한 고찰”, 법학연구 26집, 한국법학회(2007. 5.); **윤문희a**, “차별의 법적 개념”, 노동리뷰 21호, 한국

노동연구원(2006. 9.); **윤문희b**, "일본의 동일노동 동일임금 가이드라인안", 국제노동브리
프 2017년 4월호, 한국노동연구원(2017); **윤상민**, "성희롱의 형사처벌문제", 법과 정책연
구 6집 2호, 한국법정책학회(2006. 12.); **윤애림a**, "고용허가제 시행과 이주노동자의 노동
권 보호의 문제점", 노동법률 161호, 중앙경제(2004. 10.); **윤애림b**, "'무기계약직'의 문제
점과 대안—중앙행정기관 무기계약직 실태를 중심으로—", 민주법학 53호, 민주주의법학
연구회(2013); **윤준석**, "장애인차별금지법상의 적극적 조치에 관하여—지금까지의 판결
례 분석 및 향후 문제가 될 쟁점들을 중심으로", 사법 60호, 사법발전재단(2022); **윤지영
a**, "이주노동자 사업장 선택권 박탈과 고용허가제", 월간 복지동향 168호, 참여연대사회
복지위원회(2012. 10.); **윤지영b**, "이주노동자 출국 후 퇴직금 수령제도의 도입과 문제점",
월간 복지동향 190호, 참여연대사회복지위원회(2014. 8.); **윤혜정**, "동일가치노동 동일임
금 판결의 한계 및 개선과제—대법원 2013. 5. 9. 선고 2010다23821 판결(효성사건)", 이
화젠더법학 6권 1호, 이화여자대학교 젠더법학연구소(2014. 6.); **이경숙**, "이주노동자 권리
보호를 위한 국제인권규범 수용에 관한 연구—유엔 국제인권조약 및 이주노동자권리협
약을 중심으로", 법학연구 11권 2호, 인하대학교 법학연구소(2008); **이광선a**, "무기계약직
과 같은 고용형태가 '사회적 신분'에 해당하는지", 노동법률 306호, 중앙경제(2016. 11.);
이광선b, "단체협약 근거로 기간제근로자 차별적 처우가 합리성이 있는지", 노동법률
311호, 중앙경제(2017. 4.); **이광선c**, "균등한 처우 동일가치노동 동일임금에 대한 최근 대
법원 판례", 노동법률 335호, 중앙경제(2019. 4.); **이광택**, "불법체류 외국인근로자의 산업
재해에 대해서도 산업재해보상보험법상 요양급여를 지급하여야 한다", 노동법률 41호,
중앙경제(1994. 10.); **이국환**, "근로기준법상 '사업'의 개념과 퇴직금차등제도 금지", 재판
과 판례 8집, 대구판례연구회(1999. 12.); **이노홍**, "성차별에 관한 사법심사기준의 재고찰
—미연방대법원의 성차별 심사기준과 비교를 중심으로", 홍익법학 13권 4호, 홍익대학교
법학연구소(2012); **이달휴a**, "승급에서의 성차별과 구제", 노동법학 15호, 한국노동법학회
(2002. 12.); **이달휴b**, "남녀근로자에 있어서 동일가치노동의 판단기준", 노동법률 145호,
중앙경제(2003. 6.); **이달휴c**, "우리나라의 고령자고용에 관한 법적 과제", 고령사회법제
워크샵 고령사회와 고령자고용의 법적 과제, 한국법제연구원(2003. 10.); **이동우**, "여성노
인의 다중 차별에 관한 고찰", 인권법평론 19호, 전남대학교 공익인권법센터(2017); **이명
웅**, "(판례해설) '틱 장애'를 배제한 장애인복지법 시행령의 위헌성", 법률신문 4447호,
법률신문사(2016. 9.); **이명화**, "남녀고용평등법상 성차별 구제에 관한 최근 미국 판례의
시사점", 이화젠더법학 9권 3호, 이화여자대학교 젠더법학연구소(2017. 12.); **이미선a**, "성
희롱에 관한 법적 검토", 시민과변호사 62호, 서울지방변호사회(1999. 3.); **이미선b**, "차별
행위의 근거가 되는 사실관계가 '기간제 및 단시간근로자 보호 등에 관한 법률'의 차별
금지 규정 시행 전에 이루어진 경우 동 규정의 적용 여부", 대법원판례해설 91호, 법원도
서관(2012); **이미선c**, "임금의 차별적 지급이 '계속되는 차별적 처우'에 해당하는지 여
부", 대법원판례해설 89호, 법원도서관(2012); **이미선d**, "동일가치노동 동일임금 원칙",

대법원판례해설 95호, 법원도서관(2013); **이미선e**, "공무원을 기간제근로자의 비교대상 근로자로 선정할 수 있는지 여부", 대법원판례해설 101호, 법원도서관(2015); **이민영**, "「국가인권위원회법」의 개정방향에 관한 연구", 홍익법학 19권 4호, 홍익대학교 법학연구소(2018); **이병희**, "기간제 근로에서의 계약기간과 사용기간", 사법논집 45집, 법원도서관(2007); **이부하**, "외국인근로자의 직장선택의 자유—헌재 2011. 9. 29. 2007헌마1083, 2009헌마230, 352 사건을 중심으로—", 세계헌법연구, 국제헌법학회(2011); **이상경**, "사회적 신분에 의한 차별사유에 관한 소고—헌법 제11조 및 국가인권위원회법 제 2 조의 사회적 신분의 의미를 중심으로—", 헌법학연구 20권 4호, 한국헌법학회(2014. 12.); **이상도**, "무기계약직이 근로기준법 제 6 조의 사회적 신분에 해당하는지 여부", 노동법률 330호, 중앙경제(2018. 11.); **이상돈·손유미·김미란(이하 '이상돈 외 2명')**, 연령차별 실태 및 해소방안, 한국여성개발원·한국직업능력개발원(2001. 12.); **이상철**, "ILO동일임금협약과 관련노동법령·판례 해설", 법제 484호, 법제처(1998. 4.); **이성언·최유**, 다문화 가정 도래에 따른 혼혈인 및 이주민의 사회통합을 위한 법제지원방안 연구, 한국법제연구원(2006); **이성택**, "국가인권위원회법과 결정례를 통해 본 연령차별금지법의 쟁점과 과제", 인권법평론 3호, 전남대학교 공익인권법센터(2008. 12.); **이세호**, "비정규 근로의 '사회적 신분' 해당성 여부—동일노동 동일임금원칙 적용과 관련하여—", 사회법연구 31호, 한국사회법학회(2017); **이소영**, "장애차별금지법의 확산과 위축—변화추구형 법률에 대한 반작용을 중심으로", 장애와 고용 18권 2호, 한국장애인고용공단 고용개발원(2018. 10.); **이수연a**, "차별의 정당성 판단기준", 노동법학 41호, 한국노동법학회(2012. 3.); **이수연b**, "남녀고용평등법상 차별규정의 한계와 개선과제", 이화젠더법학 4권 2호, 이화여자대학교 젠더법학연구소(2012. 12.); **이수연c**, "남녀고용평등법상 동일임금법리상의 한계와 개선과제", 노동법학 44호, 한국노동법학회(2012. 12.); **이수연d**, "신체장애를 이유로 한 해고의 정당성", 노동법학 45호, 한국노동법학회(2013. 3.); **이수연e**, "고령자의 근로관계 종료와 정당성 판단기준", 노동법학 46호, 한국노동법학회(2013. 6.); **이수연f**, "장애인에 대한 면직처분의 정당성과 사용자의 편의제공의무", 사회법연구 20호, 한국사회법학회(2013. 8.); **이수연g**, "외국인여성근로자의 노동인권 실태", 젠더법학 5권 1·2호 합병호, 한국젠더법학회(2014. 1.); **이수연h**, "기간제 근로자에게는 인정되지 않는 장기근속기간", 노동리뷰 117호, 한국노동연구원(2014. 12.); **이수연i**, "여전히 계속되는 기회의 제한: 채용 시 성차별과 개선방안 모색", 이화젠더법학 7권 3호, 이화여자대학교 젠더법학연구소(2015. 12.); **이수연j**, "고용의 종료와 성차별: 우리 판례법리의 재구성", 젠더법학 7권 2호, 한국젠더법학회(2016. 1.); **이수연k**, "고용상 구조적 차별의 시정과 적극적 조치: 캐나다의 논의를 중심으로", 이화젠더법학 8권 2호, 이화여자대학교 젠더법학연구소(2016. 8.); **이수연l**, "장애로 인해 근로자가 기존 직무를 수행할 수 없는 경우, 사용자의 정당한 편의제공의무", 노동법학 59호, 한국노동법학회(2016. 9.); **이수연m**, "외국인여성근로자의 노동과 보편적 권리 보장—우리 법제에 대한 비판적 접근—", 사회법연구 33호, 한국사회법학회

(2017); 이숙진, "차별금지 관련 법률의 부정합성—인권위법과 개별적 차별금지법을 중심으로", 경제와 사회 84호, 비판사회학회(2009. 12.); 이승길a, "ILO 제100호 동일임금협약과 회원국의 준수정책과 노동법적 과제", 노동법률 128호, 중앙경제(2002. 1.); 이승길b, "남녀고용평등법상의 모집·채용 차별", 노동법률 131호, 중앙경제(2002. 4.); 이승길c, 여성과 노동법제, 한국경영자총협회(2003); 이승길d, "남녀 임금차별의 법리—일본의 입법론과 법해석의 한계를 중심으로", 성균관법학 17권 1호, 성균관대학교 비교법연구소(2005); 이승길e, "고령자 고용안정 및 고용촉진을 위한 노동법정책의 개편방안 연구", 경희법학 48권 1호, 경희대학교 법학연구소(2013. 3.); 이승길f, "고령자 고용촉진법에 따른 임금피크제에 관한 소고", 노동법학 48호, 한국노동법학회(2013. 12.); 이승길·이주호, "노동법상 사용자의 채용 자유와 제한—채용절차법을 중심으로", 사회법연구 26호, 한국사회법학회(2015); 이승섭, "고용상 성별에 의한 차별적 처우 등에 대한 노동위원회의 시정명령과 정신적 손해의 배상명령", 법학논총 42권 1호, 전남대학교 법학연구소(2022. 2.); 이승욱a, "여성고용에서의 간접차별에 대한 실효적 규제를 위한 법적 규율", 노동법학 17호, 한국노동법학회(2003); 이승욱b, "남녀 동일가치노동의 판단기준", 법학논집 10권 2호, 이화여자대학교 법학연구소(2006); 이승욱c, "비정규근로자 차별금지에 관한 영국에서의 판례법리", 성균관법학 20권 3호, 성균관대학교 비교법연구소(2008. 12.); 이승욱d, "불법체류 외국인 근로자에 대한 노동법 적용의 원칙과 예외", 노동법학 58호, 한국노동법학회(2016. 6.); 이승욱·김엘림, 여성고용에서의 차별판단기준 마련, 고용노동부(2005); 이승원, "기간제근로자를 위한 차별시정제도", 재판자료 125집 행정재판실무연구 IV, 법원도서관(2013); 이영희, 노동법, 법문사(2001); 이승협, "적극적 고용개선조치 제도 효율성 개선방안 연구", 여성연구 2016년 1호, 한국여성정책연구원(2016); 이원재, "무기계약직 근로자의 근로조건 차별", 노동법률 328호, 중앙경제(2018. 9.); 이용우, "부당해고 시 임금청구권의 범위와 행정소송 보조참가로 인한 시효중단", 2012 노동판례비평, 민주사회를 위한 변호사모임(2013); 이유정a, "고용차별 관련 판례의 문제점과 개선방안", 법학연구 10집 3호, 인하대학교 법학연구소(2007. 9.); 이유정b, "사법관계에서 평등권의 적용에 관한 연구—성차별 소송사건을 중심으로", 이화젠더법학 1권 1호, 이화여자대학교 젠더법학연구소(2010. 3.); 이유정c, "국가인권위원회 차별판단기준 검토: 성차별사건을 중심으로", 이화젠더법학 1권 2호, 이화여자대학교 젠더법학연구소(2010. 9.); 이율경, "연령평등과 정년제의 딜레마에 관한 법적 검토", 노동법학 61호, 한국노동법학회(2017. 3.); 이은영a, "동일노동—동일임금의 원칙과 남녀고용평등", 한국민사법학의 현대적 전개: 배경숙 교수 화갑기념논문집, 박영사(1991); 이은영b, "규제법령에 위반된 법률행위의 무효," 민사재판의 제문제(상)—송천 이시윤 박사 화갑 기념, 박영사(1995); 이재희a, "평등권의 대사인효와 그 구체적 적용방식—일반조항 해석과 관련하여", 저스티스 138호, 한국법학원(2013. 10.); 이재희b, "일반적 평등권 보장과 개별적 평등권 보장—특히 헌법 제11조 제 1 항 제 1 문과 제 2 문을 중심으로", 헌법학연구 21권 2호, 한국헌법학회(2015.

6.); **이재희c**, "장애인 평등권 보장에 대한 헌법적 검토", 사회보장법학 6권 1호, 한국사회보장법학회(2017. 6.); **이재희d**, 장애차별 금지 및 장애인의 평등권 실현, 헌법재판소 헌법재판연구원(2017); **이재희e**, "사적 자치와 차별금지법", 저스티스 165호, 한국법학원(2018. 4.); **이정a**, "정년연장에 따른 임금체계 개편을 둘러싼 법적 쟁점과 과제―취업규칙 변경법리에 관한 비교법적 검토를 중심으로", 노동법학 55호, 한국노동법학회(2015. 9.); **이정b**, "정년연장에 따른 고용형태 및 임금체계 개편에 관한 연구(시론)―일본의 고용연장사례를 통한 실증적 분석을 중심으로", 외법논집 42권 2호, 한국외국어대학교 법학연구소(2018. 5.); **이정c**, "정년유지형 임금피크제, 과연 연령차별인가?", 노동법률 374호, 중앙경제(2022. 7.); **이종범·박동열**, "학교회계직원의 사용자에 대한 고찰 및 입법 정책적 검토―사법상 권리의무의 주체와 단체교섭 사용자적격의 관련성을 중심으로―", 행정법연구 41호, 행정법이론실무학회(2015. 2.); **이종수**, "'사회적 신분'에 의한 차별금지의 헌법적 의미", 공법연구 31집 1호, 한국공법학회(2002. 11.); **이주희㉮a**, "분리직군제, 무엇이 문제인가?", 비정규노동 65호, 한국비정규노동센터(2008. 2.); **이주희㉮b**, "직군제의 고용차별 효과―금융산업을 중심으로", 경제와 사회 80호, 비판사회학회(2008. 12.); **이주희㉮c**, "유리천장 어떻게 깰 것인가: 적극적 고용개선조치(AA)를 중심으로", 젠더리뷰 2017. 가을호, 한국여성정책연구원(2017); **이주희㉯**, "간접차별의 개념과 판단기준―외국의 주요입법례와 사례를 중심으로", 청주법학 32권 2호, 청주대학교 출판부(2010. 11.); **이준일a**, 차별금지법, 고려대학교 출판부(2007); **이준일b**, "한국 장애인차별금지법의 법적 쟁점", 안암법학 34호 상권, 고려대학교 안암법학회(2011. 1.); **이준일c**, 차별없는 세상과 법, 홍문사(2012); **이준일d**, 헌법학강의(제 7 판), 홍문사(2019); **이지만**, "정년 60세 연장과 임금피크제", 국회보 559호, 국회사무처(2013); **이지원**, "직장 내 성희롱 예방 법정책의 문제와 입법적 대안: 고평법의 문제를 중심으로", 법과사회 55호, 법과사회이론학회(2017. 8.); **이철수a**, "고령자고용과 정년제의 법적 과제", 노동법연구 15호, 서울대학교 노동법연구회(2003); **이철수b**, "정년법제의 도입과 실무상 쟁점", Business Finance Law, 서울대학교 금융법센터(2015); **이철호**, "장애인차별금지법과 장애인의 인권", 한국콘텐츠학회논문집 8권 8호, 한국콘텐츠학회(2008. 8.); **이태현**, "고용형태와 차별대우에 대한 법적소고―차별대우 금지의 법적근거와 최근 판례 검토―", 인권법의 이론과 실제 18호, 한양대학교 공익소수자인권센터(2019); **이학춘a**, "외국인근로자의 법적 지위", 노동법논총 9호, 한국비교노동법학회(2006. 6.); **이학춘b**, "60세 정년의무화에 따른 임금피크제의 효과적 도입을 위한 법적개선 방안", 동아법학 63호, 동아대학교 법학연구소(2014); **이학춘·고준기**, "고용허가제를 둘러싼 주요 갈등과 쟁점 및 향후 법적 과제―기본원칙을 중심으로―", 노동법논총 27호, 한국비교노동법학회(2013. 4.); **이희성·김슬기**, "미등록 외국인근로자의 보호", 한양법학 26권 4호, 한양법학회(2015. 11.); **임공수a**, 고용상 차별금지제도에서의 합리적 이유에 관한 연구, 고려대학교 대학원 박사학위논문(2016); **임공수b**, "고용차별판단 심사기준", 노동법논총 39호, 한국비교노동법학회(2017. 4.); **임공수c**, "고

용상에서 '연령 요소'에 의한 차별", 고려법학 85호, 고려대학교 법학연구원(2017. 6.); **임공수d**, 고용차별론, 청목출판사(2018); **임인숙**, "채용과정의 여성외모 차별 예방을 위한 사진정보 폐지의 법제화 논의", 한국여성학 35권 2호, 한국여성학회(2019. 6.); **임지봉**, "적극적 평등실현조치와 실질적 평등", 법조 563호, 법조협회(2003. 8.); **임혜원**, "직장 내 성희롱 피해근로자 등에게 불리한 조치를 한 경우 회사의 손해배상책임", 대법원판례해설 113호, 법원도서관(2018); **장교식**, "국가인권위원회 진정사건결정의 처분성에 관한 검토", 일감법학 13호 상반기, 건국대학교 법학연구소(2008. 3.); **장민선**, "미국의 고용상 성차별금지법제의 현황 및 시사점", 이화젠더법학 3권 2호, 이화여자대학교 젠더법학연구소(2011. 12.); **장애인법연구회**, 장애인차별금지법 해설서, 나남(2017); **장영석**, "임금피크제와 연령차별—대법원 2022. 5. 26. 선고 2017다292343 판결", 노동리뷰 208호, 한국노동연구원(2022. 7.); **장영수**, 헌법학(제11판), 홍문사(2019); **전광석a**, "국가인권위원회 세미나 토론원고", 자료집 국가인권위원회 전문가 토론회 사회적 신분을 중심으로, 국가인권위원회(2002. 10.); **전광석b**, "장애인차별금지법의 제정방향", 장애와 고용 53권 가을호, 한국장애인고용공단 고용개발원(2014); **전광석c**, 한국헌법론(제14판), 집현전(2019); **전북대학교 사회과학연구소 · 외국인노동자대책협의회(이하 '전북대 사회과학연구소 외 1')**, 국내거주 외국인노동자 인권실태조사, 국가인권위원회(2002); **전영실**, 직장내 성희롱의 실태와 대책, 한국형사정책연구원(1999); **전윤구a**, 근로관계에서의 균등대우원칙에 관한 연구, 고려대학교 대학원 박사학위논문(2004); **전윤구b**, "임의적인 추가급부에서의 비정규직 근로자 배제의 정당성", 산업관계연구 15권 2호, 한국고용노사관계학회(2005. 12.); **전윤구c**, "비정규법안과 차별금지—기간제근로자의 비교대상자 문제와 차별의 합리적 이유를 중심으로", 노동법학 23호, 한국노동법학회(2006. 12.); **전윤구d**, "비정규직 차별시정신청을 둘러싼 해석론의 검토", 임금연구 56호(2007년 봄호), 경총 노동경제연구원(2007. 3.); **전윤구e**, "비정규직 관계법의 입법적 개선방향", 노동법학 28호, 한국노동법학회(2008); **전윤구f**, "소송을 통한 차별구제방안 연구", 노동법논총 15집, 한국비교노동법학회(2009. 4.); **전윤구g**, "남녀 동일가치노동 동일임금 원칙의 해석과 적용—노동의 동일가치 증명을 중심으로", 법학논집 31권 2호, 청주대학교 법학연구소(2009); **전윤구h**, "연령차별금지의 실효성과 도입방안 연구", 경기법학논총 10호, 경기대학교 법학연구소(2010); **전윤구i**, "차별시정신청권의 노동조합 확대방안에 관한 해석론적 쟁점 연구", 노동법학 41호, 한국노동법학회(2012. 3.); **전윤구j**, "외국인근로자의 노동법적 지위—단결활동에서의 제한과 차별금지를 중심으로", 노동법학 42호, 한국노동법학회(2012. 6.); **전윤구k**, "차별금지에서 외국인근로자의 법적 지위", 노동법논총 28호, 한국비교노동법학회(2013. 8.); **전윤구l**, "국적차별금지조항의 기원과 현재적 의의", 노동법학 48호, 한국노동법학회(2013. 12.); **전윤구m**, "한국의 외국인력정책에서 일본제도의 변용과 문제점—산업연수생제도의 도입과 운영을 중심으로", 강원법학 42호, 강원대학교 비교법학연구소(2014. 6.); **전윤구n**, "연령차별관점에서 본 정년연장과 임금조정제", 노동법포럼 15호, 노동법이론실무학회(2015. 7.); **전윤구o**, "UN 장애인권리협약이 한국의 장애인차별금지법에 미치는 법적 영향—근로계약에서의 차별개념과 계약체결에서의 자기결정권을 중심으로—", 안암법학 35호, 안암법학회(2011); **전윤구·류재율**, 징벌적 금전배상제도 등의 도입에 따른 차별시정제도 정비방안 연구, 중앙노동위원회(2014. 8.); **전형배a**, "외국인근로자 고용정책", 저스티스 109호, 한국법학원(2009. 2.); **전형배b**, "외국인근로자의 노동인권", 노동법논총 18호, 한국비교노동법학회(2010. 4.); **전형배c**, "근로기준법 제 6 조 사회적 신분과 차별", 노동포스트 2018년 7월호, 나라경영(2018); **정봉수a**, "불법체류 외국인근로자의 노동법 적용", 노동법률 288호, 중앙경제(2015. 5.); **정봉수b**, "외국인근로자의 노동법적 권리 확대와 한계", 노동법률 314호, 중앙경제(2017. 7.); **정봉수c**, "외국인근로자의 활용과 인권보호", 노동법률 316호, 중앙경제(2017. 9.); **정봉수d**, "외국인근로자의 고용제도와 권리구제", 노동법률 321호, 중앙경제(2018. 2.); **정연묘**, "동일가치노동과 직무평가", 노동법률 4호, 중앙경제(1991. 9.); **정영선**, "장애 차별 및 장애인 권리구제 제도 개선방향에 대한 소고", 법학연구 22권 1호, 충남대학교 법학연구소(2011); **정용진**, "기간제법상 단시간근로자보호에 대한 재검토", 노동법논총 39호, 한국비교노동법학회(2017. 4.); **정인섭**, "노동법원 논의의 현황과 과제", 노동법연구 19호, 서울대학교 노동법연구회(2005); **정남철**, "항고소송에 있어서 국가기관의 원고적격", 저스티스 140호, 한국법학원(2014. 2.); **정정훈**, "외국인 인권", 한국 이민정책의 이해, 백산서당(2011); **정종철a**, "동일가치노동 동일임금원칙의 적용과 관련한 몇 가지 이슈", 노동법률 265호, 중앙경제(2013. 6.); **정종철b**, "동일가치노동 동일임금원칙의 전제조건으로서 직무급제", 노동법률 315호, 중앙경제(2017. 8.); **정주백**, "간접차별 개념의 필요성에 관한 관견—헌재 1999. 12. 23. 98헌마363에 대한 평석을 겸하여—", 헌법학연구 22권 1호, 한국헌법학회(2016. 3.); **정진경**, "부당해고와 불법행위—위자료청구를 중심으로—", 노동법의 쟁점과 과제—김유성 교수 화갑 기념, 법문사(2000); **정형옥**, "승진에 있어서의 차별 판단을 위한 고찰", (계간)노무사 2호, 한국공인노무사회(2003. 8.); **조규식·이선희**, "미등록 외국인근로자 실태 및 노동법상 문제점", 법이론실무연구 5권 2호, 한국법이론실무학회(2017. 8.); **조동훈**, "외국인과 국내 근로자 임금격차 분석", 노동정책연구 10권 3호, 한국노동연구원(2010. 9.); **조상균a**, "동일가치노동에 대한 여성임금차별의 위법성: ㈜한길사건", 민주법학 24호, 민주주의법학연구회(2003. 8.); **조상균b**, "파견근로자에 대한 차별시정", 노동정책연구 10권 2호, 한국노동연구원(2010); **조상균c**, "비정규직 차별시정제도의 쟁점 및 전망", 동아법학 64호, 동아대학교 법학연구소(2014. 8.); **조상균d**, "비정규직 차별시정 10년의 사례 분석—성과와 과제—", 노동법학 63호, 한국노동법학회(2017. 9.); **조상균e**, "공공부문 비정규직 대책: 논의 현황과 과제", 비정규직 대책의 현황과 과제, 한국노동연구원(2018); **조성혜a**, "고령자의 고용촉진을 위한 법적 과제", 법제연구 38호, 한국법제연구원(2010. 6.); **조성혜b**, "기간제법 시행 후 노동시장의 분절화", 노동법학 60호, 한국노동법학회(2016. 12.); **조순경**, "여성 비정규직의 분리직군 무기계약직 전환과 차별의 논리", 한국여성학 24권 3호, 한국여성학회(2008. 9.); **조연민**, "무기계약근로자에 대한 차별적 처우의 시정—균등처우조항에 대한 최근 판례 검토—", 노동법연구 45호, 서울대학교 노동법연구회(2018. 9.); **조용만a**, 프랑스의 고령자고용과 정년법제, 고령사회법제 워크샵 고령사회와 고령자고용의 법적 과제, 한국법제연구원(2003. 10.); **조용만b**, "고용에서의 연령차별금지의 법적 현황과 과제", 노동법연구 15호, 서울대학교 노동법연구회(2003. 12.); **조용만c**, 고용차별금지법의 국제비교—영미법계의 연령·장애 차별금지법제를 중심으로, 한국노동연구원(2004); **조용만d**, "경영상 해고기준의 설정방식·내용·적용에 관한 연구", 노동법학 19호, 한국노동법학회(2004. 12.); **조용만e**, "고용차별 해소를 위한 적극적 조치의 정당성", 노동법연구 20호, 서울대학교 노동법연구회(2006); **조용만f**, "적극적 조치의 합법성과 역차별의 문제", 노동시장 차별과 적극적 고용개선조치, 한국노동연구원(2006); **조용만g**, "법학적 관점에서 본 차별의 개념", 인권과 공익법 1호, 건국대학교 출판부(2007); **조용만h**, "비정규직 차별시정에서의 신청인적격성과 비교대상 근로자", 노동법연구 27호, 서울대학교 노동법연구회(2009); **조용만i**, "비정규직 임금차별의 합리성 판단에 관한 연구: 노동위원회 판정사례 분석을 중심으로", 노동정책연구 9권 4호, 한국노동연구원(2009); **조용만j**, 차별시정 판정사례 분석을 통한 차별시정 운영개선 방안 마련, 중앙노동위원회(2009. 12.); **조용만k**, "비정규직 임금차별의 계속되는 차별적 처우 여부", 노동법학 34호, 한국노동법학회(2010. 6.); **조용만l**, "정년연장의 법적 과제", 노동정책연구 12권 3호, 한국노동연구원(2012); **조용만m**, "비정규직 차별금지의 쟁점과 과제", 노동법학 42호, 한국노동법학회(2012); **조용만n**, "국가인권위원회 고용차별시정 10년 사례의 분석", 노동정책연구 12권 1호, 한국노동연구원(2012); **조용만o**, "비정규직법의 개선: 차별 해소를 위한 과제", 전환기의 노동과제, 서울대학교 고용복지법센터(2017); **조원희·박성민·서동후·이대아·박창수·이강민(이하 '조원희 외 5명')**, "장애인차별금지 및 권리구제 등에 관한 법률상 정당한 편의제공 거부에 의한 차별의 위법성 판단 기준", 장애인법연구, 경인문화사(2016); **조임영a**, "근로자파견사업자의 범위", 2000 노동판례비평, 민주사회를 위한 변호사모임(2001); **조임영b**, "장애차별의 개념과 작동: 영국의 2010년 평등법(Equality Act 2010)상 장애차별 개념을 중심으로", 노동법학 37호, 한국노동법학회(2011. 3.); **조임영c**, "영국 장애차별금지법과 '장애'의 개념", 동아법학 66호, 동아대학교 법학연구소(2015. 2.); **조임영·김철희·박주영·조재희·허익수(이하 '조임영 외 4명')**, 비정규직 차별시정제도의 운영에 관한 연구—기간제 근로자 차별시정제도를 중심으로, 국회환경노동위원회(2006); **조현주**, "동일가치노동 동일임금 조항 위반의 사법적 효력", 2013 노동판례비평, 민주사회를 위한 변호사모임(2014); **조홍석a**, "국가인권위원회법 제30조 제 2 항의 사회적 신분의 범위", 공법연구 31집 1호, 한국공법학회(2002. 11.); **조홍석b**, "성별에 따른 적극적 평등실현조치와 미연방대법원", 법과 정책연구 18집 1호, 한국법정책학회(2018. 3.); **주완**, "무기계약직 등의 고용형태가 근로기준법상 '사회적 신분'에 해당하는지 여부", 노동법률 307호, 중앙경제(2016. 12.); **중앙노동위원회a**, 차별시정 판정·판결례 분석집

(2016. 2.); **중앙노동위원회b**, 차별시정업무 매뉴얼(2017. 3.); **중앙노동위원회c**, 고용상 성차별 등 시정 조사 길라잡이(2022. 5.); **지성수**, "외국인근로자의 고용 등에 관한 법률 제13조 제 3 항 등 위헌확인—외국인근로자 출국만기보험 지급 시기에 관한 사건", 헌법재판소결정해설집 2016, 헌법재판소(2017); **차성안a**, "소송을 통한 장애인 권리구제의 쟁점—장애인 교육차별에 관한 사례분석을 중심으로", 사회보장법연구 1호, 서울대 사회보장법연구회(2012. 6.); **차성안b**, "중증장애인 입후보자의 선거운동", 사회보장법연구 2권 1호, 서울대 사회보장법연구회(2013); **차용호**, 한국이민법, 법문사(2015); **최경옥**, "한국헌법상 이주근로자의 근로권—2004헌마670, 2007헌마1083, 2011구합5094(서울행정법원) 판례를 중심으로", 공법학연구 12권 4호, 한국비교공법학회(2011); **채형복a**, "국제이주노동자권리협약에 대한 고찰", 법학논고 29호, 경북대학교 법학연구원(2008. 12.); **채형복b**, "EU법에 있어 간접차별금지법리의 형성과 전개—ECJ의 간접차별 판단 기준을 중심으로", 법학논고 56집, 경북대학교 법학연구원(2016. 11.); **최누림**, "근로자의 인사이동에 대한 법률상 쟁점의 개관", 인권과 정의 370호, 대한변호사협회(2007. 6.); **최승철**, 차별금지법의 이해, 한울(2011); **최윤희a**, 고용차별규제에 관한 법리—고용차별소송에서의 증명책임을 중심으로, 서울대학교 대학원 박사학위논문(1995. 2.); **최윤희b**, "현행 남녀고용평등법하에서의 정년차별 문제—간접차별을 중심으로", 인권과 정의 354호, 대한변호사협회(2006. 2.); **최윤희c**, "미국의 결과적 차별행위 이론에 대한 고찰", 노동법연구 20호, 서울대학교 노동법연구회(2006); **최윤희d**, "여성관련 법규정들의 세계화 노력 및 그 과제—고용 및 친족관계를 중심으로 한 고찰", 저스티스 92호, 한국법학원(2006); **최윤희e**, "미국노동법에 있어서의 복합적 의도에 의한 차별의 개념과 그 증명책임", 노동법의 존재와 당위—김유성교수 정년기념 논문집, 박영사(2006); **최윤희f**, "고용차별에 대한 소고", 노동법연구 27호, 서울대학교 노동법연구회(2009. 9.); **최윤희g**, "차별금지법제의 현황", 저스티스 121호, 한국법학원(2010. 12.); **최윤희h**, "장애인차별금지 및 권리구제 등에 관한 법률에 대한 소고", 일감법학 35호, 건국대학교 법학연구소(2016. 10.); **최홍기**, "복지포인트의 통상임금성 판단에 관한 소고", 법학논문집 41집 3호, 중앙대학교 법학연구원(2017); **최홍엽a**, 외국인근로자의 노동법상 지위에 관한 연구, 서울대학교 대학원 박사학위논문(1997); **최홍엽b**, "불법체류근로자와 내외국인평등의 원칙", 국제판례연구 1집, 박영사(1999. 12.); **최홍엽c**, "외국인근로자와 균등대우", 노동법학 17호, 한국노동법학회(2003. 12.); **최홍엽d**, "외국인 고용허가제 아래의 근로계약관계", 노동법논총 18호, 한국비교노동법학회(2010. 4.); **최홍엽e**, "외국인근로자의 장기간 고용과 법적 쟁점", 노동법학 48호, 한국노동법학회(2013. 12.); **최홍엽f**, "불법체류 외국인근로자의 지위", 노동판례백선, 한국노동법학회(2015); **최홍엽g**, "외국인근로자와 전문외국인력", 이민법(제 2 판), 박영사(2019); **추유선**, "임금피크제 유효성 판단에 관한 판례 연구—연령차별을 중심으로—", 노동연구 44집, 고려대학교 노동문제연구소(2022. 6.); **탁경국**, "비정규직 차별시정제도의 절차상 문제점과 개선방안", 차별시정제도의 실효성 확보를 위한

정책토론회—비정규직 차별시정제도의 쟁점과 대안, 노동기본권실현국회의원연구모임 외 3개 단체 공동주최 자료집(2017. 6.); **하갑래a**, 외국인근로자 활용제도에 관한 입법론 적 연구, 동국대학교 대학원 박사학위논문(2003); **하갑래b**, "외국인고용허가제의 변천과 과제", 노동법논총 22호, 한국비교노동법학회(2011. 8.); **하갑래c**, "새 정년제도의 쟁점과 법리의 형성", 노동법학 49호, 한국노동법학회(2014. 3.); **하갑래·최태호**, 외국인 고용과 근로관계, 중앙경제(2005); **하경효**, "채용시의 성차별에 따른 손해배상의 내용과 성격— 독일민법 제611a조 개정내용을 중심으로—", 법학논집 33집, 고려대학교 법학연구소 (1997. 8.); **하경효·이철수·박종희·이정·김재훈·김홍영(이하 '하경효 외 5명')**, 근로 관계법상 균등처우 관련 개선방안 연구, 고용노동부(2006. 10.); **하경효·황원재**, "임금 차별판례에 대한 비판적 검토", 노동법포럼 21호, 노동법이론실무학회(2017); **하명호**, "국가가 사용자인 경우 노동위원회 구제절차에서 당사자 문제", 저스티스 109호, 한국 법학원(2009. 2.); **한수웅a**, "엄격한 기준에 의한 평등원칙 위반여부의 심사: 헌법재판소 '제대군인 가산점 결정'에 대한 판례평석을 겸하여", 법학연구 6호, 홍익대학교 법학연 구소(2005. 2.); **한수웅b**, 헌법학(제 9 판), 법문사(2019); **한정현**, 남녀고용평등법, 법경출 판사(1994); **한지영**, "차별금지법 제정을 둘러싼 쟁점의 비판적 검토: 차별의 개념 및 구제조치를 중심으로", 이화젠더법학 3권 1호, 이화여자대학교 젠더법학연구소(2011. 9.); **함재항**, "임금피크제의 효력을 부정한 대법원판결의 의미와 시사점", 노동법률 374 호, 중앙경제(2022. 7.); **황도수**, 헌법재판의 심사기준으로서의 평등, 서울대학교 대학원 박사학위논문(1996); **황미정**, "장애인 차별구제를 위한 미국 장애인법(Americans with Disabilities Act)상 강제명령 소송제도 연구", 사회보장법연구 10권 1호, 서울대 사회보장 법연구회(2021); **황수옥**, "간접차별금지 실효성 강화를 위한 구제방법과 절차—독일 판례 분석을 중심으로", 산업관계연구 27권 2호, 한국고용노사관계학회(2017. 6.); **황정근**, "동 일가치노동 동일임금의 원칙", 대법원판례해설 45호, 법원도서관(2003); **허영**, 한국헌법론 (전정15판), 박영사(2019); **홍강훈**, "평등권의 심사원칙 및 강도에 관한 연구—간접적 차 별의 법리를 중심으로—", 공법연구 41집 1호, 한국공법학회(2012); **홍관표a**, "지정토론문 —피해자 구제의 측면에서 본 국내 차별금지법제", 저스티스 121호, 한국법학원(2010. 12.); **홍관표b**, "차별금지법 제정 추진상 쟁점 및 과제", 저스티스 139호, 한국법학원 (2013. 12.); **홍성수a**, "성희롱에 대한 법적 규제와 여성 주체의 문제: 하버마스와 포스트 모더니즘의 비판", 법철학연구 12권 2호, 한국법철학회(2009); **홍성수b**, 영국의 차별금지 법제 연구, 법무부(2011); **홍성수c**, "포괄적 차별금지법의 필요성: 평등기본법을 위하여", 이화젠더법학 10권 3호, 이화여자대학교 법학연구소(2018. 12.).

I. 의   의

1. 균등대우원칙의 전개과정

가. 근기법 6조와 일반적 균등대우원칙

헌법 11조 1항은 "모든 국민은 법 앞에 평등하다. 누구든지 성별·종교 또는 사회적 신분에 의하여 정치적·경제적·문화적 생활의 모든 영역에 있어서 차별을 받지 아니한다."고 규정하고 있으며, 헌법 32조 4항은 보다 구체적으로 여성근로자에 대하여 "여자의 근로는 특별한 보호를 받으며, 고용·임금 및 근로조건에 있어서 부당한 차별을 받지 아니한다."고 규정하고 있다.

근기법은 1953. 5. 10. 제정 당시부터 위와 같이 헌법에 규정된 법 앞의 평등 이념을 사용자와 근로자 사이의 근로관계에서 구체적으로 실현하고자,[3] 5조에서 "사용자는 근로자에 대하여 남녀의 차별적 대우를 하지 못하며 국적, 신앙 또는 사회적 신분을 이유로 근로조건에 대한 차별적 처우를 하지 못한다."라는 규정을 두었다.[4] 그 후 2007. 4. 11. 근기법이 전문 개정되면서 6조로 조문의 위치가 바뀌었고. 그 내용에 (남녀의) '성을 이유로'라는 문구가 추가되었다. 이 법 규정이 정한 원칙을 균등대우원칙[5] 내지 차별금지원칙[6]이라 부른다.[7]

---

[3] 대법원 2019. 3. 14. 선고 2015두46321 판결은 "근기법 6조에서 정하고 있는 균등대우원칙이나 남녀고용평등법 8조에서 정하고 있는 동일가치노동 동일임금원칙 등은 어느 것이나 헌법 11조 1항의 평등원칙을 근로관계에서 실질적으로 실현하기 위한 것이다."라고 판시하여 이 점을 분명히 하였다. 대법원 2023. 9. 21. 선고 2016다255941 전원합의체 판결은, 근기법 6조를 '사용자로 하여금 복수의 근로자들 사이에 합리적 이유 없는 차등 처우를 금지하여 헌법 11조의 평등원칙을 개별적 근로관계에서 구현하기 위한 조항'이라고 설명한다.

[4] 우리나라는 봉건적인 폐습으로 남녀 성차별이 특히 심하므로 남녀차별을 다른 차별과 구별하여 법문의 전단에서 따로 떼어 규정하였다고 설명하는 견해로는 이병태, 533면.

[5] 근기법 6조는 조문의 제목에서 "균등한 처우"라는 용어를 사용하고 있으며, 그 내용에서도 "차별적 처우를 하지 못한다."고 표현하고 있다. 그러나 근기법 6조가 선언하고 있는 원칙에 대해서는 법문상의 표현을 그대로 살린 '균등처우원칙'보다는 '균등대우원칙'이라는 용어가 좀 더 많이 사용되고 있다[김유성, 35면; 김형배, 215면; 문무기·윤문희, 1면 이하; 이상윤, 115면; 전윤구a, 1면 이하 등. 다만 김수복b, 46면 및 김형배·박지순, 81면은 '균등처우원칙', 임종률, 380면은 '평등대우(균등처우, 차별금지)의 원칙', 하갑래, 81면은 '균등처우규정'이라고 한다]. 국립국어원 표준국어대사전에 의하면, '대우'의 사전적 의미는 첫째, 어떤 사회적 관계나 태도로 대하는 일, 둘째, 직장에서의 지위나 급료 따위의 근로 조건, 셋째, 예의를 갖추어 대하는 일, 넷째, (직명을 나타내는 말 뒤에 쓰여) 그것에 준하는 취급을 받는 직위임을 나타내는 말을 뜻하고, '처우'의 사전적 의미는 조처하여 대우함, 또는 그런 대우를 뜻한다. 결국 '처우'와 '대우'는 같은 의미이다. 이하 법문을 직접 인용하는 경우 외에는 좀 더 일반화된 용례에 따라 '균등대우원칙'이라 한다.

　　근기법 6조에서 규정한 위 균등대우원칙과 구별하여야 할 개념이 '일반적
균등대우원칙'이다. 이는 사용자가 임금 등 근로조건이나 채용과 관련하여 합리
적인 이유 없이 특정 근로자를 다른 근로자에 비하여 달리 조치하거나 불리하
게 대우하는 것을 금지하는 원칙으로서,8) 개별 법률에서 명시한 차별금지규정
에 국한하지 않고 근로관계의 일반적 영역에서 사용자의 근로자에 대한 자의적
인 상이한 취급을 규율하는 원칙이다.9) 이에 관한 논의는 주로 독일에서 발전
하였고, 독일의 학설과 판례에 의해 수용되어 현재는 노동법의 기본원리 내지는
그 전체를 떠받치는 질서로 확립되었으며, 위 원칙의 실정법 수용과 발전의 결
과물이라 할 수 있는 여러 개별 차별금지 법률과 함께, 특히 위 개별 법률에서
다루지 않은 차별 분야를 규율하는 중요한 기능을 수행하고 있다.10)

　　우리나라에서는 독일의 논의를 차용하여 일반적 균등대우원칙의 법적 근거
를, 실정법규범(헌법 11조 1항의 평등권, 근기법 6조의 균등한 처우, 민법 2조 1항의 신
의성실의 원칙), 실정법을 초월한 법이념인 정의관념, 사업장 내 규범이행이론(사
용자는 스스로 세운 사업장 내 규범에 구속되어 자의적으로 특정 근로자를 배제하거나
차별대우할 수 없다), 근로계약상 부수적 의무인 사용자의 배려의무(독일연방노동법
원이 일련의 판결에서 제시한 근거이다) 내지는 근로자의 인격적 이익에 대한 침해
금지의무(합리적 이유 없이 차별을 당한 근로자는 자신의 인격권이 침해되었거나 인격
권의 헌법적 근거인 인간의 존엄과 가치가 훼손되었다고 느낄 수 있기 때문이다), 약관
규제법리 등에 기초한 취업규칙의 차별적 조항 통제 등 여러 관점에서 상세히
검토한 후 개별적 근로관계의 전 영역에 적용되는 일반적 균등대우원칙을 인정
할 수 있다는 견해11)와 근로자의 인격적 이익의 보호를 위하여 계약상 신의성
실원칙을 구체화하는 과정에서 사용자에게 부과된 부수적 의무로서 일반적 균

---

　6) 전윤구a, 11면은, 균등대우와 차별금지의 개념에 관하여 양자는 항상 비교대상의 존재를
　　전제하는 개념으로서 동일한 내용을 달리 표현한 것이라 할 수 있고, 사전적 의미로만 파악
　　할 때 '균등대우'는 사용자의 적극적인 작위의무를 강조하는 개념이라면, '차별금지'는 사용
　　자의 소극적인 부작위의무를 강조하는 개념이라 한다. 한편 문무기・윤문희, 11면은, '균등'을
　　차별이 제거된 결과적 상태라 하고, 이러한 결과적 상태를 유지하는 차별을 제거하는 행위가
　　'균등대우'라고 한다.
　7) 대법원 2023. 9. 21. 선고 2016다255941 전원합의체 판결에서는 '균등한 처우 원칙' 또는
　　'차별적 처우 금지 원칙'이라 하였다.
　8) 임종률, 380면.
　9) 전윤구a, 3면.
　10) 전윤구a, 9, 17, 54, 66면.
　11) 전윤구a, 13~55면.

등대우원칙 내지 일반적 차별금지원칙이 인정된다는 견해[12]가 있으며, 다수의 노동법 교과서에서도 일반적 균등대우원칙을 전제로 서술하면서 대체로 헌법 11조 1항을 그 이론적 근거로 삼고 있는 것으로 보인다.[13] 일반적 균등대우원칙을 명시적으로 언급한 판례는 아직 없으나, 대법원 2019. 3. 14. 선고 2015두 46321 판결은 국립대학교의 전업 시간강사와 비전업 시간강사의 강사료 차등 지급이 부당한 차별이라고 인정하면서, "근기법 6조에서 정하고 있는 균등대우 원칙이나 남녀고용평등법 8조에서 정하고 있는 동일가치노동 동일임금 원칙 등은 어느 것이나 헌법 11조 1항의 평등원칙을 근로관계에서 실질적으로 실현하기 위한 것이다. 그러므로 국립대학의 장으로서 행정청의 지위에 있는 피고로서는 근로계약을 체결할 때에 사회적 신분이나 성별에 따른 임금차별을 하여서는 아니 됨은 물론 그 밖에 근로계약상의 근로 내용과는 무관한 다른 사정을 이유로 근로자에 대하여 불합리한 차별 대우를 해서는 아니 된다."라고 판시하였고, 그중 '그 밖에', '다른 사정'이라는 설시에 착안하면, 전업 시간강사와 비전업 시간강사가 근기법 6조에서 규정한 '사회적 신분'에 해당하는지 여부를 불문하고(설령 사회적 신분으로 볼 수 없더라도), 일반적 균등대우원칙이 적용될 수 있음을 시사하고 있다고 볼 수 있다.

나. 개별적 입법의 확대

근기법 제정 이후 근로관계를 규율하는 여러 법률의 제·개정을 통하여 다

---

12) 김난희, 191면.

13) 김형배, 215면은 '균등대우의 총설'에서 "근로자와 사용자 간에는 근로의 제공과 임금의 지급이라는 교환적·대가적 근로관계가 존재한다. 따라서 근로자들이 사용자에게 제공하는 노무나 그 밖의 업무수행이 동일한 가치를 가질 때에는 그 근로자들에 대해서 사용자는 임금·기타 대우에 관하여 차별을 해서는 안 된다. 정당한 합리적 이유 없이 자기가 고용하고 있는 근로자들을 차별하는 것은 이른바 배분적 정의에 반하며, 차별을 받는 근로자는 인간의 가치에 있어서 침해를 받는 것이라 할 수 있다. 헌법 11조 1항은 누구든지 성별·종교 또는 사회적 신분에 의하여 정치적·경제적·문화적 생활의 모든 영역에서 차별을 받지 아니 한다고 규정하고 있다. 이 균등대우의 원칙 또는 차별금지의 원칙은 근로관계에 있어서도 다름없이 적용된다."라고 설명하고 있고, 임종률, 380면은 "근기법 및 노동보호법령은 사용자에게 근로자를 평등하게 대우하고 차별하지 않도록 평등대우(균등처우, 차별금지)의 원칙을 규정하고 있다"라고 서술하고 있다. 이상윤, 115면은 "균등대우의 원칙이라 함은 근로자를 차별대우하여서는 아니 된다는 원칙을 말한다."고 한 후 "이에 대한 개별법으로서" 근기법, 노동조합법, 남녀고용평등법, 기간제법 등을 들고 있다. 하갑래, 77~78면은 '차별금지제도의 의의'에 관하여 "헌법의 법 앞의 평등 이념을 구현하고자 노동법은 고용 및 근로관계에 있어서 불합리한 차별을 금지하는 규정을 근기법을 비롯한 각각의 개별법에서 여러 형태로 규정하고 있다."라고 설명한다.

양한 분야를 아우르는 차별금지규정들이 신설되면서 차별금지사유, 차별금지영
역, 보호대상 등이 점차 확대되었고, 구제의 실효성을 확보하기 위한 여러 조치
도 마련되었다. 이는 정치·경제 환경의 변화, 차별금지에 대한 인식의 확산, 입
법운동을 포함한 사회운동의 영향 등의 산물이라 할 수 있다.

　　가장 먼저 1980년대 중반에 이르러 여성운동가, 여성법학자 등을 중심으로
사회 전반의 광범위한 성차별 문제를 시정하기 위한 권리구제활동, 입법운동이
활발하게 전개되었고, 그 결과 특히 고용분야에서는 1987. 12. 4. 남녀고용평등
법14)이 제정되었다.15) 남녀고용평등법은 모집과 채용(7조), 동일가치노동에 대한
동일임금 지급(8조), 임금 외 근로자의 생활을 보조하기 위한 금품 지급 또는 자
금 융자 등 복리후생(9조), 교육·배치·승진(11조), 정년·퇴직·해고(12조) 등 구체
적인 유형별로 성차별을 규율함으로써 근기법이 포괄적으로 금지하고 있는 성
차별 조항을 대폭 보완하였다.16) 또한 2021. 5. 18. 개정 시 고용상 성차별 및 직
장 내 성희롱 또는 고객 등에 의한 성희롱에 대한 행정적 구제절차로 노동위
원회를 통한 '차별시정제도'를 도입하여 2022. 5. 19.부터 시행함으로써 고용상
성차별 등을 당한 근로자가 더욱 신속하고 효과적인 구제를 받을 수 있도록 하
였다.

　　1990년대에 들어서면서 고도의 경제성장에 따른 산업구조 조정과 계속되
는 경기변동의 여파로 고용사정이 악화되는 추세에 있었기에 이로 인한 대량
의 실업을 대비하고 양질의 노동력 수급균형을 유지하기 위하여 고용 관련 법
령들이 대대적으로 정비되면서 차별금지조항들이 도입되기 시작하였다. 즉
1990. 1. 13. 장애인고용촉진등에관한법률17)의 제정, 1991. 12. 31. 고령자고용촉
진법18)의 제정에 이어 고용정책에 관한 기본체계를 세우기 위하여 1993. 12. 27.
고기법이 제정되었고, 1961. 12. 6. 제정되었던 직안법도 1994. 1. 7. 전부개정되었

---

14) 2007. 12. 21. 개정되면서 법명이 '남녀고용평등과 일·가정 양립 지원에 관한 법률'로 변경
　　되었다.
15) 남녀고용평등법 제정의 주요 배경에 관하여는 김엘림f, 4~6면.
16) 임종률, 381면은, 남녀고용평등법의 제정 의의를 근기법상 성차별 금지는 우리 사회의 여
　　성근로자에 대한 뿌리 깊은 차별을 해소하는 데 미흡하였기 때문에 남녀고용평등법의 제정
　　으로 차별금지 분야를 자세히 규정하고, 실효성을 높이기 위하여 벌칙도 강화하였으며, 이로
　　써 근기법의 성차별 금지는 사실상 그 기능을 상실한 셈이라고 평가한다.
17) 2000. 1. 12. '장애인고용촉진 및 직업재활법'으로 전부개정되었다.
18) 2008. 3. 21. 개정되면서 법명이 '고용상 연령차별금지 및 고령자고용촉진에 관한 법률'로
　　변경되었다. 이하 특히 구법을 가리킬 때는 '고령자고용촉진법'이라 한다.

다. 이들 법령이 제·개정되면서 차별금지조항들도 함께 마련되었는데,[19] 다만, 이는 강행규범으로 규정되었다기보다는 선언적 의미 내지 미래지향적 의미로 도입된 것으로 볼 수 있다.[20]

　　1990년대 중반 이후 사회문제로 불거진 산업기술연수생의 차별 문제는 인권의 측면에서 많은 반향을 불러 일으켰으며, 이는 외국인근로자의 고용정책 전반에 대한 새로운 변화를 마련하게 하는 계기가 되었다.[21] 또한, 1997년 외환위기를 극복하는 과정 및 인구의 고령화가 급속하게 진행되고 있는 상황에서 계속적인 기술 혁신으로 인한 임시적 또는 주변 업무의 확대, 경기 침체와 산업구조 조정에 따른 실업 증가, 글로벌화, 신자유주의 경제 사조의 영향, 노동시장의 유연성을 제고시키려는 정부 노동정책의 변화 등으로 말미암아 비정규직 근로자를 필두로 여성, 중고령, 장애인, 외국인근로자 등 영세·취약 근로계층이 급증한 반면, 이들의 근로관계에 대한 법적 규율이 전무한 상황에서 고용상의 차별과 남용, 임금 등 근로조건과 복지 부문의 불합리한 격차가 더욱 확대되었다. 그 결과 노동시장의 양극화 현상이 심화되면서 이들 영세·취약 근로자 보호 문제가 본격적으로 대두되었다.[22] 이러한 사회 문제를 노동법적으로 규율하여 근로관계에서 균등대우원칙을 실질적으로 구현하고자 하는 움직임이 다음과 같은 노동관계 법령의 제·개정으로 이어졌다. 즉 이 시기에 1999. 2. 8. 남녀차별금지

---

19)　① 장애인고용법은 제정 당시 4조 2항에서 "사업주는 근로자가 장애인이라는 이유로 채용·승진·전보 및 교육훈련 등 인사관리상의 차별대우를 하여서는 아니 된다."고 규정하였다가 2007. 5. 25. 전부개정 시 조문의 위치만 현행 규정과 같이 5조 2항으로 바뀌었다. ② 고령자고용촉진법은 2002. 12. 30. 일부개정 시 4조의2를 신설하여 "사업주는 근로자의 모집, 채용 또는 해고를 함에 있어 정당한 사유 없이 고령자 또는 15조 1항의 규정에 의한 준고령자임을 이유로 차별하여서는 아니 된다."고 규정하였다. ③ 고기법은 제정 당시 19조에서 "사업주는 근로자를 모집·채용함에 있어서 성별, 신앙, 사회적 신분, 출신지역 또는 출신학교 등을 이유로 차별을 하여서는 아니 되며, 균등한 취업기회를 보장하여야 한다."고 규정하였다가 이후 2009. 10. 9. 전부개정 시 7조 1항에서 "사업주는 근로자를 모집·채용할 때에 합리적인 이유 없이 성별, 신앙, 연령, 신체조건, 사회적 신분, 출신지역, 출신학교, 혼인·임신 또는 병력 등을 이유로 차별을 하여서는 아니 되며, 균등한 취업기회를 보장하여야 한다."고 규정하였고, 2014. 1. 21. 일부개정 시 '학력'을 추가하여 현행 규정에 이르고 있다. ④ 직안법은 1994. 1. 7. 전부개정 시 2조에서 "누구든지 성별·종교·사회적 신분 또는 혼인여부 등을 이유로 직업소개·직업지도 또는 고용관계의 결정에 있어서 차별대우를 받지 아니한다."고 규정하였고, 이후 2009. 10. 9. 개정 시 2조를 "누구든지 성별, 연령, 종교, 신체적 조건, 사회적 신분 또는 혼인 여부 등을 이유로 직업소개 또는 직업지도를 받거나 고용관계를 결정할 때 차별대우를 받지 아니한다."고 전문개정하여 현행 규정에 이르고 있다.

20)　하경효 외 5명, 1~2면.

21)　하경효 외 5명, 2면.

22)　문무기·윤문희, '책머리에 부쳐' 부분; 박종희a, 4면; 민변비정규직법, 5~12면.

및 구제에 관한 법률(이하 '구 차별구제법'이라 한다) 제정을 통한 성차별 금지영역의 확대 및 구제의 실효성 확보,[23] 2003. 8. 16. 외국인고용법 제정을 통한 외국인근로자에 대한 차별금지,[24] 2006. 12. 21. 기간제법 제정과 파견법 개정을 통한 비정규직 근로자에 대한 차별금지,[25] 2007. 4. 10. 장애인차별금지법의 제정을 통한 장애인에 대한 차별금지,[26] 2008. 3. 21. 고령자고용법 개정을 통한 연령을 이유로 한 차별금지[27] 등이 명문화되면서 근로관계에서 차별을 금지하는 영역은 더욱 확대되었다.[28]

---

23) 구 차별구제법은 민간사업장뿐만 아니라 공공기관에 대하여 고용, 교육, 재화·시설·용역 등의 제공 및 이용, 법과 정책의 집행에 있어서의 성차별과 성희롱을 금지하고, 차별시정기구로서 남녀차별개선위원회를 설치하며, 합의권고, 조정, 시정권고(남녀차별행위의 중지, 원상회복·손해배상 기타 필요한 구제조치, 재발방지를 위한 교육 및 대책수립 등을 위한 조치, 일간신문의 광고란을 통한 공표 등), 성차별적인 제도의 개선에 관한 의견표명, 소송지원 등 다양한 권리구제방법을 규정하고 있었으나, 참여정부의 차별시정기구 일원화 정책의 일환으로 2005. 3. 24. 폐지되었다. 이로써 2019. 12. 31. 현재 성차별을 규제하는 법률로는, 기본법인 양성평등기본법(1995. 12. 30. 제정된 여성발전기본법의 법명이 2014. 5. 28. 전부개정을 통해 변경된 것이다)을 제외하고는 남녀고용평등법이 유일하다. 구 차별구제법의 폐지를 비판하는 견해로는 김엘림m, 19~20면; 안진b, 572면. 이숙진, 246면은, 구 차별구제법의 폐지는 모든 영역에서의 성차별 금지에 대한 법적 근거를 상실하게 만들었다는 점에서 중대한 오류로 남을 수밖에 없다고 비판한다.
24) 외국인고용법 22조-사용자는 외국인근로자라는 이유로 부당한 차별적 처우를 하여서는 아니 된다.
25) 기간제법 8조- 사용자는 기간제근로자(또는 단시간근로자)임을 이유로 당해 사업 또는 사업장에서 동종 또는 유사한 업무에 종사하는 기간의 정함이 없는 근로계약을 체결한 근로자(또는 통상근로자)에 비하여 차별적 처우를 하여서는 아니 된다.
   파견법 21조(1998. 2. 20. 제정, 2006. 12. 21. 개정) - 파견사업주와 사용사업주는 파견근로자임을 이유로 사용사업주의 사업 내의 동종 또는 유사한 업무를 수행하는 근로자에 비하여 파견근로자에게 차별적 처우를 하여서는 아니 된다.
26) 장애인차별금지법 10조 - 사용자는 모집·채용, 임금 및 복리후생, 교육·배치·승진·전보, 정년·퇴직·해고에 있어 장애인을 차별하여서는 아니 된다.
27) 고령자고용법 4조의4 - 사업주는 모집·채용, 임금 외의 금품 지급 및 복리후생, 교육·훈련, 배치·전보·승진, 퇴직·해고의 분야에서 합리적인 이유 없이 연령을 이유로 근로자 또는 근로자가 되려는 자를 차별하여서는 아니 된다. 앞서 본 바와 같이 고령자고용촉진법이 4조의2에서 고령자 및 준고령자에 대한 차별을 선언적으로 금지하고 있었다면, 개정된 고령자고용법은 차별금지 행위 및 예외사유, 시정명령, 과태료 등 연령차별 전반에 걸친 사항을 규정하고, 법률의 명칭 및 목적에 연령차별을 명시하고 있다는 데 의의가 있다(하갑래, 649면).
28) 집단적 노사관계를 규율하는 구 노동조합법은 1953. 3. 8. 제정 당시부터 21조에서 "조합원은 여하한 경우에 있어서도 인종, 종교, 남녀, 정당 또는 신분에 의하여 차별대우를 받지 아니한다."고 규정하고 있었다. 구 노동조합법이 1996. 12. 31. 폐지되고 같은 날 제정된 노동조합 및 노동관계조정법은 9조에서 "노동조합의 조합원은 어떠한 경우에도 인종·종교·성별·정당 또는 신분에 의하여 차별대우를 받지 아니한다."고 규정하고 있었는데, 2008. 3. 28. 일부개정 시 같은 조항을 "노동조합의 조합원은 어떠한 경우에도 인종, 종교, 성별, 연령, 신체적 조건, 고용형태, 정당 또는 신분에 의하여 차별대우를 받지 아니한다."고 개정하여 차별금지 사유를 추가하였다.

한편, 2001. 5. 24. 인권침해행위 및 평등권 침해의 차별행위에 대한 조사·
구제, 인권교육의 업무 등을 수행하는 국가인권위원회를 설치하여 우리 헌법이
천명한 인간의 존엄과 가치를 구현하고 민주적 기본질서를 확립하는 것을 목적
으로 국가인권위원회법이 제정되었다.29) 국가인권위원회법(이하 현행 규정에 따른
다) 2조 3호는 '평등권 침해의 차별행위'를 정의하면서 열아홉 가지의 차별금지
사유[성별, 종교, 장애, 나이, 사회적 신분, 출신 지역(출생지, 등록기준지, 성년이 되기
전의 주된 거주지 등을 말한다), 출신 국가, 출신 민족, 용모 등 신체 조건, 기혼·미혼·
별거·이혼·사별·재혼·사실혼 등 혼인 여부, 임신 또는 출산, 가족 형태 또는 가족 상
황, 인종, 피부색, 사상 또는 정치적 의견, 형의 효력이 실효된 전과(前科), 성적(性的) 지
향, 학력, 병력(病歷)] 및 크게 세 분야로 구분한 차별금지영역(고용, 재화·용역·교
통수단·상업시설·토지·주거시설의 공급이나 이용, 교육시설이나 직업훈련기관에서의
교육·훈련이나 그 이용)을 규정하고 있으며, 특히 차별금지영역 중 고용과 관련하
여서는 모집, 채용, 교육, 배치, 승진, 임금 및 임금 외의 금품 지급, 자금의 융
자, 정년, 퇴직, 해고 등이 포함됨을 명시하고 있다.30) 이어 국가인권위원회법 4
장에서는 인권침해 및 차별행위의 조사와 구제에 관하여 규정하고 있는데, 그중
차별행위에 관하여 보면, 국가기관, 지방자치단체 등은 물론, 법인이나 단체 또
는 사인(私人)으로부터 차별행위를 당한 피해자 또는 그 사실을 알고 있는 사람,
단체는 국가인권위원회에 그 내용을 진정할 수 있고(30조 1항), 진정이 없는 경우
에도 국가인권위원회가 차별행위가 있다고 믿을 만한 상당한 근거가 있고 그
내용이 중대하다고 인정할 때에는 직권으로 조사할 수 있다(30조 2항). 국가인권
위원회는 조사결과 차별행위가 일어났다고 판단할 때에는 피진정인, 그 소속 기
관·단체 또는 감독기관의 장에게 차별행위의 중지, 원상회복, 손해배상, 그 밖
에 필요한 구제조치의 이행, 동일하거나 유사한 차별행위의 재발을 방지하기 위
하여 필요한 조치의 이행, 법령·제도·정책·관행의 시정 또는 개선을 권고할

---

29) 국가인권위원회의 설립 과정에 관하여는 국가인권위원회g, 17면.
30) 국가인권위원회법은 제정 당시에는 '평등권 침해의 차별행위'에 대한 정의규정을 별도로
   두지 않고, 국가인권위원회의 조사대상을 명시한 30조 1항에서 국가기관 등에 의한 헌법 10
   조 내지 22조에 보장된 인권침해행위를, 2항에서 평등권 침해의 차별행위를 규정하였다가(차
   별금지사유는 현행 규정의 열아홉 가지 사유에서 '학력'을 제외한 것이고, 차별금지영역은
   현행 규정과 동일하다), 2005. 7. 29. 일부개정을 통해 2조 4호에 평등권 침해의 차별행위에
   대한 정의규정을 신설하고 차별금지사유에 '학력'을 추가하는 한편, 2조 4호 라.목을 신설하
   여 차별금지영역에 성희롱 행위를 추가하였다. 이후 2011. 5. 19. 개정 시 위 정의규정의 위치
   가 2조 3호로 바뀌어 현행 규정에 이르고 있다.

수 있으며(42조 4항, 44조 1항). 그 밖에 합의 권고(40조), 조정(42조), 고발 및 징계권
고(45조), 긴급구제 조치의 권고(48조) 등을 할 수 있다. 한편, 앞서 본 고령자고용
법과 장애인차별금지법은 각 그 구제절차로 차별판단·권고와 시정명령을 이원
화하는 방식을 채택하고 있는데, 그중 국가인권위원회는 차별판단·권고절차를
주관하고 있다(고령자고용법 4조의6, 장애인차별금지법 38조 내지 41조, 그 구체적인 내용에
관하여는 후술한다).

    국가인권위원회법은 실체법이 아니라 국가기관을 설립하기 위한 조직법으
로 제정되었고, 명시적으로 차별을 금지하는 규정을 두고 있지 않으며, 국가인
권위원회의 차별판단과 그에 따른 조치에 법적 구속력이 인정되지 않는다는 한
계에도 불구하고,[31] 평등권 침해의 차별행위 및 차별금지영역을 포괄적으로 규
정하고 그에 대한 조사와 구제를 국가인권위원회의 업무로 정하였다는 점에서
2001. 11. 25. 국가인권위원회법이 시행된 이래 사실상 포괄적인 차별금지법 내
지 차별구제법으로 기능하고 있다는 평가를 받고 있다.[32] 국가인권위원회의 활
동을 보더라도 설립 이후 2017년까지 진정사건 접수 및 처리 건수는 매년 증가
추세에 있으며, 2013년부터 연간 접수 및 처리 건수가 1만 건을 넘어가고 있다.
2017년 접수된 차별행위 진정건수는 3,029건으로 인권침해, 차별행위, 성희롱
등 전체 진정건수 1만 2,325건 중 24.6%를 차지한다.[33]

    최근 우리나라 개별적 근로관계법에서 가장 주목할 만한 변화는 고용의 전
영역에 걸쳐 상세한 차별금지규정이 마련된 것이라고 해도 과언이 아니며, 이는
분명 입법상의 진전이라 평가할 수 있다. 그러나 위와 같이 차별금지규정이 구
체화되고 적용 범위가 확대되는 것이, 현실에서 차별을 받고 있는 근로자의 구
제를 담보하지는 않는다. 차별금지규정의 실효성을 확보하기 위해서는 개별법상
차별금지규정으로부터 도출되는 차별의 개념, 차별금지사유의 구체적 의미를 검
토하고 차별에 관한 판단기준을 정립해 나가며, 위 규정을 통하여 차별을 받은
것으로 인정된 근로자가 어떻게 하면 실질적·효과적으로 차별 상태에서 벗어
날 수 있는지, 그 구제 방법과 절차를 체계화하는 것이 무엇보다 중요하다. 이
러한 의미에서 균등대우원칙의 온전한 실현은 노동법학계와 실무에 지속적으로

---

31) 국가인권위원회의 독립성을 강화하고, 이른바 '인권기본법'으로 전부개정하여 실체법으로
   전환하여야 한다는 주장으로는 이민영, 427~452면.
32) 안진b, 549, 564~565면.
33) 2017 국가인권위원회 통계 참조.

부여된 시대적·역사적 과제라 할 수 있다.

다. 현행 개별적 근로관계 법령상 주요 차별금지규정의 개관

앞서 본, 개별적 근로관계에 적용되는 차별금지조항을 규정하고 있는 현행 법률 중 그에 위반한 경우 형사처벌, 시정명령 등의 일정한 구제조치를 마련하고 있거나 이하 근기법 6조의 해설에서 특히 검토할 필요가 있는 부분을 개관하면 아래 <표1>과 같다.

〈표1〉

구분	차별금지사유	차별금지영역	구제조치	
			벌칙규정	절차·방법 등
헌법	성별, 종교, 사회적 신분	생활의 모든 영역		
근기법	남녀의 성, 국적, 신앙, 사회적 신분	근로조건	○ (114조)	
남녀고용 평등법	성별, 혼인, 가족 안에서의 지위, 임신 또는 출산 등	모집·채용, 임금, 임금 외의 금품 지급 및 복리후생, 교육·배치 및 승진, 정년·퇴직 및 해고, 직업 능력개발	○ (37조)	자율적 해결 (25조) 근로자의 시정신청(26조)/고용노동부장관의 시정요구(29조의5) 노동위원회의 조정·중재·시정명령 등(28, 29조, 29조의2 내지 6) 손해배상(29조의2)
기간제법	고용형태(기간제·단시간근로자)	임금, 상여금, 성과금 그 밖에 근로조건 및 복리후생 등에 관한 사항		근로자의 시정신청(9조)/고용노동부장관의 시정요구(15조의2) 노동위원회의 조정·중재·시정명령 등(10 내지 15조) 손해배상(13조)
파견법	①고용형태(파견근로자) ②파견근로자의 성별, 종교, 사회적 신분, 정당한 노동조합 활동	①임금, 상여금, 성과금 그 밖에 근로조건 및 복리후생 등에 관한 사항 ②근로자파견계약의 해지		근로자의 시정신청(21조 2항)/고용노동부장관의 시정요구(21조의2) 기간제법 준용(21조 3항, 21조의2 4항)
장애인차별 금지법	장애 또는 과거의 장애경력 또는 장애가 있다고 추측	모집·채용, 임금 및 복리후생, 교육·배치·승진·전보, 정년·퇴직·해고	○ (49조)	피해자의 국가인권위원회에 대한 진정(38조) 국가인권위원회의 직권조사(39조) 국가인권위원회 산하 장애인차별시정소위원회의 설치(40조) 국가인권위원회법 준용(41조, 진정절차, 방법, 처리, 조정,

			중재, 시정권고 등에 관하여) 법무부장관의 시정명령(43조) 손해배상(46조) 법원의 차별적 행위의 중지, 임금 등 근로조건의 개선, 그 시정을 위한 적극적 조 치(48조)
고령자 고용법	연령	모집·채용, 임금, 임금 외의 금품 지 급 및 복리후생, 교 육·훈련, 배치·전 보·승진, 퇴직·해고	○ (23조의3, 모집·채 용차별에 한함)	피해자의 국가인권위원회에 대한 진정(4조의6 1항) 국가인권위원회의 고용노동 부장관에 대한 구제조치 등 권고내용 통보(4조의6 2항) 고용노동부장권의 시정명령 (4조의7)
국가인권 위원회법	성별, 종교, 장애, 나 이, 사회적 신분, 출 신 지역, 출신 국가, 출신 민족, 용모 등 신체 조건, 혼인 여 부, 임신 또는 출산, 가족 형태 또는 가족 상황, 인종, 피부색, 사상 또는 정치적 의 견, 형의 효력이 실 효된 전과, 성적 지 향, 학력, 병력	고용, 재화·용역· 교통수단·상업시 설·토지·주거시설 의 공급이나 이용, 교육시설이나 직업 훈련기관에서의 교 육·훈련이나 그 이 용		피해자 또는 제3자의 진정 및 직권조사(30조). 차별행 위의 중지, 원상회복, 손해 배상, 그 밖의 구제조치 이 행, 재발방지 조치의 이행, 법령·제도·정책·관행의 시 정 또는 개선 권고(42조 4 항, 44조 1항) 합의권고(40조) 조정(42조) 고발 및 징계권고(45조) 긴급구제 조치의 권고(48조)
외국인 고용법	국적(외국인근로자)			

라. 근기법 6조의 규범적 의의

이처럼 여러 개별 법률에서 차별금지규정을 두고 있는 현 상황에서 근기법 6조의 규범적 의의를 어떻게 설정할 것인지가 논의되고 있다.

먼저 근기법 6조는 근로관계에서 균등대우원칙을 선언한 총칙으로서 중요한 규범적 지위를 가진다는 견해가 있다. 위 견해는 앞으로 평등 관념의 변화에 따라 새롭게 대두될 가능성이 있는 차별사유에 대해서 입법론 차원에서는 물론 해석론적 차원에서도 차별금지를 설정하는 것이 타당한지 여부에 대해서 근기법 6조가 그 기준이 될 수 있다는 점을 근거로 하며, 여타의 노동관계 법률에서 근기법 6조가 정하고 있는 차별금지사유 이외의 사유에 대하여 규율하고 있는 것도 이러한 맥락에서 파악할 수 있다고 한다.[34]

---

34) 김유성, 34~35면.

반면, 근로자의 모집과 채용 단계에서는 근기법상 균등대우원칙이 적용되지 않기 때문에 고용 전반에서 근기법 6조가 일반법적 위치를 가지는 데에는 한계가 있으며, 근기법 6조의 규정형식에 의하더라도 일반적 균등대우원칙을 밝히고 있다기보다는 오히려 특정한 인격적 표지(성, 국적, 신앙)나 이에 준하는 인적 속성(사회적 신분)을 이유로 한 차별금지를 밝힌 것으로 볼 수 있기 때문에 근기법 6조의 균등대우원칙을 근로관계상 일반규정으로 보기에는 다소 무리가 있다는 견해가 있다.[35] 현행 노동관계법에 규정된 개별 차별금지규정은 그 규정이 속해 있는 개별 법률의 목적에 의하여 구축된 것이므로 그러한 목적성을 뛰어 넘어 근기법 6조를 노동관계법 전체에서 차별금지에 관한 기본규정의 지위를 갖는 것으로 볼 수 없고, 근기법 6조 역시 근기법의 목적 수행의 관점에서 한정적인 차별금지사유를 설정하여 차별적 대우를 금지함으로써 최저근로조건의 실현을 추구하고자 하는 구체적이며 특별한 차별금지규정이며, 이와는 다른 목적으로 입법된 차별금지규정들은 각자의 고유한 목적과 기능을 가진다는 견해[36]도 같은 취지라 할 수 있다.

한편, 개별 법률이 규정하고 있는 차별금지사유 및 차별금지영역, 구제방법은 통일되어 있지 아니하므로 각 차별금지사유에 대하여 일률적 기준으로 차별적 처우의 여부와 법 위반의 효과를 판단할 수는 없지만, 다만 법률의 일반적 성격을 기준으로 삼는다면 적어도 근기법 6조의 규정 및 남녀고용평등법의 규정을 균등대우에 관한 일반법률 내지 일반규정이라 할 수 있다는 견해가 있다. 이 견해는 그 외 법률들은 비전형근로자·장애·연령 등의 특별한 범주(표지)를 전제로 하기 때문에 일반적 성질을 가진 법률이라고 볼 수 없으나, 근기법 6조의 규정과 남녀고용평등법의 규정은 일반적 구제방법으로서 채무불이행책임 또는 불법행위책임을 물을 수 있는 기초를 제공할 수 있다는 점을 근거로 든다.[37]

후술하는 바와 같이 근기법 6조는 일반적으로 모집과 채용의 영역에서는 적용되지 않는다고 이해되고 있으며, 그에 규정된 차별금지사유 또한 예시적인 것인지 한정적인 것인지, 특히 사회적 신분의 개념을 어떻게 정의하여야 할 것인지 등의 문제가 문리해석상의 한계나 죄형법정주의 원칙과의 관계에서 계속 논란이 되고 있다. 이는 근기법 6조의 규율 범위나 규범적 의의를 일반적·포괄

---

35) 문무기·윤문희, 75면.
36) 하경효 외 5명, 66~67면.
37) 김형배, 218~219면.

적으로 설정하는 데에 부담으로 작용한다. 또한, 앞서 본 바와 같이 개별적 입법이 확대된 데에는 현실적으로 노동시장의 유연화, 고용형태의 분화 등에 따라 차별금지사유와 차별금지영역이 더욱 다양해져 그에 대응한 개별 법률을 제정함으로써 구체적이고 세분화된 차별금지 기준을 제시하고 적절한 구제방법을 모색할 필요성도 있었다. 그러나 위와 같은 사정만으로 근기법 6조가 여타의 차별금지조항을 규정한 다른 개별 법률들과 전적으로 동등한 지위에 있다고 볼 것은 아니다. 개별 법률들은 기간제근로자, 파견근로자, 장애를 가진 근로자, 특정 연령 이상의 근로자, 외국인근로자 등과 같이 각 그 법률이 규율하는 대상을 한정하고 있는 것에 비하여 근기법은 근로자 일반에 적용되며, 최저 근로조건의 설정을 통하여 근로관계를 규율하는 체계적이고 통일적인 노동보호법이라 할 수 있다.[38] 근기법 6조는 그 규정 내용 자체로 내지는 특히 사회적 신분의 개념에 대한 해석을 통하여 향후 차별금지와 관련한 입법론적 방향을 제시할 수 있고, 차별금지규정 위반의 효과에 대한 사법적 구제절차를 설정하는 이론적 토대가 될 수 있다. 근기법 6조가 총칙 내지는 일반규정으로서 규범적 의의를 가진다는 위 첫 번째 내지는 세 번째 견해가 보다 타당하다.

마. 포괄적 차별금지법 제정에 관한 논의

차별금지조항을 현재와 같이 여러 개별 법률에 산재하여 규정할 것이 아니라 하나의 법률 또는 별도의 법률로 통합하여 규정하는 방안을 고려해 볼 수 있다. 이는 비단 개별적 근로관계뿐만 아니라 사회 전반의 영역에서 문제되는 모든 인권분야를 다루는 포괄적 차별금지법 제정에 관한 논의[39]와도 연결되는

---

38) 김유성, 21면.

39) 차별금지법 제정을 위한 국가기관 차원의 논의는 2003년 1월 국가인권위원회 내에 구성된 '차별금지법제정추진위원회'의 활동으로부터 시작되었다. 국가인권위원회는 외국 입법례 검토, 전문가 간담회, 공청회, 학계·전문가·인권단체·일반국민의 의견 수렴, 관계부처 의견조회 등을 거쳐 2006. 7. 25. 국무총리에게 '차별금지법 권고법안'에 기초하여 차별금지법을 입법 추진할 것을 권고하였다. 참여정부 하에서 포괄적 차별금지법 제정을 추진한 기구는 2003년 4월에 구성된 '차별금지법추진기획단'이었는데 위 기획단은 소관 부처를 법무부로 하여 국가인권위원회가 권고한 차별금지법 권고법안을 토대로 최종적인 정부법률안을 마련하였고, 이는 2007. 12. 12. 17대 국회(2004. 5. 30.~2008. 5. 29.)에 제출되었다. 정부법률안을 둘러싸고 여성단체와 인권단체들은 차별금지사유의 축소와 괴롭힘 사유에서 성적 지향을 삭제한 데 항의하며 법 제정에 반대하였고, 보수 기독교계는 동성애 차별금지를 저지한다는 정반대의 이유로 법 제정 반대운동을 벌였다. 17대 국회에서는 이와 별도로 2008. 1. 28. 노회찬 의원(당시 민주노동당 소속) 등 10인도 차별금지법안을 발의하였지만 모두 국회 임기만료로 폐기되었다. 18대 국회(2008. 5. 30.~2012. 5. 29.)에서는 2011. 9. 15. 박은수 의원(당시 민주통합당 소속)이 대표 발의한 차별금지기본법안, 2011. 12. 2. 권영길 의원(당시 통합진보당 소속)이 대

데, 위와 같은 논의는 차별금지규정을 둔 현행 개별 법률의 한계에 대한 인식
에서 비롯되었다. 즉, 개별 법률의 입법만으로는 차별영역을 모두 포괄하지 못
할 뿐만 아니라 각 법률들의 구제조치가 상이하여 구제의 실효성이 확보되지
아니하므로 법적 구속력을 가진 별도의 차별시정기구를 설립하여 단일화하는
것이 바람직하며, 다중적이고 복합적인 차별 문제에 대처하기 위해서도 일반
법·실체법적 성격을 가진 포괄적 차별금지법의 제정이 필요하다는 것이다.[40]

　　이와 관련하여 개별 법률에서 차별을 금지하는 취지는 노동보호 수단(근기
법, 기간제법, 파견법), 성차별에 대한 불합리한 편견 불식(남녀고용평등법), 집단적
자치의 기초인 단결권 보호(노동조합법), 고용정책의 기본방향 설정(고기법, 고령자
고용법), 장애인의 인간다운 삶의 향상(장애인차별금지법), 인권보호(국가인권위원회
법) 등으로 각 상이한 헌법적 기초 하에 독자적인 의미 영역을 지니는 것으로
볼 수 있으므로 비록 여러 법률에 산재되어 있어 전체적인 조합을 쉽게 파악하
기 힘들고 그에 따라 체계성이 구비되지 않은 것처럼 보이더라도 이들을 하나
의 단일 법률에 통합 규정하는 것은 적절하지 않다는 견해가 있다.[41]

표 발의한 차별금지법안이 제안된 바 있으나 모두 국회 임기만료로 폐기되었다. 19대 국회
(2012. 5. 30.~2016. 5. 29.)에서는 2012. 11. 6. 김재연 의원(당시 통합진보당 소속)이 대표 발의
한 차별금지법안, 2013. 2. 12. 김한길 의원(당시 민주통합당 소속)이 대표 발의한 차별금지법
안, 2013. 2. 20. 최원식 의원(당시 민주통합당 소속)이 대표 발의한 차별금지법안이 제안되었
으나, 김한길 의원과 최원식 의원이 대표 발의한 2개 법안은 보수 기독교단체의 반대에 부딪
혀 철회되었고, 김재연 의원이 대표 발의한 법안은 2014. 12. 19. 헌법재판소에서 통합진보당
정당해산 심판이 선고됨으로써 입법과정이 중단되었다. 20대 국회에서는 포괄적 차별금지법
제정과 관련한 별다른 움직임이 없었다. 한편, 인권단체를 중심으로 한 포괄적 차별금지법
제정운동은 2019. 12. 31. 현재까지 계속되고 있다. 2007년 정부법률안에 반대하여 조직된 '반
차별공동행동'에 참여했던 인권단체들이 주축이 되어 2011. 1. 5. '차별금지법 제정연대'를 구
성한 바 있고, 박근혜 대통령 탄핵 이후 조성된 대선정국에서 상대적으로 인권이슈에 대한
논의가 활발해진 사회적 분위기 속에 2017년 3월 105개의 인권운동단체와 시민단체가 참여
하여 같은 이름의 '차별금지법 제정연대'가 재출범하였다. 한편, 17대 국회에서 차별금지법
제정이 실패한 이후 경제적·사회적·문화적 권리위원회, 여성차별철폐위원회, 시민적·정치
적 권리위원회 등 주요 국제인권기구들은 우리나라의 정기적 국가보고서에 대한 최종견해에
서 지속적으로 차별금지법 제정을 권고해왔으며, 2017. 10. 6. 시민적·정치적 권리위원회가
우리나라의 제4차 정기보고서에 대한 최종견해에서 다시금 포괄적 차별금지법 제정을 권고
하였다(안진b, 565~570면; 홍관표b, 311~313면). 한편, 국가인권위원회의 차별금지법 권고법안
과 정부법률안, 17대 국회에서 발의된 의원안을 주요 쟁점별(차별금지사유, 차별의 개념, 차
별구제조치)로 비교·분석하고 있는 글로는 한지영, 95~118면.

40) 안진b, 565, 570면; 홍관표b, 325~327면; 홍성수c, 8면. 이재희e, 63~64면은, 개별 법령의 흠
　　결 시 민법 일반조항을 적용하여 사법절차를 통해 차별을 규율할 수도 있지만, 이를 위해서
　　는 그에 맞는 해석론을 개발해야 하고, 예외적 교정 기능을 하는 특성을 고려할 때 일반조항
　　이 적극적으로 차별을 금지하는 데 원용되기 어려우며, 일반조항 적용요건을 충족하지 못하는
　　사례가 여전히 있을 수 있다는 문제점도 포괄적 차별금지법 제정의 필요성으로 제시한다.

　　포괄적 차별금지법의 제정을 적극적으로 주장하는 견해에 의하더라도 개별
법률들의 폐지를 단언하는 것은 아니다. 즉 포괄적인 차별금지법이 제정되더라
도 개별적인 차별금지법인 장애인차별금지법, 고령자보호법 등은 유지되어야 하
며 병행 시행될 때 차별예방과 피해구제의 효과가 더 커질 것이라거나[42] 포괄
적 차별금지법으로 모든 차별금지사유와 영역을 포괄적으로 규율하고, 특별히
필요성이 있는 영역에 대해서는 개별적 차별금지법으로 보완하는 방식으로 전
체 차별금지법 체계를 구상하는 것이 바람직하다고 한다.[43]

　　차별금지에 관한 개별법적 규율에 따른 입법의 공백이 존재하고, 복합차별
등의 경우 어느 법률을 적용하여 어떤 절차에 따라 피해를 구제받을 수 있는지
적용상의 혼란이 초래되는 것은 사실이다. 차별시정기구를 단일화한다면 구제의
효율성이 제고되는 측면도 있을 것이다. 그러나 개별 법률의 입법취지, 각 차별
영역에 특유한 보호 및 규제의 필요성, 시정기구의 전문성 등을 고려하면 포괄
적 차별금지법의 제정과 더불어 섣불리 개별 법률들의 폐지를 논할 것은 아니
라고 본다. 향후 정치·사회적 여건이 성숙하여 포괄적 차별금지법의 제정이 본
격적으로 추진된다면 개별 법률과의 관계에 관하여 신중한 검토와 다각적인 논
의가 필요할 것이다.

2. 차별의 개념

가. 헌법상의 평등 개념

　　차별이란 무엇인가, 어떤 행동이나 조치를 차별이라고 평가할 것인가에 관
하여는 다양한 관점에서 접근이 가능하다.[44] 차별은 일반적으로 불평등과 동일
한 개념으로 이해되며, 무엇보다 평등과 밀접한 관련이 있다.[45]

---

41) 하경효 외 5명, 25~32면. 최윤희g, 607면도 "사회 전반적인 차별시정 및 평등 구현이라는
　　법 이념적 측면에서 법을 해석하고 원용하는 입법에서는 총괄입법이 가장 간편할 수도 있지
　　만, 구체적이고도 실질적인 입법목적의 구현이라는 측면에서 차별은 그 사유별로 구체적 규
　　정 내용이나 적용대상 법리가 항상 공통된다고 보기 어려운 측면도 있다는 점을 감안한다면,
　　현재로서는 대체로 현행 입법형식이 무난한 것으로 보이지만 향후 우리 사회의 발전과 변화
　　에 따라 시간을 두고 숙고할 부분"이라고 지적한다.
42) 안진a, 232면.
43) 홍성수c, 7면.
44) 이에 관한 상세한 논의로는 이준일a, 17~59면 참조.
45) 이준일a, 17면. 조용만c, 3면은, 평등이 요구하는 바는 곧 합리적 이유가 없는 차별을 금지
　　하는 것이기 때문에 차별과 평등은 동전의 양면과 같다고 서술하고 있다. 영미에서도 고용상
　　의 차별 문제를 평등의 관점에서 바라보는 법적 담론이 지배적이라고 한다. 영미에서의 이에

우리 헌법은 전문에서 "정치·경제·사회·문화의 모든 영역에 있어서 각인의 기회를 균등히 하고…", "국민생활의 균등한 향상을 기하고…"라고 밝히고 있으며, 11조 1항은 "모든 국민은 법 앞에 평등하다. 누구든지 성별·종교 또는 사회적 신분에 의하여 정치적·경제적·사회적·문화적 생활의 모든 영역에 있어서 차별을 받지 아니한다."고 규정하고 있다. 우리 헌법상 평등원칙은 여기서 그치지 않고 보다 구체적인 생활 영역에서 선언되고 있다. 즉 헌법 31조 1항은 교육의 기회 균등을, 32조 4항은 여성근로자의 보호와 부당한 차별금지를, 36조 1항은 혼인과 가족생활의 양성 평등을, 41조 1항과 67조 1항은 평등선거 원칙을 규정하고 있다. 또한 119조 2항의 경제 민주화 규정도 평등원칙과의 연관 속에서 이해할 수 있다.46)

이처럼 우리 헌법은 평등권 보장의 차원에서 차별을 금지하고 있으나, 평등, 차별금지가 구체적으로 무엇을 의미하는지에 관하여는 정의하지 않고 이를 헌법 해석에 위임하고 있다. 일반적으로 평등원칙은 법적용의 대상이 되는 모든 인간을 원칙적으로 공평하게 다루어야 한다는 법원칙을 말하며, 그 중심내용은 기회균등과 자의금지이고, '동일한 것은 평등하게, 상이한 것은 불평등하게(같은 것을 같게, 다른 것을 다르게)' 취급함으로써 사회정의를 실현하려는 원리이다. 따라서 본질적으로 같은 것을 자의적으로 다르게, 본질적으로 다른 것을 자의적으로 같게 취급하는 것은 평등원칙에 반한다.47) 평등원칙은 국민의 기본권 보장에 관한 우리 헌법의 최고 원리 중 하나로서 국가가 입법을 하거나 법을 해석하고 집행할 때 따라야 할 기준인 동시에, 평등권은 모든 국민이 국가에 대하여 합리적 이유 없이 불평등한 대우를 하지 말 것과 평등하게 대우할 것을 요구할 수 있는 권리로서 국민의 기본권 중의 기본권이다.48) 다만, 평등원칙은 일체의 차

관한 논의로는 심재진a, 199~243면. 이에 대하여 임공수d, 83~84면은 평등에 대비되는 차별 내지 불평등의 반대가 곧 평등이라고 할 수 없는 경우가 있음을 지적한다. 즉, 실질적으로는 차별이지만 차별의 예외사유로 볼 수 있는 적극적 개선조치, 진정직업자격, 정책적 차별 등의 경우를 제시하며, 결국 평등은 인간의 존엄성을 유지하는 생래적 권리로서 차별을 하지 말아야 할 기준점 내지 목적점이라고 한다면, 이에 반하여 차별은 행위적이든 제도적 조치이든 인간의 권리를 해치거나 존엄성을 훼손하는 사후적인 행위적 결과물이라고 한다.

46) 송석윤, 10면. 이러한 조항들은 평등원칙과 직접적으로 관련된 것의 대표적 예이다. 평등, 균등, 균형 또는 차별, 특별, 특수, 우선 등의 용어를 사용하여 평등 문제를 규율하는 경우나 간접적으로 평등 문제를 규율하는 경우를 합치면 관련 헌법 조항의 수는 대폭 늘어난다. 이에 관하여는 황도수, 3면 이하.

47) 권영성, 389면; 김학성, 425면; 성낙인, 1027면; 장영수, 586면 등.

48) 헌재 1989. 1. 25. 선고 88헌가7 결정.

별적 대우를 부정하는 절대적 평등을 의미하는 것이 아니라 입법과 법의 적용
에서 합리적인 근거가 없는 차별을 금지하는 상대적 평등을 뜻하므로, 합리적
근거가 있는 차별 또는 불평등은 평등원칙에 반하지 않는다.[49] 그리고 합리적
근거가 있는 차별인지 여부는 그 차별이 인간의 존엄성 존중이라는 헌법 원리
에 반하지 않으면서 정당한 입법목적을 달성하기 위해 필요하고도 적정한 것인
가를 기준으로 판단한다.[50] 또한 국민의 기본권에 관한 차별에서 합리적 근거가
있는 차별이라고 하기 위해서는 우선 그 차별의 목적이 헌법에 합치되는 정당
한 것이어야 하고, 다음으로 차별의 기준이 그 목적의 실현을 위하여 실질적인
관계가 있어야 하며, 차별의 정도 또한 적정한 것이어야 한다.[51]

나. 차별의 개념

(1) 일반적 의미의 차별

㈎ 정   의

일반적으로 차별이란 조직이나 개인(들)이 자신의 적법한 목적을 달성하기
위하여 개인 또는 개인들의 집단을 취급할 때, 서로 비교되는 개인 또는 개인들
의 집단이 해당 목적에 비추어 본질적으로 같은 자격·조건을 갖추었음에도 불
구하고 그들을 달리 취급하는 것 또는 달리 취급하게 된 것이라고 정의된다.[52]
이를 개별적 근로관계에 국한시켜 본다면, 차별이란 사용자가 동일·유사한 상
황에 처한 근로자 사이에 서로 다른 취급을 하고, 이러한 상이한 취급을 정당화
하는 특별한 사정이 없는 경우를 뜻하며,[53] 특히 고용차별이란 고용영역(채용에
서 근로관계의 종료까지) 내지 고용 관련 영역(직업훈련, 직업소개, 근로자단체 가입과
활동 등)에서 사회적으로 용납될 수 없는 일정한 사유에 근거하여 합리적 이유

---

49) 헌재 1998. 9. 30. 선고 98헌가7, 96헌바93 결정, 헌재 1999. 5. 27. 선고 98헌바26 결정 등.
50) 헌재 1994. 2. 24. 선고 92헌바43 결정, 헌재 1995. 2. 23. 선고 93헌바43 결정 등.
51) 헌재 1989. 5. 24. 선고 88헌가37, 96 결정, 헌재 1996. 8. 29. 선고 93헌바57 결정 등.
52) 최승철, 15면; 국가인권위원회a, 1면. 대법원 2023. 6. 29. 선고 2019두53396 판결은 '국가인
    권위원회법에서 말하는 차별행위란 본질적으로 같은 것을 다르게, 다른 것을 같게 취급하는
    것으로, 본질적으로 동일한 비교집단에 속하는 비교대상과 다르게 대우하는 경우 차별이 존
    재한다고 볼 수 있고, 그 차별에 합리적인 이유가 없어 실질적인 불평등이 발생한다면 국가
    인권위원회법이 금지하는 차별행위에 해당한다'라고 판시하였다. 한편, 조용만g, 31면에서는
    차별을 '법규범이 금지하는 사유에 근거하여 사람 사이에 행해지는 대우(취급)의 차이로서,
    이러한 차이가 객관적으로 정당화되지 않는 것을 의미하는 것'이라고 정의하며, 이러한 정의
    에 따르면 차별의 개념 요소는 차별사유, 차별행위(대우의 차이), 차별의 정당성(합리적 근거)
    부재라고 한다.
53) 김유성, 35면; 윤문희a, 68면.

없이 특정한 사람이나 집단을 불이익하게 대우하거나 그러한 결과를 초래하는
제도, 관행 또는 행위를 의미한다.[54]

㈏ 비교대상의 존재

어떤 취급이 차별이라고 평가되기 위해서는 '서로 비교되는 개인들 또는
개인들의 집단', 즉 비교대상이 존재하여야 한다. 차별은 어느 한쪽에 대해 다른
한쪽을 다르게 또는 불리하게 취급하는 것이므로 차별을 받았다고 주장하는 개
인과 그를 비교할 대상이 없다면 차별은 성립할 수 없다.[55] 이 때 차별적 취급
을 하였다고 주장되는 자(이하 '차별 취급 주체'라고만 한다)는, 그로부터 차별을
당하였다고 주장하는 자와 비교대상자 모두를 취급 내지 처우할 수 있는 위치
에 있어야 한다. 만약 그러한 위치에 있지 아니한다면 이는 비교대상이 존재하
지 않음을 의미하고, 따라서 차별 자체가 성립할 수 없다. 또한 비교대상은 차
별 취급 주체가 추구하는 목적에서 도출되는, 또는 그 목적과 관련된 자격·조
건·상황 등에서 실질적으로 상호 동등·유사한 지위에 있어야 한다.[56] 이상과
같은 비교대상의 존재 및 양자 모두를 처우하는 차별 취급 주체의 범위에 관하
여는 특히 비정규직 근로자에 대한 차별에서 문제되는데, 이에 관하여는 뒤에서
자세히 다룬다.

㈐ 상대적 평등

평등을 상대적 평등으로 이해하는 한 원칙적으로 모든 차별적 처우가 금지
되는 것은 아니다. 즉 본질적으로 같은 자격·조건을 가진 자는 동일하게, 그 자
격·조건이 다른 자는 다르게 취급하는 것은 차별이 아니다.[57] 그러나 본질적으

---

54) 조용만c, 12면. 한편, 임공순c, 88면에서는 고용상 차별을, "각종 법령에서 규정하고 있는
    차별사유(성별, 종교, 장애, 나이, 신분, 학력, 실효된 전과, 성적 지향, 인종, 피부색, 신체 조
    건, 국적, 나이, 출신 지역, 사상이나 정치적 견해 등)로 모집, 채용, 교육, 배치, 승진, 임금
    및 수당 지급, 정년, 퇴직, 해고, 복리후생 등에 있어서 특정한 사람을 우대, 배제, 구별하거
    나 불리하게 대우하고, 정치, 사회, 경제적으로 평등권을 침해하는 행위"라고 정의한다.
55) 이와 관련하여 헌재 2003. 12. 18. 선고 2002헌마593 결정, 헌재 2013. 10. 24. 선고 2012헌바
    278 결정 등은, "평등원칙 위반의 특수성은 대상 법률이 정하는 '법률효과' 자체가 위헌이
    아니라, 그 법률효과가 수범자의 한 집단에만 귀속되어 '다른 집단과 사이에 차별'이 발생한
    다는 점에 있기 때문에, 평등원칙의 위반을 인정하기 위해서는 우선 법적용과 관련하여 상호
    배타적인 '두 개의 비교집단'을 일정한 기준에 따라서 구분할 수 있어야 한다."고 판시하였다.
56) 최승정, 17~23면; 국가인권위원회a, 1~2면.
57) 이와 관련하여 헌재 1996. 12. 26. 선고 96헌가18 결정은, "평등의 원칙은 입법자에게 본질
    적으로 같은 것을 자의적으로 다르게, 본질적으로 다른 것을 자의적으로 같게 취급하는 것을
    금하고 있다. 그러므로 비교의 대상을 이루는 두 개의 사실관계 사이에 서로 상이한 취급을

로 같은 자격·조건을 갖추었음에도 불구하고 '달리 취급하는 것' 또는 '달리 취
급하게 된 것'은 차별이다. '달리 취급하는 것'이란 그 달리 취급함이 의도적임
을 함의하는데, 이러한 의도적 차별을 '직접차별'이라 한다. '달리 취급하게 된
것'이란 달리 취급할 의도는 없으나 결과적으로 달리 취급하게 된 것을 의미하
며, 이러한 결과적 차별을 '간접차별'이라 한다.[58]

(2) 직접차별

직접차별이란 특정 집단에 속하는 개인(들)을 그 집단에 속한다는 이유로
다른 집단에 속하는 다른 개인(들)과 비교하여 합리적 이유 없이 불리하게 대우
하는 행위, 즉 합리적 이유 없이 성이나 연령, 신체조건, 국적, 신앙, 성적 지향
등 개인(들)의 태생적 또는 후천적 속성을 기준으로 그 개인(들)에 대해 불이익
한 대우를 하는 것을 말한다.[59]

직접차별에 관하여 노동법학계에서는 '법률에 의하여 금지된 차별사유(위
<표1> 차별금지사유 참조)를 직접적인 이유로 하여, 비교되는 다른 근로자에 비해
서 불리한 처우를 하는 것'[60] 내지는 '어느 근로자와 다른 근로자를 외형상은
물론 실질적으로도 차별대우하는 것'[61]이라고 설명하고 있다.

위 <표1>에서 다룬 법령 중 남녀고용평등법, 장애인차별금지법, 그리고 국
가인권위원회법은 직접차별에 관한 정의규정을 두고 있다. 남녀고용평등법 2조
1호는 (직접)차별을 "사업주가 근로자에게 성별, 혼인, 가족 안에서의 지위, 임신
또는 출산 등의 사유로 합리적인 이유 없이 채용 또는 근로의 조건을 다르게

정당화할 수 있을 정도의 차이가 없음에도 불구하고 두 사실관계를 서로 다르게 취급한다면,
입법자는 이로써 평등권을 침해하게 된다. 그러나 서로 비교될 수 있는 두 사실관계가 모든
관점에서 완전히 동일한 것이 아니라 단지 일정 요소에 있어서만 동일한 경우에 비교되는
두 사실관계를 법적으로 동일한 것으로 볼 것인지 아니면 다른 것으로 볼 것인지를 판단하기
위해서는 어떠한 요소가 결정적인 기준이 되는가가 문제된다. 두 개의 사실관계가 본질적으로
동일한가의 판단은 일반적으로 당해 법률조항의 의미와 목적에 달려 있다."고 판시하였다.
58) 국가인권위원회a, 3면. 같은 취지에서 김유성, 35면 및 윤문희a, 68면에서는 차별에는 '차
별의도를 가지고' 불이익하게 취급하는 직접차별뿐만 아니라 '외관상 중립적이지만 결과적으
로' 불이익이 발생하는 간접차별까지 포함한다고 한다.
59) 문무기·윤문희, 14면; 임공수d, 90면; 최승정, 35면; 국가인권위원회a, 4면. 한편, 직접차별
에 관하여 이준일a, 51면은 '일정한 법규범이 제정되거나 일정한 관행 또는 조치가 최초로
시행될 당시부터 차별목적이 의도되고 명시적으로 표현된 차별대우'라고 정의하고 있으며,
하경효 외 5명, 53면은 '합리적인 이유 없이 개인이나 집단이 가지고 있는 속성을 이유로 그
개인이나 집단에 대해 불이익한 대우를 하는 것'이라고 한다.
60) 김형배, 220면.
61) 이상윤, 116면.

하거나 그 밖의 불리한 조치를 하는 경우"라고 규정하고 있다. 장애인차별금지
법 4조 1항 1호는 "장애인을 장애를 사유로 정당한 사유 없이 제한·배제·분
리·거부 등에 의하여 불리하게 대하는 경우"를 (직접)차별로 정의하고 있다. 국
가인권위원회법 2조 4호 가목은 직접차별과 관련하여 '앞서 본 열아홉 가지 차
별금지사유를 이유로 고용 등 차별금지영역에서 합리적인 이유 없이 특정한 사
람을 우대·배제·구별하거나 불리하게 대우하는 행위'라고 정의하고 있다.[62]

(3) 간접차별

간접차별이란 중립적인 기준을 적용하였으나 그 기준이 특정 집단이나 개
인에게 현저하게 불리한 결과를 야기하고, 해당 기준이 정당한 것임이 증명될
수 없는 결과적 차별을 말한다.[63]

간접차별에 관하여 노동법학계에서는 '외관상으로는 중립적인 기준 또는
절차에 따라 근로자를 모집·채용·대우·승진·해고하도록 되어 있으나 결과적
으로 어느 특정 집단이나 부류의 근로자들에게 불이익이 돌아가게 되어 법률이
금지하고 있는 차별금지사유에 해당되는 경우'[64]라거나 '외형상으로 모든 근로
자를 균등대우하고 있으나, 실질적으로는 특정 집단에 속하는 근로자가 균등대
우의 조건을 충족하는 것이 어려워 사실상 불이익을 당하게 되는 것'[65] 내지는
'사업주가 채용 또는 근로조건에 대해 중립적 기준을 비교대상 집단에게 동일하
게 적용해도, 그 조건을 충족시킬 수 있는 특정 집단이 다른 집단에 비하여 현
저히 적고, 그로 인하여 특정 집단에 불리한 결과를 초래하며, 그 기준이 정당
한 것임을 증명할 수 없는 경우'[66]라고 설명하고 있다.[67]

---

62) 기간제법 2조 3호와 파견법 2조 7호는 직접차별과 간접차별을 구별하지 않고 포괄적으로
  차별적 처우란 '임금, 정기적으로 지급되는 상여금, 경영성과금, 그 밖의 근로조건 및 복리후생
  등에 관한 사항에 있어서 합리적인 이유 없이 불리하게 처우하는 것'이라고 규정하고 있다.

63) 최승정, 115면; 국가인권위원회a, 17면. 한편, 간접차별에 관하여 이준일a, 51면은 '법규범
  이 제정되거나 일정한 관행 또는 조치가 최초로 시행될 당시에는 의도된 명시적인 차별목적
  이 없었지만 법규범이 적용되거나 관행 또는 조치가 시행됨으로써 결과적으로 발생한 차별
  대우'라고 정의하고 있으며, 하경효 외 5명, 53면은 '중립적인 기준을 적용하였으나 그러한
  중립적인 기준이 특정 소수자 집단에게 불이익한 결과를 야기하는 경우를 차별로 보는 개념'
  이라고 한다.

64) 김형배, 220면.

65) 이상윤, 117면.

66) 하갑래, 80면.

67) 헌법학계에서는 '법규범이 특정 집단의 차별을 의도하지 않았지만(중립적) 사실상의 차이
  로 인해 특별 집단에게 결과적으로 불평등한 차별을 초래하는 경우'(김학성, 432면)라거나
  '차별기준이 명시되어 있지 않고 해당 조문 혹은 조치 자체는 중립적으로 그 대상을 규정하

　　간접차별의 개념은, 직접적이고 의도적인 차별을 법적으로 제재하자 이를 회피하기 위하여 차별의 형태가 점차 비가시적이고 간접적인 차별로 변화됨에 따라 직접차별에 대한 규제만으로는 평등의 실현이 실질적으로 이루어지기 어렵고, 사회적 소수자에 대한 편견·통념·관습 등에 변화를 가져올 수 없다는 인식 하에 도입되었다.[68]

　　간접차별은 직접차별과 대비하여 다음과 같은 점에서 차이가 있다.[69] 우선, 직접차별은 차별로 이어지는 조건을 '달리'하는 반면, 간접차별은 그 조건이 '동일'하다. 둘째, 직접차별은 비교에 의한 조건이나 취급의 차이에 대해 '합리적인 이유'가 있으면 차별로 인정되지 않으나, 간접차별은 동일한 조건이 적용되기에 합리적 이유인지 여부는 물을 필요가 없고, 다만 기준 자체가 '정당'한 것인지 여부만 문제된다. 셋째, 직접차별은 사용자의 '차별의사'를 전제로 하는 반면, 간접차별은 동일한 기준이 특정 근로자에게 미치는 '결과'에 주목하므로 그렇지 않다. 넷째, 직접차별에서 채용 또는 근로의 조건을 달리하거나 그 밖의 불이익한 조치를 취하는 주체는 '항상' 당해 사용자이지만, 간접차별에서 문제되는 조건을 설정한 주체는 당해 사용자가 아닐 수도 있다. 간접차별에서 사용자는 사회통념상 인정되는 기준을 특별한 의식 없이 그대로 적용하는 것에 불과할 수도 있다. 다섯째, 직접차별은 개인 또는 집단을 대상으로 행해질 수 있

고 있지만 그러한 대상에 일정한 속성을 갖는 자가 주로 관련되어 있을 때 이루어지는 차별'(전광석c, 301면) 내지는 '법률조항이 모든 집단에 대하여 동일하고 중립적인 기준을 적용하였으나 사회적 고정관념이나 사실상의 차이로 인하여 주로 일부 집단에 대하여 불리한 효과를 초래함으로써 결과적으로 불평등한 대우가 발생한 경우'(한수웅b, 601면)라고 설명하고 있다.

68) 간접차별법리는 1971년 미국 연방대법원의 Griggs v. Duke Power Co. 판결에서 처음으로 법제도 내에 편입되었다. 이 판결은, '법은 명백한 차별만이 아니라 형식적으로는 공정하지만 차별적으로 기능하는 관행도 금지하고 있다. 기준은 사업상 필요성이다. 흑인을 배제하도록 기능하는 고용 관행에 대해 직무수행과 관련성이 있다는 사실을 증명할 수 없다면, 당해 관행은 금지된다'고 판시하였다(401 U.S. at 431). 이후 International Brotherhood of Teamsters v. United States 판결에서 연방대법원은 '불평등한 영향은 상이한 집단을 취급할 때 표면적으로는 중립적이지만 실제로는 다른 집단에 비하여 특정 집단을 가혹하게 처우하는 것으로서 사업상 필요에 의해 정당화될 수 없는 고용상 관행을 말한다. 차별적 동기에 대한 증명은… 필요하지 않다'고 하여 재차 이를 확인하고 있다[431 U.S. 324, 336 n.15(1977). 이상 이승욱a, 32~33면에서 재인용]. 간접차별에 관하여, 미국의 이론에 관한 보다 상세한 논의로는 최윤희c, 1~34면; 구미영b, 1면 이하, 유럽법에서 법리가 발전한 과정에 대해서는 김영희, 48~89면; 심재진b, 35~78면, 유럽인권재판소와 EU사법재판소 판례의 흐름에 관하여는 김선희, 9~123면, 영국, 호주, 일본, 캐나다, 뉴질랜드 등 각국의 입법례 및 사례에 관하여는 이주희(나), 207~215면 참조.

69) 이에 관하여는 이승욱a, 35~39면 참조.

지만, 간접차별은 '항상' 집단을 대상으로 이루어진다. 간접차별에서 동일한 기준을 적용할 때 특정 근로자가 다른 근로자보다 현저하게 적은지 여부에 대한 판단은 집단적 비교를 전제로 하지 않으면 불가능하고, 그 불이익의 효과도 개인에게 미치는 것이 아니라 집단에게 미치기 때문이다.

  간접차별과 직접차별의 이러한 차이는 간접차별의 의의를 시사하고 있다. 직접차별의 경우, '합리적인 이유'가 있는 차이는 법에서 금지되지 않으며 이때 '합리적인 이유'가 있는지 여부는 사회통념에 의하여 판단된다.[70) 그러나 사회통념이라는 개념 자체가 기존의 질서를 반영할 수밖에 없다. 간접차별은 어떤 기준이 현실적으로 미치는 영향 내지 결과에 주목한다. 그 기준이 중립적인 외양을 띠고 있더라도 나아가 사회통념에 의해 뒷받침이 되고 있더라도, 결과에서 특정 근로자에게 불리한지 여부를 판단하는 것이다. 따라서 사용자가 전혀 차별의사 없이 관행적으로 사회통념에 따른 기준을 적용하여 왔더라도 간접차별이 될 수 있다. 이런 측면에서 볼 때 간접차별은 그 차별에 대한 시정이 개인적인 구제 차원에 머무르는 것이 아니라, 중립적 기준이나 사회통념 자체의 차별적 효과를 시정하도록 함으로써 체제 전체를 변화시키는 것이다.[71) 그 결과 간접차별에 대한 구제의 효과는 그로 인해 불이익을 받은 개인, 즉 피해자에게만이 아니라 그가 속한 집단 전체에 미친다. 즉 간접차별은 현재의 장애를 제거하는 것이고, 이는 결과에서의 평등을 지향하는 것일 뿐 아니라 노동시장에 대한 기회의 재분배, 즉 미래를 향한 기회의 평등을 지향하는 것이라고 할 수 있다.[72)

  위 <표1>에서 다룬 법령 중 남녀고용평등법, 장애인차별금지법, 고령자고용법은 간접차별에 관하여 명시적인 규정을 두고 있다. 간접차별에 관하여, 남녀고용평등법 2조 1호는 "사업주가 채용조건이나 근로조건은 동일하게 적용하더라도 그 조건을 충족할 수 있는 남성 또는 여성이 다른 한 성에 비하여 현저히 적고 그에 따라 특정 성에게 불리한 결과를 초래하며 그 조건이 정당한 것임을 증명할 수 없는 경우"라고 규정하고 있고, 장애인차별금지법 4조 1항 2호는 "장애인에 대하여 형식상으로는 제한·배제·분리·거부 등에 의하여 불리하게 대하지 아니하지만 정당한 사유 없이 장애를 고려하지 아니하는 기준을 적

---

70) 대법원 1996. 8. 23. 선고 94누13589 판결.
71) 이주희(나), 178면. 미국에서 간접차별을 'systemic disparate impact'라고 부르는 것도 이런 측면에서 이해할 수 있을 것이다.
72) 이승욱a, 37면 참조.

용함으로써 장애인에게 불리한 결과를 초래하는 경우"라고 정의하고 있으며, 고
령자고용법 4조의4 2항에서는 "합리적인 이유 없이 연령 외의 기준을 적용하여
특정 연령집단에 특히 불리한 결과를 초래하는 경우에는 연령차별로 본다."고
규정하고 있다.[73] 위 법률들에서 도입한 간접차별의 개념은 공통적으로, 형식적
으로는 특정 인적 속성에 따라 불리한 대우를 하는 것은 아니지만, 정당한 사유
없이, 법이 보호하고자 하는 인적 집단에 현저하게 불리한 결과를 초래하는 경
우 차별에 해당한다는 것이라 할 수 있다.[74]

　　간접차별은 위와 같이 명문의 규정이 있는 성별, 장애, 연령을 이유로 차별
을 하는 경우에만 금지되는 것인지 여부가 문제된다.

　　먼저, 헌법 11조 1항에서 금지하는 차별에 직접차별뿐만 아니라 간접차별
까지 포함되는지 여부에 관하여는 견해의 대립이 있다.[75] 간접차별 불포함설의
논거는 헌법 11조 1항 후문에 정한 사유를 예시적인 것으로 보는 다수설과 판
례의 입장에 따르면 위 사유에 해당되어야만 차별로 인정될 수 있는 것이 아니
어서 차별 아닌 것을 차별로 전환하기 위한 목적의 간접차별 개념은 불필요하
고, 법률과 달리 헌법 차원에서는 평등이 아니더라도 여타의 기본권 심사가 가
능하므로 간접차별 관념의 필요성은 크지 않다는 것이다.[76] 반면, 간접차별 포
함설은 평등권에 의한 국민의 효과적인 보호를 주요 논거로 삼고 있다.[77] 이에
관하여 헌법재판소는 명시적으로 판단하고 있지는 아니하나, 이른바 군가산점제
도를 규정한 제대군인지원에 관한 법률 8조 1항 등의 위헌확인 사건(이하 '제대
군인 가산점제도 사건'이라 한다)에서 위 제도의 입법목적은 제대군인의 사회복귀
를 지원하고자 하는 것이며 이에 따라 차별의 기준이 비제대군인에 대한 제대

---

73) 구 차별구제법 2조 1호 2문에서도 "남성과 여성에 대한 적용조건이 양성 중립적이거나 성
　　별에 관계없는 표현으로 제시되었다고 하더라도 그 조건을 충족시킬 수 있는 남성 또는 여
　　성이 다른 한 성에 비하여 현저히 적고 그로 인하여 특정 성에게 불리한 결과를 초래하며
　　그 조건이 정당한 것임을 입증할 수 없는 때에도 이를 남녀차별로 본다."고 하여 간접차별에
　　관하여 규정하고 있었다.
74) 김선희, 129면; 정주백, 148면.
75) 이준일d, 437면에서는 이와 같은 논의의 실익을 "차별의 개념에 간접차별을 포함시키는 경
　　우에 차별받은 국민의 입장에서는 논증부담이 경감됨으로써 평등권에 의하여 더욱 효과적으로
　　보호받을 수 있지만, 입법자의 입장에서는 의도하지 않은 차별의 결과가 평등심사에서 고려되
　　고 논증부담이 가중됨으로써 입법자의 입법형성의 자유가 제약될 수 있다."는 점을 들고 있다.
76) 정주백, 139~140면.
77) 김하열, 48면; 김주환a, 197면; 이준일d, 437면; 같은 취지에서 계희열, 246면은 "어떤 규율
　　이 금지된 차별을 의도하는 것이 아니라 일차적으로 다른 목표를 추구하고 있는 경우에도
　　그것이 금지된 차별의 효과를 낳는다면 헌법 11조 1항 후문에 위반된다."고 본다.

군인의 특혜라는 형식을 지니지만, 전체 여성 중의 극히 일부분만이 제대군인에 해당될 수 있는 반면에 남성의 대부분은 제대군인에 해당하므로, 실질적으로 성별에 의한 차별이라고 판시한 바 있다.[78] 이 결정은 헌법재판소가 암묵적으로나마 헌법 11조 1항에 직접차별뿐만 아니라 간접차별도 포함된다고 보고 간접차별의 개념을 헌법적 차원에서 인정한 것이라고 평가되고 있다.[79]

한편, 국가인권위원회법은 명시적으로 간접차별을 규정하고 있지 않지만, 광범위한 차별사유를 예시하고 있으며(국가인권위원회법 2조 3호), 국가인권위원회는 인천광역시가 양성평등정책 추진의 일환으로 관할 자치법규에 대한 자체 조사를 실시한 후 일부 법규 조항에 대하여 성차별 여부의 법적 판단을 요청한 사건에서, "적격성을 판단하는 기준이 외형상 중립적일지라도 실질적으로 동일하게 적용할 수 없는 집단에 적용하여 결과적으로 이 집단에 속하는 다수에게 불이익을 초래한다면 이에 대한 정당성이 입증될 수 없는 한 차별로 볼 수 있다. 이와 관련하여 국가인권위원회법의 차별금지에는 이러한 간접차별 역시 포함되어 규제된다고 할 수 있다."고 하여 국가인권위원회법에서 금지하는 차별에 간접차별이 포함됨을 명시적으로 인정하고 있다.[80]

근기법을 포함하여 앞서 본 개별법은 대체로 '(차별금지사유)를 이유로 차별하여서는 아니 된다'는 입법 형식을 취하는데 이 때 '이유로'의 의미를 좁게 해석하면 차별행위자의 차별 의도의 존재를 요구하는 것으로서 직접차별만을 뜻한다고 볼 여지가 있지만, 넓게 해석하면 헌법 11조 1항의 '···성별·종교 또는 사회적 신분에 의하여···차별을 받지 아니한다'에서 '의하여'에 해당하는 것이어서 직접차별은 물론 간접차별도 포괄할 수 있다.[81] 위 각 개별법상의 차별금지

---

78) 헌재 1999. 12. 23. 선고 98헌마363 결정.

79) 김학성, 443면; 계희열, 246면; 송석윤, 21면; 전광석c, 301면; 한수웅b, 601~602면; 국가인권위원회a, 20면. 한편, 간접차별 불포함설을 취하는 정주백, 141~142면은, 위 사건에서 헌법재판소가 '제대군인에게 가산점을 주는 것은 위헌인가'의 문제를 '남성에게 가산점을 주는 것은 위헌인가'의 문제로 바꾸었고, 이러한 국면 전환의 논리적 도구로서 간접차별의 관념을 사용하였다고 평가한다.

80) 국가인권위원회 상임위원회, 2006. 5. 18.자 인천광역시 일부 자치법규에 대한 국가인권위원회의 의견, 15면(국가인권위원회 홈페이지에 의결일자가 '2006. 5. 18.'로 등재되어 있고, 인천광역시의 법적 판단 요청이 2005. 11.에 있었던 점을 감안하면, 의견서 말미에 기재된 '2005. 5. 18.'은 오기로 보인다).

81) 국가인권위원회a, 20면. 이와 관련하여 미국 민권법상 차별금지조항의 '···을 이유로(because of)', 영국 성차별금지법의 '(성별)에 근거하여(on the ground of)'의 해석론을 둘러싼 두 나라의 판례 법리를 검토한 후 우리나라의 고용상 차별금지규정에서도 '···을 이유로'의 의미를 사용자의 차별의도에 대한 증명의 필요 없이 단지 인과관계 여부에 대하여 판단하는 것으로

규정은 차별의 사유와 차별의 영역을 새로 창설한 것이 아니라 헌법상 평등권
을 구체화하려는 데에 입법목적이 있으므로 위에서 본 넓은 의미로 해석함이
타당하다. 그렇다면 남녀고용평등법과 장애인차별금지법, 고령자고용법상의 간
접차별 규정은 성, 장애, 연령의 경우에 발생하는 간접차별만을 법적 차별로 규
율하려는 취지가 아니라 간접차별의 개념을 좀 더 명확하게 규정하였다는 것에
의의가 있고, 따라서 근기법 6조는 물론, 그 밖의 사유를 이유로 한 개별법상의
차별금지규정도 간접차별의 경우를 포함한다고 보아야 한다.[82]

II. 근기법 6조의 적용범위

1. 차별금지사유의 법적 성격

근기법 6조는 차별금지사유로 남녀의 성, 국적, 신앙, 사회적 신분을 규정하
고 있다. 이와 같은 차별금지사유가 예시적인 것인지 한정적·열거적인 것인지가
해석상 문제된다. 이러한 논의가 등장한 배경은 근기법이 정한 차별금지사유가
포괄적인 것처럼 보여도 현실적으로는 정치, 경제, 사회, 문화 등의 여러 영역에
걸쳐 위 사유들만으로 포섭하기 어려운, 예컨대 연령, 고용형태, 장애, 학벌, 전과,
병력, 성적 취향 등 다양한 형태의 차별이 등장하였기 때문이다. 이 논의는 특히
근기법 6조에서 규정한 '사회적 신분'의 개념 정의와 관련하여 의미가 있다.[83]

헌법학계에서도 헌법 11조 1항 후문의 법적 성격에 관하여 그에 명시된 차
별금지사유(성별, 종교, 사회적 신분)가 예시적인 것인지 한정적·열거적인 것인지
를 둘러싸고 유사한 논의가 이루어지고 있는데, 헌법 11조 1항 후문을 '예시적'
규정으로 보는 견해,[84] 헌법 11조 1항 전문(모든 국민은 법 앞에 평등하다)에 대한
특별규정으로서 차별의 기준으로 삼아서는 안 되는 특성을 '열거적'으로 규정한

봄이 타당하다는 결론에 이르고 있는 글로는 구미영b, 3~24면.

82) 근기법 6조도 직접차별뿐 아니라 간접차별을 포함한다는 견해로는 김유성, 35면; 이상윤,
   116~117면; 민변노동법 I, 171면. 한편, 김형배, 220면은 남녀고용평등법상의 직접차별 및 간
   접차별에 관한 규정은 성차별 이외의 다른 금지된 차별사유에 대해서도 준용 또는 원용되는
   것으로 보고 있다.

83) 송기춘, 265~267면; 전광석a, 5면. 사회적 신분의 범위를 넓게 볼 경우 굳이 각 차별금지사
   유가 예시적임을 주장하지 않아도 사회적 신분의 개념에 포섭하여 적절히 문제를 해결할 수
   있을 것이며, 사회적 신분의 범위를 엄격하게 해석할 경우에는 차별행위를 규율하기 위하여
   명시된 것 이외의 차별금지사유를 인정할 필요가 생긴다(조홍석a, 373~375면).

84) 권영성, 398면; 김철수, 479면; 성낙인, 1030면; 양건, 429면; 이준일d, 436면; 장영수, 591
   면; 허영, 364면.

것으로 이해해야 한다는 견해,[85] 헌법 11조 1항 후문에서 규정한 '성별, 종교, 사회적 신분'은 이를 차별사유로 삼아서는 아니 됨을 특히 강조한 것으로, 이와 동등한 비중을 지닌 차별사유에 한해 동일한 취급을 요구하는 예시로 보아야 한다는 '제한적 예시설'을 취하고 있는 견해[86]가 있고, 예시적 규정으로 보는 견해가 다수설이다. 헌법재판소는, 남성에게만 병역의무를 규정한 병역법 규정에 대한 헌법소원 사건에서, 위 병역법 규정을 합헌이라고 판단하면서 '헌법 11조 1항 후문의 규정은 불합리한 차별의 금지에 초점이 있고, 예시한 사유가 있는 경우에 절대적으로 차별을 금지할 것을 요구함으로써 입법자에게 인정되는 입법형성권을 제한하는 것은 아니다'라고 판시하여 헌법 11조 1항 후문의 규정을 예시적으로 해석하는 견해를 취하고 있다.[87]

노동법학계는, 근기법 6조에서 규정한 차별금지사유에 관하여, '예시적'인 것이라고 해석하는 견해(이하 '예시규정설'이라 한다),[88] 근기법은 강행법규의 성격을 가지고 있고, 근기법 6조 위반행위에 대해서는 형사처벌(근기법 114조 1호)이 되기 때문에 죄형법정주의 원칙과 조화된 해석을 위해서는 근기법 6조에서 차별금지사유를 '한정적으로 열거'하고 있다고 보는 것이 타당하다는 견해(이하 '열거규정설'이라 한다),[89] 위 헌법학계의 논의에 비추어 보면, 평등원칙을 규정한

---

85) 계희열, 244면; 전광석c, 310~311면; 한수웅b, 596면. 예시적 규정이라고 보면 헌법 11조 1항 후문의 규정은 고유한 의미와 기능을 부여받음이 없이 같은 항 전문 규정에 종속되어 단지 일반적 평등조항의 내용을 예시하는 규정으로, 헌법이 굳이 규정하지 않아도 될 당연한 사실을 규정한, 즉 헌법 내에서 존재의미가 없는 조항으로 전락하게 되며, 나아가 전문의 일반적 평등원칙을 구체화하고 있는 일련의 특별평등조항들(예컨대 헌법 32조 4항 등)도 모두 헌법적으로 특별한 의미가 없는 예시적 규정으로 보아야 하는데, 다수의 헌법규정을 무의미하게 만드는 이러한 해석은 타당하지 않다는 점을 근거로 든다(한수웅b, 596면).

86) 김학성, 431면. 헌법 11조 1항 후문에 직접 명시된 '성별, 종교 또는 사회적 신분'은 원칙적으로 열거적인 것으로 해석하되, 다만 그 외 다른 차별금지사유를 배척하는 기능을 하는 한정적·배제적 열거가 아니라 그와 유사한 특성을 가지는 차별금지사유들에 대하여 그와 동등한 평등권 보호의 효력을 부여하기 위한 기준제시적 기능을 한다는 견해(이재희b, 144~146면)도 같은 취지라 할 수 있다.

87) 헌재 2010. 11. 25. 선고 2006헌마328 결정.

88) 강성태b, 156면(근기법 6조는 진정직업자격과 같은 객관적이고 합리적 사유에 의해 정당화될 수 있는 경우를 제외한 근로관계에서의 모든 불합리한 차별을 금지한 규정으로서 동조상의 차별금지사유는 예시적인 것으로 보아야 한다); 신인령b, 67면(근기법이 명문화하고 있는 차별금지사유는 단지 '예시'라고 보아야 하기 때문에 근로자의 노동 능력에 대한 합리적인 평가 이외의 기준에 근거한 불합리한 차별 대우는 금지되는 것으로 해석해야 한다); 조연민, 7, 43~44면은 헌법 11조 1항의 차별금지사유는 예시적이라는 것이 다수의 견해임을 고려하면 근기법 6조의 차별금지사유도 예시적인 것으로 해석함이 상당하다고 하고, 나아가 근기법 6조가 분명하게 예시조항으로 이해될 수 있도록 차별금지사유의 말미에 "~등"을 추가하는 방향으로 개정하는 방안을 제안한다.

헌법 11조 1항을 구체화하고 있는 근기법 6조의 차별금지사유 역시 예시적이라
고 해석할 수 있고, 다만 벌칙규정의 적용과 관련하여서는 죄형법정주의의 요청
상 엄격한 한정해석이 요구된다는 견해(이하 '사법적 예시규정설'이라 한다)[90]로 나
뉘고 있다. 사법적 예시규정설의 견해를 상술하면,[91] 이는 민사상 위법성과 형
사상 위법성을 구별하여 민사적 구제와 관련하여서는 근기법 6조의 차별금지사
유를 예시적 규정으로 해석하되(따라서 연령, 고용형태, 장애, 학벌, 전과, 병력, 성적
취향 등을 이유로 한 새로운 형태의 차별도 근기법 6조 위반으로 그 사법상 효력은 무효
가 된다), 다만 벌칙규정의 적용은 죄형법정주의의 요청에 따라 근기법 6조에서
명시적으로 규정한 4가지 사유(남녀의 성, 국적, 신앙, 사회적 신분)에 의한 차별로
만 한정된다는, 이른바 '이원적 해석론'[92]에 기초한 것이라 할 수 있다.

　　헌법 11조 1항 후문의 경우와 달리 근기법 6조 위반 시에는 형사처벌이 된
다는 점을 고려하면 예시규정설을 따르기는 어렵다고 생각한다. 열거규정설에
의하면 근기법 6조의 '사회적 신분'의 개념과 범위를 밝히는 작업이 중요하게
되는데, 현실적으로 다양한 형태의 차별이 등장하였다는 사정만으로 사회적 신
분의 개념 및 범위를 넓혀야 한다는 결론이 도출되는 것이 아닐 뿐만 아니라
사실상(어떤 면에서는 불가피하게) 죄형법정주의 원칙을 고려하여 적극적이고 유
연한 해석을 하지 못할 수 있다. 사법적 예시규정설을 따를 경우에는 이러한 부
담으로부터 벗어날 수 있고, 근기법 6조를 직접적 근거규정으로 하여 보다 간명
하게 차별행위에 대한 민사적 구제를 구성할 수 있다는 장점이 있다. 또한, 사
법적 예시규정설은 근기법 6조가 총칙 내지는 일반규정으로서 규범적 의의를
가지며, 차별금지규정 위반에 대한 사법적 구제절차를 설정하는 이론적 토대가

89) 박홍규, 153면; 이영희, 452면; 전윤구a, 114면; 조용만c, 21면; 하경효 외 5명, 66면; 근기
　　법주해(초판)Ⅰ, 415면.
90) 김유성, 34~35면; 이승욱a, 27면; 민변노동법Ⅰ, 172면. 한편, 김형배, 225~226면은 "동조는
　　차별사유에 관한 제한적 열거규정으로 볼 것은 아니라고 생각된다."라고만 그 견해를 밝히고
　　있다.
91) 이승욱a, 27면; 민변노동법Ⅰ, 172면.
92) 西谷, 51면은, 하나의 조항이 형벌의 근거로 되고 동시에 사법적 강행규정이기도 한 경우,
　　그 조항의 형벌규정으로서의 성격에 주목하면 죄형법정주의에 따라 엄격한 해석이 요청되
　　지만 그 사법적 성격에서는 법률의 목적을 고려한 유연한 해석이 필요한데, 이러한 규정을 통
　　일적으로 해석하려고 하면 죄형법정주의를 의식하여 사법적 해석을 할 때에도 지나치게 엄
　　격하게 되거나, 반대로 사법적 차원에서의 합목적적 해석의 필요성을 의식하여 죄형법정주의
　　의 요청을 경시하게 되기 쉽다고 하면서, 이 모순에서 벗어나는 유일한 길은 해당 조항의 형
　　벌 규정의 측면과 사법적 측면을 구분하여 양자를 따로 다르게 해석하는 것이라고 설명한다.

될 수 있다는, 앞서 본 설명과도 일관한다. 그러나 근기법 6조라는 동일한 규정의 문언을 민사 영역에서는 예시적인 것으로, 형사 영역에서는 열거적인 것으로 달리 해석할 수 있다는 전제가 대단히 낯설게 여겨진다. 다른 법률조항의 경우에도 동일한 문언을 그 규율 영역에 따라 달리 해석한 판례나 해석론을 찾기 어렵다. 사법적 예시규정설의 이론적 근거가 명쾌하지 않고, 합목적적 해석의 범주로 이를 포섭할 수 있을지 의문이다.[93]

근기법 6조의 문언은 특정한 차별금지사유를 열거하는 형식을 취하고 있다. 그리고 근기법 6조 위반 시에는 형사처벌이 되는 이상 죄형법정주의 원칙이 우선적으로 고려되어야 하고, 그 해석에 예측가능성이 있어야 한다. 이러한 점에 비추어 보면, 근기법 6조는 차별금지사유를 제한적으로 열거하고 있다고 해석하는 것이 타당하다. '열거규정설'에 의하더라도 근기법 6조에서 규정한 차별금지사유 이외의 사유에 의한 차별이 무엇이든 허용된다는 것을 의미하지는 않는다. 앞서 본 일반적 균등대우원칙 위반,[94] 그리고 공서양속 위반 또는 사용자의 배려의무 위반,[95] 헌법상 평등권(11조 1항)의 대사인적 효력[96] 등의 이론적 구

---

93) 사법적 예시규정설에 대하여 "편의적인 기준으로 당해 규정이 규율하는 범주를 다원적으로 해석하는 것은 법치주의 내지 법적 안정성의 견지에도 부합하지 않으며, 열거적인 규정으로 실무상 제기되는 여러 현상들을 제대로 규율하지 못한다면 이는 입법으로 개정해야 할 문제이지 해석론의 한계를 넘어서는 자의적 방법을 사용하여서는 안 된다."고 비판하는 견해(하경효 외 5명, 66면)도 같은 취지라 할 수 있다.

94) 전윤구a, 114면은, 사법적 예시규정설에 대하여 "사용자의 일반적 균등대우의무를 법해석론에 의해 도출하는 사견으로서는 그러한 균등대우의무 확대를 위해 굳이 민사상 위법성과 형사상 위법성을 구별하는 이론구성은 별도로 필요하지 않다고 생각한다. 더구나 동조(근기법 6조)를 예시적 규정이라고 해석하는 것은 일반적 균등대우의무와 구분되는 특정한 차별금지규정의 고유한 특성이 간과될 염려가 있기 때문에 필자는 견해를 달리한다."고 밝히고 있다.

95) 이영희, 452면은, "근기법은 차별금지사유를 한정하여 열거하고 있다. 그렇다면 이에 해당되지 않는 차별은 무방한가. 균등처우의 취지로 본다면, 부당한 차별은 모두 허용되지 않는다고 해야 한다. 그러나 그러한 차별이 근기법에 위배된다고 말하기는 어렵다. 이 경우에는 공서양속의 위반 또는 사용자의 배려의무 위반으로 다루어야 할 것이며, 그렇게 다룰 수밖에 없기도 하다. 하지만 이 경우에는 사용자에 대한 형사적 처벌은 불가능하다."고 한다.

96) 일반적으로 기본권은 대국가적 효력뿐만 아니라 대사인적 효력을 갖는 것으로 해석된다. 특히 평등권은 그 권리의 성질상 반드시 국가에 의해서만 침해된다거나 국가에 대해서만 보장되어야 하는 것은 아니고, 오히려 고용·근로 등 광범위한 사적 영역에서 차별 문제의 심각성이 부각되고 있고, 이러한 사적 차별로부터 개인의 평등권 보호가 요청된다(이재희a, 8면). 대법원도 2011. 1. 27. 선고 2009다19864 판결에서, '헌법상의 기본권은 일차적으로 개인의 자유로운 영역을 공권력의 침해로부터 보호하기 위한 방어적 권리이지만 다른 한편으로 헌법의 기본적인 결단인 객관적인 가치질서를 구체화한 것으로서, 사법을 포함한 모든 법 영역에 그 영향을 미치는 것이므로 사인간의 사적인 법률관계도 헌법상의 기본권 규정에 적합하게 규율되어야 한다. 다만 기본권 규정은 그 성질상 사법관계에 직접 적용될 수 있는 예외적인 것을 제외하고는 사법상의 일반원칙을 규정한 민법 2조(신의성실의 원칙), 103조(반사회

성을 통해 차별행위에 대한 규제가 가능하다. 또한, 앞서 본 대법원 2019. 3. 14. 선고 2015두46321 판결에서 일반적 균등대우원칙이 적용될 수 있음을 시사하면서 특별히 "근기법 6조에서 정하고 있는 균등대우원칙이나 남녀고용평등법 8조에서 정하고 있는 동일가치노동 동일임금원칙이 헌법 11조 1항의 평등원칙을 근로관계에서 실질적으로 실현하기 위한 것"임을 강조하고 있는 점에 비추어 보면, 우리 법제에서는 헌법상 평등원칙에 기초한 근기법 6조의 유추해석을 근거로 일반적 균등대우원칙을 도출하는 입론도 가능할 수 있다. 즉, 법 해석의 원칙상 형사에서는 유추해석이 금지되고 민사에서는 유추해석이 가능하므로, 근기법 6조의 문언 자체는 열거규정으로 보아 민사와 형사에서 동일하게 문언 해석을 하되, 민사에서는 유추해석에 의해 일반적 균등대우원칙 위반을 도출하여 차별금지사유를 확장하는 것이다. 이에 의하면 사법적 예시규정설과 결론은 같아지지만, 근기법 6조의 문언 자체를 기준으로 보면 열거규정설이 유지되고, 근기법 6조의 규범적 의의에 관한 앞서 본 설명과도 모순되지 않는다. 이처럼 근기법 6조에서 규정한 차별금지사유를 어떻게 이해할 것인지에 관하여는 다양한 견해와 입론이 가능하므로, 향후 학계의 보다 심도 있는 논의와 더불어 이에 관하여 명확한 법리를 제시하는 대법원 판례를 기대해본다.

질서의 법률행위), 750조(불법행위), 751조(손해배상) 등의 내용을 형성하고 그 해석 기준이 되어 간접적으로 사법관계에 효력을 미치게 된다'고 판시하여 기본권의 대사인적 효력을 인정하고 있다(간접적 적용설. 근로관계에서 기본권의 대사인적 효력을 인정한 것으로는 경업금지약정에 관한 대법원 2010. 3. 11. 선고 2009다82244 판결이 있다). 이처럼 헌법상 평등원칙 또는 평등권 조항은 일차적으로는 근기법 6조의 해석원칙이 되고, 이차적으로는 대사인적 효력의 일환으로 민사법의 일반규정을 통하여 근로관계에 적용되므로 이에 기초하여 차별적 처우에 대한 불법행위책임을 묻는 것이 가능하다(도재형b, 108~110면). 김난희, 191~192면도, 차별의 위법성을 인정하기 위해 반드시 별도의 입법이 존재해야 하는 것은 아니며, 실정법상 별도의 규정이 없어도 사법상의 일반원칙인 민법 2조, 103조, 750조, 751조의 규정이 간접적으로 적용될 수 있기 때문에, 차별적 처우에 대하여 사법적 권리를 주장할 수 있다고 한다. 평등권의 대사인적 효력과 그 구체적 적용방식에 관한 자세한 논의와 함께, 나아가 사법 일반조항의 해석상 기본권 보장을 도출하기 어려운 예외적인 경우가 발생하는 경우에는 사적 자치의 한계에 해당하고, 사적 차별로 인한 피해가 중대한 것이라는 요건 하에 기본권의 직접 적용도 가능하다고 설명하는 글로는 이재희a, 5~36면. 성차별 소송사건을 중심으로 사법관계에서 평등권의 적용에 관하여 검토하는 글로는 이유정b, 221~227면. 반면, 일반적 균등대우원칙에 의한 규율을 강조하는 견해에서는 헌법상 평등원칙의 대사인적 효력이 근로관계의 구체적인 개별 권리의무를 확정하고 배분하는 기능까지 담당할 수 있다고 단언하기는 곤란하다고 보고 있다(전윤구b, 137면).

2. 차별금지영역

근로계약을 체결하기 전 단계인 채용 단계에서도 사용자가 근로자를 차별 대우하여서는 아니 되는지가 문제된다. 이는 결국 채용이 근기법 6조의 근로조건의 개념에 포함될 수 있는가의 문제이다. 이에 관하여 학설은 채용을 근로조건에 포함시키는 견해,[97] 근기법상 성차별 금지는 모집·채용의 분야까지 포함된다는 견해,[98] 근기법 6조의 법문상 성차별의 경우에는 채용과정에서 이루어지는 차별도 금지되고, 국적·신앙·사회적 신분 등을 이유로 한 채용 거부에 대해서는 적어도 사법상으로는 근기법 6조 위반으로 무효이며 사용자의 불법행위책임을 구성할 가능성이 있다고 해석하여야 한다는 견해,[99] 채용과정의 일부는 근로조건에 포함된다고 보는 견해[100]가 있으나, 채용은 근로관계 성립 이전의 단계에 속하는 사용자의 행위이므로 남녀고용평등법 등과 같은 별도의 규정이 없으면 근로조건에 포함되지 않는다고 보는 견해가 다수설이다.[101]

일반적으로 근로계약의 성립에 관하여는 사용자의 '채용의 자유'가 인정되고 있다. 즉 근로계약의 전개(계약 내용의 형성)에 대해서는 사용자의 계약의 자유가 광범위하게 제약되어 온 것에 비하여, 근로계약의 성립에 대해서는 채용의 자유가 계약 자유의 근간을 이룬다고 해석되어 왔다. 이에 따라 채용의 자유 가

---

97) 박홍규, 157면.

98) 임종률, 381면. 그 근거로는 근기법상 성차별 금지는 여성이 고용, 임금 및 근로조건에 관하여 부당한 차별을 받지 않는다는 요청(헌법 32조 4항 후단)에 부응한 입법이라는 점, '남녀의 성을 이유로 차별'하지 못한다고 규정하여 국적·신앙·사회적 신분을 이유로 '근로조건에 대한 차별'을 하지 못한다는 규정과 구별하고 있다는 점을 든다.

99) 민변노동법 I, 176면. 이는 앞서 본 이원적 해석론에 기초한 견해이다. 여타의 특별법에서는 채용과정에서 이루어지는 부당한 차별을 금지하고 있음에도 불구하고 균등대우원칙을 선언한 총칙으로서 중요한 규범적 지위를 가지고 있는 근기법 6조의 적용범위를 채용 이후의 단계로만 한정한다는 것은 납득하기 어려우며, 비록 '근로조건'이라는 단어는 통상적으로 모집·채용은 포함하지 않고 채용 후의 근로자에 대한 처우를 가리키는 개념이기는 하지만, 근로자가 국적·신앙·사회적 신분 등을 이유로 채용 단계에서 배제되어 버리는 것은 채용 후의 차별적 처우보다도 훨씬 중대한 문제로서 개개 근로자뿐만 아니라 사회 전체에 심각한 영향을 미친다는 점을 근거로 든다.

100) 이상윤, 122면. 채용과정 중 근기법 6조에서 규정한 근로조건에 포함시킬 수 있는 예로 ⅰ) 남녀근로자를 채용하면서 여성근로자에게만 신장, 체중 및 용모단정 등의 신체적 조건을 부과하거나, ⅱ) 특정 지역 출신 근로자를 채용하지 아니하거나, 또는 ⅲ) 사용자와 동일한 종교를 믿는 근로자를 우대하는 경우를 들고 있다.

101) 김유성, 36면; 김형배, 228면; 김형배·박지순, 81면; 하갑래, 82면; 이와 관련하여 대법원 1992. 8. 14. 선고 92다1995 판결은 법 98조(현행 근기법 97조) 소정의 '취업규칙에 정한 기준에 미달하는 근로조건'의 '기준'에는 채용에 관한 기준이 포함되지 않는다고 판시하였다.

운데 한 내용으로서 어떠한 근로자를 어떠한 기준으로 채용하는가를 결정하는
자유, 즉 근로자 선택의 자유가 인정된다.[102] 또한 근기법에서 사용자에게 균등
대우를 요구하는 것은 사용자와 근로관계에 있는 근로자에게 차별적인 대우를
할 수 없다는 취지이고, 기업 밖에 있는 자까지 균등한 대우를 요구하는 것은
아니다. 나아가 근기법 6조에 위반한 사용자는 형사처벌하도록 되어 있는데, 죄
형법정주의 원칙에서 볼 때 균등대우조항의 '근로조건' 개념을 유추, 확대 해석
하는 것은 문제가 있다.[103] 따라서 근로계약이 체결되기 전의 채용 단계에는 위
근기법 조항이 적용되지 않는다고 봄이 타당하다.

      근기법상 차별이 금지되는 대상 영역은 '근로조건'이다. '근로조건'이라 함
은 근로계약관계에서 근로자에 대한 대우 일체를 말한다. 임금, 상여금, 근로시
간, 직무의 배치 및 전환, 취업장소, 교육훈련, 휴직, 안전과 보건, 복리후생 등
근로관계의 유지를 전제로 하는 것과 해고, 정년 등 근로관계의 종료를 전제로
하는 것 모두를 포함한다.[104]

Ⅲ. 차별금지사유

      이하에서는 차별금지사유 가운데 먼저 근기법이 규정하는 성별, 국적, 신
앙, 사회적 신분에 의한 차별을 검토하고(다만, 성별에 의한 차별의 경우에는 남녀고
용평등법을 중심으로), 다음으로 개별법상의 비정규직 근로자에 대한 차별, 연령
차별, 장애인차별에 관하여 살펴본다.

1. 성별에 의한 차별

가. 의   의

사용자는 근로자에 대하여 남녀의 성을 이유로 차별적 대우를 하지 못한다
(법 6조 전단). '차별적 대우'란 여성이라는 이유 이외에 다른 합리적인 이유 없이
여성에게 불리한 대우를 하는 것을 말한다.[105] 위 남녀 균등대우조항을 구체화

---

102) 최홍엽a, 45~46면.
103) 김유성, 35면.
104) 김유성, 36면; 김형배, 228면; 이상윤, 123면 등. 다만, 김형배, 228면은, 해고는 경우를 나
     눠 해고의 의사표시(해고처분) 자체는 근로조건이 아니라고 보아야 하지만, 해고의 기준이나
     조건은 근로조건에 포함된다고 한다.
105) 대법원 1988. 12. 27. 선고 85다카657 판결.

하고자 1987. 12. 4. 남녀고용평등법이 제정되었다.106) 남녀고용평등법 3조 2항은 "남녀고용평등의 실현과 일·가정의 양립에 관하여 다른 법률에 특별한 규정이 있는 경우 외에는 이 법에 따른다."고 규정함으로써 남녀고용평등법이 남녀고용 평등과 관련하여 기본법적 성격을 가지고 있음을 밝히고 있다.107)

나. 성차별의 개념108)

(1) 직접차별과 그 예외

㈎ 직접차별의 의의

남녀고용평등법은 직접차별을 "사업주가 근로자에게 성별, 혼인, 가족 안에서의 지위, 임신 또는 출산 등의 사유로 합리적인 이유 없이 채용 또는 근로의 조건을 다르게 하거나 그 밖의 불리한 조치를 하는 경우"라고 규정하고 있다(2조 1호 본문).109)

---

106) 남녀고용평등법은 세계적인 여성운동의 흐름과 함께 국내 여성운동의 활발한 전개, 정치적 필요성 등이 어우러진 산물이라 할 수 있다(신명·윤자야·이원희, 23면). UN은 1979. 12. 18. '여성에 대한 모든 형태의 차별철폐협약(Convention on the Elimination of All Forms of Discrimination against Women)'(이하 '여성차별철폐협약'이라 한다)을 채택하였고, 우리나라는 1984. 12. 18. 이를 비준함으로써, 고용관계에서 여성에 대한 차별을 철폐하는 협약 상 의무를 수행하기 위한 입법 조치가 필요하게 되었다(하갑래, 86면). 한편으론, 특히 1980년대에 들어와 여성들이 조기 정년, 결혼퇴직 등의 성차별적 고용관행이나 제도에 대한 소송 제기를 위한 연대 활동을 전개하였고, 여성운동 단체와 여성문제 연구자들이 협력하여 여성의 노동 문제를 개선하기 위한 입법운동을 적극적으로 추진하였다(김엘림c, 12면). 이러한 상황 외에도 남녀고용평등법 제정이 1987년 12월에 이루어진 직접적인 배경은, 당시 집권당인 민주정의당이 대통령 선거와 1988년 4월 총 선거를 앞두고 여성차별철폐협약 비준 후 여성계로부터 가족법 개정을 요구받고 있었음에도 불구하고 정부가 이를 유보한 것에 대한 부담을 의식하고 남녀취업평등법(가칭) 제정을 선거공약으로 내세워 입법을 추진한 데에 있었다고 볼 수 있다(김엘림f, 6면).

107) 하갑래, 87면. '다른 법률에 특별한 규정이 있는 경우'의 예는 공무원 관련법 및 선원법의 모성보호조항(선원법 91조 등)이다.

108) 여성차별철폐협약 1조는, '여성에 대한 차별'을 '정치적·경제적·사회적·문화적·시민적 또는 기타 분야에 있어서 결혼 여부에 관계없이 남녀평등의 기초 위에서 인권과 기본적 자유를 인식, 향유 또는 행사하는 것을 저해하거나 무효화하는 효과 또는 목적을 가지는 성에 근거한 모든 구별, 배제 또는 제한'으로 규정하고 있다. 여성차별철폐협약의 성립 배경, 주요 내용, 우리나라의 이행 성과 등에 관하여는 김엘림e, 107~138면; 국가인권위원회b, 1면 이하; 여성차별철폐협약이 특히 고용 및 친족과 관련한 국내법의 제·개정에 미친 영향에 관하여 다루고 있는 글로는 최윤희d, 89~114면. 한편, 미국의 고용상 성차별금지 법제의 현황과 구제수단에 관하여는 이명화, 97~125면; 장민선, 85~105면. 독일의 성차별금지 법리와 현황에 관하여는 박귀천a, 57~81면.

109) 위 규정 및 국가인권위원회법 2조 3호의 '평등권 침해의 차별행위' 정의 규정을 종합하여 성차별은 '합리적 이유 없이 성을 이유로 고용, 재화·용역 등의 사회 영역에서 한쪽의 성을 우대, 배제, 구별하거나 불이익을 주는 행위'이며, 여기에는 성을 이유로 다른 성의 사람에 비해 불리하게 대우하는 것뿐만 아니라(직접차별) 정책, 규칙, 기준, 관행, 자격 조건 등이 일방의 성에게 결과적으로 불리한 영향을 미치는 경우(간접차별)까지 포함된다고 설명하는 글로는 박선영·김진, 105~106면.

여기에는 여성의 용모·키·체중 등의 신체적 조건이 포함된다(남녀고용평등
법 7조 2항). 또한 '성별'이라 함은 생물학적으로 구분된 성(sex)과 이에 근거하여
사회문화적으로 남성 또는 여성에게 요구되는 역할과 행동, 기질로 형성되는 성
(gender)을 포함한다. 그러므로 특정 성에 대한 집단적 평가나 전통적 역할관에
기초하여 남녀를 다르게 대우하는 것은 성별(gender)에 의한 차별이 된다. '혼인
또는 가족상의 지위'는 미혼, 기혼, 이혼, 재혼, 사실혼 등의 혼인 상태나 가족부
양 책임자, 가사노동 책임자 여부 등을 의미한다.110)

그런데 남성과 여성의 생물학적 특성상 또는 실질적 평등을 효과적으로 구
현하기 위한 전략으로 남녀를 다르게 대우해도 차별이 되지 않는 경우가 있는
데 그것이 바로 후술하는 '직접차별의 예외'이다. 직접차별의 개념은 차별의 예
외와 함께 분석해야 그 의의가 분명해진다.

⑷ 직접차별의 심사기준

위와 같은 직접차별의 개념상 사업주가 성별 등을 사유로 근로자를 달리
대우함에 합리적 이유가 있다면 이는 차별에 해당하지 않는다. '합리적 이유'는
차등적 취급의 내용과 결과가 차별인지 아닌지를 가르는 전제적 조건이 되므로,
우선 그 존부를 판단하는 심사기준을 어떻게 설정할 것인지가 문제된다.111)

헌법재판소는 앞서 본 제대군인 가산점제도 사건에서 '평등위반 여부를 심
사함에 있어 엄격한 심사척도에 의할 것인지, 완화된 심사척도에 의할 것인지는
입법자에게 인정되는 입법형성권의 정도에 따라 달라지게 될 것'이라고 보면서
'헌법에서 특별히 평등을 요구하고 있는 경우, 즉 헌법이 스스로 차별의 근거로

---

110) 김엘림i, 7면. 혼인, 임신·출산, 가족상황과 관련된 국가인권위원회 결정은, ① 부사관 응
시자격을 미혼 여성만으로 한정하는 것은 특정의 성에게만 혼인 여부로 자격조건을 제한하
는 불합리한 성차별이라고 한 사례(2006. 12. 22.자 06진차399 결정), ② 교육공무원 성과상여
금 지급대상기간 신청에 있어 여성교사의 산전후휴가기간을 제외하는 것은 출산을 이유로
한 차별이라고 본 사례(2007. 3. 9.자 06진차263 결정), ③ 계약직 공무원(의사)으로 보건소에
약 12년 동안 근무하다가 계약 종료 및 출산을 앞두고 같은 보건소의 계약직 공무원 모집에
응시하였는데 면접에서 탈락된 사안에서, 출산을 앞둔 응시자를 채용하는 것이 산전후휴가의
부담 등 일정 기간 인력 운용의 어려움을 야기한다고 하더라도 이러한 문제는 사업주와 국
가가 공동으로 분담해야 하는 문제이지 임산부 개인에게 불이익을 주는 것으로 해결할 수
없는 문제이고, 만약 임산부 개인에게 불이익을 준다면 이는 부당한 차별행위에 해당한다고
본 사례(2007. 3. 9.자 06진차618 결정), ④ 2년간 계약직 초빙교수로 근무한 여성을 그 배우
자가 같은 대학의 전임교수로 있다는 이유로 재임용에서 배제한 것은 가족상황에 의한 차별
이라고 본 사례(2005. 2. 28.자 04진차244 결정) 등이 있다.
111) 임공수b, 178~179면.

삼아서는 아니 되는 기준을 제시하거나 차별을 특히 금지하고 있는 영역을 제시하고 있는 경우’ 및 ‘차별적 취급으로 인하여 관련 기본권에 대한 중대한 제한을 초래하는 경우’에는 입법형성권은 축소되어 엄격한 심사척도가 적용되어야 한다고 전제하면서, “제대군인 가산점제도는 헌법 32조 4항[112]이 특별히 남녀평등을 요구하고 있는 ‘근로’ 내지 ‘고용’의 영역에서 남성과 여성을 달리 취급하는 제도이고, 헌법 25조에 의하여 보장된 공무담임권이라는 기본권의 행사에 중대한 제약을 초래하는 것이기 때문에 엄격한 심사척도가 적용된다.”고 판단하였다. 나아가 “엄격한 심사를 한다는 것은 자의금지원칙에 따른 심사, 즉 합리적 이유의 유무를 심사하는 것에 그치지 아니하고 비례성원칙에 따른 심사, 즉 차별취급의 목적과 수단 간에 엄격한 비례관계가 성립하는지를 기준으로 한 심사를 행함을 의미한다.”라고 판시하였다.[113]

국가인권위원회도 “불리한 대우가 정당화되려면 성별에 근거한 차별취급이 정당한 목적을 달성하려는 것이어야 하고, 추구하는 목적은 합법적이고 합리적인 것이어야 하며, 차별취급은 목적을 달성함에 있어 적합하고 불가피한 것이어야 하며 차별취급을 통해 달성하려는 목적과 차별취급의 정도가 적절한 균형관계를 이루어야 하는바, 이러한 비례원칙의 심사기준이 충족되지 않으면 차별에 해당한다.”고 판단하였다.[114]

이에 의하면 ‘고용’ 영역을 규율하는 남녀고용평등법상 직접차별 여부를 판

112) 여자의 근로는 특별한 보호를 받으며, 고용·임금 및 근로조건에 있어서 부당한 차별을 받지 아니한다.
113) 헌재 1999. 12. 23. 선고 98헌마363 결정. 다만, 위 결정에도 불구하고 헌법재판소의 태도가, 헌법이 특별히 규정하고 있는 헌법 32조 4항의 ‘근로’ 내지 ‘고용’에서의 성차별 그리고 헌법 36조 1항의 ‘혼인과 가족생활’에서의 성차별의 경우에만 엄격심사기준이 적용된다는 것인지 아니면 헌법 11조 1항에 규정된 ‘성별’에 의한 모든 차별 문제에 엄격심사기준이 적용된다는 것인지는 명확하지 않았다(이노홍, 250면). 그런데 헌법재판소는, 남성에게만 병역의무를 규정한 병역법 규정에 대한 헌법소원 사건에서 위 규정을 합헌이라고 판단하면서, ‘성별에 의한 차별취급’이 곧바로 엄격한 심사 영역이 되는 것은 아니며, 헌법이 ‘근로’, ‘혼인과 가족생활’ 등 인간 활동의 주요 부분을 차지하는 영역으로서 성별에 의한 불합리한 차별적 취급을 엄격하게 통제할 필요가 있어 특별히 별도로 양성평등 보호규정(32조 4항, 36조 1항)을 두고 있는 경우에는 엄격한 심사기준을 적용하여야 하지만, ‘임신이나 출산과 관련된 신체적 차이 등을 이유로 한 차별적 취급’은 그 자체로 헌법상 금지되는 것이 아니기에 이에 속하는 영역은 곧바로 위헌의 강한 의심을 일으키는 사례군으로 언제나 엄격한 심사를 요구하는 것은 아니라고 판시하였고(헌재 2010. 11. 25. 선고 2006헌마328 결정, 헌재 2011. 6. 30. 선고 2010헌마460 결정), 이로써 성차별이 ‘근로’, ‘혼인과 가족생활’ 등의 영역에서 이루어진 경우에 한하여 엄격심사기준이 적용됨을 명확히 하였다(이노홍, 261면).
114) 국가인권위원회 2008. 10. 27.자 07직차2 결정.

단함에 있어서는 엄격한 심사기준이 적용된다. 따라서 해당 불리한 조치에 대하
여 목적의 정당성과 수단의 적합성, 피해의 최소화, 법익의 균형성을 심사하여
야 하고, 그중 하나라도 충족하지 못하면 합리적 이유가 없는 차별이 된다.[115]

㈐ 직접차별의 예외

남녀고용평등법은 차별의 예외로 "가. 직무의 성격에 비추어 특정 성이 불
가피하게 요구되는 경우, 나. 여성근로자의 임신·출산·수유 등 모성보호를 위
한 조치를 하는 경우, 다. 그 밖에 이 법 또는 다른 법률에 따라 적극적 고용개
선조치를 하는 경우"를 규정하고 있다(2조 1호 단서).[116]

① 특정 성이 직무 수행에 필수적인 경우(진정직업자격)   남녀고용평등법 2
조 1호 단서 가목은 차별에 해당하지 않는 사유로 '직무의 성격에 비추어 특정 성이
불가피하게 요구되는 경우'를 규정하고 있다. 영국의 성차별금지법에서는 이를 '진
정한 직업상 자격(Genuine Occupational Qualification: GOQ)'이라고 부르고 미국에서
는 이를 '진정직업자격(Bona Fide Occupational Qualification: BFOQ)'이라고 한다.[117]

진정직업자격에 해당하는 예로는 남녀고용평등법의 시행에 필요한 사항을 정
한 고용노동부 예규인 남녀고용평등규정[118]을 참고할 수 있다. 남녀고용평등규정
은 당초 진정직업자격에 관한 내용을 4조(모집·채용) 3항 1호에서 규정하였는데,
이에 관하여 체계상 문제점이 지적되자[119] 2010. 6. 22. 개정을 통하여 1장 총칙
2조 3항으로 조문의 위치를 옮기고, 그 내용도 구체적 사례를 추가하는 등 대폭
수정하였다. 이에 따르면, "특정 성[120]이 반드시 직무의 핵심적인 내용을 수행

---

115) 박선영·김진, 106~107면.

116) 특정 성에만 적용되는 조건은 간접차별이 아니라 직접차별에 해당한다는 측면에서 볼 때,
    특정 성에만 관련되는 남녀고용평등법 2조 1호 단서 가목과 나목은 직접차별에 관련되는 것
    이지 간접차별에 대해서는 개념적으로 불필요한 규정이라고 보는 견해로는 이승욱a, 35면.
    김엘림i, 8면도 남녀고용평등법 2조의 정의규정은 직접차별 개념과 간접차별 개념을 먼저 규
    정한 다음 단서로써 예외를 명시하고 있어 이 예외가 마치 간접차별 개념에도 적용되는 것
    처럼 오인될 법문 구조를 취하고 있다고 지적한다.

117) 진정직업자격에 대한 외국의 사례는 신영·윤자야·이원희, 64~67면; 김진·정형옥·김태선,
    1면 이하 참조.

118) 1992. 4. 1. 노동부 예규 209호로 제정된 이래 1997. 3. 20. 노동부 예규 300호로, 1999. 4. 28.
    노동부 예규 422호로 각 개정되었다가 2009. 9. 25. 폐지와 동시에 노동부 예규 601호로 제정
    되었으며, 2010. 6. 22. 노동부 예규 622호로, 2013. 6. 21. 고용노동부 예규 57호로, 2016. 9. 5.
    고용노동부 예규 117호로 각 개정되어 현행 규정에 이르고 있다.

119) 진정직업자격에 관한 규정은 차별의 정의에 관련된 것으로서 총칙에 규정되어야 할 성질
    의 것임에도 모집·채용 단계에서만 규정하고 있어 체계상 문제가 있다는 견해로는 이승욱·
    김엘림, 124면.

하여야 하는 경우로, (i) 예술 그 밖의 예능 분야에서 표현의 진실성을 이유로 특정 성을 필요로 하는 경우(예: 남성 역할을 위한 남성 배우·모델 등),[121] (ii) 직무 수행상 탈의나 신체접촉 등이 발생하여 프라이버시 유지를 위해 특정 성을 필요로 하는 경우(예: 여성 목욕탕의 여성 목욕관리사, 여성 장애인·여성 환자의 여성 도우미 등), (iii) 사업장의 성격 또는 장소로 특정 성의 근로자가 사용자가 제공하는 시설 외에서 거주하는 것이 불가능하고 적절한 대체시설을 이용하기 어려운 경우(예: 여성 기숙사의 여성 사감 등), (iv) 그 밖에 직무상 특정 성으로 하는 것이 불가피한 것으로 인정되는 경우"를 남녀차별에 대한 예외로 규정하였다.

② 모성보호   차별의 예외로 인정되는 모성보호의 범주는 여성의 고유한 임신·출산·수유 기능의 보호이다. 보호의 대상은 주로 출산 전후의 일정 기간 중에 있는 임산부이지만, 임산부가 아닌 여성 일반도 모성기능에 악영향을 주는 작업으로부터 보호된다. 예컨대 여성에 대한 유해위험 작업 금지, 갱내 근로 제한 등의 규정이 그러하다.

③ 현존하는 차별을 해소하기 위하여 잠정적으로 특정 성을 우대하는 조치(적극적 차별시정조치, 적극적 고용개선조치, 적극적 조치, 잠정적 우대조치)   적극적 차별시정조치는, 역사적이고 구조적으로 이루어진 차별[122]로 말미암은 사회적

---

120) 개정 전 남녀고용평등규정은, 각 조항에서 남성근로자에 비교한 '여성근로자'의 차별 내지 차별의 예외를 규정하였고, 이에 대하여 남녀고용평등법이 '양성차별', 즉 여성근로자에 비교한 남성근로자에 대한 차별도 포섭하고 있다는 점을 간과하여 모법인 남녀고용평등법의 체계와 내용에 반한다는 지적이 있었다(이승욱·김엘림, 123면). 2010. 6. 22. 개정된 남녀고용평등규정에서는 이러한 비판을 받아들여, 각 조문의 표현을 '특정 성', '다른 성'이라고 바꾸었다.

121) 이와 관련하여 국가인권위원회 2007. 10. 30.자 07진차350 결정은, 부산시가 여성을 무형문화재인 동래학춤의 보유자후보, 예능보유자, 전수조교로 지정하지 않은 것은 차별행위라고 판단하였다. 위 사건에서 국가인권위원회는, 예술공연 등의 연기자가 남성 또는 여성일 것이 특별히 요구되고 다른 성이 수행하면 실질적으로 차이가 생기는 경우에는 '특정 성을 갖출 것'이라는 요건이 차별의 예외인 '진정직업자격'에 해당될 수 있다고 하면서, 그러나 이 사건에서는 동래학춤의 복색이 남성의 것일 뿐, 처음부터 춤을 추었던 사람이 여성인지 남성인지 고증이 불가능하고, 문화재보유자란 문화재의 예능 또는 기능을 원형대로 체득·보전하고 이를 실현할 수 있는 자이면 되므로 예능과 기능이 가장 중요한데, 이와 무관한 성별을 이유로 문화재보유자로 지정하지 않는 것은 차별행위라고 판단하였다. 진정직업자격을 넓게 인정하면 직업에서의 성차별이 합법적으로 광범위하게 발생할 우려가 있기 때문에 국가인권위원회의 이러한 판단은 바람직하다고 평가하는 견해로는 신옥주, 30면.

122) '현존하는 차별'의 개념은 오랜 세월 지속되어 온 제도나 정책 또는 고용관행 등과 같은 구조적·제도적 결과에 의해 특정 집단에게 누적되어 온 기회의 차별 내지 '구조적 차별'을 의미하는 것으로서 반드시 직접차별과 간접차별을 수반하지 않는다는 점에서 독자적인 개념과 판단기준을 정립해가갈 필요가 있으며, 그 이행을 담보하는 사법심사와 적극적 구제방법을 도모해야 한다는 점을 지적하며, 캐나다의 논의를 통해 그 시사점을 찾고 있는 글로는 이수연k, 193~236면.

소수자의 고용상 열악한 지위나 과소대표성을 기회의 평등만으로는 해소하기 어렵다는 인식에 근거하여 실질적 평등을 효과적으로 실현하고자 잠정적으로 고용 기회나 승진, 대우, 직업훈련 등에서 사회적 소수자를 우대하는 조치를 말한다.[123] 적극적 차별시정조치는, 그 특징이 개인의 자격이나 실적보다는 집단의 일원이라는 것을 근거로 혜택을 준다는 점, 기회의 평등보다는 결과의 평등을 추구한다는 점, 항구적 정책이 아니라 구제 목적이 실현되면 종료하는 임시적 조치라는 점 등에서 정당성이 인정된다.[124]

　　미국에서는 Affirmative Action,[125] 유럽에서는 Positive Action[126]이라고 불리는 이 조치는 국가마다 실시되는 방식이 다른데 대체로 세 가지 유형이 있다. ①유형은 적극적 차별시정조치를 차별로 보지 아니한다는 취지의 규정을 두는 방식, ②유형은 사업주와 공공기관의 장에게 공공부문의 채용, 직업훈련 등에 일정 비율 여성을 고용·승진시키도록 하는 방식, ③유형은 사업장 내 남녀차별 시정계획의 수립·이행을 관계 기관에 보고하게 하는 방식이다.[127] 우리나라의 경우 세 가지 유형이 모두 시행되고 있다고 볼 수 있는데, 우선 남녀고용평등법은 위와 같이 정의규정에서 '적극적 고용개선조치를 차별로 보지 아니한다'는 소극적 규정 방식을 취하고 있으나(①유형), 나아가 제4절에서 적극적 고용개선조치의 시행을 위한 구체적 규정들을 두어(17조의3 내지 17조의9) 일정 규모 이상의 민간 사업장 및 전체 공공기관에 대하여[128] 각 해당 사업장 및 공공기관이

---

123) 김엘림i, 12면.
124) 헌재 1999. 12. 23. 선고 98헌마363 결정. 한수웅a, 184면도 같은 취지이다. 한편, 여성차별철폐협약 4조 1항은 "남성과 여성 사이의 사실상의 평등을 촉진할 목적으로 당사국이 채택한 잠정적 특별조치는 본 협약에서 정의한 차별로 보지 아니하나, 그 결과 불평등한 또는 별도의 기준이 유지되어서는 결코 아니 된다. 기회와 대우의 평등이라는 목적이 달성되었을 때 이러한 조치는 중지되어야 한다."고 규정하여 적극적 차별시정조치가 차별에 해당하지 않는다는 점을 분명히 하고 있다.
125) 미국의 Affirmative Action에 관한 다양한 사례에 관하여는 임지봉, 101~141면; 남녀고용평등법상 적극적 차별시정조치와 관련하여 그 목적과 수단의 측면에서 정당성 여부를 판단하기 위한 해석론을 미국 판례 법리에 기초하여 논하고 있는 글로는 조용만e, 35~85면.
126) 유럽의 Positive Action에 관한 유럽사법재판소의 판결례에 관하여는 조용만f, 151~166면.
127) 각국의 입법례가 어떠한 방식으로 적극적 차별시정조치를 인정하고 있는지에 관하여는 김엘림i, 12~13면.
128) 남녀고용평등법 시행령 4조에 의하면, 적극적 고용개선조치 시행계획 수립·제출의무 등의 부과대상 사업은「공공기관의 운영에 관한 법률」4조에 따른 공공기관,「지방공기업법」49조에 따른 지방공사 및 같은 법 76조에 따른 지방공단,「독점규제 및 공정거래에 관한 법률」14조 1항 및 같은 법 시행령 21조 1항에 따라 지정된 공시대상기업집단의 사업의 경우에는 상시 300명 이상의 근로자를 고용하는 사업 및 그 외 사업의 경우에는 상시 500명 이상의 근로자를 고용하는 사업이다.

대상사업의 직종별 남녀근로자 현황 및 관리자 현황 분석을 통해 산정한 규모별(1,000인 기준), 산업별 30개 부문 평균 여성 고용률 및 평균 여성 관리자 비율의 각 부문 평균치 70% 미만에 해당하는 경우에는[129] 고용노동부장관에게 적극적 고용개선조치 시행계획을 수립하여 제출하고, 그 이행실적을 보고하도록 하고 있다(③유형).[130] 또한, 양성평등기본법은 20조 1항에서 "국가와 지방자치단체는 차별로 인하여 특정 성별의 참여가 현저히 부진한 분야에 대하여 합리적인 범위에서 해당 성별의 참여를 촉진하기 위하여 관계 법령에서 정하는 바에 따라 적극적 조치를 취하도록 노력하여야 한다."라고 규정하고,[131] 21조 내지 24조에서 정책결정과정, 공직, 정치, 경제활동 분야의 적극적 조치에 관하여 규정하고 있다. 양성평등기본법 21조 4항[132]에 근거하여 현재 여성가족부에서 시

---

129) 남녀고용평등법 시행규칙 [별표2] 참조.

130) 위 적극적 고용개선조치는 크게 3단계 과정으로 진행된다. ① 1단계는, 적극적 고용개선조치 대상 사업장이 해당 년도 3월 31일까지 고용노동부장관에게 직종별·직급별 남녀근로자 현황과 남녀근로자 임금 현황을 제출한다(남녀고용평등법 17조의3 2항, 5항, 같은 법 시행규칙 12조). ② 2단계는, 고용노동부장관은 제출된 자료를 토대로 여성고용기준에 미달되는 기업에 대해서 적극적 고용개선조치 시행계획을 수립하여 차년도 3월 31일까지 제출하도록 요구한다. 고용노동부장관은 제출된 시행계획을 심사하여 그 내용이 명확하지 아니하거나 차별적 고용관행을 개선하려는 노력이 부족하여 시행계획으로서 적절하지 아니하다고 인정되면 해당 사업주에게 시행계획의 보완을 요구할 수 있다(남녀고용평등법 17조의3 1항, 4항, 같은 법 시행규칙 11조). ③ 3단계는, 시행계획서의 이행 여부를 평가한다. 즉 해당 기업은 기제출한 시행계획서를 토대로 차차년도 3월 31일까지 이행실적보고서를 제출해야 하며, 고용노동부장관은 제출된 이행실적보고서를 토대로 시행계획의 이행 여부를 평가한다(남녀고용평등법 17조의4 1, 2항, 같은 법 시행규칙 14조). 고용노동부장관은 평가 결과 이행실적이 우수한 기업에 표창을 할 수 있고, 국가와 지방자치단체는 적극적 고용개선조치 우수기업에 행정적·재정적 지원을 할 수 있다(남녀고용평등법 17조의4 3, 4항). 또한, 고용노동부장관은 평가 결과 이행실적이 부진한 사업주에게 시행계획의 이행을 촉구할 수 있으며(남녀고용평등법 17조의4 5항), 명단 공개 기준일 이전에 3회 연속하여 위 이행 촉구를 받고 이에 따르지 아니한 경우 그 명단을 공표할 수 있다(남녀고용평등법 17조의5). 현행 적극적 고용개선조치의 제도적 문제점과 개선방안을 다루고 있는 글로는 이승협, 7~42면; 이주희㉮c, 26~33면. 보다 근본적으로, 현행 적극적 고용개선조치는 자율성이 보장되어야 하는 기업경영에 국가가 헌법상 평등권을 근거로 간섭하는 것이어서 과연 합헌이라고 볼 수 있는지, 사법상 사적자치의 원칙에 반하는 것은 아닌지에 관하여 의문을 제기하는 견해로는 육소영, 53~77면.

131) 구 여성발전기본법 6조는 "국가 및 지방자치단체는 여성의 참여가 현저히 부진한 분야에 대하여 합리적인 범위에서 여성의 참여를 촉진하여 실질적인 남녀평등이 이루어질 수 있도록 관계 법령으로 정하는 바에 따라 적극적 조치를 취할 수 있다."고 규정하고 있었다. 그러나 여성정책을 둘러싼 사회 환경과 관련 법제도가 크게 변화하고, 여성정책의 패러다임이 '여성발전'에서 '실질적 양성평등 실현'으로 전환되고 있음을 반영하여(법제처 제공 제·개정 이유 참조) 2014. 5. 28. 여성발전기본법을 전부 개정하고 법명도 '양성평등기본법'으로 변경하면서 현행 규정에 이르게 되었다.

132) 국가와 지방자치단체는 관리직위에 여성과 남성이 균형 있게 임용될 수 있도록 해당 기관의 연도별 임용목표비율을 포함한 중장기 계획(관리직 목표제) 등을 시행하여야 한다.

행하고 있는 '공공부문 여성 대표성 제고' 정책133)은 ②유형의 대표적인 예라
할 수 있다.

  한편, 여성에 대한 적극적 조치는 남성에 대한 역차별로 남성의 평등권을
침해한다는 주장과 함께 성역할에 대한 고정관념을 지속시키고 여성에 대한 열
등감을 고착화하여 궁극적으로 여성에 대한 평등권 역시 침해한다는 주장이 제
기되는 상황에서, 적극적 조치에 대한 심사기준이 중요한 의미를 가진다.134) 이
와 관련하여 헌법재판소는, 국가유공자와 그 유족 등 취업보호대상자가 국가기
관이 실시하는 채용시험에 응시하는 경우에 10%의 가점을 주도록 규정한 국가
유공자 등 예우 및 지원에 관한 법률 34조 1항의 위헌확인 사건(이하 '국가유공
자 가산점 사건'이라 한다)에서 "헌법 32조 6항이 국가유공자 등에 대하여 근로의
기회에 있어서 평등을 요구하는 것이 아니라 오히려 차별대우(우대)를 할 것을
명령하고 있기 때문에 비례심사를 하여야 할 첫 번째 경우인 헌법에서 특별히
평등을 요구하고 있는 경우에는 해당하지 아니하나, 비교집단이 일정한 생활 영
역에서 경쟁관계에 있는 경우로서 국가유공자와 그 유족 등에게 가산점의 혜택
을 부여하는 것은 그 이외의 자들에게는 공무담임권 또는 직업선택의 자유에
대한 중대한 침해를 의미하게 되는 관계에 있기 때문에, 비례의 원칙에 따른 심
사를 하여야 할 두 번째 경우인 차별적 취급으로 인하여 관련 기본권에 대한
중대한 제한을 초래하게 되는 경우에는 해당하므로, 자의심사에 그치는 것은 적
절치 아니하고 원칙적으로 비례심사를 하여야 할 것이나, 구체적인 비례심사의
과정에서는 헌법에서 차별명령규정을 두고 있는 점을 고려하여 보다 완화된 기
준을 적용하여야 할 것이다."고 판시한 바 있다.135) 또한, 헌법재판소는 제대군
인 가산점제도 사건에서 '여성은 이른바 우리 사회의 약자들로서, 헌법은 실질
적 평등, 사회적 법치국가의 원리에 입각하여 여성의 권익을 국가가 적극적으로
보호하여야 함을 여러 곳에서 천명하고 있음에도 불구하고 여성은 각종의 제도

---

  133) 여성가족부는 2017. 11. '공공부문 여성대표성 제고 계획' 5개년 계획(2018년부터 2022년까
     지)을 공표하고, 주요 공공부문의 여성 대표성 확대를 위해 공직, 공공기관, 교원, 군·경찰
     부문의 여성 관리자 및 여성 참여 확대를 추진하고 있다. 2022년까지 분야별 달성 목표는 공
     무원의 경우 고위공무원단 10%, 국가직 본부 과장급 22.5%, 자치단체 과장급 20%, 공공기관
     의 경우 임원 20%, 관리자 28%, (교원) 교장·교감 45%, 국립대 교수 19%, 군·경찰의 경우
     여성 군 간부 8.8%, 일반경찰 15%, 해양경찰 14.4%이다(여성가족부 2019-3 '공공부문 여성대
     표성 제고' 정책실명 공개과제 사업내역서 참조).
  134) 이노홍, 256면.
  135) 헌재 2001. 2. 22. 선고 2000헌마25 결정.

적 차별, 유·무형의 사실상의 차별, 사회적·문화적 편견으로 생활의 모든 영역
에서 어려움을 겪고 있고, 특히 능력에 맞는 직업을 구하기 어려운 것이 현실이
다. 이러한 현실을 불식하고 평등과 복지라는 헌법이념을 구현하기 위하여 여성
관련 분야에서 이미 광범위한 법체계가 구축되어 여성발전기본법, 구 차별구제
법, 남녀고용평등법에서 여성의 사회참여 확대, 특히 공직과 고용 부문에서의
차별금지와 여성에 대한 우대조치를 누차 강조하고 이를 위한 각종 제도를 마
련하고 있다'고 판시하였다.[136] 이처럼 헌법재판소가 적극적 조치를 '실질적 평
등'과 '사회적 법치국가의 원리'로 접근하고 있는 점을 고려할 때, 적극적 조치
에 대한 심사기준은 엄격한 심사기준이 아니라, 헌법이 차별금지가 아닌 '우대'
를 명령하고 있으며 그에 따른 우대정책으로 관련 기본권에 제한을 초래한 경
우와 같은 맥락에서, 즉 국가유공자 가산점 사건에서 헌법재판소가 채택한 심사
기준인 '보다 완화된 심사기준'을 적용해야 할 것이다.[137]

　　국가인권위원회도, 구 여성부가 대학교 운영의 취업지원 사업 중 하나인 전
문가 양성과정의 교육훈련생을 여성으로 한정한 것이 차별행위인지 여부가 다
투어진 사안에서, "적극적 조치는 구조적이고 현저한 차별을 시정하는 것이 목
적이므로 적극적 조치의 평등권 침해 여부를 심사하는 기준은 덜 엄격해야 하
고 특히 헌법이 평등을 요구하거나 고용에 직접적인 영향을 미치지 않는 경우
는 완화된 심사기준을 적용해야 한다."라고 전제한 후, 여성이 노동시장에서 남
성에 비해 취약한 지위에 있고, 전문 직종 고용영역에서 현저한 성별 불균형이
존재하며, 여성발전기본법에서 여성의 사회참여를 촉진하기 위한 국가·지방자
치단체의 의무를 규정하고 있고, 이에 여성부가 교육훈련 프로그램의 훈련생을
여성에 한정하고 지원금을 지급한 것이므로 이는 잠정적 우대조치로서 차별행
위가 아니라고 판단하였다.[138]

---

136) 헌재 1999. 12. 23. 선고 98헌마363 결정.
137) 이노홍, 256면. 미국연방대법원은 성을 이유로 하는 적극적 평등실현조치에 대하여 차별의
　　경우와 마찬가지로 중간심사기준을 적용하고 있다. 따라서 여성 우호적 법률이 정당화되기
　　위해서는 첫째, 중요한 정부목적이 존재하여야 하고, 둘째 차별이라는 수단의 목적 달성과
　　밀접한 관련성이 있어야 할 것을 요구하고 있다. 이와 관련하여 미국연방대법원은 여성은 경
　　제적으로 의존적이다, 여성은 가정과 육아의 중심이다, 특정 직업은 남성 아니면 여성의 전
　　유물이다, 여성은 항상 여성 우호적이다 등의 고정관념을 인정하지 않고 있으며, 과거의 차
　　별(또는 낮은 대표성)에 대한 보상으로서의 적극적 평등실현조치를 헌법에 반하지 않는다고
　　보고 있다. 이에 관한 자세한 논의로는 조홍석b, 139~166면.
138) 국가인권위원회 2008. 7. 15.자 08진차536 결정. 그 밖에 도교육청이 초·중등학교 교장·교
　　감 승진에서 여성이 승진후보자 명부에 등재되어 있고, 승진 예정인원의 3배수 범위 내에 들

(2) 간접차별

㈎ 의　　의

남녀고용평등법 2조 1호는 간접차별을 "사업주가 채용조건이나 근로조건은 동일하게 적용하더라도 그 조건을 충족할 수 있는 남성 또는 여성이 다른 한 성에 비하여 현저히 적고 그에 따라 특정 성에게 불리한 결과를 초래하며 그 조건이 정당한 것임을 증명할 수 없는 경우"라고 정의하고 있다.

우리나라에서는 1989. 4. 1. 남녀고용평등법 개정으로 2조의2에서 차별의 개념을 처음으로 정의하였는데 당시에는 직접차별만을 규정하였다. 그런데 금융권을 중심으로 이른바 코스별(복선형) 인사관리제도139)가 도입되면서 직접차별의 개념으로는 효과적인 차별구제가 어렵다는 인식이 여성계, 노동조합을 중심으로 확산되었다. 이에 1999. 2. 8. 남녀고용평등법을 개정하면서 직접차별 개념에 이어 2조의2에 "이 경우 사업주가 여성 또는 남성 어느 한 성이 충족하기 현저히 어려운 인사에 관한 기준이나 조건을 적용하는 것도 차별로 본다."는 문구를 추

어 있으면 우선 승진시키는 여성우대정책을 시행하는 것은 차별행위에 해당하지 않는다고 본 사례로는 국가인권위원회 2006. 5. 29.자 06진차14 결정이 있다. 위 결정에서 국가인권위원회는, ⅰ) 초·중등학교 교사 중 여성이 차지하는 비율은 상당히 높은 반면 교감·교장의 여성비율은 현저히 낮은 통계적 불균형을 놓고 볼 때 교감·교장 승진에서 여성에 대한 누적된 구조적 차별이 존재하며, ⅱ) 교직 사회에서 여성의 대표성을 강화하고 과거의 누적된 차별로 인한 현재의 결과를 시정하기 위한 방안으로서 여성을 우선 임용하도록 한 조치는 잠정적 우대조치에 해당하고, ⅲ) 이러한 조치로 인해 남성교원에 대한 승진제한이 지나치다고 보기 어려우므로 여성을 잠정적으로 우선 임용하도록 한 조치는 합리적 이유가 있는 차별이라고 판단하였다. 한편, 특정 분야에서 적극적 조치를 실시하면서 성차별적 편견에 근거해 특정 직무만을 적극적 조치의 대상에서 제외하는 것 역시 성차별에 해당할 수 있는데(임공수a, 116면), 같은 취지에서 국가인권위원회 2003. 9. 1.자 03진차10 결정은, 행정자치부의 양성평등채용목표제실시지침(2002. 12. 30. 행정자치부 예규 105호) 중 실시대상 시험 종류에서 검찰 사무직렬을 제외한 것이 차별행위라고 인정하였다. 위 결정에서 검찰 업무의 특성상 형집행 및 구속, 야간근무 등이 필요하여 양성평등채용목표제를 적용하지 않은 것이라는 주장에 대하여, 국가인권위원회는 "피의자 체포나 구속 등 신병확보 업무에는 어느 정도의 물리력이 필요한 경우가 있을 것이나, 그러한 업무에 언제나 물리력 행사가 따른다고 볼 근거가 없고, 그러한 업무를 여성이 담당하지 못한다고 볼 자료도 없다."는 이유로 위 주장을 배척하였다.

139) 코스별 인사관리제도는 성별이 아니라 주로 종합직·일반직이라는 직군별로 직무와 근로조건을 나누고, 종합직의 경우 기업의 핵심 직무를 담당하며 승진의 제한이 없되 전근명령이 있으면 해외 또는 지방으로 언제든지 전근을 가야 하는 반면, 일반직의 경우 강제전근은 없으나 임금 및 승진의 기회와 범위를 낮게 함으로써 결국 '전근'을 조건으로 직군 선택기회를 남녀근로자 모두에게 동일하게 제공하는 형태로 운영된다. 이 제도는 일본 기업들이 주로 일본 남녀고용기회균등법의 적용을 교묘히 회피하기 위한 수단으로 고안한 것이다(김엘림f, 41면).

가함으로써 간접차별 개념이 처음으로 우리 법제도에 도입되었다.[140] 그런데 이러한 간접차별의 정의가 모호하고, 구체적 판단기준도 없어 실제 적용에 어려움이 있다는 지적이 있자,[141] 2001. 8. 14. 개정 시 간접차별의 개념과 요건을 좀더 명확히 하여 현행 규정과 같은 내용으로 되었다.

(내) 간접차별의 요건

① 채용조건 또는 근로조건　　　간접차별이 인정되기 위해서는 채용조건 또는 근로조건이 남녀에 대해 동일하게 적용되어야 한다. 남녀에 대해 상이한 조건을 적용하면 간접차별이 아니라 직접차별에 해당한다.

남녀에게 동일하게 적용할 경우 간접차별이 인정될 수 있는 채용조건 또는 근로조건은 다음과 같은 것을 들 수 있다. ⅰ) 모집과 채용에서 일정한 신장·체중·체력을 요건으로 하는 경우, ⅱ) 전근 가능 여부에 따라 직무를 구별하고 승진이나 급여에 차이를 두는 경우, ⅲ) 복리후생이나 가족수당 등의 급여 지급에 세대주·주된 생계유지자 또는 피부양자 존재 등을 요건으로 하는 경우, ⅳ) 정리해고를 하면서 부부 사원 중 한 사람을 대상자로 선정하는 경우, ⅴ) 군대를 마친 사람과 마치지 않은 사람을 분리하여 호봉을 적용하거나 군대를 마친 사람에 대해 가산 호봉을 지급하는 경우, ⅵ) 경력이나 근속기간을 승진요건에 포함시키는 경우 등이다. 이러한 경우 모두가 간접차별에 해당하는 것이 아니라 이하에서 살펴보는 그 밖의 요건을 충족시키는 경우 비로소 간접차별이 인정된다.[142]

② 비　　교　　　간접차별이 인정되기 위해서는 채용조건이나 근로조건을 동일하게 적용하더라도 그 조건을 충족할 수 있는 남성 또는 여성이 다른 한 성에 비하여 현저히 적어야 한다.

양자를 비교하기 위해서는 우선 비교대상 집단이 확정되어야 하고, 다음으로 양 집단 간 현저한 불균형이 존재하여야 한다.

㉠ 비교대상 집단　　　비교대상 집단은 채용의 경우와 근로관계 존속 중의 근로조건의 경우를 구별하여 파악하는 것이 합리적이다.

채용 단계에서 간접차별이 문제된 경우의 적절한 비교대상 집단은 우선 그

---

140) 위 규정의 개정 경과에 관하여는 김엘림f, 41~44면.
141) 이승길c, 34면.
142) 이승욱·김엘림, 127면.

직무 또는 직위에 지원한 자가 될 수 있다. 그런데 실제 지원자를 비교집단으로
하는 경우에는 여성 혹은 남성이 그 직종을 수행할 능력과 자격을 갖추고 있음
에도 전통적으로 존재하는 직업에 대한 편견 기타의 요인으로 인해 그 직종에
지원하는 것을 사전에 미리 포기할 수 있기 때문에 통계상의 한계를 드러낼 수
있다. 이때는 동일 또는 유사한 자격을 갖춘 잠재적 지원자 집단을 비교대상으
로 하는 것이 보다 적절하다. 그 밖에 전체 인구 중에서 특정한 성에 속하는 모
든 사람과 그 성에서 채용된 사람의 비율을 비교하는 방법이 있는데 이는 문제
되는 채용조건 등이 해당 고용과 관련된 특정한 자격이라기보다는 '일반적이고,
집단과 관련된 특성과 관계'되는 경우에 적절하다.143)

　　　근로관계 존속 중의 근로조건(예를 들어 승진, 해고)과 관련한 차별적 조치에
관하여는 조치 전후의 근로자의 구성을 성에 따라 분류하여 유리한 효과가 미
친 집단과 불리한 효과가 미친 집단을 비교한다. 예컨대 통상근로자에 대해서만
기업 연금이 인정되는 경우에는 단시간근로자 집단의 성비율과 통상근로자 집
단의 성비율을 비교한다. 그러나 이러한 비교보다 더 중요한 것은 불리한 영향
을 받은 집단 안에서 여성과 남성의 비율을 비교하는 것이다. 만약 그러하지 아
니하고 통상근로자 집단 내 성비율을 고려하게 되면, 통상근로자 집단에서 남성
근로자가 지배적인 사업에서는 간접차별이 인정될 것이지만, 여성근로자가 지배
적인 사업에서는 간접차별로 인정되지 않을 수 있기 때문이다.144)

　　　ⓛ 현저한 차이　　　다음으로, 양 집단의 비율이 현저하게 차이가 나야 한
다.145) 미국에서는 다양한 통계적 방법으로 이를 판단하고 있다. 고용평등기회
위원회(Equal Employment Opportunity Commission: EEOC)는 차별이 있었을 것이라
고 판단하는 통계적 불균형의 정도에 관해 이른바 4/5 규칙(Four-Fifths Rule)을
적용하고 있고, 법원에서도 이를 인정하고 있다.146) 4/5 규칙은 어떤 고용기준을
적용할 때 소수 집단 비율이 다수 집단의 4/5(80%) 미만일 경우, 즉 그 격차가
20% 이상일 경우에는 그러한 고용기준이 소수 집단에 불리한 영향을 주어 불
평등한 효과를 야기한 것이어서 차별적이라고 판단하는 것이다.147) 유럽사법재

---

143) 이주희(나), 186~188면.
144) 이승욱a, 46~47면.
145) '현저성'을 수반한 집단적·통계적 기준을 판단기준으로 상정하는 경우에는 간접차별 인정
　　에 한계를 드러낼 수밖에 없다고 지적하는 견해로는 이수연b, 64면.
146) 구체적인 사례에 관하여는 이주희(나), 189~191면.
147) 김엘림i, 15면.

판소는 현저한 차이를 인정할 수 있는 비율이 얼마인지를 명시한 적은 없지만, 성별에 의한 간접차별이 인정된 사례들에서 차별적인 영향을 받는 집단의 80% 이상이 여성인 것으로 나타났다.[148] 통계적 방법을 이용하는 것은 하나의 기준이 될 수 있으나, 모든 간접차별을 통계적 불균형만으로 증명할 수는 없으며,[149] 결국 차이의 현저성에 대한 판단은 규범적 판단이기 때문에 구체적인 사안에 따라 법원이 판단할 수밖에 없다.[150]

③ 불리한 결과의 초래   간접차별이 되기 위해서는 사업주가 채용조건이나 근로조건은 동일하게 적용하더라도 그 조건을 충족할 수 있는 남성 또는 여성이 다른 한 성에 비하여 현저히 적고 그로 인하여 특정 성에게 '불리한 결과를 초래'하여야 한다. 여기에서 말하는 불리한 결과란 매우 광범위한 의미이다. 임금 격차 등 경제적 불이익만이 아니라 채용되지 않은 것, 해고된 것, 사직을 강요받는 것, 장시간 근로를 계속하는 것, 단시간 근무를 원하면 저임금 일자리를 강요받는 것, 가족관계에 대한 긴장 야기, 장시간 근로와 아동양육에 따른 스트레스에 의해 야기된 질병, 어린 자녀를 양육하지 못하는 것에 대한 근심과 우려 등 경제적·정신적인 불이익까지 포함한다.[151]

④ 정당화 요소   일정한 채용조건이나 근로조건을 충족할 수 있는 일방의 성이 다른 성에 비하여 현저하게 적은지 여부, 불리한 결과가 초래되었는지 여부는 이를 주장하는 근로자가 증명하여야 하는데, 근로자가 그 증명에 성공한 경우라 하더라도 사용자가 그러한 조건이 '정당'하다는 것을 증명하면 간접차별이 되지 않는다. 이때 '정당성'의 의미가 문제된다.

이는 결국 사안에 따라 개별적·구체적으로 판단할 수밖에 없으나, 미국에서는 사용자가 해당 조건, 조치 등이 직무에 관련된 것이라는 점과 사업상 필요성에 의해 정당화된다는 점을 증명하여야 한다고 보고 있다.[152] 반면, 유럽사법

---

148) 김선희, 40~41면.

149) 미국의 간접차별 논의에서도 통계의 적절성에 대한 시비가 끊이지 않고 있으며, 통계적 방법을 사용하더라도 비교대상 집단을 어떻게 정하느냐, 어떤 통계방법을 사용하느냐에 따라 불균형이 크게도 작게도 나타날 수 있다는 문제점을 인식하게 되었다고 한다(이주희(나), 191면).

150) 이승욱a, 47~48면.

151) 이승욱·김엘림, 130면.

152) 이주희(나), 192~196면은, 이에 관한 미국 판례들을 소개하며 다음과 같은 경향이 있음을 제시한다. ① 해당 고용관행으로 인한 차별의 정도가 극단적으로 높은 통계적 차이를 보이는 경우에는 매우 강력한 정당화를 요구한다. ② 사용자는 실제로 고용기준과 성공적인 직무수행 간의 밀접한 연관성을 보여줄 수 있어야 한다. 특히 차별적인 내용의 고용 관련 시험은 전문가에 의해 평가되지 않는 한 허용되어서는 안 되며, 직무상 필요와 관련하여 매우 정교

재판소는 해당 조건, 조치 등이 객관적으로 정당화될 수 있으려면 그것이 사용
자측의 실제적 필요(real need)에 부합하며, 그 필요를 충족하기 위하여 적절
(appropriate)하고 불가결(necessary)한 것임을 사용자가 증명하여야 한다고 판시하
고 있는데,153) 미국에 비하여 훨씬 엄격하게 그 정당성을 판단하고 있다고 평가
할 수 있다. 다만, 어느 경우이든 정당성 여부의 판단에 있어서 관행이나 고정
관념에 의한 행위, 사용자의 경제적 사유, 즉 사업에 대해 향유하는 단순한 이
익, 비용절감의 필요성 내지 예산상 제약, 사용자나 고객의 선호 등은 정당성의
근거가 되지 않는다.154)

㈐ 간접차별의 심사기준

간접차별의 심사기준에 관한 논의는, 직접차별과 마찬가지로 모든 간접차
별이 금지된 것은 아니고 합리적 이유(근거)가 있는 차별행위는 허용되기 때문
에, 간접차별의 경우에도 이에 대한 합리적 이유가 인정된다면 차별행위에 해당
하지 않는다는 전제로부터 출발한다.155)

그런데 간접차별의 심사기준과 앞서 본 간접차별의 요건 중 '정당화 요소'
는 개념적으로 구분되기는 하지만, 양자의 관계, 특히 '정당화 요소'를 둘러싼 미
국과 독일의 논의를 간접차별의 심사기준과 연계하여 어떻게 이해하여야 할지에
관하여는 아직 학계에서 명확하게 정리된 것으로 보이지 않는다. 직접차별의 판단
기준과 간접차별의 판단기준을 구별하여 서술하면서, 전자의 경우는 제대군인 가
산점제도 사건의 헌법재판소 결정을 들어 엄격한 심사기준에 관하여 설명하고, 후
자의 경우는 "특정 성에게 불리한 결과를 초래한 기준이 정당한 것임을 입증하면
차별에 해당하지 않는다. 여기서 정당성의 판단기준이 문제가 된다."고 하여 간
접차별의 심사기준을 정당화 요소 판단과 동일시하여 설명하는 견해도 있다.156)

하고 특화된 과학적 증명을 요구하여야 한다. ③ 고용기준이 사용자가 아닌 외부의 제 3 자에
의해 마련되었을 경우 직무상의 필요와 관련된 사용자의 증명책임이 다소 경감될 수 있다.
④ 사용자가 제시한 평가기준이 성취 가능한 것인지 아니면 고쳐질 수 없는 지원자의 생래
적 특성에 기인하는가 하는 점도 검토의 대상이 된다. ⑤ 공공의 안정과 직결되는 직무에 대
해서는 직무상 필요성의 판단이 완화되는 경향이 있다. ⑥ 직무상 필요성이 인정된다 하더라
도, 차별적 효과를 초래하지 않으면서 사용자의 사업 목적을 충족시킬 수 있는 대안이 있는
데도 불구하고 사용자가 이러한 대체수단을 채택하기를 거부하고 있다는 사실을 근로자가
증명하는 경우에는, 사용자가 적용한 고용의 조건이나 기준은 정당화되지 못한다.
153) 이승욱a, 49~50면. 특히 이 부분 유럽사법재판소의 '객관적 정당화 사유' 판단에 관한 자세
    한 내용은 채형복b, 288~292면 참조.
154) 이수연a, 127면; 이승욱·김엘림, 130면.
155) 이준일c, 47면; 같은 취지로는 전광석c, 301면.

아래 ①견해는 양자를 구별하고 있음이 분명하고, ③견해는 이를 같은 차원에서 이해하고 설명하는 것으로 여겨지고, ⑤견해는 그 입장이 다소 불분명하다.

여기에서는 간접차별 심사기준에 관한 현재의 논의들로는, ① 직접차별과 마찬가지로 엄격한 심사기준이 적용된다는 견해,[157] ② 간접차별이 적용되는 영역 자체를 인격적 관련 사유(성별, 종교, 사회적 신분, 인종)로 한정하여 인정하되, 엄격한 심사기준이 적용된다는 견해,[158] ③ 완화된 기준을 적용한 비례성 심사를 적용해야 한다는 견해,[159] ④ 간접차별로 인해 성별에 의한 인적 차별이 나타난 때는 엄격한 비례성 심사가 적용되어야 하지만, 그렇지 않은 경우에는 완화된 심사기준이 적용된다는 견해,[160] ⑤ 중립적인 조건을 적용하였으나 사회적 고정관념·관행·인식 등의 사실상의 이유 때문에 일부 집단에 대하여 중대한 불이익한 결과를 가져왔는지를 살펴봄으로써 먼저 간접차별이 있는지를 판단한

---

156) 박선영·김진, 106~108면. 구미영a, 56~88면 역시 "사용자가 시행하는 고용관행이나 기준이 보호받아야 할 소수집단에 불리한 영향을 초래함이 입증되면 사용자는 일차적으로 차별 혐의를 받게 되는데 이런 혐의에서 벗어나려면 문제된 고용관행이나 기준이 정당한 것임을 입증해야 한다."고 전제한 후 미국 판례 법리를 소개한 다음 간접차별의 개념은 외견상 차별적이지 않은, 합법적 또는 합리적인 기준을 적용하였음을 전제로 하는 것이기 때문에, 그 객관적 정당화에서 해당 기준의 합리성 또는 합법성 여부만을 심사하는 단순 합리성 심사를 적용하는 것은 논리적으로 문제가 있으며, 단순 합리성 심사는 합리적 이유를 주장하는 사용자의 선의를 평가하는 측면이 강한데, 간접차별 개념은 선의만으로는 차별적 결과를 야기하는 외견상 중립적인 기준을 금지할 수 없다는 생각에서 출발하므로 그 객관적 정당화에 대해 단순 합리성 심사를 하는 것은 간접차별 개념을 무의미하게 만든다는 점을 근거로, '적어도 단순 합리성 심사 이상일 필요가 있다'고 한다. 그 서술 양식과 논리적 전개에 비추어 보면 위 견해 역시 간접차별의 심사기준을 정당화 요소 판단과 동일시하여 설명하고 있는 것으로 이해된다(다만, 위 견해를 간접차별의 심사기준에 관한 논의 중 하나로서 소개하고 있는 글로는 김선희, 135면).

157) 김주환b, 47면. 위 견해는 간접차별의 정당화 요건은, 직접차별의 경우와 같이 생물학적 차이에 의해서만 정당화되는 것이 아니라 그 밖의 다른 사유에 의해서도 정당화될 수 있다는 점에서 직접차별의 정당화 요건보다는 덜 엄격하지만, 간접차별이 인정되는 경우에는 직접차별과 마찬가지로 엄격한 비례성 심사가 적용된다고 한다.

158) 손상식, 77면

159) 홍강훈, 266~268면. 규정의 문언에서 직접적이고 명시적으로 일정한 집단을 차별하는 직접차별과 문언상 중립적으로 형성된 규정이 우연히 결과적으로 일정한 집단에게 중대한 불이익을 주는 간접차별은 서로 다른 차원의 문제이므로 동일한 심사기준을 적용할 수는 없다는 점, 간접차별의 경우 입법자는 원래 그 차별을 의도했던 것이 아니므로 다른 입법목적을 자유롭게 결정할 수 있고 이는 여전히 입법형성의 자유가 유지된다는 방증이므로 입법형성의 자유가 축소되는 경우에 하는 엄격한 심사가 동일하게 적용될 수는 없다는 점 등을 근거로 들며, 이를 독일 학계의 지배적 견해이자 독일 연방헌법재판소의 견해라고 설명한다.

160) 김학성, 433면. 위 견해에서는 성별 외의 차별로서 제대군인 가산점제도 사건을 예로 들며 헌법재판소가 이 사건을 제대군인과 비제대군인의 차별로 보았다면 완화된 심사기준이 적용되었을 것이어서 그 결론이 어떻게 나왔을지 모른다는 의문을 제기한다.

후, 이어 합리적인 이유가 있는지를 평등권침해의 심사기준(자의금지원칙과 비례
의 원칙)을 통하여 판단하여야 한다는 견해161)가 있다는 정도의 소개에 그치고,
향후 좀 더 정치한 분석과 연구가 필요하다는 점만을 지적하고자 한다.

(3) 입증책임162)

남녀고용평등법 30조는 "이 법과 관련한 분쟁해결에서 입증책임은 사업주
가 부담한다."고 규정하여, 사용자에게 입증책임을 전환하고 있다.

위 규정의 해석에 관하여는 다음과 같은 안들이 제시되고 있다.163) 즉, 근
로자는 주장책임만 있고 모든 요건사실에 대한 입증책임은 사용자에게 있다는
견해, 입증책임 전환규정의 취지는 입증이 특히 곤란한 부분의 경우 증거와의
거리상 사용자에게 그 책임을 과하자는 것이므로 가장 입증이 곤란한 요건사실
에 대한 증명책임을 사용자에게 전환하는 것으로 보아야 한다는 견해, 입증책임
전환규정이 있는 경우에는, 여성이고 불이익을 당하였으며 여성이 아니었다면
이러한 불이익을 당하지 않았을 것이라고 추정할 수 있는 최소한의 증거를 제
출하는 소명으로 족하다는 견해,164) 성별 등을 이유로 한 불이익처분임을 입증
할 책임은 근로자에게 있고, 사용자는 설득력 있는 증거에 의하여 반증을 하지
못하는 한 패소한다는 견해165)이다.

남녀고용평등법 30조는 전적으로 사용자에게 입증책임이 있다고 규정하고
있으므로, 근로자는 변론주의 하의 주장책임만을 부담하고 사용자가 모든 요건
에 대한 입증책임을 부담한다는 위 첫 번째 견해가 가장 법문에 부합하는 것으
로 보이기는 한다.166) 그러나 실무에서는 근로자 측의 주장과 증명이 일단 전제

---

161) 김선희, 138~141면; 성낙인, 1047면. 특히 김선희, 139면은, 개별 사건에서 간접차별이든 직
    접차별이든 차별이 있었음을 먼저 확인한 후(차별의 존부 확인), 헌법재판소의 평등권 심사
    기준에 따라 해당 차별이 헌법에서 특별히 평등을 요구하고 있는 경우와 차별적 취급으로
    인하여 관련 기본권에 대한 중대한 제한을 초래하게 되는 경우에는 엄격한 심사척도를, 그렇
    지 않을 경우에는 입법자에게 인정되는 입법형성권의 정도에 따라 완화된 심사척도를 적용
    하는 것이 바람직하다고 보고 있다.
162) 민사소송법은 2002. 1. 26. 법률 6626호로 전부개정 시 '입증'이라는 용어를 모두 '증명'으
    로 변경하였다. 그런데 남녀고용평등법, 기간제법, 장애인차별금지법은 여전히 '입증', '입증
    책임'이라는 용어를 사용하고 있다. 위 각 법률에서 '입증', '입증책임'이 사용된 법조항을
    직접 인용하거나 해당 법조항에 관하여 설명하는 부분, 그리고 판례와 문헌 등에서 '입증'이
    라는 용어를 사용하고 있는 부분을 직접 인용하는 경우는 부득이 '입증'이라는 용어를 사용
    한다.
163) 구미영d, 247~249면.
164) 김엘림 · 박현미, 66면.
165) 한정현, 116~117면.

되고, 그 이후에 사용자가 자신의 행위의 정당성을 주장, 증명하는 방식으로 소송이 진행되고 있다는 점에 비추어, 구체적 소송 진행 단계별로 입증책임의 전환 내지 경감 규정을 두는 것이 더 바람직하다.[167) 위와 같은 현실적 한계를 고려할 때 당사자 간에 입증책임을 분담하고 있는 장애인차별금지법 47조[168)와 같은 규정 방식이 당사자 간의 입증책임의 배분관계를 명확히 하고 상대적으로 더 합리적인 입법이라고 생각한다.[169)

다. 성차별의 유형[170) 1 — 모집·채용

(1) 관련 규정의 취지와 연혁

근로자를 모집·채용할 때 이루어지는 성차별은 고용의 입구에서 발생하는 차별로서 노동의 기회와 생활을 위협할 수 있다는 점에서 다른 근로조건의 차별과 비교할 때 권리의 침해 정도와 피해가 크며, 우수한 여성 인력을 사장시켜 사회의 발전을 위해 자신의 지식과 능력을 활용하고자 하는 여성들에게 큰 좌절을 안겨주고, 국가의 인적 자원과 교육 투자의 측면에서 볼 때에도 손실이 매우 크다.[171)

그런데 전통적으로 근로자를 모집하고 채용하는 것에는 사용자의 경영권에 기초한 '채용의 자유'가 폭넓게 인정되어 왔고,[172) 근기법 역시 이미 근로계약이 체결된 근로자만을 대상으로 하고 취업 기회(모집·채용)의 균등의무에 대해서는 규제하지 않았다. 그러나 점차 구직자의 인권이나 고용촉진 등의 관점에서 그리고 헌법 11조의 평등권에 근거한 차별금지원칙의 법리에 입각하여 여러 개별적 근로관계 법령에서 채용과정의 불합리한 차별을 금지하는 규정을 마련하

---

166) 김재희, 138~139면.

167) 최윤희b, 207면.

168) 장애인차별금지법 47조(입증책임의 배분) ① 이 법률과 관련한 분쟁해결에 있어서 차별행위가 있었다는 사실은 차별행위를 당하였다고 주장하는 자가 입증하여야 한다. ② 제1항에 따른 차별행위가 장애를 이유로 한 차별이 아니라거나 정당한 사유가 있었다는 점은 차별행위를 당하였다고 주장하는 자의 상대방이 입증하여야 한다.

169) 김재희, 143면.

170) 고용상 성차별 여부가 쟁점이 된 판례의 전반적인 흐름을 평가하고 있는 글로는 구미영c, 79~128면; 김엘림s, 539~573면; 이유정a, 3~47면. 고용상 성차별에 관한 판례와 국가인권위원회의 결정례를 소개하고 그 동향에 관하여 평가하는 글로는 김엘림r, 141~278면; 박선영 외 4명, 85~143면; 박선영 외 5명, 45~136면; 신옥주, 15~30면; 이유정c, 2~33면; 조용만n, 87~112면; 최윤희f, 1~31면.

171) 박선영 외 4명, 85면; 신명·윤자야·이원희, 79~80면.

172) 채용의 자유는 일반적으로 채용인원 결정의 자유, 모집방법 결정의 자유, 조사의 자유, 선발(선택)의 자유, 계약체결의 자유를 내용으로 한다(이승길·이주호, 105~106면).

였고, 이로써 채용의 자유는 일정 정도 제약을 받고 있다.[173)

　　일찍이 남녀고용평등법은 1987. 12. 4. 제정 시부터 "사업주는 근로자의 모집 및 채용에 있어서 여성에게 남성과 평등한 기회를 주어야 한다."(6조)라고 규정하여 모집·채용 시 '여성'을 차별하는 것을 금지하였다. 이후 2001. 8. 14. 개정을 통해 "사업주는 근로자의 모집 및 채용에 있어 남녀를 차별하여서는 아니된다."(7조)라고 규정하여 차별금지대상을 '남녀'로 확대하였다.[174) 현행 남녀고용평등법 7조 1항은 "사업주는 근로자를 모집하거나 채용할 때 남녀를 차별하여서는 아니 된다."고 규정하고 있다. 이 규정은 정규직, 단시간근로자, 파견근로자, 임시직, 계약직, 견습 등 모든 형태의 모집·채용에 적용된다.[175)

　　나아가 남녀고용평등법은 1995. 8. 4. 개정 시 7조 2항을 신설하여 "사업주는 여성근로자를 모집·채용할 때 그 직무의 수행에 필요하지 아니한 용모·키·체중 등의 신체적 조건, 미혼 조건, 그 밖에 고용노동부령이 정하는 조건을

---

173) 박원배, 195면. 모집·채용 시 차별금지제도는 주로 선발(선택)의 자유를 제약한다. 모집·채용 시 차별금지제도의 내용을 각 사유별(성, 국적, 장애, 연령, 학력 등)로 검토하고 있는 글로는 박원배, 198~217면. 그 밖에 채용의 자유 중 채용인원 결정의 자유, 모집방법 결정의 자유, 조사의 자유, 계약체결의 자유에 관한 법령상 제약에 관하여는 이승길·이주호, 106~110면 참조. 한편, 신권철b, 83~116면은 사용자의 채용자유 내지 채용권한의 위법한 남용과 범죄화라는 측면에서 채용비리의 현황과 쟁점에 관하여 논하고 있다.

174) 모집·채용에서 남성에 대한 차별을 인정한 사례로는 다음과 같은 것이 있다. ① 국가인권위원회 2008. 1. 28.자 07진차654 결정은, 종합검진 업무를 담당할 간호사를 채용하면서 남성지원자의 응시를 제한한 행위를 차별행위에 해당한다고 인정한 사례이다. 위 사건에서 국가인권위원회는, 여성환자의 대장 내시경과 자궁암 검진 업무를 수행하기에 남성간호사가 적합하지 않아 남성을 채용하지 않았다는 피진정인의 주장에 대하여 신체가 노출되는 진료 및 치료에서 일반적으로 여성간호사를 더 선호할 수 있다는 것은 인정하면서도, 채용예정 업무에서 대장 내시경과 자궁암 검진 업무가 차지하는 비율이 크지 않고, 여성환자에 대한 검사를 할 때 여성간호사에게 검사하도록 할 수 있으므로, 단순히 남성이라는 이유로 채용에서 배제하는 것은 합리적인 이유가 없는 차별행위라고 판단하였다. ② 국가인권위원회 2008. 10. 27.자 07직차2 결정은, 항공사에서 승무원을 채용하면서 남승무원은 일반적 공채로 입사한 직원 중 사내공모를 통해서만 채용한 반면, 여승무원은 사내공모와 공개채용을 병행하여 채용한 것은 남성에 대한 차별행위라고 인정한 사례이다. 국가인권위원회는, 불리한 대우가 정당화되려면 성별에 근거한 차별취급이 정당한 목적을 달성하려는 것이어야 하고 추구하는 목적은 합법적이고 합리적인 것이어야 하며, 차별취급은 목적을 달성함에 있어 적합하고 불가피한 것이어야 하고 차별취급을 통해 달성하려는 목적과 차별취급의 정도가 적절한 균형관계를 이루어야 하는바, 이러한 비례원칙의 심사기준이 충족되지 않으면 차별에 해당한다고 전제한 후, ⅰ) 여성은 승무직에 바로 지원할 수 있지만 남성은 일반직, 기술직, 전산직으로 입사 후 사내공모를 통해 승무직에 지원하도록 하고 있으므로 이는 남성을 차별취급하는 것이고, ⅱ) 남승무원을 공개채용하지 않을 합리적인 이유가 없고, ⅲ) 여승무원을 더욱 선호하는 고객의 선호는 진정직업자격이라고 볼 수 없다는 이유로 남승무원에 대한 차별행위를 인정하였다.

175) 이승길b, 99면.

제시하거나 요구하여서는 아니 된다.”고 규정하였다.[176] 그런데 위 규정 역시
법적 보호대상을 ‘여성근로자’로 한정하고 있었기 때문에 헌법상 평등이념의 실
현 및 남녀고용평등법의 입법취지에 부합하지 않는다는 비판이 제기되었고,[177]
2021. 5. 18. 현행 남녀고용평등법으로 개정 당시 위 조항 중 ‘여성’ 부분을 삭제
하여 보호대상을 모든 남녀근로자로 확대하였다. 용모 등 신체적 조건을 이유로
한 어떠한 제한을 표현·암시하는 내용이 포함된 모집·채용광고를 게재하거나
입사지원서 양식을 사용·배포하는 행위, 채용 면접 시에 직무수행에 필수적이
지 않은 지원자의 키·체중 등 신체적 조건에 대해 질문하거나 이를 지원자를
평가하는 기준의 하나로 삼는 행위 등은 모두 차별에 해당한다.[178] 또한, 채용
절차의 공정화에 관한 법률(이하 ‘채용절차법’이라 한다)[179]은 2019. 4. 16. 개정 시
“구인자는 구직자에 대하여 그 직무의 수행에 필요하지 아니한 구직자 본인의
용모·키·체중 등의 신체적 조건, 혼인여부 등을 기초심사자료에 기재하도록
요구하거나 입증자료로 수집하여서는 아니 된다.”는 규정을 신설하였다(채용절차
법 4조의3 1, 2호).[180]

---

176) 이 규정은 1994년 5월 고졸 여사원의 채용조건으로 일정한 키와 몸무게 등의 용모 기준을
　　요구한 44개 기업을 시민단체들이 검찰에 고발한 사건에서 법적 미비점이 발견되자 이를 보
　　완하기 위하여 1995. 8. 4. 남녀고용평등법 개정 때 추가된 것이다. 위 고발사건의 배경, 경과
　　등에 관한 상세한 소개는 김엘림b, 204~218면 참조.
177) 손미정, 430면.
178) 국가인권위원회a, 233면 이하 참조.
179) 채용절차법은 근로자를 채용할 때 구직자가 제출하는 채용서류의 반환 등 최소한의 채용
　　절차상의 공정성 확보를 위한 사항을 정함으로써 구직자의 부담을 줄이고 권익을 보호하기
　　위해 2014. 1. 21. 제정되었다. 이로써 기업의 채용에 일정한 절차적 규제(거짓 채용광고의 금
　　지, 채용일정 및 채용과정의 고지, 채용심사비용의 부담금지, 채용서류의 반환)가 이루어지기
　　시작하였다(신권철b, 84면). 채용절차법의 제정배경 및 주요 내용, 개선방안에 관하여는 이승
　　길·이주호, 112~132면 참조.
180) ‘기초심사자료’란 구직자의 응시원서, 이력서 및 자기소개서를 말하고, ‘입증자료’란 학위
　　증명서, 경력증명서, 자격증명서 등 기초심사자료에 기재한 사항을 증명하는 일체의 자료를
　　말한다(채용절차법 2조 3, 4호). 당초 채용절차법개정안이 발의되었을 때는 ‘사진 부착’도 금
　　지하는 내용이 포함되어 있었다. 여성부는 이미 2001년부터 ‘성 중립적’인 입사지원서 양식,
　　즉 성별을 명백하게 식별할 수 있는 개인 정보(주민등록번호, 사진, 병역 여부)와 성별을 짐
　　작할 수 있는 신체조건 항목들을 입사지원서에서 삭제하자고 제안하였고, 특히 여성계를 중
　　심으로 지원자의 사진이 성별, 나이, 외모를 평가하는 기준으로 활용되어 채용차별을 유발하
　　고 있으므로 강력히 규제되어야 한다는 주장이 제기되어 왔다. 그러나 기업과 심지어 고용노
　　동부조차 이는 기업경영에 대한 과도한 개입이라는 등의 이유로 반대하였고, 결국 개정법률
　　에 반영되지 못하였다. 우리나라 노동시장에서 외모를 근거로 한 채용차별의 실태, 지원자에
　　게 사진정보를 요구하는 채용관행의 문제점, 사진정보 폐지의 법제화 필요성 등에 관하여 자
　　세히 논하고 있는 글로는 임인숙, 33~74면.

(2) 모집·채용의 의미

모집·채용은, 신문·방송 등을 통한 광고모집이나 직접모집뿐 아니라, 직업
안정기관에 대한 구인신청·위탁모집·연고채용 등 명칭이나 방법에 관계없이
사업주가 불특정인에게 임금·근로시간 등 근로조건을 제시하고 근로를 권유하
는 행위(모집)와 이들을 대상으로 시험 등을 거쳐 특정인을 선정하여 근로계약을
체결하는 행위(채용)를 말한다(남녀고용평등규정 3조 1항). 그리고 여기에는 모집·채
용과 관련된 제반 절차와 선발기준의 설정, 채용조건의 부과도 포함된다.[181]

(3) 모집·채용차별로 보는 경우[182]

남녀고용평등규정 3조 2항은 아래 1 내지 13호의 행위를 모집·채용에 있
어서의 남녀 차별적인 행위로 규정하고 있다.

① 특정 성에게 전적으로 모집·채용의 기회를 주지 않는 경우[183]

---

181) 신명·윤자야·이원희, 81면.

182) 2010년 고용형태별 근로실태조사 자료 분석, 200개 상장기업의 채용공고와 입사지원서의
　　　내용 분석, 구직자 및 기업의 채용담당자를 대상으로 한 설문조사 및 인터뷰 등을 통하여 기
　　　업 채용과정의 차별관행에 대한 실태조사를 실시한 후 외국의 채용차별 규제제도 등을 참조
　　　하여 제도 개선방안 등을 제시하고 있는 글로는 박귀천 외 5명, 49~262면. 이에 의하면, 기
　　　업은 입사지원자의 업무적격성을 본격적으로 심사하는 면접 전 단계에서 입사지원자에 대하
　　　여 지나치게 사적인 정보를 과도하게 요구하고 있거나 직·간접적 차별을 야기할 수 있는 개
　　　연성이 높은 정보를 요구하고 있으며, 구직자들은 나이, 출신학교나 학력, 용모 및 신체조건,
　　　사회적 신분 순으로 채용과정에서 차별을 많이 경험한 것으로 확인되었고, 특히 성차별을 당
　　　했다고 느낀 원인으로는 구체적인 신체조건, 사진 등을 요구하거나 특정 성을 우대하는 경우
　　　였다고 한다. 한편, 채용차별에 관한 외국의 입법과 사례에 관하여는 박귀천 외 4명,
　　　179~281면 참조.

183) ① 1989년 11월 8개 회사가 지원자격을 남자로 한정하여 신문에 모집광고를 내자 서울지
　　　역 여대생대표자협의회가 남녀고용평등법 위반을 이유로 검찰에 이를 고발하였고, 회사 대표
　　　자들은 약식 기소되었으며, 서울형사지법은 1990. 5. 26. 이들에게 벌금형의 약식명령을 하였
　　　다(김엘림r, 146면에서 재인용). ② 구 차별구제법에 의해 설치되어 활동하였던 남녀차별개선
　　　위원회는, 남성으로 모집대상을 제한하여 시험감독 아르바이트를 채용한 것은 남녀차별이라
　　　고 판단하였다(남녀차별개선위원회 2004. 4. 6.자 결정 04남녀차별16 결정). ③ 국가인권위원회
　　　2007. 3. 28.자 07진차56 결정은, 직원채용공고문에 재경 부문, 영업 부문, 기술연구직 부문의
　　　지원자격을 남자로만 한정한 것이 성차별에 해당하는지가 다투어진 사건에서, 사용자가 여성
　　　의 채용을 배제하는 것은 성별을 이유로 한 차등적 대우이므로 이러한 기준은 성별이 '직무
　　　의 성질상 불가피하게 요구되는 경우'에 한하여 정당성이 인정되며, 직무의 성질상 특정 성
　　　별이 불가피하게 요구되는 경우란 본질적 업무와 부수적 업무를 구분하여 성별이 본질적 업
　　　무를 성공적으로 수행하기 위한 결정적 요소 즉 필수적 직무자격요건인 경우를 말한다고 전
　　　제한 후, 현금 수송, 무거운 샘플 운반, 건설현장 직접 시험시공 등의 이유로 여성이 근무하
　　　기 어려운 조건이어서 여성을 채용할 수 없다는 회사의 주장에 대하여, 현금의 운반은 남녀
　　　공히 위험한 업무이고, 비록 샘플이 무겁다고 하더라도 여성 중에서도 남성보다 신체적, 체
　　　력적으로 우위에 있는 여성이 있을 수 있어 남성만이 그 일을 할 수 있는 것이 아니며, 현장
　　　시험시공 역시 여성 중에서도 남성만큼 신체적, 체력적으로 뒷받침이 될 수 있는 자가 있을

② 직종 · 직무별로 남녀를 분리하여 모집하거나 성별로 채용 예정인원을 배정함으로써 특정 직종 · 직무에 특정 성의 채용 기회를 제한하는 경우[184]

수 있으므로 피진정인이 채용하는 부문에 대해 성별이 직무수행 가능 여부를 결정하는 요인이 된다고 볼 수 없음에도 불구하고, 성별을 기준으로 채용기준을 정하는 것은 정당화되기 어렵다고 판단하였다. ④ 대전지법 천안지원 2009. 5. 21. 선고 2009고단310 판결은, 의약품 제조 및 판매업을 목적으로 설립된 법인과 그 생산부장에 대하여 인터넷 구인게시판에 생산부 사원모집공고를 하면서 남자만을 채용조건으로 제시한 행위가 남녀고용평등법위반죄에 해당된다고 판단하여 각 벌금 100만 원의 형을 선고하였다(항소심인 대전지법 2009. 7. 22. 선고 2009노1195 판결에서도 유죄를 인정하였으나, 사원모집공고가 게재된 기간이 길지 않고 실제 사원모집에 영향을 미치지 않은 것으로 보이는 점 등을 고려하여 각 벌금 50만 원으로 감형하였다. 2009. 7. 30. 확정).

184) ① 병원측이 인턴과정 전공의 15명을 모집하면서 여성 인턴 합격자를 4명으로 제한한 결과 남성 합격자보다 높은 점수를 받고도 탈락한 여성 응시자가 병원을 남녀고용평등법위반으로 고발한 사건에서 전주지법은 1991. 8. 19. 병원장에게 벌금형의 약식명령을 하였다(김엘림r, 151~152면에서 재인용). ② 국가인권위원회 2004. 10. 18.자 03진차589 결정은, 경찰공무원 채용시험 중 순경공개경쟁 채용시험의 응시연령을 남자는 21세 이상 30세 이하로, 여자는 18세 이상 27세 이하로 달리 정한 것은 성별에 따른 평등권 침해라고 인정하고, 경찰청장에게 차별적 요소가 없도록 경찰공무원임용령을 개정할 것을 권고하였으며, ③ 국가인권위원회 2005. 12. 5.자 04진기213 결정은, 경찰공무원 공개채용시험에서 남 · 녀별로 채용인원을 정하여 구분 모집하는 것은 여성 응시자의 평등권을 침해하는 차별행위라고 인정하면서, 경찰관 업무수행을 위하여 범죄자 제압능력과 신체적 · 체력적 조건이 요구되며, 야간근무, 출장 등 여성이 근무하기 어려운 조건이어서 여성 채용인원을 제한할 수밖에 없다는 피진정인의 주장에 대하여, ⅰ) 모든 경찰공무원의 직무가 범죄자 제압능력 등 신체적 · 체력적 조건을 요구하는 것이 아니므로 구체적인 직무내용을 고려하지 않은 채 모든 경찰공무원 업무에 성별을 기준으로 채용인원을 정하는 것은 정당화되기 어렵고, ⅱ) 강인한 체력이 요구된다는 이유로 모든 여성이 해당 직무를 수행할 수 없다고 볼 수 없으며, ⅲ) 업무수행에서 직면하는 신체적 위험은 남성에게도 해당하므로, 여성 전체를 해당 직무에서 배제 · 제한하여서는 아니되고, 특정직무 수행을 위해 제압능력이나 강인한 체력이 필요하다면 제압능력 및 체력을 측정하는 기준을 사용하여야 하지 이와 관계가 명확하지 않은 성별을 기준으로 사용하는 것은 허용되지 않는다고 판단하였다. ④ 또한, 국가인권위원회 2007. 8. 27.자 05진차430 결정은, 소방공무원 채용 시 성별에 따라 채용분야 및 인원을 달리 정하여 구분모집하는 것은 합리적 이유 없는 성차별행위에 해당한다고 인정하였다. 위 결정에서 국가인권위원회는 ⅰ) 소방공무원의 업무수행에 있어 성별이 '진정직업자격'인지 여부를 판단하면서, 소방관의 업무를 수행함에 있어 어느 정도 이상의 강인한 신체적 · 체력적 조건이 요구되고 이러한 조건은 진정직업자격에 해당되지만, 이는 남성과 여성에게 동등하게 적용되는 요건으로서 이를 검증하기 위한 합리적인 기준 설정 및 객관적인 측정이 필요한 것이고, 소방공무원의 업무가 반드시 남성들만에 의해 행해져야 하는 업무로 볼 수는 없어 소방공무원의 업무를 수행함에 있어 성별은 진정직업자격에 해당되지 않는다고 판단하였다. 또한, 차별취급에 합리적인 이유가 인정되려면 그러한 차별취급의 목적이 정당하며 그러한 목적을 달성하기 위한 수단이 불가피한 것이어야 하고 목적과의 관계에서 적정한 것이어야 하는데, 성별을 구분하여 모집하는 합리성이 인정되지 않고, 소방 업무에 필요한 객관적이고 구체적인 체력기준으로 소방공무원을 채용할 수 있으므로 현재의 성별구분 모집방법은 목적이나 수단의 정당성이 인정되지 않는다고 판단하였다(위 결정에 대하여, 성별구분 모집은 직업에서의 성역할 고정관념을 고착케 할 우려가 있고, 채용 이후의 임금, 승진, 정년 등에서 특히 여성근로자 집단에 대한 차별적 처우로 이어질 수 있는데, 성별구분 모집제도를 성차별로 인정하였다는 점에서 매우 유의미하다고 평가하고 있는 견해로는 조용만n, 96면). 한편, 경찰공무원의 경우 국가인권위원회

③ 채용 시 특정 성에게만 합리적인 이유 없이 별도의 구비서류 등을 요구하는 경우

④ 모집·채용을 하면서 특정 성만을 가리키는 직종의 명칭을 사용하는 경우(다만, 특정 성을 배제하는 것이 아님이 분명한 경우는 제외한다)

⑤ 학력·경력 등이 같거나 비슷함에도 불구하고 특정 성을 다른 성에 비해 낮은 직급 또는 직위에 모집·채용하는 경우

⑥ 남녀가 같거나 비슷한 자격을 갖추고 있음에도 불구하고 특정 성을 다른 성보다 불리한 고용형태로 채용하는 경우[185]

⑦ 구인광고 내용에 합리적인 이유 없이 특정 성을 우대한다는 표현을 하는 경우(다만, 특정 성의 비율이 현저히 낮은 사업장에서 현존하는 차별을 해소하기 위하여 특정 성을 우대하는 것은 합리적인 이유가 있는 것으로 본다)[186]

⑧ 특정 직종의 모집연령을 합리적인 이유 없이 성별로 차이를 두는 경우[187]

⑨ 특정 성에게만 직무수행에 필요하지 않는 용모 등 신체적 조건이나 결혼 여부 등의 조건을 부과하는 경우[188]

의 위 결정 및 권고에도 불구하고 여전히 성별을 분리 채용하고 있다. 다만, 경찰공무원의 응시연령은 개선되어 남녀 모두 18세 이상으로 변경되었고, 다만 남성의 경우는 병역을 필하거나 면제된 자만이 지원할 수 있도록 하고 있다. 아울러 선발시험 응시연령의 상한을 '30세 이하'로 규정하는 것은 합리적이라고 볼 수 없고 침해의 최소성 원칙에 위배되어 공무담임권을 침해한다는 헌법불합치결정(헌재 2012. 5. 31. 선고 2010헌마278 결정) 이후 응시연령 상한이 '40세 이하'로 상향 조정되었다.

185) ① 남녀차별개선위원회는 대학교 부속의료원이 신규직원 모집공고를 하면서 사무원은 남성으로, 사무보조원은 여성으로 구분하여 분리 모집하고, 연령 기준도 남성은 병역필 또는 면제자로서 30세 미만인 자로, 여성은 25세 미만인 자로 한 것을 남녀차별행위에 해당한다고 판단하였다(남녀차별개선위원회 2001. 6. 18.자 00고용49 결정). ② 부산지법 2007. 11. 21. 선고 2007고정405 판결은 택시사업조합에서 민원 및 기획담당 사무직 근로자를 채용하면서 남성은 6급으로, 여성은 7급으로 채용한 것은 채용에 있어서 남녀를 차별하여 남녀고용평등법을 위반한 것이라고 판단하여 택시사업조합 및 대표자(그 외 휴게시간 미부여 등 근로기준법 위반죄에 관하여도 함께 공소 제기되어 유죄로 인정)에게 각 100만 원의 벌금형을 선고하였다(항소심인 부산지법 2008. 5. 22. 선고 2007노4889 판결에서도 유죄를 인정하였으나, 여러 정상들을 참작하여 피고인들에게 벌금형의 선고를 유예하였다. 2008. 5. 30. 확정).

186) 구인광고 역시 성별에 관계없이 가능한 많은 이들이 지원의 기회를 가질 수 있도록 하는 것이 바람직하다. 그러한 기회의 제공은 남녀 모두가 동일하게 접근가능한 출판물이나 인터넷 포털, 웹사이트 등에 의할 것이 권장된다. 남성 또는 여성들이 주로 구독하는 잡지나 웹사이트 등에만 구인광고를 하는 등의 방법은 결과적으로 특정 성에게 차별적일 수 있다(이수연i, 134~135면).

187) 위 남녀차별개선위원회 2001. 6. 18.자 00고용49 결정, 국가인권위원회 2004. 10. 18.자 03진차589 결정 참조.

188) 여성 응시자에게만 미혼일 것을 요구하는 것, 여성 응시자에게만 용모 단정을 요구하는 것, 모집대상의 응시연령 상한선에 남녀 차이를 두는 것, 입사원서에 특정 성을 불리하게 할

⑩ 특정 직종을 모집함에 있어서 특정 성이 충족하기 어려운 신장 · 체중 · 체력을 채용조건으로 한 것으로 인하여 특정 성의 채용비율이 다른 성에 비해 현저하게 적은 경우(다만, 직무관련성, 정당성 등에 대한 사업주의 입증이 있는 경우는 제외한다)[189]

⑪ 서류전형 · 면접 · 구술시험 등 채용절차에서 객관적인 기준에 의하지 아니하고 특정 성을 불리하게 대우함으로써 채용기회를 제한하는 경우[190]

수 있는 기재란(예컨대 기혼 · 미혼)을 두는 것 등이 이에 해당한다(안홍길, 46면). ① 앞서 본, 남녀고용평등법 7조 2항 규정의 신설을 가져온 사건이라 평가되는, 고졸 여사원 채용에서 용모 제한(신장 160cm 이상, 체중 50kg 이하)을 한 44개 기업체 고발 사건(1994)이 대표적 사례이다. 이 사건은 여사원 모집 시 용모 제한을 둔 관행에 대해 여성, 시민단체가 대기업들을 무더기로 고발한 최초의 사건으로 당시 언론을 비롯하여 사회적 관심을 많이 모았다(자세한 내용은 김엘림r, 154~155면 참조). ② KTX 승무 업무 중 여승무원이 맡고 있는 업무에 대해서만 외주화하고 그 업무에 대해서 여성만을 고용한 것, 여승무원을 모집함에 있어 '서비스 업무에 적합한 용모의 여성'만을 채용하도록 요구하고 신장과 나이에 따라 점수를 차등화한 것, 고용조건에서도 일반 열차승무원에 비해 여승무원을 불합리하게 대우한 것에 대하여 국가인권위원회 2006. 9. 11.자 06진차116 등 병합결정은 모두 성차별행위라고 인정하였다. 국가인권위원회는 ⅰ) KTX 여승무원의 업무 내용이 성별을 진정직업자격으로 하거나 성별이 필수적 자격요건이 아닌데도 열차승무 업무 중 고객서비스 업무만을 분리하여 이를 여성에게 전담시키기로 결정한 것은 성차별적 편견에 근거한 직제 분리채용이며, ⅱ) 여승무원의 업무에 신장과 나이의 제한이 업무상 필요하다는 증명이 없음에도 이를 채용기준으로 삼은 것은 차별행위이며, ⅲ) 다른 정규직 열차승무원에 비해 여승무원들이 임금, 상여금, 휴식시간, 고용기간 등에서 불리한 대우를 받고 있으며 이처럼 고용조건을 달리 결정할 합리적인 이유가 없으므로 이는 성별을 이유로 한 차별행위라고 판단하였다. 이후 KTX 여승무원들은 실질적인 사용자인 한국철도공사(현 코레일)를 상대로 자신들을 직접 고용하라는 요구를 하며 근로자 지위 확인을 구하는 소송 2건을 제기하였고, 제 1 심에서는 모두 승소하였으나(서울중앙지법 2010. 8. 26. 선고 2008가합118219 판결, 서울중앙지법 2011. 8. 30. 선고 2009가합46097 판결), 이에 불복하여 한국철도공사가 제기한 항소에 대한 각 항소심의 판단은 엇갈렸는데[위 서울중앙지법 2008가합118219 판결의 항소심인 서울고법 2011. 8. 19. 선고 2010나90816 판결(이하 'KTX 제 1 고법판결'이라 한다)에서는 항소기각, 위 서울중앙지법 2009가합46097 판결의 항소심인 서울고법 2012. 10. 5. 선고 2011나78974 판결(이하 'KTX 제 2 고법판결'이라 한다)에서는 항소를 받아들여 KTX 여승무원들의 청구기각], 상고심인 대법원에서는 KTX 여승무원들의 묵시적 근로관계 및 근로자파견 등의 주장을 모두 받아들이지 아니하였고, KTX 제 1 고법판결의 상고심인 대법원 2015. 2. 26. 선고 2011다78316 판결은 KTX 제 1 고법판결을 파기환송하였으며, KTX 제 2 고법판결의 상고심인 대법원 2015. 12. 26. 선고 2012다96922 판결은 (KTX 여승무원들의) 상고를 기각하여 KTX 제 2 고법판결이 확정되었다. KTX 제 1 고법판결의 파기환송심인 서울고법 2015. 11. 27. 선고 20158850 판결에서는 환송판결의 취지에 따라 KTX 여승무원들의 청구를 기각하였고, 2015. 12. 17. 위 판결이 확정되었다.

189) 국가인권위원회 2015. 12. 24.자 15진정0477000 결정은, 환경미화원 채용 시 업무 내용과 남녀의 생물학적 차이를 고려하지 않고 동일한 체력시험 기준을 적용하여 여성에게 불리한 결과를 초래한 행위는 합리적인 이유 없는 차별행위에 해당한다고 판단하였다.

190) 국가인권위원회 2017. 7. 10.자 16진정0918100 결정은, 미화감독 채용공고에서는 미화 업무 경력자를 우대한다고 하였으나, 사업소장의 업무를 수행해야 한다는 이유로 미화 업무 경력이 있는 여성을 채용하지 않고, 미화 업무 경력이 없는 남성을 미화감독으로 채용한 사례에서, 면접 당시 '여자로서 남자직원들을 어떻게 관리할 거냐?'라는 질문을 한 것은 미화감독

⑫ 모집·채용에 관한 정보를 성별에 따라 다르게 제공하는 경우

⑬ 그 밖에 합리적인 이유 없이 근로자의 모집·채용에 있어서 특정 성을 차별하여 근로자를 모집·채용하거나 모집·채용 기준은 성 중립적이나 그 기준이 특정 성이 충족하기에는 현저히 어려워 결과적으로 특정 성에게 불이익이 발생하고 사업주가 그 기준의 정당성을 입증하지 못하는 경우191)

(4) 모집·채용차별로 보지 않는 경우

남녀고용평등규정 3조 3항은 아래 1, 2호의 행위는 모집·채용에 있어서의 남녀 차별적인 행위로 보지 아니한다고 규정하고 있다.

① 근기법 65조, 72조, 시행령 40조 등 관계법령상 여성취업이 금지된 직종에 남성만을 채용하는 경우

② 야간 또는 시간외 근로가 불가피한 직종으로서 여성을 과다하게 고용할 경우 근기법 70조 및 71조의 규정과 관련하여 해당 사업의 정상적인 운영에 지장을 가져올 우려가 있어 여성채용 예정인원을 제한하여 모집·채용하는 경우

라. 성차별의 유형 2 — 동일가치노동 동일임금원칙

(1) 관련 규정의 취지와 연혁

근로조건의 핵심적인 요소인 임금 부문에서의 남녀평등은 고용평등의 가장 기본적이고도 중요한 문제이다. 우리나라의 남성 대비 여성 임금격차는 2018년을 기준으로 65.9%이다.192) 이러한 격차는 여성근로자의 노동에서 비정규·단순

이나 사업소장 등의 역할은 남성이 담당해야 한다는 편견을 드러낸 것으로 볼 수 있고, 산하 사업소장 64명과 미화감독 23명이 모두 남성인바, 이 정도의 성비불균형은 우연한 결과라기보다는 남성 위주의 관리직 채용 관행의 결과로 보이며, 결과적으로 미화감독 채용공고에 응시한 여성을 여성이라는 이유로 차별한 것이라고 판단하였다.

191) 모집·채용차별의 대표적인 경우로 우리나라에서 크게 논의된 것은 앞서 본 제대군인 가산점제도 사건이다. 위 가산점제도는 제대군인이 공무원채용시험 등에 응시하였을 때 과목별 득점에 과목별 만점의 5% 또는 3%를 가산하는 제도인데, 헌재 1999. 12. 23. 선고 98헌마363 결정은 "전체 여성 중의 극히 일부분만이 제대군인에 해당될 수 있는 반면, 우리나라 남자 중 80% 이상이 제대군인에 해당하므로 위 가산점제도는 실질적으로 성별에 의한 차별이고, 공무원채용시험의 경쟁률이 매우 치열하고 합격선도 평균 80점을 훨씬 상회하고 있으며 그 결과 불과 영점 몇 점 차이로 당락이 좌우되고 있는 현실에서 각 과목별 득점에 각 과목별 만점의 5% 또는 3%를 가산함으로써 합격 여부에 결정적 영향을 미쳐 가산점을 받지 못하는 사람들은 6급 이하의 공무원 채용에서 실질적으로 거의 배제하는 것과 마찬가지의 결과를 초래하고 있는 점 등에 비추어 볼 때, 위 가산점제도는 제대군인에 비하여, 여성을 부당한 방법으로 지나치게 차별하는 것으로서 헌법 11조에 위배된다."고 판단하였다. 위 헌법재판소 결정이 간접차별의 개념을 헌법적 차원에서 인정한 것이라고 평가된다는 점은 앞서 본 바와 같다. 그 밖의 가산점제도와 고용차별에 관하여 논의하고 있는 글로는 송강직a, 163~188면.

보조 노동이 차지하는 비율이 높은 것이 한 원인이겠지만, 여전히 남녀근로자 사이에 임금차별이 광범위하게 이루어지고 있다는 점을 나타내는 지표라고도 할 수 있다. 남녀고용평등법은 남녀가 동일한 가치의 노동을 하고 있음에도 성별을 이유로 임금의 차별을 두는 것을 금지하기 위해 동일가치노동 동일임금원칙을 명문으로 규정하였다.[193)]

남녀고용평등법은 제정 당시 동일가치노동 동일임금원칙을 명확히 규정하지 않아 입법의 가장 큰 결함으로 지적되기도 하였으나, 1989. 4. 1. 1차 개정 때 6조의2 1항에서 "사업주는 동일한 사업 내의 동일가치의 노동에 대하여는 동일한 임금을 지급하여야 한다."는 규정을 신설하여 동일가치노동 동일임금원칙을 명문화하였고, 2001. 8. 14. 전문개정 당시 규정 내용은 변함이 없이 8조 1항으로 자리를 옮겨 남녀고용평등법상의 현재 규정[194)]에 이르고 있다. 남녀고용평등법 8조 2항은 "동일 가치 노동의 기준은 직무 수행에서 요구되는 기술, 노력, 책임 및 작업 조건 등"이라고 규정하여 동일가치노동인지 여부를 판단하는 기준을 제시하고 있으며, 남녀고용평등규정[195)] 4조는 동일가치노동의 의미, 판단기준, 위반 사례 등에 관하여 보다 상세하게 규정하고 있다.

우리나라가 동일가치노동 동일임금원칙과 관련된 ILO 협약을 비준하기 전에 일찍이 위 원칙을 입법화하였다는 점에서 선진적인 측면이 있다고 보는 견해도 있으나,[196)] 실제로는 위 규정이 신설된 후 상당 기간 동안 실무상 적용된 사례가 없었기 때문에[197)] 위 원칙이 노동현장에서 자주 발생하는 다양한 임금

---

192) 출처: 고용노동부 고용형태별근로실태조사.

193) 신명 · 윤자야 · 이원희, 91면.

194) 신설 당시 규정 중 "동일가치의 노동" 부분이 "동일 가치 노동"으로 수정되었다. 이하에서는 법문을 직접 인용하지 않는 경우에는 편의상 "동일가치노동"으로 붙여 쓴다.

195) 남녀고용평등규정은 법령의 별도의 근거 규정 없이 제정된 것으로, 법적 규범력은 인정되지 않는다고 보고 있다. 이미선d, 744면.

196) 이승길a, 103면.

197) 우리나라에서 최초로 동일가치노동 동일임금원칙이 문제된 사례는 이른바 '연세대학교 청소원 사건'이라고 불리는 사건으로, 1990년 9월 연세대학교의 일용직 여성청소원들이 같은 학교에서 청소일을 하는 남성방호원들과 동일가치노동을 함에도 불구하고 상당히 낮은 임금을 받았다며 그 차액을 청구하는 소를 제기한 것이다. 이에 대해 서울서부지법 1991. 6. 27. 선고 90가단7848 판결은 남녀고용평등규정이 마련되지 않고 남녀고용평등법의 규정만 있는 상태에서 주로 미국의 동일임금법과 규칙을 참조하여 동일가치노동의 판단기준을 구체적으로 제시하였다. 해당 사안에 관하여는, 일용직 여성청소원들은 임시직으로 주로 옥내청소 업무를 담당하는 반면, 남성방호원은 정식직원으로 제반 규율을 적용받고 주로 건물 · 시설의 관리와 청소, 외곽순찰 등의 업무를 담당하는 등 그 고용형태와 업무 내용이 다르다는 것을 이유로 일용직 여성청소원들의 청구를 기각하였다. 이 판결에 대한 평석으로는 김엘림a,

차별 사건에서 근로자들이 유용하게 활용할 수 있는 제도적 보호 장치로 기능하지 못한다는 비판이 있었고,[198] 심지어 법규범으로서 실효성 자체에 의문을 품는 견해까지 있었다.[199] 그러던 중 대법원 2003. 3. 14. 선고 2002도3883 판결[200]에서 동일가치노동 동일임금원칙을 적용하여 남녀근로자의 임금차별을 인정하면서 이후 우리나라에서 위 원칙에 대한 논의가 본격화되었다.[201]

(2) 동일가치노동 동일임금원칙의 의의

㈎ 발전과정

임금의 평등대우를 구현하려는 법원칙은 동일한 노동에 종사하는 근로자들에게는 동일한 임금이 지급되어야 한다는 '동일노동 동일임금원칙'으로부터 출발하였다. 그런데 성별에 따라 역할과 능력이 다르다고 보는 전통적 성별분업관 등에 의해 직무, 직종, 직급이 성별로 분리되어 있어 남녀가 동일노동에 종사하는 경우가 드문 노동현실에서는 '동일노동 동일임금원칙'이 남녀 임금차별에 실제로 적용되기 어렵다는 문제가 있었다. 이러한 문제를 감안하여 남녀가 본질적

37~39면. 그 후 형사사건에서 동일가치노동 동일임금원칙이 인정되어 사용자의 임금차별행위에 대하여 남녀고용평등법위반죄의 성립을 인정한 하급심 판결(광주지법 2002. 1. 9. 선고 2001고단2938 판결, 2002. 1. 17. 확정, 이른바 '캐리어㈜ 사건')이 존재하나, "사업주는 동일한 사업 내의 동일가치의 노동에 대하여는 동일한 임금을 지급하여야 함에도 불구하고 생산직으로 근무하면서 동일 사업장 내 남성근로자와 동일가치의 노동을 수행하고 있는 여성근로자의 임금을 정당한 사유 없이 남성근로자보다 적게 지급하여 임금 지급에 있어 남녀차별행위를 하였다."라고 인정하고 있을 뿐 판결 이유에 구체적인 판단기준 및 동일가치노동 동일임금원칙의 법리 적용에 관한 자세한 분석은 이루어지지 않았다.

198) 김엘림k, 3면.

199) 한정현, 85면은 위 규정에 관해 "어떤 강제력을 가진 제재규정이라기보다는 사회 전체에 일반화되어 있는 남녀 간의 임금차별을 사업주가 최대의 노력을 기울여 시정하여 나가야 된다는 '노력규정'으로 보아야 한다."라고까지 하였다.

200) 문제된 회사의 타일제조공정은 성형, 시유, 소성, 선별, 포장, 제유, 잉크제조, 스크린판 제조 공정의 8개 공정으로 크게 나누어지고 각 공정 중 남성근로자는 32명, 여성근로자는 10명이 교대로 근무하는데 위 회사는 각 공정에 근로자를 성별로 분리배치하고 성별에 따라 직무를 다르게 하였으며, 성별에 따라 일률적으로 책정된 일당을 적용하여 여성에게 남성보다 낮은 수준의 임금을 지급하여 왔다. 이에 여성근로자들은 이러한 조치가 근기법상의 균등대우원칙과 동일가치노동 동일임금원칙을 규정한 남녀고용평등법에 위반하였다는 이유로 대표이사를 고소하였다. 이에 대하여 원심(수원지법 2002. 7. 11. 선고 2001노3321 판결)은 '동일가치의 노동'에 해당된다고 볼 수 없다고 판단하여 무죄를 선고하였으나, 상고심인 대법원 2003. 3. 14. 선고 2002도3883 판결은 동일가치노동 동일임금원칙의 의미와 판단기준 등에 관하여 상세히 설시한 다음, 원심이 위 원칙에 관한 법리를 오해하였음을 이유로 원심 판결을 파기환송하였다.

201) 이 판결에 대한 평석으로는 김선수a, 14~15면; 김엘림j, 19~24면; 김진a, 116~136면; 문강분, 86~89면; 이달휴b, 73~77면; 이승욱b, 235~252면; 조상균a, 409~426면; 황정근, 655~673면.

으로 동일한 가치가 있다고 평가되는 노동에 종사하면 동일한 임금을 지급하도록 함으로써 임금 부문에서 평등대우원칙을 보다 넓은 범위로 확장하고 실효화하고자 '동일가치노동 동일임금원칙'이 성립되었다.202)

(나) 국제협약 및 입법례

동일가치노동 동일임금원칙은 국제기구와 세계 많은 국가에서 보편적으로 채택되고 있는 노동법의 기본원칙이다.

ILO는 1919년 창립 당시부터 ILO 헌장에 근로조건을 개선하기 위한 방안으로 동일가치노동 동일임금원칙의 이행이 필요함을 명시하였다. 나아가 ILO는 1951. 6. 29. '동일가치노동에 대한 남녀동일보수에 관한 협약(100호: Convention concerning Equal Remuneration for Men and Women Workers for Work of Equal Value)'과 이에 관한 권고(90호)를 채택함으로써 이 원칙을 남녀의 임금차별 문제에 관한 국제노동기준으로 확립시켰고,203) 1958년 '고용 및 직업에 있어서 차별대우에 관한 협약(111호: Convention concerning Discrimination in Respect of Employment and Occupation)'에서도 모든 사람이 기회 및 대우의 평등을 향유하여야 하는 사항으로 '동일가치노동에 대한 동일임금'을 명시하였다.204)

한편, UN은 1948년 국제인권선언(The Universal Declaration of Human Rights) 23조 2항에서 "어떠한 차별도 없이 모든 사람은 동일노동에 대한 동일임금을 받을 권리가 있다."라고 표명했으며, 1965. 12. 21. 채택한 '모든 형태의 인종차별 철폐에 관한 국제협약(International Convention on the Elimination of All Forms of Racial Discrimination)'은 가입국에 대하여 "모든 사람이 인종, 피부색 또는 민족이나 종족에 구별 없이 동일노동 동일임금, 정당하고 적정한 보수 등에 대한 권리를 향유할 수 있도록 해야 할 의무가 있다."라고 규정하였고,205) 1966. 12. 16. 채택한 '경제적·사회적 및 문화적 권리에 관한 국제규약'(International Covenant on Economic, Social and Cultural Rights. 이른바 'A규약')에서 규약의 당사국이 모든 근로자에게 최소한으로 보수에 관하여 보장하여야 할 사항의 하나로 '공정하고 어떠한 종류의 차별도 없이 동일가치의 노동에 대한 동일 보수를 받는 것'과

---

202) 이승욱·김엘림, 252면. 이처럼 '동일노동 동일임금원칙'은 '동일가치노동 동일임금원칙'과는 구분되며, 후자가 전자를 포함한다(전윤구g, 158~159면).
203) 우리나라는 1997. 12. 8. 비준하였다.
204) 우리나라는 1998. 12. 4. 비준하였다.
205) 우리나라는 1978. 12. 5. 비준하였다.

'특히 여성들이 동일한 노동에 대한 동일한 보수와 함께 남성이 향유하는 것보다 열등하지 아니한 근로조건을 보장받는 것[7조 (a)(i)]'을 규정하였다.206) 또한, 여성차별철폐협약은 가입국이 고용분야에서 남녀평등권을 보장할 목적으로 여성에 대한 차별을 철폐하기 위해 특별히 취해야 할 조치 중의 하나로서 '동일한 가치를 가진 노동에 대한 동일한 부가급여를 포함한 보수를 받을 권리 및 노동의 질을 평가할 때 동일한 처우를 받을 권리[11조 1항 (d)]'를 명시하였다.207)

미국은 1963년에208) 그리고 캐나다의 일부 주(州)는 그보다 앞서 1950년대에 주법으로209) 동일임금법을 제정하였으나, 대부분의 국가는 1970년대에 접어들면서 관련 법규를 제정하고 동일임금원칙을 시행하기 시작하였으며, 이후 동일임금원칙의 적용대상이 되는 노동의 비교기준도 동일노동에서 동일가치노동으로 개념이 확대되었다.

동일임금원칙에서 비교기준을 동일가치노동으로 확대시킨 대표적인 국가는 영국이다. 영국은 1983년에 동일임금법(1970년 제정)을 동일임금개정법규[Equal Pay (Amendment) Regulations]로 개정하였다. 개정된 법규에서는 이전에 똑같은 노동(same work)이나 또는 사업장의 직무평가에 의해서 동일하게 평가된 노동에 대해서만 적용했던 비교기준을 동일가치노동으로 확대했다.210) 미국에서도 실질적으로 동일한 노동만을 비교기준으로 하고 있었던 연방의 동일임금법과는 달리 1980년부터는 동일가치노동을 비교기준으로 삼고 있는 법규를 많은 주에서 채택하였다.211)

---

206) 우리나라는 1990. 4. 10. 비준하였다.
207) 이상 김엘림k, 1~2면. ILO의 '동일가치노동에 대한 남녀동일보수에 관한 협약'에 관하여 자세히 다루고 있는 글로는 이상철, 30~53면; 이승길a, 93~104면.
208) 미국의 동일임금법(Equal Pay Act)은 1963. 6. 10. 공정근로기준법(Fair Labor Standards Act. 1938) 6조(d)항(성차별금지)에 들어간 조문으로서, 공정근로기준법의 수정 형식으로 제정되었다(송강직c, 197면).
209) 캐나다의 사스카체완, 브리티쉬 콜롬비아, 알버타 州가 각각 1952년, 1953년, 1957년에 동일임금법을 제정했다. 김태홍·양혁승·이승길, 11면. 이후 캐나다는 1977년 제정된 연방인권법(Canadian Human Rights Act) 11조에서 임금차별 금지를 규정하였으며, 캐나다 연방 인권위원회는 연방인권법에 근거하여 1978년 동일임금지침(Equal Wages Guidelines)을 발표하였고, 이 지침은 1986년 개정되어 현재까지 이르고 있다. 캐나다의 임금차별 규율 법제 및 판단 법리에 관하여는 구미영g, 169~204면.
210) 영국의 동일임금법에 관한 상세한 논의로는 김희성b, 583~616면. 한편, 영국은 2000. 5. 파트타임근로자에 대한 차별금지법을 제정하여 동일노동 동일임금원칙을 명시하였다.
211) 김태홍·양혁승·이승길, 11면. 미국의 동일임금법에 관한 상세한 논의로는 송강직c, 193~224면.

　　프랑스는 1972년 '남녀동일임금에 관한 법률'을 제정하여 모든 사용자는 동일한 또는 동일가치를 갖는 노동에 관하여 남녀 간의 보수의 평등을 보증하여야 한다고 규정하고 있다. 이 법의 주요 내용은 임금산정기준이 남녀 간에 동일하여야 하고, 보수를 구성하는 개개의 평가요소는 남성이나 여성에게 동일기준에 따라서 정하여져야 하며. 직업분류의 범주 및 기준, 그리고 직업상의 승진 및 그 밖의 모든 보수산정기준, 특히 직무평가방법은 남녀에 공통되어야 한다는 것이다. 실제로 남녀 간에 커다란 임금 격차가 존재하는 경우에 그 주요한 논거는 직무평가의 차이에 있고 직무평가의 방법을 남녀공통으로 하는 것은 남녀동일임금을 지지하는 기본적 요소이므로, 위 법은 명문으로 직무평가방법에 관한 차별을 금지한다.212)

　　일본은 노동기준법 4조(남녀동일임금의 원칙)에서 "사용자는 근로자가 여성임을 이유로 임금에 대하여 남성과 차별대우를 해서는 아니 된다."는 규정을 두고 있다. 위 조항은 남녀가 '동일노동' 내지는 '동일가치노동'에 종사하고 있다는 요건을 별도로 규정하고 있지 않지만, 대부분의 학설은 노동기준법 4조를 동일가치노동 동일임금원칙을 규정한 것으로 해석하고 있다.213)

　　㈐ 우리나라 임금체계와 동일가치노동 동일임금원칙

　　동일가치노동 동일임금원칙이 적용되기 위해서는 근로자가 수행하는 각 직무에 대한 가치평가와 직무 상호간의 가치 등을 비교하는 것이 필요하다. 그런데 우리나라 대부분의 기업은 임금체계214) 중에서 연공급 혹은 속인급의 성격

---

212) 황정근, 743면. 한편, 프랑스는 2002년 1월 '사회현대화법'을 제정·시행하여 비정규직에 대해 동등대우원칙 하에 정규직과의 비례적 처우를 명시하였고, 파견노동자에 대한 동일노동 동일임금원칙을 명시하였다.

213) 이승길d, 382~384면. 한편, 일본에서는 최근 정규직 근로자와 비정규직 근로자 사이의 차별적 처우 개선을 중심으로 동일노동 동일임금에 관한 논의가 활발히 이뤄지고 있다. 즉, 아베 수상이 2016년 1월 시정방침 연설에서 동일노동 동일임금을 실현할 의지가 있음을 명확히 한 이후 일본정부는 2016년 3월 후생노동성 내에 '동일노동 동일임금의 실현을 위한 검토회'를 설치하였으며, 위 검토회는 2016. 12. 20. 중간보고를 발표하였고, 수상관저의 '일하는 방식의 개혁 실현회의'에서 동일노동 동일임금 가이드라인안을 제시하였다. 위 가이드라인안은 법으로서 성격을 가지고 있지 아니하고 사회적 구속력도 없으나 최종적으로는 입법을 목적으로 하며, 그 내용 또한 매우 상세하여 위 가이드라인안 적용 시 문제가 될 수 있는 사례와 문제가 되지 않는 사례까지 다루고 있다. 일본정부는 이후 현재까지도 검토회를 계속 진행하고 있으며 검토회 종료 시점에서는 가이드라인안을 기초로 한 관련 법의 개정과 필요에 따라서는 신법의 제정도 기대된다. 이에 관하여는 김명중, 66~77면; 유재관, 94~97면; 윤문희b, 88~99면 참조.

214) 기업의 임금체계는 개별 기업이 임금을 결정할 때에 어떠한 요인을 중요하게 반영하느냐

이 강한 임금체계를 가지고 있다. 즉, 학력과 성별이라는 인적 속성에 의해 큰 범위의 직무 배치, 즉 상위 사무관리직, 하위 사무관리직, 생산직 등을 결정하고 일단 배치된 이후에는 근속이라는 연공적인 요소로 임금을 설정한다. 이러한 임금제도는 대체로 직군별로 별도의 임금표를 가지고 직급과 호봉으로 임금을 결정한다.

반면 직무급은 직무(job)에 대한 임금이며 각 직무에 대해서 임금 수준이 다르게 결정된다. 각 직무에 임금 수준을 설정하는 방식은 먼저 직무를 분석하여 표준화하고, 표준화된 직무는 상대적으로 평가하여 서열화(ranking)한다. 그후 서열화된 직무의 등급마다 임금률을 적용하여 임금 수준을 설정한다. 따라서 직무급에서는 직무가치에 따라 임금이 결정된다. 직능급은 직무수행능력 향상에 대한 보상 항목으로 개인의 직무수행능력 향상 정도를 평가하고 그 결과에 따라 급여를 차등 지급하는 제도로서 기능 정도와 직무능력에 비례하여 급여를 차별화·차등화한다. 이러한 직능급은 대부분 직능자격제도와 함께 도입된다. 직능자격제도는 현재 직무수행능력과 잠재적인 직무수행능력을 파악하기 위해 실시한 직무조사를 기초로 구축된다. 따라서 엄밀한 의미의 직능급 제도에서는 직무를 전제로 한 직무수행능력을 기초로 임금이 결정된다.

동일가치노동 동일임금원칙을 적용할 때, 직무가치에 따라 임금을 지불하는 직무급은 별다른 문제가 발생하지 않는다. 그러나 속인적인 요소로 임금을 지불하는 연공급이나 직무가치를 전제로 했으나 실제 직무수행능력을 기준으로 임금을 지불하는 직능급의 경우는 직무가치가 달라도 임금결정기준만 동일하면 동일한 임금을 지불하기 때문에 동일임금원칙을 적용하는 데에 한계가 있다.[215] 이 때문에 위 원칙을 규정한 남녀고용평등법의 내용이 속인적 요소를 중심으로 한 우리나라 기업 임금제도와는 거리가 있고, 직무분석과 직무평가와 같은 구체적인 관리방법도 일반화되어 있지 않아 현실적인 적용에 상당한 무리가 따를

에 따라 여러 가지로 구분된다. 먼저 개별 기업이 순수하게 속인적인 요소만으로 개별 근로자의 임금 수준을 결정할 경우, 이러한 임금체계는 연공급 혹은 속인급이라 불린다. 능력과 관련된 요인만으로 임금을 결정하면 직능급 혹은 능력급이라고 하고, 직무와 관련된 요소만으로 임금을 결정하면 직무급이라고 한다. 이 외에도 위에서 언급한 여러 가지 요인을 복합적으로 고려하여 임금을 결정하는 연공·직무급, 연공·직능급, 직무·직능급, 위에서 언급한 모든 요소를 감안하여 임금을 결정하는 임금결정체계인 종합급이 있다(김태홍·양승주, 145~146면).

215) 김태홍·양혁승·이승길, 67~68면.

것으로 예상된다거나[216] 연공급의 임금체계는 그 본질상 위 원칙과 부합하지 않으므로 위 원칙을 실현하기 위해서는 그 전제로서 직무급 등으로 임금체계가 변화될 필요가 있다는 견해도 제기되었다.[217]

그러나 동일가치노동 동일임금원칙이 실현되기 위해서 반드시 임금체계가 직무급이어야 한다거나 직무평가제도를 실시해야 하는 것은 아니다. 또한 남녀고용평등법 8조 규정이 반드시 직무평가제도의 도입 및 이를 통해 임금을 지급할 것을 의무화하는 것을 전제로 한다고 볼 수는 없다. 오히려 남녀고용평등법의 취지는 우리나라가 서구 산업국가와 달리 직무 수행에서 요구되는 기술, 노력, 책임 및 작업조건의 기준으로만 임금이 결정되는 것이 아니라 속인적 요소가 고려된 연공급 임금체계가 아직 지배적이라는 현실을 감안한 것이라고 볼 수 있다. 즉 남녀고용평등법은 넓게 성별을 이유로 하는 불합리한 임금차별 전반을 금지하면서, 동일가치노동 동일임금원칙은 자유롭게 선택된 연공급, 직무급, 직능급 기타 다양한 임금체계와 임금결정기준에서 생기는 모든 불합리한 남녀차별을 금지하는 것이라고 이해하여야 한다.[218]

⒁ 남녀고용평등법상 동일가치노동 동일임금원칙의 확대 적용 가능성

대법원 2019. 3. 14. 선고 2015두46321 판결은, 국립대학교 총장이 시간강사를 전업과 비전업으로 구분하여 시간당 강의료를 차등 지급한 것이 부당한 차별적 대우인지 여부가 문제된 사안에서, '근기법 6조에서 정하고 있는 균등대우원칙이나 남녀고용평등법 8조에서 정하고 있는 동일가치노동 동일임금원칙 등은 어느 것이나 헌법 11조 1항의 평등원칙을 근로관계에서 실질적으로 실현하기 위한 것이므로 국립대학의 장으로서 행정청의 지위에 있는 피고로서는 근로계약을 체결할 때에 사회적 신분이나 성별에 따른 임금차별을 하여서는 아니 됨은 물론 그 밖에 근로계약상의 근로 내용과는 무관한 다른 사정을 이유로 근

---

216) 김태홍·양승주, 163면; 정연묘, 87면.
217) 정종철b, 110면. 위 글은 동일가치노동 동일임금원칙을 남녀근로자 사이의 평등뿐만 아니라 기간제근로자, 파견근로자 나아가 도급직원, 독립사업자 등 간접고용 인력에 대한 경우까지 확대 적용하기 위해 그 기준과 내용을 법제화하자는 논의를 소개한 후 위와 같이 입법이 이루어진다면 반드시 임금체계의 변경에 관한 의무사항이 포함되어야 한다고 지적한다. 아울러 정종철a, 77면에서는 현재 임금체계의 경우 근로에 대한 보상인 임금과 복지제도의 일종인 임금이 혼합되어 있어 동일가치노동 동일임금원칙의 해석과 적용이 쉽지 않으므로 시간급제 개념의 급여체계 도입 또한 신중히 검토해야 한다고 지적한다.
218) 김엘림k, 10~12면.

로자에 대하여 불합리한 차별 대우를 해서는 아니 된다'(이하 '전반부 판시'라 한
다)고 전제한 후, 전업의 의미가 명확하지 않으며 이를 어떻게 이해하더라도, 시
간제 근로자인 시간강사에 대하여 근로제공에 대한 대가로서 기본급 성격의 임
금인 강사료를 근로의 내용과 무관한 사정에 따라 차등을 두는 것은 합리적이
지 않은 점, 사용자 측의 재정 상황은 시간제 근로자인 시간강사의 근로 내용과
는 무관한 것으로서 동일한 가치의 노동을 차별적으로 처우하는 데 대한 합리
적인 이유가 될 수 없는 점, 피고는 원고가 부동산임대사업자로서 별도의 수입
이 있는 사람에 해당한다는 이유만으로 원고를 비전업강사로 보았으나, 원고에
게 임대수입이 있다고 하여 시간강사 직업에 전념하여 일할 수 없는 사람이라
고 단정할 수는 없는 점 등을 들어 '이 사건 근로계약은 근기법 6조에서 정하고
있는 균등대우원칙 및 남녀고용평등법 8조에서 정하고 있는 동일가치노동 동일
임금원칙 등에 위배되므로 근로자에게 불리한 부분은 무효로 보아야 하며, 피고
는 국립대학교의 장으로서 헌법상의 평등원칙에 위배되는 위법한 공권력의 행
사를 하여서는 아니 된다'(이하 '후반부 판시'라 한다)라고 판단하고, 이와 결론을
달리한 원심 판결을 파기환송하였다.[219]

　　위 사건은 전업 시간강사와 비전업 시간강사 사이의 임금차별이 문제된 경
우로서 성별을 이유로 한 임금차별 사안이 아니었음에도 불구하고 대법원은 남
녀고용평등법 8조에서 규정하고 있는 동일가치노동 동일임금원칙을 차별 여부
를 판단하는 근거 중 하나로 설시하고 있다. 이러한 판례의 태도에 관하여는 해
석이 분분하다. ① 그 구체적인 의미가 헌법상 평등원칙에 대한 연장선상에서
언급된 것인지, 남녀고용평등법 8조의 적용범위를 성별 문제를 넘어서 '당해 사
업장 내의 비교가능한 노동'으로 확장한 것인지에 관하여는 명시적으로 판단하
고 있지 않으므로 향후 귀추가 주목된다는 정도로 언급하고 있는 견해,[220] ②
헌법상 평등원칙도 우선적으로는 근기법, 남녀고용평등법, 기간제법 등과 같은
개별 노동관계법의 규정을 통해 사인 간의 법률관계에 적용되고, 이는 임금 등
에서 차별적 처우의 존재가 문제되거나 동일가치노동 동일임금원칙의 적용 여
부가 문제될 때도 마찬가지이므로 위 대법원 판결이 근기법상 균등대우원칙과
남녀고용평등법상 동일가치노동 동일임금원칙을 원·피고 사이의 근로관계에

---

219) 파기환송심인 대구고법 2019. 10. 11. 선고 2019누2771 판결은 환송판결의 취지에 따라 원
　　고 승소 판결을 선고하였고, 위 판결은 2019. 10. 29. 확정되었다.
220) 김근주b, 67면.

적용한 것은 헌법상 평등원칙의 대사인적 효력의 관점에서 이해할 수 있다는
견해,221) ③ 위 대법원 판결은 여성 비전업 강사와 남성 전업 강사 간의 강사료
차등을 문제삼은 것이 아니라 전업 강사와 비전업 강사 간의 강사료 차등에 대
해 남녀고용평등법 8조를 적용하였다는 점에서, 동일가치노동 동일임금원칙을
동성 간에도 확대한 것으로 볼 가능성이 높지만 이를 명시적으로 판단하지는
않고 있으며, 근기법 6조와 남녀고용평등법 8조 위반의 경우 형사처벌이 되므로
죄형법정주의 원칙상 엄격하게 해석하고, 확장해석하거나 유추해석할 수 없는데
도 형사처벌의 구성요건이 될 수 있는 내용이 무엇인지 분명하게 설시하지 않
았을 뿐 아니라 명문의 규정(구성요건)을 확대했다는 비판이 있을 수 있다는 견
해,222) ④ 대법원의 위와 같은 판시에 의문을 표시하면서, 남녀고용평등법상 동
일가치노동 동일임금원칙은 성별을 이유로 한 차별금지로 그 적용범위가 국한
되어야 함은 해석상 분명함에도 위 대법원 판결이 남녀고용평등법 8조 1항을
근거로 제시한 것은 헌법상 평등원칙의 원리에 동일가치노동 동일임금원칙이
포함됨을 친절히 설명한 것으로 추측되며, 이를 사법관계에 적용할 수 있다고
판단한 것은 아니라고 보아야 한다는 견해223)가 있다.

　위 대법원 판결의 해당 사안은 전업 시간강사와 비전업 시간강사 사이의
임금차별이 문제되는 경우이므로, 남성과 여성 사이의 근로조건에 관한 차별을
규율하는 남녀고용평등법 8조가 직접 적용될 수는 없다는 점은 분명하다. 위 대
법원 판결은, 전반부 판시에 비추어 보면, 임금차별이 문제되는 통상의(남녀근로
자 사이로 한정되지 않는다는 의미에서) 사안에서 남녀고용평등법 8조의 동일가치
노동 동일임금원칙의 '법리', 즉 그 내용과 요건 등을 차별 여부 판단의 근거로
삼았다고 볼 여지가 있다.224) 임금은 가장 중요한 근로조건으로 임금과 관련된
차별 문제가 남녀차별의 영역에서만 발생하는 것은 아니며, 앞서 본 바와 같이
국제인권규약의 내용이나 입법례에 비추어 보더라도 동일가치노동 동일임금원
칙이 남녀차별의 영역에만 적용되는 것은 아니므로, 남녀고용평등법 8조에서 규

221) 도재형a, 142면.
222) 이광선c, 106면.
223) 이태현, 84면.
224) 도재형b, 112면도, 위 대법원 판결에서 "남녀고용평등법상 동일가치노동 동일임금 규정을
　　제시하고 있으나, 이는 단지 남녀근로자 사이의 임금차별만을 거론한 것은 아니고, 오히려
　　헌법상 평등원칙에 기반하여 동일가치노동 동일임금원칙을 균등대우원칙의 한 부분으로 받
　　아들여야 한다는 점을 강조한 것이라고 해석할 여지가 있다."고 한다.

정한 동일가치노동 동일임금원칙의 법리를 임금차별 사건을 해결하는 데 참조, 원용하는 것은 충분히 가능하다. 다만, 위 대법원 판결이 후반부 판시에서 '이 사건 근로계약이 남녀고용평등법 8조에 위배되어 무효'라고 한 부분은 의문이나, 뒤이어 '헌법상의 평등원칙'을 언급한 것으로 보아 전반부 판시와 같은 취지라고 이해할 수 있다. 만일 위 대법원 판결이 남녀고용평등법 8조의 유추 내지 확대적용을 염두에 둔 것이라면, 위 ③의 견해에서 지적하는 죄형법정주의 원칙과의 관계를 고려하여 보다 명확한 법리 설시가 필요할 것이다. 향후 임금 차별이 문제되는 사안에서 대법원 판례의 추이를 살펴볼 필요가 있다.

(3) 동일가치노동 동일임금원칙의 내용
⑺ 동일가치노동의 의미

남녀고용평등규정 4조 1항은 '동일가치노동'의 의미에 관하여 "노동수행에서 요구되는 기술, 노력, 책임 및 작업조건 등의 기준에서 볼 때 서로 비교되는 남녀 간의 노동이 동일하거나 유사한 성질인 노동 또는 두 업무가 다소 다르더라도 직무평가 등의 방법에 의해 본질적으로 동일한 가치가 있다고 인정되는 노동"이라고 정의하고 있다. 대법원 2002도3883 판결은 "동일가치의 노동이라 함은 당해 사업장 내의 서로 비교되는 남녀 간의 노동이 동일하거나 실질적으로 거의 같은 성질의 노동 또는 그 직무가 다소 다르더라도 객관적인 직무평가 등에 의하여 본질적으로 동일한 가치가 있다고 인정되는 노동에 해당하는 것"이라고 판시하였다.

남녀고용평등규정 및 대법원 2002도3883 판결의 판시 내용에 의하면 동일가치노동은 ⅰ) 동일한 노동(same or identical work), ⅱ) 실질적으로 거의 같은 성질의, 유사한 노동(유사노동, similar or like work), ⅲ) 직무가 다소 다르더라도 본질적으로 동일한 가치가 있다고 인정되는 노동(협의의 동일가치노동, equal value work)으로 구분할 수 있다. 동일한 노동과 유사노동을 포함하여 일반적으로 '동일노동'이라고 하며, '동일노동'은 광의의 동일가치노동에 포섭되는 개념이라고 할 수 있다.[225] 남녀근로자가 수행하는 각 직무가 '동일노동'에 해당하는지 여

---

[225] 이미선d, 745면; 전윤구g, 159면. 위와 같이 동일한 노동 내지 유사한 노동과 협의의 동일가치노동은 개념상 구분되는 것임에도 남녀고용평등법 8조에서는 이를 구분하지 않음으로써, 상대적으로 증명이 용이한 동일한 노동 내지 유사한 노동에서조차 남녀고용평등법 8조 2항에서 규정한 판단기준인 '기술, 노력, 책임 및 작업조건 등'의 요건을 충족하여야만 동일 내지 유사노동으로 인정되는 결과를 초래하고 있으며, 동일 내지 유사노동은 직무의 '내용'에

부는 주로 그 직무의 '내용'을 기준으로 판단하는데, 각 직무의 내용이 동일하거나 유사하여 상호 대체가 가능한 경우에 동일노동 해당성이 인정될 것이다. 이에 비해 '동일가치노동'은 직무의 내용이 상이하여 상호 대체가 가능하지 않더라도 그 활동에 대해 객관적인 척도에 따라 동일한 가치를 부여할 수 있는 경우도 포함한다.226) 이상과 같이 '동일노동'은 직무의 '내용'에 초점이 맞추어져 있고, '동일가치노동'은 직무가 가진 '가치'에 초점이 맞추어져 있다고 할 수 있다.227)

(내) 동일가치노동의 판단기준

남녀고용평등법은 8조 2항은 "동일 가치 노동의 기준은 직무 수행에서 요구되는 기술, 노력, 책임 및 작업 조건 등"이라고 규정하여 동일가치노동의 판단기준을 제시하고 있으며, 남녀고용평등규정 4조 2항은 이에 관하여 보다 상세하게 규정하고 있다. 즉, '기술'이란 자격증, 습득된 경험 등 업무수행 능력 또는 솜씨의 객관적 수준을, '노력'이란 업무수행에 필요한 물리적 힘 및 정신적 부담을, '책임'이란 업무에 내재된 의무의 성격·범위, 사업주가 당해 직무에 의존하는 정도를, '작업조건'은 소음, 열, 물리적·화학적 위험의 정도 등 당해 업무에 종사하는 근로자가 통상적으로 처하는 작업환경을 의미한다(4조 2항). 나아가 남녀고용평등규정 4조 3항은 위 기준 외에 '해당 근로자의 학력·경력·근속년수 등'을 종합적으로 고려하여야 한다고 규정하고 있다. 이처럼 학력, 경력, 근속년수 등을 추가적인 판단요소로 들고 있는 것은 우리나라와 같이 임금결정에 있어 속인적 요소가 작용하면서 연공급, 성과급, 직능급, 직무급 등 다양한 임금체계를 가지고 있는 경우에는 서구적 의미의 단일임금체계에 기초한 직무평가제도가 성립하기 어렵다는 현실적 한계를 고려한 것으로 볼 수 있다.228) 위 학력, 경험, 근속년수 등은 직무의 동일가치 여부를 판단하기 위한 적극적인 평가요소라기보다는 임금의 차등적 지급을 합리화하는 소극적 요소로 기능하는 것으로 보아야 한다는 견해가 있다. 즉 학력, 경험, 근속년수 등과 같

초점이 맞추어져 있고, 동일가치노동은 직무가 가진 '가치'에 초점이 맞추어져 있기에 각 비교대상자의 선정방식에 차이가 있음에도 이러한 점이 부각되지 않는 문제가 발생한다고 지적하는 견해로는 이수연c, 234~240면.

226) 김희성a, 42면; 전윤구g, 160면.

227) 이미선d, 745면.

228) 박은정a 203면; 이승욱b, 245면.

은 속인적 요소는 그 자체가 직무의 내용을 구성하는 것으로 보기 어렵고, 이러한 요소는 기술, 노력, 책임 등의 동일성 여부를 판단할 때 간접적으로 고려되거나 임금차이를 정당화하는 합리적인 이유로서 고려되어야 한다는 것이다.[229] 그러나 앞서 본 바와 같이 남녀고용평등법의 취지가 아직 속인적 요소가 주된 임금결정기준으로 작용하는 우리나라의 현실을 감안하여 동일가치노동 동일임금원칙의 적용을 통해 다양한 임금체계와 임금결정기준에서 생기는 모든 불합리한 남녀차별을 금지하는 것이라고 본다면, 특히 연공급 임금체계에서는 속인적 요소가 남녀근로자 모두에게 평등하게 적용되는지 여부를 기준으로 남녀 임금차별 여부를 판단하여야 할 것이므로, 학력, 경험, 근속년수 등이 남녀의 차등적 임금 지급을 합리화하는 소극적 요소로만 기능한다고 볼 것은 아니다.[230]

대법원 2002도3883 판결은 동일가치노동의 판단기준을 판시하고 있는데 그 내용은 남녀고용평등규정 4조 2항 및 3항의 내용과 대동소이하다.[231] 나아가 위 판결은 구체적 사안의 해결과 관련하여 위 판단기준에 관하여 좀 더 상세하게 설시하였다. 즉, 당해 사건의 사안을 살피면서 위 판결은, "① 남녀 간 임금의 차별 지급을 정당화할 정도로 '기술'과 '노력'상의 차이가 있다고 볼 수 없다는 점, ② 이들은 모두 일용직 근로자로서 그 '책임'의 면에서 별다른 차이가 있다고 보기 어려운 점, ③ '작업조건'이 본질적으로 다르다고 할 수 없다는 점을 들어 이 사건 사업장 내에서 일용직 남녀근로자들이 하는 일에 다소간의 차이가 있기는 하지만 그것이 임금 결정에 차등을 둘 만큼 실질적으로 중요한 차이라고 보기는 어렵다."고 하였다.

먼저 '기술'과 '노력'에 관하여 위 판결은 남녀의 임금차별을 정당화할 만한 실질적 차이를 '특별히 고도의 노동 강도를 요구하는 것이었는지 여부'와 '신규 채용 시에 특별한 기술이나 경험을 요구하였는지 여부'로 판단하여 단순히 남성근로자가 여성근로자보다 더 많은 체력을 소모하는 노동에 종사한 것만으로는 기술과 노력에 차이가 있다고 보지 않았다.[232] 또한 위 판결은, 신규 채

229) 이승욱b, 247면.
230) 이미선d, 748면.
231) 대법원이 남녀고용평등법상의 업무처리기준으로서 일종의 행정해석에 불과한 남녀고용평등규정의 내용을 그대로 인용, 적용함으로써 남녀고용평등규정이 사실상 구속력을 갖게 되었다고 보는 견해로는 이달휴b, 74면.
232) 대법원 2023. 4. 27. 선고 2020도16431 판결은, 항공기 기내청소 용역회사에서 여성근로자들에게만 정근수당을 지급하지 않아 그 대표이사가 남녀고용평등법위반죄로 공소제기된 사안

용 시 특별한 기술이나 경험을 요구하지 않았다는 점을 이유로 기술의 차이가 없다고 판단하였는데, 이는 성차별적 통념에 의해 남성의 직무를 여성의 그것보다 일반적으로 더 많은 기술·노력이 필요한 것으로 평가하여 성차별의 결과를 초래할 수 있는 가능성을 차단함으로써 동일가치노동 여부를 판단하는 모형을 제시하였다는 평가를 받고 있다.233) 다음으로 '책임'에 관하여 위 판결은, '책임'을 업무에 내재한 의무의 성격·범위·복잡성, 사업주가 당해 직무에 의존하는 정도로 판단하여 남녀근로자가 모두 일용직 근로자로서 그 '책임'의 면에서 차이가 존재하지 않는다고 하였다. 앞에서 언급한 서울서부지법 1991. 6. 27. 선고 90가단7848 판결이 정규직과 일용직의 차이를 주요한 판단 요소로 삼았던 점에 비추어 보면, 법원이 '고용형태'의 차이를 '책임'의 중요한 판단 요소로 여기는 듯이 보인다.234) '작업조건'에 관하여 위 판결은, '하나의 공장 안', '연속된 작업공정' 등을 구체적인 판단 요소로 하여 '작업조건'이 본질적으로 다르지 않다고 판단하였다.

다만, 위 대법원 2002도3883 판결은 남녀 간의 직무에 임금차별을 정당화할 만한 실질적 차이가 있으려면 어느 정도 차이가 있어야 하는지에 관하여는 언급하지 않았다. 후술하는 바와 같이 동일가치노동인지 여부를 판단하기 위해서는 일정한 기준으로 그 직무를 평가하는 직무분석 또는 노동평가의 과정이 필요한데 위 판결은 동일가치노동을 판단하면서 남녀고용평등규정을 근거로 하였지만, 명확한 직무평가에 의해 비교되는 남녀근로자의 업무 가치를 객관적으로 계량화하는 방법 등을 취하지는 않았다. 이 점은 위 판결의 한계로

에서, 남녀근로자들의 업무 내용이 기내를 청소하고 정리한다는 점에서 본질적으로 같고 특별한 기술자격이나 경력조건이 요구되지 않는 점, 업무 수행 과정이 성별에 따른 명확한 역할 분담에 의하지 않는 점, 남성근로자가 순간적인 근력을 이용하여 수행하는 중량물 처리 작업에 비하여 여성근로자가 기내 화장실과 주방을 청소하고 좁은 객실 사이에 들어가 오물을 수거하며 자리를 정돈하는 작업의 노동 강도가 더 낮다고 단정하기도 어려운 점 등을 들어 유죄를 인정한 원심 판결을 수긍하였다.

233) 김엘림j, 24면. 이와 같은 판결의 의의에 대하여는 공감하면서도, 실제로는 과도하게 많은 체력을 소모하는 노동의 경우에는 '노력'의 측면에서 양적 또는 질적인 차이가 인정될 수도 있으므로 이와 같은 판시를 일반화할 수는 없다고 본 견해로는 이승욱b, 249면.

234) 이에 대하여는 법원이 '고용형태'의 차이를 동일가치노동의 판단기준인 '책임'을 판단하는 기준으로 삼게 되면, 고용형태가 같지 않은 경우에는 동일가치노동으로 보지 않을 가능성이 크게 되어 결국 비정규직, 파견근로자, 외국인근로자와 같이 '고용형태'가 다른 근로자 사이에는 동일가치노동에 대한 동일임금을 청구하는 것 자체가 어려워지는 문제가 있으므로, 곧바로 고용형태에 따라 책임을 달리 볼 것이 아니라 '책임'의 구체적인 내용을 고려하여야 한다고 지적하는 견해로는 김진a, 129~131면.

지적된다.235)

(대) **평가방법**

① **직무평가**   남녀근로자의 직무가 동일 또는 유사한 노동에 해당하는
지 여부는 직무의 '내용'을 기준으로 판단하기 때문에 그 판단이 상대적으로 용
이하다고 할 수 있다. 이에 비해 남녀근로자의 직무 내용이 서로 다른 경우에는
직무의 '가치'를 기준으로 동일성 여부를 판단하여야 하는데, 직무의 '가치'라는
추상적이고 관념적인 사항을 비교할 때에는 구체적이고 객관적인 평가 자료가
뒷받침되지 않으면 그 판단 자체가 어려울 뿐만 아니라 판단자의 자의적인 평
가가 개입될 우려도 있다. 따라서 객관적이고 합리적인 판단을 위해서는 직무평
가를 통해 기업 내에서 근로자들의 각 해당 직무가 차지하는 상대적 가치를 객
관적으로 계량화할 필요가 있다. 앞서 본 바와 같이 남녀고용평등규정과 판례도
'객관적인 직무평가 등에 의하여 본질적으로 동일한 가치가 있다고 인정되는 노
동'을 동일가치노동이라고 하여, 직무평가와 같은 객관적인 평가를 통한 가치
판단을 예정하고 있다.236) 그러나 남녀고용평등법은 사업주에 대하여 직무평가
를 할 것을 의무화하고 있지 않고, 종래 우리나라 임금체계가 근무연수를 기초
로 하는 연공급으로 구성된 관계로 현실적으로 직무평가에 대한 기초도 박약하
다. 이러한 현실에서 구체적인 재판 실무에서 동일가치노동인지 여부의 판단은
전적으로 법관에게 일임되어 있다.237)

② **임금체계별 동일가치노동의 평가요소**   동일가치노동인지 여부를 판단
함에 있어 남녀고용평등법 8조 2항, 남녀고용평등규정 4조 3항이 들고 있는 기
술, 노력, 책임, 작업조건, 해당 근로자의 학력·경력·근속년수 등의 평가요소들
을 어떻게 배합하고 가중치를 두어 남녀근로자의 노동을 측정·평가할 것인가
의 문제는 임금체계에 따라 달라질 수 있다.

즉 연공급은 직무와 관계없이 속인적 요소로 임금이 지급되므로, 동일가치
노동인지 여부는 근로자에 의해 생산된 가치를 기준으로 판단할 수 있다. 근로
자에 의해 생산된 가치의 지표인 학력·경력·근속 또는 자격, 업무 성과 등이
동일한 남녀근로자에게 상이한 임금을 지불하면 남녀 임금차별이 된다. 이 경우

---

235) 김엘림j, 24면; 김진a, 133면.
236) 이미선d, 751면.
237) 황정근, 668면.

직무 내용의 가치나 노동시장의 상황 등은 부수적인 문제이다.[238]

직능급은 직무수행능력에 따라 동일가치노동인지 여부를 평가하므로 직능급에서 가장 중요한 것은 이러한 직무수행능력에 대한 평가, 즉 어떤 근로자를 어느 등급의 직무를 수행할 능력이 있는 근로자로 인정할 것인가이다. 따라서 직능급에서는 직무급과 같이 선행적으로 직무조사를 먼저 실시하고, 이를 기초로 직무수행능력의 설정과 측정 방법을 정해야 한다.[239]

직무급 임금체계를 가진 기업에서는 직무들 간의 상대적인 가치에 따라 동일가치노동인지 여부를 판단한다. 상대적인 가치란 기업의 목표달성을 위해서는 여러 직무들이 수행되는데 평균적 능력을 갖춘 근로자의 평균적 노력으로 수행하는 직무가 기업의 목표 달성에 얼마나 더 중요한가에 따라 가치를 차별화하는 것이다. 직무급의 경우 중요성·공헌성 등에 따라 평가를 하게 되고, 남녀고용평등법 8조에서 규정하고 있는 바와 같이 기술·노력·책임·작업조건 등이 그 평가기준이 될 것이다. 따라서 직무급은 직무분석과 직무평가를 기초로 임금을 설정하기 때문에 동일한 직무를 수행하는 남녀근로자에게 서로 상이한 임금을 지불하면 임금차별이 된다.[240]

③ 비교대상 근로자의 선정   동일가치노동인지 여부는 남녀근로자의 각 노동의 비교를 통해 판단할 수 있는데 먼저 남녀고용평등법 8조 1항은 "사업주는 동일한 사업 내의 동일가치의 노동에 대하여는 동일한 임금을 지급하여야 한다."고 규정하여 비교대상 근로자의 범위를 정하고 있다. 비교대상 범위를 '동일한 사업 내'로 한정한 것은 비교대상 근로자가 무제한 확장됨으로써 사업주가 과도한 부담을 지게 되는 것을 방지하려는 데에 있는 것으로 해석된다.[241]

동일한 사업 내의 근로자 중 비교대상 근로자를 어떻게 선정하느냐는 매우

---

238) 박진철, 81면; 김태홍·전윤구, 185면 이하는 다음과 같이 연공급 체계에서 동일가치노동에 대한 남녀근로자 사이의 임금 격차가 차별이 되지 않는 예외적 상황을 서술하고 있다. (i) 순수한 연공급으로 임금이 결정되고, 학력·경력·근속 또는 자격이 같다면, 어떤 직무를 수행하든지 동일 임금을 주어야 한다. 학력·경력·근속 또는 자격 등과 같이 근로자의 능력을 객관적으로 나타내는 요소가 같더라도 (ii) 남녀근로자가 수행하는 직무의 내용이 객관적인 기준에 의해서 다르다고 평가된 경우, (iii) 수행하는 직무 내용으로 구분된 직급이 남녀근로자 사이에 서로 다른 경우, (iv) 남녀근로자 사이에 업무 성과가 다른 경우, (v) 노동시장의 수급 등과 같은 성별 이외의 요인에 의해 남녀 임금 격차가 발생한 경우에는 임금차별이 되지 않는다.
239) 박진철, 83면.
240) 박진철, 84면.
241) 이미선d, 752면.

중요한 문제이다. 비교대상 선정 여하에 따라 차별 판단의 결론이 달라질 수 있기 때문이다. 특히 우리나라의 경우 임금체계에 따라 임금을 결정하는 요소가 다르므로 적절한 비교대상을 선정하기 위해 주의를 요한다.[242]

　이와 관련하여 임금책정 기준과 관련된 취업규칙이나 단체협약 등의 규정이 없고 회사에서 임의로 임금을 책정한 사안에서 서울고법 2010. 12. 24. 선고 2010나90298 판결[243]은 비교대상 근로자의 선정기준에 대하여 '임금에는 직종, 공정, 숙련도, 근무기간, 근무환경과 같은 내부적 요인 외에도 근로에 대한 수요

---

242) 강을영, 78면.
243) 이른바 ㈜콜텍 사건의 항소심 판결이다(1심은 서울남부지법 2010. 7. 28. 선고 2008가소34192 판결). 피고 회사가 대법원 2011다6632호로 상고하였으나 대법원은 2011. 4. 28. 피고 회사가 상고이유로 주장하는 바는 소액사건심판법 3조 각 호에 정한 어느 경우에도 해당하지 아니하므로 적법한 상고이유가 될 수 없다는 이유로 상고를 기각하여 실체적 판단에 나아가지 아니하였다. 악기 및 관련 제품을 제조하는 피고 회사의 공장(이하 '이 사건 공장')에서 근무하다 해고된 여성근로자들이 동일한 노동에 대하여 임금차별을 받았다고 주장하며 형사고소와 민사소송을 제기하였고, 민사소송의 위 항소심 판결은 "① 이 사건 공장은 성형라인, 도장라인, 완성라인으로 생산과정이 이루어져 있고, 이 사건 공장에서 근로자를 신규채용하는 경우 근무부서를 남녀간 구분없이 생산직으로 포괄적으로 지정하거나 일부 부서 지정을 한 후 현장사정에 따라 다른 공정으로 이동시키기도 한 점, ② 이 사건 공장의 경우에 남성근로자가 신규채용되는 경우에도 기계 작동에 대한 특별한 자격이나 기술이 요구되지는 않았고, 실제로 이 사건 공장에서 여성근로자가 기계 작동을 하는 경우도 있었던 점, 남성근로자의 작업이 일반적인 생산직 근로자에 비하여 특별히 고도의 노동 강도를 요한다고 인정할 만한 자료가 없는 점 등에 비추어 남녀 간 임금의 차별 지급을 정당화할 정도로 '기술'과 '노력' 상의 차이가 있다고 볼 수는 없는 점, ③ 이 사건 공장의 생산직 근로자의 경우 각 공정이 유기적으로 연결되어 있는 이 사건 공장에서 본질적으로 그 '책임'에 차이가 있다고 할 수 없는 점, ④ 이 사건 공장의 생산직 남녀근로자의 경우 하나의 공장 안에서의 연속된 작업공정에 배치되어 협동체로서 함께 근무하고 있으므로, 공정에 따라 위험도나 작업환경에 별다른 차이가 있다고 볼 수 없어 그 '작업조건'이 본질적으로 다르다고 할 수는 없는 점, ⑤ 이 사건 공장에서 근로자 신규채용 시 객관적이고 합리적인 기준자료 없이 임금을 임의책정한 점, ⑥ 여성근로자들인 원고들과 남성근로자들 사이에 임금 격차가 뚜렷하게 존재하는 양상을 보이는 점 등에 더하여 일반적으로 '기술'과 '노력'의 면에서 임금차별을 정당화할 만한 실질적 차이가 없는 한 체력이 우세한 남자가 여자에 비하여 더 많은 체력을 요하는 노동을 한다든가 여자보다 남자에게 적합한 기계 작동 관련 노동을 한다는 점만으로 남성근로자에게 더 높은 임금을 주는 것이 정당화되지는 않는 점(대법원 2003. 3. 14. 선고 2002도3883 판결 참조)을 종합하여 보면, 피고 회사의 남녀근로자들 사이의 임금 격차가 남성과 여성근로자의 직무수행에서 요구되는 기술, 노력, 책임, 작업조건의 차이, 근로자의 학력·경력·근속년수 등의 차이 등에 따른 것이라고 볼 만한 증거가 부족한 이 사건에서, 피고 회사는 동일가치노동에 대해 성별을 이유로 원고들에게 동일한 임금을 지급하지 않았다."고 판단하여 동일가치노동 동일임금원칙을 위반한 임금차별을 인정하였다. 대표이사에 대한 형사판결에서도 남녀고용평등법위반죄 등의 유죄가 인정되어 벌금 1,000만 원에 처하는 판결이 확정되었다 (대전지법 논산지원 2008. 8. 8. 선고 2007고단731 판결, 대전지법 2008. 10. 10. 선고 2008노2053 판결, 대법원 2009. 5. 14. 선고 2008도9909 판결). 위 서울고법 2010나90298 판결에 대한 평석으로는 강을영, 76~79면; 구미영h, 1~19면.

와 공급, 생산물의 가격, 관련 산업의 경기, 경제 전반의 상황과 같은 외부적 요
인 등의 다양한 요소가 반영되는 반면, 피고 회사가 위와 같은 각 요인에 따라
임금을 결정하였다거나 기술, 노력, 책임 및 작업조건, 학력·경력·근속년수 등
을 기준으로 노동가치를 평가하여 임금을 결정하였다고 인정할 만한 자료가 없
다. 이와 같은 여건에서 특정한 여성근로자가 남성근로자에 비해 성별을 이유로
받지 못한 임금 차액을 최대한 객관적으로 산정하기 위해서는 임금에 반영되는
다른 요소에 의한 영향을 최소화하는 방법, 곧 우연한 사정에 의한 불합리한 결
과가 발생하지 않는 이상 각 원고별로 가장 근접한 시기에 입사한 남성근로자
와의 임금을 비교하는 방법이 가장 합리적'이라고 판단하였다.

　　한편, 화학섬유 직물 생산공장에서 5개 공정 중 2개의 공정은 기능직 남성
근로자만 근무하고, 3개 공정은 기능직 남성근로자와 생산직 여성근로자가 함께
근무한 사안에서 생산직 여성근로자에 대한 비교대상 남성근로자를 3개 공정에
서 함께 근무한 기능직 남성근로자로 선정할 것인지 전체 기능직 남성근로자로
선정할 것인지가 문제된 사안에서 대법원 2013. 5. 9. 선고 2010다23821 판결[244])

---

244) 이른바 ㈜효성 사건의 상고심 판결이다. 피고 회사 공장의 공정은 ① 카프로락탐에서 나일
　　론 칩을 만들어내는 중합공정, ② 나일론 칩에서 실을 뽑아내는 방사공정, ③ 실을 실타래에
　　감는 권취공정, ④ 원사 2가닥을 1가닥으로 꼬는 연사공정(그중 연사 후 자투리실을 새로운
　　실타래에 감는 부분은 연사리와인딩공정이라 한다), ⑤ 원사에서 직물을 짜내는 제직공정으
　　로 구분된다. 피고 회사는 근로자를 기능직과 생산직, 사무관리직으로 구분하고, 기능직과 생
　　산직의 채용자격에 차이를 두지 않았으나 기능직은 모두 남성으로 채용해 5개의 공정에 분
　　산배치한 반면, 생산직은 모두 여성으로 채용해 3개 공정(권취, 연사, 제직)에 한정해 순환배
　　치했다. 기능직과 생산직의 임금은 각기 다른 5급 호봉표에 따라 지급했는데, 기능직의 기본
　　급을 생산직보다 20~40% 많이 책정했고 기능직은 64호봉까지, 생산직은 35호봉까지 승급할
　　수 있도록 하고 생산직에게는 승진기회를 주지 않았다. 6명의 생산직 여성근로자들은 기능직
　　남성근로자와 동일가치의 노동을 수행하고 있음에도 부당하게 낮은 임금을 지급받고 있다며
　　2006. 7. 11. 부산지방노동청 울산지청에 회사 대표이사를 상대로 남녀고용평등법위반으로 진
　　정했으나 2007. 2. 2. 무혐의처분이 내려졌다. 이후 2007. 4. 20. 위 6명의 생산직 여성근로자들
　　중 4명 5급 생산직 여성근로자들이 울산지법에 소송을 제기하였고, 이후 울산지역 12개 노동
　　단체 및 여성단체에서 국가인권위원회에 07진차981호로 8명의 5급 생산직 여성근로자들을
　　피해자로 해 진정했다. 국가인권위원회는 2008. 10. 27. 위 회사의 남녀근로자 간 임금 격차는
　　성차별적인 채용, 배치, 교육훈련에 따라 초래된 것이어서 성차별에 해당하고 직무상의 노동
　　가치를 비교해보아도 동일가치노동 동일임금원칙에 위반된다고 판단하였다(국가인권위원회
　　2008. 10. 27.자 07진차981 결정). 그러나 위 민사소송의 제1심인 울산지법 2009. 2. 19. 선고
　　2007가단22834판결은, 비교대상의 선정과 관련하여 "남녀고용평등법은 동일가치노동의 비교
　　범위를 동일사업장으로 한정하고 있고 이 사건에서 기능직 남성근로자는 각 공정에 전환배
　　치되고 있으므로 중합, 방사, 권취, 연사, 제직공정에서 기능직의 노동과 원고들이 근무한 제
　　직 또는 연사리와인딩공정에서 생산직의 노동을 비교하여 그 동일가치 여부를 판단할 수 있
　　고, 원고들이 근무한 제직공정과 연사공정 내의 기능직 남성근로자의 노동에 비교대상을 한
　　정할 수는 없다."고 판단한 데 이어 "제직공정 내의 생산직과 기능직은 책임의 측면에서, 연

은 '피고 회사가 생산직과 기능직에 대하여 호봉표를 달리 정하여 기본급을 차
등 지급하는 한편, 같은 직종 내에서는 동일한 호봉표를 적용하여 개별 근로자
가 현재 수행하는 직무의 내용과 관계없이 근속기간을 기준으로 기본급을 지급
한 점, 기능직 근로자들은 생산직 근로자들과 달리 각 공정에 배치전환되는 점
등을 들어 생산직 여성근로자들인 원고들의 비교대상 근로자를 원고들과 같은
공정에서 근무하는 기능직 남성근로자로 한정하지 않고 다른 공정에서 근무하
는 기능직 남성근로자도 포함하여야 한다'고 판단한 원심 판결을 수긍하였다.

㈃ 평가의 주체

동일가치노동 동일임금원칙을 적용하는 데에 있어 유의해야 할 사항 중 하
나는 성차별적인 가치관이 개입되지 않도록 직무평가(노동평가)의 주체와 방법을
설정하여야 한다는 점이다. 직무평가제도를 실시하는 많은 나라에서 남성이 통
상 수행하는 직무 즉 육체적 노동이나 기계 작동 등의 업무를 과대평가하고, 여
성들이 수행하는 직무를 과소평가하여 결과적으로 성차별적 임금을 정당화하는
경우가 문제로 지적되어 이를 방지하기 위한 대책이 강구되고 있다.[245)]

사공정과 연사리와인딩공정은 책임과 작업조건의 면에서 동일가치라고 평가하기 어려울 뿐
아니라 전체 공정 중 중합·방사공정의 기능직 근로자들의 기술과 노력 측면에서의 노동가
치, 중합·방사·권취·연사공정의 작업조건 측면에서의 기능직 근로자들의 노동가치 등을 고
려하면 기능직 근로자들의 노동가치가 나타내는 스펙트럼과 원고들이 속한 생산직 근로자들
의 노동가치 스펙트럼이 동일하다고 할 수는 없으며 이러한 차이는 상이한 임금을 지급하는
피고 회사의 조치를 정당화할 수 있다."고 보아 원고들의 청구를 기각하였다. 원고들은 부산
고법 2009나4947호로 항소하였으나 위 법원은 2010. 1. 27. 제 1 심 판결의 이유를 인용하여
항소를 기각하였다. 원고들은 대법원 2010다23821호로 상고하였으나 대법원은 2013. 5. 9. 제
1 심 판결을 인용한 원심의 판결을 수긍할 수 있다는 이유로 상고를 기각하였다. 이 판결에
대한 평석으로는 강을영, 76~79면; 김엘림q, 64~69면; 윤혜정, 147~161면. 위 각 평석에서는
① 피고 회사가 직무난이도 평가를 하였지만 실제로는 근속년수에 따라 임금을 지급하는 연
공급의 임금체계를 취하고 있었으므로 오히려 국가인권위원회의 결정과 같이 동일 유사한
근속년수의 남성근로자를 비교대상으로 선정하는 것이 좀 더 합리적이라는 점(강을영, 78~79
면; 김엘림q, 69면; 윤혜정, 158~159면) ② 법원이 '스펙트럼' 개념을 도입하여 남성근로자들
이 배치되어 있는 가장 높은 공정의 직무난이도까지 고려해 범주별로 파악한 후 여성근로자
와 비교한 것은 법률에 근거가 없을 뿐 아니라 결국 불분명한 스펙트럼 개념으로 인해 남성
근로자의 직무난이도는 인위적으로 높이 평가되어 여성근로자들에게 불이익을 받게 하는 근
거가 되었다는 점(강을영, 78~79면; 윤혜정, 159~160면), ③ 피고 회사는 합리적 이유 없이
성별에 따라 기능직과 생산직 및 호봉의 구분을 하고, 그 결과 여성근로자들은 사실상 성별
분리채용과 분리배치로 인하여 비교적 고난도의 중합공정과 방사공정에는 접근조차 할 수
없는 등 다양한 직무경험의 기회로부터 배제되어 있었으므로 이에 관한 성차별 판단이 필요
하며, 여성근로자와 남성근로자가 수행하는 직무의 가치 차이가 누적된 차별의 결과일 수 있
다는 사정이 판단에서 함께 고려되어야 한다는 점(강을영, 79면; 김엘림q, 69면; 윤혜정, 160
면) 등을 들어 위 대법원 판결을 비판한다.

우리나라도 이러한 문제를 감안하여 남녀고용평등법은 1995. 8. 4. 개정 시 사업주가 동일가치노동의 기준을 정할 때 근로자를 대표하는 자의 의견을 들어야 한다는 규정을 신설하였다(2001. 8. 14. 전문 개정 전에는 6조의2 2항 후단, 전문 개정 후에는 8조 2항 후단).246)

(마) **입증책임**

남녀고용평등법 30조는 "이 법과 관련한 분쟁해결에서 입증책임은 사업주가 부담한다."고 하여 임금차별 여부와 관련한 분쟁에 있어서도 입증책임을 사업주에게 부과하고 있다. 이는 임금차별 여부 판단에 관련된 정보는 주로 사업주가 보유하고 있는 점을 고려한 것이다.

위 규정의 해석을 둘러 싼 논의에 관하여 앞서 검토한 바에 의하면, 임금차별을 주장하는 근로자는 자신의 직무와 비교대상 근로자의 직무가 기술, 노력, 책임, 작업조건 등에서 같다는 점을 주장·입증하면 노동의 동일가치성 및 임금차별이 추정되고, 이를 부정하는 사업주가 그 반대되는 사실 내지 임금 차등 지급에 합리적인 이유가 있음을 입증하여야 할 것이다.247)

(4) 동일가치노동 동일임금원칙 위반의 사법적 효력

(가) **문제의 소재**

남녀고용평등법은 사업주가 8조 1항을 위반하여 동일한 사업 내의 동일가치노동에 대하여 동일한 임금을 지급하지 아니한 경우, 37조 2항 1호에서 사업주에 대한 벌칙규정을 두고 있고, 구제방법으로 25조에서 해당 사업장에 설치된 노사협의회에 의한 고충처리와 같은 분쟁의 자율적 해결만을 규정하고 있을 뿐 차별을 받은 여성근로자가 사업주에 대하여 차별받은 임금 차액 상당을 청구할 수 있는지에 대하여는 아무런 규정을 두고 있지 않다. 이에 따라 차별을 받은

---

245) 여성차별철폐협약의 실시 상황을 심사하는 여성차별철폐위원회는 1989년 8차 회의에서 '동일가치노동·동일임금에 관한 일반적 권고'를 채택하고 회원국에게 이 원칙을 실시하기 위하여 성중립적인 기준에 기초한 직무평가제도의 연구개발과 도입을 검토할 것을 촉구하였다. ILO의 협약·권고적용전문가위원회는 직무평가를 실시할 경우 유의사항으로 ⅰ) 직무평가의 작업에 노사 및 남녀가 공평하게 참여할 것, ⅱ) 관여하는 모든 사람에 대하여 이 원칙을 이해할 수 있도록 충분히 교육할 것, ⅲ) 직무분석의 전문담당자를 선임하여 노사에 대해 권고할 것 등을 제시하고 있다(김엘림k, 14~15면).
246) 근로자들에게 직무 및 임금에 대한 정보청구권을 얼마나 인정할 것인지, 그에 대한 사용자의 정보제공의무의 정도는 어떻게 할 것인지에 대하여도 입법적으로 구체적인 기준을 정하여야 한다는 견해로는 정종철b, 111면.
247) 이미선d, 751면; 전윤구g, 157면; 황정근, 671면.

여성근로자의 임금차액청구권을 인정할 것인지 여부, 인정한다면 위 청구권의
법적 근거는 무엇인지가 문제된다.

　　㈏ 학   설

　　학설은 남녀고용평등법 8조를 강행규정으로 보아 임금차액청구권이 인정된
다는 점에는 일치하나,248) 법적 근거에 관하여는 채무불이행에 따른 손해배상청
구권, 불법행위에 따른 손해배상청구권, 임금청구권 등으로 보아 견해를 달리
한다.

　　① 채무불이행에 따른 손해배상청구권으로 구성하는 견해는 근기법 6조 및
남녀고용평등법 8조의 규정은 근로자에 대한 차별적 대우를 금지하는 사용자의
의무규정으로 본다. 다만, 차별적 대우를 금지하는 법률규정은 근로자의 근로조
건을 직접·구체적으로 정하는 규정은 아니어서 이를 기초로 특정된 급부에 대
한 근로자의 구체적 청구권이 발생하지는 않으므로 사용자가 차별금지규정을
위반하는 것은 주된 채무 자체를 위반하는 것이 아니라 근로계약상의 부수적
의무를 위반하는 것이라고 한다. 다른 한편, 근로자가 다른 동종의 근로자와 마
찬가지로 동일가치노동을 제공함에도 불구하고 사용자가 합리적 이유 없이 임
금차별을 하는 것은 동일액을 지급해야 할 본래의 채무를 제대로 이행하지 않
는 불완전이행이라고 볼 수도 있고, 어느 경우에나 근로자에게 차별받은 임금
차액에 대한 청구권이 발생한다고 한다. 나아가 사용자의 차별적 대우가 채무불
이행의 요건을 갖춘 것으로 보기 위해서는 사용자에게 귀책사유가 있어야 할
것이라고 한다.249)

　　② 불법행위에 따른 손해배상청구권으로 구성하는 견해는 성차별 금지규정
은 강행법규이므로 이에 위반한 임금차별행위로 인하여 손해를 입은 근로자는
차별받은 임금 차액 상당의 배상을 청구할 수 있다고 한다.250) 위 견해는 법규
정의 강행성과 보충성을 인정하여 그 규정에 반하는 법률행위의 효력을 무효로

---

248) 이미선d, 753면에서는 부정설을 상정하여 그 근거와 비판을 제시한다. 즉, 부정설은 남녀고
　　용평등법 8조를 단속규정으로 보고, 그 위반행위는 형사처벌 대상일 뿐 이에 위반한 근로계
　　약, 단체협약, 취업규칙 등이 무효가 되지 않음을 근거로 한다. 이에 대해서는, 남녀고용평등
　　법이 임금차별에 대해 벌칙조항만 두고 있을 뿐 노동위원회를 통한 시정제도도 두고 있지
　　아니한 마당에 근로자의 임금차액청구권도 부정하여 사법적 구제까지 차단하게 되면 동일가
　　치노동 동일임금원칙이 형해화될 우려가 있다는 비판이 예상된다고 한다.
249) 김형배, 238면.
250) 이미선d, 760면; 임종률, 385면.

하면서 무효로 된 부분을 그 규정이 정한 기준에 의하도록 하는 경우, 그 규정
이 정한 기준은 법률행위의 내용이 될 수 있을 정도의 구체성을 띨 것을 요한
다고 할 것인데 남녀고용평등법 8조의 내용만으로는 그러한 구체성을 충족하였
다고 볼 수 있을지 의문이고, 임금은 다양한 요소를 고려하여 결정되는 점, 현
행 남녀고용평등법이 사용자에 대하여 직무평가의무를 부과하지 않고 실제로
직무평가를 시행하는 사업장도 적으며, 직무평가를 위한 제도적 기반도 취약한
상태에서 법원이 재판에 현출된 자료만을 기초로 규범적 판단을 통해 차별받은
임금의 차액을 정하여야 하는 점 등을 고려하면, 법원으로 하여금 손해액이 아
닌 임금 자체를 정하도록 하는 것은 상당히 어려운 과제를 부과하는 것이 되어
불법행위에 따른 손해배상청구권설이 이론적으로나 현실적으로 무난한 논리구
성이라는 점을 근거로 든다.[251]

　　③ 임금청구권으로 구성하는 견해는, 강행규정인 남녀고용평등법 8조에 반
하는 근로계약, 단체협약, 취업규칙 등에서 정한 차별적 임금에 관한 부분은 무
효이고, 무효로 된 부분은 동일가치노동에 대해 동일임금을 지급하는 것으로 내
용이 보충되므로, 근로자는 미지급된 임금 차액을 직접 청구할 권리가 있다고
본다. 위 견해는 다시 남녀고용평등법 8조로부터 임금청구권을 도출하는 견
해[252]와 근기법 6조, 15조에 근거하여 임금청구권을 도출하는 견해,[253] 계약의
보충적 해석을 통해 임금청구권을 도출하는 견해[254]로 세분할 수 있다. 남녀고
용평등법 8조로부터 임금청구권을 도출하는 견해는 남녀고용평등법 8조가 근로
계약을 직접 규율하는 직접적 효력을 가지는 한편 "동일한 임금을 지급하여야
한다."고 하여 근로기준의 내용을 정하고 있으므로, 근로계약 중 강행규정인 위
조항에 위배되어 무효가 되는 부분은 동 조항에 의해 보충된다고 한다.[255] 근기

---

251) 이미선d, 760면.

252) 강선희b, 187~188면; 김희성a, 43면; 이은영a, 1006면; 황정근, 662면.

253) 구미영h, 12면; 조현주, 122~123면.

254) 하경효·황원재, 152면.

255) 고용노동부는 "남녀고용평등법(2001. 8. 14. 법률 제6508호로 전부 개정되기 전의 것) 6조의
　　2 규정(현행 남녀고용평등법 8조)에 대한 위반이 없을 경우 지급받을 수 있었던 금액과의 차
　　액은 해당 근로자가 이미 제공한 근로에 대한 것으로 사업주의 위반이 없었더라면 정당하게
　　받을 수 있었던 임금이라고 보아야 함. 남녀차별에 기인한 임금 차액에 대한 청구권 문제는
　　남녀고용평등법 6조의2에 의거 규율되어야 한다고 봄. 남녀고용평등법 6조의2의 규정은 차별
　　을 받은 근로자에게 적용되어야 할 임금기준이 명확한 경우에는 차별이 없었더라면 지급되
　　었을 일정액의 임금을 지급해야 한다는 취지의 구체적 기준이 되어 해당 근로자의 근로계약
　　을 직접 규율한다고 보아야 할 것임. 다만 임금차액청구권은 그 채무를 구체적으로 확정할

법 6조, 15조에 근거하여 임금청구권을 도출하는 견해는 남녀고용평등법 8조가
균등대우원칙을 정한 근기법 6조를 구체화한 규정으로 이에 위반할 경우 근기
법의 강행성·보충성을 정한 근기법 15조가 적용되므로, 근로계약 중 남녀차별
적인 임금 지급을 정함으로써 무효로 된 부분은 근기법 15조에 의해 법이 정한
기준에 의해 보충된다고 본다. 계약의 보충적 해석을 통해 임금청구권을 도출하
는 견해는 남녀고용평등법 8조 1항이 임금청구권을 직접 규율한 것으로 이해하
게 되면 근로계약의 본질적 부분으로서 쌍무관계에 있는 급부인 노무제공의무
는 계약에 근거하여, 임금지급의무는 법률규정에 근거하는 결과가 되는 점, 남
녀고용평등법 8조 1항이 근기법에서 규율한 근로조건 내용과 마찬가지로 최저
근로기준에 관한 규율과 동일하게 볼 수 있는지 의문인 점 등을 들어 남녀고용
평등법 8조 1항에 반하여 무효인 임금약정의 보충은 근기법 15조가 아닌 계약
의 보충적 해석을 통해 비교대상 근로자에게 적용되는 유리한 임금이 약정된
것으로 보고 임금차액청구는 이러한 계약상 임금청구의 성질과 내용을 가진 것
으로 보아야 한다고 한다.256)

   ㈐ 판   례

   대법원 2013. 3. 14. 선고 2010다101011 판결257)은 헌법의 평등이념에 따라
고용에서 남녀의 평등한 기회와 대우를 보장함으로써 남녀고용평등을 실현하고
자 하는 남녀고용평등법의 입법목적에 비추어 보면, "사업주가 동일한 사업 내
에서 근무하는 남녀근로자가 제공하는 노동이 동일한 가치임에도 합리적인 이
유 없이 여성근로자에 대하여 남성근로자보다 적은 임금을 지급할 경우 이는

   수 있을 것이 요구되므로 취업규칙 등에 명확한 지급기준이 객관적으로 있을 경우에만 인정
   된다고 보아야 함."이라고 해석하고 있는데(2001. 2. 27. 근기 68207-639), 이는 남녀고용평등
   법 8조로부터 임금청구권을 도출하는 입장에 가까운 것으로 볼 수 있다.
 256) 하경효·황원재, 151~152면.
 257) 이른바 티디케이한국㈜[변경전 상호 한국티디케이㈜] 사건으로, 페라이트 코아(FERRITE
   CORE), 세라믹콘덴서 등 전자부품 제조, 판매와 금형제작, 판매 등을 영위하는 회사의 소성
   실에서 근무하는 여성근로자와 전기로 가동 작업을 수행하는 소성부 생산직 남성근로자 또
   는 출하 업무를 수행하는 포장부 생산직 남성근로자 사이에 임금차별이 존재하는지 여부가
   문제된 사건이다. 1심인 서울남부지법 2008. 7. 2. 선고 2007가단6179 판결 및 항소심인 서울
   고법 2010. 10. 29. 선고 2009나41184 판결은 여성근로자의 직무와 비교대상인 남성근로자의
   직무가치의 동일성을 인정하지 않았다. 상고심인 위 대법원 판결은 직무가치의 동일성을 인
   정하지 않은 원심 판결을 유지하면서도 사용자의 임금차별행위가 불법행위를 구성하고 그에
   따른 손해배상책임을 부담한다는 점을 명확히 하였다는 점에 특징이 있다. 위 대법원 판결에
   대한 평석으로는 구미영k, 341~344면; 이미선d, 737~768면; 조현주, 91~124면.

구 남녀고용평등법 8조를 위반하는 행위로서 불법행위를 구성하고, 사업주는 임금차별을 받은 여성근로자에게 그러한 차별이 없었더라면 받았을 적정한 임금과 실제 받은 임금의 차액 상당 손해를 배상할 책임이 있다."고 판시하였다.

반면, 하급심 판결인 서울고법 2010. 12. 24. 선고 2010나90298 판결[258]은 근기법 6조, 15조에 근거하여 임금차액청구권이 성립한다고 판단하였다. 즉 위 판결에서는, 남녀고용평등법은 헌법의 평등이념에 따라 고용에서 남녀의 평등한 기회와 대우를 보장하는 것을 목적으로 하고 있는 점(1조), 남녀고용평등법에서 모집과 채용, 교육, 배치, 승진, 정년, 퇴직, 해고 등에서 남녀의 차별을 소극적으로 금지하고 있는 것(7조, 9조, 10조, 11조)과는 달리 임금에 대하여는 '사업주는 동일한 사업 내의 동일가치의 노동에 대하여는 동일한 임금을 지급해야 한다.'라고 규정하여 적극적·능동적인 의무를 부과하고 있는 점, 남녀고용평등법은 근기법 6조의 내용을 구체화한 법률로서 근로기준과 관련되는 부분에서는 '법이 정하는 기준에 미치지 못하는 근로조건을 정한 근로계약은 그 부분에 한정하여 무효로 하고, 무효로 된 부분은 법에서 정한 기준에 따른다.'라고 규정한 근기법 15조가 적용될 수 있는 점을 종합하여 볼 때, 남녀고용평등법 8조에 위반하여 동일가치의 노동에 대하여 남성근로자보다 적은 임금을 지급받기로 한 근로계약 부분은 무효로 되고, 동일가치노동에 대해 성별을 이유로 동일임금을 지급받지 못한 여성근로자에게는 차별받은 임금 상당액을 직접 청구할 권리가 있다고 인정하였다.

일본 판례 중에는 남녀동일임금을 명시한 일본 노동기준법 4조에 관하여 근로계약에서 사용자가 근로자가 여성이라는 것을 이유로 임금 지급에 남성과 차별적 취급을 하는 경우에는 노동기준법 13조[259]에 따라 차별적 취급을 한 부분이 무효가 되고 근로자는 사용자에게 차액 부분의 지급을 청구할 수 있다고 판단한 것이 있다.[260]

---

258) 앞서 본 ㈜콜텍 사건의 항소심 판결이다. 위 사건은 소액사건에 해당하여 상고심인 대법원 2011. 4. 28. 선고 2011다6632 판결은 회사 측의 상고를 기각하였으나 실체적 판단에까지 나아가지는 않았다.

259) 법이 정한 기준에 미치지 못하는 근로조건을 정한 근로계약은 무효이고, 그 무효로 된 부분은 법이 정한 기준에 따른다는 우리나라 근기법 15조와 같은 내용이다.

260) 秋田地裁 1975. 5. 10. 判決(秋田相互銀行 사건). 일본의 논의에 관하여는 이승길d, 398면.

㈑ 검   토

임금차액청구권의 법적 근거를 채무불이행에 따른 손해배상청구권으로 보는 견해에 의하더라도 차별적 대우를 금지하는 법률은 강행법규이므로 이를 위반한 행위는 원칙적으로 위법성을 갖춘 행위로서 차별행위가 불법행위의 다른 요건들을 갖춘 때에는 불법행위책임이 성립하며, 사용자의 차별적 대우에 대하여 채무불이행책임이 성립하는 한 불법행위책임은 이와 경합한다고 한다.[261] 임금차액청구권의 법적 근거를 임금청구권으로 보는 견해에서도 불법행위에 따른 손해배상청구권의 성립을 인정하고 있다.[262] 남녀고용평등법 8조는 강행규정으로 그에 위반할 경우 형사처벌하는 벌칙조항까지 규정되어 있는 점 등에 비추어 보면 이에 위반한 임금차별행위는 불법행위를 구성한다. 대법원 2010다101011 판결은 동일가치노동 동일임금원칙을 위반한 경우 불법행위로 인한 손해배상책임이 성립한다는 점을 명확히 하였다는 점에 의의가 있다.

그러나 대법원 2010다101011 판결이 채무불이행 또는 임금청구권에 근거한 임금차액청구권의 성립을 부인하고 있는 것은 아니라고 여겨진다.[263] 위 판결에서 이 점을 직접적으로 다루지 않았고 판시 내용에서도 분명히 밝히고 있지 않을 뿐만 아니라 불법행위에 따른 손해배상책임만을 인정할 경우 사용자의 고의나 과실의 입증이 요구된다는 점을 고려할 때 차별받은 근로자에 대한 노동법상

---

261) 김형배, 239면.

262) 구미영k, 344면 및 조현주, 123~124면에서는 임금차별이 인정된 근로자에 대하여 손해배상청구권에 '더하여' 임금차액청구권이 인정될 필요가 있다고 하며, 하경효·황원재, 151면도 남녀고용평등법상의 금지규범인 동일가치노동 동일임금 지급규정에 반하여 차별받은 근로자는 불법행위에 따른 손해배상으로 임금 차액의 지급을 청구할 수 있다고 한다.

263) 강선희b, 186면. 그러나 이미선d, 759~760면은 대법원 2010다101011 판결이 불법행위에 따른 손해배상청구권의 성립만을 인정한 것으로 해석하는 듯하다. 이와 관련하여 청주지법 2015. 8. 25. 선고 2015나190 판결(2015. 9. 23. 확정)은 '임금 차등 지급이 합리적인 이유가 없는 차별적 처우에 해당하여 평등권이라는 기본권을 침해하거나 사인간의 평등권 보호에 관한 구체적인 법률을 위반한 것으로 인정되는 경우에 이는 민법 750조에 따른 불법행위를 구성하고 원고는 피고에 대하여 그 임금 차액 상당의 손해배상을 구할 수 있다고 할 것이다. 그러나 원고는 주위적 청구로서 불법행위를 원인으로 하는 손해배상청구가 아니라 헌법, 근기법 및 남녀고용평등법 등 관련 법 규정의 위반을 주장하면서 위 관련 법 규정 및 그 해석을 근거로 곧바로 피고에게 그 차액 상당의 미지급 임금을 구하고 있는바, 위와 같이 관련 법 규정의 위반이 있다는 사실만으로 곧바로 원고와 피고 사이에 피고가 원고에게 차등 지급한 임금 상당액을 미지급 임금으로서 지급하여야 하는 사법상 권리관계가 인정된다고 볼 수는 없으므로, 헌법, 근기법 및 남녀고용평등법 등 관련 법 규정 및 그 해석을 근거로 피고에 대하여 직접 미지급 임금을 구하는 원고의 주위적 청구는 받아들일 수 없다'고 판단하여 임금차별행위에 대하여 불법행위로 인한 손해배상청구권만이 성립함을 분명히 하고 있다. 위 청주지법 2015나190 판결에 관한 평석으로는 강선희b, 185~188면.

의 보다 충실한 보호를 위해서는 청구권의 경합을 인정하는 것이 타당하다.[264]

　　나아가, 임금차액청구권의 법적 근거를 임금청구권으로 구성하게 되면 사용자의 귀책사유 여부와 상관없이 임금차액청구가 가능하므로 채무불이행으로 인한 손해배상청구권으로 구성하는 견해보다 근로자에게 보다 유리한 청구권 기초로 기능할 수 있다.[265] 다만, 임금청구권으로 구성하는 견해를 취하면 남녀고용평등법 8조가 이에 위반하여 무효로 된 부분을 보충할 만한 임금기준에 대하여는 정하고 있지 아니하므로 위 조항으로부터 곧바로 임금청구권이라는 법률효과를 도출하는 것은 논리적 근거가 부족하다는 비판이 가능하며,[266] 근기법 15조 2항의 "무효로 된 부분은 이 법에서 정하는 기준에 의한다."라는 규정에서 '이 법에서 정하는 기준'이란 근기법 6조의 "근로자가 여성임을 이유로 하여 임금에 관하여 남성과 차별적 취급을 하여서는 안 된다"라는 것이므로 근기법 15조 2항으로부터 사용자가 임금에 관하여 여성근로자를 차별적으로 취급한 경우의 법률효과를 직접 도출하기 어렵다는 문제도 있으나, 근기법 15조 2항의 '이 법에서 정하는 기준'이 반드시 근기법에 구체적으로 명시된 기준만을 의미한다고 해석할 것은 아니고, 근기법 15조 1항에 의해 임금결정기준 중 위법하게 차별적인 부분은 그에 한정하여 무효가 되며, 여전히 유효한 나머지 기준들에 근거하여 근기법 15조 2항의 보충적 효력에 기초하여 차별을 받은 여성근로자들이 차별이 없었다면 받았을 남성근로자와 같은 액수의 임금을 산정하는 것도 가능하므로,[267] 임금차별을 받은 여성근로자에 대하여 불법행위에 따른 손해배상청구권뿐만 아니라 앞서 본 서울고법 2010. 12. 24. 선고 2010나90298 판결의 논거와 같이 남녀고용평등법의 입법취지, 남녀고용평등법 8조의 규정형식, 근기법 6조 및 15조의 규정 등을 종합적으로 고려하여 그에 기초한 임금차액청구권을 인정할 필요가 있다.

(5) 동일가치노동 동일임금원칙에 위반한다고 보는 경우

　　남녀고용평등규정 4조 4항은 아래 1 내지 7호의 행위를 동일가치노동에 대한 동일임금을 지급하지 아니한 경우에 해당한다고 규정하고 있다.

　　① 성별에 따라 차등적으로 책정된 임금기준을 적용하여 특정 성에게 낮은

---

264) 구미영f, 343면.
265) 하경효·황원재, 152면.
266) 이미선d, 754면.
267) 구미영i, 773면.

임금을 지급하는 경우268)

　② 근로의 양과 질 등에 관계없이 근로자에게 생활 보조적·복리후생적 금품(가족수당·교육수당·통근수당·김장수당 등)을 지급함에 있어 성을 이유로 차별하는 경우269)

　③ 기본급·호봉 산정·승급 등에 있어서 성에 따라 그 기준을 달리 적용함으로써 임금을 차별하는 경우270)

　④ 모성보호 등을 위하여 여성근로자에게 더 많은 비용이 지출된다는 이유로 여성의 임금을 낮게 책정하는 경우271)

　⑤ 군복무자에 대하여 호봉을 가산하는 경우에 있어서 그 가산의 정도가 군복무기간을 상회하거나 병역면제자 또는 미필자인 남성에게도 호봉가산을 적용하여 지급하는 경우

　⑥ 특정 성이 대다수인 직종의 임금을 합리적인 이유 없이 다른 직종보다 낮게 정하는 경우

　⑦ 그 밖에 합리적인 이유 없이 남녀를 차별하여 임금을 지급하는 경우

(6) 임금차별로 보지 않는 경우

　남녀고용평등규정 4조 5항은 아래 1, 2호의 행위는 임금 지급에 있어 성차별행위로 보지 아니한다고 규정하고 있다.

　① 비교되는 남녀근로자가 같거나 비슷한 일을 하더라도 당해 근로자 사이

---

268) 남녀차별개선위원회 2000. 10. 27.자 2000고용38 결정은 직책수당을 성에 따라 1군과 2군으로 구별하여 지급하는 것을 불합리한 남녀차별이라고 판단하였다.

269) ① 국가인권위원회 2017. 6. 19.자 16진정0327300 결정은, 가족수당 지급 시 장남인 경우에만 별거하고 있는 부모를 부양가족으로 보고 가족수당을 지급하는 행위는 성별을 이유로 한 차별행위에 해당한다고 판단하였고, ② 국가인권위원회 2016. 4. 20.자 16진정0030800 결정은, 장남인 남성직원에게는 가족수당을 지급하면서 여성직원의 경우에는 무남독녀인 경우에만 가족수당을 지급함으로써, 다른 형제자매가 있음에도 직계존속 등에 대한 실질적인 부양의 책임을 부담하는 장녀인 여성직원을 남성직원의 경우와 달리 가족수당 지급대상에서 제외하는 것은 차별에 해당한다고 판단하였다.

270) ① 남녀차별개선위원회 2002. 10. 21.자 02남녀차별40 결정은, 직원 임금의 기준이 되는 호봉을 책정함에 있어 동일 직종 동일 학력임에도 군복무기간에 따른 호봉 가산과 별도로 남성직원에게 여성직원보다 2~3호봉을 더 높게 책정하고 있는 것은 남녀차별에 해당한다고 판단하였다. ② 국가인권위원회 2008. 10. 27.자 07진차981 결정은, 성별에 따라 여성은 전원 생산직에, 남성은 전원 기능직으로 분리채용, 배치하고, 분리호봉제를 적용함으로써 남성인 근로자들에 비하여 여성근로자들에 대하여 합리적인 이유 없이 임금에서 차별을 하였다고 인정하였다.

271) 남녀차별개선위원회 2003. 4. 28.자 03남녀차별3 결정은, 성과상여금 운영지침에서 산전후휴가기간을 성과상여금 지급 제외기간에 포함시키는 것이 남녀차별이라고 판단하였다.

의 학력·경력·근속년수·직급 등의 차이가 객관적·합리적인 기준에 의하여 임금이 차등 지급되는 경우

② 임금형태를 직무급·성과급·능력급 등으로 정하여 비교되는 남녀근로자 사이에 직무, 성과 또는 능력 등의 격차가 구체적·객관적으로 존재함으로써 임금이 차등 지급되는 경우

마. 성차별의 유형 3 — 임금 외의 금품 등 복리후생

(1) 관련 규정의 취지와 연혁

실제로 남녀 간의 차별적 대우는 단순히 임금뿐만 아니라 각종 복리후생 분야와 관련하여 더 많이 이루어진다. 그런데 남녀고용평등법 8조는 '임금'의 범위에 관하여 분명하게 규정하지 않아 각종 복리후생 급여 등 근기법상 임금이라고 할 수 없는 금품의 지급 또는 편의제공에 남녀 간 차별적 처우가 있는 경우 이를 규제할 근거를 찾기 어려웠다. 이에 1995. 8. 4. 개정 시에 "사업주는 임금 외에 근로자의 생활을 보조하기 위한 금품의 지급 또는 자금의 융자 등 복리후생에 있어서 남녀를 차별하여서는 아니 된다."는 내용으로 남녀고용평등법 9조가 신설되었다.[272]

(2) 임금 외의 금품 등의 범위

남녀고용평등규정 5조 1항은 남녀고용평등법 9조에서 규정한 '임금 외에 근로자의 생활을 보조하기 위한 금품'이란 근기법 2조 1항 5호에 따른 임금 외에 사용자가 근로자에게 지급하는 일체의 금품을 말한다고 규정하고 있다.

(3) 임금 외의 금품차별로 보는 경우

남녀고용평등규정 5조 2항은 아래 1 내지 3호의 행위를 임금 외의 금품지급 등에서의 남녀 차별적인 행위에 해당한다고 규정하고 있다.

① 지급대상에서 특정 성만을 배제하거나 불리한 조건을 부과하는 경우[273]

---

272) 신명·윤자야·이원희, 104면.

273) ① 남녀차별개선위원회 2002. 12. 30.자 02남녀차별31 결정은, 지방공무원수당 등의 업무처리지침에서 가족수당 및 보조수당 지급 방법을 정할 때 부부가 공무원인 경우 그 지급대상을 처의 의사와 관계없이 남편을 기준으로 정한 것을 남녀차별로 판단하였다. ② 남녀차별개선위원회 2003. 3. 24.자 02남녀차별35 결정은, 남성직원 친부모 사망 때 부조금을 지급하고 결혼한 여성직원은 친부모가 아닌 시부모 사망 때만 부조금을 지급하는 행위는 남녀차별이라고 인정하였다. ③ 국가인권위원회 2011. 7. 15.자 11진정0115900 결정은, 기혼 여성조합원에게 남성조합원과 달리 친부모가 아닌 시부모 상을 당한 경우에만 경조금을 지급하는 것은 성별에 따른 차별이라고 판단하였다. ④ 한편, 국가인권위원회는 공·사 분야 82개 기업을 대

② 특정 성에 대해 지급수준을 달리하는 경우

③ 그 밖에 합리적인 이유 없이 남녀를 차별하여 임금 외의 금품 등을 지급하는 경우

바. 성차별의 유형 4 ─ 교육 · 배치 · 승진

(1) 관련 규정의 취지와 연혁

남녀고용평등법 10조는, 교육, 배치, 승진에서 나타나는 차별 관행을 금지함으로써 일단 고용 상태에 진입한 근로자의 노동권을 보호하고, 고용의 측면에서 평등하게 기회를 보장하기 위하여 "사업주는 근로자의 교육 · 배치 및 승진에서 남녀를 차별하여서는 아니 된다."고 규정하고 있다.[274]

(2) 교육의 차별금지

근로자의 취업 유지를 위해서는 직무능력 개발과 관련한 지식의 향상이 요구되고, 이를 위한 교육, 훈련 등이 매우 중요하다. 또, 교육은 승진 기회를 획득하고 경력을 관리하는 데에 필수적이다. 따라서 교육의 기회는 남녀근로자 모두에게 평등하게 보장되어야 한다.

이 때 '교육'이란 근로자에게 직업에 필요한 직무수행능력을 습득 · 향상시키기 위하여 실시하는 훈련을 말한다(남녀고용평등규정 6조 1항).

남녀고용평등규정 6조 2항은 다음 1 내지 4호의 행위가 교육에서의 남녀차별적인 행위에 해당한다고 규정하고 있다.

① 교육대상자 선정에 있어 본인의 의사에 반하여 특정 성을 제외하거나 다른 성에 비해 불리한 조건을 부과하는 경우

② 합리적인 이유 없이 성별에 따라 교육과정을 분리하여 편성 · 운영하거나, 교육내용을 달리하는 경우

③ 각종 교육대상자 선정기준을 특정 직무 또는 직급으로 한정하여 교육대상자에 포함되는 특정 성의 비율이 현저히 낮고, 그로 인하여 특정 성에게 불이

상으로 외가 차별 관행에 대한 직권조사를 실시하여 조사대상 기업 중 상당수가 근로자의 외조부모상에 대하여는 경조휴가 · 경조비를 주지 않거나 적게 책정하는 등 모계 차별적인 방식으로 경조휴가 등의 제도를 운영하고 있음을 확인하고, 이와 같은 차별을 개선하기 위하여 각 기업에 대해 경조휴가와 경조비를 지급할 때 친조부모와 외조부모 간에 차등을 두지 않도록 지급 기준을 개선함이 바람직하다는 의견을 표명한 바도 있다(국가인권위원회 2013. 11. 13.자 13직권0001600 결정).

274) 신명 · 윤자야 · 이원희, 109면.

익한 결과를 초래한 경우(다만, 직무관련성, 정당성 등에 대한 사업주의 입증이 있는 경우는 제외한다)

④ 그 밖에 합리적인 이유 없이 남녀를 차별하여 교육하는 경우

(3) 배치의 차별금지

근로자가 주요 결정권을 가질 수 있는 직책으로 승진하려면 먼저 전문·관리·지도·감독 등 책임자로서 능력을 배양할 수 있는 업무 부서에서 근무하면서 업적이나 능력을 인정받을 수 있는 기회를 얻어야 하므로, 배치전환은 성의 구별 없이 근로자의 업무적합성과 능력 등을 고려하고 직무수행의 효율성에 근거하여 실시되어야 한다.[275]

이 때 '배치'란 사업주가 근로자에게 직무의 내용과 직무의 장소 등을 정하여 특정업무에 종사하도록 하는 것을 말하며, 신규채용자 배치, 기존근로자 배치전환, 파견조치, 대기발령 등을 포함한다(남녀고용평등규정 7조 1항).

남녀고용평등규정 7조 2항은 다음 1 내지 7호의 행위가 배치에서의 남녀차별적인 행위에 해당한다고 규정하고 있다.

① 일정한 직무의 배치대상에서 특정 성을 배제하거나 불리하게 대우하는 경우[276]

② 혼인, 임신, 출산, 육아 등을 이유로 본인의 의사에 반하여 특정 성을 불이익하게 배치하는 경우[277]

③ 같거나 비슷한 학력·자격으로 채용한 후 특정 성은 주로 주요업무에

---

275) 신명·윤자야·이원희, 112면.

276) 국가인권위원회 2007. 4. 23.자 06진차267 결정은, 고등학교 교장이 교사 정기인사에 앞서 체육·윤리·국어 과목 교사에 대해 선배정을 하면서 여교사는 배제하고 남교사만을 대상으로 한 사안에서, 이는 진정직업자격과 적극적 조치에 해당하지 않고, 여교사의 역할과 능력에 대한 편견에 기초한 것으로 성별에 의한 차별에 해당한다고 판단하였다.

277) ① 남녀차별개선위원회 1999. 12. 21.자 99고용29 결정은, 여직원의 결혼과 출산을 이유로 평균 1년에 1회씩 비연고지 및 근무기피부서로만 전보발령하고 퇴사를 종용하였다면 이는 합리적 이유 없는 남녀차별이라고 판단하였다. ② 입사 후 11년간 서울 본사의 사보팀에서 근무하던 여성근로자가 사보 편집과정에서의 잘못 등을 이유로 용인시 판매부로 전보되자 새로운 근무처에 출근하는 것을 거부하였고, 회사는 무단결근을 이유로 정직 1월의 징계처분을 한 사안에서, 근로자는 기혼여성으로 중고교생인 자녀들을 두고 있는데 출퇴근에 상당한 시간을 요하는 곳으로 전보한 것은 사직을 유도하기 위한 것으로서 근기법의 균등대우원칙과 남녀고용평등법에 위반하여 무효라고 주장하였으나, 서울고법 1997. 2. 28. 선고 94구36973 판결은, 자녀를 두고 있는 주부라는 사정만으로 회사의 전보명령이 여성에 대한 차별적 대우를 한 것으로 단정할 수 없다고 판단하였다(위 판결은 패소한 여성근로자가 상고하지 않아 확정되었으나, 확정일자를 구체적으로 확인하기 어려웠다).

배치하고 다른 성은 본인의 의사에 반하여 보조업무에 배치하는 경우278)

　④ 정기적으로 순환 배치하면서 특정 성은 본인의 의사에 반하여 같거나 비슷한 업무에 계속 종사하게 하는 경우

　⑤ 특정 성이 대다수인 직종(렬)·직군과 다른 성이 대다수인 직종(렬)·직군 상호간에 전직을 제한하거나 배제하는 경우(다만, 직무관련성, 정당성 등에 대한 사업주의 입증이 있는 경우는 제외한다)

　⑥ 일정 직무의 배치기준을 특정 성이 충족하기 어려운 일정 이상의 신장, 체중, 체력 등으로 한정하여 그 직무에 배치된 특정 성의 비율이 현저하게 낮고, 그로 인하여 특정 성에게 불이익한 결과를 초래한 경우(다만, 직무관련성, 정당성 등에 대한 사업주의 입증이 있는 경우는 제외한다)

　⑦ 그 밖에 합리적인 이유 없이 남녀를 차별하여 배치하는 경우

(4) 승진의 차별금지

　승진에는 권한과 책임뿐만 아니라 사기 증진, 임금 증가가 뒤따른다. 그리하여 승진은 근로자로 하여금 직장 생활에 활력과 애착을 가지게 하고, 생산적인 사회 구성원으로서 사회에 봉사하고 자아실현과 포부를 키워 나갈 기회를 제공한다. 승진·승급 기회의 차별은 근로자의 근속기간 단기화, 직업의식 결여, 노동생산성 저하 등을 초래하므로 금지되어야 한다.279)

　이 때 '승진'이라 함은 사업주가 근로자를 현재의 직급 또는 직위로부터 보다 상위의 직급 또는 직위에 임명하는 것을 말한다(남녀고용평등규정 8조 1항).

　남녀고용평등규정 8조 2항은 다음 1 내지 4호의 행위는 승진에서의 남녀차별적인 행위에 해당한다고 규정하고 있다.

　① 특정 성에게 승진기회를 전혀 부여하지 않거나 특정 성은 일정 직급(위) 이상으로는 승진할 수 없도록 하는 경우280)

---

278) ① 남녀차별개선위원회 2003. 10. 6.자 03남녀차별14 결정은, 기간제 여교사에게 일방적으로 '접대 및 기구관리' 사무를 분장하였으며, 이의를 제기하자 기간제교원 임용계약서상에 막연하게 기재된 "학교장이 지시하는 기타의 업무를 수행한다."라는 규정을 들어 차 접대와 접대 재료준비 및 찻잔정리 등을 계속 지시한 행위를 남녀차별행위라고 판단하였다. ② 대전고법 2008. 5. 22. 선고 2007노4889 판결은, 개인택시조합의 민원 및 기획담당 사무직 근로자를 채용한 후 합리적 이유 없이 남성은 6급으로, 여성은 7급으로 배치한 것은 남녀를 차별한 행위라고 판시하였다(2008. 5. 30. 확정).
279) 신명·윤자야·이원희, 114면. 승급 차별에 대한 구제방법에 관하여는 이달휴a, 271~296면.
280) 남녀차별개선위원회 1999. 10. 12.자 99고용17 결정은, 비슷한 시기에 입사한 남성직원들은 이미 4급 대리를 거쳐 3급 과장까지 승진하였으나 여성은 현재까지도 4급으로 승진한 예가

② 특정 성에게 승진기회는 부여하고 있지만, 상대적으로 불리한 조건, 절차 등을 적용하는 경우[281]

③ 특정 성의 직급(위)을 다른 성에 비하여 더 많은 단계로 세분화하여 일정 직급에의 승진시까지 다른 성보다 장기간이 소요되게 함으로써 결과적으로 특정 성을 불리하게 대우하는 경우[282]

없고, 상반기 근무성적평정표의 종합평가의견에서 여성근로자가 승진대상 1위임에도 여성이라는 이유로 2위인 남성직원을 승진시킨 것은 객관적 자료보다 남녀차별적인 관행에 의거한 것으로 불합리한 차별에 해당한다고 판단하였다.

281) ① 국가인권위원회 2006. 10. 10.자 06진차308 결정은, 육아휴직 중인 여성이 승진대상자 임에도 불구하고, 육아휴직 중인 자는 승진대상에서 제외하고 복직 후 승진 기회를 부여한다는 직원운영규정에 따라 승진에서 제외한 사안에서, 육아휴직제도는 모성보호제도로서 본질적으로 육아휴직자에게 인사상 불이익을 주지 않으면서 아동의 양육에 전념할 수 있도록 하는 데 그 목적이 있는데, 피진정인은 매년 2회만 직원을 승진시키므로 육아휴직을 이유로 승진에서 제외된 자는 복직 후에도 바로 승진이 되는 것이 아니라 다음 승진 일자에서 승진이 되어 승진이 늦어지는 불이익을 당하게 되기 때문에 상당수의 여성직원들은 승진과 경쟁에서 탈락하지 않기 위해 육아휴직 사용을 기피할 가능성이 있으며, 이는 육아휴직제도의 취지에 반하는 것으로 볼 수 있으므로, 육아휴직 중인 것을 이유로 승진대상자를 승진에서 제외하는 것은 합리적 이유가 없는 차별행위에 해당한다고 판단하였다. ② 국가인권위원회 2008. 12. 29.자 08진차325 결정은, 선박회사에서 승진대상자를 정함에 있어 학력과 병역, 근속년수를 심사기준으로 삼는 것은 병역을 이행하지 못하거나 고등학교 졸업 조건으로 채용된 여성을 불리하게 대우하는 차별행위라고 인정한 사례이다. 국가인권위원회는 ⅰ) 여성은 6년 이상 재직해도 사원으로 있거나 10년 정도 재직하고 주임으로 승진한 반면, 남성은 주임을 거치지 않고 대리로 승진하는데 평균 5.6년이 소요되고, 성별 간 격차는 상위직급으로 갈수록 커져서 전체직원 중 대리 이상 여직원은 5%도 되지 않는 성별 불균형이 있고 이러한 통계는 승진에서의 차별이 오래되었음을 보여준다고 하면서, ⅱ) 승진대상자를 정하는 학력, 병역, 근속년수 등 기준이 병역을 이행하지 못한 여성에 대한 차별이고, 학력 또한 여성은 고등학교 졸업자, 남성은 무역학과 졸업자를 채용한 관행이 승진에서 여성에게 불이익으로 작용하는 결과를 초래하였으며, ⅲ) 직원에 대한 공정하고 객관적인 인사평가와 직무분석 없이 병역과 학력을 승진기준으로 삼는 것은 여성을 차별하는 행위라고 판단하였다.

282) ① 남녀차별개선위원회 2003. 8. 11.자 03남녀차별22 결정은, 고졸 사원이 주임으로 승진할 때 적용되는 승급 관련규정에서, 남녀 간 대졸 남자 초임까지의 승급 단계·기간을 남자 고졸 사원은 4년, 여자 고졸 사원은 9년[고졸(여) 3년→전문대(여) 3년 → 대졸(여) 3년 → 대졸(남) 초임]으로 하여 남녀 간 차이를 두는 것은 남녀차별이라고 판단하였다. ② 국가인권위원회 2006. 11. 6.자 06진차42 결정은, 5급에서 4급으로 승진 소요연수가 여성직원의 경우 평균 11년인데 남성은 평균 6.5년이고, 입사 10~15년차 남성직원들은 모두 대리 이상으로 승진하였으나 여성직원들의 59%는 최하위직에 머물러 있는 등의 통계적 자료에 기초하여 승진에서 성차별행위를 인정한 사례이다. 국가인권위원회는 ⅰ) 통계상 여성과 남성의 승진비율 및 직급별 성별 불균형이 심각하고 이는 성차별이 오랜 기간 심각하게 진행되었음을 보여주는 직접적이고 명백한 증거이며, ⅱ) 직무배치 시 남성은 채권과 연체 업무를, 여성은 계약 및 출고, 수입회계, 선금 업무를 담당하도록 하였는데 이는 업무에 반드시 특정 성이 필요한 진정직업자격에 해당되지 않으며, ⅲ) 남녀직원의 업무 및 난이도의 차이를 입증할 수 있는 직무평가 자료가 없고, 인사관련 제도나 규정에 명시적인 성차별 규정이 없어도 통계상 성차별적인 결과는 성차별적인 평가항목이나 성적 편견의 개입, 주관적 판단에 근거한 인사고과가 이루어졌음을 보여주는 것이고, ⅳ) 사회통념상 성역할 고정관념이 승진에서의 성차별을 낳는

④ 그 밖에 합리적인 이유 없이 남녀를 차별하여 승진기회 등을 부여하는 경우283)

사. 성차별의 유형 5 — 정년·퇴직·해고

(1) 관련 규정의 취지와 연혁

여성 조기 정년, 성차별적 해고, 결혼·임신·출산 등을 이유로 여성근로자를 퇴직시키는 결혼퇴직제, 출산퇴직제 등과 같은 차별적 고용 관행을 금지함으로써 남녀의 평등한 고용권을 실질적으로 마련하기 위하여 남녀고용평등법 11조 1항은 "사업주는 근로자의 정년·퇴직 및 해고에 있어서 남녀를 차별하여서는 아니 된다."고 규정하고 있다. 대표적인 여성차별적 고용 관행인 정년·퇴

요인으로 작용하였다고 판단하였다.

283) ① 남녀차별개선위원회 2002. 3. 4.자 01고용9 결정은, 남녀를 분리하여 실시한 승진 인사에서 합리적인 이유 없이 남자근로자 인원을 더 높은 비율로 승진시킴으로써 양자 간 승진인원에 차이가 발생하도록 한 것은 남녀차별행위라고 판단하였다. ② 이른바 'H은행 직군 차별 사건'은 모집·채용, 임금, 교육·배치 및 승진차별이 문제된 사례이다. 서울지방노동청 고용평등위원회는 전국금융산업 노동조합 H은행 지부의 진정에 대하여 2004. 11. 2. H은행의 인사제도가 남녀고용평등법에 위반된다는 결정을 내렸고, 이에 따른 서울지방노동청의 시정 지시서는 H은행의 인사제도가 다음과 같이 네 가지 점에서 남녀고용평등법에 위반된다고 확인하고 있다. 즉, ⅰ) 2001년 10월 이래 '전담 텔러' 모집공고상의 채용조건을 '전문대졸 이상 학력 소지자로 24세(또는 25세) 미만'으로 정하여 사실상 4년제 대졸 군필 남자의 지원이 불가능하게 하였고 실제로도 전원 여성을 채용한 것은 모집·채용에 있어서 남녀를 차별한 것이고(남녀고용평등법 7조 1항 위반), ⅱ) 대부분 남성인 행원A와 전원 여성인 행원B 사이에 임금체계와 금액에 차등을 두어 여직원의 임금을 합리적인 이유 없이 낮게 정함으로써 동일가치노동에 대해 동일임금을 지급하지 않았으며(남녀고용평등법 8조 1항 위반), ⅲ) 교육·배치 및 승진에 있어서도 행원A와 행원B의 업무가 무엇인지 명확히 구분되어 있지 않은 상황에서, 직렬을 이유로 대부분의 여성들을 창구 및 사무 업무에 배치하고, 본부 부서 및 업무에서 배제하면서 책임자 승진 시 승진인원, 승진경로 및 대우상의 차이를 두는 것은 합리적 이유 없이 여성근로자를 불리하게 대우한 것이고(남녀고용평등법 10조 위반), ⅳ) 최근 3년간 응시자의 성비수를, 채용서류를 보존하고 있지 않다는 이유로 제출하지 않은 것은 채용서류 보존의무를 위반한 것이다(남녀고용평등법 33조 위반). 나아가 서울지방노동청이 검찰에 사건을 송치하면서 인용한 위 고용평등위원회의 의견은 "사업주가 직원을 구분하여 채용하고, 배치, 승진, 임금제도 등에 있어 조건을 상이하게 정하여 운영하려면 그 조건의 상이(차별)가 합리적이고 정당한 것임을 입증할 수 있어야 함에도 불구하고, H은행이 시행하고 있는 인사 및 급여제도 하에서는 그 조건을 충족시킬 수 있는 특정 성이 다른 한 성에 비하여 현저하게 많은 사실이 인정되고, 그 결과 특정 성에 대하여는 불이익한 결과를 초래하고 있는바, 이러한 차이가 발생하는 근거에 대하여는 합리적인 이유나 정당성의 입증이 충분하다고 보이지 않으므로 남녀고용평등법에 위반하는 차별이라 인정된다."고 하였다. 그러나 검찰에서는 이 모두를 남녀차별에 해당하지 않는다고 보아 무혐의처분을 하였다(서울중앙지검 2006. 11. 21.자 2005형제110846 불기소처분 이유고지). 위 사건은 비록 그 최종적인 결론이 검찰의 무혐의처분으로 났지만, 직접적으로 성별을 이유로 하지 않은 인사제도를 실질적으로 검토하여 성차별 문제로 적극적으로 구성했다는 점, 위 서울지방노동청 고용평등위원회의 판단에서 간접차별의 개념이 명확하게 적용되었다는 점에서 큰 의의가 있다(김진b, 134~138면).

직·해고의 차별은 앞서 본 바와 같이 남녀고용평등법의 제정을 가져 온 계기가 되었다. 위 규정은 남녀고용평등법이 제정될 때부터 마련되었고, 이후 2001. 8. 14. 편면적인 여성차별 금지에서 남녀에 대한 차별을 금지하는 내용으로 개정되었다.[284] 여기에서 말하는 '남녀의 차별'은 합리적인 이유 없이 남성 또는 여성이라는 이유만으로 부당하게 차별대우하는 것을 의미한다.

또한, 남녀고용평등법 11조 2항은 "사업주는 여성근로자의 혼인, 임신 또는 출산을 퇴직사유로 예정하는 근로계약을 체결하여서는 아니 된다."고 규정하고 있다.

(2) 정년의 차별금지

'정년'이란 근로자의 계속 근로의사 및 능력에 관계없이 사업장의 단체협약, 취업규칙, 근로계약 등에서 근로관계가 종료되도록 정한 연령을 말한다(남녀고용평등규정 9조 1항).[285]

사업주나 사용자가 합리적인 이유 없이 남녀를 차별하여 정년을 차등 규정하는 것은, 그 규정형식을 불문하고 강행규정인 근기법 6조, 남녀고용평등법 11조 1항에 위반되어 무효이다.[286]

대법원 1988. 12. 27. 선고 85다카657 판결은 남녀 간 차등정년 규정에 '합리적 이유가 있는지 여부'를 판단하는 데 고려하여야 할 사항을 제시하고 있다.

---

284) 신명·윤자야·이원희, 119면.

285) 정년제는 일정 연령의 도달만을 이유로 근로자의 계속 근로의사 및 능력과 관계없이 근로자를 근로관계에서 일률적으로 배제시키는 제도로서 그 합리성·합법성(특히 연령차별의 측면에서)이 문제된다. 학설은 대체로 정년제의 목적 내지 기능 면에서 근로자에게 기업에 대한 귀속의식을 갖게 하고 신분보장을 통해 고용안정을 도모할 수 있는 점, 연공서열형 임금체계 하에서 고령화된 노동력을 배제하고 신진 노동력을 흡수함으로써 기업의 합리적·능률적 운영을 가능하게 하는 점 등을 언급하면서 합법임을 전제로 정년제를 논하고 있다(김형배, 773면; 박상필a, 144면; 이상윤, 510면. 장기적으로는 정년제를 폐지하여야 한다는 견해로는 김유성a, 51면). 판례도 구체적인 논거를 설시하지는 않았지만, 건설공제조합이 직원의 정년에 관하여 아무런 규정을 두지 않은 종전의 취업규칙을 변경하여 직원의 정년을 만 55세로 하고 정년에 달한 때에는 해직하여야 한다는 내용의 규정을 신설한 사안에서, 대법원 1978. 9. 12. 선고 78다1046 판결은 '정년을 만 55세로 정한 것이 사회의 일반 통례에서 벗어난 불합리한 제도라고 볼 수 없는 것이므로 위 정년제의 신설이 근로자의 기존 근로조건상의 기득권을 침해하는 근로조건의 변경이라고 단정할 수는 없다'고 판시하여 정년제의 합법성을 전제로 하고 있다. 정년제에 관한 전반적 논의는 '제23조 후론(後論) 2: 정년제' 참조. 정년제와 연령차별에 관한 논의는 이하 6. 바. (3)항 참조. 여기에서는 남녀차별과 관련된 논점만을 중심으로 서술한다.

286) 남녀근로자 사이의 정년차별에 관하여 상세히 분석하고 있는 글로는 신용자 외 4명, 1면 이하; 신인령a, 1면 이하.

즉, 한국전기통신공사가 근로자의 거의 대부분이 여성인 교환직렬의 정년을, 다른 일반직 직렬의 정년 55세에 비하여 12년이 낮은 43세로 정한 데 대하여, '직종별 근로자의 근로내용, 이들 근로자가 갖추어야 할 능력, 근로시간, 이용자에 대한 역할, 특별한 복무규율이 필요한 여부나 인력수급사정' 등을 모두 고려하여 정년을 그렇게 낮게 정할 상당한 이유가 있었는지 아니면 합리적인 이유 없이 부당하게 낮은 정년을 정한 것인지 여부 등을 검토하여야 하며, 원심이 들고 있는 '교환직렬이 남녀 모두에게 개방되어 현재도 3명의 남성근로자가 있다는 사실'이나 '교환원에 대한 정년이 과거부터 43세로 정해져 왔다는 사실'만으로는 차등정년 규정의 합리성을 인정하기 어렵다고 판단하였다.[287] 또한, 대법원 1993. 4. 9. 선고 92누15765 판결은, 소속 근로자의 정년에 대하여 성별 작업구분이나 근로조건의 구분을 명확히 하지 아니한 채 원칙적으로 남녀를 달리 취급하여 남성은 55세, 여성은 53세로 규정한 단체협약과 취업규칙은 근기법과 남녀고용평등법 등 강행법규에 위배되어 무효라고 판단하였는데, 위 판결이 들고 있는 '성별 작업구분'이나 '근로조건의 구분' 역시 남녀별 차등정년 규정의 합리성 여부를 판단하는 기준이 될 것이다. 나아가 대법원 2019. 10. 31. 선고 2013두20011 판결은, 국가정보원이 과거 공채로 선발하던 기능직 직렬 중 6개 직렬(전산사식, 입력작업, 전화교환, 안내, 영선, 원예)을 폐지하고 계약직으로 전환하는 과정에서 사실상 여성전용직렬로 운영되어 온 전산사식 분야의 근무상한연령은 기본 43세에서 최장 45세로, 남성들만 근무하던 영선, 원예 직렬의 근무상한연령은 57세로 차등을 둔 것에 대하여, 사업주라 할 수 있는 국가정보원장이 합리적 이유가 있는지를 증명하지 못한 경우에는 정년차별을 금지하는 근기법 6조, 남녀고용평등법 11조 1항에 위반되어 당연무효이며, 위 6개 직렬 폐지 이전의

---

[287] 위 판결의 파기환송심인 서울고법 1989. 4. 19. 선고 89나2136 판결(1989. 5. 13. 확정)은, 여성전용직종인 교환직렬의 정년을 다른 일반직 직렬의 정년보다 12년 낮은 43세로 정한 것은 노사 간의 단체협약에 의해 추인을 받았다고 하더라도 노화에 따른 남녀 간의 노동수행능력의 감퇴 정도에 차이가 없다는 등의 이유로 남녀 간 차별에 해당한다고 판단하였다. 이후 한국전기통신공사는 일반직의 정년을 58세로, 교환직렬의 정년을 53세로 변경하였는데 이때도 정년차별 문제가 제기되었다. 이와 같이 변경된 정년 규정에 대하여 대법원 1996. 8. 23. 선고 94누13589 판결은 "교환직렬 인력의 잉여 정도, 연령별 인원 구성, 정년 차이의 정도, 차등정년을 실시함에 있어서 노사 간의 협의를 거친 점, 신규채용을 하지 못한 기간, 현재의 정년에 대한 교환직렬 직원들의 의견 등에 비추어 보아 교환직렬에 대하여 다른 일반직 직원과 비교하여 5년간의 정년차등을 둔 것이 사회통념상 합리성이 없다고 단정하기는 어렵다."고 하여 위 규정이 남녀차별적 규정이라고 볼 수 없다고 판시하였다. 위 대법원 94누13589 판결에 대한 평석으로는 김기영, 15~22면; 김엘림d, 14~20면; 오문완, 95~112면.

구 국가안전기획부직원법시행령에 전산사식 분야를 차별하는 '마찬가지의 규정이 있었다는 연혁'이나, 영선 및 원예 분야의 경우 계약직 채용공고 시 '관련 자격증'을 소지한 사람에게 응시자격을 부여하였다는 사실은 남녀의 근무상한 연령에 현저한 차등을 두는 것을 정당화하는 사유로 보기는 어렵다고 하면서, 위와 같이 남녀 근무상한연령의 차등 규정에 합리적 이유가 있는지를 구체적으로 심리·판단하여야 함을 들어 원심 판결을 파기환송하였다.[288]

그런데 일률적으로 남녀 간 정년을 다르게 한 것이 아니라 업무의 성격, 직급, 직종 등 다른 기준에 따라 정년에 차등을 둔 경우에는, 당해 직급 내지 직종이 사실상 여성전용직종인지 여부에 따라 남녀를 차별한 정년인지, 직급 또는 직종별 차등정년인지 평가가 달라질 수 있다.[289] 위 대법원 85다카657 판결은 어느 직종이 '여성전용직종'에 해당하는지 여부를 판단하는 기준을 제시하였는데, 즉, 한국전기통신공사의 교환직렬은 전통적으로 여성근로자로 충당되어 왔고 남녀근로자의 수나 비율을 보더라도 인사규정 제정 무렵에는 약 4,800명가량의 교환직렬 직원 가운데 남성은 불과 3명 정도였으며 그 후 교환직렬 직원이 7,480명으로 증가되었는데도 남성은 3명에 머물러 있었던 사정이 있다면, 위 남성근로자 3명이 취업하게 된 경위와 앞으로 남성들의 취업경향 여하에 따라서는 교환직렬을 여성전용직종으로 볼 여지가 있으므로 '근로자의 거의 대부분이 여성인 위 직종에 남성근로자가 예외적으로 취업하게 된 경위와 그 근로내용 및 역할 그리고 위 직종에 앞으로도 남성근로자를 필요로 하는지 여부와 이 직종에 대한 남성들의 취업경향' 등을 살펴서 교환직렬이 실제로 여성전용직종인지의 여부를 가려보아야 한다고 판시하였다. 나아가, 위 대법원 2013두20011 판결은 여성근로자들이 전부 또는 다수를 차지하는 분야의 정년을 다른 분야의

---

[288] 파기환송심인 서울고법 2020. 8. 19. 선고 2019누18 판결은 '합리적인 이유 없이 여성의 근무상한연령을 남성의 근무상한연령보다 낮게 정함으로써 강행규정인 남녀고용평등법 11조 1항과 근기법 6조에 위반되어 당연무효인 경우에 해당'한다고 판단하였다(2020. 9. 10. 확정).

[289] 법원은 직급 또는 직종별 정년차등 문제에 대해서 그것이 실질적으로 성차별과 같은 강행법규에 위반하는 차별금지사유와 결부된 경우가 아닌 한 사회통념상 합리성이 없는 차별에 해당하는 것으로는 보고 있지 않다. 반면, 국가인권위원회는 2005년 '공무원 차등정년에 대한 개선권고' 이후부터 직급 또는 직종별 차등정년 문제에 대해서 엄격하게 합리적인 이유가 있는지 여부를 검토한 후 평등권 침해의 차별행위로 판단하여 적극적으로 개선권고를 하고 있다. 한편, 2013. 5. 22. 고령자고용법 19조가 60세 정년을 의무화하는 내용으로 전문개정됨에 따라 기존에 60세 미만으로 차등을 두어 정년연령을 규정한 직종 및 직급별 차등정년제는 상당수 개선될 것으로 전망된다. 직급 및 직종별 차등정년제에 관한 법원 및 국가인권위원회 판정을 비교 검토하고 있는 글로는 손향미b, 195~220면 참조.

정년보다 낮게 정한 것이 여성에 대한 불합리한 차별에 해당하는지 여부는, 헌법 11조 1항에서 규정한 평등의 원칙 외에도 헌법 32조 4항에서 규정한 '여성근로에 대한 부당한 차별금지'라는 헌법적 가치를 염두에 두어야 함을 밝히고 있다.

남녀고용평등규정 9조 2항은 다음 1 내지 3호의 행위를 정년에서의 남녀차별적인 행위에 해당한다고 규정하고 있다.

① 같거나 비슷한 직종·직급 등에서 남녀간 정년을 달리 정하는 경우[290]

② 특정 성이 다수를 차지하는 직종·직급 등의 정년을 합리적인 이유 없이 다른 직종·직급 등보다 낮게 정하는 경우[291]

③ 그 밖에 합리적인 이유 없이 남녀를 차별하여 정년을 정하는 경우

한편, 대법원 2006. 7. 28. 선고 2006두3476 판결은 여성근로자에 대한 채용, 배치, 승진, 정년차별이 문제된 사례로서,[292] 사실관계와 소송경과는 다음과 같다. 한국전기공사협회(이하 '협회'라 한다)는 인사관리규정상 행정직 5직급과 6직급 채용 시 학력요건이 모두 고등학교 졸업 이상으로 동일하였으나 실제로는

---

290) ① 대법원 1993. 4. 9. 선고 92누15765 판결. ② 서울고법 1993. 5. 11. 선고 92나67621 판결은, 선별포장직 여성근로자들 전원이 회사에 채용될 당시, 기능직으로 분류된 남성근로자들과 아무런 특별한 기능의 구분 없이 채용되었고, 업무 내용에 뚜렷한 구분이 있지도 않았던 사실 등을 볼 때, 단체협약에서 선별포장직은 만 52세, 기능직은 만 55세로 정년을 규정한 것은 합리적 이유 없이 남녀를 차별적으로 대우한 것이라고 판단하였다(위 판결은 1993. 6. 9. 확정되었다). ③ 서울고법 2000. 5. 19. 선고 99나46128 판결은, 단체협약에서 조합원의 정년을 남성근로자는 50세, 여성근로자는 40세로 정한 규정은 합리적 이유 없이 남성과 여성을 차별하는 것으로 무효라고 판단하였다(위 판결은 2000. 6. 11. 확정되었다).

291) ① 대법원 1988. 12. 27. 선고 85다카657 판결. ② 대법원 2019. 10. 31. 선고 2013두20011 판결. ③ 국가인권위원회 2009. 9. 30.자 09진차736, 09진차1022 병합결정은, 다른 특수직의 정년은 57세인 데 반해 전원이 여성인 특수직 도우미의 정년은 30세인 사안에서, 도우미의 주업무는 전시관 안내와 매표 등으로서 이러한 업무가 본질적으로 남성 또는 30세 이상의 여성이 수행하기 어렵다고 볼 수 없고, 특정 성 및 연령이 반드시 필요한 업무가 아니며, 특수직 도우미들의 퇴직 이후, 성별 및 연령에 상관없이 정규 직원들을 순환시키면서 해당 업무를 수행하도록 하고 있어 도우미 업무와 성별·나이와의 상관관계를 찾기 어렵다는 이유로 특수직 도우미의 정년을 다른 특수직과 동일하게 적용하여 퇴직위로금을 지급할 것을 권고한 사례이다.

292) 구미영e, 198면은, 위 사건을 두고 '모집·배치 단계에서의 차별이 승진차별로 이어지고 결국 해고로 이어지는 과정이 한 여성근로자의 삶에서 파노라마처럼 보여 진다'라고 서술하고 있다. 손미정, 427면은 이를 '차별의 연속성'이라고 칭하며, 특히 성별에 의한 차별은 국적·연령·장애 등의 다른 차별사유와는 달리 채용, 근로계약의 내용뿐만 아니라 그 이후의 구체적 근로과정에 이르기까지 일련의 과정 속에서 각각의 단계마다 독자적인 차별사유로 표출된다는 특징이 있다고 한다. 위 대법원 2006두3476 판결에 대한 평석으로는 구미영e, 195~210면; 김인재a, 150~154면; 손향미a, 56~71면.

행정직 6직급에 주로 상업계 고등학교 졸업 여성을, 5직급에는 고졸과 대졸 남성을 각 채용·배치하였다. 협회는 1986년 직제개편을 통하여 행정직 6직급을 폐지하는 대신 상용직을 개설하여 행정직 6직급에 근무하는 원고를 포함한 여성근로자들을 모두 상용직으로 편입하고 행정직과 상용직 사이의 직군 간 이동과 상용직 내 직급 승진을 허용하지 아니하였다가, 이러한 직제개편이 성차별적이라는 구 산업자원부 감사 결과가 나오자 1996년 다시 상용직을 폐지하고 상용직 근로자들을 전원 행정직 6직급으로 재개편하고 직급 간 승진의 기회를 부여하였다. 한편, 협회는 직급이 올라갈수록 정년 시기가 늦어지는 직급별 차등 정년제(5, 6직급은 40세, 4직급은 45세, 3직급은 50세, 2직급은 55세, 1직급은 60세)를 시행하고 있었는데, 2001년 원고가 40세가 되자 5직급 정년연령에 도달하였다는 이유로 직위해제에 이어 정년퇴직 처리를 하였다. 원고는 협회가 채용, 승진, 정년에서 남녀를 차별하였고, 이는 근기법 및 남녀고용평등법에 위반되어 무효라고 주장하며 서울지방노동위원회에 부당직위해제 및 해고 구제신청을 제기하였으나 기각되었고, 이에 중앙노동위원회에 부당해고구제 재심신청을 제기하였으나 마찬가지로 기각되었다. 원고는 다시 부당해고구제 재심판정 취소소송을 제기하였고, 1심(서울행법 2004. 4. 16. 선고 2002구합39750 판결)에서는 패소하였으나, 2심(서울고법 2006. 1. 12. 선고 2004누8851 판결)에서는 승소하여 중앙노동위원회 재심판정이 취소되었다. 이에 중앙노동위원회가 상고하였으나 위 대법원 2006두3476 판결로 상고기각되어 위 항소심 판결이 확정되었다.

먼저, 위 항소심 판결은 ① 원고의 채용차별 주장에 대하여, 각 직급별 직무의 성격, 업무강도, 학력, 경력 등에 따른 협회의 업무상 필요성에 의하여 채용한 것으로서 합리적인 이유가 있다고 보아 이를 받아들이지 아니하였고, ② 승진차별 주장에 대하여, 협회가 직제개편 당시 이미 근무하던 행정직 6직급 근로자들에 대하여서까지 직군 간 이동을 제한하고 기존에 허용되던 상용직 내에서의 승진조차 전혀 허용하지 아니함으로써 행정직 6직급 근로자들의 직급승진의 기회를 사후에 박탈한 것은 그들이 채용 당시 가지고 있던 승진에 대한 기대이익을 침해하는 조치로서 합리성이 없고, 상용직의 업무가 행정직 6직급의 그것과 동일하며 행정직 6직급이 모두 여성근로자들로만 구성되어 있는 점에 비추어 보면 참가인의 위 직제개편조치는 합리적 이유 없이 행정직 6직급인 여성근로자들에게만 불리하게 승진을 제한하는 차별적 대우를 한 것이라고 판단하였으며, ③ 정년차별 주장에 대하여, 직제개편으로 인한 승진의 불합리성을 시정하지 아니한 채 협회의 직급정년제 규정을 일률적으로 적용하게 된다면 행정직 6직급에 있다가 상용직에 편입되어 10여 년 간 승진이 제한된 상황에서 다시 행정직 6직급에 재편된 여성근로자의 경우 낮은 직급으로 인하여 조기에 정년이 도래할 것임이 분명하므로 협회가 이러한 여성근로자들에 대하여서까지 조기정년의 직급정년제 규정을 그대로 적용하는 것은 현저하게 합리성을 잃은 조치로서 부당하다고 판단하였다. 대법원 2006두3476 판결은 ①에 관하여는 따로 판단하지 아니하고, ②, ③에 관하여는 항소심 판결의 판단을 수긍하였다.293) 위 사안에서 직급별 차등정년제는 성별에 상관없이 적용되었으나, 승진에서의 차별 내지 과거에 누적된 차별이 미치는 효과로 인하여 여성에게만 불리한 결과를 초래하는 간접차별에 해당하고,294) 대법원도 이를 인정함으로써 비록 판시상으로 간접차별이라는 용어나 해당 법조문을 직접 언급하지는 않았지만 최초로 남녀고용평등법의 간접차별 조항을 적용하여 차별 개념을 확장하였다는 점에서 의의가 크다.295) 또한, 위 대법원 판결의 판단 구조를 헌법재판소의 합리성 심사기준에 따라 검토하여 대법원이 위 사건에서 비례성 심사기준의 엄격심사를 전제로 판단에 나아갔다고 평가하는 견해도 있다.296) 다만, 위 항소심 판결이 채용·배치의 성차별을 인정하지 않은 것은 성별 직무분리라는 성고정관념에 의한 것으로서, 결국 직급별 정년제도 자체는 차별로 볼 수 없다는 결론에 이르렀다는 점에서 한계로 지적된다.297)

---

293) 이 판결에 대한 평석으로는 구미영e, 195~210면; 김인재a, 150~154면. 한편, 원고는 위 대법원 판결 후 복직하였으나 복직 후 4개월 만에 '4직급 정년 45세에 도달하였다'는 이유로 다시 직위해제되고 정년퇴직 처리가 되었다. 이에 원고는 다시 협회를 상대로 '협회 소속 여성근로자에 대한 진급상의 불이익은 현재까지 계속 존재하고 있으며 원고가 상용직으로 근무한 기간 동안의 불이익 또한 실질적으로 제거되지 아니하였으므로, 이러한 상태에서 차등정년제를 적용하여 원고를 45세에 퇴직시키는 것은 현저하게 합리성을 잃은 것으로 여성근로자에 대한 차별이어서 무효'라고 주장하며 서울남부지법 2007가합9697호로 해고무효확인 등의 소를 제기하여 2008. 5. 9. 승소판결을 선고받았고, 이에 협회가 서울고법 2008나52699호로 항소하였으나, 2008. 12. 5. 항소기각되어 2009. 1. 1. 위 판결이 확정되었다.
294) 구미영e, 205~206면; 손향미a, 69~70면. 간접차별의 법리에 비추어 정년차별의 문제에 접근하고 있는 글로는 최윤희b, 193~208면.
295) 구미영e, 206면.
296) 임공수b, 199면.
297) 구미영e, 200~202면; 이수연j, 18~19면.

(3) 퇴직의 차별금지

여기에서의 퇴직이라 함은 강학상 합의 퇴직을 뜻하는 것으로, 근로계약의 당사자인 근로자와 사용자가 계속적 채권관계인 근로계약관계를 쌍방의 합의에 의하여 장래를 향하여 종료시키는 것으로서 근로계약의 합의 해지이다. 퇴직은 근로자가 사용자에게 사직서를 제출하고, 사용자가 이를 승낙하는 이른바 의원 면직의 형태로 이루어지는 것이 일반적이다.[298]

퇴직에는 당사자 사이에 근로계약관계의 종료에 관한 확정적인 의사가 있어야 한다. 특히 근로자에게 진지하고 확정적인 퇴직 의사를 인정할 수 있어야 한다. 일괄적으로 사직서를 제출하고 사용자가 선별 수리하는 경우 외에도 정리해고 때 희망퇴직자를 모집하는 과정에서도 당해 근로자에게 진정한 퇴직 의사가 있는지 여부에 따라 퇴직인지 해고인지를 판단하여야 한다. 사직의 의사 없는 근로자로 하여금 어쩔 수 없이 사직서를 작성·제출하게 한 경우 그와 같은 사직서 제출행위는 비진의 의사표시에 불과하고 실질적으로는 사용자의 일방적 의사에 의하여 근로계약관계를 종료시키는 것이어서 해고이다.[299]

한편, 남녀고용평등규정 10조 1항에서는 '퇴직'이란 근로자에 의한 근로계약의 해지뿐만 아니라 근로자의 사망·기업의 소멸·정년 등도 포함하여 근로관계가 종료되는 것을 말한다고 규정하고 있다. 나아가 남녀고용평등규정 10조 2항은 다음 1 내지 4호의 행위를 퇴직에서의 남녀 차별적인 행위에 해당한다고 규정하고 있다.

① 특정 성의 근로자에 대하여 혼인, 임신, 출산, 육아 등의 이유로 퇴직을 강요하는 경우[300]

---

298) 김유성, 329면.
299) 대법원 2002. 7. 26. 선고 2002다19292 판결, 대법원 2002. 10. 25. 선고 2002두6552 판결 등.
300) ① 중앙노동위원회 1999. 5. 15.자 중앙99부해115 판정은, 여직원의 결혼퇴직 관례가 위법이라는 사실을 모르고 여성근로자가 사직서를 제출한 것은 비진의 의사표시라 할 것이고, 이에 근거한 회사의 고용관계 해지는 부당해고에 해당한다고 판정하였다. ② 남녀차별개선위원회 2000. 3. 31.자 01고용10 결정은, 비서인 여직원의 임신을 이유로 퇴직을 권유하면서 대기발령을 시킨 행위는 남녀차별이라고 판단하였다. ③ 국가인권위원회 2008. 3. 24. 07진차797 결정은, 새마을금고에 계약직 직원으로 입사하여 약 2년 6개월간 총 5회의 재계약을 하며 별다른 문제없이 근무해 오다가 결혼 후 임신 7-8개월째에 사용자가 진정인에게 특별한 사유 없이 계약 만기를 이유로 근로계약의 해지를 통보한 사안에서, 진정인은 계약직 사원으로 입사한 이래 재계약 거부통보를 받기까지 여러 차례에 걸쳐 근로계약을 중단 없이 체결해 왔으며, 사용자도 진정인의 근무성적이나 근무태도에 대해 문제 삼지 않고 있는 점 등을 종합해 볼 때, 진정인의 업무처리능력에는 문제가 없었던 것으로 보이고, 진정인이 결혼한 해의 2월에

② 사내 결혼을 이유로 특정 성의 근로자를 퇴직시키는 경우[301]

③ 퇴직기준이나 조건은 성 중립적이나 그 기준이나 조건이 특정 성이 충족하기 현저히 어려워 결과적으로 특정 성에게 불이익이 발생한 경우(다만, 그 기준이나 조건의 정당성에 대한 사업주의 입증이 있는 경우는 제외한다)

④ 그 밖에 합리적인 이유 없이 남녀를 차별하여 특정 성의 근로자를 퇴직시키는 경우

(4) 해고의 차별금지

이 때 '해고'란 근로자의 의사와는 관계없이 사용자가 일방적인 의사표시로 장래에 대하여 근로관계를 소멸시키는 것을 말한다(남녀고용평등규정 11조 1항).

남녀고용평등규정 11조 2항은 다음 1 내지 5호의 행위를 해고에서의 남녀 차별적인 행위에 해당한다고 규정하고 있다.

① 혼인, 임신, 출산, 육아 등을 이유로 특정 성의 근로자를 해고하는 경우[302]

② 경영상 이유에 의한 해고에 있어 합리적인 이유 없이 특정 성을 다른

개최된 인사위원회에서 진정인과 같은 시기에 입사한 계약직 남자 사원은 정규직 일반 사원으로 임용된 반면 진정인은 일반직으로 전환되지 못했으며, 이에 대해 사용자는 전환임용 부결 사유인 '품위유지 관련 사안'의 내용이 무엇인지 명확히 설명하지 못하고 있는 점, 진정인에게 계약기간 만료 통지서를 보낸 같은 해 6월경에 진정인이 임신 7-8개월의 상태였던 점을 감안하면 진정인의 결혼과 임신이라는 사유가 일반직 전환과 재계약 체결 여부 결정과 무관하지 않다고 판단하였다.

301) ① 남녀차별개선위원회 2000. 3. 31. 99고용33 결정은, 조합과 여직원회 간에 체결된 '결혼 후 5개월까지 근무, 사내 결혼 시 퇴직'이 주요 내용인 서약서는 무효이며, 이를 근거로 기혼 여성의 퇴직을 강요하는 것은 합리적 이유 없는 차별이라고 판단하였다. ② 여성근로자가 입사 당시 결혼과 동시에 사직하겠다는 내용의 여직원 계약서를 제출하였고 회사에는 여직원이 결혼하면 퇴직하는 관행이 있었기 때문에 자의가 아닌 사직서를 제출하였으므로 그에 따른 사직은 부당해고에 해당한다고 주장한 사건에서, 대법원 2001. 12. 27. 선고 2000두7797 판결은 회사에 결혼퇴직 관행이 있다고 보기 어렵고, 사직서 제출이 비진의 의사표시에 해당한다고 볼 증거도 없다는 이유로 부당해고를 인정하지 않았다. 이 판결의 원심으로서 대법원 판결과 결론을 같이 한 서울고법 2000. 8. 30. 선고 2000누2817 판결에 대한 평석으로는 김엘림g, 26~30면. 박선영 외 4명, 122면에서는 이 판결에 대하여 해고차별 사건으로 접근하기보다는 사직의 의사표시의 진의 여부에 관한 민법적 판단기준을 중심으로 접근했다는 점에서 한계가 있다고 지적한다. ③ 국가인권위원회 2006. 12. 22.자 06진차481 결정은, 방송사 계약직 아나운서로 입사하여 근무하던 중에 결혼을 앞두고 계약직에서 전속 프리랜서로 전환된 사안에서, 방송사 내 남성 계약직 16명 중 기혼자가 12명이지만 여성 계약직은 기혼자가 없는 내부 고용현황, 결혼하면 퇴사하는 관행이 있다는 참고인들의 진술을 종합해 볼 때, 진정인이 자신의 자유롭고 자발적인 의사로 퇴직을 하였다기보다는 방송사에 존재하는 결혼퇴직 관행에 의해 비자발적으로 퇴직한 것으로 보이고, 이러한 관행은 여성에 한하여 결혼을 이유로 고용의 기회를 배제하는 것으로 합리적 이유 없는 성차별이라고 판단하였다.

302) 위에서 본 퇴직차별의 유형 중 대부분이 이에 해당할 것이다.

성보다 앞서 해고하는 경우303)

③ 징계사유, 징계수준, 절차 등에 있어 특정 성을 다른 성에 비해 불리하게 대우하여 해고하는 경우

④ 부부가 같은 직장에 근무한다는 이유로 특정 성의 근로자를 해고하는 경우

⑤ 그 밖에 합리적인 이유 없이 남녀를 차별하여 해고하는 경우304)

아. 성차별의 유형 6 ― 직장 내 성희롱

(1) 관련 규정의 취지와 연혁

성희롱이 법적으로 규율된 계기는 1990년대 초 서울대학교에서 발생한 성희롱 사건이다. 당시 서울대의 한 조교는 담당 교수의 잦은 신체적 접촉과 데이

---

303) ① 전남지방노동위원회 1990. 5. 28.자 전남90부해15 판정은, 예산 감액을 이유로 실시한 구조조정에서 기혼 여성근로자 전원을 해고한 후, 신규로 교체 채용된 미혼의 여성근로자가, 해고된 기혼 여성근로자와 경력에서 별다른 차이가 없다면, 이는 교체 채용해야 할 타당한 이유 없이 결혼을 이유로 차별을 한 경우에 해당한다고 판정하였다. ② 한편 대법원 2002. 11. 8. 선고 2002다35379 판결은, 회사가 부부 사원 명예퇴직을 실시하는 가운데 아내인 여성 근로자의 퇴직을 종용하여 여성이라는 이유로 부당한 차별을 받았다고 주장한 사건에 대하여, 부부 사원 명예퇴직은 부부가 자율적으로 결정할 사안이므로 단순히 아내가 퇴직한 사례가 많다는 사정만을 들어 부당해고 또는 여성을 차별한 것이 아니라고 판단하였다. 이 판결의 원심인 서울고법 2002. 5. 17. 선고 2001나1661 판결에 대한 평석으로는 김엘림h, 21~25면이 있다. 이 평석은, 명예퇴직한 부부 사원 중 90% 이상이 여성이라면, 특히 회사의 구조조정 조치가 성차별의 의도가 없고 부부 사원에게 누가 퇴직할 것인가를 선택하게 하여 성중립적인 것으로 보일지라도 문제의 소지가 있는 선정기준을 적용하여 결과적으로 여성의 대량 퇴직과 비정규직화의 결과를 초래하였다면 이는 간접차별이므로 법원으로서는 간접차별에 해당하는지 여부를 검토했어야 한다고 지적한다. 이유정a, 30면은, 사내 부부 중 1명을 우선해고대상으로 삼은 배경에는 '남성은 생계책임자이며, 여성은 언제든지 가정으로 돌아갈 수 있다'는 뿌리 깊은 성차별적 통념이 있고, 이는 명백한 성차별임에도 법원이 이에 대하여 침묵하고, 결과적으로 성차별적인 구조조정을 합법화하는 역할을 하였다고 비판한다. ③ 서울고법 2008. 9. 3. 선고 2008누1261 판결은, 부양가족수, 배우자 소득 유무를 정리해고 대상자 선정기준으로 설정하고 높은 배점을 한 것이 기혼 여성에 대한 차별이 아니라고 보았다. 위 판결은 대법원 2008. 12. 24.자 2008두16346 판결로 심리불속행 기각되어 확정되었다. 위 판결에 대하여 구미영d, 79~80면은, 법원은 사용자가 노골적으로 의도하여 여성에게 불리한 조치를 취한 경우에만 차별을 인정하는 좁은 차별 개념을 전제로 하고 있으며, 이는 남녀고용평등법에서 간접차별 조항을 도입한 취지를 무시한 것이라고 비판한다.

304) ① 정부조직 개편과정에서 별정직공무원으로 임명하게 되어 있던 고용노동부 소속 산업상담원직제를 폐지한 후 민간직업상담원으로 이를 대체하기로 하는 고용노동부 및 그 소속기관에 대한 직제 개정 결과 면직처분이 내려진 사안에서, 기존 산업상담원이 모두 여성으로 이루어져 있는 등 상담원 직제 폐지가 여성에 대해 더 불리한 영향을 낳는다는 주장에 대하여 이를 배척한 판결로는 대법원 2002. 11. 8. 선고 2001두3051 판결. ② 같은 취지에서 경찰청 고용직 공무원의 직제 폐지 결과 여성에게 더 불리한 영향을 낳는다는 주장을 배척한 판례로는 서울행법 2005. 9. 22. 선고 2005구합1002 판결이 있다(서울고법 2005누23550호로 항소심 소송계속 중이던 2005. 12. 24. 소 취하로 종결되었다).

트 신청을 거절하였다는 이유로 조교 재임용이 거부되었다고 주장하면서 담당
교수와 서울대학교 총장, 대한민국을 상대로 불법행위로 인한 손해배상청구의
소를 제기하였다. 이 사건의 진행 중에 1995. 12. 30. 여성발전기본법이 제정되고
같은 법 17조 3항으로 "국가, 지방자치단체 또는 사업주는 성희롱의 예방 등 직
장 내의 평등한 근무환경 조성을 위하여 필요한 조치를 취하여야 한다"라는 규
정이 마련되면서 법률상 성희롱의 개념이 최초로 도입되었다.

6여 년에 걸친 소송 끝에 위와 같이 소를 제기한 조교는 대법원에서 조교
재임용 거부는 위 교수의 성희롱에 따른 불법행위로 인정된다는 일부 승소 판
결을 받았다.305) 이를 계기로 여성 단체의 입법 운동이 전개되어 1999. 2. 8. 남
녀고용평등법(2001. 8. 14. 법률 6508호로 개정되기 전의 것) 2조의2 2항에서 직장 내
성희롱이 규정되었다. 그리고 1999. 2. 8. 남녀차별금지법이 제정되면서 같은 법
2조 2호에서 직장 내 성희롱이 다시 규정되었다. 2005. 7. 29. 국가인권위원회법
2조 5호에 성희롱이 규정되었고, 2005. 12. 29. 남녀차별금지법이 폐지되면서 남
녀차별개선위원회(여성부 소속)가 담당하던 직장 내 성희롱 관련 업무를 포함하
여 남녀차별개선 업무가 국가인권위원회에 이관되었다.

(2) 직장 내 성희롱의 의의

남녀고용평등법 2조 2호는 직장 내 성희롱을 "사업주·상급자 또는 근로자
가 직장 내의 지위를 이용하거나 업무와 관련하여 다른 근로자에게 성적 언동
등으로 성적 굴욕감 또는 혐오감을 느끼게 하거나 성적 언동 또는 그 밖의 요
구 등에 따르지 아니하였다는 이유로 근로조건 및 고용에서 불이익을 주는 것"
이라고 규정하고 있다. 그리고 국가인권위원회법 2조 3호 라목은 성희롱 행위를
"업무, 고용, 그 밖의 관계에서 공공기관306)의 종사자307), 사용자 또는 근로자가
그 직위를 이용하여 또는 업무 등과 관련하여 성적 언동 등으로 성적 굴욕감
또는 혐오감을 느끼게 하거나 성적 언동 또는 그 밖의 요구 등에 대한 따르지
아니한다는 이유로 고용상의 불이익을 주는 것"이라고 규정하여 남녀고용평등
법보다 조금 더 넓게 성희롱의 주체를 정의하고 있다. 양성평등기본법 3조 2호
나목은 성적 언동 또는 요구에 대한 불응을 이유로 불이익을 주는 것뿐만 아니

305) 대법원 1998. 2. 10. 선고 95다39533 판결.
306) 국가기관, 지방자치단체, 「초·중등교육법」 2조, 「고등교육법」 2조와 그 밖의 다른 법률에
　　따라 설치된 각급 학교, 「공직자윤리법」 3조의2 1항에 따른 공직유관단체를 말한다.
307) 공공기관의 임직원뿐 아니라 공무수탁 사인도 포함한다.

라 그에 따르는 것을 조건으로 이익공여의 의사표시를 하는 행위를 성희롱의 정의에 포함시키고 있다. 그리고 남녀고용평등법 14조의2 1항은 "사업주는 고객 등 업무와 밀접한 관련이 있는 자가 업무수행 과정에서 성적인 언동 등을 통하여 근로자에게 성적 굴욕감 또는 혐오감 등을 느끼게 하여 해당 근로자가 그로 인한 고충 해소를 요청할 경우 근무 장소 변경, 배치전환, 유급휴가의 명령 등 적절한 조치를 하여야 한다"고 규정하여 고객 등에 의해 발생하는 성희롱 피해를 염두에 두고 있다. 성희롱 행위는 평등권 침해의 차별행위에 해당하고,[308] 남녀고용평등법 12조는 직장 내 성희롱을 금지하고 있다.

　또한 사업주는 직장 내 성희롱 발생이 확인된 경우 지체 없이 행위자에 대하여 징계나 그 밖에 이에 준하는 조치를 하여야 하고(남녀고용평등법 14조 5항), 직장 내 성희롱과 관련하여 피해를 입은 근로자 또는 성희롱 피해 발생을 주장하는 근로자(이하 "피해근로자등"이라고 한다)에게 해고나 그 밖의 불리한 처우를 하여서는 아니 된다(남녀고용평등법 14조 6항). 그리고 사업주는 고객 등 업무와 밀접한 관련이 있는 자가 업무수행 과정에서 성적인 언동 등을 통하여 근로자에게 성적 굴욕감 또는 혐오감 등을 느끼게 하여 해당 근로자가 고충 해소를 요청할 경우 성희롱 피해를 주장하거나 고객 등으로부터의 성적 요구 등에 불응한 것을 이유로 해고나 그 밖의 불이익한 조치를 하여서는 아니 된다(남녀고용평등법 14조의2 2항). 이는 해당 근로자에게 불이익을 줌으로써 직장 내 성희롱을 은폐하거나 반복할 우려를 방지하려는 것이다.[309]

　또한 근기법 76조의2는 사용자 또는 근로자가 직장에서의 지위 또는 관계 등의 우위를 이용하여 업무상 적정범위를 넘어 다른 근로자에게 신체적·정신적 고통을 주거나 근무환경을 악화시키는 행위("직장 내 괴롭힘")를 금지하고 있다(2019. 1. 15. 개정, 2019. 7. 16. 시행).

---

308) 국가인권위원회법 2조 3호 라목; 대법원 2009. 4. 9. 선고 2008두16070 판결, 서울고법 2008. 8. 21. 선고 2008누2707 판결. 성희롱 행위가 성립하기 위해서 그 행위가 평등권을 침해하는 차별행위일 필요는 없다는 견해를 취한 판결로 대법원 2008. 10. 9. 선고 2008두7854 판결이 있다. 미국의 경우 1970년대 후반부터 성희롱(sexual harassment)이 민권법 7편에 위배되는 고용상 성차별로서 학설과 하급심 판결에서 논의되었고, 1986년 미연방대법원이 Meritor Saving Bank v. Vinson 사건에서 성희롱을 고용상 성차별로 인정하였다(이미선a, 34면, 40면).
309) 임종률, 391면.

(3) 요   건310)

㈎ 주체 — 사업주·상급자 또는 근로자

남녀고용평등법은 사업주, 상급자 또는 근로자의 직장 내 성희롱을 금지하고 있다(12조). 직장 내 성희롱은 자연인만 할 수 있는 행위이므로 그 주체로서의 '사업주'는 그 사업의 경영담당자를 말한다. 또한 상급자가 별도로 규정되어 있으므로 '근로자'는 직장 내 성희롱 피해자와 동급 또는 하급의 근로자를 말한다.311) 대체로 성희롱은 남성이 가해자이고, 여성이 피해자인 구도가 형성되지만, 성희롱의 주체에 성별 제한이 있는 것은 아니다. 여성이 가해자이고, 남성이 피해자일 수 있고, 동성간에도 성희롱이 발생할 수 있다.

㈏ 업무관련성

행위의 징표인 '직장 내의 지위를 이용하거나 업무와 관련하여'가 업무관련성 요건에 해당한다. 업무관련성은 쌍방 당사자의 관계, 행위가 행해진 장소와 상황, 행위의 내용과 정도 등 구체적인 사정을 참작하여 판단한다. 업무 수행의 기회나 업무 수행에 편승하여 성적 언동이 이루어진 경우뿐 아니라, 업무 권한을 남용하거나 업무 수행을 빙자하여 성적 언동이 이루어진 경우에도 인정된다.312) 또한 업무관련성이 인정되는 업무관계는 상대방에게 고용상의 불이익 등 직접적인 영향력을 미칠 수 있을 정도의 구체적인 업무관계를 의미하는 것으로 한정되지 않고 포괄적으로 인정되면 족하다.313)

㈐ 객   체

남녀고용평등법 2조 2호는 직장 내 성희롱의 객체를 '다른 근로자'로 규정하고 있다. 여기서 근로자는 사업주에게 고용된 자뿐만 아니라 취업할 의사를 가진 자, 즉 모집·채용 과정에 있는 구직자도 포함한다(남녀고용평등법 2조 4호). 반면 국가인권위원회법은 객체를 규정하지 않아 이를 포괄적으로 해석해야 할

---

310) 업무, 고용관계에서 발생하는 직장 내 성희롱에 한정하여 남녀고용평등법을 중심으로 검토하기로 한다. 국가인권위원회법이나 양성평등기본법은 성희롱을 업무, 고용, 그 밖의 관계에서 발생하는 범위에서 정의하고 있다. 2018. 3. 13. 남인순 의원안은 성희롱의 영역을 한정하지 않고 있고, 2018. 3. 26. 김상희 의원안은 '업무, 고용, 교육 등과 관련하여' 발생하는 것이라고 그 범위를 한정하고 있다.

311) 임종률, 389~390면.

312) 대법원 2006. 12. 21. 선고 2005두13414 판결.

313) 서울행법 2004. 5. 20. 선고 2002구합36065 판결.

것으로 보인다. 여성에 한정되지 않고 남성도 포함된다.

　　㈜ 성적 언동 등

　성적 언동이란 상대방이 원하지 않는 성적 의미가 내포된 육체적·언어적·시각적 행위이다(객관적 요건). 상대방에게 성적 굴욕감 또는 혐오감을 느끼게 하면 성희롱이 성립한다(주관적 요건).

　'성적 언동 등'은 남녀 간의 육체적 관계나 남성 또는 여성의 신체적 특징과 관련된 육체적·언어적·시각적 행위로서 사회공동체의 건전한 상식과 관행에 비추어 볼 때 객관적으로 상대방과 같은 처지에 있는 일반적이고도 평균적인 사람으로 하여금 성적 굴욕감이나 혐오감을 느끼게 할 수 있는 행위를 의미한다(객관설). 그리고 이와 관련하여 성희롱이 성립하기 위해서는 행위자에게 반드시 성적 동기나 의도가 있어야 하는 것은 아니지만, 당사자의 관계, 행위가 행해진 장소와 상황, 행위에 대하여 상대방이 명시적이거나 추정적으로 반응한 내용, 행위의 내용과 정도, 행위가 일회적 또는 단기간의 것인지 아니면 계속적인 것인지 여부 등의 구체적 사정을 참작할 때, 객관적으로 상대방과 같은 처지에 있는 일반적이고도 평균적인 사람으로 하여금 성적 굴욕감이나 혐오감을 느낄 수 있게 하는 행위가 있고, 그로 인하여 행위의 상대방이 성적 굴욕감이나 혐오감을 느꼈음이 인정되어야 한다.314)

　그리고 성적 언동에 해당하는지 여부는 피해자의 주관적 사정을 고려하되, 사회통념상 합리적인 사람이 피해자의 입장이라면 문제가 되는 행동에 대하여 어떻게 판단하고 대응하였을 것인가를 함께 고려하여야 하며, 결과적으로 위협적·적대적인 고용환경을 형성하여 업무능률을 저해하게 되는지를 검토하여 판단한다.315) 여기서 피해를 주장하는 피해자의 주관적 사정이나 입장과 사회통념상 합리적인 사람의 입장이 다른 경우, 판례는 객관적으로 상대방과 같은 처지에 있는 일반적이고도 평균적인 사람으로 하여금 성적 굴욕감이나 혐오감을 느끼게 하는 행위가 아닌 이상 상대방이 성적 굴욕감이나 혐오감을 느꼈다는 이유만으로 성희롱이 성립할 수는 없다고 하여316) 피해자의 주관적 입장보다 사회통념상 합리적인 사람의 입장을 우선시하고 있다.

---

314) 대법원 2007. 6. 14. 선고 2005두6461 판결, 대법원 2008. 7. 10. 선고 2007두22498 판결, 대법원 2009. 4. 9. 선고 2008두16070 판결.
315) 남녀고용평등법 시행규칙 2조, [별표 1] 비고 참조.
316) 대법원 2007. 6. 14. 선고 2005두6461 판결.

사회통념상 합리적인 사람을 어떻게 상정할 것인가에 관하여 진정한 품위와 예의를 지닌 일반 평균인의 입장에서 이를 판단하여야 한다고 하는 견해(합리적 인간기준설)[317]와 성희롱의 피해자가 여성인 경우 합리적인 여성의 관점에서 그 위법성 여부를 판단해야 한다는 견해[318](합리적 여성기준설)가 있다.[319] 나아가 합리적 인간의 관점과 합리적 여성의 관점에 대한 대안으로 피해자의 입장이나 사정을 충분히 고려하는 대안적 기준들이 합리적 피해자의 관점,[320] 수정된 합리적인 인간의 관점 등의 명칭으로 제시되고 있다. 전자는 합리성을 가진 피해자를 판단의 주체로 하는 데 비해 후자는 전자의 경우에 피해자의 성별이나 사정에 따라 다른 판단기준이 사용된다는 것을 지적하면서 합리적 인간을 기준으로 하되, 피해자의 입장이나 사정을 충분히 고려하자는 내용으로 이해된다. 이러한 대안들은 모두 성중립적인 용어들을 사용하여 객관성을 높이면서도 결과적으로 여성이 피해자인 경우에 피해자의 입장을 고려할 수 있다며 제시되었다.[321]

성희롱이라는 문제영역은 그 개념과 그 해악이 불분명하며, 사회구성원 간의 인식 격차도 특별히 많은 분야다. 실제로 많은 연구들은 성희롱에 대한 인식이 개인 특성, 상황, 시간에 따라 차이가 난다는 사실을 보여준다. 기본적으로 남자와 여자의 인식에 유의미한 차이가 있는데, 특히 덜 명확하거나 덜 심각한 성희롱 유형에서는 이 격차가 더 크게 나타난다. 이 인식 격차는 남녀뿐만 아니라, 같은 여성들 또는 같은 남성들 사이에서도 나타나며, 가해자가 누구인지도 변수가 된다. 피해자가 느끼는 성희롱의 해악이 시간이 흐르면서 변하기도 한다. 어떤 사람은 처음에는 모욕감을 느끼지 못하다가, 나중에 그런 감정을 느끼기도 하고, 다른 사람이 성희롱이라고 알려준 후에 느끼기도 한다. 또한 성희롱이 장시간 반복적으로 일어나게 되면, 어떤 특정 행위 하나만을 보고 판단하는 것이 적절치 않은 경우도 있다. 이렇게 다양한 요소들이 성희롱의 배후에 있기 때문에, 성희롱에 대한 객관적 기준을 제시하는 것은 쉬운 일이 아니다.[322]

특히 피해자의 주관적 피해감정이 합리적이지 못할 경우 비합리적인 피해

---

317) 서울고법 1995. 7. 25. 선고 94나15138 판결.
318) Ellison v. Brady 판결[924 F.2d 872 (9th Cir. 1991)].
319) 김수형, 79면.
320) 강동욱, 93면.
321) 김엘림m, 339면.
322) 홍성수, 208~210면.

감정이 소외되고 존중받지 못하는 문제를 어떻게 해결할 것인가가 문제된다. 사실상 판단권자인 국가인권위원회 위원과 법관이 피해자에게 공감하는가라는 선에서 성희롱의 성립 여부가 결정되는데, 과연 국가인권위원회 위원과 법관의 생각과 감정이 사회통념상 합리적인 사람, 합리적인 여성의 기준선이 될 수 있는가, 되어야 하는가가 문제이기도 하다. 국가인권위원회 위원과 법관이 공감하지 않아도 성희롱이 성립될 수 있다면 사회통념상 합리적인 사람을 어떻게 상정해야 하는지도 문제가 된다. 합리적인 여성 기준을 채택한다 해도 여성 또한 단일한 집단으로 환원되기는 어렵다. 오히려 피해자의 주관적 피해감정만으로 성희롱이 성립한다고 보는 것이 이 요건을 판단하는 간명한 방법인지도 모른다.

그러나 주관을 강조하는 피해자 중심주의는 피해자에게 사건에 대한 독점적 해석권을 부여하는 것으로 피해자에게 공동체 속에서 자신을 바라볼 수 있는 성찰력을 제공하기 어려운 측면이 있다. 피해자의 관점을 맥락화하는 일은 가해자의 성희롱 행위가 사회공동체의 건전한 상식과 관행에 비추어 볼 때 용인될 수 있는 정도의 것인지 여부, 즉 선량한 풍속 또는 사회질서에 위반되는 것인지 여부를 판단하는 방법, 피해자 여성의 입장(position)을 구성하는 추론 방법 등을 통해 가능할 것이다.[323]

이러한 관점에서 합리적 여성 기준의 도입은 성희롱 여부의 판단에 있어서의 객관적 시각이 가진 성맹적(gender-blindness) 합리성의 한계를 보여줄 수 있다는 것만으로도 가치가 있다고 평가된다. 특히 성희롱 및 성폭력 행위는 남성 젠더에 속한 사람(들)에 의해 여성 젠더에 속한 사람(들)에게 행해질 확률이 압도적으로 높기 때문에, 사회 구조화된 젠더관계의 성격을 담고 있으며 이에 관한 남녀의 인식 차이가 클 수밖에 없다. 합리적인 여성기준은 법원으로 하여금 성별간 차이를 받아들이게 하는 한편, 압도적으로 많이 피해자가 되는 여성의 인식을 경청할 수 있도록 한다는 점에서 의미가 있다.[324]

대법원 판례는 앞서 언급한 객관설을 제시하면서 '피해자와 같은 처지에 있는 일반적이고 평균적인 사람'이라는 기준을 제시한 바 있다.[325] 징계사유인 성희롱 관련 형사재판에서 성희롱 행위가 있었다는 점을 합리적 의심을 배제할 정도로 확신하기 어렵다는 이유로 공소사실에 관하여 무죄가 선고되었다고 하

---

323) 양현아b, 213, 217면.
324) 양현아a, 225면.
325) 대법원 2018. 4. 12. 선고 2017두74702 판결.

여 그러한 사정만으로 '성희롱 피해자가 처하여 있는 특별한 사정'을 충분히 고려하지 않은 채 피해자 진술의 증명력을 가볍게 배척하는 것은 정의와 형평의 이념에 입각하여 논리와 경험의 법칙에 따른 증거판단이라고 볼 수 없다는 것이다. 또한 위 판례는 법원이 성희롱 관련 소송의 심리를 할 때 '성인지 감수성'을 잃지 않아야 하고(양성평등기본법 5조 1항), 우리 사회의 가해자 중심적인 문화와 인식, 구조 등으로 인하여 피해자가 성희롱 사실을 알리고 문제를 삼는 과정에서 오히려 부정적 반응이나 여론, 불이익한 처우 또는 그로 인한 정신적 피해 등에 노출되는 이른바 '2차 피해'를 입을 수 있다는 점을 유념하여야 한다고 판시하였다.

남녀고용평등법 시행규칙 2조, [별표 1] 1항은 직장 내 성희롱 판단을 위한 기준을 예시하면서 성적인 언동의 예시로서 (i) 육체적 행위: 입맞춤이나 포옹, 뒤에서 껴안는 등의 신체적 접촉 행위, 가슴·엉덩이 등 특정 신체 부위를 만지는 행위, 안마나 애무를 강요하는 행위, (ii) 언어적 행위: 음란한 농담을 하거나 음탕하고 상스러운 이야기를 하는 행위(전화 통화를 포함한다), 외모에 대한 성적인 비유나 평가를 한 행위, 성적인 사실 관계를 묻거나 성적인 내용의 정보를 의도적으로 퍼뜨리는 행위, 성적인 관계를 강요하거나 회유하는 행위, 회식자리 등에서 무리하게 옆에 앉혀 술을 따르도록 강요하는 행위, (iii) 시각적 행위: 음란한 사진·그림·낙서·출판물 등을 게시하거나 보여주는 행위(컴퓨터통신이나 팩시밀리 등을 이용하는 경우를 포함한다), 성과 관련된 자신의 특정 신체부위를 고의적으로 노출하거나 만지는 행위, (iv) 그 밖에 사회통념상 성적 굴욕감 또는 혐오감을 느끼게 하는 것으로 인정되는 언어나 행동을 들고 있다.

① 육체적 행위의 경우 성기나 가슴을 만지는 것뿐 아니라 신체의 어떤 부위라도 상대방의 의사에 반하여 만지는 것은 성적 언동에 해당한다. 대화 도중 가해자가 피해자의 가슴에 손을 댄 행위,[326] 교사가 야영 수련회에서 술에 취하여 여학생 11명에게 이불을 덮어주면서 어깨 주변이나 귀, 팔, 겨드랑이, 가슴, 엉덩이 등을 만진 행위,[327] 사립학교 교사가 예배에 참여하지 않은 두 여학생을 껴안고 엉덩이를 발로 찬 후 만지고, 뒤에서 껴안아 가슴을 만진 행위,[328] 유부남인 회사 대리가 여직원들에게 혼숙을 강요하고, 한 여직원에게는 옷을 벗으라

---

326) 대법원 2006. 12. 21. 선고 2005두13414 판결.
327) 창원지법 2005. 6. 16. 선고 2004구합3715 판결.
328) 대법원 2006. 9. 28. 선고 2006두10221 판결.

고 강요하고, 다른 여직원에게는 좋아한다고 하면서 스토킹한 행위[329]도 성희롱에 해당한다.

② 언어적 행위의 경우, 회사의 대표이사가 입사 후 일주일이 된 신입 사원에게 몇 명의 남자와 잠을 자보았는지 묻고 신입 사원의 손을 자신의 뺨에 가져다 댄 후 모텔로 들어가자고 한 행위,[330] 대학 교수가 단체교섭과 관련된 회의에서 노동조합 전임자를 대면하면서, 그 전임자가 목 부분에 밴드 처리가 되어 있는 라운드 티셔츠와 그 위에 노동조합 제작 조끼를 입은 것을 보고는, "가슴이 앞에 사람 보이니까 닫아요", "아니, 보는 게 아니라, 나 같은 늙은 사람들이 거기 신경 쓰고"라고 말한 행위[331] 등은 성희롱에 해당한다. 학원장이 학원 강사에게 예명이 포르노 배우같다고 하면서 에로영화의 내용과 그 주인공들의 신체 부위 등을 언급하고 그런 영화들을 알고 있느냐고 묻는 등의 발언을 약 10분 이상 지속한 경우 성희롱이 성립한다.[332] 초등학교 교사들의 회식 자리에서 교감이 여자 교사들을 향하여, 교장에게 술을 따라 줄 것을 두 차례 권한 경우 그 경위나 정황, 발언자의 의도 등에 따라서는 객관적으로나 일반적으로 여자 교사들로 하여금 성적 굴욕감이나 혐오감을 느끼게 하는 성적 언동에 해당하지 않을 수 있다.[333]

③ 시각적 행위의 경우 음란이란 사회통념상 일반 보통인의 성욕을 자극하여 성적 흥분을 유발하고 정상적인 성적 수치심을 해하여 성적 도의관념에 반하는 것을 말한다. 이는 표현물을 전체적으로 관찰·평가해볼 때 단순히 저속하다거나 문란한 느낌을 준다는 정도를 넘어서 존중·보호되어야 할 인격을 갖춘 존재인 사람의 존엄성과 가치를 심각하게 훼손·왜곡하였다고 평가할 수 있을 정도로 노골적인 방법에 의하여 성적 부위나 행위를 적나라하게 표현 또는 묘사한 것으로서, 사회통념에 비추어 전적으로 또는 지배적으로 성적 흥미에만 호소하고 하등의 문학적·예술적·사상적·과학적·의학적·교육적 가치를 지니지 아니하는 것을 뜻한다. 표현물의 음란 여부를 판단함에 있어서는 표현물 제작자의 주관적 의도가 아니라 그 사회의 평균인의 입장에서 그 시대의 건전한 사회

---

329) 대법원 2006. 6. 29. 선고 2006두6369 판결.
330) 대법원 2006. 6. 24. 선고 2006두224 판결.
331) 대법원 2009. 4. 9. 선고 2008두16070 판결.
332) 서울중앙지법 2018. 6. 15. 선고 2017가단5121277 판결.
333) 대법원 2007. 6. 14. 선고 2005두6461 판결.

통념에 따라 객관적이고 규범적으로 평가하여야 한다.334) 직장에서 사용자 또는
근로자가 다른 근로자에게 여성의 성기, 자위행위, 성매매를 포함한 성행위 등
을 저속하고 노골적으로 표현 또는 묘사하거나 이를 암시하는 문언이 기재된
문자메시지 등을 전송한 경우 이는 성희롱에 해당한다.

㈔ 근로조건 및 고용상의 불이익

채용 탈락, 감봉, 승진 탈락, 전직, 정직, 휴직, 해고 등과 같이 채용 또는
근로조건을 일방적으로 불리하게 하는 것을 의미한다.335)

㈕ 이익 공여의 의사표시

양성평등기본법 3조 2호 나목은 성희롱의 요건으로 상대방이 성적 언동 또
는 요구에 따르는 것을 조건으로 이익 공여의 의사표시를 하는 행위 또한 규정
하고 있다.

(4) 입증책임

직장 내 성희롱과 관련된 분쟁해결에서 입증책임은 사업주가 진다(남녀고용
평등법 30조). 직장 내 성희롱과 관련된 분쟁에서 위와 같은 요건을 피해근로자등
이 주장하면 사업주가 직장 내 성희롱이 존재하지 않았음을 입증해야 한다. 위
조항을 통해 피해근로자등이 직장 내 성희롱을 신고했을 때 사용자 측이 2차
가해를 통해 진술을 위축시킨다거나 외부기관의 문서제출명령 등에 불응하거나
가해근로자 또는 피해근로자등의 인사기록을 변조하는 등 입증방해를 하는 경
우 등에 성희롱 행위가 있었음이 일응 추정된다. 입증책임의 문제는 비단 성희
롱 행위에만 국한되지 않고, 직장 내 성희롱과 관련된 제반 분쟁의 해결과정에
적용된다. 직장 내 성희롱으로 인한 손해배상에 있어 고의·과실, 인과관계, 손
해의 발생과 같은 요건사실에 있어서도 입증책임의 전환으로서의 위 규정이 적
용된다. 위 조항은 적어도 사법상의 불법행위 책임에 관련하여서는 피해근로자
등을 강력히 보호하겠다는 입법자의 의사가 드러난 것이라고 볼 수 있다.336)

또한 피해근로자등이 사업주가 직장 내 성희롱과 관련하여 피해근로자등에
게 해고나 그 밖의 불리한 조치를 하여 남녀고용평등법 14조 2항, 6항을 위반하
였다고 주장하는 경우 사업주는 불법행위책임 및 형사책임을 면하려면 피해근

334) 대법원 2019. 1. 10. 선고 2016도8783 판결.
335) 남녀고용평등법 시행규칙 2조, [별표 1] 2항.
336) 임혜원, 111면.

로자등에 대한 조치가 직장 내 성희롱 피해나 그와 관련된 문제제기와 무관하거나 직장 내 성희롱과 별도의 정당한 사유가 있음을 증명해야 한다.[337]

위 조항의 해석에 관해서는 ① 근로자는 주장책임만 있고 모든 요건사실에 대한 증명책임은 사용자에게 있음, ② 전환규정의 취지는 증명이 특히 곤란한 부분의 경우 증거와의 거리상 사용자에게 그 책임을 과하자는 것이므로, 가장 증명이 곤란한 요건사실에 대한 증명책임을 사용자에게 전환하는 것으로 보아야 함, ③ 증명책임 전환규정이 있는 경우에는, 여성이고 불이익을 당하였으며 여성이 아니었다면 이러한 불이익을 당하지 않았을 것이라고 추정할 수 있는 최소한의 증거를 제출하는 소명을 하면 됨,[338] ④ 성별 등을 사유로 한 불이익 처분임을 증명할 책임은 근로자에게 있고 사용자가 설득력 있는 증거에 의하여 반증하지 못하는 한 패소함[339] 등의 견해가 제시되고 있다.

앞서 서술한 바와 같이 피해근로자등이 주장책임을 지고 사용자 측이 입증책임을 부담한다고 해석하는 것이 요건사실에 대한 증거와의 거리나 차별당하는 근로자의 입장 등을 고려한 입증책임의 전환 법리의 취지에 가장 부합하는 것으로 보인다.[340] 법관의 자유심증주의와 일응의 추정, 사실상의 추정 등의 법리가 해석과정에서 위 조항과 충돌하거나 증명의 정도에 관해 명쾌한 결론을 도출하지 못하는 문제를 해결하기 위해서는 구체적 입증단계별로 증명책임의 전환 내지 경감 규정을 두어야 할 필요가 있다.[341]

(5) 구제절차

㈎ 민사소송

직장 내 성희롱은 피해자의 인격권을 침해하고 인간으로서 가지는 존엄성을 훼손하며 정신적 고통을 주는 행위이므로 선량한 풍속 또는 사회질서에 위반하는 위법한 행위이고, 불법행위에 해당한다.[342] 따라서 가해자는 피해자에게 불법행위로 인한 손해배상책임을 진다. 또한 사용자가 피용자의 문제제기에 따라 직장 내 성희롱 행위의 발생사실을 알았거나 알 수 있는 상황에서 위 성희

---

337) 대법원 2017. 12. 22. 선고 2016다202947 판결.
338) 김엘림, 박현미, 66면.
339) 한정현, 116~117면.
340) 김재희, 139면.
341) 최윤희b, 207면.
342) 대법원 1998. 2. 10. 선고 95다39533 판결 등.

롱 행위에 대하여 위 법령의 취지에 부합하는 신속하고도 적절한 개선책(조사, 피해자와 가해자의 분리, 가해자에 대한 징계 등)을 실시하지 아니한 채 이를 방치하고, 나아가 오히려 피해자에게 불이익한 조치를 하는 경우, 사용자는 그에 대하여 손해배상책임을 면할 수 없다.[343]

그리고 사업주는 직장 내 성희롱과 관련하여 피해를 입은 근로자뿐만 아니라 성희롱 발생을 주장하는 근로자에게도 불리한 처우를 해서는 아니 되고(남녀고용평등법 14조 6항), 해고나 그 밖의 불리한 조치를 한 경우에는 민법 750조의 불법행위가 성립한다. 사업주가 피해근로자등을 가까이에서 도와준 동료 근로자에게 불리한 조치를 한 경우에 그 조치의 내용이 부당하고 그로 말미암아 피해근로자등에게 정신적 고통을 입혔다면, 피해근로자등은 불리한 조치의 직접 상대방이 아니더라도 사업주에게 민법 750조에 따라 불법행위책임을 물을 수 있다. 피해근로자등을 도와준 동료 근로자에 대한 징계처분 등으로 말미암아 피해근로자등에게 손해가 발생한 경우 이러한 손해는 특별한 사정으로 인한 손해에 해당한다. 따라서 사업주는 민법 763조, 393조에 따라 이러한 손해를 알았거나 알 수 있었을 경우에 한하여 손해배상책임이 있다고 보아야 한다.[344] 2017. 11. 28. 남녀고용평등법 14조 6항이 "사업주는 성희롱 발생 사실을 신고한 근로자 및 피해근로자등에게 불리한 처우를 하여서는 아니 된다." 로 개정되었다. 위와 같은 경우 회사의 행위로 피해근로자등은 여론 등의 부정적인 반응, 회사의 불이익한 처우 또는 그로 인한 정신적 피해에 노출되는 이른바 '2차 피해'를 입었고, 그로 인한 정신적 고통은 상당할 것이므로 손해배상책임에는 위자료가 포함된다.[345]

한편, 직장 내 성희롱이 발생하였을 때 사용자는 민법 756조에 따라 피용자가 한 성희롱에 대해 손해배상책임을 진다. 민법 756조에 규정된 사용자책임의 요건인 '사무집행에 관하여'는 피용자의 불법행위가 외형상 객관적으로 사용자의 사업활동 내지 사무집행행위 또는 그와 관련된 것이라고 보일 때에는 행위자의 주관적 사정을 고려함이 없이 이를 사무집행에 관하여 한 행위로 본다는 것으로, 피용자가 고의에 기하여 다른 사람에게 가해행위를 한 경우 그 행위가 피용자의 사무집행 그 자체는 아니라 하더라도 사용자의 사업과 시간적,

---

343) 서울지법 2002. 5. 3. 선고 2001가합6471 판결, 수원지법 2010. 4. 15. 선고 2008가합5314 판결, 서울고법 2018. 4. 20. 선고 2017나2076631 판결 등.

344) 대법원 2017. 12. 22 선고 2016다202947 판결.

345) 서울고법 2018. 4. 20. 선고 2017나2076631 판결.

장소적으로 근접하고, 피용자의 사무의 전부 또는 일부를 수행하는 과정에서 이루어지거나 가해행위의 동기가 업무처리와 관련된 것일 경우에는 외형적으로, 객관적으로 사용자의 사무집행행위와 관련된 것이라고 보아 사용자책임이 성립한다. 이 경우 사용자가 위험발생 및 방지조치를 결여하였는지 여부도 손해의 공평한 부담을 위하여 부가적으로 고려할 수 있다.346)

따라서 직장 내 근무 시간, 회사가 그 비용을 지원한 공식적인 회식이나 야유회, 체육대회, 객관적으로 이에 준하는 것으로 평가될 수 있는 회사의 임원 등 간부들이 공식적으로 주재하는 회식 자리 등에서 이루어진 직장 내 성희롱과 같이 가해자의 성희롱 행위에 직무관련성을 인정할 수 있는 경우 가해자의 사용자는 피해자에게 사용자책임을 진다.347)

또한 피용자가 다른 피용자를 성추행 또는 간음하는 등 고의적인 가해행위를 한 경우, 그 가해행위가 외형상 객관적으로 업무의 수행에 수반되거나 업무수행과 밀접한 관련 아래 이루어지는 경우뿐만 아니라, 피용자가 사용자로부터 채용, 계속고용, 승진, 근무평정과 같은 다른 근로자에 대한 고용조건을 결정할 수 있는 권한을 부여받고 있음을 이용하여 그 업무수행과 시간적, 장소적인 근접성이 인정되는 상황에서 피해자를 성추행하는 등과 같이 우월적 지위를 이용하는 경우348) 외형상, 객관적으로 사용자의 사무집행행위와 관련된 것이라고 보아 사용자책임이 성립한다.349)

민법 756조에 의한 사용자책임을 물으려면, 사용자와 불법행위자와의 관계에서, ① 사용관계가 있어야 하고, ② 행위자가 사무집행과 관련하여 불법행위를 하여야 하며, ③ 불법행위로 제 3 자에게 손해가 발생하여야 하고, ④ 행위자에게 고의, 과실, 책임능력이 있어야 하며, ⑤ 사용자에게 어느 정도 예측 가능성이 있어야 그 책임을 물을 수 있다고 하여 예측가능성을 구체적인 요건으로 제시하고 있는 하급심 판결도 있다.350) 위 하급심 판결은 사용자책임을 지는 사업주는 회사 자체이지 대표이사가 아니고, 회사의 대표이사는 민법 756조 2항에

---

346) 대법원 1998. 2. 10. 선고 95다39533 판결, 대법원 2009. 2. 26. 선고 2008다89712 판결, 대법원 2017. 12. 22 선고 2016다202947 판결 등 다수, 이른바 위와 같이 설시된 내용을 외형이론이라고 한다.
347) 서울지법 2002. 11. 26. 선고 2000가합57462 판결.
348) 김재형, 2009년 분야별 중요판례분석 (4) 민법(下), 법률신문 기획기사(2010. 3. 25.).
349) 대법원 2009. 2. 26. 선고 2008다89712 판결.
350) 서울중앙지법 2012. 8. 17. 선고 2011가단67239(본소), 2011가단235025(반소) 판결.

서 정한 사용자에 갈음하여 사무를 감독하는 자로 보기 어려우므로, 하청업체
대표이사의 사용자책임을 부정하였다(하청업체는 서류상 폐업하였다). 또한 사무집
행 관련성 또는 사용자 측의 예측가능성을 인정할 수 없다는 이유로 원청업체
의 사용자책임 또한 부정하였다.351) 이에 대해 사용자 책임을 강화하기 위해 징
벌적 손해배상제도를 도입하고, 성희롱 피해자의 범위에 특수고용직 근로자가
포함되도록 명시하여 법개정을 해야 한다는 견해가 있다.352)

　　사업주의 직장 내 성희롱의 예방·방지 의무는 근로계약상 사용자의 안전
배려의무의 하나이다. 사용자로서는 피용자가 직장 내 근무시간은 물론 사용자
의 지배·관리권이 미치는 출장지 등에서 부당한 성적 언동을 당함으로 인하여
성적 굴욕감이나 혐오감을 느끼는 일이 없도록 직장 내 분위기를 점검하고 관
리자들로 하여금 주의하도록 할 의무가 있고, 남녀고용평등법의 관련 규정 역시
이러한 취지를 포함하므로 사용자인 회사는 적절한 예방교육이나 철저한 관리
를 통하여 피용자가 다른 피용자를 성희롱하는 행위를 방지해야 할 의무가 있
다.353) 그리하여 사업주가 이를 위반하는 경우 근로계약상의 채무불이행책임을
지거나,354) 가해자와 공동불법행위 책임을 진다.355) 보호의무 위반을 이유로 사
용자의 손해배상책임을 인정하기 위해서는 업무관련성과 예측가능성이 요구된
다. 성희롱 사건에서의 예측가능성 판단은 피해자의 신고여부에 제한되어서는
안 되고, 회사가 성희롱 발생을 예측하기 어려울 정도로 성희롱 예방 및 고충처
리 절차가 실질적으로 운영되었는지를 중심으로 판단해야 한다.356)

　　직장 내 성희롱으로 말미암은 정신적 스트레스로 생긴 질병은 산재법상 업
무상 재해에 해당한다.

　　㈐ **형사소송**

　　성희롱 행위 중 강제추행과 강간 등 형사법상 범죄를 구성하는 행위에 대
하여는 가해자를 형사처벌할 수 있다. 성희롱 개념은 처음에는 성폭력과는 구분
되는 개념으로 성적인 말이나 행동으로 놀리는 것이나 가벼운 성적 접촉을 의

---

351) 김민정, 198면.
352) 이지원, 222면.
353) 수원지법 2010. 4. 15. 선고 2008가합5314 판결.
354) 서울지법 2002. 11. 26. 선고 2000가합57462 판결, 부산고법 2008. 4. 4. 선고 2007나19976 판
　　결, 대법원 2008. 7. 10. 선고 2008다29673 판결; 김형배, 298~299면.
355) 서울지법 2002. 5. 3. 선고 2001가합6471 판결.
356) 구미영m, 16, 19, 33면.

미하는 정도로 신체 접촉을 시도하지 않았다는 점에서 추행과는 구분되는 의미로 도입되었으나, 1999년 이후 추행을 포함하는 것으로 넓게 규정되고 있다.[357]

    추행은 객관적으로 일반인에게 성적 수치심과 혐오감을 일으키게 하고 선량한 성적 도덕관념에 반하는 행위로서 피해자의 성적 자유를 침해하는 것이라고 할 것이고, 이에 해당하는지 여부는 피해자의 의사, 성별, 연령, 행위자와 피해자의 이전부터의 관계, 그 행위에 이르게 된 경위, 구체적 행위태양, 주위의 객관적 상황과 그 시대의 성적 도덕관념 등을 종합적으로 고려하여 신중히 결정되어야 할 것이다.[358] 강제추행죄는 상대방에 대하여 폭행 또는 협박을 가하여 항거를 곤란하게 한 뒤에 추행행위를 하는 경우뿐만 아니라 폭행행위 자체가 추행행위라고 인정되는 이른바 기습추행의 경우도 포함된다. 특히 기습추행의 경우 추행행위와 동시에 저질러지는 폭행행위는 반드시 상대방의 의사를 억압할 정도의 것임을 요하지 않고 상대방의 의사에 반하는 유형력의 행사가 있기만 하면 그 힘의 대소강약을 불문한다는 것이 일관된 판례의 입장이다. 이에 따라 대법원은, 피해자의 옷 위로 엉덩이나 가슴을 쓰다듬는 행위, 피해자의 의사에 반하여 그 어깨를 주무르는 행위, 교사가 여중생의 얼굴에 자신의 얼굴을 들이밀면서 비비는 행위나 여중생의 귀를 쓸어 만지는 행위 등에 대하여 피해자의 의사에 반하는 유형력의 행사가 이루어져 기습추행에 해당한다고 판단한 바 있다. 미용업체인 갑 주식회사를 운영하는 피고인이 갑 회사의 가맹점에서 근무하는 을(여, 27세)을 비롯한 직원들과 노래방에서 회식을 하던 중 을을 자신의 옆자리에 앉힌 후 귓속말로 '일하는 것 어렵지 않냐. 힘든 것 있으면 말하라'고 하면서 갑자기 을의 볼에 입을 맞추고, 이에 을이 '하지 마세요'라고 하였음에도 계속하여 '괜찮다. 힘든 것 있으면 말해라. 무슨 일이든 해결해 줄 수 있다'고 하면서 오른손으로 을의 오른쪽 허벅지를 쓰다듬어 강제로 추행하였다는 내용으로 기소되었는데, 원심이 공소사실 전부를 무죄로 판단한 사안에서, 공소사실 중 피고인이 을의 허벅지를 쓰다듬은 행위로 인한 강제추행 부분에 대하여는, 을은 본인의 의사에 반하여 피고인이 자신의 허벅지를 쓰다듬었다는 취지로 일관되게 진술하였고, 당시 현장에 있었던 증인들의 진술 역시 피고인이 을의 허벅지를 쓰다듬는 장면을 목격하였다는 취지로서 을의 진술에 부합하는 점,

---

357) 전영실, 32면, 35면.
358) 대법원 2002. 4. 26. 선고 2001도2417 판결, 대법원 2002. 8. 23. 선고 2002도 2860 판결.

여성인 을이 성적 수치심이나 혐오감을 느낄 수 있는 부위인 허벅지를 쓰다듬은 행위는 을의 의사에 반하여 이루어진 것인 한 을의 성적 자유를 침해하는 유형력의 행사에 해당할 뿐 아니라 일반인에게도 성적 수치심이나 혐오감을 일으키게 하는 추행행위라고 보아야 하는 점, 원심은 무죄의 근거로서 피고인이 을의 허벅지를 쓰다듬던 당시 을이 즉시 피고인에게 항의하거나 반발하는 등의 거부의사를 밝히는 대신 그 자리에 가만히 있었다는 점을 중시한 것으로 보이나, 성범죄 피해자의 대처 양상은 피해자의 성정이나 가해자와의 관계 및 구체적인 상황에 따라 다르게 나타날 수밖에 없다는 점에서 위 사정만으로는 강제추행죄의 성립이 부정된다고 보기 어려운 점 등을 종합할 때 기습추행으로 인한 강제추행죄의 성립을 부정적으로 볼 수 없을 뿐 아니라, 피고인이 저지른 행위가 자신의 의사에 반하였다는 을 진술의 신빙성에 대하여 합리적인 의심을 가질 만한 사정도 없다는 이유로, 이와 달리 보아 이 부분에 대하여도 범죄의 증명이 없다고 본 원심의 판단에 기습추행 내지 강제추행죄의 성립에 관한 법리를 오해한 잘못이 있다.[359]

직장 상사가 등 뒤에서 피해자의 의사에 명백히 반하여 어깨를 주무른 경우, 여성에 대한 추행에 있어 신체 부위에 따라 본질적인 차이가 있다고 볼 수 없다는 이유로 업무상 위력에 의한 추행이 인정된 바 있다.[360] 또한 회장이 비서와 단둘이 식사를 하고 러브샷을 한 후 비서의 허리를 팔로 감싼 다음 입술에 입을 맞추고, 블라우스 목 부분으로 손을 집어넣어 가슴을 만지고, 손으로 원피스를 걷어 올린 다음 속바지와 속옷 안으로 손을 집어넣어 손가락으로 음부 부위를 문지르는 추행을 한 경우에도 업무상 위력에 의한 강제추행죄가 인정된 바 있다.[361]

성폭력범죄의처벌등에관한특례법위반(업무상위력등에의한추행)죄는 업무·고용 그 밖의 관계로 자기의 보호, 감독을 받는 사람에 대하여 위계 또는 위력으로 추행하는 경우에 성립하는데, '업무·고용 기타 관계로 인하여 자기의 보호 또는 감독을 받는 사람'이라 함은 직장의 내규 등에 의한 직제상 보호 또는 감독을 받는 관계에 있는 사람뿐만 아니라 직장 내에서 실질적으로 업무나 고용관계 등에 영향력을 미칠 수 있는 사람의 경우도 포함하며,[362] 이때 '위력'은 피해자의 자

---

359) 대법원 2020. 3. 26. 선고 2019도15994 판결.
360) 대법원 2004. 4. 16. 선고 2004도52 판결.
361) 서울중앙지법 2019. 2. 24. 선고 2017고단7560 판결.

유의사를 제압하기에 충분한 세력으로서 유형적이든 무형적이든 묻지 않으므로, 폭행·협박뿐 아니라 사회적·경제적·정치적인 지위나 권세를 이용하는 것도 가능하고, 그로 인하여 현실적으로 피해자의 자유의사가 제압될 것까지 요하는 것은 아니며,[363] 위력행위 자체가 추행행위라고 인정되는 경우도 포함된다.[364]

직장상사의 요구로 근로자와 직장상사 사이에 성관계가 있었던 경우 업무상 위력에 의한 간음이 성립하는지도 문제된다. 위력으로써 간음 또는 추행한 것인지 여부는 행사한 유형력의 내용과 정도 내지 이용한 행위자의 지위나 권세의 종류, 피해자의 연령, 행위자와 피해자의 이전부터의 관계, 그 행위에 이르게 된 경위, 구체적인 행위의 태양, 범행 당시의 정황 등 제반사정을 종합적으로 고려하여 판단하여야 한다.[365]

이에 관하여 형법 303조 1항의 피감독자간음죄 즉 업무상 위력에 의한 간음죄가 성립하기 위해서는 ① 상대방의 자유의사를 제압하는 위력의 존재, ② 위력의 행사, ③ 위력과 간음 또는 추행 사이의 인과관계의 인정, ④ 그로 인한 피해자의 성적 자기결정권의 침해의 결과 발생이라는 요건이 필요하다는 견해가 있다.[366] 형법 303조 1항의 피감독자간음죄는 성관계가 피해자의 의사에 반하여 이루어져야 그 죄가 성립하는 범죄라 할 것인데, 여기서 피해자의 의사에 반하는 것인지는 피해자가 그에 관한 명시적 의사표시를 한 경우는 물론 피해자가 명시적인 의사표시를 하지 않았더라도 가해자와 피해자의 관계, 가해자가 간음행위에 이르게 된 경위, 간음행위 당시의 구체적 상황, 간음행위 이후의 정황 등을 종합하여 피해자가 간음행위 당시 처하였던 구체적 상황을 기준으로 피해자가 간음행위에 동의하지 않았음이 인정되는 경우에는 피감독자간음죄가 성립한다. 업무상 위력 등에 의한 간음죄는 그 행위의 성질상 당사자 간에서 극비리에 또는 외부에서 알기 어려운 상태 하에서 감행되는 것이 보통이고, 그것이 위력에 의한 간음행위였는지 여부는 행위자와 피해자의 이전부터의 관계, 그 행위에 이르게 된 경위, 구체적인 행위 태양, 범행 당시의 정황 등 제반 사정을 종합적으로 고려하여 판단하여야 할 것이다. 간음행위에 이르게 된 경위, 간음

---

362) 대법원 2009. 9. 24. 선고 2009도6800 판결.
363) 대법원 2007. 11. 29. 선고 2007도8135 판결, 대법원 2012. 4. 26. 선고 2012도1029 판결.
364) 대법원 1998. 1. 23. 선고 97도2506 판결, 대법원 2012. 4. 26. 선고 2012도1029 판결.
365) 대법원 2007. 11. 29. 선고 2007도8135 판결, 대법원 2012. 4. 26. 선고 2012도1029 판결.
366) 서울서부지법 2018. 8. 14. 선고 2018고합75 판결.

행위를 전후하여 보인 태도에 비추어 직장 상사가 근로자가 권력적 상하관계에
있어 적극적으로 저항하는 등 성적 자기결정권을 자유롭게 행사하기에 취약한
상태에 있음을 인식한 상태에서 이를 이용하여 간음행위에 나아간 경우 업무상
위력에 의한 간음죄가 성립한다.367) 피해자 등의 진술은 그 진술 내용의 주요한
부분이 일관되며, 경험칙에 비추어 비합리적이거나 진술 자체로 모순되는 부분
이 없고, 또한 허위로 피고인에게 불리한 진술을 할 만한 동기나 이유가 분명하
게 드러나지 않는 이상, 그 진술의 신빙성을 특별한 이유 없이 함부로 배척해서
는 아니 된다(대법원 2006. 11. 23. 선고 2006도5407 판결 등 참조).368)성폭행이나 성
희롱 사건의 피해자가 피해사실을 알리고 문제를 삼는 과정에서 오히려 피해자
가 부정적인 여론이나 불이익한 처우 및 신분 노출의 피해 등을 입기도 하여
온 점 등에 비추어 보면, 성폭행 피해자의 대처 양상은 피해자의 성정이나 가해
자와의 관계 및 구체적인 상황에 따라 다르게 나타날 수밖에 없다. 따라서 개별
적, 구체적인 사건에서 성폭행 등의 피해자가 처하여 있는 특별한 사정을 충분
히 고려하지 않은 채 피해자 진술의 증명력을 가볍게 배척하는 것은 정의와 형
평의 이념에 입각하여 논리와 경험의 법칙에 따른 증거판단이라고 볼 수 없다.
위와 같은 법리는, 피해자임을 주장하는 자가 성폭행 등의 피해를 입었다고 신
고한 사실에 대하여 증거불충분 등을 이유로 불기소처분되거나 무죄판결이 선
고된 경우 반대로 이러한 신고내용이 객관적 사실에 반하여 무고죄가 성립하는
지 여부를 판단할 때에도 마찬가지로 고려되어야 한다. 따라서 성폭행 등의 피
해를 입었다는 신고사실에 관하여 불기소처분 내지 무죄판결이 내려졌다고 하
여, 그 자체를 무고를 하였다는 적극적인 근거로 삼아 신고내용을 허위라고 단
정하여서는 아니 됨은 물론, 개별적, 구체적인 사건에서 피해자임을 주장하는
자가 처하였던 특별한 사정을 충분히 고려하지 아니한 채 진정한 피해자라면
마땅히 이렇게 하였을 것이라는 기준을 내세워 성폭행 등의 피해를 입었다는
점 및 신고에 이르게 된 경위 등에 관한 변소를 쉽게 배척하여서는 아니 된다.369)
    미국의 비동의간음죄 해석과 같이 경제적으로 혹은 지위적으로 열위에 있
거나 술 등에 의하여 영향을 받은 상태에 있는 사람의 경우에는 그 동의에 기
초하여 성관계에 이르기 위해서는 명확하고 적극적인 동의(affirmative consent)가

---

367) 서울고법 2019. 2. 1. 선고 2018노2354 판결.
368) 대법원 2019. 9. 9. 선고 2019도2562 판결.
369) 대법원 2019. 7. 11. 선고 2018도2614 판결.

있어야 하고, 그것은 상황과 결과에 대한 정확한 인식을 바탕으로 이루어졌는지 재확인되어야만 유효한 동의로 될 수 있고, 술과 지위에 의하여 반쯤 동의한 (half-hearted consent) 경우 비동의간음죄로 처벌해야 한다는 견해도 있다.[370)]

　　근로자가 상시적으로 지휘·감독 관계에 있는 상사로부터 성관계를 요구받는 경우 성적 자기결정에 자율성이 개입할 여지가 있는지 의문이 있다. 그러나 한편 그와 같은 경우에도 특히 예방적 관점에서 성적 자기결정이 실질적으로 존재하지 않는다고 간주하거나 근로자의 지위 자체를 자유의사가 제압된 존재로 의제하는 해석론 또한 문제가 있다.

　　언어적 성희롱 행위는 명예훼손이나 모욕죄가 될 수 있다. 또한 회식자리 등에서 무리하게 옆에 앉혀 술을 따르도록 강요하는 행위 등의 성희롱의 경우 형법상 강요죄가 문제될 수 있다.[371)] 고객의 러브샷 강요행위의 경우 강제추행으로 처벌한 예[372)]가 있다.

　　음란한 사진·그림·낙서·출판물 등을 게시하거나 보여주는 행위는 형법상 음화반포 등의 죄(243조)에 해당할 수 있고, 자기 또는 다른 사람의 성적 욕망을 유발하거나 만족시킬 목적으로 통신매체를 이용하여 상대방에게 음란물을 보여주는 행위는 성폭력범죄의 처벌 등에 관한 특례법상 통신매체이용 음란죄(13조)에 해당할 수 있다. 또한 정보통신망을 통하여 음란한 부호·문언·음향·화상 또는 영상을 배포·판매·임대하거나 공연히 전시한 경우, 공포심이나 불안감을 유발하는 말·음향·글·화상 또는 영상을 반복적으로 상대방에게 도달하게 한 경우에는 정보통신망이용촉진 및 정보보호 등에 관한 법률 위반(74조 1항 1호)에 해당할 수 있다. 성과 관련된 자신의 특정 신체부위를 여러 사람의 눈에 띄이는 곳에서 함부로 노출하는 행위는 경범죄처벌법상 과다노출죄가 성립할 수 있으며(3조 33호), 형법상으로는 공연음란죄(245조)가 성립할 수 있다.[373)]

　　또한 사업주는 직장 내 성희롱과 관련하여 피해를 입은 근로자 또는 성희롱 피해 발생을 주장하는 근로자에게 해고나 그 밖의 불리한 조치를 하여서는

---

370) 옥도진, 41면, 129, N.J. 422 609 A.2d 1266 STATE OF NEW JERSEY IN THE INTEREST OF M.T.S The Supreme Court of New Jersey, Argued January 7, 1992, Cynthia A, Wicktom, Note, Focusing on the Offender's Forceful Conduct: A proposal for the Redefinition of Rape Laws, 56, Geo. Wash.L.Rev. 399, 401(1988)에서 재인용.

371) 윤상민, 791면.

372) 대법원 2008. 3. 13. 선고 2007도10050 판결.

373) 윤상민, 791~792면.

아니 되며(남녀고용평등법 14조 6항), 이를 위반하면 3년 이하의 징역형 또는 3,000
만 원 이하의 벌금에 처한다(남녀고용평등법 37조 2항 2호).[374] 위와 같이 처벌받는
사업주에는 파견근로자에 대한 사용사업주도 포함되고, 사용사업주가 파견근로
자에게 해제를 통보하면서 파견업체에 파견근로자의 교체를 요구한 것은 위 규
정에 정한 그 밖의 불리한 조치에 해당한다.[375] 현행 남녀고용평등법에는 가해
자를 형사처벌하는 조항은 없으나, 근로환경 악화의 불법성과 유해성을 강조하
고, 구제절차의 준비나 접근에 있어 긴밀함과 용이함을 꾀하며, 내용판단의 일
관성을 도모한다는 점에서 남녀고용평등법에 처벌규정을 두는 것도 하나의 방
법일 것이다. 사업주의 책임권한 밖에 있는 제3자에 대한 제재를 위해서 남녀
고용평등법상 고객 등 업무관련성이 있는 성희롱 행위자에 대해서도 직접 처벌
조항을 두는 것 또한 실효성 있는 방법이 될 것이다.[376]

　　프랑스의 경우 어떤 사람에게 성적인 암시가 담긴 말 또는 행위를 거듭 강
요하여 상처를 주거나 모욕을 하여 존엄을 침해하거나 위압적이고 적대적이거
나 모욕적인 상황을 만드는 경우 2년 이하의 징역 또는 3만 유로 이하의 벌금
에 처한다. 또한 성희롱 행위가 ① 직권 남용에 의해 행해진 경우, ② 15세 미
만의 미성년에 대해 행해진 경우, ③ 연령, 질병, 신체장애, 육체적 또는 정신적
장애, 또는 임신에 의해 취약한 것이 분명하거나 또는 가해자가 이를 알고 성희
롱 행위를 한 경우, ④ 경제적, 사회적 지위가 불안정하기 때문에 특히 취약하
거나 의존하고 있음이 분명하거나 또는 그것을 가해자가 이를 알고 성희롱 행
위를 한 경우, ⑤ 복수의 사람에 의해 성희롱이 행해진 경우 3년 이하의 징역
또는 4만 5천 유로 이하의 벌금형에 처하여 가중처벌하고 있다.

　　⒟ 진정, 시정조치, 행정소송
　　직장 내 성희롱 피해자 또는 그 사실을 알고 있는 사람이나 단체는 국가인
권위원회에 그 내용을 진정할 수 있다(국가인권위원회법 30조 1항). 진정을 접수한
국가인권위원회는 그 진정에 관해 사실을 조사하고, 국가인권위원회 내 소위원
회로서 3인 내지 5인으로 구성된 차별시정위원회(국가인권위원회법 12조)에서 3인 위

---

374) 대법원 2012. 2. 10. 선고 2012도185 판결, 서울중앙지법 2014. 3. 14. 선고 2013노4054 판결,
　　의정부지법 2016. 10. 24. 선고 2016고단3197 판결, 부산지법 2018. 10. 25. 선고 2018고단3845
　　판결.
375) 대법원 2017. 3. 9. 선고 2016도18138 판결.
376) 민대숙, 95면.

원의 만장일치로 의결한다(국가인권위원회법 13조 2항). 의결의 종류로는 당해 사실에 관한 성희롱 결정 및 시정조치권고(인용), 기각, 각하 결정이 있다. 시정조치로 위원회는 인권침해나 차별행위의 중지, 원상회복·손해배상 그 밖의 필요한 구제조치, 동일 또는 유사한 인권침해나 차별행위의 재발을 방지하기 위하여 필요한 조치의 이행 및 법령·제도·정책·관행의 시정 또는 개선을 권고할 수 있다(국가인권위원회법 44조 1항, 42조 4항).

국가인권위원회의 인용 결정으로서 성희롱 결정과 이에 따른 시정조치 권고는 불가분의 일체로서 행해지는 것인데, 이 성희롱 결정과 시정조치 권고는 모두 가해자의 인격권에 영향을 미침과 동시에 공공기관의 장 또는 사용자에게 일정한 법률상의 의무를 부담시키므로 행정처분에 해당한다.[377] 따라서 가해자측은 국가인권위원회를 상대로 위 결정과 구제조치의 취소를 구하는 행정소송을 제기할 수 있고, 피해자는 국가인권위원회의 보조참가인으로 소송에 참가할 수 있다.

또한 국가인권위원회의 기각 결정 역시 행정청이 행하는 구체적 사실에 관한 법집행으로서의 공권력의 행사 또는 그 거부와 그 밖에 이에 준하는 행정작용인 행정처분에 해당하므로 피해자 또한 국가인권위원회를 상대로 그 취소를 구하는 행정소송을 제기할 수 있다.

㈃ 사업주의 행정상 책임

남녀고용평등법 12조는 사업주, 상급자 또는 근로자에게 직장 내 성희롱을 하여서는 아니 된다는 금지 규정을 두었고, 남녀고용평등법 13조는 사업주에게 직장 내 성희롱을 예방하고 근로자가 안전한 근로 환경에서 일할 수 있는 여건 조성을 위하여 직장 내 성희롱의 예방을 위한 교육을 실시할 의무를 지웠다. 2017. 11. 28. 개정된 남녀고용평등법은 사업주가 직장 내 성희롱 예방교육을 매년 실시하도록 하고 있다. 또한 사업주는 성희롱 예방 교육의 내용을 근로자가 자유롭게 열람할 수 있는 장소에 항상 게시하거나 갖추어 두어 근로자에게 널리 알려야 한다.

사업주는 고용노동부장관이 지정한 성희롱 예방교육 기관을 통하여 성희롱 예방교육을 하여야 하고, 그 내용에는 해당 사업장의 직장 내 성희롱 발생 시의

---

377) 대법원 2005. 7. 8. 선고 2005두487 판결 등.

처리 절차와 조치 기준, 해당 사업장의 직장 내 성희롱 피해 근로자의 고충상담 및 구제 절차가 포함되어 있어야 한다(남녀고용평등법 시행규칙 6조 1항, 남녀고용평등법 시행령 3조 2항 2호 및 3호).

파견근로에서는 사용사업주가 성희롱 예방교육 의무를 진다(남녀고용평등법 34조). 남녀고용평등법 12조를 위반한 사업주에게는 1,000만 원 이하의 과태료를 부과하고(남녀고용평등법 39조 1항), 남녀고용평등법 13조를 위반하여 성희롱 예방교육을 하지 않은 사업주에게는 500만 원 이하의 과태료를 부과한다(남녀고용평등법 39조 2항 1의2호).[378]

국가나 지방자치단체 등의 공공단체의 경우 양성평등기본법에 따라 국가기관 등의 장과 사용자는 성희롱을 방지하기 위하여 예방교육을 하는 등 필요한 조치를 하여야 하고, 국가기관 등의 장은 그 조치 결과를 여성가족부장관에게 제출하여야 한다. 여성가족부장관은 법령이 정하는 바에 따라 국가기관 등의 성희롱 방지조치에 대한 점검을 매년 실시하여야 하고, 언론 등에 공표하여야 하며, 점검결과 성희롱 방지조치가 부실하다고 인정되는 국가기관 등에 대하여 관리자에 대한 특별교육 등 필요한 조치를 취하여야 한다.

여성가족부장관은 국가인권위원회 등을 통하여 국가기관 등에서 성희롱 사건을 은폐한 사실, 성희롱에 관한 국가기관 등의 고충처리 또는 구제과정 등에서 피해자의 학습권·근로권 등에 대한 추가적인 피해가 발생한 사실이 확인된 경우에는 관련자의 징계 등을 그 관련자가 소속된 국가기관 등의 장에게 요청할 수 있다(양성평등기본법 31조).

㈒ 직장 내 성희롱 발생시 조치

누구든지 직장 내 성희롱 발생 사실을 알게 된 경우 그 사실을 해당 사업주에게 신고할 수 있다. 사업주는 신고를 받거나 직장 내 성희롱 발생 사실을 알게 된 경우에는 지체 없이 그 사실 확인을 위한 조사를 하여야 한다. 이 경우 사업주는 직장 내 성희롱과 관련하여 피해를 입은 근로자 또는 피해를 입었다고 주장하는 근로자가 조사 과정에서 성적 수치심 등을 느끼지 아니하도록 하여야 한다. 사업주는 조사 기간 동안 피해근로자등을 보호하기 위하여 필요한 경우 해당 피해근로자 등에 대하여 근무장소의 변경, 유급휴가 명령 등 적절한

---

378) 대전지법 2003. 3. 25.자 2002과1817 결정 등.

조치를 하여야 한다. 이 경우 사업주는 피해근로자등의 의사에 반하는 조치를 하여서는 아니 된다. 사업주는 조사 결과 직장 내 성희롱 발생 사실이 확인된 때에는 피해근로자가 요청하면 근무장소의 변경, 배치전환, 유급휴가 명령 등 적절한 조치를 하여야 한다. 사업주는 조사 결과 직장 내 성희롱 발생 사실이 확인된 때에는 지체 없이 직장 내 성희롱 행위를 한 사람에 대하여 징계, 근무장소의 변경 등 필요한 조치를 하여야 한다. 사업주는 이를 위반하면 500만 원 이하의 과태료에 처해진다(남녀고용평등법 39조 2항).

사업주는 성희롱 발생 사실을 신고한 근로자 및 피해근로자등에게 다음 각 호의 어느 하나에 해당하는 불리한 처우를 하여서는 아니 된다(남녀고용평등법 14조 6항).

　　1. 파면, 해임, 해고, 그 밖에 신분상실에 해당하는 불이익 조치

　　2. 징계, 정직, 감봉, 강등, 승진 제한 등 부당한 인사조치

　　3. 직무 미부여, 직무 재배치, 그 밖에 본인의 의사에 반하는 인사조치

　　4. 성과평가 또는 동료평가 등에서 차별이나 그에 따른 임금 또는 상여금 등의 차별 지급

　　5. 직업능력 개발 및 향상을 위한 교육훈련 기회의 제한

　　6. 집단 따돌림, 폭행 또는 폭언 등 정신적·신체적 손상을 가져오는 행위를 하거나 그 행위의 발생을 방치하는 행위

　　7. 그 밖에 신고를 한 근로자 및 피해근로자등의 의사에 반하는 불리한 처우

이를 위반한 경우 3년 이하의 징역 또는 3,000만 원 이하의 벌금에 처한다 (37조 2항 2호).

직장 내 성희롱 발생 사실을 조사한 사람, 조사 내용을 보고 받은 사람 또는 그 밖에 조사 과정에 참여한 사람은 해당 조사 과정에서 알게 된 비밀을 피해근로자등의 의사에 반하여 다른 사람에게 누설하여서는 아니 된다. 다만, 조사와 관련된 내용을 사업주에게 보고하거나 관계 기관의 요청에 따라 필요한 정보를 제공하는 경우는 제외한다(남녀고용평등법 14조 7항). 이를 위반한 경우 사업주를 500만 원의 과태료에 처한다(남녀고용평등법 39조 2항 1의7호).

사업주는 고객 등 업무와 밀접한 관련이 있는 자가 업무수행 과정에서 성적인 언동 등을 통하여 근로자에게 성적 굴욕감 또는 혐오감 등을 느끼게 하여

해당 근로자가 그로 인한 고충 해소를 요청할 경우 근무 장소 변경, 배치전환,
유급휴가의 명령 등 적절한 조치를 하여야 한다. 또한 사업주는 근로자가 고객
등 업무와 밀접한 관련이 있는 자에 의한 성희롱 피해를 주장하거나 고객 등으
로부터의 성적 요구 등에 불응한 것을 이유로 해고나 그 밖의 불이익한 조치를
하여서는 아니 되는데(남녀고용평등법 14조의2 2항), 이를 위반한 사업주에게는 500
만 원 이하의 과태료를 부과한다(남녀고용평등법 39조 2항 2호).

　　사업주는 직장 내 성희롱을 한 자에 대한 징계나 그 밖에 이에 준하는 조
치를 하는 경우 징계 등의 조치를 하기 전에 그 조치에 대하여 직장 내 성희롱
피해를 입은 근로자의 의견을 들어야 한다(남녀고용평등법 14조 1 내지 5항). 또한 사
업주는 성희롱의 정도 및 지속성 등을 고려하여야 한다(남녀고용평등법 시행규칙 9조).

　　㈐ 직장 내 성희롱의 가해자에 대한 해고의 정당성에 관한 분쟁

　　사업주는 직장 내 성희롱 발생이 확인된 경우 지체 없이 행위자에 대하여
징계 그 밖에 이에 준하는 조치를 취하여야 한다(남녀고용평등법 14조 5항). 이를 위
반한 사업주에게는 500만 원 이하의 과태료를 부과한다(남녀고용평등법 39조 2항 1
의6호).

　　성희롱이 발생하면 사업주는 이 규정에 따라 가해자에게 징계 등 조치를
취하게 된다. 가장 무거운 징계인 해고가 이루어진 경우 가해자는 부당해고 구
제절차를 통해 다툴 수 있다. 이 구제 절차 또한 근기법 23조 1항이 정한 해고
의 정당성 심사를 통해 이루어진다.

　　해고의 정당성 요건[379]을 성희롱으로 인한 징계해고에 적용하여 보면, 먼저
근로계약·취업규칙·단체협약 등에 정해진 복무 규율에 다른 사람의 작업을 방
해하거나, 동료 간의 불화를 야기하는 언행 등 직장 내 규율과 질서를 문란하게
하여서는 아니 된다는 규정, 고의 또는 중대한 과실로 회사에 손해를 끼치거나
회사의 위신을 추락시키고 사회적 물의를 일으켰을 경우 징계할 수 있다는 규
정, 그외 비슷한 취지의 규정들이 있으면 이러한 규정이 성희롱을 포섭한다고

---

379) 해고 가운데 징계해고의 정당성 요건을 말한다. 그 정당성 요건을 간단히 언급하면, (i) 근
　　로계약·취업규칙·단체협약 등에 정한 징계 사유에 해당할 것, (ii) 근로계약·취업규칙·단체
　　협약 등에 정한 징계 사유가 적법할 것, (iii) 구체적인 전후 사정에 비추어 해고가 사회통념
　　상 현저하게 타당성을 잃어 징계 양정이 지나치지 않고, 징계 대상자로 된 수인의 근로자들
　　사이에 형평이 맞을 것 등이다. 사법연수원, 338~340면. 징계해고 정당성에 관한 자세한 내
　　용은 '제23조 제 1 항 해설 2: 징계해고' Ⅱ. 참조.

말할 수 있다.380) 그리고 그와 같이 성희롱을 포섭하는 규정이 적법한 것임은 남녀고용평등법 14조 5항을 볼 때 명백하다.

　다음으로 직장 내 성희롱에 따른 해고가 징계 양정이 지나친 해고인지 여부는 정당성 판단에서 가장 중요한 부분이라 말할 수 있다. 이러한 징계 양정 심사는 가해자를 해고하지 않아도 피해근로자등의 근로권이 보호되고 피해근로자등의 인간의 존엄과 가치가 회복될 수 있는지 여부를 심사함으로써 가능하다. 가해자로부터 피해근로자등의 근로권을 보호하는 것은 사업주에게 성희롱 가해자를 징계할 것을 명한 남녀고용평등법 14조 5항의 입법취지에 부합하기 때문이다. 나아가 피해근로자 등의 인간의 존엄과 가치를 회복할 수 있는지 여부는 피해근로자등이 가해자의 사과·성희롱의 재발 중지만으로 근로할 권리를 침해당하지 않을 수 있는지 여부, 가해자의 성희롱으로 업무수행에 지장을 받았거나 휴직 또는 실직하였는지 여부, 노골적인 고용상 불이익을 받았는지 여부, 분노·울화·슬픔으로 치료를 받는 등의 사정으로 금전 보상이 필요한지 여부, 피해근로자등의 피해 정도, 가해자와의 관계에 대해 느끼는 부담감, 병가·연가를 포함한 휴가 일수, 가해자의 피해근로자등의 회사 내 지위, 가해자와 피해근로자등의 업무 사이의 연관성, 가해자가 인사권 내지 감독권을 가지는 등 피해근로자등의 업무나 인사에 직접·간접적인 영향력을 미칠 수 있는지 여부, 회사의 피용자 수, 사업장 공간의 크기, 회식의 빈도와 규모를 보아 가해자와 피해근로자등이 업무 외에도 회식이나 사업장 안에서 다시 마주칠 수 있는지 여부 등 피해근로자등과 가해자 사이의 객관적·주관적 권력관계 등을 고려하여 가해자에 대한 징계해고가 징계 양정이 지나친 해고인지를 판단해야 한다.

　따라서 사업주가 사용자책임으로 피해근로자등에 대해 손해배상책임을 지게 될 뿐 아니라 성희롱 행위자가 해고되지 않고 같은 직장에서 계속 근무하는 것이 성희롱 피해근로자등이 감내할 수 없을 정도로 고용 환경을 악화시키는 결과를 가져올 수 있어 근로관계를 계속할 수 없을 정도로 근로자에게 책임이 있다고 보아 징계해고를 하였다면, 그 징계해고는 객관적으로 명백히 부당하다고 인정되는 경우가 아닌 한 징계 양정이 지나친 것이라고 쉽게 보아서는 아니 된다.381)

---

380) 서울행법 2007. 3. 27. 선고 2006구합35916 판결.
381) 대법원 2008. 7. 10. 선고 2007두22498 판결.

  판례는 초·중·고등학교나 국립 병원 또는 군대에서 이루어진 성희롱을 사유로 한 징계해고는 대체로 적법하다고 보았다.[382) 또한 대법원 판례는 가해자인 카드회사 지점장이 자신의 지휘·감독을 받은 여직원 중 8명을 상대로 14회에 걸쳐 반복적으로 행한 뽀뽀, 엉덩이 치기 등의 성적 언동을 직장 내 성희롱으로 인정하고, 이를 원인으로 하여 가장 중한 징계인 해고가 행해진 경우 가해자가 징계해고되지 않고 같은 직장에서 계속 근무하는 것이 성희롱 피해자들의 고용환경을 감내할 수 없을 정도로 악화시키는 결과를 가져올 수도 있다는 점과 사업주가 성희롱 피해자들에 대해 손해배상책임을 부담할 수도 있다는 점을 감안할 때 회사의 가해자에 대한 징계해고가 객관적으로 명백히 부당하다고 인정되지 않는다고 판시한 바 있다.[383) 또한 판례는 학교법인의 차장이 회식자리 등에서 여직원들에게 지속적이고 반복적으로 성기에 관한 성희롱 발언과 포옹, 입맞춤, 손을 자신의 허벅지와 성기에 닿게 하는 등의 성희롱 행위를 한 것을 사유로 징계해고된 사안에서 상급자로서 우월한 지위에 있는 사람의 성희롱 행위는 동급자 혹은 하급자의 성희롱 보다는 엄격하게 취급할 필요가 있는 점, 원고의 행위가 형법상 강제추행죄로 인정될 정도의 성적 언동이 포함된 성희롱 행위로서, 객관적으로 상대방과 같은 처지에 있는 일반적이고도 평균적인 사람의 입장에서 보아 고용환경을 악화시킬 정도로 그 정도가 매우 심하다고 볼 수 있는 점, 원고의 성희롱 행위는 남녀고용평등법에 성희롱 행위 금지, 성희롱 예방교육, 성희롱 행위자에 대한 징계 등의 규정이 마련된 지 약 8년이 경과한 시점에서 3명의 여직원들을 상대로 반복적으로 행해졌으므로 설령 원고의 성희롱 행위가 그동안의 왜곡된 사회적 인습이나 직장문화 등에 의하여 형성된 평소의 생활태도에서 비롯된 것으로서 특별한 문제의식 없이 이루어졌다고 하더라도 그러한 이유로 그 행위의 정도를 가볍게 평가할 수 없는 점, 원고가 징계해고되지 않고 같은 직장에서 계속 근무할 경우 성희롱 피해자들의 고용환경이 감내할 수 없을 정도로 악화될 우려가 있는 점, 원고는 대학교에서 근무하고 있으므로 대학이라는 특수성에 비추어 성희롱에 관하여 더 엄격하게 보아야 할 필요가 있는 점, 표창수상 등 원고에게 유리한 사정을 모두 감안하더라도 원고에

---

  382) 대법원 1996. 10. 11. 선고 96누9584 판결, 대법원 2002. 11. 26. 선고 2002두7579 판결, 대법원 2003. 12. 26. 선고 2003다26044 판결, 대법원 2004. 4. 27. 선고 2004두107 판결, 대법원 2011. 7. 14. 선고 2001두8796 판결 등.
  383) 대법원 2008. 7. 10. 선고 2007두22498 판결.

대한 해고가 객관적으로 명백히 부당하다고 인정되지 않는다고 판시한 바 있다.[384] 한편 판례는 성희롱 사건이 발생한 후 회사의 임원이 회사에 그 사실을 알리지 않고, 피해자가 국가인권위원회를 이용하여 성희롱 문제를 해결하는 과정에서 증언을 하고, 그 과정에서 가해자가 자살을 하자, 회사가 회사 측의 성희롱 사건 처리에 협조하지 않은 것이 직무 태만에 해당한다는 사유로 위 회사 임원을 징계해고한 사안에서, 성희롱 사건 확대를 막지 못한 책임을 회사 임원에게 물을 수 없다고 하였다.[385]

자. 고용상 성차별 등 시정제도

(1) 제도 도입의 경과 및 의의

남녀고용평등법은 2021. 5. 18. 법률 18178호로 개정되면서 고용상 성차별 및 직장 내 성희롱 또는 고객 등에 의한 성희롱(이하 통틀어 '고용상 성차별 등'이라 한다)에 대한 행정적 구제절차로 노동위원회를 통한 '차별시정제도'를 도입하였고, 위 제도는 2022. 5. 19.부터 시행되었다(지금까지 '차별시정제도'라 하면 일반적으로 후술하는 비정규직 근로자에 대한 차별시정제도를 뜻하였으므로,[386] 이를 구별하기 위해 이하 '고용상 성차별 등 시정제도'라 한다).

개정 전 남녀고용평등법은 고용상 성차별 등을 당한 근로자가 적극적으로 그 피해를 구제받기 위하여 취할 수 있는 절차에 대하여 별도로 규정하고 있지 않았다. 물론 피해자는 국가인권위원회에 진정을 제기할 수 있으나, 그 결과 차별이 인정된다 하더라도 국가인권위원회의 구제조치는 권고에 그치므로 실질적인 피해 구제가 되지 못하는 측면이 있다. 이 때문에 그동안 고용상 성차별 등 피해자의 실효적인 구제를 도모하기 위해 차별시정제도가 도입되어야 한다는 논의가 활발하게 이루어져 왔고, 이를 담당할 가장 적합한 기관이 노동위원회라는 데 대체로 견해가 일치하였다.[387] 국회에서도 노동위원회에 의한 고용상 성

---

384) 서울행법 2010. 6. 4. 선고 2009구합49190 판결.

385) 대법원 2004. 3. 12. 선고 2003다68437 판결.

386) 그 외 2019. 8. 27. 법률 16595호로 제정되어 2020. 8. 28.부터 시행된 산업현장 일학습병행 지원에 관한 법률(약칭: 일학습병행법)에서 노동위원회를 통한 차별시정제도를 도입하였다. 즉, 일학습병행법 29조 2항은 학습근로자가 차별적 처우를 받은 경우 노동위원회에 그 시정을 신청할 수 있다고 규정하고, 29조 3항은 고용노동부장관의 시정 요구를 규정하는 한편, 29조 4항에서 위 시정신청 및 시정요구, 그 밖의 시정절차 등에 관하여 기간제법을 준용하고 있다.

387) 박선영 외 4명, 471~473면, 노동위원회 내에 '성차별 전문위원회'를 설치하여 성차별 시정 업무를 전담하도록 하는 방안을 제시하는 견해로는 박귀천b, 31면. 한편, 외국의 입법례로 영

차별 등 시정제도를 신설하는 내용의 법안이 꾸준히 발의되는 등 남녀고용평등
법 개정 시도가 지속적으로 추진되었으며,[388] 정부가 2017. 12. 26. 발표한 "여성
일자리대책"에 노동위원회에 성차별 권리구제절차를 신설하는 내용이 포함되어
있기도 하였다.[389]

　　고용상 성차별 등을 받은 근로자를 더욱 두텁게 보호하기 위해서는 사업주
에게 해당 차별을 적극적으로 시정하도록 요구하고 이에 대한 배상을 받을 수
있는 제도를 마련할 필요가 있고, 위와 같은 논의 및 입법을 위한 노력의 결과
남녀고용평등법은 고용상 성차별 등에 대하여 노동위원회에 구제신청을 할 수
있도록 고용상 성차별 등 시정제도를 도입함으로써 근로자의 고용평등을 실현
하고 삶의 질 향상을 도모한 것이다.[390]

　　남녀고용평등법은 고용상 성차별 등 시정제도의 내용과 절차를 정하면서
기간제법 및 파견법에서 규정한 그것을 거의 그대로 따르고 있다. 이는 고령자
고용법 및 장애인차별금지법이 차별에 대한 구제절차를 국가인권위원회의 진정
및 권고, 국가인권위원회의 권고 불이행을 전제로 고용노동부장관 내지 법무부

국, 미국, 독일, 일본의 고용상 성차별 구제절차를 설명하고 있는 글로는 박귀천 외 5명,
110~227면 참조.

388) 19대 국회에서는 최봉홍 의원이 2013. 10. 10. 노동위원회를 통한 고용상 성차별에 대한 권
리구제절차의 신설을 내용으로 한 남녀고용평등과 일·가정 양립 지원에 관한 법률 일부개정
법률안(의안번호 1907244)을 대표 발의하였다. 20대 국회에서는, 서형수 의원이 2017. 7. 4. 남
녀고용평등과 일·가정 양립 지원에 관한 법률 일부개정법률안(의안번호 2007762)을 대표 발
의하였는데, 그에 따르면 사업장 등에서 남녀고용평등법에 위반되는 성차별(모집과 채용, 임
금 등, 교육·배치 및 승진, 정년·퇴직 및 해고)을 받은 근로자가 노동위원회에 시정을 신청
할 수 있도록 하고, 노동위원회는 조사·심문을 거쳐 차별에 해당된다고 판정한 때에는 사업
주에게 시정명령 또는 배상명령을 발하거나 당사자의 신청이나 합의가 있는 경우는 조정 또
는 중재를 하도록 하고 있다. 또한 고용노동부장관으로 하여금 노동위원회에서 확정된 시정
명령에 대한 이행상황 제출 요구 및 시정명령의 확대를 할 수 있도록 하고 있다. 또한, 개정
법률안은 차별받은 근로자의 시정 신청과 별도로 고용노동부장관이 사업장의 차별을 확인한
경우는 직권으로 시정을 요구하고, 미이행 시 노동위원회 명령 또는 배상명령을 발하거나 조
정·중재를 할 수 있도록 하고 있다. 20대 국회에서 이정미 의원이 2018. 4. 23. 대표 발의한
남녀고용평등과 일·가정 양립 지원에 관한 법률 일부개정법률안(의안번호 13196)에는 고용
상 성차별 및 성희롱에 대한 징벌적 손해배상제도 도입을 포함하고 있다.

389) 고용노동부는 여성가족부, 보건복지부, 기획재정부 등 관계부처와 함께 2017. 12. 27. 차별
없는 양질의 여성일자리 확충을 위한 「현장의 목소리를 담은 "여성 일자리대책"」을 발표하
였다(2017. 12. 27.자 정부 관계부처 합동 보도자료 참조). 위 여성 일자리대책에는 임금, 승진,
퇴직, 해고 등 고용상 성차별적 처우에 대해 시정명령 및 징벌적 손해배상제를 도입하며, 피
해노동자의 의사에 따라 지방관서의 신고사건과 노동위원회의 차별시정절차를 병행하는 내
용이 포함되어 있다.

390) 법제처 제공 개정이유 참조.

장관의 시정명령 등으로 이원화하는 방식을 채택한 것과 대비된다.[391]

　　노동위원회는 이미 비정규직 근로자에 대한 차별시정 업무를 담당해 왔으므로, 노동위원회가 고용상 성차별에 대한 권리구제절차를 담당하게 되면 비정규직 차별시정 업무 처리의 노하우를 이용할 수 있다. 또한, 특히 여성 비정규직과 같이 고용형태와 성이 복합적으로 차별사유가 된 사건에 대해 노동위원회에서 종합적으로 판단하여 처리할 수 있다는 장점도 있다.[392]

(2) 논의의 범위

　　앞서 본 바와 같이 남녀고용평등법에서 규정한 고용상 성차별 등 차별시정 제도의 내용과 절차는 기간제법 및 파견법에서 규정한 그것과 대동소이하다. 현

---

391) 이처럼 남녀고용평등법에서 비정규직에 대한 차별시정제도와 마찬가지로 노동위원회의 전속적 시정명령 제도를 도입한 것은 남녀고용평등의 이념을 실효적으로 실현하는 데 매우 고무적인 입법적 조치라고 평가하는 견해로는 이승섭, 252면.

392) 현실에서는 한 명의 근로자에 대해 성차별, 연령차별, 비정규직차별, 국적차별이 동시에 문제되는 등 복합적인 차별이 발생하기도 하고, 근로자가 차별의 사유라고 인식한 것과는 달리 법적으로는 다른 차별사유가 문제되는 경우도 있다(박귀천b, 32면). 복합적인 차별의 피해자는 자신이 받은 차별에 대해 어느 기관에 진정을 해야 할지 파악하기 어렵고, 각기 다른 차별 판단이 내려져 구제기관에 대한 신뢰성 상실도 초래할 수 있다(이숙진, 246면). 특히 노동영역에서의 성차별은 다른 차별사유, 즉 국적, 연령, 고용형태 등에 의한 차별과 빈번하게 서로 연관하여 이루어진다. 이를테면 외국인 여성근로자, 고령의 여성근로자, 장애인 여성근로자, 비정규직 여성근로자 등 성차별이 기타 다른 차별사유와 이중적으로 연계하여 더욱 심각한 차별의 결과를 야기할 수 있다(손미정, 422~423면). 이와 같은 이른바 '복합차별'에 관한 문제에 대하여 그동안 그 실태와 원인을 분석하고 정책적 대안을 강구한 선행연구들이 다수 존재하기는 하나(외국인 여성근로자의 노동인권 실태와 권리 보장에 관하여는 이수연g, 101~151면 및 이수연m, 93~138면, 여성노인의 다중 차별을 다루고 있는 글로는 이동우, 63~78면, 장애인 여성근로자의 차별실태 및 해소방안에 관하여는 오혜경, 27~74면, 비정규직 여성근로자의 교차적 차별 경험을 실증적으로 연구한 글로는 신경아, 77~118면, 비정규직 여성근로자의 차별실태와 법제도 개선과제에 관하여는 강이수 외 4명, 1~191면 참조), 향후 노동법학계를 중심으로 복합차별의 개념, 차별 판단의 구조와 요건, 현행 법제 하의 구제절차 상호간의 관계, 복합차별 전부를 해소할 수 있는 구제방법 등에 관하여 보다 깊이 있는 법리적 연구가 이루어질 필요가 있다. 참고로 영국의 2010년 평등법 14조는 '복합차별(combined discrimination)'의 개념을 규정하고 있는데, 이에 의하면 복합차별은 법에 의해 보호받는 두 가지의 속성이 결합되고 있는 사람을, 그러하지 않은 사람에 비하여 덜 우호적으로 처우하는 것이다. 결합할 수 있는 속성에는 연령, 장애, 성전환, 인종, 종교 또는 신앙, 성, 성적 지향이 있다. 이 경우, 차별을 받았다고 주장하는 사람은 차별을 한 사람이 각각의 속성을 이유로 하는 직접차별을 저질렀음을 증명할 필요가 없다. 즉 각 속성에 대한 차별 증명이 불가능한 경우라도 복합차별로서 보호될 수 있다는 것이다. 예컨대, 아시아계 여성은 자신이 여성으로서 차별을 받고 있는지 아니면 아시아계라는 이유로 차별받고 있는지에 대해 증명할 수 없다 하더라도, 여성이면서 동시에 아시아계라는 이유로 차별받고 있다고 주장할 수 있다(홍성수b, 17면). 이와 관련하여 장기적으로는 고용상 차별 문제에 대해서 차별판단기구를 일원화하는 것이 필수적이라는 견해(김철희, 131면), 같은 취지에서 노동위원회가 일괄적으로 담당할 수 있도록 제도를 개선하는 방안도 고려해볼 수 있다는 견해(박귀천b, 32면)가 있다.

재로서는 고용상 성차별 등 시정제도가 시행된 지 얼마 지나지 않았기 때문에
이와 관련된 일반적인 쟁점, 즉 차별시정제도와 민사소송 등 다른 구제절차와의
관계, 시정이익의 개념, 시정명령의 내용, 고용노동부장관의 시정요구 및 통보,
확정된 시정명령의 효력 확대제도의 도입취지와 내용 등은 후술하는 비정규직
근로자에 대한 차별시정제도에서 논의되는 바를 참조할 수 있을 것이다. 이하에
서는 고용상 성차별 등 차별시정제도를 개관하되, 실무상 제기될 수 있는 쟁점
에 관하여 간략히 검토하는 데 그친다.

(3) 절차의 개관

남녀고용평등법 26조 1항은 먼저 차별시정 신청의 대상을 규정하고 있다.
즉, 사업주가 ① 남녀고용평등법 7 내지 11조를 위반하여 모집·채용, 임금, 임
금 외 금품, 교육·배치·승진, 정년·퇴직·해고 등에 있어 차별적 처우를 한 경
우, ② 남녀고용평등법 14조 4항, 14조의2 1항에 위반하여 직장 내 성희롱 또는
고객 등에 의한 성희롱의 피해근로자의 요청에도 근무장소 변경, 배치전환, 유
급휴가 명령 등 적절한 조치를 하지 아니한 경우, ③ 남녀고용평등법 14조 6항,
14조의2 2항에 위반하여 직장 내 성희롱 또는 고객 등에 의한 성희롱 발생사실
을 신고한 근로자 및 그 피해근로자 등에게 불리한 처우를 한 경우(남녀고용평등
법에서는 위 ①항을 '차별적 처우'라 하고, ②, ③항을 포함할 경우 '차별적 처우 등'이라
하고 있다. 이하 위 ①항을 '고용상 성차별'이라 하고, ②, ③항을 포함할 경우 '고용상
성차별 등'이라 하는 것과 병용한다)이다.

고용상 성차별 등에 대한 차별시정은 크게 두 가지 방식으로 이루어질 수
있다. 차별적 처우 등을 받은 근로자가 직접 노동위원회에 차별시정을 신청하여
구제를 받는 것(이하 '신청사건'이라 한다)과 고용노동부장관이 사용자에 대하여
직권으로 차별적 처우에 대한 시정요구를 하고 사용자가 불응하는 경우 노동위
원회에 통보하여 구제하는 것(이하 '통보사건'이라 한다)이다.

① 근로자의 신청을 통한 차별시정   차별적 처우 등을 받은 근로자는 차
별적 처우가 있은 날(계속되는 차별적 처우는 그 종료일)부터 6개월 이내에 노동위
원회에 그 시정을 신청할 수 있다(남녀고용평등법 26조 1항). 차별적 처우 등의 내용
에 관해서는 근로자가 시정신청을 하면서 구체적으로 명시하여야 하지만(남녀고
용평등법 26조 2항), 차별적 처우 등의 금지 및 시정신청과 관련한 분쟁에서 '입증
책임'은 사용자가 부담한다(남녀고용평등법 30조).

차별시정 신청이 제기되면 노동위원회는 필요한 조사와 관계 당사자에 대한 심문을 하고(남녀고용평등법 27조 1항), 차별적 처우 등에 해당된다고 판정한 때에는 사용자에게 그 내용과 이행기한 등을 구체적으로 기재한 시정명령을 한다(29조). 그리고 심문과정에서 관계당사자 쌍방 또는 일방의 신청 또는 직권에 의하여 조정절차를 개시할 수 있고, 관계당사자의 합의로 중재를 신청하면 중재절차에 회부되며, 관계당사자 쌍방이 조정안을 수락하여 조정이 성립하거나 노동위원회의 중재결정이 내려지면 조정·중재결정은 재판상 화해와 동일한 효력이 있다(28조). 노동위원회의 조정·중재 또는 시정명령의 내용에는 차별적 처우 등의 중지, 임금 등 근로조건의 개선 및 적절한 배상 등이 포함될 수 있으며(29조의2 1항), 노동위원회는 사용자의 차별적 처우 등에 명백한 고의가 인정되거나 차별적 처우 등이 반복되는 경우에는 그 손해액을 기준으로 3배를 넘지 아니하는 범위에서 배상을 명령할 수 있다(29조의2 2항).

지방노동위원회의 시정명령 또는 기각결정에 대하여 불복하는 관계당사자는 시정명령서 또는 기각결정서의 송달을 받은 날부터 10일 이내에 중앙노동위원회에 재심을 신청할 수 있으며, 중앙노동위원회의 재심결정에 대하여 불복이 있는 관계당사자는 재심결정서의 송달을 받은 날부터 15일 이내에 행정소송을 제기할 수 있다. 위 각 규정된 기간 내에 재심을 신청하지 않거나 행정소송을 제기하지 아니하면 그 시정명령·기각결정 또는 재심결정은 확정된다(남녀고용평등법 29조의3).

확정된 시정명령을 정당한 이유 없이 이행하지 아니한 자는 1억 원 이하의 과태료에 처한다(남녀고용평등법 39조 1항). 고용노동부장관은 확정된 시정명령에 대하여 사업주에게 이행상황을 제출할 것을 요구할 수 있고, 시정신청을 한 근로자는 사업주가 확정된 시정명령을 이행하지 아니하는 경우 이를 고용노동부장관에게 신고할 수 있으며(남녀고용평등법 29조의4), 정당한 이유 없이 고용노동부장관의 이행상황 제출요구에 응하지 않은 자는 500만 원 이하의 과태료에 처한다(남녀고용평등법 39조 3항 9호).

사용자는 근로자에 대하여 차별적 처우의 시정신청, 그에 따라 개시된 절차에서 노동위원회에의 참석 및 진술, 재심신청 또는 행정소송의 제기, 그리고 시정명령 불이행의 신고 등의 행위를 한 것을 이유로 해고나 그 밖의 불리한 처우를 하지 못한다(남녀고용평등법 29조의7).

② 고용노동부장관의 시정요구에 따른 차별시정   고용노동부장관은 사업주가 차별적 처우를 한 경우에는 그 시정을 요구할 수 있고, 시정요구에 따르지 아니할 경우 차별적 처우의 내용을 구체적으로 명시하여 노동위원회에 통보하여야 하며, 노동위원회는 지체 없이 차별적 처우가 있는지 여부를 심리하여야 한다. 이 경우 노동위원회의 심리 및 그 밖의 시정절차 등에 관하여는 근로자의 신청에 의한 차별시정절차와 동일하다(남녀고용평등법 29조의5).

또한, 고용노동부장관은 확정된 시정명령을 이행할 의무가 있는 사업주의 사업 또는 사업장에서 해당 시정명령의 효력이 미치는 근로자 외의 근로자에 대해서도 차별적 처우가 있는지를 조사하여 차별적 처우가 있는 경우에는 그 시정을 요구할 수 있고, 사업주가 시정요구에 응하지 않을 경우 노동위원회에 통보하여야 하며, 이에 따라 노동위원회의 심리 및 시정절차가 개시된다(남녀고용평등법 29조의6).

(4) 실무상 쟁점

㈎ 신청권자 및 상대방

차별시정의 신청권자는 사업주로부터 차별적 처우 등을 받았다고 주장하는 근로자이다. 유의할 점은 남녀고용평등법 2조 4호에서는 위 법에서의 '근로자'를 '사업주에게 고용된 사람과 취업할 의사를 가진 사람'으로 정의하고 있다는 것이다.

'사업주에게 고용된 사람'이란 근로기준법에 따라 직업의 종류와 관계없이 임금을 목적으로 사업이나 사업장에 근로를 제공하는 자를 의미하며, 기간제, 단시간, 파견근로자도 모두 포함된다.[393)]

'취업할 의사를 가진 사람'이 차별시정의 신청권자가 되는 경우는 모집·채용에 있어서 차별적 처우를 받은 경우이다. 이 경우에도 차별적 요소를 가진 모집공고에 노출된 불특정 다수를 의미하는 것은 아니고, '취업할 의사를 가졌음이 객관적으로 확인되는 사람'이라고 해석하여야 한다. 채용절차에 따라 응시원서를 제출하는 등의 행위를 한 경우 취업 의사를 외부로 표시한 것이므로 '취업할 의사를 가졌음이 객관적으로 확인되는 사람'에 해당한다. 응시원서를 제출하지 않은 경우라 하더라도 곧바로 '취업할 의사를 가진 사람'에 해당되지 않는다

---

393) 중앙노동위원회c, 21면.

고 단정할 것은 아니고, 모집공고에서 특정 성을 배제하는 등 채용절차상 응시 자체가 불가능하였는지, 응시 가능 여부 및 모집·채용 절차 등에 관하여 회사에 유선, 게시판, 온라인 등을 이용하여 문의한 사실이 있는지 여부 등 제반 사정을 종합적으로 고려하여 판단하여야 할 것이다.394)

임금, 임금 외 금품, 교육·배치·승진, 정년·퇴직·해고 등에 있어 차별적 처우는 사업주와 근로계약 체결을 전제로 하여 그 이후 형성되는 관계이므로 취업할 의사를 가진 사람이 신청인이 될 수 없다.395) 직장 내 성희롱 등의 경우에도 근로관계 개시 이전인 구직자가 사업주에게 근무장소 변경 등의 조치를 요청할 수는 없으므로 취업할 의사를 가진 사람은 남녀고용평등법 14조 4항 및 14조의2 1항 위반을 이유로 시정신청을 할 수 없다.396) 또한, 남녀고용평등법 14조 6항 및 14조의2 2항은 직장 내 성희롱 신고근로자 또는 피해근로자에 대한 해고 등 불리한 조치를 금지하고 있으므로 이 경우에도 근로관계 개시 전인 취업할 의사를 가진 사람은 신청인 적격이 없다고 보아야 할 것이다.397)

고용상 성차별 등 시정신청의 상대방은 사업주이다. 사업주란 법인 내지는 개인사업주를 의미한다. 남녀고용평등법은 근로자를 사용하는 모든 사업 또는 사업장에 적용된다(3조 1항). 이는 상시 5명 이상의 근로자를 사용하는 사업 또는 사업장에 적용되는 비정규직에 대한 차별시정제도와 구별되는 점이다. 다만, 동거하는 친족만으로 이루어지는 사업 또는 사업장과 가사사용인에 대하여는 남녀고용평등법이 적용되지 아니한다(남녀고용평등법 시행령 2조 1항). 이와 관련하여 대법원 2017. 3. 9. 선고 2016도18138 판결은, 남녀고용평등법 14조 2항이 규정하고 있는 '사업주'에는 파견근로자에 대한 사용사업주도 포함되고, 사용사업주가 피해자에게 파견근로계약 해제를 통보하면서 파견업체에게 파견근로자인 피해자의 교체를 요구한 것은 위 규정이 정한 '그밖의 불리한 조치'에 해당한다고 보고 있으므로, 이 때 차별 시정신청의 상대방인 '사업주'는 파견근로자에 대한 사용사업주가 될 것이다.398)

---

394) 중앙노동위원회c, 21면.
395) 중앙노동위원회c, 55, 83, 109면.
396) 중앙노동위원회c, 142면.
397) 중앙노동위원회c, 164면.
398) 한편, 중앙노동위원회c, 22면에서는 근로자를 채용하려는 사업주가 채용대행업체를 통해 모집공고를 낸 경우 채용대행업체는 대행기관으로서의 지위를 가질 뿐이므로, 모집·채용상 성차별의 피신청인인 채용의 주체는 사업주만이 해당한다고 한다.

⑷ 시정이익

노동위원회가 시정명령을 발하기 위해서는 명령을 발할 당시 신청인인 근로자에게 그러한 시정명령을 받는 데 대하여 구체적인 이익, 즉 시정이익이 있어야 한다. 통상 사업주가 사건 진행 중 시정을 이미 완료하여 근로자의 시정신청의 목적이 달성된 경우, 예컨대 채용대상을 특정 성으로 한정하고 있던 채용공고를 수정하여 전체 성을 대상으로 한 경우, 특정 성에게만 지급하지 않고 있던 수당을 전체 성에게 동일하게 지급하기로 하면서 기존 미지급분까지 소급하여 지급한 경우, 직장 내 성희롱의 경우 사업주가 피해근로자에 대하여 근무장소의 변경, 배치전환, 유급휴가 명령 등 적절한 조치를 취한 경우 등에는 시정이익이 부정될 것이다.399)

근로관계가 종료된 이후에도 차별시정 신청을 할 수 있는지가 문제될 수 있으나, 후술하는 바와 같이 기간제근로자의 차별시정 신청에 대하여 대법원 2016. 12. 1. 선고 2014두43288 판결은 "시정신청 당시에 혹은 시정절차 진행 도중에 근로계약기간이 만료하였다는 이유만으로 기간제근로자가 차별적 처우의 시정을 구할 시정이익이 소멸하지는 아니한다고 보아야 한다."고 판시하여 시정이익을 긍정하고 있다. 고용상 성차별 등의 경우에도 차별적 처우 등으로 인하여 받은 손해 등에 대한 적절한 금전적 배상명령을 구할 시정이익이 인정된다고 보아야 할 것이다.

⑸ 시정명령

노동위원회는 차별시정 신청을 받은 때에는 지체없이 필요한 조사와 관계당사자에 대한 심문을 하여야 하고(남녀고용평등법 27조 1항), 조사·심문 종료 후 차별적 처우 등에 해당된다고 판정한 때에는 해당 사업주에게 시정명령을 하여야 한다(29조 1항). 시정명령의 내용에는 차별적 처우 등의 중지, 임금 등 근로조건의 개선(취업규칙, 단체협약 등의 제도개선명령 포함), 적절한 배상 등이 있다(29조의2 1항). 또한, 노동위원회는 사업주의 차별적 처우 등에 명백한 고의가 인정되거나 차별적 처우 등이 반복되는 경우에는 그 손해액을 기준으로 3배를 넘지 아니하는 범위에서 배상을 명령할 수 있다(29조의2 2항).

남녀고용평등법 29조의2 1항은 배상명령의 경우 '그 배상액은 차별적 처우

---

399) 중앙노동위원회c, 23, 57, 144면.

등으로 근로자에게 발생한 손해액을 기준으로 정한다'고 규정하고 있으므로, 임금차별에 대한 시정신청의 경우 노동위원회의 배상명령은 기본적으로 임금 기타 복리후생에 관한 차별적 처우를 이유로 근로자가 갖게 되는 임금차액청구권 내지는 손해배상청구권과 동일한 수준에서 결정되어야 할 것이다.[400] 배상명령의 대상에는 정신적 손해에 대한 배상도 포함된다. 특히 직장 내 성희롱이나 고객 등에 의한 성희롱이 발생하였음에도 사업주가 남녀고용평등법 14조 4항 또는 14조의2 1항에 따른 적절한 조치를 취하지 않거나 오히려 이를 이유로 불이익한 조치를 하면 근로자가 성희롱 자체에 의한 정신적 손해에 더하여 2차 피해로서 정신적 고통을 느낄 것이 명백하므로 정신적 손해에 대한 배상명령을 통해 근로자의 실질적인 권리구제를 도모할 필요가 있다.[401] 또한, 고용상 성차별의 경우 과거에서부터 이어져오는 차별적 규정이 존재할 여지가 많으므로 제도개선명령을 적극적으로 활용할 필요가 있다.[402]

2. 국적에 의한 차별

가. 국적차별 금지의 의의

(1) 국적의 개념

사용자는 근로자에 대하여 국적을 이유로 근로조건에 대한 차별적 처우를 해서는 안 된다(근기법 6조).

국적(nationality)의 개념적 정의에 관하여는 대체로 '어떤 개인을 특정한 국가에 귀속시키는 법적 유대'라고 설명하는 것이 일반적이다.[403] 즉, 국적이란 특정 국가의 국민이 되는 자격 내지는 국민으로서의 신분을 말한다.[404] 각 국가는 자국의 관할권이 미치는 영역 내에서 자국의 법령이나 제도를 운용함에 있어 자국의 구성원, 즉 자국민과 그에 속하지 않는 사람을 구별하여 취급하게 된다. 이때 국적의 유무가 바로 그 구별의 기준이 된다. 즉, 그 국가의 국적을 가진

---

400) 권오성, 309~312면.
401) 이승섭, 262면.
402) 중앙노동위원회c, 132면.
403) 석동현, 15면.
404) 권영성, 117면; 김철수, 139면; 김학성, 100면; 성낙인, 96면; 허영, 201면; 장영수, 128면에서는 좀더 상술하여 '헌법과 법률이 정하는 일정한 요건을 갖추어 한 국가의 국민으로 인정되는 자격'이라고 설명한다. 노동법학계의 설명도 대동소이하여 국적을 어떤 나라의 국민으로서의 신분(김유성, 34면), 국민으로서의 지위(김형배, 226면), 국적법상의 지위(임종률, 385면; 하갑래, 82면), 국적법상 국민으로서의 지위(이상윤, 118면) 등으로 설명한다.

사람은 국민(national)이거나 국민이 될 자격을 갖춘 사람이고, 한편 그 국적이
아닌 다른 국적을 가졌거나 아무 국적도 가지지 아니한 사람(무국적자)은 외국인
(alien)이 되는 것이다.405) 이처럼 외국국적자, 무국적자는 물론 이중국적자도 차
별금지사유인 국적의 범주에 포함된다.406)

(2) 인종차별 금지의 포함 여부

근기법 6조의 차별금지사유를 제한적 열거로 보는 경우에는 이에 인종차별
금지407)도 포함되는지가 문제된다.408) 학설의 다수는, 인류를 생물학적 · 유전학
적으로 분류하는 인종의 개념과 국적은 구별되며,409) 대신 근기법 6조에서 규정
한 '사회적 신분'에 인종을 포함시키는 경향을 보이고 있다.410) 반면, 국적의 법
적 개념에는 인종의 개념이 포함되지 아니하는 것이 원칙이나, 국적을 이유로
하는 차별을 금지한다는 것은 동일한 국적을 가진 근로자는 균등하게 대우한다
는 사실을 당연한 전제로 하고 있으므로 대한민국의 국적을 갖고 있음에도 불
구하고 인종을 이유로 차별대우하여서는 아니 된다고 설명하는 견해가 있으
며,411) 근기법 6조의 국적에는 비록 법적 개념으로는 구분된다 하더라도 인종

---

405) 석동현, 15면. 대한민국의 국민이 되는 자격에 관한 요건은 헌법 2조 1항(대한민국의 국민
	이 되는 요건은 법률로 정한다)의 수권에 따라 국적법에 의하여 결정된다. 한편, 출입국관리
	법 2조 2호에서는 외국인을 '대한민국의 국적을 가지지 아니한 사람'으로 정의하고 있다.
406) 김유성, 34면; 이상윤, 119면; 하갑래, 83면; 민변노동법 I, 174면.
407) UN의 '모든 형태의 인종차별 철폐에 관한 국제협약' 1조에서는 '인종차별이라 함은 인종,
	피부색, 가문 또는 민족이나 종족의 기원에 근거를 둔 어떠한 구별, 배척, 제한 또는 우선권
	을 말하며, 이는 정치, 경제, 사회, 문화 또는 기타 어떠한 공공생활의 분야에 있어서든 인
	권과 기본적 자유의 인정, 향유 또는 행사를 무효화시키거나 침해하는 목적 또는 효과를 가
	지고 있는 경우'로 정의하고 있으며, 4조(c)에서 '국가 또는 지방의 공공기관이나 또는 공공
	단체가 인종차별을 촉진시키거나 고무하는 것을 허용하지 아니 한다'고 규정하고 있다.
408) 국가인권위원회법 2조 3호 가목은 출신 국가 외에도 출신 민족, 인종을 이유로 고용에서
	특정한 사람을 배제하거나 불리하게 대우하는 행위를 평등권 침해의 차별행위로 규정하고 있
	다. 국가인권위원회의 차별진정 사건 중 출신 민족이나 인종차별이 문제된 것으로는 ① 영어
	강사로 근무하는 진정인이 한국에서 출생하여 미국으로 입양된 사람으로 미국 국적을 보유하
	고 있는데도 한국 출생이고 외모가 한국인이라는 이유로 임금 지급에 있어 원어민 기준이 아
	닌 내국인 기준을 적용한 경우 이를 출신 민족에 의한 불합리한 차별로 판단한 사례(국가인
	권위원회 2010. 11. 19.자 10진정288400 결정), ② 영어학원 원어민 강사 모집광고를 하면서 자
	격요건으로 코카시안(caucasian, 백인)일 것을 요구한 경우를 인종을 이유로 한 차별로 판단한
	사례(국가인권위원회 2016. 1. 28.자 15진정0891600 등 병합결정), ③ 어린이집 영어강사 구인
	광고 문구에 지원자의 자격요건 중 'only white person'을 포함시킨 경우를 인종을 이유로 한
	차별로 판단한 사례(국가인권위원회 2016. 4. 20.자 15진정0349400 등 병합결정) 등이 있다.
409) 임종률, 385면; 하갑래, 83면; 민변노동법 I, 174면.
410) 김형배, 227면; 박상필b, 153면; 임종률, 386면.
411) 이상윤, 119면.

개념이 내재되어 있다고 이해하여야 하며, 최소한 근기법 6조가 두 가지 상호보완적 개념, 즉 '국적'과 '사회적 신분'이라는 개념을 매개로 하여 인종차별까지 금지하고 있다고 보아야 한다는 견해가 있다.[412]

(3) 외국인근로자에 대한 차별금지

근기법 6조의 국적차별이 문제되는 것은 주로 내국인근로자와 외국인근로자 사이의 차별적 대우이다.[413] 외국인고용법 22조에서도 "사용자는 외국인근로자라는 이유로 부당한 차별적 처우를 하여서는 아니 된다."라고 규정하여 이 점을 확인하고 있다(위 규정의 의의에 관하여는 아래 별도의 항으로 상술한다).[414]

---

412) 전윤구l, 412~413면. 특히 위 글은 1953년 근기법 제정 당시에 이미 입법된 국적차별 금지의 원형이라 할 수 있는 1947년 일본의 노동기준법 3조의 제정배경을 탐구하여 위와 같은 결론에 이르렀다는 점에서 주목할 만하다.

413) 국적차별이 문제되는 경우는 주로 외국인근로자에 대한 차별 여부이지만, 내국인근로자의 국적차별이 문제된 사례도 있다. 서울고법 2017. 2. 8. 선고 2016누50206 판결은, A항공사가 용모규정에서 내국인 운항승무원에 대해서는 수염을 기르는 것을 전면 금지하고, 관습상 콧수염이 일반화된 외국인 운항승무원에 대해서는 타인에게 혐오감을 주지 않는 범위 내에서 수염을 기를 수 있도록 허용한 것은 합리적 이유 없이 내국인과 외국인 직원을 '국적'을 기준으로 차별하여 헌법 11조 및 근기법 6조가 규정한 평등원칙에 위배된다고 판단하였다(위 판결에 대한 평석으로는 구미영l. 103~106면). 이에 A항공사가 상고하였으나 대법원 2018. 9. 13. 선고 2017두38560 판결은 상고를 기각하였다. 다만, 위 대법원 2017두38560 판결은 국적차별 여부에 대해서는 따로 판단하지 않고, A항공사가 헌법상 영업의 자유 등에 근거하여 제정한 용모규정의 해당 조항은 내국인 항공승무원의 헌법상 일반적 행동자유권을 침해하므로 근로기준법 96조 1항(취업규칙은 법령이나 해당 사업 또는 사업장에 대하여 적용되는 단체협약과 어긋나서는 아니 된다), 민법 103조(선량한 풍속 기타 사회질서에 위반한 사항을 내용으로 하는 법률행위는 무효로 한다) 등에 따라 무효라고 판단하였다.

414) 노동력의 국제적 이동에 따른 외국인근로자의 권리를 국제적으로 보호하려는 노력은 ILO가 설립된 1919년 이래 1975년경까지 꾸준히 전개되었다(그 상세한 경과에 대하여는 채형복a, 342~344면). 우리나라는 ILO 협약 중 외국인근로자의 처우 등과 관련된 것 중 1998년 12월에 111호 '고용 및 직업에 있어서 차별대우에 관한 협약(Convention concerning Discrimination in Respect of Employment and Occupation)'(1958)을, 2001년 3월에 19호 '근로자의 재해보상에 대한 내·외국인근로자의 균등대우에 관한 협약(Convention concerning Equality of Treatment for National and Foreign Workers as regards Workmen's Compensation for Accidents)'(1925)을 각 비준하였다. 그러나 외국인근로자에 관한 국제노동기준의 기본이며, 외국인근로자의 권리보호를 직접 규율하고 있는 97호 '취업 목적의 이주에 관한 협약(Migration for Employment Convention)'(1949)과 143호 '이주노동자의 처우와 기회제공 및 열악한 이주조건 관련 협약(Convention concerning Migrations in Abusive Conditions and the Promotion of Equality of Occupation and Treatment of Migration Workers)'(1975)은 아직 비준하지 않고 있다. 그 이유는 97호 협약은 가족동반을 허용하고 있고, 143호 협약은 취업활동을 할 수 있는 체류자격이 없는 외국인까지도 차별금지의 대상에 포함시켜 동일한 사회보장을 하고 있는 등 아직 우리나라 외국인고용법 등이 수용할 수 없는 부분이 많기 때문이다(정봉수d, 113~114면). 한편, 1970년대에 들어 급속한 경제성장을 이룬 서유럽 선진국가들, 그리고 중동의 아랍 석유 산출 국가들로 터키·그리스 등 남유럽, 구 식민지국가인 북아프리카, 아시아 여러 나라에서 대규모로 노동자가 이동하였고, 그 과정에서 특히 불법 혹은 밀입국 이주노동

⑦ **외국인근로자의 의의**

외국인고용법 2조는 외국인근로자를, "대한민국의 국적을 가지지 아니한 자로서 국내에 소재하고 있는 사업 또는 사업장에서 임금을 목적으로 근로를 제공하고 있거나 제공하고자 하는 자"로 정의한다.415) 국적이 어디인지는 문제되지 않으며, 국적법에 의해 대한민국 국민의 자격을 갖지 않는 근로자이면 모두 외국인근로자이다. 무국적자나 이중국적자도 대한민국의 국적을 보유하고 있지 않는 한 외국인근로자가 될 수 있다.416)

외국인근로자와 구별해야 할 개념으로 '외국인력'이 있다. 외국인근로자는 근로자임을 전제로 한 개념인데 반하여, 재한외국인 처우 기본법 16조 등에 규정된 외국인력의 개념은 외국인근로자를 모두 포함하고, 나아가 그렇지 않은 외국인, 즉 도급계약이나 위임계약 등 대등한 당사자의 지위에서 노무를 제공하는 외국인을 포함한다.417) 외국인력은 그 범주 및 법령상의 지위가 매우 다양하나, 크게 단순기능인력 외국인근로자와 전문외국인력으로 구분할 수 있다. ① 단순기능인력 외국인근로자는 비전문취업(E-9), 선원취업(E-10), 방문취업(H-2)의 체류자격을 받아 체류하는 외국인근로자로, 그중 비전문취업(E-9), 방문취업(H-2)의 경우는 외국인고용법의 적용을 받는다. ② 전문외국인력은 전문적인 지식·기술 또는 기능을 가지고 교수(E-1), 회화지도(E-2), 연구(E-3), 기술지도(E-4), 전문직업(E-5), 예술흥행(E-6), 특정활동(E-7)의 체류자격을 받은 외국인으로 출입국관리법령에서 규율하고 있다.418) 법무부는 출입국통계에서 취업자격을 갖춘 체류외국인을 단순기능인력과 전문인력으로 구분하고 있는데, 전문인력에는 위 전문외국

자와 그 가족의 인권침해 문제가 대두되어 UN에서도 본격적으로 이주노동자의 인권 문제를 다루게 되었고, 그 결과 1990. 12. 18. '모든 이주노동자와 그 가족의 권리보호에 관한 협약 (International Convention on the Protection of All Migrant Workers And their Families)'(이하 '이주노동자권리협약'으로 약칭한다)이 채택되었다. 이주노동자권리협약 또한 우리나라 현행 법상 가족동반 금지, 사업장 변경 제한, 직업선택의 자유 제한 등 그 기준에 미치지 못하는 부분이 있어 아직 비준을 하지 않은 상태이다(정봉수d, 113면; 이주노동자권리협약의 상세한 내용에 관하여는 이경숙, 207~215면; 채형복a, 349~358면 참조).

415) UN, ILO 등의 국제기구는 외국인근로자(foreign workers)라는 용어를 사용하지 않고, 이주노동자(migrant workers)라는 개념을 사용하고 있다. UN의 이주노동자권리협약에 의하면, 이주노동자는 '자기의 국적국이 아닌 나라에서 보수 활동에 종사하는 것이 예정되었거나 현재 종사하고 있거나 또는 종사하여 온 자'를 의미한다.

416) 이상윤, 119면; 민변노동법Ⅰ, 174면.

417) 다만, 많은 경우에 외국인근로자와 외국인력은 일치할 것이다. 최홍엽g, 385~386면.

418) 출입국관리법 21조 1항, 출입국관리법 시행령 20조의2.

인력에 더하여 체류기간 90일 이하의 단기취업(C-4)을 포함시키고 있다.

법무부의 출입국 통계자료에 의하면, 2019. 9. 30. 현재 우리나라에 체류하는 외국인은 2,454,515명으로, 그중 외국인등록자는 1,274,775명, 외국국적동포 국내거소신고자는 455,099명, 단기체류 외국인은 724,641명이다. 국적별 체류외국인은 중국 44.9%(1,101,158명), 베트남 9.3%(227,260명), 태국 8.3%(202,740명), 미국 6.6%(162,810명), 우즈베키스탄 3.1%(75,654명) 등의 순이다. 취업자격을 갖춘 체류외국인은 583,805명이고, 그중 단순기능인력은 534,568명, 전문인력은 49,237명이며, 단순기능인력 중 비전문취업(E-9)은 278,560명, 선원취업(E-10)은 17,788명, 방문취업(H-2)은 238,220명이다.[419)]

문제는 근기법 6조의 적용을 받는 외국인근로자의 범위이다. 외국인근로자는 근로자임을 전제로 한 개념이므로, '임금을 목적으로 종속적 관계에서 근로를 제공하는지 여부'를 중심으로 결정하여야 한다. 따라서 단순기능 외국인근로자에게만 한정되지 않으며, 전문외국인력이라 하더라도 종속관계에서 노무를 제공하는 경우에는 근기법 6조의 적용을 받는 외국인근로자라 할 수 있다. 또한, 후술하는 바와 같이 종래 외국인 산업기술연수생제도 하에서의 산업기술연수생 및 연수취업자, 그리고 출입국 관계 법령상 체류자격 내지 취업자격을 갖추지 않은 외국인근로자도 근기법상 근로자로 인정되는 이상 모두 근기법 6조가 적용된다.

한편, 위 ①과 같이 외국인고용법이 규율하는 범위는 비전문취업(E-9), 방문취업(H-2) 체류자격을 받아 체류하는 단순기능인력 외국인근로자뿐이나, 위 출입국 통계결과에서 알 수 있듯이 실제 외국인고용법의 적용을 받는 외국인근로자 수는 매우 많아서 그 중요성이 적지 않다. 이하에서는 외국인고용법을 중심으로 살펴보기로 한다.

㈏ 내국인 우선고용의 원칙과 국적차별 금지

외국인근로자에 대한 차별의 문제를 살펴봄에 있어서는 외국인고용정책의 근간을 이루는 '내국인 우선고용의 원칙'과의 연관성을 고려하지 않을 수 없다.

내국인 우선고용의 원칙은 내국인근로자의 고용기회 증진 또는 적정임금 보장을 목적으로, 사용자가 내국인근로자를 채용하지 못한 경우에만 외국인근로

---

419) 법무부, 「출입국 · 외국인정책 통계월보」 2019년 9월호(이하 '법무부 출입국 통계월보'라 한다), 26면.

자를 고용하도록 하거나 필요한 업종에 한하여 제한된 규모의 외국인근로자를
보충적으로 도입하도록 하는 원칙으로, 보충성의 원칙 또는 노동시장 보완의 원
칙이라고도 한다.420) 국민의 일자리를 잠식하면서까지 외국인을 고용할 수 없으
며, 국내 노동시장에서 구할 수 없는 인력을 나라 밖에서 찾는다는 의미가 있
다.421) 내국인 우선고용의 원칙은 국가 구성원인 국민의 이익을 먼저 도모한다
는 차원에서 불가피한 측면이 있으며, 미국과 독일을 비롯한 많은 국가들 역시
이 원칙을 채택하고 있다.422) 우리나라의 고용정책기본법과 출입국관리법은 위
원칙을 반영한 법규정을 두고 있으며,423) 외국인고용법은 이를 보다 구체적으로
규정하고 있다.424) 헌법 32조 1항의 근로의 권리와 관련하여, 헌법재판소는 위
권리의 핵심내용 중 하나인 '일할 자리에 관한 권리'는 국가에 대하여 고용증진
을 위한 사회적·경제적 정책을 요구할 수 있는 권리이며, 사회권적 기본권으로
서 국민에 대하여만 인정되어야 한다고 보고 있는데(헌재 2007. 8. 30. 선고 2004헌
마670 결정) 이러한 헌법의 해석에서도 위 원칙에 정당성을 부여할 수 있다.425)

420) 최홍엽d, 96~97면.
421) 최홍엽g, 392면.
422) 최홍엽g, 394면; 화폐의 통합을 바탕으로 빠르게 단일시장으로 통합되고 있는 EU에서도
    노동의 국제이동에 대하여 국적을 기준으로 여전히 위 원칙을 관철하고 있다. 이것은 고용정
    책의 수립과 집행이 여전히 국가 단위로 이루어지고 있고, 이에 소요되는 막대한 비용 또한
    국가 단위로 조달되기 때문이다(전형배b, 130면).
423) 고용정책기본법 31조 1항은 국가는 노동시장에서의 원활한 인력수급을 위하여 외국인근로
    자를 도입할 수 있으나, 이 경우 국민의 고용이 침해되지 아니하도록 노력하여야 한다고 규
    정하고 있다. 또한, 외국인은 출입국관리법에 따라 국내취업이 원칙적으로 제한을 받고 있다
    고 할 수 있다. 즉, 외국인은 우리나라에서 취업하고자 할 때 취업활동을 할 수 있는 체류자
    격을 받아야 하는 등의 출입국관리법에 따른 제한을 받는다.
424) 외국인근로자를 고용하려는 자는 우선 직업안정기관에 내국인 구인신청을 하여야 하며, 직
    업안정기관은 구인 조건을 갖춘 내국인이 우선적으로 채용될 수 있도록 직업소개를 적극적
    으로 하여야 한다(외국인고용법 6조). 내국인 구인신청을 한 사용자가 위 직업소개를 받고도
    인력을 채용하지 못한 경우에는 직업안정기관의 장에게 외국인근로자 고용허가를 신청할 수
    있다(외국인고용법 8조 1항). 외국인고용법 시행령 13조의4 2호에 의하면, 일정한 기간 이상
    내국인을 구인하기 위해 노력했음에도 직업안정기관에 구인을 신청한 내국인근로자의 전부
    또는 일부를 채용하지 못해야 하는데, 그 구체적인 기간은 외국인고용법 제정 당시에는 1개
    월이었으나 시행과정에서 개정되어 현재는 7일(농업·축산업 및 어업의 경우) 내지 14일(그
    외 업종)로 크게 단축되었고(외국인고용법 시행규칙 5조의2 1항), 위 각 기간 또한 소재지 관
    할 직업안정기관의 장이 사용자의 적극적인 내국인 채용노력 사실을 인정하는 경우나 사용
    자가 소정의 신문·정기간행물 등의 매체를 통해 3일 이상 내국인 구인사실을 알리는 구인노
    력을 한 경우에는 각 3일(농업·축산업 및 어업의 경우) 내지 7일(그 외 업종)로 단축할 수
    있다(외국인고용법 시행규칙 5조의2 2항).
425) 최홍엽g, 392~393면. 외국인근로자에 관한 일련의 헌법재판소 판례를 비판적으로 분석하고
    있는 글로는 김현정, 185~196면.

    그런데 내국인 우선고용의 원칙은 개념상 국적차별 금지의 원칙과 충돌할
수 있다.426) 노동시장을 보완 내지 보충하는 외국인근로자라는 지위는 이미 국
내 노동시장에서 차별을 인정하고 출발하는 것이라는 점에서 위 두 원칙은 정
합성을 결여하고 있기 때문이다.427) 외국인근로자의 일자리가 내국인의 그것과
분리되어 별도의 노동시장이 형성되어 있지 아니한 이상 하나의 노동시장에서
경쟁하게 되면 내국인 우선고용의 원칙은 외국인근로자에게 차별적 취급을 정
당화하는 수단으로 이용될 수 있다. 즉, 위 원칙을 관철하기 위해서는 내국인근
로자가 해당 고용영역에 들어서면 보완적이고 임시적인 노동력 제공자인 외국
인근로자를 언제나 우선적으로 고용에서 배제하여야 하기 때문이다. 나아가 사
업장에서 배제된 외국인근로자가 일정 기간 내에 구직을 하지 못하면 구직의
최종적 책임을 외국인근로자에게 전가하여 강제출국을 시키는 방식으로 위 원
칙을 형식적·기계적으로 관철하기도 한다. 이로써 내국인근로자와 달리 상당한
제약 아래서만 근로를 제공할 수 있는 외국인근로자의 인권을 침해할 소지가
커진다.428)

    그러나 다른 한편, 국적차별 금지의 원칙은 내국인 우선고용의 원칙을 유지
하는 역할을 한다. 내국인 우선고용의 원칙이 외국인고용정책에서 제대로 관철
되지 않고 왜곡되면, 부족한 인력의 확보라는 본래의 외국인근로자 도입취지429)
에서 벗어나 저임금 노동력의 조달을 통한 내국인근로자의 대체현상을 초래할
수 있다. 즉, 만일 사용자가 구인단계에서 임금 수준을 국내 노동시장에서 요구
하는 일반적 기준 이하로 제시하면 내국인근로자는 해당 직종에 취업 자체를
시도하지 않으려 하고, 사용자는 내국인 구직자가 없다는 점을 쉽게 이용하여
구인노력을 다하였다고 주장하면서 외국인근로자를 채용할 수 있다. 위와 같이
내국인 우선고용의 원칙이 훼손되면 위 원칙을 형식적·기계적으로 관철하는
것만큼이나 외국인근로자의 인권을 침해할 개연성도 높아진다. 외국인근로자의
도입이 저임금 노동력의 확보를 위한 수단으로 전용되면 내국인근로자와의 근
로조건 격차는 점차 심해질 수밖에 없고, 저임금·장시간 노동이 수반되는 각종

---

426) 최홍엽d, 100면; 하갑래b, 351면에서는 '긴장관계'라고 표현한다.
427) 노상헌a, 22면.
428) 전형배b, 131면.
429) 우리나라 역시 당초 외국인근로자를 도입하게 된 배경은 소위 3D 업종을 중심으로 내국인
    근로자가 취업을 기피했기 때문에 중소기업에서 주로 생기는 인력난을 해소하기 위한 것이
    었다. 이에 관한 자세한 내용은 법 9조에 대한 해설 Ⅳ. 1. 참조.

인권침해적 결과도 수반될 수밖에 없다.430) 이 지점에서 국적차별 금지의 원칙
은 외국인근로자에 대한 인권보호는 물론 내국인근로자를 보호하며,431) 나아가
노동경제적 측면에서도 일정한 순기능을 수행한다. 외국인근로자의 근로조건 등
에 대한 차별금지 또는 균등대우를 통하여 외국인근로자가 내국인근로자에 비
해 지나치게 낮은 임금으로 고용되지 않도록 하고, 무제한적인 외국인근로자 고
용을 통제·억제함으로써 외국인력이 국내 노동시장에 미칠 수 있는 내국인근
로자의 일자리 침해 등 부정적 영향을 최소화할 수 있기 때문이다.432)

　　㈐ 외국인고용법의 입법취지 및 차별금지규정의 의의
　　외국인고용법은 1조에서 밝히고 있듯이 외국인근로자를 체계적으로 도입·
관리함으로써 원활한 인력수급 및 국민경제의 균형 있는 발전을 도모함을 목적
으로 한다.433) 이는 근로자의 기본적 생활을 보장, 향상시키며 균형 있는 국민
경제의 발전을 꾀하는 것을 목적으로 하는 근기법의 입법목적(근기법 1조)이나 고
용에서 남녀고용평등을 실현함과 아울러 근로자의 일과 가정의 양립을 지원함
으로써 모든 국민의 삶의 질 향상에 이바지하는 것을 목적으로 하는 남녀고용
평등법의 입법목적(남녀고용평등법 1조)과는 크게 구별된다. 또한, 외국인고용법은
외국인근로자의 국내 정주화 방지라는 기본적 원칙을 유지하고,434) 국내노동시

---

430) 전형배b, 131~132면.
431) 하갑래b, 365면.
432) 차용호, 915면; 최홍엽g, 391면; 하갑래a, 217면. 같은 취지에서 전윤구k, 409면은 '균등대
　　우 문제는 외국인근로자의 인권 문제이기에 앞서 외국인고용법의 내국인 우선고용 원칙을
　　유지하는 중대한 정책으로서 외국인에 의한 내국인 일자리의 무분별한 대체를 막는 최소한
　　의 장치가 되어야 한다. 차별금지로 인하여 국내 중소기업이 사업운영상 일시적인 어려움을
　　겪을 수 있을지라도 이에 못지않게 중요한 다른 고용정책적 목적, 즉 내국인 일자리의 질적
　　향상, 미등록외국인(불법체류자)의 감소 및 외국인근로자의 인권침해 저감이 달성될 수 있다'
　　고 한다. 한편, 내국인 우선고용의 원칙은 노동시장에 편입되기 전까지는 '선별적'으로 외국
　　인근로자를 편입시키고, 국적차별 금지 원칙은 편입된 이후에는 노동법의 '보편적' 원리에
　　따라 외국인근로자를 대우하는 데 그 의미가 있다고 설명하는 견해로는 노상헌a, 22면.
433) 외국인고용법 1조는 그 문언상 국가가 외국인근로자를 수단시하는 관점이 반영되어 있어
　　타당하지 않고, '외국인근로자의 고용에 관한 필요한 사항을 정하고' 정도의 중립적이고 순
　　화된 표현을 사용하는 것이 보다 바람직해 보인다는 견해로는 노호창b, 193~194면.
434) 정주화 금지의 원칙은, 단순기능 외국인근로자들이 국내에 장기간 거주할 경우에는 여러 사
　　회적 비용이 커지므로 우리나라에 정주하지 않도록 하려는 것이다. 이에 따라 고용허가제는
　　단기순환 원칙을 기본으로 하고 있으나, 취업기간의 연장 및 이른바 성실근로자 재입국 취업
　　제도의 도입(외국인고용법 18조의4, 재입국 취업 제한의 특례) 등을 통해 외국인근로자의 장
　　기간 고용이 가능하게 되어 현행법상 외국인근로자는 국내에서 최대 9년 8개월을 취업할 수
　　있다. 즉, 외국인고용법 18조, 18조의2, 18조의3, 18조의4에서는 외국인근로자의 취업기간 연
　　장과 재입국 취업에 대하여 규정하고 있다. 이에 의하면 외국인근로자는 원칙적으로 입국한

장과 내국인 고용을 우선적으로 고려하는 국가 정책적 목적 하에 고용허가제를 운영하고 있다.[435] 외국인고용법 4장에서 외국인근로자의 권익을 보호하기 위한 규정(차별금지규정, 보증보험 등의 가입, 외국인근로자 권익보호협의회의 설치 등)을 두고 있기는 하나, 외국인고용법의 주된 입법취지와 기본적인 규율 내용[436]은 외국인근로자를 노동법적으로 보호하려는 데 있다기보다는 국내노동시장의 수요에 맞추어(특히 열악한 중소기업의 3D업종을 중심으로) 부족인력을 외국인력으로 충원하기 위한 제도를 설계하는 데 있다.[437] 이러한 이유로 아래에서 보는 바와 같이 외국인고용법의 규정 중 일부는 그 자체 외국인근로자에 대한 제도적 차별의 문제를 내포하고 있다.

외국인고용법 22조는 "사용자는 외국인근로자라는 이유로 부당한 차별적 처우를 하여서는 아니 된다."라고 규정하고 있고, 이는 근기법 6조에서 국적차별을 금지하는 법리를 '확인'한 것이라 할 수 있으나,[438] 위반 시 처벌하는 벌칙

날부터 3년의 범위에서 취업활동을 할 수 있으나, 사업주가 외국인근로자의 취업활동기간 3년 만료 전에 고용노동부장관에게 재고용허가를 요청한 경우 1회에 한하여 2년 미만의 범위에서 취업활동기간을 연장받을 수 있는데 실무상 최대 1년 10개월 내에서 재고용허가를 하고 있다 (고용노동부h, 17면). 또한 재입국 취업에 대해서는 한국에서 취업한 후 출국한 외국인근로자는 출국한 날부터 6개월이 지나지 아니하면 동법에 따라 다시 취업할 수 없도록 규정되어 있으나, 특례규정(18조의4)을 두어 연장된 취업활동기간이 만료되어 출국하기 전에 사용자가 재입국 후의 고용허가를 신청하면 고용노동부장관은 해당 외국인근로자에 대하여 출국한 날부터 3개월이 지나면 동법에 따라 다시 취업할 수 있도록 하고 있다. 재입국한 경우에도 4년 10개월의 추가 취업이 가능하고, 이러한 재취업은 1회에 한하여 허용되므로, 결국 현행법상 외국인근로자는 국내에서 최대 9년 8개월을 취업할 수 있다. 왜 5년을 외국인취업의 상한선으로 여겼는지에 관하여 공식적인 문건에서 상세히 설명된 바는 없으나, 국적법상 일반귀화, 즉 대한민국에 혼인이나 혈연 등의 면에서 특별한 연관이 없는 외국인이 한국국적을 취득하는 일반귀화의 경우 5년간 국내체류가 기본요건이며, 나아가 UN 이주노동자권리협약 53조 3항(b), ILO 97호 협약 8조 등 국제인권규범에서 5년 이상 취업의 경우에는 외국인근로자의 권리를 보다 두텁게 보호하도록 규정하고 있기 때문으로 보인다(최홍엽e, 425면). 이에 대하여 현행 고용허가제도가 '단기순환 원칙'을 견지한다고는 하지만 '숙련인력을 계속 사용'하려는 입법목적과 사실상 충돌하고 있으며, 취업활동기간을 최대 10년 미만으로까지 연장한 이상 더 이상 '단기순환 원칙'이 견지된다고도 볼 수 없고, 그에 해당하는 외국인근로자들은 장기간 체류로 인하여 국내에서 안정적 생활관계가 형성되어 사실상 '정주화'한 것으로 보아야 함에도 정작 영주권 취득 기회는 열어두지 않고 있다고 지적하는 견해로는 이학춘·고준기, 311면.

435) 김종세a, 128면; 하갑래b, 351면. 고용허가제는 사용자의 편의와 이익을 위해 외국인근로자의 종속성만 강화하였지 실질적으로 장기 거주자임에도 불구하고 직업선택의 자유, 가족결합의 자유, 균등대우, 노동법적 권리구제, 사회보험 등에 제한을 받고 있어 인권침해가 심각하다고 지적하는 견해로는 정봉수c, 141면.

436) 이에 관한 자세한 소개는 법 9조에 대한 해설 Ⅳ. 2. 참조.

437) 정봉수b, 115~116면. 외국인고용법의 주요 내용에 관하여는 법 9조에 대한 해설 Ⅳ. 2. 참조.

438) 최홍엽g, 391면.

규정을 두고 있지 않아 '상징적', '선언적' 성격을 가지는 데 그친다.[439] 위 조항
에서 '부당한'이라는 표현을 부가하고 있는 것에 주목하여 외국인근로자임을 이
유로 한 내국인근로자와의 사회통념상 현저한 차별만을 금지하고 근로조건에서
어느 정도의 격차를 용인하려는 정책적 의도가 들어있다고 해석하는 견해도 있
다.[440] 요컨대 외국인고용법의 입법취지, 규율내용, 22조의 문언, 처벌규정의 부
존재 등을 종합하면, 외국인고용법 22조를 근기법 6조의 국적차별 금지를 구체
화하는 '특별규정'으로 볼 수는 없을 것이다.[441]

나. 외국인고용법상 제기되는 제도적 차별의 문제

(1) 특례고용허가제의 적용대상

외국인고용법은 단순기능 외국인근로자에 대하여 원칙적으로 고용허가제도
를 채택하고, 외국국적동포에 한하여 노동허가제적 요소를 가미한 특례고용허가
제도를 시행하고 있다.[442] 즉, 일반 외국인근로자는 입국하기 전에 미리 사업주
와 근로계약을 체결하여야 국내에 비전문취업(E-9) 체류자격으로 입국할 수 있
다. 반면, 외국국적동포는 특례고용가능확인을 받은 후 방문취업(H-2)의 체류자
격으로 입국한 후에 취업교육, 고용센터의 구직등록 절차 등을 거쳐 국내 건설
업, 서비스업, 제조업, 농업, 어업으로서 외국인력정책위원회에서 정한 사업장에
취업할 수 있다(외국인고용법 12조, 외국인고용법 시행령 19조). 위와 같이 외국인고용
법이 외국국적동포에 대하여는 고용허가제의 특례라는 명칭으로 일반 외국인근
로자에 비하여 고용관계 설정이나 사업장 변경 등의 측면에서 보다 자유로운
지위를 부여한 것이 차별적 취급에 해당하는지가 문제된다.

상이한 취급이 정당하다는 견해(구별 긍정설)에서는 ⅰ) 외국인의 입국 또는
체류에 대한 결정은 국가의 재량적 판단이 크게 작용하는 분야인 점, ⅱ) 국가

---

439) 차용호, 918면.
440) 전윤구k, 408면.
441) 전윤구k, 409면.
442) 하갑래b, 337면. ① '고용허가제도'는 내국인근로자 구인노력에도 불구하고 내국인근로자를
    채용하지 못한 사용자가 정부로부터 특정한 단순기능 외국인근로자를 고용할 수 있도록 허
    가를 받고, 외국인근로자는 그 사용자와 근로계약을 체결한 다음에 체류자격을 부여받고 입
    국하여 합법적인 근로자로 고용되는 제도를 말한다(차용호, 913면). ② '노동허가제도'는 일
    정한 요건을 갖춘 외국인력이 국내에서 취업할 수 있는 노동허가를 받아 입국한 후에, 그 외
    국인근로자가 원하는 사업장에서 근로하는 제도를 말한다. 외국인근로자가 입국하기 전에 미
    리 사용자와 근로계약을 체결하지 않고 입국하여 구직을 한다는 점에서 고용허가제도와는
    구별된다. 노동허가제도는 고용허가제도에 비하여 상대적으로 외국인근로자의 사업장 이동을
    넓게 인정하고, 취업활동기간도 길다(차용호, 913~914면; 하갑래a, 9면).

가 일반 외국인에 비하여 외국국적동포에게 편의와 우대를 부여하는 것은 국가의 재량적 이민정책에 속하는 점, ⅲ) 재외동포의 출입국 및 법적 지위에 관한 법률에 따라 중국동포 등 외국국적동포를 대상으로 포용정책의 차원에서 특별한 혜택을 부여하는 것이지 비동포인 일반 외국인을 차별하는 것이 아닌 점,[443] ⅳ) 외국국적동포와 일반 외국인근로자 간의 차별적 취급은 입법정책의 영역으로 볼 수 있는 점,[444] ⅴ) 외국국적동포는 단순히 외국인으로 간주될 수 없는 특수한 역사적 사정이 있는 점[445] 등을 논거로 든다.

차별적 취급에 해당한다는 견해(구별 부인설)의 논거로는 ⅰ) 역사적 유대관계가 외국국적동포에 대한 편의와 우대라는 차별적 취급의 객관적 기준이 될 수 있는지 의문인 점, ⅱ) 비동포인 일반 외국인과 동포를 달리 대우하여야 할 합리적 근거와 사유가 없는 점, ⅲ) 외국인근로자 고용허가제도에서 외국국적동포에 대한 우대는 출신 국가 또는 출신 민족에 의한 차별대우로 볼 수 있는 점,[446] ⅳ) 이미 외국국적동포가 국내노동시장에 큰 영향을 미치게 된 이상 한민족 유대감의 제고 및 고국과 동포사회의 호혜적 발전의 계기를 마련한다는 정치·외교적 혹은 윤리적 당위성만으로 이들에 대한 기존의 방임적 노동시장 정책을 유지하기는 어렵다는 점[447] 등이 있다.

---

443) 이상은 국가인권위원회 11진정0147700 사건(법무부가 한시적으로 체류자격 없는 재외동포에 한하여 합법화 조치를 하자 그에 배제된 비동포 외국인이 차별에 해당한다는 이유로 제기한 진정사건)에서 피진정인인 법무부장관이 한 주장의 요지이다. 국가인권위원회는 2012. 4. 24. "일반적인 재외동포 우대조치는 합리성을 갖지만, 불법체류라는 같은 상황 하에 있는 동포와 비동포를 구분하여 재외동포에게만 인도적 차원의 혜택을 부여하고 비동포 외국인을 배제하는 것은 인종차별 철폐 및 평등을 추구하는 국제인권기준의 관점에서 타당하지 않으며 그 합리성이 결여되어 차별 문제를 야기할 수 있다고 판단되므로, 법무부장관에게 향후 인도적인 차원에서 외국인 대상의 출입국 관련 구제 등의 정책을 추진할 경우에는 비동포 외국인이 배제되어 차별받지 않도록 할 것을 권고한다."는 내용의 결정을 하였다. 차용호, 1048면은, 국가인권위원회의 위 결정을 두고 구별 부인설의 입장을 채택하고 있다고 설명하고 있으나, 국가인권위원회는 위 결정에서 '일반적인 재외동포 우대조치는 합리성을 갖는다'고 전제하고 있고, 다만, 취업활동을 할 수 있는 체류자격이 없는 외국인에 대한 합법화 조치 등 인도적 차원의 혜택을 부여하는 경우에는 달리 보아야 한다는 취지이므로 국가인권위원회가 구별 부인설의 입장을 취하고 있다고 단정할 것은 아니다.

444) 노호창b, 196면.

445) 이학춘a, 344면.

446) 이상은 차용호, 1047면에서 정리한 논거들이다. 다만, 차용호, 1048면은 차별적 취급이 정당하다는 견해가 타당하다고 보고 있다.

447) 전형배a, 295면.

(2) 사업장이동권의 제한

외국인고용법에 의하면, 외국국적동포가 아닌 외국인근로자는 사용자와 합의한 사업장에서 노무를 제공하여야 하며 자유로이 사업장을 변경할 수 없다. 다만, 법령에 정한 사유가 있는 경우에만 예외적으로 고용노동부령이 정하는 바에 따라 직업안정기관의 장에게 사업장 변경을 신청할 수 있을 뿐이다(외국인고용법 25조 1항, 외국인고용법 시행령 30조 1항). 그 외 사업장 변경횟수에 대한 제한도 있다. 사업장 변경사유 발생 시 외국인근로자는 최초 입국 후 허용된 취업활동 기간(3년) 내에는 3회까지 사업장을 변경할 수 있고, 재고용 취업활동기간이 연장된 경우에는 연장기간(2년 미만) 중 2회까지 변경이 가능하다(25조 4항 본문). 다만, 휴업, 폐업, 사용자의 근로조건 위반 또는 부당한 처우 등 외국인근로자의 책임이 아닌 사유로 사업장 변경을 신청한 경우(25조 1항 2호)에는 횟수에 산입되지 않는다(25조 4항 단서).[448]

위와 같은 외국인근로자에 대한 사업장 변경사유와 횟수 제한규정에 관하여 학설의 다수는 외국인근로자의 행복추구권, 직업선택의 자유, 근로의 권리 등 기본권 행사를 제약하고, 내국인근로자에 비하여 외국인근로자를 현저히 차별적으로 대우한다고 보고 있다.[449] 그 근거로는 ⅰ) 외국인근로자가 열악한 근로조건을 감수하면서, 원하는 대로 사업장 변경을 하는 것이 사실상 불가능한 경우에 헌법 12조(신체의 자유)와 근기법 7조가 금지하는 강제근로로 이어질 수 있다는 점[450], ⅱ) 외국인근로자의 근로계약의 자유, 직업선택의 자유 등 근로권의 본질적 내용을 침해하며 외국인고용법 시행령에서 사업장 변경이 예외적으로 허용되는 경우를 지나치게 엄격하게 규정하여 법률유보원칙에 위배된다는

---

448) 사업장 변경과 관련하여 UN의 이주노동자권리협약 52조 3항에서는 "고용국은 이주노동자가 국내법이 정하고 있는 기간 동안 그 영역 내에서 합법적으로 체류하고 있는 것을 조건으로, 보수활동을 자유로이 선택할 권리를 갖도록 할 수 있다. 다만, 위 기간은 2년을 초과할 수 없다."고 규정하여 취업 후 2년이 경과하면 직장선택의 자유를 주어야 한다고 명시하고 있다. ILO 143호 협약 14조 a에서도 같은 취지의 규정을 두고 있다.
449) 이에 따라 사업장 이동의 자유를 전면적으로 또는 특정한 업종에 한하여 인정하여야 한다는 견해로는 정정훈, 337~341면. 사업장 이동의 자유를 전면적으로 인정할 수는 없지만, 사업장 변경 제한은 인권침해와 불법체류의 원인이 될 수 있으므로 변경횟수 제한을 폐지 또는 완화하여야 한다는 견해로는 하갑래b, 370면.
450) 김종세a, 135면; 윤지영a, 46면; 이학춘·고준기, 303면; 최홍엽g, 400면. 위 조항은 UN 인종차별철폐위원회로부터 지속적인 개선권고를 받고 있으며, 2015. 6. 30. UN 인권이사회에서 발표된 우리나라에 대한 인종차별 특별보고관 보고서에서도 외국인근로자의 근무처 이동에 대한 권고를 담고 있다.

점,451) iii) 내국인근로자의 일자리 보호와 국내노동시장의 안정이라는 공익은 사업장 변경의 제한으로 달성된다고 보기 어려운 점,452) iv) 국적차별 금지의 원칙은 헌법상 근로의 권리(헌법 31조)나 평등권(헌법 11조)으로부터 도출할 수 있는데 근로의 권리는 '일할 자리에 관한 권리'뿐만 아니라 '일할 환경에 관한 권리'도 함께 내포하고 있으며, 이는 건강한 작업환경, 일에 대한 정당한 보수, 합리적인 근로조건의 보장 등 더 나은 사업장으로의 이동을 의미하므로 외국인근로자라고 하여 이 부분까지 기본권 주체성을 부정할 수 없다는 점,453) v) 대한민국에서 근로를 제공하는 모든 외국인이 사업장 변경에 제한을 받는 것이 아니라 고용허가제를 통해 입국한 일반 외국인근로자만이 제한을 받으므로 외국인 간에도 부당한 차별대우가 발생하는 점,454) vi) 우리나라가 1998년 12월 비준한 ILO 111호 '고용 및 직업에 있어서 차별대우에 관한 협약'(1958)에도 위배된다는 점455) 등을 들고 있다.

한편, 헌법재판소 2011. 9. 29. 선고 2007헌마1083, 2009헌마230, 352(병합) 결정은 위와 같은 사업장 변경의 사유와 횟수 제한규정에 관하여 "외국인근로자의 무분별한 사업장 이동을 제한함으로써 내국인근로자의 고용기회를 보호하고 외국인근로자에 대한 효율적인 고용관리로 중소기업의 인력수급을 원활히 하여 국민경제의 균형 있는 발전이 이루어지도록 하기 위하여 도입된 것으로, 사업장 변경을 전면적으로 금지한 것이 아니라 일정한 범위 내에서 가능하도록 하여 위와 같은 도입목적을 달성하는 한편, 사업장 변경의 전면적 제한으로 인하여 발생할 수 있는 외국인근로자의 강제노동을 방지하여 외국인근로자에 대한 보호의무를 상당한 범위에서 이행하고 있으므로 입법자의 재량의 범위를 넘어 명백히 불합리하거나 외국인근로자의 직장선택의 자유를 침해한다고 볼 수 없다."는 이유로 헌법에 위반되지 않는다고 판단하였다.

(3) 출국만기보험의 지급시기

출국만기보험은 외국인근로자를 고용하는 사용자가 외국인근로자를 피보험자 내지 수익자로 하여 의무적으로 가입해야 하는 보험으로(외국인고용법 13조 1

---

451) 최경옥, 217면.
452) 이부하, 75면.
453) 노호창a, 209~210면; 이학춘 · 고준기, 304~305면.
454) 김남진, 61~62면; 이성언 · 최유, 95면; 전형배b, 145면.
455) 윤지영a, 46면.

항), 외국인고용법 제정 당시에 도입되었다. 이는 외국인근로자 입장에서는 퇴직금을 보장받는 보험이고, 사용자의 입장에서는 퇴직금 일시 지급의 부담을 줄이며, 국가의 입장에서는 외국인근로자의 사업장 이탈을 방지하고 체류기간이 도과한 외국인근로자를 효과적으로 출국시키는 목적을 가지고 있다.[456) 외국인고용법 13조 2항은 '사용자가 출국만기보험에 가입한 경우 퇴직급여법 8조 1항에 따른 퇴직금제도를 설정한 것으로 본다'고 규정하여 출국만기보험이 퇴직금을 대신하여 설정된 제도임을 분명히 하고 있다.

한편, 외국인고용법은 제정 당시에는 출국만기보험의 지급시기에 관하여 별도의 규정을 두고 있지 않았기에 일반적인 퇴직금 지급시기를 규정한 근기법 36조, 퇴직급여법 9조(지급사유 발생일로부터 14일 이내)를 근거로 통상 보험약관에서 '서류를 접수한 날로부터 3영업일 이내에 보험금을 지급한다'고 규정하여 외국인근로자는 사업장을 변경하는 경우든 출국하는 경우든 내국인근로자와 다를 바 없이 퇴직 후 신속하게 출국만기보험금을 지급받을 수 있었다.[457) 그런데 2014. 1. 28. 법률 12371호로 외국인고용법을 개정하면서 13조 3항에서 출국만기보험의 지급시기를 피보험자등이 출국한 때부터 14일(체류자격의 변경, 사망 등에 따라 신청하거나 출국일 이후에 신청하는 경우에는 신청일부터 14일) 이내로 한다고 명시하였고, 이는 외국인근로자가 체류기간 만료 이후에도 본국으로 귀국하지 않고 체류하는 경우가 발생하는 것을 방지하기 위한 조치였다.[458) 이와 같이 불법체류 근절이라는 정책 목적을 위해 보험금 지급을 출국과 서로 연동시키는 것에 대하여, 외국인근로자의 불법체류를 방지하기 위하여 불가피한 선택이라는 견해도 있으나,[459)

---

456) 김종세b, 319면.

457) 지성수, 91면.

458) 2013. 9. 6. 김학용 의원이 대표 발의한 외국인근로자의 고용 등에 관한 법률 일부개정법률안(의안번호 1906730)에서는 위와 같이 개정을 제안하는 이유를 "체류기간이 만료되어 출국해야 하는 외국인근로자들이 출국만기보험금 등을 수령하고도 출국하지 않아 불법체류자가 급증하고 있으므로 이를 줄이기 위해 출국만기보험금 등의 지급시기를 출국한 때부터 14일 이내로 명확히 규정하려는 것임."이라고 밝히고 있고, 2013. 9. 17. 김성태 의원이 대표 발의한 외국인근로자의 고용 등에 관한 법률 일부개정법률안(의안번호 1906908)에서도 위와 같이 개정을 제안하는 이유를 "현재 출국만기보험 등의 보험금 등 지급시기에 관한 명문의 규정이 없는 가운데 보험금 등을 수령하고 체류기간 후에도 귀국하지 않는 외국인근로자들이 많아 불법체류자가 급증하고 있는 상황임. 보험금 등의 지급시기를 출국한 때로부터 14일(체류자격의 변경 등에 따라 신청하거나 출국일 이후에 신청하는 경우에는 신청일로부터 14일) 이내로 규정함으로써 외국인근로자가 보험금 등을 지급받을 수 있는 기간을 명확히 하고, 아울러 불법체류자도 줄이려는 것임."이라고 설명하고 있다.

459) 지성수, 97면

국적차별, 평등권 침해, 퇴직금의 법리 훼손, 실제 운용상 제기되는 보험금 미지급 등의 우려 등을 근거로 이를 비판하는 견해가 다수이다.[460]

한편, 위 조항의 위헌성 여부가 다투어진 사안에서 헌법재판소 2016. 3. 31. 선고 2014헌마367 결정은 "불법체류가 초래하는 여러 가지 문제를 고려할 때 불법체류 방지를 위해 출국만기보험금의 지급시기를 출국과 연계시키는 것은 불가피하고, 위 조항은 고용허가를 받아 국내에 들어온 외국인근로자의 특수한 지위에서 기인하는 것이므로 위 조항이 외국인근로자에 대하여 내국인근로자와 달리 규정하였다고 하여 외국인근로자의 평등권을 침해한다고 볼 수 없다."는 등의 이유로 합헌결정을 하였다. 다만, 위 결정에서 재판관 3인은 "위 조항의 입법목적은 출국만기보험금이 가진 퇴직금의 성질을 전혀 고려하지 않은 것으로서 그 정당성을 인정하기 어렵고, 그 지급시기를 무조건 출국과 연계하는 것은 퇴직금의 본질적 성격에 반하므로 외국인근로자의 근로의 권리를 침해할 뿐만 아니라 외국인근로자도 생계보호를 위해 퇴직 후 조속한 시일 내에 퇴직금에 해당하는 출국만기보험금을 지급받을 필요가 있다는 점에서 내국인근로자와 다르지 아니하므로 위 조항에서 출국만기보험금의 지급시기를 출국한 때부터 14일 이내로 정하여 외국인근로자에게 퇴직금으로서의 기능을 전혀 하지 못하게 하는 것은 외국인근로자와 내국인근로자를 불합리하게 차별하는 것으로서 청구인들의 평등권을 침해한다."는 반대의견을 개진하였다.

다. 근로관계에서 제기되는 차별의 문제

(1) 차별 금지와 판단기준

외국인근로자에 대한 처우가 근기법 6조 위반에 해당하는지 여부는 외국인근로자와 내국인근로자 사이의 근로조건 등을 종합적으로 비교하여, 국적만을

---

460) 최홍엽g, 383면; 노호창a, 218면은, "퇴직금의 지급을 보장하는 것은 근로자의 국적과는 관계가 없는 것임에도 정책적 필요성만을 중시한 나머지 외국인근로자를 합리적 이유 없이 차별하고 있고 퇴직금의 법리도 훼손하는 것은 아닌지 검토가 요구된다."고 한다. 김종세b, 326면에서는 "출국만기보험이 가지는 퇴직금의 성질을 고려하지 아니하고 출국한 때로부터 14일 이내로 지급시기를 정하는 것은 헌법상 인간으로서 최소한의 생존권을 보장하는 것이 아니라 오히려 위협할 수 있다는 점에서 입법재량의 범위를 벗어난 과도한 제한으로서 외국인근로자의 근로권과 평등권을 침해한다."고 본다. 윤지영b, 12면에서는 "불법체류를 방지하기 위한 목적만으로는 차별을 정당화할 수 없으며, 출국하기 전까지는 출국만기보험금을 받지 못하게 하는 것은 사실상의 강제 저금 또는 퇴직금 압류로서, 퇴직노동자 및 그 가족의 생계보전이라는 목적과 기능을 가진 출국만기보험금의 본질적 내용을 침해한다."고 보고 있으며, '출국만기보험금의 액수나 지급 여부에 문제가 발생한 경우에도 외국인근로자가 이미 출국한 상태에서 이를 다투기가 매우 어려워지는 문제점'도 지적한다.

이유로 차별한 것인지, 아니면 업무능력, 직장보장의 정도, 채용조건 등에 따른 합리적인 차등인지 여부를 구체적으로 검토하여 판단하여야 한다.461) 근로관계에서 외국인근로자에 대한 차등적 취급을 정당화하는 사유로는 주로 외국인근로자가 처한 특수한 사정, 예컨대 한국어 능력의 결여, 근무기간, 교육 수준, 업무능력 등이 거론된다.462)

(2) 차별의 유형에 따른 개별적 검토

(가) 직업소개, 파견 등

외국인근로자도 취업 단계에서 내국인근로자와 동등하게 대우받을 수 있는지가 문제된 바 있다. 유의할 점은 이는 취업의 기회를 평등하게 보장할 것인지의 문제를 의미하고,463) 채용 단계에서 외국인을 균등하게 대우할 것인가의 문제와는 구별된다는 것이다.

구 직안법에는 유료직업소개업은 고용노동부장관의 허가를 받도록 되어 있었는데[구 직업안정 및 고용촉진에 관한 법률(1994. 1. 7. 직업안정법으로 전문 개정되기 전의 것) 10조, 구 직안법(1999. 2. 8. 법률 5884호로 개정되기 전의 것) 19조],464) 외국인근로자를 국내기업에 소개하는 것도 허가를 받아야 하는지가 문제되었다. 구 직업안정 및 고용촉진에 관한 법률 1조의 2는 "누구든지 신분 또는 혼인 여부 등을 이유로 직업소개·직업지도 또는 고용관계의 결정에 있어서 차별대우를 받지 아니한다."고 규정하고 있었는데, 대법원 1995. 6. 13. 선고 94도3250 판결은, 위 조항이 '국적'에 의한 차별을 명시하고 있지 않지만 예시규정으로 보아 국적에 의한 직업소개 등의 차별은 금지된다고 하였다.465)

---

461) 이상윤, 119면; 하갑래, 83면.
462) 김유성b, 64~65면.
463) 오늘날의 노동법은 전통적인 영역 이외에도 새로운 영역이 형성되고 있다. 즉, 개별적 근로관계법과 집단적 노사관계법 이외에도 노동시장의 법이 형성되고 있다. 이에 따라 노동법학은 연구대상을 확대하여 취업 이후의 근로자의 보호뿐만 아니라, 취업 이전의 근로자 보호에도 관심을 가지게 되었다(최홍엽c, 96면).
464) 1999. 2. 8. 개정으로 유료직업소개사업은 등록제로 변경되었다.
465) 대법원 1995. 7. 11. 선고 94도1814 판결도 같은 취지이다. 외국인근로자를 국외로 알선하여 주는 국외취업이 문제된 사안에서도 마찬가지로 판시한 것으로는 대법원 1995. 9. 29. 선고 95도1331 판결. 위 대법원 94도3250 판결은 그 근거로서, 구 직업안정 및 고용촉진에 관한 법률은 근로자의 직업 안정과 고용 촉진을 도모하기 위한 법률임이 명백하고, 근로자의 지위는 근기법 6조에서 명시하고 있듯이 국적을 불문하고 차별적 대우를 받지 않게 되어 있으며, 유료직업소개사업에 대해 고용노동부장관의 허가를 받도록 하고 있는 입법취지 역시 무분별한 직업알선으로 인해 근로자가 입게 될 피해 등을 막기 위하여 정부가 알선기관을 감독하고자 하는 것이므로, 그 주된 목적을 근로자를 보호하기 위한 것이라고 보아야 한다는 점을

다음으로 파견법이 적용되는 파견근로자의 범위에 외국인근로자도 포함되는지에 관하여, 대법원은 "근로자는 근기법 6조에서 명시하고 있듯이 국적을 불문하고 차별적 대우를 받지 않게 되어 있으며, 근로자파견사업에 대하여 고용노동부장관의 허가를 받도록 하고 있는 입법취지 역시 무분별한 근로자파견으로 인해 근로자가 입게 될 피해 등을 막기 위하여 정부가 파견사업주를 감독하고자 하는 것으로서 그 주된 목적이 근로자를 보호하기 위한 것이므로, 외국인근로자라는 이유로 파견법이 적용되는 파견근로자의 범위에서 제외된다고 할 수 없다."고 하여 러시아 여성들을 고용하여 공연 등의 일을 하도록 파견하는 사업도 파견법에 따라 고용노동부장관의 허가를 받아야 한다고 하였다.[466]

　　㈏ 채　　용

근기법 6조의 균등대우조항이 채용의 단계까지 포섭하지 않는다는 다수설의 견해에 따르면 근기법 자체가 채용 단계를 규제하고 있지 않기 때문에 사용자가 근로자 채용 시 외국인이라는 이유로 차별을 하더라도 이를 근기법 6조 위반이라고 하기는 어렵다.

한편, 고용정책기본법은 1993. 12. 27. 제정 당시 취업기회의 균등한 보장과 관련하여 19조에서 "사업주는 근로자를 모집·채용함에 있어서 성별, 신앙, 사회적 신분, 출신지역 또는 출신학교 등을 이유로 차별을 하여서는 아니 되며, 균등한 취업기회를 보장하여야 한다."고 규정하였는데, 이때 국적에 의한 차별은 명문으로 포함되지 않았다. 이후 2003. 12. 31. 법률 개정 시 '연령'이 추가되었고, 2004. 12. 31. 개정 시 '혼인·임신 또는 병력(病歷)'이 추가되었으며, 2007. 12. 27. 개정 시 '신체조건'이 추가되었다. 조항의 위치도 4장(근로자등의 고용촉진의 지원)의 19조에서 규정되다가 2009. 10. 9. 전부개정 시 1장(총칙)의 7조로 바뀜으로써 취업기회의 균등한 보장이 고용정책의 전반을 아우르는 원리로 격상되었다. 2014. 1. 21. 개정 시 '학력'이 추가되었으나 '국적'은 현재까지도 명문으로 포함되지 않고 있다.

이에 대하여는 채용의 단계에서도 원칙적으로 국적차별이 금지되어야 한다는 견해가 있다. 즉, 고용정책기본법의 위 제정과정에서도 보듯이 어떠한 이유로든지 고용상의 차별대우를 금지해야 한다는 점은 시대의 흐름이 되고 있는데

___
들었다.
466) 대법원 2000. 9. 29. 선고 2000도3051 판결. 이에 대한 평석으로는 조임영a, 251~264면.

유독 국적에 의한 차별이 채용의 단계에서 허용된다고 해석하는 것은 그 흐름
과 융합하지 않는다는 것이다.[467] 그러나 위 견해에 의하더라도 외국인근로자의
채용(취업)에는 현재의 관련 법규들에 의해 여러 가지 제약이 따른다는 점, 즉
출입국관리법에 의해 허용된 체류자격의 범위 내에서 국내취업을 할 수 있으며,
내국인 우선고용의 원칙에 의한 제한도 받는다는 점을 지적하고 있다.[468]

   ㈐ 근로계약의 체결

   근로계약의 체결과 관련해서는 외국인근로자가 주로 언어의 상이함으로 인
하여 불이익을 받는 것이 문제된다. 근기법 4조는 "근로조건은 근로자와 사용자
가 동등한 지위에서 자유의사에 따라 결정하여야 한다."고 규정하고 있다. 또한,
근기법 17조는 사용자가 근로계약을 체결할 때에는 근로자에게 임금, 소정근로
시간, 휴일 등 근로조건을 명시하여야 하고, 근로자에게 위 근로조건들이 명시
된 서면을 교부하여야 한다. 위 취지에 따라 외국인고용법도 사용자로 하여금
외국인근로자를 고용하려면 고용노동부령으로 정하는 표준근로계약서를 사용하
여 근로계약을 체결하도록 하고 있고(외국인고용법 9조 1항), 이 표준근로계약서에
는 근로계약기간, 근로장소, 업무 내용, 근로시간, 휴게시간, 휴일, 임금, 임금지
급일, 지급방법, 숙식제공 등 핵심적 근로조건이 국어와 영어로 병기되어야 하
고, 사용자와 외국인근로자가 연명으로 서명하여야 한다(외국인고용법 시행규칙 8조,
별지 6호 서식).

   그러나 현행 외국인근로자 고용관리시스템에서는 근로계약 체결에서의 외
국인근로자의 알 권리가 실질적으로 실현되지 못하고 있다는 지적이 있다.[469]
외국인근로자의 국내 취업은 내국인 사용자가 외국인 구직근로자의 명단을 보
고 특정인을 지명하면서 시작된다. 이후 국내에 입국한 외국인근로자는 산업인
력공단이 주도하는 국내 취업에 관한 일반적인 내용의 취업교육을 받고 이후
자신을 지명한 사용자를 만나서 근로계약을 체결하게 된다. 따라서 근로계약을
체결할 때까지 자신이 구체적으로 어떤 근로조건의 직장에서 일하게 될지 거의
알 수 없는 상태이다. 근로조건이 애초 예정한 것과 다르다면 이론적으로는 근
로계약을 해지하고 다른 사업장으로 이동하면 되지만, 현실적으로 사업장 이동

---

467) 최홍엽d, 101면.
468) 최홍엽d, 102면.
469) 전형배b, 137면.

이 매우 제한적으로 이루어지고 있고, 설령 근로계약을 해지할 수 있다고 하더라도 일정한 기간 내에 새로운 근로계약을 체결하지 못하면 출국을 하여야 하는 부담 때문에 사실상 강제노동을 강요하는 결과를 초래한다. 근로조건은 외국인근로자가 국내 취업을 선택할 때 가장 중요한 고려요소이다. 이것이 제대로 공지되지 않으면 채용의 시작 단계부터 차별이 예정되는 것이다. 근로조건을 포함하여 보다 포괄적이고 상세한 입국 전 교육의 실시, 송출국에서 이루어지는 교육의 표준화 등의 제도 개선이 필요하다.[470]

㈑ 임   금

① 외국인근로자에 대한 임금 지급 실태   통계청이 국내에 상주하는 외국인을 대상으로 전반적인 경제활동상태를 파악하기 위해서 실시한 <2016년 외국인고용조사>(이하 '2016년 조사'라 한다) 결과에 의하면,[471] 외국인 임금근로자의 월 평균 임금은 100~200만 원 미만(44만 7천명, 48.7%)의 비중이 가장 높고, 200~300만 원 미만(34만 9천명, 37.9%), 300만 원 이상(8만 2천명, 8.9%) 등의 순으로 높았다. 한국산업인력공단의 위탁용역으로 시행된 <2017년 외국인근로자 근무환경 실태조사>(이하 '2017년 조사'라 한다)에 의하면,[472] 외국인근로자의 월 평균 임금은 150~199만 원 미만이 36.2%, 200~249만 원이 25.7%, 100~149만 원이 21.7% 등의 순으로 높았고, 200만 원 미만을 받는 경우가 62.2%에 달하였다. 중소기업중앙회가 실시한 '2018 중소기업 애로실태 종합보고서'(이하 '중소기업 종합보고서'라 한다) 중 '2018년 외국인력 활용 관련 종합애로 실태조사'(이하 '2018년 조사'라 한다)에 의하면,[473] 2018년 6월 기준 외국인근로자 1인의 월 평

---

470) 전형배b, 137~139면. 우리나라는 비준하지 않았으나 ILO 97호 협약 2조는 이주노동자에게 고용에 관한 정확한 정보를 무료로 제공하도록 규정하고 있고, UN 이주노동자권리협약 33조도 이주노동자에게는 협상의 권리, 체류조건, 이주노동자의 권리와 의무 등에 관한 정보를 제공받을 권리가 있다고 규정하고 있다.

471) 통계청의 위 자료는, 외국인고용법 2조에 의한 외국인근로자와 같은 법률상 용어가 아니라 실질적으로 취업상태에 있는 외국인을 의미하는 '외국인 취업자'라는 용어를 사용하고 있다. 따라서 외국인근로자도 조사대상기간 중에 일을 하지 않았으면 취업자가 아니고, '외국인 취업자'에는 결혼이민자나 유학생 등이 포함될 수 있다. 통계청, 2016년 외국인고용조사 결과 2016. 10. 20.자 보도자료 중 '자료이용시 참고사항' 참조

472) 2017. 5. 15.부터 2017. 7. 16.까지 표본조사를 실시하여 외국인근로자를 고용하고 있는 사업체 관계자 503명과 일반고용허가제(E-9)를 통해 입국하여 취업 중인 외국인근로자 2,765명을 조사한 결과이다(설동훈·고재훈, 6면).

473) 2018. 7. 3.부터 2018. 7. 20.까지 외국인근로자를 활용하고 있는 제조업체 600개를 상대로 2018년 5월 말을 기준으로 한 조사를 실시한 결과이다(중소기업 종합보고서, 361면).

균 총인건비는 255.4만 원으로 나타났는데, 그중 62.5% 비중을 차지하고 있는 기본급은 조사대상 기업 평균 159.5만 원이었고, 외국인근로자 1인당 연장·야간·휴일수당 등이 포함된 월 평균 잔업수당은 평균 63.4만 원, 숙박비·식비·통신비 등이 포함된 월 평균 부대비용은 35.7만 원이다.

내국인근로자와 외국인근로자 사이의 임금 격차에 관하여는 정부 차원의 공식적 통계자료는 없고, OECD의 '2015 고용전망' 보고서에 의하면 우리나라의 내국인근로자의 임금은 외국인근로자의 1.55배 수준으로, 조사대상 22개 국가 중 내·외국인근로자 사이의 임금 격차가 가장 높았다.[474] 한편, 통계청의 '외국인고용조사' 2012~2015년 원시자료와 '경제활동 인구조사' 2015년 8월 자료를 사용하여 내·외국인근로자의 임금 격차를 분석한 문영만의 2016년 연구 분석결과(이하 '2016년 연구분석결과'라 한다)에 의하면, 내·외국인근로자 사이의 임금 격차는 단순노무직(2.5배), 기능직 및 기계조립(1.8배), 사무 및 판매서비스 (1.0배) 순으로 외국인근로자들이 내국인근로자들에 비해 낮은 임금을 받고 있는 것으로 나타났다.[475] 중소기업중앙회의 2018년 조사에 의하면, 2018년 5월 기준 외국인근로자의 총 인건비는 내국인 대비 평균적으로 95.6% 수준이며 최소 60%에서 최대 150% 수준인 것으로 나타났다.[476]

② 동일가치노동 동일임금원칙의 적용   외국인근로자가 내국인근로자와 비교하여 동일가치노동을 제공하고 있는데 외국인근로자라는 이유만으로 내국인근로자보다 적은 임금을 지급받는다면 이는 차별에 해당한다. 앞서 살펴본 바와 같이 외국인근로자의 고용을 허가하는 취지는 부족한 국내 인력을 보충하기 위한 것이지, 내국인근로자보다 적은 임금을 지급하고 동일한 양과 질의 노동력을 제공받기 위해서가 아니다. 동일가치노동에 해당하는지를 평가함에 있어 특히 실무상 외국인근로자의 언어능력(한국어구사능력) 등이 업무수행능력 내지 노

---

474) 2015. 9. 9.자 경향신문, '내·외국인 임금 격차, OECD 1위'에서 인용.

475) 문영만, 123면. 이를 한국노동시장에서 내·외국인근로자 간의 동일노동 동일임금원칙이 지켜지지 않고 임금차별이 존재하는 것을 의미한다고 평가하고 있다(문영만, 129면). 한편, 고용노동부의 '사업체 근로실태조사' 2005년도 자료를 사용하여 내·외국인근로자 간의 임금 격차를 분석한 조동훈의 2010년 연구분석결과에 의하면, 개인의 다양한 특성과 인적 속성에 대한 노동시장 가격이 동일하다는 가정 하에 추정한 외국인근로자와 내국인근로자 사이의 임금 격차는 내국인근로자의 고용형태에 상관없이 24%의 격차를 나타내고, 다시 이 격차 중 최소 7%에서 최대 36%는 내국인근로자와 동일한 인적 자본을 가진 외국인근로자가 상대적으로 낮은 보상을 받기 때문이라고 한다(조동훈, 84면).

476) 중소기업 종합보고서, 372면.

동생산성과 관련되어 논란이 될 수 있으나,[477] 해당 업무의 특성이나 내용상 꼭
언어능력이 필요한지에 관하여는 이견이 있을 수 있으므로, 해당 업무를 수행함
에 있어 언어능력이 꼭 필요한 경우가 아니라면 이를 임금의 차등 지급에 대한
합리적 이유로 쉽게 인정하여서는 아니 될 것이다.[478] 한편, 우리나라는 직무·
능률에 따라 임금이 지급되는 측면보다 근속년수, 기업 공헌도, 자격증 소지 등
의 구체적인 차이에 따라 임금 격차가 생기는 면이 크기 때문에 임금차별인지
에 대한 판단이 쉽지 않다. 따라서 임금차별을 판단하기 위해서는 그 사업장의
임금체계와 관행을 고려하면서, 근속년수·기업 공헌도 등의 요소를 감안하여
외국인근로자와 내국인근로자 사이에 불합리한 차별이 있는지 여부를 판단하여
야 한다.[479] 이 경우 외국인근로자라는 특성 때문에 해당 직군의 교육과 경험,
숙련도 등의 각 요소가 외국인근로자에게 불합리하고 불리하게 적용되지 않도
록 구체적인 기준이 정립될 필요가 있다.[480]

③ 최저임금법의 적용   외국인근로자에게도 최저임금법이 적용된다는
점에는 이론이 없다. 최저임금법 2조에 의하여 근기법상 근로자는 곧 최저임금
법상의 근로자에 해당하므로, 외국인근로자에 대하여도 내국인근로자와 마찬가
지로 최저임금법에 따른 최저임금의 보장에 관한 규정이 그대로 적용되기 때문
이다.

다만, 최근 경영계를 중심으로 외국인근로자의 노동생산성이 내국인근로자
에 비하여 상대적으로 낮다든가[481] 언어소통능력의 강화 등을 위한 수습기간의

---

477) 한국산업인력공단이 위탁한 2017년 조사에 의하면, 사업체에서 외국인근로자를 고용하면서 겪고 있는 애로사항들을 각각 얼마나 심각하게 인식하고 있는가를 '전혀 심각하지 않다' 1점, '별로 심각하지 않다' 2점, '그저 그렇다' 3점, '약간 심각하다' 4점, '매우 심각하다' 5점의 값을 부여하여 계산한 평균값으로 '심각성 점수'를 제시한 결과, 전체 사업체들이 가장 심각한 애로사항으로 느끼고 있는 것은 '외국인근로자 확보의 어려움'으로 5점 만점에 3.74점이었고, 그 다음으로 '의사소통의 애로'가 2.76점, 이어 '문화 생활습관의 차이'로 인한 어려움이 2.5점인 것으로 나타났다(설동훈, 61면). 중소기업중앙회의 2018년 조사에 의하면, 조사업체에 대하여 기타 외국인력을 활용하면서 개선이 필요한 사항에 관한 개별적 의견을 물은 결과, 총 107건 중 '언어교육 강화, 통·번역 서비스 지원 등 의사소통 문제 해결 노력'에 대한 의견 개진이 12건으로 가장 많았다(중소기업 종합보고서, 390~395면).
478) 노재철·고준기, 142면.
479) 최홍엽a, 102~103면.
480) 전형배b, 140~141면.
481) 중소기업중앙회의 2018년 조사에 의하면, 내국인근로자 대비(100% 기준) 외국인근로자의 생산성은 평균적으로 87.4% 정도이며, 최소 50%에서 최대 150%로 나타났다(중소기업 종합보고서, 370면).

연장이 필요하다482)는 점 등을 근거로 외국인근로자에 대하여는 최저임금법의
적용을 제한 또는 배제하여야 한다는 주장이 제기되고 있다.483) 위 주장은 수습
중의 근로자에 대하여는 최저임금액을 감액할 수 있도록 한 최저임금법 5조 2
항, 최저임금법 시행령 3조의 규정484)과 '그 밖에 최저임금을 적용하는 것이 적
당하지 아니하다고 인정되는 자로서 고용노동부장관의 인가를 받은 자'에 대하
여는 최저임금법을 적용하지 않을 수 있도록 한 최저임금법 7조 2호의 규정에
착안한 것이다.485) 이와 같은 경영계의 요구를 반영하여 20대 국회에서는 외국
인근로자에 대하여 최장 2년까지 최저임금액의 일부만을 지급하도록 하는 내용
의 개정법률안이 발의되었으나, 임기만료로 폐기되었다.486)

　　그러나 앞서 본 바와 같이 외국인근로자의 도입 목적이 저임금 노동력의
확보에 있지 아니하며, 심지어 구 외국인 산업기술연수생제도 하에서 산업기술
연수생에 대하여 부분적이나마 노동관계법상 보호를 규정하였던 '외국인 산업
기술연수생의 보호 및 관리에 관한 지침'[1995. 2. 14. 노동부 예규 258호로 제정되고
1998. 2. 23. 노동부 예규 369호로 개정된 것(이하 '산업기술연수생 보호지침'이라 한다),
이후 노동부 예규 546호로 폐지되었다487)] 중 8조 1항 4호에서 최저임금법의 기본

---

482) 현재는 3개월까지 수습기간을 둘 수 있다(외국인고용법 9조 1항, 외국인고용법 시행규칙 8
　　조, 별지 6호 서식 표준근로계약서 참조).
483) 중소기업중앙회의 2018년 조사에 의하면, 조사업체에 대하여 기타 외국인력을 활용하면서
　　개선이 필요한 사항에 관한 개별적 의견을 물은 결과, 총 107건 중 '내·외국인별로 최저임
　　금 차등적용(하향 조정 내지 완화)이 필요하다'는 의견이 10건에 달하였다(중소기업 종합보고
　　서, 390~395면).
484) 1년 이상의 기간을 정하여 근로계약을 체결하고 수습 중에 있는 근로자로서 수습을 시작
　　한 날부터 3개월 이내인 사람에 대해서는 시간급 최저임금액에서 100분의 10을 뺀 금액을
　　그 근로자의 시간급 최저임금액으로 한다.
485) 노재철·고준기, 143~144면.
486) 2019. 2. 8. 이완영 의원 대표발의 최저임금법 일부개정법률안(의안번호 2018548)에서는 외
　　국인근로자가 입국 후 최초로 근로를 시작한 시점부터 1년 이내에는 최저임금액의 30% 이
　　내로 감액할 수 있도록 하고, 근로 시작 후 1년 경과 시점부터 1년 이내에는 최저임금액의
　　20% 이내로 감액할 수 있도록 개정하는 안(개정안 5조 3항)을 제시하면서, 그 이유를 "현행
　　법은 근로자를 사용하는 모든 사업 또는 사업장에 적용하고 있으나, 수습을 시작한 날부터 3
　　개월 이내에 있는 자에 대하여는 일정부분 최저임금액을 감액하여 지급할 수 있도록 규정을
　　두고 있음. 그런데 외국인근로자의 경우에도 언어능력과 문화 적응의 문제로 인하여 업무습
　　득기간이 내국인근로자보다 오래 소요되므로 최저임금액의 일정부분을 감액하여 지급하도록
　　할 필요가 있음. 이에 위와 같이 개정하여 외국인근로자를 사용하는 사업장의 인건비 부담을
　　완화하려는 것임."이라고 설명하고 있다.
487) 노동부 예규 546호의 내용은 "외국인 산업기술연수생의 보호 및 관리에 관한 지침(노동부
　　예규 369호)을 폐지한다."는 것이고, 부칙에 "이 고시는 공포한 날로부터 시행한다."고 규정
　　되어 있으나, 언제 공포되었는지는 대한민국 전자관보 시스템 등을 통하여 확인되지 않았다.

적 입법정신에 준거하여 산업기술연수생에 대하여 최저임금을 보장하도록 규정하고 있었던 점[488] 등을 감안하면, 외국인근로자에 대하여 최저임금법의 적용을 배제하는 것은 부당하다. 나아가 외국인근로자의 생산성, 언어소통능력 등에 관한 객관적이고도 실증적인 분석이 선행되지 않은 상태에서 막연히 외국인근로자라는 이유만으로 수습기간을 연장하거나 일부 근로계약기간 동안 최저임금액보다 낮은 금액을 지급할 수 있도록 허용되어서는 안 된다.

④ 임금 체불을 둘러싼 차별   임금과 관련한 국적차별은 임금 자체의 차별도 중요하지만, 임금 체불을 둘러싼 차별 또한 의미가 크다. 종래 국가인권위원회의 연구용역으로 2002년 실시한 <국내거주 외국인노동자 인권실태조사>에서는 외국인근로자들에게 한국에 입국한 이후, 임금 체불을 당한 적이 있느냐는 질문에 응답자의 51.4%가 임금 체불의 경험이 있다고 하였으나,[489] 한국산업인력공단이 위탁한 2017년 조사에서는 임금 체불 경험이 있다고 응답한 외국인근로자는 11.7%로 크게 줄었다.[490] 임금 체불을 둘러싼 차별은 그동안 상당히 개선된 것으로 평가할 수 있다.

㈃ 근로시간과 휴일근로, 수당 지급

외국인근로자라는 이유로 근로시간, 휴일근로, 수당 지급에 있어서 합리적 이유 없이 차별하여서는 아니 된다. 그러나 아래에서 보는 바와 같이 실제로 외국인근로자가 내국인근로자에 비해 장시간 노동을 하고 있다는 분석결과가 있으며, 여전히 수당 지급에 있어서도 차별을 받고 있는 사례가 상당수 존재하는 것으로 나타났다.

통계청의 2016년 조사결과에 의하면, 취업시간대별 외국인 취업자는 40시

고용노동부 홈페이지의 법령정보에 위 노동부 예규 546호가 등록된 날은 2007. 9. 10.이다. 위 지침(노동부 예규 369호) 중 4조, 8조 1항 및 17조가 헌법에 위반된다는 내용의 헌재 2007. 8. 30. 선고 2004헌마670 결정이 내려진 직후 폐지된 것으로 보인다.

488) 나아가 대법원 2006. 12. 7. 선고 2006다53627 판결은, 산업기술연수생에 대하여 단순히 산업기술의 연수만으로 그치는 것이 아니고 근기법상 근로자성이 인정되는 경우에는 최저임금법의 적용을 받는다고 판시하였다.

489) 전북대 사회과학연구소 외 1, 96~103면. 위 조사는 2002. 11. 11.부터 2002. 11. 30.까지 '질문지를 이용한 면접조사'를 통해 실시되었다. 이 조사는 국가인권위원회에 인권침해 상담을 하러온 사람들을 대상으로 조사할 경우 표본이 왜곡될 가능성이 있으므로, 종교행사 등 다른 다양한 방식을 활용했으며, 출신국과 체류자격을 골고루 대표할 수 있도록 할당표집(quota sampling)을 실시하였다. 전국에서 1,078명의 외국인근로자가 응답하였는데, 가중치를 적용한 표본의 수는 2,067명이다.

490) 설동훈·고재훈, 168~169면.

간~50시간 미만(39만 3천명, 40.8%)의 비중이 가장 높고, 60시간 이상(23만 9천명, 24.9%), 50시간~60시간 미만(21만 7천명, 22.6%) 등의 순으로 높았다. 한국산업인력공단이 위탁한 2017년 조사에 의하면, 성수기·비수기 없이 연간 고른 업무량을 가진 업체의 외국인근로자의 하루 평균 근무시간은 9.4시간으로, 제조업이 9.8시간으로 가장 길며 어업은 7.9시간으로 가장 짧다. 전 업종의 월 평균 근무일수는 24.2일인데 농축산업이 26.2일로 가장 많고, 서비스업은 23.3일로 가장 적다.491) 나아가 외국인근로자의 주 평균 근로시간은 조사대상자의 75.5%가 36시간 이상 근로하는 것으로 응답하였고, 전체적으로 주 평균 근로시간은 44.21시간이다.492)

　　　문영만의 2016년 연구분석결과에 의하면, 2015년 기준 주 50시간 이상을 근무하는 근로자의 경우 내국인근로자는 14.8%에 불과한 반면 외국인근로자는 52.6%로 분석되었다. 특히 외국인근로자의 26.9%가 60시간 이상 장시간근로를 하고 있으며, 상대적으로 저임금을 받고 있는 임시·일용직은 30%가량이 주당 60시간 이상의 장시간 노동을 하는 것으로 분석되었다.493) 반면, 중소기업중앙회의 2018년 조사에 의하면, 2018년 5월말을 기준으로 외국인근로자의 주당 근로일수는 평균 5.4일(내국인근로자는 평균 5.3일), 주당 근로시간은 평균 51.8시간(내국인근로자는 평균 49.8시간)으로 나타나 내국인근로자와 비교하여 큰 차이는 없는 것으로 나타났다.494)

　　　장시간 근로의 구체적인 현황을 알기 위해서는 휴일과 가산임금 지급 정도를 살펴 볼 필요가 있는데, 한국산업인력공단이 위탁한 2017년 조사에 의하면, 외국인근로자의 22시부터 5시까지 최소 2시간 이상의 근무 빈도는 전체적으로 '일주일에 1번 또는 그 이하'의 응답 비율이 48.2%, '일주일에 4번 또는 그 이상'이 33.3%, '일주일에 2~3번'이 18.5% 순이었고, 18시부터 22시까지 최소 2시간 이상의 근무 빈도는 '일주일에 1번 또는 그 이하'의 응답 비율이 44.7%, '일주일에 4번 또는 그 이상'이 30.1%, '일주일에 2~3번'이 25.2% 순으로 확인되어495) 외국인근로자의 경우 초과근무가 상당히 빈번하게 이루어지고 있음을 알 수 있

---

491) 설동훈·고재훈, 39~40면.
492) 설동훈·고재훈, 152~153면.
493) 문영만, 118~119면.
494) 중소기업 종합보고서, 367~368면.
495) 설동훈·고재훈, 156~159면.

다. 휴일근로에 관하여 보면, 외국인근로자의 1개월 평균 일요일 휴일 빈도는 매주 쉰다는 응답이 67.8%로 가장 높고, 한 달에 2~3번 쉰다는 응답이 18.3%로 나타났으며, 1개월 평균 토요일 휴일 빈도는 한 번도 쉬지 않는다는 응답 비율이 40.7%로 가장 높고, 매주 쉰다는 응답이 24.9%였다.[496] 초과근로수당 및 휴일근로수당의 지급 여부 및 비율에 관하여는 통상임금의 150% 또는 그 이상을 지급받고 있는 경우가 전체 외국인근로자 응답자 중 45.9%(초과근로수당), 44.5%(휴일근로수당)를 차지하여 가장 많았지만, 전혀 받지 않고 있는 경우도 17.1%(초과근로수당), 24.4%(휴일근로수당)에 이른다.[497]

㈐ 근로계약기간

근로계약기간과 관련하여, 외국인고용법 9조는 외국인근로자는 입국한 날로부터 3년의 체류기간(취업활동기간) 내에서 근로계약을 체결하도록 하고 있다. 따라서 외국인고용법상 외국인근로자는 모두 기간의 정함이 있는 근로계약을 체결한 기간제근로자라 할 것이므로 외국인근로자에 대하여 기간제법의 적용 자체가 배제되지는 않는다.[498] 다만, 외국인근로자도 기간제법상 2년을 초과해 사용되어 기간의 정함이 없는 근로계약을 체결한 것으로 간주되거나 전환되는지 여부가 문제될 수 있으나, 기간제법 4조 1항 6호, 기간제법 시행령 3조 3항 1호에서는 '다른 법령에서 기간제근로자의 사용기간을 기간제법 4조 1항과 달리 정하거나 별도의 기간을 정하여 근로계약을 체결할 수 있도록 한 경우'를 무기계약으로의 전환규정에 대한 예외로 규정하고 있고, 외국인고용법은 별도의 국내취업기간과 근로계약기간의 체계를 갖추고 있으므로 이에 따르게 되어, 외국인근로자에게는 기간제법상 무기계약 전환규정이 적용되지 않는다.[499]

(3) 차별에 대한 구제—기간제법상 차별시정제도의 적용 여부

외국인근로자도 기간제근로자이므로 동종 또는 유사한 업무에 종사하는 내국인근로자와 비교하여 차별적 처우의 문제가 발생할 수 있다. 이때 외국인근로자에 대하여도 기간제법상 차별적 처우를 금지하는 규정과 차별시정절차가 적용되는지 여부가 문제된다. 이 문제가 본격적으로 논의되고 있지는 아니하나, 이

---

496) 설동훈 · 고재훈, 160~162면.
497) 설동훈 · 고재훈, 163~168면.
498) 전윤구k, 410면.
499) 최홍엽d, 106~107면.

를 다루고 있는 학설은 원칙적으로 적용된다고 보는 데에는 의견이 일치한다.[500]

다만, 이 경우에도 외국인근로자에 대한 불리한 처우가 기간제근로자임을 이유로 한 것인지 국적을 이유로 한 것인지를 구별하기가 용이하지 않은데, 외국인 기간제근로자가 비교대상 근로자인 내국인 정규직 근로자보다 임금 기타 근로조건 등에서 불리한 처우를 받는 것은 기간제근로자이기 때문이 아니라 체류자격 등에 의해 영향을 받는 외국인근로자이기 때문이라는 것이 좀 더 현실에 부합하는 진단이라는 이유로, 특별한 경우(예컨대 기간제근로자 전체 집단에 대하여 복리후생적 급여, 임의적인 성과상여의 미지급 등이 이루어지고, 그 기간제근로자 집단에 외국인근로자도 포함되는 경우)를 제외하면, 외국인근로자에 대한 임금 기타 근로조건의 차별은 '기간제근로자임을 이유로 한' 차별적 처우에 해당하지 아니하여 차별시정 신청이 받아들여지기 어렵고, 기간제 외국인근로자로서는 근기법 6조를 원용하여 차별에 따른 손해배상청구와 같은 민사소송을 제기하는 수밖에 없으므로, 결국 외국인근로자에 대해서는 기간제법상 차별시정제도가 차별 구제에 그리 큰 도움이 되지 못한다는 견해가 있다.[501]

라. 취업자격 없는 외국인근로자와 균등대우원칙

(1) 취업자격 없는 외국인근로자의 의의

앞서 본 바와 같이 대다수 국가와 마찬가지로 우리나라도 국가의 이익과 국민의 보호를 위하여 외국인의 입국 및 체류, 취업 등에 대하여 일정한 제한을 두고 있다. 그렇지만 현실에서는 법적 요건을 충족하지 못하고 체류 및 취업을 하고 있는 외국인이 존재하며, 이들은 불법체류자, 불법이주자, 불법체류 외국인근로자, 불법취업 외국인, 체류자격 없는 외국인, 미등록 노동자, 미등록 체류자, 미등록 외국인근로자, 무자격 외국인근로자 등 여러 가지 용어로 표현되고 있다.

현행법에서는 이에 대한 명시적인 정의규정을 두고 있지 않고, 이들을 지칭하는 표현도 상이하지만, 각 개념 속에 공통적으로 존재하는 징표는 '임금을 목적으로 근로를 제공하고 있으나 출입국관리법 내지 외국인고용법상의 법적 요건을 충족하지 못하여 신분상 불안정한 상태에 놓여 있다'는 것이다.[502] 판례는 '취업활동을 할 수 있는 체류자격(취업자격) 없는 외국인'이라는 표현을 사용하

---

500) 전윤구k, 410면; 최홍엽d, 107면.
501) 전윤구c, 133면; 전윤구k, 411~412면.
502) 조규식·이선희, 35면.

고 있고,503) 국내 학술 문헌 중 다수는 '미등록(non-documented) 외국인근로자'라
는 표현을 사용한다. 이들이 출입국관리법 등을 위반하고 있다는 점을 고려하면
그 체류가 '불법적'이라고 볼 수도 있지만, 이는 '불법행위'를 한 경우라기보다
는 입국 및 거주를 위한 법적 근거를 갖추지 못하거나 만료되었음에도 등록 내
지 출국 등의 의무를 이행하지 아니하는 '의무불이행'의 상태라고 보는 것이 더
정확하고(국제인권법규에서 통용되는 'migrant workers in irregular situation'의 'irregular'
의 의미 역시 마찬가지로 해석할 수 있다), '불법체류'라는 표현에서 오는 낙인적 효
과를 불식시킬 필요성도 있다. 여기에서는 판례의 용례를 약칭하여 '취업자격
없는 외국인근로자'라 한다.

　　취업자격 없는 외국인근로자는 크게 출입국관리법을 위반한 경우와 외국인
고용법을 위반한 경우가 있는데,504) 먼저 ① 출입국관리법을 위반한 경우는, ㉮
7조(외국인의 입국)와 12조(입국심사)를 위반한 모든 외국인으로 밀입국자가 된 상
태로 근로를 하는 경우, ㉯ 10조 1항(체류자격)을 위반한 자격 외 취업자와 17조
1항(외국인의 체류 및 활동범위)을 위반한 체류기간 초과 외국인, 20조(체류자격 외
활동)를 위반한 자격 외 취업자가 된 상태로 근로를 하는 경우, ㉰ 31조(외국인등
록)를 위반한 미등록 외국인 상태로 근로를 하는 경우, ㉱ 36조(체류지 변경의 신
고)를 위반한 외국인이 근로를 하는 경우이며, 다음으로 ② 외국인고용법을 위
반한 경우는, ㉮ 12조 1항(외국인근로자 고용의 특례)을 위반한 외국인근로자의 경
우, ㉯ 18조(취업활동 기간의 제한), 18조의3(재입국 취업의 제한)을 위반한 외국인
근로자의 경우, ㉰ 25조 4항(사업 또는 사업장 변경의 허용)을 위반한 외국인근로
자의 경우이다.505)

---

503) 대법원 1995. 9. 15. 선고 94누12067 판결, 대법원 2015. 6. 25. 선고 2007두4995 전원합의체
　　판결.
504) 이하 조규식·이선희, 37~38면 참조.
505) 문재태, 194~195면은, 취업자격 없는 외국인근로자가 발생하는 원인으로, ① 외국인근로자
　　로서는 합법적인 체류기간이 짧고, 출국하여 고국으로 돌아간 뒤에는 경제적 어려움에 처하
　　게 되는 곤란함으로 인해 출국을 미루다가 불법체류 상태에 놓이는 경우가 많고, 체류기간에
　　여유가 있다 하여도 최초 고용된 사업장의 근로조건, 근로환경 등에 불만이 있어 외국인고용
　　법상의 절차를 따르지 않고 사업장을 이탈함으로써 불법체류 상태로 놓이는 경우도 많다는
　　것을, ② 사업주의 측면에서는 중소기업 등을 중심으로 한 노동시장에서 내국인근로자가 기
　　피하는 업종의 구인난이 가중되고 있다는 점, 취업자격 없는 외국인근로자를 채용하게 되면
　　상대적으로 저임금·근로시간 연장 등으로 인한 노무비 절감, 사회보장기여금 납부 및 사회
　　적 의무의 회피, 취업자격 없는 외국인근로자에 대한 통제 등의 이점이 취업자격 없는 외국
　　인근로자를 채용하게 되는 주요 원인이라고 지적한다. 실제로 ① 외국인근로자의 측면과 관
　　련하여, 설동훈·고재훈, 284~285면에 의하면 고용허가제 체류기간 종료 후에도 귀국할 계획

법무부의 출입국 통계자료에 의하면, 2018. 9. 30. 현재 국내 취업자격 없는 외국인은 253,550명으로 총 체류 외국인 2,321,820명 중 14.8% 규모였고, 2019. 9. 30. 현재 국내 취업자격 없는 외국인은 283,037명으로 총 체류 외국인 2,454,515명 중 15.5% 규모로서, 전년 대비 11.6%가 증가하였다.

(2) 근로자성 인정 여부

취업자격 없는 외국인근로자를 노동관계법상의 근로자로 볼 것인지 여부가 문제된다. 이는 취업자격 없는 외국인근로자에게 노동관계법을 적용할 것인지 여부를 결정하는 데에 중요한 전제가 되는 문제로서, 이와 관련하여 출입국관리법의 외국인 고용제한 규정의 법적 성격과 취업자격 없는 외국인근로자에 대해 근기법 6조를 적용할 수 있는지 여부 등이 다투어졌다.

외국인 고용제한 규정을 효력규정으로 보는 견해(효력규정설)는, 위 규정을 국내 노동시장의 안정과 노동 인력의 효율적 관리 등의 목적을 위해 외국인이 대한민국에서 취업활동을 할 수 있는 체류자격(취업자격)을 법률적으로 규제하기 위해 마련된 것으로서 이와 같은 취업자격을 가지지 아니한 경우에 외국인은 대한민국 내에서 취업활동을 하지 못하도록 하기 위한 규정으로 본다. 나아가 위 견해는, 만약 위 규정에 위반한 근로계약에 대해 법률효과를 인정하면 위와 같은 목적을 효과적으로 달성할 수 없고 오히려 불법 취업을 조장하는 결과가 되므로 위 규정은 강행규정으로서 근로계약은 무효로 되고, 적법한 체류자격을 가지지 않은 외국인과 체결한 근로계약은 법률이 인정할 수 없는 근로계약으로 이에 대하여는 근기법 6조의 '국적을 이유로 한 근로조건상의 차별금지' 규정이 적용될 여지가 없으며, 근기법이나 산재법 모두 취업자격 없는 외국인근로자에게는 적용되지 않는다고 한다.506)

이 없다는 외국인근로자들이 밝힌 이유는 '충분한 돈을 벌지 못해서'가 38.8%로 가장 높고, '출신국보다 한국에서 더 많은 돈을 벌 수 있을 것 같아서'가 23.3%로 두 번째로 높다. '한국의 생활여건이 출신국보다 좋기 때문'이라는 응답 비율도 13.9%에 달하고, '출신국에서 마땅한 일자리를 구할 수 없기 때문'이라는 응답 비율은 13.7%이다.

506) 1993. 2. 2.자 근기 01254-152 질의회신. 다만, 고용고용부도 후술하는 대법원 1995. 9. 15. 선고 94누12067 판결의 선고 이후 이러한 입장을 변경하여 현재는 취업자격 없는 외국인근로자도 노동법의 보호를 받는 근로자로 본다. 고용노동부의 외국인근로자 민원처리지침은, 외국인근로자에 대해서 내국인근로자와 동등하게 민원사건을 접수해 처리하도록 하고 있으며, 외국인근로자가 근기법이 적용되는 사업장에서 근로하는 경우 해당 외국인근로자의 출입국관리법 위반 여부에 관계없이 근기법을 적용한다. 근로감독관은 신고사건 조사 결과 사업주 및 근로자의 출입국관리법 위반사실이 있더라도 민원인 인권보호 차원에서 체불임금 청산 등 노동관계법상 모든 권리구제가 이루어진 후 출입국사무소에 그 사실을 통보한다[2000. 3.

반면, 외국인 고용제한 규정을 단속규정으로 보는 견해(단속규정설)는, 우선 출입국관리법을 대한민국에 입국하거나 대한민국에서 출국하는 모든 사람의 출입국 관리와 대한민국에서 체류하는 외국인의 등록 등에 관한 사항을 규율하기 위한 법으로 보고, 외국인 고용제한 규정은 대한민국 내 외국인의 불법체류를 단속하기 위한 법규에 불과하므로 위 규정에 위반한 근로계약은 유효하다고 한다.[507] 그리하여 국적에 따른 차별대우를 금지하는 근기법 6조에 따라 취업자격 없는 외국인근로자도 임금·근로시간 등의 기본적인 근로조건에 관하여 근기법이 당연히 적용되어야 하고,[508] ILO의 97호 협약과 그 권고(86호), 143호 협약 9조 1호[509]에 비추어 볼 때 취업자격 없는 외국인근로자에 대하여 근기법과 산재법이 적용되어야 한다고 주장한다.[510]

이에 관하여 대법원 1995. 9. 15. 선고 94누12067 판결[511]은 외국인이 구 출입국관리법(1992. 12. 8. 전문 개정되기 전의 것)상의 취업자격을 가지지 않았더라도 그 근로계약이 당연히 무효라고 할 수 없고, 당해 외국인은 사용종속관계에서 근로를 제공하고 임금을 받아 온 자로서 근기법 소정의 근로자이므로 산재법상 요양급여를 받을 수 있다고 하였다. 다만, 위 판결은 "취업자격은 외국인이 대한민국 내에서 법률적으로 취업활동을 가능케 하는 것이므로 이미 형성된 근로관계가 아닌 한 취업자격 없는 외국인과의 근로관계는 정지되고, 당사자는 언제든지 그와 같은 취업자격이 없음을 이유로 근로계약을 해지할 수 있다."고 판시하여, 단속규정설과 차이를 두고 있다.[512]

10. 근기 68201-691 외국인근로자 민원처리지침(정봉수a, 120면에서 재인용)].
507) 서울고법 1993. 11. 26. 선고 93구16774 판결(1993. 12. 25. 확정), 서울고법 1993. 12. 3. 선고 93구19995 판결(1994. 1. 11. 확정).
508) 김선수a, 160면; 이광택, 17~18면.
509) "이주근로자가 해당 법령에 따라 회원국의 영토 내에 입국하고 취업이 인가되도록 함으로써 취업이민을 통제하는 조치를 침해함이 없이, 이주근로자가 관계 법령을 준수하지 아니하고 그 지위가 정당화될 수 없는 경우라도 보수, 사회보장 및 기타의 급부는 과거의 고용으로부터 발생한 권리를 근거로 하여 본인 및 그 가족에게 동등하게 보장되어야 한다."
510) 김선수a, 151~155면.
511) 이 판결에 대한 평석으로는 강주원, 93~100면; 김형진, 295~320면; 최홍엽e, 10~13면.
512) 이에 대하여는 판례가 ① 종래의 단속규정설에 따라 취업자격 없는 외국인근로자에 대하여도 전면적으로 근기법, 산재법 등의 노동관계법이 적용되어야 한다고 하면 외국인의 취업활동에 관한 체류국의 입법정책에 속하는 취업자격승인제나 노동허가제도를 무의미하게 하는 것임을 고려하여, 취업자격 없는 외국인근로자와의 사이에 이미 형성된 근로관계에 따른 제반 권리를 효과적으로 보호하기 위해서는 근로계약 자체는 유효한 것으로 취급하되, 출입국관리법의 취지를 충분히 살리기 위하여 장래에 향하여 당사자의 근로관계는 정지되고 당사자는 언제든지 근로계약을 해지함으로써 근로관계를 종료할 수 있다고 판시함으로써 수정된 단속규정설의

　　이상에서 살펴본 대로 일단 취업하여 근로자성이 인정되는 외국인근로자는
체류자격 구비 여부와 상관없이 내국인근로자와 균등한 대우를 받아야 한다. 위
판례에 따를 경우, 사용자나 근로자는 출입국관리법상 규정의 위반 사실로 언제
든지 근로계약을 해지할 수 있고, 이에 따라 계약이 해지되면 근로계약관계가
종료되나, 해지되기 전까지의 계약관계는 계속된다. 그리고 출입국관리법 위반
사실만으로 근로계약이 무효로 되는 것은 아니므로 근로를 제공한 취업자격 없
는 외국인근로자에게는 그가 제공한 노무에 대한 임금청구권이나 퇴직금청구권
이 인정된다.[513]

　　다만, 위 대법원 판례에서 '(사용자가) 근로자의 취업자격이 없다는 것을 이
유로 언제라도 근로계약을 해지할 수 있다'라고 판시한 의미는, 취업자격 없는
외국인근로자에 대해서는 법 23조 1항에서 규정한 해고제한이 전면적으로 적용
되지 않는다는 것이라고는 할 수 없고, 취업자격이 없는 것 자체가 해고의 정당
한 이유를 구성하기 때문에 사용자가 언제든지 취업자격이 없음을 들어 근로계
약을 해지할 수 있다는 것에 한정된다고 보아야 하고, 그 외 근로계약의 해지,
즉 해고에 대해서는 일반적인 해고 법리에 따른 보호가 이루어져야 한다. 이렇
게 해석하지 않으면 사용자가 자유롭게, 예컨대 성희롱 금지, 모성보호 위반과

　　입장을 취한 것이라고 설명하는 견해가 있는 반면(김형진, 312~315면), ② 근로계약이 정지된
다는 대법원의 판시를 문언 그대로 보면, 취업자격 없는 외국인근로자의 경우에도 노무제공의
무와 임금지급의무가 정지된다는 것인데, 당사자가 근로계약을 언제든지 해지할 수 있다고 한
다면 해지 이전까지는 근로계약의 효력은 유효하다고 보아야 하므로 근로관계의 정지란 현실
적인 의미가 거의 없으며, 결국 대법원은 단속규정설과 다른 이론적 근거에서 출발했지만, 결
론에 있어서는 거의 차이가 없게 되었다고 설명하는 견해(최홍엽c, 105면; 최홍엽b, 333면), ③
대법원이 판시한 근로관계의 정지는 단지 근로관계 당사자가 장래를 향하여 근로계약에 따른
계약상의 의무이행을 청구할 수 없다는 것일 뿐 단속규정설과 결론은 거의 차이가 없다는 견
해(전윤구k, 403면), ④ 전개되는 논의의 방향은 다르나 단속규정으로 보는 경우와 같은 결론
에 도달하는 것으로 파악하는 견해(이희성·김슬기, 354면)가 있다. ⑤ 또한, 위 판례에 대하여
한편으로는 취업자격이 없다는 사실이 근로계약을 무효로 만드는 근거로는 되지 않는다고
하면서도 다른 한편으로는 취업자격이 법률적으로 취업활동을 가능하게 만드는 근거가 된다고
하는 등 상호 모순된 내용을 담고 있으며, 근로관계의 성격이 변하는 시점이 언제인지가 명확
하지 않고, 나아가 근로계약은 유효하게 존속하지만 근로관계는 정지된다는 비정상적인 법률상
태를 창출하고 있는 점 등을 이유로 비판적 입장을 취하고 있는 견해로는 이승욱d, 74면.
513) 같은 취지에서 취업자격 없는 외국인근로자에게 퇴직금청구권을 인정한 판결로는 서울지
　　법 1997. 4. 4. 선고 96나55661 판결이 있다. 이 판결은 '…(취업자격 없는) 외국인은 근기법상
　　근로자에 해당하고, 근기법 9조(공민권행사의 보장) 등 내국인에게만 적용될 것을 전제로 한
　　규정을 제외한 모든 규정의 적용을 받으며, 따라서 퇴직금 규정 또한 취업자격 없는 외국인
　　근로자에게 적용된다'고 판시하였다(상고심인 대법원 1997. 8. 26. 선고 97다18875 판결로 상
　　고기각되어 위 판결이 확정되었다).

같이 사회적으로 용인될 수 없는, 인권의 관점에서 수용될 수 없는 사유에 기초
해서도 취업자격 없는 외국인근로자라는 이유만으로 근로계약을 해지할 수 있
게 되어, 결국 사회적으로 용인할 수 없는 행위를 한 사용자에 대해 면죄부를
제공하는 것과 다름없는 부당한 결과가 발생하기 때문이다.[514]

(3) 노동 3 권 인정 여부

대법원 2015. 6. 25. 선고 2007두4995 전원합의체 판결은 취업자격 없는 외
국인근로자도 노동조합법상의 근로자에 해당하며 노동조합에 가입하거나 노동
조합을 결성할 권리가 있다고 판단하였다.[515] 따라서 외국인근로자는 그 체류자
격, 취업자격 유무와 관계없이 독자적으로 노동조합을 설립할 수 있고, 이미 설
립되어 있는 내국인 중심의 노동조합에 가입할 수 있다.[516]

이에 대하여는 취업자격 없는 외국인근로자의 근기법상 근로자성을 인정한
위 대법원 94누12067 판결에서 취업자격 없는 외국인근로자에 대해서도 '사실
상 제공한 근로에 따른 권리' 또는 '이미 형성된 근로관계에서 근로자의 신분에
따른 노동관계법상 제반 권리'는 보장된다고 판시한 부분을 수용하면서, 나아가
노동조합법상 근로자성을 인정하여 단체교섭 등 장래의 근로조건 형성을 목적
으로 하는 권리까지도 보호될 수 있는 가능성을 열어 취업자격 없는 외국인근
로자에 대한 노동법의 보호를 대폭적으로 확대한, 적극적인 의미를 가진다고 평
가한 견해가 있는 반면,[517] 위 전원합의체 판결의 사실관계를 보면 노동조합 설
립신고서 제출 당시 함께 제출된 노조규약에 이주노동자 단속 추방 반대 및 이

---

[514] 이승욱d, 78, 83~84면.

[515] 대법관 민일영은 "임금 등의 금전적 청산, 업무상 재해에 대한 보상 등 위법한 고용의 결
과이긴 하지만 되돌릴 수 없는 기왕의 근로제공이라는 측면에서 취업자격 없는 외국인을 보
호하는 것은 별론으로 하더라도, 취업자격 없는 외국인은 애당초 '정상적으로 취업하려는 근
로자'에 해당할 수 없고 이미 취업한 사람조차도 근로계약의 존속을 보장받지 못할 뿐만 아
니라, 노동조합법상의 근로자 개념에 포함된다 하여 취업자격을 자동으로 취득하거나 그의
국내 체류가 합법화되는 것도 아니다. 이런 마당에 장차 근로관계가 성립 혹은 계속될 것을
전제로 사용자와의 단체교섭이나 단체협약의 체결을 통하여 근로조건을 유지·개선하려 하는
것 자체가 가능한 일인지 의문이다. 결국 취업자격 없는 외국인에 대하여는 근로조건의 유
지·개선과 지위 향상을 기대할 만한 법률상 이익을 인정하기 어렵고, 취업자격 없는 외국인
은 노동조합법상 근로자의 개념에 포함되지 않는다."는 반대의견을 개진하였다.

[516] 이승욱d, 93면.

[517] 조규식·이선희, 47면. 다만, 위 견해에서도 판례의 이러한 긍정적인 의의에도 불구하고,
노동조합 가입 과정에서 불법체류 사실이 드러나 강제출국의 빌미를 제공할 수 있어 사실상
노동조합 가입이 쉽지 않다는 현실적인 측면에서 취업자격 없는 외국인근로자의 권익에 얼
마나 기여할 수 있을지는 의문이라고 지적한다.

주노동자 합법화 쟁취 등이 설립목적으로 기재되어 있는데 이는 노동조합의 근본적 취지에 어긋나는 정치적 목적을 위한 것이라고 의심할 수 있는 상황일 뿐만 아니라 일반적으로도 취업자격 없는 외국인근로자를 중심으로 한 노동조합의 설립목적은 체류자격의 합법화 등의 정치적인 목적일 가능성이 높다는 점에서 의문을 제기하는 견해가 있다.518)

    한편, 위 대법원 전원합의체 판결이 선고되기 전에, 이와 결론을 같이 한 위 판결의 원심인 서울고법 2007. 2. 1. 선고 2006누6774 판결에 대하여, 이는 합법적인 체류자격이 있는 이주노동자에 한하여 노동조합을 결성할 권리를 부여하고 있는 UN 이주노동자권리협약 및 ILO 협약 등 국제법상 보장수준을 넘는 판단인 점, 취업자격 없는 외국인근로자의 근기법상 지위에 대한 종전 대법원 판례 법리는 근로자성 여부가 장래에 대해서는 법적으로 불확정한 상태라는 것을 인정한 것인데, 이에 의하면 취업자격 없는 외국인근로자는 장차 적법한 근로관계가 계속될 것임을 전제로 하여 근로조건의 유지·개선과 지위향상을 도모할 노동조합법상 완전한 법률상 지위까지는 부여받지 못한 것이라고 보아야 하는 점, 단체협약의 장래규율성에 비추어 보면 취업자격 없는 외국인근로자로 구성된 노동조합과 관련해서는 헌법과 노동조합법이 예정한 협약자율시스템이 제대로 작동하지 않을 가능성이 큰 점, 취업자격 없는 외국인근로자가 결성한 노동조합은 그 주된 활동목적이 근로조건 유지·개선보다는 출입국관리법의 개정을 요구하는 정치운동으로 흐를 수 있고, 이는 노동조합의 결격요건(노동조합법 2조 4호 마목)에 해당할 우려도 있는 점 등을 근거로 비판적인 입장을 취한 견해가 있다.519)

(4) 평   가

    우리나라는 취업자격 없는 외국인근로자의 노동법상 지위에 관하여 명문의 규정을 두지 아니하고 이를 해석론에 맡기고 있으며, 법원은 상당히 적극적인 태도를 취하고 있다고 평가할 수 있다. 이는 비교법적으로 보아도 그러하다.520)

---

518) 이희성·김슬기, 359면. 위 견해에서도 취업자격 없는 외국인근로자들이 언제 추방될지 모르는 상황에서 이들의 장래 근로관계의 성립을 전제로 근로조건 개선을 위한 노동조합의 역할을 수행하기는 현실적으로 어려운 상황이라고 한다.

519) 전윤구j, 262~272면.

520) 영국과 아일랜드는 취업자격 없는 외국인근로자에 대한 법적 보호를 전면적으로 부정하고 있다. 그 외 독일, 프랑스, 이태리 등 유럽 대부분의 국가는 절충적 입장을 취하고 있다. 절충적 입장을 취하는 국가는 노동관계법의 적용대상, 구제내용에서는 취업자격 없는 외국인근

그러나 현실적으로는 취업자격 없는 외국인근로자의 차별과 관련된 소송은 거의 이루어지지 않고 있다. 적지 않은 규모에도 불구하고 취업자격 없는 외국인근로자는 강제 출국 등의 두려움으로 인해 노동법상의 불이익을 받더라도 법과 제도에 호소하지 않고 불이익을 감내하고 있기 때문이다. 이를 시정하기 위해서는 체불임금이나 산업재해 등과 같이 노동착취적 요소가 있는 사건에서는 가정폭력, 성폭력 범죄 등의 피해자에 대한 체류기간 연장허가제도(출입국관리법 25조의2, 25조의3)와 유사한 규정을 신설하여 권리구제절차가 종료될 때까지 체류기간 연장을 허가하는 방법을 제도화하는 것이 바람직하다.[521] 보다 근본적으로 취업자격 없는 외국인근로자의 문제를 개선하기 위해서는 외국인근로자의 숙련도나 기능을 참작하여 체류기간을 세분화하고 연장하는 등의 제도적 개선이 필요하다. 또한, 취업자격 없는 외국인근로자에 대한 단속과정에서 발생하는 충돌과 인권적 침해요소를 제거하여 단속정책을 보다 합리화할 필요가 있다. 취업자격 없는 외국인근로자를 채용한 사용자에 대한 처벌을 강화하여 취업자격 없는 외국인근로자를 채용하려는 경제적 유인을 제거하여야 하며, 외국인근로자의 자발적 귀환을 유도하고, 본국에서 안정적으로 정착할 수 있도록 지원하는 방안도 고려해볼 수 있다.[522]

마. 산업기술연수생제도와 균등대우원칙

균등대우원칙과 관련하여 종래 이른바 '산업기술연수생제도'[523]의 법리적

로자에 대해 취업자격을 갖춘 외국인근로자와 차별을 원칙적으로 인정하지 않으나, 노동법상 권리의 사법상 이행강제절차에서는 이민법상의 규율에 맡기는 결과 권리의 집행과정에서 효과적인 보호가 이루어지지 않고 있다. 미국은 취업자격 없는 외국인근로자에 대한 노동법의 전면적인 보호를 채택하고 있다고 할 수 있다. 구제의 측면에서는 소급임금의 지급 제한 등 일부 제한을 부과하기는 하지만, 취업자격 없는 외국인근로자라는 이유로 노동법의 적용대상 자체에서 배제하지는 않는다. 특히 미국에서는 취업자격 없는 외국인근로자가 소송상의 권리를 행사한다는 이유로 사용자로부터 보복(주로 이민국에 신고하는 형태)을 당하거나 권리 확보 과정에서 근로자의 체류자격 미비가 문제되지 않도록 하여 취업자격 없는 외국인근로자가 자신의 노동법상 권리를 보복이나 추방의 두려움 없이 집행할 수 있는 방법을 실태적·제도적으로 구현하고 있다. 우리나라는 내용적 측면에서 적극적인 보호를 하는 국가에 속한다고 할 수 있으나 절차법상의 한계로 인해 절충적 유형에 속한다고 본다. 보다 상세한 내용으로는 이승욱d, 101~106면.

521) 이승욱d, 106~108면.

522) 문재태, 201~204면; 조규식·이선희, 40면에서도 숙련도를 고려하여 체류기간을 설정하는 방향으로 출입국관리법과 외국인고용법을 개정하여 성실근로자로 일할 수 있는 횟수의 제한을 완화 내지 폐지하는 것을 제안한다. 그에 따라 체류기간이 길어지는 경우 외국인근로자에게 정주할 수 있는 기회를 부여하는 입법을 고려할 수 있을 것이라고 한다.

523) 구 출입국관리법 19조의2와 구 출입국관리법 시행령 24조의2 4호에 따른 연수추천단체(소

문제가 빈번하게 제기되어 왔다.

산업기술연수생제도는 구체적인 근로조건은 물론, 법제도의 측면에서 외국인근로자와 내국인근로자를 차별하고 있다는 지적이 많았다.[524] 내국인근로자와 동일한 노무를 제공했는데도 산업기술연수생이라 하여 다른 대우를 한다면 그것은 근기법 6조가 금지하는 국적차별에 해당할 수 있기 때문이다.[525]

외국인 산업기술연수생은 초기에는 법률적으로 근로자가 아닌 연수생으로 취급되어[526] 노동관계법의 보호를 전혀 받지 못하였으나, 이에 대해 현대판 노예라는 등의 비판이 거세지자 정부는 산업기술연수생에 대하여 노동관계법을 부분적으로 적용하는 것으로 정책을 변경하였다. 즉, 노동부 예규(1998. 2. 23. 노동부 예규 369호로 개정된 것, 이하 같다)인 '산업기술연수생 보호지침'에 따라 외국인 산업기술연수생도 국내 노동법의 보호를 부분적이나마 받게 되었으나, 위 노동부 예규 8조 1항에서는 산업기술연수생에 대하여 근기법 중 폭행 및 강제근로금지(법 7조, 8조), 연수수당의 정기·직접·전액·통화불 지급(법 43조), 금품청

관 중앙행정기관의 장이 지정·고시하는 산업체관련기관·단체)가 추천하는 산업체에서 연수하는 제도를 의미한다. 중소기업협동조합중앙회, 농업협동조합중앙회, 수산업협동조합중앙회 등이 연수추천단체로 지정되어 있다. 통상 산업기술연수생이라 하면 이들을 의미한다. 1980년대 후반부터 중소제조업, 건설업 등 이른바 3D업종을 중심으로 인력난이 심화되자 정부는 1991년 11월 해외투자기업이 해외 현지법인을 통해 외국인 산업기술연수생을 도입하여 활용할 수 있는 해외투자기업연수생제도를 실시하였고, 1999년 11월 외국인 산업기술연수생제도를 시행하였다. 산업기술연수생제도의 도입과 변천에 관하여는 김지형b, 22~25면.

524) 우리나라 산업기술연수생제도의 모델이라 할 수 있는 일본 연수생제도의 연혁, 도입배경, 내용, 역할, 현황 등을 살펴봄으로써 우리나라 산업기술연수생제도는 형식적으로만 일본의 제도를 차용하였을 뿐 연수의 성격을 담보할 수 있는 최소한의 장치는 편의에 따라 제거, 왜곡하여 제도를 설계함으로써 제도 출범 당시부터 이미 산업기술연수생제도의 부작용이 내재되어 있었다고 분석한 글로는 전윤구m, 381~414면.

525) 최홍엽c, 76~77면.

526) 외국인 산업기술연수생이 근로자가 아니라고 하는 주장은 연수생계약의 형식이 근로계약이 아니라는 점과 산업기술연수생이 훈련생 내지는 피교육생의 신분을 지니고 있다는 점을 근거로 들고 있다. 그러나 산업기술연수생의 근로자성을 인정하는 데에 있어서는 민법상 고용계약이든 도급계약이든 계약의 형식이 어떠하든 근로의 실질을 따져 사용종속관계가 인정되는지를 살펴보는 것이 중요하다(최홍엽a, 98면). 또한 훈련생 내지 피교육생의 신분을 지닌다고 하여 그가 당연히 근로자성이 부인되는 것은 아니다(대법원 1987. 6. 9. 선고 86다카2920 판결, 대법원 1989. 7. 11. 선고 88다카21296 판결 등). 판례도 이 점을 명확히 하고 있다. 즉 대법원 1995. 12. 12. 선고 95누2050 판결은 "산업연수계약의 내용이 단순히 산업기술의 연수만에 그치는 것이 아니고 대상 업체가 지시하는 바에 따라 소정시간 근로를 제공하고, 그 대가로 일정액의 금품을 지급받으며 더욱이 소정시간 외의 근무에 대하여는 근기법에 따른 시간외 근로수당을 지급받기로 하는 것이고, 이에 따라 당해 외국인이 대상 업체의 사업장에서 실질적으로 대상 업체의 지시·감독을 받으면서 근로를 제공하고 수당 명목의 금품을 수령하여 왔다면 당해 외국인 산업기술연수생도 근기법 소정의 근로자에 해당한다."고 판시하였다.

산(법 36조), 연수기간(법 16조), 휴게·휴일(법 54조, 55조), 시간외·야간 및 휴일연수 (법 56조) 등 지극히 일부 규정만의 적용을 받도록 정하고 있었기에, 적어도 위 노동부 예규 상으로는 여전히 그 밖의 주요 근기법 조항, 예를 들어 퇴직금제 도, 임금채권의 우선변제, 해고의 제한, 휴가제도, 여성근로자 등에 대한 특별보 호 등의 규정에 따른 보호는 받지 못하였다.

위 노동부 예규는 근기법에 따른 근로자 보호에서 산업기술연수생 신분인 외국인근로자를 내국인근로자는 물론 산업기술연수생이 아닌 다른 외국인근로 자와 다르게 취급하는 것이다. 하지만 산업기술연수생 신분인 외국인근로자가 내국인근로자와 산업기술연수생이 아닌 다른 외국인근로자와 근로조건의 최저 기준을 보장받는 데에 본질적으로 다른 점이 있다고 볼 수 없을 뿐만 아니라, 달리 취급할 목적이나 기준 및 정도가 합리적이라고 볼 만한 근거도 찾을 수 없다. 따라서 위 노동부 예규는 산업기술연수생 신분인 외국인근로자를 근기법 의 적용에서 합리적 이유 없이 차별하는 자의적인 것으로서 '국적' 또는 '사회 적 신분'에 의한 차별적 처우를 금지하고 있는 근기법 6조의 규정에 위배된 것 이다.[527]

같은 취지에서 대법원 2006. 12. 7. 선고 2006다53627 판결은 위 노동부 예 규와 관계없이 근기법상 근로자로 인정되는 산업기술연수생에게 퇴직금청구권 과 최저임금법의 적용을 인정하였고, 헌재 2007. 8. 30. 선고 2004헌마670 결정 도 위 노동부 예규 중 4조(연수생의 지위), 8조 1항(연수생의 보호) 및 17조(지도감 독과 제재)를 평등권 침해의 공권력 행사로 보아 위헌이라고 판단하였다.[528]

위와 같이 산업기술연수생제도의 폐해를 지적하면서 이를 대체할 고용허가 제의 도입이 꾸준히 논의된 끝에 2004. 8. 17. 외국인고용법의 시행으로 산업기 술연수생제도와 병행적으로 고용허가제가 도입되었다. 외국인고용법은 산업기 술연수생제도에 대한 한국 사회의 반성을 일정 부분 법제화했다는 점에서 이전 보다 한 걸음 전진한 것이지만, 산업기술연수생제도의 문제점이 그대로 남아 근 본적인 해결책이 되지 못하였다는 평가를 받아 왔다.[529] 또한 고용허가제 시행 후 당초의 기대에도 불구하고 산업기술연수생제도의 병행 실시에 따른 제도적

---

527) 김지형b, 38면. 나아가 이 논문은 산업기술연수생제도가 헌법상 평등권, 직업선택의 자유, 시장경제원리에 위배되는 위헌적 제도로서 폐지되어야 한다고 주장한다.

528) 위 헌재 2004헌마670 결정에 대한 평석으로는 공두현, 271~280면.

529) 김현민, 77면; 윤애림a, 71면.

한계와 오히려 산업기술연수생제도가 확산되는 결과를 가져온다는 비판도 꾸준
히 제기되어 왔다.[530] 이에 정부는 2007. 1. 1.부터 산업기술연수생제도를 폐지하
고 외국인력정책을 고용허가제로 일원화하였다. 다만, 해외투자기업 등과 같은
사업체에서 필요로 하는, 순수한 산업기술연수생제도까지 완전히 없어진 것은
아닌데, 종래 산업연수생이란 명칭이 주는 부정적인 인권침해 이미지와 단절하
기 위해 2012. 1. 26. 법률 11224호로 출입국관리법을 개정하여 현재는 '기술연
수생'이란 명칭을 사용하고 있으며(출입국관리법 19조의 2) 이에 따라 체류자격도
기술연수(D-3)로 개칭하였다.[531]

3. 신앙에 의한 차별

시용자는 근로자에 대하여 신앙을 이유로 근로조건에 대한 차별적 처우를
하지 못한다(법 6조).[532] 이 때 '신앙'이란 사람이 믿고 따르는 것으로, 종교적인
것 외에 정치적 신조, 정치적 세계관, 나아가 특정한 사상이나 이념의 지향, 그

---

530) 사업주들로서는 손쉬운 구인절차나 4대보험 미가입, 세금납부 회피 등을 꾀하고자 외국인
불법 채용이나 노동관계법의 적용이 제외되고 내국인 구인노력 의무가 면제되는 산업기술연
수생제도를 선호하였으며, 1사 1제도 원칙이 폐지되기 전까지는 산업기술연수생을 사용하고
있는 업체가 고용허가제로 전환하는 것을 원칙적으로 차단하는 문제도 있었다. 특히 두 제도
가 과다한 도입규모 경쟁으로 관련 부처 간 갈등이 지속되고 행정비용이 낭비된다는 지적도
많았다. 시민단체와 민주노총 등은 이러한 산업기술연수생제도의 확대 움직임을 비판하면서
송출비리 및 인권침해를 강력히 비판하고 산업기술연수생제도를 폐지하여야 한다고 주장하
여 왔다(남주혁, 81~93면).
531) 해외투자기업 기술연수가 실무연수의 한도를 일정하게 제한하고 체계적인 이론교육이 이
루어진다면 순수한 훈련으로 인정될 여지가 높으며, 그러한 한도에서는 해외투자기업 기술연
수생이 법상 근로자의 지위를 가진다고 말하기는 어려울 것이다. 하갑래 · 최태호, 324면
532) 근기법 6조의 균등대우조항이 채용의 단계까지 포섭하지 않는다는 다수설의 견해에 따르
면 근기법 자체가 채용 단계를 규제하고 있지 않기 때문에 모집 · 채용과정에서 신앙에 의한
차별이 근기법 6조 위반인지 여부는 문제되지 않으나, 국가인권위원회의 결정 중에는 특히
채용 단계에서 종교를 이유로 한 차별이 문제되어 이를 차별행위로 판단한 사례가 많다. 즉,
국가인권위원회는, ① 종교의 이념과 무관한 학과의 교수 채용에서 세례기독교인이어야 할
필요성을 찾아볼 수 없으므로 세례교인 증명서를 요구하는 것은 고용차별에 해당한다고 판
단하였고(2007. 5. 14.자 05진차345 결정), ② 명시적으로는 비기독교인의 응시를 제한하지 않
았으나, 지원서 항목에 세례 유무와 세례연도, 교회를 적도록 하고, 전공 분야를 기독교적으
로 수행하기 위한 지원자의 계획을 질문하며, 나아가 신앙 간증, 신앙 고백 등을 적도록 하
여 채용항목 점수로 반영하겠다는 의사를 표시하는 경우, 정관에 기독교 지도자 양성을 설립
목적으로 하고 있더라도, 기독교와 무관한 11개 학과를 운영하고 있는 대학교의 경우 교수
채용에서 실질적으로 기독교인인지를 고려하는 것은 고용차별에 해당한다고 판단하였으며
(2007. 10. 22.자 05진차494 결정), ③ 교원 채용 시 종립학교의 설립 목적을 달성하는 데 필
수적인 경우가 아님에도 불구하고 일률적으로 모든 교원의 지원자격을 교회의 세례교인으로
제한하는 행위는 고용차별에 해당한다고 판단하였다(2018. 12. 28.자 18진정0830800 결정).

밖의 신념까지 포함하는 넓은 개념이라고 해석하는 것이 통설이다.533) 따라서 사용자는 특정 종교를 가지고 있거나, 종교가 없음을 이유로 근로자에게 근로조건에 관한 차별적 대우를 하지 못한다.534) 사회주의적 신념 또는 특정 정당의 정치노선을 지지한다는 이유로 해당 근로자를 차별하는 것 또한 금지된다.535)

　　차별금지의 사유가 되는 것은 신앙 또는 정치적 신조, 사상 등 그 자체를 뜻하는 것이므로, 내적 차원을 넘어 특정의 신앙이나 정치적 신조 등을 적극적으로 외부로 표현하는 행위, 예컨대 방송행위, 유인물의 배포 등은 이에 해당하지 않는다.536) 이러한 외적 행위는 직장질서에 반할 수 있으며, 징계의 대상이 될 수도 있다.537) 그러나 표현행위를 이유로 한 적법한 차등인지, 신앙을 이유로 한 차별인지의 구별은 미묘한 문제이다. 결국 차등적 대우의 내용과 정도가 그 표현행위로 야기된 기업질서 침해의 내용, 정도와 균형을 이루는 것인지, 즉 기업질서 침해행위가 차별대우를 정당화하기에 충분한지에 따라 차별에 해당하는지 여부를 판단하여야 한다.538)

　　정당이나 종교단체와 같이 사업 목적이 특정의 신앙이나 사상과 본질적으로 불가분의 관계를 가지는 사업, 이른바 '경향사업'539)의 경우, 다수설은 그 신앙 내지 사상을 지지·신봉하지 않는 것을 이유로 근로자에 대하여 해고 기타

---

533) 김유성, 34면; 김형배, 226면; 이병태, 539면; 임종률, 385면; 하갑래, 83면. 반면, 신앙이란 종교적 신념을 의미하므로 그 개념에 정치적 신조는 포함되지 아니하나, 정치적 신조를 이유로 하는 차별대우는 금지된다고 보는 견해로는 이상윤, 119~120면. 박홍규, 155면은 헌법 19조에서 규정한 양심의 자유는 종교적 신념을 포함하여 모든 사상을 뜻하는 것이므로 근기법에서도 양심을 이유로 한 차별금지를 도입하여야 한다는 입법론을 피력하고 있다.

534) 이상윤, 119면; 하갑래, 83면. 이상윤, 120면에서는 예컨대, 종업원이 회사의 종교행사에 참가하는 것을 거부하였다고 하여 이에 대하여 차별대우를 하거나 채용 당시 정치적 신념 등에 관련된 어떠한 사실을 감추었다는 이유로 근로자를 징계해고하는 것은 근기법 6조 위반이라고 한다.

535) 김형배, 226면; 민변노동법Ⅰ, 174면.

536) 김형배, 226~227면; 이상윤, 120면; 임종률, 385면; 하갑래, 83면.

537) 김형배, 227면. 같은 취지에서 이상윤, 120면은 근로시간 중에 종교행사를 하여 기업의 질서가 문란하게 되는 것을 이유로 그 종교행사를 제한하는 것은 근기법 6조 위반이 아니라고 한다.

538) 박홍규, 155면; 임종률, 385~386면.

539) 독일에서는 정치·노동조합·신앙·과학·미술·자선·교육·언론에 봉사하는 사업을 경향사업(Tendenzbertrieb)이라 부르고(독일 경영조직법 118조 Ⅰ 참조), 여기에 취업하는 종업원 등 경향사업의 특징적 활동을 직접 수행할 의무가 있는 자가 경향사업에 반하는 행위를 하는 경우에는 해고제한법의 규정에 구애받지 않고 해고할 수 있다(김형배, 227면). 반면, 회교 국가나 사회주의 국가를 상대로 하는 무역회사나 여행사 등과 같이 시장개척이나 사업대상이 특정 종교, 정치적 신조 등과 관련이 있는 경우는 경향사업에 해당하지 않고, 근로자에게 특정 종교, 정치적 신조 등을 강요할 수 없다(임종률, 386면; 하갑래, 84면).

불이익한 처우를 하는 것이 허용된다고 본다.540) 따라서 특정 신앙이나 신념이
그들 단체에 불가결한 성립 요건인 정당, 종교단체에서 신앙이나 신념에 의한
차별은 근기법 6조 위반이 아니다.541) 다만, 이 경우에도 경향사업이라는 이유
만으로 신앙, 신념 등에 따른 차별을 쉽게 인정하여서는 안 되고, 차별의 합리
적 이유를 심사하는 과정에서 경향사업이라는 특수성을 중요한 요소로 고려하
여 판단하는 방법이 적절할 것이다.542) 특히 해고의 경우에는, 경향사업의 목적
수행에 관련된 중요한 업무에 종사하면서 사업상의 권한을 행사하는 근로자가
경향사업의 목적을 보호하기 위해 필수적인 업무상 의무를 중대하게 위반한 경
우에 한하여 해고할 수 있는 것으로 엄격하게 해석하여야 하고, 경향사업의 목
적 수행과 무관한 일반직 근로자에 대해서는 신앙, 신념 등을 이유로 한 차별대
우는 허용되지 않는다고 보아야 할 것이다.543)

4. 사회적 신분에 의한 차별

가. 사회적 신분의 의의

　헌법 11조 1항 후문과 근기법 6조는 차별금지사유로서 '사회적 신분'이라
는 동일한 용어를 사용하고 있다. 근기법 6조에서 규정한 '사회적 신분'이 무엇
을 의미하는지에 관하여 검토하기에 앞서, 먼저 헌법 11조 1항 후문에서 규정한
'사회적 신분'의 의의를 둘러 싼 논의를 살펴본다.

(1) 헌법학계의 논의

　헌법학계는 헌법 11조 1항 후문에서 규정한 '사회적 신분'의 의의에 관하
여, '사회적 신분'을 출생에 의하여 고정되는 선천적 신분 내지 사회적 지위로

---

540) 김형배, 227면; 이상윤, 120면; 임종률, 386면; 하갑래, 83~84면. 한편 박홍규, 155~156면은
　　경향사업체를 경향성과 사업목적이 분리될 수 없는 경우와 경향성과 영리목적이 공존하는
　　경우로 나누어 전자의 경우에는 그 경향성에 반하는 근로자의 존재 자체가 사업의 목적이나
　　의의를 부정한다고 평가되는 경우에는 그 근로자를 구체적인 업무 저해의 발생에 관계없이
　　그 사상과 신조만을 이유로 하여 차별적으로 대우하는 것을 허용하지 않을 수 없으나, 후자
　　의 경우에는 근로자가 그 경향성을 승낙·지지하는 것이 경영 존립의 불가결한 조건이라고
　　단정할 수는 없으므로 당해 근로자의 행위가 현실적으로 기업경영의 원활한 수행을 방해하
　　는지 여부에 관한 판단을 거쳐야 비로소 차별대우의 합리성이 인정될 수 있다고 설명한다.
541) 하갑래, 83면. 이상윤, 120면에서는 예컨대, 기독교 교리를 연구·전파하기 위하여 설립된
　　신학교에서 직원이나 교사가 기독교 교리에 반하는 내용의 행위나 강의를 하였을 때 당해
　　직원이나 교사를 해고하는 등의 차별대우는 정당한 것이라고 한다.
542) 민변노동법 I, 174면.
543) 김형배, 227면.

이해하는 '선천적 신분설',544) 선천적 신분뿐만 아니라 후천적으로 사람이 장기간 점하는 지위로서 일정한 사회적 평가를 수반하는 것은 사회적 신분에 포함시키는 '후천적 신분설',545) 후천적 신분을 기본으로 하되 어느 정도 제한적으로 해석할 필요성이 있다고 보는 '제한적 후천적 신분설',546) 역사적으로 볼 때 헌법 11조 1항 후문에서 규정하는 성별, 종교 등의 차별에 준하는 정도로 사회 내에서의 차별과 편견이 증명되는 경우에 국한하여 차별로 보는 '역사적 차별신분설',547) 사회 내에서 발생한 그리고 사회의 발전에 따라 새로이 형성·발생될 수 있는 비정상적인 사회적 편견이 투영된, 일정한 사회적 지위를 의미한다는 '사회적 편견설'548) 등으로 나뉘고 있다.

　헌법재판소는 '사회적 신분이란 사회에서 장기간 점하는 지위로서 일정한 사회적 평가를 수반하는 것을 의미한다'라고 판시하여549) 후천적 신분설의 입장을 취하고 있으며, 이에 따라 전과자, 변호사, 교원, 공무원, 정부투자기관 직원, 독립유공자녀, 군인·군무원, 부부, 수용자, 경찰공무원 등을 사회적 신분으로 보거나 그렇게 파악한 전제 하에 평등권 침해 여부를 판단하였다.550)

---

544) 이상경, 179면은, 순수하게 선천적 신분설을 따르는 입장은 현재 학설의 형태로만 남아있을 뿐이라고 한다.

545) 김철수, 482면; 김학성, 436면; 성낙인, 1033면. 김철수, 482면 및 성낙인, 1033면은 구체적으로 전과자, 귀화인, 사용자, 노동자, 교원, 공무원, 직업상의 지위, 부자, 빈자, 농민, 어민, 상인, 학생 등이 사회적 신분에 포함된다고 한다.

546) 권영성, 395면은, 후천적 신분을 기본으로 하되, 이를 좀 더 제한적으로 해석하는 견해가 타당하다고 하면서 선천적 신분설에 따르면 사회적 신분은 가문 내지 문벌과 다를 것이 없게 되어 그 개념이 너무 협소하고, 후천적 신분설에 따르면 신분을 지나치게 넓은 의미로 해석하는 것이 되어 사회적 신분이 아닌 것이 거의 없게 된다고 지적한다. 계희열, 253~254면에서도 후천적 신분의 범위를 지나치게 확대하지 않기 위해 어느 정도 제한적으로 해석할 필요가 있다고 하면서, 귀화인, 전과자, 부자, 빈자, 사용자, 근로자, 상인, 농민 등의 사회적 신분을 이유로 차별하는 것은 금지된다고 한다.

547) 이종수, 362면; 황도수, 143면.

548) 이상경, 188~190면.

549) 헌재 1995. 2. 23. 선고 93헌바43 결정.

550) 헌재 1989. 9. 29. 선고 89헌마53 결정(전과, 상습범), 헌재 1990. 9. 3. 선고 89헌마120 결정(변호사), 헌재 1991. 7. 22. 선고 89헌가106 결정(교원), 헌재 1992. 4. 28. 선고 90헌바27 결정(공무원), 헌재 1995. 2. 23. 선고 93헌바43 결정(전과자, 누범), 헌재 1995. 5. 25. 선고 91헌마67 결정(정부투자기관 직원), 헌재 1997. 6. 26. 선고 94헌마52 결정(독립유공자녀), 헌재 2001. 2. 22. 선고 2000헌바38 결정(군인·군무원), 헌재 2002. 8. 29. 선고 2001헌바82결정(부부), 헌재 2005. 2. 24. 선고 2003헌마31 결정(수용자), 헌재 2008. 12. 26. 선고 2007헌마444결정(경찰공무원) 등.

(2) 노동법학계의 논의

노동법학계에서도, 과거에는 선천적(생래적) 신분만을 의미한다고 보는 견해가 있었고,[551] 이에 의하면 근기법 6조에서 말하는 사회적 신분이란 사람이 태어나면서 가지고 있는 사회적 지위를 말하는 것으로 근기법 6조의 입법취지는 봉건적 신분관계를 타파하고자 하는 데에 있다거나,[552] 봉건적·특권적 신분을 근거로 한 근로조건에 대한 차별적 대우를 금지한 것이라고 보았으나,[553] 사회적 신분을 봉건적 신분으로만 해석하는 것은 봉건적 신분제가 존재하지 않는 우리나라에서는 더 이상 설득력이 없고,[554] 현재는 사회적 신분에 자기 의사에 의해서도 피할 수 없는 후천적 신분이나 지위가 포함된다는 데에 거의 이견이 없다.[555] 다만, 어떠한 지위 내지 자격이 사회적 신분에 해당하는지에 관한 학계의 설명은 매우 다양하다(그중 고용형태와 관련된 설명은 후술한다).

즉, ⅰ) 전과자, 파산자를 포함하며, 노동조합의 임원[556]과 같은 일시적 지위는 해당하지 않는다는 설명,[557] ⅱ) '사회적'이라는 말에 중점을 두면 공무원, 교원, 귀화인, 전과자, 사장, 근로자, 상인 등을 모두 지칭하게 되고, '신분'이란 말에 강조점을 두면 인종,[558] 출생지, 가문, 문벌 등을 가리키게 되며, 노동조합 임원의 지위는 사회적 신분에 포함되지 않는다는 설명,[559] ⅲ) 문벌, 출신지,[560] 인종 등 선천적인 것뿐만 아니라 수형자, 파산자 등 후천적인 것도 포함되며, 공무원, 교원도 이에 포함된다고 볼 수 있지만, 노동조합의 임원은 제외된다고 보아야 한다는 설명,[561] ⅳ) 출신지, 가문, 혈연 등 생래적인 것뿐만 아

---

551) 박상필b, 153면; 김형배a, 77면도 같은 견해를 취한 바 있으나, 이후 사회적 신분의 의미에 관하여 봉건적 신분관계를 타파하고자 하는 것이 원래의 입법취지라고 생각되지만, 오늘날 그 개념은 생래적인 것이건 후천적인 것이건 이를 묻지 않고 넓게 해석하는 것이 근로자 보호에 보다 충실한 태도라고 하여 위 견해를 수정하였다.

552) 박상필b, 153면. 그 예로서 인종, 귀화인, 백정 출신, 문벌 등을 언급한다.

553) 김형배a, 77면.

554) 이상윤, 121면.

555) 김유성, 34면; 김형배, 227면; 박홍규, 156면; 이병태, 539면; 이상윤, 121면; 임종률, 386면; 하갑래, 84면; 민변노동법Ⅰ, 175면.

556) 노동조합의 임원과 같은 일시적 지위는 사회적 신분에 해당되지 않는다고 본 판결로는 서울민사지법 1994. 9. 16. 선고 94가합40258 판결(1995. 7. 18. 확정, 다만, 항소 및 상고 여부 및 그 경과는 구체적으로 확인할 수 없었다).

557) 김유성, 34면.

558) 이상윤, 119면은 인종을 국적에 의한 차별로 분류한다.

559) 김형배, 227면.

560) 예컨대 촌락 출신이라고 하여 근로조건에 차별을 두는 것은 금지된다(심태식, 319면).

561) 임종률, 386면.

니라 전과자, 파산자, 학벌 등과 같이 후천적으로 발생했지만 개인의 의사로는
변경하기 어려운 사회적 지위가 포함되며, 노동조합의 임원과 같은 일시적 지
위는 여기에 해당하지 않는다는 설명,562) ⅴ) 생래적인 선천적 신분만이 아니
고 근로자가 후천적으로 취득한 신분, 예컨대 공무원, 교원, 파산자, 전과자, 생
산직과 사무직, 극빈자, 고아, 두 회사의 합병에서 어느 한 회사의 종업원 등의
지위도 포함된다는 설명,563) ⅵ) 선천적 신분에는 출신지역, 혈연 등이 해당되
고, 후천적 신분에는 학연관계, 장애자, 극빈자, 수형자, 권력층 및 부유층,564)
고아 등이 이에 해당할 수 있다는 설명,565) ⅶ) 출생 내지 출신지역, 피부색 내
지 인종, 귀화인 내지 그 후손, 가문 내지 혈연과 같은 생래적인 것뿐만 아니라
학연관계, 전과자 등도 포함된다는 설명,566) ⅷ) 여러 견해들 사이에 혼란이 있
으므로 사회적 신분의 개념을 넓게 정하는 것이 타당하다는 설명,567) ⅸ) 공무
원, 교원, 파산자, 특정지역 주민, 수형자 등도 포함되나, 노동조합의 임원과 같
은 일시적 지위는 포함되지 않는다는 설명568) 등이 그것이다.

    나아가 노동법학계에서는 근기법 6조의 사회적 신분에 포함되는 후천적 신
분을 제한적으로 해석하되, 제한적 해석에 있어서도 헌법이 근로관계 외의 기타
모든 법률관계를 고려한다는 점에 비추어 헌법학계의 논의를 그대로 받아들일
수는 없고, 노동법의 대상이 되는 근로관계라는, 고유한 법률관계를 염두에 두
어야 한다고 전제한 후,569) 후천적 신분이란 '통상 소수자570)의 차별로 연결되

---

562) 민변노동법 Ⅰ, 175면.
563) 이병태, 528면.
564) 전윤구a, 117~118면에서는 부유층이나 권력층과의 혈연관계는 사회적 신분에 포함되기는
    하나, 통상 객관적 이유 없는 우대의 배경이 될 뿐 차별의 이유로서는 작용하지 않으므로 근
    기법 6조가 예정한 차별금지의 취지상 고찰의 대상으로서 큰 의미가 없다고 한다. 즉, 부유
    층이나 권력층과의 혈연관계를 가진 근로자에 비해 그런 혈연적 배경이 없는 근로자를 차별
    하는 것을 금지하는 것이 근기법 6조의 목적이라고 이해해야 한다면서, 사회적 신분으로서
    중요한 의미를 가지는 혈연관계란 편모, 사생아 또는 고아 출신 등 가족적 혈연관계가 된다
    고 한다.
565) 이상윤, 121면.
566) 전윤구a, 118면. 근기법 6조가 채용 단계가 아닌 근로관계 존속 중의 차별금지에 적용되는
    것을 전제로 한다면, 전과자와 유사하게 신용불량자(파산자)도 사회적 신분에 포함될 여지가
    있을 것이라고 한다.
567) 하갑래, 84면.
568) 하경효 외 5명, 71면.
569) 전윤구a, 116면은, 수범자의 측면에서도 헌법은 기본적으로 국가가 수범자이지만, 근기법은
    사인인 사용자가 수범자이므로, '사회적 신분'이라는 표현이 같다고 하여 양자의 의미가 항
    상 같다고 볼 수는 없다고 한다. 이에 대하여는 "근기법의 수범자가 국가가 아닌 사용자라는
    이유로 근기법상 사회적 신분이 헌법상 사회적 신분에 비해 반드시 제한적으로 해석되어야

기 쉬운 인격적 표지 내지 이에 준하는 기타의 구별 표지'라고 의미한다고 보는 견해가 있다.571) 반면, 헌법의 사회적 신분과 근기법의 사회적 신분을 달리 해석할 여지가 있다는 점에서는 위 견해와 같은 태도를 취하였으나 결론은 그와 반대로, 근기법 6조는 헌법 11조 1항 후문처럼 인격적 속성을 직접적인 차별대상으로 하는 것이 아니라 경제적 활동에서의 차별을 대상으로 하는 만큼 그 의미를 헌법처럼 좁게 해석할 필요는 없으며, 오히려 사회국가적 원리에 기초한 사회적 약자보호를 위한 방편으로 차별금지를 원용하였다면 그 적용영역은 사실적 평등 지향의 합목적성에 부합할 수 있는 한 헌법의 그것보다 넓게 해석할 수 있다고 하면서, 사회적 신분이란 '사적 자치 내지 경제적 활동 영역에서 야기될 수 있는 지위로서, 사회생활에서 장기적으로 차지하고 있는 후천적 지위'를 의미한다고 보는 견해가 있다.572)

(3) 판　　례

대법원 2023. 9. 21. 선고 2016다255941 전원합의체 판결은, 국토교통부 소속 지방국토관리청과 기간의 정함이 없는 근로계약을 체결하고 도로보수원 및 과적단속원(이를 통틀어 '국도관리원'이라 한다)으로 근무한 공공부문 무기계약직 근로자(이하 '공무직 근로자'라 한다)에게 공무원과는 달리 정근수당, 직급보조비, 성과상여금, 가족수당을 지급하지 않은 것이 근기법 6조를 위반한 차별적 처우에 해당하는지가 다투어진 사안(이하 '무기계약직 국도관리원 사건'이라 한다)에서, '근기법 6조에서 말하는 사회적 신분이 반드시 선천적으로 고정되어 있는 사회적 지위에 국한된다거나 그 지위에 변동가능성이 없을 것까지 요구되는 것은

할 필연적인 이유는 없다."는 지적이 있으나(조연민, 6면), 전윤구a, 116면에서 수범자를 거론한 취지는, 헌법상 사회적 신분과 다른 견지에서 근기법상 사회적 신분을 해석할 여지가 있다는 점을 설명한 것이지, 수범자가 다르다는 이유로 헌법상 '사회적 신분'을 제한적으로 해석하여야 한다는 것이 아니므로, 적절한 지적은 아니라고 생각한다. 즉 근기법상 '사회적 신분'을 제한적으로 해석하여야 한다는 것(이는 헌법학계의 '제한적 사회적 신분설', '역사적 차별신분설', '사회적 편견설'과 맥을 같이 한다)과 근기법상 '사회적 신분'을 해석하면서 근기법이 규율하는 근로관계라는 특수성을 고려하여야 한다는 것은 논의의 차원을 달리 한다.

570) '소수자'란 이에 대한 엄격한 정의 없이 통용되고 있는 학술용어이다. 간단히 말하자면 '사회구성체의 정치·사회·경제·문화의 제반 영역에서 인종, 성, 경제적 능력, 사상이나 도덕, 기타의 이유로 지배적이라고 일컬어지는 가치와 상이한 입장에 있는 부류'라 할 수 있다(안경환, 115면).

571) 전윤구a, 116~117면. 이에 대하여는 '소수자의 차별로 연결되기 쉬운' 표지라는 개념이 지나치게 추상적이고 불확정적이기에 또 다른 판단의 곤란을 낳을 여지가 크다는 반론이 있다(조연민, 6면).

572) 하경효 외 5명, 71면. 박수근b, 271~272면도 같은 취지이다.

아니지만, 개별 근로계약에 따른 고용상 지위는 공무원과의 관계에서 근기법 6
조가 정한 차별적 처우 사유인 사회적 신분에 해당한다고 볼 수 없다'라고 판시
하였다. 위 판결은 사회적 신분의 개념을 명시적으로 판시하지는 않았으나 그
개념 요소로 선천성이나 고정성을 요구하지는 않는다는 점을 분명히 하고 있
다.573)

　　한편, 마찬가지로 사회적 신분의 개념을 판시하고 있지는 않지만 대법원 판
결 중에는 5급 이상 이상 공무원, 기관(법인)의 대표나 임원 등을 사회적 신분으
로 본 사례가 있고(대법원 1997. 2. 25. 선고 96추213 판결),574) 사무원 등 직종이 사
회적 신분이 아니라는 원심(서울고법 2017. 11. 24. 2016나2070186 판결)575) 판단을
수긍하여 심리불속행 기각한 사례가 있다(대법원 2018. 3. 29.자 2017다293131 판결).

나. 고용형태가 사회적 신분에 포함되는지 여부—무기계약직 차별 문제를 중심으로

(1) 논의의 필요성

　　기간제법 시행 이후 특별한 예외 사유 없이 2년을 초과해 사용되어 기간의
정함이 없는 근로계약을 체결한 것으로 간주되거나 전환된 근로자를 이른바 '무

---

573) 위 대법원 2016다255941 전원합의체 판결의 대법관 권영준의 별개의견에서는 근기법 6조
　　의 사회적 신분에 관하여 '성별, 국적, 신앙 이외의 것으로서 사회 제도나 문화, 관행 등으로
　　인하여 근로 내용이나 가치와 무관하게 근로조건 결정을 일정한 범위 내로 정형화·고착화시
　　키는 사회적 힘을 가진 계속적 지위'를 의미하며, 이러한 지위는 반드시 영구적이거나 장기
　　간 고정되어 있어야 하는 것은 아니고, 상당한 기간 계속될 수 있는 속성의 것이면 충분하다
　　고 한다. 또한 사회경제적 환경이 변화하고 평등원칙에 대한 인식이 확장되면서 사회적 신분
　　은 후천적 지위도 포함하는 개념으로 발전하였고, 이러한 후천적 지위에는 변호사, 공무원
　　또는 법인 임원과 같이 개인의 선택이 개입되는 지위도 포함되므로(헌재 1990. 9. 3. 선고 89
　　헌마120 등 결정, 헌재 1992. 4. 28. 선고 90헌바27 등 결정, 대법원 1997. 2. 25. 선고 96추213
　　판결 등 참조), 근로관계상 지위의 획득이나 상실에 근로계약을 매개로 한 개인의 선택이 개
　　입되었다는 사정만으로 그 지위가 사회적 신분을 구성할 수 없는 것은 아니며, 계약과 신분
　　은 양립할 수 있다고 보고 있다.
574) 위 대법원 96추213 판결은 "조례안에서 지방의회의 감사 또는 조사를 위하여 출석요구를
　　받은 증인이 5급 이상 공무원인지 여부, 기관(법인)의 대표나 임원인지 여부 등 증인의 사회
　　적 신분에 따라 미리부터 과태료의 액수에 차등을 두고 있는 경우, 그와 같은 차별은 증인의
　　불출석이나 증언거부에 대하여 과태료를 부과하는 목적에 비추어 볼 때 그 합리성을 인정할
　　수 없고 지위의 높고 낮음만을 기준으로 한 부당한 차별대우라고 할 것이어서 헌법에 규정
　　된 평등의 원칙에 위배되어 무효이다."라고 판시하였다.
575) 위 서울고법 2016나2070186 판결은, 사무원 등에 해당하는 지위는 동일한 고용형태(무기계
　　약직) 내의 직종 중 하나일 뿐이지, 쉽게 변경할 수 없는 고정적인 지위라거나 근로자의 특
　　정한 인격과 관련된 표지라고 할 수 없으므로 사회적 신분의 범주에 포함된다고 볼 수 없다
　　고 판단하였다.

기계약직'[576])이라 한다. 그런데 기간제법에는 무기계약직으로 전환될 경우 정규
직의 근로조건과 동일하게 되는 것인지 아니면 단지 근로계약의 기간만 제한이
없게 되는 것인지가 명확히 규정되어 있지 않다. 이에 대하여는 기간의 정함이
없게 될 뿐 임금이나 그 밖의 근로조건이 자동적으로 정규직 근로자의 그것과
동일하게 변경되는 것은 아니며, 당사자 사이에 별도의 합의가 없으면 종전의
근로조건이 계속 적용된다는 견해(근로기간 한정 전환설)와[577] 사용자가 특별히
달리 정하지 아니한 이상 그 근로조건도 기존의 정규직 근로자에게 적용되던
취업규칙의 적용을 받아 정규직과 동일한 근로조건으로 변경된다는 견해(근로조
건 포함 전환설)[578]가 있었는데, 대법원 2019. 12. 24. 선고 2015다254873 판결은
"기간의 정함이 없는 근로계약을 체결한 것으로 간주되는 근로자의 근로조건에
대하여는, 해당 사업 또는 사업장 내 동종 또는 유사한 업무에 종사하는 기간의
정함이 없는 근로계약을 체결한 근로자가 있을 경우 달리 정함이 없는 한 그

---

576) 2006년 8월 정부가 발표한 <공공기관 비정규직 종합대책>에서 '상시 · 지속적 업무에 2년
　　 이상 근무한 기간제근로자를 무기계약직으로 전환'하기로 하면서 종래의 '정규직'과는 다른
　　 고용형태를 지칭하는 '무기계약직'이라는 용어가 처음으로 등장하게 되었다(윤애림b, 155면).
　　 노무현 정부에서 시작되어 이명박, 박근혜 정부에 이어 문재인 정부의 2017년 가이드라인까
　　 지 각 정부 차원에서 이루어진 공공부문 비정규직 대책의 주요 내용과 한계 등을 다루고 있
　　 는 글로는 조상균e, 4~38면.
577) 임종률, 627면.
578) ① 김형배, 829면은, 전환의 법률효과에 관하여, 전환에도 불구하고 근로계약기간의 만료를
　　 이유로 고용을 종료하면 사실상 해고와 다를 바 없으므로 근기법 23조에 의하여 정당한 이유
　　 가 있어야 해고할 수 있다는 의미로만 이해하고 기타의 근로조건은 종전의 기간제 근로계약
　　 의 내용이 그대로 적용된다는 '제한적 효력설'과 기간의 정함이 없는 근로계약의 체결이 의제
　　 되면 이는 정규직 근로자와 동등한 근로조건이 보장되어야 한다는 '일반적 효력설'을 상정하
　　 면서, 전환 시점부터 종전 근로계약과는 별개의 새로운 근로계약이 체결된 것으로 볼 수 있
　　 고, 이때부터는 근로계약의 내용은 계약의 해석에 따라 결정될 수 있으며, 당사자 사이에 달
　　 리 정함이 없다면 회사의 취업규칙이 적용될 것이므로 사실상 정규직 근로자와 동일한 법적
　　 지위를 갖는다고 보는 것이 합당하다고 한다. ② 기존의 근로조건은 별도의 약정이 없는 이상
　　 변동이 없는 것이 원칙이라 볼 것이지만, 동종 또는 유사 업무에 종사하는 정규직 근로자에게
　　 적용되는 취업규칙이 있다면, 기존의 근로조건을 낮추지 않는 것을 조건으로 하여 그 취업규칙
　　 의 내용에 따른 근로조건을 실현받아야 한다는 견해(신권철a, 240면), ③ 근로계약기간을 제외한
　　 기존의 근로조건이 유효하므로 임금 등의 변동은 없는 것이 원칙이나, 무기근로계약을 체결한
　　 다른 근로자들에게 적용되는 취업규칙, 단체협약이 있고, 그 내용이 기간제근로자의 근로조건을
　　 상회한다면 상회하는 근로조건이 적용된다는 견해(이병희, 700면)도 같은 취지이다. 한편, 취업
　　 규칙의 적용 여부를 따로 언급하지 아니한 채 ④ 김난희, 182면은, "무기계약직 근로자의 (전환
　　 에 따른) 법률상 효력이 제한적 효력에 불과하다면 (기간제법) 입법의 목적과 부합되지 않는다.
　　 따라서 무기계약직 근로자는 정규직으로 전환되었으므로 정규직의 법적 지위와 그에 상응하는
　　 근로조건 등 법률상 효력이 있다고 봄이 타당하다."고 하며, ⑤ 하갑래, 721면도, "직급이나 직
　　 종을 한정해서 적용되는 근로조건은 전환근로자가 그러한 직급이나 직종에 해당되면 적용되고,
　　 전 직급이나 전 직종에 적용되는 근로조건은 전환된 근로자에게 적용되어야 한다."고 본다.

근로자에게 적용되는 취업규칙 등이 동일하게 적용된다.”고 판시하여 후자의 견해를 취하였다.[579] 그러나 위 대법원 2015다254873 판결에 의하더라도 사용자가 기간의 정함이 없는 근로계약을 체결한 것으로 간주된 근로자의 근로조건을 정하는 취업규칙을 별도로 마련하여 정규직 근로자의 근로조건과 달리 정하는 경우를 무효라고 보기 어렵고,[580] 실제로도 사용자는 일반적으로 무기계약직을 별도의 직군으로 설정하여 정규직보다 급여체계나 승진, 복리후생 등에서 낮은 처우를 하는 경우가 대부분이다.[581] 이 때문에 무기계약직을 ‘정규직’과 구분하여 소위 ‘유사정규직’ 또는 ‘중규직’이라고 칭하기도 한다.[582]

그런데 무기계약직은 당해 사업 또는 사업장에서 동종 또는 유사한 업무에 종사하는 정규직 근로자에 비해 차별적 처우를 받더라도 기간제법상 기간의 정함이 없는 근로자로 분류되어 차별적 처우 금지조항의 적용을 받지 못함으로써[583]

---

[579] 위 대법원 2015다254873 판결보다 앞서 선고된 서울고법 2019. 9. 10. 선고 2018나2045603 판결도 “기간의 정함이 없는 근로계약을 체결한 근로자로 간주된 후의 근로조건에 대하여 근로자와 사용자 사이에 별도의 유효한 합의가 존재하지 아니하는 경우에는 ‘동종 또는 유사한 업무에 종사하는 기간의 정함이 없는 근로계약을 체결한 근로자에게 적용되는 취업규칙 등에서 정한 근로조건’이 적용된다고 봄이 타당하다.”고 판단하였다(2019. 10. 8. 확정).

[580] 다만 사용자가 기간의 정함이 없는 근로계약을 체결한 것으로 간주된 이후에도 기간제근로자였을 당시와 동일한 내용의 근로계약을 체결하여 그 근로조건이 정규직 근로자에게 적용되는 취업규칙 등에서 정한 기준에 미달하면, 근기법 97조에 의해 그 부분은 무효로 되고 취업규칙 등에서 정한 기준이 적용된다(위 대법원 2015다254873 판결, 대법원 2019. 11. 14. 선고 2018다200709 판결 참조).

[581] 기간제법의 제정을 전후하여 금융권과 대형유통업 일부에서 기간제근로자 일부를 무기계약직으로 전환하면서 정규직 근로자와 직무를 구분하는 이른바 직군분리제가 도입되었는데, 이를 기간제법의 적용을 회피하거나 차별시정제도를 우회하려는 사용자측의 전략으로 평가하는 글로는 윤애림b, 159면. 공공부문에서도 위 <공공기관 비정규직 종합대책>에 이어 구 행정자치부(현 행정안전부)에서 2006년 12월 발표한 <중앙행정기관 무기계약 및 1년 이상 기간제근로자 관리지침>에 의하면, 무기계약직은 ‘비정규인력의 합리적·효율적 관리체계’로 규율되는 것으로서 정규직과는 다른 것임을 명시하고 있다(윤애림b, 156면).

[582] 대표적인 것이 공공기관, 학교 등 공공부문과 은행 등 금융권에 종사하는 근로자들이다. 김태현, 71면은 “사용자의 입장에서는 공개채용이라는 비교적 어려운 절차를 통해 채용된 정규직 인재군과, 대체로 그보다는 쉬운 절차를 거쳐 채용된 무기계약직을 똑같이 대우해야 한다면 현실적으로 비용부담이 상당할 수밖에 없는데, 무기계약직의 처우에 있어 정규직보다 낮은 후생복지와 급여를 지급하고 승진 한도를 정해 둔다면 기간제근로자가 기간의 정함이 없는 근로자가 된다고 하더라도 경영에 큰 부담이 없고, 기간제근로자의 입장에서도 고용보장이 됨과 동시에 정규직만큼은 아니더라도 적절한 수준의 임금이 지급된다면 나쁘지 않다고 생각하는 경향이 합쳐져 이른바 무기계약직 직군이 양산되었다.”고 설명한다. 그러나 고용보장과 관련하여, 특히 공공부문의 경우 무기계약직 전환 후에도 상시적 근무평가가 이루어지고 그 결과에 따라 해고가 가능하게 되면서 상시적 고용불안을 겪고 있다고 보는 견해로는 윤애림b, 161면.

[583] 신권철a, 241면. 노동위원회는 무기계약직의 경우 기간제법상 기간제근로자에 해당하지 않으므로 차별시정 신청권이 없다고 보고 있다(서울지방노동위원회 2010. 9. 7.자 서울2010차별7

차별시정제도의 법적 보호를 받을 수 없는 사각지대에 놓이게 되었고, 이러한 문제를 타개하고자 무기계약직과 같은 고용형태를 근기법 6조의 '사회적 신분'에 포함시킬 수 있는지의 논의가 대두되었다.

종래 이 부분 논의는 주로 비정규직이 '사회적 신분'의 개념에 포함되는지를 중심으로 이루어졌는데, 기간제법이 제정되고 파견법이 개정되어 비정규직 근로자에 대한 차별시정제도가 명문화되면서 큰 실익이 없어졌다고 평가되기도 하였으나,[584] 위와 같은 무기계약직의 등장과 함께 다시금 중요한 의미를 갖게 되었다.

(2) 학   설

고용형태는 사회적 신분에 포함되지 않는다고 보는 것이 다수의 견해이나, 다만 그 구체적인 범위에 관하여는 ⅰ) 근로계약의 내용 자체에 따라 정해진 기간제근로자, 단시간근로자, 상용근로자는 사회적 신분에 포함되지 않는다는 견해,[585] ⅱ) 생산직, 임시직은 포함되나 단시간근로자는 제외된다는 견해,[586] ⅲ) 기능직이냐 일반직이냐 고용직이냐 전문직이냐 하는 근로의 성질이나 내용에 따른 구분 자체는 그것이 생산직과 관리직 혹은 정규직과 비정규직의 구분과 일치하는 것이 아니라면 소수자의 차별로 연결될 가능성도 통상 희박하기 때문에 일단 이를 사회적 신분이라 보기 어렵다는 견해,[587] ⅳ) 고용형태는 사회적 신분이 아니고, 이러한 이유로 비정규직에 대해서는 차별금지법규가 따로 마련되어 있다고 보는 견해,[588] ⅴ) 임시직근로자, 단시간근로자 등과 같은 종업원으

판정; 부산지방노동위원회 2010. 10. 6.자 부산2010차별8 판정). 한편, 한국산업인력공단에서 정규직 전환자들을 기존의 일반직 6급으로 편입시키는 대신 보수규정 내 부칙조항을 신설하여 기존의 경력을 초임연봉 산정에 반영하지 않고 비정규직 근로자로 근무 시 받은 임금을 기준으로 초임연봉을 산정한 사안에서, 대법원 2015. 10. 29. 선고 2013다1051 판결은, 기간제법 8조 1항은 비정규직 근로자임을 이유로 차별적 처우를 하지 못하도록 규정한 것인데, 이 사건에서 기간제근로자인 원고들은 기간의 정함이 없는 근로계약을 체결한 근로자로 전환된 다음에 비로소 부칙조항의 적용을 받아 초임연봉이 정해졌고 이때에는 원고들이 더 이상 기간제근로자의 신분이 아니었으므로, 위 부칙조항에 의하여 원고들이 기간제근로자임을 이유로 차별 대우를 받았다고 할 수 없어, 기간제법 8조 1항에 위배되지 않는다는 취지의 원심 (서울고법 2012. 12. 7. 선고 2012나39631 판결)의 판단을 수긍하였다.
584) 근기법주해(초판) I, 377면; 민변노동법 III, 224면. 다만, 이 경우에도 근기법 6조 위반 시에는 형사처벌이 된다는 측면에서 비정규직과 같은 고용형태가 사회적 신분의 범주에 포함되는지 여부에 관한 논의가 여전히 의미가 있었다.
585) 김형배, 227면; 김형배·박지순, 80면.
586) 임종률, 386면.
587) 전윤구a, 118면.

로서의 분류는 포함되지 않는다는 견해589) 등으로 매우 상이하다.

그 근거로는 비정규 근로는 상용·직접 고용 근로와 근로계약 형태에서 구별되지만 근로계약상 그러한 지위는 변경할 수 없거나 고정적인 지위를 의미하지 않고, 고용형태는 근로자의 특정한 인격과 관련된 표지라고 할 수 없다는 점,590) 근기법 6조에서 차별금지사유로 들고 있는 항목은 성, 국적, 신앙이고 그 공통적 특성은 이를 변경하는 것이 매우 어렵다는 점에 있으므로 사회적 신분 역시 위 세 가지 사유와 유사하게 근로자가 마음대로 또는 노력만으로 변경하기 어렵거나 불가능한 경우를 의미한다고 보는 것이 합리적 해석이라 할 것인데, 무기계약직과 정규직 등은 경우에 따라 자발적 의사로 선택한 고용형태의 차이로서 근로자 개인의 노력으로 도저히 변경할 수 없을 정도의 사유에 이른다고 보기 어렵다는 점,591) 무기계약직의 경우 정규직으로 지원가능하고 이직도 가능하여 '선택의 자유'와 '이탈의 자유'를 가지므로 변경할 수 없거나 계속적·고정적 지위로 보기 어렵다는 점592) 등을 든다.

이에 반하여 비정규직, 무기계약직 등 고용형태에 따른 근로자의 지위는 근기법 6조의 사회적 신분에 포함된다고 해석하는 것이 타당하다고 보는 견해는 그 근거로, 근기법의 균등대우규정은 여타 노동관계법의 고용 평등 법제에서 총칙의 지위를 가진다는 점, 우리 사회에서 많은 경우 비정규직 근로자라는 것은 단순히 일시적인 종업원에 대한 분류를 넘어 그 사람에 대한 사회적 평가를 포함하는 지위를 의미하고 있고, 이미 단시간근로자에 대하여 근기법 18조에서 '단시간근로자의 근로조건은 그 사업장의 같은 종류의 업무에 종사하는 통상근로자의 근로시간을 기준으로 산정한 비율에 따라 결정되어야 한다'라고 하여 이

---

588) 하갑래, 84면.
589) 하경효 외 5명, 71면.
590) 김동욱c, 64면; 이병태, 539면; 전윤구a, 118~119면. 무기계약직과 같은 고용형태는 인적 속성에 기인한 지위가 아니고 당사자의 의사에 의하여 체결한 계약에 따라 정해진 효과에 불과하기 때문이라는 전형배c, 39면도 같은 취지이다.
591) 이광선a, 79면. 같은 취지에서 주완, 45면은 "성, 국적, 신앙의 경우 모두 사용자의 의사나 사업장에서의 근무형태 등과 관계없이 당해 근로자가 비교적 오랜 기간 이를 유지하면서 쉽게 변경할 수 없을 뿐만 아니라 사용자가 관련할 수 없는 영역이라는 특징을 갖고 있는데 반하여 무기계약직과 같은 고용형태는 당해 근로자가 이를 상당 기간 유지했다고 단정하기 어려울 뿐만 아니라 사용자가 이를 변경하거나 근로자 본인의 의사 내지 결정 등에 따라 변경될 가능성이 있다는 점에서 근기법 6조에서 정한 다른 차별금지사유와 차이가 있어 '사회적 신분'에 포함된다고 보기 어렵다."고 한다.
592) 김태현, 88~89면.

른바 '시간 비례적 균등대우의 원칙'을 정하고 있으며, 이로부터 유추하여 기간
제근로자에 대해서도 '기간 비례적 균등대우의 원칙'이라고 할 만한 차별금지를
적용해야 한다는 논의가 있었다는 점,[593] 사회 전체적으로 보아 무기계약직을
포함한 비정규직 근로자가 정규직 근로자보다 많고 이들 간의 사업장 내 이동
은 물론 사업장 간의 이동도 제한되어 있어 기간제 혹은 무기계약직이라는 고
용형태를 상당히 오랫동안 점유하므로 고용형태를 사회적 신분으로 파악하는
것이 법리적으로 충분히 가능하며 이러한 현대적 해석만이 '성'의 사유가 추가
된 것 이외에는 근기법 제정 시와 비교하여 변화가 없는 균등대우조항을 실효
적인 규범으로 활성화시킬 수 있다는 점,[594] 무기계약직이라는 근로형태 내지
고용형태는 사용자가 자신의 처분권한에 따라 임의적으로 창설해내는 고정적이
고 회피불가능한 지위라는 점,[595] 근로자의 입장에서 보면 스스로 선택할 수 있
는 자유란 채용을 포기하거나 부당한 차별을 수용하는 정도가 전부이고, 바로
선택의 자유를 수정 극복해 온 것이 지금의 노동법의 역사라는 점에서 '회피가
능 여부'를 강조하여 이를 사회적 신분의 요건으로 보는 것은 타당하지 않다는
점,[596] 고용형태는 사업장 내에서 장기간 계속되고 근로조건 결정에서 근로자의
자기결정권 실현이 어렵다는 점[597] 등을 든다.[598]

---

[593] 이상의 근거에 대하여는 민변비정규직법, 278면.

[594] 심재진h, 141면.

[595] 조연민, 12면. 직종의 분류형태는 얼마든지 변경 가능하므로 사회적 신분이 될 수 없다는
논거에 대하여, 그러한 가변성이 당해 근로자들의 능력이나 의사가 아니라 사용자의 자의,
혹은 노사가 통제할 수 없는 외부적 요인(정부정책의 변경 등)에 달려 있다는 점에서 동의하
기 어렵다는 조연민, 29면도 같은 취지이다.

[596] 김영택b, 263면. 도재형b, 117면의 "받아들이긴 어렵지만, 우리가 경험하는 현실은 계약에
의해 만들어진 고용형태가 사회 또는 기업에서 그 사람의 '신분'을 규정하는 도구로 작용하
고 있음을 보여준다. 이는 근대 시민법 출범 초기의 현실, 즉 자유로운 개인이 계약을 통해
종속적 지위에서 스스로의 노동을 제공하는 것을 목격한 법학자들이 느꼈을 당혹감과 비슷
한 감정을 불러일으킨다. 그러나 노동법의 출현이 그 종속성의 자각으로부터 시작되었다는
점을 기억한다면, 노동법이 계약이라는 기둥 뒤에 숨어 현실을 회피하는 것은 적절하지 않
다."라는 지적도 같은 맥락에서 이해할 수 있다.

[597] 김난희, 210면.

[598] 일본의 학설 중에도 비정규 고용이 자신의 의사로 선택한 고용형태가 아닌 경우가 압도적
으로 많고, 그것이 일종의 '신분'으로서 파악되고 있다는 점을 고려하여 적어도 사법적으로
는 사회적 신분에 '비정규 고용'이 포함된다고 보는 견해가 있다. 니시타니 사토시, 221면.
이 견해는 우리 근기법의 균등대우조항과 유사한 일본 노동기준법 3조의 '사회적 신분'에 관
한 것이다. 일본의 논의에 관한 자세한 설명으로는 이세호, 40~45면. 한편, 이세호, 39면에서
는 비정규 근로계약기간 내에서의 비정규 근로자의 지위와 당해 계약기간을 도과한 경우의
비정규 근로자의 지위를 구분하여, ⅰ) 비정규 근로계약기간 내에서의 비정규 근로자의 지위
는 불가변적이고 고정적이며 계약기간 동안 계속적 성격을 가지게 되는 것으로 보고, ⅱ) 다

한편, 위와 같은 해석론과 별개로 또는 그와 병행하여 입법적 해결을 제안하는 견해도 상당수 있으며,[599] 20대 국회에서는 무기계약직 근로자의 차별 문제를 해결하기 위해 근기법 6조에 대한 일부개정법률안 2건이 발의되었으나, 임기만료로 폐기되었다.[600]

(3) 국가인권위원회의 결정례

국가인권위원회법 2조 3호 및 같은 호 가목은 합리적 이유 없이 사회적 신분 등을 이유로 고용과 관련하여 특정한 사람을 우대·배제·구별하거나 불리하게 대우하는 행위를 '평등권 침해의 차별행위'로 규정하고 있다.

국가인권위원회는 "사회적 신분이란 특히 고용과 관련하여서는 사업장 내에서 근로자 자신의 의사나 능력 발휘에 의해 회피할 수 없는 사회적 분류를 의미하고, 무기계약직이나 기간제근로자의 지위는 그러한 고용형태가 존속하는 이상 자신의 의사나 능력 발휘와 무관하게 그 지위를 가질 수밖에 없는 상황에

만 당해 비정규 근로계약의 성립시기로부터 비정규 근로계약기간을 도과하여 직접고용이 간주되거나 계약의 갱신이 이루어지는 시기를 포함하여 비정규 근로자의 지위를 판단하는 때에는 당해 근로자의 불가변성, 고정성, 계속성은 부인되어야 한다는 이분법적 견해를 취하고 있다.

599) 김상호a, 45면은, 현행법상 고용형태가 사회적 신분에 포함되는 것으로 해석하기는 어려우므로 입법을 통해서 근기법 6조에 계약상의 고용형태를 이유로 하는 차별을 위법한 것으로 추가할 필요가 있다고 제안한다. 주완, 45면도 같은 취지이다. 이세호, 57면은 앞서 본 이분법적 접근을 전제로 근기법 6조 개정 시 균등처우대상을 '2년의 범위를 초과하지 아니하는 기간제근로자'로 한정하여 명시해야 한다고 주장한다. 조성혜b, 230면도 기간제법 또는 근기법의 개정을 통하여 무기계약직에 대한 차별금지조항을 신설할 필요성을 지적한다. 조연민, 43면은 고용형태만을 법문에 추가하는 방향으로 개정하면, 향후 명시되지 않은 다른 사유들이 새로이 문제될 경우 그것이 사회적 신분에 해당하는지에 관한 지난한 논의가 또다시 반복될 수 있으므로, 근기법 6조가 분명하게 예시규정으로 이해될 수 있도록 차별금지사유 말미에 '~등'을 추가하는 방향으로 근기법 6조를 개정하는 것이 보다 실효성 있는 방안일 수 있음을 지적한다. 한편, '사회적 신분'에 고용형태가 포함된다고 보는 입장에서도 입법적인 개선이 시급함을 지적한다(심재진m, 305면). 이상도, 109면은 궁극적으로는 현행 기간제법을 개정하는 등의 방향으로 무기계약직 근로자와 정규직 근로자 간 차별을 금지하는 명시적 규정이 입법되어야 한다고 주장한다.

600) 그중 하나는 근기법 6조의 차별금지사유 중에 '고용형태'를 명시하여 추가하자는 내용으로 현재 고용형태에 따른 불합리한 차별이 사회적 문제로 대두되고 있으므로 근로자에 대한 균등한 대우 원칙을 더욱 명확히 하여 근로관계의 공정성을 확립하는 것을 제안취지로 하고 있다(이정미 의원 대표 발의, 2016. 11. 16. 의안번호 2003638). 다른 하나는 무기계약직이 사회적 신분에 포함될 수 있도록 "사회적 신분에는 사업장 내에서 자신의 의사나 능력 발휘에 의하여 회피할 수 없는 조건을 포함한다."는 내용의 6조 단서 조항을 신설하여 개념을 구체적으로 명시하자는 내용으로, 제안취지는 무기계약직 근로자의 실질적인 근로조건 개선을 위한 권리부여 및 동일가치노동에 대한 동일임금 실현을 위하여 제도적 장치를 마련하자는 것이다(이용득 의원 대표 발의, 2016. 12. 2. 의안번호 2004072).

서 저평가되고 있다."601)는 점을 근거로 무기계약직, 비정규직 등의 고용형태를
사회적 신분에 포함된다고 보고, 비정규직, 무기계약직 등을 이유로 한 고용상
차별행위에 대하여 적극적으로 차별시정 권고를 해 왔다.

　　비정규직과 관련한 결정으로는 비정규직인 고등학교 조리보조원의 정년을
만 50세로 제한한 것은 합리적인 사유가 없이 비정규직이라는 이유로 불리한
처우를 한 것이므로 차별행위에 해당한다고 판단한 사례,602) 개인성과급을 지급
하면서 같은 정원 내 직원임에도 불구하고 비정규직이라는 이유로 지급을 배제
한 것을 차별행위에 해당한다고 판단한 사례,603) 도시철도 운영기관 정규직 근
무자와 도급역 근무자의 경력 인정에 불합리한 차별이 없도록 인사규정을 합리
적으로 개정할 것을 권고한 사례,604) 직권조사를 실시하여 정규교원과 달리 기
간제 교사에 대하여는 맞춤형 복지제도를 적용하지 않고 있는 15개 시·도 교육
청 교육감에게 맞춤형 복지제도 설계·운영시 기간제 교사에 대한 불합리한 차
별이 없도록 할 것을 권고한 사례,605) 호봉 산정 시 입사 전 정규직 경력은 인
정하면서 비정규직 경력을 인정하지 않는 것은 사회적 신분을 이유로 한 차별
행위에 해당한다고 판단한 사례606) 등이 있다.

　　무기계약직과 관련한 결정으로는 택지 및 주택 관련 사업을 수행하는 지방
공기업이 무기계약 전환자라는 이유로 사내근로복지기금의 적용을 제외한 것은
사회적 신분을 이유로 한 불합리한 차별에 해당한다고 판단하여 인사관리규정
의 개정을 권고한 사례,607) 일반직에 대해서는 군 복무기간을 근무경력으로 인
정하여 호봉에 반영하고 있으나, 무기계약직에 대하여는 인정하지 않은 것을 차
별행위라고 판단하여 무기계약직의 임금결정 시 군 복무기간을 근무경력에 포
함시킬 것을 권고한 사례,608) 공무원과 무기계약직의 직종과 임금체계, 수행업
무의 내용이 상이하다는 점을 감안하더라도 위험·기피업무에 종사하는 무기계
약직에게 장려수당과 위험근무수당과 같은 성격의 수단을 전혀 지급하지 않는

601) 국가인권위원회 2019. 6. 5.자 18진정0313900 결정.
602) 국가인권위원회 2007. 2. 20.자 06진차231 결정.
603) 국가인권위원회 2009. 8. 17.자 09진차430 결정.
604) 국가인권위원회 2014. 6. 25.자 14진정0052600 결정.
605) 국가인권위원회 2014. 11. 28.자 14직권0000400 결정.
606) 국가인권위원회 2019. 6. 5.자 18진정0313900 결정.
607) 국가인권위원회 2011. 4. 25.자 10진정0572700 결정.
608) 국가인권위원회 2013. 8. 14.자 12진정0608100 결정.

것은 차별이라고 본 사례[609], 서울출입국관리사무소장이 운전직 공무원들에게 지급하는 특수업무수당(계호수당), 정액급식비(식비) 등을 운전직 공무원들과 같은 업무를 번갈아 수행하는 무기계약직 근로자들에게 지급하지 않은 것을 사회적 신분에 의거한 차별행위로 인정해 그 시정을 권고한 사례[610] 등이 있다.

(4) 판   례

㈎ 대법원 2016다255941 전원합의체 판결 이전

무기계약직 국도관리원 사건의 대법원 2023. 9. 21. 선고 2016다255941 전원합의체 판결이 선고되기 전까지 대법원은 비정규직, 무기계약직 등과 같은 고용형태가 근기법 6조의 사회적 신분에 해당하는지 여부에 대하여 분명한 입장을 취하지 않았다.[611]

서울특별시 지하철공사의 단체협약에서 일반직을 제외한 기능직과 고용직에 한하여 임금을 인상한 사안에서, 원심인 서울고법 1990. 5. 9. 선고 90나7175 판결은 위 단체협약 중 일반직을 그 지급대상에서 제외하고 있는 부분은 근기법상 균등처우규정에 위반해 무효이므로 일반직도 그 적용을 받는다고 판단한 반면, 상고심인 대법원 1991. 7. 12. 선고 90다카17009 판결은 "이 사건 단체협약은 기능직과 고용직의 그동안 불이익을 전보하여 주기 위한 조치로서 그 합리성이 없다고 할 수 없으므로 근기법의 균등처우규정에 위반하여 근로자를 차별하는 것이라고 할 수 없다."는 이유로 원심 판결을 파기하였는데, 대법원이 고용형태가 사회적 신분이 아니라고 본 것인지 아니면 사회적 신분이기는 하지만 차별에 합리적 이유가 있다고 판단한 것인지 명확하지 않다.[612]

---

609) 국가인권위원회 2015. 10. 7.자 15진정0010900 결정.

610) 국가인권위원회 2016. 7. 19.자 15진정0684900 결정.

611) 이원재, 106면에서는 "기간제법이나 파견법상 기간제근로자나 파견근로자에 대한 차별금지 규정과 비교해 볼 때, 사업 또는 사업장 내에서 기간의 정함이 없는 근로계약을 체결한 근로자에 대해서 차별적 처우를 금지하는 명시적인 규정이 없다는 이유로 이를 금지되는 차별로 보지 않는 것은 논리적으로 수긍할 수 없다."고 하면서, 조만간 상급심의 명확한 판단이 나와 이 문제에 대한 판례가 확립될 필요가 있음을 지적한다.

612) 서울고법 2018. 8. 21. 선고 2017나2072967 판결은, 은행에서 희망퇴직한 근로자들을 대상으로 재채용절차를 실시하면서 관리전담계약직은 1년 단위의 기간제 형태로 채용하고, 관리지원계약직은 기간의 정함이 없는 형태로 채용한다고 명시함으로써 양 직군의 채용 형태를 구분하여 안내하였고, 근로자들 역시 이에 기초하여 재채용에 응한 사안에서, 양 직군의 업무가 다르고 그에 따른 보수도 차이가 있는 점 등을 들어 관리지원계약직군과 관리전담계약직군의 채용 형태를 달리하였다는 사정만으로는 사회적 신분을 이유로 근로조건에 대하여 차별처우를 한 것으로서 근기법 6조에 위반된다고 할 수 없다고 판단하였고, 대법원 2022. 8. 25. 선고 2018다267580 판결은 원심 판결의 위 판단을 수긍하였는데, 원심 판결이나 대법원

전기통신공사의 정규직과 교환직렬 사이의 정년차별 사건에서도 대법원 1996. 8. 23. 선고 94누13589 판결은 "교환직렬에서의 인력의 잉여 정도, 연령별 인원구성, 정년 차이의 정도, 차등정년을 실시함에 있어서 노사 간의 협의를 거친 점, 신규채용을 하지 못한 기간, 현재의 정년에 대한 교환직렬 직원들의 의견 등에 비추어 보아 교환직렬에 대하여 다른 일반직 직원과 비교하여 5년간의 정년차등을 둔 것이 사회통념상 합리성이 없다고 단정하기는 어렵다."고만 판시하였다.

서울특별시 지하철공사에서 통상근무자들을 제외한 교대근무자 및 교번근무자에 한하여 계속 결근 시 결근기간 중의 휴일을 결근일수에 산입하도록 한 취업규칙 조항이 문제된 사안에서, 원심인 서울고법 2002. 2. 8. 선고 2001누7345 판결은 위 취업규칙 조항은 휴일의 보장에 관한 근로조건의 측면에서 교대근무자들 및 교번근무자들을 합리적인 이유 없이 통상근무자보다 불리하게 대우하는 것으로서 근기법상 균등처우조항에 위배된다고 판단한 반면, 상고심인 대법원 2004. 6. 25. 선고 2002두2857 판결은 "직종이나 업무성질에 따라 근로조건을 달리하는 것은 근기법의 균등처우조항에 위배되는 것이 아니라 할 것인데, 기록에 의하면 연중무휴로 지하철이 운행되어야 하는 업무의 특수성으로 인하여 직원들의 근무형태를 통상근무 이외에 교대근무, 교번근무로 구분하여 운영하는 것이 불가피하고, 이에 따라 교대근무자 및 교번근무자에 대하여는 엄격한 출·퇴근 관리가 요구되며, 교대근무자 및 교번근무자의 야간근무 기간 동안에 한하여 근무일 다음날을 비번일로 정하고 있는 사정 등에 비추어 위 취업규칙 조항은 합리성을 인정할 여지가 충분하다고 보이므로 근기법의 균등처우조항에 위배되는 것으로 단정하기는 어렵다."는 이유로 원심 판결을 파기하였는데, 이 판결에서도 대법원은 직종이나 근무형태가 사회적 신분에 해당하는지 여부에 관하여는 명시적 판단을 하지 않았다.

지방자치단체가 설립·운영하는 중·고등학교에서 근무하는 월급제 교육공무직원 등이 호봉제 교육공무직원과 비교하여 수당 지급에 관하여 차별적 처우를 받는다고 주장하며 지방자치단체를 상대로 수당 차액 등의 지급을 구한 사안에서, 대법원 2021. 2. 4. 선고 2019다230134 판결은 '월급제 교육공무직원 등을 호봉제 교육공무직원들과 달리 처우한 것은 신규채용하는 학교회계직원의

판결 모두 채용 형태가 사회적 신분에는 해당한다는 것인지를 명확히 밝히고 있지 않다.

고용형태를 연봉제 계약으로 변경하는 과정에서 종전의 호봉제 교육공무직원이 가지고 있는 기득의 권리나 이익을 보호하기 위한 조치로서 차별에 합리적 이유가 있다'고 본 원심의 판단을 수긍하면서, 원심 판단이 정당한 이상 월급제 교육공무직이라는 고용형태가 근기법 6조의 사회적 신분에 해당한다는 주장은 더 나아가 살펴볼 필요 없이 받아들일 수 없다고 판시하였다.[613]

　　하급심에서 비정규직 근로자라는 고용형태가 사회적 신분에 해당하는지가 본격적으로 다투어진 사안에서도 대법원 2015. 10. 29. 선고 2013다1051 판결은 "근기법에서 말하는 차별적 처우란 본질적으로 같은 것을 다르게, 다른 것을 같게 취급하는 것을 말하며, 본질적으로 같지 않은 것을 다르게 취급하는 경우에는 차별 자체가 존재한다고 할 수 없다. 따라서 근기법에서 금지하는 차별적 처우에 해당하기 위해서는 우선 그 전제로서 차별을 받았다고 주장하는 사람과 그가 비교대상자로 지목하는 사람이 본질적으로 동일한 비교집단에 속해 있어야 한다."고 전제한 다음, 정부의 "공공부문 비정규직 종합대책에 따라 비정규직인 계약직에서 일반직으로 전환된 직원과 공개경쟁시험을 통해 일반직으로 임용되거나 정규직 내의 직렬 통합에 따라 일반직으로 자동 전환된 직원들 사이에는 임용경로에 차이가 있기 때문에 본질적으로 동일한 비교집단에 속한다고 볼 수 없어, 기간제근로자라는 고용형태가 근기법 6조의 사회적 신분에 해당하는지 여부까지 나아가 살필 필요 없이 근기법 6조의 차별금지조항에 위배되지 않는다고 봄이 타당하다."고 판시함으로써 여전히 고용형태가 사회적 신분인지 여부에 관한 판단을 유보하였다.[614]

---

613) 대법원 2020. 11. 26. 선고 2019다262193 판결도 같은 판단 구조를 취하고 있다. 즉, 각종 수당 등의 지급에 관하여 교육공무직 호봉제근로자를 일반직 공무원과 달리 처우한 것에 합리적 이유가 있다고 본 원심 판단이 정당한 이상, 호봉제근로자라는 고용형태가 근기법 6조의 사회적 신분에 해당한다는 주장은 더 나아가 살펴볼 필요 없이 받아들일 수 없다고 판시하였다.

614) 위 대법원 판결의 원심인 서울고법 2012. 12. 7. 선고 2012나39631 판결은 "비정규직 근로라는 고용형태 또는 이에 따른 채용경로는 근로계약상 그러한 지위는 변경할 수 없거나 계속적·고정적인 지위로 보기 어렵고, 근로자의 특정한 인격과 관련된 일신전속적인 표지라고 할 수도 없으므로, 근기법 6조에서 규정하는 사회적 신분에 포함된다고 보기 어렵다."고 판단하였다. 위 대법원 2013다1051 판결에 대하여는 '임용경로상의 차이'만으로 동일한 비교집단에 해당하지 않는다는 판단은 타당하지 않고, 정규직 전환 근로자들과 기존의 정규직 근로자들이 동종·유사 업무에 종사하는지가 우선적으로 판단되어야 한다고 비판하는 글로는 박다혜, 93면. 일반적으로 특정 사유를 이유로 한 차별적 처우가 있는지를 판단하기 위해서는 원고가 주장하는 사유가 차별적 처우가 금지된 특정 사유에 해당하는지를 가장 먼저 판단하여야 할 것인데 위 대법원 2013다1051 판결은 이를 판단하지 않아 판단순서가 전도되었고

이에 반하여 하급심에서는 고용형태가 '사회적 신분'에 포함되는지 여부에 관하여 명시적으로 판단하는 판결들이 늘고 있으나, 견해는 나뉘고 있다.

부정하는 견해를 취한 하급심 판결을 보면 다음과 같다. ① 서울행법 2010. 5. 14. 선고 2010구합2203 판결은 "사무직 근로자의 정년과 기술직 근로자의 정년이 3년의 차이가 나는 것을 들어 근기법 6조에 규정된 사회적 신분 등을 이유로 하는 차별이라고 할 수 없다."고 판단하였다.[615] ② 근무지역에 따라 임금을 차등 지급한 것이 문제된 사안에서 청주지법 2014. 11. 13. 선고 2014가합1338 판결은 "사회적 신분이란 사회에서 장기간 점하는 지위로서 일정한 사회적 평가를 수반하는 것을 의미하는 것인데, 서울지역이 아닌 청주지역에 근무한다는 것이 변경할 수 없거나 계속적·고정적인 성격을 가지는 지위라고 보기 어렵고, 근로자의 특정한 인격과 관련된 일신전속적인 표지라고 할 수도 없으므로, 이를 근기법 6조에서 규정하는 사회적 신분에 포함된다고 볼 수는 없다."고 판단하였다.[616] ③ 서울고법 2018. 5. 25. 선고 2017나2039724 판결은 "근기법 6조에서 차별의 근거로 들고 있는 항목 중 문언 자체가 비교적 명확한 개념인 성별, 국적, 신앙과 달리, 사회적 신분이라는 개념은 학계에서도 그 개념이 포섭하는 범위에 관하여 입장이 나뉘고 있는바, 근기법 6조 위반에 대하여서는 형사처벌을 전제로 한 벌칙조항이 있는 만큼 예측 가능성이 있도록 해석되어야 할 것이라는 점에서 근기법 6조에서 들고 있는 '사회적 신분'이라고 보려면, 같은 조항에서 차별의 근거로 들고 있는 다른 항목들과 대등하다고 할 수 있을 정도

비정규직과 같은 고용형태가 사회적 신분에 포함되는지에 대한 쟁점의 검토를 회피하였으며, 비교대상자의 해당 여부에 있어서도 동종·유사 업무에 종사하는지를 1차적으로 판단하여야 하고, 임용경로상의 차이가 고려된다고 하더라도 이는 그 차이 때문에 동종·유사 업무라고 볼 수 없는 한도 내에서만 반영될 수 있을 뿐이라는 심재진l, 84, 89~90면도 같은 취지이다. 한편, 김태현, 82~87면은 위 대법원 2013다1051 판결이 임용경로상의 차이만을 들어 처음부터 동일한 비교집단이 아니라고 본 것은 논리전개의 형식에서 다소 문제가 있지만, 무기계약직 등 고용형태가 설령 사회적 신분에 포섭된다고 하더라도, 현 단계에서 동종 유사 업무를 하는지 여부만을 기준으로 판단하여 그에 따른 처우를 같게 해야 한다고 볼 수는 없고, 해당 근로자의 기술(자격증, 학위, 습득된 경험 등에 의한 직무수행능력 등), 책임(업무에 내재한 의무의 성격, 범위, 복잡성, 사업주가 당해 직무에 의존하는 정도 등), 학력, 경력, 근속년수 등을 종합적으로 고려하여 차별적 처우 여부를 판단함이 상당하며, 이러한 측면에서 볼 때 판결의 결론이 잘못되었다고 단정할 수 없다고 한다.

615) 이에 대하여 원고가 서울고법 2010누18750호로 항소하였으나 2011. 2. 11. 항소기각되었고, 다시 대법원 2011두6301호로 상고하였으나 2011. 5. 13. 심리불속행 기각되어 위 항소심 판결이 확정되었다.

616) 위 판결은 항소되지 않아 2014. 12. 11. 확정되었다.

의 특성, 즉 쉽게 변경할 수 없다는 의미에서의 고정성이 전제되어야 할 것"이
라고 전제한 후 일반직업상담원이라는 원고들의 지위가 사회에서 쉽게 변경할
수 없는 고정적인 지위라거나 근로자의 특정한 인격과 관련된 표지로서 일정한
사회적 평가를 수반하는 것이라고 할 수 없어 사회적 신분이라고 볼 수 없다고
판단하였다.617)

　　반면, 고용형태 등이 '사회적 신분'에 포함된다는 견해를 취한 하급심 판결
은 다음과 같다.618) ① 서울남부지법 2016. 6. 10. 선고 2014가합3505 판결은, 계
약직에서 무기계약직(업무직, 연봉직)으로 전환된 근로자들이 정규직(일반직)과 실
질적으로 동일한 업무를 수행하는데도 회사가 정규직 근로자들에게만 주택수당,
가족수당, 식대 등을 지급하는 것은 근기법 6조를 위반한 차별에 해당한다고 주
장하며 그동안 미지급된 각종 수당의 지급을 청구한 사안에서, "직업뿐 아니라
사업장 내의 직종, 직위, 직급도 상당한 기간 점하는 지위로서 사회적 평가를
수반하거나 사업장 내에서 근로자 자신의 의사나 능력 발휘에 의해서 회피할
수 없는 사회적 분류에 해당하는 경우 이를 사회적 신분이라 할 수 있다."고 전
제한 다음, "원고들[업무직(상시계약직), 연봉직]과 일반직은 채용절차나 방법, 임
금체계, 보직의 부여 및 직급승진 가능성 등에서 차이가 있어 채용절차 단계부
터 각자의 직역이 결정되어 업무직이나 연봉직의 경우 자신의 의사나 능력과
상관없이 일반직처럼 보직을 부여받을 수도 없고 직급승진도 할 수 없는 구조
에서는 피고 회사의 업무직 또는 연봉직이라는 고용형태 내지 근로형태는 피고
회사 내에서 자신의 의사나 능력 발휘에 의해 회피할 수 없는 사회적 신분에
해당한다고 봄이 타당하다."고 판단하고, 피고 회사가 일반직에게 각종 수당을
지급하고 업무직인 원고들에게는 이를 지급하지 않기로 하는 내용의 업무직 보
수규정 부분과 원고들과의 근로계약 부분은 근기법 6조를 위반해 무효라고 판
단했다.619) ② 서울중앙지법 2018. 6. 14. 선고 2017가합507736 판결은, 국가기관

---

617) 위 판결은 상고되지 않아 2018. 6. 9. 확정되었다.
618) 고용형태 등이 '사회적 신분'에 포함된다고 판단한 하급심 판결들에 관하여, 이는 법원이
　　기간제법 8조 1항에 의해 차별적 처우의 시정을 구할 수 없는 무기계약직을 보호하려는 태
　　도를 취하면서 헌법 11조와 근기법 6조의 해석을 통한 법률적인 구제방안을 제시하여 법률
　　의 공백을 해결한 것으로 정당하다고 평가하는 견해로는 이상도, 109면.
619) 위 판결은 항소심인 서울고법 2016나2044835호 사건에서 당사자가 법원의 강제조정결정을
　　수용하여 확정되었다. 이원재, 106면에 의하면 조정내용은 노사 간에 비공개하기로 합의되었
　　다고 한다. 고용형태가 근기법 6조의 '사회적 신분'에 포함되지 않는다는 점을 전제로 위 판
　　결에 대하여 비판적인 견해를 취하는 글로는 김동욱c, 65면; 김태현 87~89면; 이광선a, 79면;

등에서 고용직 공무원으로 근무하다 일용직을 거쳐 무기계약 근로자로 근무하
고 있는 원고들이, 고용직 공무원을 거쳐 기능직 공무원이 된 사람들은 고용직
공무원 근무경력이 100% 호봉에 반영되고 있는데도 동일·동종 업무를 수행하
는 원고들에게는 고용직 공무원 근무경력을 호봉으로 반영하지 않는 것을 내용
으로 한 단체협약은 근기법 6조 등에 반해 무효라고 주장하며, 국가를 상대로
고용직 공무원 근무경력이 반영된 보수액과 기존에 지급된 보수액의 차액 상당
의 지급을 구한 사안에서, "근기법 6조의 사회적 신분이란 사회에서 장기간 점
하는 지위로서 일정한 사회적 평가, 특히 열등하다는 평가를 수반하는 것으로
보아야 하고, 사회적 신분에 고정성이나 일신전속적인 인격표지성 등을 요구하
는 경우 사실상 사회적 신분으로 인정될 수 있는 지위는 극소수일 것인데 이는
신분제도가 존재하지 않는 오늘날 굳이 사회적 요건을 더하여 신분에 의한 차
별을 금지하고 있는 헌법 11조의 정신에 반하므로 근기법 6조의 사회적 신분의
표지로서 고정성이나 인격표지성을 요구하는 것은 타당하지 않으며, 무기계약직
이라는 근로계약상의 지위 또는 고용의 형태가 우리 사회에 등장한지 10여년이
경과하였는데 우리 사회에서 일정 직업을 갖게 되는 경우 일정 기간 이를 점하
는 경우가 대부분이고 단기간 내에 이를 변경하는 것이 드문 것과 마찬가지로,
무기계약직이라는 지위는 직업 또는 근로와 결부되었다는 특수성으로 인하여
한번 취득하는 경우 사회에서 장기간 점하는 경우가 일반적이고, 정규직 근로자
에 비하여 더 낮은 대우나 보수를 받는 경우가 대부분이어서 정규직 근로자에
비하여 자격이나 능력이 열등하다는 평가가 해당 직장뿐 아니라 사회 전체적으
로 존재한다고 볼 수 있으므로 근기법 6조의 사회적 신분에 해당한다."고 보아
원고들의 청구를 인용하였다.620)

　　한편, 1심과 항소심의 판단이 엇갈린 사례를 보면, 서울중앙지법 2016. 9.

주완, 45면 등이 있다. 위 견해들은 근기법 6조의 사회적 신분에 고용형태가 포함되지 않는
다는 점을 전제로, 위 판결이 근기법 6조의 지나친 확장(확대) 해석으로 법적 안정성에 문제
를 초래한다는 점, 위 판결과 같은 해석을 하게 되면 직종이나 직급에 따른 근로조건의 차등
은 모두 근기법 6조 위반이 될 수 있는데 이는 기존 대법원 판례(대법원 1992. 2. 28. 선고 91
다30828 판결)에 부합하지 않으며, 단체협약을 통한 직종 간 근로조건 차이도 모두 무효라고
보게 되고 이는 협약자치 원칙에 대한 심대한 침해인 점 등을 근거로 한다. 반면, 심재진h,
141면은 위 판결에 대하여 법원이 무기계약직 근로자들을 법의 사각지대에 두지 않고 사회
적 신분을 적극적으로 해석하여 근기법의 균등대우조항이 적용될 수 있도록 한 것은 그 의
의가 상당히 크다고 평가하고 있으며, 같은 취지에서 김난희, 198면도 무기계약직 근로자의
차별금지 법리를 제시하는 타당한 판결이라고 한다.
620) 위 판결은 항소되지 않아 2018. 7. 4. 확정되었다.

22. 선고 2015가합528531 판결은, 고용노동부 고용안정센터에서 근무하는 사무원, 구인상담원, 훈련상담원 등 무기계약직인 원고들이 같은 무기계약직인 직업상담원들과 동종·유사한 업무를 담당하고 있음에도 원고들에게 상여금, 가족수당 등을 지급하지 않거나 현저히 낮은 액수만을 지급하는 것은 근기법 6조에 위반한다고 주장하며 주위적으로는 임금, 예비적으로는 불법행위로 인한 손해배상 또는 부당이득의 지급을 구한 사안에서, '근기법 6조의 사회적 신분이란 사회에서 장기간 점하는 저위로서 일정한 사회적 평가를 수반하는 것을 의미하는 것으로서, 원고들과 같은 사무원 등의 지위는 사업장 내에서 근로자 자신의 의사나 능력 발휘에 의하여 변경될 수 없는 계속적·고정적인 성격을 가지는 사회적 신분에 해당하기는 하지만, 원고들과 직업상담원이 동일한 비교집단이 아니며 위와 같은 상여금 등의 차등 지급이 합리적 이유 없는 차별적 처우에 해당한다고 보기도 어렵다'는 이유로 원고들의 청구를 배척하였다.[621] 위 판결에 대하여 원고들이 서울고법 2016나2070186호로 항소하였는데 항소심 법원은 2017. 11. 24. "사회적 신분이란 사회에서 장기간 점하는 지위로서 일정한 사회적 평가를 수반하는 것을 말하며, 이때 사회적 신분에는 선천적 신분뿐만 아니라 자기 의사에 의해서도 피할 수 없는 후천적 신분도 포함되고, 후천적으로 근로자가 상당 기간 동안 차지하고 있고 개인의 의사로 쉽게 변경할 수 없는 인격적 표지로서 소수자의 차별로 연결되기 쉬운 사회적 지위도 이에 포함된다고 해석함이 타당한데, 사무원 등 원고들의 지위는 동일한 고용형태인 무기계약직 내의 직종 중 하나일 뿐이지 쉽게 변경할 수 없는 고정적인 지위라거나 근로자의 특정한 인격과 관련된 표지라고 할 수 없으므로 사회적 신분의 범주에 포함된다고 볼 수 없다."고 판시하였다.[622]

---

621) 위 판결에 대한 평석으로는 심재진h, 116~121면 및 심재진k, 299~305면이 있다. 위 글은, 기간제법에서는 비교집단에 관한 법리와 '합리적 이유'에 관한 법리가 구별되며 전자가 후자의 선행 판단으로 명확하게 존재함에도 위 판결이 이를 구별하여 판단하지 않았다고 비판하면서, 예컨대 위 판결은 업무 내용과 범위, 자격기준, 평정절차, 승진체계의 유무 등에서 원고들과 비교대상자로 지목된 직업상담원이 서로 다르다고 보았으나, 비교대상자 집단인지 여부를 판단할 때는 업무의 동일·유사성을 고려하면 족할 뿐 채용이나 평정절차, 승진체계의 유무는 고려할 필요가 없으며, 채용절차 등의 요소가 결국 차별적 처우의 합리적 이유가 있는지를 판단함에 있어 고려되어 같은 결론에 이를 수도 있지만, 동일한 비교집단에 해당하지 않는다는 것과 합리적인 이유가 있어 차별적 처우가 정당화된다고 하는 것은 실제상으로는 전자의 경우 근기법 6조의 적용이 원천적으로 배제되나 후자의 경우 최소한 부분적으로는 합리적 이유가 인정되지 않는 근로조건의 차이가 있을 수 있다는 점에서 큰 차이가 있다고 지적한다.

(나) 대법원 2016다255941 전원합의체 판결

무기계약직 국도관리원 사건에서 대법원 2023. 9. 21. 선고 2016다255941 전원합의체 판결(다수의견)은 '개별 근로계약에 따른 (무기계약직 근로자로서의) 고용상 지위는 공무원과의 관계에서 근기법 6조가 정한 차별적 처우 사유인 사회적 신분에 해당한다고 볼 수 없고, 공무원은 그 근로자와의 관계에서 동일한 근로자 집단에 속한다고 보기 어려워 비교대상 집단이 될 수도 없다'라고 하면서 그 근거로 공무원의 경우 헌법이 정한 직업공무원 제도에 따라 국가 또는 지방자치단체와 공법상 신분관계를 형성하고 각종 법률상 의무를 부담하는 점, 공무원의 근무조건은 법령의 규율에 따라 정해지고 단체협약을 통해 근로조건 개선을 도모할 수 있는 대상이 아닌 점, 전보인사에 따른 공무원 보직 및 업무의 변경 가능성과 보수체계 등이 사법상 근로계약을 체결한 근로자와 다른 점 등을 들고 있다.

이와 같은 다수의견에 대하여는 ① '공공부문 무기계약직 근로자(공무직 근로자)의 지위는 근기법 6조의 사회적 신분에 해당하고, 같은 종류의 업무 또는 유사한 업무를 수행하는 공무원을 비교대상으로 삼아 차별적 처우 여부를 판단할 수 있으나, 이 사건에서 국가가 공무직 근로자들에게 각 수당과 출장여비를 지급하지 않은 데에는 이를 정당화할 만한 합리적 근거가 있으므로 국가의 불법행위로 인한 손해배상책임은 성립하기 어렵다'는 별개의견623)과 ② '공무직 근로자라는 고용상 지위는 자신의 의사나 능력 발휘에 의해 쉽게 회피할 수 없고 한번 취득하면 장기간 점하게 되는 성격을 지니는 점과 공무직 근로자에 대한 열악한 근로조건과 낮은 사회적 평가가 고착되고 있는 우리 사회의 현실에 비추어 보면 사회적 신분에 해당하고, 같은 사업장에서 본질적으로 같거나 유사

---

622) 이에 대하여 원고들이 다시 대법원 2017다293131호로 상고하였으나 2018. 3. 29. 심리불속행 기각되어 위 항소심 판결이 확정되었다. 위 항소심 판결에 대한 평석으로는 심재진n, 115~118면이 있다. 위 글에서는, 위 사건의 사용자는 채용자격, 채용절차, 평정 등에서 직업상담원과 사무원 등에 차이를 두어 고용형태를 달리하였고, 직장 내에서 상호전환이 불가능하였는데 이후 사무원 등을 직업상담원과 통합하였다 하여 사무원 등의 지위가 쉽게 변경 가능한 것은 아니며, 이는 사용자가 정상적인 인사과정에서는 통합이 요구되기 어려운 상황에서 비정규직 등에 대한 정책 자체를 변경하였기 때문에 가능하였던 것이고, 사무원 등과 직업상담원의 직군 통합이 가능하였던 것도 고용형태가 동일해서가 아니라 실제 업무가 유사하였기 때문이라는 점에서 항소심 판결이 이후 직군 통합을 근거로 사무원 등의 지위가 비고정적이어서 사회적 신분에 해당하지 않는다고 보았다면 본말이 전도된 판단이라고 비판한다.
623) 대법관 권영준의 별개의견.

한 업무를 수행하고 있는 공무원이 비교대상 근로자에 해당하며, 국가가 공무직 근로자들에게 문제된 수당 중 가족수당과 성과상여금을 지급하지 않은 데에는 합리적 이유가 있다고 할 수 없으므로, 가족수당과 성과상여금에 상당하는 손해를 배상할 책임이 있다'는 반대의견이 있다.[624]

(5) 검　　토

근기법 6조에서 규정한 사회적 신분에 선천적 신분뿐만 아니라 후천적 신분이 포함된다고 보더라도, 후천적 신분의 구체적인 의미, 즉 어떠한 지위·자격 등을 후천적 신분으로 볼 것인지에 대한 기준이나 개념적 징표를 정립할 필요가 있다.

우선 헌법학계의 논의를 보면, 앞서 본 바와 같이 후천적 신분설이나 헌법재판소는 사회적 신분을 '사회에서 장기간 점하는 지위로서 일정한 사회적 평가를 수반하는 것'이라고 보고 있으나, 이에 대하여는 후천적 신분설에 따를 경우 신분을 지나치게 넓은 의미로 해석하는 것이 되어 사회적 신분이 아닌 것이 거의 없게 되며,[625] 개인마다 사회적으로 점하는 지위와 사회적 평가가 다르기 때문에 모든 인간 사이의 차별대우는 필연적으로 사회적 신분에 의한 차별에 해당하여 사회적 신분은 고유한 의미를 갖지 못하는 공허한 개념에 불과하게 된다는 비판[626]이 있다. 앞서 본 '제한적 후천적 신분설', '역사적 차별신분설', '사회적 편견설'은 모두 후천적 신분의 범위가 지나치게 확대되지 않도록 어느 정도 제한적인 의미로 해석하려는 시도이고, 현재 헌법학계의 주류적 입장이라고 할 수 있다. 같은 문제의식에서 근기법 6조의 사회적 신분에 포함되는 후천적 신분의 범위에 관하여도 제한적 해석이 필요하다고 생각한다.[627] 특히 근기

---

624) 대법관 민유숙, 대법관 김선수, 대법관 노정희, 대법관 이흥구, 대법관 오경미의 반대의견. 위 반대의견에서 특별히 가족수당과 성과상여금을 불리한 처우로서 합리성을 인정하기 어렵다고 본 주된 이유는, 가족수당의 경우 공무원의 종류나 직급과 관계없이 오로지 배우자나 자녀 등 부양가족의 수에 따라 지급 여부 및 지급액이 결정되고, 둘째 자녀부터는 특별히 가산된 금액을 지급하는 등 저출산 극복 및 출산 장려의 목적도 반영되어 있는데, 이러한 정책적 목적이 공무원에게만 적용되고, 국가와 근로계약을 체결한 공무직 근로자에게는 적용되지 않는다고 볼 아무런 근거가 없으며, 성과상여금은 공무원의 근무의욕을 고취시킬 동기를 부여하기 위해 도입된 급여 항목인데, 공무원 외에 국가가 사용하는 근로자들에 대해서도 이러한 성과상여금의 정책적 목적을 적용하지 않을 이유가 없다는 것이다.

625) 권영성, 395면.

626) 한수웅, 596면.

627) 이에 대하여는, 개별 사건에서 문제되는 불리한 처우의 기준이 근기법 6조에 의해 규율될 수 있는 성질의 것인지 여부를 가리면 충분하다는 반론이 있다(조연민, 7면).

법 6조 위반의 경우에는 형사처벌을 전제로 한 벌칙규정이 있는 만큼 제한적
해석의 필요성이 더욱 크다고 할 수 있다. 따라서 근기법 6조의 '사회적 신분'
은 같은 조항에서 규정하고 있는 차별금지사유인 '성별', '국적', '신앙'과 대등
하다고 평가할 수 있을 정도의 특성, 즉 근로자의 인격이나 개인적 속성과 관련
된 표지, 즉 '인격표지성'과 자신의 의사로 쉽게 변경할 수 없다는 의미의 '고정
성'이 요구된다.

    다음으로, 고용형태가 사회적 신분에 포함되는지 여부는 근기법 6조에서
규정한 차별금지사유의 법적 성격을 둘러싼 논의와 관련되어 있다. 예시규정설
내지 사법적 예시규정설에 따를 경우에는 사회적 신분 개념에 포섭하지 않더라
도 고용형태를 이유로 한 차별을 근기법 6조 위반으로 규율할 수 있다(다만, 사
법적 예시규정설에 의하면 형사처벌의 대상은 되지 않는다). 따라서 위 논의는 열거규
정설에 따를 경우에 의미가 있다.

    고용형태는 기본적으로 '계약'에 의해 성립한다. 이것이 '신분'과 개념상 가
장 뚜렷이 구별되는 점이며, 역사적으로 볼 때도 신분제도를 타파하는 과정에서
출현한 것이 계약관계라 할 수 있다. 또한, 고용형태를 근로자의 인격이나 개인
적 속성과 관련된 표지라고는 하기 어렵다. 현대 사회에서 직업이 가지는 중요
성에 비추어 보면, 고용형태가 근로자의 '인격적 표지'와 반드시 무관하다고 단
정할 수는 없겠지만, 그렇다고 직업, 직종, 직무내용, 고용형태 등을 인격과 등
가에 놓는 것에는 선뜻 동의하기 어렵다. 고용형태는 해당 사업장에서 종사하는
동안 지속되고 해당 근로자가 독자적으로 이를 해소시킬 수 없다는 점[628]에서
'고정적'인 측면이 있으며, 근로자에게 '선택의 자유'와 '이탈의 자유'가 있다는
주장이 시민법적 관점에서 형식적으로 접근한 것이라는 비판은 충분히 수긍할
수 있지만, 이는 고용형태, 특히 무기계약직의 차별 문제를 정책적으로 내지는
입법을 통하여 해결하여야 한다는 근거를 역설하는 것이 될 수는 있을지언정
고용형태를 사회적 신분의 개념으로 포섭할 수 있는 근거가 되기에는 부족하다.
한편, 종래 고용형태가 사회적 신분에 포함되는지 여부는 주로 비정규직과 관련
하여 논의되었고, 2006. 12. 21. 기간제법 제정 및 파견법 개정을 통해 차별시정
제도가 도입됨으로써 어느 정도 일단락되었다. 그런데 기간제법이나 파견법은
비정규직 근로자에 대하여 차별적 처우를 한 사용자를 형사처벌하는 벌칙규정

---

    628) 박수근b, 271~272면.

은 두고 있지 않다. 이는 행정적·민사적 구제절차를 통하여 비정규직이라는 고용형태의 불합리한 차별을 시정하려는 입법자의 의사라고도 할 수 있다. 무기계약직에 대한 차별을 근기법 6조의 사회적 신분에 포섭하여 해결하는 것이 위와 같은 기간제법 및 파견법의 입법태도에 조응하는지도 의문이다. 결국 고용형태는 근기법 6조의 '사회적 신분'에 포함되지 않는다. 다만, 이 경우에도 앞서 본 바와 같이 일반적 균등대우원칙 위반, 그리고 공서양속 위반 또는 사용자의 배려의무 위반, 헌법상 평등권(11조 1항)의 대사인적 효력 등의 이론적 구성을 통해 차별행위에 대한 규제가 가능하므로, 무기계약직에 대한 차별이 크게 문제되는 현 상황에서 정책적 내지는 입법적 해결을 기다릴 것이 아니라 전향적인 이론 구성을 통해 이를 규율하는, 법원의 보다 적극적인 태도를 기대하였으나, 위 대법원 2016다255941 전원합의체 판결로 공공부문 무기계약직 근로자에 대한 차별의 문제를 해석론을 통해 해결하기는 어려워졌다고 볼 수 있다. 다만, 위 대법원 2016다255941 전원합의체 판결은 개별 근로계약에 따른 고용상 지위가 '공무원과의 관계에서' 사회적 신분에 해당하지 않는다고 판시하고 있으므로[629] 공무원이 비교대상자가 아닌 사건에서 고용상 지위가 사회적 신분에 해당하는지를 판단할 때에는 다수의견의 취지를 일반화할 수 없을 것이다.[630]

---

[629] 이러한 다수의견의 판시에 대하여 대법관 민유숙, 대법관 김선수, 대법관 노정희, 대법관 이흥구, 대법관 오경미의 반대의견은, '사회적 신분은 성별, 국적, 신앙 등과 같이 해당 근로자에 대한 차별적 처우를 하는 이유 내지 사유가 되는 것으로 차별을 주장하는 근로자가 가지는 속성이므로, 비교대상자가 누구인지에 따라 달라지는 상대적 개념이라고 할 수 없다'고 비판한다. 이와 관련하여 대법관 안철상, 대법관 노태악, 대법관 천대엽은, '사회적 신분과 비교대상성의 관계'에 대한 다수의견의 논거를 보충하면서, 다수의견은 근기법 6조의 사회적 신분 해당성과 이를 전제로 하는 비교대상성은 일률적으로 이를 긍정하거나 부정할 수 있는 성질의 것이 아님에 주목하여 구체적인 근로 영역과 개별 사안에서 당사자가 누구와 비교하여 어떠한 처우를 차별이라고 주장하는지를 살펴 근기법 6조의 사회적 신분의 의미와 그 비교대상성을 합리적으로 해석, 적용해야 한다고 본 것이며, 이러한 접근 방식을 통해 근기법 6조의 해석과 적용이 자칫 추상적인 담론이나 일반화의 오류로 빠지는 것을 막을 수 있다고 한다. 나아가 다수의견은 사회적 신분을 그 실체가 없는 상대적 개념으로 파악한 것이 아니라, 근로조건의 차별이 문제되는 구체적 영역과 상황에서 사회적 신분이 가지는 차별금지의 사유 내지 표지로서의 기능을 고려하여 사회적 신분 해당성을 종합적으로 판단하는 한편, 그 비교대상성도 아울러 판단한 것이라고 설명한다(다수의견에 대한 대법관 안철상, 대법관 노태악, 대법관 천대엽의 보충의견).

[630] 대법관 민유숙, 대법관 김선수, 대법관 노정희, 대법관 이흥구, 대법관 오경미의 반대의견.

5. 비정규직 근로자에 대한 차별

가. 개   관

2006. 12. 21. 제정된 기간제법과 같은 날 개정된 파견법은 비정규직 근로자보호를 위하여 차별적 처우 금지규정을 명문화하였다.[631] 즉, 기간제법 8조 1항은 "사용자는 기간제근로자임을 이유로 당해 사업 또는 사업장에서 동종 또는유사한 업무에 종사하는 기간의 정함이 없는 근로계약을 체결한 근로자에 비하여 차별적 처우를 하여서는 아니 된다.", 같은 조 2항은 "사용자는 단시간근로자임을 이유로 당해 사업 또는 사업장의 동종 또는 유사한 업무에 종사하는 통상근로자에 비하여 차별적 처우를 하여서는 아니 된다."고 규정하고, 파견법 21조 1항은 "파견사업주와 사용사업주는 파견근로자라는 이유로 사용사업주의 사업 내의 같은 종류의 업무 또는 유사한 업무를 수행하는 근로자에 비하여 파견근로자에게 차별적 처우를 하여서는 아니 된다."고 규정하고 있다.[632]

또한, 기간제법과 파견법은 위 제·개정을 통하여 차별금지규정의 실효성을확보하고자 노동위원회에 의한 '차별시정제도'를 도입하였다. 그리하여 기간제법 9조와 파견법 21조 2항은 비정규직 근로자가 차별적 처우를 받은 경우 노동위원회에 그 시정을 신청할 수 있다고 규정하고, 기간제법 10조 이하에서 시정절차에 관한 구체적인 내용을 규정하며, 파견법 21조 3항은 위 기간제법의 절차규정을 근로자파견에 준용하고 있다.

이후 기간제법과 파견법은 다음과 같은 몇 차례의 동시 개정을 통해 상당한 입법적 개선이 이루어졌다(이하 편의상 아래 각 개정법을 지칭하는 경우 기간제법과 파견법을 통틀어 ①의 개정을 '2012년 개정법', ②의 개정을 '2013년 개정법', ③의개정을 '2014년 개정법'이라 한다). ① 2012. 2. 1. 개정(2012. 8. 2. 시행)을 통해 고용노동부장관에 의한 차별적 처우 시정요구제도가 도입되었고(기간제법 15조의2, 파견

---

631) 비정규직 근로자에 대한 차별금지에 관한 비교법적 연구로는 박종희c, 1면 이하; 특히 비
    정규직 근로자 차별금지에 관한 영국에서의 판례 법리에 관하여는 이승욱c, 321~347면 참조.
632) 파견법은 1998. 2. 20. 제정 당시에는 21조에서 "파견사업주와 사용사업주는 파견근로자가
    사용사업주의 사업 내의 동일한 업무를 수행하는 동종근로자와 비교하여 부당하게 차별적
    처우를 받지 아니하도록 하여야 한다."는 내용의 노력규정만을 두었으나, 2006. 12. 21. 개정으
    로 21조 1항에서 "파견사업주와 사용사업주는 파견근로자임을 이유로 사용사업주의 사업 내
    의 동종 또는 유사한 업무를 수행하는 근로자에 비하여 파견근로자에게 차별적 처우를 하여
    서는 아니 된다."는 금지규정을 두었으며, 2019. 4. 30. 개정을 통해 현행 규정과 같이 일부 자
    구가 수정되었다.

법 21조의2), 차별시정 신청기간을 종래 3개월에서 6개월로 연장하였다(기간제법 9조 1항, 파견법 21조 3항). ② 2013. 3. 22. 개정(2013. 9. 23. 시행)을 통해 '차별적 처우' 개념을 구체화하였다. 위 2006. 12. 21. 제·개정 당시 기간제법 2조와 파견법 2조는 '차별적 처우'를 '임금 그 밖의 근로조건 등에 있어서 합리적인 이유 없이 불리하게 처우하는 것'으로 정의하였는데, 2013. 3. 22. 개정을 통해 '임금 그 밖의 근로조건' 부분을 '근기법 2조 1항 5호에 따른 임금, 정기상여금, 명절상여금 등 정기적으로 지급되는 상여금, 경영성과에 따른 성과금, 그 밖에 근로조건 및 복리후생 등에 관한 사항'으로 구체화하였다(기간제법 2조 3호, 파견법 2조 7호). ③ 2014. 3. 18. 개정(2014. 9. 19. 시행)을 통해 노동위원회의 시정명령 내용에 '취업규칙, 단체협약 등의 제도개선 명령'을 포함시켰고(기간제법 13조 2항, 파견법 21조 3항), 징벌적 성격의 배상명령이 가능하도록 근거규정을 마련하였으며(기간제법 13조 2항, 파견법 21조 3항), 확정된 시정명령의 효력확대제도를 도입하였다(기간제법 13조 2항, 파견법 21조 3항).

　　위와 같이 비정규직 근로자에 대한 차별적 처우의 금지와 시정에 관하여는 기간제법과 파견법이 우선 적용되고 근기법 6조는 보충적으로 적용될 뿐이지만, 헌법상 평등권과 근기법의 균등대우원칙에 관한 법 원리는 기간제법과 파견법 해석에 기초적 이념을 제공하고, 해석론의 근간을 이룬다.[633]

나. 차별적 처우의 금지

(1) 판단 구조

　　기간제법과 파견법의 규정에 따른 차별 판단은 어떤 구조 하에서 이루어지는지를 개괄적으로 제시하면 다음과 같다. 첫째,[634] 차별적 처우가 금지되는 영역은 '임금, 정기상여금, 명절상여금 등 정기적으로 지급되는 상여금, 경영성과에 따른 성과금, 그 밖에 근로조건 및 복리후생 등에 관한 사항'이다. 둘째, 비정규직 근로자에 대한 불리한 처우가 있었는지를 알기 위해서는, 불리한 처우의 비교대상인 '비교대상 근로자'가 존재해야 한다. 기간제근로자의 경우는 기간제법 8조 1항에서 '당해 사업 또는 사업장에서 동종 또는 유사한 업무에 종사하는 기간의 정함이 없는 근로계약을 체결한 근로자'를, 단시간근로자의 경우는 8조 2항에서 '당해 사업 또는 사업장의 동종 또는 유사한 업무에 종사하는 통상근로

---

633) 박수근a, 52면.
634) 실제 차별시정절차에서는 신청인적격과 제척기간 도과 여부 등에 관한 본안 전 판단이 선행한다.

자'를, 파견근로자의 경우는 파견법 21조 1항에서 '사용사업주의 사업 내의 같
은 종류의 업무 또는 유사한 업무를 수행하는 근로자'를 각 비교대상 근로자로
규정하고 있다. 셋째, 비정규직 근로자에게 비교대상 근로자와 비교하여 '불리
한 처우'가 있어야 한다. 불리한 처우란 사용자가 앞서 본 차별적 처우가 금지
되는 영역에서 비정규직 근로자와 비교대상 근로자를 다르게 처우함으로써 비
정규직 근로자에게 발생하는 불이익 전반을 의미한다.[635] 이는 합리성 심사 이
전의 단계에서 비교대상 근로자와의 비교를 통하여 객관적으로 나타난 불리한
처우 여부를 확정하는 것이다. 즉 불리한 처우를 정당화시키는 합리적 이유가
있는지 여부에 따라 비로소 차별적 처우가 확정되는 것이고, 불리한 처우란 합
리성 심사 이전의 단계에서 객관적으로 나타난 불리한 결과를 확정하는 것이
다.[636] 다만, 이 때 불리한 처우는 '기간제근로자임을 이유로 한' 것이어야 한
다. 즉, 기간제근로자가 비교대상 근로자보다 불리한 처우를 받았더라도 그것이
기간제근로자라는 사실과 '인과관계'가 인정되지 않는다면 합리적 이유의 존부
에 관하여 더 나아가 판단할 필요 없이 차별적 처우가 성립하지 않는다. 넷째,
불리한 처우에 '합리적 이유'가 없어야 한다. 합리적인 이유가 없는 경우란 비
정규직 근로자를 다르게 처우할 필요성이 인정되지 않거나, 다르게 처우할 필요
성이 인정되는 경우에도 그 방법·정도 등이 적정하지 않은 경우를 의미한
다.[637] 사용자가 비정규직 근로자를 불리하게 처우하는 것에 합리적인 이유가
있다면 이는 차별적 처우가 아니다. 다시 말하면 비정규직 근로자에 대한 불리
한 처우를 하는 것에 비정규직 근로자라는 이유를 제외한 또 다른 합리적 이유
가 존재하여야만 불리한 처우가 정당화될 수 있다. 이런 면에서 '합리적 이유'는
차별 판단 구조의 최종 단계이다.[638]

---

635) 대법원 2012. 3. 9. 선고 2011두2132 판결.
636) 박종희c, 13면.
637) 대법원 2012. 3. 9. 선고 2011두2132 판결.
638) 박종희c, 14면. 반면, 비정규직 근로자에 대한 차별 판단의 중심은 그 차별에 합리적 이유
가 있는지 여부가 되어야 할 것임에도 위와 같은 단계적, 직렬식 판단 구조를 취할 경우 특
히 신청인적격 등과 관련한 본안 전 판단과 비교대상 근로자 선정에 관한 요건이 지나치게
엄격하여 사건의 대부분이 위 두 단계를 통과하지 못하고 각하 또는 기각되는 등 구조적 한
계가 드러남을 지적하며, 차별시정제도의 실효성 확보를 위해 판단 구조를 차별시정의 영역
확정 단계와 차별시정의 판단 단계로 단순화하여 재정립하되, 그 중심에는 합리성 여부 판단
이 있어야 한다는 견해로는 김영택a, 2~5면.

(2) 차별적 처우의 금지영역

2006. 12. 21. 제·개정 당시 기간제법과 파견법은 차별적 처우가 금지되는 영역을 '임금 그 밖의 근로조건 등'이라고만 규정하고 있어 그 내용 및 범위에 관하여는 법원과 노동위원회의 해석에 맡겨져 있었고, 구체적으로 어디까지가 차별금지 및 시정대상의 범위인지에 관하여 견해의 대립 또한 상당하였다. 2013년 개정법은 위 금지영역을 각 목으로 나눠 임금, 상여금, 성과금, 그 밖에 근로조건 및 복리후생 등에 관한 사항으로 구체화·세분화하여 법률에 명시함으로써 위 각 영역에서의 비정규직 근로자에 대한 차별을 개선하였다.[639] 특히 현실적으로 가장 차별이 많이 발생하는 대상이 정기상여금과 성과금이라는 점을 고려하여 이를 차별금지 및 시정대상으로 명시한 것이 큰 특징이라고 할 수 있다.[640]

(개) **근기법 2조 1항 5호에 따른 임금**(기간제법 2조 3호 가목, 파견법 2조 7호 가목)

차별적 처우의 금지영역에 해당하는 임금은 근기법 2조 1항 5호에 따른 임금, 즉 '사용자가 근로의 대가로 근로자에게 임금, 봉급, 그 밖에 어떠한 명칭으로든지 지급하는 모든 금품'이다.

(내) **정기상여금, 명절상여금 등 정기적으로 지급되는 상여금**(기간제법 2조 3호 나목, 파견법 2조 7호 나목)

판례는 상여금이 계속적·정기적으로 지급되고 그 지급액이 확정되어 있다면 이는 근로의 대가로 지급되는 임금의 성질을 가지는 것이라고 보고 있으므로,[641] 이와 같은 경우는 가목에서 규정한 '임금'에도 해당하는 것으로 볼 수 있다.[642] 계속적·정기적으로 지급되지 않아 임금이라고 인정되기 어려운 상여금의 경우에도 아래 라목의 '그 밖에 근로조건 및 복리후생 등에 관한 사항'에 해당하여 비정규직 근로자들에게만 이를 미지급할 경우에는 차별적 처우에 해당한다고 볼 수 있다.[643]

---

639) 법제처 제공 개정이유 참조.
640) 김형배, 835면.
641) 대법원 2002. 10. 25. 선고 2000두9717 판결 등 다수.
642) 민변비정규직법, 284면. 이와 관련하여 2013년 개정법이 차별적 처우 금지영역을 각 목으로 나눠 규정한 형식에 대하여 비판하는 견해가 있다. 즉, 박종희h, 289면은, 가목과 나목 그리고 라목을 별개 항목으로 규정함에 따라 마치 나목의 상여금은 가목의 임금에 해당되지 않는 것처럼, 임금에 관한 판단이 점차 확대되어 가는 상황에서 라목의 복리후생적 급여가 마치 별도의 독립 영역으로 계속 남아 있을 수 있는 것처럼 비춰질 우려가 있음을 지적한다.

㈐ **경영성과에 따른 성과금**(기간제법 2조 3호 다목, 파견법 2조 7호 다목)

2013년 개정법 시행 이전에는 특별성과금이나 경영성과금 명목의 금품이 특히 일시적, 비정기적으로 지급되어 임금에 해당하지 않는 경우 차별적 처우 금지의 대상으로 볼 수 있는지가 문제되었으나,[644] 임금성이 부인되더라도 복리후생의 일환으로 '그 밖의 근로조건 등'에는 해당할 수 있으므로, 이를 정규직 근로자에게만 지급하고 비정규직 근로자에게는 지급하지 않거나 차등 지급하는 것은 차별로 보아야 한다는 견해가 다수였다.[645] 2013년 개정법 시행 이전의 대법원 2012. 1. 27. 선고 2009두13627 판결도 공공기관이 전년도 경영실적에 대한 정부의 평가 및 근로자 개인에 대한 내부평가에 따라 차등 지급하는 성과상여금을 기간제근로자에게만 미지급한 행위는 차별적 처우에 해당한다고 판단하였다.[646] 2013년 개정법은 이를 별도의 항목으로 규정하여 해석상 논란의 여지를 없앴다. 중앙노동위원회 2019. 7. 11.자 중앙2019차별9, 10 병합판정은 국민연금공단 각 실·국에 대한 경영평가에 따라 매년 차등하여 지급된 내부평가급은 다목에서 규정한 '경영성과에 따른 성과금'에 해당한다고 판단하였다.

㈑ **그 밖에 근로조건 및 복리후생 등에 관한 사항**

근로조건은 사용자와 근로자 사이의 근로관계에서 임금, 근로시간, 후생, 해고 기타 근로자의 대우에 관하여 정한 조건을 의미하고,[647] 근기법 93조 각 호(취

---

643) 서울고법 2010. 1. 13. 선고 2009누17614 판결. 다만, 위 판결에서는 문제된 성과상여금이 근로의 대가인 임금으로 지급된 것으로 볼 수 없고, 일회적으로 지급되었으므로 계속되는 차별적 처우라고 할 수 없는데 원고들이 그 지급일로부터 제척기간을 경과하여 노동위원회에 차별시정을 신청하였으므로, 이 부분 신청은 부적법하다고 판단하였다(원고들이 이 부분에 관하여는 상고하지 않아 위 판단 부분은 확정되었다).

644) 중앙노동위원회 2008. 11. 3.자 중앙2008차별23, 25 병합판정은 흑자경영 전환 원년이 기대되는 등의 사정에 따라 일시적·호의적으로 지급한 특별상여금은 차별금지영역에 해당하지 않는다고 판단하였다.

645) 근기법주해(초판) I , 379~380면; 박제성, 70면.

646) 다만, 위 대법원 2009두13627 판결에서는 문제된 성과상여금의 임금성 여부를 명시적으로 판단하고 있지는 아니하나, 해당 사건의 제 1 심인 서울행법 2008. 10. 24. 선고 2008구합6622 판결은 성과상여금이 보수규정상 보수의 한 항목으로 명시되어 있는 점, 비록 그 액수(지급율)가 해마다 경영실적평가 결과에 따라 달라지고 그 지급시기도 해마다 일정하지 않지만, 그 지급 자체는 법령 내지 관행에 따라 매년 계속적으로 이루어져 온 점, 내부규정상 실제 근무일수에 비례하여 지급되고, 그 지급은 실질적으로 보수보전(급여인상)의 효과를 가지는 점 등을 종합하여 임금에 해당한다고 보았다. 위 대법원 2009두13627 판결에 대한 평석인 이미선b, 706면에서는 문제된 성과상여금이 근로의 대가로서 임금에 해당하거나 적어도 근로조건에는 해당한다고 볼 수 있다고 설명한다.

647) 대법원 1992. 6. 23. 선고 91다19210 판결. 노동조합법 2조 5호는 노동쟁의를 '임금·근로시

업규칙의 작성·신고), 시행령 8조(명시하여야 할 근로조건) 1항 1호, 3호가 정한 사항이 모두 포함된다.[648] 특히, 사용자가 근로자에게 지급하는 금전적 급부 중에서 근로의 대가성이 인정되지 아니하여 근기법상 임금에는 해당하지 않는 금품도 근로관계에 기인하여 근로자에게 지급되는 급부에 해당한다면 라목에 포함된다.[649]

판례 및 노동위원회 판정례에서 인정된 사례들을 구체적으로 보면,[650] 근로계약기간,[651] 휴게시간의 유·무급 여부,[652] 유급휴일수당 및 시간외수당,[653] 해고,[654] 출·퇴근 등록방법,[655] 전적위로금,[656] 명절휴가비,[657] 통근비 내지 교통보조비 및 중식대 내지 정액급식비,[658] 가족수당,[659] 자녀학자금,[660] 정근수당 및 정근수당가산금,[661] 장기근속수당,[662] 직급보조비와 가계지원비,[663] 맞춤형

간·복지·해고 기타 대우 등 근로조건의 결정에 관한 주장의 불일치로 인하여 발생한 분쟁 상태'라고 정의하고 있는데 이에 착안한 판시로 보인다. 위 사건에서는 직제규정이 취업규칙에 해당하는지 여부가 다투어졌고, 대법원은 그중 별표 정원표는 근로자들의 적정한 운용과 배치를 위한 기준으로 삼기 위하여 각 부서별, 직급별로 배치할 정원의 기준을 정한 것으로서 근로조건에 해당하지 않는다고 판단하였다.

648) 대법원 1996. 2. 23. 선고 94누9177 판결, 서울행법 2015. 6. 23. 선고 2014구합21042 판결(2015. 7. 8. 확정), 서울고법 2017. 5. 17. 선고 2016누79078 판결(2017. 6. 10. 확정).

649) 민변비정규직법, 285면.

650) 다만, 사례로 든 금품 중 임금성이 인정되는 경우라면 가목의 임금에 해당하는 것으로 우선 판단할 수 있을 것이다.

651) 서울고법 2013. 5. 30. 선고 2012누37564 판결(2013. 6. 20. 확정). 기간제 교사에 대하여 정규직 교사와 달리 방학기간을 계약기간에서 제외하고, 방학기간에는 급여를 지급하지 아니한 것이 차별적 처우에 해당한다고 본 제 1 심 판결(서울행법 2012. 11. 13. 선고 2012구합16220 판결)의 이유를 그대로 인용하였다. 위 제 1 심 판결에 대한 평석으로는 강선희b, 401~413면.

652) 중앙노동위원회 2019. 5. 7.자 중앙2019차별3 판정.

653) 중앙노동위원회 2018. 6. 28.자 중앙2018차별12 판정.

654) 경기지방노동위원회 2012. 7. 31.자 경기2012차별3 판정은, 징계 및 해고에 관한 사항은 차별적 처우 금지영역에 해당하며, 동일한 내용 및 수회의 비위사실에 대하여 비교대상 근로자인 정규직 근로자의 경우는 감봉 3월의 처분에 그치고, 기간제근로자에게는 가장 중한 해고 처분을 한 것은 그 차이가 과도하여 합리적 이유가 없다고 판단하였다.

655) 위 서울행법 2014구합21042 판결은 "출·퇴근 등록방법은 사용자가 근로자의 근태정보를 확인하거나 관리하기 위한 수단으로서 인사고과, 근태, 징계, 포상 등 근로자의 대우에 영향을 미칠 수 있으므로, 차별적 처우의 금지영역에 속하는 근로조건에 해당한다."고 판단하였다.

656) 서울행법 2012. 1. 12. 선고 2011구합8734 판결(2012. 2. 9. 확정). 회사가 사업을 제 3 자에게 양도하면서 소속 근로자들의 전적에 대한 위로금 명목으로 지급한 전적위로금은 근로관계의 변동과 관련하여 지급된 급부로서 차별적 처우 금지영역에 해당한다고 본 판결이다.

657) 서울고법 2016. 10. 21. 선고 2016누30189 판결(2016. 12. 9. 확정).

658) 대법원 2012. 3. 29. 선고 2011두2132 판결, 대법원 2012. 10. 25. 선고 2011두7045 판결, 대법원 2014. 11. 27. 선고 2011두5391 판결.

659) 대법원 2014. 11. 27. 선고 2011두5391 판결.

660) 중앙노동위원회 2010. 3. 8.자 중앙2010차별1, 2 병합판정.

661) 대법원 2014. 11. 27. 선고 2011두6592 판결.

662) 대법원 2014. 9. 24. 선고 2012두2207 판결.

복지비,664) 군복무 경력665) 등이 있고, 그 외 근로시간, 휴일, 휴가, 교육훈련, 배치전환, 산업안전, 재해보상, 보건 등 근로관계와 연관성을 갖는 제반 '개별적 권리에 관한 사항'과 단결권의 행사나 노동조합 활동 또는 노사협의회 활동 등 널리 '집단적 권리에 관한 사항'이 모두 포함된다.666)

　　노동위원회 판정례 중에는 단체협약·취업규칙 또는 근로계약 등에 근로조건으로 규정되어 있지 않다면 차별적 처우 금지영역에 해당하지 않는 것으로 판단한 경우가 있다.667) 그러나 비정규직법의 목적과 취지상, 원칙적으로 근로관계에서 발생하는 불리한 처우는 단체협약이나 취업규칙, 근로계약에 명기되어 있는지를 불문하고 폭넓게 차별적 처우 금지영역에 포함되는 것으로 해석함이 타당하다.668) 또한, 노동위원회는 복리후생적 급여 중 사내근로복지기금법에 따

---

663) 대법원 2014. 11. 27. 선고 2011두6592 판결.

664) 서울고법 2017. 6. 9. 선고 2016누51667 판결(상고심인 대법원 2017. 10. 16.자 2017두50751 심리불속행 기각 판결로 확정되었다). 맞춤형 복지제도 또는 선택적 복지제도는 근로자가 여러 가지 복지항목 중에서 근로자 자신의 선호와 필요에 따라 자율적으로 선택하여 복지혜택을 받는 제도로서, 선택의 한도를 정하는 방법으로 포인트 방식을 사용하기에 '복지포인트'라 불린다(김홍영c, 379면). 즉, 노사간 합의 내지 회사의 결정 등에 의해 포인트에 대응한 화폐가치(예컨대 1포인트당 1,000원)를 정하고, 통상 연 단위로 책정한 일정 복지포인트를 근로자에게 배정하여 근로자가 근로복지의 목적 및 사용범위를 고려해 특정한 사용처 내에서 물건을 구매하거나 서비스를 이용하는 형태로 편익을 얻도록 한 후 이를 사용자가 사후에 승인, 결제하는 형태로 운영된다. 그 법률상 근거는 근로복지기본법 81조, 82조에서 찾을 수 있다(최홍기, 338면). 복지포인트의 통상임금성이 문제된 사안에서 대법원 2019. 8. 22. 선고 2016다48785 전원합의체 판결은 복지포인트는 임금에 해당하지 않고, 그 결과 통상임금에도 해당하지 않는다고 판단하였다.

665) 중앙노동위원회 2018. 9. 6.자 중앙2018차별21 판정은 '군복무 경력은 그 자체가 임금에 해당한다고 볼 수는 없으나, 군복무기간 12개월을 1호봉으로 인정하여 호봉에 산입함으로써 임금에 영향을 미치므로 기간제법 2조 3호 라목(그 밖의 근로조건 등에 관한 사항)의 차별금지영역에 해당된다'고 판단하였다.

666) 박제성, 75면. 다만, 대법원 2003. 7. 25. 선고 2001두4818 판결은 근로조건 이외의 사항인 근무시간 중 조합활동, 조합전임자, 시설 편의제공, 출장취급 등을 노동조합법상 중재재정의 대상으로 할 수 없다고 판단한 바 있다.

667) 위 중앙노동위원회 2008. 11. 3.자 중앙2008차별23, 25 병합판정은, 특별상여금이 차별적 처우 금지영역에 해당하지 않는 근거 중 하나로 취업규칙 또는 근로계약 등에 그 지급에 관한 근거규정이 없다는 점을 들고 있다. 한편, 중앙노동위원회 2018. 6. 28.자 2018차별12 판정은, 전보·승진·승급·교대제근무는 근기법, 취업규칙 등에서 정하고 있는 근로조건에 해당하지 않으므로 차별적 처우 금지영역에 해당하는 근로조건이라 보기 어렵다고 판단하였다.

668) 근기법주해(초판) I, 380면; 민변비정규직법, 286면. 위 중앙노동위원회 2008. 11. 3.자 중앙2008차별23, 25 병합판정에 대하여 박주영, 233면에서도 근로대가적 급부와 은혜적·시혜적 급부라는 개념을 차별시정대상 유무를 판단하는 기준으로 삼는 것은 적절하지 않다고 비판하고 있다. 같은 취지에서 위 서울행법 2012. 1. 12. 선고 2011구합8734 판결은 "기간제법은 기간제 또는 단시간근로자임을 이유로 임금 그 밖의 근로조건 등에 있어서 차별적 처우를 하는 것을 금지하고 있으므로, 차별적 처우 금지영역은 근로제공과 직접적 관계가 없더라도

라 설립된 사내근로복지기금에서 지급되는 금원에 대하여는 차별적 처우 금지
영역에 포함되지 않는다고 보고 있는데,[669] 이에 대하여는 실질적으로는 사내근
로복지기금이 사용자가 출연하는 금원으로 운영됨에도 형식적으로만 별개의 법
인격에 해당한다는 이유로 차별적 처우 금지영역에서 제외한다면 사용자가 사
내근로복지기금을 이용하여 사실상 합법적으로 비정규직 근로자를 차별할 수
있게 되어 차별금지제도의 도입취지 및 기간제법의 입법목적을 달성하기 어렵
다는 비판이 있다.[670]

또한, 각종 복리후생과 관련하여 통근차량 이용, 작업복 지급, 직원식당 이
용, 식권 지급, 샤워실·탈의실 이용, 보육원·유치원 등 사업장 내 육아·교육
시설 이용 등에서 차별을 하여서는 아니 된다. 비정규직 근로자는 정규직 근로
자와 같은 복리후생 시설을 사용할 수 있어야 한다. 비정규직 근로자가 사용하
는 시설과 정규직 근로자가 사용하는 시설을 분리하는 것도 차별이다.[671]

한편, 중앙노동위원회의 판정례 중에는 시간강사에게 연구실을 제공하는
것[672]과 도서관 이용 시 대출 권수와 기간을 늘려주는 것[673]은 사용자의 편의제
공 차원 문제이지 근로조건 등에 해당하지 않는 것으로 판단한 것이 있으나, 사
용자의 편의제공이나 재량적 판단에 따른 조치를 포함해서 근로제공과 관련한
제반 조건 모두가 차별금지의 대상인 '그 밖의 근로조건 등'에 해당하는 것으로
보아야 한다.[674]

근로관계에 기인하여 근로자에게 지급되는 모든 급부를 포괄한다고 할 것인바, 성과급, 경조
금, 위로금 등 그 명칭의 여하에 불구하고 지급규정 없이 특별한 시기 또는 특별한 사정에
의하여 임의적으로 근로자 전체에게 일률적으로 정액 및 정률로 지급하는 금품이라 하더라
도, 그것이 임금이 아니라는 이유만으로 차별적 지급이 허용되는 것은 아니라고 할 것이어서
기간제 또는 단시간근로자임을 이유로 그 지급대상에서 배제하거나 지급내용에 있어 달리
취급하는 것은 기간제법이 금지하는 차별에 해당한다."고 판시하였다.

669) 중앙노동위원회 2009. 7. 15. 중앙2009차별6 판정은, 미취학자녀교육비 및 장애인자녀 생활
보조비는, 사내근로복지기금법에 따라 사용자와는 별도로 설립된 법인에서 운영하는 사내근
로복지기금에서 지급되고 있으며, 위 기금은 근로자와 사용자 위원으로 공동 구성되는 사내
근로복지기금협의회의 결정에 의하여 운영되며 사용자가 전적으로 좌우하는 것이 아니므로,
차별적 처우 금지영역에 포함되지 아니한다고 판단하였다.

670) 박종희f, 83면. 국가인권위원회 2011. 4. 25.자 10진정0572700 결정에서는 기간의 정함이 없
는 근로자로 전환된 근로자를 사내근로복지기금의 적용대상에서 제외한 것은 국가인권위원
회법 2조 4호에서 규정한 평등권 침해의 차별행위라고 판단한 바 있다.

671) 박제성, 75면.

672) 중앙노동위원회 2008. 4. 14.자 중앙2008차별7 판정.

673) 중앙노동위원회 2008. 4. 30.자 중앙2008차별8 판정.

674) 윤기택·한경식, 361~362면; '그 밖의 근로조건 등'이라는 표현은 열린 표현이기 때문에 한
정할 수 없고, 한정할 필요도 없다는 견해도 같은 취지이다(박제성, 73면).

㈐ 관련 문제

① 법률위반의 경우   고용노동부는, 근기법 및 사회보장법령에서 사용자에게 이행의무를 부과한 영역, 예컨대 4대보험 가입, 연장·야간·휴일근로에 대한 가산임금 지급, 연차 유급휴가 부여 등의 의무를 사용자가 비정규직 근로자라는 이유로 이행하지 않을 경우 이는 차별의 문제에 앞서 해당 법 위반의 문제라고 설명하였고,[675] 학설도 대체로 이러한 입장을 긍정하였다.[676]

그런데 서울고법 2017. 5. 17. 선고 2016누79078 판결[677]은, 이미 법에 의하여 사용자에게 그 지급의무가 부과된 연차유급휴가수당을 파견근로자에게 미지급한 것이 다투어진 사안에서, 파견법이 차별적 처우에 관하여 법에 정해진 의무를 위반한 차별과 법에 정해진 의무를 위반하지 아니한 차별을 구분하고 있지는 않고, 법에 정해진 의무를 위반한 차별적 처우도 얼마든지 있을 수 있는 점, 파견법의 차별적 처우의 개념을 축소하여 해석하는 것은 타당하지 아니한 점, 차별적 처우에 대한 파견법에 따른 시정과 법 위반에 대한 민법상 구제는 그 절차와 내용에 차이가 있으므로 법 위반이면서 차별적 처우에 해당하는 경우에도 파견법 규정을 적용함으로써 차별적 처우를 방지할 필요성이 큰 점 등을 근거로 법에 정해진 의무를 위반한 것도 차별적 처우 금지영역에 해당한다고 판단하였다. 비정규직 근로자를 보호하고, 차별시정의 실효성을 제고한다는 점에서는 판례의 태도가 더 긍정적이다.

② 파견근로자에 대한 차별적 처우 금지영역의 범위[678]   종래 노동위원회 판정례 중에는 파견근로자에 대한 차별적 처우 금지영역을 파견근로자가 파견사업주로부터 지급받은 임금과 파견근로자로서의 근로제공 및 사용사업주의 사업장에의 편입에 따라 형성되는 근로조건으로 한정하여 해석한 경우가 있었고,[679] 이에 관하여는 기간제법과 파견법상 차별적 처우 금지영역을 동일하게

---

675) 고용노동부f, 34면. 같은 입장에서 중앙노동위원회 2013. 6. 10.자 중앙2013차별8 판정은 연차·월차 등 법정연차휴가 부여 등의 문제는 근기법 위반에 관한 사항이므로 차별시정절차에 의해서 구제될 성질의 것은 아니라고 판단하였다.

676) 박종희 외 4명, 132면; 이승욱, 420면; 근기법주해(초판)Ⅰ, 381면.

677) 위 판결은, 고용노동부의 입장과 동일하게 본 제 1 심(서울행법 2016. 11. 18. 선고 2015구합 70416 판결)의 판단 부분을 파기하였고, 2017. 6. 10. 확정되었다.

678) 이는 파견근로자가 차별시정을 신청하는 경우 파견사업주와 사용사업주 중 누구를 피신청인으로 할 것인지, 노동위원회는 누구를 대상으로 시정명령을 발하여야 하는지에 관한 논의와 맥을 같이하는데, 이에 관하여는 '신청의 상대방(피신청인적격)' 부분에서 후술한다.

679) 전남지방노동위원회 2009. 2. 9.자 전남2008차별3 판정은 2013. 3. 22. 개정되기 전의 구 파견

규정하고 있음에도 달리 해석할 이유가 없다는 점 등을 근거로 반대하는 견
해680)와 양자의 범위를 동일하게 볼 경우 파견제도의 합법성을 부인하는 것과
다를 바 없는 결과가 된다는 점 등을 근거로 찬성하는 견해681)가 있었다. 그러
나 최근 노동위원회 판정례는 일관되게 파견법 2조 7호의 규정 내용만을 기준
으로 차별적 처우 금지영역의 해당 여부를 판단하고 있다.682)

(3) 비교대상 근로자

㈎ 비교대상 근로자 선정의 의미 및 필요성

차별적 처우는 개념 자체에서 다른 누군가와 비교할 것을 전제한다. 따라서
비정규직 근로자에 대하여 차별이 이루어졌는지를 판단하기 위해서는 이들과
비교할 수 있는 다른 대상이 존재하여야 한다. 기간제법은 기간제근로자의 경우
는 '당해 사업 또는 사업장에서 동종 또는 유사한 업무에 종사하는 기간의 정함
이 없는 근로계약을 체결한 근로자'(기간제법 8조 1항)를, 단시간근로자의 경우는
'당해 사업 또는 사업장의 동종 또는 유사한 업무에 종사하는 통상근로자'(이하
'통상근로자'라 한다)(기간제법 8조 2항)를 각 비교대상 근로자로 정하고 있고, 파견
법은 '사용사업주의 사업 내의 근로자'(이하 '사용사업근로자'라 한다)(파견법 21조 1
항)를 비교대상 근로자로 정하고 있다.

기간제법 9조 2항은 기간제근로자 또는 단시간근로자가 차별시정 신청을

법 2조 7호에서 규정한 '임금 그 밖의 근로조건 등'의 의미에 관하여 파견근로자가 파견사업
주로부터 지급받은 임금과 파견근로자로서의 근로제공 및 사용사업주의 사업장에의 편입에
따라 형성되는 근로조건에 대해서만 차별적 처우가 금지되는 영역이라는 일반론을 설시한
후, 기본급, 시간외근로수당 등의 계산기준이 되는 통상임금, 월차휴가미사용수당, 정기적으
로 지급되는 상여금, 안전수당 등은 그 성격상 파견근로자가 파견사업주로부터 지급받은 임
금 및 파견근로자로서의 근로제공에 따라 형성되는 근로조건으로 보아 '임금 그 밖의 근로조
건 등'에 해당되나, 직접 고용한 신분에 기하여 비교대상 근로자들에게 지급하고 있거나 적
용하는 정년 규정, 가족수당, 근속수당, 유급일, 유급휴가 및 경조금, 교육비보조, 체력단련비,
교통비, 성과배분 및 생산장려금은 그 성격상 파견근로자로서의 근로제공 및 사용사업주의
사업장에의 편입에 따라 형성되는 근로조건은 아니라 할 것이므로 '임금 그 밖의 근로조건
등'에 해당되지 않는다고 판단하였다. 중앙노동위원회 2013. 6. 10.자 중앙2013차별7, 9 병합판
정도 같은 내용의 일반론을 설시한 후, 통신비, 체력단련비, 명절수당, 근로자의 날 수당, 하
계휴가비 및 유급 하계휴가는 그 성격상 파견근로자가 파견사업주로부터 지급받은 임금과
파견근로자로서의 근로제공 및 사용사업주의 사업장에의 편입에 따라 형성되는 근로조건 등
으로 보이므로 차별적 처우 금지영역에 해당된다고 판단하였다.

680) 조상균b, 230~235면.
681) 박종희e, 67~68면.
682) 중앙노동위원회 2016. 1. 7.자 중앙2015차별26, 27 병합판정, 중앙노동위원회 2017. 2. 13.자
중앙2016차별21, 22 병합판정에서는 위와 같은 일반론을 설시하지 아니하고, 파견법 2조 7호
의 규정내용에 비추어 차별적 처우의 금지영역에 해당하는지 여부를 판단하고 있다.

648   제 1 장 총   칙

하는 때에는 차별적 처우의 내용을 구체적으로 명시하여야 한다고 정하고 있으
며, 파견법 21조 3항에서 이를 준용하고 있다. 위 법문상 차별시정 신청 시 비
교대상 근로자를 특정할 것을 요구하고 있지는 아니하나, 차별적 처우의 내용을
구체적으로 명시하기 위해서는 개념적으로 비교대상을 전제하게 된다. 차별시정
신청인이 관할 노동위원회에 제출하는 '차별적 처우 시정 신청서'에는 신청이유
란에 차별적 처우의 내용과 함께 '잠정적 비교대상자'를 기재하도록 되어 있
다.683) 다만, 판례는 비교대상 근로자가 실제로 근무하고 있을 필요는 없고, 직
제에 존재함으로써 족하다는 입장을 취하고 있다.684)

　　노동위원회 실무상 차별시정을 신청하는 비정규직 근로자는 단일한 비교대
상 근로자는 물론 복수의 비교대상 근로자를 선택적으로 또는 주위적(1차적)
및 예비적(2차적)으로 지정할 수 있다. 또한 신청인은 초심 단계에서 선택하지
않았던 비교대상 근로자를 재심 단계에서 예비적으로 선택·추가하는 것도 가능
하다.685) 중앙노동위원회 재심판정의 취소를 구하는 행정소송에서 새로이 비교
대상 근로자를 추가할 수 있는지 여부에 관하여, 서울고법 2012. 12. 14. 선고
2011누45704 판결은, 위 행정소송의 소송물은 재심판정의 적법 여부이고, 중앙
노동위원회가 판단의 대상으로 삼지 않은 부분은 심판의 대상으로 삼을 수 없
으므로, 중앙노동위원회에서 비교대상 근로자로 삼지 아니한 근로자를 행정소송
의 단계에서 새롭게 지정하여 중앙노동위원회의 재심판정이 위법하다고 주장할
수 없다고 판단하였으나,686) 기본적 사실관계가 동일하고 재심 단계에서 충분한

---

　　683) 노위규칙 100조, 별지 35호 서식 참조(기간제법 9조 3항은 시정신청의 절차·방법 등에 관
한 사항은 중앙노동위원회가 따로 정한다고 규정하고 있고, 이에 따라 노위규칙은 6장에서
비정규직 차별시정절차에 관한 상세한 규정을 두고 있다).
　　684) 대법원 2019. 9. 26. 선고 2016두47857 판결, 대법원 2019. 9. 26. 선고 2016두51078 판결. 이
와 관련하여, 어떤 업무를 수행하는지와는 전혀 상관없이 고용형태의 차이만을 이유로 차별
하는 경우라면 굳이 동종·유사한 업무에 종사하는 비교대상 근로자를 선정할 필요 없이 정
규직 그룹 전체를 비교대상자로 제시하여도 무방할 것(예컨대 직급이나 직위에 관계없이 일
률적으로 지급하는 금품 등을 비정규직에게만 지급하지 않거나 불리하게 지급하는 경우, 업
무와 관계없이 부양가족이 존재한다는 사정만으로 지급되는 가족수당이나 근무기간·직급 등
과 관계없이 일률적으로 배정되는 복지포인트 등)이라는 견해가 있다(박종희h, 291면).
　　685) 중앙노동위원회a, 56면. 중앙노동위원회 2008. 4. 14.자 중앙2008차별7 판정, 중앙노동위원회
2008. 4. 29.자 중앙2008차별14 판정에서 신청인들은 재심에서 강의초빙교수를 예비적인 비교
대상 근로자로 추가하였고, 중앙노동위원회는 이를 허용하였다. 중앙노동위원회 2008. 4. 30.자
중앙2008차별8 판정에서도 신청인들이 초빙교수와 강의전담교수를 재심에서 예비적 비교대
상 근로자로 추가한 것이 허용되었다. 판례도 중앙노동위원회의 재심 단계에서 비교대상 근
로자의 추가가 허용된다고 본다[서울고법 2017. 6. 9. 선고 2016누51667 판결(상고심인 대법원
2017. 10. 16.자 2017두50751 심리불속행 기각 판결로 확정되었다)].

조사, 심리가 이루어진 경우에는 행정소송 단계에서도 비교대상 근로자의 추가가 가능하다는 반론의 여지가 있다.[687] 한편, 신청인이 주장하지 않는 비교대상 근로자를 노동위원회가 직권으로 조사·판단해야 할 의무가 있는지에 관하여, 판례는 그와 같은 의무까지 부담하는 것은 아니라고 한다.[688]

　　비교대상 근로자는 차별적 처우 여부를 판단하는 비교의 기준이자 시정명령의 내용을 정하는 기준이 되기 때문에 비교대상 근로자의 존재 여부에 대한 판단은 차별심사의 가장 기초적인 단계이다.[689] 그러나 한편으로 유의할 점은 비교대상 근로자를 어떻게 정하느냐, 동종 또는 유사한 업무에 대한 판단을 어떻게 하느냐에 따라 그 대상 간 차이가 있다는 이유로 비교조차 허용되지 않을 수 있다는 것이다. 즉, 비교대상 근로자의 요건을 엄격하게 보게 되면, 차별심사의 중심이라 할 수 있는 불리한 처우나 합리적 이유의 존부 판단에까지 나아가지 못하고 차별시정 신청이 기각되어 결국 차별시정제도를 통한 근로자 구제가 미흡해지는 결과를 초래한다.[690] 이러한 문제의식에서 비교대상 근로자의 선정은 비정규직 근로자의 차별을 시정하기 위한 부수적, 도구적 역할로 충분하다는 견해,[691] 비교대상 근로자는 보다 넓게 인정될 것이 필요하다는 견해,[692] 비교

---

686) 위 판결은 상고심인 대법원 2014. 12. 24. 선고 2013두2525 판결로 확정되었다. 다만, 근로자들인 원고들이 이 부분에 관하여는 상고를 제기하지 아니하여 상고심의 판단대상에서 제외되었다.

687) 위 서울고법 2011누45704 판결과 같은 취지로 판단한 서울고법 2019. 9. 4. 선고 2018누70815 판결에 대하여 상고심인 대법원 2023. 11. 30. 선고 2019두53952 판결은 해당 사건의 사실관계에 비추어 중앙노동위원회가 당초 재심판정에서 비교대상으로 삼은 근로자를 변경하지 않는 범위 내에서 행정소송에서 업무의 동종·유사성이 인정되는 정규직을 구체적으로 특정한 것에 불과하므로, 중앙노동위원회가 행정소송 단계에서 새롭게 비교대상 근로자를 추가·변경하였음을 전제로 한 원심 판단에는 법리오해 내지 심리미진 등의 잘못이 있다고 보아 원심판결을 파기환송하였다.

688) 서울행법 2011. 11. 17. 선고 2010구합32822 판결. 항소심인 위 서울고법 2011누45704 판결에서는 제1심의 이 부분 판단을 그대로 인용하였고, 상고심인 위 대법원 2013두2525 판결로 확정되었다.

689) 중앙노동위원회b, 47면.

690) 대법원은 2023. 11. 30. 선고 2019두53952 판결에서 '비교대상 근로자의 선정은 차별적 처우가 합리적인지를 판단하기 위한 전제가 되는데, 이 단계를 실체적으로나 절차적으로나 지나치게 엄격하게 보면 차별 여부에 대한 실체 판단에 나아갈 수 없게 되어 차별시정제도를 통한 근로자 구제가 미흡하게 될 우려'가 있음을 지적한 다음, "노동위원회 차별시정제도의 취지와 직권주의적 특성, 비교대상성 판단의 성격 등을 고려하면, 노동위원회는 신청인이 주장한 비교대상 근로자와 동일성이 인정되는 범위 내에서 조사, 심리를 거쳐 적합한 근로자를 비교대상 근로자로 선정할 수 있다."라고 판시하였다.

691) 김영택a, 21~22면.

692) 조상균c, 12면.

대상 근로자로 인정하는 기준은 가급적 완화하여 판단하는 것이 필요하다는 견해[693] 등이 제기되고 있다.[694] 차별 판단을 위한 비교대상 근로자의 선정 자체를 불필요하다고 할 수는 없으나, 구체적인 선정에 있어서는 차별시정제도의 실효성 확보를 위해 위와 같은 견해들을 충분히 고려할 필요가 있다.

(나) 기간제근로자의 비교대상 근로자

기간제근로자의 비교대상 근로자는 '당해 사업 또는 사업장'에서 '동종 또는 유사한 업무에 종사'하는 '기간의 정함이 없는 근로계약을 체결한 근로자'(기간제법 8조 1항)이다.

① 기간의 정함이 없는 근로계약을 체결한 근로자   기간제근로자의 비교대상 근로자는 '기간의 정함이 없는 근로계약을 체결한 근로자'이면 족하므로, 채용 당시부터 기간의 정함이 없는 근로계약을 체결한 정규직 근로자는 물론, 채용 당시에는 기간의 정함이 있는 근로계약을 체결하였다가 기간제법 시행 후 기간의 정함이 없는 근로계약을 체결한 것으로 간주되거나 전환된 이른바 무기계약직도 이에 해당한다.

한편, 공무원도 기간제근로자의 비교대상 근로자로 선정할 수 있는지 여부에 관하여 학설과 실무상 논란이 있으나,[695] 대법원 2014. 11. 27. 선고 2011두5391 판결은 '공무원은 인사와 복무, 보수 등에서 국가공무원법 및 공무원보수

---

693) 박종희h, 291면.

694) 법문에 따라 '업무의 동종·유사성'을 필수적 판단요소로 보는 노동위원회와 법원의 태도를 고려할 때, 해석론 차원에서 그에 따른 문제(협소한 구제신청 가능성)를 극복하기는 어려운 한계가 있으므로, 입법론적으로 위 요건을 유지할지 적극적으로 재검토할 필요가 있다는 견해로는 강현주, 2~3면.

695) 학계에서는 공무원과 비정규직 근로자의 근로조건 결정방식은 그 기초를 달리한다는 점에서 공무원의 경우 차별금지의 비교대상자로서 적합하지 않다고 보는 견해(박종희f, 85면)와 차별 판단을 위한 비교의 목적에서 공무원이라는 신분 자체는 불리한 결과를 확인하기 위한 요건과는 전혀 무관한 속성으로 공무원과 비교를 허용하는 것이 타당하다는 견해(박주영, 227~228면)가 있었다. 실무상으로는, 경북지방노동위원회 2008. 1. 15.자 경북2007차별21 판정은, 교육공무원인 전임강사와 기간제근로자인 시간강사의 비교대상 근로자 적격성이 문제된 사안에서 각 근로조건이 정해지는 근거 법률의 차이, 공무원 여부 등 신분상 차이 등은 비교의 본질적이고 핵심적인 판단기준은 아니라고 본 반면, 전남지방노동위원회 2008. 1. 23.자 전남2007차별1 판정은, 교육공무원인 전임강사의 비교대상 근로자 적격성을 부인하였는데, 공무원인 전임강사는 시간강사와 달리 교육공무원법 등의 적용으로 고도의 업무 전념의무가 요구되고, 역할 및 임용절차 등에서 특수성이 존재하는 점, 공무원의 근로조건은 국민의 담세능력과 조화될 수 있는 범위 내에서 국회에서 민주적인 절차에 따라 결정되는 점 등을 이유로 들었다(위 전남2007차별1 판정에 대한 재심사건인 중앙노동위원회 2008. 5. 27.자 중앙2008차별14 판정도 전임강사의 비교대상 근로자 적격성을 부인하였으나, 전임강사가 공무원이라는 사실을 근거로 삼지는 아니하였다).

규정 등 관련 법령의 적용을 받기는 하나 기본적으로 임금을 목적으로 근로를 제공하는 근로자에 해당하며, 기간제법 3조 3항은 국가 또는 지방자치단체의 기관에 대하여도 이 법이 적용됨을 명시적으로 규정하여 공공부문에서 근무하는 비공무원인 기간제근로자와 공무원 사이의 비교 가능성을 열어 두고 있고, 이에 더하여 기간제법의 입법취지를 종합하여 보면, 기간제법 8조 1항이 비교대상 근로자로 들고 있는 기간의 정함이 없는 근로계약을 체결한 근로자를 사법상 근로계약을 체결한 근로자로 한정하여 해석할 것은 아니다'라고 판시함으로써 공무원이라도 비공무원인 기간제근로자의 비교대상 근로자가 될 수 있음을 명확히 하였다.696)

　　② 당해 사업 또는 사업장　　　'사업 또는 사업장'은 법령의 적용범위를 정하는 기준(근기법 11조 1항, 기간제법 3조 1항, 2항, 퇴직급여법 3조 등), 퇴직급여의 차등 설정을 금지하는 단위(퇴직급여법 4조 2항), 단체협약의 일반적 구속력의 인정 요건(노동조합법 35조) 등에서 사용되는 개념이나, 그 의미에 관하여는 각 법령에서 별도의 정의규정을 두고 있지 아니하고 해석에 맡겨져 있다.697) 통상적으로 '사업'이란 개인사업체 또는 독립된 법인격을 갖춘 회사 등과 같이 경영상의 일체를 이루면서 계속적 · 유기적으로 운영되고 전체로서의 독립성을 갖춘 하나의 기업체 조직을 의미한다.698) 특히 학설은 '사업'에 해당하기 위해서는 유기적인 조직하에 업(業)으로서 계속적으로 행하여질 것을 요건으로 한다는 점에 대체로 일치하고 있다.699) '사업장'이란 사업의 일부분으로서 업무 · 노무관리 · 회계를 독

---

696) 위 대법원 2011두5391 판결에 대한 평석으로는 김상호c, 68~75면; 이미선e, 419~429면이 있다. 김상호c, 72~75면은 비교법적 고찰에 더하여 공법상 근무관계와 사인간 근로관계를 구별할 필요가 있는 점, 기간제법 8조 1항에서 그 비교대상을 '기간의 정함이 없는 근로계약을 체결한 근로자'로 명시한 것은 사용자에게 고용형태를 이유로 차별하지 말 의무를 근거지움과 동시에 이로부터 초래되는 사용자의 자유 제한은 계약을 전제로 하는 비교에 한정함을 드러내는 것인 점, 계약이 전제되지 않은 공무원은 비교대상에 포섭되기 힘든 점, 국가 등에 종사하는 기간제근로자는 기간제법 4조 2항에 따라 기간의 정함이 없는 근로자로 전환될 뿐 공무원으로 임용되는 것은 아니므로, 이런 전환에서의 기간제근로자의 비교대상은 근로계약이 성립된 기간의 정함이 없는 근로자이지 계약이 없는 공무원은 아닌 점 등에 비추어 볼 때 공무원은 기간제근로자의 비교대상 근로자가 되기 어렵다고 본다.
697) 구 근기법(2005. 1. 27. 법률 7379호로 일부 개정되기 전의 것)상 '사업 또는 사업장' 개념에 관하여 학설 및 판례의 동향을 자세히 소개하고 있는 글로는 이국환, 536~562면.
698) 김지형a, 196면. 대법원 1993. 2. 9. 선고 91다21381 판결은 퇴직금차등금지의 원칙을 규정한 구 근기법 법조항의 '사업'의 의미에 관하여 '경영상의 일체를 이루는 기업체 자체'라고 판시하였다.
699) 김형배, 192면; 이상윤, 84면; 임종률, 33면 등.

자적으로 수행하는 것(공장 내의 진료소, 사업부 등) 또는 독자성은 없지만 장소적
으로 분리되어 있는 것(본사와 분리된 공장, 공사장, 지점, 출장소 등)을 말한다.[700]
사업과 사업장에 대하여는 대체로 양자를 구별하지 아니하고 하나의 동일한 개
념으로 파악하는 것이 일반적이다.[701]

   비교대상 근로자는 당해 사업 또는 사업장에 있으면 족하고, 반드시 동일한
장소에서 근무할 것을 요건으로 하지 않는다. 노동위원회 및 판례도 같은 입장
이다.[702] 역으로 같은 장소에서 근무한다 하더라도 사용자가 다른 경우에는 비
교대상 근로자에 해당하지 않는다. 기간제법상 차별적 처우 금지의무는 원칙적
으로 기간제근로자와 근로계약관계에 있는 사용자에게 부과되는 것이므로, 특별
한 사정이 없는 한 비교대상 근로자는 동일한 사용자에게 고용된 근로자에 한
정되기 때문이다. 즉, 다른 사용자에게 고용된 근로자까지 비교대상 근로자에
포함된다고 확대 해석하기는 어렵다.[703] 노동위원회도 같은 입장을 취하고 있

---

700) 임종률, 33~34면.

701) 이상윤, 84면.

702) ① 해외 건설현장에 무기계약 안전관리원이 없으나 국내 현장에는 존재하여 해당 근로자
   를 비교대상 근로자로 선정한 사례로는 서울지방노동위원회 2011. 1. 18.자 서울2010차별25
   판정, ② 각 건설현장들이 노무관리·회계 등에서 독립적으로 운영된다고 볼 수 없어 하나의
   사업으로 볼 수 있다면, 다른 현장 소속 책임감리를 비교대상 근로자로 선정한 것은 적정하
   다고 판단한 사례로는 중앙노동위원회 2010. 8. 18.자 중앙2010차별9 판정(이에 대한 행정소송
   인 서울행법 2010. 12. 23. 선고 2010구합37926 판결에서 비교대상 근로자의 선정이 적정함을
   전제로 일부 차별적 처우가 인정되었으나, 항소심인 서울고법 2011. 9. 22. 선고 2011누5409
   판결에서 항소심 계속 중 기간제근로자와 회사 사이에 원만한 합의가 이루어졌으며 근로관
   계도 이미 종료되어 재심판정의 취소를 구할 법률상 이익이 없다는 이유로 소 각하되었고,
   2011. 10. 15. 위 판결이 확정되었다), ③ 화훼공판장에서 대금정산업무를 수행하는 기간제근
   로자가 축산물공판장에 근무하는 무기계약근로자를 비교대상 근로자로 선정한 사례로는 서
   울행법 2011. 11. 17. 선고 2010구합32853 판결(중식비, 교통보조비 지급 등에서 차별적 처우
   가 인정된 사례이다. 항소심인 서울고법 2012. 8. 30. 선고 2012누166 판결을 거쳐 상고심인
   대법원 2014. 1. 24. 선고 2012두21857 판결로 확정), ④ 부산차량관리소에서 근무하고 있는
   기간제 발전차 급유원들이 서울차량관리소에 근무하고 있는 무기계약직 차량관리원을 비교
   대상 근로자로 선정한 사례로는 서울행법 2013. 8. 29. 선고 2012구합44379 판결(다만, 차별적
   처우는 인정되지 않았다. 항소심인 서울고법 2014. 5. 22. 선고 2013누25971 판결을 거쳐 상고
   심인 대법원 2016. 12. 27. 선고 2014두8865 판결로 확정).

703) 유성재b, 490면; 민변비정규직법, 294~295면. 전윤구c, 120면에서는 모자기업관계의 상대방
   사용자에 고용된 정규직 근로자는 기간제근로자의 비교대상 근로자에서 원칙적으로 배제되
   는 것으로 해석된다고 한다. 조용만h, 149면도 사업주를 달리하는 근로자는 기간제근로자나
   단시간근로자의 비교대상이 될 수 없다고 본다. 이와 달리 '사업'의 개념을 법인격 여부에
   의하여 특정되는 닫힌 개념이 아니라 입법목적을 실현하기 위하여 당면한 상황에서 재발견
   되어야 하는 열린 개념으로 이해해야 할 필요가 있기 때문에 해당 사업장에 비교대상 근로
   자가 없는 경우 해당 기업뿐만 아니라 해당 기업이 묶인 다른 기업(예컨대 기업집단 전체)
   차원에서 선정할 수 있어야 한다는 견해(박제성, 65~66면)가 있으나[비교대상자를 발견할 수

다.704) 다만, 사용자의 개념은 형식적으로만 판단할 것이 아니라 실질적으로 판단하여 외형상 사용자가 달라도 실질적으로 사용자가 같다고 볼 수 있는 등의 특별한 사정이 있는 경우에는 비교대상 근로자의 범위를 확장할 수 있을 것이다.705)

　　기간제법에서 규정한 '당해 사업 또는 사업장'이라는 의미는 포괄적으로 기업 범위까지 포함된다고 해석할 필요가 있다.706) 하나의 기업 단위에서 '사업'과 '사업장'이 일치하는 경우가 대부분이지만, 지점·지사 등 여러 장소에서 영업을 하거나 하나의 장소에서 여러 가지 사업 부문을 운영할 때가 있다. 이 때 비교대상 근로자가 동일한 사용자의 여러 사업 또는 여러 사업장에 모두 존재하는 경우, 비교대상 근로자는 우선 동일한 사업장에서 선정하고, 동일한 사업

없을 때에는 동일 업종으로 비교대상 근로자의 범위를 확대하는 등의 대안을 마련해야 한다는 견해(박은정b, 189면)도 같은 취지이다], 이러한 주장에 대하여는 해당 사건에서 차별적 처우를 행한 사용자가 그것을 시정할 책임을 부담하는 자이기 때문에 특별한 사정이 없는 한 이와 무관한 사용자가 고용하고 있는 근로자와 비교하여 차별적 처우 여부를 판단하는 것은 받아들이기 어렵다는 비판이 있고(조용만h, 150면), 유성재b, 490면에서도 입법론적으로는 바람직하지만 현행법의 해석으로는 불가능한 주장이라고 본다. 다만, 유성재f, 179면에서는 '사업주가 임금차별을 목적으로 설립한 별개의 사업은 동일한 사업으로 본다'라고 규정한 남녀고용평등법 8조 3항을 차별시정제도에 유추적용하는 것은 가능할 것이라고 한다.

704) ① 별도의 법인인 대학교 산학협력단 소속 기간제근로자가 비교대상 근로자로 적시한 대학교 소속 근로자들은 사용자가 달라 비교대상 근로자가 될 수 없다고 판단한 사례로는 부산지방노동위원회 2013. 5. 2.자 부산2013차별1 판정, ② 대학 예비군지휘관이 타 대학 예비군지휘관을 비교대상 근로자로 선정한 사건에서 비교대상 근로자성을 부인한 사례로는 전남지방노동위원회 2011. 4. 18.자 전남2011차별1 판정.

705) 민변비정규직법, 295면. 조용만h, 150면도 예외적으로 근로계약의 체결 당사자인 사업주가 임금 등 근로조건을 결정할 권한을 갖지 않은 명목상의 사용자일 뿐이고, 그 권한을 가진 실질적인 사용자는 따로 있는 경우를 상정해 볼 수 있다고 한다. 한편, 조임영 외 4명, 50면에서는 '당해 사업 또는 사업장'의 최대치를 '동일한 사용자'에 의한 작업으로 제한할 필요가 없으며, '실질적 사용종속관계' 하에서 이루어지는 작업은 '동일한 사용자'에 의해 수행되지 않는 작업도 '동일한 사업 또는 사업장'이 될 수 있다고 주장한다. 위 주장에 대한 반론으로는, 독일의 TzBfG(단시간 및 기간제근로자에 관한 법률) 3조 2항["(비교대상 근로자는) 사업 내에서 동일하거나 혹은 유사한 활동을 행하는 기간의 정함이 없는 근로자를 의미한다. 만약 사업 내에 비교가능한 기간의 정함이 없는 근로자가 없는 경우에는 적용되는 단체협약에 근거하여 결정하여야 한다. 그 밖의 다른 모든 경우에는 각기 산업 분야에서 통상적으로 비교가 능한 기간의 정함이 없는 근로자로 간주하는 자를 비교대상으로 하여야 한다"]과 같이 명문의 규정을 두고 있지 않는 한 현행법의 해석으로는 수용하기 어렵다는 견해(박종희·강선희a, 107면), 입법론적으로는 바람직하지만 현행법의 해석으로는 불가능하다는 견해(유성재b, 490면), 동일한 사용자의 별도 법인이나 이에 준하여 볼 수 있는, 가령 실질적 사용자가 동일하다고 보이는 경우는 사업 개념을 좁게 해석하는 것이 오히려 부당하므로 입법론으로 해소하는 것이 타당하나, 다만 산업별 노동조합의 전통이 아직 충분하지 아니한 우리나라에서 독일의 위 입법례를 그대로 참고하기에는 한계가 있어 보인다는 견해(김영택a, 32면)가 있다.

706) 박종희 외 4명, 119면; 전윤구c, 120면.

장에 비교대상 근로자가 없으면 다른 사업장에서, 이마저 부재할 경우에는 사업
단위에서 선정하여야 한다는 견해가 있으나,[707] 법문은 비교대상 근로자의 범위
를 당해 사업 '또는' 사업장이라고 하여 사업과 사업장을 병렬로 규정하고 있을
뿐 양자의 순위나 판단의 순서를 정하고 있지 아니한 점, 기간제법의 입법취지
에 비추어 볼 때 차별시정을 신청하는 기간제근로자로서는 증명의 편의 등을
위해 비교대상 근로자를 선택하여 지정할 수 있다고 보는 것이 타당한 점 등에
비추어 볼 때, 위와 같은 순위를 상정하여 단계적 판단을 할 필요는 없다.[708]

   ③ 동종 또는 유사한 업무에 종사할 것

   ㉠ 업무의 개념   기간제법은 '업무'의 개념에 의하여 근로자의 동종 또
는 유사성을 판단하도록 하고 있으므로, 비교대상자를 선정하기 위해서는 먼저
기간제근로자가 담당하는 업무가 무엇인지 파악해야 한다. 업무의 개념을 넓게
보면 비교대상자의 선정 폭이 상대적으로 넓어질 가능성이 있고, 반대로 이를
좁게 보면 비교대상자의 선정 범위가 협소해질 것이다. 업무(work)란 '직무(job)'
보다는 유연한 개념으로 이해된다. 직무란 일의 관점에서 분류한 세부적인 과업
들의 집합이며, 일의 목적 수행을 위해 일의 관점에서 효율적으로 분류한 개념
이다. 반면 업무란 일의 관점이 아니라 사람의 관점에서 일의 목적을 달성하는
사람들에게 부여한 일을 의미한다. 즉 전체적인 일을 수행하는 목적에 따라 사
람들에게 각각 부여된 업무가 있으며, 이 업무란 개념적으로 상하관계를 띤다.
그리고 이는 직무개념을 포섭하는 개념은 아니지만 과업 또는 직무들의 집합을
형성한다. 따라서 기간제법에서 규정한 '동종 혹은 유사한 업무'란 각각의 직무
를 나열하는 방법으로 동일·유사성을 판단하는 협의적인 동일노동 개념에 대
한 입장보다는 넓은 개념이다.[709]

   ㉡ 업무의 '동종 또는 유사성'   업무의 동종·유사성 여부에 관한 판단은
대법원 2012. 10. 25. 선고 2011두7045 판결[710] 등이 나온 이후 어느 정도 정형
화되었다고 할 수 있다. 즉, 대법원은 위 판결에서 "동종 또는 유사한 업무에
해당하는지 여부는 취업규칙이나 근로계약 등에서 정한 업무 내용이 아니라 근

---

707) 박종희 외 4명, 119면; 전윤구c, 120~121면; 근기법주해(초판)Ⅰ, 384~385면; 중앙노동위원
   회b, 49면.
708) 민변비정규직법, 294면.
709) 조임영 외 4명, 56면.
710) 그에 앞서 같은 취지의 대법원 2012. 3. 29. 선고 2011두2132 판결(미간행)이 있으나, 판례
   공보 수록 판결을 대표적 판결로 기재하기로 한다.

로자가 실제 수행하여 온 업무를 기준으로 판단하되, 이들이 수행하는 업무가 서로 완전히 일치하지 않고 업무의 범위나 책임과 권한 등에서 다소 차이가 있더라도 주된 업무의 내용에 본질적인 차이가 없다면, 특별한 사정이 없는 한 이들은 동종 또는 유사한 업무에 종사한다고 보아야 한다.”고 판시하였다.

먼저, '실제로 수행하는 업무'를 기준으로 동종·유사성을 판단해야 한다는 기준은 우리 판례 법리가 노동법 전반에 걸쳐 일반적으로 취하고 있는 판단 지표라 할 수 있다.711) 이는 업무분장과 관련된 규정이나 문서 등의 내용에 형식적으로 얽매일 것이 아니라 기간제근로자와 비교대상 근로자가 실제 하고 있는 업무를 기준으로 동종·유사성을 판단해야 한다는 것이다. 위 기준에 따라 이후 판례는 업무분장상 영업마케팅을 주된 업무로, 내부통제점검을 부수적 업무로 부여받은 정규직 직원들이 실제 수행한 업무는 내부통제점검이라는 이유로 내부통제점검 업무만을 수행한 기간제근로자들에 대한 비교대상 근로자에 해당한다고 인정하였고,712) 사무분담 명령부에 기재된 것과 달리 실제 업무에 있어서 정규직 부지점장과 기간제 부지점장 대우 간의 상호 대체성이 인정되는 점 등을 고려하여 업무의 동종·유사성을 긍정하였다.713) 노동위원회도 같은 기준에 따르고 있다.714)

다음으로 '주된 업무의 본질적 차이 여부'로 동종·유사성을 판단해야 한다는 기준에 관하여 본다. 위 대법원 2011두7045 판결은 원론적인 차원에서 판단 기준을 제시하고 있을 뿐이므로,715) 무엇이 주된 업무이고 부수적 업무인지, 무

---

711) 김영택a, 24면; 박종희h, 295면. 근기법상 근로자성 여부 판단에 관한 대법원 2006. 12. 7. 선고 2004다29736 판결, 파견법이 적용되는 근로자파견 해당 여부 판단에 관한 대법원 2015. 2. 26. 선고 2010다106436 판결 등.

712) 서울행법 2010. 4. 29. 선고 2009구합36583 판결(다만, 차별적 처우는 인정되지 않았다. 기간제근로자들이 항소하였으나 서울고법 2010. 11. 11. 선고 2010누15577 판결로 항소기각되었고, 2010. 12. 3. 확정되었다).

713) 서울행법 2011. 8. 18. 선고 2010구합41833 판결(성과상여금 등에 대한 차별적 처우가 인정된 사안이다. 회사가 항소하였으나 서울고법 2011. 12. 29. 선고 2011누32128 판결로 항소기각되었고, 상고심인 대법원 2012. 4. 26.자 2012두2955 판결로 심리불속행 기각되어 확정되었다).

714) ① 청원경찰이라고 하더라도 기간제 주·정차 단속원과 함께 한 조를 이루어 불법 주·정차 단속 업무를 수행하였다면 동종·유사한 업무를 수행한 것이라고 판단한 사례로는 중앙노동위원회 2008. 3. 20.자 중앙2007차별5~19 병합판정, ② 사용자가 정화공과 정화보조공을 구분하였으나, 실질적인 업무가 동일함을 이유로 비교대상 근로자성을 인정한 사례로는 부산지방노동위원회 2011. 11. 16.자 부산2011차별5 판정, ③ 파견근로자와 비교대상 근로자들은 업무요약서상 다소의 차이는 있지만, 실제 수행하는 업무는 데이터베이스에 접근하여 고객의 요청에 따라 일정한 조건을 주어 자료를 추출하거나 고객들의 자료를 관리·분석하여 지원하는 일이라는 점에서 업무의 동종·유사성을 인정한 사례로는 중앙노동위원회 2013. 8. 5.자 중앙2013차별11 판정.

엇이 본질적 차이인지에 관하여는 결국 개별 사안에 관한 법원의 판결과 노동 위원회의 판정의 축적을 통해 구체적인 판단기준을 정립해나가야 할 것인데, 실무에서는 대체로 ⓐ 업무의 비중·중요도(근로자가 수행하는 전체 업무에서 차지하는 비중이 크거나 중요한 업무가 주된 업무라 할 수 있다),716) ⓑ 상호대체가능성(각 업무가 대체 가능하다면 주된 업무 내용에는 큰 차이가 없다고 본다),717) ⓒ 업무의 공동 수행(업무의 상호 대체를 넘어 공동으로 혼재하여 업무를 수행한다면 주된 업무의 차이는 없을 것이다),718) ⓓ 관리 업무의 수행 여부 내지는 책임과 권한의 차이(비교대상 근로자가 관리 업무를 추가로 수행하였다면 책임과 권한이 달라 동종·유사성을 부정하는 경향이 있다. 다만, 위 대법원 2011누2132 판결의 판시와 같이 책임과 권한 등에서 다소 차이가 있는 경우에는 그러한 사정만으로 업무의 동종·유사성을 부정하는 근거가 될 수 없다),719) ⓔ 업무에 대한 평가기준,720) ⓕ 업무수행방식721) 등을 종

---

715) 업무의 동종·유사성에 대한 보다 일반적인 법리의 출현이 요구되며, 그 내용은 차별시정제 도의 실효성을 강화한다는 측면에서 보다 넓게 인정될 필요가 있다는 견해로는 조상균c, 12면.

716) 서울행법 2009. 2. 6. 선고 2008구합22747판결(항소심인 서울고법 2009누7846 사건에서 2009. 6. 15. 항소취하되어 확정되었다). 서울행법 2009. 6. 3. 선고 2008구합24743 판결(2009. 6. 27. 확정)은 '전임강사가 수행하는 연구 업무가 전임강사의 전체 담당 업무에서 차지하는 비중과 중요도가 교육 업무만큼 크다고 할 것이어서, 전임강사가 수행하는 연구 업무는 부수적인 업무가 아니라 오히려 주된 업무이고, 따라서 강의와 연구 업무를 모두 주된 업무로 하는 전임 강사의 업무는 강의를 주된 업무로 하는 시간강사의 업무와 같거나 유사하다고 보기 어려우 므로, 전임강사는 시간강사의 비교대상 근로자라고 할 수 없다'고 판단하였다[다만, 강의전담 교수(위 서울행법 2008구합24743 판결) 내지 강의초빙교수(위 서울행법 2008구합22747 판결) 는 기본적으로 강의활동을 주된 임무로 수행하기 위하여 임용된 교수이므로, 비록 강의시간 을 제외한 나머지 시간에 연구 업무에 종사한다고 하더라도, 그와 같은 연구활동은 강의를 준비하기 위하여 행하는 부수적인 것에 불과하다고 할 것이어서 연구는 그 업무 내용에 포 함되지 않는다는 이유로 강의전담교수 내지 강의초빙교수를 시간강사의 비교대상 근로자에 해당한다고 보았다].

717) 서울고법 2012. 3. 28. 선고 2009누32128 판결은 기간제근로자들과 정규직 근로자들이 어느 한 쪽의 교육·휴가 등으로 근무가 불가능할 경우에는 서로의 업무를 대신 수행한 점을 근거 로 업무의 유사·동종성을 긍정하였다(상고심인 대법원 2012. 8. 23.자 2012두9987 심리불속행 기각 판결로 확정). 그 밖에 사용자의 일부 금융점포의 업무분장상 기간제근로자들이 창구 업무를 수행하는 무기계약근로자들의 대직자로 지정되어 있음을 업무의 유사·동종성을 긍정 하는 하나의 요소로 고려한 사례로는 중앙노동위원회 2013. 3. 13.자 중앙2013차별3 판정.

718) 같은 작업조에 동등하게 소속되어 업무를 수행하였다거나(위 서울행법 2008구합6622 판 결), 2인 또는 3인이 한 개 조를 이루어 업무를 수행한 경우(중앙노동위원회 2008. 3. 20.자 중 앙2007차별5~19 병합판정), 동일한 작업조건에서 2명씩 2조 3교대를 한 경우(중앙노동위원회 2009. 5. 20.자 중앙2009차별3, 4 병합판정), 맞교대 형식으로 근무형태, 휴게시간, 업무 내용 등에 차이가 없는 경우(중앙노동위원회 2013. 6. 10.자 중앙2013차별7, 9 병합판정) 등에서 업 무의 유사·동종성이 인정되었다.

719) ① 대학교 행정지원처 처장, 산학협력단 단장의 지위에 있는 관리자는 행정지원처 예산팀 에서 예산 등의 업무를 담당한 기간제근로자와 책임 및 권한이 다르고, 결재자의 위치에서 해당 부서의 전반적인 업무를 총괄하였으므로 동종 또는 유사한 업무를 수행하였다고 볼 수

합적으로 고려하고 있는 것으로 보인다. 다만, 이러한 각 판단지표들이 사안에 따라 업무의 본질적 차이가 아니라 부수적 차이만을 가져오는 요소일 수 있으므로, 이러한 경우에는 업무의 동종·유사성을 부정하는 근거로 일반적으로 활용되어서는 아니 되고, 합리적 이유의 존부를 판단하는 단계에서 고려되어야 할 것임을 유의할 필요가 있다.[722]

그 밖에 실무상 고려되는 사항으로는 ⑧ 해당 업무에 요구되는 경력 및 자격요건과 ⓗ 채용절차의 차이를 들 수 있는데 이에 관하여는 아래와 같이 몇

없어 비교대상 근로자로 인정될 수 없다고 본 사례로는 중앙노동위원회 2010. 11. 8.자 중앙 2010차별20 판정. ② 도립 공업고등학교 기간제 교사가 비교대상 근로자로 선정한 정규직 교사는 부장 직책으로서 담당과 소속교사를 지휘하고, 과의 업무를 기획 및 총괄하는 관리자의 위치에 있으므로 책임 및 권한이 다르다는 점 등을 들어 동종·유사한 업무에 종사한다고 볼 수 없다고 본 사례로는 경기지방노동위원회 2013. 1. 30.자 경기2012차별14 판정. ③ 한편, 서울고법 2014. 9. 17. 선고 2013누51093 판결은, 정규직 운전강사와 기간제 운전강사의 업무 범위와 책임 및 권한에 본질적 차이가 있다는 사용자의 주장에 대하여, 사용자가 주장하는 정규직 운전강사의 추가적 업무(팀장, 학과교육, 사고처리 업무 등)는 부수적인 것에 불과하고, 모든 정규직 운전강사들이 추가적 업무를 수행하거나 권한 내지 보직(팀장)을 별도로 부여받고 있는 것은 아니며, 정규직 운전강사나 기간제 운전강사 모두 '수강생에 대한 운전강습'이라는 주된 업무를 수행하는 것은 본질적 차이가 없다고 보아 사용자의 위 주장을 배척하였다(위 판결은 상고심인 대법원 2016. 12. 1. 선고 2014두43288 판결로 상고기각되어 확정되었다). 한편, 위 ②와 대비하여, 유치원의 정교사와 시간제근무 기간제교원의 주된 업무는 유아교육 및 보육활동으로, 그 업무의 시간적 범위가 정교사의 경우 정규교육과정, 시간제근무 기간제교원의 경우 정규교육과정 후에 이루어지는 방과후과정이라는 차이가 있을 뿐이고, 정교사가 출장 등의 사유로 수업을 할 수 없을 경우 시간제근무 기간제교원이 보결수업을 한 점, 정규교육과정과 방과후과정의 수업내용이 서로 연계되어 운영되는 점, 유치원의 시간제근무 기간제교원도 정교사와 마찬가지로 교원자격증을 보유하고 교원임용자격을 갖춘 점 등에 비추어 보면 그 업무의 대체가능성도 인정되므로, 주된 업무에서 본질적인 차이가 있다고 볼 수 없다고 판단한 판례로는 대전지법 2017. 1. 11. 선고 2016구합101975 판결(2017. 2. 3. 확정)이 있다.

720) 정규직 부지점장과 기간제 부지점장 대우 간 업무의 동종·유사성을 인정한 위 서울행법 2010구합41833 판결은 그 판단 근거 중 하나로 직무가 본질적으로 구별된다면 그에 관한 평가기준도 달리 하여야 한다고 보는 것이 상당한데, 회사가 근무평가를 하면서 기간제 부지점장 대우는 정규직 부지점장에 관한 내용을 준용하여 평가하도록 규정하고 있고, 이에 따라 이루어지는 개인역량평가에 있어서 동일한 평가항목에 따라 계약직과 정규직 부지점장을 평가하고 있는 점을 들고 있다.

721) 서울행법 2010. 1. 22. 선고 2009구합28155 판결(일부 차별적 처우를 인정한 사안으로 회사가 항소하였으나 서울고법 2010. 8. 24. 선고 2010누8074 판결로 항소기각되어 2010. 9. 17. 확정되었다)은 같은 사업장의 중형버스 운전원(기간제근로자)과 대형버스 운전원(비교대상 근로자)은 그 주된 업무가 '버스를 운행'하는 것이라는 점에서 본질적 차이가 없고, 다만 구체적인 업무 내용·운행노선 등 근로조건에서 차이가 있으나, 이는 차별적 처우의 합리적인 이유가 있는지 여부를 판단하는 기준으로 삼으면 족하므로, 결국 중형버스 운행과 대형버스 운행은 동종 또는 유사 업무라고 판단하였다.

722) 민변비정규직법, 298~299면.

가지 논란이 있다.

먼저 위와 같은 고려사항이 문제된 사안에서 하급심 판결[723]은 위 대법원 2011두7045 판결의 법리를 설시한 후 이어 "예컨대 정규직 근로자에게는 해당 업무와 직접 관련된 자격이 요구되는 반면 기간제근로자에는 그러한 자격이 요구되지 않는 경우와 같이 양자 사이에 '현저한 질적 차이'가 인정될 만한 특별한 사정이 없는 한, 채용절차나 부수적인 업무 내용 등에서 다소의 차이가 있더라도 이들은 동종 또는 유사한 업무에 종사한다고 봄이 타당하다. 양자 간의 차이가 이러한 '현저한 질적 차이'에 이르지 못하는 경우에는 이러한 차이가 업무의 동종성 또는 유사성을 부인할 만한 근거가 되지 못한다."고 판시하고 있다. 이러한 판시 내용에 대하여 위 대법원 2011두7045 판결이 제시하는 '실제로 수행하는 업무' 및 '주된 업무의 본질적 차이 여부'에 더하여 '현저한 질적 차이'라는 기준을 추가하고 있는 것으로 보는 견해,[724] '(주된 업무의) 본질적 차이'의 의미를 구체화한 것이라고 보는 견해,[725] '본질적 차이'만으로는 질적 차이의 많고 적음을 고려할 수 없다는 한계를 극복하기 위한 시도로서 양 업무 간의 질적 차이가 존재하더라도 업무 간 차별의 정당성을 인정하기 위해서는 그 차이가 상당함을 요구하는 것이라고 평가하는 견해[726]가 있다. 그런데 위 하급심 판결의 판시는 위 대법원 2011두7045 판결이 2012. 10. 25. 선고되기 이전에 나온 일련의 하급심 판결[727]의 판시를 그대로 원용한 것으로서, 종전 하급심 판결과 유일하게 다른 부분은 위 대법원 판례 법리에 이어 '예컨대'를 덧붙인 다음 위 판시 내용을 기재하고 있다는 점이다. 이에 비추어 보면, 하급심이 업무의

---

723) 서울고법 2017. 6. 9. 선고 2016누51667 판결(대법원 2017. 10. 16.자 심리불속행 기각 판결로 확정).

724) 김영택a, 28면에서는 '현저한 질적 차이'를 의미 그대로 해석하면 그것은 본질적 차이가 있다는 뜻이 되어 굳이 위와 같은 요건을 따로 둘 이유가 없다고 한다. 중앙노동위원회a, 82면에서는 '법원은 양 근로자 사이에 업무의 본질적 차이가 없다면 양자 사이에 현저한 질적 차이가 인정될 만한 특별한 사정이 없는 한 비교대상 근로자를 긍정하고 있으며, 이는 양 근로자 사이에 업무의 본질적 차이가 없더라도 양자 사이에 현저한 질적 차이가 인정될 만한 특별한 사정이 있다면 비교대상 근로자성이 부정될 수 있다는 것'이라는 취지로 설명하고, 이어 84면에서는 비교대상 근로자성 인정과 관련한 법원의 판단기준을 '업무의 내용이 본질적 차이가 없으면'→'양자 사이에 현저한 질적 차이가 인정될 만한 특별한 사정이 없으면'→'비교대상 근로자성이 인정된다'고 도식화하고 있다.

725) 민변비정규직법, 299면.

726) 양승엽, 297면.

727) 서울행법 2008. 10. 24. 선고 2008구합6622 판결, 서울행법 2011. 8. 18. 선고 2010구합41892 판결, 서울고법 2011. 1. 27. 선고 2010누21794 판결 등.

동종·유사성을 판단하는 독자적인 기준으로 '현저한 질적 차이'를 추가한 것이라고 보기는 어렵고, 오히려 그보다는 해당 업무에 요구되는 경력 및 자격요건의 경우 근로자의 인적 요소로 볼 수 있는 측면이 있으며,[728] 채용절차의 경우 현실적으로 대부분 기간제근로자와 정규직 근로자에 대한 채용절차가 동일하지 않기 때문에 채용절차가 다르다는 사정을 들어 업무의 동종·유사성을 부인한다면 기간제법의 취지가 몰각될 우려가 있는 점[729]을 고려하여 위와 같은 요소가 '업무의 본질적 차이'로 평가되기 위해서는 좀 더 엄격한 판단이 필요하다는 점을 강조한 판시라고 이해된다. 사견으로는 위에서 본 하급심 판결에서 '현저한 질적 차이'라는 표현을 쓰지 않아도 무방하였을 것으로 생각한다.[730] 경력 및 자격요건에 관하여는 해당 업무와 직접 관련된 자격이 요구되는 경우라는 제한을 제시하였고, 채용절차의 차이에 관하여는 기간제법의 취지를 언급하고 있는 기존의 설시만으로도 판결이 의미하는 바가 충분히 전달될 수 있으며, 실무상 업무의 동종·유사성에 관한 법원의 판단기준이 무엇인지를 둘러싼 논란을 불식한다는 면에서도 그러하다.

다음으로 실제 위 두 가지 요소가 고려된 사례에 관하여 보면, ① 조리원의 경우 그 신분이 조리직렬 기능군무원인지 민간조리원인지는 문제되지 않으므로 비교대상 근로자성을 인정한 사례가 있는 반면,[731] 조리원에 대한 채용자격이 단체급식 경력 3년 이상일 것과 조리사 자격을 요구하는 데 비하여 보조원에 대해서는 이러한 자격요건을 요구하고 있지 않은 경우 비교대상 근로자성을 부정한 사례,[732] ② 대학법인 자체직원으로 채용되어 미술관장 비서 업무 등을 수행하던 기간제근로자가 비교대상 근로자로 선정한 기성회 정규직원의 경우 전산자격증 중 1개 이상을 소지하고 영어능력검정시험 성적이 일정 점수 이상이어야 채용조건에 부합하고, 공채직원의 경우에도 영어능력검정시험 성적이 일정 점수 이상일 것을 채용요건으로 공고하고 있는 반면, 자체직원의 경우에는 채용

---

728) 김영택a, 28면.

729) 위 서울고법 2016누51667 판결.

730) 반면 양승엽, 298면에서는 판결례의 축적을 통해 업무의 동종·유사성을 인정하는 기준으로 '본질적 차이'와 동시에 그 차이의 '현저성'을 요건으로 정립하는 것이 필요하다는 견해를 제시한다.

731) 위 서울고법 2010누21794 판결(차별적 처우가 인정된 사례로 사용자 측의 상고가 대법원 2014. 11. 27. 선고 2011두5391 판결로 기각되어 확정).

732) 서울행법 2012. 2. 2. 선고 2011구합18465 판결(2012. 2. 28. 확정).

과정에서 특별한 자격증을 요구하지 않고는 있으나, 비교대상 근로자도 채용 당
시에 전산자격증과 영어능력검정시험 성적을 갖춘 것이 아니라고 보이고, 나아
가 전산자격증이나 영어능력검정시험 성적이 업무를 원활히 수행하는 데 도움
이 되는 것과는 별개로, 비서 업무를 수행하는데 필요불가결한 자격증이라고 보
기도 어렵다는 이유로 채용절차에서 전산자격증, 영어능력검정시험 성적을 채용
요건으로 하는지 여부는 업무의 본질적인 차이를 판단하는 기준이 되지 않는다
고 본 사례,[733] ③ 상담공무원이 고용노동부 고용센터 전화상담원의 비교대상
근로자인지 여부가 문제된 사안에서, 상담공무원들이 수행하는 인터넷상담 또는
서면질의의 회신 등은 구두로 통상 즉석에서 답변하는 전화상담과는 달리 문서
등으로 회신하게 되어 있어 전화상담보다 더욱 책임있는 답변이 요구되고, 실제
인터넷상담 등의 회신 내용을 보더라도 노동 및 고용 관련 전반의 전문적인 법
해석 및 사실관계 검토, 법률요건 구비 여부 등의 검토를 필요로 하는 것들이어
서 상담공무원들에게 고도의 업무 지식 및 전문성, 법률 검토 및 사실관계 파악
능력, 문서작성 능력 등이 요구되며, 이에 따라 전화상담원들이 인터넷상담 등
을 대체할 가능성이 사실상 희박하다고 보이며, 상담공무원들은 전화상담원들에
비해 고난도의 시험 및 더욱 엄격한 면접절차를 거쳐 임용되는 등 그 채용과정
에서 요구되는 능력과 기준이 전화상담원들과는 다르다는 점 등을 이유로 각
업무의 동종·유사성을 부인한 사례,[734] ④ 농협중앙회 경제지원직으로 채용된
계약직 근로자가 화훼공판장에서 근무하면서 수송 업무(순회수집) 외에도 비교대
상 근로자(경매역대우, 계장, 주임)들과 동일하게 공동으로 1차 경매 이후의 유찰
물에 대한 2-3차 경매 및 매각 등 경매 업무를 수행하고 있다고 주장하였으나,
「농수산물유통 및 가격안정에 관한 법률」에 의거 경매사만이 농수산물의 경매
우선순위 결정, 농수산물 가격평가, 경락자 결정 등을 할 수 있도록 규정된 바,
비교대상 근로자들은 경매사 자격증을 보유하고 있는 자들로서 경매 관련 업무

---

733) 위 서울고법 2016누51667 판결.
734) 대전지법 2015. 12. 10. 선고 2015구합100401 판결(2016. 1. 1. 확정). 한편, 고용노동부 고용
센터의 단시간 근로직업상담원의 취업규칙상 업무분야와 민원업무수당 지급대상 공무원의
업무분야는 대략적으로 일치하고, 이들의 주된 업무 방식 또한 민원상담 등과 같이 민원인과
직접 접촉하여 업무를 수행한다는 점에서 동일하다는 이유로 비교대상 근로자성을 인정한
판례로는 서울행법 2013. 4. 5. 선고 2012구합30080 판결(다만, 차별적 처우는 인정하지 않았
다. 근로자들이 항소하였으나 서울고법 2013. 10. 30. 선고 2013누12012 판결로 항소기각되어
2013. 11. 20. 확정되었다).

전반을 책임지고 경매 업무의 진행을 담당하고 있고, 경매 업무의 공동 수행은 본질적으로 경매 업무의 보조에 불과한 것이어서 법정 자격증 및 그에 따른 권한과 책임을 보유한 비교대상 근로자들의 업무와는 질적인 면에서 그 성격과 내용을 달리한다는 이유로 업무의 동종·유사성을 인정하지 않은 사례[735] 등이 있다. 이러한 법원과 노동위원회의 판단에 대하여, 자격이 결부되어 있을 뿐만 아니라 그러한 자격에 따라 행하는 주된 업무의 성질을 달리하는 경우에는 비교대상 근로자성을 부인하는 것이 타당하다는 견해[736]와 자격증 유무는 업무 요소가 아니라 업무를 수행하는 근로자의 인적 요소에 불과하므로 합리적 이유의 판단 기준이면 충분하고, 자격증 보유 여부가 비교대상 근로자 선정기준이 되어서는 안 된다는 견해[737]가 있다.

　　ⓒ 업무종사의 현재성—비교대상 근로자의 동시적 존재성 필요 여부(시간적 범위) 비교대상 근로자와 관련하여 제기되는 또 다른 논점은, 기간제법 8조 1항에서 비교대상 근로자를 당해 사업 또는 사업장에서 동종 또는 유사한 업무에 '종사하는' 기간의 정함이 없는 근로계약을 체결한 근로자로 규정하고 있는데 이 때 '종사하는'의 의미를 문언 그대로 '현재성'(시간적 동시성 / 동시적 존재성)으로 해석하여 차별적 처우가 있었던 시점에 현실적으로 비교대상 근로자가 존재하여야만 하는 것으로 볼 것인지 여부로, 이는 비교대상 근로자의 시간적 범위라는 관점에서도 논의된다.[738] 특히 다음과 같은 세 가지 경우가 문제된다. ① 비교대상 근로자(정규직 또는 무기계약직)의 후임자로서 기간제근로자가 전임자와 동종·유사한 업무를 수행하는 경우(비교대상 근로자가 담당하던 업무를 전부 기간제근로자로 대체하거나 비교대상 근로자의 휴직 등 기간 동안의 대체를 위해 기간제근로자를 채용한 경우 등 이른바 '선임 비교대상 근로자'의 문제), ② 기간제근로자가 비교대상 근로자와 함께 동종·유사 업무를 수행하던 도중에 후자가 배치전환, 퇴직 등으로 더 이상 존재하지 않게 되는 경우(이른바 '병존 비교대상 근로자'의 문제), ③ 기간제근로자의 후임자로서 비교대상 근로자가 동종·유사 업무를 수행한

735) 중앙노동위원회 2010. 7. 8.자 중앙2010차별3, 4 병합판정.
736) 박종희h, 294면.
737) 김영택a, 28면. 박제성, 67면에서도 학력이나 경력 등 '직업자격'이 상이함은 비교대상 근로자를 선정하기 위한 기준이 아니라 사용자의 어떤 처우가 차별적 처우에 해당하는지 여부를 판단하는 기준이라고 할 수 있으므로, 동종 또는 유사한 업무에 종사하고 있는 한, 직업자격이 같지 않더라도 일단 비교대상 근로자가 될 수 있다고 한다.
738) 김영택a, 33면; 박종희h, 296면; 조용만h, 161면; 민변비정규직법, 305면 등.

경우(이른바 '후임 비교대상 근로자'의 문제)이다.739)

　　노동위원회는 비교대상 근로자가 원칙적으로 사용자에 의한 차별적 처우가 있었던 시기에 존재하여야 하고, 다만 차별시정 신청 시점에 인사이동, 조직개편, 고용종료 등으로 비교대상 근로자가 없다 하더라도 차별적 처우가 있었던 당시에 비교대상 근로자가 있었다면 해당 근로자를 비교대상 근로자로 선정가능하다고 본다.740) 이에 의하면, 위 ①과 ③의 경우 차별시정 신청은 비교대상 근로자의 부재를 이유로 기각될 것이고,741) ②의 경우도 비교대상 근로자가 존재하는 시점까지만 차별시정의 대상이 될 것이다.742)

　　기간제법 8조 1항의 '종사하는'의 문언을 형식 그대로 해석한다면 동종·유사한 업무에 종사하는 비교대상 근로자가 현존해야만 불리한 처우, 합리적 이유 등의 판단이 가능하다고 보게 될 것이다. 그러나 위와 같이 해석하게 되면 비정규직 근로자를 보호하고자 하는 기간제법의 취지와 실효성이 크게 약화되고,743) 이를 이용하여 차별시정제도를 회피하려는 탈법적 행위를 용인하게 될 위험도 있다.744) 이 점을 우려하여 학설의 다수는 기간제근로자의 전임자 또는 후임자

---

739) 조용만h, 161면.

740) 중앙노동위원회b, 49면. 같은 취지에서 김상호b, 180면도 당해 사업 또는 사업장에 동종·유사한 업무에 종사하는 비교대상 근로자가 없는 경우에는 기간제근로자에 대한 차별적 처우는 성립되기 어렵다고 본다.

741) 중앙노동위원회 2010. 12. 17.자 중앙2010차별21 판정(차별시정 신청 근로자의 퇴사 이후 입사한 근로자는 차별적 처우가 있었던 시기에 근무한 사실이 없으므로 비교대상 근로자로 적절치 않다고 본 사례), 중앙노동위원회 2013. 11. 4.자 중앙2013차별13 판정(법제분석팀에 근무한 사실은 있으나 차별시정 신청 근로자가 법제분석팀에 근무하는 기간 동안에는 경영전략팀에 소속되어 다른 업무를 수행하였으므로 비교대상 근로자로 인정되지 않는다고 본 사례), 같은 입장을 취한 하급심 판결로는 서울행법 2009. 6. 3. 선고 2008구합24743 판결(시간강사인 원고들이 근무한 2007학년도에는 ○○대학교에 채용된 초빙교수가 없어 그 근로조건을 확정할 수 없으므로, 이 사건에서 초빙교수는 시간강사의 비교대상 근로자에 해당하지 아니한다고 판단한 사례, 2009. 6. 27. 확정).

742) 중앙노동위원회 2008. 11. 3.자 중앙2008차별23, 25 병합판정, 중앙노동위원회 2009. 4. 27.자 중앙2009차별2 판정은 모두 차별적 처우 시정대상기간을 비교대상 근로자들이 존재하는 시기까지만으로 한정하였다. 중앙노동위원회 2008. 11. 3.자 중앙2008차별23, 25 병합판정은 차별시정 신청 근로자들이 비교대상 근로자인 정규직 영양사가 존재한 시기까지만(그 이후로는 영양사 업무와 무관한 인사노무 업무를 수행하였다) 차별적 처우의 시정을 구한 사건이다.

743) 조용만h, 162면. 같은 취지에서 김영택a, 33면에서는 차별시정제도의 입법취지에는 사용자가 고용유연성 확보를 넘어 단순히 비용절감이라는 경제적 이득을 얻고자 비정규직 근로자를 무분별하게 사용하려는 유인을 최소화하여 그 동기를 억제하고 남용을 막고자 하는 데 있음을 강조한다.

744) 민변비정규직법, 305면. 조용만l, 18면에서도 사용자의 의도적인 인사조치 등에 의해 차별시정의 효과가 반감되는 불합리가 발생할 수 있음을 지적한다.

까지 비교대상 근로자의 범위를 확장하고 있는데 구체적인 내용에서는 다소 차이가 있다. 동종·유사한 업무에 종사한 비교대상 근로자가 전임자 또는 후임자로서 기간제근로자와 시간적으로 직접 연계되어 있는 경우에는 '동시적 존재성'을 인정하는 것이 기간제법의 취지에 더 부합한다는 견해,[745] 적어도 사용자가 비용절감을 이유로 직전까지 동종·유사한 업무를 하던 정규직 근로자를 비정규직으로 교체하는 등 '동시발생적'으로 이루어져 시간적 연관성이 큰 사안에 대해서는 비교대상 근로자성을 인정하여야 한다는 견해,[746] 객관적인 기준을 마련하여 공식적인 조직구조의 변화 없이 정규직을 대신하여 비정규직을 사용함으로써 일시적으로 비교대상 근로자가 부재하는 경우에는 잠재적·가정적 비교대상 근로자 선정방법을 통해 차별을 인정하는 것이 바람직하다는 견해,[747] 비교대상 근로자는 불리한 처우의 존재 여부를 확인하기 위한 보조적 개념으로서 동종 또는 유사한 업무에 종사하는 비교대상 근로자가 존재하지 않는 경우에는 그 범위를 가정적 근로자까지 확대하여 불리한 처우에 대한 판단 가능성을 높일 필요가 있으므로, 비교대상자들 사이에는 '시간적 동일성'이 존재하지 않아도 무방하고 선임자 내지 후임자인 비교대상 근로자와의 비교가 가능하다는 견해[748] 등이 그것이다.

같은 취지에서 서울행법 2016. 7. 15. 선고 2016구합51450 판결[749]은 육아휴직자인 정규직 근로자를 대체하기 위하여 채용된 기간제근로자의 비교대상 근로자는 전임자인 해당 육아휴직자로 봄이 상당하다고 하면서 '기간제법 8조 1항에서 규정한 비교대상 근로자의 의미는 원칙적으로 기간제근로자의 근무기간 동안 당해 사업 또는 사업장에서 실제로 같이 근무한 근로자를 뜻한다고 보아야 할 것이나, 일시적으로 전임자가 사용자와 근로관계를 유지한 채 휴직하는

---

745) 조용만k, 162면.
746) 김영택a, 33면. 나아가 김영택a, 34~35면에서는 기간제법 8조 1항을 '당해 사업 또는 사업장에서 동종 또는 유사한 업무와 관련을 맺은 기간의 정함이 없는 근로계약을 체결한 근로자'로 개정하여 가정적 비교대상 근로자 선정의 효과와 동종·유사성이 좀 더 넓게 해석되는 효과를 도모하여야 함을 입법론으로 제시한다. 조용만j, 151면에서도 입법론으로, 기간제법 8조 1항의 '기간의 정함이 없는 근로계약을 체결한 근로자'에 괄호를 병기하여 '기간제근로자에 의해 대체된 자를 포함한다'는 내용을 추가하는 것으로 개정하는 방안을 제시한다.
747) 박종희h, 297면.
748) 유성재a, 495~496면. 민변비정규직법 305면도 위 '종사하는'이라는 요건은 현재성이라는 협소한 의미가 아니라 비정규직 근로자와 정규직 근로자 사이의 근로조건의 차이를 정확히 파악하기 위한 도구적·보조적 개념으로 이해함이 타당하다고 한다.
749) 2016. 8. 2. 확정.

등 사유로 기간제근로자가 대체인력으로 휴직기간 동안 동일한 내용의 업무를 수행하는 경우에는, 정규직을 기간제근로자로 대체하여 합리적 이유 없이 임금 등에서 불리한 처우를 하는 것은 부당하고 위 기간제법 입법취지에도 반하므로 전임자를 기간제근로자의 비교대상 근로자로 보아 차별시정을 명할 수 있다고 보아야 한다'고 판시하였다. 대법원 2019. 9. 26. 선고 2016두47857 판결은 직제에도 존재하지 않는 가상의 근로자를 비교대상 근로자로 삼을 수는 없지만, 직제에 존재하는 이상 반드시 실제로 근무할 필요는 없다고 판시하였는데, 이는 전임자나 후임자의 존재 또는 그 가능성만으로도 비교대상 근로자를 인정하는 취지로 보인다.[750]

　　기간제법 8조 1항에서 '당해 사업 또는 사업장에서 동종 또는 유사한 업무에 종사하는' 근로자를 차별적 처우의 비교대상으로 규정한 것은 원칙적으로 비교대상 근로자가 기간제근로자와 동일한 사용자에 의해 고용되어 차별적 처우가 이루어진 시기에 실제로 존재하고 있어야 한다는 것을 의미하고, 위 규정의 존재를 몰각시킬 정도로 비교대상 근로자의 범위를 무제한 확장하는 것은 해석론상 어렵다고 본다(예컨대 앞서 본 바와 같이 특별한 사정 없이 다른 사용자에게 고용된 정규직 근로자를 비교대상 근로자로 선정하는 경우, 단체협약의 규정이나 동종 산업 부문에 종사하는 정규직 근로자로 확대하는 경우, 후술하는 직군분리의 경우 등). 그러나 한편으론, 기간제법 8조 1항의 의의는 비교대상 근로자와 기간제근로자 사이의 근로조건의 차이를 정확하게 확인하여 불리한 처우나 합리적 이유의 존부 판단에 나아가기 위한 것이어서 그 핵심이 비교대상 근로자의 존재 시점이나 기간보다는 업무의 동종·유사성 유무에 있는데, 비교대상 근로자의 범위를 지나치게 좁게 제한하게 되면 차별시정제도를 통한 근로자 구제가 미흡해질 우려가 있으며, 사용자의 자의적인 인사권 행사로 비교대상 근로자가 부재하는 결과가 쉽게 초래될 수 있다.[751] 따라서 원칙적으로는 비교대상 근로자와 업무종사의 현재성이 충족되어야 하지만, 예외를 인정하여 앞서 검토한 다수 학설의 기본적 입장과 마찬가지로, 근접한 시기에(반드시 연속적으로 근무할 필요는 없고, 짧은 휴지기간을 거친 경우도 가능할 것이다) 당해 사업 또는 사업장에서 기간제근로

---

750) 대법원 2019. 9. 26. 선고 2016두51078 판결도 같은 내용의 판시를 하였다.
751) 조용만h, 163면에서는 비교대상 근로자가 병존하는 경우 사용자가 인사발령 등을 통해 비교대상 근로자를 의도적으로 해당 업무에서 배제하게 되면 그로 인해 차별시정의 대상이 되는 기간이 부당하게 단축될 수 있음을 지적한다.

자와 비교대상 근로자가 선임자 내지는 후임자의 관계로 근무한 경우에는 양자 사이의 근로조건의 차이, 즉 업무의 동종·유사성을 객관적으로 확인하기에 충분하다고 보이므로 비교대상 근로자성을 인정할 수 있다.[752]

④ 기타 쟁점

㉠ 복수의 비교대상 근로자가 존재하는 경우   각기 다른 근로조건 하에서 동종·유사 업무에 종사하는 비교대상 근로자가 다수 존재하는 경우 누구를 비교대상 근로자로 선정할 것인지가 문제된다.

다수의 하급심 판결에서는 가장 높은 처우를 받는 정규직(이하 특별히 구분하지 않는 한 '무기계약직'을 포함한다) 근로자를 비교대상 근로자로 선정하게 되면 가장 낮은 처우를 받는 정규직 근로자가 기간제근로자보다 더 불이익을 받게 되는 역차별이 발생할 우려가 있다는 점을 주된 근거로 하여 가장 낮은 처우를 받는 정규직 근로자를 비교대상 근로자로 선정하여야 한다고 판단하고 있으며,[753] 이때 가장 낮은 처우란 당해 사업 또는 사업장의 직제 상 존재하는 가장

---

[752] 참고로 미국의 경우 평등임금법(Equal Pay Act) 위반의 임금차별과 관련하여 동시에 업무를 수행하지 않은 근로자도 비교대상이 될 수 있다. 예를 들어 남성근로자를 대체하는 후임 여성근로자가 임금을 더 적게 받는 경우나 여성근로자를 대체하는 후임 남성근로자가 더 많은 임금을 받는 경우 법 위반이 성립할 수 있다. 다만, 해당 사업장에서 여성근로자가 수행하는 업무와 실질적으로 동일한 업무를 수행하는 남성근로자가 단 한 명도 존재한 적이 없었던 경우에는 법 위반이 성립될 수 없다(단, 그러한 상황이 장기간 계속되면 민권법 7편 위반이 성차별이 될 수도 있다). EEOC, "Compensation Discrimination"(EEOC Compliance Manual, December 2000), Sex Discrimination, 2002, 375면(조용만h, 162~163면에서 재인용).

[753] ① 서울행법 2012. 1. 12. 선고 2011구합8857 판결(백화점 계산 업무, 매장관리 업무 등을 담당한 기간제근로자들이 동종·유사 업무에 종사하는 사원 2급 정규직 근로자와 사원 4급 정규직 근로자들을 비교대상 근로자로 삼은 데 대하여 낮은 처우를 받는 사원 4급 근로자를 비교대상 근로자로 선정하는 것이 적절하다고 본 사례, 항소심인 서울고법 2012. 6. 24. 선고 2012누5000 판결을 거쳐 2012. 8. 17. 확정), ② 서울행법 2015. 12. 4. 선고 2015구합65827 판결[국사편찬위원회 사료연구위원으로 근무하는 기간제근로자들과 동종·유사업무에 종사하는 편사연구직 공무원(5급 이상 편사연구관과 6, 7급 편사연구사) 중 낮은 처우를 받는 편사연구사를 비교대상 근로자로 봄이 상당하다고 판단한 사례, 항소심인 서울고법 2016. 10. 21. 선고 2016누30189 판결을 거쳐 2016. 12. 9. 확정]. ③ 서울행법 2017. 7. 7. 선고 2016구합53203 판결은 연구원 소속 연구시설운영직 4등급에 종사하는 기간제근로자가 비교대상 근로자를 기능직(정규직) 근로자로 선정한 데 대하여 양자가 동종·유사 업무에 종사한다고 볼 수 없을 뿐만 아니라, 가사 그렇다 하더라도 무기계약 연구시설운영직은 기간제근로자와 동일한 업무를 수행하고 있는 기간의 정함이 없는 근로계약을 체결한 근로자에 해당하여 기간제법 8조 1항이 규정하고 있는 비교대상 근로자가 될 수 있다 할 것인데, 무기계약 연구시설운영직은 기능직에 비하여 낮은 처우를 받고 있고 달리 무기계약 연구시설운영직 보다 더 낮은 처우를 받고 있는 정규직이 존재한다는 점을 인정할 증거가 없으므로 비교대상 근로자는 무기계약 연구시설운영직으로 선정함이 타당하다고 판단하였다. 항소심인 서울고법 2018. 6. 20. 선고 2017누63476 판결은 기간제근로자가 비교대상 근로자로 선정한 기능직(정규직) 근로자

낮은 처우를 의미하므로, 그와 같은 직위나 호봉의 정규직 근로자가 실제로 근무하고 있을 것까지 필요로 하지는 않고, 사용자가 상당한 기간 동안 정규직 근로자를 채용하지 않거나 낮은 호봉의 정규직 근로자가 퇴사하여 기간제근로자를 채용할 당시 높은 호봉의 정규직 근로자만 근무하고 있더라도 비교대상 근로자는 그 사업 또는 사업장의 직제 상 존재하는 가장 낮은 호봉의 정규직 근로자가 된다고 보고 있다.754) 같은 이유로 서울고법 2016. 7. 8. 선고 2015누62561 판결(이하 경우에 따라 서술의 편의상 '강원랜드 제 1 고법판결'로 칭하기도 한다)은 카지노업, 관광호텔업 등을 영위하는 회사에서 인턴·계약직 등 2년 정도의 기간을 거쳐 정규직이 되는 기간제 딜러들의 비교대상 근로자는, 기간제 딜러들이 근무를 시작할 당시 위 회사에서 실제로 근무하고 있던 정규직 딜러 중 가장 낮은 임금을 받고 있던 사원 2호봉의 정규직 딜러가 아니라 위 회사의 직제상 가장 낮은 처우를 받는 사원 1호봉의 정규직 딜러로 봄이 타당하다고 판단하였다. 다만, 위 판결은 사원 1호봉의 정규직 딜러보다 1 또는 2단계 낮은 호봉(-1호봉 또는 -2호봉)을 받은 딜러가 비교대상 근로자에 해당한다는 사용자의 주장에 대하여는 직제 상으로도 존재하지 아니하고 존재할 가능성도 없는 가상의 비교대상 근로자를 상정하여 그를 비교대상 근로자로 선정할 수는 없다는 이유로 위 주장을 배척하였다. 위 판결의 상고심인 대법원 2019. 9. 26. 선고 2016두47857 판결은 '기간제법 8조 1항의 문언 내용과 기간제근로자에 대해 실제로 존재하는 불합리한 차별을 시정하고자 하는 기간제법의 취지 등을 고려하면, 기간제근로자에 대하여 차별적 처우가 있었는지를 판단하기 위한 동종 또는 유사한 업무에 종사하는 비교대상 근로자는 기간의 정함이 없는 근로계약을 체결한 근로자 중에서 선정하여야 하고, 이러한 근로자가 당해 사업 또는 사업장에 실제로 근무하고 있을 필요는 없으나 직제에 존재하지 않는 근로자를 비교대상 근로자로 삼을 수는 없다'고 판시하면서 위 서울고법 2015누62561 판결의

───────────

와 동종·유사 업무에 종사한다고 볼 수 없다고 판단하고, 위 제 1 심과 같이 가정적 판단에 나아가지 아니하였다. 위 판결은 상고심인 대법원 2018. 10. 25.자 2018두50796 심리불속행 기각 판결로 확정되었다.

754) 서울행법 2016. 11. 18. 선고 2015구합70416 판결(항소심인 서울고법 2017. 5. 17. 선고 2016누79078 판결을 거쳐 2017. 6. 10. 확정). 회사 내 정규직 근로자 중 가장 낮은 처우를 받는 사람은 경력직이 아닌 신입 사원이므로, 비교대상 근로자는 경력직 사원으로 채용되어 차별 시정 대상기간 동안 기간제근로자들과 동종·유사 업무에 종사하던 정규직 근로자가 아니라, 새로 입사한 신입 사원임을 전제로 판단하여야 한다고 판시하였다.

판단을 수긍하였으나,755) 복수의 비교대상 근로자가 있는 경우의 비교대상 근로자 선정에 관하여 가장 낮은 처우를 받는 정규직 근로자로 선정하는 것이 타당한지 여부 등을 포함한 일반 법리를 명시하지는 않았다. 후술하는 바와 같이 하급심 판결의 위와 같은 태도에 대하여 학설상 크게 논의가 되고 있는 점에 비추어 볼 때 아쉬운 대목이다. 한편, 하급심 판결 중에는 가장 높은 처우를 받는 근로자를 비교대상 근로자로 보는 전제 하에서 차별적 처우의 합리적 이유가 존재하는지 여부를 판단한 사례가 있고,756) 기간제법의 입법취지에 비추어 가장 낮은 처우를 받는 정규직 근로자에게 발생할 수 있다는 역차별의 문제는 그와 기간제근로자의 근로조건을 동일한 수준으로 하향평준화함으로써 시정할 것이 아니라, 가장 높은 처우를 받는 근로자와 비교하였을 때 인정되는 차별적 처우를 시정함으로써 해소함이 상당하다고 판시하면서 가장 높은 처우를 받는 정규직 근로자를 비교대상 근로자로 본 사례757)도 있다.

---

755) 다만, 위 서울고법 2015누62561 판결은 사용자가 기간제 딜러들에게 호텔봉사료를 지급하지 아니한 데 합리적 이유가 있다고 보았으나 위 대법원 2016두47857 판결은 기간제 딜러와 정규직 딜러 사이의 차이를 고려하더라도, 호텔봉사료의 성격, 지급근거와 대상 등에 비추어 보면, 호텔봉사료 지급에서 기간제 딜러만 배제해야 할 특별한 이유를 찾기 어렵다는 이유로 이 부분 원심 판결을 파기환송하였고, 파기환송심인 서울고법 2020. 1. 8. 선고 2019누58645 판결은 기간제 딜러에게 호텔봉사료를 지급하지 아니한 것을 차별적 처우로 인정하였다 (2020. 1. 29. 확정). 사용자 및 쟁점이 동일한 관련 사건인 서울고법 2016. 8. 17. 선고 2015누51950 판결(이하 경우에 따라 서술의 편의상 '강원랜드 제 2 고법판결'로 칭하기도 한다)은 기간제 딜러들에게 호텔봉사료를 지급하지 않은 것은 합리적인 이유가 없는 차별적 처우에 해당한다고 판단하였고, 사용자가 대법원 2016두51078호로 상고하였으나, 위 대법원 2016두47857 판결과 같은 날, 상고기각 판결이 선고되어 확정되었다(이하 경우에 따라 서술의 편의상 위 대법원 2016두47857 판결을 '강원랜드 제 1 대법원판결'로, 위 대법원 2016두51078 판결을 '강원랜드 제 2 대법원판결'로, 통틀어 '강원랜드 대법원판결'로 칭하기도 한다).

756) 서울행법 2009. 2. 6. 선고 2008구합22747 판결(항소심인 서울고법 2009누7846 사건에서 항소취하되어 확정)은 시간강사의 비교대상 근로자를 강의초빙교수로 인정한 다음 강의초빙교수 중 가장 높은 임금을 받는 경우를 기준으로 시간강사와의 근로조건을 비교하였다. 즉, '시간강사는 학기 단위로 학점당 20,000원씩 지급받는 특별수당을 제외하고 시간당 강의료 35,000원과 연구보조비 13,500원을 지급받고, 강의초빙교수는 1,800,000원에서 4,000,000원 사이에서 월 임금을 지급받는데, 강의초빙교수의 최대 월 임금에 해당하는 4,000,000원을 1개월 동안의 소정근로시간인 168시간(1주 동안의 소정근로시간을 40시간으로 보고, 1개월을 30일로 보아 계산)으로 나누어 시간당 임금을 환산하면 그 금액이 약 23,810원에 불과하여 시간강사의 시간당 강의료인 35,000원에 미치지 못하는 점 등을 종합하여 보면, 시간강사인 원고들은 임금 등의 결정에서 합리적 이유 없이 강의초빙교수에 비하여 차별적 처우를 받고 있다고 볼 수 없다'고 판단하였다(이는 위 사건의 심판대상인 중앙노동위원회 2008. 4. 14.자 중앙2008차별7 판정에서 강의초빙교수 중 월 1,800,000원의 임금을 받아 가장 낮은 처우를 받는 자를 비교대상 근로자로 선정하여 차별적 처우 유무를 판단한 것과 대비된다).

757) 대전지법 2017. 1. 11. 선고 2016구합101975 판결(2017. 2. 3. 확정). 이 사건에서 사용자는 정교사를 기간제교원의 비교대상 근로자로 선정하는 경우 무기계약직인 방과후강사에 대한

노동위원회도 기본적으로 비교대상 근로자가 다수인 경우 그중 가장 낮은
처우를 받는 정규직 근로자를 비교대상 근로자로 선정하는 것이 타당하다고 보
고 있다.758) 다만, 지방노동위원회 판정 중에는 공무원 신분으로 단시간·기간제
근로자인 비정규직 교원이 차별시정 신청을 한 사안에서 공무원인 정교사와 무
기계약직인 방과후과정 교사 중 낮은 처우를 받는 방과후과정 교사를 비교대상
근로자로 보게 되면 오히려 비정규직 교원의 1일 8시간으로 환산한 근로조건이
방과후과정 교사보다 더 높아 차별이 발생하지 않는다는 '특수한 사정'이 있으므
로 정교사를 비교대상 근로자로 선정하는 것이 바람직하다고 본 사례로 있다.759)

위와 같은 현재 실무의 주류적 흐름에 대하여 다수의 학설은 비판적이다.
그 근거로는 ① 기간제법 8조의 법문이 비교대상 근로자로 '동종 또는 유사한
업무에 종사'하는 것을 요건으로 하고 있을 뿐, 위 요건을 충족하는 근로자가
복수인 경우에 관하여 근로조건의 차이를 반영하여야 한다거나 근로조건의 높

역차별이 발생할 수 있다고 주장하였으나, 위 판결은 본문과 같이 판시하며 그 주장을 배척
하였다. 한편, 위 판결은 '방과후강사의 무기계약직 근로자로서의 근로계약 체결경위 및 그에
대한 처우에 비추어 보면, 방과후강사 역시 이 사건 유치원의 정교사와 동종 또는 유사한 업
무를 수행하면서도 차별적 처우를 받고 있을 여지가 있는 것으로 보이고, 이 사건 유치원의
정교사나 시간제근무 기간제교원은 교육공무원임에 비하여, 방과후강사는 교육공무원이 아닌
점에 더하여 기간제법의 입법취지를 고려하면, 방과후강사를 비교대상 근로자로 선정하는 것
은 적절하지 않다'는 판단도 부가하였다.

758) 중앙노동위원회a, 86면. 위 중앙노동위원회 2008. 4. 14.자 중앙2008차별7 판정; 중앙노동위
원회 2014. 2. 25.자 중앙2013차별15 판정은 연구직에 근무하는 기간제근로자에 대한 비교대
상 근로자는 정규직 선임급 연구원과 정규직 원급 연구원 중 가장 낮은 처우를 받는 정규직
원급 연구원으로 보는 것이 타당하다고 판단하였다[위 판정에 대한 행정소송인 대전지법
2015. 5. 7. 선고 2014구합101520 판결(2015. 5. 27. 확정)에서는 이에 관하여 명시적으로 판단
하지 아니하였다]. 한편, 중앙노동위원회 2014. 12. 23.자 중앙2014차별11, 12 병합판정은 '고
객상담센터에는 다수의 상담공무원이 존재하고, 특정 직급이나 호봉에 해당하는 공무원만 배
치되는 것도 아니므로 같은 고객상담센터에서 전화상담 업무를 담당하는 단시간근로자에 대
한 비교대상 근로자는 가상의 직급 및 호봉을 갖는 상담공무원을 상정하여 비교하는 것이
합리적이고, 가상의 직급으로는 상담공무원 중 높은 직급을 선정할 경우 낮은 직급의 상담공
무원보다 위 단시간근로자가 결과적으로 더 유리하게 되는 역차별이 발생할 가능성이 있으
므로, 비교대상 근로자를 상담공무원 9급으로 하되, 호봉은 차별시정 신청 근로자들이 정규
근로시간의 절반가량을 근무한 단시간근로자이므로 2년 근무당 1호봉을 가산하여 차별시정
신청 근로자들이 근무를 시작한 2004년부터 호봉을 인정할 경우 비교대상 근로자는 2011년
과 2012년은 9급 4호봉, 2013년과 2014년은 9급 5호봉인 상담공무원이 된다'라고 판단하였
다. 가장 낮은 처우를 받는 비교대상 근로자의 근로조건을 상정하여 판단하였다는 점에서 위
서울행법 2015구합70416 판결의 판단과 유사한 측면이 있다. 다만, 이러한 판단에 관하여는
위 판정에 대한 행정소송인 대전지법 2015. 12. 10. 선고 2015구합100401 판결(2016. 1. 1. 확
정)에서 상담공무원의 비교대상 근로자성 자체가 부인되어 법원의 판단까지 나아가지는 아니
하였다.

759) 전남지방노동위원회 2016. 1. 29.자 전남2015차별5~9 병합판정.

낮이에 따라 선정에 순위가 발생하고 있음을 예정하고 있지 않은 점,[760] ② 비교대상 근로자의 특정은 기본적으로 차별시정 신청인에 의하여 이루어지므로, 신청인이 다수 정규직 근로자 중 가장 높은 처우를 받는 근로자를 특정하였다면 노동위원회나 법원은 그 근로자가 비교대상 근로자로 선정될 수 있는지, 즉 그가 수행하는 업무가 신청인의 업무와 동종·유사한지 여부를 판단하면 족하다는 점,[761] ③ 차별시정 신청인이 스스로 선정한 특정 비교대상 근로자와 비교하여 피해를 입은 불리한 처우가 차별적 처우가 되는지 여부는 논리적으로 볼 때 합리적 이유의 존부 단계에서 판단하여야 한다는 점(즉 사용자로서는 근로조건이 상대적으로 낮은 또 다른 비교대상 근로자가 있음을 들어 자신이 신청인에게 낮은 근로조건을 부여한 것에는 합리적 이유가 있다고 방어할 수 있다),[762] ④ 일률적으로 가장 낮은 처우를 받는 근로자를 비교대상 근로자로 보게 되면, 근로조건의 하향 평준화를 그대로 용인하는 것이 될 뿐만 아니라 예컨대 사용자가 의도적으로 비교대상 근로자가 될 수 있는 정규직 또는 무기계약직의 직군을 분리하고, 그 중 낮은 처우를 받는 직군의 근로조건을 비정규직의 근로조건과 같게 하는 경우에는 비정규직 근로자로서는 가장 낮은 처우를 받는 비교대상 근로자와 비교하여 불리한 처우를 받지 아니하므로 일체의 차별시정을 구할 수 없게 되는 등 차별시정제도의 실효성이 잠탈되는 문제가 발생할 수 있는 점,[763] ⑤ 역차별이라는 용어는 비정규직의 근로조건은 정규직에 비하여 언제나 열등하다는 관념을 고착화시킬 위험성이 있으며,[764] 역차별의 문제는 비교대상이 될 수 있는 복

---

760) 박종희 외 2명, 114면; 민변비정규직법, 302면.

761) 민변비정규직법, 301~302면; 동종 또는 유사한 업무를 수행하는 정규직 근로자가 복수로 존재한다면 그 근로자들 모두가 비교대상 근로자가 될 수 있다고 보아야 하고, 결국 노동위원회는 차별시정 신청인의 비교대상 근로자 지정을 중심으로 판정을 내려야 한다는 박종희 외 2명, 115면이나 차별시정제도 운영상 비교대상자 선정을 신청인이 하고 있다는 점과 실무의 판단 법리는 합치되지 않으며, 노동위원회의 판단은 차별시정 신청인이 특정한 근로자를 대상으로 해야 한다는 조상균c, 13면도 같은 취지이다.

762) 박종희 외 2명, 114면; 민변비정규직법, 302면.

763) 민변비정규직법, 302~303면; 박주영, 228~229면도 같은 취지이다.

764) 조상균c, 13면; 위 서울고법 2015누62561 판결에 대한 평석인 박은정g, 266~267면에서는 '본질적인 문제는 왜 비교대상 근로자가 가장 낮은 처우를 받는 근로자이어야 하느냐는 것이고… 이러한 발상(역차별)은 곧 비정규직 근로자는 언제나 정규직 근로자보다 낮은 근로조건을 받아야 한다는 전제가 깔려있는 것이 아닐까'라는 근본적인 의문을 제기한다. 나아가 박은정d, 381면에서는 비교대상 근로자가 다수 존재하는 경우, 근로조건을 규정하고 있는 여러 규범형식 중 가장 유리한 조건이 해당 근로자에게 적용되어야 한다는, 노동법학의 해석원칙 가운데 하나인 '유리조건 우선의 원칙' 적용 가능성을 제안한다.

수의 정규직 근로자들 간의 문제이고 차후에 사용자가 직급 및 임금체계나 근
로조건 등을 조정하는 것으로 해결되어야 할 것인 점765) 등을 들고 있다.

위 학설이 지적하는 바와 같이 기간제법의 입법취지, 기간제법 규정의 문
언, 차별판단의 논리적 구조, 차별시정제도의 절차 등을 종합하면, 동종·유사
업무에 종사하는 비교대상 근로자가 다수 존재하는 경우 일률적으로 가장 낮은
처우를 받는 정규직 근로자를 비교대상 근로자로 선정하여야 한다고 볼 것은
아니다. 차별시정을 신청하는 기간제근로자는 단일한 비교대상 근로자는 물론,
복수의 비교대상 근로자를 선택적으로 또는 주위적(1차적) 및 예비적(2차적) 비교
대상 근로자로 지정할 수 있다. 노동위원회나 법원으로서는 비교대상 근로자를
선정하는 단계에서는 신청인이 위와 같이 지정한 근로자가 기간제법 8조의 요
건, 즉 신청인과 동종·유사 업무에 종사하는지 여부를 판단하면 그로써 충분하
다. 앞서 본 바와 같이 법원이 업무의 동종·유사성을 판단함에 있어 책임과 권
한의 차이는 물론, 해당 업무에 요구되는 경력 및 자격요건과 채용절차의 차이
등도 고려하고 있는 점에 비추어 보면, 차별시정 신청 근로자가 지정한 비교대
상 근로자가 복수인 경우 그중 가장 높은 처우를 받는 근로자는 업무의 동종·
유사성 자체가 부인될 가능성도 적지 않다. 그러나 사안에 따라서는 복수의 근
로자들이 모두 차별시정 신청인과 동종·유사한 업무에 종사할 수 있는데, 이와
같이 비교대상 근로자가 여럿 존재한다고 해서 비교대상 근로자 사이의 근로조
건 차이를 고려하여 일률적으로 그중 '가장 낮은' 처우를 받는 근로자를 비교대
상 근로자로 확정하는 것은 기간제법 8조의 문언상 근거가 부족할 뿐만 아니라
비교의 대상(차별시정을 신청한 기간제근로자와 비교대상 근로자)이 아닌 것을 비교
(비교대상 근로자 상호간)하는 것이 되어 논리적으로도 맞지 않다. 비교대상 근로
자에 해당하는지 여부를 판단하는 단계에서는 신청인이 지정한 판단 순서(선택
적인지 주위적·예비적인지)에 따라 비교대상 근로자를 선정하는 데 그쳐야 한
다.766) 어째서 비교대상 근로자는 가장 낮은 처우를 받는 정규직 근로자여야 하

765) 구미영j, 329면; 박종희 외 2명, 114면; '차별시정제도에서 고려할 것은 비정규직에 대한 처
    우 그 자체인 것이지 정규직과의 역차별은 고려 대상이 아니다. 오히려 역차별이 되는 결과
    를 통하여 적극적인 비정규직 차별시정에 대한 실효성이 확보될 수 있을 것이다'라는 김영택
    a, 36면도 같은 취지이다.
766) 복수의 정규직 근로자들이 모두 동종·유사한 업무에 종사하는 경우, 차별시정 신청 근로
    자가 '주위적' 비교대상 근로자를 지정한 경우에는 그에 따라야 할 것이다. 다만, ① '선택
    적'으로 지정한 경우나 ② 예컨대 같은 직제 내에서 동종·유사 업무에 종사하면서 직급, 직

는가에 관하여 '역차별'을 주된(사실상 거의 유일한) 논거로 삼고 있는 것에도 동의하기 어렵다. 역차별의 문제는 본질적으로 정규직 상호간 내지는 정규직과 무기계약직 사이의 차별로부터 연유하는 것이므로 이를(특히 무기계약직의 차별 문제가 새롭게 대두되고 있음은 앞서 본 바와 같다) 어떻게 해소할 것인지는 그 자체로 고민해야 하는 것이지, 이 문제를 비정규직 근로자의 차별시정제도 영역 안에서 고려할 것은 아니다. 또한, 반대로 가장 높은 처우를 받는 정규직 근로자를 비교대상 근로자로 본다 하더라도 그로써 기간제근로자와 사이에 차별적 처우가 존재한다는 사실이 확정되는 것도 아니다. 비교대상 근로자로 선정된 가장 높은 처우를 받는 정규직 근로자와 차별시정 신청 근로자를 달리 처우하는 것에 합리적 이유가 있는지를 심사하는 단계가 남아 있고, 비교대상 근로자의 선정 요건(기간제법 8조 1항)과는 무관한 정규직 근로자 상호간 또는 정규직과 무기계약직 사이의 근로조건의 차이는 합리적 이유 심사 단계에서 고려됨이 타당하다. 한편, 현재 실무의 주류적 입장과 같이 비교대상 근로자가 다수 존재하는 경우 일률적으로 가장 낮은 처우를 받는 정규직 근로자를 비교대상 근로자로 선정하여야 한다고 해석하게 되면, 차별시정제도를 잠탈하는 시도로서 문제되고 있는, 아래에서 보는 '직군분리'의 현상에 대하여 전혀 법리적 대응을 할 수 없게 되어 기간제법의 입법취지에도 부합하지 않는다. 굳이 위와 같은 태도를 고수할 것이 아니라 적어도 비교대상 근로자 선정 단계에서는 유연한 해석의 여

위, 호봉 등을 달리하는 정규직 근로자들이 있음에도 이를 구분하지 아니하고 해당 직제의 정규직 근로자 '전체'를 비교대상 근로자로 지정한 경우에는 여전히 그중 어느 정규직 근로자를 비교대상 근로자로 선정할 것인지의 문제가 남게 되는데(②의 경우 모두를 비교대상 근로자로 선정하고 다음 단계의 판단으로 나아가야 한다는 견해도 가능할 수 있다), 이때도 항상 '가장 낮은' 처우를 받는 정규직 근로자가 비교대상 근로자가 된다고 볼 것은 아니고, 차별시정 신청 근로자의 근무경력 등을 고려하여 가장 유사한 직급이나 호봉의 정규직 근로자('중간 단계'의 처우를 받는 정규직 근로자가 될 수도 있다)를 비교대상 근로자로 선정하여야 할 것이다. 업무의 동종·유사성이 인정된 이상 근무경력, 직급 등을 추가적으로 고려하는 것은 이 단계에서 불필요하다는 반론이 있을 수 있으나, 비교대상 근로자를 선정하기 위해 부득이한 측면이 있다. 향후 관련 사례의 축적을 통해 보다 정치한 분석과 깊이 있는 연구가 필요한 지점이다. 한편, 특히 ②의 경우, 비교대상 근로자가 실제 근무할 것을 요구하지 않고 해당 사업 내지 사업장의 직제를 고려하여 비교대상 근로자를 선정하게 되면 사안에 따라 비교대상 근로자의 부존재 등을 이유로 신청을 기각하지 아니하고 차별적 처우 여부의 판단에 나아갈 수 있어 차별시정절차의 실효성 확보와 분쟁의 일회적 해결에 도움이 될 수 있다(위 중앙노동위원회 2014. 12. 23.자 중앙2014차별11, 12 병합판정의 사례 참조). 이러한 점에서 '비교대상 근로자가 당해 사업 또는 사업장에 실제로 근무하고 있을 필요는 없다'는 판례법리는 긍정적인 면이 없지 않으나, 위 법리가 비교대상 근로자를 선정함에 있어 '가장 낮은' 처우의 정규직 근로자를 찾기 위해 활용되는 것에는 동의하기 어렵다.

지를 남겨두는 것이 바람직하다.

ⓒ 직군분리의 문제   비교대상 근로자의 선정과 관련하여 직군분리가 새
로이 문제되고 있다. 직군(job group)은 조직 내에서 직무의 성질이 유사한 직렬
을 한데 묶은 것을 말하며, 일반적으로 생산직, 사무직, 영업직, 연구개발직, 경
영지원직 등으로 분류한다. 이는 하나의 사업에서 유사 업무를 계통적으로 관리
하기 위한 것으로,767) 종래 사용자가 직군을 분리하여 근로자를 채용하고 직무
범위나 인사조직을 별도로 설정하는 것에 업무상·직무상 필요성 내지 합리성
이 인정된다면 임금, 보상, 승진 등에서 직군에 따라 차이가 발생하더라도 이는
근로자가 수용하여야 하는 정도로 이해되어 노동법의 적용과 해석상 특별히 문
제되지 않았다.768) 그런데 기간제법의 시행 전후를 통하여 ① 비정규직만을 별
도의 직군으로 떼어내어 정규직과는 다른 임금체계와 인사시스템 등을 적용하
는 형태의 분리직군제가 확산되었고,769) 보다 최근에는 ② 앞서 본 바와 같이
기간제법에 따라 기간의 정함이 없는 근로계약을 체결한 것으로 간주되거나 전
환된 근로자를 이른바 무기계약직이라는 별도의 직군으로 분리하는 상황이 등
장하였다. 이와 같은 형태의 분리직군제는 정규직과 구분되는 직군에 속한 비정
규직 또는 무기계약직 근로자가 일반적으로 정규직 근로자와 비교하여 임금을
포함한 근로조건, 각종 복리후생 등에서 차등적인 처우를 받고 있는 점, 승진이
나 직군간 경력이동가능성 또한 거의 봉쇄되어 있는 점,770) 특히 금융업을 중심
으로 여성근로자에 대한 성차별적 직군분리제가 시행되고 있는 점771) 등 여러

---

767) 공무원임용령 3조 1항 별표 1에서도 국가공무원법 4조 1항에 따라 계급(1급부터 9급까지)
　　 을 구분하는 일반직공무원의 직군을 행정직, 과학기술직, 관리운영직으로 분류하고 있다.
768) 박수근b, 253~254면; 김성희, 72면; 민변비정규직법, 305면에서도 업무상 필요성이 인정되
　　 는 한, 직군분리라는 제도가 일반적으로 위법하다거나 직군분리행위 자체가 일률적으로 차별
　　 적 처우에 해당한다고 단정하기는 어렵다고 한다.
769) 분리직군제가 정규직화의 주된 대응수단으로 활용될 수 있게 된 데에는 일차적으로 기간
　　 제법이 정규직과 비정규직의 업무 구분을 통한 차별회피전략에 대한 제재수단을 전혀 마련
　　 해두지 못한 데에서 기인한 바 크다고 보는 견해로는 이주희㉮a, 22면.
770) 이주희㉮a, 19면.
771) 기간제법 시행 전후로 특히 금융업에서 보편적으로 시행되고 있는 분리직군제를, 과거에
　　 성차별적인 것으로 비판받았던 여행원제, 신인사제도 그리고 여성노동의 비정규직화와 맥을
　　 같이하는 것이라는 관점에서 논하고 있는 글로는 박옥주, 1~32면(김성희, 79면도 차별직군제
　　 의 적용대상은 대부분 여성이라는 점에서 이는 여행원제의 부활로 남녀고용평등에 위배되며
　　 동시에 고용형태에 의한 차별을 합리화하는 것이라고 한다). 한편, 직군분리가 이루어지는 과
　　 정에서도, 여성근로자가 집중되어 있는 직무는 전환대상에 포함시키지 않거나 외주화하는 방
　　 식, 남성근로자가 집중되어 있는 직무는 정규직으로 전환하고 여성근로자가 집중되어 있는
　　 직무는 그보다 임금과 승진 등에서 불리한 직군이나 무기계약직으로 전환하는 방식, 여성근

측면에서 차별적 요소를 내포하고 있다. 차별시정제도의 운용에서도 앞서 본 바와 같이 무기계약직이 차별시정제도 자체를 이용할 수 없는 차별의 사각지대에 놓이게 된 것은 물론, ①의 경우는 비정규직과 정규직의 업무분장을 완전히 분리하여 비교대상 근로자, 즉 동종·유사한 업무에 종사하는 정규직 근로자의 존재 자체를 찾을 수 없게 되고, ②의 경우는 무기계약직의 근로조건을 비정규직과 동일하게 설정하거나 비정규직과 정규직 사이의 수준으로 설정함으로써 정규직이 아닌 무기계약직만을 비교대상 근로자로 선정되도록 하여 어느 경우나 차별시정제도의 의의와 실효성을 잠탈하는 문제점을 야기하였다.772) 이러한 여러 문제점들에 착안하여 이를 '변형된 분리직군'이라고 부르기도 한다.773)

　이와 같이 특히 '변형된 분리직군'의 사례를 어떻게 규율할 것인지에 관하여는 아직 본격적인 논의가 이루어지지 않고 있다. 직군분리나 직제개편 등과 같은 객관적 기준 하에 공식적으로 조직구조를 변화시켜 향후에도 비교대상 근로자가 더 이상 존재하지 않게 될 경우에는 사용자의 경영상 결정권 등을 존중하여 수용 가능한 것으로 보는 견해가 있는 반면,774) 형식상 직군이 분리되었다는 이유만으로 업무의 동종·유사성을 부인하게 된다면 차별시정제도의 도입 취지를 훼손할 수 있으므로 다른 직군에 동종 또는 유사 업무 종사자가 존재한다면 그 업무 종사자를 비교대상 근로자로 선정할 수 있다고 보아야 한다는 견해가 있고,775) 보다 엄격하게 접근하여, 변형된 분리직군의 고용형태 그 자체

로자보다는 남성근로자에게 현저하게 높은 무기계약직 전환비율을 적용하는 방식 등으로 다양하게 성차별이 발생하고 있으며, 그 구체적인 사례에 관하여는 박옥주·손승영, 108~109면 참조. 나아가 박옥주·손승영, 118면에서는 위와 같은 사례들이 직무를 중심으로 전환하는 방식이라 할지라도 결과적으로 여성에게 불리하므로 간접차별에 해당하며, 간접차별 금지를 비정규직법에 구체적으로 명시하고 그 처벌기준을 강화하여 간접차별의 발생을 억제시켜야 한다고 주장한다(이주희㉮b, 168~181면도 금융권 분리직군제는 외견상 충분히 중립적인 인력배치의 기준을 마련하고 있지만 분리직군화된 대상이 대부분 여성근로자라는 점, 그러한 결과가 임금 격차를 통해 여성근로자에게 불이익을 가져오는 점, 금융업에 뿌리내린 성차별적 인사관행의 영향으로 성별 직무분리의 전통이 남아 있는 점 등을 근거로 간접차별에 해당한다고 분석한다). 이에 대하여 분리직군제 자체가 성차별적인가의 문제와 분리직군 무기계약직으로의 전환 조치가 성차별적인가의 문제를 구분하여 분리직군제 자체를 문제삼아 무기계약직으로 전환을 반대하는 것보다는 여성 비정규직화의 과정, 그리고 채용 및 배치, 승진에서의 간접차별 문제를 지적하는 것이 더 우선되어야 한다는 견해로는 조순경, 20~27면.
772) 민변비정규직법, 304~305면.
773) 박수근b, 260면에서는 '변형된 분리직군'이라는 표현에는 업무상 내지 직무수행에서 합리성이 없는 또는 정상적인 형태가 아니라는 부정적인 인식과 평가가 내포되어 있다고 한다.
774) 박종희h, 297면.
775) 민변노동법Ⅲ, 247면; 종래의 관행, 업무실태, 중요성 등을 판단하여 명백히 차별시정제도를 무력화시킬 의도라는 게 인정되는 경우 다른 직군의 정규직 근로자를 비교대상 근로자로

또는 그것으로 인한 결과물을 차별과 관련하여 적극적으로 판단하는 인식전환이 요구된다는 견해,776) 업무상 필요성이 인정되지 않고 기간제법의 적용을 회피하면서 기간제근로자에 대한 차별적 처우를 한 것으로 인정될 경우에는 동종·유사 업무 수행성을 고려하지 않고 기간제근로자임을 이유로 한 차별적 처우라고 판단할 수 있다는 견해777)가 있다.

㈑ 단시간근로자의 비교대상 근로자 — 통상근로자

단시간근로자의 비교대상 근로자는 '통상근로자'이다. 단시간근로자의 비교대상이 될 수 있는 통상근로자의 선정과 관련해서도 앞서 기간제근로자의 경우에 설명한 내용들이 대부분 그대로 적용된다.

그런데 단시간근로자와 통상근로자는 개별 근로계약 형식을 통해서 특정되는 개념이 아니라 서로 간의 상대적 비교에 의해서 구별되는 개념이다. 즉 근기법 2조 1항 9호는 단시간근로자를 "1주 동안의 소정근로시간이 그 사업장에서 같은 종류의 업무에 종사하는 통상근로자의 1주 동안의 소정근로시간에 비하여 짧은 근로자"라고 상대적으로 정의하고 있을 뿐이다.

고용노동부의 행정해석778)은 이 때 통상근로자란 '소정근로시간뿐만 아니라 당해 사업장의 고용형태(계약기간), 임금체계 등을 종합적으로 고려해볼 때 통상적으로 근로할 것이 예정되어 있는 정규직 근로자'를 의미한다고 한다. 노동위원회 판정 중에는 통상근로자의 범위에 정규직 근로자뿐만 아니라 기간제

지정할 수 있도록 하는 방안을 고민해야 한다는 조상균c, 12면도 같은 취지이다.

776) 박수근b, 274면.

777) 전윤구c, 127~128면. 전윤구c, 114~120면에서는 사용자가 기간제근로자와 정규직 근로자를 획일적으로 구분한 다음 이러한 획일적 구분에 기초하여 어떤 유리한 질서에서 기간제근로자를 배제·구별하거나 불리하게 처우한 것이 명백한 경우에는 그러한 구분 자체가 기간제근로자에 대한 불리한 처우로 추정된다고 본다. 이에 따르면, 사용자가 기간제근로자임을 격리 기준으로 삼아 기간제근로자를 배제하는 처우 자체가 기간제법 8조 위반이고, 이 경우 불리한 처우는 기간제근로자임을 이유로 하였다고 추정할 수 있기에 더 이상 구체적으로 비교대상 근로자를 선정할 필요가 없다고 한다. 나아가 이와 같이 비정규직 여부가 이미 격리 기준으로 사용된 사안에서는 당해 사업 또는 사업장에 소속되어 있을 것이라는 비교의 기준 외에는 동종·유사 업무 수행성이라는 기준은 비교대상자 선정에서 절대적 기준이 아니라 2차적 기준이자 하위 기준에 불과하다고 하면서, 기간제법이 '당해 사업 또는 사업장에서 동종 혹은 유사한 업무에 종사'라는 기준을 설정한 것은 기간제이냐 정규직이냐에 따라 근로자집단이 구분되지 않고 양자가 혼재된 사안 내지는 기간제근로자라는 사실 자체를 격리 기준으로 삼은 것인지 모호한 사안에서 불리한 처우 여부를 판단하기 위해 제시된 기준으로 이해되어야 한다고 한다.

778) 고용노동부 2002. 3. 26. 근기 68207-1248.

근로자도 포함된다고 본 사례가 있다.[779]

나아가 위 행정해석은 그 사업장에서 동종 업무에 종사하는 통상근로자가 없는 경우에는 그 업무에 종사하는 가장 일반적인 형태의 근로자를 잠정적으로 통상근로자로 볼 수 있다고 한다. 이는 ILO 175호 단시간근로에 관한 협약(Part-Time Work Convention)(1994),[780] EU의 단시간 근로지침(Part-Time Worker Directive),[781] 독일 등의 입법례[782]에서 통상근로자가 반드시 당해 사업장에 실제 존재할 필요가 없고, 단체협약에 의하거나 동종의 기업 내지 산업 분야 등에 종사하는 통상근로자를 비교대상으로 보는 것과 같은 맥락이다. 이에 맞추어 우리나라에서도 당해 사업 또는 사업장에 통상근로자가 존재하지 않는 경우 단시간근로자의 비교대상이 되는 통상근로자의 유형을 순차적으로 규정하는 방안을 고려할 필요가 있다는 견해가 있다.[783]

㈜ 파견근로자의 비교대상 근로자 — 사용사업주의 근로자

파견법 21조는 파견근로자의 비교대상 근로자를 '사용사업주의 사업 내의 동종 또는 유사한 업무를 수행하는 근로자'라고 규정하고 있다.

사용사업주의 사업 내에서 업무를 수행하는 근로자이므로, 파견사업주의 근로자는 비교대상이 되지 않는다.[784] 또한, 비교대상 근로자는 사용사업주에게 직접 고용된 근로자를 의미하나, 반드시 기간의 정함이 없는 계약을 체결한 근

779) 중앙노동위원회 2008. 4. 30.자 중앙2008차별8 판정에서는 강의 업무를 핵심 업무로 전일제 근무를 하는 1년 단위 기간제근로자인 강의전담교수가 존재함을 이유로 시간강사의 단시간 근로자로서의 신청인적격을 인정하였다.

780) ILO 175호 협약(우리나라는 아직 비준하지 않았다) 1조 c에서는 단시간근로자(part-time worker)와 비교의 대상인 통상근로자(full-time worker)란 (i) 동일한 유형의 근로관계를 맺고, (ii) 동일·유사한 업무에 종사하는 자로서, (iii) 동일한 사업장에 고용된 자[당해 사업장에 비교 가능한 통상근로자가 없는 경우에는, 동종 기업(사업)에 고용되어 있는 자 또는 해당 기업(사업)에도 비교 가능한 통상근로자가 없는 경우에는 동종의 산업에 고용되어 있는 자]라고 규정하고 있다.

781) 단시간 근로지침 3조는 비교 가능한 통상근로자가 없는 경우 적용가능한 단체협약에 의하고, 만약 단체협약도 없는 경우에는 국내법이나 단체협약 관행에 의할 것을 규정하고 있다.

782) 독일의 단시간근로 및 기간제근로에 관한 법률 2조는 당해 사업장에 비교할 수 있는 통상근로자가 없는 경우에는 적용가능한 단체협약을 기준으로 하며, 그 밖의 경우에는 당해 산업에 종사하는 자를 비교할 수 있는 통상근로자로 본다고 규정하고 있다. 그 외 프랑스, 일본의 입법례에 관하여는 정용진, 74~75면.

783) 정용진, 76~77면.

784) 다만, 파견근로자가 파견사업주와 기간제 근로계약을 체결하고 있는 기간제근로자의 지위에서, 파견사업주에 고용된 기간의 정함이 없는 근로자 중 그와 동종·유사한 업무를 수행하고 있는 근로자를 비교대상 근로자로 하여 그와 차별적 처우를 받고 있다는 이유로 차별시정 신청을 하는 것은 가능할 것이다. 민변비정규직법, 308면.

로자일 필요는 없으며 직접 고용된 근로자이면 기간제근로자, 단시간근로자도 비교대상이 될 수 있고,785) 나아가 그중 반드시 파견근로자의 고용기간과 유사한 계약기간의 근로자 사이에만 비교가 가능하다고 볼 이유는 없다.786)

　　사용사업주의 단체협약이나 취업규칙 등에서 정한 정년이 경과한 파견근로자에 대하여 파견법 21조 1항이 금지하는 차별적 처우가 있는지 여부를 판단할 때 비교대상 근로자는 원칙적으로 사용사업주의 사업장에서 정년을 경과하여 같은 종류의 업무 또는 유사한 업무를 수행하는 정규직 근로자가 있다면 그 근로자가 되어야 한다. 만일 그러한 근로자가 없는 경우 정년이 경과하여 퇴직한 근로자가 사용사업주에게 촉탁직 등 기간제근로자로 채용되어 같은 종류의 업무 또는 유사한 업무를 수행하고 있다면, 위 기간제근로자 역시 비교대상 근로자가 될 수 있다. 사용사업주의 사업장에 정년을 경과하여 같은 종류의 업무 또는 유사한 업무를 수행하는 근로자가 없는 경우에는 정년을 경과하지 않은 같은 종류의 업무 또는 유사한 업무를 수행하는 근로자를 비교대상 근로자로 삼을 수밖에 없을 것이나, 이러한 경우에도 파견근로자의 정년이 경과하였다는 사정을 불리한 처우에 합리적 이유가 있는지 판단하는 데에 고려하여야 한다.787)

　　한편, 파견법은 기간제법과 달리 '사업 또는 사업장'이라고 표현하지 않고 '사업'이라고만 명시하고 있어 파견근로자를 사용하는 당해 사업 내로 비교대상 근로자의 선정 범위가 한정되는지 문제가 될 수 있지만, 비교대상 근로자 선정에서 기간제근로자와 파견근로자의 경우를 달리 정할 이유가 없으므로, 앞서 기간제근로자의 경우의 '당해 사업 또는 사업장' 부분에 관한 설명이 그대로 적용될 수 있을 것이다.788)

(4) 불리한 처우
⑺ 의　　　의

기간제법과 파견법은 '불리한 처우'가 무엇인지 정의하지 않고 있다. 이에

---

785) 민변비정규직법, 308면; 중앙노동위원회b, 49면.
786) 민변비정규직법, 308면; 중앙노동위원회b, 49면.
787) 대법원 2023. 4. 27. 선고 2021다229588 판결.
788) 민변비정규직법, 308면. 반면, 중앙노동위원회b, 48면에서는 파견법이 비교대상을 사용사업주의 '사업 내'로 명시한 점을 고려할 때 동일한 사업 내에서 비교대상 근로자를 선정해야 한다고 보고 있다. 이에 의하더라도 '하나의' 사업이 여러 장소의 사업장(출장소, 지소 등)으로 분산되어 있는 경우 파견근로자가 속해 있는 사업장 외의 사업장에서 비교대상 근로자를 선정하는 것은 가능하다고 본다(중앙노동위원회b, 49면). 그렇다면 양 견해의 차이는 동일한 사용사업주의 여러 사업 또는 각 해당 여러 사업장에 비교대상 근로자가 존재하는 경우가 될 것이다.

관하여 대법원은 '사용자가 임금 그 밖의 근로조건 등에서 비정규직 근로자와 비교대상 근로자를 다르게 처우함으로써 비정규직 근로자에게 발생하는 불이익 전반'을 의미한다고 보고 있다.[789] 이는 합리적 이유 심사 이전의 단계에서 비교대상 근로자의 임금, 상여금, 성과금 그 밖에 근로조건 및 복리후생에 관한 사항과의 비교를 통하여 객관적으로 나타난 불리한 결과를 확정하는 것이다.[790] 즉, 여기서 유의할 것은 불이익은 그 자체로 충분하다는 것이다. 차이만 있으면 되는 것이지 그 차이가 어떤 이유에서 근거하는 것인지, 그 차이에 대한 판단은 어떻게 해야 하는지는 합리적 이유 심사 단계에서 이루어진다. 차이를 확인하는 것으로 충분하며 이에 대한 가치 판단은 배제되어야 한다.[791]

　　한편, 이 때 '처우'의 의미 및 시점에 관하여 대법원이 명시적인 법리를 밝히고 있지는 아니하나, 일련의 성과상여금 지급절차(근로의 제공, 성과상여금 지급청구권의 발생, 성과상여금 지급) 중 어느 시점에 처우가 존재하는지, 즉 사용자의 어느 행위를 처우로 볼 것인지 여부에 따라 기간제법 적용 여부가 달라지는 사안에서, 대법원 2012. 1. 27. 선고 2009두13627 판결은 '기간제근로자에 대하여 합리적 이유 없는 불리한 내용의 임금 지급 또는 근로조건 집행 등과 같은 구체적인 차별행위가 기간제법의 차별금지규정이 시행된 이후 행하여진 경우에는, 그와 같은 구체적인 차별행위의 근거가 되는 취업규칙 작성, 단체협약 내지 근로계약 체결 또는 근로제공 등이 차별금지규정 시행 전에 이루어졌다고 하더라도 원칙적으로 차별금지규정이 적용된다'고 판시하여 사실행위인 성과상여금의 지급행위를 처우로, 그 지급이 이루어진 때를 처우의 시점으로 판단하고 있는 것으로 보인다. 이에 대하여 '법률행위가 선행하고 그에 따른 법률효과로서 사실행위가 뒤따라 올 때 그러한 일련의 과정의 핵심은 법률관계의 형성이라고 보아야 하므로 처우는 개별적·구체적 법률관계를 형성시키는 행위로서 그 시점에 존재하는 것으로 보아야 한다'는 이유로 위 사안에서 성과상여금 지급청구

---

789) 대법원 2012. 3. 29. 선고 2011두2132 판결, 대법원 2012. 11. 15. 선고 2011두11792 판결. 위 판결에서 들고 있는 '임금 그 밖의 근로조건'은 2013. 3. 22. 개정 전 기간제법과 파견법이 규정한 차별적 처우가 금지되는 영역을 뜻하므로, 2013년 개정법에 따르면 '임금, 상여금, 성과금 그 밖에 근로조건 및 복리후생에 관한 사항'이 된다.

790) 박종희 외 2명, 86면.

791) 김영택a, 37면; 같은 취지에서 박주영, 219면은 불리한 처우를 판단함에 있어서는 불리한 처우가 합리적인지 여부를 판단하는 요소와 혼재되지 않도록 하여야 하고, 비정규직임을 이유로 발생되는 불리한 처우를 판단하기 위한 비교의 목적에 타당한 정도로만 비교 판단의 요소를 제한하는 것이 관건이라고 한다.

권의 발생단계(구체적으로는 사용자가 <경영평가 성과급 지급기준>을 마련한 날)에서 처우가 존재한다는 견해가 있으나,[792] 취업규칙, 단체협약 등을 근거로 한 청구권의 발생단계에서는 불리한 처우의 발생이 일응 예상될 뿐 실제로 불리한 처우가 행하여졌다고 보기는 어렵다.[793] 즉, 차별적인 규정의 존재만으로는 불리한 처우가 발생하였다고 볼 수 없다.[794] 또한, 위 견해를 취할 경우에는 차별시정 신청기간(제척기간)이 부당하게 짧아질 수 있다는 문제도 있다.[795] 한편, 2014년 개정법이 노동위원회 시정명령의 내용에 '취업규칙, 단체협약 등의 제도개선명령을 포함'할 수 있도록 정한 점을 고려할 때(기간제법 13조 1항), 취업규칙, 단체협약 등 규범이 급부행위와는 구별된다는 이유로 일률적으로 처우에 해당하지 아니한다고 단정하기는 어렵다는 견해도 있으나,[796] 위와 같은 제도개선명령은 차별적 처우의 원인이 된 취업규칙, 단체협약 등의 규정을 적극적으로 바로잡아 장래 유사한 차별적 처우를 예방하는 역할도 한다는 점에서 2014년 개정법의 위 개정 내용만을 근거로 취업규칙, 단체협약 등의 규범 자체가 처우에 해당할 여지가 있다고 보기에는 부족하다.

(나) 구체적 판단방법

불리한 처우의 유무를 판단하는 데에 기간제근로자에게 급부별로 지급하는 세부 항목이 존재한다면, 이에 상응하는 비교대상 근로자의 세부 항목과 각각 비교하여 판단하는 것이 원칙이다(세부 항목별 비교방법, 예컨대 기본급은 기본급끼리, 상여금은 상여금끼리 비교하여 불리한 처우 여부를 판단하는 것이다). 그러나 위와 같은 방법으로는 판단이 어려운 경우, 예컨대 세부 항목별로 유·불리가 상이한 경우, 임금구성항목 또는 임금체계가 상이한 경우, 포괄정산임금제나 연봉제 등과 같이 세부 항목별 비교가 곤란하거나 불가능한 경우가 있을 수 있고, 이 때는 비교가능한 임금 및 근로조건을 하나의 범주로 묶어 비교·판단하거나(범주별 비교방법) 총액을 비교·판단하는 방법(총액 비교방법),[797] 임금 및 근로조건 전

---

792) 김동욱a, 344면.
793) 중앙노동위원회 2008. 1. 4.자 중앙2007차별1 등 병합판정.
794) 박종희·강선희b, 100면; 조상균d, 119~120면. 같은 취지에서 중앙노동위원회 2013. 11. 4.자 중앙2013차별13 판정은 '차별시정을 신청한 근로자가 실제로 보상휴가를 신청하였다거나 보상휴가의 부여 기준시간을 초과하여 연장근로를 한 사실이 없어 규정의 존재만으로 불리한 처우가 발생하였다고 볼 수는 없다'고 판단하였다.
795) 조상균c, 15면.
796) 민변비정규직법, 309~310면.

체를 종합적으로 비교·판단하는 방법(종합적 비교방법) 등을 활용하여야 한다.[798]

　　노동위원회는 사안에 따라 범주별·총액 비교방법을 다양하게 활용하되,[799] 다만 실제 근로제공에 따라 지급되는 연장·야간·휴일근로수당이나 평가에 따라 지급액이 달라지는 성과상여금의 경우 범주화에서 제외해야 한다고 판정하고 있다.[800]

　　반면, 다수의 하급심 판결은 "기간제근로자와 비교대상 근로자 간에 임금을 구성하는 세부 항목이 다르거나 세부 항목에 따라 유·불리가 나뉘는 경우에는 임금의 세부 항목별로 불리한지 여부를 따져서는 안 되고, 소정근로를 제공한 것 자체만으로 지급요건이 충족되는 임금 항목과 그 외에 특정한 조건에 해당해야만 지급요건이 충족되는 임금 항목으로 구분하여, 전자의 경우에는 그에 포함된 모든 항목의 금액을 합산하여 총액을 기준으로 판단하여야 하고, 후자의 경우에는 항목별로 따져 유·불리를 판단하여야 한다."고 하여, 소정근로의 대가성을 기준으로 비교방법을 세분화하는 방법을 채택하고 있다.[801] 전자의 경우,

---

797) 범주화 비교와 총액 비교는 세부 항목을 하나의 범주로 묶어 전체적으로 판단한다는 점에서는 동일하나, 전자가 동일 또는 유사한 임금체계에서 일부 항목이 유리하고 일부 항목이 불리할 때 이를 하나의 범주로 비교하는 방법이라면, 후자는 임금체계가 상이한 경우에 활용되는 방식이라는 점에서 구별된다(민변비정규직법, 312면). 특히 총액 비교방법은 세부 항목 내지 범주별 비교방법이 불가능 내지는 곤란한 경우에 활용되거나 위 각 비교방법의 보조적 수단으로 활용될 수 있다. 포괄임금제에 따라 기본급 및 제 수당을 포함하여 월 고정급 형태로 지급하거나 사전에 연봉으로 연간 임금총액이 정해지는 때에는 임금대장 등에 기재되어 있는 임금 항목들은 사실상 월 임금 및 연봉을 역산하여 기재한 명목상의 임금 항목에 불과한 경우가 많기 때문이다. 또한, 사용자가 임금을 결정하는 방식에서도 구체적인 급부의 항목에 초점이 있는 것이 아니라 일정한 기준에 따라 사전적으로 월간 내지 연간 총액으로 결정하는 데 중점이 있기 때문이기도 하다(강선희f, 31면).

798) 비교방법에 관한 상세한 논의로는 박종희 외 4명, 147~152면.

799) 총액 비교방법을 채택하여, 기본급의 경우에는 단시간근로자들이 비교대상 근로자에 비해 높은 반면, 수당에 따라서는 지급대상이 아닌 것도 있는 등 각자의 급여체계가 다르고 항목에 따라 유·불리가 나뉘는 사안에서 임금채권 시효기간인 3년 동안 단시간근로자들과 비교대상 근로자가 지급받은 기본급, 수당 등 총액을 비교해 적게 지급받은 단시간근로자들에게 불리한 처우의 존재를 인정한 사례로는 중앙노동위원회 2014. 12. 23.자 중앙 2014차별11, 12 병합판정, 근로자들 간의 급여체계가 서로 다른 경우 3년간 전체 급여총액에서 기간제근로자가 비교대상 근로자보다 더 많이 급여를 지급받았다는 이유로 불리한 처우를 부정한 사례로는 중앙노동위원회 2014. 12. 31.자 중앙2014차별10 판정.

800) 중앙노동위원회 2008. 3. 20.자 중앙2007차별5~19 병합판정, 서울지방노동위원회 2013. 5. 15.자 서울2013차별7 판정 등.

801) 서울고법 2016. 10. 21. 선고 2016누30189 판결(2016. 12. 9. 확정.), 서울행법 2013. 4. 5. 선고 2012구합30080 판결(서울고법 2013누12012호로 항소하였으나 2013. 10. 30. 항소기각되어 2013. 11. 20. 확정되었다). 서울고법 2016. 7. 8. 선고 2015누62561 판결(강원랜드 제 1 고법판결이다), 서울고법 2016. 8. 17. 선고 2015누51950 판결(강원랜드 제 2 고법판결이다) 등.

즉 소정근로를 제공한 것 자체만으로 지급요건이 충족되는 임금 항목으로는 기본급, 정기상여금, 직급보조비, 정근수당, 정근수당 가산금, 민원업무수당, 정액급식비 등이, 후자의 경우 특정한 조건에 해당해야만 지급요건이 충족되는 임금 항목의 예로는 연장근로수당, 휴일근로수당, 가족수당, 성과상여금, 경조금 등이 거론된다. 이러한 판단방법에 따르면, 차별시정 신청대상 항목이 소정근로를 제공하는 것만으로 지급요건이 충족되는 임금 항목에 포함되는 경우에는, 신청대상이 되는 항목만을 합산하여 그 총액을 비교하는 것이 아니라 신청인 근로자가 지급받고 있는 항목 중 소정근로를 제공한 것만으로 지급요건이 충족되는 모든 항목과 비교대상 근로자가 소정근로를 제공한 것만으로 지급요건이 충족되는 모든 항목의 총액을 비교하게 된다.[802] 이와 같은 하급심 법원의 태도에 대하여는 소정근로를 기준으로 할 경우 비정규직 근로자에 대한 불리한 처우에 대한 차이를 명확하고 간명하게 해 준다는 장점이 있다는 평가[803]와 그 판단방법을 달리하는 기준이 반드시 소정근로의 대가성이어야 하는지, 그 법리적 이유는 무엇인지 등에 대한 근거가 불분명하다는 지적[804]이 있다.

　한편, 마찬가지로 소정근로의 대가성을 기준으로 하여 불리한 처우 유무를 판단한 강원랜드 제 1, 2 고법판결의 상고심이었던 강원랜드 대법원판결[805]은 '기간제근로자가 기간제근로자임을 이유로 임금에서 비교대상 근로자에 비하여 차별적 처우를 받았다고 주장하며 차별시정을 신청하는 경우, 원칙적으로 기간제근로자가 불리한 처우라고 주장하는 임금의 세부 항목별로 비교대상 근로자와 비교하여 불리한 처우가 존재하는지를 판단하여야 한다. 다만 기간제근로자와 비교대상 근로자의 임금이 서로 다른 항목으로 구성되어 있거나, 기간제근로자가 특정 항목은 비교대상 근로자보다 불리한 대우를 받은 대신, 다른 특정 항목은 유리한 대우를 받은 경우 등과 같이 항목별로 비교하는 것이 곤란하거나

---

802) 변상영a, 7면. 예컨대, 서울고법 2016. 10. 21. 선고 2016누30189 판결(2016. 12. 9. 확정)은, 신청인 근로자가 비교대상 근로자와는 달리 명절휴가비, 정액급식비, 가족수당을 지급받지 못하였다고 주장한 사례에서, 명절휴가비와 정액급식비는 소정근로에 대하여 지급되는 임금에 해당한다는 이유로 같은 성격의 급여, 즉 기본급, 직급보조비, 연구직수당, 정근수당, 정근수당 가산금이 해당 사안에서 다툼의 대상이 아니었음에도 이를 합산하여 사용자가 신청인 근로자에게 명절휴가비와 정액급식비를 지급하지 아니한 것이 불리한 처우에 해당하는지 여부를 판단하였고, 가족수당의 경우는 소정근로에 대하여 지급되는 임금에 해당하지 아니한다는 이유로 불리한 처우가 존재하는지를 따로 떼어 판단하였다.

803) 김영택a, 38면.

804) 민변비정규직법 313~314면.

805) 대법원 2019. 9. 26. 선고 2016두47857 판결, 대법원 2019. 9. 26. 선고 2016두51078 판결.

적정하지 않은 특별한 사정이 있는 경우라면, 상호 관련된 항목들을 범주별로 구분하고 각각의 범주별로 기간제근로자가 받은 임금 액수와 비교대상 근로자가 받은 임금 액수를 비교하여 기간제근로자에게 불리한 처우가 존재하는지를 판단하여야 한다. 이러한 경우 임금의 세부 항목이 어떤 범주에 속하는지는, 비교대상 근로자가 받은 항목별 임금의 지급 근거, 대상과 그 성격, 기간제근로자가 받은 임금의 세부 항목 구성과 산정기준, 특정 항목의 임금이 기간제근로자에게 지급되지 않거나 적게 지급된 이유나 경위, 임금 지급 관행 등을 종합하여 합리적이고 객관적으로 판단하여야 한다'고 판시하였다. 이는 불리한 처우 유무의 판단방법에 관한 일반 법리를 최초로 판시한 것으로서 의미가 있다 할 것이나, 소정근로의 대가성을 기준으로 불리한 처우 유무를 판단하는 하급심 판결의 당부에 관하여는 직접적·명시적인 언급을 하지 않았다는 점에서 역시 아쉬움이 남는다.806) 판례는 단시간근로자가 통상근로자에 비하여 차별적 처우를 받았다고 주장하는 사건에서 불리한 처우의 유무를 판단할 때에도 위 강원랜드 대법원판결이 설시한 기준을 적용하고 있다.807)

⒟ 단시간근로자의 특수한 문제 — 시간급의 산정

단시간근로자의 임금은 통상근로자의 근로시간을 기준으로 산정한 비율에 따라 지급되어야 한다(법 18조 1항). 단시간근로자에게 지급되는 임금은 단시간근로의 특성상 시간급 임금으로 정해지는 것이 보통이기 때문에 불리한 처우인지를 확인하기 위해서는 통상근로자의 임금을 시간급으로 환산하여야 한다. 이 경우 시간급의 산정은 기본급을 기준으로 하되, 이를 통한 비교가 어려운 경우에는 앞서 본 바와 같이 범주별 또는 총액임금을 기준으로 산정된 시간급을 종합적으로 고려하여 비교·판단하여야 할 것이다.808) 다만, 범주별 또는 총액 비교방법을 택할 경우, 시간비례가 적용되지 않는 급부와 급부의 성질상 분할가능하지 않은 급부들은 이를 분할 후 포함시켜 비교할 수 없다.809)

---

806) 강원랜드 대법원판결은 앞서 본 바와 같이 복수의 비교대상 근로자가 있는 경우의 비교대상 근로자 선정에 관하여도 의미 있는 판시를 하였으나, 이 때 가장 낮은 처우를 받는 정규직 근로자를 비교대상 근로자로 보는 하급심 판결의 당부에 관하여는 판단하지 않았다. 위 판결에 대한 향후 학계의 깊이 있는 분석과 비평이 있으리라 예상된다.

807) 대법원 2024. 2. 29. 선고 2020두49355 판결.

808) 민변비정규직법, 314면.

809) 박종희·강선희b, 109면.

　㈑ 파견근로자의 특수한 문제 — 비교되는 임금의 기준

　파견근로자의 경우, 비교대상이 되는 임금을 사용사업주가 파견사업주에게 지불한 파견수수료를 기준으로 해야 하는지 아니면 실제 파견근로자가 지급받은 임금액을 기준으로 해야 하는지 논란이 있을 수 있다. 차별적 처우 금지 규정의 일차적 목적은 비정규직 근로자를 보호하는 데에 있고, 파견사업주에게 지급되는 파견수수료는 어떻게 보더라도 '임금'은 아니므로, 파견사업주로부터 파견근로자가 직접 수령하는 임금을 기준으로 비교대상 근로자와 비교하여야 한다.810)

　한편, 정년이 경과한 파견근로자에 대하여 사용사업주 소속 정년 미경과 근로자를 비교대상으로 하여 차별적 처우에 합리적 이유가 있는지 여부를 판단하거나 차별적 처우로 인한 손해배상액을 산정하는 경우, 그 기준이 되는 임금, 즉 파견근로자가 차별적 처우가 없었더라면 받을 수 있었던 적정한 임금은, 사용사업주 소속 정년 미경과 근로자가 받은 임금이 아니라 사용사업주가 정년이 경과한 근로자를 채용하였더라면 지급하였을 적정한 임금을 의미한다. 이러한 임금은 정년이 경과한 파견근로자가 구체적으로 수행한 업무의 내용과 범위·권한·책임, 동종 사업장의 관행, 파견근로자와 같은 종류의 업무 또는 유사한 업무가 아니더라도 다른 종류의 업무 영역에서 사용사업주가 정년퇴직한 근로자를 일시적으로 고용한 적이 있다면 그 근로자에게 지급한 임금과 퇴직 전 지급한 임금의 차이와 비율 등을 종합적으로 고려하여 산정하여야 한다.811)

　㈒ 인과관계—기간제근로자임을 이유로 한 불리한 처우

　기간제법 8조 1항은 "사용자는 기간제근로자임을 이유로 당해 사업 또는 사업장에서 동종 또는 유사한 업무에 종사하는 기간의 정함이 없는 근로계약을 체결한 근로자에 비하여 차별적 처우를 하여서는 아니 된다."고 규정하고 있으므로, 위 규정이 금지하는 차별적 처우는 '기간제근로자임을 이유로' 한 것이어야 한다. 즉, 기간제근로자가 비교대상 근로자보다 불리한 처우를 받았더라도 그것이 기간제근로자라는 사실과 인과관계가 인정되지 않는다면 합리적 이유의 존부에 관하여 더 나아가 판단할 필요 없이 차별적 처우가 성립하지 않는다.812)

　이와 관련하여 대법원 2023. 6. 29. 선고 2019두55262 판결은 기간제근로자

---

810) 민변비정규직법, 314면.
811) 대법원 2023. 4. 27. 선고 2021다229588 판결.
812) 민변비정규직법, 314면.

에 대한 불합리한 차별을 시정하고 기간제근로자의 근로조건 보호를 강화하려
는 기간제법의 입법 취지와 목적 등에 비추어 볼 때, 불리한 처우가 기간의 정
함이 없는 근로계약을 체결한 근로자와 비교하여 '기간제근로자만이 가질 수 있
는 속성을 원인으로 하는 경우' 기간제근로자임을 이유로 한 불리한 처우에 해
당하고, 모든 기간제근로자가 아닌 '일부 기간제근로자'만이 불리한 처우를 받
는다고 하더라도 달리 볼 수 없다고 판시하였다.813)

(5) 합리적 이유

⑺ 의　　　의

차별적 처우란 사용자가 근로자를 임금 및 그 밖의 근로조건 등에서 '합리
적인 이유 없이' 불리하게 처우하는 것을 말한다(기간제법 2조 3호; 파견법 2조 7호).

---

813) 원고 교육청이 각급 학교에 전달한 '2016 교육공무직원 처우개선수당 업무지침' 공통기준
［적용기준일부터 근로계약기간 또는 계속근로기간이 1년 이상인 근로자를 처우개선수당(장기
근무가산금, 교통보조비, 가족수당, 자녀학비보조수당, 명절휴가보전금 및 정기상여금) 지급대
상으로 한다]에 따라 위 적용기준일 당시 근로계약기간 또는 계속근로기간이 1년 미만이었던
'기간제근로자'(참가인)에게 처우개선수당을 지급하지 않은 것이 기간제법 8조 1항에서 금지
한 차별적 처우에 해당하는지가 문제된 사안이다. 원심인 서울고법 2019. 9. 19. 선고 2019누
33288 판결은, 위 업무지침 공통기준에 따르면 참가인이 비교대상 근로자로 선정한 '무기계
약직 근로자'(행정실무사)와 기간제근로자 모두 계속근로기간이 1년 미만이지만 기간제근로
자의 근로계약기간이 1년 미만인 경우에는 무기계약직 근로자의 경우 근로계약기간이 1년
이상이므로 계약체결 시부터 처우개선수당을 지급받을 수 있는 데 비하여 기간제근로자는
근로계약기간이 1년 미만이므로 이를 지급받을 수 없는 차별이 발생한다는 점을 인정하면서
도 그러한 차별의 원인에는 '1년 미만의 단기 근로계약'이라는 측면도 있기 때문에 그 차별
이 오직 '기간제근로자'이기 때문에 생긴다고 단정하기 어려운 점 등을 들어 '기간제근로자
임을 이유로' 불리하게 처우한 경우에 해당한다고 볼 수 없어 '불리한 처우의 합리성 여부'
에 관하여 나아가 살필 필요 없이 이와 결론을 달리한 중앙노동위원회의 재심판정이 취소되
어야 한다고 판단하였다. 위 서울고법 2019누33288 판결은 기간제근로자라는 사실과 불리한
처우 사이의 인과관계를 쟁점으로 하여 명시적인 판단을 내린 사례였으나, 인과관계를 부정
한 결론에는 의문이 있던 차에[무기계약직은 기간의 정함이 없는 근로계약을 체결한 근로자
이므로 처우개선수당 지급요건 중 계속근로기간이 1년 이상인지 여부만이 문제되는 반면, 기
간제근로자의 경우는 이에 더하여 근로계약기간이 1년 이상인지 여부에 따라서도 처우개선
수당의 지급 유무가 좌우되므로 실질적으로는 동일한 기준이 적용된다고 보기 어려운 측면
이 있는 점, '1년 미만의 단기 근로계약을 체결한 기간제근로자'는 처우개선수당 지급대상에
서 전혀 배제되는 차별을 받게 되는데, 이 또한 '기간제근로자임을 이유로' 한 차별에 해당
한다고 볼 수 있는 점, '1년 미만의 단기 근로계약을 체결한 기간제근로자'와 '기간제근로자'
를 구별하여 달리 취급할 근거도 부족한 점 등이 그것이다], 대법원이 "참가인이 무기계약직
근로자인 비교대상근로자들에 비하여 위와 같은 불리한 처우를 받은 것은 기간을 1년 미만
으로 정한 근로계약을 체결한 '기간제근로자'이기 때문이다. 무기계약직 근로자와 달리 기간
제근로자만이 '근로계약기간이 1년 미만'이라는 속성을 가질 수 있으므로, 기간제근로자 중
일부 근로계약기간이 1년 미만인 사람만이 이 사건 처우개선수당을 지급받지 못한다고 하더
라도 이는 '기간제근로자임을 이유로 한 불리한 처우'에 해당한다."라고 판시하면서 원심판결
을 파기환송한 것이다. 타당한 결론이다.

따라서 불리한 처우가 존재하더라도 그와 같이 이른 데에 합리적인 이유가 있다면 차별적 처우에 해당되지 않는다. 합리적인 이유의 판단은 차별적 처우 판단의 최종 단계에서 이루어진다.

⑷ 합리적 이유 판단의 원칙

'합리적 이유가 없는 경우'가 어떤 경우인지에 관하여 기간제법이나 파견법에는 아무런 정의가 없다. 따라서 '합리적 이유'가 무엇을 의미하고, 어떠한 심사기준으로 이를 판단할 것인지가 문제된다. 이는 비정규직 차별시정에서 불리한 처우의 합리성 여부를 '완화된 심사기준(자의금지의 원칙)'과 '엄격한 심사기준(비례의 원칙)' 등 어느 기준에 따라 판단해야 하는가라는 논의로 연결된다.

① 자의금지의 원칙   차별시정제도가 도입된 초기에 노동위원회는 '사용자의 자의에 기초하는 것이 아니라 사용자의 사업경영상의 목적과 객관적으로 합리적인 관련을 가지고 있는' 불리한 처우는 합리적 차별로 해석되어야 한다고 판단하였다.[814] 학설 중에도 기간제와 같은 고용형태는 성이나 사회적 신분과 같이, 변경하는 것이 불가능하거나 현저히 곤란한 인격적 사유에 해당되지 않으므로 절대적 차별금지사유가 아니라 상대적 차별금지사유라는 이유로, 고용형태에 따른 차별에 대하여는 엄격한 심사기준이 적용되는 것이 아니라 완화된 심사기준이 적용된다는 견해[815]가 있다.

② 비례성의 원칙   그러나 위와 같이 완화된 심사기준을 취한 노동위원회 실무 및 같은 취지의 학설에 대하여는 사용자의 자의만을 기준으로 하게 되면 지나치게 완화된 판단에 이르러 심각한 수준이 아닌 이상 대부분의 차별이 용인될 수 있다는 비판이 제기되었고,[816] 이에 다수의 학설은 차별시정제도에서도 엄격한 심사기준이 적용되어야 한다고 보고 있다. 다만, 그 적용의 방식과 범위에 관하여는 아래와 같이 차이가 있다.

---

814) 중앙노동위원회 2008. 1. 14.자 중앙2007차별1 등 병합판정, 중앙노동위원회 2008. 4. 24.자 중앙2008차별1~5 병합판정 등 참조.

815) 박종희 외 4명, 109면; 전윤구d, 17면.

816) 조임영 외 4명, 25면에서는, '자의금지의 원칙'은 헌법재판소가 입법자의 입법 재량을 통제하는 기준으로 설정한 것으로, 특정 법률이 헌법상의 가치나 이익을 침해한다고 주장될 때 이익이 충돌하는 법률의 위헌성을 판단하기 위해 적용되는 심사 원리인데, 비정규직 차별금지규정은 법률 안에서 차별을 판단하는 기준의 내용을 정하는 것이므로, 이 원칙과 비정규직 차별금지규정 사이에 직접적인 관련성을 지어 비정규직 차별에 완화된 기준을 언급하는 것은 자칫 차별 판단에서 합리적 이유의 범위를 지나치게 확장할 근거로 원용될 가능성이 있으므로 이를 선험적으로 선언하거나 확인하는 것은 적절하지 않다고 한다.

첫째는, 불리한 처우가 기업질서 및 노사관계에서 어느 정도 사회통념상 정당하다고 판단되는 경우라도 합리적 차별 여부를 판단하기 위해서는 엄격하게 적정성과 비례의 원칙을 적용할 필요가 있다는 견해이다.[817] 둘째는, 급부의 성격에 따라 심사기준을 달리하되 근로대가성이 높은 급부에 대해서는 엄격한 심사기준(비례의 원칙)을 적용하고, 근로대가성이 낮은 급부에 대해서는 완화된 심사기준(자의금지의 원칙)을 적용하여야 한다는 견해이다.[818] 셋째, 불리한 처우의 유형에 따라 심사기준을 달리하되 직접차별에 대해서는 엄격한 심사기준을 적용하고, 간접차별에 대해서는 완화된 심사기준을 적용하여야 한다는 견해이다.[819] 넷째, 동종·유사업무를 수행하는 정규직과 비정규직 사이의 임금 차이가 20% 이내인 경우에는 특별한 사정이 없는 한 자의금지의 원칙에 따라 합리성 여부를 판단하고, 20%를 초과하는 경우에는 보다 엄격한 심사기준을 적용하되 임금 차이의 정도가 심할수록 그에 비례하는 엄격한 심사기준을 적용하자는 견해이다. 정규직과 비정규직 간의 임금 차이는 대부분의 경우 계산 가능하기 때문에 그 이론의 적용 측면에서 실용적이고, 임금 격차 20%는 앞서 본 미국의 간접차별금지 법리에서 채택·적용되었던 '4/5규칙'을 참고한 것이며, 상대적으로 객관적인 이론이라는 점을 근거로 든다.[820]

③ 판   례   대법원 2012. 3. 29. 선고 2011두2132 판결은 "합리적인 이유가 없는 경우란 기간제근로자를 다르게 처우할 필요성이 인정되지 않거나 다르게 처우할 필요성이 인정되는 경우에도 그 방법·정도 등이 적정하지 않은 경우를 의미한다. 그리고 합리적인 이유가 있는지 여부는 개별 사안에서 문제된 불리한 처우의 내용과 사용자가 불리한 처우의 사유로 삼은 사정을 기준으로 기간제근로자의 고용형태, 업무의 내용과 범위, 권한과 책임, 임금 그 밖의 근로조건 등의 결정요소 등을 종합적으로 고려하여 판단하여야 한다."고 판시하였다.[821] 이후 대법원 2016. 12. 1. 선고 2014두43288 판결은 판단기준을 좀 더 상술하여 "급부의 실제 목적, 고용형태의 속성과 관련성, 업무의 내용 및 범위·권한·책임, 노동의 강도·양과 질, 임금이나 그 밖의 근로조건 등의 결정요소 등을

---

817) 윤기택·한경식, 373면.
818) 조임영 외 4명, 48면 이하.
819) 유성재b, 502면.
820) 조용만i, 174~175면.
821) 같은 취지로는 대법원 2012. 10. 25. 선고 2011두7045 판결 등.

종합적으로 고려하여 판단하여야 한다."고 판시하였다. 이와 같은 판시를 차별
의 목적(달리 처우할 필요성)과 그 수단(달리 처우하는 방법과 정도) 사이에 균형적
내지는 비례적 관계가 존재하여야 차별의 합리성이 인정될 수 있다는, 즉 합리
적 이유에 관한 엄격한 판단을 요구하는 취지의 판시로 이해하는 것이 일반적
이다.[822] 노동위원회는 위 대법원 2011두2132 판결 선고 이후 종전의 입장을 변
경하여 비례의 원칙에 입각한 판정을 하고 있다.[823] 한편, 일부 하급심 판결은
'합리적인 이유 여부는 기간제근로자의 근속기간, 단기고용이라는 특성, 채용조
건·기준·방법·절차, 업무의 범위·권한·책임, 노동시장의 수급상황 및 시장가치, 사
용목적(수습·시용·직업훈련·인턴 등), 임금 및 근로조건의 결정요소(직무, 능력, 기능,
기술, 자격, 경력, 학력, 근속년수, 책임, 업적, 실적 등) 등을 고려하여 개별 사안별로
판단하여야 할 것'이라고 하여 합리적 이유의 판단기준을 보다 더 구체화하고
있다.[824]

④ 불리한 처우 여부를 판단하는 비교방법과의 연계   불리한 처우를 하는
데에 합리적 이유가 없어야 차별이 성립하므로, 불리한 처우가 발생한 대상 및
범주 내에서 합리적 이유 유무를 판단해야 한다. 즉, 불리한 처우 여부를 판단
함에 있어 세부 항목별로 비교한 경우에는 불리함이 존재하는 해당 세부 항목
에서 각 합리적 이유가 있는지를, 범주화하여 비교한 경우에는 범주화한 영역별
로 합리적 이유가 있는지를 판단해야 한다.[825]

중앙노동위원회 판정례 중에는 불리한 처우 여부의 판단에 있어 세부 항목
별 비교방법을 택하였음에도 합리적 이유의 판단에 있어서는 항목을 불문하고
근로조건 전체를 기준으로 한 초심 판정을 취소한 사례가 있으며, 같은 사안의
행정소송에서 제1심 판결 및 항소심 판결도 불리한 처우 여부 판단 시 채택하

---

822) 김영택a, 41면; 조용만·김홍영, 33면; 민변비정규직법, 318면. 반면, 박종희h, 298면에서는
    위 대법원 판결이 판단기준에 관해서는 분명하게 제시하지 않고 있다고 보고 있으며, 위 대법
    원 판결 선고 이후에도 완화된 심사기준을 적용하여야 한다는 종전의 견해를 유지하고 있다.
823) 중앙노동위원회 2012. 6. 26.자 중앙2012차별4 판정, 중앙노동위원회 2013. 11. 4.자 중앙2013
    차별13 판정, 중앙노동위원회 2014. 12. 13.자 중앙2014차별11, 12 병합판정, 중앙노동위원회
    2015. 5. 4.자 중앙2015차별1 판정 등.
824) 서울고법 2010. 11. 11. 선고 2010누15577 판결(2010. 12. 3. 확정), 서울행법 2011. 8. 18. 선고
    2010구합41802 판결(차별적 처우가 인정되지 않은 사안으로, 기간제근로자가 서울고법 2011
    누31392호로 항소하였으나 2011. 11. 29. 항소기각되었고, 다시 상고하였으나 대법원 2012. 4.
    26.자 2012두2245 심리불속행 기각 판결로 확정되었다), 서울행법 2012. 1. 12. 선고 2011구합
    8734 판결(2012. 2. 9. 확정) 등.
825) 강선희f, 34면.

였던 세부 항목별 비교방법에 조응하여 세부 항목별로 합리적 이유의 존부를 판단하였다.826)

다만, 앞서 본 바와 같이 기간제근로자와 비교대상 근로자 간에 임금을 구성하는 세부 항목이 다르거나 세부 항목에 따라 유·불리가 나뉘는 사안에서 불리한 처우 여부를 ① 소정근로를 제공한 것 자체만으로 지급요건이 충족되는 임금 항목과 그 외에 ② 특정한 조건에 해당해야만 지급요건이 충족되는 임금 항목으로 구분하여 판단하는 비교방법을 취하고 있는 하급심 판결 중에는 나아가 합리적 이유의 존부를 판단함에 있어서는 일관된 결론에 이르지 못한 것이 있다.

즉, 같은 사건(국사편찬위원회 사건)에서 제1심(서울행법 2015. 12. 4. 선고 2015구합65827 판결, 이하 경우에 따라 서술의 편의상 '국사편찬위 제1심 판결'이라 한다)과 항소심(서울고법 2016. 10. 21. 선고 2016누30189 판결, 2016. 12. 9. 확정. 이하 경우에 따라 서술의 편의상 '국사편찬위 항소심 판결'이라 한다)의 판단이 달랐고, 사실관계가 동일한 두 사건의 항소심(강원랜드 제1, 2 고법판결) 결론이 달랐다. 이를 구체적으로 살펴보면, 먼저 ② 특정한 조건에 해당해야만 지급요건이 충족되는 임금 항목의 경우에는 위 각 판결들이 공통적으로 각 항목별로 합리적 이유의 존부를 판단하고 있다(예컨대 국사편찬위원회 사건의 가족수당, 강원랜드 사건의 경조금). 그런데 ① 소정근로를 제공한 것 자체만으로 지급요건이 충족되는 임금 항목의 경우, 국사편찬위 제1심 판결 및 강원랜드 제1 고법판결은 불리한 처우 여부를 판단함에 있어 ①에 포함된 모든 항목의 금액을 합산한 총액을 기준으

---

826) ① 초심인 전남지방노동위원회 2009. 1. 9.자 전남2008차별123 판정은 차별시정 신청인인 중형버스 운전원인 기간제근로자가 통상시급, 근속수당, 무사고수당, 상여금의 지급에 있어 비교대상 근로자인 대형버스 운전원인 무기계약 근로자에 비하여 차별적 처우를 받고 있다고 주장함에 대하여, 위 각 세부 항목을 상호 비교하여 신청인 근로자가 불리한 처우를 받고 있다고 인정하면서도 합리적 이유 존부를 판단함에 있어서는 중형버스 운전원과 대형버스 운전원의 근로조건, 노동강도, 노선의 특성, 노동의 질적 차이, 고용형태상의 차이 등을 종합적으로 고려하여 사용자가 신청인 근로자를 비교대상 근로자에 비하여 불리하게 처우한 것은 합리적 이유가 있는 것으로 판단하여 차별시정 신청을 기각하였다. ② 이와 달리 재심인 중앙노동위원회 2009. 6. 4.자 중앙2009차별1 판정은 합리적 이유의 존부를 세부 항목인 통상시급, 근속수당, 무사고수당, 상여금별로 판단하였고, 그 결과 근속수당, 무사고수당, 상여금에 대한 차별적 처우를 인정하여 차별시정 신청을 일부 인용하였다. ③ 이에 불복하여 사용자가 중앙노동위원회(피고)를 상대로 제기한 행정소송 1심인 서울행법 2010. 1. 22. 선고 2009구합28155 판결은 불리한 처우 및 합리적 이유 판단에 있어 중앙노동위원회 재심판정과 같은 판단 구조를 취하면서도 결론을 달리하여 근속수당 부분에 관하여만 차별적 처우를 인정하였다. ④ 이에 대하여 차별시정 신청근로자(피고보조참가인)가 항소하였으나, 서울고법 2010. 8. 24. 선고 2010누8074 판결로 항소기각되었고, 2010. 9. 17. 위 항소심 판결이 확정되었다.

로 한 것과 마찬가지의 기준으로 합리적 이유의 존부를 판단하였다. 즉, 국사편
찬위 제 1 심 판결은 차별적 처우가 문제된 명절휴가비, 정액급식비와 ① 유형의
다른 항목을 합산한 총액 비교, 담당 업무의 범위, 난이도, 숙련도, 업무에 따른
책임의 정도 등에 비추어 사용자가 기간제근로자와 비교대상 근로자 사이에 명
절휴가비, 정액급식비를 포함한 급여 수준에 차이를 둔 것은 합리적인 이유가
있다고 보았으며, 강원랜드 제 1 고법판결도 기간제 딜러들에게 법정수당 외에
설·하계휴가·추석·연말 특별상여금, 호텔봉사료를 지급하게 되면 총액을 기
준으로 보았을 때 외부 근무경력이 1년인 기간제근로자가 사원 1호봉의 정규직
딜러보다 더 많은 임금을 받게 되어 이들 사이에 역차별이 발생할 수 있다는
점 등에 비추어 볼 때 기간제 딜러들에게 호텔봉사료를 지급하지 않은 것에 합
리적 이유가 있다고 판단하였다. 반면, 국사편찬위 항소심 판결은 명절휴가비,
정액급식비는 지급근거규정, 지급조건 등에 비추어 모두 채용조건, 근무성적, 근
속년수, 업무의 난이도, 업무량, 근로자의 권한과 책임 범위 등과 무관하게 지급
되는 복리후생적 성격의 수당이고 장기근속 유도와 직접적인 관계가 없다는 이
유로 기간제근로자와 비교대상 근로자 사이에 그 지급 여부와 지급액을 달리하
는 것은 합리적 이유가 없다고 판단하였다.827) 강원랜드 제 2 고법판결은 호텔봉
사료 항목만의 지급기준, 지급실태 등을 고려하여 기간제 딜러에게 호텔봉사료
를 지급하지 않은 것은 차별적 처우에 해당한다고 판단하였다.828)

　　위 각 판결들에 대하여, 국사편찬위 제 1 심 판결 및 강원랜드 제 1 고법판
결이 취한 태도를 항목단일해석론,829) 국사편찬위 항소심판결 및 강원랜드 제 2
고법판결이 취한 태도를 항목개별해석론830)으로 명명한 뒤, 소정근로를 제공하

827) 이는 불리한 처우의 유무에서는 소정근로에 대해 지급하는 임금 항목을 합산하여 비교하
면서, 합리적 이유는 합산된 영역 내 임금 항목별로 판단한 것이다(강선희g, 121면).
828) 특히 강원랜드 제 2 고법판결에서는 사용자가 '호텔봉사료와 같이 소정근로를 제공한 것만
으로 지급요건이 충족되는 항목은 총액을 기준으로 불리한 처우가 있는지 여부를 판단하면
충분하고, 호텔봉사료를 지급하지 않은 데에 합리적인 이유가 있는지를 별도로 판단하는 것
은 부당하다'고 주장하였으나, 법원은 '소정근로를 제공한 것만으로 지급요건이 충족되는 여
러 항목의 금액을 합산하여 그 총액을 기준으로 불리한 처우가 있었는지를 살펴 불리한 처
우가 있었다고 판단되는 경우라 하더라도 나아가 거기에 합리적인 이유가 있는지를 판단함
에 있어서는 호텔봉사료와 같은 개별 항목에 관하여 따로 판단할 수 있다'는 이유로 사용자
의 위 주장을 배척하였다.
829) 소정근로를 제공하는 것 자체만으로 지급요건이 충족되는 임금 항목 모두를 업무의 내용
과 범위, 권한과 책임 등에 직접적인 영향을 받는 항목으로 보는 해석방식(김영택a, 42면).
830) 소정근로를 제공하는 것 자체만으로 지급요건이 충족되는 임금 항목의 경우에도 각 항목
의 특성을 고려하여 각각의 임금 항목에 대하여 합리적 이유의 존부를 판단하는 해석방식(김

는 것 자체만으로 지급요건이 충족되는 임금 항목에 대하여 전자의 경우는 완화된 심사척도 즉, 자의금지의 원칙에 따라, 후자의 경우는 엄격한 심사척도 즉, 비례의 원칙에 따라 판단하고 있다고 평가하면서 전자에 의하면 자의금지의 원칙을 극복하고 마련된 비례의 원칙이 세부 판단에서 그 작동이 멈추게 되는 결과를 낳는 점, 소정근로라는 기준은 차이를 확인하는 척도로서 중요한 기능을 하지만 그에 따른 합리성 판단은 별도로 이루어져야 하는 점 등을 이유로 후자의 판례 태도에 찬성하는 견해가 있다.831) 불리한 처우 유무를 판단함에 있어 범주별 비교방법을 채택하고, 이와 연계하여 합리적 이유의 존부 판단을 할 필요성은 있으나, 이 경우에도 불리한 처우가 존재하는 것으로 확인된 각 세부 항목별로 비례의 원칙에 따라 합리적 이유의 존부 판단이 이루어져야 할 것이다. 항목개별해석론이 타당하다.

㈐ 합리적 이유의 판단기준

이하 앞서 본 바와 같이 판례에서 들고 있는 합리적 이유의 판단기준을 중심으로 살펴보기로 한다[대법원 판결에서는 '급부의 실제 목적, 고용형태(의 속성과 관련성), 업무의 내용과 범위, 권한과 책임, 노동의 강도·양과 질, 임금이나 그 밖의 근로조건 등의 결정요소'를, 하급심 판결에서는 '기간제근로자의 근속기간, 단기고용이라는 특성, 채용조건·기준·방법·절차, 업무의 범위·권한·책임, 노동시장의 수급상황 및 시장가치, 사용목적(수습·시용·직업훈련·인턴 등), 임금 및 근로조건의 결정요소(직무, 능력, 기능, 기술, 자격, 경력, 학력, 근속년수, 책임, 업적, 실적 등)'를 각 일응의 판단기준으로 제시하였다].

① 급부의 실제 목적　　　합리적 이유의 존부는 해당 급부의 내용과 목적에 따라 달라질 수 있다. 그런데 사용자가 급부의 실제 목적과는 달리 명칭만을 편의적으로 정하는 경우에는 해당 급부와 관련한 여러 가지 요소를 종합적으로 고려하여 실제 그 목적을 확정할 필요가 있다.832)

예컨대, 소정근로에 대한 직접적인 보상을 목적으로 하는 급부의 경우에는 고용형태, 업무의 범위, 난이도, 권한과 책임, 업무량 등에 따라 영향을 받게 되

영택a, 42~43면).

831) 김영택a, 43~44면. 변성영a, 8면에서는 전자의 판례에 대하여 법원이 소정근로를 제공하는 것만으로 지급요건이 충족되는 항목들을 모두 업무의 내용과 범위, 권한과 책임 등에 직접적인 영향을 받은 항목인 것으로 오해하는 측면이 있다고 보았다.

832) 전윤구d, 17~18면.

므로 차등 지급에 합리적 이유가 인정될 수 있다. 반면, 실비변상 내지 복리후
생적 목적으로 지급되는 급부의 경우에는 위 고용형태, 업무의 범위, 난이도, 권
한과 책임의 정도 등에 따라 달라지는 성격이 아니므로 특별한 사정이 없는 한
차등 지급에 합리적 이유가 인정되지 않을 것이다.833) 이때 해당 급부를 기간제
근로자에게 전혀 지급하지 않거나 차등 지급한 것에 합리적 이유가 있는지 여
부는 해당 급부의 형식이나 명칭, 명목만으로 판단할 것이 아니라 실제 목적에
비추어 판단하여야 한다.834)

    ② 고용형태, 근속기간, 단기고용이라는 특성   비정규직 근로자에 대한
불리한 처우가 기간제·단시간·파견근로라는 고용형태의 속성, 즉 단기고용이
라는 특성에 내재하여 발생한 경우에는 불리한 처우에 합리적인 이유가 있다고
보는 것이 다수의 견해이다.835) 예컨대, 단시간근로자에게 그 근로시간에 비례
하여 휴게시간 등을 적게 인정하는 행위, 갱신기대권이 인정되지 아니하는 기간
제근로자에 대하여 계약만료 후 계약갱신을 거절하는 행위, 기간의 정함이 없는
근로계약을 체결한 근로자들의 사기진작 또는 장기근속 유도를 위해 지급되는

---

833) 판례는 실비변상적·복리후생적 목적의 수당에 대하여는 합리적 이유의 존부를 엄격히 판단
    하는 경향을 보이고 있다. 대법원 2012. 3. 29. 선고 2011두2132 판결은, 사용자가 비정규직
    근로자에게 통근비, 중식대를 불리하게 지급한 사안에서, '통근비와 중식대는 실비변상적인
    것으로서 업무의 범위나 난이도, 업무량 등에 따라 차등 지급할 성질의 것이 아닌 점, 정규
    직 직원들에 대한 장기근속 유도 목적은 사용자 은행이 마련하고 있는 각종 제도로 충분히
    달성할 수 있을 것으로 보이는 점 등을 종합하여 볼 때, 통근비 및 중식대 지급과 관련한 차
    별적 처우에 합리적인 이유가 있다고 볼 수 없다'고 본 원심의 판단을 수긍하였다(같은 취지
    로는 대법원 2012. 11. 15. 선고 2011두11792 판결, 대법원 2012. 10. 25. 선고 2011두7045 판
    결). 가족수당, 정액급식비, 교통보조비가 문제된 사안에서도 대법원 2014. 11. 27. 선고 2011
    두5391 판결은 '가족수당은 업무와 관계없이 부양가족이 존재한다는 사정만으로 지급되고,
    정액급식비와 교통보조비도 업무와 관계없이 실비변상 차원에서 지급되는 것으로, 사용자가
    기간제근로자인 민간조리원에게 이들 수당에 상응하는 수당을 지급하는 근로계약을 체결하
    는 것이 법적으로 허용되지 아니한다고 볼 자료가 없고 이들 수당을 장기근속 유도와 직접
    연관시키기 어렵다는 이유로, 기간제근로자에게 이들 수당을 지급하지 아니한 데에 합리적인
    이유가 없다'고 본 원심의 판단을 수긍하였다.
834) 같은 취지에서 중앙노동위원회 2014. 3. 13.자 중앙2013차별3 판정은 '사용자가 임직원, 계
    약직, 영업지원직 및 파트타이머의 3가지 직군별로 구분하여 피복비를 차등 지급할 뿐, 동일
    한 직군 내에서는 근무기간 등에 관계없이 일률적으로 지급하고 있는 점, 장기근속을 기대하
    기 어려운 파트타이머 등에게도 정기적·고정적으로 지급하고 있는 점 등에 비추어 볼 때 피
    복비는 정규직 근로자들의 장기근속을 유도하기 위한 목적으로 지급되고 있다기보다는 단지
    고용형태에 따라 그 지급액을 달리하고 있는 것으로 봄이 타당하다'고 판정하였다.
835) 전윤구d, 18면; 민변비정규직법, 321면. 이에 대하여 고용형태의 차이에도 불구하고 차별을
    하지 말라는 것이 기간제법, 파견법의 취지이므로 고용형태의 특성은 합리적 여부 판단기준
    에서 제외되어야 한다는 견해로는 김영택a, 45면.

수당을 기간제근로자에게는 지급하지 아니하는 행위,836) 향후 근로의욕의 고취
를 위하여 지급하는 격려금 등에서 계약기간의 만료가 임박한 기간제근로자를
배제하는 행위, 교육·훈련에서 미래에 그 교육·훈련의 결과를 기대하는 목적으로
시행되는 직무수행능력 향상훈련으로부터 기간제근로자를 배제하는 행위837) 등
이 이에 해당할 여지가 있는 것으로 거론된다.

특히 문제가 되는 것은 장기근속수당, 정근수당 및 정근수당가산금이다. 대
법원 2014. 9. 24. 선고 2012두2207 판결은 '장기근속수당'에 대하여 이는 장기
근속에 대한 대가이자 장기근속을 장려하기 위한 목적에서 지급되는 것으로
볼 수 있는 점, 기간제 근로형태와 정규직 근로형태가 채용 목적, 근로 범위나
권한 등의 측면에서 차이가 있는 것을 부정할 수 없는 점 등을 이유로, 사용
자가 기간제근로자의 기간제 근무기간을 장기근속수당 산정을 위한 근속기간
에 포함시키지 아니한 것에는 합리적인 이유가 있다고 판단하였고, 대법원
2014. 11. 27. 선고 2011두6592 판결은 '정근수당 및 정근수당가산금'에 대하여
이는 장기근속을 유도하기 위해 1년 이상 근속한 조리직렬 기능군무원에게 지
급하는 것으로서 1년 단위로 근로계약을 체결한 기간제근로자(민간조리원)는 위
각 수당의 지급대상이 될 수 없으므로, 위 각 수당을 기간제근로자에게 지급하
지 아니한 데에 합리적인 이유가 있다고 판단하였다.

그러나 위 각 수당에 관하여 위 판례와 같이 일률적인 결론에 이를 수 있
는지는 의문이다.838) 위 각 수당이 장기근속을 유도하는 목적에서 지급되는 것
이라 하더라도 이는 그동안 근속한 것에 대한 노고의 성격으로서 지급되면서
이를 통해 장차 계속 근속을 유도하려는 것이지 앞으로 근무하게 될 근속에 대
해 미리 지급하려는 것으로는 보기 어렵고,839) 해당 수당의 구체적인 지급요건

---

836) 이상 민변비정규직법, 321면.
837) 이상 전윤구d, 18면.
838) 기간제근로자의 경우 그 고용형태의 특성상 장기근속을 기대하기 곤란하므로 객관적 사실
　　증거에 의해 뒷받침되지 않는 '장기근속의 장려'라는 주장에 대하여 쉽게 합리성을 인정하는
　　것은 자의금지원칙에 반할 뿐만 아니라 궁극적으로는 고용형태를 이유로 한 차별을 용인하
　　는 결과를 초래할 수 있다는 비판으로는 조용만i, 164면. '장기근속'을 차별의 합리적 이유로
　　본다면, 기간을 정한 근로계약의 특성상 장기근속이 불가능한 비정규직은 장기근속을 이유로
　　한 모든 근로조건에서 제외되는 결과를 초래한다는 비판으로는 김영택a, 45면.
839) 박종희h, 299면. 박종희h, 299~300면에서는 그 밖에 비정규직 근로자의 계속근로 여부는
　　비정규직 근로자의 의사에 달려있기보다는 오히려 사용자의 결정에 달려있다고 보는 것이
　　상당한 점, 퇴직금 산정에서 계속근로연수를 산정함에 있어 기간제로 갱신하여 근무한 경우
　　그 전체 기간을 퇴직금 산정기초를 이루는 근로연수로 산정하는 것도 같은 맥락에서 볼 수

에 따라서는 기간제근로자에게도 비례적 보장이 가능한 경우가 있을 수 있기 때문이다. 예컨대 최소 근속기간 1년 이상부터 근속기간별로 지급액에 차등을 두고 있는 경우라면 기간제근로자도 이를 지급받을 수 있는 요건을 충족할 수 있는데, 그럼에도 비정규직이라는 이유만으로 일체 지급하지 않는 것은 합리적 이유가 인정된다고 보기 어렵다.840) 하급심 판결과 중앙노동위원회 판정 중에도 계속하여 근로계약을 갱신해 온 기간제근로자에 대하여 근로조건의 차이를 감안하여 그 액수를 달리하는 것은 몰라도 근속수당을 전혀 지급하지 않은 것은 기간제근로자라는 이유만으로 차별적 처우를 한 경우에 해당한다고 판단한 사례가 있다.841)

　　또, 하급심 판결 중에는 '자녀학자금', '개인연금신탁지원금'도 장기근속을 유도하기 위한 복리후생적 금품으로 보아 이를 기간제근로자들에게 지급하지 않는 것에 합리적 이유가 있다고 판단한 사례가 있다.842) 이에 대하여 위 각 수당 모두 복리후생의 일부일 수는 있으나, 해당 사안에서 장기근속의 유인책이라면 장기근속이 아닌 경력직 입사자에게는 수당 지급이 제외되어야 할 것이나 실제로는 그러하지 아니한 점 등에 비추어 보면 모두 장기근속의 유인책으로 보기 어렵다는 견해843)와 경우를 나눠 개인연금신탁지원금은 연금가입이 의무가

　　　　있는 점을 근거로 든다. 한편, 위 대법원 2012두2207 판결에 대하여, 그 논지를 거칠게 뒤집어 보면 기간제근로자는 정규직과 달리 장기근속 장려의 대상이 아니라는 의미가 되고, 그렇게 되면 기간제법은 기간제근로자를 지속적으로 양산하고 차별적 처우를 방치하는 법제가 되므로, 판결에서 정규직 근로자에 대해서만 장기근속을 보상하고 장려해야 할 이유는 무엇인지 그 당위성을 더욱 구체적으로 검토했어야 함에도, 위 판결에서는 합리성 요소로 들고 있는 채용 목적의 상이성, 근로의 범위나 권한 등의 측면에서 사실상 어떠한 차이가 있는지, 그로써 기간제근로자와 비교대상 근로자 간에 장기근속수당의 산정근거가 되는 근속기간에 차등을 두어야 할 합리적 이유는 무엇인지 등에 관하여 구체적인 판단을 하지 않고 있다고 비판하는 견해로는 이수연b, 78~79면.

840) 민변비정규직법, 322면. 같은 취지에서 박종희h, 300면은 기간제근로자가 1년의 기간으로 채용되고 더 이상 갱신하지 않는 경우에는 정근수당 등을 지급하지 않더라도 합리적인 것으로 볼 수 있지만, 갱신을 통해 기간제근로자가 비교대상 근로자와 마찬가지로 정근수당이나 장기근속수당을 지급받을 수 있는 근속기간을 구비하게 되었다면 이를 지급하는 것이 타당하다고 한다.

841) 서울행법 2010. 1. 22. 선고 2009구합28155 판결(항소심인 서울고법 2010. 8. 24. 선고 2010누 8074 판결을 거쳐 2010. 9. 17. 확정), 중앙노동위원회 2012. 12. 6.자 중앙2012차별12 판정.

842) 서울행법 2010. 4. 29. 선고 2009구합36583 판결(항소심인 서울고법 2010. 11. 11. 선고 2010누15577 판결을 거쳐 2010. 12. 3. 확정).

843) 김영택a, 45면. 나아가 김영택a, 46면은 장기근속의 유인책은 일부 수당에서 그 특성이 명확한 경우, 가령 실제 장기근속자에게 지급하는 근속수당이나 장기근속자에 대한 포상금 내지 현물 등 명확한 인센티브성 금원만을 인정하는 방안을 제시한다.

아닌 임의적 성격을 지니고 있으며, 연금신탁의 운영기간이 장기간에 걸쳐 이루어지고 있는 점에서 장기근속을 유도하기 위한 것으로 볼 수 있으므로 기간제근로자에 대해서 적용을 배제하는 것에 합리적 이유가 있다고 볼 수 있으나, 자녀학자금은 장기근속자가 아니라도 그 지급요건을 구비할 수 있으므로 단순히 근로자의 장기근속을 유도하기 위한 것으로 보기 어렵다는 점에서 기간제근로자에게 이를 지급하지 않는 것은 차별이라고 봄이 상당하다는 견해[844]가 있다.

③ 업무의 내용과 범위, 권한과 책임   기간제근로자와 정규직 근로자 사이에 업무의 내용과 범위, 권한과 책임 등을 달리 정하더라도 그것이 업무의 동종·유사성을 부인할 만한 핵심적인 부분이라고 할 수 없는 경우에는 일단 양자가 비교대상이 될 수 있다. 이때 이러한 요소가 임금 결정에 반영되는 때에는 기간제근로자와 비교대상 근로자 간의 임금 차이는 합리적 이유가 있는 것으로 인정될 수 있다.[845] 업무의 범위는 근로의 양·질과 직결되고 임금결정의 중요한 요소가 되므로 업무 범위의 차이로 인한 임금 및 근로조건 등에서의 불리한 처우는 합리적 이유가 있는 것으로 볼 수 있다. 업무의 권한과 책임의 정도에 따라 임금에서 차이를 두는 것도 합리적인 이유가 있으나, 다만, 추가되어 있는 업무의 책임을 분리해낼 수 있고 이에 대한 대가를 구분하여 산정할 수 있다면 그러한 부분을 제외하고 차별이 있는지를 판단하여야 한다.[846] 예컨대 직책수당, 직급수당 등 권한과 책임의 정도에 상응하는 대가를 별도의 수당 명목으로 지급하는 경우 비정규직 근로자가 이러한 권한과 책임을 가지고 있지 않다면 해당 기간제근로자 등을 수당 지급대상에서 제외하여도 합리적 이유가 있다고 볼 수 있다.[847] 그러나 실제로는 비교대상 근로자와 비정규직 근로자가 공히 특정한 직무를 수행함에도, 사용자가 전자에 대해서만 그 직무에 관한 권한 또는 책임을 공식적으로 부여하고 그 결과 그에 따른 수당도 전자에게만 지급하는 상황이라면, 합리적 이유를 인정하기 어려울 것이다.[848]

④ 채용과정·기준의 차이   실제 사용자가 비정규직 근로자를 채용함에 있어서는 정규직 근로자와는 채용의 조건 내지 기준, 방법이나 절차 등을 달리

---

844) 박종희h, 303면.
845) 전윤구d, 20면.
846) 하갑래, 759면.
847) 김수복a, 268면; 중앙노동위원회b, 58면.
848) 민변비정규직법, 325면.

하는 경우가 많다. 이는 계약자유의 원칙에 따라 허용되지만, 문제는 이러한 사정이 채용 이후에 형성되는 근로조건의 격차로 귀결되는 것이다.

위와 같은 채용과정·기준의 차이가 임금결정의 요소가 되거나 업무수행과 관련이 있고 이에 근거하여 비정규직 근로자와 정규직 근로자 사이의 근로조건을 달리하는 경우에는 그 범위 내에서 불리한 처우에 합리적 이유가 있다고 인정될 수 있다. 반면에 채용조건이나 기준을 달리하였으나 그러한 조건·기준이 현재의 업무수행과 객관적 관련성이 없으며 결과적으로 동종·유사한 업무에 종사하고 동일한 근로의 질을 가진다면 채용조건이나 기준의 차이만을 이유로 임금 및 근로조건에서 차별하는 것은 허용될 수 없다.[849] 마찬가지로 채용의 방법·절차가 다르더라도(공개채용/비공개채용, 필기시험/면접 등) 비정규직 근로자가 정규직 근로자와 동종·유사한 업무를 수행하고 있는 경우 채용의 방법과 절차가 다르다는 점이 불리한 처우를 정당화하는 합리적 이유가 될 수는 없다.[850]

⑤ 노동시장의 수급상황 및 시장가치 노동시장의 상황이 합리적 이유로서 고려될 수 있는지 문제된다. 예컨대 노동시장에서 특정 직종의 노동력 공급이 부족한 상태에서 그 노동력을 확보하기 위하여 상대적으로 높은 임금을 지급하고 정규직 근로자를 채용하는 경우를 들 수 있다. 이에 대하여는 사용자도 노동시장에 종속될 수밖에 없다는 점을 고려하여 합리적 이유를 인정할 수 있다는 견해[851]와 노동시장의 수급상황, 시장가치 등과 같이 포괄적·추상적이면서 사용자의 자의적 판단에 좌우되는 내용들은 합리적 이유로 인정될 수 없다는 견해[852]가 있다.

⑥ 사용목적의 차이 수습, 시용, 직업 훈련, 인턴 등과 같이 근로자의 사용목적이 특별히 정해진 경우에는 그러한 목적을 정한 범위 안에서 임금 등의 격차는 합리적 이유가 있다고 할 수 있다. 다만, 이러한 사용목적 역시 실질적으로 판단해야 하므로, 형식적으로 계약의 명칭을 수습 계약 등으로 정하였더라도 실제로는 정식으로 채용된 근로자와 동질의 근로를 제공하고 있다면 이러

---

849) 전윤구d, 19면.
850) 고용노동부d, 78면. 중앙노동위원회 2009. 5. 20.자 중앙2009차별3, 4 병합판정은 채용방법상의 차이(기간제근로자들은 임시직에서 특별채용되었고, 비교대상 근로자들은 공개채용된 사실)가 업무수행(컴퓨터그래픽 및 자막처리 업무)과 객관적 관련성을 가지지 않기 때문에 정기상여금 차등 지급의 합리적 이유가 될 수 없다고 보았다.
851) 전윤구d, 20면.
852) 민변비정규직법, 325면.

한 형식상의 차이는 합리적인 이유가 되지 못한다.[853]

⑦ **임금 그 밖의 근로조건의 결정요소**   대법원 판결에서는 '임금 그 밖의 근로조건의 결정요소'가 구체적으로 무엇인지에 관하여는 명시하지 않고 있으나, 하급심 판결에서는 이를 '능력, 기능, 기술, 자격, 경력, 학력, 근속년수, 책임, 업적, 실적 등'이라고 제시하고 있다. 이와 같은 요소들의 차이를 들어 비정규직 근로자를 불리하게 처우하는 경우가 있을 수 있으나, 비교대상 근로자와 동종·유사 업무를 수행하고 있다는 점이 인정되는 이상 쉽게 합리적 이유를 인정할 것은 아니다.[854]

⑷ **기타 개별적 검토**

위에서 살펴본 합리적 이유의 판단기준 외에 실무 및 학계에서 제기되는 관련 쟁점을 중심으로 검토한다.[855]

① **임금체계와 합리적 이유**   사용자가 직접고용 및 기간의 정함이 없는 근로계약의 체결을 전제로 하는 정규직 근로자와, 기간제·단시간 근로계약 또는 간접고용을 예정하는 비정규직 근로자의 각 고용형태의 특성을 고려하여 연공급, 직무급, 성과급 등 임금체계를 달리 적용하는 것 자체는 합리성이 인정될 여지가 있다.[856] 판례는 비정규직 근로자와 정규직 근로자 사이의 임금체계를 달리 정한 것 자체는 허용될 수 있다고 보고 있다. 즉, 대법원 2016. 12. 27. 선고 2014두8865 판결은, 사용자가 무기계약직 근로자인 비교대상 근로자들의 기본급을 연봉제 직무급제와 호봉제를 혼합한 방식으로 정하고, 기간제근로자들의 기본급을 구체적인 금액으로 정하여 급여체계를 달리 한 것 자체는 담당 업무의 난이도, 예상되는 근로기간, 근로자의 업무 숙련도, 권한과 책임 등을 고려한 것으로 상당한 이유가 있다고 본 원심의 판단[857]을 수긍하였다. 노동위원회도

---

853) 민변비정규직법, 323면.

854) 민변비정규직법 323면에서는 위와 같은 요소가 가져오는 노동가치·노동생산성의 차이에 주목하여 비정규직 근로자라는 이유만으로 곧바로 비교대상 근로자와 사이에 노동가치·노동생산성의 차이가 발생하는 것은 아니며, 사용자로서는 위 능력, 기술, 자격 등에서 비정규직 근로자와 비교대상 근로자 사이에 구체적으로 어떠한 차이가 존재하는지, 나아가 그러한 차이가 어떠한 과정을 거쳐 노동가치·노동생산성의 차이로 귀결되는지를 증명하여야 할 것이라고 한다.

855) 근로조건별(임금, 각종 수당, 근로시간 및 휴가, 상여금, 채용목적, 퇴직급여, 복리후생적 급부, 교육·훈련, 정리해고)로 검토한 합리적 이유의 판단기준, 관련 사례 등에 관하여는 민변비정규직법, 328~336면 참조. 차별금지영역별(임금, 해고·징계, 근로시간·휴일·휴가, 교육훈련, 복지, 승진)로 검토한 합리적 이유의 판단기준·방법에 관하여는 하갑래, 761~765면 참조.

856) 민변비정규직법, 328면.

857) 서울고법 2014. 5. 22. 선고 2013누25971 판결. 같은 취지로는 서울행법 2011. 8. 18. 선고

사용자는 경영목적에 적합한 임금체계를 선택할 수 있고, 정규직 근로자와 비정
규직 근로자에게 서로 다른 임금체계를 적용하는 것 자체는 차별이 아니라고
본다.858)

    그러나 사업경영상 필요에 의해 비정규직 근로자와 정규직 근로자에게 상
이한 임금체계를 설정하는 경우에도 그것이 차별적인 결과를 가져오도록 설계
되어서는 안 된다. 비정규직 근로자에 대한 임금의 불리한 처우를 초래한 원인
이 정규직 근로자와의 상이한 임금체계에 있다면 서로 다른 임금체계를 설정하
고 적용한 것 자체에 대한 합리적 이유를 사용자가 증명하여야 한다.859) 또한,
일반적으로 동종·유사한 업무를 수행하는 비교대상 근로자와 비정규직 근로자
사이에 임금의 차이가 발생한 경우 단지 임금체계가 상이하다는 사유만으로는
합리적 이유를 인정하기 어렵고, 앞서 본 합리적 이유의 판단기준들을 종합적으
로 고려하여 차별적 처우인지 여부를 판단하여야 할 것이다.

    ② 근로계약·취업규칙·단체협약에 근거한 불리한 처우에 대한 합리적 이유

    ㉠ 근로계약·취업규칙·단체협약에 강행규정에 반하는 차별적 내용이 규정된 경우
불리한 처우가 근로계약에서 정한 바에 따라 이루어졌더라도 이러한 사정만으
로 합리적 이유를 인정할 수 없다. 기간제법의 차별적 처우 금지조항은 강행규
정이고, 계약의 자유는 이에 따른 제한을 받기 때문이다. 취업규칙도 그 내용이
법령에 위반할 수 없고(법 96조 1항), 단체협약 또한 근기법 등 기타 강행법규의
제약을 받으므로, 근로계약·취업규칙·단체협약의 규정 자체에 차별적인 내용

    2010구합41802 판결[서울고법 2011. 12. 29. 선고 2011누31392 판결(항소기각), 대법원 2012. 4.
    26.자 2012두2245 심리불속행 기각 판결로 확정], 서울행법 2015. 9. 24. 선고 2015구합64053
    판결(강원랜드 제 1 고법판결의 제 1 심 판결이다), 대전고법 2015. 12. 3. 선고 2015누10405 판
    결(대법원 2017. 9. 7. 선고 2016두30194 판결로 상고기각되어 확정) 등. 위 서울행법 2010구
    합41802 판결에서는 '회사의 급여제도는 직급 및 호봉과 이를 바탕으로 한 승급·승격·승진제
    도에 따른 연공급 임금체계(또는 직무급 병존체계)를 기초로 하여 사원에 대한 기준급 및 직
    무급의 액수가 결정되는 구조를 가지고 있는데, 이와 같은 방식은 근속년수 등의 속인적인
    요소에 의거하여 임금이 결정되는 방식인 점, 계약직 근로자와 비교대상 근로자들 사이에는
    근속년수에서 약 6여년의 차이가 있을 뿐만 아니라 장기고용을 전제로 연공의 축적이 근로
    능력의 상승으로 이어질 것을 전제한 연공급 임금체계의 취지를 고려하면, 단기고용을 전제
    로 한 계약직 근로자에 대하여 비교대상 근로자들과 동일한 임금체계를 적용하지 아니한 것
    에 상당한 이유가 있다'고 판시하였다.
858) 경북지방노동위원회 2007. 10. 10.자 경북2007차별1, 2 병합판정, 제주지방노동위원회 2007.
    11. 1.자 제주2007차별1~15 병합판정, 중앙노동위원회 2010. 9. 29.자 중앙2010차별15 판정, 중
    앙노동위원회 2012. 12. 6.자 중앙2012차별12 판정 등.
859) 전윤구d, 21면; 민변비정규직법, 328면.

을 담고 있다면(정규직과 비정규직을 달리 규정하거나 비정규직에 대하여 적용을 배제하는, 이른바 차등조항) 그러한 규정은 효력이 없다.860) 따라서 불리한 처우에 근로계약 및 취업규칙에 근거가 있다거나 노사 합의로 단체협약에서 정한 기준에 따랐다는 사유만으로는 합리적 이유가 인정될 수 없다.861)

ⓛ 단체협약의 적용범위와 관련한 문제   그런데 사용자가 단체협약 중 중립적 내용의 규정에 근거하여 조합원이 아닌 비정규직 근로자를 불리하게 처우하는 경우에는 이를 합리적 이유 있는 차별로 볼 수 있는지 여부가 문제된다.

원칙적으로는 단체협약은 당사자인 사용자와 노동조합, 그리고 그 구성원인 조합원에게만 적용되고, 그 효력이 비조합원에게는 미치지 아니하므로 비정규직 근로자가 조합원이 아니기 때문에 단체협약을 적용받지 못하여 발생하는 불리한 처우는 고용형태에 따른 것이 아니라 조합원 지위의 유무에 따른 것이므로 차별이라고 볼 수 없다.862) 이를 차별이라고 보게 되면 비조합원과 조합원 간에 어떠한 근로조건의 차이도 성립할 수 없게 되는 것이고, 이는 노동3권 보장에 관한 헌법적 기초에도 부합하지 않는다.863)

다만, ⓐ 노조법 35조에 따른 단체협약의 일반적 구속력이 미치는 경우에는 그 범위에 동종 또는 유사한 업무에 종사하는 비정규직 근로자도 포함된다고 보아야 한다.864) 나아가 ⓑ 단체협약이 실효된 이후에도 종전 단체협약의 내용을 조합원에게 계속 적용하는 것은 단체협약의 고유한 효력에 기초한 것이라기보다는 사용자의 의사에 의한 것이므로, 종전 단체협약의 실효 이후에는 단체협약을 근거로 하는 합리적 이유는 더 이상 유지될 수 없다고 보아야 하고, 그때부터는 비교대상 근로자에 비해 불리하게 처우를 받은 근로조건 등을 차별로 인정함이 상당하다.865) 한편, ⓒ 사용자가 단체협약에서 정한 바를 임의로 비조

---

860) 강선희f, 35~36면; 박종희h, 307면.

861) 이광선b, 83면; 전윤구d, 18~19면; 민변비정규직법, 325면.

862) 강선희f, 36면; 박은정f, 250면; 박종희h, 307~308면.

863) 박은정f, 250면.

864) 박종희h, 308면; 민변비정규직법, 326면. '사용자와 부산지역일반노조가 체결한 임단협은 적용대상을 현장직 근로자로 정하고 있을 뿐 경력에 따른 차이를 인정하지 않고 있는 점, 차별시정을 신청한 현장직 근로자가 채용된 시점에는 사용자 소속 현장직 근로자 반 수 이상이 부산지역일반노조에 가입하고 있어 차별시정 신청근로자도 단체협약의 일반적 구속력이 미치는 동종의 근로자에 해당하는 점 등을 고려하여 볼 때, 사용자가 차별시정 신청근로자에게 행한 불리한 처우의 합리적 이유를 찾기 어렵다'고 판정한 사례로는 부산지방노동위원회 2011. 11. 16.자 부산2011차별5 판정.

865) 박종희h, 308면; 민변비정규직법, 326면. '일용직과 계약직은 모두 조합원 자격이 없었는데,

합원이자 비교대상 근로자인 정규직 근로자에게는 적용하면서도 비정규직 근로자에 대하여는 적용을 배제하는 경우에는 합리적 이유를 인정하기 어려울 것이다.[866] 마찬가지로 ⓓ 단체협약의 적용 실태를 고려하여 어떠한 근로조건이 형식상으로는 단체협약에 규정되어 있으나 실질적으로는 사업장 내 규범이 되어 조합원, 비조합원을 불문하고 모든 정규직 근로자가 그 적용을 받고 있는 경우에는 마찬가지로 비정규직 근로자에게도 조합원인지 여부를 떠나 동일한 근로조건이 균등하게 적용되어야 한다.[867]

ⓔ 노동조합의 규약 상 비정규직 근로자의 가입을 허용하지 아니함에 따라 단체협약의 적용 여부에 따른 근로조건 등의 차이가 발생한 경우에는 견해가 나뉘고 있다. 이와 관련하여 서울고법 2015. 1. 28. 선고 2014누51779 판결은 사업장에 복수의 정규직 노동조합이 존재하였으나 기간제근로자는 위 각 노동조합의 단체협약상 어떠한 노동조합에도 가입할 수 없었던 사안에서, '근로계약기간의 특성상 기간제근로자가 노동조합을 조직하는 등 단결권을 행사하는 것은 결코 쉽지 않은데, 사용자의 주장과 같이 비교대상 근로자와 동종 또는 유사한 업무에 종사하였음에도 단지 단체협약 및 임금협정이 존재한다는 이유만으로 기간제근로자에 대한 불리한 처우가 정당하다고 보게 되면 기간제근로자는 임금 등 근로조건에서 충분한 보호를 받을 수 없게 되고, 이러한 결과는 기간제법의 입법취지에 정면으로 반하는 것으로서 허용될 수 없다'는 등의 이유를 들어 단체협약과 임금협정이 기간제근로자에게 적용되지 않는다는 사정이 불리한 처우를 정당화하는 합리적인 이유에 해당한다고 볼 수 없다고 판단하였다.[868] 위 판결에 대하여는 그 취지에 찬성하는 견해가 다수이나,[869] 현실적으로 비정규직

사용자가 임금, 봉사료, 휴가비 등에 대해 비조합원인 계약직에 대해서는 단체협약 등을 임의적으로 적용시키면서 다른 비조합원인 일용직에게는 적용하지 않았으므로, 이는 합리적 이유가 없는 자의적 차별이라고 보아야 한다'고 판정한 사례로는 서울지방노동위원회 2011. 9. 15.자 서울2011차별6 판정.

866) 민변비정규직법, 326면.

867) 민변비정규직법, 326면.

868) 대법원 2015. 5. 29.자 2015두38078 심리불속행 기각 판결로 확정. 노동위원회는 단체협약의 대상 범위가 정규직 근로자만으로 한정되어 기간제근로자가 단체협약을 적용받지 못함으로써 결과적으로 발생한 차별에 대하여는 합리적 이유를 인정해오다가(전남지방노동위원회 2009. 8. 20.자 전남2009차별2 판정, 중앙노동위원회 2012. 2. 7.자 중앙2011차별6 판정 등), 이후 견해를 변경하여 기간제근로자의 가입을 제한하고 있는 단체협약에 의한 불리한 처우에 합리적 이유를 인정하기 어렵다고 판단하였고(중앙노동위원회 2013. 10. 2.자 중앙2013차별12 판정), 이러한 판단은 법원에서도 그대로 인용되어 확정되었다(위 서울고법 2014누51779 판결).

869) 박은정f, 250~251면; 조상균d, 122면; 민변비정규직법, 326면; 박은정f, 251면에서는 단체협

근로자들이 노동조합을 설립하기 어려운 것은 사실이지만 이러한 현실적 상황
이 법적 판단에서 핵심적인 근거가 되는 것은 적절치 않고, 비정규직 근로자들
로서는 초기업별로 조직된 다른 노동조합에 가입할 수 있으며, 그 경우 교섭창
구단일화 절차에 참여함으로써 교섭대표노조가 체결한 단체협약의 혜택을 누릴
수도 있는 등 현실적으로 실현가능성이 있는 다른 대안이 있는 이상, 단체협약
의 적용 여부를 합리적 이유에서 배제하는 것은 법체계적인 관점에서 수긍하기
어렵다는 비판적 견해[870]가 있다.

　　한편, ⓕ 정규직 노동조합과 비정규직 노동조합이 각기 존재하는 상황에서
사용자가 개별교섭을 행하여 단체협약을 체결한 결과 전자의 근로조건만이 유
리하게 설정된 경우에도 차별적 처우의 금지 규정이 적용된다고 해석하여야 한
다는 견해가 있다.[871] 그러나 노동조합별로 교섭력의 차이가 있을 수 있고, 정
규직과 비정규직 근로자 사이의 불리한 처우에 합리적 이유가 존재하는지 여부
는 앞서 본 바와 같은 여러 기준들을 종합적으로 고려하여 판단하여야 하는 이
상 위와 같이 일반화할 수 있을지는 의문이다. 위 견해가 ⓕ의 사안에 관한 판
례로 들고 있는 서울행법 2011. 11. 17. 선고 2010구합32853 판결[872]은 단체협약

약의 적용 여부에 따른 불리한 처우에 합리적 이유가 인정되는지를 판단하는 일응의 기준을
제시하고 있다. 즉, '근로자들에게 노동조합 가입의 기회가 열려있고, 근로자들의 선택에 따
라 노동조합에 가입하지 않음으로써 발생한 근로조건의 차이에 대해서는 합리성을 인정'할
수 있는 반면, '형식상 노동조합 가입의 기회가 보장되어 있기는 하지만 실질적으로는 노동
조합 가입이 배제되었거나 노동조합에 가입할 수 없는 차별적 상황이 존재하는 경우에는 합
리적 이유를 인정할 수 없다'고 한다.

870) 박종희h, 308면.
871) 민변비정규직법, 326면.
872) 사용자가 '사업장에 정규직 근로자를 조직대상으로 하는 노동조합과 계약직 근로자를 조직
대상으로 하는 노동조합이 따로 존재하고, 원고 회사는 위 각 노동조합과 사이의 합의에 의
하여 결정된 피복비를 지급한 것인 점, 계약직 근로자에 비하여 업무범위가 더 넓고, 책임이
더 많은 정규직 근로자에게 그에 합당한 품위를 유지시킬 필요가 있는 점 등에 비추어 볼
때, 피고보조참가인들과 비교대상 근로자 사이의 차별은 합리적 이유가 있다'고 주장한 사안
에서, '정규직 근로자들 사이에서도 그 직급, 직책, 소속 근무처에 따라 필요한 피복비가 달
라지는 것도 아닌 점에 비추어 볼 때, 위와 같은 차별에 합리적 이유가 있다고 보기 어렵고,
피복비가 사용자와 노동조합 사이의 합의에 근거하여 지급되는 것이라고는 하나, 기본적으로
임금 등 근로조건은 사용자와 개별 근로자 사이의 합의에 따라 정하여지고, 기간제법상 차별
시정제도는 이와 같은 합의에도 불구하고, 기간제근로자와 정규직 근로자 사이에 그 고용형
태에 따른 차별을 두어서는 안 된다는 정신에 바탕을 두고 있는 것이므로 임금 등 근로조건
이 사용자와 개별 근로자 사이에서가 아닌 사용자와 노동조합 사이의 합의에 따라 정하여
졌다고 하여 달리 볼 것은 아니다'라고 하여 사용자의 위 주장을 배척한 것이다(사용자가 항
소하였으나 서울고법 2012. 8. 30. 선고 2012누166 판결로 항소기각, 대법원 2014. 12. 24. 선고
2012두21857 판결로 상고기각되어 확정되었다).

의 적용 범위와 관련된 것이라기보다는(비정규직 근로자가, 정규직 근로자를 조직대
상으로 한 노동조합이 체결한 보다 유리한 내용의 단체협약 적용을 받지 못한 것을 문제
삼은 것이라기보다는) 차별적 처우가 문제되는 일반적 사례와 마찬가지로 여러
사정들을 고려할 때 비정규직 근로자에 대하여 비교대상 근로자인 정규직 근로
자보다 불리한 처우를 한 것에 합리적 이유가 없다는 판단을 선행한 후 그 불
리한 처우의 근거가 각 그 소속을 달리하는 노동조합이 체결한, 상이한 단체협
약에 근거한 것이더라도 각 개별적 근로계약을 체결한 경우와 달리 볼 여지가
없다는 점을 강조한 취지일 뿐이라고 해석된다.

　　③ 고용창출 목적의 채용, 정년 후 재고용 등에서의 근로관계와 합리적 이유
하급심 판결 중에는 정부 또는 지방자치단체가 고용창출 목적으로 채용한 기간
제근로자에 대하여 임금을 차등 지급한 경우 채용목적을 판단요소로 고려하여
상대적으로 합리적 이유를 넓게 인정한 사례가 있다. 즉, 서울행법 2010. 11. 25.
선고 2010구합28571 판결[873]은 '이 사건 공공산림가꾸기 사업이 국가 정책사업
의 일환으로 저소득층 및 청년 실업자를 산림사업에 투입하여 고용을 창출하려
는 특수한 목적으로 시행되었고, 그로 인하여 원고는 63세의 고령임에도 불구하
고 기간제근로자로 채용되어 근무하게 되었던 점, 참가인(서울특별시)이 임의로
위 사업을 시행하면서 기간제근로자의 임금을 책정한 것이 아니라 산림청의
<2009년 공공산림가꾸기 추진지침>에 따라 그에 정하여진 내용대로 임금과 부
대경비를 책정하였던 점, 참가인은 위 추진지침에서 정한 임금의 지급 조건과
같은 내용으로 채용공고를 하였고 원고는 이를 확인한 후 같은 내용의 임금 지
급조건으로 근로계약을 체결하였던 점 등을 종합하여 보면, 원고에 대한 위와
같은 불리한 처우에는 합리적 이유가 있다'고 판단하였다. 그러나 위 판결에 대
하여는 행정기관 내부의 지침에 불과한 산림청의 추진지침에는 원칙적으로 대
외적 구속력이 인정된다고 보기 어렵고, 차별적 처우의 금지 규정이 강행규정인
이상 위 추진지침이 그 적용을 제한하는 근거가 될 수 없다는 점에서 의문을
표시하는 견해가 있다.[874]

　　또한, 노동위원회 판정과 하급심 판결은 정년 이후 재고용된 기간제근로자
를 정년이 경과하지 아니한 정규직 근로자들보다 불리하게 처우하는 것에 대하

---

873) 2010. 12. 16. 확정.
874) 민변비정규직법, 333면.

여 대부분의 사례에서 합리적 이유가 있다고 보고 있는데, 그 주된 근거는 고령
자고용법 21조 2항에서 정년퇴직자를 재고용할 때 당사자 간의 합의에 의하여
퇴직금, 연차유급 휴가일수 계산을 위한 근로기간, 임금의 결정을 종전과 달리
할 수 있다고 규정하고 있음을 든다.[875] 이에 대하여 결론 자체는 사안에 비추
어 타당하다고 보이나, 재고용과 관련한 단체협약 조항의 존재 및 노사합의의
구체적 내용이라는 특수성을 감안한 필요가 있다는 지적이 있다.[876] 한편, 중앙
노동위원회 판정 중에는 고령자고용법 21조 2항이 정년 이후 재고용된 기간제
근로자에 대한 불이익을 무제한 허용하는 것은 아니라고 덧붙이면서 정년 이후
재고용된 기간제근로자의 기본시급과 임금 총액을 재고용되기 직전 또는 비교
대상 근로자와의 그것과 비교하여 합리적 이유의 존부를 판단한 것이 있다.[877]
정년퇴직 후 재고용된 기간제근로자의 경우 고령자고용법 21조 2항의 규정이
있다 하더라도 사회통념상 용인되기 어려운 수준의 임금 등 근로조건 저하를
허용할 수는 없을 것이다. 이러한 점에서 위와 같은 중앙노동위원회의 판단이
타당하다. 다만, 어느 정도의 임금 등 근로조건 저하를 수용하여 합리적 이유를
인정할 것인지 여부에 대해서는 향후 사례의 축적 등을 통해 그 기준을 정립해
나가야 할 것이다.

다. 차별시정제도

(1) 서 설

⑺ 절차의 개관

　비정규직 근로자에 대한 차별시정은 크게 두 가지 방식으로 이루어질 수
있다. 차별적 처우를 받은 비정규직 근로자가 직접 노동위원회에 차별시정을 신
청하여 구제를 받는 것(이하 '신청사건'이라 한다)과 고용노동부장관이 사용자에
대하여 직권으로 차별시정요구를 하고 사용자가 불응하는 경우 노동위원회에
통보하여 구제하는 것(이하 '통보사건'이라 한다)이다. 전자의 경우는 기간제법에

---

875) 서울행법 2013. 3. 21. 선고 2012구합30783 판결(2013. 4. 9. 확정). 경남지방노동위원회 2010.
　　 11. 4.자 경남2010차별9~11 병합판정.
876) 민변비정규직법, 333면.
877) 중앙노동위원회 2012. 2. 7.자 중앙2011차별6 판정. 위 사례에서 정년퇴직 후 재고용된 기간
　　 제근로자의 임금은 기본시급이 낮아지고 그에 따라 연장·야간·휴일근로수당 및 주휴수당이 적
　　 어졌으며 상여금과 근속수당은 지급되지 않았는데, 그 결과 재고용 직전 또는 비교대상 근로
　　 자에 비하여 기본시급은 90%, 임금 총액은 70% 수준으로 지급되어, 불리한 처우에 합리적
　　 이유가 있다고 판정하였다.

구제절차를 규정하고(기간제법 9조 내지 15조), 파견법에서 이를 준용하고 있으며(파견법 21조 3항), 후자의 경우는 기간제법과 파견법에 각 동일한 내용의 별도 규정을 두고 있는데, 먼저 2012년 개정법에서 고용노동부장관에 의한 차별적 처우 시정요구 규정을 신설하였고(기간제법 15조의2, 파견법 21조의2), 이어 2014년 개정법에서 확정된 시정명령에 대한 시정요구의 인적 대상을 확대하는 규정을 신설하였다(기간제법 15조의3, 파견법 21조의3).

① 근로자의 신청을 통한 차별시정   차별적 처우를 받은 비정규직 근로자는 차별적 처우가 있은 날(계속되는 차별적 처우는 그 종료일)부터 6개월 이내에 노동위원회에 그 시정을 신청할 수 있다(기간제근로자 및 단시간근로자의 경우 기간제법 9조 1항, 파견근로자의 경우 파견법 21조 3항에 의해 기간제법의 규정이 준용된다. 이하 양자의 내용이 같으므로 기간제법의 규정만을 기재한다). 차별적 처우의 내용에 관해서는 근로자가 구체적으로 명시하여야 하지만, 차별적 처우의 금지 및 시정신청과 관련한 분쟁에서 '입증책임'은 사용자가 부담한다(기간제법 9조 2항, 4항).

차별시정 신청이 제기되면 노동위원회는 필요한 조사와 관계당사자에 대한 심문을 하고(기간제법 10조), 차별적 처우에 해당된다고 판정한 때에는 사용자에게 그 내용과 이행기한 등을 구체적으로 기재한 시정명령을 한다(12조). 그리고 심문과정에서 관계당사자 쌍방 또는 일방의 신청 또는 직권에 의하여 조정절차를 개시할 수 있고, 관계당사자의 합의로 중재를 신청하면 중재절차에 회부되며, 관계당사자 쌍방이 조정안을 수락하여 조정이 성립하거나 노동위원회의 중재결정이 내려지면 조정·중재결정은 재판상 화해와 동일한 효력이 있다(11조). 노동위원회의 조정·중재 또는 시정명령의 내용에는 차별적 행위의 중지, 임금 등 근로조건의 개선 및 적절한 배상 등이 포함될 수 있으며(13조 1항), 노동위원회는 사용자의 차별적 처우에 명백한 고의가 인정되거나 차별적 처우가 반복되는 경우에는 손해액을 기준으로 3배를 넘지 아니하는 범위에서 배상을 명령할 수 있다(13조 2항 단서).

지방노동위원회의 시정명령 또는 기각결정에 대하여 불복하는 관계당사자는 시정명령서 또는 기각결정서의 송달을 받은 날부터 10일 이내에 중앙노동위원회에 재심을 신청할 수 있으며, 중앙노동위원회의 재심결정에 대하여 불복이 있는 관계당사자는 재심결정서의 송달을 받은 날부터 15일 이내에 행정소송을 제기할 수 있다. 위 각 규정된 기간 내에 재심을 신청하지 않거나 행정소송을 제기하지 아니하면 그 시정명령·기각결정 또는 재심결정은 확정된다(기간제법 14조).

확정된 시정명령을 정당한 이유 없이 이행하지 아니한 자는 1억 원 이하의 과태료에 처한다(기간제법 24조 1항, 파견법 46조 1항). 고용노동부장관은 확정된 시정명령에 대하여 사용자에게 이행상황을 제출할 것을 요구할 수 있고, 시정신청을 한 근로자는 사용자가 확정된 시정명령을 이행하지 아니하는 경우 이를 고용노동부장관에게 신고할 수 있으며(기간제법 15조), 정당한 이유 없이 고용노동부장관의 이행상황 제출요구에 응하지 않은 자는 500만 원 이하의 과태료에 처한다(기간제법 24조 2항 1호, 파견법 46조 4항).

사용자는 근로자에 대하여 차별적 처우의 시정신청, 그에 따라 개시된 절차에서 노동위원회에의 참석 및 진술, 재심신청 또는 행정소송의 제기, 그리고 시정명령 불이행의 신고 등의 행위를 한 것을 이유로 해고 그 밖의 불리한 처우를 하지 못한다(기간제법 16조 2호, 3호).

② **고용노동부장관의 시정요구에 따른 차별시정**   고용노동부장관은 사용자가 차별적 처우를 한 경우에는 그 시정을 요구할 수 있고, 시정요구에 응하지 아니할 경우 차별적 처우의 내용을 구체적으로 명시하여 노동위원회에 통보하여야 하며, 노동위원회는 지체 없이 차별적 처우가 있는지 여부를 심리하여야 한다. 이 때 노동위원회의 심리 및 그 밖의 시정절차 등에 관하여는 근로자의 신청에 의한 차별시정절차와 동일하다(기간제법 15조의2, 파견법 21조의2).

또한, 고용노동부장관은 확정된 시정명령을 이행할 의무가 있는 사용자의 사업 또는 사업장에서 해당 시정명령의 효력이 미치는 근로자 이외의 기간제근로자 또는 단시간근로자에 대하여 차별적 처우가 있는지를 조사하여 차별적 처우가 있는 경우에는 그 시정을 요구할 수 있고, 사용자가 시정요구에 응하지 않을 경우에는 노동위원회에 통보하여야 하며, 이에 따라 노동위원회의 심리 및 시정절차가 개시된다(기간제법 15조의3, 파견법 21조의3).

⑷ **민사소송 등 다른 구제절차와의 관계**

이와 관련하여 노동위원회를 통한 차별시정절차가 배타적인 구제절차인지에 관한 논의가 있다. 즉 차별적 처우를 주장하는 비정규직 근로자는 기간제법과 파견법에 명시된 노동위원회를 통한 차별시정절차를 통해서만 구제받아야 하는지, 아니면 다른 법적 구제방법, 특히 민사소송(예를 들면 차별적 처우의 무효확인, 임금차액청구, 손해배상청구 등)을 통해서도 차별시정이 가능한지 여부가 문제된다.

살피건대, 헌법 11조 1항, 근기법 6조 등에 비추어 볼 때 비정규직법은 비정규직 근로자의 차별받지 아니할 권리를 '창설'한 것이 아니라 '확인'한 것으로 봄이 타당한 점, 비정규직법에서 차별시정을 위한 특별한 절차를 마련하였다고 해서 그 입법취지가 법원을 통한 사법적 구제절차를 배제하는 것이라고 보기는 어려운 점, 노동위원회를 통한 차별시정 신청은 단기의 제척기간(6개월)이 적용되는 점, 부당해고와 부당노동행위에 대하여 근기법과 노동조합법상 노동위원회를 통한 구제절차가 마련되어 있다고 해서 별도의 사법적 구제절차가 불허되고 있지 않은 점 등을 고려하면, 차별적 처우를 받은 비정규직 근로자는 노동위원회를 통한 차별시정절차 외에도 법원에 직접 차별의 해소를 구하는 민사소송을 통한 구제절차를 이용하는 것이 가능하다고 해석해야 한다.[878]

서울고법 2017. 2. 10. 선고 2014나49625 등 판결은 파견법에서 규정한 차별시정절차는 차별적 처우를 받은 파견근로자의 신속한 구제를 위한 절차로서, 이에 따른 노동위원회의 시정명령은 사용자에게 공법상의 의무를 부담시킬 뿐 근로자와 사용자 간의 사법상 법률관계를 발생시키거나 변경시키는 것은 아니므로, 위 규정으로 인하여 파견근로자에 대한 사법적 절차를 통한 구제절차가 배제된다거나 파견근로자에게 차별적 처우로 인한 불법행위에 기한 손해배상청구권 자체가 발생하지 않는다고 할 수는 없고, 오히려 파견근로자의 차별적 처우에 대한 실질적이고 종국적인 구제기능이 제대로 이루어지기 위해서는 위와 같은 행정적 구제절차만으로는 부족하고, 사법적 구제조치가 필요하다고 봄이 타당하다고 판단하였다.[879] 서울행법 2015. 6. 25. 선고 2014구합21042 판결[880]은, 기간제법 13조 1항에서 규정한 차별적 처우에 대한 적절한 금전배상은 민사소송절차를 통한 구제와는 별도로 독자적인 존재의의를 갖는 것이어서 민사소송을 제기하여 이를 구할 수 있다는 사정만으로 금전배상에 관한 구제이익이 소멸한다고 볼 수 없다고 판단하였는데 이 또한 차별시정절차와는 별개의 민사소

---

878) 박수근a, 55면; 민변노동법Ⅲ, 262면.
879) 상고심인 대법원 2022. 10. 27. 선고 2017다15010 등 판결에서는 위 쟁점이 다루어지지 않았다.
880) 2015. 7. 8. 확정.

송 제기가 가능함을 전제한 것이다.

한편, 대법원 2012. 2. 9. 선고 2011다20034 판결은 부당노동행위로 인하여 해고를 당한 근로자가 노동위원회에 부당해고 구제신청을 한 후 이에 관한 행정소송에서 권리관계를 다투는 경우에는, 민사소송으로 해고의 무효확인 및 임금의 지급을 청구할 수도 있으나 신속한 권리구제를 위하여 노동위원회를 통한 구제신청으로 임금청구권 등 부당노동행위로 침해된 권리의 회복을 구한 것으로 볼 수 있고, 이는 권리자가 재판상 권리를 주장하여 권리 위에 잠자는 것이 아님을 표명하는 것으로서 임금지급청구권의 소멸시효가 중단된다고 판시한 바 있다.[881] 위와 같은 법리에 비추어 보면, 근로자가 노동위원회에 임금차별에 대한 시정을 신청하였다가 그 결과에 불복하여 행정소송으로 다투는 경우 그 시정신청 역시 소멸시효 중단사유로서의 재판상 청구에 해당한다고 보아야 할 것이다.[882]

사법적 구제절차의 이용은 노동위원회에 차별시정을 신청함과 동시에 할 수 있고, 시정명령이 확정된 후에도 할 수 있다.[883]

㈐ 차별시정사건 처리현황과 문제점

차별시정제도는 2007. 7. 1. 공공부문과 300인 이상 사업장부터 시행되었고, 이후 2008. 7. 1. 100인 이상 사업장으로, 2009. 7. 1. 5인 이상 사업장으로 각 확대되어 현재에 이르고 있다. 노동위원회에 제기된 연도별 차별시정사건 처리현황은 아래와 같다.[884]

---

881) 이용우, 122면에서는 위 대법원 2011다20034 판결에 대하여 노동위원회 구제절차가 빈번하게 진행되고 이에 대한 불복으로 행정소송이 잦은 현실에서 해고 근로자의 임금청구권을 보호하는 데 일조할 것이라고 긍정적으로 평가하고 있다.
882) 민변비정규직법, 339면.
883) 민변비정규직법, 339면.
884) 중앙노동위원회a, 6면 및 중앙노동위원회 <2018 노동위원회 통계연보>, 21면 참조.

〈연도별 차별시정사건 처리현황〉

연도	전체	초심(지방노동위원회)							재심(중앙노동위원회)						
		합계	인정	기각	각하	취하	조정	중재	합계	인정	기각	각하	취하	조정	중재
2018	322	275	21	30	7	84	133	-	47	13	16	5	12	1	-
2017	155	118	38	8	11	45	16	-	37	27	5	2	1	2	-
2016	115	83	17	11	7	37	11	-	32	18	6	3	4	1	-
2015	138	105	22	23	3	47	10	-	33	15	3	-	7	8	-
2014	161	150	4	29	10	100	7	-	11	2	4	-	1	4	-
2013	99	84	14	12	3	35	20	-	15	9	1	3	2	-	-
2012	39	32	3	6	6	11	6	-	7	-	6	1	-	-	-
2011	88	77	39	4	3	11	20	-	11	2	4	1	4	-	-
2010	152	131	12	19	53	26	19	2	21	12	7	2	-	-	-
2009	95	80	10	5	6	48	11	-	15	8	-	4	3	-	-
2008	1948	1897	23	557	74	768	475	-	51	18	20	7	4	2	-
2007	145	145	55	15	1	73	1	-	-	-	-	-	-	-	-
합계	3457	3177	258	719	184	1,285		2		124	72	28	38	18	0

　　차별시정사건의 처리 건수는 초심, 재심을 합하여 2007년 145건을 시작으로 2008년 1,948건,[885] 2018년 322건[886]을 제외하고는 매년 100건 내외로 일정 수준을 유지하고 있다.

　　차별시정제도의 도입은 성별, 국적 등 전통적인 차별금지사유에서 고용형태에 의한 차별이 차별금지의 주요한 사유로 인식되기 시작하는 계기가 되었다는 점, 시정명령을 통한 사후적인 구제에 초점이 맞춰져 구제 방향의 전환을 시도했다는 점, 종래 고용차별에 관한 구제가 사법적 구제에 한정되어 비용, 시간 등 접근성에 문제가 많았던 점과 비교하여 노동위원회에 의한 간이 신속한 구제가 가능하게 되었다는 점 등에서 긍정적으로 평가되고 있다. 차별시정제도의 적용 사업장이 순차 확대되었고, 앞서 본 여러 차례의 법 개정을 통하여 차별시정 신청기간 연장, 고용노동부장관에 의한 차별적 처우 시정요구제도 도입, 징벌적 성격의 배상명령 신설 등 법규도 정비되었다. 그럼에도 법 시행 당시 기대했던 것에 비하면 제도의 활용도가 매우 낮으며, 현실적으로도 고용형태에 따른

---

885) 한국철도공사 및 대학 비정규직 교수 등 동일한 단체 신청 사건들이 많았다. 민변비정규직법, 340면.

886) 제주도청 소속 기간제근로자들이 접수한 153건의 처리건수가 포함되어 있다. 위 중앙노동위원회 〈2018 노동위원회 통계연보〉, 20면.

차별 문제가 여전히 개선되지 않고 오히려 임금 격차는 악화되는[887] 등 제도의 실효성에 관하여 논란이 계속되고 있다.[888] 차별시정제도의 활용도가 낮은 원인으로는, 제도적 측면에서 신청권자의 범위[889]와 신청기간의 제한, 복잡한 차별적 처우의 성립요건(특히 비교대상 근로자 특정의 어려움) 등이 거론되고, 운영적 측면에서 노동위원회의 낮은 인용률과 인용이 되는 경우 낮은 배상액, 그리고 무엇보다 비정규직 근로자가 재계약 거절 등과 같은 불이익을 우려하여 현실적으로 차별시정 신청을 꺼리게 되는 점 등이 지적되고 있다.[890]

---

887) 한국노동연구원이 발표한 노동통계에 의하면, 정규직 월 평균 임금을 100이라고 할 때 비정규직 상대임금은 차별시정제도가 도입된 2007년에 63.7이었던 것이 국제금융위기의 여파로 2009년 54.7로 급격하게 하락한 이래 이전 수준을 회복하지 못하고 2016년에는 53.5까지 격차가 확대되었다가 2017년에는 55.0으로 소폭 상승하였고, 2018년에는 다시 54.7로 하락하였다(한국노동연구원, 「2003~2018 KLI 비정규직 노동통계」 37면). 다만, 위 한국노동연구원의 통계는 비정규직 근로자의 범위를 기간제, 단시간, 파견근로자에 한정하지 않고 용역, 특수형태근로, 가정 내 근로 등도 포함하여 산정하고 있기 때문에 차별시정제도의 적용대상과 일치하지 않는다는 점을 감안하여야 한다(조상균d, 105면). 한편, 한국노동연구원의 사업체 패널조사를 활용, 기업 단위에서 2005년부터 2013년까지 기간 동안의 차별시정 효과에 대한 실증적 연구를 시도한 고혜진, 125~161면에서도 비정규직 보호법의 시행이 비정규직 근로자에 대한 임금, 사회보장 등에서의 차별 개선에 기여했다고 보기 어렵다고 분석한다. 이와 관련하여 조용만b, 92~93면에서는 호봉제와 같은 연공급 임금구조에서 기간제법 시행 이후에 채용되는 기간제근로자의 경우 근속기간이 2년 이내로 짧기 때문에 정규직과의 임금 격차가 줄어들기 매우 어렵고, 이는 우리나라 노사관계에서 차별금지 및 시정제도가 극복하기 어려운 한계점임을 지적한다.

888) 조상균d, 103~104면.

889) 이와 관련하여 노동조합을 신청권자로 인정하여야 한다는 논의가 있다. 이미 기간제법 입법과정에서 노동계는 재계약 거부나 인사상 불이익 등을 우려해 차별에 대한 문제 제기 자체가 어려운 비정규직 근로자들의 열악한 지위를 고려하여 노동조합에게도 신청권을 부여해야 한다고 주장하였으나 채택되지 않았다. 대신 사용자는 차별시정 신청을 한 것을 이유로 근로자에 대하여 해고 그 밖의 불리한 처우를 하지 못하고(기간제법 16조 2호), 이를 위반한 때에는 형사처벌을 하도록 하였다(기간제법 21조, 파견법 43조의2). 이후 학계를 중심으로 노동조합으로 신청인적격을 확대해야 한다는 주장이 꾸준히 제기되었고(강성태c, 180면; 전윤구e, 374면; 조용만m, 12~13면. 다만, 박종희d, 41~42면은 노동조합에게 독자적 구제신청권을 인정하는 것에는 신중한 검토가 필요하다는 입장이며, 김영국, 220면은 대상 노동조합을 한정하는 등의 방법을 제안하고 있다. 차별시정 신청권을 노동조합에도 부여할 경우 제기되는 쟁점에 관한 상세한 검토로는 전윤구i, 327~360면), 20대 국회에서는 노동조합의 신청권을 인정하는 내용의 기간제 및 단시간근로자 보호등에 관한 법률 일부개정법률안이 발의되었으나, 임기만료로 폐기되었다(홍영표 의원 대표 발의, 의안번호 1239).

890) 노상헌b, 55~57면; 민변비정규직법, 341면; 조용만b, 91면. 반면, 박종희g, 40면에서는 차별시정제도의 도입을 앞두고 비교적 오랜 기간 동안 노사당사자에게는 이 사실이 알려져 있었고, 그에 따라 비정규직법의 시행을 앞둔 대기업 위주의 많은 기업이 사전에 취할 수 있는 조치를 미리 취하였다는 긍정적 측면에서의 효과도 함께 고려해 볼 수 있을 것이라고 한다. 한편, 권태령, 419~476면에서는 차별시정 신청의 첫 관문이라 할 수 있는 초심 지방노동위원회의 인용률이 특히 낮다는 점을 지적하면서 2007년부터 2016년까지 중앙노동위원회에서 초심이 전부취소되거나 일부취소된 사건 중 지방노동위원회와 중앙노동위원회가 명확히 다른 시각에서 판정을 한 사례들을 분석하고 있다.

(2) 신청권자 및 신청의 상대방

⑦ 신청권자

차별시정의 신청권자는 사용자로부터 차별적 처우를 받았다고 주장하는 기간제근로자, 단시간근로자 또는 파견근로자이다(기간제법 9조, 파견법 21조). 근로자성과 비정규성을 모두 갖추어야 한다. 근로자성이나 비정규성에 의문이 있는 사람이 차별시정을 신청한 경우 노동위원회는 신청권자가 비정규직 근로자에 해당하는지 여부를 심리한 후 당사자적격이 없다고 판단하면 신청을 각하한다(노위규칙 109조 1항, 60조 1항 3호).

비정규직 근로자의 지위가 존재하는지 여부에 관한 판단 시점은 차별시정 신청 당시가 아닌 차별적 처우가 있었던 때를 기준으로 한다.[891] 따라서 차별시정 신청 당시에 신청인이 퇴직, 정규직 전환 등으로 비정규직 근로자에 해당하지 않더라도 본인이 주장하는 차별적 처우가 있었던 때에 비정규직 근로자였다면 신청인적격이 인정된다.[892] 한편, 기간제근로자가 단시간근로자로 변경되거나 그 반대의 경우 또는 파견근로자가 사용사업주에게 직접 고용되는 경우 등 고용형태가 변경된 때에도 각 고용형태별로 비교대상 근로자, 불리한 처우의 대상 등이 달라지므로, 차별시정을 신청한 시점의 고용형태가 아니라 차별적 처우가 있었던 시점의 고용형태를 기준으로 차별적 처우가 있었는지 여부를 판단해야 할 것이다.[893]

① 기간제근로자   기간제근로자는 "기간의 정함이 있는 근로계약을 체결한 근로자"를 뜻한다(기간제법 2조 1호). 근로계약에 기간의 정함이 있는 한 그 기간의 장단은 문제되지 않으며, 명칭(예컨대 임시직, 계약직, 촉탁직, 일용공, 계절근로자, 계약사원, 아르바이트, 파트타임사원 등)을 불문한다. 시용·수습 근로자도 시용·수습을 목적으로 하는 기간제 근로계약을 체결한 경우 기간제근로자에 해당하므로 차별시정을 신청할 수 있다.[894]

---

891) 중앙노동위원회b, 22면.
892) 고용노동부d, 62면. 중앙노동위원회 2008. 3. 20.자 중앙2007차별5~19 병합판정에서는 기간제 근로자로 시청 교통행정과에 배치되어 주·정차 단속 업무를 수행하다 2007. 10. 1.부터 정규직으로 전환된 신청인들이 비정규직법 시행일인 2007. 7. 1.부터 정규직 전환 전까지의 임금차별시정을 신청한 사안에서 신청인들이 정규직으로 전환되기 이전까지 기간제근로자에 해당하는 것으로 판단하였다.
893) 민변비정규직법, 346면.
894) 중앙노동위원회 2013. 5. 6.자 중앙2013차별4 판정에서는 자동차공장 현장실습생을 기간제 근로자로 인정하여 정규직 근로자에게 지급한 상여금을 현장실습생에게 지급하지 않은 것은

㉠ 무기계약직 근로자의 경우　　기간제법 시행 이후 특별한 예외 사유 없이 2년을 초과해 사용되어 기간의 정함이 없는 근로계약을 체결한 것으로 간주되거나 전환된 무기계약직 근로자의 경우에는 당해 사업 또는 사업장에서 동종 또는 유사한 업무에 종사하는 정규직 근로자에 비해 차별적 처우를 받더라도 기간제법상 기간의 정함이 없는 근로자로 분류되어 차별적 처우 금지조항의 적용을 받지 못함으로써 차별시정제도의 법적 보호를 받을 수 없는 사각지대에 놓이게 되었고, 이러한 문제를 타개하고자 무기계약직과 같은 고용형태를 근기법 6조의 '사회적 신분'에 포함시켜야 한다는 주장과 입법론으로 해결하려는 움직임이 있음은 앞서 본 바와 같다.

㉡ 기간제 근로계약이 반복 갱신되어 기간의 정함이 단지 형식에 불과한 것으로 인정되는 근로자의 경우　　기간제 근로계약이 반복 갱신된 경우 신청인적격을 인정할 것인지 여부가 문제된다. 차별시정제도 시행 초기에 중앙노동위원회는 계약기간의 정함이 단지 형식에 불과하다고 판단되면 사실상 기간의 정함이 없는 근로계약을 체결한 것으로 보아 사건을 각하하였다.[895] 그러나 위와 같은 중앙노동위원회의 판단에 관하여는 비판적 견해가 많았다. 위에서 근거로 들고 있는 판례 법리는 근기법상 해고 제한을 회피하기 위해 사용자가 기간제 근로계약을 남용하는 행위를 제한하기 위한 '고용보호'의 법리인데, 이를 차별시정사건에 적용하여 신청을 각하하는 것은, 실제로 불합리한 차별이 있었더라도 그 구제의 기회를 차단하는 것이기 때문에 기간제법의 입법취지에 반하고, 현실에서는 차별시정제도의 효과적 운영을 저해하여 제도적 불신을 초래할 우려가 있으며, 그러한 각하 판정에 의해 해당 신청인이 무기근로계약 근로자로 간주되거나 정규

합리적 이유가 없는 차별적 처우라고 판단하였다. 다만, 노동위원회의 위 판정은 고용노동부장관의 시정요구 및 통보에 의하여 개시되었는데, 법원은 시정요구조항 시행 전에 종료된 차별적 처우에 대하여 고용노동부장관이 소급하여 시정요구를 할 수 없다는 이유로 위 판정을 취소하였다[서울행법 2014. 2. 13. 선고 2013구합14672 판결(2014. 3. 6. 확정)].

895) 중앙노동위원회 2008. 3. 31.자 2007차별22~25 병합판정, 중앙노동위원회 2008. 6. 25.자 2008차별20 판정 등. 그 근거로 "기간을 정한 근로계약서를 작성한 경우에도 예컨대 단기의 근로계약이 장기간에 걸쳐서 반복하여 갱신됨으로써 그 정한 기간이 단지 형식에 불과하게 된 경우 등 계약서의 내용과 근로계약이 이루어지게 된 동기 및 경위, 기간을 정한 목적과 당사자의 진정한 의사, 동종의 근로계약 체결방식에 관한 관행 그리고 근로자보호법규 등을 종합적으로 고려하여 그 기간의 정함이 단지 형식에 불과하다는 사정이 인정되는 경우에는 계약서의 문언에도 불구하고 그 경우에 사용자가 정당한 사유 없이 갱신계약의 체결을 거절하는 것은 해고와 마찬가지로 무효로 된다"는 판례(대법원 2006. 2. 24. 선고 2005두5673 판결 등)를 인용하면서 기간을 정한 근로계약이라도 장기간 반복 갱신되는 등 기간의 정함이 형식에 불과한 경우 사실상 기간의 정함이 없는 근로계약으로 보아야 한다는 점을 들고 있다.

직 근로자에 준하는 대우를 받을 권리가 인정되는 법적 효력이 발생하는 것도 아니라는 것이 그 근거이다.[896] 이후 중앙노동위원회는 2009. 5. 20.자 2009차별 3, 4 병합판정에서 태도를 변경하여 신청인의 당사자적격을 인정하였다.[897] 판례 역시 같은 태도를 취한 바 있다.[898] 그러나 위와 같은 법리는 '기간제법 시행 후 계속근로한 기간이 2년을 초과하지 않는 근로자', 즉 무기계약직으로 간주 내지 전환되지 아니한 근로자에게 적용되므로, 기간제법 시행 후 10년 이상 지난 현재로서는 ⅰ) 수차 기간제 근로계약을 반복 갱신하였으나 총 근로기간이 2년 이하인 근로자이거나(현실적으로 이러한 경우를 상정하기는 어려울 것이다), ⅱ) 2년을 초과하여 기간제근로자를 사용할 수 있는 특례규정(기간제법 4조 1항 단서)의 적용을 받은 근로자가 차별신청을 할 수 있다는 제한적 의미를 가질 뿐이다.[899]

  ⓒ 기간제교원의 경우   노동위원회는, 광주시교육청이 설치·운영하는 유치원의 방과 후 과정을 담당하는 기간제교원이 정교사에 비해 임금, 각종 수당, 성과상여금, 호봉 등에서 차별적 처우를 받았다고 주장하며 차별시정을 신청한 일련의 사건에서, '기간제교원이 공무원임은 의문의 여지가 없으며, 기간제법이 기간제근로자의 차별을 시정하고 근로조건을 보호하기 위한 일반적인 법률의 위치에 있고, 국가나 지방자치단체는 불평등한 근로조건을 시정할 선도적인 입장에 있음을 감안하면, 기간제법 8조 1항은 국가와 지방자치단체가 그 소속 공무원들에 대한 처우를 함에 있어서 당연히 지켜야할 규범이라고 보아야 한다'고 판단한 하급심 판결[900]을 직접 원용하면서, 추가적으로 기간제법 3조 3항에 따

---

896) 조용만h, 138~139면. 강성태c, 182면에서는 노동위원회가 견해 변경을 통해 이 문제를 해결하지 못한다면 입법적으로 '기간제의 형식을 띤 근로자' 등을 신청권자에 포함하도록 해야 할 것이라는 견해를 제시하기조차 하였다.

897) 즉, "이 사건 근로자들은 수차례 기간제 근로계약이 반복 갱신되었다고 하더라도 기간제법 시행 후에 근로계약을 체결하고 계속 근로한 기간이 2년을 초과하지 않는 근로자로서 기간제법상 기간제근로자에 해당하여 당사자적격이 인정된다."고 하면서 "초심지노위가 인용한 위 대법원 판례의 법리는 사용자에 의한 부당한 근로관계의 종료에 대한 보호를 위한 것으로 근로관계의 계속을 전제로 근로조건의 차별금지를 목적으로 하는 차별시정사건에 원용하는 것은 무리가 있어 보인다."라고 판단하였다.

898) 서울행법 2010. 2. 18. 선고 2009구합26234 판결(2010. 3. 17. 확정)은, 원고들이 2년마다 근로계약이 갱신된 근로자들로서 기간제근로자가 아니어서 차별시정을 구하는 소를 제기할 원고적격이 없다는 피고보조참가인회사의 본안전항변을, 원고들이 수차례 근로계약을 반복 갱신하여 왔다고 하더라도 기간제법 시행 이후에 그 근로계약을 갱신하고 계속근로한 기간이 2년을 초과하지 않는 근로자들로서 기간제법상의 기간제근로자에 해당한다는 이유로 배척하였다.

899) 민변비정규직법, 343~344면.

900) 판정문에는 서울고법 2015. 5. 2. 선고 2012나31498 판결로 기재되어 있으나 서울중앙지법

라 국가 및 지방자치단체의 기관에도 기간제법이 적용된다는 점, 기간제교원의
경우 고충처리규정의 적용을 배제하고 있어 달리 직접적인 구제수단이 존재하
지 않는 점, 행정심판의 경우 제척기간이 짧아 계속적 차별에 대해서 실효적인
구제수단이 될지 여부가 불투명한 점 등을 근거로, 기간제교원에 대하여 차별시
정 신청을 할 수 있는 당사자적격을 인정하였다.[901] 이에 광주시교육청이 불복
하여 행정소송으로 다투었으나, 법원에서도 위 판단은 유지되었는데 그 근거에
관하여는 '국가공무원도 임금을 목적으로 근로를 제공하는 근기법 2조 1항 1호
의 근로자이므로 공무원이 기간을 정하여 임용된 경우 국가공무원법 등에 특별
한 규정이 없고 그 성질에 반하지 아니하는 한 기간제법이 적용될 수 있다 할
것인데, 공무원인 시간제근무 기간제교원에 대하여 기간제법 8조 1항을 적용하
는 것에 관하여 국가공무원법, 교육공무원법 등 다른 법령에 특별한 규정이 없
고, 이를 적용하는 것이 기간제교원의 성질에 반하지 아니하므로, 차별시정 신
청을 할 적격이 인정된다'라고 설시하였다.[902]

　　한편, 노동위원회가 판정이유에서 원용했던 하급심 판결은 상고심인 대법
원 2017. 2. 9. 선고 2013다205778 판결로 파기되었다. 그런데 위 대법원 2013다
205778 판결은 '성과상여금은 원칙적으로 전년도의 근무성과를 평가하여 그 평
가결과에 따라 다음 연도에 차등하여 지급하는 급여로서 공무원들의 근무의욕
을 고취시켜 업무수행능력의 지속적 향상을 유도하려는 데 그 지급취지가 있는
데, 기간제교원은 1년 이내의 단기간 채용되어 임용기간이 만료하면 당연퇴직하

2015. 5. 2. 선고 2012나31498 판결의 오기로 보인다. 또한, 판정문에서 원용한 위 판시 내용
은 위 서울중앙지법 2012나31498 판결의 제 1 심인 서울중앙지법 2012. 6. 25. 선고 2011가단
170494 판결에서 설시된 것이다. 위 판결의 사안은 교육공무원법 32조에 따라 임용되어 중·
고등학교에서 근무하는 기간제교원인 원고들이 공무원수당 등에 관한 규정 7조의2에 따라
성과상여금을 받을 권리가 있음에도 불구하고 교육공무원 성과상여금 지급 지침에서 기간제
교원의 성과상여금을 받을 권리를 누락하여 위법할 뿐만 아니라 위 지침은 기간제법상 차별
적 처우에 해당하므로 기간제교원들을 성과상여금 지급대상에서 제외한 것은 불법행위를 구
성한다고 주장하며, 국가를 상대로 국가배상법에 따른 손해배상을 청구한 것이다.
901) 중앙노동위원회 2016. 3. 31.자 중앙2015차별42, 43 병합판정, 중앙노동위원회 2016. 6. 2.자
　　 중앙2016차별1, 2 병합판정, 중앙노동위원회 2016. 6. 27.자 중앙2016차별3, 4 병합판정, 중앙
　　 노동위원회 2016. 8. 11.자 중앙2016차별8 판정.
902) 중앙노동위원회 2016. 3. 31.자 중앙2015차별42, 43 병합판정에 대하여는 대전지법 2017. 1.
　　 11. 선고 2016구합101975 판결, 중앙노동위원회 2016. 6. 2.자 중앙2016차별1, 2 병합판정에 대
　　 하여는 대전지법 2017. 1. 11. 선고 2016구합103087 판결, 중앙노동위원회 2016. 6. 27.자 중앙
　　 2016차별3, 4 병합판정에 대하여는 대전지법 2017. 1. 11. 선고 2016구합103773 판결, 중앙노
　　 동위원회 2016. 8. 11.자 중앙2016차별8 판정에 대하여는 대전지법 2017. 1. 11. 선고 2016구합
　　 104448 판결(위 각 판결은 모두 2017. 2. 3. 확정되었다).

도록 정하고 있으므로 기간제교원에 대하여 성과상여금을 지급하는 것은 위 제
도의 취지에 부합한다고 보기 어렵고, 성과상여금은 그 성격에 비추어 지급대
상, 지급액 등에 관하여 광범위한 형성의 재량이 인정된다고 할 것인데, 교육공
무원 성과상여금 지급 지침에서 기간제교원을 제외했다 하여 평등원칙에 반한
다고 보기도 어렵다'는 이유로, 이와 달리 기간제교원도 성과상여금 지급대상에
포함된다는 전제에서 교육부장관이 원고들을 성과상여금 지급대상에서 제외한
것이 불법행위에 해당한다고 판단한 원심을 파기하였을 뿐,903) 기간제교원의 경
우 기간제법 8조 1항이 적용되는지 여부에 관하여는 명시적으로 판단하지 않았
고, 기간제법상 차별시정을 구한 사안이 아니었기에 기간제교원의 신청인적격에
관한 판단이 반드시 선행되어야 하는 것도 아니었다.

　　한편, 대법원 2019. 11. 14. 선고 2015두52531 판결은, 국립대학교 조교로 임
용되어 1년 단위로 재임용되어 오던 원고가 대학교로부터 임용기간 만료를 이
유로 당연 퇴직을 통보받자 자신은 기간제근로자로 2년을 초과하여 근무한 이
상 기간제법 4조 1항에 따라 기간의 정함이 없는 근로계약을 체결한 근로자로
간주되므로 위 당연 퇴직 통보는 부당해고라고 주장하며 해고무효확인의 소를
제기한 사건에서, 국 · 공립대학교 조교는 법정된 근무기간 동안 신분이 보장되
는 교육공무원법상의 교육공무원 내지 국가공무원법상의 특정직공무원 지위가
부여되고,904) 그 근무관계는 사법상의 근로계약관계가 아닌 공법상 근무관계에

---

903) 파기환송심인 서울중앙지법 2018. 4. 27. 선고 2017나2102 판결은 환송판결의 취지에 따라
　　 기간제교원들인 원고들의 청구를 기각하였고, 위 환송후 판결은 2018. 5. 17. 확정되었다. 위
　　 대법원 2013다205778 판결에 대하여 성과상여금은 고용형태에 의하여 지급 여부가 결정되는
　　 것이 아니라 성과 달성도에 의하여 지급 여부가 결정되어야 하며, 정규 교원과 사실상 동일
　　 한 업무를 담당하여 업무 실적에 있어서 별다른 차이가 없는 기간제교원들에 대하여 성과상
　　 여금을 지급하지 않은 것은 차별에 있어 합리적 근거가 없음에도 성과상여금 지급에 있어
　　 광범위한 형성의 재량을 인정한 것은 부당하다는 비판으로는 서려, 140~142면.
904) 국가공무원법 2조 2항은, 본문에서 경력직공무원을 '실적과 자격에 따라 임용되고 그 신분
　　 이 보장되며 평생 동안(근무기간을 정하여 임용하는 공무원의 경우에는 그 기간 동안을 말한
　　 다) 공무원으로 근무할 것이 예정되는 공무원'으로 정의하고, 그 2호에서 경력직공무원의 하
　　 나로 특정직공무원을 들면서, 교육공무원을 이러한 특정직공무원에 속하는 것으로 명시하고
　　 있다. 또한, 교육공무원의 자격 · 임용 · 보수 · 연수 및 신분보장 등에 관하여 특례를 규정함을 목
　　 적으로 마련된 교육공무원법에서는 2조 3항 각 호 소정의 국립 또는 공립의 학교 또는 기관
　　 에 해당하는 교육기관에 근무하는 조교를 교육공무원 중 하나로 정하면서(2조 1항 1호), 이
　　 러한 조교가 되기 위해서는 고등교육법에 따른 자격을 요하고(8조) 조교에 대한 신규채용을
　　 비롯한 임용은 대학의 장이 하도록 정하고 있으며(26조 1항), 교육공무원의 임용에 관하여
　　 별도로 마련된 교육공무원임용령 5조의2 4항은 "조교는 그 근무기간을 1년으로 하여 임용한
　　 다."라고 규정하고 있다. 나아가 교육공무원법 34조 2항은 "교육공무원의 보수는 자격, 경력,

해당하며, 1년으로 법정된 근무기간이 만료하면 바로 그 지위를 상실하게 될 뿐만 아니라, 위 기간 만료 후에 다시 종전 지위를 취득하기 위해서는 임용주체의 의사결정에 기한 임명행위로써 공무원의 신분을 새롭게 부여받을 것을 요하는 점, 또한 공무원인 조교의 근무관계에 관하여도 공무원의 '근무조건 법정주의'에 따라 기본적으로 법령에 의해 그 권리의무의 내용이 정해지고 있는 점 등을 고려하면, 교육공무원 내지 특정직공무원의 신분보장을 받는 대신 근무기간이 1년으로 법정된 조교에 대하여는 기간제법이 그대로 적용된다고 볼 수 없고, 이는 기간제법 3조 3항이 국가 또는 지방자치단체의 기관에 대하여도 기간제법을 적용하도록 규정하고 있다거나, 공무원도 임금을 목적으로 근로를 제공하는 근로기준법상의 근로자라고 하여 달리 볼 것은 아니라고 판시하였다.

기간제교원 역시 교육공무원이고(교육공무원법 2조 1항 1호), 공무원보수규정에서 그 보수에 관한 사항을 정하고 있기는 하나(교육공무원법 34조 2항, 35조 2호, 공무원보수규정 5조 별표11), 기간제교원은 교원 수급과정에 어려움이 있는 경우 교육공무원법 32조 1항에서 특별히 정한 바에 따라 임시로 기간을 정하여 임용하는 교원으로, 신분보장, 휴직, 정년, 고충처리, 징계절차 등에 관한 교육공무원법 및 국가공무원법의 적용이 배제되고(교육공무원법 32조 3호), 임용기간은 1년 이내로 하며, 필요한 경우 3년의 범위에서 연장할 수 있도록 규정되어 있어(교육공무원임용령 13조 3항), 국·공립대학교 조교의 경우와 같이 법정된 근무기간 동안 신분이 보장되는 지위에 있지 않다. 따라서 위 대법원 2015두52531 판결이 기간제교원에게도 그대로 적용된다고 단정하기는 어렵다. 기간제교원에 대하여는 위 노동위원회와 하급심 판결의 결론과 같이 기간제법이 적용된다고 보아 차별시정을 신청할 당사자적격을 인정하여야 할 것이다.

② 단시간근로자

㉠ 기간제법 2조 2호의 정의규정   기간제법 2조 2호는 이 법에서 사용하는 단시간근로자라는 용어는 '근기법 2조의 단시간근로자'를 말한다고 규정하고 있고(기간제법 2조 2호), 근기법 2조 1항 9호는 단시간근로자를 "1주 동안의 소정근로시간이 그 사업장에서 같은 종류의 업무에 종사하는 통상근로자의 1주 동안의 소정근로시간에 비하여 짧은 근로자"라고 정의하고 있다. 이때 '소정근로

직무의 곤란성 및 책임의 정도에 따라 대통령령으로 정한다."라고 규정하고 있고, 이에 따라 교육공무원인 조교의 보수는 공무원보수규정이 정한 바에 의하도록 되어 있다.

시간'이란 법정근로시간의 범위에서 근로자와 사용자 사이에 정한 근로시간을 말한다(법 2조 1항 8호 2호). 단시간근로자의 경우에도 시간제, 파트타임, 주부사원, 아르바이트 등 그 명칭을 불문하며, 사용형태 역시 고려할 필요가 없다. 예를 들어 통상적으로 근로시간을 단축하는 형태(horizontal part-time)이든 격일제로 통상근로에 종사하는 형태(vertical part-time)이든 직무를 분할하는 형태(job-sharing part-time)이든 상관없다.905)

단시간근로자는 통상근로자의 존재를 전제하는 상대적 개념이고, 소정근로시간이란 법정근로시간을 의미하는 것은 아니므로 통상근로자의 주 소정근로시간은 법정근로시간을 하회할 수 있으며,906) 단시간근로자의 소정근로시간이 법정근로시간보다 짧다고 하여 언제나 단시간근로자에 해당하는 것도 아니다.907) 통상근로자와 비교하여 주 소정근로시간이 짧다고만 규정하고 있으므로 실제 주당 근로일이나 1일의 근로시간과 관계없이 1주의 소정근로시간이 통상근로자의 그것보다 1시간 짧더라도 단시간근로자에 해당하며,908) 근기법 18조 3항에서 규정한 '1주 동안의 소정근로시간이 15시간 미만인 근로자'(이른바 초단시간근로자) 역시 차별시정의 신청인이 될 수 있다. 단시간근로자와 통상근로자의 차이는 1주간의 '소정'근로시간에 있으므로 단시간근로자의 실제 근로시간이 연장근로 등에 의하여 통상근로자의 근로시간보다 짧지 않다고 하여 단시간근로자에서 제외되는 것은 아니다.909)

ⓛ 통상근로자의 범위 — 기간제법 8조 2항과의 관계   기간제법 2조 2호는 단시간근로자의 정의를 근기법상 단시간근로자와 일치시키면서 당해 '사업장에서' '같은 종류의 업무'에 종사하는 통상근로자의 존재를 전제로 하고 있는데, 반면 기간제법 8조 2항은 '당해 사업 또는 사업장에서' '동종 또는 유사한 업무'에 종사하는 통상근로자를 비교대상으로 삼아 단시간근로자에 대한 차별적 처

---

905) 김형배, 846면.
906) 김형배, 846면.
907) 박은정h, 9면.
908) 김형배, 846면; 임종률, 631면.
909) 임종률, 631면. 서울행법 2012. 1. 12. 선고 2011구합8734 판결(2012. 2. 9. 확정)은 통상근로자의 소정근로시간인 일 8시간에 미치지 못하는 단시간 근로계약을 체결해 온 근로자들이 경영여건의 변화 등에 따라 실제로 8시간 이상을 근무하였다는 사정만으로 근로자와 회사 사이에 소정근로시간을 통상근로자와 같이 8시간으로 변경하기로 하는 내용의 묵시적 합의가 이루어졌다고 보기 어려우므로 기간제법상 차별시정을 구할 신청인적격이 인정된다고 판단하였다.

우를 판단하고 있다.

이 때문에 당해 사업 또는 사업장에 차별시정을 신청한 단시간근로자와 같은 종류의 업무에 종사하는 통상근로자는 없고, 유사한 업무에 종사하는 통상근로자만 있는 경우에는 차별시정의 신청인적격을 인정할 수 있는지 여부가 문제된다. 이에 관하여 중앙노동위원회 2008. 5. 14.자 중앙 2008차별15 판정에서는, 시간강사들과 동종의 업무인 강의만을 전담하는 통상근로자인 기간제강사가 없었고, 강의 및 연구로 업무를 달리하는 정년계열의 전임강사와 비정년계열의 교육중심교원이 있었기 때문에 신청인 시간강사의 기간제근로자로서의 신청인적격은 인정했지만, 단시간근로자에는 해당하지 않는다고 판단하여 단시간근로자로서의 신청인적격을 부인함으로써 결국 근기법이 정의하는 '같은 종류'의 업무에 종사하는 통상근로자가 없으면 단시간근로자에 해당하지 않는다는 입장을 취하였다. 그러나 이는 유사한 업무를 수행하는 통상근로자와의 비교를 통해 단시간근로자에 대한 차별적 처우를 시정하도록 요구하고 있는 기간제법의 취지와 부합하지 않고,[910] 결과적으로 단시간근로자의 비교대상자를 동종 업무 종사자로 제한하는 것이 되어 차별시정제도의 취지를 몰각시키며,[911] 신청인적격 여부는 비교대상 근로자의 존부라는 본안 판단 이전의 문제이고, 기간제법이 명시적으로 '유사한 업무'에 종사하는 통상근로자와의 비교를 허용하고 있기 때문에 '동종' 업무가 아니라는 이유만으로 단시간근로자의 신청인적격을 부인하는 것은 타당하지 않다.[912] 따라서 단시간근로자의 차별시정 신청인적격을 판단하는 경우에는 당해 사업 또는 사업장에서 동종 또는 유사한 업무에 종사하는 통상근로자를 기준으로 소정근로시간을 비교하여야 한다.[913]

한편, 중앙노동위원회는 '통상근로자'의 범위에 무기계약 근로자뿐만 아니라 기간제근로자까지 포함하는 입장을 취하고 있다.[914] 즉 동종 업무에 종사하는 두 근로자의 1주 소정근로시간에 차이가 있으면 양자의 고용형태가 동일하

---

910) 박주영, 215~216면.
911) 민변비정규직법, 345면.
912) 조용만h, 143면; 김영국, 219면.
913) 민변비정규직법, 345면. 박은정h, 9~10면과 정용진, 75~76면도 같은 취지이다. 다만, 정용진, 76면에서는 단시간근로자의 개념을 규정한 근기법 2조 9호를 개정하여 '당해 사업', '유사한 종류의 업무'로 확대하는 입법적 개선이 필요함을 지적한다. 김영국, 219면은 기간제법 개정 시 단시간근로자에 대한 정의를 확대하여 단시간근로자의 당사자적격성을 넓힐 필요가 있다고 제안한다.
914) 조용만h, 141~143면.

더라도(예컨대 기간제 — 기간제 관계인 시간강사와 강의전담교수) 그 시간이 짧은 쪽
을 단시간근로자(시간강사), 긴 쪽을 통상근로자(강의전담교수)로 보고 있다. 중앙
노동위원회 2008. 4. 30.자 중앙2008차별8 판정에서는 강의전담교수(1년 단위 기간
제, 강의를 핵심업무로 하며 전일제 근무)의 존재 사실이 확인되어 시간강사(학기 단
위 기간제, 주당 2~13 시간 강의)는 기간제 및 단시간근로자 신청인적격이 모두 인
정되었다.915)

　　　③ 파견근로자   　　　파견법상 차별시정 신청을 할 수 있는 '파견근로자'라
함은 파견사업주가 고용한 근로자로서 근로자파견의 대상이 되는 사람이다(파견
법 2조 5호). 이때 '근로자파견'이란 파견사업주가 근로자를 고용한 후 그 고용관
계를 유지하면서 근로자파견계약의 내용에 따라 사용사업주의 지휘 · 명령을 받
아 사용사업주를 위한 근로에 종사하게 하는 것이다(파견법 2조 1호). 근로계약 체
결의 상대방이 아닌 제 3 자의 사업(장)에서 근로를 제공하는 사람에는 파견근로
자뿐만 아니라 도급계약에 따른 근로제공자가 있지만, 후자는 수급인이 도급인
으로부터 도급받은 업무를 수행하기 위해 근로자를 고용하고, 직접 지휘 · 명령
하여 해당 업무에 투입하는 관계를 말하므로 원칙적으로 노동위원회에 차별시
정을 신청할 수 없다.916)

　　　㉠ 이른바 위장도급의 경우   　　　그러나 외양상 도급, 업무위탁 등의 계약 형
식을 취하고 있지만 근로자 사용관계의 실질은 파견인 경우, 즉 이른바 위장도
급의 경우에 수급인이 고용한 근로자가 파견법상 차별시정 신청을 할 수 있는
지 여부가 문제된다.

　　　이에 대하여 노동위원회는 일관하여 수급업체가 사업체로서 실체가 있는지
여부, 사업체로서 실체가 있다면 업무지시 및 감독, 근태관리 등 지휘 · 명령을
행사한 주체가 누구인지 여부를 종합적으로 고려하여 계약의 형식은 도급계약
이더라도 그 실질이 파견관계인 경우에는 하청업체의 근로자들에게 파견근로자
로서 차별시정의 신청인적격을 인정하고 있으며,917) 법원도 이러한 노동위원회
의 판정을 그대로 인용하였다.918) 대법원은 파견법상 직접고용간주 규정이 적법

---

915) 강의초빙교수의 존재 사실이 확인되어 시간강사의 기간제 및 단시간근로자 신청인적격이
　　　인정된 사례로는 중앙노동위원회 2008. 4. 29.자 중앙2008차별14 판정.
916) 조상균b, 224면.
917) 중앙노동위원회 2008. 11. 4.자 중앙2008차별1 판정, 중앙노동위원회 2009. 4. 27.자 2009차별
　　　2 판정, 중앙노동위원회 2015. 8. 21.자 중앙2015차별26, 27 병합판정 등.
918) 중앙노동위원회 2009. 4. 27.자 2009차별2 판정은 A회사로부터 타이어 제품선별검사, 포장

한 근로자파견에 대하여만 적용되는지 여부가 다투어진 사건에서, 계약의 형식
은 도급계약이더라도 그 실질이 파견인 경우에는 파견근로관계가 인정되어 파
견법의 규제를 받는다고 보고 있는 점,[919] 파견법상 파견근로자를 정의하면서
합법파견과 불법파견을 구분하고 있지 않은 점[920], 파견법의 입법목적 등에 비
추어 볼 때 노동위원회와 법원의 위와 같은 판단은 타당하다.

　　한편, 노동위원회가 신청근로자의 법률관계에 관하여 도급인지 파견인지
여부를 독자적으로 판단할 수 있는지, 아니면 노동청이나 검찰의 판단을 기다려
그 결과를 원용해야 하는지 여부가 논의된 적이 있으나,[921] 신청근로자가 파견
근로자에 해당하는지 여부는 차별시정절차의 신청인적격에 관한 문제로서 노동
위원회가 당사자의 주장이나 제출된 증거, 직권조사 등을 통하여 독자적으로 판
단할 수 있다고 봄이 타당하다. 노동위원회가 노동청이나 검찰의 판단에 기속되
어야 할 아무런 법적 근거가 없고, 노동청이나 검찰의 판단이 위장도급 여부에
관한 종국적인 판단이 될 수도 없다. 어느 경우에나 최종적 판단 권한은 법원에
있으며 노동위원회의 신청인적격에 관한 판단 역시 해당 판정에 대한 행정소송
의 심판대상이 된다 할 것인데, 굳이 노동위원회의 이 부분 판단 권한 자체를
부정하여 위장도급 여부가 문제되는 차별시정사건의 경우 근로자가 별도의 소
송을 제기하여야 한다거나 노동위원회가 다른 기관의 판단 결과를 기다려 차별
적 처우에 관한 본안 판단을 미루어야 한다고 보게 되면, 이는 노동위원회에 의

업무 등을 하도급받은 B회사 소속 근로자들의 차별시정 신청에 대하여 '노무제공 결과에 따
라 도급비가 지급되는 점, 혼재 작업이 이루어지고 있는 점, 도급인(A회사)이 작성한 포장계
획서에 따라 업무를 수행한 점, 도급인이 근태현황표를 관리한 점 등을 볼 때 이 사건 근로
자들에게 지휘·명령권을 행사한 주체가 수급인(B회사)이라고 보기 어렵다'는 이유로 파견근로
자로서 당사자적격이 있다고 판단하였다. B회사가 불복하여 행정소송(차별시정명령등처분취
소)을 제기하였으나 법원에서도 위 판정의 결론이 유지되었다[서울행법 2009. 12. 11. 선고
2009구합22164호 판결(원고 청구 기각), 서울고법 2010. 12. 1. 선고 2010누2854 판결(항소기
각), 대법원 2011. 3. 24.자 2010두29413 심리불속행 기각 판결]. 중앙노동위원회 2015. 8. 21.자
중앙2015차별26, 27 병합판정도 같은 취지이다.
919) 대법원 2008. 9. 18. 선고 2007두22320 전원합의체 판결, 대법원 2010. 7. 22. 선고 2008두
4367 판결, 대법원 2015. 2. 26. 선고 2010다106436 판결 등.
920) 조상균b, 225면.
921) 충남지방노동위원회 2008. 11. 4.자 충남2008차별1 사건에서는 노동위원회가 대전지방노동
청 천안지청에 불법파견 여부에 대하여 조사하여 줄 것을 요청하여 위 천안지청으로부터 법
위반 사실이 없어 내사종결하였다는 통보를 받았음에도 현지조사를 실시한 다음 불법파견임
을 이유로 차별시정명령을 내렸다. 전남지방노동위원회 2009. 2. 9.자 2008차별3 사건에서는
차별시정을 신청한 근로자들이 별도로 광주지방노동청에 불법파견 진정을 제기하였고, 노동
위원회는 위 노동청의 판단을 기다려 심리를 연기하는 한편 현장조사를 실시하였고, 이후 위
노동청의 결론대로 불법파견임을 전제로 차별시정명령을 하였다.

한 차별시정제도를 통해 차별적 처우에 대한 신속한 구제를 도모하고자 한 파
견법의 취지에도 부합하지 않는다.[922]

　　ⓒ 사용사업주가 직접고용의무를 부담하는 파견근로자의 경우　　파견법 6조의
2에서는 파견기간 2년을 초과하여 사용하는 경우, 근로자파견 대상 업무에 해당
하지 않는 업무에서 파견근로자를 사용하는 경우, 무허가 근로자파견사업을 영
위하는 경우 등에는 사용사업주에게 당해 파견근로자를 직접 고용하여야 하는
의무를 부과하고 있다. 그런데 사용사업자가 위 의무를 이행하지 않고 있는 상태
에서는 파견근로자의 지위가 그대로 유지되므로[923] 차별시정의 신청인적격이
인정된다.[924] 사용사업주가 파견근로자를 직접 고용하거나 사용사업주를 상대
로 한 고용의 의사표시에 갈음하는 판결이 확정되어 직접고용관계가 성립[925]한
이후에는 파견근로자로서 지위를 상실하므로 신청인적격이 부인될 것이다.[926] 이
경우에도 그 이전의 차별적 처우에 대한 시정을 신청할 수 있음은 물론이다.[927]

　　㈔ 신청의 상대방(피신청인적격)

　　① 차별적 처우 금지의무자와 동일한지 여부　　차별시정 신청의 피신청인
은, 노동위원회가 차별적 처우에 해당한다고 판정하여 시정명령을 발하였을 경
우 이에 따라야 하는 자, 즉 시정명령의 이행의무자이다. 한편, 차별적 처우를
하여서는 아니 되는 의무자는 기간제근로자나 단시간근로자의 경우는 '사용자'
(기간제법 8조 1항, 2항)이고, 파견근로자의 경우는 '파견사업주와 사용사업주'(파견법
21조 1항)이다. 이 때 사용자는 근기법상 사용자, 즉 '사업주 또는 사업 경영 담
당자 그 밖에 근로자에 관한 사항에 대하여 사업주를 위하여 행위하는 자'를 의
미한다(법 2조 1항 2호).

　　차별시정 신청의 상대방은 사업주로서 사용자만을 의미하는지, 아니면 차
별적 처우 금지의무를 지는 자를 모두 포함하는지에 관하여는 견해의 대립이

---

922) 박종희e, 66~67면; 조상균b, 227~228면.
923) 위 서울고법 2017. 2. 10. 선고 2014누49625 판결에서는 직접고용의무가 발생하더라도 사용
　　사업주의 고용의 의사표시가 없는 한 고용관계가 성립하는 것은 아니므로 직접고용관계를
　　전제로 한 임금 지급을 청구할 수는 없고, 다만 직접고용 근로자의 임금과의 차액 상당액을
　　고용의무 불이행으로 인한 손해배상으로 청구할 수 있다고 판단하였다.
924) 민변비정규직법, 345~346면; 조상균b, 229면.
925) 대법원 2015. 11. 26. 선고 2013다14965 판결.
926) 민변비정규직법, 346면.
927) 조용만h, 144면.

있다.928) 양자의 개념이 구별된다는 전제 하에 차별시정절차의 피신청인은 근로 계약 체결의 당사자인 사업주로 한정된다는 견해가 있으나,929) 법문상 피신청인 적격을 사업주로 한정할 근거가 없는 점, 노동위원회의 시정명령은 차별적 처우 금지의무의 존재를 전제로 한다는 점에서 양자가 일치하는 것이 보다 논리적인 점, 차별적 처우의 태양에 따라, 특히 복리후생과 관련한 차별적 처우의 경우 현실적 행위자를 피신청인으로 하여 시정명령을 발하는 것이 차별적 처우 금지 제도의 실효성을 확보할 수 있는 점, 사업 경영 담당자나 사업주의 이익 대표자

---

928) 이는 부당노동행위 구제절차의 피신청인적격, 즉 노조법상 부당노동행위 금지명령의 수규 자로서의 사용자와 노동위원회의 부당노동행위 구제명령의 수규자로서의 사용자가 일치하는 지 여부와 관련한 논의와 일맥상통하는 면이 있다. ① 한정설(구별필요설)을 취하는 김형배, 1325~1326면에서는 법적 당사자와 현실의 행위자를 구별하여 부당노동행위 구제절차의 피신 청인은 법적 당사자로서 사용자(개인 사업체에서는 사업주 개인, 법인 기업에서는 법인)만을 의미하는 것이라고 본다. 하명호, 274~275면에서도 노조법상 사용자의 개념 정의에도 불구하 고 구제명령의 대상으로서 피신청인은 부당노동행위 구제제도의 취지에 부합되게 좁게 해석 되어야 하며, 이는 경영담당자와 이익대표자의 행위는 사업주의 의사를 실현하는 행위에 불 과하고 그들의 행위는 사업주의 행위로서 의미를 가지는 것일 뿐이며 노동위원회의 구제명 령도 사업주에 의해서만 실현될 수 있기 때문이라고 한다. ② 반면, 일치설(구별불요설)을 취 하는 박상필, 505면; 박진환, 302~307, 314~327면; 심태식, 224면에서는 양자의 범위는 일치 하며, 사업주 외 사업주의 이익대표자 개인 등에게도 피신청인적격을 인정하여야 한다고 본 다. 특히 박진환, 302~307, 314~327면에서는 그 근거로 노조법상 사용자라는 개념을 사용함 에 있어 그 범위를 제한하는 규정은 없는 점, 부당노동행위 구제명령은 부당노동행위 금지의 무의 존재를 전제로 하므로, 노동위원회는 금지의무의 수규자에게 구제명령을 발할 수 있다 고 보는 것이 논리적으로 자연스러운 점, 노조법은 부당노동행위에 대하여 처벌규정을 마련 하고 있는데 법인의 경우 사업주가 아니라 현실적 행위자인 경영담당자나 사업주의 이익대 표자도 형사처벌이 되는 점, 부당노동행위 구제절차는 사법상 권리관계의 회복뿐만 아니라 반조합적 침해행위를 배제하고 그 재발을 방지하여 집단적 노사관계질서의 신속한 회복을 목적으로 하는데 현실적 행위자를 피신청인으로 하여 그에게 부작위명령 등을 발하는 등으 로 부당노동행위 구제의 실효성을 확보할 필요가 있는 점, 사업주의 이익대표자 등의 지배· 개입행위가 사실행위로 이루어진 경우 사업주를 상대로 그 행위 자체를 중단, 제거 내지 취 소하는 것이 부자연스럽고 오히려 현실적 행위자를 피신청인으로 하는 것이 더 효과적이라 는 점 등을 들고 있다. ③ 대법원 2006. 2. 24. 선고 2005두5673 판결은, "부당해고나 부당노 동행위에 대하여 지방노동위원회 또는 특별노동위원회의 구제명령이 발하여진 경우 그 명령 에 따라 이를 시정할 주체는 사업주인 사용자가 되어야 한다. 그러므로 그 구제명령이 사업 주인 사용자의 일부조직이나 업무집행기관 또는 업무담당자에 대하여 행하여진 경우에는 사 업주인 사용자에 대하여 행하여진 것으로 보아야 한다. 따라서 이에 대한 중앙노동위원회에 의 재심 신청이나 그 재심판정 취소소송 역시 당사자능력이 있는 당해 사업주만이 원고적격 자로서 소송을 제기할 수 있다."고 판단한 바 있다. 위 판결은 한정설(구별필요설)의 근거로 원용되기도 하나(하명호, 274면), 박진환, 328~329면에서는 위 사건의 원고 중 1인인 복지관 이 사단법인 한국시각장애인연합회가 운영하는 복지시설로 위 연합회의 하부조직에 불과하 여 당사자능력이 없다는 판시이기 때문에 피신청인적격 문제와는 다른 사안이라고 지적하면 서, '사업주, 사업 경영 담당자, 그 밖에 근로자에 관한 사항에 대하여 사업주를 위하여 행위 하는 자'는 자연인인 이상 그 자체로 당사자능력이 있다고 한다.

929) 중앙노동위원회a, 34면.

에게도 과태료를 부과할 필요성이 있는 점 등에 비추어 볼 때, 차별시정 신청의
피신청인은 차별적 처우 금지의무자와 그 범주가 동일하여 사업주뿐만 아니라
사업 경영 담당자나 사업주의 이익 대표자도 차별시정절차의 피신청인이 되는
것으로 해석함이 타당하다.[930]

　　② 파견근로자가 신청인인 경우　　　파견법 21조에 의하면 파견사업주와 사
용사업주가 모두 차별적 처우 금지 규정의 수범자이다. 한편, 파견법 34조 1항은
근기법상 사용자로서 져야 할 책임에 대하여, 해고, 퇴직급여제도, 임금, 연장·
야간·휴일근로, 연차유급휴가, 재해보상은 파견사업주가, 근로시간과 연장근로의
제한, 휴게·휴일 등은 사용사업주가 각 책임을 부담한다고 규정하고 있다. 이에
따라 파견근로자가 차별시정을 신청하는 경우 누구를 피신청인으로 할 것인지,
노동위원회는 누구를 대상으로 시정명령을 발하여야 하는지가 논란이 되었다.

　　종래 노동위원회는 파견법 34조 1항에서 규정하는 책임영역을 기준으로 피
신청인적격 및 차별시정의 주체를 구분하여, 임금 등의 차별에 대해서는 파견사
업주를, 근로시간이나 휴게·휴일 등의 차별에 대해서는 사용사업주를 피신청인
적격이 있는 것으로 판단하였다(책임영역 구별설).[931] 이에 대하여는 파견사업주
와 사용사업주가 연대책임을 부담하여야 한다는 학계의 비판이 지속적으로 제
기되었으며,[932] 이후 노동위원회는 견해를 변경하여 파견법 21조 1항이 차별적

---

930) 민변비정규직법, 348면.
931) 중앙노동위원회 2009. 4. 27.자 중앙2009차별2 판정. 위 사건에서 근로자들은 사용사업주와
　　파견사업주 모두를 피신청인으로 하였으나, 위 판정의 초심인 전남지방노동위원회 2009. 2. 9.
　　자 전남2008부해3 판정에서는 시정을 구하는 차별적 처우가 임금에 관한 사항으로 사용사업
　　주에게는 차별시정명령 이행의무가 없다는 이유로 사용사업주를 상대로 한 차별시정 신청은
　　각하하였고, 중앙노동위원회는 이 부분 초심의 결론을 수긍하였다.
932) ① 박종희h, 314~315면에서는 파견법 34조는 파견법 제정 당시부터 존재했던 규정이고, 21
　　조는 차별금지제도를 도입하면서 신설된 규정이어서 34조가 21조를 전제로 한 규정이라고
　　보기 어려운 점, 34조는 법의 적용과 관련하여 사용자에 해당하는 자를 구체적으로 정한 것
　　이어서 차별적 처우에 대한 시정명령 이행의무자를 전제한 것으로 보기 어려운 점, 21조와
　　34조는 모두 파견사업주와 사용사업주를 대상으로 규정하고 있는 점, 임금의 경우 사용사업
　　주를 배제하고 파견사업주만을 대상으로 해서는 실효성을 거두기 어려워 파견근로자 보호라
　　는 제도 취지에 반하는 점 등을 근거로 파견사업주와 사용사업주가 연대하여 함께 시정책임
　　을 지는 자로 보는 것이 타당하다고 한다. ② 조상균c, 9~10면은 일반적으로 사용사업주에
　　비해서 재정 상황이 열악한 파견사업주가 임금 등에 대하여 시정명령을 받았다 하더라도 실
　　질적인 구제가 이루어지지 않을 가능성이 크다는 점에서 책임영역을 구별하는 노동위원회의
　　입장은 차별시정제도의 실효성 측면에서 적합한지 의문이며, 구제명령의 실효성을 강화하는
　　방향으로 사용사업주에게 입법론 또는 해석상 책임을 부과하여야 한다고 주장한다. ③ 조용
　　만m, 10~12면에서는 파견법을 개정하여 임금차별에 대한 사용사업주의 연대책임을 추가적으
　　로 명문화하는 입법적 개선을 고려할 필요가 있다고 제안한다.

처우의 금지의무를 파견사업주와 사용사업주에게 동시에 부여하고 있다는 점, 사용사업주는 차별행위가 있음을 충분히 알 수 있었다는 점, 파견사업주들이 파견근로자들의 근로조건을 독립적·자율적으로 정할 수 없었던 점, 파견수수료를 수입원으로 하는 파견사업주에게만 책임을 부과할 경우 차별시정제도의 실효성을 확보하기가 어렵다는 점 등을 들어 사용사업주와 파견사업주 모두에게 피신청인적격이 있고, 나아가 연대하여 차별적 처우 시정의 책임이 있음을 인정하였다(연대책임설).[933]

　　이와 관련하여 서울행법 2016. 11. 18. 선고 2015구합70416 판결은 임금 등 파견사업주에게 일차적 책임이 인정되는 영역에서 사용사업주에게도 차별시정 신청의 피신청인적격을 인정하고, 나아가 '파견근로자가 사용사업주의 근로자와 동등한 임금을 지급받지 못한 귀책사유가 사용사업주와 파견사업주 중 어느 쪽에 있는지를 가려서, 사용사업주 또는 파견사업주 중 한 쪽에 있는 경우에는 그에게만 시정의무 및 배상의무를 부담하도록 하여야 할 것이나, 양쪽 모두에 있는 경우 차별시정 신청자인 파견근로자의 구제를 위하여 사용사업주와 파견사업주가 연대하여 책임을 부담한다'고 판단한 바 있는데,[934] 이후 대법원 2020. 5. 14. 선고 2016다239024 등 판결은 '사용사업주가 파견근로자와 비교대상 근로자가 동종 또는 유사한 업무를 수행하고 있음을 알았거나 통상적인 사용사업주의 입장에서 합리적인 주의를 기울였으면 이를 알 수 있었는데도 파견근로자의 임금을 결정하는 데 관여하거나 영향력을 행사하는 등으로 파견근로자가 비

---

933) 중앙노동위원회 2015. 6. 30.자 중앙2015차별3~11 병합판정(파견근로자의 상여금과 연차휴가를 고의로 반복 차별한 것에 대해, 사용사업주와 파견사업주가 연대하여 손해액의 2배를 지급하라고 명령한 사례), 중앙노동위원회 2016. 1. 7.자 중앙2015차별26 판정(사용사업주와 파견사업주가 연대하여 차별적 처우 시정의 책임이 있으나, 문제된 성과상여금은 2014년 근무실적에 대한 것이고, 파견사업주는 2015년 1월부터 업무를 수행하였으므로 결론적으로는 파견사업주에게 성과상여금에 대한 차별적 처우 시정의 책임이 없다고 판단한 사례).

934) 위 중앙노동위원회 2015. 6. 30.자 중앙2015차별3~11 병합판정에 대한 행정소송으로, 항소심인 서울고법 2017. 5. 17. 선고 2016누79078 판결에서도 위 판단이 유지되었다(2017. 6. 10. 확정). 위 서울고법 2016누79078 판결에 대하여, 파견근로자의 임금에 대한 실질적 지배권이 사용사업주에게 있음을 확인하면서 '파견근로자가 사용사업주의 귀책사유에 의하여 사용사업주의 근로자보다 낮은 수준의 임금을 지급받게 될 위험이 있으므로, 이를 방지하기 위해서는 파견사업주뿐 아니라 사용사업주에게도 임금 등의 영역에 대한 차별금지의무를 부과할 필요성이 있음'을 판시하고 있는 점은 시사하는 바가 크다고 평가하는 견해로는 박은정i, 292~293면. 사용사업주가 실질적으로 임금차별을 시정할 수 있는 경제력을 가지고 있으며, 영세한 파견사업주가 노동위원회의 시정명령이 확정되기 전에 폐업하는 경우도 많아 파견사업주에게만 내린 시정명령은 실효성이 없을 수 있다는 점을 들어 위 서울고법 2016누79078 판결의 판단에 찬성하는 견해로는 조용만d, 51면.

교대상 근로자보다 적은 임금을 지급받도록 하고 이러한 차별에 합리적 이유가 없는 경우, 이는 파견법(21조 1항)을 위반하는 위법한 행위로서 민법(750조)의 불법행위를 구성하며, 이 때 사용사업주는 합리적인 이유 없이 임금 차별을 받은 파견근로자에게 그러한 차별이 없었더라면 받을 수 있었던 적정한 임금과 실제 지급받은 임금의 차액에 상당하는 손해를 배상할 책임이 있다'라고 판시함으로써 어떠한 경우에 사용사업주에게 임금 차별에 대한 손해배상책임이 인정되는지를 명확히 하였다.935) 한편, 법원이 차별에 대한 귀책사유가 누구에게 귀결되느냐에 따라 피신청인적격을 판단한 것이라고 해석하는 견해도 있으나,936) 그보다는 피신청인적격의 문제와 시정책임의 귀속 문제를 구별하여 전자의 경우는 본안 판단 이전의 문제로서 사용사업주와 파견사업주 모두에게 피신청인적격을 인정하되, 후자의 경우인 본안 판단에 있어서는 사용사업주 또는 파견사업주 어느 일방이 불리한 처우에 합리적인 이유가 있다는 점을 증명하거나 자신에게는 귀책사유가 없다는 점을 증명한다면 차별시정에 대한 연대책임의 부담에서 벗어날 수 있음을 밝힌 것이라고 보아야 할 것이다.937)

　　③ 국가 및 지방자치단체가 피신청인인 경우 신청의 상대방　　　노동위원회의 시정명령은 행정처분에 해당하고, 그 이행의무자는 법원에 그 취소를 구하는 행정소송(항고소송)으로 불복할 수 있으므로, 차별시정 신청의 피신청인에게는 소송의 주체가 될 수 있는 능력, 즉 당사자능력이 있어야 한다.

　　국가나 지방자치단체는 법인격이 있다는 점에 이론이 없으므로, 행정소송법 8조 2항에 의해 준용되는 민사소송법 51조, 민법 34조에 따라 당사자능력이 인정된다. 반면 행정청은 국가나 지방자치단체의 행정조직에 불과하고,938) 국·공

935) 대법원 2022. 12. 16. 선고 2018다286628 판결, 대법원 2023. 4. 27. 선고 2021다229618 판결도 같은 취지이다. 오영두, 344면에서는 파견법 21조 1항은 사용사업주와 파견사업주가 차별금지의무를 부담하는 것으로 규정하는 점, 파견법 34조 1항은 근로자파견을 둘러싼 법률관계에서 파견근로자에 대해 근기법상 사용자 책임을 부담하는 자를 분명히 하기 위한 특례 규정으로 파견법 21조에 따른 차별금지 및 시정제도와는 입법 취지를 달리하는 점, 파견근로자에게 지급되는 임금은 사용사업주가 파견사업주와 체결한 파견계약의 내용에 직접적인 영향을 받는 점, 사용사업주가 파견근로자의 임금을 결정하는 데 관여하거나 영향력을 행사하여 파견근로자에 대한 불합리한 임금 차별이 발생하게 해서는 안 된다고 해석함이 파견법이 차별금지 및 시정제도를 도입한 입법 목적에 부합하는 점에 비추어 볼 때 위와 같은 판례법리가 타당하다고 평가한다.
936) 조상균d, 111면.
937) 강선희h, 155면.
938) 대법원 1962. 4. 18. 선고 4294민상1397 판결에서는 행정기관의 하나로 볼 수 있는 '농지위원회'는 법인 또는 법인 아닌 사단이나 재단이 아니며, 농지개혁법 실시에 관한 소송이라 할

립학교는 영조물 내지는 교육시설의 명칭에 불과하여[939] 법인격이 없으므로 당사자능력이 인정되지 않는다는 것이 일반적인 견해이다.[940]

한편, 행정주체가 당사자능력을 갖는다고 하여 당연히 항고소송의 원고적격을 갖는 것은 아니기 때문에 특히 국가가 원고적격이 있는지에 관하여 학설의 대립이 있으나,[941] 국가와 지방자치단체가 공권력의 주체가 아니라 별개의

지라도 당사자능력을 인정할 수 없다고 판시하였다. 서울행법 2005. 1. 4. 선고 2004구합10265 판결은 도립초등학교 병설유치원장은 도의 기관으로서 행정청에 불과하여 당사자능력이 없다고 판단하였다.

939) 대법원 1955. 8. 4. 선고 4288민상64 판결(지방자치단체인 서울특별시가 설립 경영한 서울농업고등학교에 대하여), 대법원 2001. 6. 29. 선고 2001다21991 판결(현재와 같이 법인화되기 이전의 서울대학교에 대하여).

940) 박현정, 167면. 한편, 국가기관이 항고소송을 제기할 수 있는지에 관하여 학설은 대체로 부정적 견해를 취하고 있었으나(김상태, 217면; 박현정, 200~201면), 국민권익위원회가 시·도선거관리위원회 위원장에게 '부패행위 신고를 한 선거관리위원회 소속 직원에 대한 중징계요구를 취소하고 향후 신고로 인한 신분상 불이익처분 및 근무조건상의 차별을 하지 말 것을 요구'하는 내용의 조치요구를 한 사안에서, 대법원 2013. 7. 25. 선고 2011두1214 판결은 국가기관인 시·도선거관리위원회 위원장에게 위 조치요구의 취소를 구하는 소를 제기할 당사자능력, 원고적격 및 법률상 이익을 인정하였다. 위 대법원 2011두1214 판결에 대하여는 ⅰ) 선거관리위원장은 기관의 관리자 내지 책임자로서 국가기관임과 동시에 당사자능력이 있는 자연인으로서의 지위에 있음을 간과하였고, 국가기관의 당사자능력에 관한 명문의 규정이 없음에도 불구하고 권리구제의 보충성만을 논거로 국가기관의 원고적격을 인정하는 것은 무리한 해석이라는 견해(정남철, 360~361면), ⅱ) 소송절차에서 '당사자능력' 문제와 '권리보호의 이익' 문제는 별개로 모두 다 구비되어야 할 소송요건인데, 대상판결이 다른 권리구제절차가 마련되어 있지 않은 점에 초점을 맞추어 양자를 혼동한 측면이 있다는 취지의 견해(강해룡b, 13면), ⅲ) 대상판결의 사안과 같이 예외적인 경우가 아닌 일반적인 경우에도 국가기관에게 항고소송의 당사자능력 및 원고적격을 인정할 것인지는 의문이지만, 학설 및 판례가 이미 사인이 아닌 국가의 경우 항고소송의 원고적격을 인정하고 있는 점, 현행 법률이 기관소송을 지나치게 좁게 인정하고 있는 것에 대한 비판적 견해가 존재하는 점 등에 비추어 위 판결이 일회성의 판결에 그칠 것으로 보이지는 않는다는 취지의 견해(김범진, 13면), ⅳ) 법인격이 있는 국가 내부의 행정조직에 불과한 기관 자체에 항고소송의 당사자능력을 인정할 수 없는 것이 원칙이지만, 대상판결의 사안의 경우 원고에게 어떠한 형태로든 권리구제절차를 마련하여 줄 현실적 필요성이 존재하고, 그 방법으로 가능한 것이 항고소송의 당사자능력 및 원고적격을 예외적으로 인정해 주는 것이어서 기관소송 법정주의를 유지하고 있는 현행 행정소송법 하에서 대상판결과 같이 국가기관의 항고소송 제기 가능성을 열어 놓은 것은 결론적으로 타당하다는 견해(김주현, 149~151면), ⅴ) 행정소송에 있어서도 민사소송의 당사자능력에 관한 논의를 그대로 적용할 때 권리구제의 공백이 발생하는 경우에는 예외적으로 당사자능력을 인정할 필요가 있으나, 과연 문제된 사안이 국가기관에 대하여 당사자능력을 인정하지 아니하면 권리구제의 공백이 발생하는 사안인지에 관하여는 의문이 있기 때문에 대상판결의 결론에는 찬성하기 어렵다는 견해(김진하, 117~121면) 등 위 판례에 대한 찬반을 논하는 다수의 평석이 있다.

941) 관악구 보건소장이 서울대학교 보건진료소에 직권폐업 통보처분을 하자 국가(대한민국)가 위 처분에 대한 무효확인등소송을 제기한 사건에서, 서울행법 2009. 6. 5. 선고 2009구합6391 판결은 위 처분을 취소하면서 '국가는 권리·의무의 귀속 주체로서 행정소송법 8조 2항과 민사소송법 51조 등 관계규정에 따라 행정소송상의 당사자능력이 있는 것이고, 이는 항고소

독립된 법인으로서 사인과 마찬가지의 지위에 있는 경우, 예컨대 사용자의 지위
에 있는 경우에는 사인과 마찬가지로 항고소송을 제기할 수 있음이 일반적으로
인정되고 있다.[942] 법원은 국가 산하기관인 육군복지근무지원단이 사용자로서
근로자를 해고한 행위가 부당노동행위에 해당한다는 이유로 중앙노동위원회로
부터 부당해고구제재심판정을 받은 후, 국가가 원고가 되어 위 재심판정의 취소
를 구하는 항고소송을 제기한 사안에서, 국가의 원고적격을 인정하는 전제에서
본안판결에 나아갔다.[943] 위와 같은 법리에 비추어 보면, 국립대학교나 행정기
관 등 국가 소속기관에 종사하는 비정규직 근로자의 경우 차별시정 신청의 상
대방은 '대한민국'이 된다.[944] 다만, 국가 소속기관이라도 별도의 법인으로 설립
된 경우에는 해당 법인이 피신청인이다. 국·공립학교의 초빙교사나 기간제교원
의 경우 교육공무원에 해당하므로 차별시정 신청의 상대방은 대한민국이다.

　　지방자치단체 소속 기관에 종사하는 근로자의 경우 차별시정 신청의 상대

의 원고로서의 당사자능력이라고 달리 볼 것은 아니며, 서울대학교는 국가가 설립·경영하는
학교일 뿐 위 학교는 법인도 아니고 대표자 있는 법인격 있는 사단 또는 재단도 아닌 교육
시설의 명칭에 불과하여 권리능력과 당사자능력을 인정할 수 없으므로, 서울대학교를 상대로
하는 법률행위의 효과는 서울대학교를 설립·경영하는 주체인 국가에 귀속되고, 그 법률행위
에 대한 쟁송은 국가가 당사자가 되어 다툴 수밖에 없다'고 판시하였다. 위 사건의 항소심인
서울고법 2009. 11. 25. 선고 2009누19672 판결은 제 1 심 판결을 그대로 인용하였고, 상고심에
서 대법원 2010. 3. 11.자 2009두23129 심리불속행 기각 판결로 확정되었다. 위 판결의 평석으
로, ⅰ) 행정소송법은 항고소송에서 국가의 원고로서의 당사자능력을 제한하는 어떠한 규정
도 두고 있지 않고, 항고소송은 그 본질상 행정주체의 위법한 행정작용을 바로 잡는 소송이
므로 공공단체가 국가에 대하여 행정처분을 하는 경우, 국가로서는 당연히 행정객체의 지위
에서 그 처분을 행한 행정주체를 상대로 하여 그 처분의 위법성을 다툴 수 있다는 이유로
위 판결에 찬성하는 견해로는 박시준, 15면. ⅱ) 이에 반하여, 행정처분은 국가의 권력이 행
사된 것이고, 행정처분이 국가에 대한 것이라면 처분청의 상급행정청이 감독권한으로 시정할
수 있는 것이므로 국가가 원고가 되어 자신의 기관을 상대로 법원에 항고소송을 제기할 필요
는 없다는 이유로 항고소송에서 국가는 원고적격이 없다고 비판하는 견해로는 강해룡a, 15면.
942) 박현정, 169~170면. 지방자치단체인 서울특별시가 중앙토지수용위원회 등을 상대로 구 공
공용지의 취득 및 손실보상에 관한 특례법 소정의 환매 요건이 발생하였음을 이유로 환매대
금이의재결처분 취소소송을 제기한 사안에서, 대법원 2000. 11. 28. 선고 99두3416 판결은 서
울특별시에 원고적격이 있음을 전제로 중앙토지수용위원회가 원고에 대하여 한 이의신청재
결에서 원고의 이의신청을 기각한 부분 중 일부를 취소한 원심 판결을 유지한 바 있다.
943) 서울행법 2007. 8. 28. 선고 2006구합47056 판결 등.
944) 서울행법 2009. 2. 6. 선고 2008구합22747 판결은 교육과학기술부는 정부조직법에 따라 설
치된 중앙행정기관으로서 당사자능력이 없고, 경북대학교는 국가가 설립·경영하는 국립대학교
로서 법인도 아니고 법인격 없는 사단 또는 재단도 아닌 교육시설의 명칭에 불과하여 당사
자능력이 없으므로, 원고들(경북대학교에서 시간강사로 재직하였거나 재직하고 있는 사람들
이다)의 교육과학기술부와 경북대학교를 상대로 제기한 차별시정 재심신청을 각하한 중앙노
동위원회의 재심판정은 적법하다고 판단하였다. 위 판결은 원고들이 이에 불복하여 서울고법
2009누7846호로 항소하였다가 2009. 6. 15. 항소를 취하하여 확정되었다.

방은 해당 지방자치단체가 된다. 지방자치단체의 하부기관이라도 별도의 법인으로 설립된 경우에는 역시 해당 법인이 피신청인이다.945) 이와 관련하여 학교회계직원946)의 사용자를 지방자치단체(지방교육자치에 관한 법률 18조 2항에 의해 교육감이 대표자가 된다)와 각급 학교의 학교장 중 누구로 볼 것인지가 특히 단체교섭의 당사자 확정을 둘러싸고 문제된 바 있다. 학교회계직원은 대부분 각급 학교장과 근로계약을 체결하고 학교회계에서 급여를 지급받으며 각급 학교장의 관리·감독 하에 각급 학교를 사업장으로 하여 근로를 제공한다. 이러한 점에 착안하여 지방자치단체는 각급 학교의 학교장을 사용자로 주장한 반면, 학교회계직원은 근로조건에 관한 실질적 결정권을 가지는 지방자치단체를 사용자로 주장하였다. 하급심 판결 중에는 각급 학교장을 사용자로 인정한 것이 있으며,947) 노동위원회의 판정례 중에는 각급 학교장을 사용자로 본 경우도 있으나948) 대체로 지방자치단체를 사용자로 인정하는 등949) 실무가 통일되어 있지 않던 중 서울행법 2013. 1. 15. 선고 2012구합28346 판결은 각급 학교장이 학교회계직원과 사법상 근로계약을 체결하였다고 하더라도 그 근로계약관계에서 단체교섭의 당사자 지위에 있는 사용자는 각급 공립학교를 설치·운영하는 지방자치단체라고 판단하면서, 그 근거로 ⅰ) 지방교육자치에 관한 법률 2조, 18조, 32조, 지방자치법 3조 등에 의하면, 지방자치단체 관내에서 이루어지는 교육 그 밖의 학예에 관한 사무와 관련된 권리·의무는 궁극적으로 법인격을 보유하는 지방자치단체에 귀속되고, 교육감은 해당 지방자치단체의 교육 사무에 관한 집

---

945) 민변비정규직법, 350면.
946) 학교회계직원이란 각급 학교에 설치된 학교회계에서 급여를 받는다는 의미에서 붙여진 명칭으로, 학교에서 종사하는 교원, 기타 공무원과는 달리 주로 비정규직 형태로 채용되고 있기 때문에 통상 '학교비정규직'이라고 불린다. 영양사, 조리사, 과학실험보조, 교무보조, 사서보조, 전산보조 등 수십여 개의 직역이 존재한다. 학교회계직원에 대하여는 구조적인 고용불안, 임금 및 근로조건의 차등, 능률 저하 및 동기부여 부족 등의 문제가 지적되고 있다(김인재, 274~277면).
947) 서울행법 2007. 7. 24. 선고 2007구합2777 판결. 이는 학교회계직원들을 주된 조직대상으로 하여 설립된 전국학교비정규직노동조합이 지방자치단체가 단체교섭 요구에 응하지 않자 지방노동위원회에 부당노동행위 구제신청을 하였으나 지방자치단체는 단체교섭의무를 지는 사용자의 지위에 있지 않다는 이유로 신청이 각하되었고, 중앙노동위원회에서도 같은 이유로 재심판정이 기각되자 이에 불복하여 제기한 행정소송이다. 위 노동조합이 서울고법 2007누21602호로 항소하였으나 2008. 1. 23. 항소기각되었고, 위 판결은 2008. 2. 12. 확정되었다.
948) 중앙노동위원회 2006. 12. 20.자 중앙2006부노178 판정.
949) 중앙노동위원회 2012. 7. 26.자 중앙2012교섭22 판정, 중앙노동위원회 2012. 7. 31.자 중앙2012교섭23 판정, 중앙노동위원회 2012. 8. 6.자 중앙2012교섭27 판정 등.

행기관으로서의 권한을 부여받고 있으므로, 위 규정에 따른 사업주에 대응하는 교섭단위는 개별 공립학교나 그 학교장이 아니라 교육에 관한 궁극적인 권리·의무 및 책임의 주체가 되는 해당 지방자치단체라고 보는 것이 타당한 점, ⅱ) 학교회계직원의 임면권은 교육·학예에 관한 전반적인 사무를 관장하는 집행기관인 교육감에게 부여된 것이지만, 채용절차의 편의나 학교 운영의 자율성 등을 고려하여 각급 공립학교의 학교장이 근로계약체결 사무를 처리하는 것에 불과하므로 학교회계직원의 채용 등에 따른 종국적인 책임은 해당 지방자치단체가 부담한다고 보는 것이 타당한 점, ⅲ) 학교회계직원의 채용·관리·처우 등 근로조건과 인사관리 전반에 관한 사항 역시 각급 학교장에 의하여 학교 단위로 독자적으로 결정되는 것이 아니라 실질적으로는 시·도 교육청의 지침에 근거하여 통일적으로 이루어지는 것으로 보이는 점 등을 들었다.[950] 학교회계직원의 근로관계는 형식상 학교장이 채용·관리하는 것으로 보이지만 실질적으로는 교육감의 배치기준, 지침 및 취업규칙에 따라 학교장이 집행하는 것에 불과하고, 결국 학교장의 행위는 교육사무의 주체인 지방자치단체의 산하기관으로 근로계약사무를 처리하는 것에 지나지 않으므로 학교회계직원의 근로관계의 권리의무는 교육사무의 주체인 지방자치단체에 귀속된다. 이렇게 볼 때 지방자치단체는 시·도내 각급 공립학교를 설립·운영하는 주체로서 학교회계직원의 '사업주'에 해당하고, 교육감은 시·도의 교육·학예에 관한 사무의 집행기관으로서 시·도를 대표하는 지위에 있으므로 '사업 경영 담당자'에 해당하며, 소속 교육기관의 장(학교장)은 '사업 경영 담당자' 내지 '근로자에 관한 사항에 관해 사업주인 시·도를 위해 행위하는 자'로서 사용자에 해당한다고 봄이 타당하다.[951] 또한

---

950) 이는 위 전국학교비정규직노동조합 및 학교회계직원이 그 조직대상으로 포함되어 있는 전국공공운수사회서비스노동조합과 전국여성노동조합이 전국의 각 지방자치단체들을 상대로 2012년도 단체교섭 요구를 하였으나 위 각 지방자치단체들이 단체교섭의 당사자는 각급 공립학교의 학교장이라는 이유로 교섭을 거부하면서 교섭 요구 사실을 공고하지 아니하자 각 해당 지방노동위원회에 시정을 신청하였고, 위 각 지방노동위원회는 교섭 요구 사실을 공고하여야 할 당사자가 위 각 지방자치단체라는 이유로 교섭 요구 사실을 공고하라는 취지의 결정을 하였으며, 이러한 결론이 중앙노동위원회 재심판정에서도 유지되자 위 각 지방자치단체들이 이에 불복하여 제기한 행정소송이다. 항소심인 서울고법 2013. 9. 26. 선고 2013두5410 판결은 위 제1심 판결을 그대로 인용하였고, 상고심인 대법원 2014. 2. 13.자 2013두22666 심리불속행 기각 판결로 확정되었다.

951) 강선희c, 461~462면; 김인재, 288~289면; 박기재, 84면. 반면, 각급 학교는 법인격을 갖추지 못하였다고 하더라도 독립적으로 경영상 일체를 이루고 있기 때문에 교섭단위인 사업장에 해당한다고 볼 수 있고, 단체교섭의 당사자 지위는 사법상 권리의무관계에 관한 것이 아니므로 노동조합법상 사용자가 반드시 법인격을 갖추어야 하는 것으로 볼 것은 아닌 점, 지방교

앞서 논의한 바와 같이 차별시정 신청의 피신청인과 차별적 처우 금지의무자는 그 범주가 동일하여 사업주뿐만 아니라 사업 경영 담당자나 사업주의 이익 대표자도 차별시정절차의 피신청인이 되는 것으로 해석함이 타당하므로, 학교회계직원의 차별시정 신청 상대방은 원칙적으로 지방자치단체가 될 것이나, 차별적 처우가 각급 학교에서 특유하게 이루어진 경우 등 사안에 따라 학교장이 될 수도 있을 것이다.

　(3) 시정이익

　　노동위원회가 시정명령을 발하기 위해서는 명령을 발할 당시 신청인인 근로자에게 그러한 시정명령을 받는 데 대하여 구체적인 이익, 즉 시정이익이 있어야 한다. 즉, 시정이익이란 차별시정의 신청인이 자신의 신청의 당부에 관하여 노동위원회의 공권적 판단을 받을 수 있는 구체적 이익 내지 필요를 뜻한다. 이와 같은 시정이익의 개념은 민사소송(내지 행정소송)에서의 소의 이익의 관념을 차별시정절차에 이입한 것으로서 민사소송의 소송요건에 대응하는 노동위원회의 신청요건이라 할 수 있다.[952] 노동위원회 실무에서도 이와 같은 견해에 입각하여 시정이익이 인정되지 않는 경우에는 차별시정 신청을 각하하는 것을 원칙으로 하고 있다.

　　구체적인 사례를 살펴보면, 노동위원회는 기존 사건과 당사자 및 신청취지가 동일하고, 시정요구 기간도 중복되어 있는 경우,[953] 초심지방노동위원회에서 사용사업주는 차별시정 신청의 당사자적격이 없다고 각하 판정을 하였음에도 사용사업주가 판정 이유에서 파견근로계약을 인정함으로써 파견법상 과태료처분 등의 법률상 이익을 입게 되었다면서 재심신청을 한 경우,[954] 다른 근로자

육자치에 관한 법률, 초·중등교육법의 여러 규정상 각급 학교장이 학교회계직원에 대한 모든 인사관리업무를 담당하고 있고, 교육감은 그 근로조건을 정할 수 없는데도 개별 근로자들의 다양한 근로조건들에 대해서 노동법 수규자로서의 지위를 교육감에게 부여하는 것은 근로조건 설정에 있어 그간 전혀 개입하지 않았던 직종에 대해서까지 의무와 책임만을 교육감에게 전가시키는 결과가 되는 점, 개별 학교 내에는 교육감이 임금지급 조건에 전혀 관여할 수 없는 자, 기준은 제시하지만 학교별 운영여건에 따라 각급 학교장이 운영위원회의 심의를 거쳐 가감할 수 있는 재량권을 가지는 자, 학부모에게 과도한 부담을 지우지 못하도록 지침으로 인건비 기준을 정한 자 등 매우 다양한 범주의 학교회계직원이 근무하는 등 교육감이 모든 것을 통제하고 각급 학교장이 이를 받아들이기만 하는 일방적 관계에 있지 아니하므로 실효성 있는 단체교섭이라는 측면에서도 각급 학교장을 사용자로 보아야 할 필요성이 있다는 점 등을 들어 이에 반대하는 견해로는 이종범·박동열, 251~264면.
952) 중앙노동위원회a, 47면.
953) 중앙노동위원회 2009. 7. 6.자 중앙2009차별5 판정.

의 이익을 위하여 차별시정 신청을 한 경우955) 등에서 시정이익을 부정하였다.

　　그 밖에 차별시정사건 진행 중 사용자가 시정을 완료하여 차별에 대한 권리구제가 이미 실현된 경우에는 일반적으로 시정이익을 부정하여야 할 것이나,956) 기간제법 13조 2항이 규정한 배액 배상명령이 내려진 경우 달리 본 사안도 있다. 즉, 사용자가 노동위원회 차별시정절차가 진행되는 중에 근로자들에게 차별적 처우금액을 지급하였으나 노동위원회로부터 차별적 처우금액의 1.1배를 지급하라는 내용의 배액 배상명령을 받자 이에 불복한 사안에서 서울행법 2018. 9. 13. 선고 2017구합87074 판결은 '배액 배상명령은 차별적 처우에 대해 제재적 의미가 있는 시정명령으로서 독자성이 있으므로, 사용자가 시정절차 진행 도중 근로자에게 차별적 처우로 인해 실제 발생한 손해액을 모두 지급하였다는 사정만으로 그 밖의 시정명령을 구하는 차별시정 신청의 구제이익이 소멸한다고 볼 수 없다'고 판단하였다.957)

　　또한, 기간제근로자가 차별시정 신청을 한 후에 근로관계가 종료된 이후에도 시정이익을 인정할 수 있는지 여부에 관하여는 논란이 있었으나, 대법원 2016. 12. 1. 선고 2014두43288 판결은 "시정신청 당시에 혹은 시정절차 진행 도중에 근로계약기간이 만료하였다는 이유만으로 기간제근로자가 차별적 처우의 시정을 구할 시정이익이 소멸하지는 아니한다고 보아야 한다."고 판시하여 이를 긍정하였다.958) 그 근거로는 ⅰ) 차별시정절차의 주된 목적은 기간제근로자에 대한 불합리한 차별을 바로잡고 근로조건 보호를 강화하려는 데에 있고, 기간제근로자 지위를 회복하거나 근로계약기간 자체를 보장하기 위한 것은 아니므로, 근로계약기간의 만료 여부는 차별적 처우의 시정과는 직접적인 관련이

─────────────

954) 중앙노동위원회 2013. 6. 10.자 중앙2013차별8 판정.
955) 중앙노동위원회 2016. 9. 29.자 중앙2016차별12 판정.
956) 경북지방노동위원회 2012. 4. 28.자 경북2012차별4 판정. 근로자가 요구하는 근로조건 차별에 따른 시정요구 금품 전액에 대해서 사용자가 사건 진행 중 이를 모두 지급한 사안이다.
957) 위 판결은 2018. 10. 2. 확정되었다. 위 판결에 대한 평석으로는 김기선, 115~117면.
958) 위 대법원 2014두43288 판결의 제 1 심 판결인 서울행법 2013. 1. 22. 선고 2013구합9304 판결은 시정이익을 부정하였고, 이에 대하여는 학계의 비판이 이어졌다(강선희d, 95면; 김동욱b, 84~87면; 심재진f, 604~608면). 한편, 서울행법 2015. 6. 23. 선고 2014구합21042 판결은 '기간제근로자가 차별적 처우의 시정을 구하는 신청을 한 후 근로계약기간의 만료 등으로 근로관계가 종료된 경우 그 기간제근로자에게 차별적 행위의 중지, 임금 등 근로조건의 개선을 구할 구제이익은 없다고 하더라도 적어도 구제절차를 유지함으로써 차별적 처우로 입은 손해에 관하여 적절한 금전배상을 구할 구제이익은 여전히 존재한다'고 하여 시정명령의 내용에 따라 시정이익을 인정할 수 있다는 취지의 판단을 하였다(2015. 7. 8. 확정. 위 판결에 대한 평석으로는 강선희d, 93~95면).

없다는 점, ii) 차별적 처우에 대한 노동위원회의 시정명령 중 금전보상명령 또는 배상명령은 과거에 있었던 차별적 처우의 결과로 남아 있는 불이익을 금전적으로 전보하기 위한 것으로서, 그 성질상 근로계약기간이 만료한 경우에도 발할 수 있다고 해석되는 점, iii) 차별적 처우를 받은 기간제근로자의 근로계약기간이 만료하였다고 하여 고용노동부장관의 직권에 의한 사용자에 대한 시정요구나 고용노동부장관의 통보에 따른 노동위원회의 시정절차 진행(기간제법 15조의2)이 불가능하게 된다고 보기 어려운 점, iv) 노동위원회의 시정명령 중 배액 배상명령(기간제법 13조 2항)은 제재 수단으로서 독자성을 인정할 필요가 있고 중요한 의미를 가지며, 또한 시정명령의 효력 확대(기간제법 15조의3)를 위한 전제로서 시정절차를 개시·유지할 필요도 있는 점 등을 들고 있다.

　　한편, 복지포인트 지급과 관련하여 당해 연도 내에 사용하여야 하고 사용 후 남은 포인트는 다음연도 이월 및 금전 청구가 불가능한 경우 근로관계의 종료를 이유로 시정이익이 소멸되었다고 볼 수 있는지 여부에 관하여는 노동위원회 판정이 엇갈리고 있고,[959] 아직 이에 관하여 명시적으로 판단한 판례는 없다. 이에 관하여는 기간제법상 시정명령의 내용에 별다른 제한을 두지 않으면서 시정명령의 내용에 차별적 처우로 인하여 발생한 손해액을 기준으로 정한 적절한 배상이 포함될 수 있다고 규정하고 있는 점(기간제법 13조 1항, 2항)을 감안하여 시정이익을 인정하여 복지포인트 상당액을 지급하도록 해야 한다는 견해가 있다.[960] 그러나 복지포인트를 둘러싼 사용자와 근로자 사이의 법률관계는, 사용자는 향후 근로자가 제한된 사용 용도와 사용 방법에 따라 물품 등을 구매할 경우 일정한 한도 내에서 그 대금을 최종 지급할 의무를 부담하기로 하되 그 급부과정을 두 단계로 나누어 우선 가상의 복지포인트를 근로자에게 배정하고, 다음으로 근로자의 복지포인트 사용에 따른 물품 등 구매대금을 급부과정을 거쳐 그 의무를 이행하기로 한 것이므로,[961] 복지포인트 배정이 이루어졌다 하더라도 사용자의 근로자에 대한 금품 지급이 이루어졌다고 평가할 수는 없고, 근

---

959) 중앙노동위원회 2013. 5. 15.자 중앙2013차별6 판정은 복지포인트가 배정되어도 퇴직으로 인하여 사용할 수 없으므로 시정이익이 없다고 판단한 반면, 중앙노동위원회 2013. 6. 10.자 중앙2013차별8 판정은 공무원복지카드의 경우 재직 중인 직원에 한하여 카드 방식으로 사용할 수 있는 것인데 근로관계가 이미 종료된 상태였다 하더라도 재직하였을 당시 지급받을 수 있었던 수준의 복지포인트 상당액을 지급함이 타당하다고 판단하였다.
960) 조상균d, 114면.
961) 대법원 2019. 8. 22. 선고 2016다48785 전원합의체 판결.

로자의 지정된 용도와 방법에 따른 물품 등의 구매라는 조건이 성취되어야 사용자가 그 지출을 보전해주기 위해 근로자의 물품 구매 등 거래 상대방에게 그 구매대금을 부담할 의무를 지게 된다. 또한, 복지포인트는 통상 연 단위로 지급되고, 그 기간 내에 사용하지 못한 경우에는 소멸하며 다음 연도로 이월하여 사용할 수 없다. 위와 같은 복지포인트의 법률관계나 운용실태 등에 비추어 보면, 근로관계가 종료되어 근로자가 복지포인트를 사용하지 못한 경우에는 그에 사용자의 귀책사유가 없는 이상 근로자는 사용자에게 미사용 복지포인트에 상응하는 금전 지급을 청구할 수 없고, 시정이익도 인정되지 않는다고 보아야 할 것이다.

(4) 신청기간

㈎ 원   칙

차별시정의 신청은 차별적 처우가 있은 날(계속되는 차별적 처우는 그 종료일)부터 6개월 이내에 하여야 한다(기간제법 9조 1항 단서). 당초 기간제법은 차별시정제도를 도입하면서 신청기간을 3개월로 규정하였고, 이는 노동위원회에 대한 부당해고 또는 부당노동행위의 구제신청기간과 같았다. 그러나 다른 근로자와 비교함 없이도 사용자의 행위가 명확히 확정될 수 있는 부당해고나 부당노동행위와 달리 차별적 처우는 그 확인이 용이하지 아니한 경우가 많을 뿐만 아니라 기간제근로자가 차별시정절차를 활용하고 싶어도 계속고용에 대한 기대 때문에 차별시정 신청을 미루거나 포기하는 경우도 적지 않았으므로, 해당 근로자가 차별시정절차를 적절하게 활용할 수 있도록 신청기간을 연장하여야 한다는 요구가 많았고 그에 따라 2012년 개정법에서 그 기간을 6개월로 연장하였다.[962]

이 기간은 이른바 제척기간으로 이 기간을 지나 제기된 차별시정 신청은 부적법하여 각하의 대상이다.[963] 그러나 제척기간이 경과한 후에도 법원에 민사소송을 제기하는 등 다른 구제절차를 이용하는 것은 가능하며,[964] 기간제법 15조의2 2항, 파견법 21조의2 2항에서 규정하는 고용노동부장관의 통보사건의 경우에는 기간에 관해 제한을 두고 있지 않으므로 제척기간과 관계없이 통보가 가능하다.[965]

신청기간의 기산점은 '차별적 처우가 있은 날'이다. 이에 대하여는 차별시

---

962) 김형배, 839면.
963) 노동위원회 판정례 중 차별적 처우 시정신청의 제척기간이 도과되었다는 이유로 신청을 각하한 것으로는 중앙노동위원회 2016. 9. 29.자 중앙2016차별9 판정.
964) 민변비정규직법, 352면.
965) 중앙노동위원회b, 130면.

정 신청에 따른 고용관계의 종료라는 위험부담을 덜어주기 위하여 '고용관계가 종료된 날'로 입법적 개선을 적극 고려할 필요가 있다거나[966] 부당해고 사건과는 달리 비정규직 근로자가 정규직과 사이의 임금이나 근로조건 등을 비교하여 자신이 차별적 처우를 받았음을 인식하는 데는 시간이 필요하므로 '차별적 처우의 존재를 알았던 날' 내지는 '차별적 처우의 존재를 알거나 알 수 있었던 날'을 기산점으로 하는 것이 타당하다는 견해[967]가 있다.

⑷ 계속되는 차별적 처우

계속되는 차별적 처우의 경우 그 종료일을 기산점으로 한다(기간제법 9조 1항 단서). 대표적인 예로는 복리후생시설 이용, 작업복 지급, 불리한 근로시간대 배치 등을 들 수 있으며, 임금과 근로조건들이 상호 관련성을 맺고 있어 차별적 처우를 판단할 때 이들을 연계하여 고려해야 하는 경우(임금과 근로조건의 전체에서 일정 기준은 비교대상 근로자보다 높은 반면 다른 기준은 낮은 경우, 포괄정산임금제의 연봉제 등)에는 상호 관련성 있는 임금과 근로조건을 하나로 보아 최종적인 차별적 처우가 있었던 날로부터 6개월을 기산한다.[968]

① 임금차별이 '계속되는 차별적 처우'에 해당하는지 여부   종래 제척기간과 관련하여 특히 쟁점이 되었던 것은 임금차별이 계속되는 차별적 처우에 해당하는지 여부였다. 이에 대하여 임금차별은 상당한 기간에 걸친 일련의 행위로서 계속적·반복적으로 발생하고 취업규칙이나 근로계약 등에 근거하는 이른바 제도적 차별이므로, 소정의 임금지급기일 사이에 시간적 공백을 두고 임금이 지급된다는 현상적 사실에 집착하여 임금차별을 계속되지 않는 개별적 행위로 해석하는 것은 비정규직법의 취지에 부합하지 않는다는 점,[969] 임금지급기일은 임금지급행위를 일회성으로 만들어주는 요건이 아니고 매일 발생한 임금을 정산하는 날에 불과하여 실제로는 매일매일 근로의 제공과 임금의 지급이라는 계약상 권리의무행위가 이루어지고 있지만 편의상 매일 제공된 근로에 대하여 매월 일정한 날을 정해 임금을 정산하는 것이라는 점,[970] 임금의 지급과 같은 회귀적 급부는 계속적 급부에 속한다는 점,[971] 임금 등의 차별은 연말정산, 보수총액신

966) 박종희d, 47~48면.
967) 강성태c, 181면; 박형준b, 172면.
968) 박종희b, 58면.
969) 조용만m, 28면.
970) 박은정c, 464면.

고 절차 등을 통해 종합소득이 산정되어야 비로소 이를 확인할 수 있는 경우 등이 대부분이므로, 자신이 차별을 받았음을 알고 시정을 신청하는데 비교적 장시간이 소요되며, 임금의 소멸시효기간이 3년인데 비해 차별을 받은 임금의 청구는 단기인 6개월의 제척기간 내에 신청해야 하는 차이가 발생한다는 것은 법리상 모순된다는 점972) 등을 근거로 이를 긍정하는 견해와 임금지급행위는 임금지급주기마다 지급하는 독자적인 이행행위로 그 자체로 당해 채무관계는 종료되는 것이라는 점973) 등을 근거로 이를 부정하는 견해가 대립하였다.

노동위원회는 '임금은 근로제공의 대가로서 매일 발생하나 사용자가 취업규칙이나 근로계약 등에서 정한 임금지급기일에 임금을 지급함으로써 임금 지급의 개별적·구체적 행위가 이루어지고, 이러한 구체적인 행위가 있어야 비로소 차별적 처우가 있었는지 여부를 알 수 있는 것이므로, 임금 지급에 있어 차별적 처우가 있고 그 차별적 처우가 반복되었다고 하더라도 이를 계속되는 차별적 처우라고 보기는 어렵다'고 판단하여 이를 부정해오다가974) 서울행법 2009. 5. 22. 선고 2008구합48794 판결에서 그와 같은 결론에 이른 재심판정이 취소되자975) 견해를 변경하여 이후 임금차별은 계속되는 차별적 처우에 해당한다고 보고 있다.976) 위 서울행법 2008구합48794 판결의 상고심인 대법원 2011. 12. 22. 선고 2010두3237 판결은 이를 확인하여 '사용자가 계속되는 근로제공에 대하여 기간제근로자 또는 단시간근로자에게 차별적인 규정 등을 적용하여 차별적으로 임금을 지급하여 왔다면 특별한 사정이 없는 이상 그와 같은 임금의 차별적 지급은 기간제법 9조 1항 단서가 정한 계속되는 차별적 처우에 해당한다'고 판시하였다.977)

---

971) 유성재d, 24~25면.

972) 박형준b, 172면.

973) 박종희d, 48면.

974) 중앙노동위원회 2008. 11. 3.자 중앙2008차별23, 25 병합판정, 중앙노동위원회 2009. 4. 27.자 중앙2009차별2 판정.

975) 위 서울행법 2008구합48794 판결은 중앙노동위원회 2008. 11. 3.자 중앙2008차별23, 25 병합판정에 대하여 불복하여 제기된 행정소송이다. 위 판결의 견해는 항소심인 서울고법 2010. 1. 13. 선고 2009누17614 판결에서도 유지되었다. 다만, 위 항소심에서는 1회 지급된 것에 불과한 성과상여금은 계속적, 정기적으로 지급되었다고 볼 수 없어 근로의 대가인 임금으로 볼 수 없고, 계속되는 차별적 처우에도 해당하지 않는다고 판단하였다. 이에 대하여 만일 성과상여금의 계속 지급이 예상되었다면 1회 지급되었다는 사실만으로 차별적 처우의 계속성이 부정되지는 않았을 것이라고 본 견해로는 조용만k, 401면.

976) 중앙노동위원회 2010. 7. 28.자 중앙2010차별7, 8 병합판정, 중앙노동위원회 2010. 9. 29.자 중앙2010차별15 판정, 중앙노동위원회 2017. 4. 14.자 중앙2016차별23 판정.

사용자가 선택적 복지제도로서 연간 단위로 복지포인트를 부여하는 맞춤형 복지제도를 시행하는 경우 근로자는 복지포인트를 배정받은 후에 해당 연도 안에서는 어느 때라도 그 사용처에 맞는 지출을 하고 사용자로부터 이를 정산받음으로써 복지포인트 상당의 맞춤형복지비를 지급받는 이익을 얻게 되므로, 복지포인트를 배정받지 못함으로 인하여 발생하는 차별 상태는 해당 연도의 말일을 종료일로 하는 '계속되는 차별적 처우'에 해당한다.978)

② 시정명령 대상기간 제한 여부   임금차별을 계속되는 차별적 처우에 해당한다고 보더라도 시정명령의 대상이 되는 기간을 어느 범위까지 인정할 수 있는지의 문제가 여전히 남는다. 법문이 '계속되는 차별적 처우는 그 종료일'이라고 하여 제척기간 6개월의 기산점만을 정하고 있기 때문에 6개월 전의 차별적 처우도 시정명령의 대상이 되는지가 문제될 수 있다.

학설은 차별시정 신청 제척기간과 시정명령 대상기간(구제 대상기간)을 구별할 수 없다는 견해와 구별하여야 한다는 견해가 대립하고 있다. 전자의 견해에 의하면 '6개월의 신청기간은 청구권이 발생한 때로부터 노동위원회의 시정절차를 이용하여 자신의 권리구제를 신청할 수 있는 특별한 제척기간을 설정한 것으로 이해하여야 하며, 이 기간을 도과한 근로자는 더 이상 노동위원회를 통한 권리구제는 할 수 없지만, 임금채권 소멸시효기간 이내에 일반 민사소송으로는 여전히 자신의 권리를 구제받을 수 있다'고 한다.979) 반면, 후자의 견해에 의하면 '단발성 차별적 처우의 경우 차별시정의 대상기간이라는 것 자체가 의미 없는 것이기도 하고, 제척기간의 의미만 남을 뿐'이지만, '임금차별을 계속되는 차별적 처우로 볼 경우, 기간제법 9조 1항 단서의 기간은 제척기간으로서의 의미만을 지닐 뿐'이므로 차별시정의 대상은 계속되는 차별적 처우 전체가 되어야 한다고 한다.980) 법문의 해석상 기간제법 9조 1항 단서의 차별시정 신청기간이

977) 이로써 기간제근로자에 대한 대표적 차별적 처우인 임금차별을, 계속되는 차별적 처우에 해당한다고 하여 기간제근로자에 대한 보호를 두텁게 하였다는 데 의의가 있다는 평석으로는 이미선c, 658면. 같은 취지의 판례로는 대법원 2012. 11. 15. 선고 2011두11792 판결. 이에 대하여 결국 일차적 판단기준은 차별적 처우의 대상이 근로의 대가로 지급되는 '임금성'을 가졌느냐 여부로 차별적 처우의 '계속성' 여부가 판단되는 구도가 될 것이고, 차별적 처우를 받았다고 주장하는 근로조건들 중 임금성을 지니지 아니한 금품 및 근로조건에 대해서는 다시금 계속적인 차별적 처우에 해당하는지를 판단해야 하므로 위 대법원 판결에 의하더라도 이에 대한 이차적 기준을 마련해야 하는 문제가 여전히 남는다는 견해로는 강선희a, 364면.
978) 대법원 2024. 2. 29. 선고 2020두49355 판결.
979) 박종희f, 93면.
980) 박은정c, 463~465면. 중앙노동위원회 2009. 6. 4.자 중앙2009차별1 판정 역시 기간제법 9조

계속되는 차별적 처우의 경우 그 시정 대상기간까지 한정한 것으로 해석하기는
어렵고, 오히려 계속되는 차별적 처우에 대한 제척기간의 기산점을 '차별적 처
우의 종료일'이라고 하여 특칙을 둔 것은, 그로부터 6개월 이내에 시정신청이
이루어지면 그 계속된 차별적 처우 전체에 대한 신청을 인정하여 시정의 대상
이 된다는 점을 분명히 한 것으로 볼 수 있다.[981] 위 대법원 2010두3237 판결도
계속되는 차별적 처우의 경우 그 종료일로부터 6개월 이내에 차별시정을 신청
하였다면 그 계속되는 차별적 처우 전체에 대하여 제척기간을 준수한 것이 되
어 차별적 처우 전체에 대하여 시정을 구할 수 있다고 판단하였다.

　　③ 파견근로자의 경우　　　파견근로자가 동일한 사용사업주의 사업장에서
계속하여 근무하면서 차별적 처우를 받아 오던 중 소속 파견사업주만이 변경된
경우, 사용사업주의 차별적 처우에 대한 차별시정 신청의 제척기간은 파견사업
주의 근로계약이 종료한 날이 아니라 사용사업주와 근로계약이 종료한 날부터
기산되어야 한다. 법문이 근로계약의 종료일이 아니라 차별적 처우의 종료일이
라고 명시하고 있고, 파견근로자의 경우 소속 파견사업주의 변경은 근로조건에
큰 영향을 미치지 못하며 사용사업주의 차별적 처우 여부가 실질적으로 문제되
기 때문이다.[982] 서울행법 2016. 11. 18. 선고 2015구합70416 판결도 위와 같이 소
속 파견사업주가 변경된 사안에서, 사용사업주와 근로계약이 종료한 날부터 6개월
의 기간 내에 제기된 파견근로자의 차별시정 신청을 적법하다고 판단하였다.[983]

　㈐ 기간제법 시행 이전에 차별적 처우의 근거가 성립한 경우
　　차별시정제도 시행 초기에 제기된 특수한 문제로서, 기간제법 시행 전에 작
성된 취업규칙이나 단체협약 등에 근거하여 기간제법 시행 후 차별적 처우가
있었던 경우 차별시정 신청을 할 수 있는지가 논의된 바 있다. 이에 대하여 대
법원 2012. 1. 27. 선고 2009두13627 판결은 '기간제근로자에 대하여 합리적 이

　　　1항에서 정한 차별시정 신청기간은 청구권을 유효하게 행사할 수 있는 제척기간을 정한 것
　　　에 불과하고 차별시정 대상기간을 말하는 것은 아니라고 판단하면서, 만일 신청일 이전 3개
　　　월(개정 전 기간제법에서 정한 제척기간에 의한 판시임)에 대해서만 시정명령을 한다면 신청
　　　이후에도 계속되는 차별적 처우에 대하여 매 3개월마다 차별시정 신청을 통해 권리를 구제
　　　받아야 하는 등의 문제점이 있음을 지적하였다.
　981) 이미선c, 643~644면. 같은 취지의 견해로는 유성재d, 26면.
　982) 민변비정규직법, 353면.
　983) 항소심인 서울고법 2017. 5. 17. 선고 2016누79078 판결을 거쳐 2017. 6. 10. 확정(사용자가 제
　　　척기간 준수 여부에 관하여는 항소심에서 다투지 아니하여 심판범위에 포함되지 아니하였다).

유 없는 불리한 내용의 임금 지급 또는 근로조건 집행 등과 같은 구체적인 차별행위가 기간제법의 차별금지규정이 시행된 이후 행하여진 경우에는, 그와 같은 구체적인 차별행위의 근거가 되는 취업규칙 작성, 단체협약 내지 근로계약 체결 또는 근로제공 등이 차별금지규정 시행 전에 이루어졌다고 하더라도 원칙적으로 차별금지규정이 적용된다'고 판단하면서, '다만 기간제법의 차별금지규정이 시행되기 이전에 이미 형성된 법률관계에 대한 사용자의 정당하고 중대한 신뢰 때문에 법률관계에 따른 결과가 위 규정 시행 후 차별적 처우로 나타나더라도 사용자가 이를 철회·변경하거나 달리 회피할 것을 기대할 수 없는 예외적 경우에 한하여, 신뢰보호와 법적 안정성 관점에서 적용이 제한될 여지가 있다'고 보았다. 이 판결은 차별행위 과정이 기간제법의 차별금지규정의 시행 전후에 걸쳐 이루어지는 경우를 그 대상으로 한다는 점에서 한시적 판결로도 볼 수 있지만, 차별금지규정의 입법취지를 충분히 살리되 사용자의 신뢰보호와 법적 안정성을 고려함으로써 상충하는 가치가 조화를 이룰 수 있는 합리적인 해석기준을 마련하였다는 데 의의가 있다.984)

(5) 차별시정 신청에 대한 심사985)

㈎ 심사의 범위

심사대상에 관하여 신청인이 명시한 차별적 처우에 한정할 것인가 아니면 신청된 내용을 계기로 신청인과 관련된 차별적 처우 전반에 대해서도 심사할 수 있는가에 대해서는 논란이 있을 수 있다. 민사소송과 같이 엄격한 처분권주의를 적용하여야 한다는 원칙이 있는 것도 아니고, 노사관계에서 정보능력의 불균형이 커 개별 근로자가 차별적 처우의 내용과 범위를 정확하게 특정하기 어렵다는 점을 고려할 때, 신청인이 주장하는 신청취지나 차별적 처우의 내용과 관련성이 인정되는 상당한 범위까지 그 심사 범위를 확대할 수 있다고 보아야 한다.

---

984) 이미선b, 709면.
985) 기간제법 10조(조사·심문 등)
　　① 노동위원회는 제9조의 규정에 의한 시정신청을 받은 때에는 지체 없이 필요한 조사와 관계당사자에 대한 심문을 하여야 한다.
　　② 노동위원회는 제1항의 규정에 의한 심문을 하는 때에는 관계당사자의 신청 또는 직권으로 증인을 출석하게 하여 필요한 사항을 질문할 수 있다.
　　③ 노동위원회는 제1항 및 제2항의 규정에 의한 심문을 함에 있어서는 관계당사자에게 증거의 제출과 증인에 대한 반대심문을 할 수 있는 충분한 기회를 주어야 한다.
　　④ 제1항 내지 제3항의 규정에 의한 조사·심문의 방법 및 절차 등에 관하여 필요한 사항은 중앙노동위원회가 따로 정한다.

(나) 입증책임의 전환

기간제법 9조 2항은 '기간제근로자 또는 단시간근로자가 차별시정 신청을 하는 때에는 차별적 처우의 내용을 구체적으로 명시하여야 한다'고 규정하면서, 4항은 '차별적 처우와 관련한 분쟁에 있어서 입증책임은 사용자가 부담한다'고 규정하고 있다. 이는 차별적 처우를 한 사용자측의 영역에 관련 입증자료나 증거의 대부분이 존재하기 때문에 차별시정을 신청한 근로자가 차별적 처우를 입증하는 것은 용이하지 않으므로,[986] 근로자가 차별을 추정하게 하는 사실을 제시하면 사용자가 차별이 아니라는 점에 대한 입증책임을 부담하도록 제도화한 것이다.[987]

따라서 비정규직 근로자가 차별적 처우의 내용을 구체적으로 명시하면, 사용자는 신청인이 비정규직 근로자가 아니어서 차별시정 신청을 하지 못한다는 사실, 비교대상 근로자가 없거나 그 선정이 잘못되었다는 사실, 불리한 처우가 아니라는 사실, 불리한 처우가 합리적 이유에 근거하여 이루어졌다는 사실 등을 입증해야 하고, 사용자의 입증이 없거나 부족하면 차별적 처우가 존재하는 것으로 인정된다.

(6) 조정·중재 및 심판

(가) 조정·중재

차별시정 신청에 대하여 당사자 사이의 자율적 분쟁 해결을 모색하는 절차로서 기간제법은 심판 방식 이외에 조정(調整) 방식으로 사건을 처리할 수 있도록 규정하고 있다. 조정 방식은 다시 두 가지 방식으로 나뉘는데 곧 조정(調停)과 중재(仲裁)이다. 차별시정의 실효성을 높이기 위해서는 차별 여부의 법적 판단에만 의존하는 것보다 조정 및 중재 절차를 통하여 개별 사업장의 실정에 맞는 현실적인 차별시정을 도모하는 것이 바람직하며,[988] 이로써 분쟁 해결에 따르는 시간과 비용 또한 절약할 수 있다.

조정 절차는 관계당사자 쌍방 또는 일방의 신청뿐만 아니라 직권에 의해서

---

986) 입법론으로, 비정규직 근로자가 차별적 처우를 명시하기 위해 필요한 정보(예컨대 당해 사업장 내 정규직 근로자의 구체적 업무 분장이나 업무 내용, 임금 기타 근로조건의 상세 내역 등)를 사용자에게 청구할 수 있는 권한(정보청구권)이 부여되어야 한다는 주장으로는 박은정d, 32면. 조상균d, 128면에서도 비정규직 근로자의 임금정보청구권 도입에 관한 논의의 필요성을 제기한다.
987) 김유성, 36면. 남녀고용평등법 30조, 장애인차별금지법 47조에서도 차별구제절차에서 입증책임을 전환하고 있다. 이는 프랑스의 직업평등법이나 영국의 동일임금법 등도 택하고 있는 방법이다. 김엘림l, 48면. 고용차별소송에서의 증명책임에 관한 미국의 논의에 관하여는 최윤희a, 1면 이하; 최윤희e, 208~222면.
988) 중앙노동위원회b, 116면.

도 개시되고 당사자가 그 결과를 수락해야만 효력이 생기는 반면, 중재 절차는 관계당사자의 합의에 의한 신청이 있는 경우에만 개시되고 대신 당사자의 수락 의사와 관계없이 중재 결과에 구속된다는 점에서 차이가 있다(기간제법 11조 1항).

　　노동위원회는 조정 절차에서 관계당사자 쌍방이 조정안을 수락한 경우에는 조정조서를 작성하고 중재결정을 한 경우에는 중재결정서를 작성하여야 한다(기 간제법 11조 5항). 조정조서에는 관계당사자와 조정에 관여한 위원 전원이 서명·날인하여야 하고, 중재결정서에는 관여한 위원 전원이 서명·날인하여야 한다(11 조 6항). 관계당사자 쌍방이 수락한 조정 또는 중재결정은 민사소송법의 규정에 따른 재판상 화해와 동일한 효력을 갖는다(11조 7항).

　　(나) 심　　판
　　노동위원회는 차별시정 신청을 받은 때에는 지체없이 필요한 조사와 관계 당사자에 대한 심문을 하여야 하고(기간제법 10조 1항), 조사·심문 종료 후 차별적 처우에 해당된다고 판정한 때에는 사용자에게 시정명령을 발하여야 하며, 차별 적 처우에 해당하지 아니한다고 판정한 때에는 시정신청을 기각하는 결정을 하 여야 한다(12조 1항). 시정명령이나 기각결정은 서면으로 하되 그 이유를 구체적으 로 명시하여 관계당사자에게 각각 교부하여야 하며, 특히 시정명령을 발하는 경 우에는 시정명령의 내용과 이행기한 등을 구체적으로 기재하여야 한다(12조 2항).

　　기간제법이나 파견법에는 특별히 규정하고 있지 않지만, 노위규칙 109조 1 항, 60조 1항에서는 다음과 같은 경우 차별시정 신청을 각하하도록 규정하고 있 다.[989] ① 관계 법령의 규정에 따른 신청기간을 지나서 신청한 경우, ② 신청서 의 기재 사항이 일부 누락되거나 기재 내용이 명확하지 아니하여 노위규칙 41조 에 따라 기간을 정한 보정요구를 2회 이상 하였음에도 보정을 하지 아니한 경우, ③ 같은 당사자가 같은 취지의 신청을 거듭하여 제기하거나 같은 취지의 확정된 판정(조정조서·중재결정 포함)이 있음에도 신청을 제기한 경우나 판정이 있은 후 신청을 취하하였다가 다시 제기한 경우, ④ 신청하는 시정의 내용이 법령상이나 사실상 실현할 수 없거나 신청의 이익이 없음이 명백한 경우, ⑤ 신청인이 2회 이상 출석에 불응하거나 주소불명이나 소재불명으로 2회 이상 출석통지서가 반

---

[989] 노위규칙이 2021. 10. 21. 노동위원회규칙 26호로 개정되면서 60조 1항에서 정한 각하 사유 중 당사자적격이 없는 경우(3호)와 구제신청의 내용이 노동위원회의 구제명령 대상이 아닌 경우(4호)가 삭제되었다.

송되거나 그 밖의 사유로 신청 의사를 포기한 것으로 인정될 경우가 그것이다.

 ㈐ 조정·중재 및 시정명령의 내용

 ① 시정명령 등의 내용과 범위   조정과 중재 및 시정명령(이하 통틀어 '시정명령'이라 한다)의 내용에는 차별적 행위의 중지, 임금 등 근로조건의 개선(취업규칙, 단체협약 등의 제도개선명령 포함) 또는 적절한 배상 등이 포함될 수 있다(기간제법 13조 1항).

 시정명령은 부당해고의 구제명령과 달리 원상회복적 기능에만 초점을 맞추고 있는 것이 아니라 비정규직 근로자에 대한 차별적 처우가 발생하는 영역이 금전적 가치를 지니는 임금 및 근로조건 등에 한정되지 않는다는 점을 고려하여 차별시정의 효과를 실질화하는 다양한 조치를 포함하고 있으며, 과거의 차별적 행위에 대한 구제뿐만 아니라 장래를 향한 시정조치까지 포함하고 있다.990)

 또한, 기간제법 13조 1항의 문언상 시정명령의 종류 및 범위 등을 정하는 것은 노동위원회의 재량에 맡겨져 있다고 할 수 있다. 다만, 이 경우에도 노동위원회에 어느 정도의 재량이 허용되는지가 문제될 수 있다. 종래 차별시정제도가 신청주의를 근간으로 한다는 이유로 신청인의 신청범위에 대하여만 시정명령을 할 수 있다는 견해991)와 노동위원회가 재량으로 신청범위 외의 시정명령을 할 수 있다는 견해992)가 있었다. 차별시정제도가 가지는 유연성과 차별시정의 실효성이라는 측면에서 볼 때, 신청인의 신청범위와 관계없이 노동위원회의 재량에 따라 다양한 형태의 시정명령이 가능한 것으로 해석해야 할 것이다.993) 서울고법 2017. 6. 9. 선고 2016누51667 판결도 '노동위원회는 시정신청의 취지에 구속되지 않고 배상을 포함한 시정명령의 내용을 합리적 재량으로 정할 수 있는 권한이 있다고 보아야 한다'고 판시하였다.994) 종래 노동위원회 판정 중에는 신청

 990) 박종희 외 2명, 132~134면.
 991) 조용만j, 150~151면에서는 노위규칙 58조, 118조에 의하면 노동위원회는 근로자가 차별시정을 신청한 범위 안에서 판정할 수 있다고 규정하고 있기 때문에 당사자가 신청하지 않거나 신청이익이 없다고도 볼 수 있는 취업규칙 등의 개정에 대한 시정명령에는 일정한 한계가 있으므로 이러한 한계를 제거하여 노동위원회가 시정명령의 다양성을 추구할 수 있도록 노위규칙 115조에 '노동위원회는 근로자가 신청한 범위 안에 있지 않은 사항과 관련하여 적절하다고 판단하는 경우에는 차별적 행위의 중지, 임금 등 근로조건의 개선 등에 관한 시정명령을 할 수 있다'는 내용의 단서를 추가하는 개정안을 제안하였다.
 992) 박종희 외 2명, 134면.
 993) 민변비정규직법, 366면.
 994) 대법원 2017. 10. 6.자 2017두50751 심리불속행 기각 판결로 확정.

주의를 따른 것이 있었으나,[995] 현재는 차별적 처우가 있는 경우 어떠한 형태의 시정명령을 발할지는 노동위원회의 재량에 속하므로, 노동위원회가 근로자의 신청 여부와 관계없이 특히 제도개선이 필요하다고 판단되는 경우에는 제도개선을 명할 수 있다고 보고 있다.[996]

② 제도개선명령

㉠ 도입취지　　　종래 사용자의 차별적 행위가 취업규칙이나 단체협약의 규정에 따른 것인 경우 차별적 행위의 원인이 되는 취업규칙이나 단체협약 등에 대하여도 시정명령을 할 수 있는지에 관하여 논란이 있었다. 노동위원회는 '차별시정제도는 개별적이고 구체적인 근로관계에서 발생한 차별적 처우를 시정하는 것이므로 일반적 구속력을 지닌 취업규칙 등 규범 개정을 명령하여 신청 당사자 이외의 제 3 자에게까지 효력을 미치는 것은 적절하지 않다'는 이유로 이를 부정하는 입장을 취하였다.[997]

그러나 이에 대하여는 개별·구체적으로 제기된 차별행위에 대해서만 시정을 명하고, 그 원인이 된 단체협약이나 취업규칙에 대해서는 아무런 조치가 행해지지 않는다면 향후 유사한 차별적 처우가 행해질 가능성이 있으므로, 원인제공행위라고 할 수 있는 단체협약이나 취업규칙에 대한 시정명령도 가능하다고 보아야 한다는 비판이 있었고,[998] 신청주의를 근간으로 하는 차별시정제도에서 시정명령이 미치는 효력은 해당 신청인에게 한정될 수밖에 없는 한계가 있기 때문에 당해 사업장에서 규범적 효력을 가지는 취업규칙이나 단체협약에 대해서까지 시정을 명할 수는 없다고 보는 견해에서도 해당 신청인에 대하여 시정명령이 내려질 경우에는 동일한 상황에서 차별적 처우를 받은 다른 비정규직 근로자들도 개별적인 시정신청을 할 수밖에 없는데 이 경우 시정신청기간이 도과되기 십상이며, 설령 신청기간이 도과되지 않았다고 하더라도 노동위원회는 동일한 내용으로 반복하여 시정명령을 해야 하는 비효율적 상황이 발생하므로 이를 극복하기 위해서는 입법적 개선조치가 필요하다고 보았다.[999]

이러한 논의들이 반영되어 2014년 개정법에는 시정명령의 한 내용으로서

---

995) 중앙노동위원회 2008. 1. 14.자 중앙2007차별1 등 병합판정에서는 '당사자가 청구하지 아니한 범위까지 시정명령의 내용에 포함시키는 것은 타당하지 아니하다'고 판단하였다.
996) 중앙노동위원회a, 158면.
997) 중앙노동위원회 2008. 1. 14.자 중앙2007차별1 등 병합판정.
998) 탁경국, 39면.
999) 박종희·강선희b, 103면.

취업규칙, 단체협약 등의 개선을 명할 수 있는 이른바 제도개선명령이 도입되었
다. 제도개선명령은 기왕에 발생한 차별행위의 해소에 더하여 차별적 처우의 근
거가 되는 규정 자체를 개선하도록 하여 향후 유사한 차별적 처우가 발생하는
것을 근원적으로 차단하는 데 의의가 있다.[1000]

      ⓒ 내   용   제도개선명령의 대상이 되는 것은 취업규칙, 단체협약 중
기간제법 2조 3호에서 규정한 차별적 처우의 금지영역과 관련된 부분이다.[1001]
    사용자가 취업규칙 개선을 내용으로 하는 시정명령을 받은 경우 그 시정명
령 등의 이행은 근로조건을 유리하게 변경하는 것이므로 취업규칙의 불이익 변
경에 해당하지 않는다. 따라서 해당 사업 또는 사업장에 근로자의 과반수로 조
직된 노동조합이 있는 경우에는 그 노동조합, 근로자의 과반수로 조직된 노동조
합이 없는 경우에는 근로자 과반수의 의견을 듣는 것으로 족하다(법 94조 1항). 이
러한 의견청취 절차는 취업규칙 변경의 효력요건이 아니므로,[1002] 취업규칙
변경은 사용자에 의해 주도적으로 이루어질 수 있다. 따라서 노동위원회는 시
정명령의 이행기한을 획일적으로, 예컨대 30일 등으로 설정하는 것도 가능할 것
이다.[1003]

    반면, 단체협약 개선을 내용으로 하는 시정명령의 경우, 단체협약의 특정
조항이 기간제법에 위반되어 그 조항을 구체적으로 변경할 필요가 있는 경우라
고 하더라도(반면 단순무효 처리만으로 차별이 시정되는 경우에는 그 조항의 삭제를 명
하는 내용의 제도개선명령으로도 충분할 수 있다), 협약자치의 원칙상 협약당사자들
이 새로운 규율을 해야 한다. 즉, 단체협약의 변경은 취업규칙과 달리 사용자와
노동조합 간의 교섭을 거쳐서 당사자 쌍방이 서명 또는 날인하여야 효력이 발
생한다(노조법 31조 1항). 그럼에도 노동위원회나 법원이 일방적으로 단체협약의
특정 조항을 변경하는 내용의 개선을 명하게 되면 이는 협약자치를 침해할 소
지가 있다. 따라서 이 경우에는 시정명령의 이행기한을 사전에 획일적으로 정하
는 것은 곤란하고, 문제된 차별적 처우의 내용, 사업장의 노동조합 현황, 교섭대
표노동조합의 존재 여부, 해당 단체협약의 유효기간, 기간제근로자 등의 근로관
계 존속기간 등을 종합적으로 고려하여 구체적인 사건별로 이행기한을 달리 정

1000) 중앙노동위원회a, 157면.
1001) 중앙노동위원회a, 158면.
1002) 대법원 1994. 12. 23. 선고 94누3001 판결.
1003) 민변비정규직법, 366~367면.

할 필요가 있다.[1004]

한편, 파견근로자에 대한 차별적 처우가 인정되어 취업규칙과 단체협약 등의 제도개선명령을 하는 경우 그 대상이 파견사업주인지 사용사업주인지 문제될 수 있다. 파견법 21조 1항이 파견사업주와 사용사업주 모두에게 차별적 처우 금지의무를 부여하고 있고, 차별시정제도의 실효성을 보장하기 위해서는 사용사업주에게도 차별시정의무를 부과할 필요성이 있으므로, 사용사업주와 파견사업주를 묻지 아니하고 차별적 처우의 원인이 된 취업규칙 또는 단체협약의 개선을 명할 수 있다고 봄이 타당하다.[1005]

ⓒ 관련 사례   중앙노동위원회는, 단시간근로자인 전화상담원들이 동종·유사한 업무를 수행하는 상담공무원에 비해 기본급, 수당 등의 총액에서 차별적 처우를 받았다는 이유로 차별시정을 신청한 사건에서, '사용자는 이 사건 판정서를 받은 날부터 3개월 이내에 차별시정 신청 근로자들이 수령하는 연간급여와 복지포인트가 별지 <연간급여 및 복지포인트기준 산정방식>에 따라 산정된 수준을 하회하지 않도록 임금제도를 개선하고, 개선된 임금제도에 따라 산정되는 급여와 복지포인트를 소급적용하여 지급하라'는 내용의 제도개선명령을 한 바 있다.[1006]

③ 배액 배상명령

㉠ 도입취지   2014년 개정법에서는 13조 2항을 신설하여 그중 단서에서 '노동위원회는 사용자의 차별적 처우에 명백한 고의가 인정되거나 차별적 처우가 반복되는 경우에는 손해액을 기준으로 3배를 넘지 아니하는 범위에서 배상을 명령할 수 있다'고 규정하였다. 이를 학계에서는 '징벌적 성격의 배상명령',[1007] '징벌적 손해배상',[1008] '3배 배상명령',[1009] '부가적 배상명령'[1010] 등으로 칭하고, 노동위원회는 '배액 금전배상명령',[1011] 판례는 '배액 배상명령'[1012]으로 쓰

1004) 전윤구·류재율, 95~96면.
1005) 민변비정규직법, 367면.
1006) 중앙노동위원회 2014. 12. 23.자 중앙2014차별11, 12 병합 판정.
1007) 민변비정규직법, 368면.
1008) 문무기b, 443~444면; 유성재f, 184면; 조상균c, 20면.
1009) 조용만o, 273면.
1010) 전윤구·류재율, 7~36면은, 미국의 징벌적 손해배상 및 법정배상과 기간제법 13조 2항 단서에서 규정한 배상명령의 각 법적 성격, 제도적 목적, 요건, 고의의 내용 등을 비교하여 그 차이를 검토한 후 기간제법상 배상명령은 전형적인 징벌적 손해배상을 도입한 것이라고 보기는 어렵고, 징벌적 성격을 가진 부가적 배상제도라고 보는 것이 타당하다고 한다.
1011) 중앙노동위원회a, 153면. 강선희h, 156면; 박은정d, 33면; 변성영b, 17면은 노동위원회의 용례에 따르고 있으며, 특히 박은정d, 33면에서는 법문상 '징벌적' 의미를 갖는지 여부가 다소

고 있다. 여기에서는 판례의 용례에 따른다.

배액 배상명령의 도입취지는 종래 차별시정제도의 경우 임금 및 근로조건
의 보상 또는 원상회복 수준에 머물고 있어 사용자의 고의적이고 반복적인 차
별행위에 대한 사전적 예방 효과가 미미하므로, 사용자의 고의적 또는 반복적
차별행위에 대해서는 노동위원회가 기간제 및 단시간근로자에게 발생한 손해액
의 3배 내에서 징벌적 성격의 배상명령을 함으로써 차별을 근본적으로 차단하
도록 하는 데 있다.[1013] 또한, 배상액을 상향함으로써 근로자에게 차별시정 신청
에 대한 유인을 제공하여 차별시정제도를 활성화하는 데도 기여할 것으로 기대
된다.[1014] 한편, 2014년 개정법은 종래 13조 1항에서 '시정명령의 내용에는 …
적절한 금전보상 등이 포함될 수 있다'하고 하여 '금전보상'이라고 표현하던 것
을 개정을 통해 13조 1항, 2항에서 모두 '배상'으로 변경함으로써 근로자에 대
한 금전적인 구제가 위법행위에 대한 손해배상의 성격을 지니고 있음을 간접적
으로 나타내고 있다.[1015]

ⓒ 요건—명백한 고의 또는 차별적 처우의 반복성   배액 배상명령은 사용자
의 차별적 처우에 명백한 고의가 인정되는 경우와 차별적 처우가 반복되는 경
우를 요건으로 한다. 법문이 형식상 '명백한 고의'와 '차별적 처우의 반복성'을
병렬적으로 명기하고 있고, 사용자의 고의에 의한 차별과 반복된 차별을 모두
금지·예방할 필요가 있다는 점을 고려하면, 양자는 별개의 독립적인 배상요건

불분명하다는 점을 지적하고 있다.
1012) 서울고법 2017. 5. 17. 선고 2016누79078 판결(2017. 6. 10. 확정), 서울행법 2018. 9. 13. 선고
    2017구합87074 판결(2018. 10. 2. 확정). 김홍영d, 313면은 판례의 용례에 따르고 있다.
1013) 법제처 제공 제·개정이유 참조. 영국, 미국, 캐나다, 중국의 징벌적 손해배상에 관하여는
    김정환, 41~172면; 미국 고용차별금지법제에서의 징벌적 손해배상의 역사와 원리에 관하여는
    김미영·박종희, 221~249면 참조. 우리나라에서는 2011. 3. 29. 구 하도급거래 공정화에 관한
    법률(법률 10475호) 개정 시 35조 2항에서 징벌적 손해배상을 최초로 규정한 이래 다수의 법
    률에서 징벌적 손해배상을 도입하였고, 이후 제도 확대를 위한 다수의 법률 제·개정안이 제
    출되어 있는 상태이다. 현재 우리나라 법률상 징벌적 손해배상을 규정하고 있는 것으로는 기
    간제법, 파견법을 포함하여 하도급거래 공정화에 관한 법률, 신용정보의 이용 및 보호에 관
    한 법률, 제조물책임법, 특허법 등 17개에 달하고, 국회에 제출된 법률안으로는 2019. 4. 30.현
    재 일반법으로서 징벌적 배상법안, 징벌적 손해배상에 관한 법률안, 징벌적 배상에 관한 법
    률안을 포함하여 민법, 근로기준법, 노동조합법, 남녀고용평등법, 금융소비자 보호 및 금융상
    품 판매에 관한 법률, 성폭력 방지 및 피해자 보호 등에 관한 법률, 보험법 등의 각 개정법
    률안 등 20개에 이른다. 자세한 내용은 김정환, 177~203면 참조.
1014) 민변비정규직법, 368면.
1015) 전윤구·류재율, 37면. 반면 법문상 '배상'이라는 용어를 사용함으로써 징벌적 손해배상의
    성격을 분명히 하였다고 보는 견해로는 민변비정규직법, 368면(문무기b, 444면도 같은 취지
    이다).

으로 해석할 수 있다.[1016)]

　　이때 '명백한 고의'란, 사용자가 비정규직 근로자를 상이하고 불리하게 취급하는 행위가 차별적 처우에 해당할 수 있다고 인식하는 것만으로는 부족하고, 기간제법 등을 위반한 위법행위임을 인식하고도 차별적 처우를 행하는 경우를 말한다.[1017)] '차별적 처우의 반복성'이란 차별적 처우의 계속성 내지 지속성이라고 볼 수 있다.[1018)] 차별적 처우의 반복성을 판단할 때 차별적 처우의 내용의 동일성이나 대상 근로자의 동일성이 요구되는지 문제될 수 있는데, 징벌적 성격의 배액 배상명령은 차별행위자에 대한 제재와 차별적 처우의 예방에 그 도입 취지가 있으므로 동일인에 대한 동일 처우로 국한할 필요가 없고, 동종 또는 유사한 내용의 차별적 처우가 있는 경우에는 반복성을 인정함이 타당하다.[1019)]

　　이와 관련하여 파견근로자들이 6개월 단위로 파견사업주만을 변경하면서 동일한 사용사업주에게 계속 근로를 제공하는 동안 사용사업주 소속 정규직 근로자에 비해 상여금을 적게 지급받고 연차유급휴가도 받지 못하자 사용사업주와 파견사업주들을 상대로 차별시정을 신청한 사건에서,[1020)] 서울고법 2017. 5.

1016) 민변비정규직법, 368면; 전윤구 · 류재율, 43면. 다만, 차별적 처우가 반복되면 일반적으로 사용자의 명백한 고의 또한 추정될 여지가 높을 것이다(전윤구 · 류재율, 41면).

1017) 전윤구 · 류재율, 38~39면.

1018) 강선희h, 157면.

1019) 민변비정규직법, 369면. 이와 관련한 견해의 대립을 상정하여 '반복된 차별적 처우의 인정 범위'에 관하여 자세히 논하고 있는 글로는 전윤구 · 류재율, 53~64면.

1020) 위 사건에 대한 중앙노동위원회 및 법원의 판단을 구체적으로 살펴보면 다음과 같다. 중앙노동위원회는 사용사업주와 파견사업주들(6개 업체)이 차별시정을 신청한 파견근로자들에게 비교대상 근로자인 사용사업주 소속 정규직 근로자들에 비하여 상여금을 적게 지급하고, 연차유급휴가를 부여하지 않아 발생한 연차유급휴가수당을 지급하지 않은 것은 차별적 처우임을 인정하면서, 사용사업주와 파견사업주들은 연대하여 위와 같은 차별적 처우로 인하여 발생한 손해액의 2배에 해당하는 금전배상금을 지급할 것을 명하였다. 이에 불복하여 사용사업주와 일부 파견사업주(2개 업체)이 서울행법 2015구합70416호로 행정소송을 제기하였고, 위 법원은 2016. 11. 18. '연차유급휴가수당 미지급 등 근기법상의 의무 위반에 해당하는 영역은 파견법 및 기간제법이 규정한 차별처우 금지영역에 해당하지 아니한다고 봄이 상당하다'는 이유로 이 부분 사용사업주와 위 파견사업주들에 대한 재심판정을 취소하는 한편, '이 사건과 같이 파견근로자가 소속 파견사업주를 바꾸는 방법으로 계속하여 동일한 사용사업주의 사업장에서 근무한 경우, 파견근로자가 특정 파견사업주 소속으로 근무한 기간 동안 이루어진 차별적 처우에 대하여는 그 파견사업주의 책임이 인정된다 할 것이나, 다른 파견사업주 소속으로 근무한 기간에는 당해 파견사업주가 파견근로자의 근로조건에 대하여 아무런 영향을 미칠 수 없어 해당 기간 동안의 차별적 처우에 대한 책임은 인정할 수 없다'는 이유로 위 파견사업주들에 대한 상여금 지급 부분에 대한 재심판정도 취소하는 내용의 판결을 선고하였다. 이에 대하여 사용사업주만이 서울고법 2016누79078호로 항소하였는데, 위 항소심 법원은 2017. 5. 17. 제 1 심 판결과 달리 근기법에 정해진 의무를 위반한 것도 차별적 처우 금지영역에 해당한다는 전제 하에 사용사업주가 파견근로자들에게 연차유급휴가를 부여하지

17. 선고 2016누79078 판결[1021]은, 이는 차별적 처우에 해당할 뿐만 아니라 그
에 대한 사용사업주의 명백한 고의와 차별적 처우의 반복성 또한 인정된다고
보아, 해당 중앙노동위원회 재심판정 중 사용사업주에 대하여 파견근로자들에게
손해액의 2배에 해당하는 배상액을 지급하도록 한 부분이 적법하다고 보았
다.[1022] 또, 서울행법 2018. 9. 13. 선고 2017구합87074 판결[1023]은, 파견근로자
들에게 사용사업주 소속의 동종 또는 유사한 업무를 수행하는 정규직 근로자에
비해 정기상여금을 현저히 적게 지급한 것은 차별적 처우에 해당하고, 사용사업
주와 파견사업주의 명백한 고의와 차별적 처우의 반복성 또한 인정된다고 보아
사용사업주와 파견사업주에게 손해액의 1.1배 해당 배상액 지급을 명한 중앙노
동위원회의 재심판정을 적법하다고 보았다.[1024] 한편, 노동위원회 판정 중에는
사용자가 이전에 차별시정명령을 받은 사실이 없거나[1025] 근로자에 대한 불리

않고 그에 따라 발생한 연차유급휴가수당을 지급하지 아니한 것은 차별적 처우라고 판단하
였다.

1021) 2017. 6. 10. 확정.

1022) 이 판결은, 사용자의 명백한 고의가 인정되는 주된 근거로, 파견근로자들에게, 상여금을 현
저히 적게 지급한 것에 대해서는 '사용사업주가 파견사업주들에게 사용사업주 소속 정규직
근로자의 임금 등 근로조건에 관하여 6개월의 근무기간에 상응하는 정보만을 제공하였고, 이
를 근거로 파견사업주들과 사이에 파견근로자들에게 사용사업주 소속의 180일 미만의 정규
직 근로자와 동일한 액수인 연 200%의 성과급만을 지급하는 내용의 근로자파견계약을 체결
하였으며, 이후 파견근로자들이 6개월 이상의 기간 동안 근무한 사정을 알면서도 180일을 초
과한 기간 동안 근무한 정규직 근로자에 상응하는 상여금을 지급하기 위한 아무런 조치를
취하지 아니한 채 만연히 같은 내용의 근로자파견계약을 반복 체결하여 그에 따라 6개월을
초과한 근무기간 동안 파견근로자들에게 사용사업주 소속 근로자들보다 현저히 적은 성과급
만이 지급되게 한 점'을, 연차유급휴가를 부여하지 않고 연차유급휴가수당을 지급하지 아니
한 것에 대해서는 '사업주로서는 파견근로자들에게 근기법에 따라 연차유급휴가를 부여하거
나 연차유급휴가수당을 지급하여야 함은 충분히 숙지하고 있었던 점'을 들었고, 이러한 차별
적 처우가 최소 3~6개월에서 최대 2년 8개월의 장기간 동안 계속된 이상 차별적 처우가 반
복된 경우에 해당한다고 판단하였다.

1023) 2018. 10. 2. 확정.

1024) 이 판결은, 사용자의 명백한 고의와 차별적 처우가 반복된 경우에 해당하는 주된 근거로,
'사용사업주와 파견사업주는 파견근로자들과 동종 또는 유사한 업무를 수행하는 사용사업주
소속의 비교대상 근로자가 취업규칙에 따라 월 기본급 400%의 정기상여금을 지급받고 있었
음에도, 파견근로자들에게는 월 기본급 100%의 정기상여금만을 지급하는 내용으로 계약을
체결하였고, 이후에도 비교대상 근로자에 상응하는 상여금을 지급하기 위한 아무런 조치를
취하지 아니한 채 만연히 같은 내용의 계약을 매년 체결하여 상여금을 차별적으로 지급한
점, 파견근로자들이 사용사업주 소속 근로자들보다 현저히 적은 상여금을 지급받았다는 사
정은 사용사업주의 취업규칙, 각 근로계약 등에 비추어 현저한 사실이고, 사용사업주와 파
견사업주는 파견근로자들을 차별하는 내용의 근로계약 및 사용사업주와 파견사업주 사이의
하도급계약을 매년 최소 2회 이상 반복하여 체결하면서 근로자파견 관계를 유지한 점'을 들
었다.

1025) 중앙노동위원회 2016. 3. 31.자 중앙2015차별40, 41 병합판정.

한 처우에 합리적 이유가 있다고 오인하였거나[1026] 공공기관에서 공공부문 비정규직 고용개선 추진지침 등 일정한 지침에 의거하여 차별적 처우가 이루어진 경우[1027] 등에는 차별의 명백한 고의를 인정하지 않은 경우가 있다.

한편, 기간제법은 명백한 고의 또는 반복적인 차별적 처우의 입증책임에 관하여는 명문의 규정을 두고 있지 않으나, 차별적 처우와 관련한 분쟁에서 입증책임은 사용자가 부담하도록 규정하고 있고(기간제법 9조 4항), 징벌적 손해배상의 선행 입법례인 하도급거래 공정화에 관한 법률 35조 2항에서도 원사업주(피고)에게 입증책임을 부담시키고 있는 점(원사업주가 고의 또는 과실이 없음을 입증한 경우에는 그러하지 아니하다) 등을 고려하면, 사용자가 입증책임을 부담한다고 봄이 타당하다.[1028]

ⓒ 배상액의 산정   기간제법 13조 2항은 배상액은 차별적 처우로 인하여 비정규직 근로자에게 발생한 손해액을 기준으로 하되, 손해액의 3배를 넘지 않도록 그 상한을 설정하고 있다.

이때 기준이 되는 '손해액'은 원칙적으로 기간제법 2조 3호에 따른 차별적 처우로 인해 근로자가 지급받지 못한 임금, 각종 수당, 정기상여금, 경영성과금 등이 될 것이다.[1029] 복리후생 시설의 이용(기간제법 2조 3호 라목)을 비정규직 근로자에게만 차별적으로 제한하는 경우, 만약 그러한 불이익이 금전으로 환가가능하다면 기준손해액에 포함될 여지가 있다(예컨대 기간제근로자에게만 회사콘도의 이용 혜택을 제공하지 않은 경우 정규직 근로자에게 허용된 일수에 상응하는 회사콘도 정상 이용가 상당의 손해).[1030] 차별적 처우로 인한 정신적 손해에 대한 위자료도 포함되는가 여부에 관하여는 기간제법이 이와 같은 청구에 대한 관할을 명시적으로 노동위원회에 부여하고 있지 않고, 배액 배상명령은 순수하게 징벌적 배상의 성격만을 가지는 것이 아니라 법정 배상의 성격이 더 강하다는 점 등을 이

1026) 중앙노동위원회 2017. 2. 13.자 중앙2016차별21, 22 병합판정, 중앙노동위원회 2017. 3. 29.자 중앙2017차별1 판정.
1027) 중앙노동위원회 2016. 6. 27.자 중앙2016차별3, 4 병합판정, 중앙노동위원회 2017. 7. 11.자 중앙2017차별19, 20 병합판정.
1028) 문무기b, 460면; 조상균c, 21~22면. 반면, 전윤구 · 류재율, 46면에서는 노동위원회가 명백한 고의에 대한 확신을 내리지 못한다면 그에 대한 최종적인 입증책임은 근로자에게 있다고 보고 있는데, 입증곤란 시 패소의 위험을 근로자가 부담하도록 하는 것이 새롭게 도입된 부가적 배상제도(배액 배상명령)의 성격에 좀 더 부합한다는 점을 근거로 들고 있다.
1029) 전윤구 · 류재율, 65~66면.
1030) 전윤구 · 류재율, 69~70면.

유로 이를 부정하는 견해가 일반적이다.[1031]

　기간제법 13조 2항에서는 배상액 산정기준에 대해서는 따로 규정하고 있지 않다. 배상액 산정 시 고려해야 할 요소로는 사용자가 차별적 처우를 하게 된 동기 및 태도와 언동, 차별적 처우의 빈도 및 지속성, 불법성의 정도, 차별적 처우 이후의 피해 구제 노력과 정도, 근로자가 입은 손해의 정도, 사업체의 규모나 재정 상태 등을 생각해 볼 수 있는데, 위와 같은 요소를 종합하여 차별억지적 관점에서 사용자에게 실질적인 경제적 부담이 되도록 함과 동시에 사업체 존립에는 영향을 주지 않는 범위에서 총액을 산정할 수 있을 것이다.[1032]

　노동위원회 판정 중에는 ① 사전에 파견근로자들이 문제를 제기하거나 관계 기관으로부터 시정명령을 받은 사실이 없었다는 점에서 사용자가 차별적 처우의 고의성에 대한 인식이 다소 미흡했을 수 있다고 하면서 법정 최고한도액인 3배까지 부과하는 것은 다소 과하다고 보아 손해액의 2배에 해당하는 금액을 배상하도록 결정한 사례,[1033] ② 비록 차별적 처우가 장기간 반복적으로 이루어지기는 하였으나, 사용자가 시정절차 진행 도중에 자율적으로 근로자들에게 차별적 처우금액을 지급하고, 이후에도 근로자파견 관계 및 차별적 처우를 해소하기 위해 노력한 점 등을 고려하여 차별적 처우금액의 1.1배, 즉 실제 손해액을 제외하면 0.1배에 해당하는 금액을 추가로 배상하도록 명한 사례[1034]가 있고, 위 각 판정에서 정한 배상액은 모두 해당 행정소송의 법원 판단에서도 그대로 인정되었다.[1035]

1031) 전윤구·류재율, 70면. 박은정d, 36면에서도 근로자의 손해는 임금 등 물질적 손해에 그치지 않고 사용자의 차별적 처우로 인한 정신적 손해 부분도 간과할 수는 없을 것이므로, 근로자가 신청한 청구액에 국한하지 않고 필요한 경우에는 물질적 손해 이외의 정신적 손해에 대한 배액 금전배상명령도 가능해질 필요는 있다고 생각하나, 현행 법 구조상 배액 배상명령은 기간제법 13조 1항에서 확정된 손해액을 기초로 할 수밖에 없고, 이 부분은 노동위원회가 행할 수 있는 행정처분의 한계를 벗어날 수도 있는 문제여서 좀 더 신중한 검토와 접근이 필요할 것이라고 한다.

1032) 민변비정규직법, 370면; 전윤구·류재율, 85면. 한편, 강선희h, 157면에서는 '배액의 정도는 계속된 차별적 처우의 기간에 비례한다고 볼 수 있으며, 명백한 고의의 경우에는 위법행위를 인지하게 된 경로에 따라 그 정도를 달리할 수 있다. 예컨대 관계기관으로부터 시정지도나 시정명령 등의 처분을 받고서도 차별적 처우를 했다면 배액의 정도가 커질 수 있다'고 하여 일응의 배액 기준을 제시하고 있다.

1033) 중앙노동위원회 2015. 6. 30.자 중앙2015차별3~11 병합판정.

1034) 중앙노동위원회 2017. 10. 18.자 중앙2017차별21, 22 병합판정.

1035) 위 ① 중앙2015차별3~11 병합판정에 대하여는 서울고법 2017. 5. 17. 선고 2016누79078 판결(2017. 6. 10. 확정), ② 중앙2017차별21, 22 병합판정에 대하여는 서울행법 2018. 9. 13. 선고 2017구합87074 판결(2018. 10. 2. 확정).

(7) 시정명령 등에 대한 불복 및 확정

㈎ 불복절차

지방노동위원회의 시정명령 또는 기각결정에 대하여 불복이 있는 관계당사자는 그 명령서 또는 기각결정서의 송달을 받은 날부터 10일 안에 중앙노동위원회에 그 재심을 신청할 수 있고, 중앙노동위원회의 재심결정에 대하여 불복이 있는 관계당사자는 그 재심결정서의 송달을 받은 날부터 15일 안에 행정소송을 제기할 수 있다. 위 기간 내에 재심이나 행정소송을 제기하지 않으면 시정명령·기각결정 또는 재심결정은 확정된다(기간제법 14조 1항 내지 3항).

이와 관련하여 근로자가 배액 배상명령의 인정 여부 및 액수에 대하여 재심을 신청하거나 행정소송을 제기할 수 있는지가 문제된다. 이에 관하여는 다음과 같은 견해가 있다. 즉 첫째, 근로자에 대한 차별적 처우는 실제 발생한 손해액을 기준으로 한 급부의 지급으로 해소되는 것이고, 징벌적 성격의 배액 배상명령을 할 것인지 여부 및 그 배상액의 정도는 전적으로 노동위원회의 재량사항으로서 근로자의 시정이익의 범위를 벗어난다는 이유로, 근로자가 배액 배상명령을 구하였으나 초심 지방노동위원회에서 차별적 처우라는 사실만이 인정되어 배액 배상은 인정하지 않거나 배액의 정도가 신청금액보다 적은 경우에는 근로자의 재심신청을 부정하여야 한다는 견해가 있다.[1036] 둘째, 배액 배상명령 인정 여부나 배상액 액수에 대하여 근로자에게 재심신청권을 인정하더라도 현실적으로 신청권 남용의 문제를 막을 수 있도록 불복절차를 명확히 규정하는 등 입법적인 개선이 필요하다는 견해[1037]가 있다. 그러나 법문이 '불복이 있는 관계당사자'라고 하였을 뿐 불복할 수 있는 결정의 범위에 제한을 두지 않았을 뿐만 아니라 법률이 배상액의 상한을 정하고 있는 이상 그 범위 내에서는 법률상 이익으로 보아 불복을 인정함이 타당하다. 따라서 신청인은 배액 배상명령에 대해서도 불복할 수 있는 것으로 보아야 한다.[1038] 노동위원회도 기간제법 14조 1항에서 불복할 수 있는 결정에 제한을 두고 있지 않고, 배액 배상명령도 시정

1036) 변성영b, 18~19면. 위 견해에서는 사용자의 재심신청의 이익에 대하여는 달리 보고 있다. 즉, 노동위원회의 배액 배상명령으로 사용자는 실제 발생한 손해액을 넘어선 부분에 대한 공법상의 의무를 부담하게 되므로, 사용자에 대해서는 초심에서 배액 배상명령이 내려졌다면 차별적 처우의 인정 자체에는 이의가 없다 하더라도 배액 부분의 취소만을 구할 독자적인 재심신청의 이익을 인정하여야 한다고 본다.
1037) 전윤구·류재율, 93면.
1038) 민변비정규직법, 371면.

명령에 해당하므로 관계당사자가 이에 불복하는 경우 재심신청이 가능하다고
보고 있다.1039)

(나) 확정된 시정명령의 효과

① 확정된 시정명령의 불이행에 대한 제재   노동위원회나 법원에서 확정
된 시정명령을 정당한 이유 없이 이행하지 아니한 자는 1억 원 이하의 과태료
에 처한다(기간제법 24조 1항; 파견법 46조 1항). 차별적 처우를 한 경우 차별행위 그
자체에 대해서는 벌칙이 부과되지 않으나, 차별적 처우로 판정한 노동위원회의
시정명령이 확정된 후에도 사용자가 확정된 시정명령을 정당한 이유 없이 이행
하지 않을 경우에는 과태료의 행정벌을 부과할 수 있게 한 것이다.

한편, 앞서 본 바와 같이 노동위원회가 단체협약의 변경을 명하는 제도개선
명령을 한 경우, 사용자는 일방적으로 시정명령을 이행할 수 없고 노동조합과
교섭하고 합의하는 것이 필요하다. 따라서 시정명령의 내용이 단체협약의 개선
을 명하는 것인 경우에는 사용자가 시정명령의 내용에 따라 단체협약을 변경하
고자 진지하게 노력하였는지 여부, 노동조합이 사용자의 교섭요청을 거부하였는
지, 거부할 만한 이유가 있었는지 여부 등을 살펴 사용자의 시정명령 불이행에
'정당한 이유'가 있었는지를 판단하여야 한다.1040)

② 시정명령 이행상황의 제출 요구 등   고용노동부장관은 확정된 시정명
령에 대하여 사용자에게 이행상황을 제출할 것을 요구할 수 있고(기간제법 15조 1
항), 사용자가 정당한 이유 없이 고용노동부장관의 이행상황 제출 요구에 불응
하면 500만 원 이하의 과태료에 처한다(기간제법 24조 2항 1호; 파견법 46조 4항).

차별시정을 신청한 근로자는 사용자가 확정된 시정명령을 이행하지 아니하
는 경우 고용노동부장관에게 신고할 수 있다(기간제법 15조 2항). 이러한 규정들은
모두 위 ①의 과태료 제재와 더불어 노동위원회의 확정된 시정명령에 대한 실
효성을 확보하기 위한 것이다.1041)

③ 불리한 처우의 금지   사용자는, 비정규직 근로자가 차별적 처우에 대

1039) 중앙노동위원회a, 155면. 앞서 본 중앙노동위원회 2017. 10. 18.자 중앙2017차별21, 22 병합
     판정은 근로자들이 3배의 배액 배상명령을 구하였으나 초심 지방노동위원회에서 1.1배의 배
     상액만을 인정하자 그 액수를 다투면서 재심신청을 한 사건으로, 중앙노동위원회는 재심신청
     을 각하하지 않고, 재심신청의 이익을 인정하여 본안 판단을 하였다.
1040) 민변비정규직법, 372면.
1041) 김형배, 842~843면.

한 시정신청, 심문회의 참석 및 진술, 노동위원회의 차별시정 신청 기각결정에 대한 재심신청 또는 행정소송 제기 등 권리구제를 위한 행위를 한 것을 이유로 해고 그 밖의 불리한 처우를 하지 못한다(기간제법 16조 2호). 근로자가 시정명령 불이행 사실을 고용노동부장관에게 신고한 경우 이를 이유로 해고 그 밖의 불리한 처우도 하지 못한다(기간제법 16조 3호). 이를 위반한 사용자는 2년 이하의 징역 또는 1,000만 원 이하의 벌금에 처한다(기간제법 21조, 파견법 43조의2). 이는 특히 재직 중인 비정규직 근로자의 열악한 지위를 고려하여 사용자의 보복 조치를 금지하고 비정규직 근로자의 권리 실현을 돕기 위한 규정이다.[1042]

(8) 고용노동부장관의 시정요구 및 확정된 시정명령의 효력 확대

㈎ 고용노동부장관의 시정요구

① 도입취지 및 의의   2012년 개정법에서는 고용노동부장관의 차별적 처우 시정요구 및 통보제도가 신설되었다. 이 제도의 도입취지는 종래의 차별시정제도가 차별적 처우를 받은 비정규직 근로자의 신청과 노동위원회의 시정명령을 통해 사후적으로 차별이 해소되는 구조였기 때문에 당사자가 불이익을 우려하여 차별시정을 신청하지 않는 문제점이 있었으므로, 고용노동부장관으로 하여금 사용자에게 차별적 처우의 시정을 요구할 수 있도록 하고, 사용자가 이에 응하지 않을 경우에는 노동위원회에 통보하여 노동위원회가 차별적 처우가 있는지를 심리하여 그 시정을 명할 수 있도록 하는 한편, 이에 따른 시정명령을 위반한 경우 사용자에게 1억 원 이하의 과태료를 부과함으로써 사전적·적극적으로 차별을 해소할 수 있도록 하기 위한 것이다.[1043]

위 제도가 앞서 본 차별시정절차와 구별되는 것은, 후자가 개별 근로자의 신청에 의하여 그 근로자에게 현실적으로 발생한 차별적 처우를 구제하는 데 그 취지가 있다면, 위 제도는 개별 근로자의 신청이 없는 상태에서 단지 해당 사용자의 처우가 차별이라고 볼 수 있는 경우 고용노동부장관의 통보에 의하여 차별시정절차가 개시된다는 데에 있다.[1044] 이러한 점에서 위 제도는 차별시정절차상 신청주의의 한계를 극복할 수 있으며, 고용노동부장관의 시정요구 자체만으로도 현실에서 사실상 강제력을 가지는 경우가 많아 유의미하고,[1045] 종래

1042) 민변비정규직법, 373면.
1043) 법제처 제공 제·개정이유 참조.
1044) 김형배, 843면.
1045) 박종희·강선희b, 98면.

개별적 차별시정의 한계를 극복하고 사업장 단위의 집단적 차별시정이 가능하다는 의의가 있다.1046) 반면, 사용자가 시정요구에 따르지 아니할 경우 노동위원회 통보를 거쳐 차별시정절차를 개시하는 것 외에 별다른 제재 방법이 없으며, 법적 효과를 갖지 않는다는 점이 제도의 한계로 지적된다.1047) 보다 근본적으로는 노사관계의 기본이라 할 수 있는 집단적 자치 원리와 부합하지 않고, 당사자 스스로의 자구 노력을 위축시키는 역효과를 초래할 우려가 있다는 점에서 정부의 직권 개입을 통해 차별시정제도를 활성화하는 것이 바람직한지에 관하여 의문을 제기하는 견해도 있다.1048)

　② 내 용　　고용노동부장관은 사용자가 차별적 처우를 한 경우에는 그 시정을 요구할 수 있다(기간제법 15조의 2 1항, 파견법 21조의2 1항). 이를 위하여 근로감독관은 비정규직 근로자를 사용하는 사업장 등을 대상으로 차별 여부를 직권으로 조사하고 판단할 수 있다.

　　고용노동부장관은 사용자가 시정요구에 응하지 아니할 경우에는 차별적 처우의 내용을 구체적으로 명시하여 노동위원회에 통보하여야 한다. 이 경우 고용노동부장관은 해당 사용자와 근로자에게 그 사실을 통지하여야 한다(기간제법 15조의2 2항, 파견법 21조의2 2항). 고용노동부장관의 통보는 차별시정 신청과 달리 제척기간의 제한을 받지 않으므로, 차별적 처우가 있는 날부터 6개월이 지난 후에도 통보가 가능하다.1049)

　③ 현황과 평가　　고용노동부는 위 제도를 도입한 직후부터 꾸준히 비정규직 근로자를 다수 사용하고 있는 대기업이나 공공부문, 금융·보험·병원 업종 등의 사업장을 대상으로 근로감독을 실시해 왔고, ① 2012. 8. 27.부터 2012. 10. 26.까지 60개 사업장 중 15개 사업장에서 39건,1050) ② 2014. 5. 1.부터 2014.

1046) 조용만m, 13면.
1047) 박종희·강선희b, 98면.
1048) 문무기b, 451면.
1049) 중앙노동위원회b, 130면. 다만, 판례는 2012년 개정법 시행 전에 종료된 차별적 처우에 대하여 고용노동부장관의 시정요구 및 통보에 따라 노동위원회가 시정명령을 발하는 것은 법률의 소급적용에 해당하여 허용되지 않는다고 보았다(서울행법 2014. 2. 13. 선고 2013구합14672 판결, 2014. 3. 6. 확정). 그러나 이는 2012년 개정 전 기간제법 하에서 제척기간이 도과한 차별적 처우에 관하여 시정명령을 받지 않으리라는 사용자의 신뢰를 보호할 필요가 있다는 취지로서, 2012년 개정법 시행 후의 차별적 처우가 제척기간을 도과한 경우에는 고용노동부장관의 시정요구 및 통보가 가능하다고 할 것이다(민변비정규직법, 375면).
1050) 고용노동부 2012. 11. 22.자 보도자료.

6. 30.까지 48개 사업장에서 60건,[1051] ③ 2015. 6.부터 2015. 9.까지 299개 사업
장 중 28개 사업장에서[1052] 각 차별적 처우가 있었음을 확인하고 시정을 요구하
였다. 그중 ①의 경우 2014년 8월 현재 11건이 노동위원회에 통보사건으로 이
행되었다는 연구가 있고,[1053] ③의 경우는 해당 사업장이 모두 시정요구에 응하
여 상여금, 수당 등의 지급, 취업규칙 개정 등을 통해 차별을 시정하였다고 한
다.[1054] 위와 같은 현황에 비추어 보면, 위 제도가 점진적이나마 실효를 거두며,
비정규직 근로자의 차별시정에 일정 정도 기여하고 있다고 평가할 수 있을 것
이다.

(나) 확정된 시정명령의 효력 확대제도

① 도입취지 및 내용　　　2014년 개정법은 확정된 시정명령의 효력 확대제
도를 도입하였다. 이 제도의 도입취지는 종래 차별시정제도는 차별시정을 신청
한 근로자에 대해서만 시정명령을 하도록 되어 있어, 시정명령을 받은 사업주의
사업장에서 동일 또는 유사한 차별행위가 존재해도 차별시정 신청을 하지 않으
면 시정명령의 대상이 될 수 없었으나, 동일한 사용자의 사업 또는 사업장에서
한 명의 비정규직 근로자라도 차별 인정을 받았을 때는 동일 조건에 있는 근로
자 모두의 차별적 처우가 개선될 수 있도록 확정된 시정명령의 효력을 확대하
도록 하기 위한 것이다.[1055] 이는 취업규칙 내지 단체협약의 규범적 효력 확장
과 유사한 취지를 가진 제도로서, 이 제도가 활성화되면 비정규직 근로자의 근
로조건이 집단적·통일적으로 규율될 가능성이 커질 것이다.[1056]

② 내　　용　　　고용노동부장관은 확정된 시정명령을 이행할 의무가 있는
사용자의 사업 또는 사업장에서 해당 시정명령의 효력이 미치는 근로자 이외의

1051) 고용노동부 2014. 8. 8.자 보도자료. 몇 개 사업장을 대상으로 근로감독을 실시하였는지는
　　　확인되지 않는다.
1052) 고용노동부 2012. 11. 22.자 보도자료. 총 몇 건의 차별적 처우를 적발하였는지는 확인되지
　　　않는다.
1053) 조상균c, 18~20면. 위 연구에서는, 위와 같이 통보사건으로 이행된 11건 중 초심 지방노동
　　　위원회의 판정 9건을 기준으로 볼 때 차별적 처우가 전부 인정된 사건은 4건, 일부 시정명령
　　　이 내려진 사건은 1건, 기각은 4건으로, 다수가 노동위원회에서 기각되어 고용노동부와 노동
　　　위원회의 판단이 다르게 나타나고 있다고 분석하고 있으며, 근로감독관의 전문성 향상에 노
　　　력을 기울여야 할 것이라고 평가하고 있다.
1054) 고용노동부 2012. 11. 22.자 보도자료.
1055) 법제처 제공 제·개정이유 참조.
1056) 민변비정규직법, 377면.

비정규직 근로자에 대하여 차별적 처우가 있는지를 조사하여 차별적 처우가 있는 경우에는 그 시정을 요구할 수 있다(기간제법 15조의3 1항, 파견법 21조의3 1항). 사용자가 시정요구에 응하지 아니하는 경우에는 노동위원회에 통보하여 차별시정 절차가 진행되도록 할 수 있다(기간제법 15조의3 2항, 파견법 21조의3 2항).

　　③ 문 제 점　　　위 제도는 확정된 시정명령의 효력을 당해 사업 또는 사업장에서 자동적으로 확대하는 것이 아니고, 고용노동부장관의 조사와 시정요구, 노동위원회 통보 및 차별시정절차를 모두 거친 후 시정명령이 내려진 경우에 비로소 효력이 적용되는 것이다. 그런데 앞서 본 바와 같이 시정명령이 확정되지 않더라도 고용노동부장관은 직권으로 사업 또는 사업장을 조사하여 사용자에게 차별시정을 요구하고 불응 시에는 노동위원회에 통보할 수 있다(기간제법 15조의2, 파견법 21조의2). 이러한 점에서 위 제도는 기존의 고용노동부장관의 시정요구 및 통보제도와의 관계에서 체계상 혼란을 불러일으킬 염려가 있고, 고용노동부장관에게 새로운 권한을 부여한 것도 아니며,1057) 오히려 확정된 시정명령이라는 요건이 추가되었다는 점에서 별도의 실효성이 있는지 의문이다.1058) 결국 이 제도가 독자적인 의미를 가지기 위해서는, 시정명령이 확정된 경우에는 고용노동부장관이 반드시 해당 사업 또는 사업장에서 해당 시정명령의 효력이 미치는 근로자의 사례와 동일, 유사한 차별적 처우를 받는 비정규직 근로자가 있는지를 조사하여야 하고, 차별적 처우가 확인된 경우에는 그 시정을 요구하도록 제도를 운영하여야 할 것이다. 조사의 대상은 확정된 시정명령의 효력이 미치는 항목을 원칙으로 하되, 조사 과정에서 다른 항목의 차별적 처우가 발견된 경우에는 기간제법 15조의2 또는 파견법 21조의2에 규정한 절차대로 시정을 요구할 수 있다.1059)

6. 연령차별

가. 연령차별의 특수성 및 연령차별 금지의 규범적 필요성

　　정부 통계에 의하면, 우리나라 65세 이상의 고령인구는 2017년 약 707만 6천명으로 2010년의 약 536만 명에서 약 31.9% 증가하였으며(같은 기간 중 전체 인구는 약 4,955만 명에서 약 5,144만 명으로 약 3.8% 증가), 전체 인구 중 65세 이상

1057) 전윤구·류재율, 100면.
1058) 조상균c, 22~23면.
1059) 전윤구·류재율, 101면.

인구의 비율도 2010년 10.8%에서 2017년에는 13.8%로 급격하게 늘어나면서 고령사회로 진입하였고, 처음으로 같은 해 0~14세 유소년인구(약 676만 1천명, 13.1%)보다도 많아졌다. 통계청은 향후 2036년에는 65세 이상 인구의 비율이 30.5%까지 늘어날 것으로 전망하고 있다.[1060]

연령은 사람이 가지는 인적 특성 중의 하나이지만, 성별, 인종 등과는 달리 고정된 일정한 집단에 국한된 사항이 아니라 모든 사람과 관련되고 시간의 흐름에 따라 가변적이기 때문에 차별이 대상이 되는 집단과 그렇지 않은 집단을 명확히 구별하기 어렵다는 특수성이 있다.[1061] 특히 연령은 근로관계에서 노동시장의 현황, 임금체계, 생산성 등 다른 요소와 직·간접적으로 연관성을 갖는 경우가 많아 차별 판단도 그리 쉽지 않다.[1062] 또한, 나이가 든다는 것은 모든 인간에게 적용되는 속성이므로 적어도 낙인효과의 전방위화라는 측면에서 볼 때 연령은 성, 국적 등 전통적인 의미에서의 차별금지사유와는 다른 특성을 갖고 있다. 이러한 점에서 연령은 인권으로서의 차별금지가 전면에 나서는 문제라기보다는 적극적 고용정책의 일환으로서의 의의를 좀 더 많이 내포하고 있다고 할 수 있다. 즉 특정 연령층이 그 실제적인 능력 여부와 상관없이 연령 때문에 고용시장으로의 진입이 거부되거나 고용시장에서 축출당하는 경우를 보호하는 것이 연령차별 금지의 핵심 내용이라 할 수 있다.[1063]

1060) 통계청 KOSIS에서 제공하는 인구 통계정보로서 2017년 인구주택총조사 결과를 기초로 2017. 7. 1.자 기준인구를 확정한 후 인구동태(출생, 사망)와 국제인구이동 통계 등을 활용하여 향후 인구규모 및 성, 연령별 구조를 추계한 자료이다.

1061) 조용만b, 121~122면.

1062) 예컨대 근속기간은 외부 노동시장이 잘 발달되어 있는 곳에는 연령과 무관할 수 있지만, 종신고용을 전제로 하는 노동시장에서는 대개 연령과 비례적이라 할 수 있다. 또한, 연공급 체계 하에서는 임금의 수준도 연령과 비례하기 때문에 연령이 많은 자가 근속기간이 길면서 임금도 높게 받는 것이 전형적인 모습이라 할 수 있다. 그렇기 때문에 기업의 경우 경영상 위기를 타개하기 위한 정리해고의 경우, 생산성 대비 임금을 상대적으로 많이 받는 근로자를 우선적인 해고대상자로 삼으려고 하거나 조기퇴직을 유도하기 위한 조치들을 강구하게 된다. 하경효 외 5명, 100면.

1063) 전윤구h, 147~148면. 국가인권위원회법에서는 '나이'라고 명시하고 있으므로, 이하 국가인권위원회법이 적용될 경우에는 '나이'로, 고령자고용법이 적용될 경우에는 '연령'으로 각 표기한다. 한편, 김동선·모선희, 151~160면은 2001년부터 2009년 9월까지 국가인권위원회의 나이차별 관련 결정례 52건을 분석하여, 연령차별이 발생하는 이유와 형태 등 차별 요인을 범주화하고, 국가인권위원회가 어떤 점을 근거로 각각의 차별 요인들에 대하여 합리적 이유가 없다고 판단하였는지를 정리하고 있다. 연령차별 금지의 규범적 필요성을 이해하는 데 상당히 유용한 연구결과라고 생각되어, 아래와 같이 <표>로 대비하여 그 내용을 인용한다(이하 괄호 안의 표기는 해당 판시를 한 국가인권위원회 결정의 사건번호이다).

고용에서의 연령차별은 무엇보다 '능력에 따른 대우'에 반한다는 점에서 평등 원칙에 위배된다. 연령차별은 개인 간의 다양한 능력 차이를 구체적으로 고려하지 않고, 나이가 들수록 사람의 능력이 떨어진다는 천편일률적인 사고에 근거하여 사람을 불이익하게 대우하거나 불이익한 상황에 처하게 하는 것이기 때문이다. 연령에 대한 이러한 그릇된 사고는 어떤 개인의 개별적인 신체·정신적 능력과 그와 동일한 연령층에 속하는 자들에게 공통된 것으로 여겨질 수 있는 일반적인 신체·정신적 능력을 구별하지 못하게 만든다. 따라서 연령차별을 금지하여야할 규범적 기

구분	차별 요인의 내용	국가인권위원회의 판단
경제적 요인	연공급 때문에 고령자들이 직무나 직업능력에 상관없이 고임금을 받게 된다. 고령자들로 인해 전체 인건비가 상승하고 기업 경영에 어려움이 있다.	고령자들이 고임금을 받는 것은 생애임금의 개념에 근거한 것이므로 정당한 대가이다. 회사의 재정적 어려움은 다른 경영 수단을 통해 정상화되어야 한다(10진차19 등).
조직위계 요인	고령자가 하급자로 들어오는 경우 나이 어린 상급자의 지휘에 순응하지 않을 우려가 있고, 직원간 융화에 부정적이다.	계급과 나이가 비례하여야 조직이 안정적이고 업무수행이 효율적이라는 근거는 없다. 연령으로 인해 유기적 업무 협조가 어렵다고 단정할 수 없다(05진차935). 예절교육이나 복무관리, 업무매뉴얼의 활용, 업무처리절차의 합리화 및 직무훈련 등으로 이에 따른 갈등을 해결할 수 있다(09진차1362 등).
시간전망 요인	고령자들은 젊은 사람들에 비해 일할 수 있는 시간이 짧을 것이고, 업무의 연속성과 안정성도 떨어질 것이다.	입직(데뷔) 이후 활동기간은 개인의 능력에 달려 있는 문제이지 연령의 문제가 아니다(10진정105300). 나이가 젊으면 오히려 이직의 가능성이 높아, 나이를 근무가능기간으로 판단하는 기준으로 삼기 어렵다(05진차70).
세대간 순환 요인	고령자들과 청년세대가 일자리를 둘러싸고 경쟁관계에 있는 상황에서 인사적체나 청년세대의 실업난을 내세워 젊은 사람을 우선적으로 선발한다.	조직의 신진대사는 인사제도 전반에 대한 관리의 문제로 접근해야 하며(09진차219, 09진차698 등), 고령자가 많아진다고 하여 조직 활력이 저하된다는 점이 증명된 자료는 없다(05진차70).
연령주의 요인	젊음을 숭상하는 문화. 고령자들은 체력이 저하되고 위험한 업무를 맡기에 적합하지 않으며 신속하고 민첩하게 대처할 수 있는 능력이 부족하다.	체력, 직무수행능력, 활력 등은 관리하기에 따라 현저한 차이를 보인다(08진차993 등). 연령제한보다 선발과정이나 평가시스템에서 개인별 측정을 통해 적임자를 선정해야 한다(10진차72, 07진차855 등). 나이에 따라 어느 정도의 체력감소를 인정하더라도 업무 수행이 불가능하다고 볼 특정 연령을 지정하기는 어렵다(10진정76700, 10진정148600 등).

초는 '나이가 들어감에 따라 발생하는 정신적 내지 육체적인 퇴화는 개인마다 다르다'라는 사실에 있으며, 고용에서의 연령차별 금지의 기본 취지는 근로자를 연령이 아니라 능력에 따라 개별적·객관적으로 평가하고, 그러한 평가에 부합하는 대우를 한다는 데에 있다.[1064]

나. 근기법 6조와 연령차별 금지

근기법 6조에 의해 연령차별 금지를 직접 도출할 수 있는지 여부가 문제된다. 이는 앞서 검토한, 근기법 6조에서 규정한 차별금지사유의 법적 성격을 둘러싼 논의와 관련되어 있다.

예시규정설 내지 사법적 예시규정설에 따를 경우에는 연령차별 역시 근기법 6조 위반으로 규율할 수 있다. 다만, 사법적 예시규정설에 의하면 형사처벌의 대상은 되지 않는다. 반면, 열거규정설에 따를 경우에는 연령 등 그 밖의 사유가 근기법 6조에 직접 포섭된다고 확대해석하는 것은 어렵다.[1065] 이때는 근기법 6조의 '사회적 신분'에 연령이 포함될 수 있는지 여부도 문제되는데, 연령은 성별, 국적, 인종, 장애 등과 달리 특정인 내지 특정 그룹에 한정되는 고정불변의 인적 특성이 아니라, 모든 사람과 관계되고 시간의 흐름에 따라 변하는 특성이 있기 때문에 비록 자신의 의사로 피할 수는 없지만 사회적 평가를 수반하는, 장기간 점하는 지위로 보기는 곤란하다. 결국 열거규정설에 의하면, 근기법은 연령차별 금지에 관하여 한계가 있을 수밖에 없다는 결론에 이르게 된다.[1066]

다. 연령차별 금지와 관련된 현행 법령의 개관

연령차별을 금지하는 현행 법률은 국가인권위원회법과 고령자고용법, 그 밖에 고기법 7조 1항, 직업안정법 2조, 노동조합법 9조가 있다. 앞서 본 바와 같

1064) 조용만b, 123~124면. 한편 이상돈 외 2명, 17~18면에서는 연령차별 해소의 필요성을 규범적 측면과 사회경제적 측면으로 나누어 규명하고 있다. 즉 규범적 측면으로는 ① 개인의 선택과 사회적 참여 및 통합을 해친다는 점, ② 개인의 생활기회와 삶의 질을 저하시키고 긍정적인 자아의식을 갖기 어렵게 한다는 점, ③ 연령기준의 채용관행은 직업선택의 자유를 제한하며 고용기회를 박탈함으로써 노동시장에의 참여와 통합을 저해하고 나아가 노동권리까지 침해할 수 있다는 점을 제시하고 있으며, 사회경제적 측면으로는 ④ 청년과 고령자 모두에게 고용기회를 줄이고 인적자원의 충분한 활용을 통한 경제적 부의 창출을 저해한다는 점, ⑤ 고령자를 노동시장에서 조기 퇴출케 함으로써 사회보장제도의 안정적 운영을 저해한다는 점, ⑥ 능력에 기초한 합리적인 기업 인사관리와 기업문화의 형성을 저해하여 결과적으로 근로자의 기업 정착도를 떨어뜨려 장기적으로는 기업과 근로자 모두에게 손해가 될 수 있다는 점 등을 들고 있다.

1065) 권혁a, 47면.

1066) 권혁a, 46~47면; 조용만b, 129면.

이 고기법과 직업안정법의 위 조항들은 선언적 내지 미래지향적 의미로 규정된 것이라 할 수 있고, 노동조합법은 집단적 노사관계를 규율하고 있으므로,1067) 이하에서는 국가인권위원회법과 고령자고용법을 중심으로 검토하기로 한다.

국가인권위원회법 2조 3호는 '나이'1068)를 차별금지사유의 하나로 규정하여, 합리적 이유 없이 나이를 이유로 고용, 재화·용역·교통수단·상업시설·토지·주거시설의 공급이나 이용, 교육시설이나 직업훈련기관에서의 교육·훈련이나 그 이용과 관련하여 특정한 사람을 우대·배제·구별하거나 불리하게 대우하는 행위를 평등권 침해의 차별행위에 해당한다고 정의하고, 다만 적극적 우대조치, 즉 현존하는 차별을 없애기 위하여 특정한 사람(특정한 사람들의 집단을 포함)을 잠정적으로 우대하는 행위와 이를 내용으로 하는 법령의 제정·개정 및 정책의 수립·집행은 평등권 침해의 차별행위로 보지 아니한다고 규정하고 있다. 국가기관, 지방자치단체, 각급 학교 등, 법인, 단체 또는 사인(私人)으로부터 나이를 이유로 차별행위를 당한 피해자 또는 그 사실을 알고 있는 사람이나 단체는 국가인권위원회에 그 내용을 진정할 수 있고(30조 1항) 진정이 없는 경우에도 국가인권위원회가 차별행위가 있다고 믿을 만한 상당한 근거가 있고 그 내용이 중대하다고 인정할 때에는 직권으로 조사할 수 있다(30조 2항). 국가인권위원회는 조사결과 차별행위가 일어났다고 판단할 때에는 피진정인, 그 소속 기관·단체 또는 감독기관의 장에게 차별행위의 중지, 원상회복, 손해배상, 그 밖에 필요한 구제조치의 이행, 동일하거나 유사한 차별행위의 재발을 방지하기 위하여 필요한 조치의 이행, 법령·제도·정책·관행의 시정 또는 개선을 권고할 수 있으며 (42조 4항, 44조 1항). 그 밖에 합의 권고(40조), 조정(42조), 고발 및 징계권고(45조), 긴급구제 조치의 권고(48조) 등을 할 수 있다.

한편, 1991. 12. 31. 제정된 고령자고용촉진법은 2002. 12. 30. 일부개정 시 4조의2를 신설하여 "사업자는 근로자의 모집, 채용 또는 해고를 함에 있어 정당한 사유 없이 고령자 또는 준고령자임을 이유로 차별하여서는 아니 된다."고 규정하였다. 그러나 위 조항은 차별금지영역을 모집, 채용 또는 해고로 한정하였

1067) 각 규정의 연혁과 내용에 관하여는 각주 19) 및 28) 참조.
1068) 용어의 통일에 대해서는 대부분의 법률들이 '나이'라는 우리말 고유의 표현보다는 '연령'이라는 용어를 사용하고 있으므로 '연령'으로 통일하자는 의견이 지배적이다(안진a, 206면). 이에 대하여 '나이'가 순우리말이고, 법제처에서 '알기 쉬운 법령 만들기 사업'의 일환으로 어렵거나 불필요한 한자용어를 우리말이나 좀 더 쉬운 표현으로 대체하는 사업을 실시하고 있는 만큼 '나이'로 통일하는 것이 바람직하다는 견해로는 이성택, 27면.

던 데다가 위반 시 벌칙규정이 따로 없고 달리 구제절차도 마련하고 있지 않았기 때문에 현실적으로 적용될 여지가 거의 없었다.[1069]

　고령자고용촉진법은 이후 2008. 3. 21. 일부개정 시 법명이 '고용상 연령차별금지 및 고령자고용촉진에 관한 법률'로 변경되었으며, 그 내용도 4조의2를 삭제하고 4조의4를 신설하여 '사업주는 고용의 전 단계(모집·채용, 임금·임금 외의 금품 지급 및 복리후생, 교육·훈련, 배치·전보·승진, 퇴직·해고)에서 합리적인 이유 없이 연령을 이유로 근로자 또는 근로자가 되려는 자를 차별하여서는 아니된다'고 규정하였고,[1070] 2항에서는 '합리적인 이유 없이 연령 외의 기준을 적용하여 특정 연령집단에 특히 불리한 결과를 초래하는 경우'에는 연령차별로 본다고 규정하여 간접차별도 차별의 개념에 포함시켰다. 또한 차별금지의 예외 규정을 신설하여 고령자고용법에 따른 연령차별 금지의 적용범위를 명확히 하였다. 그에 따르면 ⅰ) 직무의 성격상 특정 연령 기준이 불가피하게 요구되는 경우, ⅱ) 근속기간의 차이를 고려하여 임금이나 임금 외의 금품과 복리후생에서 합리적인 차등을 두는 경우, ⅲ) 정년을 설정하는 경우, ⅳ) 법령에 따라 특정 연령 집단의 고용유지·촉진을 위한 지원 조치를 하는 경우는 차별로 보지 않는다(4조의5). 나아가 2013. 5. 22. 일부개정 시 정년과 관련한 19조를 전문 개정하여 1항에서 '사업주는 근로자의 정년을 60세 이상으로 정하여야 한다'고 규정함으로써, 고령자고용촉진법 제정 이래 '사업주가 근로자의 정년을 정하는 경우에는 그 정년이 60세 이상이 되도록 노력하여야 한다'라고 규정하여 권고사항에 불과하였던 60세 이상의 정년 설정을 법적으로 의무화하였으며, 이어 19조 2항에서 '사업주가 근로자의 정년을 60세 미만으로 정한 경우에는 정년을 60세로 정한 것으로 본다'는 간주규정을 두어 법령의 실효성 또한 제고하였다.[1071] 나아가 위와 같은 정년의 연장에 따른 병행 조치로서 위 19조 1항에 따라 정년을

1069) 민변노동법 Ⅰ, 215면.

1070) 위 조항 중 모집·채용 부분은 2009. 3. 22.부터, 나머지 부분은 2010. 1. 1.부터 시행되었다 (부칙 1조).

1071) 60세 정년제의 도입 배경 내지 목적에 관하여는 저출산의 영향 등으로 유례없이 빠르게 진행되고 있는 고령사회에서 발생 가능한 생산가능인구의 감소, 고용불안, 노인층 빈곤 위험, 50대 근로자의 조기퇴직으로 인한 취약계층화, 연금수급연령과의 괴리 등의 문제를 완화하고 근로능력이 있는 근로자의 일할 기회를 보장하기 위한 것이라는 설명이 일반적이다(노진귀, 49~58면; 이정b, 338~339면; 이지만, 58면; 법제처 제공 제·개정이유 등). 이에 대하여 개정안 발의 시 경영계를 중심으로 정년연장 및 의무화에 따른 고령자 고용비용 부담 가중, 인사적체 등 기업 내부 인사관리 부담, 청년층 신규채용에 대한 부정적 영향, 노동시장의 양극화 심화 등의 우려가 제기되었다(류기정, 59~69면).

연장하는 사업 또는 사업장의 사업주와 근로자의 과반수로 조직된 노동조합(근
로자의 과반수로 조직된 노동조합이 없는 경우에는 근로자의 과반수를 대표하는 자를
말한다)으로 하여금 그 사업 또는 사업장의 여건에 따라 임금체계 개편 등 필요
한 조치를 하여야 하는 의무를 부과하였고(19조의2 1항),[1072] 고용노동부장관으로
하여금 위와 같은 조치를 시행한 사업주나 근로자에게 고용지원금 등 필요한
지원을 할 수 있도록 규정하였다(19조의2 2항).[1073]

한편, 고령자고용법은 피해자를 위한 구제조치로 국가인권위원회 진정 및
권고, 국가인권위원회의 권고 불이행을 전제로 한 고용노동부장관의 시정명령을
규정하고 있다. 즉, 연령차별을 당한 근로자 또는 근로자가 되려는 자는 국가인
권위원회에 그 내용을 진정할 수 있고, 사업주가 정당한 사유 없이 국가인권위
원회의 권고를 이행하지 아니할 경우에는 고용노동부장관에게 시정명령을 내려
줄 것을 신청할 수 있다(고령자고용법 4조의6, 4조의7). 고용노동부장관은 피해자의
신청 또는 직권에 의해 국가인권위원회로부터 구제조치 등의 권고를 받은 사업
주가 정당한 사유 없이 권고를 이행하지 아니하고 피해자가 다수이거나 반복적
인 연령차별행위 등에 해당하여 그 피해의 정도가 심각하다고 인정되면 시정명
령을 할 수 있다(4조의7).

연령차별에 관한 국가인권위원회법과 고령자고용법의 주요 규정 내용을 비
교하면 아래 표와 같다.

1072) 이는 여전히 연공급 임금체계가 주를 이루는 우리나라 기업현실에서는 정년연장의 도입에
    수반하여 임금체계의 개편도 불가피하다는 점을 감안한 규정이라 할 수 있다[이정a, 214면;
    이철수b, 42면. 법안심의과정에서도 이를 확인할 수 있다. 즉 제315회 국회(임시회) 환경노동
    위원회 제 4 차 법안심사소위원회 회의록 59면에 의하면, '이 법 도입의 취지는 정년연장을
    통한 임금조정이 불가피하다는 것을 여야가 다 인식하고 임금체계 개편 등으로 이렇게 정리
    를 해보도록 하겠습니다'라는 위원장의 발언이 기재되어 있다]. 그러나 고령자고용법은 구체
    적으로 어떠한 절차와 방법에 의하여 임금체계를 개편해야 하는지에 관하여는 따로 규정을
    두고 있지 않고, 의무규정의 형식을 취하고 있으면서도 이를 강제할 만한 정책적 수단 내지
    는 위반시 분쟁조정절차, 처벌규정 등을 마련하고 있지 않아 제도의 취지에 맞게 제대로 시
    행될 수 있을지 의문을 제기하거나(방준석, 134면) 위 규정을 정부의 정책방향에서 고려하는
    의미 정도로만 이해하여야 한다는 견해(이승길f, 44면)도 있다. 학계에서는 정년연장에 따른
    임금체계 개편, 특히 임금피크제의 도입과 관련하여 실무상 제기될 수 있는 법적 문제를 취
    업규칙의 변경 법리를 중심으로 논하고 있다. 그 상세한 내용에 관하여는 방준식, 135~144
    면; 이정b, 218~240면; 이철수b, 51~53면 참조.
1073) 다만, 위와 같이 개정된 19조(정년), 19조의2(정년연장에 따른 임금체계 개편 등) 1항, 2항
    은 사업장 규모에 따라, 상시 300명 이상의 근로자를 사용하는 사업 또는 사업장, 「공공기관
    의 운영에 관한 법률」 4조에 따른 공공기관, 「지방공기업법」 49조에 따른 지방공사 및 같은
    법 76조에 따른 지방공단의 경우는 2016. 1. 1.부터, 상시 300명 미만의 근로자를 사용하는 사
    업 또는 사업장, 국가 및 지방자치단체는 2017. 1. 1.부터 단계적·점진적으로 시행되었다.

분류	국가인권위원회법	고령자고용법
피해자	대한민국 국민과 대한민국의 영역 안에 있는 외국인	근로자 또는 근로자가 되려는 자
차별금지사유	나이	연령
차별금지영역	①고용 ②재화·용역·교통수단·상업시설·토지·주거시설의 공급이나 이용 ③교육시설이나 직업훈련기관에서의 교육·훈련이나 그 이용	고용
진정 신청권자	피해자 및 제3자	피해자
차별예외사유	적극적 우대조치	①직무의 성격에 비추어 특정 연령기준이 불가피하게 요구되는 경우 ②근속기간의 차이를 고려하여 임금이나 임금 외의 금품과 복리후생에서 합리적인 차등을 두는 경우 ③근로계약, 취업규칙, 단체협약 등에서 정년을 설정하는 경우 ④특정 연령집단의 고용유지·촉진을 위한 지원조치를 하는 경우(적극적 우대조치)
간접차별 규정	없음	있음
구제방법	시정 또는 개선 권고, 합의 권고, 조정, 고발 및 징계 권고, 긴급구제 조치의 권고	국가인권위원회의 구제조치 등의 권고 및 고용노동부장관의 시정명령

라. 연령차별의 의의

(1) 차별의 개념 및 판단기준

연령차별은 유사한 상황에서 특정인이나 그가 속한 연령집단을 다른 연령의 사람이나 집단보다도 불이익하게 취급하는 것을 말한다. 차별 여부는 유사한 상황에 있는 '나이가 다른 개인이나 집단' 간의 비교를 필요로 하는데, 연령의 핵심적 특징은 시간이 지남에 따라 변한다는 유동성에 있어 연령차별 사건의 경우 고정된 비교대상자를 상정하기가 곤란하므로 다른 차별사건에 비해 적절한 비교대상자의 선택이 중요하다.

차별이 금지되는 사유는 모든 연령이다. 연령차별은 나이가 많은 고령자에 대해서만 발생하는 것이 아니라 나이가 적은 계층에 대한 비선호도 포함된다. 따라서 고령자, 노령자 또는 청소년 등이 모두 차별금지대상이다.[1074]

'연령을 이유로' 차별한다는 것은 차별원인이 특정인이나 특정 집단의 생물학적 나이인 것을 의미하여, '특정 연령 도달', '특정 연령그룹에 해당' 및 '연령 차이' 등을 차별기준으로 삼는 것을 말한다.[1075] 차별은 경제적 불이익에 국한되지 않고 비경제적인 불이익도 포함되며, 과거·현재의 불이익한 취급뿐만 아니라 미래에 불이익하게 취급하려는 것을 포함한다.[1076]

연령을 이유로 하는 차별은 '합리적인 이유 없이' 이루어진 경우에 한하여 성립한다. 대법원 2022. 5. 26. 선고 2017다292343 판결은 고령자고용법 4조의4 1항에서 규정한 '합리적 이유가 없는' 경우란 연령에 따라 근로자를 다르게 처우할 필요성이 인정되지 아니하거나 달리 처우하는 경우에도 그 방법·정도 등이 적정하지 아니한 경우를 말한다고 판시하였다. 차별을 허용하는 일반적 판단기준으로서의 '합리적' 개념은 엄격하게 해석해야 할 것이다. 즉, 연령에 근거한 대우의 차이(차별)는 ① 정당한 목적을 달성하기 위한 것이어야 하고(목적의 정당성), 해당 상황에서 중요한 것이어야 '정당한' 목적으로 해석할 수 있으며, 연령을 이유로 한 차등 취급은 ② 불가피한 것이어야 하고(수단의 불가피성), 연령 이외의 합리적 수단을 사용하여 목적을 달성할 수 있는 경우(즉, 합리적 대안이 존재하는 경우)에는 수단의 불가피성을 인정하기 어렵다. 또한 ③ 목적과 수단 간에는 비례원칙이 적용되는데, 비례원칙에 의하면 수단으로 채택된 연령기준의 정도 및 그에 따른 불이익의 정도가 적정하여야 한다.[1077]

(2) 직접차별·간접차별의 금지

고령자고용법 4조의4 1항은 연령을 이유로 한 직접차별을 금지하고 있다. 위 규정은 강행규정에 해당한다. 따라서 단체협약, 취업규칙 또는 근로계약에서 이에 반하는 내용을 정한 조항은 무효이다.[1078] 뿐만 아니라 고령자고용법 4조의4 2항은 합리적인 이유 없이 연령 외의 기준을 적용하여 특정 연령집단에게 특히 불리한 결과를 초래하는 경우를 연령차별로 본다고 규정하고 있다. 이 규

1074) 고용노동부e, 6면.
1075) 하갑래, 650면.
1076) 고용노동부g, 3면.
1077) 고용노동부e, 7면.
1078) 대법원 2022. 5. 26. 선고 2017다292343 판결.

정은 간접차별 금지의 근거가 된다. 간접차별은 연령 외의 기준, 즉 '중립적 기준'을 사용함으로써 표면상으로는 차별이 없어 보이나, 실제로는 특정 연령집단의 구성원이 상대적으로 불리한 상황에 처하게 되는 '결과적 불이익'이 존재하며, 중립적 기준의 적용이 정당하지 않은 경우에 성립한다.[1079] '중립적 기준'은 연령 이외의 차별중립적인 규정·조건·관행 또는 행위 등을 의미하며, 현실적으로는 일정 수준의 재직기간·지식·경력·숙련·자격 등 '연령과 관련이 있는 요소'로 나타날 수 있다. 간접차별은 '연령 외의 기준'이 연령집단에 다르게 영향을 미치고 특정 연령집단에게 상대적으로 큰 불이익을 가했는지 여부로 판단한다. 특정 연령집단의 불이익이 반드시 현저해야 하는 것은 아니며 특정 연령집단이 타 연령집단에 비해 상대적으로 더 큰 불이익이 있다면 차별로 인정가능하다.[1080]

마. 연령차별 금지의 적용영역

사업주는 모집·채용, 임금·임금 외의 금품 지급 및 복리후생, 교육·훈련, 배치·전보·승진, 퇴직·해고 등 고용의 모든 단계에서 합리적인 이유 없이 연령을 이유로 근로자 또는 근로자가 되려는 자를 차별하여서는 아니 된다(고령자고용법 4조의4 1항).[1081]

(1) 모집·채용

사업주가 근로자를 모집·채용하면서 나이, 특히 최고 연령을 제한하거나 특정 연령층을 우선하여 채용하는 것은 모집·채용에서 이루어지는 연령차별의

1079) 하갑래, 650면.
1080) 고용노동부g, 5면. 고용노동부e, 9면은, 간접차별이 인정된 사례로서 미국 연방항소법원의 사례를 소개하고 있다. Transco사는 근로자들의 능력 제고를 위해서 업무시간을 분할하고 그 시간 내에 일정한 업적을 달성하게 하는 프로그램을 만들어 48주 후 이를 종료하면서, 그 결과 52명의 선발자 중 11명을 해고하였는데 그중 10명이 40세 이상이었다. 미국 연방항소법원은 25명의 젊은 근로자 중 1명의 근로자가 해고된 것에 반해 27명의 나이 많은 근로자 중 10명이 해고된 사실이 약 10대 1의 차이를 보여주므로 유효한 통계적 근거가 된다고 판단하고 나이 많은 근로자에게 불평등한 효과, 즉 결과적 불이익이 발생했다는 사실을 인정하였다. 그리고 해당 프로그램이 경영상의 필요에 의한 것이라는 회사 측의 주장에 대해 연방항소법원은 과도하게 높은 프로그램의 평가기준이 경영상 필요와 관련이 없다고 보았고, 결국 회사가 연령차별금지법(Age Discrimination in Employment Act, ADEA)을 위반했다고 결정하였다.
1081) 이때 사업주란 근로자를 사용하여 사업을 하는 사를 말한다(고령자고용법 2조 3호). 실제 고용현장에서는 사업주뿐 아니라 그 이외의 자, 즉 경영담당자나 근로관계에 대한 사항에서 사업주를 위해 행위를 하는 자가 연령을 이유로 근로자를 차별하는 경우를 충분히 상정할 수 있으므로 차별행위 주체의 범위를 확대하여야 한다는 견해로는 김경태, 322면.

대표적 유형이다. 국가인권위원회는 고령자고용법이 2008. 3. 21. 개정을 통하여 연령차별을 실질적으로 규제하기 이전부터 모집·채용 단계에서 나이 상한을 두어 응시연령을 초과하는 자에게 지원 기회 자체를 박탈하는 경우는 원칙적으로 차별행위에 해당한다고 판단해왔다. 특히 각급 공무원, 교원 등의 응시연령 제한과 관련하여 진정사건뿐만 아니라 직권조사도 병행하면서 적극적으로 시정권고를 하였다.1082) 공기업이나 일반 민간기업의 경우에도 적극적으로 시정권고를 하였는데, 국내 양대 항공사가 항공기 여승무원을 모집·채용하면서 응시연령을 만 23세에서 만 25세로 제한하여 만 26세 이상의 연령에 해당하는 자의 응시기회를 일률적으로 배제하고 있는 것은 나이에 의한 고용에서의 평등권 침해의 차별행위에 해당하는 것으로 판단하고 사업주에게 그와 같은 채용관행을 개선할 것을 권고한 결정이 대표적 사례이다.1083)

1082) ① 국가인권위원회는 14개 국립대학교에서 2002년도 대학교원 모집을 함에 있어 응시연령을 대학에 따라 만 40세 이하 또는 45세 이하 등으로 제한한 것(국가인권위원회 2002. 11. 18.자 02직차1 결정), 교사의 신규채용을 위한 공개전형 응시연령을 40세 이하로 규정한 구 교육공무원임용령(국가인권위원회의 결정 당시 시행 중이던 법규를 의미하며, 따로 시행시기를 특정하지 않는다, 이하 같다) 11조의2(국가인권위원회 2004. 6. 28.자 03진차119 결정), 구 공무원임용시험령 16조 별표4 중 9급 국가공무원 공개경쟁채용시험 응시연령을 28세로 제한한 규정(국가인권위원회 2007. 9. 11.자 07진차672 등 결정), 8급 및 9급 법원공무원 공개경쟁채용시험의 응시연령을 28세 이하로 제한한 구 법원공무원규칙 62조 1항 별표7(국가인권위원회 2008. 2. 18.자 07진차1002결정), 전국 16개 시·도 지방자치단체에서 시행하는 구 인사규칙 중 9급 지방공무원 공개채용시험의 응시연령을 30세 또는 32세로 제한한 부분(국가인권위원회 2006. 11. 13.자 05직차19 등 결정), 경호공무원 7급 및 국가정보원 직원 7급 공개경쟁채용시험에서 응시가능 연령을 만 30세 및 만 26세 이하로 제한한 규정(국가인권위원회 2007. 4. 11.자 05진차492 결정) 등에 관하여 나이를 이유로 한 차별에 해당한다고 판단하여 각 해당 모집행위 및 관련 규정 등의 개정을 권고하였다. ② 헌법재판소는 2006. 5. 25. 선고 2005헌마11, 2006헌마314(병합) 결정에서 공무원임용시험령 16조 별표4 중 9급 공개경쟁채용시험의 응시연령을 '28세까지'로 한 부분을 합헌으로 판단한 바 있으나, 2008. 5. 29. 선고 2007헌마1105 결정에서는 공무원임용시험령 16조 [별표 4] 중 5급 공개경쟁채용시험의 응시연령 상한을 '32세까지'로 한 부분에 관하여 헌법불합치결정을 하였다. 위 2007헌마1105 사건에서 국가인권위원회는 헌법재판소의 의견요청에 대하여 그동안의 결정례를 종합하여 위헌 의견서를 제출하였다. 이후 헌법재판소는 2012. 5. 31. 선고 2010헌마278 결정에서 경찰공무원·소방공무원 공개경쟁채용시험 및 특별채용시험의 응시연령 상한을 30세로 규정한 해당 임용령이 공무담임권을 침해한다고 결정하였다. ③ 또한, 2008. 2. 22. 특별채용에 한하여 응시연령 상한이 폐지되었고, 2008. 10. 14. 각 직급별 응시연령 상한을 완전히 폐지하는 내용의 공무원임용시험령 일부개정령안이 국무회의를 통과하여 2009. 1. 1. 시행되었다. 그 결과 국가공무원 일반직에 관한 한 공채나 특채를 막론하고 응시연령 상한제가 완전히 폐지되었다. 위와 같은 일련의 과정을 설명하고, 이를 특히 2006년 하반기부터 2008년 초에 이르는 기간 동안 국가인권위원회가 보여주었던 선도적 역할이 사회적으로 인정된 결과라고 평가하는 글로는 이성택, 15~16면. 위 헌재 2007헌마1105 결정에 관하여 연령차별적 관점에서 평석하는 글로는 김태호, 257~274면.
1083) 국가인권위원회 2006. 11. 6.자 05진차662등 결정. 위 결정을 계기로 2007년 항공사의 여승

모집·채용 단계에서 응시연령의 제한을 두는 것에 합리성이 인정되기 위해서는 응모자가 수행할 업무의 성격이나 업무수행의 상황에 비추어 정해진 연령을 초과하는 모든 자 또는 거의 모든 자가 해당 업무의 본질적인 내용을 효율적이고 안전하게 수행할 수 없다는 것이 인정되고, 그러한 특성을 개인별로 파악하는 것이 불가능하거나 비현실적인 경우, 또는 효과적으로 해당 업무를 수행하는 데 훈련이 필요하고 그러한 훈련에 소요되는 비용과 시간을 고려하여 응시연령 제한이 필요한 경우라거나 정해진 연령을 초과하는 자가 해당 업무를 수행하는 데 편의제공이 필요하며 그 부담이 사회통념상 과도한 경우 등과 같은 사정이 있어야 할 것이다.[1084]

(2) 임금·임금 외의 금품 지급 및 복리후생

연령을 이유로 임금이나 기타 금품, 복리후생에서 불이익을 주는 행위는 정당

무원 채용연령 제한이 폐지되었다.

[1084] 국가인권위원회 2010. 5. 24.자 2010진정105300 결정. ① 국가인권위원회 09진차560결정에서는 한국마사회가 기수후보생 지원대상을 만 22세 이하로 제한하는 것과 관련하여, 경마의 특성상 기수가 경주마에 미치는 하중, 기수의 신체적 유연성 등이 경기의 성과뿐 아니라 안전확보 문제와 밀접한 관련성을 지니므로, 경마선수의 신체적 요건을 일반 승마 종목에 비하여 엄격히 제한할 현실적 필요성이 있으며, 경마에 오랜 전통을 가진 영국, 아일랜드 등 주요국의 사례에서도 공통적으로 기수후보생의 상한연령을 20세 전후로 정하고 있는 점에서, 기수후보생의 응시 상한연령을 종목에 따라 만 22~23세로 정한 것은 합리적 이유가 있다고 볼 수 있으므로 나이차별에 해당하지 않는다고 결정하였다(고용노동부g, 27면에서 재인용). ② 헌법재판소는 2014. 9. 25. 선고 2011헌마414 결정에서, 부사관으로 최초로 임용되는 사람의 최고연령을 27세로 정한 군인사법의 해당 규정은 공무담임권을 침해하지 않는다고 판단하면서 국가의 안전보장과 국토방위의 의무를 수행하기 위하여 군인은 강인한 체력과 정신력을 바탕으로 한 전투력을 유지할 필요가 있고, 이를 위해 군 조직은 위계질서의 확립과 기강확보가 어느 조직보다 중요시된다는 군의 특수성을 고려할 때 위 규정은 입법목적이 정당하고, 부사관보다 상위 계급인 소위의 임용연령 상한도 27세로 정해져 있는 점, 연령과 체력의 보편적 상관관계 등을 고려할 때 수단의 적합성도 인정된다는 점을 이유로 들었는데 같은 취지로 이해할 수 있다. 반면, ③ 국가인권위원회는 위 2010진정105300 결정에서 방송사가 신인 코미디언의 응시연령을 만 30세 이하로 제한한 것은 나이를 이유로 한 차별에 해당한다고 판단하였는데, 조사과정에서 만 30세 이상의 자를 선발할 경우 몇 년간의 트레이닝 과정을 거친 후 방송활동을 시작하게 한다는 것이 불가능에 가깝다는 피진정인의 주장을, 이러한 주장은 근거가 없으며 신인 코미디언으로서의 능력 보유는 연령에 의해 일률적으로 재단할 수 없고, 신인은 방송활동을 갓 시작한 사람을 의미하는 것이지 반드시 나이가 젊은 사람이어야 하는 것은 아니라는 이유로 배척하였다. 또한, ④ 국가인권위원회는 2015. 12. 24.자 15진정0767500 결정에서 문화관광해설사의 활동연령을 만 70세 이하로 규정한 것을 나이를 이유로 한 차별에 해당한다고 판단하였는데, 조사과정에서 문화관광해설사가 광범위한 현장에서 도보로 활동하는 등 에너지 소모가 크므로 해설사의 건강보호를 위하여 나이 제한이 불가피하다는 피진정인의 주장을, 문화관광해설사의 건강보호를 위해서라면 나이와 같은 획일적인 기준이 아니라 건강보호 필요성 유무를 개인별로 판단할 수 있는 건강진단서나 체력검진 등과 같은 다른 방식을 활용하는 것이 타당하다는 이유로 배척하였다.

한 경우가 아닌 한 연령차별에 해당한다. 다만, 고령자고용법 4조의5 2호에서는
'근속기간의 차이를 고려하여 임금이나 임금 외의 금품과 복리후생에 합리적 차등
을 두는 경우'를 연령차별의 예외로 규정하고 있는데 이에 관하여는 후술한다.

(3) 교육·훈련

교육·훈련은 직무능력개발의 중요 수단이자 인사 및 공로보상 등의 이익
과도 밀접히 연관되어 있기 때문에 연령에 따른 차별 없이 공정한 선발기준과
평등한 기회가 부여되어야 한다. 해외연수 등 교육·훈련의 대상자를 선발하면
서 객관적이고 합리적인 기준에 의하지 않고 특정 연령집단을 제외하는 것은
원칙적으로 차별이다.[1085] 또한, 합리적 이유 없이 교육·훈련의 기회 제공에 있
어 구별·제한을 두거나 연령별로 교육대상 인원을 배정하는 것, 교육기관·직
업훈련을 주관하는 기관이나 부서에서 연령에 따라 교육여건 제공과 교육활동
에 대한 행정적·재정적 지원 등을 달리한 결과 특정 연령대의 사람들에게 불리
한 결과가 나타나는 경우 등은 교육시설이나 직업훈련기관의 이용과 관련한 연
령차별에 해당한다.[1086] 다만, 많은 경우 교육·훈련은 업무와 관련된 것이고,
교육·훈련의 목적, 기간, 비용, 교육·훈련 종료 후의 재직가능기간을 감안할
때 일정한 제한을 두는 것이 합리적이라고 판단되는 경우에는 차별에 해당하지
않을 것이다.[1087]

(4) 배치·전보·승진

근로자의 배치·전보·승진에 있어 직무능력, 조직효율성, 인화력, 책임감

1085) 하갑래, 654면. 국가인권위원회는 공무원국외훈련업무처리지침에서 1년 이상 장기 국외훈
     련 대상자의 선발자격을 '선발 연도말 현재 45세 이하인 자'로 제한하는 것은 합리적 이유
     없이 나이를 이유로 평등권을 침해한다고 판단하였고(국가인권위원회 2005. 11. 21.자 05진차
     651 결정), 도비 유학 장학생 선발 시 지원자의 나이를 선발공고일 현재 만 32세 이하(병역
     미필자로 2년제 석사과정인 자는 만 26세 이하)로 제한한 데 대하여, 장학금 제도의 본질적
     목적이 성적이 우수하거나 경제적으로 어려운 자에 대한 학업 지원, 특정 학문의 장려와 연
     구를 돕기 위한 것이라는 점, 나이가 적거나 활동기간이 길어야 사회기여도가 높다고 보기
     어렵다는 점 등을 종합할 때 이는 나이를 이유로 한 차별행위라고 판단하였다(국가인권위원
     회 2011. 4. 11.자 10진정0318600 결정).
1086) 임공수c, 257면.
1087) 임공수c, 257면에서는, 예를 들어 전략사업 육성에 불가결한 지식과 교육 또는 전략기술의
     습득에 필요한 전문교육과정이나 파견실습 등의 대상자를 선발하는 경우 이들이 복귀해서
     실제 업무에 투입될 수 있어야 하고, 이를 위해서는 일정 기간의 잔여근속기간이 요구되는
     데, 교육기간이 6개월이고 복귀하여 이를 실제 업무에 적용하기 위해서는 1년 이상의 시간이
     소요된다고 가정할 수 있는 교육과정의 대상자 선발에서 정년이 1년 미만 남은 근로자를 배
     제한다고 하여 이를 합리적 이유 없는 연령차별이라고는 볼 수 없을 것이라고 한다.

등 다양한 요소들을 고려하여 적격자를 선택할 때 사용자에게는 일정한 재량권이 인정되지만, 합리적 이유 없이 연령을 이유로 불이익을 주는 것은 연령차별이고 재량권의 일탈로서 허용되지 않는다. 특정 연령집단의 구성원들에게는 기회를 부여하지 않거나 상대적으로 불리한 조건을 적용하는 경우, 특정 연령집단을 근로조건이 나쁜 직무로 일괄하여 배치·전보하는 경우,[1088] 보다 나은 자격조건을 갖추었음에도 나이가 적은 자를 우대하는 경우 등이 이에 해당한다. 업적 평가나 승진에서 서로 다른 연령집단 사이에 현저한 통계적 차이가 존재하는 경우 차별을 추정할 수 있다.[1089]

이와 관련하여 은행권을 중심으로 인력구조 개선, 조직효율성 제고, 경영상 필요성 등을 이유로 일정 연령 내지는 일정 직위 이상의 근로자들을 역직위 내지 후선(그 명칭은 '업무지원역', '업무추진역', '관리역', '교수직' 등으로 다양하다)으로 전보 발령[1090]한 사건에서 특히 대상자 선정기준이 연령차별에 해당하는지 여부가 문제된 바 있다. 국가인권위원회[1091] 및 일부 하급심 판결[1092]에서는 연령

1088) 국가인권위원회는 2010. 9. 14.자 10진차159 결정에서 전보인사에서 나이가 많다는 이유로 간호단위관리자(이른바 '수간호사')에서 평간호사로 발령한 것은 불합리한 차별행위라고 판단하였다. 피진정인 병원에서 근무성적 평정을 실시한 사실은 있으나 전·현직 간호팀장을 제외하고 1961년 이전 출생자들은 모두 상대적으로 낮은 평점을 받아 기존 간호단위관리자 6인이 평간호사로 배치된 반면, 1962년생부터 1965년생 중에는 간호단위관리자 보직이 변경된 경우가 없으며, 상대적으로 높은 평점을 받아 새로 간호단위관리자 보직을 부여받은 7인은 모두 1967년 이후 출생자임을 고려할 때 근무성적 평정이 대상자의 나이와 무관하게 객관적이고 합리적으로 이루어졌다고 보기 어렵다는 점 등을 근거로 하였다.

1089) 고용노동부g, 29~30면. 국가인권위원회 2018. 12. 28.자 16진정103600 결정에서는 피진정 보험회사의 경우 만 50세를 전후하여 부서장 보직 해임이 집중되어 있는 점, 최근 6년간 부서장 보직 해임자의 최고 연령이 53세였다는 점에 비추어 부서장 보직자의 연령은 거의 대부분이 53세가 넘지 않는 것으로 추정되는 점 등을 종합하면, 어떠한 이유나 형식에 의해서든 당사자의 나이가 부서장 보직 해임에 있어 상당한 영향을 미친다는 전반적 경향성 또는 관행의 존재를 인정할 수 있다는 이유로 피진정인에게 향후 부서장 보직 등 인사관리에 있어서 나이를 기준으로 삼거나 나이가 부정적 영향을 미치지 않도록 인사대책을 수립할 것을 권고하였다.

1090) 이른바 역직위 제도, 역직위 발령, 후선 배치, 후선 발령, 보직피크제 등을 뜻한다. 각 은행마다 약간씩 그 내용은 다르지만 상대평가를 통한 근무평정으로 순위를 매기고, 이를 바탕으로 '명예퇴직'이나 '희망퇴직' 대상자를 선정하여 신청을 받은 다음, 신청하지 않은 사람들을 '후선'으로 발령하고, 이후 일정한 실적 목표를 부과하여 이를 달성하지 못하면 주기적으로 대기발령→휴직을 거쳐 최종적으로는 '면직'에 이를 수 있게 한다는 점에서 공통된다. 이전에도 각 금융기관에는 '후선역' 제도가 있었으나, 이는 정년이 얼마 안 남은 관리자급 직원들을 일선 업무에서 물러나게 하는 것이었던 반면, 2000년대 중반부터 시작된 후선 발령 제도는 관리자급 직원들은 물론 일반 행원들까지 모두 대상으로 한다는 특징이 있다(김진c, 29면).

1091) 국가인권위원회는 2006. 2. 27.자 04진차307 결정에서 '일반 역직위 보임기준은 정년까지 잔여기간이 5년 이내인 4급A 이상 직원으로 업적이 부진한 직원인데 반해, 피진정인 은행은

차별에 해당하여 전보발령이 무효라고 판단하기도 하였으나, 대법원은 업무상 필요성, 생활상 불이익의 정도 등에 비추어 위와 같은 전보발령은 유효하며, 대상자 선정기준 또한 '후선발령의 목적이 연공서열 중심의 고연령, 고비용 인력구조 개선과 조직 경쟁력 강화에 있는 점을 감안하면, 장기승격누락자 중 직무수행능력이 부족한 직원을 후선발령 대상자로 선정하는 위 기준이 나이나 근속기간이 많은 직원에게 불리할 가능성이 높다 하여 불합리하다거나 불공정하다고 볼 수 없는 점, 근무평정은 직원 간 그 점수 차이가 적고 평정자의 주관적인 영향을 받을 수 있어서 단순히 근무평정 점수만을 선정기준으로 할 경우 평가의 실효성, 객관성을 담보하기 어렵다는 판단 하에 직급별 근속년수를 선정기준

업적부진자의 판단기준을 제출한 바 없고 실제로는 높은 경영평가를 받은 이들까지도 일반 역직위로 발령하였으며, 결국 정년 잔여기간 3년차에 이르러서는 업무성적과 무관하게 1949년생 직원 전원을 역직위에 발령 낸 것으로 볼 때, 나이에 근거하여 일반 역직위 보임을 하였음이 인정되고, 이와 같이 업무수행능력, 근무성과 등은 고려하지 않고 나이만을 기준으로 업무 내용, 승진, 보수 기타 근로조건에 있어 불이익한 일반 역직위로 발령한 것은 차별에 해당한다'고 판단하였으며, 피진정인의 주장에 대하여는 업무성과나 회사에 대한 공헌도와는 무관하게 나이를 근거로 한 위법한 인사관리가 직원의 업무능률 및 성취동기를 향상시킨다고 보기 어려운 점, 높은 경영평가를 받았음에도 나이만을 이유로 일반 역직위에 발령한 것은 인건비 절감 효과는 있을지 모르나 생산성 향상 및 경영개선에 긍정적 효과를 미칠 것인지 의문인 점, 근기법상 경영상 이유에 의한 해고를 시행할 만큼 긴박한 경영상의 필요가 있다는 점에 대해 주장·증명이 없어 경영개선이나 일괄적 구조조정을 유보하는 대신 역직위 제도를 도입하였다고도 볼 수 없다는 이유를 들어 이를 배척하였다.

1092) 서울중앙지법 2005. 11. 17. 선고, 2005가합3231 판결은 '업무상 필요성이 인정된다 하더라도 고연령자나 장기근속자가 모두 생산성 제고를 통한 경쟁력 확보에 지장을 준다고 볼 수 없는 만큼 근로자의 근무성적을 제 1 차적으로 고려하고 그 밖에 연령, 근속기간, 부양의무의 유무, 재산, 건강상태 등도 아울러 고려하여 후선 배치할 대상자를 선정하였어야 함에도, 단순히 연령만을 기준으로 일반직원 중 정년예정자를 일률적으로 후선 배치하는 후선배치인력관리기준에 근거하여 원고들을 일정한 업무가 부여되지 아니하는 교수직으로 발령하였으니, 그 전보발령의 기준이 합리적이고 공정하였다고 볼 수 없으며, 이로 인해 실질적으로 임금이 삭감되어 근로자가 입게 될 생활상 불이익이 크고, 사전협의 등의 절차도 없었으므로 전보발령이 무효'라고 판시하였다. 그러나 위 사건의 항소심인 서울고법 2006. 8. 18. 선고 2005나109761 판결은 '업무상의 필요성'을 인정하면서, 임금피크제도 단순히 연령을 기준으로 시행되고 있는 점에 비추어 보면, 연령만을 기준으로 정년예정자를 일률적으로 후선 배치한 것이 합리적이거나 공정하지 않다고 단정하기 어려운 점, 후선 배치로 인한 임금 삭감의 불이익이 사용자의 인사권한의 재량을 부정할 만큼 근로자들이 통상 감수하여야 할 정도를 현저하게 벗어난 것이라고 보기 어려운 점, 비록 근로자와 사전 협의절차를 거치지 않았으나 후선 배치는 종래 인사 관행에 의하여 계속 시행되고 있었던 점 등에 비추어 전보발령이 유효하다고 판단하였고, 위 판결은 상고심인 대법원 2006. 12. 7.자 2006다58769 심리불속행 기각 판결에 따라 확정되었다. 위 제 1 심 판결과 같은 취지의 서울중앙지법 2004. 10. 28. 선고 2003가합65082 판결은 항소심에서 피고은행이 항소를 취하하여 확정되었고, 서울중앙지법 2007. 3. 29. 선고 2006가합9274 판결은 항소심인 서울고법 2008. 1. 11. 선고 2007나42152 판결에서 전보발령이 유효한 것으로 결론이 바뀌었으며 위 항소심 판결이 2008. 2. 12. 확정되었다.

에 포함시킨 것으로 보이는 점' 등을 이유로 정당하다고 보고 있다.[1093]

(5) 퇴직·해고

㉮ 퇴   직

퇴직과 관련하여, 대법원 2011. 7. 28. 선고 2009두7790 판결은 학교법인이 자신이 운영하는 병원 소속 근로자들로 구성된 노동조합과 '2005년·2006년 임·단 특별협약'을 체결하면서 근로자들 정년을 60세에서 54세로 단축하기로 합의하고 취업규칙의 정년 규정도 같은 내용으로 변경한 후, 그에 따라 54세 이상 일반직원 22명을 정년퇴직으로 처리한 사안에서, 제반 사정에 비추어 이는 일정 연령 이상의 근로자들을 정년 단축의 방법으로 일시에 조기 퇴직시킴으로써 사실상 정리해고의 효과를 도모하기 위하여 마련된 것으로 보이고, 모든 근로자들을 대상으로 하는 객관적·일반적 기준이 아닌 연령만으로 조합원을 차별하는 것이어서 합리적 근거가 있다고 보기 어려우므로, 특별협약 중 정년에 관한 부분 및 이에 근거하여 개정된 취업규칙은 근로조건 불이익변경의 한계를 벗어나 무효이고, 위 일반직원들에게 한 퇴직처리는 사실상 해고에 해당한다고 판단한 바 있다. 국가인권위원회 결정 중에는 아파트 경비용역회사 변경과정에서 71세 이상 경비원에 대해 일괄적으로 채용을 거부하며 퇴직시킨 것은 나이를 이유로 한 차별이므로 향후 결원 발생 시 진정인들에게 채용의 기회를 우선적으로 제공하고 재발방지대책을 세울 것을 권고한 사례[1094]가 있고, 정년의 설정을 연령차별의 예외로 규정한 고령자고용법이 시행되기 이전의 사례로서 컨트리클럽이 자율수칙이라는 명목으로 경기보조원의 정년을 42세로 정하고, 신체조건과 업무능력에 관계없이 그 연령에 이른 경기보조원을 자동퇴사하도록 하는 관행을 개선할 것을 권고한 사례[1095]가 있다.

1093) 대법원 2009. 4. 23. 선고 2007두20157 판결. 같은 취지로는 대법원 2009. 3. 26. 선고 2007다 54498, 54504 판결이 있다. 이에 대하여 고령자에게 일방적으로 불리한 기준을 적용하는 것은 연령차별을 금지하는 고령자고용법의 강행규정에 위반한 것이라고 비판하는 견해로는 김진c, 56면. 최누림, 63면도 근로자 개인의 직무능력 등에 대한 고려 없이 일정한 연령에 도달하였다는 이유만으로 경영상 필요 내지 노무비 절감 등을 목적으로 한 전보조치는 부당한 차별로 정당한 이유가 없어 무효라고 한다.

1094) 국가인권위원회 2010. 3. 29.자 10진차9 등 결정.

1095) 국가인권위원회 2007. 5. 14.자 05진차536 결정. 경기보조원이 42세가 되면 그 업무를 수행할 수 없는 어떤 특성을 갖게 된다고 볼 수 없고, 개인별로 그와 같은 업무수행능력 여부를 파악하기 어려워 일률적으로 나이를 제한하여야 하는 합리적 근거가 없으며, 만약 경기보조원의 업무수행에 있어 일정한 체력과 능력이 요구된다면 그에 대한 면밀한 검증과 평가절차를 두는 것이 합리적 방식임에도 불구하고 그러한 노력 없이 42세가 된 경기보조원을 일률

한편, 퇴직의 자유가 보장되므로 일정한 연령그룹을 대상으로 하는 자발적인 조기퇴직제도를 연령차별로 보기는 어렵다.[1096] 다만, 조기퇴직에 대한 보상금을 연령대에 따라 현저하게 다르게 지급하면 불합리한 차별이 될 수 있으나, 정년까지 남은 기간에 대해 비례적으로 지급하도록 설계하면 정당성을 인정받을 수 있을 것이다.[1097]

⑷ 해   고

경영상 해고를 함에 있어서는 합리적이고 공정한 해고의 기준을 정하고 이에 따라 그 대상자를 선정해야 한다(법 24조 2항 1문 후단). 이와 관련하여 직무능력이나 성과 등 다른 요소들에 대한 고려가 전혀 없이 단지 연령만을 이유로 우선 해고하는 기준을 설정하는 것은 원칙적으로 연령차별에 해당한다.

상대적 장기근속 또는 고임금을 해고 기준으로 삼는 경우 근속기간이나 임금 자체는 연령과는 구별되는 요소이지만, 특히 우리나라처럼 근속년수에 비례하여 임금이 상승하는 연공서열 임금체계가 일반화되어 있는 상황에서는 연령과 근속기간, 임금 사이에 상당한 연관성이 있게 된다. 그런데 사용자가 비용절감의 효과 내지 해고 규모의 최소화 등을 이유로 내세워 고임금을 받는 장기근속자들을 우선적인 해고대상으로 삼는 경우, 이러한 사람들이 대부분 고령자 내지 준고령자라고 하여 연령차별, 특히 간접차별이라고 할 수 있는지가 문제된다.[1098]

경영상 해고의 경우 근속기간이 해고대상자 선정기준이 될 수 있는지 여부와 관련하여 대법원 1993. 12. 28. 선고 92다34858 판결은 해고로부터 보다 많은 보호를 받아야 할 장기근속자를 해고대상자로 우선하여 정한 것은 합리성과 공정성을 결여한 것이라고 판단하였고, 대법원 2005. 9. 29. 선고 2005두4403 판결은 다른 합리적 근거 없이 장기근속자를 우선적인 정리해고의 대상자로 선정한 경우 공정성과 합리성을 결한다고 판단하였다. 반면, 대법원 1997. 9. 5. 선고 96누8031 판결은 단기근속자를 우선적인 정리해고의 대상자로 선정한 것은 합리

적으로 일할 수 없도록 한 것은 차별이라고 판단하였다.

[1096] 임공수c, 259면; 이철수b, 48면은 '조기퇴직자의 모집은 근로자의 청약을 유인하는 것에 불과하고 근로자가 모집에 응할 의무를 부담하지 않기 때문에 조기퇴직우대제의 적용대상을 일정 연령 이상의 자로 한정하더라도 연령차별로 보기는 어려울 것'이라고 한다.

[1097] 하갑래, 656면.

[1098] 이와 관련된 일본 및 미국의 판례를 소개하고 있는 글로는 조용만d, 244~247면.

적이고 공정하다고 판단하였으며, 대법원 2002. 7. 9. 선고 2001다29452 판결은
정리해고를 하면서 각 직급에서 연령이 많은 직원, 오랜 기간 재직한 직원, 근
무 성적이 나쁜 직원을 해고대상으로 하고, 앞의 두 기준에 해당하는 자 중 근
무 성적 상위자를 제외하기로 한 노사합의는 특히 우리나라의 독특한 연공서열
적인 임금체계를 감안하면 상대적으로 고임금을 받는 높은 직급의 연령이 많은
직원과 근속기간이 긴 직원을 해고하면 해고인원을 최소화할 수 있었던 사정
등을 고려할 때 합리적이고 공정한 해고기준이라고 판단하였다. 위와 같은 대법
원의 판단에 관하여 개별 사건에 따라 결론을 달리한 것이라고 평가하는 견해
가 있는 반면,[1099] 특히 위 대법원 96누8031 판결 및 대법원 2001다29452 판결
은 같은 직급에서 근무성적 상위자를 제외하고 임금 수준이 동일 유사한 근로
자들의 경우 직무능력이 아니라 나이 자체를 이유로 하는 우선적 해고기준이
정당화될 수 있다는 논리에 귀결되는데 이는 고령자고용법이 연령차별을 금지
하기 이전의 사례이기 때문에 법 시행 후에도 유효할 수 있는지는 의문이며 이
러한 해고기준은 연령차별에 해당한다는 견해도 있다.[1100]

　　해고대상자 선정기준을 마련함에 있어 근로자의 부양의무의 유무, 재산, 건
강상태, 재취업가능성 등 주관적인 사정과 사용자의 이익 측면을 적절히 조화시
켜야 함에도 단순히 연령, 재직기간 등의 기준만을 설정하고 이들 기준을 합리
적으로 조화시키지 아니하고 그중 어느 하나의 요건에만 해당하면 다른 기준에
도 불구하고 아무런 심사과정도 거치지 아니하고 바로 해고대상자로 선정한다
면 그 대상자 선정기준은 합리적이고 공정하다고 볼 수 없다.[1101] 즉, 비록 연령
이 많고 근속기간이 긴 근로자가 급여수준이 높아 경영상의 어려움을 해소하는
데 다소 도움이 된다고 하더라도, 고령자의 경우 재취업이 쉽지 않아 생활보호
가 어렵고, 다른 차별행위와 달리 해고는 근로자가 감수해야 하는 불이익이 매

1099) 위 판결들은 서로 모순되는 것 같지만, 대법원 92다34858 판결과 대법원 2005두4403 판결
　　의 경우에는 해고대상자를 선정함에 있어 노사간 협의가 제대로 이루어지지 않았고, 대법원
　　96누8031 판결 및 대법원 2001다29452 판결의 경우에는 노사협의로 재직기간이 해고대상자
　　선정기준이 될 수 있음을 정하였다는 차이를 보인다고 분석하는 글로는 박은정e, 137면.
1100) 조용만d, 247면; 조용만e, 11면.
1101) 대법원 2013. 6. 13. 선고 2011다60193 판결은, 정리해고의 기준으로 근로자 측 고려요소로
　　입사경력과 부양가족수 및 연령, 사용자 측 고려요소로 근태불량과 정시 미출근을 함께 고려
　　하는 선정기준을 정하고 그에 따라 해고대상자를 결정한 것이 불합리하다거나 불공정하다고
　　보기 어렵다고 판단하였다. 다만, 위 사건에서는 위와 같은 선정기준에 의해 노동조합에 가
　　입한 근로자들만 선별적으로 해고되었다고 다투어졌을 뿐 연령에 따른 불이익이 문제되지는
　　않았다.

우 심각한 것이므로 연령은 단지 '하나의 요소'로서 다른 '종합적인 요소들'이
고려되어 합리적인 기준으로 인정될 때에만 그 타당성을 인정하여야 한다.[1102]

바. 연령차별 금지의 예외

고령자고용법 4조의5에서는 아래 각 호의 네 가지 경우를 연령차별 금지의
예외로 규정하고 있다.

(1) 직무의 성격에 비추어 특정 연령기준이 불가피하게 요구되는 경우(1호)

업무의 성격 또는 업무수행의 상황에 비추어 특정한 연령이 해당 업무의
정상적인 수행을 위해 불가결하게 요구되고 다른 수단이 존재하지 않는 경우에
는 연령 제한이 차별에 해당하지 않는다. 즉, 해당 업무의 정상적 수행과 특정
한 연령 사이의 직접적 관련성에 대한 신뢰할 만한 객관적인 증거가 존재하고,
개인의 업무수행능력에 대한 개별적 평가가 불가능하거나 비현실적인 경우에는
특정 연령이 이른바 '진정직업자격'에 해당한다.[1103]

연령이 진정직업자격으로 인정되는 대표적인 예는 연극·영화에서 특정한
나이대의 역할을 해야 할 배우를 선발하면서 연령 제한을 하는 경우를 들 수
있다.[1104] 그 밖에 연령이 직무의 본질이 되는 경우는 앞서 모집·채용 단계에
서의 연령차별 해당 사례에서 살펴보았듯이 실제로는 그리 많지 않을 것이다.
즉, 모집·채용에서 응시연령을 제한하는 경우에 있어 일반적인 업무(일반공무원,
교사 등)는 통상 연령을 진정직업자격으로 인정할 만한 근거를 찾기 어렵고, 일
정 수준 이상의 신체적 적합성이 요구된다고 할 수 있는 특수한 직무(소방, 경찰,
경호, 항공 등)의 경우에도 신체적 능력이나 직무능력은 연령에 의해 일률적으로
재단할 수 없고 개인의 관리 정도에 따라 상대적인 것이며, 지원자의 능력을 적
절하게 평가할 수 있는 객관적인 기준이나 절차를 마련할 수 있기 때문이다.

(2) 근속기간의 차이를 고려하여 임금이나 임금 외의 금품과 복리후생에서
합리적인 차등을 두는 경우(2호)

연공급 임금체계와 같이 근속기간의 차이에 따라 임금이나 임금 외의 금품과
복리후생에서 차등을 두는 경우 상대적으로 연령이 낮은 근로자들에게 불이익한
결과를 초래할 수 있어 간접차별에 해당하는지 여부가 문제될 수 있는데,[1105] 근

1102) 임공수c, 261면.
1103) 임공수c, 239면.
1104) 고용노동부e, 20면.

속기간의 차이가 직무 능력(경험, 기술, 숙련 등)이나 직무 책임 또는 성과의 차이
를 반영하는 것으로 볼 수 있는 경우, 경영상 필요에 의해 근로자의 장기근속을
촉진하여야 할 필요가 있는 경우 등에는 연령차별에 해당하지 않는다.[1106] 외국
의 입법례에서도 일정한 요건 하에서 또는 별도의 요건 없이 연공이나 재직기간
을 기준으로 한 임금의 차등 지급 등을 연령차별의 예외로 규정하고 있다.[1107]

　　다만, 위에서 언급한 것과 같은 합리적 이유가 없음에도 불구하고 단지 오
래 근무할수록 보다 많은 보상이 있어야 한다는 단순한 가정에 근거하여 임금
등에서 차등 대우를 하는 것은 간접차별에 해당할 수 있다. 업무에 따라서는 직
업경험이 전혀 요구되지 않거나 거의 불필요한 경우도 있는데 이런 경우 근속
기간의 차이를 경제적 우대 보상과 연관시키는 것은 불합리하기 때문이다. 특히
성과주의 임금체계의 도입과 능력주의 고용구조가 보편화되면서 직접적인 근로
의 대가로서의 임금은 근로 내지 직무의 가치적 측면에서 직무수행의 결과에
따라 주어지는 것이므로 연공적인 요소에 의한 또는 연공적인 요소만에 의한
것은 점차 그 합리성을 잃어가고 있다고 하겠다.[1108]

　　한편, 특수목적을 가진 수당 중 연령적 요소(근속기간)가 반영된 장기근속수
당이나 정근수당의 경우는 장기근속을 유도하여 조직의 안정성을 기하고 전문
성을 제고하며 일정 기간 조직에 계속 근로한 데 대한 공로보상 명목으로 지급

1105) 임공수c, 249면.
1106) 고용노동부e, 22면.
1107) ① 미국의 1967년 고용에서의 연령차별금지법(Age Discrimination in Employment Act)에서
　　는 위 법의 목적을 회피하려고 의도한 것이 아니라 진정한 선임권제도(bona fide seniority
　　system, 선임권제도란 재직기간이 늘어남에 따라 근로자에게 더 많은 이익을 부여하는 제도
　　이다)에 의거한 경우에는 연령차별에 해당하지 않는다고 규정하고 있다[623조(f)(2)(A)](조용
　　만c, 105~106면). ② 영국의 2006년 고용평등(연령)지침[The Employment Equality (Age)
　　Regulations 2006] 32조에서는 근로자의 근속기간 5년을 기준으로 하여 5년 이하인 경우에는
　　근속기간이 짧은 것을 이유로 임금이나 다른 급여상의 차등을 두더라도 정당화되고, 5년을
　　초과하는 경우에는 경영상의 필요를 충족시키기 위해 합리적 이유가 있으면 근속기간을 기
　　준으로 한 차등이 정당화된다고 규정하고 있다(심재진c, 104~106면). 한편, 영국은 2010년 4
　　월 '2010년 평등법(Equality Act 2010)'을 제정하여 차별 관련 법률들을 통합하고 재규정하여
　　2010년 10월부터 시행하고 있다. 2010년 평등법 6조 4항에서는 '연령'을 차별금지사유의 하
　　나로 규정하고 있고, 위 차별금지 예외조항도 2010년 평등법의 세부 내용으로 포섭되었다(심
　　재진j, 55, 73면). ③ 아일랜드의 고용평등법(Employment Equality Act) 34조 7항은 특정의 직
　　이나 고용에서 사용자가 서로 다른 근로자에 대하여 상대적인 연공 또는 근속기간(relative
　　seniority or length of service)에 기초하여 상이한 임금액과 근로조건을 제공하는 것은 연령차
　　별에 해당하지 않는다고 규정하고 있다(조용만c, 165면). 영국의 차별금지법을 개관하는 글로
　　는 심재진g, 2~15면.
1108) 임공수c, 249~250면.

되는 것이어서 근속기간에 따른 차등 지급에 합리성을 인정할 수 있다.[1109]

(3) 고령자고용법이나 다른 법률에 따라 근로계약, 취업규칙, 단체협약 등에 서 정년을 설정하는 경우(3호)[1110]

고령자고용법은 정년제[1111]를 연령차별 금지의 예외로 규정하고 있다. 그런데 정년제는 일정 연령의 도달만을 이유로 근로자의 근로계속능력이나 의사와는 관계없이 근로자를 근로관계에서 일률적으로 배제시키는 제도라는 점에서 연령차별의 문제로 귀결되며, 연령차별 금지와 법개념상 충돌한다.[1112]

특히 2013. 5. 22. 개정 전 구 고령자고용법 19조에서는 '사업주가 근로자의 정년을 정하는 경우 그 정년이 60세 이상이 되도록 노력하여야 한다'라고만 규정한 상태에서 위와 같이 정년제를 연령차별 금지의 예외로 규정하였기에 이는 정년제에 대한 문제제기 즉, 정년제 자체의 합법성을 인정하더라도 그 내용에 합리적 이유가 있는지 여부에 대한 평가조차 입법적으로 봉쇄하여 법률의 정합성을 손상하였다는 비판이 제기되었고,[1113] 적어도 60세 이상의 정년 설정을 의

1109) 중앙노동위원회 2015. 7. 14.자 중앙2015차별12 판정은 연령차별이 직접 다투어진 사안은 아니지만 '임금협약서에 2년 차부터 10년 차까지 매년 4%씩 가산하여 지급하도록 규정되어 있는 정근수당의 경우, 장기근속 유도 및 장기근속자에 대한 보상적 성격을 가진 정근수당의 지급취지를 고려할 때, 당연히 정규직으로 전환되거나 장기고용이 예견된다고 할 수 없는 기간제근로자에게 정근수당을 지급하지 아니한 것은 합리적인 이유가 있다'고 판단하였다. 판례도 장기근속수당의 경우 장기근속에 대한 대가로 지급되는 외에 장기근속을 장려하기 위한 목적에서 지급되는 것으로 보고 있다(대법원 2014. 9. 24. 선고 2012두2207 판결).

1110) 정년제에 관한 전반적 논의는 '제23조 후론(後論) 2: 정년제' 참조. 여기에서는 연령차별과 관련된 논점만을 중심으로 서술한다.

1111) 정년제는 일반적으로 '근로자의 나이가 취업규칙이나 단체협약에서 정한 일정한 연령에 도달하면 근로관계가 자동적으로 종료되는 제도'라고 정의되고 있다(서울고법 2006. 1. 12. 선고 2004누8851 판결). 남녀고용평등규정 9조 1항은 '정년이란 근로자의 계속 근로의사 및 능력에 관계없이 사업장의 단체협약, 취업규칙, 근로계약 등에서 근로관계가 종료되도록 정한 연령을 말한다'고 규정하고 있다.

1112) 임공수c, 258면; 이율경, 49~51면; 전윤구h, 152, 168면; 전윤구n, 57~58면. 정년제는 연령차별에 해당하나 공적연금 수급개시연령에 맞춰 정년을 정하는 경우 합리성이 인정된다고 보는 견해로는 김경태, 299면; 이승길, 274면; 조성혜a, 52면. ILO 역시 1980년 고령근로자에 대한 162호 권고(Older Workers Recommendation, 1980) 22조에서 특정 연령에 고용을 종료시키는 입법이나 기타의 규정은 근로자의 자발적 퇴직의 원칙(위 권고 21조)과 고령근로자에 대한 고용차별금지의 원칙(위 권고 3조)에 비추어 검토되어야 한다고 규정하고 있는데 이는 모든 종류의 정년제가 위 원칙에 반하는 것으로 명시적으로 천명하지는 않았지만, 일정한 연령에 도달하는 경우 자동적·강제적·일률적으로 근로관계를 종료케 하는 정년제는 고용차별금지 및 자발적 퇴직의 원칙에 반할 수 있음을 시사하는 것이다. 외국의 정년제에 관하여는 '제23조 후론(後論) 2: 정년제' 참조.

1113) 전윤구n, 57~58면. 구 고령자고용법에 따르면 결과적으로 모든 정년에 관한 단체협약, 취업규칙 또는 근로계약상 규정은 유효한 것이 된다(유성재c, 3면). 결국 구 고령자고용법 하에

무화하는 내용으로 법을 개정하여야 한다는 주장이 꾸준히 제기되었다.[1114] 이후 노동계와 경영계, 정부, 정당 등 각계의 논의와 입법제안 등을 거쳐[1115] 2013. 5. 22. 고령자고용법 개정 당시 19조의 전문개정을 통해 1항은 "사업주는 근로자의 정년을 60세 이상으로 정하여야 한다.", 같은 조 2항은 "사업주가 근로자의 정년을 60세 미만으로 정한 경우에는 정년을 60세로 정한 것으로 본다." 라고 규정하여 60세 이상의 정년 설정을 법적으로 의무화하였다. 이로써 위 예외규정과 연령차별 금지 사이의 법리적 모순은 어느 정도 완화되었다고 할 수 있다.[1116] 즉, 현행 법 하에서 정년제를 연령차별 금지의 예외로 인정하고 있는 위 규정은 고령자고용법 19조에 의해 제한적으로 적용된다. 위 예외규정은 '이 법(고령자고용법)이나 다른 법률에 따라 근로계약, 취업규칙, 단체협약 등에서 정년을 설정하는 경우'에 한하여 연령차별로 보지 않는다는 것이므로, 고령자고용법 19조에 위반하는 정년제는 '이 법에 따른' 정년을 설정한 경우가 아니며, 따라서 이는 원칙적으로 연령을 이유로 한 불이익에 해당하고 특별한 경우가 아닌 한 차별의 합리적 이유도 인정하기 어렵다.[1117] 요컨대 고령자고용법에 위반한 정년은 차별금지의 예외에 해당하지 않는다.[1118]

　　60세 이상 정년 설정을 의무화한 현행 고령자고용법 19조 1항은 강행규정으로 봄이 타당하다.[1119] 따라서 사용자가 정년연령을 60세 미만으로 정한 경우

　　서는 정년의 설정과 관련하여 연령차별금지법제가 사실상 강제력 있는 어떠한 규율도 하지 못하였다는 평가로는 심재진c, 121~122면.

[1114] 이승길e, 275면; 조성혜a 52면; 조용만l, 13면; 강성태d, 862~863면(다만, 의무정년제의 도입 외에도, 자율적으로 법정 정년보다 높은 정년을 도입하도록 인센티브 제도를 실시하는 방안을 함께 제시하였다).

[1115] 그 경과에 관하여는 이승길e, 276~279면.

[1116] 전윤구n, 59면. 정년 60세 의무규정 도입 후에도 학계에서는 공적연금 수급개시연령과 연계한 단계적인 정년연장, 정년폐지 등의 제도적 보완이 계속 추진되어야 한다는 주장이 제기되고 있다(문무기a, 166면; 전윤구n, 60면). 같은 취지에서 이율경, 73~75면은 정년연령이 적어도 연금수급연령 이상이어야 하며, 연령차별을 최소화하기 위해 퇴직시점에 대한 근로자의 선택권이 보장되어야 한다고 주장한다. 60세의 정년은 다른 나라에 비하면 상대적으로 낮은 편이다. 즉, 일본은 65세, 독일과 스페인은 67세, 영국와 미국은 이미 정년을 폐지한 상태이다(임공수c, 258면).

[1117] 전윤구n, 59면.

[1118] 하갑래, 653면.

[1119] 문무기a, 160면; 이정b, 341면; 하갑래c, 307면. 이는 법 개정과정의 논의에서도 잘 나타난다. 2013. 4. 22. 제315회 국회(임시회) 환경노동위원회 제4차 법안심사소위원회 회의록 41~42면에 의하면, 60세 이상 정년설정의무의 강행성을 확보하기 위해 벌칙을 부과하는 견해, 합리적 이유에 의한 입증책임을 사업주에게 부과하는 견해 등이 논의되다가 간주규정을 통해 근본적으로 문제를 해결해야 한다는 점을 합의했다. 특히 위 회의록 41면에 의하면, 고용노동부차관은 "벌칙으로 제재할 것이 아니라 오히려 아예 간주규정을 두어서 '사업주가 근

에는 위 예외규정이 적용되지 않고, 법정정년에 미달하는 정년은 무효이며, 같
은 법 19조 2항에 의해 보충되어 정년은 60세로 간주된다.[1120] 대법원 2017. 3.
9. 선고 2016다249236 판결도 고령자고용법 19조에 반하여 근로자의 정년을 60
세 미만이 되도록 정한 근로계약, 취업규칙이나 단체협약은 위 규정에 위반되는
범위에서 무효라고 판단하였다.[1121] 이 경우 직무의 성격상 60세 미만의 정년
설정이 불가피하게 요구되는 경우에는 위 예외규정에 해당하는지가 문제될 수
있다. 이를 긍정하는 견해가 있으나[1122] 법 규정의 취지상 이를 부정하는 방향
으로 해석하는 것이 타당하다.[1123]

　　한편, 고령자고용법 19조 1항에 의하면 적어도 어느 직급, 직종이든 법정
정년연령 60세 이상이 확보되어야 하고 그렇지 못할 경우에는 위 예외규정이
적용되지 않기 때문에, 근로자의 직급, 직종에 따라 정년에 차등을 두는 차등정
년제의 문제가 일정 부분 개선될 수 있다.[1124] 그러나 이 경우에도 사용자가 60
세 이상의 정년을 설정하면서 직급, 직종에 따라 차등을 두면, 여전히 차별의
논란에서 자유로울 수 없고, 법적 근거가 문제될 수밖에 없다.[1125]

　　로자의 정년을 정하는 경우에는 60세 이상이어야 되고, 만약에 미만으로 정한 경우는 무조건
　　60세로 한 것으로 본다' 이렇게 아예 간주를 해서 벌칙의 필요성이 없게 하는 것이 더 낫지
　　않을까 생각하고 있습니다."라는 의견을 개진하였다.
1120) 이정b, 341면; 하갑래c, 307면.
1121) 대법원 2018. 11. 29. 선고 2018두41082 판결도 같은 내용이다.
1122) 조용만l, 18면.
1123) 문무기a, 168면. 법 개정과정에서도 이에 관한 논의가 있었다. 위 제315회 국회(임시회) 환
　　경노동위원회 제 4 차 법안심사소위원회 회의록 41~42면에 의하면, 고용노동부차관은 "정년설
　　정의무에 있어서 예외를 두는 직종이나 직무에 관해서 정부로서는 검토를 많이 해 봤습니다
　　만, 특별히 나이가 60세가 됐다고 해서 못 해야 될 직종이 무엇인가를 명확하게 의학적인 이
　　유를 들어서 잡아내기가 쉽지 않을 뿐더러 자칫 직업의 자유를 제한하는 차별적 요소가 있
　　을 것 같아서 직종 제한을 두지 않는 것이 더 합리적일 것이라고 생각을 하고 있습니다."라
　　는 의견을 개진하였다.
1124) 전윤구n, 59~60면; 조용만l, 19면; 하갑래, 960~961면.
1125) 손향미b, 215면. 차등정년제에 관한 논의 전반에 관하여는 '제23조 후론(後論) 2: 정년제'
　　참조. 직급 및 직종별 차등정년제와 관련하여, 앞서 본 서울행법 2010구합2203 판결은 '사무
　　직 근로자의 정년과 기술직 근로자의 정년이 3년의 차이가 나는 것을 들어 근기법 6조에 규
　　정된 사회적 신분 등을 이유로 하는 차별이라고 할 수 없다'고 판단한 데 이어 위 차등정년
　　제는 '고령자고용법 4조의5 3호에 의해 연령차별에 해당하지 않는다'고 판시한 바 있다. 국
　　가인권위원회도 직급 및 직종별 차등정년제가 '연령을 이유로'(원인) 한 차별에 해당하지 않
　　는다고 본다는 점에서는 위 판례와 같은 입장이지만, 다만 '직급 또는 직종을 이유로' 한 연
　　령에서의(대상) 차별이기 때문에 국가인권위원회법 2조 4항에서 규정한 평등권 침해의 차별
　　행위에 해당한다고 본다(국가인권위원회 2010. 5. 2.자 10진정1486000 결정 등). 이에 대하여
　　손향미b, 211~212면은 고령자고용법 4조의5 3호에서 정년제를 연령차별 금지의 예외로 규정
　　한 것은 연령 그 자체를 이유로 하여 근로자를 퇴직시키는 정년퇴직에 관한 것으로 보아야

(4) 고령자고용법이나 다른 법률에 따라 특정 연령 집단의 고용을 유지하고
촉진하기 위해 지원 조치를 하는 경우(4호)

특정 연령층에게 현존하는 차별을 시정하고 이들을 직업적으로나 사회적으
로 통합(고용촉진, 고용보호)하기 위해 국가적으로나 사적으로 이들을 우대하는
조치는 연령차별에 해당하지 않으며, 특히 법령에 근거한 고령자나 청년에 대한
고용촉진조치나 고용보호조치가 그러하다.[1126] 대표적인 예로서 정년 이후 재고
용에 대한 특례(고령자고용법 21조의2)를 들 수 있다.[1127]

⑺ 청년고용할당제

이와 관련하여 최근 연령을 기준으로 한 청년고용할당제가 문제된 바 있다.
청년고용촉진 특별법 5조 1항, 같은 법 시행령 2조 단서는 2014년부터 한시적
으로 대통령령이 정하는 공공기관과 지방공기업은 매년 정원의 100분의 3 이상
씩 34세 이하의 청년 미취업자를 고용하도록 의무화하였다. 이에 대하여 위 규
정들이 35세 이상 미취업자의 평등권, 직업선택의 자유 등을 침해한다고 주장하
며 헌법소원이 제기되었는데, 헌법재판소는 2014. 8. 28. 선고 2013헌마553 결정
에서 청년고용할당제는 일정 규모 이상의 기관에만 적용되고, 전문적인 자격이
나 능력을 요하는 경우에는 적용을 배제하는 등 상당한 예외를 두고 있으며 더
욱이 3년간 한시적으로만 시행하고,[1128] 청년고용할당제가 추구하는 청년실업
해소를 통한 지속적인 경제성장과 사회 안정은 매우 중요한 공익인 반면, 청년
고용할당제가 시행되더라도 현실적으로 35세 이상 미취업자들이 공공기관 취업
기회에서 불이익을 받을 가능성은 크다고 볼 수 없다는 이유로 청구인 중 자기
관련성이 없는 1인의 청구 부분은 각하, 나머지 청구인들의 심판청구는 기각하
였다. 위 결정은 헌법재판관 중 합헌 4인과 위헌 5인의 양론이 팽팽하였고 위헌
정족수 미달로 위헌결정이 나지 않았다. 특히 위헌의견은 청년고용할당제는 고
용에서의 불합리한 연령차별 금지라는 우리 법체계의 기본질서와 부합하지 않

하며, 직급 및 직종별 차등정년제의 경우에는 곧바로 4조의5 3호가 적용되는 것이 아니라 우
선 1호에 근거하여 차등적인 정년연령이 해당 직급이나 직종의 직무 성격상 불가피하게 요
구되는 것인지 여부를 판단하여야 하며, 이를 충족하지 못할 경우에도 4조의5 3호를 적용하
여 연령차별 금지의 예외라고 볼 수 있는지는 의문이라고 지적한다.

1126) 고용노동부e, 23면.
1127) 하갑래, 653면.
1128) 다만, 위 규정은 청년고용촉진 특별법이 2023. 12. 31. 법률 19940호로 개정되면서 부칙 2조
에 의해 2026. 12. 31.까지 효력을 가지는 것으로 연장되었다.

고, 장애인이나 여성과 같이 역사적으로 차별을 받아 왔기 때문에 특별한 보호
가 필요한 사회적 약자들에게 과거의 차별로 인한 불이익을 시정하고 이를 보
상해 주기 위한 적극적 평등실현조치(장애인고용할당제도, 여성할당제도)가 아니며,
동등한 처지에 있는 다른 연령집단의 취업기회를 박탈하거나 잠식하는 것이어
서, 헌법상 평등원칙에 위반된다는 견해를 밝혔다.

    ㈐ 임금피크제

    임금피크제[1129]는 연공급 임금체계 하에서 일정한 연령에 도달하는 경우
임금을 동결 내지 삭감하는 제도라는 점에서 연령차별에 해당하는지가 문제된
다. 임금피크제는 통상 ① 정년유지형(정년보장형), ② 정년연장형, ③ 고용연장
형으로 분류하는데,[1130] ① 정년유지형의 경우에는 정년을 유지·보장하는 조건
으로 정년 이전의 연령부터 임금을 인하하거나 동결한다는 점에서 원칙적으로
연령차별에 해당한다고 보는 것이 다수의 견해이다.[1131] 반면, ③ 고용연장형의
경우에는 정년 이후 재고용기간에 일정 비율 임금을 삭감하는 것은 연령, 고용
형태 등과 상관없이 합리성을 가진다.[1132]

    ① 정년유지형과 관련하여, 대법원 2022. 5. 26. 선고 2017다292343 판결은
"사업주가 근로자의 정년을 그대로 유지하면서 임금을 정년 전까지 일정 기간
삭감하는 형태의 이른바 '임금피크제'를 시행하는 경우 연령을 이유로 한 차별
에 합리적인 이유가 없어 그 조치가 무효인지는 임금피크제 도입 목적의 타당

1129) 임금피크제 일반에 관한 내용은 '제23조 후론(後論) 2: 정년제' 참조. 우리나라 임금피크제
    는 2000년대 이후 기업에서 본격적으로 도입되었고, 정부 차원에서도 2006년 '임금피크제의
    지원제도'를 시작으로 고령자의 고용연장 및 기업의 인건비 부담 완화를 위해 임금피크제 확
    산을 유도하는 재정적 지원을 하고 있다(이승길f, 63면). 전윤구n, 54면은, 임금피크제가 일본
    에서 유래되었거나 일본식 조어법에 따른 용어로 여겨진다는 이유로 '임금조정제'라는 용어
    를 사용할 것을 제안한다.
1130) 자세한 내용은 '제23조 후론(後論) 2: 정년제' 참조.
1131) 방준식, 141면; 이학춘b, 15면; 전윤구n, 61~62면. 서울행법 2007. 1. 23. 선고 2006구합28598
    판결(2007. 2. 17. 확정)은 기존 취업규칙에서 일정한 임금체계와 더불어 정년을 규정하고 있
    는 경우, 단순히 정년 보장을 전제로 정년 전 일정 연령이 지나면 그 시점부터 기존의 임금
    을 삭감하는 것은 대가관계나 상관관계를 이루는 다른 근로조건의 변경이 없는 한 근로조건
    의 불이익변경에 해당한다고 판시하였다.
1132) 임공수c, 251면. 중앙노동위원회 2012. 12. 7.자 2011차별6 판정은 정년퇴직 이후 촉탁직 기
    간제근로자로 재고용된 근로자에게 종전에 동종유사업무를 수행하며 같은 임금을 받던 비교
    대상 근로자에 비하여 약 30% 정도 낮은 임금을 지급한 것은 합리적 이유가 있어 차별적
    처우에 해당하지 않는다고 판단하여 고용연장형 임금피크제의 경우 고용형태 변경이나 임금
    삭감은 차별이 아니라는 입장을 전제하고 있다.

성, 대상 근로자들이 입는 불이익의 정도, 임금 삭감에 대한 대상 조치의 도입 여부 및 그 적정성, 임금피크제로 감액된 재원이 임금피크제 도입의 본래 목적을 위하여 사용되었는지 등 여러 사정을 종합적으로 고려하여 판단하여야 한다"고 판시하였다.[1133] 위 판시내용에 비추어 볼 때 대법원 판례의 입장은 정년유지형 임금피크제의 경우에도 임금피크제를 무효로 보는 것은 아니고, 제시한 위 판단기준들을 종합적으로 고려하여 구체적 사안에 따라 정년유지형 임금피크제의 효력을 판단하여야 한다는 취지로 이해할 수 있다.[1134][1135]

　　② 정년연장형과 관련하여서는, 특히 고령자고용법 19조의2 1항에서 같은 법 19조에 따라 정년을 연장하는 사업 또는 사업장의 사업주와 근로자의 과반수로 조직된 노동조합은 그 사업 또는 사업장의 여건에 따라 임금체계 개편 등[1136] 필요한 조치를 하여야 한다고 규정하고 있는데, 그 일환으로 법정정년

[1133] 위 사건은 갑 연구원이 노동조합과 신인사제도를 시행하기로 합의한 후 기존의 정년 61세를 그대로 유지하면서 55세 이상 정규직 직원들을 대상으로 임금을 삭감하는 내용의 성과연급제(임금피크제)를 시행하였는데, 갑 연구원의 근로자였던 을이 위 성과연급제는 고령자고용법에서 규정한 연령차별 금지규정에 위반되어 무효라고 주장하면서 삭감된 임금 등의 지급을 구한 사안이다. 대법원은 위와 같은 판단기준에 기초하여 위 성과연급제는 ① 갑 연구원의 인건비 부담을 완화하고 실적 달성률을 높이기 위한 목적으로 도입된 것인데, 연구원의 주장에 따르더라도 51세 이상 55세 미만 정규직 직원들의 수주 목표 대비 실적 달성률이 55세 이상 정규직 직원들에 비하여 떨어진다는 것이어서, 위와 같은 목적을 55세 이상 정규직 직원들만을 대상으로 한 임금 삭감 조치를 정당화할 만한 사유로 보기 어려운 점, ② 임금피크제 적용으로 을은 임금이 일시에 대폭 하락하는 불이익을 입었고, 그 불이익에 대한 대상 조치가 강구되지 않았으며, 명예퇴직제도는 근로자의 조기 퇴직을 장려하는 것으로서 근로를 계속하는 근로자에 대하여는 불이익을 보전하는 대상조치로 볼 수 없는 점, ③ 임금피크제 시행을 전후하여 을에게 부여된 목표 수준이나 업무의 내용에 차이가 있었다고 보이지 아니한 점 등의 사정을 들어 위 성과연급제는 연령을 이유로 임금 분야에서 을을 차별하는 것으로 그 차별에 합리적인 이유가 있다고 볼 수 없다고 판단하였다. 대법원의 위와 같은 구체적 판단에 대하여, 연공급적 성격이 강한 임금체계 및 정년유지형 임금피크제의 도입 취지가 정년연장형 내지 고용연장형 임금피크제의 그것과는 다르다는 점을 고려하지 않았다는 비판이 있다. 즉, 특히 초창기 정년유지형 임금피크제는 IMF 이후의 경제위기를 극복하기 위한 목적으로 도입되었으며, 임금삭감에 대한 반대급부로 '고용보장'이라는 대상조치를 취하였을 뿐만 아니라, 임금피크제 도입에 노사가 합의하였고 국가가 권장하는 등 사회적 컨센서스가 어느 정도 형성되어 있었던 사정 등을 감안하면, 대법원이 임금피크제 도입의 필요성(위 ①의 점)과 대상적 조치(위 ②의 점)를 모두 부정한 결론에는 찬동하기 어렵다는 것이다. 이정c, 46, 49, 51면.

[1134] 함재항, 119면.

[1135] 한편 정년유지형 임금피크제를 무효로 본 원심을 수긍하기 어렵다고 보아 파기환송한 사례로 대법원 2024. 7. 25. 선고 2024다218619 판결.

[1136] 임금체계 등에는 경영학적 개념인 직무급제에 한정되지 않고, 임금조정이 수반되는 임금피크제, 성과급제, 연봉제, 임금 항목 조정 등과 함께 임금체계와 관련을 맺는 직무재설계, 능력개발 등도 포함된다(하갑래c, 328면).

60세 이상으로 정년을 연장하면서 임금피크제를 도입하는 경우[1137])에는 위 예
외규정(고령자고용법에 따라 특정 연령집단의 고용을 유지하고 촉진하기 위해 지원 조
치를 하는 경우)에 포함되어 연령차별에 해당하지 않는다고 볼 것인지가 문제된다.

　　이를 긍정하는 견해는 고령자고용법 19조의2 1항에서 규정한 '임금체계 개
편'에 임금피크제가 포함되고, 임금피크제의 합법성을 전제로 고용보험법에 임
금피크제 지원제도를 규정하고 있으며, 임금피크제는 모든 근로자에게 그 적용
이 예상되는 제도인 점 등을 감안할 때 고령자고용법상 정년연장에 따른 임금
피크제의 시행은 연령차별에 해당하지 않는다고 한다.[1138])

　　이에 대하여 정년연장형 임금피크제가 도입되는 경우에도 적용시점이나 삭
감률 등에서 합리적인 적정기준을 설정하지 않고 일정한 연령대 내지는 연령만
을 기준으로 임금을 삭감하는 경우에는 차별이 될 수 있다는 반론이 있다.[1139])
정년연장형 임금피크제는 정년연장에 초점을 맞추면 근로자에게 유리할 수 있
지만 임금 삭감에 초점을 맞추면 불리한 것이어서 일률적으로 근로자에게 유리
한지 불리한지 알 수 없다는 견해도 같은 취지이다.[1140]) 후자의 견해에서는 정
년연장형 임금피크제를 ㉮ 종래 정년연령 도달 이전 임금피크제와 ㉯ 종래 정
년연령 도달 이후 임금피크제로 나누어 ㉮의 경우(예컨대 58세 정년제를 채택하고
있던 사업장에서 60세 정년으로 연장하면서 56세부터 임금을 감액하는 것)에는 외형상
정년연장형 임금피크제이지만 실질은 정년보장형 임금피크제와 유사하므로 원
칙적으로 연령차별에 해당하나, 다만 연령을 이유로 한 불이익의 정도와 정년연
장으로 인한 사용자의 부담, 그리고 이를 반영한 취업규칙 변경의 과반수 동의

1137) 추유선, 133면에서는 임금피크제가 고령자고용법 19조의2 1항에서 규정한 '임금체계'의 의
　　미에 포함될 수 있을지에 관하여 의문을 제기한다. 위 조항은 우리나라 기업의 연공급을 직
　　무급 등으로 변화시키고자 하는 주장이 반영된 표현으로 보이고, 임금액을 조정하는 방식인
　　임금피크제를 임금체계의 범주에 포함시키기는 어렵다고 한다.
1138) 이철수b, 54면. 하갑래, 653면은 특별한 근거를 들지 않고 임금피크제를 연령차별 금지의
　　예외규정의 한 예로 들고 있다. 권혁b, 14~17면은, 기업의 필요에 의한 임금피크제 도입을
　　위해 취업규칙을 변경하는 경우와 고령자고용법 개정(60세 이상 정년의무화)의 후속조치로서
　　임금피크제를 도입하기 위해 취업규칙을 변경하는 경우는 구별되어야 하며, 후자의 경우는
　　법 개정으로 말미암아 당초 근로계약 체결 당시에 예상할 수 없었던 사정의 변화에 따라 근
　　로계약 내용을 '수정'하는 것이므로 근로자 측에 불이익한 변경으로 평가할 수 없고, 다만
　　예외적으로 현저하게 낮은 임금을 약정하는 등 실질적으로 60세 정년제도를 몰각시키는 정
　　도에 이른 때에만 근로조건의 불이익변경으로 보아야 한다고 주장하는데, 같은 취지의 견해
　　로 이해할 수 있다.
1139) 임공수c, 252~253면.
1140) 방준식, 133면.

확보 등을 고려하여 그와 같은 차별에 합리적 이유가 있는지 여부를 판단하여야 하며, ㉯의 경우(예컨대, 58세에서 60세로 정년을 연장하면서 58세부터 임금을 감액하는 것)에는 종래의 정년연령 개시 이후에 임금이 합리적 범위에서 감액되거나 동결되는 수준에 그친다면 연령차별로 보기 어려울 것이라고 설명한다.[1141]

앞서 본 대법원 2017다292343 판결은 정년유지형 임금피크제의 효력이 문제된 사안에서 판단기준을 제시하고 있으므로, 정년연장형 임금피크제의 효력이 문제되는 경우에도 같은 판단기준이 적용될 수 있을지가 명확한 것은 아니다.[1142] 그러나 위 대법원 2017다292343 판결이 제시한 판단기준, 즉 임금피크제 도입 목적의 타당성, 대상 근로자들이 입는 불이익의 정도, 임금 삭감에 대한 대상 조치의 도입 여부 및 그 적정성, 임금피크제로 감액된 재원이 임금피크제 도입의 본래 목적을 위하여 사용되었는지 등은 임금피크제의 유형을 불문하고 임금피크제가 연령차별에 해당하는지 여부를 판단하는 일반적 기준으로 삼기에 충분하므로, 정년연장형 임금피크제의 경우에도 이를 일률적으로 유효라고 볼 것이 아니라 위 판단기준을 종합적으로 고려하여 그 효력 유무를 판단하여야 할 것이다.[1143] 다만, 정년연장형 임금피크제의 경우 정년이 연장되는 이익은 임금피크제에 따른 불이익에 대한 대상조치나 불이익의 정도와 관련하여 임금피크제의 효력이 유효하다고 볼 수 있는 유력한 사정이 될 수 있을 것이다.[1144]

1141) 방준식, 141~142면; 전윤구n, 62~66면. ㉮의 경우와 관련하여 서울중앙지법 2008. 8. 1. 선고 2007가합111716 판결(2008. 8. 23. 확정)은, 임금피크제 실시로 인하여 비록 정년이 58세에서 59세로 연장되었지만, 근로자들은 만 55세가 도래하는 연도의 3. 1.부터 정년에 이르기까지 임금이 해마다 70%, 60%, 40%, 40%로 순차 감액되어, 종래 만 55세부터 정년인 58세까지 3년간 지급받던 임금(연봉의 300%)에 비하여 임금피크제 시행 이후 만 55세부터 정년인 59세까지 4년간 그보다 훨씬 감액된 임금[연봉의 210%(=70%+60%+40%+40%)]을 지급받게 되었으므로 전체적으로 보아 임금피크제의 실시로 인하여 근로조건이 불이익하게 변경된 것이라고 판단하였다.

1142) 함재학, 119면에서는 이 점을 위 대법원 2017다292343 판결의 한계로 지적한다.

1143) 장영석, 109~110면. 추유선, 138면. 서울중앙지법 2022. 6. 16. 선고 2019가합592028 판결은 위 대법원 2017다292343 판결의 법리가 이른바 '정년유지형 임금피크제' 사안에 관한 것이기는 하나, '정년연장형 임금피크제' 사안에 관하여도 하나의 참고기준이 될 수 있다고 전제한 다음, 고령자고용법 개정에 따른 정년연장 및 임금체계 개편 조치 의무, 회사의 경영상태에 비추어 본 임금피크제의 도입 필요성, 임금피크제 대상 근로자들이 입게 되는 불이익의 정도, 임금 삭감에 대한 대상 조치의 도입, 감액된 인건비의 사용처 등을 종합적으로 고려하여, 해당 사안에서 다투어진 정년연장형 임금피크제가 연령차별에 해당하지 않는다고 판단하였다(근로자들이 서울고법 2022나2025057호로 항소하였으나 2023. 1. 18. 항소기각되었고, 다시 대법원 2023다211550호로 상고하였으나, 2023. 5. 18. 심리불속행 기각되어 확정되었다).

1144) 장영석, 110면. 위 서울중앙지법 2019가합592028 판결은 '정년연장에 연계하여 임금피크제가 실시된 사안에 있어서는, 정년연장 자체가 임금 삭감에 대응하는 가장 중요한 보상이고,

사. 연령차별에 대한 구제절차

(1) 국가인권위원회에 대한 진정

연령차별의 피해자는 국가인권위원회법 30조에 따라 국가인권위원회에 그 내용을 진정할 수 있다(고령자고용법 4조의6 1항).[1145] 피해자는 연령차별 사실이 발생한 날부터 1년 이내에 진정을 제기하여야 하고, 이는 제척기간으로 그 기간을 도과한 진정은 각하된다(국가인권위원회법 32조 1항 4호). 국가인권위원회는 피해자의 진정을 조사한 결과 연령차별이 있다고 판단하여 피진정인, 그 소속 기관·단체 또는 감독기관의 장에게 구제조치 등을 권고할 경우 그 권고내용을 고용노동부 장관에게도 통보하여야 한다(고령자고용법 4조의6 2항).

나이차별 진정사건은 국가인권위원회가 설립된 2001. 11. 25. 이후 2018년까지 접수된 누계 차별진정사건 28,748건 중 6%인 1,719건이다.[1146] 고령자고용법상 연령차별 금지규정이 시행된 2009년과 2010년을 전후로 전체 차별진정사건 중 나이차별 진정사건이 차지하는 비율을 보면, 2006년에는 8.4%(824건 중 69건), 2007년에는 9.3%(1,159건 중 108건), 2008년에는 4.5%(1,380건 중 62건), 2009년에는 8.2%(1,685건 중 138건), 2010년에는 7.3%(2,681건 중 196건), 2011년에는 8.1%(1,803건 중 146건)로 2008년에 일시 감소하였으나 대체로 유사한 추세가 지속되어 있어 고령자고용법의 시행으로 인해 유의미한 변화가 있었던 것으로 보이지는 않는다.[1147] 이후 점차 접수가 더 감소하여 2013년에는 5.7%(2,496건 중

연장된 근로기간에 대하여 지급되는 임금이 감액된 인건비의 가장 중요한 사용처'라고 보고 있다. 다만, 장영석, 100면에서는 이에 덧붙여 단순히 인건비 절감, 정리해고 등 탈법적인 목적, 사실상 퇴출 의도로 임금피크제를 시행하는 것은 그 정당성을 인정하기 어렵다는 점을 지적한다. 일자리나누기 역시 사회공동의 문제이거나 기업 또는 전체 구성원이 함께 부담하여야 할 문제이므로 단순히 나이 많음이 일자리나누기 재원의 부담을 모두 떠안아야 할 이유가 될 수는 없다고 한다.

1145) 이때 피해자는 근로자나 근로자가 되려는 자를 의미하며, 연령차별 사실을 알고 있는 사람이나 단체는 해당하지 않는다(고용노동부g, 12면).

1146) 이하 2018 국가인권위원회 통계 참조. 위 통계에서 '나이'로만 분류 항목을 정하고 있는 점에 비추어 보면, 국가인권위원회는 국가인권위원회법에 따른 '나이'를 이유로 한 차별진정과 고령자고용법에 따른 '연령'을 이유로 한 차별진정을 특별히 구별하지 않고 있는 것으로 보인다. 이와 관련하여, 고령자고용법이 국가인권위원회법과 중복되는 영역을 보호대상으로 정하고 있다는 점에서 국가인권위원회로서는 고령자고용법상 연령차별 영역과 국가인권위원회법상 나이차별 영역을 구분하여 연령차별 시정권고의 경우에는 보다 정교한 판단논리를 개발하여야 할 필요가 있다는 견해로는 이성택, 4면.

1147) 이는 후술하는 바와 같이 장애인차별금지법 시행 이후 장애차별 진정사건의 비중이 획기적으로 증가한 것과 대비된다.

142건), 2015년에는 4.5%(2,188건 중 98건), 2017년에는 3.5%(3,152건 중 109건)였고, 2018년에는 4.9%(2,185건 중 106건)이다. 한편, 고용영역에서의 나이차별 진정사건 중에는 모집·채용 단계에서의 차별을 이유로 한 사건이 가장 많다. 2017년 접수 건 중 고용과 관련된 사건은 75건이었고, 75건 중 모집·채용 단계에서의 차별을 이유로 한 사건이 54건에 달하였고,[1148] 2018년 접수 건 중 고용과 관련한 사건은 78건이었고, 78건 중 모집·채용 단계에서의 차별을 이유로 한 사건이 50건이었다.[1149] 2017년 나이차별 진정사건 처리 건수는 112건으로 그중 인용된 사건이 5건, 조사 중 해결된 사건이 23건으로 권리구제율은 25%였으며, 2018년 나이차별 진정사건 처리 건수는 83건으로 그중 인용된 사건이 8건, 조사 중 해결된 사건이 15건으로 권리구제율은 27.7%였다.

(2) 고용노동부장관의 시정명령

고용노동부장관은 그 진정에 대하여 국가인권위원회로부터 구제조치 등의 권고를 받은 사업주가 정당한 사유 없이 권고를 이행하지 않고, ① 피해자가 다수인인 경우, ② 반복적인 연령차별의 경우, ③ 피해자에게 불이익을 주기 위해 고의적으로 권고를 불이행하는 경우, ④ 그 밖에 피해의 내용과 규모를 고려하여 시정명령이 필요하다고 고용노동부령으로 정하는 경우[1150] 중 어느 한 경우에 해당하여 그 피해의 정도가 심각하다고 인정되면 피해자의 신청 또는 직권으로 시정명령을 할 수 있다(고령자고용법 4조의7 1항).[1151] 이 때 시정명령에는 연령차별행위의 중지, 피해의 원상회복, 연령차별행위의 재발방지를 위한 조치, 그 밖에 연령차별 시정을 위하여 필요하다고 고용노동부령으로 정한 조치[1152]가 포함되어야 한다(4조의7 2항).

피해자의 시정명령 신청은 국가인권위원회가 구제조치 등을 권고한 날부터 6개월 이내에 하여야 하고(고령자고용법 시행령 4조 2항), 고용노동부장관은 피

[1148] 2017 국가인권위원회 통계 참조.
[1149] 김동선·모선희, 151~152면에 의하면, 2001년부터 2009년 9월까지 국가인권위원회 차별심사위원회의 판정을 거친 나이차별 관련 사례들 중 홈페이지에 공개된 61건 가운데 고용과 무관한 사례, 기각 사례, 역차별 사례를 제외한 52건 중 32건이 모집·채용 단계에서의 차별을 이유로 한 사건이라고 한다.
[1150] 이에 관하여 고용노동부령에서 따로 규정한 바는 없다.
[1151] 고용노동부는 '피해자가 다수인인 연령차별행위'에서 '다수인'은 2인 이상인 경우이고, '반복적 연령차별행위'에서 '반복적'은 3년 이내에 또 연령차별행위를 한 경우를 의미하는 것으로 해석하고 있다(고용노동부g, 13면).
[1152] 이에 관하여 고용노동부령에서 따로 규정한 바는 없다.

해자의 신청에 따른 시정명령을 할 경우 그 신청을 받은 날부터 3개월 이내에 하여야 한다(고령자고용법 4조의7 3항).

사업주가 정당한 사유 없이 시정명령을 이행하지 아니하는 경우에는 3,000만 원 이하의 과태료를 부과한다(고령자고용법 24조 1항).

(3) 시정명령 이행상황의 제출 요구 등

고용노동부장관은 사업주에게 시정명령의 이행상황을 제출할 것을 요구할 수 있고(고령자고용법 4조의8 1항), 정당한 사유 없이 요구에 따르지 않으면 500만 원 이하의 과태료를 부과할 수 있다(24조 2항 1호). 피해자는 사업주가 시정명령을 이행하지 않으면 고용노동부장관에게 신고할 수 있다(4조의8 2항).

(4) 모집·채용 위반의 특례

고령자고용법은 모집·채용 단계에서의 연령차별에 대해서는 특별히 벌칙규정을 두고 있다. 즉, 모집·채용의 경우 합리적 이유 없이 연령을 이유로 차별한 사업주는 500만 원 이하의 벌금에 처한다(고령자고용법 23조의3 2항, 4조의4 1항 1호). 근로관계가 성립하기 전 단계에서의 차별은 통상의 시정절차로는 구제가 어려우므로 예방적 효과를 중시하여 벌칙을 규정한 것으로 보인다.[1153]

(5) 불리한 처우의 금지와 벌칙

사업주는 근로자가 연령차별행위에 대한 진정, 자료제출, 답변·증언, 소송, 신고 등을 하였다는 이유로 근로자에게 해고, 전보, 징계나 그 밖의 불리한 처우를 하여서는 아니 된다(고령자고용법 4조의9). 이를 위반한 사업주는 2년 이하의 징역 또는 1,000만 원 이하의 벌금에 처한다(23조의3 1항). 사업주의 보복적 불이익 조치를 우려하여 권리보호를 받지 못하는 경우를 방지하기 위한 규정이다.[1154]

7. 장애인차별

가. 장애와 차별[1154]

(1) 의료적 모델에서 사회적 모델로의 전환

장애가 차별금지법이나 인권법의 영역에 등장한 것은 비교적 최근의 일이

1153) 하갑래, 658면.
1154) 고용노동부g, 20면; 하갑래, 658~659면.
1155) 이재희c, 118~123면은 장애차별 금지의 헌법적 근거는, 우선적으로 헌법 11조 1항 1문의 일반적 평등권 규정으로부터 찾을 수 있고, 이어 헌법 11조 1항 2문의 차별금지사유에 장애

다.1156) 장애인에 대한 정책과 법률은 장애를 어떻게 이해할 것인지에 따라 그 방향과 내용을 달리하여 왔는데 과거에는 주로 '의료적 모델'에 기초하고 있었다면 이제는 '사회적 모델'로 변화하는 추세에 있다. 의료적 모델은 장애를 신체적, 정신적 등의 손상을 가진 개인의 의료적 문제로 인한 직접적인 결과로 파악하여 장애인의 능력의 한계를 장애인 개인에 내재된 것으로 이해하고 주류사회로부터 장애인을 배제, 분리, 제한하는 것을 당연시하였으며(예를 들어 고용 대신에 사회복지급여의 지급이나 분리교육, 고용할당제 등의 시행), 그에 따라 장애를 차별을 구성할 수 있는 인간의 속성으로 파악하지 아니하였다. 즉, 사회로부터 장애인을 배제, 분리, 제한하는 것은 차별 그 자체의 결과가 아니라 불행하지만 불가피한 개인의 장애로 인한 결과라고 이해하였다. 그러나 이러한 인식과 정책은 장애인운동에 의해 끊임없는 도전을 받아왔다. 장애인운동은 장애인이 평등한 사람으로서 존중되어야 하며, 동정과 자선의 대상이 아니라 비장애인들과 마찬가지로 모든 사람들에게 부여되는 기본적 인권을 향유할 권리가 있는 인간으로서 대우되어야 한다고 주장하였으며, 이에 따라 장애인에 대한 분리와 배제를

가 포함되어 있지는 않지만 장애는 동 조항에 규정되어 있는 성별, 종교, 사회적 신분의 차별금지사유에 준하는, 차별이 엄격하게 금지되어야 하는 표지의 성격을 가지므로, 2문에 근거하여 장애차별의 금지, 장애인의 평등권 보장이 도출된다고 볼 가능성이 있다고 한다. 이에 더하여 헌법 34조 5항(신체장애자 및 질병·노령 기타의 사유로 생활능력이 없는 국민은 법률이 정하는 바에 의하여 국가의 보호를 받는다)은 그 자체만으로는 장애차별 금지의 근거로 기능하는 것은 아니지만, 이 조항으로부터 장애인에 대한 특별한 보호요청이 있음을 확인할 수 있으므로, 헌법 34조 5항과 헌법 11조 1항의 결합을 통하여 장애차별 금지 및 장애인의 평등권 실현조치의 헌법적 정당화 근거를 도출할 수 있다고 한다.

1156) 장애차별 금지는 1990년 미국장애인법(Americans with Disabilities Act, 1990)에 의해 처음으로 입법화되었으며 그 후 1992년 호주장애차별금지법(Australian Disability Discrimination Act), 1995년 영국의 장애차별금지법(Disability Discrimination Act) 등을 포함하여 약 40여개 국가들로 확산되었다. 국제적으로는, 2000년 EU에서 고용평등지침(Employment Equality Directive; Council Directive 2000/78/EC of 27 November 2000 establishing a general framework for equal treatment in employment and occupation)을 제정하여 장애를 포함한 차별을 금지하였으며, 2006. 12. 13. UN에서 장애인의 통합과 차별금지를 주된 내용으로 하는 장애인권리협약(Convention on the Rights of Persons with Disabilities)을 채택하였다. 조임영b, 165~166면. 장애인권리협약은 장애의 문제를 단순히 '시혜적 복지'의 대상이 아니라 '차별'이라는 핵심 연결고리를 통하여 해결하도록 함으로써 장애인 당사자의 주체적인 삶에 기여하도록 하는 국가적 의무 차원으로 전환시켰다는 점에서 의의가 있다고 평가하는 견해로는 전윤구o, 257면. 우리나라는 2008. 12. 2. 국회에서 장애인권리협약을 비준하였고, 위 협약은 2009. 1. 10. 국내에서 발효되었다. 다만, 협약 중 '건강보험 및 생명보험 제공 시 장애인에 대한 차별을 금지'하는 25조 마.호를 유보하였고, 개인진정제도를 규정한 선택의정서는 비준하지 않았다. 이후 우리 정부는 2021. 12. 23. 협약 25조 마.호의 유보를 철회하였으며, 2022. 12. 8. 선택의정서도 국회에서 비준하였다.

철폐하고 고용, 취업, 교육 등의 참여를 통해 장애인을 사회적 주류로 통합할 것을 요구하였다. 이러한 통합주의 장애인운동의 근거가 된 주된 이론이 '사회적 모델'이다.[1157] 사회적 모델은 장애를 신체나 정신 등의 손상을 지닌 사람들의 필요에 대하여 사회가 적절히 부응하지 못한 결과로 이해하며, 손상을 지닌 사람들이 외부의 사회적인 장벽의 작동에 의해 불이익을 받는 과정에 초점을 맞추고, 개인에게 내재된 생물학적 한계보다는 인위적이고 교정할 수 있는 사회적 조건이 개인의 능력을 억제하고 장애의 범주를 만들어 낸다고 주장하였다. 그리하여 사회적 장벽의 결과인 장애인에 대한 배제나 분리로 인한 불이익을 인간 존엄에 대한 침해이자 차별로 파악하였다. 이와 같은 장애에 대한 사회적, 권리중심적인 접근의 확산은 장애 문제에 대한 정책적·입법적 대응방식에 있어서도 현저한 변화를 가져왔고, 최근에는 장애차별을 성차별이나 인종차별과 마찬가지의 사회적 배제의 한 형태로서 개념화하고, 장애차별을 금지하는 법률의 도입이 보편화되었으며 국제적으로도 사회적 모델에 기초한 장애인의 통합과 권리보장이 크게 진전되었다.[1158]

(2) 장애차별의 특성

장애차별의 문제는 기존의 차별금지법의 구조와 비교하여 몇 가지 상이한 특징을 가진다. 먼저, 차별금지사유로서 장애는 성이나 인종 등과는 다른 특성을 가진다. 성이나 인종 등은 그 속성이 단일하여 구분이 명확하다. 이에 비해 장애는 그 종류가 다양하고, 각각의 장애가 개별 장애인에게 어떤 결과를 초래하는지, 어느 정도의 영향을 미치는지, 어떤 보호가 필요한지는 개별 장애인에 따라 다양하게 나타날 수 있다. 따라서 장애의 경우에는 장애의 범주에 해당하더라도 모든 장애인을 하나의 동질화된 집단으로 취급하기 어렵다는 특성을 가

1157) 사회적 모델은 1976년 영국의 장애인공동체인 '분리에 반대하는 신체장애인 연합(the Union of the Physically Impaired Against Segregation)'에서 의료적 모델의 대안으로 제시하였는데, '장애'를 '손상'과 구별하면서 '장애'란 동시대의 사회 조직이 신체적 손상을 가진 사람들을 전혀 고려하지 않거나 극히 미미하게 고려하여 그 결과 이들이 사회생활의 주류에 참여하지 못하게 배제함으로써 초래된 불이익 또는 제한이라고 정의하였다. 김재원·현지원, 91면.

1158) 조임영b, 166~167면. UN의 장애인권리협약은 1조에서 그 목적을 '모든 장애인이 모든 인권과 기본적 자유를 완전하고 동등하게 향유하도록 증진·보호·보장하고, 장애인의 고유한 존엄성에 대한 존중을 증진하기 위한 것'이라고 규정하고 있고, 전문에서는 '장애는 발전하는 개념이며, 동등한 사회적 기반에 있는 사람들 사이에서의 충분하고 효과적인 사회참여를 저해하는 사고방식의 장벽이나 환경적 장벽의 존재, 그리고 비장애인과 정신적·신체적 손상을 지닌 사람들 사이의 상호작용으로부터 야기된다'는 것과 '장애를 이유로 한 차별은 인간의 천부적 존엄과 가치에 대한 침해'라는 것을 확인하고 있다.

진다.1159)

　　장애차별의 주체 또한 광범위하고 다양하다. 예컨대 고용영역의 경우 장애인은 채용과정뿐만 아니라 채용 후에도 업무, 직위, 근무장소 등에서 차별대우를 받기 쉽다. 업무를 수행하는 과정에서 직장동료로부터 차별대우를 받기도 하고, 고객을 응대하는 직업의 경우에는 고객으로부터 차별대우를 받는 경우도 있다. 국가기관이나 복지사업을 하는 전문가로부터 차별대우를 받기도 한다. 이는 장애차별의 원인과 해결의 주체가 장애인 개인이 아니라 사회의 모든 구성원임을 의미한다.1160)

　　전통적인 차별금지법상 일반적인 평등 내지 차별의 개념은 같은 것은 같게 취급되어야 한다는 대칭적인 접근을 취한다. 그런데 장애차별에서 이러한 차별개념만을 적용하여 장애인과 비장애인의 동일한 대우만을 주장하게 되면 장애인에 대한 사회적 장벽과 그에 따른 영속적인 불이익을 강화하는 것이 될 수 있다. 이는 사회적 장벽과 그에 따른 불이익을 장애인에 대한 차별로 파악하고 이를 금지함으로써 장애인에 대하여 인권으로서 평등한 사회참여를 보장하고 인간으로서의 존엄과 가치를 보장한다는 장애인차별금지법의 취지에 역행하는 것이다. 따라서 장애차별에 있어서는 장애라는 속성을 고려하여 장애인은 비장애인과 다르게 대우하여야 한다는 비대칭적 접근이 요구된다.1161)

나. 장애인차별금지법의 제정 경과 및 의의

　　우리나라 장애인법제의 시작은 1981. 6. 5. 제정·시행된 심신장애자복지법이라 할 수 있는데 1989. 12. 30. 장애인복지법으로 전부개정·시행되어 현재에 이르고 있다. 장애인에게 적극적으로 직업생활에 편입할 수 있는 기회를 부여하여 사회에 참여하도록 함으로써 장애인 정책에 획기적인 변화를 가져온 것으로 평가되기도 하는 장애인고용촉진 등에 관한 법률은 1990. 1. 13. 제정되어 1991. 1. 1.부터 시행되다가 2000. 1. 12. 장애인고용촉진 및 직업재활법으로 전부개정되고 2000. 7. 1.부터 시행되어 현재에 이르고 있다. 1989. 12. 30. 전부개정 시 구 장애인복지법 3조 2항은 "누구든지 장애를 이유로 정치적·경제적·사회적·문화적 생활의 모든 영역에 있어 차별을 받지 아니 한다."고 규정하였다가, 이후

1159) 조임영b, 168면.
1160) 김재원·현지원, 121~122면.
1161) 조임영b, 168~169면.

1999. 2. 8. 법률 5931호로 전부개정되면서 8조 1항에서 "누구든지 장애를 이유로 정치·경제·사회·문화 생활의 모든 영역에 있어 차별을 받지 아니하고, 누구든지 장애를 이유로 정치·경제·사회·문화 생활의 모든 영역에서 장애인을 차별하여서는 아니 된다."고 규정하였고(현행 규정과 같다), 장애인고용촉진 등에 관한 법률 4조 2항은 "사업주는 근로자가 장애인이라는 이유로 채용·승진·전보 및 교육훈련 등 인사관리 상의 차별대우를 하여서는 아니 된다."(현 장애인고용법 5조 2항)고 규정하고 있었으나, 장애인차별을 방지하는 구체적인 내용이나 구제절차, 위반 시 제재규정 등을 두고 있지 않아 그 실효성이 의문시되어 왔다.

그 후 2001. 5. 24. 제정된 국가인권위원회법 2조 3호는 차별금지사유 중 하나로 '장애'를 명시하였고, 국가인권위원회에 의한 조사와 차별판단, 구제절차 등을 규정하였으나, 장애인차별은 다른 차별영역과는 달리 차별기간의 영구성, 차별유형의 총체성, 장애 및 차별 판단기준의 다양성 등의 특성을 지니고 있어 독자적인 개별법으로서 규율될 필요성이 있다는 점이 대두되어 이미 2000년대 초반부터 장애인 당사자를 중심으로 한 입법운동이 시작되었다. 이후 인권단체, 시민사회의 강력한 연대의 결과 장애인차별금지법이 2007. 4. 10. 제정되어 2008. 4. 11.부터 시행되기에 이르렀다.[1162]

주목할 점은 장애인차별금지법의 제정 및 시행 시기를 전후하여 장애인권리협약이 2006. 12. 14. UN 총회에서 채택되고 2008. 12. 2. 우리나라 국회에서 비준되었다는 점이다. 이러한 시기적 근접성과 장애인권리협약의 성안과정에 우리나라가 적극적으로 참여한 경험,[1163] 그리고 장애인차별금지법은 정당한 편의제공 거부를 차별의 한 유형으로 명시하고, 7조에서 장애인의 자기결정권 및 선택권에 관한 조문을 별도로 마련하는 등 그 내용 면에서도 협약의 영향을 상당히 받았다고 볼 수 있는 점 등에 비추어 볼 때, 장애인차별금지법은 장애인권리

[1162] 2003. 4. 15. 58개 단체로 조직된 '장애인차별금지법제정추진연대'가 출범하여 이후 입법과정을 주도하였다. 장애인차별금지법의 입법운동, 제정 경과에 관하여는 박종운a, 57~59면; 변용찬·김성희·임성은, 26~31면; 안진a, 202~205면.

[1163] 장애인권리협약은 2001년 56차 UN 총회에서 멕시코 대통령 빈센트 팍스의 제안으로 논의가 시작되었고, 2002년 8월 UN 장애인특별위원회가 설치되었다. 이후 2006년 8월까지 8회에 걸쳐 소집된 위 특별위원회에서 심도있는 논의를 거친 끝에 협약안이 완성되었다. 우리 정부 대표단은 위와 같은 논의과정에서 장애여성에 대한 별도 조항을 제안하는 등 적극적인 역할을 수행하였으며, 특히 장애인 당사자들이 정부 대표단으로 활동하도록 하여 주목을 받은 바 있다. 한국사회복지사협회, "[동정] UN 장애인권리협약 채택", Social workers 57호, 45면 (2007. 1.).

제 6 조(균등한 처우)   787

협약을 국내적으로 이행하고자 하는 강력한 의지가 반영된 것이라고 평가할 수 있다.[1164]

또한, 장애인차별금지법은 아래에서 보듯이 장애인에 대한 차별행위 그 자체를 법적으로 금지하고 구제절차와 처벌규정까지 마련함으로써 기존의 장애인에 대한 시혜적 인식으로부터 벗어나 장애인의 권리와 그에 대한 사회적 행동규범을 법적으로 제도화하였다는 점에서 커다란 의의를 가진다.[1165] 또한, 장애인 당사자가 주축이 되어 법률초안을 마련하고 모든 장애유형별 사례를 검토하는 등 적극적으로 입법을 추진하였고, 장애와 인간에 대한 깊은 사유와 성찰, 사회적 토론에 기초한 다양한 의견의 수렴과정, 장애인 입법에 대한 서로 다른 관점을 포괄적으로 수용하는 노력, 영국과 미국 등 외국의 선진적 입법례 수용[1166] 등을 종합하여 제정된 법률이라는 점에서 입법과정에서도 선도적 사례라 할 수 있다.[1167]

장애인차별금지법은 그 명칭(장애인차별금지 및 권리구제 등에 관한 법률)과 입법목적[1168]에서 알 수 있듯이 크게 '차별금지'에 대한 부분과 '권리구제'에 대한 부분으로 나뉘어 있다.

먼저 '차별금지'에 대한 부분의 주된 내용을 보면, 장애인차별금지법은 장애의 개념을 정의함에 있어 입법운동의 주축이 되었던 단체들이 주장했던 '사회적 모델'을 채택하지는 않았지만 차별행위의 규정에 직접차별은 물론 간접차별,

---

1164) 전윤구o, 254~257, 266면. 장애인권리협약이 장애인차별금지법에 미치는 영향에 관한 자세한 논의로는 전윤구o, 267~280면 참조.
1165) 백종인, 343~344면.
1166) 각국의 장애인차별금지법에 대한 자세한 내용은 국가인권위원회c, 19~162면; 국가인권위원회f, 9~90면 참조.
1167) 최윤희h, 368면; 장애인법연구회, 9면. 장애인차별금지법에 대하여 장애인 인권법 내지 기본법의 위상을 부여하는 견해로는 김명수, 290면; 우주형·강종건·윤석진, 121~122면. 우주형·강종건·윤석진, 52~53면과 이철호, 160면은, 장애인차별금지법 제정의 의의를 다음과 같이 세 가지로 요약하고 있다. 첫째, 아래로부터 위로 전개된 장애인 당사자 중심의 입법 추진 연대운동의 결실이라는 점, 둘째, 기존의 시혜적 복지서비스 중심에서 인권보장 중심으로 패러다임을 전환한 결과물이라는 점, 셋째 장애인의 인권보장에 관한 기본법이자 일반법의 성격을 가지면서 장애인차별에 대한 가이드라인 및 판단기준이 된다는 점이다.
1168) 장애인차별금지법 1조(목적)는 "이 법은 모든 생활 영역에서 장애를 이유로 한 차별을 금지하고 장애를 이유로 차별받은 사람의 권익을 효과적으로 구제함으로써 장애인의 완전한 사회참여와 평등권 실현을 통하여 인간으로서의 존엄과 가치를 구현함을 목적으로 한다."고 규정하고 있다. 이에 대하여 장애인의 권리와 관련된 문제의 핵심에는 장애인에 대한 사회적 편견이 있다는 점에서 장애인에 대한 편견의 해소와 장애인을 인격적 주체로 인정하는 인식의 전환을 표현하는 문구가 법의 목적에 규정될 필요가 있다는 견해로는 이준일b, 101면.

정당한 편의제공 거부, 광고에 의한 차별, 장애인을 대리·동행하는 자에 대한
차별, 보조견 또는 장애인보조기구 등의 정당한 사용 방해 등 광범위한 차별을
포괄하고 있고(4조 1항), 이에 대한 차별금지를 명문화하였으며(6조),[1169] 차별금지
영역에서도 비교적 적용영역이 넓은 것으로 평가받는 국가인권위원회법보다도
더 포괄적인 규정을 두고 있다. 즉, 국가인권위원회법은 고용, 재화·용역 등의
공급과 이용, 교육 등 세 가지 영역에 적용되는데 장애인차별금지법은 여기에
더하여 사법·행정절차 및 서비스와 참정권, 모·부성권과 성, 가족·가정·복지
시설 및 건강권 등의 영역을 더 추가하고 있어 차별금지 관계법령 중 가장 광
범위하게 적용된다고 할 수 있다.[1170] 또한, 장애인차별금지법은 차별의 적용영
역이나 차별의 개념에 관한 조항에서 '괴롭힘'을 규정하고 있지는 않지만, 위
적용영역에 대한 규정에 이어 32조에서 괴롭힘 등의 금지를 별도로 규정하여
장애를 이유로 한 집단따돌림, 모욕이나 비하, 학대, 희롱 및 추행 등을 금지하
고 있고, 국가 및 지방자치단체에 괴롭힘 방지교육의 의무를 부과하고 있다. 이
하 장애인차별금지법의 내용 중 근기법 6조 해설의 범위와 관련이 있는, 고용영
역에서의 장애인차별 금지 부분을 검토하되, 그에 필요한 범위 내에서 장애 및
장애인의 개념, 차별의 개념(직접차별, 간접차별, 정당한 편의제공 거부), 차별금지의
예외사유를 함께 살펴본다.

　　다음으로 '권리구제'에 대한 부분의 주된 내용을 보면, 장애인차별금지법은
구제절차를 국가인권위원회의 차별판단·권고(38조 내지 41조)와 법무부장관의 시
정명령(43조 내지 45조)으로 이원화하는 방식을 채택하고 있는데 법 집행의 실효
성을 높이기 위해 도입된 법무부장관의 시정명령제도는 법적 구속력이 없는 권
고적 효력만을 가지는 국가인권위원회법에 의한 구제의 한계를 넘어서는 것이
다. 또, 손해배상과 입증책임에 관하여 별도의 규정을 두어(46조, 47조) 장애를 이
유로 한 차별에 대하여 민법 750조에 의한 손해배상책임이 성립함을 명확하게
규정하고 있다. 장애인차별금지법에서 괄목할 만한 것은 권리구제에서 법원의
적극적 역할을 규정한 것이다. 장애인차별금지법 48조는 '법원의 구제조치'라는
제목 아래 법원이 차별행위에 대하여 중지, 근로조건의 개선, 그 시정을 위한

[1169] 장애인차별금지법 4조(차별행위)의 정의규정에 장애간주를 차별로 규정하고 있지는 않지
　　만, 6조(차별금지)는 "누구든지 장애 또는 과거의 장애경력 또는 장애가 있다고 추측됨을 이
　　유로 차별을 하여서는 아니 된다."고 규정하여 장애로 간주하는 차별도 금지하고 있다.
[1170] 안진a, 209면.

적극적 조치를 할 수 있으며, 관련 소송 제기 전 또는 소송 중에도 요건에 따라 차별행위의 중지 등 적절한 임시조치를 명할 수 있도록 규정하고 있다.[1171] 장애인차별금지법의 시행 이전에는 차별행위에 대한 소송상의 구제수단은 인격권, 평등권 등 헌법상 권리를 침해했음을 이유로 차별행위를 당한 장애인이 받은 손해를 금전적으로 배상하도록 청구하는 것뿐이었다. 이 또한 유의미한 구제수단이기는 하나, 현실적으로 금전배상은 차별상태를 시정하도록 상대방을 압박하거나 장애인이 차별로 인한 피해를 온전히 전보받을 수 있을 만큼 충분하지 않았고, 무엇보다 차별행위의 시정을 직접적으로 이끌어내지 못한다는 문제가 있었다. 이와 달리 법원의 적극적인 구제조치를 명할 수 있는 근거를 규정한 장애인차별금지법의 시행은 위와 같은 전통적인 소송상 구제의 한계를 뛰어넘을 수 있는 계기를 마련한 것으로서 큰 의미가 있다.[1172]

다. 장애인차별의 의의

(1) 장애 및 장애인의 개념[1173]

장애인차별금지법 2조는 '장애'를 신체적·정신적 손상 또는 기능상실이 장기간에 걸쳐 개인의 일상 또는 사회생활에 상당한 제약을 초래하는 상태로, 이러한 장애가 있는 사람을 '장애인'으로 규정하고 있다.[1174] 먼저 '신체적·정신

1171) 법원에 의한 구제조치의 도입을 장애인차별금지법 최대의 성과라고 평가한 글로는 박종운b, 34면. 입증책임의 분배와 법원에 의한 구제조치를 규정한 것은 장애인차별금지법의 인권법으로서의 의의를 더욱 높여 준 것이라고 평가하는 글로는 백종인, 371면.

1172) 김재원·최초록·김구열, 246면.

1173) 장애와 장애인의 개념은 장애인차별금지법 제정과정에서 가장 치열하게 논쟁이 이루어졌던 쟁점 중 하나이다. 장애인차별금지법제정추진연대는 '장애'의 개념 정의에 ① 장애의 기간(장기간, 단기간, 일시적 모두 포함), ② 장애 판단의 기준(신체적·정신적 손상, 기능상실, 질병 등으로부터 출발하되, 의료적 모델과 사회적 모델의 도모), ③ 장애 발생의 이유(손상이나 기능상실이 아니라 사회적 태도, 문화적·물리적 장벽이 그 이유임), ④ 장애의 궁극적인 내용(일상 또는 사회생활에 상당한 제약을 가져오는 상태, 즉 기회불균형 등 평등권을 침해하는 상태) 등 4가지 요소를 포함시키려고 노력하였다. 입법과정에서 '장애인은 신체적·정신적 및 심리적 요인에 의해 장기간 정상적인 일상생활·직업생활·사회생활을 할 수 없고, 사회참여의 기회를 제약받는 자를 말한다'고 규정하여야 한다고 주장한 견해(전광석b, 8면) 역시 같은 취지라 할 수 있다. 그러나 정부는 장애인복지법상 장애인 개념과의 조화, 장애인 판단의 용이성 등을 고려하였고, 결과적으로 장애 개념은 입법과정에서의 논의보다 축소 규정되었다고 할 수 있다.

1174) 이와 같은 개념은 영국의 1995년 장애차별금지법(Disability Discrimination Act, 1995)에서 정의하고 있는 '장애(disability)' 및 '장애인(disabled person)'의 개념과 대단히 유사하다. 영국의 1995년 장애차별금지법 1조 1항에 의하면 '장애'라는 개념은 '정상적인 일상생활을 수행할 수 있는 능력에 장기적으로 상당한 제약(substantial and long-term adverse effect)을 초래하는 신체적·정신적 손상'으로, '장애인'라는 개념은 이러한 '장애를 가진 사람'으로 정의된다.

적 손상 또는 기능상실'이란 신경계, 근골격계, 특수감각기관, 발음기관을 포
함한 호흡기계, 심혈관계, 생식기계, 소화기계, 비뇨기계, 혈액림프계, 피부, 내
분비계 등 신체 계통의 하나 이상에 영향을 주는 어떤 생리적 부조화나 이상,
외관상의 상처, 해부학적 유실 및 지적장애, 기질적 뇌증후군, 정서적·정신적
질병, 특정 학습장애와 같은 정신적·심리적 부조화를 의미한다.[1175] 다음으로
'장기간에 걸쳐'라는 요건에 의해 단기 및 일시적 장애·질병은 포함되지 않
는다.[1176]

    이는 장애인복지법의 '장애인' 정의와 크게 다르지 않으나,[1177] 장애를 손

이와 비교하여 장애인차별금지법은 '사회생활에 대한 제약'을 장애의 개념에 포함시키고 있
다는 점이 중요한 차이라 할 수 있다. 이준일b, 103~104면. 1995년 장애차별금지법은 일부
개정을 통해 2010년 평등법에 흡수되고 폐지되었다. 2010년 평등법 6조 1항에서는 장애를
'신체적 또는 정신적 손상이 있고 그 손상이 통상적인 일상생활 수행능력에 상당하고 장기간
의 부정적 영향을 미치는 경우'로 정의하고 있다. 2010년 평등법상 장애의 개념에 관하여는
조임영c, 557~593면 참조.

1175) 장애인법연구회, 22면.

1176) 보건복지부, 9면. 영국의 1995년 장애차별금지법 부칙 1장 2조 1항은 '장기간'을 ① 12개
월 이상 지속된 경우, ② 12개월 이상 지속된 것으로 볼 만한 개연성이 있는(is likely to) 경
우, ③ 해당 장애인의 남은 인생 동안 지속될 것으로 볼 만한 개연성이 있는 경우 중 어느
하나에 해당할 경우로 정의하고 있다. 2010년 평등법의 규정도 대동소이하다.

1177) 장애인복지법 2조 1항은 장애인을 '신체적·정신적 장애로 오랫동안 일상생활이나 사회생
활에서 상당한 제약을 받는 자'로 정의하고, 2항에서 장애인복지법이 적용되는 장애인은 위
와 같이 정의한 장애인 중에서도 외부 신체 기능의 장애, 내부기관의 장애 등의 신체적 장애
가 있거나 발달장애 또는 정신 질환으로 발생하는 정신적 장애가 있는 자로서 시행령에서
제시하고 있는 장애의 종류 및 기준에 해당하는 자라고 규정하고 있으며, 이에 따라 장애인
복지법 시행령 2조 1항 [별표1](이하 '위 시행령 조항'이라 한다)은 장애인복지법을 적용받는
장애인으로 15가지의 장애(뇌병변장애인, 시각장애인, 청각장애인, 언어장애인 등)에 해당하
는 자를 규정하고 있다. 이와 관련한 판례로는, 초등학교 때부터 나타난 '틱 장애'[투렛증후
군(Tourette's Disorder), 특별한 이유 없이 자신도 모르게 얼굴이나 목, 어깨, 몸통 등의 신체
일부분을 아주 빠르게 반복적으로 움직이는 운동 틱과 이상한 소리를 내는 음성 틱 두 가지
증상이 모두 나타나며 전체적으로 증상을 보유한 기간이 1년을 넘는 것]로 십여 년간 일상,
사회, 학교생활 등에서 상당한 제약을 받아 온 원고가 장애인등록신청을 하였으나 위 시행령
조항에 틱 장애가 규정되어 있지 않다는 이유로 반려되자 그 취소를 구한 사건에서, ① 제1
심인 수원지법 2015. 12. 8. 선고 2015구합60120 판결은 '한정된 재원을 가진 국가가 일정한
종류와 기준에 해당하는 장애인만을 장애인복지법의 적용대상으로 삼은 것이 합리성과 타당
성을 결여한 것이라고 볼 수 없다'는 이유로 원고의 청구를 기각하였으나, ② 항소심인 서울
고법 2016. 8. 19. 선고 2015누70883 판결은 '위 시행령 조항에 규정된 장애의 종류를 한정적
열거'로 보는 전제 하에서 '원고와 같은 틱 장애에 관해서 아무런 규정을 두지 아니한 행정
입법의 부작위로 인하여 장애인복지법 2조를 해석하여 적용한 결과 장애인복지법령에 따른
장애인으로 등록을 받을 수 없게 된 원고는 합리적인 이유 없이 장애인으로서 불합리한 차
별을 받고 있다고 인정되므로 이는 헌법의 평등규정에 위반되어 위법하다'는 이유로 원고에
대한 장애인등록신청 반려처분을 취소하였다(위 항소심 판결에 대하여 '위 시행령 조항에서
틱 장애를 배제한 입법 그 자체가 위헌이라고 선언하지 아니한 부분은 다소 애매하지만, 헌

상 내지 기능상실로 보는 것에서 더 나아가 사회구조적 관점에서의 불리성으로 보는 것까지 포함할 여지를 남겨두고 있다는 점에서 주목할 만하다고 평가되기도 한다.[1178] 또한, 장애인복지법의 경우와 비교하여 장애인차별금지법이 적용되는 장애의 유형을 법령에 직접 열거하고 있지 않기 때문에 그러한 측면에서는 장애차별에 대한 권리구제가 요청되는 경우에 대한 법적용 가능성이 확대되었다고 평가되기도 하나, 대체적인 견해는 향후 법 개정을 통하여 사회적 모델에 입각한 장애 개념의 확대가 필요하다고 본다.[1179]

한편, 국가인권회원회법 2조 4호는 장애를 '신체적·정신적·사회적 요인으로 장기간에 걸쳐 일상생활 또는 사회생활에 상당한 제약을 받은 상태'로 정의하고 있다. '사회적 요인'이 추가된 것은 진일보한 개념으로 평가되고 있다.[1180]

(2) 차별의 개념

㈎ 직접차별

직접차별이란 '장애인을 장애를 사유로 정당한 사유 없이 제한·배제·분리·거부 등에 의하여 불리하게 대하는 경우'를 의미한다(장애인차별금지법 4조 1항 1호).

직접차별은 장애인이 가진 개인적인 능력 또는 해당 장애인의 장애 특성을 고려하지 않고, 장애를 가졌다는 이유만으로 혹은 장애인 일반에 대한 선입견으로 왜곡된 가정을 함으로써 주로 발생한다.[1181] 예컨대 시각장애를 가진 사람은

법 34조 5항이 규정한 장애인의 보호를 실질화하고 사회적 약자 보호에 법원이 앞장 선 좋은 판결'이라고 평석한 글로는 이명웅, 11면). ③ 그런데 상고심인 대법원 2019. 10. 31. 선고 2016두50907호 판결은 위 시행령 조항의 법적 성격과 관련하여 '위임조항의 취지에 따라 모법의 장애인에 관한 정의규정에 최대한 부합하도록 가능한 범위 내에서 15가지 종류의 장애인을 규정한 것으로 볼 수 있을 뿐, 오로지 위 시행령 조항에 규정된 장애에 한하여 법적 보호를 부여하겠다는 취지로 보아 그 보호의 대상인 장애인을 한정적으로 열거한 것으로 새길 수는 없다'고 판단한 후 '행정청이 원고의 장애가 위 시행령 조항에 규정되어 있지 않다는 이유만을 들어 장애인등록신청을 거부한 처분은 위법하고, 행정청으로서는 위 시행령 조항 중 원고가 가진 장애와 가장 유사한 종류의 장애 유형에 관한 규정을 유추 적용하여 원고의 장애등급을 판정함으로써 원고에게 장애등급을 부여하는 등의 조치를 취하여야 할 것이다'고 판시하면서, 위 항소심 판결이 위 시행령 조항에 규정된 장애의 종류를 한정적 열거로 본 것은 적절하지 아니하나 장애인등록신청 거부처분을 위법하다고 판단한 결론은 정당하다는 이유로 행정청의 상고를 기각하였다. 위 대법원 2016두50907 판결은 위 시행령 조항의 법적 성격을 명확히 하고, 그에 규정되지 아니한 장애의 경우에도 장애인복지법상 장애인으로 등록할 수 있는 길을 열었다는 점에서 장애인의 권리 신장에 크게 기여한 판결로 평가할 수 있다.

1178) 김재원·현지원, 98~99면.
1179) 박종운c, 38면; 이재희d, 42~43, 45면.
1180) 김재원·현지원, 107면. 국가인권위원회법과 장애인차별금지법의 장애 개념을 통일하여 개정하는 것이 바람직하다는 견해로는 김명수, 294면.

사무실 업무를 수행할 수 없다는 이유로, 사업주가 지원자의 개인적 특성 및 능력을 전혀 고려하지 않고 면접 명단에서 시각장애인을 제외시키는 경우가 이에 해당한다.[1182] 그러나 현실에서 더 빈번하게 문제되는 것은, 장애 그 자체를 직접적인 근거로 차별하는 경우가 아니라 장애로 인한 제약이 비교대상들 사이의 조건의 차이를 야기하므로, 즉 더 이상 해당 장애인이 비장애인과 비교하여 자격요건을 동등하게 충족시킨 유자격자가 아니므로 다르게 대우한다고 하거나 장애에서 비롯된 조건의 차이가 다르게 대우하는 것을 정당화하는 합리적 근거가 된다고 주장하는 경우들이다.[1183] 예컨대, 교통사고 후유증으로 장애를 갖게 된 근로자에 대하여 직무수행능력이 부족하고 향후 능력의 향상을 기대하기 어렵다는 이유로 보직임면·승진대상자에서 제외시키는 경우가 이에 해당한다.[1184]

(나) 간접차별

간접차별이란 '장애인에 대하여 형식상으로는 제한·배제·분리·거부 등에 의하여 불리하게 대하지 아니하지만 정당한 사유 없이 장애를 고려하지 아니하는 기준을 적용함으로써 장애인에게 불리한 결과를 초래하는 경우'를 의미한다(장애인차별금지법 4조 1항 2호).[1185]

직접차별에 비하여 간접차별의 가장 큰 특징은 차별의 직접적인 사유가 장애임을 입증하기 어려운 경우에도 차별을 인정할 수 있다는 것이다. 간접차별은 특히 학력테스트나 체력 등 일반적으로 볼 때 객관적인 자격·채용기준을 사유로 장애인과 비장애인에 대한 다른 처분이 이루어짐으로써 외형상 차별임을 인

1181) 장애인법연구회, 44면.
1182) 보건복지부, 27면.
1183) 이재희d, 62면.
1184) 전주지법 군산지원 2014. 7. 3. 선고 2013가합2599 판결(2014. 7. 24. 확정).
1185) 영국의 2010년 평등법은 직접차별, 간접차별 외에 차별의 유형 중 하나로 '장애로부터 발생하는(비롯된) 차별(discrimination arising from disability)'을 규정하고 있는데, 이는 사용자가 장애인을 불이익하게 대우하고, 그 대우가 장애인의 장애의 결과로서 발생하는 것을 이유로 하며, 사용자가 위와 같은 대우가 정당한 목적을 달성하는 데 있어 적절한 수단임을 증명할 수 없는 경우에 성립하고, 비교대상의 존재를 요건으로 하지 않는다. 위 개념에 관하여 자세히 소개하면서 장애인의 인권보호와 차별의 실효성 확보를 위하여 우리나라에서도 적극적으로 도입을 검토할 필요가 있다고 제안하는 글로는 조임영b, 165~202면. 장애인차별금지법 4조 1항 2호의 위 간접차별 규정에는 남녀고용평등법 2조 1호와 달리 '그 조건을 충족할 수 있는 남성 또는 여성이 다른 한 성에 비하여 현저히 적고'라는 표현이 없다는 점에서 영국의 2010년 평등법에서 규정한 위 '장애로부터 발생하는(비롯된) 차별' 개념과 비슷한 측면이 있으므로 우리나라 장애인차별금지법에서도 비교대상을 요건으로 하지 않는다는 점을 분명히 할 필요가 있다는 견해로는 구미영f, 92면.

정하기 힘든 경우에도 위법한 차별이 이루어졌음을 인정할 수 있는 근거가 된다. 따라서 위와 같이 각종 테스트나 객관적인 조건을 이유로 행하여진 처분 내지 결과라 하더라도 채택된 기준이 정당성을 흠결하였을 때에는 위법한 차별에 해당한다.[1186] 국가인권위원회 2015. 9. 18.자 14진정0826600 결정은 직무수행에 반드시 필요한 경우에 해당하지 아니하여 청각장애인에게 영어듣기능력을 요구하지 않을 수 있음에도 그러하지 아니하고 모든 직위에 영어듣기능력을 요구한 것은 모집·채용 시 청각장애인을 불리하게 대우하는 차별행위로 판단하였는데,[1187] 이처럼 장애가 아닌, 일견 객관적·중립적 기준인 영어듣기능력을 기준으로 제시하였지만 결과적으로 청각장애인에게 불리한 결과를 초래하였다면 장애에 근거한 간접차별에 해당한다.

⒟ **정당한 편의제공 거부**

'정당한 사유 없이 장애인에 대하여 정당한 편의제공을 거부하는 경우'는 차별에 해당한다(장애인차별금지법 4조 1항 3호).

장애를 손상, 기능상실의 의료적 모델과 함께 사회구조적으로 야기된 제약, 불리성이라는 사회적 모델로도 이해한다면, 비장애인 중심으로 구축된 사회구조, 법제도, 인식 등은 장애를 야기하는 원인 중 하나로 볼 수 있다. 그리고 이러한 맥락에서 장애인을 배제하는 차별에는 장애인이 사회활동에 필요한 여건을 갖추지 않고 있다거나 혹은 이러한 여건을 갖추기 어렵다는 점을 근거로 사회활동으로부터 장애인을 배제·제한·거부·불리하게 대우하는 것이 포함될 수 있다.[1188]

장애차별 금지에서는 우선 장애를 이유로 한 차별대우의 금지를 통해서 장애인의 법적 평등을 실현하고자 하는데, 비장애인과 비교하여 장애인은 이미 출발부터 불리한 제약에 놓여 있는 경우들이 있고 이 때 형식적 기회의 평등 보장만으로는 장애인의 평등권을 실현하는 데 한계가 있으며 장애를 고려하지 않은 동등성만을 고집하는 경우 오히려 장애로 인한 불평등이 고착될 수도 있는 것이므로 국가가 주어진 상황에 개입하여 장애인에 대한 불리한 제약을 보완하는 데 필요한 조건들을 보장하는, 정당한 편의를 제공하도록 하는 것이 중요하다.[1189] 즉, 정당한 편의제공 거부는 본질적으로 '다른 것'에 대해서 획일적으로

1186) 최윤희h, 372면.
1187) 같은 취지로 국가인권위원회 2011. 9. 27.자 10진정0480200 결정.
1188) 이재희d, 66~67면.
1189) 이재희d, 67면.

같게 취급하는 것을 금지하고 다른 점을 고려한 별도의 적극적인 취급을 요구
하는 것으로서 실질적으로 장애를 보완하기 위한 일정한 편의를 제공하지 않아
발생하는 차별이다.[1190] 또한, 장애인이 사회활동에 진입하거나 활동을 하게 될
경우 부딪치게 되는 장벽을 제거하기 위하여 관련 당사자에게 적극적인 의무를
부과하고 이를 불이행하는 경우를 규율하기 위한 새로운 유형의 차별금지이
다.[1191] 그리고 장애 표지의 특수성(불리성)을 제거·보완하여 장애인과 비장애인
의 사실적 '조건'의 평등, '출발선'의 평등을 충족시키기 위한 성격을 가지며,
장애인 개인의 필요에 부응하는 개별화된 '기회'를 평등하게 제공하는 것이라
할 수 있다.[1192]

    나아가 정당한 편의제공의무는 간접차별과 관련하여서도 매우 중요한 의미
를 가진다. 특히 고용의 경우 일반적으로 장애인은 비장애인에 비하여 직무능력
이 떨어지고 사업수행목적 달성에 부적합하다는 판정을 받기 쉽다. 그런데 장애
인을 비장애인과 단순 비교하여 차별의 원인이 된 객관적 기준의 정당성 요건
을 판단하는 것은 의미가 없다. 주어진 객관적 기준의 정당성 여부를 판단하려
면 그에 앞서 당해 시설 내지 사업장 등에서 장애인에게 필요한 정당한 편의제
공이 부여된 이후에야 장애인이 장애 유무와 관계없이 비장애인과 동등한 차원
에서 그가 행하려는 직무 내지 사업수행에 적합한지에 관하여 정당한 판정을
받을 수 있는 것이다. 장애인차별금지법에서는 '정당한 편의'에 대하여 장애인
이 장애가 없는 사람과 동등하게 같은 활동에 참여할 수 있도록 장애인의 성별,
장애의 유형 및 정도, 특성 등을 고려한 편의시설·설비·도구·서비스 등 인
적·물적 제반 수단과 조치라고 정의하고 있는데(4조 2항),[1193] 이러한 개념 정의
에 비추어 보더라도 장애인과 비장애인이 동등한 선에서 평가받을 수 있는 기
본 전제가 정당한 편의제공임을 알 수 있다.[1194]

    장애인차별금지법 및 같은 법 시행령은 위 법의 적용영역 전반에 걸쳐 상
세한 편의제공의무를 규정하고 있는바[예컨대 고용영역(11조, 시행령 5조), 교육(14조, 시

1190) 차성안b, 99~101면.
1191) 심재진d, 107면.
1192) 이소영, 43면; 이철호, 159면.
1193) UN 장애인권리협약은, 정당한 편의제공을 장애인이 비장애인과 동일하게 모든 인권과 기
     본적 자유를 향유하거나 행사하여 모든 사회생활에 참여할 수 있도록 일체의 차별적 생활환
     경을 시정하는 유·무형의 적극적 조치라 한다.
1194) 최윤희h, 374면.

행령 8조), 시설물 접근·이용(18조, 시행령 12조), 이동 및 교통수단(19조 4항, 시행령 13조), 정보통신·의사소통(21조, 시행령 14조), 문화·예술, 관광, 체육활동(24조, 24조의2, 25조, 시행령 15조), 사법·행정절차 및 서비스 제공(26조 4항, 시행령 17조) 등],[1195] 이하 라. (2)항에서 고용영역을 중심으로 편의제공의무의 구체적 내용과 관련 사례를 살펴본다.

(3) 차별금지의 예외

장애인차별금지법은 차별로 보지 않는 세 가지 예외를 규정하고 있다. 첫째, 위 법에서 금지된 차별행위를 하지 않음에 있어서 과도한 부담이나 현저히 곤란한 사정 등이 있는 경우(4조 3항 1호), 둘째, 이른바 진정직업자격 요건과 관련하여 위 법에서 금지된 차별행위가 특정 직무나 사업 수행의 성질상 불가피한 경우(4조 3항 2호), 셋째, 장애인의 실질적 평등권을 실현하고 장애인에 대한 차별을 시정하기 위하여 위 법 또는 다른 법령 등에서 취하는 적극적 조치(4조 4항)가 그것이다.

㈎ 과도한 부담이나 현저히 곤란한 사정

장애인차별금지법은 '과도한 부담이나 현저히 곤란한 사정'을 판단하기 위한 고려요소를 제시하지 않고 있다. 대법원 2022. 2. 17. 선고 2019다217421 판결은 차별로 보지 않는 과도한 부담이나 현저히 곤란한 사정 등 정당한 사유가 있었는지 여부는 구체적인 사안별로 여러 사정을 종합하여 판단하여야 한다고 판시하면서, 이때 장애인차별금지법의 입법 목적에 비추어 금지된 차별행위를 하지 않음에 있어 일정한 재정 부담이 따른다는 이유만으로 정당한 사유를 쉽게 인정할 것은 아니고, 누구든지 '과도한 부담이나 현저히 곤란한 사정'에 이르지 않는 범위에서 최대한 성실하게 차별금지 의무를 이행하여야 함을 명확히 하였다. 한편, 국가인권위원회는 특히 편의제공과 관련한 '과도한 부담이나 현저히 곤란한 사정'에 관하여 ① 편의제공으로 인해 과도한 경제적 부담에 처하게 되는 경우, ② 대상시설 등의 구조 변경 또는 시설의 설치가 불가능한 경우, ③ 사용주와 시설주가 다를 경우 시설주가 동의하지 않아 사용주가 정당한 편의를 제공하지 못한 경우, ④ 역사적으로 보존가치가 있는 시설이나 건물과 같

[1195] 장애인차별금지법 4조 1항 3호의 규정과 각 적용영역별 편의제공의무 조항과의 관계에 관하여, 일반 조항과 이를 구체적으로 예시한 각칙 조항의 관계에 있고, 각칙 조항이나 타 법령에서 정하고 있는 편의제공의무를 이행하였더라도 그러한 사정만으로는 정당한 편의제공이 완료된 것이라고 볼 수 없다는 견해로는 조원희 외 5명, 321~323면.

이 정당한 편의를 제공함으로써 본래의 목적을 훼손하거나 상실할 경우 등을 기준으로 제시하고 있다. 이때 과도한 경제적 부담에 처하게 되는 경우란 사용자 등 편의제공자가 해당 편의를 제공함으로써 경제적으로 심각한 타격을 입는 정도를 뜻하며, 이러한 과도한 부담 여부는 장애인에게 발생하는 기본권의 침해와 비교하여 결정된다고 한다.[1196] 서울중앙지법 2015. 7. 10. 선고 2014가합 11791 판결은 '과도한 부담'에 관하여 '일반적으로 편의제공자가 해당 편의를 제공하는 데 있어 적절하지 않게 막대한 비용을 요하고 더 나아가 경제적으로 심각한 타격을 입어 더 이상 사업을 유지하기 어렵게 되는 경우, 편의제공자의 사업이나 다른 참여자들의 관련 활동을 상당히 훼손하거나, 편의제공자의 사업 성격이나 운영을 근본적으로 변화시키는 경우 등을 들 수 있다'고 판시하였다.[1197] 이처럼 과도한 부담이나 현저히 곤란한 사정이 있는지를 판단할 때 사용자의 재정적 요건은 중요한 기준이 되는데, 국가 등의 재정적 혹은 여타의 지원가능성이 있는 경우에는 사용자의 재정적 부담은 국가 등의 지원을 통하여 감경되는 측면을 공제하고 사용자의 순수부담능력을 기준으로 하여야 한다.[1198]

(나) 진정직업자격

진정직업자격이란 업무의 성격 또는 업무수행의 상황에 비추어 특정한 장애의 부존재가 해당 업무의 정상적인 수행을 위해 불가결하게 요구되고 다른 수단이 존재하지 않는 경우, 장애의 존재를 사유로 한 차별 대우는 차별에 해당하지 않는다는 의미이다. 일정 수준 이상의 신체적 · 정신적 적합성이 요구되는 업무(특히 생명 · 안전과 관련된 경호, 항공기 조정, 소방 등의 업무)의 경우 장애인을 배제 · 제한 · 분리 · 거부하는 것이 진정직업자격과 관련이 있는지 문제된다. 해

[1196] 국가인권위원회e, 22~23면.

[1197] 위 대법원 2019다217421 판결의 제 1 심 판결이다.

[1198] 심재진d, 128~129면. 예컨대 장애인고용법은 국가가 장애인을 고용하거나 고용하려는 사업주에게 장애인 고용에 드는 시설, 장비의 구입 · 설치 · 수리 등에 드는 비용, 장애인의 직업생활에 필요한 작업 보조 공학기기 또는 장비 등, 장애인의 적정한 고용관리를 위하여 장애인 직업생활 상담원, 작업 지도원, 통역사 또는 낭독자 등을 배치하는 데에 필요한 비용 등을 융자하거나 지원할 수 있도록 규정하고 있다(21조). 장애인 · 노인 · 임산부 등의 편의증진보장에 관한 법률에서는 국가 및 지방자치단체가 민간의 편의시설 설치에 따른 부담을 경감하고 설치를 촉진하기 위하여 금융지원과 기술지원 등 필요한 조치를 강구하도록 하고 있고, 편의시설을 설치하는 경우에는 소요된 금액에 대해 관련 조세를 감면하도록 하고 있다(13조). 그 중 특히 장애인 고용지원제도와 사용자의 정당한 편의제공의무를 거시적인 관점에서 장애인의 고용과 관련하여 국가와 사용자가 어떻게 부담하여야 하는가의 문제로 접근하여 영국 및 미국의 법제와 함께 검토하고 있는 글로는 심재진e, 255~292면.

당 업무의 정상적 수행과 특정한 장애 없음 사이의 직접적 관련성에 대한 신뢰할 만한 객관적인 증거(예컨대 의학적 증거)가 존재하고, 개인의 업무수행능력에 대한 개별적 평가가 불가능하거나 비현실적인 경우에는 진정직업자격에 해당할 수도 있을 것이다. 그러나 장애의 존재와 직무수행능력 간의 직접적 상관관계에 대한 의문이 있는 경우(예컨대 상반된 견해·증거의 존재, 장애에 대한 근거 없는 편견의 개입 등) 또는 개인의 직무능력에 대한 개별적 평가가 현실적으로 가능한 경우에는 그러하지 않다.1199) 현재의 질병이 근로제한 등 차별적 대우를 정당화하는 사유가 될 수도 있는데, 우리나라 현행 법령에서도 공무원채용신체검사규정 5조, 전염병예방법 30조 1항, 산업안전보건법 45조 1항 등에서 장애, 질병이나 질병에 따른 전염 등을 이유로 근로를 제한하는 규정을 두고 있다. 차별금지의 예외인 진정직업자격은 일반적으로 엄격하게 해석되고 있고, 장애차별의 경우 역시 진정직업자격에 해당하는지 여부는 엄격히 해석되어야 한다. 그렇지 않으면 차별금지의 예외범위가 지나치게 확대되고, 차별금지의 실효성이 약화될 소지가 많기 때문이다.1200)

  ㈐ 적극적 조치

    장애인의 평등권 실현을 위해서는 일정한 경우 장애인에게 유리한 대우를 하는 사회적·제도적 조정을 통해 종전의 장애인에 대한 차별 피해, 인권의 제약 상황을 극복할 수 있도록 적극적 평등실현조치가 시행되어야 한다.1201) 예를 들면, 장애인을 대상으로 한 의무고용제도, 의무교육제도, 이동통신 요금감면제도, 교통수단 요금감면제도, 전용주차구역, 지정석 등은 차별로 보지 않는다. 현존하는 차별을 해소·완화하기 위하여 특정 장애인 또는 해당 집단을 잠정적으로 우대하는 행위는 차별로 보지 않는 것이다.1202) 정당한 편의제공과 적극적 조치를 명확하게 구별하지 않고 설명하는 견해도 있으나 양자를 구별하는 관점이 더 지배적이며, 편의제공의무는 적극적 조치와 달리 기회의 평등을 제약하는 사회적 장벽을 제거하기 위해 설계된 것이고, 적극적 조치가 소수집단에 대해 집단적으로 적용되면서 일회성이거나 시간제약이 있는 반면, 정당한 편의제공은 개별 장애인과 개별 상황에 대해 적용되고 정기적 혹은 지속적인 조치를 요구

1199) 정영선, 147~148면.
1200) 정영선, 149면.
1201) 이재희d, 75면.
1202) 정영선, 150면.

하므로 작동방식에도 차이가 있다.[1203]

라. 고용영역에서의 장애인차별 금지

(1) 차별금지의무

사용자는 모집 · 채용, 임금 및 복리후생, 교육 · 배치 · 승진 · 전보, 정년 · 퇴직 · 해고에 있어 장애인을 차별하여서는 아니 되고(장애인차별금지법 10조 1항), 노조법 2조 4호에 따른 노동조합은 장애인 근로자의 조합 가입을 거부하거나 조합원의 권리 및 활동에 차별을 두어서는 아니 된다(10조 2항).

먼저 ① 모집 · 채용과 관련하여, 국가인권위원회 2005. 6. 20.자 04진차119 결정은, 경찰공무원, 해양경찰공무원 및 소방공무원의 임용에서 색각이상의 정도와 관계없이 모든 색각이상자를 채용에서 배제하는 것은 차별이라고 판단하였다. 국가인권위원회 2014. 10. 21.자 13진정0889400 결정은, 지원자의 직무에 관한 지식 및 경력 등으로 직무적합성 여부를 판단하지 않고, 중증 또는 경증 장애 여부로만 판단한 것은 장애를 이유로 한 차별에 해당한다고 판단하였다.[1204] ② 임금 및 복리후생과 관련하여, 국가인권위원회 2015. 8. 20.자 14진정0632700 결정은, 교사의 성과상여금 지급을 위한 '교원 성과 평가' 시 재활치료를 위해 병가를 사용한 장애인 교원에게 불이익을 준 것은 차별이라고 판단하였다.[1205] ③ 승진 · 전보와 관련하여, 전주지법 군산지원 2014. 7. 3. 선고 2013가합2599 판결은, 대학교 4급 사무직으로 근무하고 있던 중 교통사고로 지체장애 1급의 장애인이 된 원고에 대하여 직급상 유일한 보직대상자였음에도 불구하고 교통사고로 인한 장애로 업무를 원활히 수행할 수 없다는 점을 들어 보직을 부여하지 않은 것은 장애를 이유로 한 정당한 이유 없는 차별에 해당한다고 판단

1203) 오욱찬, 32~33면.
1204) 진정인은 피진정인이 공고한 '사회 형평적 채용, 보험심사(장애인) 금융행정직'에 지원하였는데 피진정인은 서류심사 시 보험조사 업무는 출장이 잦고 많은 활동성을 요하기 때문에 장애가 있으면 해당 업무에 적합하지 않다고 판단하여 지원자들의 장애인증명서에 기재된 장애등급 및 유형으로 직무적합성을 판단하였으며 장애등급이 높을수록 직무적합성에 낮은 점수를 부여하였고, 다른 평가요소(사고력, 표현력, 적극성)들도 이와 연계하여 낮은 점수를 부여하면서 서류심사 합격점 60점 미만이 되도록 점수를 배정한 결과 장애등급이 1~4등급인 지원자 50명 전원이 서류심사에서 모두 탈락한 사례이다.
1205) 피진정인은 2014년도 교사 성과 평가기준에 학교공헌도 항목을 포함시키고 '지각, 조퇴, 병가, 연가'의 합산일이 5일 이하인 자는 3점, 5일을 초과하는 자는 0점으로 평가한 사례로, 이에 대하여 국가인권위원회는 위와 같은 평가기준은 치료를 위하여 병가를 사용하여야 하는 장애인을 불리하게 대우한 것이어서 장애인차별금지법 4조 1항 2호 및 10조 1항에서 금지하는 장애인 차별행위에 해당한다고 판단하였다.

하였다.[1206] 한편, 대법원 2006. 2. 24. 선고 2005두5741 판결은, 장애인차별금지법이 시행되기 전의 사례이기는 하지만, 보건소장을 임용함에 있어 오랫동안 보건소에서 의무과장 등으로 근무해온 의사이자 오른쪽 다리가 불편한 3급 장애인인 원고 대신 다른 사람을 신임 보건소장으로 승진임용한 것은 원고의 신체장애를 이유로 한 차별적 취급을 함으로써 헌법 11조 1항, 장애인복지법 8조 1항, 지역보건법 시행령 11조 1항 등의 규정에 위배하여 승진임용에 관한 재량권을 일탈·남용한 위법이 있다고 볼 여지가 있다고 판시하였다.[1207] ④ 퇴직·해고와 관련하여, 국가인권위원회 2009. 8. 28.자 08진차945 결정은, 근무 중 발병한 대뇌출혈로 지체장애 2급의 장애인이 된 진정인이 일반 사무행정 업무를 수행할 수 있다는 주치의 소견서를 제출하였음에도 불구하고 장애 때문에 업무를 감당할 수 없다는 주장 외에는 다른 정당한 근거 없이 진정인을 직권면직한 조치는 차별이라고 판단하였다. 국가인권위원회 2009. 11. 6.자 08진차1213 결정은, 손가락이 결손된 지체장애 6급의 진정인이 수습근무를 마쳤으나 회사 이미지에 나쁜 영향을 줄 수 있다는 이유로 해고통보를 받은 사안에서 이를 장애를 이유로 한 차별로 판단하였다.[1208]

(2) 정당한 편의제공의무

사용자는 장애인이 해당 직무를 수행함에 있어서 장애인 아닌 사람과 동등한 근로조건에서 일할 수 있도록, ⅰ) 시설·장비의 설치 또는 개조, ⅱ) 재활, 기능평가, 치료 등을 위한 근무시간의 변경 또는 조정, ⅲ) 훈련 제공 또는 훈련에 있어 편의제공, ⅳ) 지도 매뉴얼 또는 참고자료의 변경, ⅴ) 시험 또는 평가과정의 개선, ⅵ) 화면낭독·확대 프로그램, 무지점자단말기, 확대 독서기, 인쇄물음성변환출력기 등 장애인보조기구의 설치·운영과 낭독자, 한국수어 통역자 등의 보조인 배치의 정당한 편의를 제공하여야 한다(장애인차별금지법 11조 1항). 정당한 편의의 구체적 내용 및 적용 대상 사업장의 단계적 범위 등에 관하여는

1206) 위 판결은 2014. 7. 24. 확정되었다.
1207) 다만, 대법원은 원고의 근무성적평정 등 여러 사정에 비추어 볼 때 피고가 그 인사권에 수반되는 재량권 행사의 일환으로 소정의 절차를 거쳐 행한 소외인에 대한 보건소장임명처분에 중대·명백한 하자가 있다고는 인정하기 어렵다는 이유로 원고의 상고를 기각하였다.
1208) 위 사건에서 피진정인은 고객 중심인 서비스업 특성상 손에 장애가 있는 진정인이 업무를 수행하기 곤란하다고 주장하였으나, 국가인권위원회는 위와 같은 주장은 단순히 고객의 선호나 신체적 능력에 대한 차별적 고정관념에 해당할 뿐 진정인이 특정 직무를 수행할 수 없는 정당한 사유가 아니라고 판단하였다.

대통령령으로 정하도록 되어 있다(11조 3항).[1209] 또한, 사용자는 정당한 사유 없이 장애를 이유로 장애인의 의사에 반하여 다른 직무에 배치하여서는 아니 된다(11조 2항).

　고용영역에서 정당한 편의제공 여부가 문제된 사례는 면접이나 시험과 관련된 것들이 많다. 광주지법 2016. 7. 7. 선고 2014구합12284 판결은, 면접시험에서 언어장애가 있는 뇌병변장애인에 대하여 의사소통을 위한 보조기구 제공 또는 사용의 허락 및 보조기구 사용을 감안한 면접시간의 연장 등과 같은 장애인의 능력평가를 위한 보조수단을 마련해야 함에도, 일반응시자와 같이 10분의 시간 동안 질문에 답변을 하도록 하고, 스케치북을 제공하는 외에 시험시간 연장 등 편의제공을 하지 아니한 것은 장애를 고려하지 아니하는 기준을 적용함으로써 원고에게 불리한 결과를 초래하는 간접차별에 해당한다고 판단하였다.[1210] 서울행법 2017. 6. 16. 선고 2016구합75586 판결은, 뇌병변 1급의 장애로 인하여 의사소통이 원활하지 못한 원고에게 구술면접에서 의사소통 조력인을 지원하지 아니한 것은 장애인차별금지법이 규정한 정당한 편의제공을 거부한 행위라고 판단하였다.[1211] 서울중앙지법 2017. 2. 9. 선고 2015가합519728 판결은 청각장애인인 원고에 대하여 면접절차에서 문자통역, 시험시간 연장 등의 정당한 편의를 제공할 의무가 있음에도 이를 이행하지 않은 것은 장애인차별금지법 4조 1항 3호에서 정한 차별행위에 해당한다고 판단하였다.[1212] 국가인권위원회 2015. 8. 20.자 15진정0627300 결정은, 7급 세무직 공무원의 회계학 시험에서 손을 자유롭게 쓰지 못하는 장애인에게 다른 장애인 응시자와의 형평성과 대리응시 의혹 등으로 피진정인이 메모대필을 허용하지 않기로 결정한 것은 정당한 사유가 인정되기 어려우므로 피해자가 차별받지 않도록 장애인차별금지법 10, 11조에 의하여 시험편의가 제공될 필요가 있다고 판단하였다.

1209) 장애인차별금지법 시행령 5조에서 정한, 사용자가 제공하여야 할 정당한 편의의 구체적 내용은, ⅰ) 직무수행 장소까지 출입가능한 출입구 및 경사로, ⅱ) 작업수행을 위한 높낮이 조절용 작업대 등 시설 및 장비의 설치 또는 개조, ⅲ) 재활, 기능평가, 치료 등을 위한 작업일정 변경, 출·퇴근시간의 조정 등 근로시간의 변경 또는 조정, ⅳ) 훈련 보조인력 배치, 높낮이 조절용 책상, 점자자료 등 장애인의 훈련 참여를 보조하기 위한 인력 및 시설 마련, ⅴ) 장애인용 작업지시서 또는 작업지침서 구비, ⅵ) 시험시간 연장, 확대 답안지 제공 등 장애인의 능력 평가를 위한 보조수단 마련이다.
1210) 피고 교육감 등이 광주고법 2016누4361호로 항소하였으나 2016. 12. 8. 항소기각 판결이 선고되었고, 위 판결은 2017. 1. 3. 확정되었다.
1211) 2017. 7. 5. 확정.
1212) 2017. 2. 25. 확정.

　　직무수행 과정에서 정당한 편의제공 여부가 문제된 사례는, ○○교육감에게 진정인이 교원으로서 원활한 직무수행을 할 수 있도록 근로지원인 및 보조공학기기 등 필요한 지원을 할 것을 권고한 국가인권위원회 2017. 4. 3.자 16진정0764100 결정이 있다.[1213)]

　　한편, 재직 중 장애를 입게 된 근로자에 대하여 장애를 이유로 해고, 면직 등의 처분을 한 경우, 판례는 주로 당해 처분의 요건 내지는 근기법 23조 1항의 '정당한 이유'를 판단하면서 당해 근로자가 수행할 수 있는 다른 적절한 업무가 존재하는지 여부, 사용자가 신체장애를 입은 근로자의 순조로운 직장 복귀를 위하여 담당 업무를 조정하는 등의 배려를 하였는지 여부, 소속 근로자의 수와 업무분장에 비추어 다른 업무로의 조정이 용이한지 여부 등을 종합적으로 고려해 왔으나,[1214)] 위와 같은 사안에서도 근로자가 단지 장애가 있다는 이유로 고용의

1213) 중학교 교사로 근무하는 진정인이 지체1급 전신마비 중증장애로 인하여 수업 준비 및 출퇴근에 많은 어려움이 있어 피진정인에게 근로지원인 및 보조공학기기 지원을 요청하였으나 법적 근거 및 예산이 없다는 이유로 지원을 받지 못한 사례이다.

1214) ① 대법원 1996. 12. 6. 선고 95다45934 판결은, 취업규칙에서 퇴직사유로 정한 '신체 장해로 인하여 직무를 감당할 수 없을 때'에 해당함을 이유로 한 퇴직처분의 정당성(근기법 23조 1항)은 '근로자가 신체 장해를 입게 된 경위 및 그 사고가 사용자의 귀책사유 또는 업무상 부상으로 인한 것인지의 여부, 근로자의 치료기간 및 치료 종결 후 노동능력 상실의 정도, 근로자가 사고를 당할 당시 담당하고 있던 업무의 성격과 내용, 근로자가 그 잔존노동능력으로 감당할 수 있는 업무의 존부 및 그 내용, 사용자로서도 신체 장해를 입은 근로자의 순조로운 직장 복귀를 위하여 담당 업무를 조정하는 등의 배려를 하였는지 여부, 사용자의 배려에 의하여 새로운 업무를 담당하게 된 근로자의 적응노력 등 제반 사정을 종합적으로 고려하여 판단하여야 한다'고 판시하였다. ② 서울행법 2012. 9. 25. 선고 2012구합9222 판결은, 위 대법원 95다45934 판결의 법리를 원용하면서 장애를 이유로 면직된 근로자는 면직처분 당시 불완전 사지마비로 일상생활을 위한 수시 개호와 휠체어 등의 보조구가 필요한 상태였으나, 당해 근로자의 업무는 육체노동을 필요로 하는 것이 아니고, 양쪽 상지는 자유롭게 이용할 수 있어 컴퓨터 작업 등 사무직 업무를 수행하는 데는 별다른 지장이 없을 것으로 보이며, 설령 종전과 동일한 업무를 수행할 수 없다고 하더라도 사용자가 업무 내용의 조정, 전보 등과 같은 조치를 고려해 보지도 아니한 채 면직처분을 한 것은 부당하다고 판단하였다(위 판결은 2012. 10. 20. 확정되었다. 이에 대한 평석으로는 이수연d, 464~468면). ③ 대법원 2016. 4. 12. 선고 2015두45113 판결은, 재직 중 장애를 입은 지방공무원이 장애로 지방공무원법 62조 1항 2호에서 정한 '직무를 감당할 수 없을 때'에 해당하는지는 장애의 유형과 정도에 비추어 장애를 입을 당시 담당하고 있던 기존 업무를 감당할 수 있는지만을 기준으로 판단할 것이 아니라, 그 공무원이 수행할 수 있는 다른 업무가 존재하는지 및 소속 공무원의 수와 업무 분장에 비추어 다른 업무로의 조정이 용이한지 등을 포함한 제반 사정을 종합적으로 고려하여 합리적으로 판단하여야 한다고 판시한 후, 개인적인 교통사고로 하반신마비의 장애를 입은 지방소방공무원을 직권면직한 처분에 대하여, 휠체어 등 보조기구를 이용할 경우 소방공무원의 업무 중 현장 활동을 제외한 행정이나 통신 등의 내근 업무를 수행하는 데 지장이 없을 것으로 보이고, 소속 소방공무원의 수와 그 업무 분장에 비추어 내근 업무만을 담당하도록 하는 것이 가능해 보인다는 등의 이유를 들어 위 처분이 위법하다고 판단한 원심의 판단을 수긍하였다(위 판결에 대한 평석으로는 이수연l, 166~173면).

전 과정에서 불리한 처우를 받지 않도록 장애인차별금지법상 정당한 편의제공 의무의 관점에서 해당 처분의 적법성을 판단할 수 있을 것이다.[1215]

(3) 의학적 검사의 금지

사용자는 채용 이전에 장애인 여부를 조사하기 위한 의학적 검사를 실시하여서는 아니 된다(장애인차별금지법 12조 1항 본문). 다만, 채용 이후에 직무의 본질상 요구되거나 직무배치 등을 위하여 필요한 경우에는 예외적으로 장애 여부에 관한 의학적 검사가 허용되는데,[1216] 이에 따라 의학적 검사를 실시할 경우 그 비용은 원칙적으로 사용자가 부담한다(12조 1항 단서, 2항). 사용자는 예외적으로 허용된 의학적 검사에 따라 취득한 장애인의 건강상태나 장애 또는 과거 장애 경력 등에 관한 개인정보를 누설하여서는 아니 된다(12조 3항).

마. 장애인차별에 대한 구제절차

(1) 국가인권위원회에 대한 진정

장애인차별금지법에서 금지하는 차별행위로 인하여 피해를 입은 피해자 또는 그 사실을 알고 있는 사람이나 단체는 국가인권위원회에 그 내용을 진정할 수 있다(장애인차별금지법 38조). 국가인권위원회는 위와 같은 진정이 없는 경우에도 장애인차별금지법에서 금지하는 차별행위가 있다고 믿을 만한 상당한 근거가 있고 그 내용이 중대하다고 인정할 때에는 이를 직권으로 조사할 수 있다(39조). 국가인권위원회는 장애인차별금지법이 금지하는 차별행위로 국가인권위원회법 44조에서 규정한 권고를 한 경우 그 내용을 법무부장관에게 통보하여야 한다(42조).

국가인권위원회는 장애인차별금지법뿐만 아니라 국가인권위원회법에 의해서도 장애차별에 관한 진정을 접수받아 조사 후 구제조치의 이행을 권고할 수 있다. 국가인권위원회법은 장애를 포함하여 19개의 사유로 고용, 재화와 용역 등의 공급 및 이용, 교육 및 직업훈련 등의 영역에서 차별하는 것을 금지하고(2조 3호), 차별을 당한 장애인이 국가인권위원회에 진정하여 구제를 받도록 하고 있다(30조). 국가인권위원회는 장애인차별금지법이 제정되기 이전까지는 국가인

1215) 이수연f, 49~50면.
1216) 앞서 본 국가인권위원회 2005. 6. 20.자 04진차119 결정에서는 경찰공무원, 해양경찰공무원 및 소방공무원의 임용에 있어 각 그 직무수행상 필요한 수준의 색각능력 기준을 구분하는 내용으로 해당 채용규정을 개정하고, 개정된 기준에 따라 정확한 색각능력을 측정하기 위한 단계별 검사를 실시하거나 보다 정밀한 검사방법을 사용할 것을 권고하였다.

권위원회법을 적용하여 장애차별을 조사하고 구제하였으나, 2008. 4. 이후부터
는 주로 장애인차별금지법에 근거하여 차별을 당한 장애인을 조사·구제하고
있다.[1217]

국가인권위원회가 설립된 2001. 11. 25. 이후 장애인차별금지법 시행 이전인
2008년 3월까지 국가인권위원회에 접수된 차별사건 4,508건 중 장애차별 진정
사건은 630건으로 14%의 비중을 차지하는 데에 불과하였다.[1218] 그러나 장애인
차별금지법 시행 이후 장애차별 진정사건의 비중이 획기적으로 증가하였고, 국
가인권위원회에 접수된 장애차별 진정사건의 변화를 보면, 2008년에 전체 차별
진정사건 1,380건 중 46.4%인 640건, 2009년에는 전체 차별진정사건 1,685건 중
43%인 725건이었으며 이러한 추세는 지속되어 2017년에는 전체 차별진정사건
3,152건 중 45.3%인 1,428건, 2018년에는 전체 차별진정사건 2,185건 중 50.5%
인 1,103건에 이르며 출범 이래 2018년까지 누계 전체 차별진정사건 28,748건
중 47%인 13,524건에 달한다. 2017년 장애차별 진정사건 처리 건수는 1,086건
으로 그중 인용된 사건이 91건, 조사 중 해결된 사건이 397건으로 권리구제율은
44.9%였으며, 2018년 장애차별 진정사건 처리 건수는 1,316건으로 그중 인용된
사건이 37건, 조사 중 해결된 사건이 507건으로 권리구제율은 41.3%였다.[1219]
장애차별 진정사건 처리과정에서 조사 중 해결사건이 많은 이유는 장애차별의
특성상 다양한 장애 유형에서 그리고 모든 생활영역에서 차별이 광범위하게 발
생하고 있기 때문인 것으로 보인다. 한편으론 장애인과 차별 가해자 사이의 장
애 또는 차별에 대한 상호이해 그리고 정당한 편의제공에 대한 인식, 편의제공
수단과 그 정도 등에 대한 사전의 상호 협의과정이 필요하다는 것을 의미하는
것일 수도 있다. 또한, 상당수의 차별행위는 차별 가해자가 장애인을 의도적으
로 제한·배제·분리·거부한다기보다는 자신의 행위가 장애인에 대한 차별임을
인지하지 못한 채 행동한 것이 결과적으로 장애인에 대한 차별을 야기하게 된
경우에 해당함을 의미한다고 볼 수 있다. 따라서 장애차별 사건의 사전적 예방
과 당사자 간의 상호협의, 자율적 해결을 위해서는 특히 정당한 편의제공과 관
련하여 그 제공수단이나 수준 등에 대한 상호조정과 합의가 필요하다는 인식을
공유할 필요가 있으며 이를 위하여 장애인교육 및 홍보 또한 적극적으로 실시

1217) 정영선, 154면.
1218) 정영선, 159면.
1219) 2018 국가인권위원회 통계 참조.

할 필요가 있다.[1220]

(2) 법무부장관의 시정명령

법무부장관은 장애인차별금지법이 금지하는 차별행위로 국가인권위원회로부터 권고를 받은 자가 정당한 사유 없이 권고를 이행하지 아니하고, ⅰ) 피해자가 다수인인 차별행위에 대한 권고 불이행, ⅱ) 반복적 차별행위에 대한 권고 불이행, ⅲ) 피해자에게 불이익을 주기 위한 고의적 불이행, ⅳ) 그 밖에 시정명령이 필요한 경우 중 하나에 해당하는 경우로서 그 피해의 정도가 심각하고 공익에 미치는 영향이 중대하다고 인정되는 경우 피해자의 신청에 의하여 또는 직권으로 시정명령을 할 수 있다(장애인차별금지법 43조 1항). 법무부장관이 차별행위자에게 명할 수 있는 시정명령은 차별행위의 중지, 피해의 원상회복, 차별행위의 재발방지를 위한 조치, 그 밖에 차별시정을 위하여 필요한 조치가 있다(43조 2항).[1221]

법무부장관이 피해자의 신청에 의하여 시정명령을 하는 경우에는 신청을 받은 날부터 3개월 이내에, 직권으로 시정명령을 하는 경우에는 권고 불이행을 확인한 날부터 3개월 이내에 시정명령을 하여야 한다(장애인차별금지법 시행령 21조). 법무부장관의 시정명령은 서면으로 하여야 하고, 그 이유를 구체적으로 명시하여 차별행위자와 피해자에게 각각 교부하여야 한다. 또한 위 서면에는 시정명령의 내용, 시정기한, 시정명령에 대한 불복절차가 명시되어 있어야 한다.

법무부장관의 시정명령에 불복하는 관계당사자는 그 명령서를 송달받은 날부터 30일 이내에 행정소송을 제기할 수 있고, 위 기간 이내에 행정소송을 제기하지 아니한 때에는 그 시정명령은 확정된다(장애인차별금지법 44조). 법무부장관은 확정된 시정명령에 대하여 차별행위자에게 그 이행상황을 제출할 것을 요구할 수 있으며, 피해자는 차별행위자가 확정된 시정명령을 이행하지 아니하는 경우에 이를 법무부장관에게 신고할 수 있다(45조). 확정된 시정명령을 정당한 사유 없이 이행하지 아니한 자는 3,000만 원 이하의 과태료에 처한다(50조 1항).

1220) 정영선, 165~166면.
1221) 법무부장관이 시정명령을 내린 사례는 2019. 12. 31. 현재까지 2건이 있다. 법무부장관은 2010. 4. 28. 진정인의 신청에 따라 장애를 이유로 직권면직을 결정한 ○○시 시설관리공단 이사장에게 진정인의 복직을 명하는 시정명령을 하였고, 2012. 9. 27. 직권으로 휠체어 장애인의 이동·접근권이 제한된 ○○역 앞 지하도 및 지하도상가의 관리주체인 ○○시장에게 장애인이동편의를 위한 승강기설치를 명하는 시정명령을 내렸다(각 시정명령 발령일자 법무부 보도자료 참조).

(3) 사법적 구제절차

㈎ 손해배상책임 및 입증책임의 분배

누구든지 장애인차별금지법의 규정을 위반하여 타인에게 손해를 가한 자는, 고의 또는 과실이 없음을 증명하지 못하는 한 그로 인하여 피해를 입은 사람에 대하여 손해배상책임을 진다(장애인차별금지법 46조 1항).

장애인차별금지법의 규정을 위반한 행위로 인하여 손해가 발생한 것은 인정되나 차별행위의 피해자가 재산상 손해를 입증할 수 없을 경우에는 차별행위를 한 자가 그로 인하여 얻은 재산상 이익을 피해자가 입은 재산상 손해로 추정한다(46조 2항). 그럼에도 불구하고 차별행위의 피해자가 입은 재산상 손해액을 입증하기 위하여 필요한 사실을 입증하는 것이 해당 사실의 성질상 곤란한 경우에는 법원은 변론 전체의 취지와 증거조사의 결과에 기초하여 상당한 손해액을 인정할 수 있다(46조 3항).[1222]

한편, 장애인차별금지법은 입증책임 배분에 관하여 명시적인 규정을 두고 있다. 즉, 차별행위가 있었다는 사실은 차별행위를 당하였다고 주장하는 자가 입증하여야 하고(47조 1항), 그에 따른 차별행위가 장애를 이유로 한 차별이 아니라거나 정당한 사유가 있었다는 점은 차별행위를 당하였다고 주장하는 자의 상대방이 입증하여야 한다(47조 2항). 입증책임을 위와 같이 배분한 것은 민사상 불법행위에서 원고가 지는 일반적 입증책임을 일부 완화하여 피고에게 전환한 특칙으로 장애차별 발생 시 손해배상청구가 용이하도록 하려는 정책적 고려의 결과이다.[1223] 이와 관련하여 위 서울중앙지법 2017. 2. 9. 선고 2015가합519728 판결은 차별행위에서 '장애인을 제한·배제·분리·거부 등에 의하여 불리하게 대한 사실'에 관한 입증책임은 차별행위를 당하였다고 주장하는 자가 부담하고, 그와 같은 제한·배제·분리·거부 등에 의하여 불리하게 대하는 경우가 '장애로 인한 차별'이 아니라거나 '정당한 사유가 있다'는 점에 관하여는 차별행위를 당하였다고 주장하는 자의 상대방이 입증하여야 하는 것으로 봄이 타당하다고 전제한 후[1224] 장애인인 원고가 선발과정에서 불합격한 사실이 인정되는 이상

1222) 장애인차별금지법에 징벌적 손해배상제도의 도입을 적극적으로 고려할 필요가 있다는 견해로는 김재원, 267~268면; 박종운c, 40면; 최윤희h, 387면. 박종운c, 40면에서는 징벌적 손해배상금의 한도를 입증액의 2~5배로 한다거나 배상액의 한도를 정하는 등의 방법을 통한 제한적 도입을 제시한다.

1223) 김재원, 268면.

피고는 원고가 선발과정에서 불합격한 것이 장애를 이유로 한 것이 아니라거나
정당한 사유가 있었다는 점을 입증하여야 한다고 판단하였다.

㈐ 법원의 구제조치

법원은 장애인차별금지법에서 금지된 차별행위에 관한 소송 제기 전 또는
소송 제기 중에 피해자의 신청으로 피해자에 대한 차별이 소명되는 경우 본안
판결 전까지 차별행위의 중지 등 그 밖의 적절한 임시조치를 명할 수 있다(장애
인차별금지법 48조 1항). 또한, 법원은 피해자의 청구에 따라 차별적 행위의 중지,
임금 등 근로조건의 개선, 그 시정을 위한 적극적 조치 등의 판결을 할 수 있다
(48조 2항). 나아가 법원은 차별행위의 중지와 차별시정을 위한 적극적 조치가 필
요하다고 판단하는 경우에 그 이행 기간을 밝히고, 이를 이행하지 아니하는 때
에는 늦어진 기간에 따라 일정한 배상을 하도록 명할 수 있으며, 이 경우 민사
집행법 261조(간접강제)를 준용한다(48조 3항).

법원이 손해배상 외에 위와 같은 구제조치를 명할 수 있도록 명시한 위 규
정은 다른 차별금지법에서는 찾아볼 수 없는 것으로[1225] 미국장애인법상 구제
수단으로 인정되는 강제명령(injunction)에서 큰 영향을 받은 것으로 보인다.[1226]
법원의 구제조치는 차별의 유형에 따라 구제방식도 다양하다는 점을 고려하여
법원이 개별 사안에 따라 적절한 방법으로 실질적인 구제를 할 수 있도록 함으
로써 구제의 효과를 제고하고자 마련된 것으로서,[1227] 차별의 금지 및 구제에

1224) 그 근거로 ① 차별행위를 당하였다고 주장하는 자가 '장애로 인한 차별'이라거나 '정당한
    사유가 없다'는 점에 관하여는 입증책임을 부담하지 않는다는 것이 장애인차별금지법 4조 1
    항 1호, 47조 규정의 체계적 해석에 부합하는 점, ② 장애인에 대한 제한·배제·분리·거부
    의 행위자는 차별행위를 당하였다고 주장하는 자의 상대방이므로, 그와 같은 차별행위가 장
    애를 이유로 한 것이라는 점에 관한 증거는 위 상대방에게 편재되어 있는 것이 일반적이어
    서 그와 같은 차별행위가 장애를 이유로 한 것이라는 점을 차별행위를 당하였다고 주장하는
    자에게 입증하게 하는 것은 증거에 대한 접근의 어려움, 장애인의 특수성 등을 고려할 때 지
    나치게 가혹하여 장애인차별금지법의 입법목적에 부합하지 않는다는 점을 들었다.
1225) 심재진i, 213면. 장애인차별금지법의 입법과정에서는 이른바 징벌적 손해배상의 인정 여부,
    단체소송 도입 여부 등에 관하여 그 논의가 집중되었고, 법원의 구제조치에 관하여는 입법의
    배경이나 도입의 근거, 규정 취지 등에 관하여 깊은 논의가 이루어지지 않았으나, 장애인차
    별금지법 제정을 위한 민관공동기획단 논의과정에서 법무부의 시정명령보다 더 강력한 구제
    방법이 필요하다는 의견이 제기되어 법원의 구제조치가 정부 측 법률초안에 포함되었다. 위
    규정이 입법화된 과정을 소개하고 있는 글로는 김재원·최초록·김구열, 248~252면; 남찬섭,
    5~53면; 변용찬·김성희·임성은, 94~107면.
1226) 차성안a, 91면. 미국장애인법상 강제명령제도 및 판례에 관하여는 김기석, 139~143면; 김재
    원, 270~274면; 김재원·최초록·김구열, 255~266면.
1227) 국가인권위원회가 2006. 7. 24. 국무총리에게 한 차별금지법 입법추진 권고결정. 위 권고결

관하여 법원의 권한을 창설한 규정이 아니라 법원의 권한을 구체적으로 확인한 규정이라고 보아야 한다. 위 규정은 앞서 본 바와 같이 장애인차별금지법의 입법 성과로 평가되어 장애인차별에 대한 매우 효과적인 구제수단으로서 많은 역할을 할 수 있을 것으로 기대되고 있다. 현재까지 위 규정에 따른 조치를 명한 판결은 그리 많지 않지만,[1228] 최근 대법원 2022. 2. 17. 선고 2019다217421 판결에서 그에 관한 법리를 상세히 설시하여 주목된다.[1229] 이하 적극적 조치를 중심으로 살펴본다.

　　① 소송의 형태　　　　먼저 장애인차별금지법 48조 2항에 따른 적극적 조치를 청구하는 소송이 행정소송인지 민사소송인지에 관하여, 서울고법 2018. 10. 19. 선고 2015나2041792 판결은, 차별을 받은 장애인은 차별행위의 주체를 상대로 민사소송의 절차에 따라 적극적 조치를 청구할 수 있다고 판단하였다.[1230]

－－－－－－－－－－

정에 첨부된 차별금지법 권고법안 38조는 법원의 구제조치를 규정하였고, 그 내용이 현행 장애인차별금지법 48조와 대동소이하다.

1228) 장애인차별금지법 시행 이후 2017년까지 선고된 판결을 전반적으로 분석하고 있는 글로는 김재왕, 1~49면. 법원이 적극적 조치를 명하는 데 소극적 태도를 보이고 있다고 평가하는 견해들이 있는데, 그 원인을 김기석, 126면은 사법적극주의에 대한 경계와 위 제도가 영미법계 고유의 제도로서 대륙법계인 우리 법현실에 이질적이라는 점에서, 김재원, 274~277면은 법원이 계약체결의 자유 내지 사적자치의 원칙을 고려하여 차별행위를 인정하면서도 위자료만을 인정하거나, 권력분립이론에 근거하여 행정부의 차별행위에 대하여 사법부가 시정을 명하는 이행판결을 내리기를 주저하는 점에서 찾으면서 법원의 이러한 태도는 극복되어야 한다고 주장한다. 법원의 소극적 태도가 원인이라는 것과는 시각을 달리하여 정연선, 155면은 장애인들이 쉽게 그리고 거의 비용을 들이지 않고 이용할 수 있는 국가인권위원회가 존재하고 있고, 장애인 당사자들과 인권단체들이 차별이 발생한 경우 비용과 시간, 법률가의 조력을 받지 못하는 등의 이유로 직접 법원에 제소하는 것을 꺼리는 데서 적극적 조치를 명한 판결이 축적되지 못하고 있다고 본다.

1229) 이에 앞서 대법원 2021. 4. 21. 선고 2018다203418 판결은 휠체어 사용자인 원고가 2층 광역 시내버스를 운행하는 피고회사를 상대로 피고회사가 장애인차별금지법상 교통사업자의 정당한 편의제공 의무를 위반하였다며 정신적 손해배상을 구한 사안에서, 위 버스에 설치된 휠체어 사용자를 위한 전용공간의 규모가 기준에 미달하므로 피고회사가 정당한 편의제공 의무를 위반하였다고 본 원심의 판단을 수긍하였으나, 다만, 피고회사에게 정당한 편의제공 의무 위반에 관하여 고의 또는 과실이 없다고 볼 여지가 충분하다는 이유로 원심판결을 파기환송하였다. 위 대법원 2018다203418 판결에 대하여 대법원이 본안 심리를 통해 적극적 조치 청구를 인정한 최초의 판결이라는 점에서 그 의의가 있으나, 정당한 편의제공의무 위반에도 불구하고 그에 대한 고의 또는 과실의 존재가 부정될 여지를 인정했다는 점에서 아쉬움이 남는다고 평가하고 있는 글로는 오대영, 100~101면.

1230) 그 근거는 ① 장애인차별금지법 46조, 48조, 민법 764조, 부정경쟁방지 및 영업비밀보호에 관한 법률 4 내지 6조, 10 내지 12조, 특허법 126조, 128조, 131조 등의 규정 내용 및 체계에 비추어 보면, 장애인차별금지법 48조 2항에 따른 구제조치(적극적 조치)는, 명예훼손이나 부정경쟁행위 등의 불법행위에 대한 구제방법과 유사하게 금전배상의 원칙을 규정한 장애인차별금지법 46조 1항에 따른 손해배상청구권과 함께 금전배상만으로는 차별행위의 피해자가 입은 손해를 충분히 전보할 수 없는 경우 차별행위의 중지 또는 시정 등을 위한 구제조치를

이에 대하여는 소송물 또는 그 전제가 되는 법률관계에 따라 소송의 형태가 민사소송인지 행정소송(당사자소송)인지를 결정해야 한다는 반론이 있다.1231)

　　② 소의 적법요건　　　위 대법원 2019다217421 판결은 적극적 조치 청구소송에서도 소의 적법요건으로서 당사자 사이에 구체적 권리 또는 법률관계에 관한 분쟁이 존재하여야 한다고 판시하였다. 다만, 이 경우 법원은 구체적인 사안별로 여러 사정을 종합하여 위와 같은 분쟁이 존재하는지를 판단하되 '비장애인'이 아니라 '장애인'의 입장에서 사안을 바라보는 감수성1232)을 잃지 않아야 하며, 구체적 권리 또는 법률관계에 관한 분쟁의 존재를 지나치게 엄격하게 요구함으로써 장애인이 이러한 권리보호의 자격을 인정받기 위해 무익한 노력을 하지 않도록 주의할 필요가 있음을 강조하였다.1233)

명함으로써 이를 보완하게 하려는 것으로, 그 법적 성질은 사법상의 권리인 손해배상청구권을 보완하는 구제방법 중 하나라고 할 것이고, 구제방법의 내용에 따라 소송의 형태나 그 절차를 달리하여야 하는 것은 아닌 점, ② 장애인차별금지법은 개인, 사법인 외에 국가, 지방자치단체, 공공단체 등도 차별금지규정의 수범자로 정하고 있는데, 국가나 지방자치단체가 장애인차별금지법을 위반하여 차별행위를 한 경우 그 차별행위의 피해자는 차별행위의 주체인 국가나 지방자치단체를 상대로 장애인차별금지법 46조 1항에 따른 손해배상청구를 할 수 있고, 나아가 장애인차별금지법 48조 2항에 따른 구제조치 청구도 할 수 있다고 할 것인 점, ③ 장애인차별금지법은 법무부장관의 시정명령에 불복하는 경우 행정소송을 제기할 수 있다고 규정하고 있는 반면(44조 1항), 48조 2항에 따른 구제조치 청구에 관한 소송의 법적 성질이나 관할에 대하여는 규정하고 있지 않으므로 구제조치 청구의 상대방이 행정주체라거나 그 대상이 행정청의 행정계획이나 시책 등 공법상의 법률관계에 관한 것이라는 이유만으로 반드시 행정소송의 대상으로 삼아야 할 논리필연적 당위성이 존재한다고는 볼 수 없는 점을 들고 있다. 위 판결은 위 대법원 2019다217421 판결의 원심판결이다. 다만, 이 부분 쟁점은 상고심에서 다루어지지 않았다.

1231) 윤준석, 349～354면. 그 근거로는 장애인차별금지법에서 소송유형에 대해 특별히 명시하지 않았으므로, 민사소송과 당사자소송을 구별하는 일반 원칙으로 돌아가 문제된 소송물 내지 전제된 법률관계가 무엇이냐를 기준으로 소송유형을 결정해야 할 것이라는 점, 적극적 조치가 금전배상을 보완하려는 성격이라 볼 수 없는 점, 민법이나 특허법 등에서의 필요한 처분 내지 조치와 달리 장애인차별금지법상의 적극적 조치 청구권은 손해배상청구권을 보완하는 구제방법 중 하나를 정한 것이 아니라 차별행위의 중지와 그 시정을 구할 수 있는 독자적인 청구권인 점 등을 든다.

1232) '장애감수성'이라는 용어에 대하여 아직 합의된 정의는 없는 것으로 보이나, 이를 '장애로 인한 일상생활 속의 유·불리함 또는 불균형을 인지하고, 이를 완화하거나 없애기 위해 노력하는 성질'로 정의하는 견해로는 양승광, 102～103면.

1233) 위 판결은, 시외버스회사 및 시내버스회사에 대하여 지체장애 1, 2급과 뇌병변장애 1급의 장애인인 원고들이 시외버스 및 시내버스 중 광역급행형, 직행좌석형, 좌석형 버스를 이용할 수 있도록 휠체어 승강설비를 제공하고, 저상버스의 도입을 청구한 사안이다. 일부 버스회사가 당사자 사이에 구체적 권리의무에 관한 분쟁이 없어 부적법하다는 본안전항변을 한 것에 대하여, 대법원은 위 본안전항변을 배척한 원심의 결론을 수긍하면서, 위 회사가 운행하는 시외버스는 저상버스가 아니고 휠체어 탑승설비도 설치되지 않았으므로 신체적 장애가 있는 원고들로서는 그 탑승을 포기, 단념할 수밖에 없었다고 보이며, 이처럼 원고들이 그들의 신

③ **법원의 적극적 조치 판결에 관한 재량과 그 한계**   장애인차별금지법상 적극적 조치는 법원이 원고가 청구한 내용에 기계적으로 기속될 필요가 없고,[1234] 원고가 청구한 목적을 고려하여 차별시정을 위한 적절한 조치를 명할 수 있다는 특징이 있다.[1235] 위 대법원 2019다217421 판결은 '적극적 조치 청구 소송을 담당하는 법원으로서는 피고가 차별행위를 하였다고 인정하는 경우 원고의 청구에 따라 차별행위의 시정을 위한 적극적 조치 판결을 하는 것을 전향적으로 고려하여야 하고, 그 적극적 조치의 내용과 범위 등을 구체적으로 결정할 때 폭넓은 재량을 가진다'고 판시하여 이 점을 명확히 하였다. 나아가 위 대법원 2019다217421 판결은 '법치국가 원리에서 파생되는 헌법상의 기본원리로서 모든 국가작용에 적용되는 비례의 원칙에 따라, 법원이 적극적 조치 판결을 할 때에도 원고와 피고를 비롯한 모든 이해관계인들의 공익과 사익을 종합적으로 비교·형량하여야 하며, 사인인 피고에게 재정 부담을 지우는 적극적 조치 판결을 할 때는 피고의 재정상태, 재정 부담의 정도, 피고가 적극적 조치 의무를 이행할 경우 국가나 지방자치단체 등으로부터 받을 수 있는 보조금을 비롯한 인적·물적 지원 규모, 상대적으로 재정 부담이 적은 대체 수단이 있는지, 피고가 차별행위를 하지 않기 위해 기울인 노력의 정도 등도 아울러 고려하여야 한다'고 하여 법원의 위 재량권에도 한계가 있음을 지적하였다.[1236]

체적 장애 때문에 버스 탑승을 포기, 단념하였다면 원고들과 위 회사 사이에 이미 구체적 권리 또는 법률관계에 관한 분쟁이 있다고 보는 것이 타당하다고 하였고, 버스 탑승을 실제로 시도한 경우에만 구체적 분쟁을 인정하는 것은 자력으로 버스에 탑승하기 어려운 장애인인 원고들에게 불필요한 노력을 요구하는 것으로 장애인차별금지법의 입법 정신에 들어맞는 법 해석이라고 보기 어렵다는 점을 근거로 제시하였다.

1234) 다만, 적극적 조치를 청구하는 소에서도 원고는 피고의 방어권 행사에 지장이 없도록 원고가 구하는 적극적 조치의 내용과 범위를 특정하여야 한다(위 대법원 2019다217421 판결). 이에 관하여 적극적 조치를 청구하는 소송에서 법원은 청구취지 특정 정도에 관한 기존의 관념을 재고하고, 차별 피해자를 효과적으로 구제하기 위해 일반 민사소송에서보다 적극적인 소송지휘와 석명권을 행사할 필요성이 있음을 지적하는 견해로는 황미정, 233면.

1235) 구본권, 173면.

1236) 위 사안에서 원심인 서울고법 2018. 10. 19. 선고 2015나2041792 판결은 피고 버스회사들에 원고들이 버스를 이용할 수 있도록 휠체어 탑승설비를 제공하라는 적극적 조치 판결을 하면서, 휠체어 탑승설비를 제공하여야 하는 대상 버스와 휠체어 탑승설비 제공의무의 이행기를 따로 정하지 않았는데, 이에 대하여 위 대법원 2019다217421 판결은 '피고 버스회사들이 운행하는 노선 중 원고들이 향후 탑승할 구체적·현실적인 개연성이 있는 노선, 피고 버스회사들의 자산·자본·부채, 현금 보유액이나 향후 예상영업이익 등 재정상태, 휠체어 탑승설비 제공 비용을 마련하기 위한 운임과 요금 인상의 필요성과 그 실현 가능성, 피고 버스회사들이 휠체어 탑승설비를 제공할 경우 국가나 지방자치단체 등으로부터 받을 수 있는 보조금을 비롯한 인적·물적 지원 규모 등을 심리한 다음 이를 토대로 이익형량을 하여 휠체어 탑승설

④ 적극적 조치의 일반적 차별시정 효과   법원이 명한 적극적 조치는 아래 ㉡ 판결에서 보듯이 해당 차별 피해자의 권리구제 외에 사실상 향후 동일 또는 유사한 장애를 가진 사람들에 대한 차별행위가 일반적으로 시정되는 효과를 가져 온다.[1237] 적극적 조치를 명한 판결이 대세효를 가진다거나 제3자에게도 효력이 미친다고는 볼 수 없지만,[1238] 이로써 법원의 적극적 조치가 장애인차별금지법 1조에서 명시한 입법목적을 달성하는 데 유효적절한 수단임을 알 수 있다.

⑤ 구체적 사례   적극적 조치를 명한 구체적 사례를 보면, ㉠ 전주지법 군산지원 2014. 7. 3. 선고 2013가합2599 판결은, 대학교 4급 사무직으로 근무하고 있던 중 교통사고로 지체장애 1급의 장애인이 된 원고에 대하여 직급상 유일한 보직대상자였음에도 불구하고 교통사고로 인한 장애로 업무를 원활히 수행할 수 없다는 점을 들어 보직을 부여하지 않은 것은 장애를 이유로 한 정당한 이유 없는 차별에 해당한다고 판단하면서 원고에 대하여 금전적 손해를 배상하고, 보직 심사의 대상자에 원고를 포함시키라는 적극적 조치를 명하였다. 위 판결은 법원이 적극적 구제조치 청구를 최초로 인용한 것이라는 점에서 의의가 있다.[1239] ㉡ 서울중앙지법 2015. 9. 4. 선고 2014가합593279 판결[1240]은,

---

비 제공 대상 버스와 그 의무 이행기 등을 정했어야 함에도, 이러한 이익형량을 다하지 아니한 채 피고 버스회사들에 즉시 모든 버스에 휠체어 탑승설비를 제공하도록 명한 원심판결에는 법원의 적극적 조치 판결에 관한 재량의 한계를 벗어나 판결 결과에 영향을 미친 잘못이 있다'고 판단하여 원심판결을 파기환송하였다. 현재 서울고법 2022나2007608호로 파기환송심이 소송계속 중이다. 한편, 위 사건에서 원고들은 각 버스회사에 대하여 저상버스의 도입도 청구하였으나, 제1심인 서울중앙지법 2015. 7. 10. 선고 2014가합11791 판결 및 위 항소심 법원은 현재 국내 제조사에서는 일반형 시내버스에 관한 저상버스만을 개발하여 판매하고 있을 뿐이고, 정부의 정책이 부재한 상태에서 교통사업자가 장거리 이동을 위한 저상버스의 개발 및 도입을 시도하는 것에 한계가 있는 점, 장애인이 장거리 이동을 위하여 시외버스, 광역버스 등을 이용하는 경우에 저상버스만이 유일하게 접근가능한 수단인 것은 아니고, 휠체어 승강설비 등과 같이 해당 버스에 장애인이 접근가능하고 이용가능한 대체 수단이 존재하며, 원고들이 주장하는 해외 사례에서도 저상버스가 아닌 휠체어 승강장비 등을 도입하는 사례가 있는 점 등에 비추어 위 각 버스회사들이 저상버스를 도입하지 아니한 것이 장애인에 대하여 정당한 편의를 제공하지 아니한 차별행위에 해당한다고 보기 어렵다는 이유로 이 부분 청구는 받아들이지 않았고, 이 부분 결론은 상고심인 위 대법원 2019다217421 판결에서 그대로 유지되었다.

1237) 황미정, 232면.
1238) 구본권, 164~166면.
1239) 김재원·최초록·김구열, 267면. 위 판결은 2014. 7. 24. 확정되었다. 위 사건의 원고는 피고가 위 판결이 확정된 후에도 공석이 된 보직 심사대상에 원고를 포함시키지 않자 다시 피고를 상대로 전주지법 군산지원 2015가합11078호로 원고에게 구제조치로서 보직을 부여하고, 금전적 손해배상을 할 것을 청구하였으나, 위 법원은 2015. 11. 19. 특정한 보직 부여에 대한

지적장애인인 원고들이 그 부모와 함께 피고가 운영하는 놀이시설에서 우주전
투기라는 놀이기구에 탑승하려다가 지적장애가 있다는 이유로 탑승을 거부당한
사안에서, 이는 지적장애를 사유로 장애인 아닌 사람에게 제공하는 것과 동등하
지 않은 수준의 편익을 제공함으로써 장애인을 불리하게 대하는 장애인 차별행
위에 해당한다고 판단한 다음, 원고들에게 위 차별행위에 따른 정신적 손해에
대한 위자료 지급과 함께 적극적 조치로서 피고가 위 놀이기구와 관련하여 제
작한 안전가이드북의 문구를 수정할 것을 명하는[1241] 한편 장애인차별금지법
48조 3항에 근거하여 피고가 판결 선고일부터 60일 이내에 위 문구를 수정하지
아니할 경우 의무 완료일까지 1일 10만 원의 배상을 하도록 명하였다.[1242]

　　㈐ 형사처벌

　　장애인차별금지법 49조 1항과 2항은 차별행위가 악의적인 것으로 인정되는
경우 법원은 차별을 한 자에 대하여 3년 이하의 징역 또는 3,000만 원 이하의
벌금에 처하고, 이 때 악의적이라 함은 차별의 고의성, 지속성 및 반복성, 차별
피해자에 대한 보복성, 차별 피해의 내용 및 규모 등을 고려하여 판단한다고 규
정하고 있다.

　구제조치는 균등한 기회 제공을 넘는다는 이유로 원고의 청구를 기각하고, 보직 심사대상에
원고를 포함시키지 않은 데 대한 위자료만을 인용하는 판결을 선고하였다. 위 판결은 2015.
12. 5. 확정되었다.

1240) 2015. 9. 22. 확정.

1241) 원고들에 대한 놀이기구 이용 거부조치 당시 피고가 마련한 가이드북에는 '신장 110cm 미
만의 어린이는 보호자 동반 하에 그 탑승이 허용된다'는 내용과 함께, "우주전투기는 탑승
중 보호자의 통제가 어렵고 안전확보가 반드시 필요한 시설로 정신적 장애가 있으신 분은
보호자가 동반하여도 이용하실 수 없습니다."라고 기재되어 있었는데, 이 사건 소 제기 이후
피고는 위 기재 부분을 "우주전투기는 탑승 중 보호자의 통제가 어렵고 안전확보가 필요한
시설로 정신적 장애가 있으신 분은 탑승 전 근무자에게 먼저 문의주시기 바랍니다."라는 내
용으로 수정하였고, 법원은 위와 같이 수정된 문구 중 '정신적 장애가 있으신 분은' 부분을
'신체적 또는 정신적으로 불안정하여 탑승 시 자신의 안전을 저해할 우려가 있는 분은'으로
수정할 것을 명하였다.

1242) 위 판결에서는 장애인차별로 보지 않는 경우는 '정당한 사유가 입증된 경우에 한하여 예외
적으로 허용될 수 있되, 위와 같은 차별행위가 허용되는 경우라고 하더라도 그 차별의 정도
는 최소한에 그쳐야 한다'고 판시하면서 지적장애인에 대한 놀이기구 탑승 거부조치는 지적
장애인의 안전을 위한 목적에서는 타당하다고 하여도 부분적인 제한이 아닌 일률적 금지는
타당하지 않다고 판단하였는데, 이에 대하여 차별로 보지 않는 정당화 사유에 대해 법원이 엄
격한 심사기준을 적용하였다는 점에서 의의가 있다고 평가하는 견해로는 심재진i, 224~225면.

812 　　　　　　　　　　　　제 1 장　총　　칙

Ⅳ. 균등대우원칙 위반의 효과와 구제절차

1. 고용상 차별에 대한 구제절차 개관

앞서 검토한 바와 같이 고용상 차별을 금지하는 현행 법제는 헌법 11조 1
항을 정점으로 하여, 근로자 일반에 대한 근로조건의 최저한을 정한 근기법 6조
에서 균등대우원칙을 규정하고 있으며, 그와 별도로 개별적 입법을 통해 성별
(남녀고용평등법), 고용형태(기간제법 및 파견법), 연령(고령자고용법), 장애(장애인차
별금지법)를 이유로 한 차별을 금지하고, 각기 상이한 구제절차를 규정하고 있
다. 한편, 국가인권위원회법은 열아홉 가지 사유에 이르는 평등권 침해의 차별
행위를 규정하고 그에 대한 조사와 구제를 국가인권위원회의 업무로 정하고 있
다. 이를 개관하면 다음과 같다.1243)

1243) 우리나라 '고용차별 분쟁처리제도'의 변천을 5단계로 나누어 설명하고 있는 글로는 김엘림
p, 451~454면. 이에 의하면 ① 1단계는 1953. 5. 10. 근기법이 제정된 때부터 1987. 12. 4. 남녀
고용평등법이 제정되기 전까지로 제도적 생성기라 할 수 있다. 이 시기에는 사법경찰관의 권
한을 가진 '근로감독관'으로 하여금 위법한 고용차별행위에 대한 진정을 접수, 처리하게 하
였다. ② 2단계는 남녀고용평등법 제정 시부터 2001. 5. 24. 국가인권위원회법 제정 때까지로,
이 시기에 성차별분쟁을 전담 처리하는 제도가 마련되어 발전되었다. 즉, 남녀고용평등법의
제·개정을 통해 성차별과 직장 내 성희롱 등에 관한 근로자의 고충을 사업장 내에서 노사
자율적으로 해결하는 제도 및 6개 지방노동청별로 '고용평등위원회'가 설치되어 근로자대표
위원, 사용자대표위원, 공익위원이 조정으로 분쟁을 해결하는 제도가 마련되었다(출범 당시에
는 '고용문제조정위원회'라는 명칭으로 주로 여성근로자의 차별에 관한 고충을 처리하는 기
능을 하였다가 1995. 8. 4. 남녀고용평등법 개정 시 고용평등위원회로 명칭이 변경되고 고충처
리 외에 남녀고용평등과 모성보호 등 여성근로자의 복지증진을 위한 협의기능도 수행하였다.
1999년 7월부터는 직장 내 성희롱에 대한 고충을, 2011년 11월부터는 남성근로자의 차별에
대한 고충도 각 처리하게 되었다). 1999. 2. 8. 구 차별구제법이 제정되면서 1999년 7월 대통
령 직속 여성특별위원회에 '남녀차별개선실무위원회'라는 명칭으로 성차별분쟁을 전담 처리
하는 기구가 설치되었다가 2001년 1월 구 여성부 산하 기구로 개편되면서 명칭도 '남녀차별
개선위원회'로 변경되었다. 남녀차별개선위원회는 조정뿐 아니라 합의권고, 시정권고, 남녀
차별제도 개선에 관한 의견표명, 소송지원 등 매우 다양한 기능을 수행하였다. ③ 3단계는
국가인권위원회법의 제정으로 성차별분쟁을 고용평등위원회, 남녀차별개선위원회, 국가인권
위원회에서 각 처리한 시기이다. ④ 4단계는 성차별분쟁의 전담 처리기구가 폐지되고 '국가
인권위원회'가 차별의 조사·구제업무를 일괄하여 처리한 시기이다. 2005. 3. 24. 구 차별구제
법이 폐지됨에 따라 남녀차별개선위원회는 2005. 6. 23. 폐지되었고, 고용평등위원회도 2006.
3. 1. 폐지되었다. ⑤ 5단계는 차별금지에 관한 개별 법률이 보다 다양해지면서 국가인권위
원회 외에 노동위원회, 고용노동부장관, 법무부장관 등 다양한 행정기관이 고용차별분쟁을
처리하는 현재의 시기이다. 2006. 12. 21. 기간제법 제정 및 파견법 개정에 따라 차별시정제
도가 신설되어 '노동위원회'가 비정규직 근로자에 대한 차별적 처우에 관한 분쟁을 처리하
게 되었다. 2007. 4. 10. 장애인차별금지법 제정, 2008. 3. 21. 고령자고용법 개정에 따라 차별
에 관한 진정을 국가인권위원회가 담당하여 처리하되, 국가인권위원회의 차별행위 시정 내

제 6 조(균등한 처우)　　　　813

근기법은 6조 위반에 대하여 사용자를 형사처벌하는 벌칙규정(법 114조 1호, 500만 원 이하의 벌금)을 두고 있으며, 고용노동부와 그 소속기관에 근로감독관을 두어 근기법을 위반한 차별행위에 대하여 현장조사, 장부와 서류 제출 요구, 심문 등을 할 수 있도록 규정하고 있다(법 101 내지 105조).[1244] 또한, 사용자가 정당한 이유 없이 근로자를 차별하여 해고, 휴직, 정직, 전직, 감봉 그 밖의 징벌(이하 '부당해고등'이라 한다)을 한 경우, 근로자는 노동위원회에 구제신청을 할 수 있다(법 23조 1항, 28조). 다만, 그 구제대상이 부당해고등으로 제한되어 있어 그에 해당하지 않는 임금·금품 지급, 교육·훈련 등의 차별행위에 대해서는 차별을 당한 근로자가 노동위원회에 구제신청을 할 수 없는 한계가 있다.[1245]

남녀고용평등법은 고용관계에서 발생하는 성차별 문제를 사업장 내에서 자율적으로 해결하는 규정들(23 내지 25조)과 7조 내지 11조 위반 시에 사용자를 형사처벌하는 벌칙규정(37조)[1246]을 두고 있으며 2021. 5. 18. 법률 18178호로 개정 시 노동위원회를 통한 '차별시정제도'를 도입하였다. 즉, 남녀고용평등법 26조 1항은 근로자가 고용상 성차별 등을 받은 경우 노동위원회에 그 시정을 신청할 수 있다고 규정하고, 27조 이하에서 시정절차에 관한 구체적인 내용을, 29조의5에서 고용노동부장관의 차별적 시정요구 및 통보제도를, 29조의6에서 확정된 시정명령의 효력 확대를 규정하였다.

기간제법과 파견법은 2006. 12. 21. 노동위원회를 통한 '차별시정제도'를 도입하였다. 즉, 기간제법 9조와 파견법 21조 2항은 비정규직 근로자가 차별적 처우를 받은 경우 노동위원회에 그 시정을 신청할 수 있다고 규정하고, 기간제법

지 개선 권고를 정당한 이유 없이 불이행하는 자에 대하여 일정 요건 하에 소관 부처인 '법무부장관'(장애인차별금지법)과 '고용노동부장관'(고령자고용법)이 각 시정명령을 내릴 수 있도록 하였다. 김엘림p, 454면은, 위와 같은 고용차별 분쟁처리제도의 생성과 변화가 공론화와 일관된 원칙 없이 주로 입법 당시의 정치적·정책적 상황에 따라 이루어졌고, 그 결과 고용차별분쟁의 특수성을 고려한 전문적인 분쟁처리제도가 마련되지 못하였다고 평가하고 있다.

1244) 근로감독관 제도에 관한 자세한 내용은 법 101조 내지 105조에 대한 해설 참조.
1245) 홍관표b, 320면.
1246) 남녀고용평등법은 차별의 유형에 따라 벌칙을 달리 정하고 있다. 11조(정년, 퇴직, 해고차별 금지) 위반 시에는 5년 이하의 징역 또는 3,000만 원 이하의 벌금(37조 1항), 8조 1항(임금차별 금지) 위반 시에는 3년 이하의 징역 및 3,000만 원 이하의 벌금(37조 2항 1호), 그 밖에 7조(모집·채용차별 금지), 9조(임금 이외 금품제공차별 금지), 10조(교육·배치·승진차별 금지) 위반 시에는 500만 원 이하의 벌금(37조 4항 1호·2호·3호). 남녀고용평등법 벌칙규정의 변천과정에 관하여는 박선영b, 54~55면 참조. 이에 의하면, 남녀고용평등법 개정 시마다 양형수준이 높아지거나 처벌 범위가 확대되었음을 알 수 있다.

10조 이하에서 시정절차에 관한 구체적인 내용을 규정하며, 이를 파견법 21조 3
항에서 준용하고 있다. 또한, 기간제법과 파견법은 2012. 2. 1. 개정을 통해 고용
노동부장관의 차별적 처우 시정요구 및 통보제도를 신설하였다(기간제법 15조의2,
파견법 21조의2).

　　고령자고용법은 연령차별에 대한 구제절차를 국가인권위원회 진정 및 권
고, 국가인권위원회의 권고 불이행을 전제로 한 고용노동부장관의 시정명령으로
이원화하는 방식을 채택하고 있다. 즉, 연령차별을 당한 근로자 또는 근로자가
되려는 자는 국가인권위원회에 그 내용을 진정할 수 있고, 사업주가 정당한 사
유 없이 국가인권위원회의 권고를 이행하지 아니할 경우에는 고용노동부장관에
게 시정명령을 내려줄 것을 신청할 수 있다(4조의6, 4조의7). 고용노동부장관은 피
해자의 신청 또는 직권에 의해 국가인권위원회로부터 구제조치 등의 권고를 받
은 사업주가 정당한 사유 없이 권고를 이행하지 아니하여 피해자가 다수이거나
반복적인 연령차별행위 등에 해당하고 그 피해의 정도가 심각하다고 인정되면
시정명령을 할 수 있다(4조의7). 사업주가 정당한 사유 없이 시정명령을 이행하지
아니하는 경우에는 3,000만 원 이하의 과태료를 부과한다(24조 1항). 한편, 고령자
고용법은 모집·채용 단계의 연령차별에 대해서는 사업주를 500만 원 이하의
벌금에 처하는 벌칙규정을 두고 있다(23조의3 2항, 4조의4 1항 1호).

　　장애인차별금지법은 고령자고용법과 마찬가지로 장애인차별에 대한 구제절
차를 이원화하는 방식을 채택하여, 국가인권위원회의 진정·직권조사 및 권고(38
조 내지 41조)와 국가인권위원회의 권고 불이행을 전제로 한 법무부장관의 신청
또는 직권에 의한 시정명령(43조 내지 45조)을 규정하고 있으며, 손해배상과 입증
책임에 관한 특칙(46조, 47조)과 함께 법원이 차별행위에 대하여 중지, 근로조건의
개선, 그 시정을 위한 적극적 조치를 할 수 있으며, 관련 소송 제기 전 또는 소
송 중에도 요건에 따라 차별행위의 중지 등 적절한 임시조치를 명할 수 있도록
규정하고 있다(48조). 확정된 시정명령을 정당한 사유 없이 이행하지 아니한 자
는 3,000만 원 이하의 과태료에 처한다(50조 1항). 또한, 장애인차별금지법은 차별
행위가 악의적인 것으로 인정되는 경우 차별을 한 자를 3년 이하의 징역 또는
3,000만 원 이하의 벌금에 처하는 벌칙규정을 두고 있다(49조 1항).

　　국가인권위원회법은 4장에서 인권침해 및 차별행위의 조사와 구제에 관하
여 규정하고 있는데, 그중 차별행위에 관하여 보면, 국가기관, 지방자치단체 등,

법인, 단체 또는 사인(私人)으로부터 차별행위를 당한 피해자 또는 그 사실을 알고 있는 사람이나 단체는 국가인권위원회에 그 내용을 진정할 수 있고(30조 1항), 진정이 없는 경우에도 국가인권위원회가 차별행위가 있다고 믿을 만한 상당한 근거가 있고 그 내용이 중대하다고 인정할 때에는 직권으로 조사할 수 있다(30조 2항). 국가인권위원회는 조사결과 차별행위가 일어났다고 판단할 때에는 피진정인, 그 소속 기관·단체 또는 감독기관의 장에게 차별행위의 중지, 원상회복, 손해배상, 그 밖에 필요한 구제조치의 이행, 동일하거나 유사한 차별행위의 재발을 방지하기 위하여 필요한 조치의 이행, 법령·제도·정책·관행의 시정 또는 개선을 권고할 수 있으며(42조 4항, 44조 1항). 그 밖에 합의 권고(40조), 조정(42조), 고발 및 징계권고(45조), 긴급구제 조치의 권고(48조) 등을 할 수 있다.

고용상 차별에 대한 구제절차는 이를 담당하는 기관을 기준으로 사업장 내 고충처리기관 등에 의한 노사 자율적 구제절차, 국가인권위원회 및 행정기관(노동위원회, 고용노동부장관, 법무부장관)에 의한 행정적 구제절차,[1247] 법원에 의한 사법적 구제절차로 분류할 수 있고, 차별금지사유를 기준으로 성차별 구제절차, 비정규직차별 구제절차, 연령차별 구제절차, 장애차별 구제절차 등으로 분류할 수도 있다. 이하 전자의 기준에 따라 서술한다.

2. 노사 자율적 구제절차

현행 법 중 노사 자율적 구제절차를 규정하고 있는 것은 남녀고용평등법이 유일하다. 노사 자율적 구제절차로는 남녀고용평등법 제정 당시부터 규정되었던 고충처리와 2001. 8. 14. 개정 시 도입된 민간단체에 의한 상담지원 및 명예고용 평등감독관 제도가 있다.

가. 고충처리

남녀고용평등법은 제정 당시 "사업주는 모집과 채용, 정년·퇴직 및 해고, 육아휴직, 육아시설 등의 규정에 의한 사항에 관하여 근로여성으로부터 고충의 신고를 받은 때에는 고충처리기관(사업주를 대표하는 자 및 당해 사업장의 근로자를 대표하는 자를 구성원으로 하는 당해 사업장의 고충처리기관을 말한다)에 대하여 당해

1247) 국가인권위원회는 인권의 보호와 향상을 위한 업무를 수행하기 위하여 설립된 독립적인 국가기구라 할 수 있으나(국가인권위원회법 3조), 이 글에서는 행정적 구제절차를 노사 자율적 구제절차를 제외한 비사법적 구제절차라는 넓은 의미로 사용하고, 이에 국가인권위원회에 의한 구제절차를 포함한다.

고충의 처리를 위임하는 등 그 자율적인 해결을 위하여 노력하여야 한다."고 규
정하였다(14조). 1989. 4. 1. 개정 시 고충을 신고할 수 있는 사항에 임금, 교육·
배치 및 승진 등이 추가되었고, 고충처리기관 구성 시 당해 사업장에 노동조합
이 있는 경우에는 그 노동조합의 여성 근로자대표가 근로자를 대표하도록 하였
다(14조). 1995. 8. 4. 개정에서는 고충을 신고할 수 있는 사항에 임금외의 금품
등이 추가되었고, 고충처리기관을 설치하여야 할 사업주의 범위, 설치방법, 고충
처리절차 기타 필요한 사항을 대통령령으로 명시하도록 하였다(14조 3항). 이에
따라 남녀고용평등법 시행령 11조, 11조의2는 상시 30인 이상의 근로자를 사용
하는 사업 또는 사업장의 사업주는 고충처리기관을 설치하여야 하고, 사업주를
대표하는 자와 근로자를 대표하는 자를 동수로 하여 고충처리기관을 구성하되
각각 10인 이내(상시 사용하는 근로자가 50인 미만인 사업장의 경우에는 각각 2인 이
내)로 하도록 하였다. 1999. 2. 8. 개정에서는 고충을 신고할 수 있는 사항에 직
장 내 성희롱이 추가되었다. 2001. 8. 14. 전부개정 시 조문의 위치가 25조로 바
뀌었고 고충을 신고할 수 있는 사항에 산전후휴가급여, 직장과 가정생활의 양립
지원에 관한 사항까지 확대되었으며, 당해 사업장에 노사협의회가 있을 경우 고
충처리기관을 대체할 수 있도록 하는 규정이 포함되었다(25조 2항 단서). 2005. 12.
30. 개정 시 고충의 처리를 노사협의회에 위임하도록 하여 법률 및 시행령에서
고충처리기관에 대한 내용이 모두 삭제되었다. 2007. 12. 21. 개정 시 고충을 신
고할 수 있는 사항에 고객 등에 의한 성희롱 방지, 배우자 출산휴가, 육아기 근
로시간 단축, 직장보육시설 설치 및 지원, 그 밖의 보육 관련 지원 등에 관한
사항까지 확대되어 현재에 이르고 있다.

  나. 민간단체에 의한 상담지원

    남녀고용평등법 23조는 "고용노동부장관은 차별, 직장 내 성희롱, 모성보호
및 일·가정 양립 등에 관한 상담을 실시하는 민간단체에 필요한 비용의 일부를
예산의 범위에서 지원할 수 있다."고 규정하고 있다. 고용노동부는 2001. 8. 14.
개정으로 위 규정이 신설되기 이전인 2000년부터 민간단체 10개소를 선정하여
'민간단체 고용평등상담실'을 시범 운영하였고, 이후 6개소를 추가하여 2018년
현재 21개소의 민간단체 운영에 일부 비용을 지원하고 있다. 2018년에는 위 21
개 민간단체 고용평등상담실을 통하여 고용상 차별, 직장 내 성희롱, 모성보호

등 모두 9,895건(중복상담 포함)의 상담을 실시하여 그중 7,038건에 대하여는 권리구제절차 등을 안내하였으며, 978건은 상담실을 통하여 직접 해결하였고, 935건은 지방고용노동관서 등 행정기관에 이송하여 처리하였다.[1248]

다. 명예고용평등감독관 제도

명예고용평등감독관 제도는 2001. 8. 14. 남녀고용평등법 개정 시 처음 도입되어 현재까지 제도상의 큰 변화 없이 유지되고 있다. 고용노동부장관은 사업장의 남녀고용평등 이행을 촉진하기 위하여 그 사업장 소속 근로자 중 노사가 추천하는 자를 명예고용평등감독관으로 위촉할 수 있고(남녀고용평등법 24조 1항), 명예고용평등감독관은 해당 사업장의 차별 및 직장 내 성희롱 발생 시 피해 근로자에 대한 상담·조언, 해당 사업장의 고용평등 이행상태 자율점검 및 지도 시 참여, 법령위반 사실이 있는 사항에 대하여 사업주에 대한 개선 건의 및 감독기관에 대한 신고, 남녀고용평등 제도에 대한 홍보·계몽, 그 밖에 남녀고용평등의 실현을 위하여 고용노동부장관이 정하는 업무를 수행한다(24조 2항). 아울러 사용자는 명예고용평등감독관으로서 정당한 임무 수행을 한 것을 이유로 해당 근로자에게 인사상 불이익 등의 불리한 조치를 하여서는 안 되며(24조 3항), 이를 위반하면 처벌된다(37조 4항 6호).

명예고용평등감독관 위촉사업장 수는 제도가 도입된 2001년 63개소였던 것이 2002년 853개소로 대폭 증가하였고, 그 이후에도 증가세를 보여 2016년 현재 4,530개소에 이른다. 이와 함께 명예고용평등감독관 수도 증가세를 보여 2001년 90명이던 것이 2002년 953명으로 대폭 증가하였으며, 2016년 현재 4,982명이 명예고용평등감독관으로 활동하고 있다.[1249] 그러나 이러한 수적 확대에도 불구하고 현재 명예고용평등감독관 제도는 제대로 활성화되지 못하고 있다는 평가가 지배적이고,[1250] 그 원인으로는 명예고용평등감독관의 대부분이 남성이고, 제도 활성화에 대한 유인이 부족하여 명예고용평등감독관 활용을 위한 적극적 노력이나 역량 개발이 수반되지 않는 점이 거론된다.[1251]

1248) 고용노동부, 2019년판 고용노동백서, 101~102면.
1249) 박선영 외 4명, 248면.
1250) 박귀천b, 3면; 박선영 외 4명, 248면.
1251) 박선영 외 4명, 248면.

3. 행정적 구제절차

노동위원회와 고용노동부장관이 주관하는 남녀고용평등법상 고용상 차별
등 시정제도와 기간제법 및 파견법상 차별시정제도, 국가인권위원회와 고용노동
부장관이 주관하는 고령자고용법상 차별구제절차, 국가인권위원회와 법무부장
관이 주관하는 장애인차별금지법상 구제절차는 고용상 차별에 대한 행정적 구
제절차에 해당한다. 차별시정제도 및 위 각 구제절차에 관하여는 앞서 상세히
설명하였으므로,1252) 이하에서는 국가인권위원회와 노동위원회를 중심으로 개별
법령에 산재되어 있는 권한을 모아 간략히 서술하고, 관련하여 논의되는 법적
쟁점이나 제도개선 방안을 소개하는 데 그친다.

가. 국가인권위원회에 의한 행정적 구제절차

국가인권위원회법은 2조 3호에서 열아홉 가지의 차별금지사유에 이어 "등"
을 기재함으로써 차별금지사유를 예시적으로 규정하고 있고,1253) 차별금지영역
으로 고용, 재화와 용역, 교육이나 직업훈련, 성희롱 등을 포함하고 있으므로,
국가인권위원회는 경제활동의 거의 전 영역에 걸친 대부분의 차별행위에 대하
여 조사, 판단과 차별시정에 필요한 구제조치의 이행 권고 등의 구제절차를 담
당한다. 따라서 차별행위로 인한 피해자는 별도의 구제절차가 마련되어 있는 경
우에도 1차적으로 국가인권위원회에 진정을 제기할 수 있다.

문제는 진정 결과 차별행위가 있다고 판단된 경우에 이루어지는 국가인권
위원회 조치의 실효성이다. 국가인권위원회는 차별 피해자의 진정 또는 직권으
로 조사를 개시하여 차별행위가 인정되는 경우에는 긴급구제조치 권고, 합의 권
고, 조정, 구제조치 및 제도 개선 등의 권고, 고발·징계 권고를 할 수 있으나,
권고는 원칙적으로 법적 구속력이 없어1254) 권고를 받은 대상자, 대상기관의 자

1252) 남녀고용평등법상 고용상 성차별 등 시정제도에 관하여는 Ⅲ. 1. 자., 기간제법 및 파견법
     상 차별시정제도에 관하여는 Ⅲ. 5. 다., 고령자고용법상 구제절차에 관하여는 Ⅲ. 6. 사., 장
     애인차별금지법상 구제절차에 관하여는 Ⅲ. 7. 마. 각 참조. 국가인권위원회의 구제절차에 관
     하여는 고령자고용법 및 장애인차별금지법상 구제절차 부분에서 함께 다루었다.
1253) 성별, 종교, 장애, 나이, 사회적 신분, 출신 지역(출생지, 등록기준지, 성년이 되기 전의 주
     된 거주지 등을 말한다), 출신 국가, 출신 민족, 용모 등 신체 조건, 기혼·미혼·별거·이혼·
     사별·재혼·사실혼 등 혼인 여부, 임신 또는 출산, 가족 형태 또는 가족 상황, 인종, 피부색,
     사상 또는 정치적 의견, 형의 효력이 실효된 전과, 성적 지향, 학력, 병력 등.
1254) 다만, 대법원 2008. 10. 9. 선고 2008두7854 판결은, '국가인권위원회가 사용자에게 성희롱
     행위자에 대한 인사조치를 권고한 것은 사용자에게 일정한 법률상의 의무를 부담시키는 것

발적인 이행노력에 의존할 뿐 강제할 수 없다는 한계가 있다. 다른 국가기관도 국가인권위원회의 권고의 내용에 기속되지 않는다.[1255] 국가인권위원회 통계에 따르면,[1256] 2002년부터 2018년까지 누계로 집계된 차별진정사건 관련 권고 1,732건 중 수용은 1,151건, 일부 수용은 298건, 불수용은 205건, 검토 중은 78건으로, 권고 수용률(일부 수용 포함)이 87.6%에 달하여 매우 높다는 점에서 일응 긍정적이지만, 일부 수용과 불수용의 경우 피해자가 어렵게 문제를 제기하여 국가인권위원회에 진정을 제기하고 차별행위로 인정을 받았음에도 국가인권위원회의 권고가 수용되지 않는다면 별도의 구제절차를 다시 새롭게 진행해야 하므로, 위와 같은 상황이 생긴다는 사실 자체가 구제절차의 실효성 측면에서는 바람직하지 않다.[1257]

　　또한, 앞서 본 바와 같이 고령자고용법과 장애인차별금지법은 차별판단·권고와 시정명령을 이원화하는 구제절차를 채택하고 있고, 국가인권위원회는 그중 연령차별과 장애인차별에 관한 판단과 권고절차를 주관한다. 그런데 위와 같이 이원화된 방식을 취한 결과, 차별판단기구인 국가인권위원회와 집행기구인 고용노동부장관(고령자고용법의 경우) 또는 법무부장관(장애인차별금지법의 경우) 사이에 권고의 내용이 법률적 또는 사실적 측면에서 이행되었는지 여부에 대한 평가

으로서 행정소송의 대상이 되는 행정처분에 해당한다'고 판단하였다. 대법원 2005. 7. 8. 선고 2005두487 판결도 '차별구제법에 따른 성희롱결정과 이에 따른 시정조치의 권고는 성희롱 행위자로 결정된 자의 인격권에 영향을 미침과 동시에 공공기관의 장 또는 사용자에게 일정한 법률상 의무를 부담시키는 것이므로 행정소송의 대상이 되는 행정처분에 해당한다'고 판단하였다(이는 남녀차별개선위원회가 한 성희롱결정 및 시정조치 권고였으나 2005. 3. 24. 법률 7422호로 제정되어 2005. 6. 23. 시행된 차별구제법 폐지법률 부칙규정에 의하여 남녀차별개선위원회의 남녀차별개선사무가 국가인권위원회에 승계됨에 따라 상고심에서 국가인권위원회로 피고 경정이 이루어진 사안이다. 위 대법원 2005두487 판결에 대한 평석으로는 유성재a, 37~41면). 또한, 헌재 2015. 3. 26. 선고 2013헌마214 등 결정은, "국가인권위원회는 법률상의 독립된 국가기관이고, 피해자인 진정인에게는 국가인권위원회법이 정하고 있는 구제조치를 신청할 법률상 신청권이 있는데 국가인권위원회가 진정을 각하 및 기각결정을 할 경우 피해자인 진정인으로서는 자신의 인격권 등을 침해하는 인권침해 또는 차별행위 등이 시정되고 그에 따른 구제조치를 받을 권리를 박탈당하게 되므로, 진정에 대한 국가인권위원회의 각하 및 기각결정은 피해자인 진정인의 권리행사에 중대한 지장을 초래하는 것으로서 항고소송의 대상이 되는 행정처분에 해당하므로, 그에 대한 다툼은 우선 행정심판이나 행정소송에 의하여야 할 것이다."라고 판시하였다. 이에 대하여 국가인권위원회의 설립취지와 위상, 기능에 비추어 그 처분성을 인정하는 데는 신중하여야 하며, 피진정인의 권리에 직접적이고 구체적인 영향을 미치는 경우가 아닌, 국가기관이나 공공기관에 대한 권고의 경우는 처분성이 부인된다고 보아야 한다는 견해로는 장교식, 49~50면.
1255) 홍관표b, 318면.
1256) 2018 국가인권위원회 통계 참조.
1257) 홍관표b, 319면.

등에 관한 견해의 차이가 발생할 수 있으며, 법무부장관이 시정명령을 하면서
국가인권위원회가 권고한 구제조치의 내용을 축소·변경하거나 새로운 조치를
추가하는 것이 가능한지 여부 등도 문제될 수 있다.[1258]

나. 노동위원회에 의한 차별시정제도 및 부당해고등 구제절차

노동위원회는 남녀고용평등법에 따른 고용상 성차별 등 시정절차와 기간제
법 및 파견법에 따른 비정규직차별의 시정절차 업무를 수행하며, 근기법 23조 1
항에서 금지한 부당해고등의 구제절차(법 28조 내지 33조)[1259]를 담당하고 있다. 비
정규직 차별시정절차를 중심으로 부당해고등 구제절차와의 주요한 차이를 살펴
보면, 다음과 같다.

첫째, 부당해고등 구제신청은 부당해고등이 있었던 날부터 3개월 이내에
하여야 한다(법 28조 2항). 반면, 비정규직 차별시정의 신청은 차별적 처우가 있은
날(계속되는 차별적 처우는 그 종료일)부터 6개월 이내에 하여야 한다(기간제법 9조 1
항 단서). 비정규직에 대한 차별적 처우는 그 확인이 용이하지 않은 경우가 많고,
기간제근로자가 차별시정제도를 이용하고 싶어도 계속고용에 대한 기대 때문에
차별시정 신청을 미루거나 포기하는 경우도 적지 않았기에 차별시정 신청기간
을 6개월로 연장하여 제도를 활성화한 것이다.

둘째, 비정규직 차별시정절차는 심문·판정(기간제법 10조, 12조) 및 조정·중재
(기간제법 11조)로 이원화되어 있고, 부당해고등 구제절차는 심문과 판정으로만 처
리한다(법 29, 30조). 조정은 심문과정에서 관계당사자 쌍방 또는 일방의 신청 또
는 직권에 의하여 개시하고, 중재는 관계당사자가 미리 노동위원회의 중재결정
에 따르기로 합의하여 신청한 경우에 이루어진다(기간제법 11조 1항). 조정 또는 중
재결정은 민사소송법의 규정에 따른 재판상 화해와 동일한 효력을 갖는다(기간제
법 11조 7항). 한편, 노동위원회는 부당해고등 구제신청사건의 심문 중에 당사자
에게 화해를 권고하거나 주선할 수 있고, 당사자가 화해안을 수락하거나 화해
조건에 합의한 경우에는 화해조서를 작성하며, 화해가 성립한 후 당사자는 이를
번복할 수 없다(노위규칙 69 내지 73조).

셋째, 노동위원회는 비정규직 차별사건의 경우 심문 후 차별이 있다고 인정

1258) 홍관표a, 632면. 이러한 문제를 해소하기 위해 차별판단기구와 집행기구 사이에 유기적 협
      력체계를 구축할 필요가 있다는 견해로는 박선영a, 167, 172면.
1259) 자세한 내용은 법 28조 내지 33조에 대한 해설 참조.

한 경우에는 차별적 행위의 중지, 임금 등 근로조건의 개선(취업규칙, 단체협약 등의 제도개선명령 포함) 또는 적절한 금전배상 등의 시정명령 및 배액 배상명령을 내릴 수 있다(기간제법 13조). 부당해고의 경우에는 근로자가 원직복직과 부당해고가 없었다면 받을 수 있었던 임금 지급의 구제명령을 내리고, 근로자가 원직복직을 원하지 아니하면 원직복직을 명하는 대신 근로자가 해고기간 동안 근로를 제공하였더라면 받을 수 있었던 임금 상당액 이상의 금품을 지급할 것을 명할 수 있다(법 30조 3항). 차별시정명령은 부당해고 구제명령과 달리 원상회복적 기능에만 초점을 맞추고 있는 것이 아니라 차별시정의 효과를 실질화하는 다양한 조치를 포함하고 있으며, 장래를 향한 시정조치까지 포함하고 있다는 점에 특징이 있다. 또한, 비정규직 차별시정절차에서는 확정된 시정명령의 효력 확대제도를 도입하여(기간제법 15조의3, 파견법 21조의3) 개별적 차별구제의 한계를 넘어 동일한 사용자의 사업 또는 사업장에서 동일 조건에 있는 근로자 모두의 차별적 처우가 개선될 수 있는 길을 열었다.

넷째, 비정규직 차별시정절차의 경우, 확정된 시정명령의 이행확보를 위해 고용노동부장관은 사용자에게 이행상황을 제출할 것을 요구할 수 있고(기간제법 15조 1항), 정당한 이유 없이 이 요구를 불응한 자에게 500만 원 이하의 과태료를 부과한다(기간제법 24조 2항). 확정된 시정명령을 정당한 이유 없이 이행하지 아니한 자는 1억 원 이하의 과태료에 처한다(기간제법 24조 1항). 한편, 부당해고등 구제명령에 대한 이행확보를 위해 노동위원회는 구제명령을 받은 사용자가 이행기한까지 이를 이행하지 아니하면, 사용자에게 2천만 원 이하의 이행강제금을, 2년 동안 매년 2회의 범위에서 구제명령이 이행될 때까지 반복하여 부과·징수할 수 있다(법 33조). 확정된 구제명령(행정소송을 통해 구제명령을 내용으로 하는 재심판정이 확정된 경우도 포함)을 이행하지 아니한 자는 1년 이하의 징역 또는 1,000만 원 이하의 벌금에 처하는데(법 111조) 이 죄는 노동위원회의 고발이 있어야 공소를 제기할 수 있다(법 112조 1항).

4. 사법적 구제절차

가. 사법적 구제의 의의

현행 개별적 차별금지법은, 차별받은 근로자의 구제와 관련하여 형벌 적용으로 그 이행을 강제하거나 다양한 형태의 행정적 구제절차를 마련하고 있다.

그러나 사용자에 대한 형사처벌은 위하적 요소를 통한 일반예방적 기능을 일정
정도 수행하지만, 이로써 근로자가 사용자의 차별 조치로 인해 입은 피해가 회
복되거나 권리가 실현되지는 않는다는 점에서 근본적인 한계가 있다.1260) 한편
행정적 구제절차는 차별받은 근로자의 관점에서 볼 때 그 절차를 간이·신속하
게 이용할 수 있고 사안에 따른 유연한 구제가 가능하다는 장점이 있다.1261) 그
러나 국가인권위원회의 권고는 앞서 본 바와 같이 구제의 실효성에 한계가 있
다. 노동위원회(기간제법 및 파견법의 차별시정제도)의 시정명령에 대하여는 사용자
에게 공법상의 의무를 부담시킬 뿐 근로자와 사용자 간의 사법상 법률관계를
발생시키거나 변경시키지 않는다는 하급심 판결1262)이 있으며, 고용노동부장관
(고령자고용법의 구제절차) 및 법무부장관(장애인차별금지법의 구제절차)의 각 시정명
령에 대한 사법적 효력에 관하여는 아직까지 본격적으로 논의된 바는 없으나,
이 또한 어디까지나 공법상의 권리구제이므로 종래 노동위원회 구제명령의 사
법적 효력에 관한 논의의 결과에서 크게 벗어날 것으로 보이지 않고,1263) 결국
위 각 시정명령이 사용자와 차별을 당한 근로자 사이의 사법상 법률관계에 직
접 영향을 미치는 것은 아니라는 점에서, 위 각 시정명령은 종국적 구제로서 기
능하지 못한다는 문제가 있다. 이런 점에 착안하여 본다면 차별받은 근로자가
사법적 절차를 통해 구제를 실현하는 의의는 매우 크다.

　　또한, 개별적 근로관계에서 이루어지는 차별을 둘러싼 노동분쟁의 성격은
본질적으로 권리분쟁이다.1264) 권리분쟁은 당사자 사이의 합의, 사적 조정, 근로
감독행정, 노동위원회의 판정, 법원의 조정 등에 의해 다각적으로 해결될 수 있
지만,1265) 궁극적으로는 구체적인 권리의 내용을 확인하고, 의무의 이행을 강제

1260) 김엘림·박현미, 54면; 하갑래, 80면.
1261) 박선영·김은경·이주희, 7면.
1262) 서울고법 2017. 2. 10. 선고 2014나49625 등 판결(상고심인 대법원 2022. 10. 27. 선고 2017다
　　　15010 등 판결에서는 위 쟁점이 다루어지지 않았다).
1263) 판례는 일관하여 노동위원회에 의한 구제명령은 사용자에게 공법상의 의무를 부담시킬 뿐
　　　근로자와 사용자간의 사법상의 법률관계를 발생시키거나 변경시키는 것은 아니라고 한다(대
　　　법원 1988. 12. 13. 선고 86다204, 86다카1035 판결, 대법원 1994. 6. 28. 선고 93다33173 판결,
　　　대법원 1996. 4. 23. 선고 95다53102 판결 등). 학설도 일치하여 노동위원회 구제명령의 사법
　　　상 효력을 부정하고 있다(김유성, 365면; 김형배, 758면; 임종률, 607면 등).
1264) 노동분쟁은 그 객체(대상, 목적, 실질 또는 원인)에 따라 권리분쟁과 이익분쟁으로 구분할
　　　수 있다. 이익분쟁은 노동관계의 당사자가 합의에 의하여 새로운 권리와 기준을 형성할 것을
　　　목적으로 하는 분쟁이고, 권리분쟁은 개별적 또는 집단적 권리와 지위의 발생, 변경 및 소멸
　　　을 둘러싼 분쟁을 의미한다(김선수b, 57면).
1265) 정인섭, 30~35면.

하는 방법에 의해 해결하여야 하고, 결국 이는 국가의 사법작용, 즉 사법적 구제절차에 의할 수밖에 없다.

나. 차별금지규정 위반의 효과

(1) 차별금지규정의 법적 성격

근기법(6조)과 남녀고용평등법(7 내지 11조)이 강행법규임에는 이론이 없고, 대법원 1993. 4. 9. 선고 92누15765 판결도 소속 남녀근로자 사이에 정년을 달리 규정한 단체협약과 취업규칙은 근기법과 남녀고용평등법 등 강행법규에 위배되어 무효라고 판단하였다. 다음으로 기간제법 8조 1항 및 파견법 21조 1항의 비정규직 근로자에 대한 차별적 처우 금지규정, 고령자고용법의 4조의4의 연령차별 금지규정, 장애인차별금지법 6조의 장애인차별 금지규정(이하 근기법 6조와 남녀고용평등법 7 내지 11조의 차별금지규정과 함께 통틀어 칭할 경우에는 '현행 고용차별 금지규정'이라 한다)을 위반한 경우, 그 행위의 사법적 효력이 무엇인지를 살펴보기 위해서는 먼저 위 각 차별금지규정이 강행규정인지 아니면 선언·권고규정에 불과한지 검토할 필요가 있다.

강행규정은 당사자의 의사에 의해 그 적용을 배제할 수 없고, 강행규정에 위반하는 법률행위는 무효이다. 그런데 법률에서 이에 위반한 행위의 효력을 직접 정하지 않은 경우에는 그 법률이 강행법규인지, 문제되는 규정이 강행규정인지 여부를 판단하는 것은 쉽지 않다. 이는 해당 법률 내지 규정의 입법취지와 기능에 의거하여 판단할 수밖에 없다. 이 때 고려 요소는 그 법률행위를 유효·무효로 함으로써 생기는 사회경제적 영향, 그 법률의 입법취지가 법률이 규정하는 내용 그 자체의 실현을 금지하는 것인지 아니면 단순히 그러한 행위를 금지하는 것에 불과한 것인지, 위반행위에 대한 사회의 윤리적 비난 정도, 당사자 간의 신의 등이다.[1266)]

일반적으로 강행규정으로 볼 수 있는 것은 사회의 기본적 윤리관을 반영하는 규정, 가족관계 질서의 유지에 관한 규정, 법률질서의 기본 구조에 관한 규정, 제 3 자와 더 나아가 사회 일반의 이해에 직접 중요한 영향을 미치는 규정, 거래의 안전을 위한 규정, 경제적 약자 보호를 위한 사회정책적 규정, 공공복지의 유지에 관한 규정 등이 거론된다.[1267)] 그런데 고용상 차별은 인간의 존엄과

1266) 민형기, 337면 이하; 이은영b, 24면; 김재형, 15면.
1267) 윤경, 125면.

가치, 평등권, 직업선택의 자유, 근로의 권리를 침해·제한한다는 점에서 규범적
으로 정당화될 수 없고, 노동의 영역에서 평등권을 침해하는 전형적인 반가치적
행위이므로,[1268] 이를 금지하고 있는 개별적 차별금지규정은 강행규정이고, 이
에 반하는 사법적 효력은 무효라고 보아야 한다.[1269]

　　또한, 기간제법 및 파견법, 고령자고용법, 장애인차별금지법상의 위 각 차별
금지규정은 헌법과 근기법상의 일반 조항을 통하여 균등대우·차별금지의 규율
체계를 유지하는 것이 현실적으로 제대로 기능하지 못하고 있는 점을 감안하여
각 차별사유가 존재하는 영역별로 입법적 장치를 마련한 것이므로, 각각의 차별
사유에 대하여 각각의 특별법으로 규율함으로써 차별을 금지하는 것이 '특별한'
의미가 있기 위해서는 헌법, 근기법 등 일반 조항을 통하여 보장되는 균등대우
실현의 가능성 내지 정도와 적어도 동일하거나 그보다 더 향상된 효과가 존재해
야 할 것이 요청된다는 점에서도 이를 강행규정으로 보아야 한다.[1270]

(2) 차별금지규정 위반에 따른 구제의 내용

㈎ 차별적 처우의 무효

　　현행 고용차별금지규정은 강행규정이므로, 이에 위반한 행위는 무효이다.

　　먼저 차별적 취급을 정한 근로계약의 경우, 특별한 사정이 없는 한 민법
137조에서 규정한 일부무효 법리에 따라 민법 137조 2문에 의해 근로계약 중
차별적 취급을 정한 부분만이 무효가 될 것이다.

　　차별금지규정의 강행적 효력은 취업규칙이나 단체협약에도 미친다(근기법 96
조 1항 등). 따라서 차별적 취급을 정한 취업규칙, 단체협약은 무효이고, 이 경우
에도 민법 137조에서 규정한 일부무효 법리가 적용될 것이다. 대법원 1993. 4. 9.
선고 92누15765 판결은 소속 남녀근로자 사이에 정년을 달리 규정한 단체협약
과 취업규칙은 근기법과 남녀고용평등법 등 강행법규에 위배되어 무효라고 판

1268) 조용만c, 12~14면.
1269) 기간제법 8조 1항과 파견법 21조 1항의 규정에 대하여, 그 입법취지를 고려하면 차별적
　　　처우를 행한 사용자를 제재하려는 데 목적이 있는 것이 아니라 그 차별적 행위 전체를 금지
　　　시킴으로써 관련 근로자의 근로조건을 개선하는 데 목적이 있다고 새겨야 할 것이므로, 위
　　　각 규정은 강행규정 중 효력규정에 해당한다고 보아야 한다는 견해로는 서혜진, 52면.
1270) 문무기·윤문희, 245면. 다만, 국가인권위원회법은 차별금지에 관한 실체법적 규정을 두지
　　　않고 평등권 침해의 차별행위에 대한 정의 규정(2조 4호)과 피해자의 진정권, 국가인권위원
　　　회의 조사, 권고 등에 관한 규정(30 내지 48조)만을 두고 있는 점에 비추어 볼 때 그 강행법
　　　규성을 논의할 여지가 없다.

단하였으며, 대법원 2017. 3. 9. 선고 2016다249236 판결은 고령자고용법 19조에 반하여 근로자의 정년을 60세 미만이 되도록 정한 근로계약, 취업규칙이나 단체협약은 위 규정에 위반되는 범위에서 무효라고 판단하였다.[1271]

　　㈑ 균등한 대우의 실현

　　현행 고용차별금지규정은 '사용자는 … 차별(차별적 처우)을 하여서는 아니 된다'고 규정하고 있어[1272] 문언상 행위금지규범으로 설정되어 있을 뿐 사용자의 사법상 이행의무까지 규정하고 있지는 않다. 그런데 차별구제라는 측면에서 보면, 차별금지규정에 위반한 행위가 강행규정 위반으로 무효라는 것만으로 차별을 당한 근로자가 언제나 실질적인 구제를 받을 수 있는 것은 아니다. 예컨대 임금 지급에 있어 차별적 처우를 규정한 근로계약, 취업규칙, 단체협약을 무효라고 보더라도, 무효의 효과만으로는 차별을 받은 근로자가 차별적 처우가 없었더라면 받을 수 있었던 임금을 지급받을 수 있는 것은 아니다. 결국 차별금지규정 위반행위를 무효로 보는 것이 차별구제에서 의미가 있는 경우란 사용자의 구체적인 지시과정에서 이루어진 차별이나 해고의 차별 등에 국한될 뿐이고, 나머지 영역, 예를 들어 모집·채용차별, 승진차별, 임금차별 등의 경우에는 무효의 법리에서 더 나아가 차별받은 근로자에게 차별적 처우로 인한 불이익을 회복·전보할 수 있도록 사용자에 대하여 균등한 대우를 요구할 수 있는 청구권을 인정할 수 있는 법리의 검토가 필요하다.[1273] 차별받은 근로자에게 균등대우에 대한 이행청구권을 부여하는 것은 차별시정의 효과로서 적정한 급부 결과의 적극적 실현까지 가능하게 한다는 점에서 중요하다.[1274]

1271) 대법원 2018. 11. 29. 선고 2018두41082 판결도 같은 내용이다.

1272) 다만, 남녀고용평등법 8조 1항은 "사업주는 동일한 사업 내의 동일 가치 노동에 대하여는 동일한 임금을 지급하여야 한다."고 규정하고 있어 달리 볼 여지가 있다. 위 규정이 사용자의 사법상 이행의무를 명백히 규정하고 있다고 보는 견해로는 김형배, 237면.

1273) 김형배, 236~237면; 서혜진, 55~57면; 전윤구f, 204면; 하경효 외 5명, 72면. 독일에서도 임금차별과 관련하여 이에 관한 논의가 이루어졌는데, 독일의 경우 일반적 균등대우원칙의 법적 근거를 근로관계에 신의칙상 내재된 부수적 의무로 보고 그 구체적 내용은 사용자가 근로자의 인격적 이익에 대한 침해를 하지 못하도록 하는 의무라고 해석하는 견해가 유력하며(앞서 본 바와 같이 이는 독일연방노동법원이 일련의 판결에서 제시한 근거이다), 그에 따르면 특히 급부 영역에서 사용자의 균등대우의무는 급부 결과를 실현하고 급부 결과를 통해 달성된 제반 이익을 적절하게 확보하는 차원에서 행해져야 하고, 사용자가 임금을 산정하고 임금을 인상하는 과정에서 차별이 현실화되었을 때 급부 의무로 전환되며, 이는 당사자의 의사 합치에 의한 것이 아니라 법질서의 명령에 따른 것으로 파악되고 있다고 한다(전윤구a, 305~307면).

1274) 전윤구a, 307면.

이 문제는, 특히 임금 지급에서 차별을 받은 근로자가 사용자에게 차별이 없었더라면 받을 수 있었던 임금과 실제 받은 임금 사이의 차액을 청구하는 법적 권리를 계약상 이행청구권으로 구성할 수 있는지 여부와 관련하여 주로 다루어지고 있다. 학설은 대체로 계약상 이행청구권을 인정하고 있으며, 그 근거로는 ① 현행 고용차별금지규정은 차별적 행위만을 규제하고 그 결과는 도외시하는 것이 아니라 차별적 결과 역시 불허하여 균등한 근로조건의 실행을 간접적으로 강제하려는 목적에서 규정된 것이므로 그 규정 자체에 사용자는 균등한 대우를 하여야 한다는 의미가 내포되어 있다는 견해,1275) ② 차별금지규정에 따라 '차별적 처우를 해서는 아니 된다'는 것은 사용자에게 의무만을 부과하는 것이 아니라 해당 근로자에게 이러한 차별적 처우를 받지 아니할 권리를 부여한다고 볼 수 있고, 차별적 처우가 금전에 관한 사항이라면 이를 이행하라는 청구와 집행도 가능하다는 견해,1276) ③ 사용자는 근로계약상 신의칙에 기초한 부수의무로서 임금 기타 대우에 관한 근로조건에서 근로자를 차별하지 아니하고 균등하게 대우해야 할 의무를 부담하며, 이에 따라 임금차별을 받은 근로자는 사용자에게 차별적 처우의 시정을 청구할 수 있는 계약상의 이행청구권을 가진다는 견해1277)가 있으며, ③견해가 다수설이다.

⑷ 손해의 배상

현행 고용차별금지규정은 강행규정이므로 이를 위반하는 행위는 원칙적으로 위법한 행위라고 보아야 한다.1278) 따라서 차별을 받은 근로자는 불법행위의 다른 요건들이 갖추어진 때에는 사용자에 대하여 불법행위에 의한 손해배상청구권을 행사할 수 있다.1279) 사용자의 차별적 대우에 대하여 채무불이행(근로계

1275) 하경효 외 5명, 73면.

1276) 박수근a, 55면. 서혜진 55면은 "규범형식 측면에서 본다면 차별적 처우를 금지하는 소극적 방식으로 규율하고 있지만 법률효과는 사실상 균등처우의 내용을 내포하는 것으로 이해할 수 있다. 외견상으로는 사용자에게 차별적 처우 금지 의무만을 부과하는 것처럼 보이지만, 해당 근로자에게 이러한 차별적 처우를 받지 아니할 권리가 존재한다고 파악할 수도 있다."고 하여 ①, ②의 견해를 모두 취하고 있다.

1277) 김형배, 238~239면; 전윤구a, 306면; 민변노동법 Ⅰ, 175면.

1278) 김형배, 239면.

1279) 차별금지규정 위반 시 손해배상에 관하여는 독일의 입법례를 참조할 만하다. 독일은 2006년 포괄적 차별금지법인 일반균등대우법을 제정하여 그 이전까지 다양한 법률에 각각 독립된 형태로 존재하던 차별금지규정을 통합하였다. 일반균등대우법 7조는 인종, 민족적 출신, 성별, 종교 또는 세계관, 장애, 연령 또는 성적 정체성을 이유로 하는 차별을 금지하고 있다. 차별금지규정에 위반하는 행위는 무효이다. 차별금지규정을 위반한 경우 일반균등대우법 15

약상 신의칙에 기초한 부수의무인 균등대우의무 위반)을 이유로 손해배상을 청구하는 것도 가능하고,[1280] 이때는 양 청구권이 경합한다.[1281]

다. 사법적 구제절차의 구체적 내용

근로관계 영역별로, 차별에 대한 사법적 구제절차의 구체적 내용이 다르고, 균등대우의무 위반을 이유로 한 계약상의 이행청구권 역시 사용자나 제 3 자의 권리와의 관계 등에 비추어 그 인정 여부가 다투어지기도 한다. 이하에서는 모집·채용의 경우, 임금차별의 경우, 차별적 해고의 경우로 나누어 각 사법적 구제방법을 살펴보기로 한다.

(1) 모집·채용차별의 구제

앞서 본 바와 같이 모집과 채용 단계의 차별에 대하여는 근기법이 적용되지 않고, 다만 남녀고용평등법, 고령자고용법, 장애인차별금지법이 모집과 채용 단계에서 성차별, 연령차별, 장애인차별을 금지하고 있다.

㈎ 채용청구권 인정 가능성

근로자가 모집·채용과정에서 차별을 받은 것을 이유로 사용자에게 자신을 채용할 것을 청구할 수 있는지, 즉 채용청구권을 인정할 수 있는지가 문제된다.

우선, 차별적 모집·채용의 결과 이미 다른 지원자가 채용된 경우에는 차별받은 근로자가 자신이 채용되기 위하여 다른 지원자의 선발이 무효라고 주장할 수는 없다. 다른 선발자의 채용을 배제하면서까지 차별받은 근로자의 채용청구권을 인정하는 것은 제 3 자의 권리를 침해하고 그에게 예측하지 못한 손해를 입히는 것으로서 허용하기 어렵기 때문이다. 이 경우에는 특별한 사정이 없는 한 채용청구권이 부정되어야 한다.[1282]

조에 의해 사용자는 이로 인해 발생한 손해를 배상할 의무를 진다. 이 조항은 독일노동법상 차별금지 위반 제재에 관한 핵심규정으로 1항에서는 재산상 손해에 대한 책임, 2항에서는 비재산상 손해에 대한 책임을 다루고 있다. 다만, 독일 일반균등대우법 15조 1항의 손해배상청구권은 계약상 청구권에 해당한다. 일반균등대우법 7조 3항은 금지된 차별이유에 의한 차별대우는 계약상의 의무를 위반하는 것으로 규정하고 있기 때문이다. 손해액 산출은 기본적으로 차액설에 따르고 있다. 이에 관한 자세한 내용은 황수옥, 115~127면 참조.

1280) 김형배, 239면; 민변노동법 Ⅰ, 175면.
1281) 김형배, 239면.
1282) 이승욱a, 61면은, 이 경우 차별금지 위반에 대한 제재는 차별을 행한 자, 즉 사용자에 대해서 이루어져야 하나 채용청구권을 인정하게 되면 그 제재가 사실상 차별의 결과 채용된 제 3 자에게 미치게 되는데, 사용자의 입장에서는 차별받은 자를 채용하는 것과 차별에 의하여 채용된 자를 고용하는 것에 특별한 차이가 없기 때문에 사용자에 대해서는 특별한 제재효과가

그러나 채용과정에서 유일한 대상자로 선정되어 최종적인 선발 여부의 의사표시만 남겨두었음에도 차별 때문에 최종적으로 채용이 거부된 경우에 채용청구권을 인정할 수 있는지에 관하여는 견해가 나뉘고 있다. 이를 긍정하는 견해는,[1283] 그 근거로 사용자의 '채용의 자유' 역시 무제한적으로 인정되는 것이 아니라 강행규정인 차별금지규정에 의한 제약을 받는다는 점,[1284] 지원자는 응시계약에 따른 권리로서 채용자격을 부여받을 수 있다는 점[1285]을 들고 있다. 반면 이를 부정하는 견해는,[1286] 사용자에게 인정되는 계약체결의 자유가 경영활동에서 가지는 의미는, 일자리의 분배와 직위의 부여를 통해(종업원 구성의 형성) 그 기업의 운명을 결정할 유일한 법적 지위를 갖는 사용자가 미래의 근로자를 선발할 때에는 사람에 대한 그만의 고유한 판단이 필요하다는 규범 정책적인 가치 평가에 기초한 것이므로 사용자에게 채용선발재량이 존재하고, 그에 대한 어떠한 통제도 할 수 없다는 것까지는 아니더라도, 별도의 구체적인 법적 명령이 없는 한 차별금지규정의 내용이 계약체결의 강제까지 포함할 수는 없고, 그 규정을 위반한 것에 대하여는 불법행위에 기초한 손해배상청구권만 인정되며, 채용청구권은 인정될 수 없다고 한다.[1287] 또한, '입법론'으로 미국의 판례

없으면서 제 3 자에 대해서만 손해를 가하는 결과가 발생하여 부당하다는 점을 지적하고 있다. 전윤구f, 206면에서도, 사용자의 차별조치에 공모하지 않은 채 실제로 선발되어 근로계약을 체결한 자의 권리를 인정해야 한다는 점을 고려할 때, 복수의 지원자가 있었던 경우에 차별에 의해 채용이 거부되었다고 주장하는 지원자에게는 특별한 사정이 없는 한 손해배상청구권만이 인정될 수 있을 뿐이라고 한다.

1283) 박원배, 220면; 신권철b, 113면도 채용비리의 경우를 상정한 것이기는 하지만, "만약 최종 면접자가 2명인데, 1등을 한 응시자가 탈락하고, 2등을 한 응시자가 부정청탁으로 인해 선발(채용)되었다면 탈락한 응시자에게 구인기업을 상대로 채용청구권이 보장되어야 한다."고 하여 같은 취지이다.

1284) 박원배, 220면.

1285) 신권철b, 113면은, 채용비리의 경우를 상정한 것이기는 하지만, 최종 면접자 4명 중 부정청탁자 1명만이 선발되어 채용되고 나머지는 탈락하였다면, 탈락자 3명은 그 응시기관(회사)에 공정하게 된 동일한 채용의 재기회(3명의 재면접과 1명의 선발)를 요구할 수 있는지 검토가 필요하고, 이 경우 구인자와 구직자 사이의 청약과 승낙에 의해 이루어진 응시계약에 기초하여 구인자 입장에서는 공개채용절차를 거쳐 기준에 따라 공정한 방법으로 채용할 것을 구직자들에게 약속한 것인데, 이러한 약정과 평가결과를 위반하여 자격을 갖추어 채용되어야 하거나 다음 단계의 심사를 받아야 할 구직자를 배제한 것이므로, 구직자는 응시계약에 따른 권리로서 공정한 재심사의 기회나 채용자격을 부여받을 수 있다고 본다. 차별적 채용의 경우(가령 최종 면접자 4명 중 성차별로 인하여 합리적 이유 없이 남성 1인이 채용되고, 나머지 여성 3인이 탈락한 경우)에도 적용할 수 있는 견해라고 생각한다.

1286) 김형배, 240면; 전윤구f, 207면; 하경효, 227~228면. 독일 일반균등대우법 15조 6항은 '다른 법률에 근거가 없는 한 사용자의 7조 차별금지 위반을 이유로 취업관계, 직업교육관계의 성립 또는 직업상 승진에 관한 청구는 할 수 없다'고 규정하여 채용청구권을 부정하고 있다.

법리[1287])를 차용하여 원칙적으로 모집 단계에서 차별적 조치로 채용되지 않은 자에 대해 채용청구권을 인정하되, 다른 사람에게 그 직책이 부여되어 있는 경우에는 동일하거나 유사한 직책으로 채용할 것을 청구하는 권리만을 인정하고, 동일·유사한 자리가 없는 경우에는 금전적인 손해배상을 명하는 방법을 제안하는 견해가 있다.[1289]) 모집·채용차별을 금지한 차별금지규정이 강행규정이라는 이유만으로 곧바로 근로자의 적극적인 채용청구권을 인정할 수 있는 것은 아니지만, 유일한 채용대상자로 선정되었으나 합리적 이유 없이 성, 연령, 장애 등을 이유로 최종적으로 채용이 거부된 경우에는, 채용에서 차별을 받은 근로자가 만약 차별이 없었더라면 존재하였을 상태, 즉 지원대상이었던 일자리의 확보

1287) 전윤구f, 207면. 김형배, 240면은 "균등대우에 반하는 조치 또는 행위를 하였다고 하여 사용자로 하여금 그가 원하지 않는 특정인과의 근로계약 체결까지를 강제하는 것은 형평의 원칙에 맞지 않는다고 판단된다. 따라서 사용자가 손해배상책임을 지게 되더라도 응모자의 채용청구권은 인정되지 않는다."고 본다. 하경효, 227~228면도 "근로와 직업활동을 통한 인격실현의 필요성으로부터 직업활동 내지 근로생활을 할 수 있는 구체적인 권리가 보장·승인되는 것은 아니고, 근로자의 일반적 인격권이라는 법익은 직업활동 내지 근로계약을 통한 취업이 자의적으로 배제되지 않는 것을 보장할 뿐이다. 일반적 인격권을 매개로 사실상의 직업활동 내지 취업에 대한 권리가 헌법적으로 보장되었다고 할 수는 없다. 이런 관점에서 성차별에 기한 불채용의 경우에도 사실상의 채용청구권의 보장이 아니라 손해배상청구권이 자의적 차별에 대한 사법적 제재로서 기능하는 것이다."라고 하여 채용청구권을 인정하지 않는 견해로 이해할 수 있다. 다만, 전윤구f, 207면은, 사인의 법률관계보다 평등권에 강하게 구속받는 국가 내지 공법인의 채용차별은 달리 판단할 여지가 있다고 하면서, 차별과 직접 관련된 사건은 아니지만 대법원 2004. 6. 11. 선고 2001두7053 판결에서 국립대학교의 교원 임용과 관련하여 "임용지원자가 당해 대학의 교원임용규정 등에 정한 심사단계 중 중요한 대부분의 단계를 통과하여 다수의 임용지원자 중 면접심사의 유일한 대상자로 선정되는 등으로 장차 나머지 일부의 심사단계를 거쳐 대학교원으로 임용될 것을 상당한 정도로 기대할 수 있는 지위에 이르렀다면, 그러한 임용지원자는 임용에 관한 법률상 이익을 가진 자로서 임용권자에 대하여 나머지 심사를 공정하게 진행하여 그 심사에서 통과되면 대학교원으로 임용해 줄 것을 신청할 조리 상의 권리가 있다."고 판시한 것에 주목한다[다만, 위 대법원 2001두7053 판결은 "원고(임용지원자)가 임용을 구할 직접적인 권리를 가진다거나 임용 여부의 응답을 구할 신청권이 없어 대학교의 교원신규채용업무중단조치는 항고소송의 대상이 되는 처분 등에 해당하지 않는다."는 이유로 소를 부적법 각하한 원심판결(대전고법 2000. 11. 30. 선고 2000누2493 판결)을 파기환송한 것인데, 파기환송심인 대전고법 2004. 7. 23. 선고 2004누1719 판결은 본안 판단에 나아가 원고의 청구(항소)를 기각하였으며, 이에 원고가 상고하였으나 대법원 2007. 11. 15. 선고 2005두8016 판결로 기각되어 위 파기환송심 판결이 확정되었다].

1288) 미국의 경우 채용에서 이루어지는 차별에서 가장 광범위하게 행하여지는 구제 형태는 차별받은 근로자에 대하여 차별이 없었더라면 받을 수 있었던 직책 또는 비교가능한 직책을 제공할 것을 사용자에게 명하는 것이다. 이는 보통법(common law)상 인정되는 구제이다. 차별적으로 거부된 특정 직책에 대한 응모자는 비록 그가 이미 다른 직책을 가지고 있더라도, 희망하는 직책에 대한 채용청구권을 가진다. 공석인 직책이 없다면 차별을 받은 자는 가장 유사한 공석인 직책에 우선적으로 고려될 것을 요구하는 청구권을 가진다. 그러한 직책이 없는 경우에는 금전배상을 받을 수 있다(이승욱a, 53면).

1289) 이승욱a, 61면.

를 청구할 수 있다고 보더라도 차별과 무관한 다른 근로자의 희생을 수반하는
결과가 발생한다는 문제점은 제기되지 않는다. 또한, 모집·채용과정에서도 사
용자는 지원자 모두를 차별하지 아니하고 공정한 평가기준에 따라 채용하여야
하는 신의칙상 의무가 있다고 볼 수 있다. 모집·채용차별을 규율하고 적극적으
로 근로자를 구제할 필요성도 있다는 점을 감안하면, 사용자와 지원자 1인의 법
률관계 성립만이 문제될 뿐인 위와 같은 경우에는 차별을 받은 근로자는 사용
자에 대하여 채용청구권을 가지고, 사용자의 채용 의사표시에 갈음할 재판을 청
구할 수 있다고 보아야 한다(민법 389조 2항).

(나) 손해배상청구권

차별적 처우로 채용되지 못한 근로자는 불법행위의 다른 요건들이 갖추어
진 때에는 사용자에 대하여 불법행위에 의한 손해배상청구권을 행사할 수 있다.

불법행위의 성립과 관련해서는, 간접차별의 경우 직접차별과는 달리 사용
자에게 차별에 대한 인식이 없고 의사도 전제되지 않는다. 뿐만 아니라 사용자
가 지금까지 사회통념에 의해 중립적이라고 인정받아왔던 채용기준을 그대로
적용한 것에 지나지 않은 경우에는 과실을 인정하기 곤란하다는 문제가 있다.
이에 관하여 최소한의 과실은 인정할 가능성이 있다는 견해가 있다.[1290]

손해배상의 범위와 관련해서는, 일응 산정할 수 있는 손해배상액은 차별 없
이 채용이 되었더라면 지급받았을 임금 상당의 손실액이다.[1291] 기간의 정함이
있는 계약이라면 원칙적으로 그 기간 동안 근무했더라면 얻을 수 있었던 수입
을 재산적 손해로 볼 수 있다.[1292] 그러나 통상 기간의 정함이 없이 채용되는

1290) 이승욱a, 60~62면. 아울러 이 견해는 무과실책임을 명시하는 입법론을 제시한다.
1291) 독일 일반균등대우법에 손해배상액의 최고액, 상한을 정한 규정은 없으나 독일 학계의 다
   수설에 의하면 채용에서 거부당한 차별피해자의 재산상 손해배상 청구범위는 만약 지원자가
   차별을 당하지 않고 채용되었을 경우를 가정하여 법률상 하자 없이 해고를 할 수 있는 때까
   지 받을 수 있었을 임금으로 추정한다(황수옥, 125면).
1292) 전윤구f, 209면. 이와 관련하여 서울중앙지법 2008. 7. 8. 선고 2006가합110099 판결은, 지방
   계약직 공무원 모집에 응시하여 최종면접에서 차점자였던 원고가 지방계약직공무원규정에서
   제시한 자격요건을 갖추지 못한 다른 응시자가 현직 장관의 아들인 점 등이 고려되어 서류
   심사뿐만 아니라 최종면접에서도 높은 점수를 받아 합격됨에 따라 자신이 불합격 처리되었
   다고 주장하며 손해배상을 청구한 사안에서, 위법한 합격처분이 있었으며 그로 인하여 원고
   가 불합격처분을 받았음을 인정하고, 원고가 계약직공무원으로 채용되지 못함으로써 입게 된
   소극적 손해를, 해당 직책으로 임용되었을 경우 받을 수 있었던 지방공무원보수규정에 따른
   연봉하한선을 기준으로 한 계약기간 3년 동안의 연봉합계액을 불법행위일 당시로 현가 계산
   한 금액으로 산정하였다. 그러나 항소심인 서울고법 2009. 6. 16. 선고 2008나72136 판결은 채
   용업무를 처리한 공무원들의 일부 위법행위와 원고의 불합격 사이에 인과관계를 인정할 수

경우가 일반적이어서 손해배상의 범위가 무한정 확대된다는 문제가 있다.[1293] 이 경우에는 재산적 손해의 범위를 적절히 제한하는 것이 쉽지 아니하고, 실제로는 사용자에 대한 계약체결에 대한 간접강제의 효과를 가지기 때문에 이는 계약체결의 자유와 양립하기 어렵고, 결국 이 경우에는 재산적 손해배상을 명할 수는 없고 위자료 산정에서 고려할 수밖에 없다는 견해가 있다.[1294] 그러나 장애인이라는 이유로 모집·채용에 있어 차별을 받은 경우에는 장애인차별금지법 46조 3항에 의해 차별행위의 피해자가 입은 재산상 손해액을 증명하기 위하여 필요한 사실을 증명하는 것이 해당 사실의 성질상 곤란한 경우로 보아 법원이 변론 전체의 취지와 증거조사의 결과에 기초하여 상당한 손해액을 인정할 수 있을 것이다. 다만, 그 밖의 성별, 연령을 이유로 한 모집·채용차별의 경우에는 위 장애인차별금지법 46조 3항과 같은 명문의 규정이 없으므로 결국 위 견해와 같이 위자료 산정에서 고려하여야 할 것이다.[1295]

　　한편, 차별적 모집·채용으로 말미암은 인격권의 침해를 이유로 정신적 손

없다는 이유로 원고의 청구를 기각하였고, 이에 원고가 상고하였으나 대법원 2009. 10. 29.자 2009다53840 판결로 심리불속행 기각되어 위 항소심 판결이 확정되었다.

1293) 이 문제에 착안하여 전윤구a, 301면은, 채용차별로 인하여 발생한 재산적 손해란 특별한 사정이 없는 한 응시과정에서 발생한 접수비용 같은 금액에 국한되어야 한다고 하였으나, 전윤구f, 209면은, 채용차별에 대한 손해배상의 내용을 다루면서 "우편료나 지원서 작성비용 등과 같은 신뢰이익 배상은 미미하기에 논외로 한다."고 밝히고 있다. 1980년 독일은 민법전에 근로관계에서 성차별을 금지하는 규정을 신설하였는데(§611 a BGB), 이 규정은 특히 채용에서 이루어지는 성차별과 관련하여 성을 이유로 부당하게 차별받은 근로자에게 채용청구권이나 이행이익에 대한 손해배상청구권을 인정하지 않고 신뢰이익에 대한 배상만을 인정하였다 (§611 a Abs. 2. BGB a.F). 그런데 이는 사실상 지원비용의 배상으로서 통상 우표와 봉투값에 지나지 않았기 때문에 1984년 유럽 사법재판소(EuGH)는 '차별금지를 위반하였을 때 이를 제재하는 방법을 선택하는 것은 각 회원국의 재량에 맡겨져 있다 하더라도, 회원국이 손해배상의 방법으로 제재를 가하는 결정을 하는 경우 그 배상액은 예컨대 응모에 소요되는 비용의 변제와 같은 단순한 명목적인 배상을 넘어야 하고 손해와 균형을 이루어야 하며 특히 그 금액은 사용자에 대하여 위협적인 손해를 가하는 것이어야 한다'는 이유로 이 규정이 '남녀 균등대우에 관한 유럽입법지침'에 반한다고 판단했다[EuGH vom 10. 4. 1984(Rs. C‑14/83) = DB 1984, 1042 = BB 1984, 1231; dazu Bertelsmann/Pfarr, DB 1984, 1297; Zulegg, RdA, 325; 하경효, 205~206면에서 재인용]. 독일은 1998년 민법 611조a를 개정하여 모집과 관련한 차별의 경우 그 손해배상을 산정함에 있어 차별이 없었더라면 채용되었을 지원자와 채용되지 않았을 지원자로 구별하였다. 차별이 없었더라면 채용되었을 지원자에 대한 손해배상은 민법 611조a 2항 1문에 따라 적절하게 결정하게 하고, 차별이 없었더라도 채용되지 않았을 지원자의 경우 같은 조 3항에 따라 사용자는 최고 3개월분의 임금 범위 내에서 적절한 손해를 배상하도록 하였다.

1294) 전윤구f, 209면.

1295) 이로써 성별, 연령을 이유로 한 모집·채용차별의 경우 장애인차별금지법 46조 3항을 유추할 수 있다는 취지의 근기법주해(초판) I, 438면의 견해는 변경한다.

해배상(위자료)을 청구하는 것은 가능하다. 불채용과 차별 사이에 인과관계가 강하면 강할수록 정신적 손해도 증대될 것이다. 반면 차별 때문에 처음부터 채용절차에서 배제되기는 하였지만, 차별이 없었더라도 채용을 기대하기 어려운, 형식적 자격도 없는 근로자의 경우에는 정신적 손해가 인정되지 않거나 극히 상징적인 의미에 그치는 배상액만 인용될 수도 있다.[1296]

(2) 임금차별의 구제

사용자의 임금차별을 시정하는 가장 적절한 방법은 다른 근로자에게 제공된 임금 자체는 인정하면서 차별받은 근로자에게 추가적인 임금 차액을 지급하는 것이다.

이와 관련하여 임금 차액을 청구하는 법적 권리를 계약상 이행청구권으로 구성할 수 있는지 여부에 관한 논의는 앞서 '차별금지규정 위반에 따른 구제의 내용' 중 '균등한 대우의 실현' 부분에서 살펴 본 바와 같다. 또한, 이 문제는 특히 임금차액청구권의 법적 근거를 무엇으로 보아야 할지와 관련하여, 남녀고용평등법 8조 1항에서 규정한 동일가치노동 동일임금원칙을 위반한 경우의 사법적 효력을 둘러싸고 학계에서 보다 정치하게 논의되었고(채무불이행에 따른 손해배상청구권으로 구성하는 견해, 불법행위에 따른 손해배상청구권으로 구성하는 견해, 임금청구권으로 구성하는 견해), 대법원 2013. 3. 14. 선고 2010다101011 판결은 동일가치노동 동일임금원칙을 위반한 경우 불법행위로 인한 손해배상책임이 성립한다고 판시하였으며, 하급심 판결 중에는 근기법 6조, 15조에 근거하여 임금차액청구권이 성립한다고 판단한 사례[1297]가 있음은 앞서 상세히 다루었다. 나아가, 대법원 2010다101011 판결이 채무불이행 또는 임금청구권에 근거한 임금차액청구권의 성립을 부인하고 있다고 보이지는 않으며, 근기법 15조 2항의 "무효로 된 부분은 이 법에서 정하는 기준에 의한다."라는 규정에서 '이 법에서 정하는 기준'이 반드시 근기법에 구체적으로 명시된 기준만을 의미한다고 해석할 것은 아니고, 근기법 15조 1항에 따라 임금결정기준 중 차별적인 부분은 그에 한하여 무

[1296] 전윤구a, 300~301면. 독일 일반균등대우법 15조 2항 2문은 차별대우가 없었더라도 해당 취업자가 채용되지 않았을 것이라고 판단되는 상황에서도 손해배상을 청구할 수 있고, 이 경우 손해배상을 3개월분 임금을 초과할 수 없다고 규정하고 있다. 이는 위 개정된 독일 민법 611조a 3항의 내용과 대동소이하다.

[1297] 서울고법 2010. 12. 24. 선고 2010나90298 판결. 이른바 ㈜콜텍 사건의 항소심 판결이다. 위 사건은 소액사건에 해당하여 상고심인 대법원 2011. 4. 28. 선고 2011다6632 판결은 회사 측의 상고를 기각하였으나 실체적 판단에까지 나아가지는 않았다.

효가 되며, 여전히 유효한 나머지 기준들에 근거하여 근기법 15조 2항의 보충적 효력에 기초하여 차별을 받은 여성근로자들이 차별이 없었다면 받았을 남성근로자와 같은 임금 액수를 산정하는 것도 가능하므로, 남녀고용평등법의 입법취지, 남녀고용평등법 8조의 규정형식, 근기법 6조 및 15조의 규정 등을 종합적으로 고려하여 그에 기초한 임금차액청구권을 인정할 필요가 있다는 견해를 밝혔다.

기간제법 8조 1항 및 파견법 21조 1항, 고령자고용법의 4조의4, 장애인차별금지법 6조의 각 차별금지규정은 남녀고용평등법 8조 1항(사업주는 동일한 사업 내의 동일 가치 노동에 대하여는 동일한 임금을 지급하여야 한다)과는 달리 '사용자는 … 차별(차별적 처우)을 하여서는 아니 된다'고 규정하여 행위금지규범으로 설정되어 있으나, 법률효과적인 측면에서는 모두 동일한 것으로 보아야 할 것이다.[1298] 따라서 남녀고용평등법 8조 1항의 사법적 효력을 둘러싼 위 논의 및 검토는 비정규직 근로자에 대한 임금차별, 연령을 이유로 한 임금차별, 장애를 이유로 한 임금차별 사안에도 그대로 적용될 수 있을 것이다.[1299]

한편, 임금차별로 인하여 근로자가 받은 정신적 고통은 원칙적으로 임금 차액의 전보와 함께 회복된 것으로 보아야 하므로 이와 다른 별도의 불법행위가 성립되었는지 여부에 따라 정신적 손해에 대한 배상 여부가 정해진다.

1298) 하경효 외 5명, 144면.

1299) 일본의 하급심 판결 중 남녀동일임금을 명시한 일본 노동기준법 4조에 관하여 근로계약에서 사용자가 근로자가 여성이라는 것을 이유로 임금 지급에 남성과 차별적 취급을 하는 경우에는 노동기준법 13조(우리나라 근기법 15조와 같은 내용이다)에 따라 차별적 취급을 한 부분이 무효가 되고 근로자는 사용자에게 차액 부분의 지급을 청구할 수 있다고 판단한 사례가 있음은 앞서 본 바와 같다[秋田地裁 1975. 5. 10. 判決(秋田相互銀行 사건)]. 그런데 최근 일본 최고재는 촉탁승무원(기간제근로자)과 정사원(정규직) 사이의 근로조건 차별을 인정하면서 차액 상당에 대한 불법행위에 기초한 손해배상청구권만이 인정될 뿐 유기계약 근로자와 무기계약 근로자 사이의 근로조건의 차이가 노동계약법 20조(유기근로계약을 체결하고 있는 근로자의 근로계약의 내용인 근로조건이 기간의 정함이 있음으로 인하여 동일한 사용자와 기간의 정함이 없는 근로계약을 체결하고 있는 근로자의 근로계약의 내용인 근로조건과 다른 경우에는, 당해 근로조건의 차이가 근로자의 업무 내용 및 당해 업무에 따르는 책임의 정도, 당해 직무 내용 및 배치 변경 범위 기타 사정을 고려하여 불합리하다고 인정되는 것이어서는 아니 된다)에 위반하는 경우에도 동조의 효력에 의해 당해 유기계약 근로자의 근로조건이 비교대상인 무기계약 근로자의 근로조건과 동일한 것으로 되는 것은 아니라고 해석하여 계약상 차액지급청구권이 발생하지는 않는다는 취지로 판시하면서, 그 근거로 노동계약법 20조가 노동기준법 13조와 달리 보충적 효력을 인정하는 규정을 두고 있지 않고, 해당 사건 원고들에게는 무기계약 근로자에게 적용되는 취업규칙과 별도의 취업규칙(촉탁직 취업규칙)이 적용된다는 점을 들었다[最高裁 2018. 6. 1. 判決 平成28年(受)2099号].

(3) 해고차별의 구제

　징계해고나 경영상 사유에 의한 해고에서 해고대상자를 선발함에 있어 적지 않게 차별의 문제가 제기되고 있다.[1300] 만약 동일 또한 유사한 해고사유가 있는 복수의 근로자 중에서 합리적 이유 없이 일부 근로자만을 차별하여 해고하는 경우, 그 해고는 균등대우원칙에 반하여 무효이다. 차별적 해고를 당한 근로자에 대한 사법적 구제의 가장 기본적인 형태는 해고무효확인의 소이고, 해고가 무효로 확인된 경우에는 부당해고기간 동안의 임금청구권을 행사할 수 있으며, 만일 차별적 해고로 인해 인격권이 침해당하는 불법행위 요건이 충족된다면 정신적 손해배상도 청구할 수 있다.[1301]

[김 민 기 · 정 지 원[1302]]

제 7 조(강제 근로의 금지)
　사용자는 폭행, 협박, 감금, 그 밖에 정신상 또는 신체상의 자유를 부당하게 구속하는 수단으로써 근로자의 자유의사에 어긋나는 근로를 강요하지 못한다.

〈세 목 차〉

Ⅰ. 의   의

　사용자는 폭행, 협박, 감금, 그 밖에 정신상 또는 신체상의 자유를 부당하게

1300) 근기법 24조 2항은 경영상 이유에 의한 해고를 할 때 "합리적이고 공정한 해고의 기준을 정하고 이에 따라 그 대상자를 선정하여야 한다. 이 경우 남녀의 성을 이유로 차별하여서는 아니 된다."고 규정하고 있다.
1301) 이에 관한 일반적 논의로는 정진경, 237~262면.
1302) 근기법 6조에 대한 해설 중 Ⅲ. 1. 아. 성차별의 유형 6 — 직장 내 성희롱 부분 집필.

구속하는 수단으로써 근로자의 자유의사에 어긋나는 근로를 강요하지 못한다.

이는 경제적으로 우위에 있는 사용자가 그 힘의 우위를 이용하여 근로자의 자유의사에 반하는 근로를 강요하지 못하도록 함으로써, 전근대적인 노사관계를 극복하고 근로자의 인격 존중과 실현을 도모하기 위한 것이다.[1] 법 7조는 헌법 12조 1항 2문 후단이 법률과 적법한 절차에 의하지 않은 강제 노역을 금지하고 있는 것을 구체화하여 법의 기본원칙을 규정하고 있다.[2] 근로자의 인간으로서의 존엄성과 행복추구권(헌법 10조)에 비추어 보더라도 당연한 귀결이다.[3] 또한 강제노동은 직업선택의 자유(헌법 15조)와 근로의 권리(헌법 32조)에도 반한다.

ILO는 1930년 강제 근로에 관한 협약(29호)을, 1957년 강제 노동의 폐지에 관한 협약(105호)을 채택하였는데, 우리나라는 장기간 두 협약을 비준하지 아니하다가[4] 그중 강제 근로에 관한 협약(29호)을 2021년에 비준하였다. ILO 29호 협약은 2022. 4. 20. 발효되어 국내법과 동일한 효력을 갖게 되었다.[5]

법 7조는 근로조건 자유결정의 원칙과 대등결정의 원칙을 내용으로 하는 법 4조의 기본이념을 강제 근로의 금지를 통해 재차 확인하고 있을 뿐만 아니라 근로자의 근로가 봉건적인 주종적·신분적 질서에 의하여 강제될 수 있는 우려를 방지하고 자유로운 의사에 기초한 근로관계를 형성하려는 정책적 의도를 반영하고 있다.[6]

법 7조는 강제 근로의 징표로서 근로가 근로자의 자유의사에 반한다는 점(비임의성)과 정신적·신체적 위협에 의한 근로의 강요 등 두 가지 요소를 들고 있다. 이러한 태도는 기본적으로 ILO 29호 협약의 경우도 마찬가지이다.[7] 그러

※ 이 조에 관한 각주의 참고문헌은 제 1 조 해설의 참고문헌을 가리킨다.

1) 김유성, 42면; 김형배, 184면; 박홍규, 162면; 이병태, 531면; 임종률a, 388면; 하갑래, 107면; 安枝·西村, 68면; 下井, 56면.

2) 김유성, 42면; 김형배, 184면; 하갑래, 107면; 하우영, 76면; 勞基(上), 82면; 下井, 56면.

3) 注釋(上), 112면; 新講座, 54면.

4) 강제노동에 관한 ILO 핵심협약의 비준을 둘러싼 국내법상 쟁점을 다룬 문헌으로 김근주, 27면 이하 참조. 29호 협약과 관련해서는 징병제 하에서 병역의무의 일환으로 이루어지는 공공사업이나 경제발전 목적의 노동력 동원 등 비군사적인 작업에의 종사, 행형법상 수형자에 대한 교도작업 규정의 협약 위반 여부가 문제된다. 105호 협약과 관련해서는 국가공무원이 특정 정당 또는 특정인을 지지하는 행위에 부과되는 징역형의 제재, 쟁의행위 참가에 대한 징역형 제재의 협약 위반 여부가 문제된다.

5) 다만 ILO 105호 협약과 29호 보충협약(Protocol, 2014)은 여전히 비준하지 않고 있다.

6) 注釋(上), 112면; 安枝·西村, 67면.

7) ILO 29호 협약 2조 1호는 "이 협약에서 강제 근로라 함은 어떠한 자가 처벌의 위협 하에서 강요받거나 또는 임의로 제공하는 것이 아닌 모든 노무를 말한다"라고 규정하고 있다.

나 두 가지 요소는 상당 부분 근로자의 주관에 의존하는 경우가 많을 뿐만 아
니라 두 가지 요소 상호간에 충돌이 있는 경우도 있을 수 있다. 예컨대, 근로관
계의 존속·유지에는 어느 정도 정신적 자유를 제한 또는 구속하는 요소가 수반
될 수 있는데, 이러한 제한 내지 구속의 정도가 객관적으로 볼 때에는 참을 수
있는 한도를 넘어섰음에도 근로자가 임의로 해당 제한 내지 구속을 받아들이는
경우를 예상할 수 있다. 따라서 법 7조 위반 여부를 판단함에 있어서는 사회통
념상 상당한 내용의 근로계약에 따라 근로자가 정신적·신체적 제한 내지 구속
을 받아들이는 경우에는 근로계약의 성립 내지 존속에 있어서 임의성을 인정할
수 있다는 점을 고려하여야 한다. 또한, 사용자가 적법하고 사회통념상 상당한
정도의 수단에 의하여 근로계약상의 의무 이행을 구하는 경우에는 법 7조가 금
지하는 강제 근로에 해당하지 않는다고 보아야 할 것이다.[8]

　　한편, 선원법 25조의2는 선박소유자 및 선원은 폭행, 협박, 감금, 그 밖의
정신상 또는 신체상의 자유를 부당하게 구속하는 수단으로써 선원의 자유의사
에 어긋나는 근로를 강요하지 못한다고 규정하고, 29조에서 선박소유자는 선원
근로계약의 불이행에 대한 위약금이나 손해배상액을 미리 정하는 계약을 체결
하지 못한다고 규정하고 있다. 직안법 46조 1항은 폭행·협박 또는 감금 그 밖
에 정신·신체의 자유를 부당하게 구속하는 것을 수단으로 직업소개, 근로자 모
집 또는 근로자공급을 한 자에 대하여 7년 이하의 징역 또는 7,000만 원 이하의
벌금에 처하도록 규정하고 있고, 형법은 폭행·협박 또는 이를 수단으로 사람의
권리행사를 방해하거나 의무 없는 일을 하게 하는 행위, 감금행위 등을 처벌하
고 있다(형법 260조, 276조, 283조, 324조 등).

Ⅱ. 법 7조 위반의 성립요건

1. 근로 강제의 주체

　　법 7조는 근로 강제의 주체를 사용자로 규정하고 있으므로 법 7조 위반죄
는 일종의 신분범인 셈이다. 따라서 사람에게 폭행·협박·감금 등의 수단에 의
하여 근로를 강제하더라도 가해자와 피해자 사이에 근로관계가 결여되어 있는
경우에는 법 7조가 적용될 여지가 없다.[9] 예컨대, 근로자의 친족에 의한 근로의

---

8) 注釋(上), 114면.

강제는 그 친족이 법 2조 1항 2호 소정의 사용자에 해당하는 경우, 즉, 사업주 또는 사업 경영 담당자, 그 밖에 근로자에 관한 사항에 대하여 사업주를 위하여 행위하는 자인 경우에만 법 7조의 보호대상이 된다.[10] 그러나 이 경우의 근로관계는 반드시 형식적인 근로계약에 의해 성립되었을 것을 요구하는 것은 아니고 사실상 근로관계가 존재하는 것으로 인식할 수 있는 것으로 충분하다.[11]

근로자를 일반적으로 보호하려는 법의 정신에 비추어 법 7조의 사용자는 보다 넓게 판단하는 것이 적절할 것이다.[12] 또한 특별법 또는 특별 규정(예컨대 법 11조 1항 단서의 가사사용인 등)이 해당 근로관계에 법의 적용을 배제하지 않는 이상, 실질적으로 지휘종속관계를 수반하는 모든 근로관계에 적용되는 것이 옳다.[13]

2. 근로 강제의 수단

금지되는 근로 강제의 수단은 폭행·협박·감금, 그 밖에 정신상 또는 신체상의 자유를 부당하게 구속하는 수단 일체이다.

여기서 말하는 폭행·협박·감금 등은 정신상 또는 신체상의 자유를 부당하게 구속하는 수단의 하나로서 예시된 것이라는 견해[14]와 폭행·협박·감금과 기타 정신 또는 신체상의 자유를 부당하게 구속하는 수단이 근로를 강제하는 4가지 유형으로 제시되었다는 견해[15]가 있지만, 어느 견해를 따르더라도 특정 행위가 강제 근로인지 여부를 판단하는 데에는 큰 차이가 없다.

한편, 폭행·협박·감금의 개념에 관하여도 형법 260조의 폭행·283조의 협박·276조의 감금 개념과 같은 것으로 이해하여야 하지만, 반드시 형법상의 범죄구성요건을 충족시켜야 한다고 해석할 것은 아니고 그에 미치지 못하더라도 근로자의 자유의사를 사실상 부당하게 구속할 수 있는 정도라면 금지되는 것으로 해석하여야 한다는 견해[16]와 형법 규정의 폭행·협박·감금의 개념과 동일하

---

9) 勞基(上), 83면.
10) 법 7조와 동일한 취지의 일본 노동기준법 5조의 입법과정에서 3차 내지 6차 수정안에는 근로 강제의 주체가 '사용자' 대신에 '누구라도'로 되어 있었으나 그 후 '사용자'로 수정되었다. 注釋(上), 113면.
11) 勞基(上), 83면.
12) 注釋(上), 114면.
13) 注釋(上), 114면.
14) 김유성, 42면; 이병태, 531면.
15) 이상윤, 125면.

게 해석하여야 한다는 견해로 나뉜다.[17] 법 7조 위반에 대하여는 법 107조의 규
정에 의하여 형벌이 부과되므로 죄형법정주의에 따라 가급적 명확하게 범죄구
성요건을 해석하여야 한다는 점에서 후자의 견해가 타당하다.[18] 다만, 후자의
견해에 따라 형법상의 폭행·협박·감금에 해당하지 않는다 하더라도 '그 밖에
정신상 또는 신체상의 자유를 부당하게 구속하는 수단'에 해당한다고 볼 수 있
는 경우에는 법 7조 위반이 성립하는 것에는 차이가 없으므로 결과에 있어서
두 견해는 큰 차이가 없을 것이다.

　　폭행은 사람의 신체에 대한 유형력의 행사를 말하는데, 신체의 훼손·손상
의 결과가 생길 수 있는 위험성을 가지거나 적어도 신체적·생리적 고통이나 불
쾌감을 야기할 수 있을 만한 성질의 것이어야 한다.[19] 음향의 작용, 빛 등 화학
적·생리적 작용도 넓은 의미의 물리력에 포함한다.[20] 피해자의 신체에 공간적
으로 근접하여 고성으로 폭언이나 욕설을 하거나 동시에 손발이나 물건을 휘두
르거나 던지는 행위는 직접 피해자의 신체에 접촉하지 아니하였다 하더라도 피
해자에 대한 불법한 유형력의 행사로서 폭행에 해당할 수 있지만, 거리상 멀리
떨어져 있는 사람에게 전화기를 이용하여 전화하면서 고성을 내거나 그 전화
대화를 녹음 후 듣게 하는 경우에는 특수한 방법으로 수화자의 청각기관을 자
극하여 그 수화자로 하여금 고통스럽게 느끼게 할 정도의 음향을 이용하였다는
등의 특별한 사정이 없는 한 신체에 대한 유형력의 행사를 한 것으로 보기 어
렵다.[21]

　　협박은 사람으로 하여금 공포심을 일으킬 수 있을 정도의 해악을 알리는
것을 의미한다.[22]

　　감금은 사람으로 하여금 일정한 장소 밖으로 나가는 것을 불가능하게 하거
나 현저히 곤란하게 함으로써 신체적 활동의 자유를 제한하는 것을 말한다. 물
리적 장애를 이용하거나 무형적 수단에 의하여 일정한 장소에서 탈출할 수 없
게 하거나 현저히 곤란하게 하는 것 등이 모두 포함된다.[23]

---

16) 김유성, 42면; 김형배, 184면; 박홍규a, 417면; 하갑래, 108면; 하우영, 76면.
17) 박상필b, 91면; 이상윤, 126면.
18) 注釋(上), 114면; 新講座, 56면; 勞基(上), 84면; 安枝·西村, 67면도 같은 취지이다.
19) 주석형법 각칙(3), 268면.
20) 주석형법 각칙(3), 270면.
21) 대법원 2003. 1. 10. 선고 2000도5716 판결.
22) 주석형법 각칙(4), 135면.

　　그 밖에 정신상 또는 신체상의 자유를 부당하게 구속하는 수단에 대해서는 폭행 등의 관념에 준하는 태양에 한한다는 견해가 있지만,[24] 강제 근로를 금지하는 법 7조의 목적에 비추어 볼 때 폭행 · 협박 · 감금에 준하는 태양으로 한정할 필요는 없고 근로자의 정신적 · 신체적 자유를 구속하는 이상 사용자의 경제적 우위의 남용이라고 평가할 수 있는 수단 등을 포함하는 것으로 해석하여야 한다.[25] 다만, 죄형법정주의의 원칙을 고려하면 사회통념상 수긍할 수 없을 정도의 수단으로 객관적으로 일반인의 정신적 · 신체적 자유를 침해하는 정도에 이를 것을 요한다.[26]

　　경우에 따라서 근로계약의 불이행에 대한 배상액의 예정, 전차금 상계, 강제 저금 등도 근로자의 자발적 의사를 제한하여 간접적으로 근로를 강제하는 결과가 될 수 있다.[27] 또한 근로자가 도주하는 것을 방지하기 위해 주민등록증이나 생활용품을 보관하는 경우, 급식중단 · 해고 등의 위협, 작업 중 출입문 폐쇄 등도 근로 강제의 방법이 될 수 있다.[28] 나아가 사문서 위조나 허위 진단서 작성, 사기 등과 같은 위법 행위를 사용하여 정신적 자유를 구속하는 경우도 예상할 수 있는데, 이러한 경우에는 죄형법정주의의 원칙에 따라 폭행 · 협박 · 감금 등의 경우와는 달리 각종 위법행위가 관련된 근로가 있었다는 사실로부터 직접적으로 법 7조 위반을 도출할 수는 없고, 사회통념상 제반 정황에 비추어 해당 위법행위가 실질적으로 근로자의 정신적 자유를 구속함으로써 강제 근로에 이르게 되었는지 여부를 확인할 필요가 있다.[29]

　　다음으로 '그 밖에 자유를 부당하게 구속하는 수단'에는 사회통념상 수긍할 수 없을 정도로 정신적 · 신체적 제한을 가하는 언행이 포함될 수 있다.[30] 특정한 언행이 근로관계에 있어서 근로자의 자유로운 의사결정을 방해하고 억압하는 이상 해당 언행을 위법한 근로 강제의 수단으로 인정할 수 있을 것이지만, 이 경우에도 근로가 이루어진 구체적인 사정을 종합하여 근로자에게 명시적 ·

---

23) 주석형법 각칙(4), 107면.
24) 하우영, 76면; 新講座, 58면; 片岡, 38면.
25) 김형배, 185면; 박홍규, 163면; 이상윤, 126면; 하우영, 76면.
26) 新講座, 58면; 西村 · 高木, 36면.
27) 이상윤, 126면; 新講座, 57면; 西村 · 高木, 36면.
28) 임종률a, 388면; 하갑래, 108면.
29) 注釋(上), 115면; 新講座, 56면; 安枝 · 西村, 67면; 勞基(上), 87면.
30) 注釋(上), 115면; 新講座, 56면; 安枝 · 西村, 67면; 勞基(上), 85면.

묵시적 억압을 가한 경우에 해당하는지를 판단하여야 한다.31) 결국, 일반적으로 말하면 근로자와 사용자의 자유로운 의사에 기초하여 근로조건이 결정된 이상 노사 간의 계약자치(자기결정)를 존중하여야 하기 때문에(법 4조) 해당 합의의 임의성을 어느 정도 수긍할 수 있고, 사용자의 노무지휘권 행사가 근로자의 자유의사를 부당하게 구속하는 정도에 이르지 않거나 불만스러운 근로조건 아래서 하는 근로, 영업비밀보호의무 등은 법 7조에서 말하는 근로 강제에 해당하지 않는다.32)

　　직장 내에서 상사가 지위를 이용해 신체적·정신적으로 고통을 가하거나 근무환경을 악화시키는 행위를 법 7조 위반으로 포섭하기 어렵다는 점을 고려하여, 법은 76조의2, 3으로 직장 내 괴롭힘 금지 규정을 새로이 도입하였다. 개정법은 직장 내 괴롭힘을 '사용자 또는 근로자가 직장에서의 지위 또는 관계 등의 우위를 이용하여 업무상 적정범위를 넘어 다른 근로자에게 신체적·정신적 고통을 주거나 근무환경을 악화시키는 행위'로 정의했다. 사용자는 직장 내 괴롭힘 예방과 대응조치 등을 담은 취업규칙을 마련하고 관할 지방고용노동관서에 취업규칙을 신고하여야 한다(법 93조 11호, 규칙 15조). 신고의무를 위반하는 경우 500만 원 이하의 과태료 처분을 받게 된다(법 116조 2항 2호). 누구든지 직장 내 괴롭힘 사실을 신고할 수 있고, 신고를 받은 사용자는 지체 없이 조사하고 가해자가 확인되면 징계 등 필요한 조치를 취해야 하며, 피해자 보호를 위해 피해자의 동의 하에 근무장소 변경과 유급휴가 명령 등을 내려야 한다(법 76조의3). 직장 내 괴롭힘을 신고하거나 피해를 당했다고 주장했다는 이유로 불이익을 주면 3년 이하의 징역 또는 3,000만 원 이하의 벌금에 처해진다(법 109조 1항).

3. 근로자의 자유의사

　　근로자의 자유의사는 근로자가 임의로 근로를 제공할 것을 결정하는 것을 의미하고, 근로자의 인격과 근로를 분리할 수 없는 근로관계의 특성상 근로관계의 형성, 존속, 종료 등 모든 단계에서 임의성이 유지되어야 한다.33) 사용자가 부당한 수단을 이용하여 근로자의 의사를 억압함으로써 근로자의 자유로운 판단에 따르지 않는 근로를 하게 하는 것은 "의사에 반하는 근로의 강요"가 된다.

---

31) 注釋(上), 115면.
32) 하갑래, 109면.
33) 注釋(上), 115면.

그 수단에 따라 근로자가 주관적으로 정신 또는 신체의 자유를 상실하고 있는가의 여부에 관계없이, 객관적으로 보아 보통의 사람이 정신 또는 신체의 자유를 상실할 정도의 억압으로 근로를 강요당하였다고 볼 경우 강제 근로에 해당한다.[34]

　　법은 근로자의 자유의사에 기초한 결정을 뒷받침하기 위하여 사용자에게 근로조건 명시의무를 부여하고(법 17조), 위약 예정이나 전차금 상계, 강제 저금 등을 금지하고 있다(법 20조 내지 22조).

　　업무상 긴박한 필요성이 있고, 근로자의 명시적인 동의가 있었던 경우에는 외형상 ‘정신적 또는 신체적 자유’가 구속된 상태에서 행해진 근로라고 하더라도 이 조항에서 말하는 강제 근로에는 해당하지 않을 수 있다.[35] 예컨대 시험 문제 출제를 위하여 특정 기간 출입이나 외부와 연락이 두절된 상태에서 작업을 행하는 경우에 근로자의 명시적 동의가 있었다고 한다면 강제 근로는 아니다.[36]

　　강제 근로의 금지와 관련해서 친권자나 법정대리인이 그 지위를 이용하여 미성년자로 하여금 강제 근로에 종사하게 하는 경우와 금전적 수단을 매개로 원하지 않는 근로를 강제한 경우가 문제될 수 있다. 전자와 관련해서는 친권자 또는 후견인이 미성년자의 근로계약을 대리할 수 없도록 하고 있고(법 67조 1항), 임금청구도 미성년자가 독자적으로 할 수 있도록 하며(법 68조), 후자와 관련해서는 전차금 상계의 금지(법 21조), 강제 저금 금지(법 22조) 등을 규정하고 있다.

　　현실적으로 문제될 수 있는 것으로 이직의 자유를 제한하는 경우, 연장근로와 휴일근로를 강요하는 경우, 기숙사에서 인격의 자유를 제한하는 경우 등이다.[37]

　　취업규칙 또는 근로계약에서 예컨대 “퇴직은 3개월 전에 신청하여야 한다”고 정하거나, “퇴직은 회사의 승인을 받아야 한다”고 정한 경우, “연수를 위하여 해외에 파견된 자는 귀국 후 일정한 기간 내에는 퇴직할 수 없다”고 정하여 근로자의 퇴직을 제한하는 경우가 있다. 이에 대하여는 민법 660조 1항에서 근로자가 “언제든지” 근로계약을 해지할 수 있고 계약관계는 1월이 경과하면 종

---

34) 이병태, 532면.
35) 김유성, 42면.
36) 1981. 12. 12. 근기 1455-36726.
37) 민변노동법 I , 226면; 임종률a, 388면; 新講座, 60면.

료되므로 1개월 전 이상의 기간을 정하여 퇴직원을 제출하게 하거나 퇴직 시
사용자의 승인을 요구하는 것은 무효라는 견해가 있다.[38]

　　근로자의 해외 유학이나 연수, 위탁 교육 훈련 등 소요 경비를 사용자가 부
담하고 사후에 일정 기간 의무적으로 근무하면 경비 상환을 면제하되 그렇지
않으면 반환하는 약정을 한 경우 의무적인 근무 강제가 강제 근로에 해당하는
지 여부가 문제될 수 있다. 판례는 이에 관하여 교육 비용의 전부 또는 일부를
근로자로 하여금 상환하도록 한 부분은 법 24조(현행 법 20조)에서 금지된 위약금
또는 손해배상을 예정하는 계약이 아니므로 유효하지만, 임금 반환을 약정한 부
분은 기업체가 근로자에게 근로의 대상으로 지급한 임금을 채무불이행을 이유
로 반환하기로 하는 약정으로서 실질적으로는 위약금 또는 손해배상을 예정하
는 계약이므로 법 20조에 위반되어 무효라 하고,[39] 의무 근무 기간은 경비 반환
채무의 면제 기간으로 본다.[40] 위와 같은 약정은 주로 사용자의 업무상 필요와
이익을 위하여 원래 사용자가 부담하여야 할 성질의 비용을 지출한 것에 불과
한 정도가 아니라 근로자의 자발적 희망과 이익까지 고려하여 근로자가 전적으
로 또는 공동으로 부담하여야 할 비용을 사용자가 대신 지출한 것으로 평가되
며, 약정 근무 기간 및 상환해야 할 비용이 합리적이고 타당한 범위 내에서 정
해져 있는 등 약정으로 인하여 근로자의 의사에 반하는 계속 근로를 부당하게
강제하는 것으로 평가되지 않아야 한다.[41]

　　근로자가 근로관계 종료 후 사용자의 영업부류에 속한 거래를 하거나 동
종의 업무에 종사하지 아니하기로 하는 경업금지약정은 사용자의 영업비밀이
나 노하우, 고객관계 등 경업금지에 의하여 보호할 가치 있는 사용자의 이익이

---

　38) 이병태, 532면

　39) 대법원 1996. 12. 6. 선고 95다24944, 24951 판결.

　40) 대법원 1974. 1. 29. 선고 72다2565 판결, 대법원 1992. 2. 25. 선고 91다26232 판결, 대법원
　　　1996. 12. 6. 선고 95다13104, 13111 판결, 대법원 1996. 12. 20. 선고 95다52222, 52239 판결,
　　　대법원 2004. 4. 28. 선고 2001다53875 판결.

　41) 대법원 2008. 10. 23. 선고 2006다37274 판결. 같은 취지의 견해로 강성태b, 48면(형식적으
　　　로는 대여금 약정의 형식을 취하지만 현실적으로는 사용자가 비용 반환 의무를 통해 근로자
　　　로 하여금 일정 기간 동안 근로할 것을 강제하는 수단으로 이용될 수 있으므로, 해당 약정이
　　　사용자의 명령에 의한 것인지 아니면 근로자의 자발적 동의에 의한 것인지, 교육비의 지급이
　　　소비대차적 성격을 갖고 그 반환 방법이 정해졌는지 여부, 의무적인 근무 기간의 장단, 그러
　　　한 약정의 필요성 여부 등을 종합적으로 판단하여야 한다는 견해). 다만, 의무재직기간 전에
　　　퇴직하는 경우 감액이나 일할 계산 방식에 의한 교육비 반환규정을 두지 않고 일률적으로
　　　교육비 전액을 반환하도록 정한 약정의 유효성을 인정한 사안으로 서울고법 2016. 11. 2. 선고
　　　2016나2026493 판결 참조.

존재하고 경업 제한의 기간과 지역 및 대상 직종, 근로자에 대한 대가의 제공 여부, 근로자의 퇴직 전 지위 및 퇴직 경위, 그 밖에 공공의 이익 등 관련 사정을 종합하여 근로자의 자유와 권리에 대한 합리적인 제한으로 인정되는 범위 내에서만 유효한 것으로 인정된다.[42] 근로관계 종료 후 전직금지 의무의 부과 및 그 불이행에 대한 위약금을 규정한 것만으로 강제 근로의 금지(법 7조)를 위반하는 것은 아니다.[43] 다만 공무원의 경우에도 같은 법리가 적용될 수 있는지는 별론이다(예컨대 법원은 법관의 해외연수 시 월급과 주거비 등 유학비용을 지급한 후 약정근무기간 이전에 퇴직하는 경우 유학비용을 일할 계산하여 반환하도록 정하고 있다).

　　단체협약이나 취업규칙에서 특정 임금항목(정기상여금, 성과급 등)의 지급대상자를 지급일 현재 재직하고 있는 근로자로 한정하고 중도 퇴직자에게는 전혀 지급하지 않는 이른바 '재직 조건'을 부가하는 것은 근로자의 퇴직의 자유를 제한하고 강제 근로 금지의 원칙을 위반하여 무효라는 견해[44]가 있으나, 판례는 정기상여금 등에 부가된 재직 조건의 유효성을 긍정하는 전제에 서 있다.[45] 또한, 회사가 소속 기업집단의 변경과정에서 이를 반대하는 근로자들에게 매각위로금 등을 지급하고 매각위로금을 받은 근로자가 지급일로부터 8개월 안에 퇴사할 경우 이미 지급받은 매각위로금을 월할로 계산하여 반납한다는 내용의 약정이 근로자의 퇴직의 자유를 제한하거나 그 의사에 반하는 근로의 계속을 부당하게 강요하는 것은 아니라고 본 사례가 있다.[46]

　　반면, 금융기관의 후선역에 배치된 근로자들에게 사회봉사활동을 부과하고 그 이행 여부가 평가점수에서 상당한 비중을 차지하는 후선역 평가기준이 법 7조의 입법취지에 위배될 여지가 많다고 본 하급심 판결이 있다.[47]

---

42) 대법원 2010. 3. 11. 선고 2009다82244 판결.
43) 대법원 2017. 6. 15.자 2017다221273 심리불속행기각(원심 서울고법 2017. 3. 22. 선고 2016나2081483 판결).
44) 권오성a, 246면; 김도형, 55면; 김홍영, 42면.
45) 대법원 2015. 10. 29. 선고 2015다213520 판결, 대법원 2016. 2. 18. 선고 2012다29380 판결, 대법원 2017. 9. 21. 선고 2016다49320 판결, 대법원 2017. 9. 21. 선고 2016다15150 판결, 대법원 2017. 9. 26. 선고 2017다232020 판결, 대법원 2017. 9. 26. 선고 2016다49481 판결, 대법원 2017. 9. 26. 선고 2016다38306 판결, 대법원 2017. 9. 26. 선고 2016다238120 판결, 대법원 2018. 9. 28. 선고 2016다212869 판결, 대법원 2018. 10. 25. 선고 2016다237653 판결, 대법원 2019. 3. 28. 선고 2016다13314 판결 등.
46) 대법원 2022. 3. 11. 선고 2017다202272 판결.
47) 서울고법 2017. 2. 15. 선고 2016나2029751 판결.

한편, 헌법재판소는 연장근로의 거부, 정시 출근, 집단 휴가 등 노무 제공을
소극적으로 거부하는 형태의 파업이 그 정당성을 상실한 경우 업무방해죄의 성
립을 인정하는 판례에 대하여 근로자들로 하여금 처벌의 위협 하에 노동에 임
하게 하는 측면이 있음을 지적한 바 있다.[48]

4. 근로의 강제

근로의 강제는 근로자에게 그 의사에 반하여 근로의 제공을 강요하는 것이
다. 본래 근로자는 사용자의 지휘·명령에 따라 근로를 제공할 의무를 근로계약
상 부담하지만, 그 근로의 제공은 근로자의 자유의사에 기초하여야 하고, 근로
자의 의사에 반하여 근로계약의 이행을 강제하는 것은 법 7조 위반이 문제될
수 있다.[49] 근로자의 자유의사에 반하는 근로의 강제가 있는 이상 강제되는 근
로의 내용이 당초 근로계약에서 정한 내용과 부합하는지, 근로 자체가 가혹한
것인지 여부는 문제되지 않는다.[50] 법 7조의 보호 법익은 근로자의 근로 여부에
대한 자유로운 의사결정권이고, 근로자의 근로 거부 행위가 근로계약에 위반하
는 경우에는 별도의 징계가 가능하기 때문이다. 법 7조의 미수행위를 처벌하는
규정이 없다는 점도 고려된다.

따라서 법 7조 위반이 성립하기 위해서는 근로자의 자유의사를 부당하게
구속하는 수단에 의해 실제 강제 근로가 행해질 필요가 있다는 견해,[51] 폭행·
협박·감금을 근로강제의 수단으로 하는 경우에는 실제 강제 근로가 행해질 필
요가 없으나 '그 밖의 부당한 수단'에 의해 근로를 강제하는 경우에는 강제 근
로가 행해질 필요가 있다는 견해도 있으나,[52] 우리나라의 통설과 일본의 다수설
은 실제 강제 근로가 행해질 필요는 없다고 본다.[53]

---

48) 헌재 1998. 7. 16. 선고 97헌바23 결정.
49) 勞基(上), 87면.
50) 注釋(上), 116면.
51) 김수복, 126면.
52) 吾妻, 99면.
53) 김유성, 42면; 김형배, 184면; 박상필c, 53면; 박홍규a, 417면; 이병태, 532면; 이상윤, 126
    면; 하갑래, 107면; 勞基(上), 88면; 西村·高木, 37면; 堺鑛二郎, 95면.

Ⅲ. 근로 강제의 법적 효과

1. 벌   칙

근로를 강요한 자는 5년 이하의 징역 또는 5,000만 원 이하의 벌금에 처한다(법 107조). 형법상 단순 폭행, 협박죄의 법정형이 각각 2년, 3년 이하의 징역형 또는 500만 원 이하의 벌금형 등이고, 형법상 감금, 강요죄의 법정형이 각각 5년 이하의 징역형 또는 700만 원 이하의 벌금형, 5년 이하의 징역형 또는 3,000만 원 이하의 벌금형인 점을 감안하면 벌칙이 가볍지 않다고 볼 수 있으나, 감금하여 가혹한 행위를 한 경우에 적용되는 형법상 중감금죄의 법정형이 7년 이하의 징역이고, 일본 노동기준법 117조가 1년 이상 10년 이하의 징역에 처하는 것과 비교하면 상대적으로 약한 측면이 있다.54)

근로 강제의 수단으로 폭행·협박·감금행위를 한 경우에는 법 7조 위반과 형법상의 폭행·협박·감금죄에 모두 해당하게 되고 이 경우에는 법 7조 위반죄가 형법상의 각 죄를 흡수하는 법조경합의 관계에 있게 된다.55) 하지만, 더 나아가 감금 후 가혹행위가 있어 형법상 중감금죄가 성립하는 경우에는 반드시 법조경합의 관계에 있다고는 볼 수 없을 것이다. 또한 의무 없는 근로를 강제하는 경우에는 법 7조 위반 이외에 형법상 강요죄가 성립할 수 있는데, 이 때는 두 죄가 법조경합의 관계에 있고, 법 7조가 강요죄의 특별법이기 때문에 법 7조 위반죄를 적용하는 것이 타당하다는 견해도 있으나,56) 강요죄의 법정형보다 법 7조 위반죄의 법정형이 가벼운 우리나라의 경우에는 의문이 있다.

2. 사법상의 효력

법 7조에 위반하여 이루어진 강제 근로는 많은 경우 불법행위에 해당할 것이다(법 19조 1항; 민법 750조, 751조, 756조). 또한 해당 근로계약의 체결은 사회질서

---

54) 지적 능력이 낮은 피해자를 11년 동안 염전에서 무임금으로 근로하게 하고 폭행, 욕설을 해 온 피고인에게 징역 1년 2개월을 선고한 사안(광주지법 2017. 4. 25. 선고 2017노29 판결), 정신지체 3급 장애인에게 6년에 걸쳐 우사청소 등 근로를 강요하고 신체를 폭행한 피고인에게 징역 1년 6월, 집행유예 3년, 사회봉사 240시간을 선고한 사안(창원지법 거창지원 2017. 5. 19. 선고 2017고단55 판결) 참조.

55) 이병태, 533면; 注釋(上), 117면.

56) 勞基(上), 89면.

에 반하는 내용의 법률행위로서 무효이고(민법 103조), 근로계약에 기간의 정함이 있거나 없거나를 묻지 않고 즉시 해제가 가능하다(법 19조 1항). 다만, 강제 근로가 우발적으로 이루어진 경우나 근로의 강제적 요소가 전체 근로계약의 일부분인 경우에는 근로계약 전체를 무효로 할 것은 아니고 해당 부분만을 일부 무효로 하는 것으로 충분하다.[57]

나아가 사기·강박에 기초하여 근로계약이 체결된 경우에는 계약을 취소할 수 있는 것은 당연하다(민법 110조). 다만 취소로 인한 소급효가 제한되므로 취소 이후 장래에 관하여만 근로계약의 효력이 소멸할 뿐 이전의 법률관계는 여전히 유효하다.[58]

[이 용 구 · 최 정 은]

제 8 조(폭행의 금지)

사용자는 사고의 발생이나 그 밖의 어떠한 이유로도 근로자에게 폭행을 하지 못한다.

〈세 목 차〉

Ⅰ. 의   의

폭행은 근로자가 인간으로서 가지는 존엄성을 직접적으로 침해하는 것임과 동시에 봉건적 근로관계의 전형적 잔재다. 법 8조는 근로관계에서 발생할 수 있는 폭행을 금지함으로써 근로자의 인격권을 보호하고, 근로관계의 전근대성을

---

57) 註釋(上), 117면.
58) 대법원 2017. 12. 22. 선고 2013다25194, 25200 판결(근로계약의 무효 또는 취소를 주장할 수 있다 하더라도 근로계약에 따라 그동안 행하여진 근로자의 노무 제공의 효과를 소급하여 부정하는 것은 타당하지 않으므로 이미 제공된 근로자의 노무를 기초로 형성된 취소 이전의 법률관계까지 효력을 잃는다고 보아서는 아니 된다).

타파하려는 데 목적이 있다.[1]

　　원래 근로자가 사고를 냈다든가 기타 근무상의 부주의로 사용자에게 손해를 입힌 경우 사용자는 근로계약상의 채무불이행, 취업규칙 위반을 이유로 한 제재 또는 민법상의 불법행위 규정에 따라 손해배상을 청구하거나 제재를 가하면 그것으로 충분하다. 그러나 사업장에 따라서는 노사관계의 봉건성을 면치 못하고 있는 까닭에 법 8조가 제정된 것이다.[2]

　　강제 근로의 금지 규정(법 7조)은 근로자의 자유의사를 부당하게 구속하는 수단에 의한 근로의 강요를 금지하려는 것임에 반하여, 폭행 금지 규정(법 8조)은 폭행이나 구타행위 그 자체를 금지하려 한다는 점에서 차이가 있다.[3]

Ⅱ. 내　　용

　　폭행의 주체가 되는 사용자는 법 2조 1항 2호의 사용자로서, '사업주 또는 사업 경영 담당자, 그 밖에 근로자에 관한 사항에 대하여 사업주를 위하여 행위하는 자'를 말한다. 이에 대해서는 근로자가 근로자를 폭행한 경우에도 그러한 폭행이 사용자의 지시 하에 이루어졌거나 업무와 관련해서 일어났다면 사용자에게 책임을 물을 수 있기 때문에 법의 사용자 개념보다는 넓게 보아야 한다는 견해가 있다.[4] 또한, 폭행의 장소가 사업장 밖이었거나 폭행이 근무시간 외에서 일어났다 하더라도 사용자의 지휘·명령 아래서 이루어진 경우에는 사용자에게 책임을 물을 수 있다.[5]

　　법 8조에서 금지하는 행위는 폭행이다. 2007. 4. 11. 법률 8372호로 개정되기 전에는 폭행 또는 구타행위를 금지 대상으로 하였지만, 폭행의 개념에는 구타행위가 당연히 포함되므로 폭행만을 규정하는 것으로 변경하였다.

　　여기서 말하는 폭행이 형법상 폭행죄(형법 260조)의 폭행과 같이 사람의 신체

※ 이 조에 관한 각주의 참고문헌은 제1조 해설의 참고문헌을 가리킨다.
1) 김유성, 43면; 김형배, 185면; 이상윤, 126면.
2) 김형배, 185면; 민변노동법 I, 228면.
3) 김유성, 44면; 이상윤, 127면.
4) 박홍규, 165면.
5) 하갑래, 110면; 대법원 1989. 2. 28. 선고 88다카8683 판결(현장소장이 주관하고 노무대리가 진행을 맡은 배구대회 중에 심판판정으로 시비가 있었으며 그로 인해 경기 종료 후 배구대회 장소 인근에서 일어난 폭행 관련 사안).

에 대한 유형력의 행사만을 의미하는 것인지 아니면 그보다 광의로 이해하여
사람에 대한 유형력의 행사뿐만 아니라 물건에 대한 것일지라도 간접적으로 사
람에 대한 것이면 충분한 것으로 이해할 것인지 문제된다.

　　폭행은 신체적인 훼손을 가져오는 물리적인 행동에 한정되지 않는다는 견
해가 있지만,6) 법 8조가 봉건적 근로관계에서 발생할 수 있는 폭행의 악습을
폐지하고 근로자의 인격권을 보장하기 위한 것이므로 사람의 신체에 대한 유형
력의 행사만을 의미하는 것으로 보아야 한다. 따라서 형법 260조의 폭행 개념과
같다.

　　사람의 신체에 대한 유형력의 행사는 반드시 근로자의 신체에 직접 물리적
으로 접촉하는 것에 한정하지 않는다. 이와 관련하여 이 조항에서 금지하는 행
위는 육체상 고통을 수반하여야 하는 것이 아니므로 폭언을 수차례 반복하는
것도 폭행에 해당한다고 보는 견해도 있으나,7) 반복된 폭언이 폭행에 해당하기
위해서는 사람의 신체에 고통을 줄 수 있을 정도의 물리력(음향)을 의미할 수
있는 것으로 평가될 수 있는 경우에 한할 것이다. 또한, 유형력의 행사 정도는
육체적·생리적인 고통을 줄 정도에 이르지 않더라도 심리적 고통을 포함하여
무엇인가 고통을 줄 정도에 이르면 충분하다고 보아야 한다. 근로자들의 숙소에
들어가 금품절취 적발 등을 빙자하여 몸수색을 하는 과정에서 유형력을 행사하
는 것도 폭행에 해당한다는 견해가 있다.8) 다만, 여객 회사에서 손님으로 가장
하여 운전사를 암행 감시하는 것은 사용자의 근로자에 대한 업무 감시 행위이
므로 법 8조에 위반되는 행위라고 볼 수 없다.9)

　　'사고의 발생'이란 사업장에서 근로 과정 중에 일어나는 사고의 발생을 말
하며, 그것이 고의 또는 과실에 의한 것인지를 묻지 않는다.10)

　　'그 밖의 어떠한 이유'라 함은 근로자가 공장의 질서 유지에 지장을 초래하
였기 때문이라든가 또는 상사가 부하 직원을 지도하기 위한 의도에서였다는 등
사고 발생을 제외하고 근로관계에서 발생하는 모든 이유를 말한다.11) 이러한 사
유에는 공장의 질서 문란 야기, 무단 결근 등 징계 사유가 되는 행위, 직장 상

---

　6) 민변노동법 I , 228면; 박홍규, 165면; 이병태, 534면; 하갑래, 110면.
　7) 김유성, 44면; 이병태 534면; 서울서부지법 2018. 11. 9. 선고 2018고단2594 판결.
　8) 민변노동법 I , 229면; 이병태 534면; 하갑래, 110면 각주 3).
　9) 1993. 11. 24. 근기 68207-2452.
　10) 민변노동법 I , 229면.
　11) 민변노동법 I , 229면.

사의 지시 불복종과 반항 행위, 사용자의 부당노동행위 기타 노동 관계 법령 위반 사실을 신고하는 행위 등이 해당된다.

Ⅲ. 법적 효과

법 8조에 위반하여 근로자에게 폭행을 한 자는 5년 이하의 징역 또는 5,000만 원 이하의 벌금에 처한다(법 107조).

사용자가 근로자에게 폭행을 한 경우, 근로관계와 상관없이 사적인 문제로 행한 폭행에 대해서는 형법이 적용되나 근로관계에서 발생한 폭행은 법 8조 위반이 된다. 따라서 업무수행시간 중이라도 업무와 관련 없이 발생한 폭행은 형법상의 폭행죄가 성립하는 반면 업무시간 외에 사업장 밖에서 발생한 폭행이라 하더라도 업무와 관련되어 발생하였다면 법 8조 위반이 된다.12) 업무 관련성 여부나 업무시간 내외를 묻지 않고 사용자가 근로자에게 가한 폭행이라면 법 8조 위반으로 보는 견해도 있다.13) 법 8조 위반죄가 성립하는 경우 일반법의 지위에 있는 형법상의 폭행죄는 이에 흡수된다(법조경합 특별관계).14)

형법상의 폭행(형법 260조)이 피해자의 의사에 반하여 죄를 논할 수 없는 반의사 불벌죄이고, 그 법정형이 2년 이하의 징역, 500만 원 이하의 벌금, 구류 또는 과료인 점과 비교하여 법 8조의 폭행 금지는 처벌 조건에 제한이 없고 법정형이 가중되어 있다.

[이 용 구·최 정 은]

---

12) 박상필c, 53면; 이상윤, 127면; 하갑래, 110면.
13) 민변노동법Ⅰ, 229면, 박홍규, 165면; 이병태, 534면.
14) 이병태, 533면; 서울고법 2013. 7. 18. 선고 2013노352 판결(간부회의를 마치지 않고 도중에 나간다는 이유로 피해자의 옆구리 부분을 지팡이로 때리고 어깨를 잡아 흔든 행위는 법 8조 위반죄를 구성하고 따로 형법상 폭행죄를 구성하지 않는다고 본 사안).

제 9 조(중간착취의 배제)

누구든지 법률에 따르지 아니하고는 영리로 다른 사람의 취업에 개입하거나 중간인으로서 이익을 취득하지 못한다.

〈세 목 차〉

[참고문헌]

강경근, "유료직업소개사업 허가제의 위헌성", 법률신문 2717호(1998. 8.); **강선희**, "H자동차 아산공장 모든 공정의 사내하도급근로자는 도급으로 위장된 파견근로자이다", 노동리뷰 121호, 한국노동연구원(2015); **강성태a**, "다면적 근로관계와 사업주책임", 노동법연구 7호, 서울대학교 노동법연구회(1998. 5.); **강성태b**, "파견근로자보호등에 관한 법률의 제정과 과제", 노동법학 8호, 한국노동법학회(1998. 12.); **강성태c**, "위법한 파견근로와 사용사업주의 책임", 노동법연구 13호, 서울대학교 노동법연구회(2002. 12.); **강성태d**, "일본과 독일의 신근로자파견법: 근로자파견법개정안과의 비교를 중심으로", 노동법연구 17호, 서울대학교 노동법연구회(2004. 12.); **강성태e**, "사내하도급과 근로계약관계 —현대자동차판결의 검토를 중심으로—", 사법 15호, 사법발전재단(2011. 3.); **강성태f**, "직업안정법상 '직업'의 재검토 — 근로자 개념을 중심으로", 법학논총 33집 4호, 한양대학교 법학연구소(2016); **강주원**, "출입국관리법을 위반하여 취업한 근로자의 산업재해보상보험법 적용여부", 노동판례평석집 Ⅱ, 한국경영자총협회(1997); **구건서**, "외국인 산업연수생의 근로자여부와 퇴직금지급", 월간 노동 384호, 한국산업훈련협회(2007. 2.); **권기일**, "위법한 근로자공급계약에 있어서의 근로관계", 2004 노동판례비평, 민주사회를 위한 변호사모임(2005. 8.); **권혁 외 4명**, 합리적인 파견·도급 구별기준에 관한 연구, 고용노동부 연구용역보고서(2014. 11.); **김기선**, "근로자파견의 판단", 노동리뷰 121호, 한국노동연구원(2015. 4.); **김명중**, "일본의 파견근로 현황과 2015 개정근로자파견법에 관한 소고", 국제노동브리프, 한국노동연구원(2016. 3.); **김병옥**, 고용의 유연안정성(Flexicurity)과 근로계약법의 법제화 방향, 진원사(2013); **김병준**, "일본의 간접고용 규제", 간접고용 제한법제의 국제비교, 관악사(2001); **김선수a**, "한국에서의 외국인근로자 인권문제", 시민과 변호사 1995년 1월호, 서울지방변호사회; **김선수b**, "간접고용(근로자파견 및 업무도급 등)의 문제", 2003 노동판례비평, 민주사회를 위한 변호사모임(2004. 9.); **김세곤·김연식·송종학**, (알기쉬운) 근로자파견제도, 중앙경제사(1999); **김선일a**, "취업자격 없는 외국인근로자의 노동조합 설립", 사법 35호, 사법발전재단(2016); **김선일b**, "근로자파견에 관한 주요 법리제시", 고영한 대법관 재임기념 논문집, 사법발전재단(2018); **김수복**, 비정규직노동법, 중앙경제사(2007); **김승년**, "우리 나라 노동관계법의 발달과정", 현대법학의 과제와 전망 — 이중범 박사 정년 기념 논문집, 신양사(1998); **김재훈**, "고용서비스 법제에 관한 소고", 노동법학 12호, 한국노동법학회(2001. 6.); **김종관 외 5명**, 비정규근로자의 차별적 처우에 대한 실태조사 및 개선방안 연구, 노동부 연구용역보고서(2004. 4.); **김지형a**, "외국인근로자의 헌법상 기본권 보장 — 현행 산업연수생 제도의 위헌성 검토를 중심으로", 저스티스 70호, 한국법학원(2002. 12.); **김지형b**, "노동판례 바로 읽기", 노동법의 미래담론, 해밀(2016); **김현민**, "고용허가제와 산업연수제도", 노동법률 148호, 중앙경제(2003. 9.); **김형진**, "가. 출입국관리법상의 외국인고용제한규정을 위반하여 체결한 근로계약의 효력과 그에 따른 근로관계의 성질등. 나. 취업활동을 할 수 있는 취업자격이 없는 외국인근로

자가 근로기준법 소정의 근로자인지 여부", 대법원판례해설 24호, 법원도서관(1996. 5.);
김홍영, "KTX 여승무원의 실질적 사용자가 철도공사인지 여부", 노동리뷰 121호, 한국노
동연구원(2015); **남성일**, "한국 인력파견의 현황과 쟁점 분석", 인력파견 국제심포지움
주제발표문(2000. 4. 19.); **남주혁**, "외국인 고용허가제 개선방안에 대한 연구", 부산대학
교 대학원 석사학위논문(2006. 2.); **노상헌**, 고용시장에 관한 법제개선방안 연구, 한국법제
연구원(2004. 11.); **문영화**, "파견근로자보호등에관한법률에 의한 근로자 파견에 있어서
파견사업주가 파견근로자의 파견업무에 관련한 불법행위에 대하여 사용자책임을 부담하
는지 여부", 대법원판례해설 47호, 법원도서관(2004. 7.); **박수근**, "파견근로자의 불법행위
와 사용자배상책임", 2003 노동판례비평, 민주사회를 위한 변호사모임(2004. 9.); **박제성**,
"영국의 간접고용 규제", 간접고용 제한법제의 국제비교, 관악사(2001); **박종문**, "근로기
준법상의 근로자에 해당하는지 여부에 대한 판단기준", 대법원판례해설 37호, 법원도서
관(2001. 12.); **박종희**, "사내하도급의 불법파견에 관한 법적 문제: 독일에서의 논의를 중
심으로", 고려법학 47호, 고려대학교 법학연구원(2006. 10.); **박종희 외 4명**, 비정규직 차
별금지 판단기준 및 운영에 관한 연구, 중앙노동위원회(2006. 11.); **양승광**, "철도공사는
KTX여승무원의 사용자가 아닌가?", 노동법연구 39호, 서울대학교 노동법연구회(2015);
유동균, "독일의 근로자파견법 연구", 외국사법연수논집 135집, 법원도서관(2017); **유성재
a**, "위법한 근로자파견의 사법적 효과", 중앙법학 4집 2호, 중앙법학회(2002. 9.); **유성재b**,
"독일 근로자파견법의 개정과 시사점", 노동법학 19호, 한국노동법학회(2004. 12.); **윤광
희**, "현행 근로자파견법의 문제점과 개선방안", 노동법률 109호, 중앙경제(2000. 6.); **윤애
림**, "간접고용에서 사용자책임의 확대 — 집단적 노사관계를 중심으로", 노동법연구 14호,
서울대학교 노동법연구회(2003. 6.); **윤여림**, "고용허가제 시행과 이주노동자의 노동권 보
호의 문제점", 노동법률 161호, 중앙경제(2004. 10.); **이광택**, "불법체류 외국인근로자의
산업재해에 대해서도 산업재해보상보험법상 요양급여를 지급하여야 한다", 노동법률 41
호, 중앙경제(1994. 10.); **이병한**, "위법한 파견근로와 직접고용간주", 사법 6호, 사법발전
재단(2008. 12.); **이병희a**, "파견과 도급의 구별기준 및 파견법상 직접고용간주규정의 적
용범위", 사법논집 43집, 법원도서관(2006); **이병희b**, "사내하도급에 대한 노동법적 규
율", 서울대학교 대학원 석사학위논문(2009. 2.); **이상윤**, "외국인 근로자의 노동법상 지
위", 저스티스 70호, 한국법학원(2002. 12.); **이승길a**, "일본의 근로자파견법 입법구상 및
규제완화", 노동법률 83호, 중앙경제(1998. 4.); **이승길b**, "현행 근로자파견법의 활성화 방
안 마련해야", 노동법률 109호, 중앙경제(2000. 6.); **이승욱a**, "항만근로자의 근로조건 결
정", 해양시대의 노동법적 과제: 한국노동법학회 2002년도 하계학술발표회(2004. 3.); **이
승욱b**, "불법체류 외국인 근로자의 노동조합 설립과 활동: 미국에서의 논의를 소재로 하
여", 노동법연구 37호, 서울대학교 노동법연구회(2014); **이승욱c**, "불법체류 외국인 근로
자에 대한 노동법 적용의 원칙와 예외", 노동법학 58호, 한국노동법학회(2016); **이정**, "항
운노조가 근로기준법상의 퇴직금지급의무를 지는지의 유무", 노동법률 193호, 중앙경제

(2007. 6.); **임영호**, "위법한 근로자파견의 법률관계", 인권과 정의 331호, 대한변호사협회 (2004. 3.); **임정평**, "파견근로자보호법에 대한 연구", 한독법학 13호, 한독법률협회(2002. 8.); **조경배a**, "위법한 근로자공급사업에 있어서 사용사업주와 공급근로자간의 근로계약 성립 여부", 노동법의 쟁점과 과제 ― 김유성 교수 화갑 기념, 법문사(2000); **조경배b**, "직접고용의 원칙과 파견근로", 민주법학 19호, 민주주의법학연구회(2001. 2.); **조경배c**, "부당노동행위의 주체로서의 사용자개념 ― 간접고용을 중심으로", 노동법연구 11호, 서울대학교 노동법연구회(2001. 11.); **조경배d**, "불법파견과 직접고용 간주규정의 적용에 관한 제문제", 민주법학 21호, 민주주의법학연구회(2002. 2.); **조임영a**, "프랑스 노동법상 간접고용의 규제와 근로자 보호", 간접고용 제한법제의 국제비교, 관악사(2001); **조임영b**, "미국 노동법상 근로자파견과 공동사용자 개념", 간접고용 제한법제의 국제비교, 관악사(2001); **최은배a**, "항운노동조합이 소속 조합원에 대하여 근로기준법상 퇴직금 지급의무를 지는 사용자에 해당하는지 여부", 민사재판의 제문제 16권, 민사실무연구회(2007. 12.); **최은배b**, "위장도급의 법률관계", 재판자료 118집 노동법 실무연구, 법원도서관(2009); **최은배c**, "외국인 근로자(산업연수생)의 근로기준법상 근로자성과 근로기준법의 퇴직금 규정 적용 여부", 대법원판례해설 63호, 법원도서관(2007. 7.); **최홍엽a**, 외국인 근로자의 노동법상 지위에 관한 연구, 서울대학교 대학원 박사학위논문(1997); **최홍엽b**, "불법체류근로자와 내외국인평등의 원칙", 국제판례연구 1집, 박영사(1999. 12.); **최홍엽c**, "근로자파견과 집단적 노사관계", 노동법학 10호, 한국노동법학회(2000. 8.); **최홍엽d**, "근로자파견법의 최근 쟁점과 과제 문헌", 민주법학 18호, 민주주의법학연구회(2000. 8.); **최홍엽e**, "독일의 간접고용 규제", 간접고용 제한법제의 국제비교, 관악사(2001); **최홍엽f**, "독일 근로자파견법의 개정 배경과 내용", 노동법연구 15호, 서울대학교 노동법연구회(2003. 12.); **최홍엽g**, "외국인근로자와 균등대우", 노동법학 17호, 한국노동법학회(2003. 12.); **최홍엽h**, "위장도급에 대한 노동관계법의 적용", 민주법학 25호, 민주주의법학연구회(2004. 2.); **鎌田耕一**, "勞働者派遣法改正法案の意義と檢討課題", 法律のひろば 52권 3호(1999. 3.); 菅野和夫(**菅野a**), "勞働市場の契約ルール", 勞働市場の機構とルール, 講座 21世紀の 勞働法 2권(2000. 5.); **大橋範雄**, "勞働者派遣事業の多樣化と法的課題", 講座 21世紀の勞働法 2권(2000. 5.); **馬渡淳一郎a**, "勞働者派遣法と三者間勞務供給契約 ―その勞働法理論のフロンティア―", 季刊 勞働法 157호(1990); **馬渡淳一郎b**, "社會法判例研究", 法政 62권 2호(1995); **木村五郎**, "Head Hunting(人才スカウト)", 別冊 ジュリスト 勞働判例百選(1995); **浜村彰**, "違法な勞働者供給・勞働者派遣と勞働契約關係", 法學志林(2001); **島田陽一a**, "派遣法改正と派遣先・派遣元企業の雇用責任" 法律のひろば(1999. 3.); **島田陽一b**, "改正勞働者派遣法における適用對象業務のネガティブリスト化の意義と問題点", 早稻田法學(2000. 3.).

Ⅰ. 중간착취의 배제

1. 취 지

법 9조는 제3자가 타인 간의 근로관계의 형성이나 존속에 개입함으로써 근로자가 제공하는 노무의 대가 중 일부를 취득하는 행위를 금지하고 있다. 근로자의 열등한 사회경제적 지위나 고용시장의 불완전성을 이용하여 그 취업이나 근로관계의 존속에 개입함으로써 이득을 취하는 형태는 오래된 봉건적 악습이다. 이는 낮은 임금으로 노무를 제공할 수밖에 없는 근로자들에게는 생존에 위협이 될 뿐만 아니라, 이를 매개로 한 여러 형태의 구속은 인신의 자유를 박탈하는 결과에 이르기 때문에 근로자의 보호를 위한 법적 규율이 시작될 때부터 이러한 중간착취는 금지의 대상이 되어 왔다.

그러나 근로의 기회를 찾는 근로자와 노동력의 확보를 필요로 하는 사용자 사이에 완전한 상태의 정보교환이 이루어질 수 없는 노동시장의 현실과 여러 가지 사유로 노무를 제공하는 근로자에 대한 직접 고용을 회피하려는 사용자의 이해로 인하여 제3자가 타인 간의 근로계약관계에 개입하는 행위는 존재하기 마련이다. 법 9조에서 제3자가 타인 사이의 근로계약관계의 성립, 존속에 개입하는 행위를 전면적으로 금지하지는 않으면서, 다른 법률을 통한 제도적 허용 가능성과 중간착취의 염려가 없는 비영리적 개입의 가능성은 열어두고 있는 것도 이 때문이다.

그 밖에 제3자가 실질적인 노무 수령의 최종 당사자가 아님에도 근로자의 사용자가 되어 타인에 대한 노무 공급을 매개하기도 하는데, 이러한 '비전형근로' 내지 '간접고용'[1]은 실제 노무를 수령하는 사용자가 근로자에게 제공될 노동법상의 보호를 잠탈하는 방편으로 악용할 위험이 크다. 그 때문에 비전형근로

---

1) 비전형근로는 전형근로에 대한, 간접고용은 직접고용에 대한 상대개념으로서 모두 법률상 용어는 아니다. 그러나 비전형근로는 전형근로에 대비한 비정상성을 지적하는 외에 실질적 내용을 표현하지 못하는 데 반해, 간접고용은 제3자가 노무제공 및 수령을 매개한다는 점을 명확히 나타내는 장점이 있으므로 아래에서는 간접고용이라는 용어를 사용하기로 한다. 한편 하나의 근로관계에 복수의 사용자가 존재한다는 점에서 이를 다면적 근로관계라고 부르는 견해도 있다(강성태a, 190면). 이에 대비하여 간접근로를 근로자의 노무 공급이나 사용자의 고용의 측면이 아닌 매개자의 고용서비스의 제공 차원에서 관련 법제를 이해하는 견해도 있다(김재훈, 181~182면; 菅野a, 23면).

내지 간접고용은 원칙적으로 억제되어야 하고, 나아가 적법성의 테두리를 넘는 비전형근로와 간접고용에 대하여는 직접고용이 의제되어야 한다는 견해가 많은데, 이러한 견해는 법 9조를 헌법상 근로권에 관한 규정과 함께 직접고용원칙을 선언한 규범적 근거로 이해한다.[2]

2. 조문 해설

가. '타인의 취업에 개입하거나 중간인으로서' 관여

'타인의 취업에 개입'한다는 것은 매개, 알선, 소개, 중개 기타 어떠한 명목이나 형태가 되었든 실질적으로 법이 적용되는 근로관계의 개시 또는 존속 등에 관여하여 그에 영향을 미치는 행위를 말한다. '취업에 개입'한다는 문언만으로도 근로관계의 개시뿐만 아니라 존속에 관여하는 행위도 포괄한다고 볼 수 있으나, 법은 이를 명확히 하기 위해 다시 '중간인으로서' 관여한다는 표현을 덧붙이고 있다.

대법원 2008. 9. 25. 선고 2006도7660 판결은 "'영리로 타인의 취업에 개입'하는 행위, 즉 제3자가 영리로 타인의 취업을 소개 또는 알선하는 등 근로관계의 성립 또는 갱신에 영향을 주는 행위에는 취업을 원하는 사람에게 취업을 알선해 주기로 하면서 그 대가로 금품을 수령하는 정도의 행위도 포함된다고 볼 것이고, 반드시 근로관계 성립 또는 갱신에 직접적인 영향을 미칠 정도로 구체적인 소개 또는 알선행위에까지 나아가야만 한다고 볼 것은 아니다."라고 판시한 바 있다.

이 때 개입의 대상이 되는 근로관계는 단지 민법상 고용계약에 국한되지 않고, 법의 적용대상이 되는 모든 형태의 근로관계를 말한다.[3]

먼저, 근로관계의 개시에 개입하는 형태로 대표적인 것은 직업소개, 제3자로서 근로자의 모집, 근로자의 공급 등을 들 수 있는데, 이에 관하여는 직안법에서 상세히 규정하고 있다. '직업소개'는 구인 또는 구직의 신청을 받아 구인자와 구직자 간에 고용계약의 성립을 알선하는 것을 말하고(직안법 2조의2 2호), '제3자로서 근로자의 모집'은 근로자를 고용하고자 하는 자로부터 위임 내지

---

2) 권기일, 150~151면; 조경배b, 39~43면.
3) 직안법상 고용계약이 법상의 근로계약과 같다고 본 대법원 2001. 4. 13. 선고 2000도4901 판결, 대법원 2006. 3. 23. 선고 2005도10158 판결, 대법원 2009. 4. 23. 선고 2009도1233 판결, 대법원 2011. 7. 28. 선고 2010도15353 판결 참조.

위탁을 받아 취직하려고 하는 자에게 피용자가 되도록 권유하는 것을 말하며(2
조의2 6호),[4] '근로자공급'은 공급계약에 따라 근로자를 타인에게 사용하게 하는
것을 말한다(2조의2 7호).

다음으로, 근로관계의 존속에 개입한다는 것은 보통 근로자의 모집에 관여
한 자나 근로자를 감독하는 지위에 있는 자가 근로관계의 존속에 관하여 사실
상의 영향을 미치는 것을 가리킨다. 이러한 사실상의 영향력을 이용하여 이득을
취하는 것도 본조에서 금하는 행위가 된다.

나. '누구든지'… '타인의 취업에'

본조의 규율을 받는 대상에는 '누구든지'라는 법문에서 알 수 있듯이 아무
런 제한이 없다. 자연인이든 법인이든, 사인(私人)이든 공무원이든 본조의 위반
자가 될 수 있다. 사업주 또는 사용자의 경우 규율되는 행위의 태양이 '타인의
취업에 개입하거나 중간자로서' 관여하는 것이기 때문에 자신이 직접 당사자가
되는 근로계약관계에서 제3자로서 개입하는 경우는 상정하기 어렵다.

다. 영 리 성

본조의 규율대상이 되는 행위는 영리성을 요건으로 한다. '영리로' 어떠한
행위를 한다는 것은 계속·반복하여 이득을 목적으로 그 행위를 하는 것을 말한
다. 따라서 타인의 취업에 개입하여 이득을 취하였다고 하더라도 계속·반복적
으로 이를 행할 의사가 없이 우연적이고 1회적인 것에 그쳤다면 본조에서 정한
영리성의 요건을 갖추지 못하였다고 보아야 한다.[5] 다만, 개입행위가 단 1회에
그쳤더라도 계속·반복의 의사가 있었다고 인정되면 본조 위반이 된다.[6]

라. 이득의 취득

타인의 취업에 개입하는 대가로 얻는 이득의 범위에는 제한이 없다. 수수

---

4) 1999. 2. 8. 법률 5884호로 개정되기 전의 직안법 29조는 위탁모집에 관하여 허가제를 규정
  하고 있었으나 위 법률 개정으로 해당 조항이 삭제되어 현재는 자유로운 위탁모집이 가능하다.
5) 노동조합의 대의원인 피고인이 자신과 가까운 친척을 입사 추천하고 돈을 받은 것에 대하
  여 그 금원 수수행위가 대가성이 인정되기는 하나 법 9조에 정한 '영리로' 행하였다고는 볼
  수 없다고 한 사례[울산지법 2005. 11. 18. 선고 2005노818 판결(대법원 2007. 2. 22. 선고 2005
  도9379 판결로 상고 기각)].
6) 직안법상의 '직업소개사업'의 의미에 대하여 대법원은 "직업안정법 19조 1항 소정의 직업
  소개사업이란 계속적 의사를 가지고 반복하여 직업소개를 행하는 것으로, 현실적으로 여러 차
  례 반복해서 행하는 것을 요하지는 않고 1회적인 행위라도 반복·계속하여 행할 의도하에서
  행해진 것이라면 거기에 해당한다"고 판시하였다(대법원 2001. 12. 14. 선고 2001도5025 판결).

료, 보상금, 소개료, 중개료 기타 어떠한 명목이든 이를 따지지 않는다. 반드시 금전적 이익에 국한되지도 않는다.

이득의 출처에 있어서도 반드시 근로자에 국한되지 않고, 사용자나 나아가 제 3 자를 통하여 간접적으로 취득한 이득도 이에 해당한다. 그러나 수수한 돈이 실비 변상의 성격이 분명한 경우에는 이득이 있다고 말하기 힘들다.[7] 물론 취업의 중개에 직접 필요하고 상당한 비용을 넘어서 접대비 등을 수령하거나 인건비, 사무실 운영비 등 간접 경비의 명목으로 금품을 수수하는 것은 당연히 본조에서 금하는 이득의 취득에 해당한다.

3. 적용 예외

법 9조는 '다른 법률'에 의하여 제 3 자가 근로관계 성립, 존속에 관여하고 이를 통해 일정한 이득을 얻는 것이 허용될 수 있음을 명시하고 있다. 이에 관련된 법률로는 직안법이 있다.

직안법은 영리를 목적으로 타인의 취업에 개입하는 대표적 형태인 유료직업소개사업을 적법한 영업형태로 인정하고 있는데, 과거에는 이에 대해 행정관청의 광범위한 재량이 인정되는 허가제로 규율하다가 1999. 2. 8. 개정되면서 등록제로 바뀌었다. 이처럼 유료직업소개사업이 예외적 허용에서 원칙적 허용으로 전환됨으로써 사실상 법 9조의 독자적 의의는 거의 상실되었다.[8]

한편 법 9조와 관련지어 검토하여야 할 법률로는 파견법이 있다. 위 법률에 따른 파견근로관계는 파견사업주와 파견근로자 사이에서 근로계약관계가 성립하고 파견근로자와 사용사업주 사이에는 근로계약관계가 존재하지 않음을 전제로 하기 때문에 타인 사이의 근로계약관계에 개입하는 것을 전제로 하는 법 9조와는 규율의 대상이 다르다고 볼 수 있고, 따라서 위 법률이 본조에서 말하는 '다른 법률'에 해당한다고 말하기는 어렵다.

그러나 파견근로관계에서도 실제로는 파견사업주가 사용자로서 실질을 갖추고 있다고 보기 어려운 경우가 적지 않고, 이에 따라 직업소개와 구분이 그다지 명확하다고 볼 수만은 없으며, 바로 이러한 차이 내지 불명확성이 법에 따른 보호를 회피하는 데 활용되고 있는 것이 현실이다. 이러한 측면에서 법 9조 및

---

7) 변호사법위반의 사례인 대법원 1995. 2. 14. 선고 93도3453 판결, 대법원 1996. 5. 10. 선고 95도3120 판결 참조.
8) Ⅱ. 직안법 해설 부분에서 상세히 언급한다.

직안법의 실제적 의미를 이해할 때 파견법을 함께 검토할 필요가 있다.

4. 본조 위반의 효과

본조에 위반한 행위는 법 7조(강제 근로의 금지), 8조(폭행의 금지), 23조 2항(해고제한 기간), 40조(취업 방해의 금지) 위반 행위와 함께 법상 법정형이 가장 무거운 5년 이하 징역 또는 5,000만 원9) 이하 벌금에 처하도록 되어 있다(법 107조).

한편 앞서 본 것처럼 직안법에 따라 행정관청에 등록을 마치고 유료직업소개사업을 영위하는 경우에는 본조의 위반 행위에 해당하지 아니하므로, 결국 본조의 위반 행위는 무등록 유료직업소개사업을 영위한 경우에만 성립이 가능하고 이 경우는 직안법 47조 1호의 위반 행위도 구성한다.

뒤에서 보는 바와 같이 직안법의 직업소개 행위에는 단지 엄격한 의미의 알선뿐만 아니라 근로관계의 성립에 이르도록 돕는 일체의 편의 제공이 포함된다고 보아야 하므로 법 9조의 규율대상과 차이가 있다고 보기 어려우나, 그렇다고 입법의 취지나 형식이 다른 양자 사이에 법조경합의 관계에 있다고 보기는 어려우므로 상상적 경합의 관계로 이해함이 타당하다.

Ⅱ. 직업안정법

1. 직안법의 연혁

직안법은 1961년 근로자의 소개, 모집, 공급 및 직업지도에 관한 법률로서 고용지원에 관한 기본법으로 제정되었는데, 기본적으로 유료직업 소개소의 금지를 통한 국가독점정책을 채택하였다. 즉, 직업소개, 알선 등 고용서비스의 제공은 정부의 실업대책(직업안정)의 일환으로 이해되어 비영리법인이 주무부장관의 허가를 얻어 부대사업으로 영위하는 사설직업소개 업무와 주무부장관의 허가를 얻어 미술·음악·연예 등의 직업을 소개하는 외에는 유료의 직업소개사업이 금지되었다(구 직안법 9조).

그러나 유료직업소개소에 대한 부정적 태도는 사회주의의 퇴조라는 시대적 상황에 따라 변화하게 된다. 경제구조와 노동시장의 변화된 현실은 더 이상 직

---

9) 2017. 11. 28. 법 개정으로 벌금형이 3,000만 원에서 5,000만 원으로 상향되었다.

업소개의 국가독점정책이 현실적 규범력을 가질 수 없게 만들었고, 마침내 1997
년 민간직업사업소 협약(ILO 181호)[10]으로 민간직업소개소가 공인되었다.

이에 앞서 우리나라의 직안법은 1993년 고용정책기본법의 제정에 따라
1994. 1. 7. 전문개정 되어[11] 유료직업소개사업이 허가제로 인정되었는데(구 직안
법 19조), 국내 유료직업소개사업은 시·도지사의 허가사항으로, 국외 유료직업소
개사업은 노동부장관의 허가사항으로 정하고, 위탁모집이 아닌 직접모집의 경우
에는 허가 또는 신고의 제한을 삭제하여 자율화하였다.[12]

이어 1997년 파견법의 제정으로 그때까지 금지되어 온 근로자공급사업의
물꼬가 트이고, 1999. 2. 8. 직안법의 개정을 통해 종래 허가제이던 유료직업소개
사업도 등록제로 전환됨으로써 고용서비스의 영역에 대한 민간직업안정기관의
참여가 대폭 확대되었다.

2. 직안법의 적용 대상

가. 근기법상의 근로관계

직안법에 의한 소개, 모집, 공급행위의 목적이 되는 고용계약, 고용관계는
법의 규율대상인 근로계약, 근로계약관계와 같다.[13] 따라서 반드시 민법상의 고
용계약에는 해당하지 않더라도 임금을 목적으로 사용·종속적인 지위에서 노무
를 제공하는 경우에는 그 명목에 상관없이 법에 따른 근로자로서 그에 관한 소
개, 모집, 공급행위는 직안법에 의한 규율대상이 된다.

대법원 2017. 9. 7. 선고 2016도7586 판결 역시 "근로자 모집을 하는 자나
이에 종사하는 사람에 해당하기 위해서는 그가 모집하는 근로자가 종속적인 관
계에서 사용자에게 근로를 제공할 의무를 지고 대가를 얻는 자여야만 할 것이
고, 이때의 근로자는 근로기준법상의 근로자와 그 의미가 같다고 보아야 할 것

---

10) Private Employment Agencies Convention C.181 1997.
11) 1986년 직업안정 및 고용촉진에 관한 법률로 변경되었던 법명도 다시 직안법으로 환원되
    었다.
12) 이는 유료직업소개소와 근로자의 모집을 허가제로 인정하되, 행정적으로 감독하고 요금을
    규제하던 96호 협약 3부의 맥락에 따른 것이라고 할 수 있다.
13) "구 직업안정법(1997. 12. 13. 법률 5453호로 개정되기 전의 것) … 2호 …에서 말하는 '고
    용계약'이나 근로기준법상의 근로계약은 모두 노무제공의 종속성을 전제로 하는 점에서 다를
    바 없고, 직업안정법은 근로자의 직업안정을 도모하는 데 그 목적을 두고 있음에 비추어 보
    면, 직업안정법상 고용계약도 근로기준법상 근로계약과 그 의미가 같다고 보아야 한다(대법
    원 2001. 4. 13. 선고 2000도4901 판결)." 같은 취지로 대법원 2006. 3. 23. 선고 2005도10158 판
    결, 대법원 2009. 4. 23. 선고 2009도1233 판결, 대법원 2011. 7. 28. 선고 2010도15353 판결.

이다."라고 판시한 바 있다.14)

한편 이보다 더 나아가 직안법의 규율대상인 고용관계는 법이 적용되는 근
로계약관계나 근로자의 개념보다도 더 넓은 개념으로 이해해야 한다는 견해가
있다.15) 이는 직안법이 고용서비스의 제공이라는 급부행정 내지 행위를 위한 법
적 규율이라는 점에서 그 대상을 반드시 법상의 근로계약관계에 한정할 이유가
없다는 취지에서 나온 것으로 보이나, 직안법은 고용서비스의 제공을 위한 규범
인 한편 직안법이 허용하는 범위 외의 직업소개 등 행위를 법 9조의 맥락에서
규제하고 형사처벌의 대상으로 삼기 위한 법적 근거이기도 하다는 점에서 위
견해에 따르기는 어렵다.

즉, 직업안정업무의 민간참여가 확대되고 그 규제의 폭이 대폭 축소되었다
고는 하나 여전히 이에 대한 형사처벌이 규정되어 있어서 그 적용범위를 명확
히 하지 않으면 안 될 것인데, 그 형사처벌의 구성요건이 바로 직안법에서 예정
한 고용서비스를 허가, 등록, 신고 없이 제공하였다는 것이므로, 직안법의 고용
서비스 제공 측면을 형사처벌과 분리하여 더 넓게 이해할 수는 없기 때문이다.

대법원 판례도 일찍부터 직안법에 따른 직업소개의 대상인 고용계약과 법
상의 근로계약이 동일한 것임을 전제로 위 법에 따른 형사처벌의 가부를 가려
왔고, 실제 판례상 법상의 근로자인지가 문제된 많은 사례들이 직안법을 둘러싼
형사사건들이었다.16)

나. 외 국 인

직안법의 적용대상은 법의 대상이 되는 근로계약에 관한 것이면 내·외국
인을 가리지 않는다. 즉 외국인을 국내 사업장에 소개·알선하는 행위17)는 물

---

14) 대법원 2002. 7. 12. 선고 2001도5995 판결도 같은 취지.
15) 노상헌, 22면.
16) 위 대법원 2000도4901 판결의 평석인 박종문, 443~444면에서 그때까지의 대법원 판례를
    잘 정리하고 있다. 즉, 대법원 1985. 6. 11. 선고 84도2858 판결, 대법원 1993. 10. 26. 선고 93
    도367 판결, 대법원 1997. 2. 28. 선고 96도3034 판결 등은 시간제 파출부의 알선행위가, 대법
    원 1993. 10. 22. 선고 93도2180 판결은 일반 사무직, 비서직의 공급계약이, 대법원 1994. 10.
    21. 선고 94도1779 판결은 운전기사 용역계약이, 대법원 1999. 11. 12. 선고 99도3157 판결은
    티켓다방 영업이 각 법상의 근로계약을 알선하는 행위에 해당한다고 하여 직안법위반죄의
    성립을 인정하였다. 반면, 대법원 2000. 10. 10. 선고 2000도2798 판결은 출장 안마사와 개별
    적인 이용자 사이에는 근로계약관계가 존재하지 아니하므로 그 알선행위는 직안법위반죄를
    구성하지 않는다고 하여 무죄를 선고하였다(티켓다방 영업의 경우 단란주점, 노래방 등의 접
    객업자들과 사이에서는 법상의 근로계약관계가 성립한다고 본 점과 다르다).
17) 대법원 1995. 7. 11. 선고 94도1814 판결.

론, 외국인을 외국 소재 사업장에 소개·알선하는 행위[18]도 직안법 19조의 규율 대상이 된다.

3. 차별금지의 원칙

직안법은 2조에서 "누구든지 성별·연령·종교·신체적 조건·사회적 신분 또는 혼인 여부 등을 이유로 직업소개 또는 직업지도를 받거나 고용관계를 결정할 때 차별대우를 받지 아니한다"라고 규정하고 있다. 차별금지의 원인이 되는 성별·종교·사회적 신분의 의미에 대하여는 법 6조의 균등처우 부분[19]에 상세히 설명되어 있다.

직안법 2조의 차별금지와 관련하여 위 조항에 명시되어 있지 않은 국적도 그 차별금지 원인의 하나에 포함되는지에 관하여는 논란이 있다. 대법원은 1995. 9. 29. 선고 95도1331 판결에서 직안법은 근로자의 직업안정을 도모하기 위한 법률이고, 근로자의 지위는 구 근기법 5조(현행 6조)에서 명시하고 있듯이 국적을 불문하고 차별적 대우를 받지 않게 되어 있으며, 직안법 2조에서 국적을 표시하지 않았다 하더라도 이는 예시적인 것이므로 외국인을 제외하는 취지로 보아야 할 이유가 없고, 외국인 근로자를 포함한다고 해석하는 것이 죄형법정주의에 위배되는 법해석이라고 할 근거도 없다는 등의 이유를 들어 구 직안법이 규정하고 있던 유료직업사업에 관한 허가규정은 외국인 근로자를 국외로 알선하여 주는 소개업에도 적용된다고 판시하였다.

4. 직업안정기관의 직업소개 등

직안법은 1장 총칙에서 차별금지의 원칙을 선언하고 직업안정기관, 직업소개, 직업지도, 직업소개사업, 모집, 근로자공급사업 등에 관한 정의규정 등을 둔 후, 2장에서 행정기관인 직업안정기관에 의한 직업소개 및 직업지도 등에 관하여, 3장에서 직업안정기관이 아닌 민간기관에 의한 직업소개, 모집, 근로자공급 등에 관하여 각 규정하고, 이어 4장과 5장에서 행정처분에 관한 규정 및 벌칙 조항을 두고 있다.

직업안정기관이라 함은 직업소개, 직업지도 등 직업안정업무를 수행하는

---

18) 대법원 1995. 9. 29. 선고 95도1331 판결.
19) 자세한 내용은 법 6조에 대한 해설 참조.

지방고용노동행정기관을 가리킨다(직안법 2조의2 1호). 고용서비스의 제공을 공공
기관이 담당하도록 함으로써 중간착취의 여지를 없애려고 한 직안법의 취지에
따라 위 법 제정 당시에는 유일한 고용서비스 제공기관이었으나, 1994년, 1999
년 개정으로 민간 유료직업소개사업의 영역이 확대되어 왔음은 앞서 본 바와
같다.

    1997. 12. 24. 법률 5478호 직안법 개정으로 지방노동행정기관이 아닌 지방
자치단체의 장도 직업안정기관과 동일하게 구인·구직자에 대한 국내직업소개·
직업지도·직업정보제공업무를 할 수 있게 되었다.[20]

    직안법은 2장에서 직업안정기관이 행하는 직업소개, 직업지도, 고용정보의
제공에 관하여 규정하고 있고, 이는 지방자치단체의 장이 행하는 직업소개 등
활동에 준용된다.

5. 직업안정기관 외의 직업소개사업·직업정보제공사업·근로자모집·근로자공급사업 등

가. 직업소개

(1) 의   의

    직업소개는 구인 또는 구직의 신청을 받아 구직자 또는 구인자를 탐색하거
나 구직자를 모집하여 구인자와 구직자 간의 고용계약의 성립을 알선하는 것을
말한다(직안법 2조의2 2호). 이 때 알선의 개념에는 다른 유사 개념과 구별되는 엄
밀한 의미의 알선뿐만 아니라, 구인자와 구직자 간의 고용계약이 성립할 수 있
도록 실질적으로 돕는 것이면 모두 해당한다. 그리하여 구인자·구직자에 관한
정보의 제공을 통한 소개, 고용계약의 중개, 구인자 또는 구직자 일방을 대리한
계약의 체결, 이를 위한 계약조건의 협의 등 행위의 태양을 가리지 않고 일반적
으로 적용된다.

    이른바 헤드헌팅 내지 스카우트의 경우 이를 직업소개가 아닌 근로자의 모
집으로 이해하는 견해[21]가 있으나, 이는 제 3 자가 근로자가 될 잠재적 불특정
대상에 대하여 특정 사용자와 고용계약을 체결하도록 권유[22]하는 것이라기보다,

---

20) 4조의2. 1994년 전문개정 전에는 지방자치단체도 노동부장관의 승인을 받아 무료직업소개
    사업을 영위할 수 있는 것으로 되어 있었다.
21) 馬渡淳一郎b, 360~361면.
22) 계약법상 청약의 유인에 해당한다고 볼 수 있다.

오히려 사용자가 원하는 자격이나 조건에 맞는 근로자를 '물색'한 후 적절한 대상자로 선정된 근로자와 사용자 사이의 고용계약 성립을 알선하는 것으로 이해함이 타당하다.[23]

(2) 무료직업소개사업

영리를 목적으로 한 유료직업소개사업와 달리 영리 목적이 없는 무료직업소개사업은 일찍부터 허용되어 왔다. 다만, 직안법 제정 당시에도 유료직업소개사업에 대한 잠탈의 우려로 인하여 민법(32조)에 의한 비영리 법인이 주무부장관의 허가를 얻어 그 부대사업으로서 영위하는 경우에 한하여 사설직업소개사업을 행할 수 있도록 하였으나(구 직안법 8조), 1999년 개정을 통해 신고제로 바뀌었다(직안법 18조 1항).

무료직업소개사업은 소개대상이 되는 근로자가 취직하고자 하는 장소를 기준으로 국내무료직업소개사업과 국외무료직업소개사업으로 구분되며, 국내무료직업소개사업을 하고자 하는 자[24]는 특별자치도지사·시장·군수·구청장에게 신고하도록 하고 있고, 국외무료직업소개사업을 하고자 하는 자는 고용노동부장관에게 신고하도록 하고 있다. 다만, 한국산업인력공단, 한국장애인고용공단, 각급 학교 및 공공직업훈련시설의 장, 근로복지공단이 그 업무수행의 일환으로 직업소개를 하는 것은 신고할 필요가 없다(직안법 18조 4항).

(3) 유료직업소개사업

영리를 목적으로 하는 유료직업소개사업은 법 9조가 금지하는 것으로서 직안법 제정 당시에는 극히 일부의 예외를 제외하고는 전면적으로 금지되다가 1994. 1. 7. 직안법 개정으로 원칙적 금지를 전제로 한 허가제로 바뀌었고, 이후 1999년 직안법 개정을 통해 원칙적 허가에 해당하는 등록제로 전환되었다(직안법 19조 1항).

구 직안법상의 유료직업소개사업 허가제에 대해서는 직업선택의 자유를 침해한다는 이유로 위헌이라는 주장이 있었는데,[25] 헌법재판소는 1996. 10. 31. 선

---

23) 最高裁 1994. 4. 22. 判決(東京 Executive Search 事件)도 같은 취지(木村五郎, 16~17면).

24) 현재도 무료직업소개사업을 하고자 하는 자는 비영리법인 또는 공익단체로 제한되어 있다(직안법 18조 2항).

25) 이러한 위헌 논란은 ILO 34호, 96호 협약에 대한 비판과 맥을 같이 하는 것으로서 유료직업소개사업의 허가제가 위반행위에 대한 형사처벌과 연계되어 있는 한 피할 수 없는 것이었다.

고 93헌바14 결정에서 "직업소개업은 그 성질상 사인이 영리 목적으로 운영할
경우 근로자의 안전 및 보건상의 위험, 근로조건의 저하, 공중도덕상 해로운 직
종에의 유입, 미성년자에 대한 착취, 근로자의 피해, 인권침해 등의 부작용이 초
래될 수 있는 가능성이 매우 크므로 직업안정 및 고용촉진에 관한 법률 10조 1
항에서 노동부장관의 허가를 받아야만 유료직업소개사업을 할 수 있도록 제한
하는 것은 그 목적의 정당성, 방법의 적절성, 피해의 최소성, 법익의 균형성 등
에 비추어 볼 때 합리적인 제한이라고 할 것이고 그것이 직업선택자유의 본질
적 내용을 침해하는 것으로 볼 수 없다."라는 이유로 합헌으로 결정하였다.26)

　　이러한 위헌 논란은 이후 1998. 2. 20. 파견법의 제정과 1999년 직안법의 개
정을 통한 유료직업소개사업의 등록제 전환으로 사그라졌다.

　　한편 소개의 대상이 되는 직업이란 반드시 일정한 직장에서 계속적으로 하
거나 생계유지를 위하여 하는 것에 한정되지 아니하며, 임금을 목적으로 하는
것이라면 일시적이거나 시간제로 하는 경우도 포함한다.27)

　　그리고 직업소개사업이란 계속적 의사를 가지고 반복하여 직업소개를 하는
것으로서, 현실적으로 여러 차례 반복해서 할 것을 요하지는 않고 1회적인 행위
라도 반복·계속하여 할 의도로 하는 것이라면 모두 해당한다.28)

　　나아가 유료란 수수료·회비 등 그 명목·명칭이 무엇이든 금품을 받고 구
인자와 구직자 간에 고용관계의 성립을 알선하는 것을 의미한다.29)

　　유료직업소개사업을 영위하는 자에게는 명의대여의 금지(직안법 21조), 구인
자에 대한 선급금의 수령 금지(직안법 21조의2), 38조 1호·2호·4호 또는 6호에서
정한 결격자의 고용 금지(직안법 22조 1항), 직업상담원 배치의무(직안법 22조 2항)의
제한이 있다. 그리고 유료직업소개사업을 영위하는 자는 유·무료를 불문하고
18세 미만의 자에 대한 직업소개 시에는 친권자, 후견인의 취업동의서를 받아야
하고(직안법 21조의3), 결혼중개업의 관리에 관한 법률(2조 2호) 규정에 따른 결혼중
개업,30) 공중위생관리법(2조 1항 2호)의 규정에 따른 숙박업, 식품위생법(36조 1항 3
호)의 규정에 따른 식품접객업 중 일정한 유형과는 겸직할 수 없다(직안법 26조).

---

26) 이에 대한 비판적 견해로는 강경근, 14~15면. 위 헌법재판소 결정 당시에도 재판관 4인의
　　반대의견이 있었다.
27) 대법원 1997. 2. 28. 선고 96도3034 판결(일당제·시간제 파출부 사안).
28) 대법원 2001. 12. 14. 선고 2001도5025 판결(일본 나이트클럽 취업을 1회 소개한 사안).
29) 대법원 2011. 4. 14. 선고 2011도862 판결(선주들에게 소개비를 받고 선원을 소개한 사안).
30) 2018. 4. 17. 직안법 개정으로 추가되었다.

판례는, 인력공급업체가 직업안정법상 유료직업소개사업으로서 근로자를
공급받는 업체와 해당 근로자 사이에 고용계약이 성립되도록 알선하는 형태로
인력공급을 한 것이라면, 특별한 사정이 없는 한 해당 근로자의 사용자는 인력
을 공급받는 업체로 봄이 상당하고, 특히 일용직 인력공급의 경우 그 특성상 외
형상으로는 인력공급업체가 임금을 지급하거나 해당 근로자들을 지휘·감독한
것으로 보이는 사정이 있다고 하더라도 이는 실질적으로 업무의 편의 등을 위
해 인력공급업체와 인력을 공급받는 업체 사이의 명시적·묵시적 동의하에 구
상을 전제로 한 임금의 대위지급이거나, 임금 지급과 관련한 근거 자료 확보 등
을 위해 근로자들의 현장 근로상황을 파악하는 모습에 불과할 수 있으므로, 이
를 근거로 섣불리 근로자들의 사용자를 인력공급업체라고 단정하여서는 안 된
다고 판시하였다.[31]

나. 직업정보제공사업

직업정보제공사업이란 신문, 잡지, 그 밖의 간행물 또는 유선·무선방송이
나 컴퓨터통신 등으로 구인·구직 정보 등 직업정보를 제공하는 사업을 말한다
(직안법 2조의2 8호). 이는 직업소개의 일부분인 직업정보제공만을 분리하여 독립
한 사업으로 영위할 수 있게 한 것으로,[32] 1994년 직안법 개정 때 신설되었다.
이러한 직업정보제공사업을 영위하기 위해서는 고용노동부장관에게 신고하여야
한다(직안법 23조 1항).

다. 근로자 모집

근로자 모집이란 근로자를 고용하려는 자가 취업하려는 사람에게 피고용인
이 되도록 권유하거나 다른 사람으로 하여금 권유하게 하는 것을 말한다(직안법
2조의2 6호). 이때의 근로자도 근기법상의 근로자와 동일한 개념으로 보아야 할
것이므로, 대상이 되는 계약관계가 근기법상의 사용종속관계에 해당하지 않는다고
판단될 경우에는 근로자의 모집에 관한 직안법상의 규율은 적용되지 않는다.[33]

---

31) 대법원 2021. 11. 11. 선고 2021다255051 판결. 이 판결 사안과 유사한 사실관계 하에서 인
    력공급업체가 아닌 미등록건설업자를 사용자로 본 판결로는, 대법원 2019. 12. 12. 선고 2019
    다253175 판결 참조.
32) 직업정보제공사업자는 직업정보제공매체 또는 직업정보제공사업의 광고문에 '무료(취업상
    담)', '취업추천', '취업지원' 등의 표현을 사용하지 못하고, 구직자의 이력서 발송을 대행하거
    나 구직자에게 취업추천서를 발급해줄 수 없다(직안법 시행령 28조 3호·4호).
33) 대법원 1999. 11. 12. 선고 99도2451 판결, 대법원 2010. 10. 28. 선고 2010도9240 판결 등.

　　판례는 모집된 사람이 신문사 지사장인 일련의 사례에서, 그 지사장이 근기법상의 근로자에 해당하는지에 관한 판단을 사안별로 달리함으로써 직안법위반죄의 성립 여부에 관해서도 서로 다른 결론을 내린 바 있다.[34]

　　직안법 제정 당시에는 신문광고 등의 모집 방법에 의하지 아니하는 한 사용자가 직접 근로자를 모집하는 경우에도 주무부장관의 허가를 받도록 하였으나,[35] 1967년 개정으로 월 10인 이상의 근로자 모집으로 허가 대상이 한정되다가 1994년 개정을 통하여 직접 모집에 대한 허가제가 폐지되었다. 그리하여 현재는 직안법 28조에서 "근로자를 고용하려는 자는 광고, 문서 또는 정보통신망 등 다양한 매체를 활용하여 자유롭게 근로자를 모집할 수 있다."라고만 규정되어 있다.

　　피용자가 아닌 제 3 자를 통한 위탁모집 역시 직안법 제정 당시부터 허가제로 규제되었으나, 1999년 개정으로 허가제를 규정한 29조가 폐지됨으로써 국외에 취업할 근로자에 대한 모집을 고용노동부장관에게 신고하도록 한 것[36] 외에는 근로자의 모집에 관한 제약은 모두 사라지게 되었다.[37]

　　근로자를 모집하고자 하는 자와 그 모집에 종사하는 자는 명목의 여하를 불문하고 응모자로부터 그 모집과 관련하여 금품 기타 이익을 취하여서는 아니된다(직안법 32조). 위 금품은 그 명목을 따지지 않을 뿐만 아니라, 그 취득도 반드시 종국적일 것을 필요로 하지 않고 고용계약 종료 시 정산이나 반환이 예정되어 있더라도 여기에 해당한다.[38]

---

34) 모두 모집과정에서 지대보증금(지대선납금) 명목의 금품을 수수한 것이 문제 된 사안인데, 대법원 1999. 11. 12. 선고 99도2451 판결(산업환경신문 사례), 대법원 2010. 10. 28. 선고 2010도9240 판결(대한법률뉴스사 등 사례)은 지사장의 근로자성을 부인하여 무죄로 판단한 반면, 대법원 2000. 3. 24. 선고 99도2108 판결(검경일보 사례)은 지사장의 근로자성을 인정하여 그 모집 과정에서 이루어진 금품 수수행위를 처벌하였다. 한편 대법원 2002. 7. 12. 선고 2001도5995 판결은 '방문판매회사의 판매대리인은 법상의 근로자가 아니므로, 판매대리인을 모집할 의도로 허위구인광고를 한 자는 직안법상의 근로자모집을 하는 자나 이에 종사하는 자에 해당하지 아니하여 허위구인광고에 따른 직안법위반죄의 죄책을 지지 않는다.'는 취지로 판단한 바 있다.

35) 구 직안법(12조, 13조). 다만, 통근 지역 내에서 직접 모집할 경우는 신고대상으로 하였다.

36) 직안법(30조). 1982년 법 개정 전까지는 국외취업 근로자의 모집과 송출이 모두 허가대상으로, 위 법 개정 후에는 모집은 신고대상으로, 송출은 허가대상으로 규율되다가, 1989년 법 개정으로 송출에 대한 허가제가 없어지고 모집행위에 대한 신고제만 남게 되었다.

37) 김재훈, 189면은 위탁모집에 관한 적절한 규제의 필요성을 제기하고 있으나, 앞서 본 법률 개정의 방향과는 맞지 않다.

38) 대법원 2000. 3. 24. 선고 99도2108 판결.

이를 위반할 경우 5년 이하 징역 또는 5,000만 원 이하 벌금에 처한다(직안
법 47조 5호).

라. 근로자공급사업

(1) 의   의

근로자공급사업은 공급계약에 따라 근로자를 타인에게 사용하게 하는 것을
말한다(직안법 2조의2 7호 본문). 이러한 근로자공급사업에 해당하기 위해서는 근로
자공급사업자와 근로자 간에 고용 기타 유사한 계약에 의하거나 사실상 근로자
를 지배하는 관계에 있어야 하고, 근로자공급사업자와 공급을 받는 자 간에는
제3자의 노무제공을 내용으로 하는 공급계약이 있어야 하며 근로자와 공급을
받는 자 간에는 사실상 사용관계에 있어야 한다.[39]

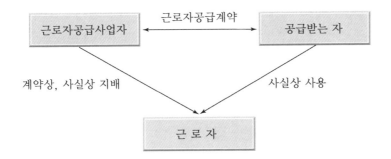

과거에 이러한 근로자공급사업은 법 9조에서 금지하는 중간착취의 염려 때
문에 노동부장관의 허가를 받지 아니하고는 할 수 없도록 엄격히 통제되어 왔
다. 대법원은 이와 같이 근로자공급사업을 원칙적으로 금지한 취지에 관하여 타
인의 취업에 개입하여 영리를 취하거나 임금 기타 근로자의 이익을 중간에서
착취하는 종래의 폐단을 방지하고 근로자의 자유의사와 이익을 존중하여 직업
의 안정을 도모하고 국민경제의 발전에 기여하자는 데 그 근본 목적이 있다고
하였고,[40] 헌법재판소도 근로자공급사업의 허가제와 관련하여 근로자공급사업
은 사실상 또는 고용계약에 의하여 자기의 지배하에 있는 근로자를 타인의 지휘

---

39) 대법원 1985. 6. 11. 선고 84도2858 판결, 대법원 1993. 10. 22. 선고 93도2180 판결, 대법원
   1994. 10. 21. 선고 94도1779 판결, 대법원 1999. 11. 12. 선고 99도3157 판결 등.
40) 대법원 1985. 6. 11. 선고 84도2858 판결, 대법원 1993. 10. 22. 선고 93도2180 판결, 대법원
   1994. 10. 21. 선고 94도1779 판결, 대법원 2004. 6. 25. 선고 2002다56130, 56147 판결.

아래 사용하게 하는 사업이므로 이를 자유로이 할 수 있도록 맡겨둘 경우 중간 착취, 강제 근로 및 인권침해의 가능성이 높을 뿐 아니라 약취·유인 및 인신매매 등 범죄와 연계될 수도 있다는 이유로 그 허가제를 합헌이라 판단하였다.41)

현재도 원칙적 금지를 전제로 한 허가제가 유지되고 있으나, 1998. 2. 20. 파견법의 제정을 통하여 근로자공급사업 중 근로자공급사업자와 근로자 사이에 계약상 지배관계인 근로계약관계가 존재하는 경우가 근로자파견사업이라는 형태로 합법화됨으로써 그 제한의 폭은 대폭 축소되었다.42)

한편 2009. 10. 9. 법률 제9795호로 개정된 직안법 33조는 종래 대통령령으로 정하고 있던 근로자공급사업의 허가 대상을 법률로 옮겨 명시하였다.

그 허가 대상은 국내 근로자공급사업의 경우 노동조합법상 노동조합,43) 국외 근로자공급사업의 경우 국내에서 제조업·건설업·용역업, 그 밖의 서비스업을 하고 있는 자로 하되, 연예인을 대상으로 하는 국외 근로자공급사업의 허가를 받을 수 있는 자는 민법상 비영리법인으로 한정하며(직안법 33조 3항), 허가의 유효기간은 3년이고 연장허가를 받는 경우 그 유효기간 역시 3년이다(직안법 33조 2항).

(2) 근로자공급사업의 법률관계

근로자공급사업자와 근로자 사이에 고용 기타 이와 유사한 계약관계에 있는 경우가 파견법의 규율대상으로 분리된 이후 남아 있는 근로자공급사업에서 근로자공급사업자와 근로자 사이의 법률관계가 어떠한 성질의 것인지 논란의 여지가 있었다.

국내근로자공급사업의 유일한 합법적 형태로 인정되던 항운노조와 관련하여 대법원은 종래 근로자와 근로자공급을 받는 자 사이에는 사용종속관계에 있지 아니하고, 따라서 근로자공급을 받는 자가 해당 근로자에 대한 산재법상 또는 단체교섭의 대상이 되는 사용자에 해당한다고 볼 수 없다는 취지를 반복하여 판시하였다.44) 이어 산재법상 유족급여 등이 문제된 사안에서 '(항운노조의)

---

41) 헌재 1998. 11. 26. 선고 97헌바31 결정(재판관 2인의 반대의견 있음).

42) 이에 따라 직안법은 2조의2 7호 단서에서 파견법(2조 2호) 규정에 의한 근로자파견사업을 근로자공급사업에서 제외하고 있다.

43) 근로자공급사업 허가를 받은 이상 노동조합의 지위와 사업자의 지위를 겸하게 되고 불공정거래행위 등의 규제를 통하여 공정하고 자유로운 경쟁을 촉진할 필요성이 있으므로, 적어도 노동조합이 직업안정법에 따라 근로자공급사업 허가를 받아 이를 영위하는 범위 내에서는 공정거래법의 적용대상인 '사업자'에 해당한다고 본 사례로는 대법원 2023. 7. 13. 선고 2022두62888 판결 참조.

조합원은 조합에 가입하거나 등록함으로써 위 조합과의 사이에 조합의 지시 감독 아래 각 하역업체에게 노무를 제공하고 그에 따른 대가를 지급받기로 하는 내용의 근로계약관계를 맺은 근로자에 해당한다.'는 취지로 판시하여, 항운노조가 산재법상 사용자에 해당함을 인정하였다.[45]

그런데 대법원은 산재법상의 보상이 아닌 법상의 퇴직금 지급의무가 문제된 사안에서는 항운노조의 퇴직금지급의무를 부정하였는데,[46] 위 판결에서 대법원은 "근로기준법상의 ⋯ 퇴직금은 본질적으로는 후불적 임금의 성질을 지닌 것이다. 따라서 근로기준법상 퇴직금지급의무를 지는 사용자라 함은 실질적으로 근로자가 제공하는 노무에 대하여 보수를 지급할 의무를 지는 자를 말하는 것이고, 그러한 관계에 있지 않다면, 근로기준법 기타 다른 법률 등에 의하여 사용자로 취급되는 경우가 있다고 하여 특별한 사정이 없는 한 근로기준법상의 퇴직금지급의무까지 진다고 할 수 없다."라고 판시하였다.[47]

(3) 무허가 근로자공급계약의 효력

허가를 받지 않은 근로자공급사업에 따른 근로자공급계약의 효력에 대해서는 이를 금지한 직안법 33조 1항의 성격을 이른바 단속법규로 이해하는 견해와 효력규정으로 이해하는 견해가 있을 수 있다.

㈎ 유효설 — 단속법규설

직안법은 근로자공급사업을 업으로 하는 것을 규제하려는 것일 뿐 공급자와 공급받는 자 사이에 체결된 계약의 효력에는 영향이 없다는 견해로서, 근로

---

44) 대법원 1995. 1. 4. 선고 94누9290 판결, 대법원 1995. 12. 22. 선고 95누3565 판결, 대법원 1996. 6. 11. 선고 96누1504 판결 등.

45) 대법원 1996. 3. 8. 선고 94누15639 판결, 대법원 2009. 9. 10. 선고 2008두2927 판결.

46) 대법원 2007. 3. 30. 선고 2004다8333 판결.

47) 위 판결에 대한 평석으로는 이정, 91~95면; 최은배a, 600~629면이 있다. 이정 교수는 위 판결이 구체적인 논거가 부족하여 논리력과 설득력이 없어 보인다고 하였고, 최은배 변호사는 항운노동조합과 조합원, 하역업체 사이의 근로관계는 근로자파견과 유사한 관계에 있다고 하면서(즉 항운노동조합과 조합원 사이에 근로관계 인정), "이 판결은 개별적 근로관계가 맺어진 근로자와 사용자 사이에 개별적 사안에서 근로관계에 따른 사용자의 책임이 부정되는 경우가 있음을 밝힌 것으로서, 근로관계가 맺어진 이상 모든 근로조건보호규정이 전면적으로 적용될 경우 구체적 사안에 따라서는 불합리하거나 부당한 결과가 생길 수 있는 현실을 숙려함으로써 신축적으로 개별 사안에서 근로관계 존재와 개별 근로기준법상 권리의무의 존재 사이의 차이가 있을 수 있음을 인정한 것"인데, "여기에 대하여는 시론(試論) 차원에서 적지 않은 의의가 있다는 평가가 있을 수 있는 반면, 비판론도 제기될 수 있으리라"고 보았다.
위 대법원 판결이 나오기 전에 이미 종전 대법원 판례가 취한 태도의 문제점과 모순을 지적한 글로는 이승욱a, 39~45면; 조경배c, 55면 이하.

자공급계약 자체를 무효로 본다면, 공급사업자가 수수료를 포함한 근로자의 보수 등을 그 계약에 의하여 청구할 수 없게 되고, 그 계약에 따라 근로자를 공급받은 사업체에 대하여 계약으로 정한 근로조건의 준수를 요구할 수 없게 되는 등 오히려 근로자들의 지위가 불리하게 된다는 점을 근거로 한다.

(나) 무효설 — 효력법규설

직안법에서 근로자공급사업을 원칙적으로 금지한 취지는 타인의 취업에 개입하여 영리를 취하거나 임금 기타 근로자의 이익을 중간에서 착취하는 폐단을 제거하려는 강한 입법적 의지가 반영된 것이므로 무허가 근로자공급사업자와 체결한 근로자공급계약의 효력 자체도 부정되어야 한다는 견해이다.[48]

(다) 판례의 태도

대법원 2004. 6. 25. 선고 2002다56130, 56147 판결은 "직업안정법 33조 1항에서 원칙적으로 근로자공급사업을 금지하면서 노동부장관의 허가를 얻은 자에 대하여만 이를 인정하고 있는 것은 타인의 취업에 개입하여 영리를 취하거나 임금 기타 근로자의 이익을 중간에서 착취하는 종래의 폐단을 방지하고 근로자의 자유의사와 이익을 존중하여 직업의 안정을 도모하고 국민경제의 발전에 기여하자는 데 그 근본 목적이 있는바 … , 노동부장관의 허가를 받지 않은 근로자공급사업자가 공급을 받는 자와 체결한 공급계약을 유효로 본다면, 구 근로기준법 8조에서 금지하고 있는 법률에 의하지 아니하고 영리로 타인의 취업에 개입하여 이득을 취득하는 것을 허용하는 결과가 될 뿐만 아니라, 위와 같은 직업안정법의 취지에도 명백히 반하는 결과에 이르게 되므로 직업안정법에 위반된 무허가 근로자공급사업자와 공급을 받는 자 사이에 체결한 근로자공급계약은 효력이 없다고 보아야 한다."라고 하여 무효설 — 효력규정설의 태도를 분명히 하였다.[49]

(라) 검   토

앞서 본 대로 근로자공급사업의 원칙적 금지와 예외적 허가를 내용으로 하

---

48) 일본에서는 직안법 44조에 위반된 위법한 근로자공급계약은 강행법규 위반으로서 무효로 보는 데에 이견이 없다고 한다. 浜村彰, 146면.

49) 위 판결은 파견법이 시행되기 전의 사안에 해당하는 것으로 위 법 시행 후라면 직안법에 따른 무허가 근로자공급사업으로서가 아니라 파견법에 따른 위법한 근로자파견의 문제로 다루어야 할 것이나, 무허가 근로자공급사업과 위법한 근로자파견의 법률적 구성을 달리 볼 이유가 없다는 점에서 여전히 무허가 근로자공급사업에 관한 판례의 태도로 이해해도 좋을 것이다.

는 직안법 33조는 근기법 9조의 중간착취의 배제 원칙에서 비롯된 것으로서, 근기법 9조의 강행규정성에 대하여 아무런 의심을 제기하지 않으면서 직안법 33조에 대해서만 행정적 목적의 단속법규에 불과하다고 할 수는 없다. 즉, 직안법 33조를 통하여 달성하고자 하는 입법목표는 단지 근로자공급사업을 영위하는 행위 자체를 형벌이나 행정처분을 통하여 억제하는 데 그치지 않고, 그에 따라 형성되는 중간착취의 법률관계 자체를 용인하지 않겠다는 입법의도가 표시된 것으로 보아야 하고, 이러한 취지의 판례의 태도는 타당하다.[50]

유효설 — 단속법규설이 염려하는 바와 같은 근로자의 불이익과 관련해서는 노무공급에 대한 반대급부는 민법상 부당이득반환을 통하여 조정이 가능하고, 이에 덧붙여 수수료까지 지급받은 근로자공급업체의 이익을 보호할 이유가 없다는 점, 근로자공급업체가 사용사업주와 근로자공급계약을 통해 확보한 근로조건의 준수를 강제할 필요가 있다는 점도 근로자공급계약에 따른 계속적 노무공급을 전제함으로써 중간착취 구조의 유지·재생산을 용인하는 셈이 되어 수용할 수 없다는 점에서 타당하지 않다.

(4) 무효인 근로자공급계약에 따른 법률관계

무허가 근로자공급사업으로서 근로자공급계약이 무효인 경우에 해당 근로자와 이를 공급받은 자 사이에 근로계약관계가 성립한다고 볼 것인지에 관하여 견해의 대립이 있으나, 대법원은 위 2004. 6. 25. 선고 2002다56130, 56147 판결에서 근로자공급계약이 무효라는 사정만으로 당연히 해당 근로자와 이를 공급받은 자 사이에 근로계약관계가 성립한다고 볼 수는 없고, 다만 근로자공급사업자의 실체가 없어 근로제공의 상대방과 근로자 사이에 묵시적 근로계약관계가 성립하였다고 볼 수 있는 경우에만 직접 근로관계가 인정된다고 판시하였다.

이는 우리의 법체계상 근로계약관계도 '계약'의 일종으로 이해되어 달리 법률에 의하여 근로관계의 형성이 의제되지 않는 한 당사자의 명시적이든, 묵시적이든 '의사표시'에 근거하지 않고서는 계약적 규율이 발생할 수 없다는 점에서 불가피한 해석이다.

한편 이른바 불완전 도급에 해당하는 경우에 이를 허가받지 않은 근로자공급사업으로 보면서, 공급받은 자와 사이에 직접 근로계약관계의 성립은 인정하

---

50) 권기일, 141~143면.

지 않으나 노동조합법 81조 4호 소정의 지배·개입의 주체로서는 위 근로자를 공급받은 자가 사용자에 해당할 수 있다고 본 하급심 판결이 있다.51)

　　노동조합법상 사용자개념의 판단기준에 관한 우리나라 및 일본의 학설로는, 명시적이든 묵시적이든 근로계약관계의 존재를 요건으로 한다는 고용계약설, 고용계약관계가 없더라도 사실상의 사용종속관계에 있는 자를 포함한다는 사용종속관계설, 근로계약의 유무에 관계없이 근로관계상의 제이익에 대한 실질적인 영향력 내지 지배력을 가진 자를 사용자로 보는 지배력설, 근로자의 자주적인 단결목적과 관련하여 대항관계에 있는 자를 사용자로 보는 대항관계설 등이 있는데,52) 노동조합법상 사용자는 '사업주, 사업의 경영담당자 또는 그 사업의 근로자에 관한 사항에 대하여 사업주를 위하여 행동하는 자(노동조합법 2조 2호)'를 모두 포함하는 개념으로서 반드시 개별적 노사관계에 있어서 권리·의무의 당사자가 되는 사용자이거나 그 피용자에 국한되어야 한다고 볼 이유가 없는 점, 무효인 근로자공급계약에 의하여 근로자를 공급받은 자가 고용계약의 당사자인 사용자에 갈음하거나 그를 위하여 근로조건의 결정이나 이행에 관여하고 나아가 노동조합이나 조합원의 활동에 제약을 가하는 경우에는 이를 노동조합법상 구제대상에서 배제할 이유가 없고, 오히려 이를 노동조합법상 구제대상에서 제외한다면 노동조합법의 실효성을 크게 해치게 되는 점 등을 감안하면 위 판결의 태도는 수긍할 수 있다.53)

Ⅲ. 파견근로자보호 등에 관한 법률

1. 근로자파견제도의 의의

가. 근로자파견의 개념

　　'근로자파견'이라 함은 파견사업주가 근로자를 고용한 후 그 고용관계를 유지하면서 근로자파견계약의 내용에 따라 사용사업주의 지휘·명령을 받아 사용사업주를 위한 근로에 종사하게 하는 것을 말한다(파견법 2조 1호).

---

51) 서울행법 2006. 5. 16. 선고 2005구합11968 판결(대법원 2010. 3. 25. 선고 2007두8881호 판결로 확정).
52) 김유성 Ⅱ, 318~320면; 조경배c, 60면.
53) 最高裁 1995. 2. 28. 判決(朝日放送 事件)도 유사한 취지다. 직접고용의무의 발생을 전제로 사용사업주의 사용자성을 인정하는 견해로는 조경배c, 63~64면. 사용사업주의 파견근로자에 대한 사용자성에 관한 논의는 뒤 Ⅲ. 5. 마. 참조.

여기서 '파견사업주'는 근로자파견사업을 하는 자를(파견법 2조 3호), '사용사업주'는 근로자파견계약에 따라 파견근로자를 사용하는 자를 말하고(파견법 2조 4호), '파견근로자'는 파견사업주가 고용한 근로자로서 근로자파견의 대상이 되는 사람을 말한다(파견법 2조 5호). 판례는 외국 국적의 근로자라 하더라도 파견법이 적용되는 파견근로자에 해당한다고 보고 있다.[54)]

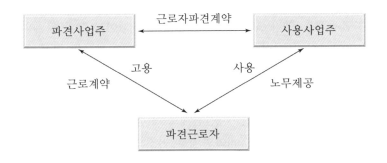

근로자파견은 고용과 사용이 분리된 대표적인 다면적 근로형태로서 종래 직안법상 규제되던 근로자공급의 유형 중 파견사업주와 근로자 사이의 고용관계가 존재하는 경우를 분리하여 합법화한 것이라고 할 수 있다. 때문에 합법적인 근로자파견에서 '파견사업주와 파견근로자 사이의 근로계약관계의 존재', '사용사업주와 파견근로자 사이의 근로계약관계의 부존재'는 불가결한 개념 요소이다.

파견사업주와 파견근로자 사이에 고용관계가 존재하는 경우가 분리되면서 직안법상 근로자공급사업은 노동조합이 영위하는 것과 같이 고용관계를 전제로 하지 않는 사실상 지배관계가 있는 경우로 제한되게 되었음은 앞서 본 바와 같다. 다만, 파견법은 사용사업주에 대하여 근기법, 산안법이 적용되는 것을 예정하고 있기 때문에,[55)] 위 국내법이 적용되지 않는 국외 사업체에 대한 근로자파견은 여전히 직안법상 국외근로자공급사업으로서 규율을 받는다.[56)]

나. 다른 간접고용형태와의 구분

(1) 근로계약관계, 파견관계, 도급관계

근로자가 ⓐ에게 고용된 후 ⓑ 사업장에서 ⓑ의 업무에 종사하는 경우 ⓑ
와 해당 근로자는 그 계약관계의 실질에 따라 근로계약관계로 인정될 수도 있
고, 파견관계나 도급관계로 인정될 수도 있다. 근로계약관계란 고용관계와 지휘
명령관계가 함께 존재하는 것이고, 파견관계는 이 중 지휘명령관계만 존재하는
관계이며, 도급관계는 양자 모두 존재하지 않는 관계이므로, 근로계약관계와 파
견관계가 도급관계와 본질적으로 구별되는 점은 근로 제공에 관한 주도권이 ⓑ
에게 있다는 점이다.[57]

도급관계(진정도급)로 인정되면 ⓑ는 해당 근로자에 대하여 원칙적으로 노
동법상의 책임을 지지 않겠지만, 파견관계로 인정되면 파견법에 따라 사용사업
주로서의 의무를 부담하고, 근로계약관계로 인정되면 근기법상 사용자로서의 의
무를 부담하게 되므로, 이른바 사내하청 분쟁에서는 근로자와 ⓑ 사이에 묵시적
근로관계가 성립하는지, 묵시적 근로관계가 성립하지 않는다면 파견관계와 도급
관계 중 어디에 해당한다고 볼 것인지가 주로 다투어진다.

노동부와 법무부는 2007. 4. 19. 공동으로 근로자파견 판단지침을 마련하여
위장도급·불법파견의 단속기준으로 시달하였는데, 위 지침에서는 우선 수급인
의 실체구비 여부를 판단하여 직접고용을 은폐하기 위한 위장도급을 가려내고,
다음으로 지휘·명령 등 사용관계를 살펴 파견과 도급을 구분하는 2단계 판단
방식을 제시하고 있다.

(2) 묵시적 근로관계 성립 여부

대법원은 '인사이트코리아' 사건에서 경영상 결정권, 근로자의 모집·채용,
정식직원과 구분 여부, 인사관리, 평가, 급여결정 등의 태양을 나열하면서 위장
도급을 인정한 후 도급인과 근로자 사이의 직접고용관계를 인정한 바 있는데,[58]
위 판례를 들어 위장도급의 경우에 항상 직접고용관계가 성립한다고 볼 것은
아니지만, 수급인이 도급인에 대해서만 전속적으로 노무를 공급하고 양자 사이
에 사내도급과 같은 특수관계가 인정되는 경우에는 단지 불법적인 근로자파견
에 그치는 것이 아니라, 사실상 수급인의 독립적 존재가 부정되어 직접고용관계

57) 강성태e, 21면.
58) 대법원 2003. 9. 23. 선고 2003두3420 판결.

를 인정해야 할 경우가 있음을 유념할 필요가 있다.

이후 대법원은 "원고용주에게 고용되어 제 3 자의 사업장에서 제 3 자의 업무를 수행하는 사람을 제 3 자의 근로자라고 하기 위해서는, 원고용주가 사업주로서의 독자성이 없거나 독립성을 결하여 제 3 자의 노무대행기관과 동일시할수 있는 등 그 존재가 형식적·명목적인 것에 지나지 아니하고, 사실상 당해 피고용인은 제 3 자와 종속적인 관계에 있으며 실질적으로 임금을 지급하는 주체가 제 3 자이고 근로 제공의 상대방도 제 3 자이어서, 당해 피고용인과 제 3 자사이에 묵시적 근로계약관계가 성립하였다고 평가할 수 있어야 한다."고 판시한바 있다.[59]

이러한 묵시적 근로관계가 성립한 근로자에게 적용할 임금체계와 관련하여, 대법원은 묵시적 근로관계에 있는 사용자의 소속 근로자 중 해당 근로자와같은 업무를 수행한 다른 근로자가 있었는지를 살펴, 그러한 근로자가 있다면그 근로자가 속한 직군·직종의 직급 및 임금 체계를 적용하고, 만일 그러한 근로자가 없다면 적정한 다른 직군·직종의 직급 및 임금 체계가 있는지 등을 심리, 판단해야 하며, 그러한 직군·직종이 승격 제도를 두고 있다면, 해당 근로자가 어느 직급까지 승격하였을 것인지도 합리적으로 인정하여야 한다고 보았다.[60]

(3) 파견과 도급의 구별 기준

도급은 당사자 일방이 어느 일을 완성할 것을 약정하고 상대방이 그 일의결과에 대하여 보수를 지급할 것을 약정하는 것을 내용으로 하는 계약으로서(민법 664조), 근로자에 대한 직접고용 관계에 있는 수급인이 근로자에 대한 지휘·감독을 통하여 일을 완성한다는 점에서 근로자파견과 개념상 구분된다.[61]

---

59) 대법원 2010. 7. 22. 선고 2008두4367 판결, 대법원 2015. 2. 26. 선고 2010다106436 판결 등. 대법원 2020. 4. 9. 선고 2019다267013 판결은 도급계약의 실질적인 목적과 대상이 도급인의수송업무 수행을 위한 노동력 제공에 불과하다는 점, 도급인의 직원 출신이 사업체 양수도형식으로 번갈아 가면서 수급인의 경영자가 되어 왔고 이 과정에서도 도급계약은 계속 유지된 점, 도급인이 수급인 소속 직원의 채용과 근로조건 결정에 사실상 관여한 부분이 있는점, 수급인이 사업경영상 필요한 물적 시설이나 자산 대부분을 독자적·독립적으로 갖추지못한 점 등을 근거로, 이와 달리 보아 묵시적 근로관계의 성립을 부정한 하급심판결을 파기한 바 있다.

60) 대법원 2024. 7. 11. 선고 2021다251295 판결.

61) '근로자파견'과 민법상 '도급'은 모두 근로자를 사용하는 사업주가 근로자를 직접 고용하지 않은 채 간접고용의 형태로 근로자의 노동력을 활용한다는 점에서 유사한 측면이 있다. 그러나 '근로자파견'은 '파견사업주가 근로자를 고용한 후 그 고용관계를 유지하면서 근로자파견계약의 내용에 따라 사용사업주의 지휘·명령을 받아 사용사업주를 위한 근로에 종사하게

　　그런데 도급의 경우에도 비록 일의 완성 자체를 목적으로 한다고는 하지만, 도급인이 수급인에게 재료를 제공하거나 작업을 지시하는 것이 가능하고, 나아가 수급인이 자신의 채무를 이행하는 일환으로 도급인으로 하여금 수급인의 근로자에 대하여 직접 필요한 지시를 할 수 있도록 용인하는 것도 얼마든지 상정할 수 있으므로, 실제 근로자파견과 구분이 쉬운 것은 아니다. 특히 사내하청 근로자의 경우 그 노무제공의 형태가 근로자파견과 매우 유사하여 이에 대한 규제를 잠탈하고자 하는 수단으로 흔히 사용된다.

　　사내하청 근로는 업무를 도급받은 수급인에게 고용된 근로자가 도급인의 사업장에서 계속적으로 근무하는 형태를 말한다. 과거에는 사외공(社外工)이라고 하여 조선·건설·철강업 등의 생산현장에서나 볼 수 있는 제도였으나, 오늘날에는 이른바 '위탁도급'이라는 이름으로 아웃소싱 방법의 하나로서 관공서에서 민간에 위탁하거나 생산 현장에서 경비·청소·포장·전산 등 제한된 업무를 외부에 위탁하거나 용역업체를 이용하는 방식으로 확산되고 있다.[62]

　　또한 분사를 통한 이른바 소사장(小社長) 제도도 간접고용의 형태로 널리 쓰이는데, 이는 기업의 업무 중 한 부분을 분리하여 별도의 회사를 설립한 후 그 회사와 도급계약을 체결하여 기업업무를 계속 수행하도록 하는 것을 말한다. 이 경우 수급인인 기업체의 독립성에 의심이 가는 경우가 대부분이어서 불법적인 근로자파견이나 직접고용의 실질을 은폐하기 위한 법형식(위장도급)에 불과할 가능성이 크다.[63]

　　대법원은 2015. 2. 26. 선고한 4건의 판결[64]에서 근로자파견과 도급의 구별

_____

　　하는 것'으로서 노무의 제공이 계약의 목적이고 사용사업주가 파견근로자에 대한 구체적인 업무상의 지휘·명령권을 행사할 수 있는 반면, 민법상 '도급'은 '당사자 일방이 어느 일을 완성할 것을 약정하고 상대방이 그 일의 결과에 대하여 보수를 지급할 것을 약정함으로써 그 효력이 생기는 계약'(민법 664조)으로서 일의 완성이 계약의 목적이며 도급인이 고용관계가 없는 수급인의 근로자에 대하여 지휘·감독을 하지 못한다. 그리고 '근로자파견' 사업을 수행하기 위해서는 관할 행정청의 허가를 받아야 하지만(파견법 7조 1항), 민법상 '도급'은 그러한 허가를 요하지 않는다. 따라서 '근로자파견'과 '도급'은 그 계약의 목적이 노동력 자체인지 아니면 노동의 결과인지 여부, 그리고 실제 근로자를 사용하는 사업주의 근로자에 대한 직접적인 지휘, 감독의 가능 여부 등에 따라 구별할 수 있다(헌재 2013. 7. 25. 선고 2011헌바395 결정).

62) 종래 경비는 용역경비업법(경비업법으로 변경됨)에서, 청소는 공중위생법(공중위생관리법으로 변경됨)에서 그 용역사업의 형태를 인정하고 있었으나, 이는 모두 진정도급을 전제로 한 것으로서 위장도급이나 근로자공급사업이 허용되었던 것은 아니라는 점에 유의할 필요가 있다.
63) 위장도급과 불법파견, 그에 대한 파견법의 적용 여부에 관하여는 최홍엽h, 336~368면 참조.
64) 대법원 2015. 2. 26. 선고 2010다93707 판결(남해화학), 대법원 2015. 2. 26. 선고 2010다

기준에 관하여, "원고용주가 어느 근로자로 하여금 제 3 자를 위한 업무를 수행하도록 하는 경우 그 법률관계가 위와 같이 파견법의 적용을 받는 근로자파견에 해당하는지는 당사자가 붙인 계약의 명칭이나 형식에 구애될 것이 아니라, 제 3 자가 당해 근로자에 대하여 직·간접적으로 그 업무수행 자체에 관한 구속력있는 지시를 하는 등 상당한 지휘·명령을 하는지, 당해 근로자가 제 3 자 소속근로자와 하나의 작업집단으로 구성되어 직접 공동 작업을 하는 등 제 3 자의사업에 실질적으로 편입되었다고 볼 수 있는지, 원고용주가 작업에 투입될 근로자의 선발이나 근로자의 수, 교육 및 훈련, 작업·휴게시간, 휴가, 근무태도 점검등에 관한 결정 권한을 독자적으로 행사하는지, 계약의 목적이 구체적으로 범위가 한정된 업무의 이행으로 확정되고 당해 근로자가 맡은 업무가 제 3 자 소속근로자의 업무와 구별되며 그러한 업무에 전문성·기술성이 있는지, 원고용주가계약의 목적을 달성하기 위하여 필요한 독립적 기업조직이나 설비를 갖추고 있는지 등의 요소를 바탕으로 그 근로관계의 실질에 따라 판단하여야 한다."라고판시한 바 있다. 이는 실질 판단의 원칙에 기초하여, 근로자파견과 도급의 상호대비되는 특징을 나열하는 유형적 방법론에 따라 종합적으로 고려하여 근로자파견 관계 유무를 판단하는 입장이라 할 수 있다.[65]

　　위 대법원 판결은 근로자파견과 도급의 구별기준으로 ① 사용자로서 행사하는 지휘명령, ② 도급인 사업으로 실질적으로 편입되었는지 여부, ③ 수급인으로서 행사하는 권한, ④ 도급계약의 실체, ⑤ 수급인의 독립적인 실체를 제시하고 있는데, 그 구체적인 내용을 살펴보면 아래와 같다.[66] 다만 아래 사항은도급과 근로자파견에서 대비되는 여러 유형적 기준을 나열한 것이므로, 그 중어느 하나 또는 일부가 근로자파견 관계를 판단하는 결정적인 기준이 되는 것은 아니라는 점에 유의할 필요가 있다.

106436 판결(현대자동차), 대법원 2015. 2. 26. 선고 2011다78316 판결(한국철도공사), 대법원 2015. 2. 26. 선고 2012다96922 판결(한국철도공사). 위 대법원 판결들에 대한 평석으로는 강선희, 83면 이하; 김홍영, 87면 이하; 양승광, 189면 이하. 후속 참고 사례로서 대법원 2020. 3. 26. 선고 2017다217724 판결(현대자동차), 대법원 2021. 7. 8. 선고 2018다243935, 2018다 243942 판결(현대위아), 대법원 2024. 3. 12. 선고 2019다29013 등 판결(현대제철), 대법원 2024. 3. 12. 선고 2019다28966 등 판결(현대제철), 대법원 2024. 5. 30. 선고 2022다224290 등 판결(현대자동차), 대법원 2024. 6. 17. 선고 2019다279344 판결(현대자동차 남양연구소), 대법원 2024. 6. 17. 선고 2021다226558 판결(현대모비스), 대법원 2024. 7. 11. 선고 2021다274069 판결(지엠대우), 대법원 2024. 7. 25. 선고 2022다217728 등 판결(현대자동차).

65) 김기선, 81~82면.

66) 이하의 내용은, 김선일b, 382~386면 참조.

① 사용자로서 행사하는 지휘명령과 관련하여서는, 구체적으로 다음과 같은 사정이 있을 때에는 근로자파견의 성격이 강화된다고 볼 수 있다.

(i) 도급인이 도급인의 근로자와 수급인의 근로자로 구성된 작업집단 전체에 대하여 지시를 하는 경우, (ii) 수급인을 대신하여 수급인의 근로자를 지휘·감독하는 현장감독자가 선임되어 있는 경우에도 그 현장감독자가 도급인이 결정한 지시 내용을 그대로 전달함에 그치는 경우, (iii) 도급인이 작업계획서, 작업지시서, 매뉴얼 등을 배부하였을 뿐인 경우라도 이를 통하여 수급인의 근로자에 대한 간접적인 지시·감독을 하였다고 평가할 수 있는 경우, (iv) 도급계약에서는 해당 업무의 내용을 대략적으로만 정한 채(윤곽계약), 그때그때 필요에 따라 수급인 또는 수급인의 근로자에게 직접 개별위탁(주문)을 하는 형식을 취할 경우.

② 도급인 사업으로 실질적으로 편입되었는지 여부와 관련하여서는, 구체적으로 다음과 같은 사정이 있을 때에는 근로자파견의 성격이 강화된다고 볼 수 있다.

(i) 수급인의 근로자가 도급인의 근로자와 '직접' 공동 작업을 하는 경우, 수급인의 근로자가 도급인의 근로자와 혼재되어 있거나 하나의 작업집단으로 구성되어 있는 등 수급인의 근로자와 도급인의 근로자가 분업적 협업관계에 있는 경우, (ii) 수급인의 근로자가 종전까지 도급인의 근로자에 의하여 처리되던 업무를 수행하는 경우, 수급인의 근로자가 도급인의 근로자에 의하여 수행되던 업무를 인수한 경우, (iii) 수급인의 근로자가 계약에서 정한 것 이외의 업무를 수행하는 경우, 수급인의 근로자가 도급인의 별도 업무를 병행하여 수행하는 경우, (iv) 도급인이 재료와 도구, 작업복, 장구 등을 제공하는 경우.

③ 수급인으로서의 권한 행사와 관련하여서는, 수급인이 다음과 같은 권한을 스스로 결정·행사하지 않고 도급인이 좌우한다면 진정한 도급이 아닐 가능성이 클 것이다.

(i) 작업에 투입될 근로자의 선발, (ii) 작업에 투입될 근로자의 수, 대체인력의 투입의무나 투입 여부, (iii) 교육 및 훈련, (iv) 출퇴근의 통제, 작업시간의 결정, 연장근로 등의 명령, 휴가와 휴게의 보장, (v) 작업 진행의 적절성에 대한 감시, 근무태도의 점검.

④ 도급계약의 실체와 관련하여서는, 다음과 같은 사정을 고려할 수 있다.

(i), (ii), (iii), (vi), (vii)은 도급에 가까운 요소이고, (iv), (v)는 그 반대이다.

(i) 도급의 목적과 내용이 처음부터 구체적으로 확정되어 있는 경우.

(ii) 수급인의 근로자가 맡은 업무가 도급인의 근로자의 업무와 구별되는 경우.

(iii) 수급인의 업무에 전문성, 기술성이 필요한 경우.

(iv) 수급인의 업무가 도급인의 사업장에서 상시적으로 행하여지는 경우.

(v) 작업 단위가 지나치게 세분화되어 있거나 도급의 목적과 관련 없는 단순한 노무의 제공만 필요한 경우.

(vi) 수급인이 도급인에 대하여 하자담보책임, 보수에 대한 위험부담, 이행보조자인 수급인 근로자의 불완전이행에 대한 책임 등 특수한 위험을 부담하는 경우.

(vii) 보수가 전체 작업 또는 작업 단계를 기준으로 산정되거나 사전 합의된 산정방법(물량) 등에 기초한 정액으로 정해진 경우.

⑤ 수급인의 독립적인 실체와 관련하여서는, (i) 수급인이 도급의 목적을 달성하기 위하여 필요한 독립적인 기업조직 혹은 설비를 갖추고 있는지, (ii) 수급인이 업무 처리에 필요한 전문기술을 보유하고 있는지 등이 고려요소가 될 수 있다.

한편 근로자파견에는 파견 자체를 사업으로 하는 사업적 파견과 구분되는 비사업적 파견이 있다. 이는 일반 사업(근로자파견을 주된 목적으로 하지 않는 사업)의 사업주(파견사업주)가 자신이 고용한 근로자(파견근로자)와 근로관계를 그대로 유지한 채, 그 근로자를 일정 기간 동안 다른 사업의 사업주(사용사업주)의 지휘·명령 하에서 근로하도록 파견하는 것을 말하는데, 우리 파견법은 사업적 파견만을 규율대상으로 삼고 있어서 비사업적 파견에는 적용되지 않는다.[67]

일본에서는 '(재적)출향[(在籍)出向]'이라고 부르는 비사업적 파견을 우리 학자들은 전출(轉出)[68] 또는 타사근무(他社勤務)[69]라고 부르는데, 우리나라에서는 원래의 기업과의 근로계약관계를 단절시키고 새로운 기업과 근로계약관계를 성립시키는 전적(轉籍)이 주로 행해지고 기업 간 비사업적 파견은 별로 활용되지

---

67) 파견법(1조 목적) 참조. 비사업적 파견의 유효요건과 파견근로관계의 법적 성질 및 파견근로관계 하에서 사업주책임의 귀속 등의 문제에 관하여는 강성태a, 192면 이하 참조. 한편 독일에서는 이러한 비사업적 파견을 진정대여근로관계(ehte Leiharbeitsverhältnis)라고 부르고 파견법의 규율을 받는 사업적 파견을 부진정대여근로관계(unehte Leiharbeitsverhältnis)라고 부른다.

68) 김형배, 561면.

69) 이병태, 615면.

않고 있다.[70]

2. 근로자파견에 관한 외국의 입법례

우리나라에 앞서 여러 나라에서 근로자파견사업에 대한 법적 규율이 시작
되었고, 그 입법례들은 우리의 입법 논의에도 많은 영향을 끼치고 있으므로 이
를 간략히 살펴본다.

가. 독   일[71]

독일에서 근로자파견사업을 법률로써 규율하기 시작한 것은 1972. 8. 7.
근로자파견사업의 규제에 관한 법률[72] 제정부터이다. 독일은 1972년 이후 주로
파견근로에 대한 제한을 완화하는 방향으로 근로자파견법을 개정하여 왔고,
2003. 1. 1. 시행된 개정 파견법은 근로자파견에 관한 여러 규제들(최장파견기간의
제한, 파견근로계약기간과 최초의 파견기간을 일치시키는 것을 금지하는 일치금지 원칙
등)을 폐지하기까지 하였다.

그러나 이러한 규제 완화로 인해 파견근로자가 증가하고 저임금 문제 등이
사회적 문제로 제기되자 2016년 다시 파견법을 개정하여 최장파견기간을 18개
월로 제한하는 등 파견근로자 보호를 위한 입법에 나서고 있다.

나. 프 랑 스[73]

프랑스에서도 1972. 1. 3. 법률에 의하여 파견근로가 합법화되었는데, 위 법
률이 제정되기 이전에 이미 파견근로가 광범위하게 행해지고 있었고 사실상 묵
인되었다고 한다.[74] 위 법률은 파견근로에 대한 법적 지위를 확립하고 그 남용
을 방지할 목적으로 제정되어, 파견근로의 이용을 노동력의 일시적 수요에 대처
하기 위한 제한된 범위 내에서만 허용하고, 파견근로자의 이익 보호를 위한 여

---

70) 통상 전출이라고 할 때는 동일 기업의 복수 사업장 내에서 이루어지는 인사이동을 가리키
    며 근로자에 대한 불이익처분의 하나로서 그 정당성이 문제될 뿐, 파견근로의 법리와 관련되
    어 문제된 사례는 찾아볼 수 없다.
71) 김병옥, 241~242면; 유동균, 38~40면; 최홍엽e, 57면.
72) Gesetz zur Regelung der gewerbsmässigen Arbeitsnehmerüberlassung(AüG).
73) 권혁 외 4, 168면; 조임영a, 107면.
74) 1919년 법률에서 "하도급업자 및 노동력공급에 의한 근로자의 착취는 금지된다."라는 규정
    을 두었으나, 그 해석에 있어서 법원은 위 규정에 의하여 금지되는 것은 노동력공급 자체가
    아니라 노동력공급을 위한 근로자 착취만이 금지된다고 하고, 해당 직업 부문에서 실시되는
    최저임금을 상회하는 임금을 지급하는 한 근로자 착취에 대한 고의가 없고 부당한 이익의
    실현도 없는 것으로 보았다.

러 규정을 두었다.75)

　이후 프랑스 노동법의 파견근로에 관한 규정은 여러 차례 개정되었지만, 파견근로의 상용고용에 대한 보충성과 파견근로자에 대한 차별금지 및 보호강화라는 기본적인 골격은 일관되게 유지되고 있다고 한다.

　다. 영　　　국76)

　영국은 민간직업소개소에서 근로자파견사업을 동시에 영위한다고 한다. 근로자파견은 1973년 제정된 직업안정법과 1976년 직업소개 및 파견사업 규제 규정 등에 의하여 규율되나, 직업소개업과 근로자파견사업에 대한 허가제는 1995년 폐지되었다. 이후 영국은 2010년 파견노무자에 대한 규제법령(The Agency Workers Regulations)을 입법화하여 파견노무자에 대한 차별금지, 근로조건 명시, 차별금지 위반에 대한 파견사업주와 사용사업주의 공동책임 등을 규정하였다.

　라. 일　　　본77)

　일본의 노동자파견사업은 전전(戰前) 철강·조선 등 중화학공업에 퍼져 있던 사외공(사업장 내 도급)제도에서 시작하여 1947년 직업안정법에서 노동자공급사업을 금지하였음에도 지속적으로 확산되어 왔는데, 1977년 행정관리청의 노동성에 대한 권고로 노동자파견법의 제정에 착수하게 되었다.

　위 권고는 업무처리도급사업 및 민영직업소개사업의 운영 실태 그리고 이들 사업에 대한 직업안정기관의 지도감독 상황 등에 대한 조사를 실시한 후, 업무처리도급사업이 직업안정법에 위반된다는 점을 지적하면서도 법에 따라 단속을 강화할 것이 아니라 '근로자의 이익이 충분히 확보된다는 전제 하에서' 업무처리도급사업을 활용할 필요가 있다고 기본 방침을 제시하였다. 노동성은 이에 따라 1980년 노동자파견사업제도조사회를 발족시키고, 노동계의 반대 등 여러 우여곡절 끝에 1985년 노동자파견법78)을 제정하였다.79)

　위 노동자파견법은 제정 당시 대상 사업을 포지티브 리스트 방식(허용하는 업무를 열거하는 방식)으로 제한하였으나, 1999년 법 개정80)으로 네거티브 리스트

75) 프랑스 법제와 독일 법제의 비교에 관하여는 최홍엽d, 142면 이하.
76) 권혁 외 4, 156~157면; 박제성, 251면.
77) 김명중, 95~97면; 김병준, 265면.
78) 勞働者派遣事業の適正な運營の確保及び派遣勞働者の就業條件の整備等に関する法律.
79) 입법의 상세한 경위에 관하여는 馬渡淳一郎a, 6면 참조.
80) 이승길a, 64~70면.

방식(열거된 금지업무 외에는 허용하는 방식)으로 전환하였고, 2003년 법 개정에서
는 종전의 기간 경과 파견근로자에 대한 고용노력의무를 사용자의 고용신청의
무로 진전시키는 변경이 이루어졌다.

　　이후 2015년 개정된 파견법은 파견근로자의 파견기간 상한을 3년으로 정하
되, 사용사업주는 해당 사업체 과반수 노동조합의 의견을 청취한 후 파견근로자
를 교체하여 동일업무에 대해서 파견근로자를 계속 사용할 수 있도록 하였다.

3. 파견법의 입법경위

　　우리나라에서도 1980년대부터 파견법 제정이 논의되기 시작하였지만, 그
최초의 입법시도는 1993년 국회에 제출된 근로자파견사업의 적정한 운영 및 파
견근로자 보호에 관한 법률(안)이었다.

　　그러나 위 법률안에 대하여 노동계가 직안법에서 금지하는 근로자공급과
중간착취를 법적으로 인정하고 비정규직을 조장하여 고용시장을 왜곡시킬 우려
가 크다는 이유 등으로 반대함에 따라 국회 통과가 보류되었다가 국회 임기 만
료로 폐기되었다. 이후 1995년 통상산업부에서 제출한 중소기업지원에 관한 특
별법(안)에 근로자 파견제 합법화 조항이 삽입되었다가, 다시 노동계의 반대로
해당 조항이 삭제되었고, 노동부 또한 위 특별법 형태의 제정에 반대하며 파견
법의 별도 제정을 주장하였다.

　　이러한 상황은 1997년 외환위기가 닥치면서 급변하였다. 국제통화기금(IMF)
측은 구제금융의 제공에 따른 조건으로서 정리해고 및 파견법의 제정 등 고용
시장 유연화 정책을 요구하였고, 이에 따라 대통령 직속 자문기구인 노사관계개
혁위에서 1997. 12. 23. 노·사 양측안을 소수안으로 처리하고, 공익위원안을 다
수안으로 하여 후속 법령의 정비를 정부에 건의하기로 의결하였다. 이후 1997.
12. 25. 이른바 비상경제대책위원회에서 파견법의 조속한 제정, 고용보험 확대적
용, 민간직업소개소에 대한 규제완화를 골자로 한 실업종합대책을 확정지었고,
1998년 초 노사정위원회의 합의를 근거로 노동관계법이 일괄하여 국회를 통과
하였다. 이로써 파견법이 1998. 2. 20. 제정되어 같은 해 7월 1일부터 시행되기에
이르렀다.81)

---

81) 파견법의 제정경과에 관한 설명은 강성태b, 58~59면; 김승년, 541면; 노상헌, 35면; 임정평,
　　 507면.

　　이후 파견법의 시행 과정에서 발생한 파견근로자에 대한 불합리한 차별과 남용 및 불법사용 등 문제점을 시정하여 파견근로자 보호를 강화하고, 다른 측면에서 기업의 인력 운용의 유연성 제고와 고용 창출을 위하여 파견 대상 업무를 확대하는 등 규제를 완화할 목적에서 파견법 개정이 추진되었고, 노동부에서 제출한 법안에 대하여 수정된 내용의 법률안이 국회에서 의결되어 2006. 12. 21. 법률 8076호로 파견법이 개정되고 2007. 7. 1.부터 시행되었다. 개정 파견법의 주요내용은 근로자파견 대상사업의 확대, 파견기간의 연장 및 위법한 근로자파견에 대한 고용의무의 부과, 파견근로자에 대한 차별금지와 시정조치의 마련 등이다. 한편 위 파견법의 개정과 함께 기간제 및 단시간근로자 보호 등에 관한 법률이 같은 날 제정되었는데, 이로써 근로자성 자체가 문제되는 특수고용직 근로자를 제외한 나머지 비정규직 근로형태에 관한 법적 규율이 마련되었다. 2012. 2. 1. 법률 11279호로 개정되어 2012. 8. 2. 시행된 파견법은 불법파견의 경우에는 사용한 기간에 관계없이 사용사업주에게 파견근로자를 직접 고용할 의무를 부과하고 있다.

4. 파견법의 내용

가. 파견법의 목적과 구성

　　파견법은 근로자파견사업의 적정한 운영을 기하고 파견근로자의 근로조건 등에 관한 기준을 확립함으로써 파견근로자의 고용안정과 복지증진에 이바지하고 인력수급을 원활하게 함을 목적으로 한다(파견법 1조).

　　파견법은 1장 총칙(2조)에서 필요한 개념[82]을 정의한 후 2장 '근로자파견사업의 적정운영'에서 근로자파견 대상업무, 파견기간, 고용의무, 근로자파견사업의 허가, 근로자파견의 제한 등에 관하여 규정하고 있다.

　　3장은 파견근로자의 근로조건에 관한 사항으로서 근로계약에 포함될 내용과 차별적 처우의 금지 및 시정, 고용노동부장관의 차별적 처우의 금지 및 시정 요구,[83] 확정된 시정명령의 효력 확대,[84] 계약해지의 사유와 제한을 정한 후 파견사업주와 사용사업주가 파견근로자에 대한 적정한 근로조건의 유지를 위하여 강구하여야 할 조치들을 규정하고 있다. 특히 3장 4절에서는 근기법, 산안법의

---

82) 근로자파견의 개념에 대하여는 앞의 Ⅲ. 1. 가. 참조.
83) 2012. 2. 1. 파견법 개정으로 21조의2 신설.
84) 2014. 3. 18. 파견법 개정으로 21조의3 신설.

적용에 있어서 파견사업주를 사용자로 보는 조항과 사용사업주를 사용자로 보
는 조항을 열거하고 있다.

　　이어 고용노동부장관의 행정적 역할을 규정한 보칙(4장)과 앞서 정한 각종
제한의 위반행위에 대한 형사적·행정적 제재를 규정한 벌칙(5장)을 두고 있다.

나. 근로자파견 대상업무

　　근로자파견 대상업무를 정하는 입법 방식에는 허용업무를 열거하는 포지티
브 리스트(positive list) 방식과 열거된 금지업무 외에는 일반적으로 허용하는 네
거티브 리스트(negative list) 방식이 있다.

　　파견법(5조)은 1항에서 이른바 상시적 허용업무를, 2항에서 일시적 허용업무
를, 3항과 그에 따른 각 호에서 파견금지업무를 각각 규정하고 있다. 2006년 법
개정 당시 노동부는 1항의 상시적 허용업무의 제한을 삭제하여 네거티브 리스
트 방식으로 전환하려는 입법안을 내놓았으나[85] 국회 심의과정에서 채택되지
아니하고 상시적 허용업무의 지정 사유만을 추가하는 것으로 수정·입법되었다.

(1) 상시적 허용업무

　　2006년 개정 전 구 파견법(5조 1항)은 "근로자파견사업은 제조업의 직접생산
공정업무를 제외하고 전문지식·기술·경험 등을 필요로 하는 업무로서 대통령
령이 정하는 업무를 대상으로 한다."라고 규정하고 있었는데, 현행 파견법(5조 1
항)은 "근로자파견사업은 제조업의 직접생산공정업무를 제외하고 전문지식·기
술·경험 또는 업무의 성질 등을 고려하여 적합하다고 판단되는 업무로서 대통령
령이 정하는 업무를 대상으로 한다."라고 바뀌어 밑줄 부분이 추가되었다. 이에
따라 2007. 6. 18. 개정된 파견법 시행령(2조 1항) [별표 1]은 허용업무를 종전의
26개에서 32개로 확대하여 열거하고 있는데, 그 구체적 내용은 아래와 같다.[86]

컴퓨터 관련 전문가, 행정·경영 및 재정 전문가, 특허 전문가, 기록 보관원·사서
및 관련 전문가, 번역가 및 통역가, 창작 및 공연예술가, 영화·연극 및 방송 관련

---

85) 포지티브 리스트 방식은 파견근로자에 의한 정규직근로자의 대체를 억제할 목적으로 채택
　　되지만, 그 허용대상 업무가 노동시장의 실상을 반영하지 못할 경우 파견법이 규범력을 상실
　　하고 불법파견만을 양산할 우려가 있다는 것이 그 근거였다. 같은 취지의 주장으로는 남성
　　일, 16면; 윤광희, 49면; 이승길b, 45면 등
86) 위 대상업무는 한국표준직업분류를 기초로 다음 직업군을 열거하고 있다.

전문가, 컴퓨터 관련 준전문가, 기타 전기공학 기술공, 통신 기술공, 제도 기술 종사자(캐드 포함), 광학 및 전자장비 기술 보조자, 정규교육 이외 교육 준전문가, 기타 교육 준전문가, 예술·연예 및 경기 준전문가, 관리 준전문가, 사무 지원 종사자, 도서·우편 및 관련사무 종사자, 수금 및 관련 사무 종사자, 전화교환 및 번호안내 사무 종사자, 고객 관련 사무 종사자, 개인보호 및 관련 종사자, 음식조리 종사자, 여행안내 종사자, 주유원, 기타 소매업체 판매원, 전화통신 판매 종사자, 자동차운전 종사자, 건물청소 종사자, 수위 및 경비원, 주차장 관리원, 배달·운반 및 검침 관련 종사자

헌법재판소는 제조업의 직접생산공정업무를 근로자파견 대상업무에서 제외하는 파견법(5조 1항)이 헌법에 위반되지 않는다고 판단하였다.[87]

(2) 일시적 허용업무

파견법(5조 1항)에 따라 열거된 근로자파견허용 업무가 아니라도, "출산·질병·부상 등으로 결원이 생긴 경우 또는 일시적·간헐적으로 인력을 확보하여야 할 필요가 있는 경우에는 근로자파견사업을 행할 수 있다"(2항) 이는 인력관리의 유연성 제고를 위하여 재직 근로자의 결원으로 인한 일시적 대체근로자의 투입이나 계절적 요인 등으로 일시적인 업무 증가가 있을 때 그 수요에 따라 한시적으로 파견근로자를 사용할 수 있게 한 것이다.

근로자의 쟁의행위로 인한 업무 공백은 여기서 말하는 일시적·간헐적 업무로서 파견근로자의 사용 사유에 해당할 수 없다. 파견법(16조 1항)은 쟁의행위 중인 사업장에 그 쟁의행위로 중단된 업무의 수행을 위하여 근로자를 파견할 수 없다고 명시하고 있기 때문이다.[88]

파견법(6조 4항)은 일시적 허용업무의 일시성·한시성을 명시하기 위하여 허용되는 근로자파견기간을 (i) 출산·질병·부상 등 그 사유가 객관적으로 명백한 경우에는 그 사유의 해소에 필요한 기간, (ii) 일시적·간헐적으로 인력을 확보할 필요가 있는 경우에는 3월 이내의 기간(다만, 그 사유가 해소되지 아니하고 파견사업주·사용사업주·파견근로자 간의 합의가 있는 경우에는 1회에 한하여 3월의 범위 안에서 그 기간을 연장할 수 있음)으로 제한하고 있다.

---

87) 헌재 2017. 12. 28. 선고 2016헌바346 결정.
88) 쟁의행위 중 신규 근로자의 채용이나 대체근로자의 투입을 금지한 노조법(43조 1항)과 같은 맥락이다.

한편 근로자파견이 정리해고와 결합하여 정규직 근로자의 비정규직화의 수단이 되는 것을 막기 위해 파견법(16조 2항)과 파견법 시행령(4조)은 정리해고 후 2년(노동조합의 동의가 있는 경우에는 6개월) 이내에는 당해 업무에 파견근로자를 사용할 수 없도록 하고 있다.

(3) 파견금지업무

파견법(5조 3항)은 근로자파견이 금지되는 업무를 정하고 있는데, 여기에는 (i) 건설공사현장에서 이루어지는 업무, (ii) 항만운송사업법(3조 1호), 한국철도공사법(9조 1항 1호), 농수산물 유통 및 가격안정에 관한 법률(40조), 물류정책기본법 (2조 1항 1호)의 규정에 따른 하역업무로서 직안법(33조)의 규정에 따라 근로자공급사업 허가를 받은 지역의 업무, (iii) 선원법(2조 1호)에 따른 선원의 업무, (iv) 산안법(28조)의 규정에 따른 유해하거나 위험한 업무가 포함된다. 그 밖에도 근로자보호 등의 이유로 근로자파견사업의 대상으로는 적절하지 못하다고 인정하여 대통령령이 정하는 업무를 파견금지업무에 포함시키고 있다.

위 업무들의 경우 일시적·간헐적 사용의 필요가 있더라도 파견근로자의 사용이 허용되지 않는다. (i)은 일용건설노무자들에 대한 중간착취 가능성의 배제와 현행 건설현장 노무인력 공급시스템의 교란을 피하기 위하여, (ii)는 노동조합이 운영하는 근로자공급사업의 독점적 지위를 보장하기 위하여, (iii)은 선원 근로관계의 특수성을 감안하여, (iv)는 비숙련 근로자에 대한 높은 재해발생 가능성과 사용사업주가 유해하거나 위험한 업무로 인한 경영상 위험이나 책임을 회피할 염려 때문에 파견금지업무에 포함시키고 있다. 유사한 취지에서 파견법 시행령(2조 2항)은 진폐의 가능성이 있는 분진작업의 업무, 산안법(44조)의 규정에 의한 건강관리수첩의 교부대상 업무, 의료인, 간호조무사, 의료기사의 업무, 여객자동차운송사업 및 화물자동차운송사업의 운전업무를 파견금지업무에 포함시키고 있다.

다. 근로자파견사업의 허가

파견근로자의 고용형태에 관하여 이른바 상용형, 등록형, 모집형의 구분이 없고 근로자파견사업은 모두 고용노동부장관의 허가를 받아야 한다(파견법 7조). 근로자파견사업에 대하여 고용노동부장관의 허가를 받도록 한 것은 무분별한 근로자파견으로 인해서 근로자가 입게 될 피해 등을 막기 위하여 정부가 파견사

업주를 감독하고자 하는 것으로서 그 주된 목적은 근로자를 보호하는 데 있다.[89]

　　파견법은 8조에서 허가의 결격사유를, 9조에서 허가의 기준을 정하고 있는데, 근로자파견사업이 특정한 소수의 사용사업주를 대상으로 하지 않을 것을 요건으로 하고 있어 이른바 그룹 내 파견회사는 인정될 수 없다. 이중파견 허용 여부를 논하기도 하나, 근로자파견업무에 대하여 포지티브 리스트 방식을 취하고 있는 우리 법제에서는 이중파견이 가능하지 않다.

　　근로자파견사업 허가의 유효기간은 3년이고(파견법 10조), 파견법 12조 1항 각 호에서 정한 사유로 허가가 취소되거나 영업정지가 명해진 경우에도 이미 파견한 파견근로자에 대해서는 파견기간이 종료될 때까지 파견사업주로서 의무와 권리를 갖도록 하고 있다(파견법 13조 1항). 파견사업주에 대하여는 직안법상 유료직업소개소와 유사하게 식품접객업, 숙박업, 결혼중개업 등의 겸업금지 의무가 있다(파견법 14조).

라. 파견근로자의 처우

(1) 파견계약의 내용

　　파견사업주와 사용사업주는 근로자파견계약을 체결할 때, (i) 파견근로자의 수, (ii) 파견근로자가 종사할 업무의 내용, (iii) 파견사유,[90] (iv) 파견근로자가 파견되어 근로할 사업장의 명칭 및 소재지 기타 파견근로자의 근로 장소, (v) 파견근로 중인 파견근로자를 직접 지휘·명령할 자에 관한 사항, (vi) 근로자파견 기간 및 파견근로 시작일에 관한 사항, (vii) 업무 시작 및 업무 종료의 시각과 휴게시간에 관한 사항, (viii) 휴일·휴가에 관한 사항, (ix) 연장·야간·휴일근무에 관한 사항, (x) 안전 및 보건에 관한 사항, (xi) 근로자파견의 대가, (xii) 그 밖에 고용노동부령이 정하는 사항[91]이 포함되는 근로자파견계약을 서면으로 체결하여야 한다(파견법 20조 1항). 이상의 내용은 파견근로자가 파견되어 근로할 사업장의 복리후생시설의 이용에 관한 사항[92]과 함께 파견사업주가 파견근로자를 파

---

89) 대법원 2000. 9. 29. 선고 2000도3051 판결. 이 판결은 주식회사의 대표이사뿐만 아니라 주식회사의 실 사주로서 실제로 근로자공급사업을 한 자도 파견법 43조 1항의 처벌대상자, 즉 7조 1항의 규정을 위반하여(고용노동부 장관의 허가를 받지 않고) 근로자파견사업을 행한 자에 해당한다고 보았다.

90) 파견법(5조 2항)의 규정에 의하여 일시적·간헐적 업무로서 근로자파견을 행하는 경우에 한한다.

91) 파견사업관리책임자 및 파견법(32조)의 규정에 의한 사용사업관리책임자의 성명·소속 및 직위(파견법 시행규칙 11조 2항).

견하고자 할 때에 미리 해당 파견근로자에게 서면으로 알려주어야 한다(파견법
26조).

한편 2006년 파견법 개정으로 파견근로자 차별에 대한 시정조치가 마련되
는 등 차별적 처우의 금지가 실효적 조항으로 바뀜에 따라, 사용사업주로 하여
금 근로자파견계약을 체결하는 때에 파견사업주에게 차별금지에 필요한 정보를
제공하게끔 하고 있는데(파견법 20조 2항), 이에 따라 파견법 시행령(4조의2)은 사용
사업주에게 직접 고용된 근로자들의 임금내역, 근로시간 등 근로조건에 관한 정
보를 파견사업주에게 제공하도록 규정하고 있다.

이와 관련하여 파견근로자들이 사용사업주에게 직접 위와 같은 정보의 제
공을 청구할 수 있는 권리가 있는지 문제될 수 있으나, 현행법의 해석으로는 어
렵다고 본다. 파견법(20조 2항)은 파견사업주가 근로자파견계약을 체결하면서 사
용사업주로부터 그가 직접 고용한 근로자들의 근로조건에 관한 정보를 받아 그
와 동일한 조건으로 파견근로자와 근로계약을 체결한 후 근로자를 파견하는 체
계를 상정하고 있어서, 파견근로자로서는 자신이 체결한 근로계약상 근로조건이
사용사업주가 직접 고용한 근로자들의 근로조건과 동일할 것이라고 전제할 수
밖에 없다. 그럼에도 이후 어떠한 사정으로 파견근로자들이 직접 고용 근로자들
과 근로조건이 달라 차별적 처우를 받고 있다는 사실을 알게 되거나 그러한 의
심을 갖게 되었다면 차별적 조치에 대한 시정신청과 그에 따른 노동위원회의
조사를 통해 그 존부를 밝힐 수밖에 없다.[93]

(2) 차별금지[94]

(가) 차별금지의 원칙

파견법(21조 1항)은 "파견사업주와 사용사업주는 파견근로자라는 이유로 사
용사업주의 사업 내의 같은 종류의 업무 또는 유사한 업무를 수행하는 근로자
에 비하여 파견근로자에게 차별적 처우를 하여서는 아니 된다."라고 하여 차별
금지의 원칙을 선언하고 있다. 이는 2006년 개정 전 구 파견법(21조)이 "파견사
업주와 사용사업주는 파견근로자가 사용사업주의 사업 내의 동일한 업무를 수
행하는 동종근로자와 비교하여 부당하게 차별적 처우를 받지 아니하도록 하여

---

92) 파견법 시행규칙(12조).
93) 파견법(21조 3항); 기간제법(9조, 10조).
94) 파견근로자뿐만 아니라 기간제·단시간 근로자 등 비정규직 전반의 차별금지에 관하여 비교
　　법적 검토와 쟁점별 검토를 망라한 것으로는 박종희 외 4명 참조.

야 한다."라고 규정한 것과 문언은 다소 다르나, 그 실체적 내용은 동일하다고 보아야 한다. 왜냐하면, 파견법(21조)이나 근기법(6조)에서 금지하는 차별은 합리적 이유가 없는 차별을 가리키고 합리적 이유가 없는 차별이 곧 부당한 차별이기 때문이다.[95]

또한 2006. 12. 21. 제정된 기간제법(8조)도 차별적 처우의 금지 조항을 두고 있기 때문에 이제는 근기법(6조)에서 차별의 금지사유로 삼은 사회적 신분에 파견근로자나 기간제, 단시간근로자와 같은 비정규직 근로자가 포함되는지에 관한 논란은 실제적 의미가 없게 되었다.[96]

한편 파견법은 21조 4항에서 "제 1 항부터 제 3 항까지의 규정은 사용사업주가 상시 4명 이하의 근로자를 사용하는 경우에는 이를 적용하지 아니한다."라고 규정하고 있는데, 이 때 피용자의 수를 계산할 때 파견근로자를 포함시킬 것인지 문제될 수 있다.

이와 관련하여 2008. 3. 21. 개정으로 신설된 근기법 11조 3항과 그 위임에 따른 시행령 7조의2 4항이 상시 사용하는 근로자 수를 산정할 때 파견근로자를 제외하도록 한 점에 비추어 일단 법체계의 통일적 해석이라는 관점에서 파견법(21조 4항)에도 동일한 기준을 적용하는 것이 불가피해 보인다. 하지만, 근기법(11조)이나 파견법(21조 4항)이 상시 사용 근로자 수를 기준으로 삼았던 것은 '사업장의 규모'에 따라 해당 규율의 적용 여부를 달리하려는 데 있었던 것이지 '고용형식'에 따라 이를 구분하려 했던 것은 아니라고 여겨지고 파견법의 기본원리상 사용사업주가 파견근로자를 '사용'한다는 점에서, 시행령 7조의2 4항의 타당성에는 의문이 있다.

⒩ 비교대상 근로자

차별적 처우의 존부를 판별하는 비교대상은 '사용사업주의 사업 내의 같은 종류의 업무 또는 유사한 업무를 수행하는 근로자'이다. 이는 개정 전 법률이 '사용사업주의 사업 내에서 동일한 업무를 수행하는 동종의 근로자'로 규정하였

---

95) 물론 이러한 문언의 변경이 아무런 의미가 없다고만 볼 수는 없다. 위 법문의 변경과 파견법(21조 3항)에 의하여 준용되는 기간제법의 차별시정 체계는 일응 파견근로자와 정규직 근로자 사이의 모든 처우의 차이를 허용되지 않는 차별로 추정하고 그 합리성에 관한 증명책임을 사용자에게 부담시키겠다는 입법적 판단의 결과이기 때문이다.

96) 시정조치의 존부, 위반행위에 대한 벌금과 과태료의 차이 등이 남아 있으나, 파견법이나 기간제법의 보호가 법의 보호에 미달한다고 보기 어렵기 때문에 실익은 없다.

던 것에 비하여 동일성 요건을 완화한 것이다. 이에 따라 사용사업주의 근로자 가운데 파견근로자와 업무의 면에서 완전히 일치하는 근로자를 찾아볼 수 없는 경우에도 유사 직종의 근로자와 비교하여 차별적 처우의 존부를 판단할 수 있게 되었다. 관련된 내용은 파견법에 관한 아래 해설 Ⅲ. 5. 다. (4) 참조.

㈐ 차별금지의 내용

파견법 2조 7호는 '차별적 처우'란 근로기준법 2조 1항 5호의 임금, 정기상여금, 명절상여금 등 정기적으로 지급되는 상여금, 경영성과에 따른 성과금, 그 밖에 근로조건 및 복리후생 등에 관한 사항에 있어서 합리적인 이유 없이 불리하게 처우하는 것을 말한다고 규정하고 있다.

차별금지 원칙의 적용 대상은 임금, 근로시간, 휴가, 사업장 내 시설의 이용 등 근로조건의 전 영역에 걸친다고 보아야 한다.[97] 다만, 기간제·단시간근로자와 달리 파견근로자의 경우에는 사용사업주와 고용관계가 없어 근로계약의 해지(해고)에 관한 균등대우는 문제될 수 없다.

차별금지의 가장 중요한 내용은 임금이 될 것인데, 임금에 있어서 차별금지의 원칙이 남녀고용평등법(8조)에서 말하는 '동일가치노동-동일임금'의 원칙과 같은 것인지에 관하여는 논란의 여지가 있다. 이에 관하여 2006년 파견법 개정과정에서 노동계는 차별금지 내지 균등대우의 내용으로 '동일가치노동-동일임금' 원칙의 명시를 요구하였으나, 정부에서는 우리나라의 경우 연공 급여 체계의 일반화, 낮은 노동조합 조직률 및 단체협약 적용률, 기업별 단체협약 등으로 위 원칙을 적용할 수 있는 여건이 조성되어 있지 않으며 정규직과 비정규직 간업무의 성질, 내용, 책임 및 중요성의 정도 등이 다른 경우가 많아 직접 적용이 곤란하다는 이유에서 이를 수용하지 않았다.[98]

결국 이 문제는 임금 차이의 합리적 이유로서 노동가치의 차이 외에 다른 요소를 인정할 수 있을 것인지에 관한 논의인데, 2006년 개정된 파견법은 그 차이의 합리성을 사용자측에서 증명하도록 하고 있다.[99] 더욱이 '동일가치노동-동

---

[97] 박종희 외 4명, 236면 이하는 근로의 대상으로 지급되는 임금이나 근로조건 및 사업장편입에 따른 근무환경을 제외한 나머지 부분(예를 들어 성과배분제)에 대해서는 균등대우의 원칙이 적용되는 근로조건에 포함되지 않는다는 취지로 설명하고 있으나, 이는 균등대우가 적용될 근로조건의 범위를 축소해석함으로써 설명할 문제가 아니라 오히려 처우의 차이에 합리성이 결여되어 차별적 처우로 볼 수 있는지의 문제로 이해함이 타당하다.

[98] 파견법 개정안에 대한 국회 환경노동위원회 전문위원 검토보고서(2004. 11.).

[99] 파견법(21조 3항)에 의하여 준용되는 기간제법(9조 4항) 참조.

일임금'의 원칙 또한 해석이 쉬운 문제는 아니라서 앞으로 구체적 사안에서 판례의 집적을 통하여 그 내용을 채울 수밖에 없을 것이다.

이와 관련하여 단체협약의 적용 여부에 따른 차별이 가능한지 문제될 수 있다. 즉, 노동조합원인 정규직 근로자에게만 적용되는 단체협약상 근로조건이 상향 조정된 것을 이유로 파견근로자에게 적용될 근로조건에 비하여 정규직 근로자를 우대하는 것이 허용되는지의 문제이다. 해당 노동조합이 사용사업주가 직접 고용한 근로자들만으로 조직되어 파견노동자들에 대하여 새로운 단체협약의 효력이 당연히 미친다고 볼 수는 없지만, 이 경우 정규직 근로자와 파견근로자 사이에 차별적 대우가 가능하다고 해석하는 것은 파견법(21조)에서 파견사업주뿐만 아니라 사용사업주에 대해서까지 차별금지의 의무를 지우고 있는 취지에 부합한다고 볼 수 없다. 더욱이 위 단체협약의 효력이 발생한 후 파견되는 파견근로자에 대해서는 정규직 근로자들과 동일한 단체협약에 따른 근로조건이 적용될 것인데, 기존에 파견된 파견근로자들만 그 파견기간이 종료될 때까지 이보다 불리한 근로조건이 적용된다는 것은 파견근로자 내부에서도 차별금지의 원칙을 깨뜨리는 결과가 된다. 따라서 사용사업주로서는 자신이 직접 고용한 근로자들로만 조직된 노동조합과 체결한 단체협약을 이유로 차별금지의무를 회피할 수 없다고 보아야 한다.

㈃ 차별금지의 책임 주체

파견법(21조)은 차별적 처우 금지의 책임을 파견사업주와 사용사업주 모두에게 지우고 있다. 그런데 파견법 34조는 해고, 퇴직급여제도, 임금, 연장·야간·휴일근로, 연차유급휴가, 재해보상은 파견사업주의 책임영역으로, 근로시간, 연장근로의 제한, 휴게, 휴일 등은 사용사업주의 책임영역으로 규정하고 있으므로, 차별영역에 따라 차별시정의 피신청인 적격이 달라지는지 문제된다.

파견법이 파견사업주와 사용사업주의 책임영역을 분명하게 구분하고 있다는 점에 주목하여 차별금지의 책임 주체도 그에 따라 구분된다는 견해가 있을 수 있고, 파견법(21조)이 차별금지의무를 파견사업주와 사용사업주 모두에게 부과하고 있고 차별시정 제도의 실효성 확보를 위해서는 임금 등의 영역에서도 사용사업자에게 차별금지의무를 부과할 필요가 있다는 점을 근거로 사용사업주와 파견사업주 모두 피신청인 적격이 있다는 견해[100]가 있을 수 있다. 대법원

2020. 5. 14. 선고 2016다239024 판결은 "사용사업주가 파견근로자와 비교대상
근로자가 동종 또는 유사한 업무를 수행하고 있음을 알았거나 통상적인 사용사
업주의 입장에서 합리적인 주의를 기울였으면 이를 알 수 있었는데도 파견근로
자의 임금을 결정하는 데 관여하거나 영향력을 행사하는 등으로 파견근로자가
비교대상 근로자보다 적은 임금을 지급받도록 하고 이러한 차별에 합리적 이유
가 없는 경우, 이는 파견법(21조 1항)을 위반하는 위법한 행위로서 민법(750조)의
불법행위를 구성한다."라고 판시함으로써 일정한 조건하에 사용사업주의 책임을
인정하였다.101) 참고로 위 판결에 따라 사용사업주가 배상해야 할 손해는 그러
한 차별이 없었더라면 받을 수 있었던 적정한 임금과 실제 지급받은 임금의 차
액에 상당하는 금액이 된다.

　　한편 파견법(21조)은 파견의 적법성을 적용의 연결 고리로 삼지 않기 때문에
설령 무허가·비대상·기간 초과의 불법 파견에도 차별적 처우 금지의 원칙은 적
용된다. 위 판결 역시 파견법을 위반한 근로자파견에도 그대로 적용됨을 분명히
한 바 있다.

　　㈐ 시정조치

　　2006년 개정 전 구 파견법(21조)에서 균등대우 원칙을 선언하였음에도 그
이행을 강제할 구체적 절차 조항이 없어 형식에 그친 조항이라는 비판을 받아
왔다. 현행 파견법은 2006년 개정을 통해 위와 같은 비판을 수용하여 파견근로
자로 하여금 노동위원회에 시정을 신청할 수 있도록 하고(파견법 21조 2항), 여기
에 기간제법[9조 내지 15조, 16조(1호 및 4호 제외)]의 규정이 준용되도록 하는 시정
제도를 마련하였다. 또한 노동위원회의 시정명령을 이행하지 않을 경우 1억 원
이하의 과태료에 처하도록 하였다(파견법 46조 1항).

　　이러한 노동위원회를 통한 구제 외에도 위법한 차별적 처우에 따른 임금
손실 등 손해의 배상을 직접 민사소송의 형태로 구하는 것도 가능하다고 보아
야 한다. 그 밖에 차별적 처우의 금지를 구하는 형태의 소송도 고려할 수 있는
데, 이 경우에는 청구의 직접성이나 판결의 집행가능성 등을 고려하여 그 청구
취지에서 파견사업주나 사용사업주가 부담하는 구체적 작위·부작위 의무를 명

---

100) 박종희 외 4명, 226~227면.
101) 같은 취지로 서울행법 2016. 11. 18. 선고 2015구합70416 판결(확정), 서울고법 2017. 2. 10.
　　　선고 2014나49625 등 판결(그 상고심인 대법원 2022. 10. 27. 선고 2017다15010 등 판결로 해
　　　당 쟁점에 관한 판단 부분은 확정되었다).

확하게 특정하여야 할 것이다.

그리고 파견법은, 2012. 2. 1. 개정을 통해 고용노동부장관이 파견근로자에 대한 차별적 처우가 있음을 확인한 경우 사업주에게 그 시정을 요구할 수 있고, 시정요구에 응하지 않을 경우 노동위원회에 통보하여 차별적 처우의 시정을 명할 수 있도록 하였으며(21조의2), 2014. 3. 18. 개정을 통해 동일한 사용자의 사업 또는 사업장에서 한 명의 파견근로자가 차별 인정을 받았을 때 동일 조건에 있는 근로자 모두의 차별적 처우가 개선될 수 있도록 확정된 시정명령의 효력을 확대하는 규정(21조의3)을 신설하였다.

(3) 근로자파견계약의 해지

파견법 22조는 근로자파견계약의 해지사유에 관하여 규정하고 있다. 즉, 사용사업주는 파견근로자의 성별·종교·사회적 신분이나 파견근로자의 정당한 노동조합의 활동 등을 이유로 근로자파견계약을 해지하여서는 아니 되고(1항), 파견사업주는 사용사업주가 파견근로에 관하여 파견법 또는 그에 의한 명령, 법 또는 그에 의한 명령, 산안법 또는 그에 의한 명령에 위반하는 경우에는 근로자파견을 정지하거나 근로자파견계약을 해지할 수 있다(2항)고 규정하고 있다.

파견법(22조)의 반대해석상 위 조항에서 정한 것과 같은 차별적 사유나 노동조합 활동을 이유로 한 것이 아니라면 근로자파견계약의 해지사유는 파견사업주와 사용사업주 사이에서 자유롭게 정할 수 있다고 볼 수도 있으나, 파견계약의 해지에 근기법(23조)의 해고제한 법리를 적용하여 사용사업주는 정당한 이유가 없는 한 근로자파견계약을 해지할 수 없다고 해석하여야 한다는 견해도 있다.102)

(4) 파견사업주가 강구할 조치
(개) 파견근로자의 복지증진

파견사업주는 파견근로자의 복지증진을 위하여 파견근로자의 희망과 능력에 적합한 취업 및 교육훈련 기회의 확보, 근로조건의 향상, 그 밖에 고용 안정을 도모하기 위하여 필요한 조치를 마련함으로써 파견근로자의 복지 증진에 노력하여야 한다(파견법 23조).

---

102) 島田陽一a, 25면.

㈏ 파견근로자에 대한 고지 의무

파견법은 24조에서 파견사업주로 하여금 근로자를 파견근로자로서 고용할 경우에는 이를 미리 서면으로 고지하고(1항), 정규직 근로자로서 고용한 근로자를 근로자파견의 대상으로 하고자 할 경우에는 미리 그 취지를 서면으로 알려주고 당해 근로자의 동의를 얻도록 하고 있다(2항). 전자는 근로계약의 주요 내용이라는 점에서, 후자는 주요 내용의 변경이라는 점에서 당연하다. 만일 근로자를 고용하면서 파견근로자임을 명시하지 않은 경우에는 정규직 근로자로서 고용한 것으로 보아 따로 근로자의 동의를 얻지 못하는 한 근로자파견의 대상으로 삼을 수 없다고 해석할 여지가 있다.

㈐ 파견근로자에 대한 고용제한의 금지

파견법은 파견근로자의 정규직화를 제약하지 않기 위하여 파견사업주로 하여금 파견근로자와 근로계약 체결 시나 사용사업주와 근로자파견계약 체결 시에 고용관계가 끝난 후 사용사업주가 파견근로자를 직접 고용하는 것을 정당한 이유 없이 금지하지 못하도록 하였다(파견법 25조).

㈑ 기   타

파견사업주는 사용사업주에 대하여 파견근로자의 인적 사항 등을 통지하여야 하고(파견법 27조), 파견사업관리책임자를 선임하며(파견법 28조), 파견사업관리대장을 작성할 의무가 있다(파견법 29조).

(5) 사용사업주가 강구할 조치

파견법은 사용사업주로 하여금 근로자파견계약에 위반하지 않을 것(파견법 30조), 파견근로자의 고충을 적절히 처리·전달할 것 등을 정하고 있다(파견법 31조).

그 밖에 파견사업주와 마찬가지로 사용사업주로서 사용사업관리책임자를 선임하고(파견법 32조), 사용사업관리대장을 작성하도록 하였다(파견법 33조).

5. 근로자파견의 법률관계

가. 파견사업주와 파견근로자의 법률관계

앞서 살펴본 대로 근로자파견이란 파견사업주가 근로자를 고용한 후 그 고용관계를 유지하면서 근로자파견계약의 내용에 따라 사용사업주의 지휘·명령을 받아 사용사업주를 위하여 근로하게 하는 것이다.

따라서 근로자파견의 전제이자 출발점은 파견사업주가 파견근로자를 고용하는 것, 즉 파견사업주와 파견근로자의 근로계약이다. 이는 파견사업주와 사용사업주 사이의 근로자파견계약과는 별개의 법률관계이다.

파견사업주가 파견근로자를 고용할 때 근로계약기간 자체를 규제하는 법령은 없으나, 근로계약기간의 정함이 있을 경우에는 기간제 근로계약에 관한 일반적 법리가 적용될 수 있을 것이다. 또한 별도의 약정이 없는 한 파견사업주와 사용사업주의 근로자파견계약이 종료된다고 하여 파견사업주와 파견근로자의 근로계약도 당연히 종료되는 것은 아니다.

그 밖에 근로관계의 성립 및 종료, 근로조건에 관해서는 근기법이 적용될수 있다. 파견법(34조)은 파견근로에 관하여 파견사업주와 사용사업주를 사용자로 보아 근기법을 적용하는 원칙을 선언하되, 일정한 경우 파견사업주만 사용자로 취급하여 적용할 근기법 규정을 명시하고 있다.

구체적으로, 근기법 15조부터 36조까지(법 위반 근로계약의 효력, 근로조건의 명시, 단시간근로자의 근로조건, 근로조건의 위반 제재, 위약 예정의 금지, 전차금 상계의 금지, 강제 저금의 금지, 해고 등의 제한, 경영상 이유에 의한 해고의 제한, 해고의 예고, 해고사유 등의 서면통지, 부당해고의 구제 제도, 금품 청산), 39조(사용증명서), 41조부터 48조까지(근로자의 명부, 계약 서류의 보존, 임금 지급의무 및 지급방법, 도급사업에 대한 임금 지급, 건설업의 임금 지급 연대책임, 건설업의 공사도급에서 임금에 관한 특례, 비상시 지급, 휴업수당, 도급 근로자의 임금 보장, 임금대장), 56조(연장근로·야간근로·휴일근로), 60조(연차 유급휴가), 64조(취직 최저 연령과 취직인허증), 66조부터 68조까지(연소자 증명서, 미성년자의 근로계약, 미성년자의 임금 청구), 78조부터 92조까지(재해보상) 규정을 적용할 때에는 파견사업주를 사용자로 본다(파견법 34조 1항).

그리고 주휴일·생리휴가·출산전후휴가(법 55조, 73조, 74조 1항)에 관한 근기법 규정에 따라 사용사업주가 유급휴일 또는 유급휴가를 주는 경우 그 휴일 또는 휴가에 대하여 유급으로 지급되는 임금은 파견사업주가 지급하여야 한다(파견법 34조 3항).

한편 파견법(35조)은 산업안전·보건에 관한 기준을 확립하고 그 책임의 소재를 명확하게 하여 산업재해를 예방하고 쾌적한 작업환경을 조성함으로써 근

로자의 안전과 보건을 유지·증진함을 목적으로 하는 산안법 적용에 관한 특례
도 두고 있다.

그리하여 산안법(129조 및 130조) 규정에 따라 사업주가 정기적으로 실시해야
하는 건강진단 중 고용노동부령이 정하는 건강진단에 대해서는 파견사업주를
사업주로 본다(파견법 35조 4항). 파견사업주가 건강진단을 실시한 때에는 해당 건
강진단 결과를 설명하여야 하며, 이를 지체 없이 사용사업주에게 보내야 한다
(파견법 35조 5항).

나. 파견사업주와 사용사업주의 법률관계

파견사업주와 사용사업주는 근로자파견계약을 맺어 근로자파견의 한 축을
형성한다.

근로자파견계약에 따라 파견사업주는 근로자를 파견할 의무를 부담하고,
사용사업주는 근로자파견 대가를 지급할 의무를 부담한다.[103]

파견근로자에 대한 지휘·감독권은 근로자파견계약을 매개로 파견사업주에
서 사용사업주로 일시 이전되었다가 근로자파견관계가 중단·종료될 경우 다시
파견사업주에게 복귀하는 구조가 될 것이다.

이 경우 그 근로관계의 내용은 파견사업주와 파견근로자가 맺은 당초 근로
계약에서 정한 바에 따르게 된다. 앞서 언급한 대로 파견사업주가 근로자파견계
약의 종료만을 이유로 들어 파견근로자와의 근로관계를 당연히 종료시킬 수 있
는 것은 아니라고 보아야 한다.

다. 사용사업주와 파견근로자의 법률관계

(1) 법령 적용의 특례

파견근로자가 근로를 제공하는 직접적 상대방이자 파견근로자에 대하여 지
휘·감독권을 행사하는 주체는 사용사업주이다.

파견법(34조 1항)은 위와 같은 특성을 반영하여 사용사업주만 사용자로 취급
하여 적용할 근기법 규정을 명시하고 있다.

---

103) 독일에서는 파견사업주에게 단순한 직업소개자의 역할을 넘어서서 파견근로자의 업무 능
력과 의사를 검토할 의무가 있기 때문에 업무에 부적합한 파견근로자가 사용사업주의 사업
장에서 근무하면서 손해를 야기한 경우에 그 손해가 직접적으로 부적합성에 기인하는 경우
에는 파견사업주가 책임을 진다고 한다. 물론, 파견사업주가 파견근로자의 불완전한 급부에
대하여 책임을 지지는 않지만, 파견근로자의 중대한 불완전한 급부(grobe Schlechtleistung)는
파견사업주가 부적합한 근로자를 파견한 것으로 추정될 수 있다고 한다(문영화, 246면).

　구체적으로, 근기법 50조부터 55조까지(근로시간, 탄력적 근로시간제, 선택적 근로시간제, 연장근로의 제한, 휴게, 휴일), 58조부터 59조까지(근로시간 계산의 특례, 근로시간 및 휴게시간의 특례), 62조부터 63조까지(유급휴가의 대체, 근로시간·휴게·휴일에 관한 규정 적용의 제외), 69조부터 75조까지(여성과 연소자의 근로시간, 야간근로와 휴일근로의 제한, 시간외근로의 제한, 갱내근로의 금지, 생리휴가, 임산부의 보호, 태아검진시간의 허용, 육아시간) 규정을 적용할 때에는 사용사업주를 사용자로 본다.

　파견근로관계의 특수성은 산안법 적용에도 반영된다. 파견법(35조 1항)은 사용사업주가 근로자파견의 역무를 제공받는 것을 해당 근로자를 채용한 것과 같이 평가하여 사용사업주를 사업주로 보고 산안법을 적용하게 한다.

　나아가 사용사업주와 파견사업주가 함께 책임을 지는 경우는 아래와 같다.

　사용사업주가 정당한 사유 없이 근로자파견계약을 해지하거나 근로자파견의 대가를 지급하지 아니하여 파견사업주가 임금을 지급하지 못한 경우 사용사업주는 파견사업주와 연대하여 책임을 지고, 이 때 근기법 43조(임금 지급의무 및 지급방법) 및 68조(미성년자의 임금 청구) 규정 적용에 관해서는 파견사업주와 함께 사용자로 본다(파견법 34조 2항).

　산안법 5조(사업주의 근로조건 개선 등 의무), 132조 2항 단서(개별 근로자의 건강진단 결과 공개 금지), 132조 4항(건강진단 결과에 따라 근로자의 건강 유지에 필요한 조치 이행), 157조 3항(감독기관에 대한 신고를 이유로 한 불이익처분 금지)을 적용할 때에도 파견사업주 및 사용사업주를 사업주로 본다(파견법 35조 2항).

　파견사업주와 사용사업주가 근기법 또는 산안법을 위반하는 내용을 포함한 근로자파견계약을 체결하고 그에 따라 파견근로자를 근로하게 함으로써 근기법 또는 산안법을 위반한 경우에는 그 계약 당사자 모두를 사용자·사업주로 보아 해당 벌칙을 적용한다(파견법 34조 4항, 35조 6항).

　한편 파견사업주가 출입국관리법상 취업활동을 할 수 있는 체류자격이 없는 외국인을 사용사업주에게 파견하여 사용사업주가 그의 근로를 제공받더라도, 이를 들어 사용사업주가 '출입국관리법(94조 9호, 18조 3항)을 위반하여 파견근로자를 고용'하였다고 해석할 수는 없다.[104]

(2) 파견근로자에 대한 보호의무 또는 안전배려의무

　일반적으로 사용자는 고용·근로계약에 수반되는 신의칙상 부수적 의무로

---

104) 대법원 2020. 5. 14. 선고 2018도3690 판결.

서 근로자가 근로를 제공하는 과정에서 생명 · 신체 · 건강 등에 피해를 입지 않
도록 필요한 인적 · 물적 조치를 강구할 보호의무 또는 안전배려의무를 부담한
다. 이러한 의무 위반은 채무불이행 손해배상책임의 근거가 되며, 불법행위의
요건을 갖춘 경우에는 불법행위 손해배상책임도 경합하여 성립할 수 있다.[105]

　　근로자파견관계의 경우 그 근로의 형태 및 지휘 · 감독권 행사 주체의 특수
성을 고려할 때, 특별한 사정이 없는 한 사용사업주가 파견근로자에 대한 보호
의무 또는 안전배려의무를 부담한다는 점에 관하여 사용사업주 · 파견사업주 · 파
견근로자 사이에 묵시적 의사의 합치가 있다고 보아야 할 것이다.

　　따라서 사용사업주의 보호의무 또는 안전배려의무 위반으로 손해를 입은
파견근로자는 사용사업주와 직접 고용 · 근로계약을 체결하지 아니한 경우에도
위와 같은 묵시적 약정을 근거로 사용사업주에게 채무불이행 손해배상을 청구
할 수 있다.[106]

(3) 파견기간의 제한

　　파견법(6조)은 파견기간을 제한한다. 이는 근로자파견의 상용화 · 장기화를
방지하고 파견근로자의 고용안정을 도모하는 데에 그 입법 취지가 있다. 앞서
간략하게 언급한 것을 포함하여 구체적인 내용은 아래와 같다.

　　출산 · 질병 · 부상 등으로 결원이 생겨 파견근로자를 사용하는 경우에는 그
사유 해소에 필요한 기간으로 한다(파견법 5조 2항, 6조 4항 1호). 일시적 · 간헐적으
로 인력을 확보해야 할 필요가 있어 파견근로자를 사용하는 경우에는 3월 이내
의 기간으로 하되, 1회에 한하여 3월의 범위 안에서 연장이 가능하다(파견법 5조
2항, 6조 4항 2호).

　　그 밖에는 원칙적으로 1년을 초과하지 못하나, 파견사업주 · 사용사업주 · 파
견근로자 간의 합의가 있는 경우에는 1회에 1년을 한도로 연장할 수 있으며, 연
장된 기간을 포함한 총기간이 2년을 초과하지는 못한다(파견법 6조 1항, 2항). 다만
고령자고용법(2조 1호)이 정한 고령자인 파견근로자에 대해서는 2년을 초과하여
기간을 연장할 수 있는 예외가 인정된다(파견법 6조 3항).

　　동일한 파견근로자에 관하여 복수의 근로자파견이 이루어지고 각 파견기간
사이에 공백기간이 있을 경우 제한 위반 여부를 어떻게 판단할 것인지 문제가

---

105) 대법원 1997. 4. 25. 선고 96다53086 판결 등.
106) 대법원 2013. 11. 28. 선고 2011다60247 판결.

된다. 순수한 공백기간은 아니어도 예를 들면, 파견근로와 기간제근로가 반복하
여 이루어진 경우에도 마찬가지이다.

기본적으로는 파견기간별로 판단해야 하겠으나, 공백기간이 실질적으로는
사용사업주에게 다시 근로를 제공하기 위한 임시적 대기기간에 불과하거나 사
용사업주가 실제로는 파견근로자를 계속 사용하면서도 파견법·기간제법을 잠
탈하는 방편으로 단지 근로제공의 형식·외관만 달리한 것에 불과하다고 평가
할 수 있다면 전체적으로 통산하여 제한 위반 여부를 따져야 한다는 견해가 제
시될 수 있을 것이다.

다른 각도에서, 동일한 파견근로자에 관하여 예를 들어, 대상업무를 달리하
는 복수의 근로자파견이 이루어진 경우(A 업무와 B 업무), 목적·사유를 달리하
는 복수의 근로자파견이 이루어진 경우(질병으로 결원이 생긴 경우와 일시적 보조
인력이 필요하게 된 경우) 파견기간별로 제한 위반 여부를 판단할 것인지, 전체적
으로 통산하여 제한 위반 여부를 따질 것인지도 논란이 될 수 있다.

이 역시 원칙적으로는 파견기간별로 판단함이 타당하다. 다만 업무의 구분
이 형식에 불과하여 실질적으로는 동종·유사업무에 해당하거나 사용사업주가
내세운 목적·사유가 명목에 그칠 뿐이라면 달리 볼 여지가 있겠다.

(4) 직접고용의무의 성립과 근로조건
㈎ 2006년 개정 전 구 파견법과 직접고용간주

2006년 개정 전 구 파견법은 '사용사업주가 2년을 초과하여 계속적으로 파
견근로자를 사용하는 경우 — 파견근로자의 명시적인 반대의사 표시가 없는 한 —
그 2년의 기간이 만료된 다음날부터 해당 파견근로자를 고용한 것으로 간주하
는' 이른바 직접고용간주 규정(구 파견법 6조 3항)을 두고 있었다.

이러한 직접고용간주 규정이 적용될 경우 그 효과, 더 정확하게는 위법한
근로자파견에 대한 적용 여부가 논란이 되었다. 당시까지만 해도 직접고용간주
규정이 위법한 근로자파견에는 적용되지 않는다는 논리가 적지 않게 확산된 상
황이었기 때문이다.

그에 관하여 대법원 2008. 9. 18. 선고 2007두22320 전원합의체 판결[107]은
직접고용간주 규정이 위법한 근로자파견에도 적용됨을 분명히 함과 아울러 근

---

107) 위 판결의 의미와 경위에 관해서는 김지형b, 252~253면 참조.

로자파견이 2년을 초과하여 계속되는 사실의 효과로서 사용사업주의 별도 고용 의사표시나 파견근로자의 고용 청구 의사표시 등을 매개로 하지 않고서도 곧바로 사용사업주와 파견근로자 사이에 직접근로관계가 형성된다고 선언하였다.

이는 반대로 보아 위법한 근로자파견이라는 사정만으로 적법한 근로자파견과는 달리 2년의 기간 경과 여부와 관계없이 곧바로 사용사업주와 파견근로자 사이에 직접적인 근로관계가 성립한다고 해석할 수 없음을 의미한다.[108]

어쨌든 이로써 파견근로자가 근로자파견의 적법 여부와 관계없이 직접고용 간주 규정에 근거하여 사용사업주를 상대로 근로자 지위 확인을 구하는 소를 제기할 수 있음이 명확하게 되었고, 실제로도 그러하였다.

위와 같이 직접고용이 간주된 이후 이제 각각 사용자와 근로자의 입장이 된 사용사업주와 파견근로자의 법률관계에 관해서는 다양한 이론적 구성이 가능하겠지만, 적어도 사용사업주가 근로자파견계약의 종료(그 원인이 무엇이든)를 내세워 파견근로자의 근로 제공 자체를 거부할 수는 없음은 당연하다.

그리고 2006년 개정 전 구 파견법은 직접고용간주 규정이 적용되어 직접근로관계가 성립할 경우 그 구체적 근로조건에 관하여 명시하지 않았으나, 대법원 2016. 1. 28. 선고 2012다17806 판결은 '사용사업주의 근로자 중 해당 파견근로자와 동종 또는 유사업무를 수행하는 근로자가 있을 경우 그 근로자에게 적용되는 취업규칙 등에서 정한 근로조건과 동일하다고 보는 것'이 타당하다는 입장을 밝힌 바 있다.[109] 관련된 내용은 아래 현행 파견법과 직접고용의무 부분 참조.

덧붙여 위 전원합의체 판결에 의하면, 직접근로관계의 근로기간은 특별한 사정이 없는 한, 원칙적으로 기한의 정함이 없는 것이 된다.

한편 사용사업주와 파견근로자 사이에 직접근로관계가 형성된 뒤에 파견근로자에게 불리한 내용의 노사합의가 성립하는 경우 그 노사합의가 직접근로관계에 어떠한 영향을 미칠 수 있는지도 문제가 된다.

대법원 2016. 6. 23. 선고 2012다108139 판결은 "직접고용간주 규정에 의한 법적 효과가 이미 발생하여 파견근로자와 사용사업주 사이에 직접고용관계가 성립하고 파견근로자가 사용사업주의 근로자와 동일한 근로조건을 적용받을 수 있는 권리를 취득한 뒤에, 노동조합 등의 제 3 자와 사용사업주가 합의하여 파견

---

108) 대법원 2015. 2. 26. 선고 2010다106436 판결.
109) 대법원 2016. 1. 14. 선고 2013다74592 판결 등도 같은 취지이다.

근로자의 직접고용 여부를 결정하면서 그 직접고용에 따른 최초 근로조건을 위와 같은 근로조건에 비하여 파견근로자에게 불리하게 설정하는 것은 직접고용 간주 규정의 취지에 반할 뿐만 아니라, 파견근로자에게 이미 귀속된 권리를 파견근로자의 개별적인 동의나 수권도 없이 소급적으로 변경하는 것에 해당하므로, 이러한 합의는 효력이 없다고 보아야 한다."라고 판시하였다.

　나아가 구 파견법에 따른 직접고용간주의 효과가 발생하였음에도 사용사업주가 파견근로자를 현실적으로 고용하고 있지 않은 동안 파견근로자가 파견사업주 소속으로 계속 사용사업주에게 근로를 제공하였다면 파견근로자는 직접고용관계에 따른 근로제공 의무를 이행한 것으로 보아야 하므로 사용사업주를 상대로 근로제공 사실을 증명하여 그 반대급부로 임금 등을 청구할 수 있다.110) 또한 임금 외 포인트, 상품권, 주식 등과 같은 금품에 대하여도 그 지급을 구할 수 있으며, 정년퇴직 또는 사망으로 본래의 원물 급부가 이행불능된 경우 금전으로 손해배상을 청구할 수 있다.111)

　직접고용간주 효과 발생 후 사용사업주가 파견근로자를 현실적으로 고용하고 있지 않은 동안 파견사업주와 파견근로자 사이의 고용관계가 단절되거나 그 밖의 사유로 사용사업주에 대한 근로제공이 종료되거나 일시적으로 중단된 경우, 파견근로자는 민법 538조 1항에 따라 근로제공이 이루어지지 않은 것이 사용사업주의 책임 있는 사유로 인한 것임을 증명하여 사용사업주를 상대로 근로제공 중단 기간 동안 근로제공을 계속하였다면 받을 수 있었던 임금 등 상당액을 청구할 수 있다. 이때 근로제공이 이루어지지 않은 것이 사용사업주의 책임 있는 사유로 인한 것인지는 근로제공이 이루어지지 않은 구체적인 사유와 경위, 그 사유에 관한 파견근로자와 사용사업주의 태도 등을 고려하여 판단하여야 한다. 파견근로자가 파견사업주의 해고, 파견사업주 변경 과정에서의 고용관계 미승계, 파견사업주의 정년 도과 등 파견사업주나 사용사업주에 의하여 사용사업주에게 근로를 제공할 수 없게 된 경우에는 특별한 사정이 없는 한 그 근로제공 중단은 사용사업주의 책임 있는 사유 등으로 인한 것으로 볼 수 있고, 다만 사용사업주가 파견근로자를 현실적으로 직접 고용하였더라도 파견근로자가 근

---

110) 대법원 2022. 10. 27. 선고 2017다14581 등 판결.
111) 대법원 2024. 7. 25. 선고 2020다212187 등 판결, 대법원 2024. 7. 25. 선고 2022다217728 등 판결. 포인트나 상품권, 주식 등 급부는 본래의 급부 이행을 구하는 것이 원칙이고, 이행불능된 경우에 한하여 금전으로 손해배상을 청구할 수 있다.

로를 제공하지 않았을 것이라고 평가할 수 있는 예외적인 경우에는 달리 볼 수 있다.[112]

한편 구 파견법상 직접고용간주의 효과가 발생한 경우의 파견근로자와 파견사업주 사이의 근로관계는 어떻게 보아야 하는지 문제된다. 파견근로자와 사용사업주 사이에 근로관계가 새롭게 성립하더라도 사용사업주가 현실적으로 직접고용을 하지 않아 파견관계가 계속 유지되는 경우, 파견근로자와 파견사업주 사이의 근로관계는 위 간주로써 자동 소멸하는 것은 아니고 파견근로자와 사용사업주 사이의 직접근로관계와 병존한다. 따라서 위 기간 동안 파견근로자가 파견사업주 소속으로 계속 사용사업주에게 근로를 제공하였고 이에 대해 파견사업주가 임금 등을 지급하였다면, 파견사업주는 파견근로자와 체결한 근로계약에 따라 이를 지급한 것이지, 사용사업주의 지급을 대행한 것이거나 제3자로서 변제한 것이라고 볼 수는 없다. 이때 사용사업주가 파견근로자에 대하여 부담하는 임금 등 지급의무와 파견사업주가 파견근로자에 대하여 부담하는 임금 등 지급의무는 부진정연대채무의 관계에 있다.[113]

파견사업주가 직접고용간주의 효과 발생 후 파견근로자에게 지급한 임금 등의 세부 항목이 사용사업주가 지급하여야 하는 세부 항목 각각에 대응하여 지급된 것이라고 볼 수 없으므로 특별한 사정이 없는 한 부진정연대채무자인 파견사업주가 파견근로자에게 변제한 임금 등은 그 세부 항목을 가리지 않고 그 전부가 사용사업주가 지급해야 할 금액에서 공제되어야 하고, 동일한 세부 항목이나 동종의 항목별로 대응하여 변제가 된 것이라고 볼 수는 없다.[114] 그러나 퇴직금은 후불 임금으로서의 성격 이외에도 사회보장적 급여로서의 성격과 공로보상으로서의 성격을 아울러 가지고 발생 시점과 산정 방법도 임금과 다르므로 사용사업주의 임금 등 지급의무와 파견사업주의 퇴직금 지급의무가 부진

---

112) 대법원 2024. 3. 12. 선고 2019다223303 등 판결, 대법원 2024. 6. 17. 선고 2021다226558 판결.
113) 대법원 2024. 3. 12. 선고 2019다29013 등 판결[피고와의 파견근로관계가 인정되어 고용간주 효과가 발생한 원고들의 임금청구 부분에 관하여, 원고들의 협력업체(파견사업주)에 대한 선행 통상임금 청구소송에서 인용된 법정수당은 소액 채무자인 협력업체의 원금채무에 해당하므로, 부진정연대채무관계 법리에 따라 그 판결금이 실제 지급되었다면 다액 채무자인 피고의 원금채무도 같은 범위에서 소멸되었다고 보아, 위 인용금액을 원금이 아닌 지연손해금에서 우선 공제한 원심판결을 파기환송함].
114) 대법원 2024. 3. 12. 선고 2019다223303 등 판결(직접고용간주 효과가 발생한 파견근로자인 원고들이 기준임금과 복리후생비만을 청구하더라도 파견사업주가 지급한 연장·야간·휴일근로수당, 연차휴가미사용수당을 포함한 임금 전액을 공제하여야 함).

정연대채무의 관계가 있다고 볼 수 없고, 형평의 원칙을 근거로도 사용사업주가 지급할 임금 등에서 파견사업주가 지급한 퇴직금을 공제해야 한다고 볼 수 없다. 다만, 파견사업주가 지급한 퇴직금은 향후 파견근로자가 사용사업주를 상대로 퇴직금을 구하는 경우에 공제할 수 있을 뿐이다.[115]

　　직접고용간주 효과에 대한 실효의 원칙 적용과 관련하여 대법원은 파견근로자가 직접고용이 간주된 때부터는 약 18년, 파견근로관계가 종료된 때부터는 약 11년 4개월이 경과한 후 사용사업주를 상대로 근로자지위확인의 소를 제기한 사건에서 실효의 원칙 적용을 긍정하였다.[116]

　　㈏ 현행 파견법과 직접고용의무

　　① 법적 성격 및 법적 효과　　　현행 파견법은 '일정한 사유에 해당하는 경우 ― 파견근로자의 명시적인 반대 의사표시나 사용사업주의 파산·사업 계속 불능 등의 정당한 이유가 없는 한 ― 사용사업주가 해당 파견근로자를 직접 고용하도록 하는' 이른바 직접고용의무 규정(파견법 6조의2)으로 전환하였다.

　　그 구체적인 사유는, (i) 근로자파견 대상업무가 아님에도 파견근로자를 사용하는 경우(파견법 6조의2 1항 1호, 5조 1항), (ii) 근로자파견 금지업무에 파견근로자를 사용하는 경우(파견법 6조의2 1항 2호, 5조 3항), (iii) 2년을 초과하여 계속적으로 파견근로자를 사용하는 경우(파견법 6조의2 1항 3호, 6조 2항), (iv) 일시적 근로자파견 허용업무에서 가능한 파견기간을 초과하여 파견근로자를 사용하는 경우(파견법 6조의2 1항 4호, 6조 4항), (v) 허가를 받지 않고 근로자파견사업을 하는 파견사업주로부터 근로자파견의 역무를 제공받은 경우(파견법 6조의2 1항 5호, 7조 3항)이다.[117]

---

115) 대법원 2024. 7. 25. 선고 2020다287921 판결.
116) 대법원 2024. 11. 20. 선고 2024다269143 판결(원고가 그 사이에 권리를 행사한 적이 없고, 원고와 동종 업무를 수행한 피고 회사의 다른 사내협력업체 근로자들에 대한 근로자파견관계를 인정한 대법원 판결이 선고된 날부터도 약 10년 이상 경과한 상태에서 소를 제기한 점 등의 사정 등이 고려되었다).
117) 한편 대법원 2022. 7. 14. 선고 2019다299393 판결은 "전출은 근로자가 원 소속 기업과의 근로계약을 유지하면서 휴직·파견·사외근무·사외파견 등의 형태로 원 소속 기업에 대한 근로제공의무를 면하고 전출 후 기업의 지휘·감독 아래 근로를 제공함으로써 근로제공의 상대방이 변경되는 것으로서 근로자의 원 소속 기업 복귀가 예정되어 있는 것이 일반적이다. 특히 고유한 사업 목적을 가지고 독립적 기업 활동을 영위하는 계열회사 간 전출의 경우 전출 근로자와 원 소속 기업 사이에는 온전한 근로계약 관계가 살아있고 원 소속 기업으로의 복귀 발령이 나면 기존의 근로계약 관계가 현실화되어 계속 존속하게 되는바, 위와 같은 전출은 외부 인력이 사업조직에 투입된다는 점에서 파견법상 근로자파견과 외형상 유사하더라

　이러한 직접고용의무 규정의 법적 성격에 관해서는, (i) 사용사업주에 대하여 직접고용의무를 부과하고 이를 이행하지 않을 경우 공법상 제재(과태료)를 가하는 근거가 될 뿐 파견근로자에게 그에 대응하는 사법상 권리를 직접 부여하는 것은 아니라고 보는 견해(사법상 권리 부정설), (ii) 사용사업주에 대하여 어떠한 식으로든 직접고용의무의 이행을 추궁할 수 있는 사법상 권리를 파견근로자에게 직접 부여하는 것이라는 견해(사법상 권리 긍정설) 등의 대립이 가능하다.

　또한 사법상 권리 긍정설을 취할 경우에도 그 법적 효과에 관하여, (i) 사용사업주에게는 이미 직접고용의무가 부과되어 있는 만큼 직접근로관계를 설정하겠다는 파견근로자의 일방적인 의사표시만으로 직접근로관계가 성립한다는 견해(형성권설), (ii) 사용사업주에게 부과된 직접고용의무의 이행 차원에서 파견근로자가 사용사업주를 상대로 직접고용의 의사표시 혹은 파견근로자의 근로계약 체결의 청약에 대한 사용사업주의 승낙의 의사표시를 구할 수 있다는 견해(청구권설), (iii) 파견근로자가 사용사업주를 상대로 직접고용의무의 이행을 구할 수는 있지만 그에 관한 판결 등이 확정되어도 직접근로관계의 성립이 강제될 수는 없으며 단지 간접강제의 방법으로 강제집행을 할 수 있을 뿐이라는 견해(간접강제설) 등을 상정할 수 있다.

　대법원 2015. 11. 26. 선고 2013다14965 판결[118]은 사법상 권리 긍정설과 청

　도 그 제도의 취지와 법률적 근거가 구분되므로, 전출에 따른 근로관계에 대하여 외형상 유사성만을 이유로 원 소속 기업을 파견법상 파견사업주, 전출 후 기업을 파견법상 사용사업주의 관계로 파악하는 것은 상당하지 않고, 앞서 본 바와 같이 여러 사정을 종합적으로 고려하여 신중하게 판단하여야 한다."라고 밝히면서 피고 회사가 계열사(원 소속 기업)로부터 근로자를 전출 받은 것과 관련하여 그 계열사가 근로자파견사업 허가를 받지 않고 피고 회사에 근로자를 파견하였다는 전제하에 피고 회사의 근로자 직접고용의무를 인정한 원심판결을 파기한 바 있다.

118) 한국수력원자력 운영 발전소의 '발전작업 보조업무 및 화학시료 채취업무'를 위탁받은 용역업체 소속 직원들의 법적 지위가 문제된 사건인데, 한국수력원자력이 작업의 지시와 감독을 담당한 점, 한국수력원자력의 정규직원과 혼재되어 근무하면서 지시를 받고 업무를 수행한 점, 업무 수행에 필요한 대부분의 장비·물품을 한국수력원자력이 제공한 점, 출근 확인이나 교대근무 배치·변경에 관한 권한이 한국수력원자력에 있고 순환근무제 시행이나 근무제 변경 등 근무방법 변경에 관한 사항도 한국수력원자력이 주도적으로 결정하여 시행한 점 등과 같은 사정을 근거로 근로자파견임이 인정된 바 있다. 반면에, 한국수력원자력으로부터 방사선관리구역 출입·작업관리업무 중 '보건물리실 출입·작업관리업무'를 위탁받은 다른 용역업체 소속 직원들이 근로자파견을 주장한 사건에서, 대법원 2020. 4. 9. 선고 2017다17955 판결은 한국수력원자력이 업무수행에 관하여 직접 지시와 감독을 담당하였다고 볼 만한 자료가 없는 점, 한국수력원자력 소속 보건물리원과 용역업체 소속 직원들이 한 조로 편성되지 않은 점, 그 용역업무의 범위가 구체적으로 한정되고 전문성과 기술력이 요구되는 점, 교대조 편성과 근무 투입 시간, 예비인력 운용 및 대체인력 투입, 교육훈련, 근무태도 관리 등을

구권설의 입장을 명백히 하였다. 즉, "파견기간 제한을 위반한 사용사업주는 직접고용의무 규정에 의하여 파견근로자를 직접 고용할 의무가 있으므로, 파견근로자는 사용사업주가 직접고용의무를 이행하지 아니하는 경우 사용사업주를 상대로 고용 의사표시를 갈음하는 판결을 구할 사법상의 권리가 있고, 그 판결이 확정되면 사용사업주와 파견근로자 사이에 직접고용관계가 성립한다. 또한 파견근로자는 이와 아울러 사용사업주의 직접고용의무 불이행에 대하여 직접고용관계가 성립할 때까지의 임금 상당 손해배상금을 청구할 수 있다."라고 판시하였다.

　　그리고 위 판결은 부가적으로 "직접고용간주 규정이나 직접고용의무 규정의 내용은 파견사업주와 직접적인 관련이 없고, 그 적용 요건으로 파견기간 중 파견사업주의 동일성을 요구하고 있지도 아니하므로, 사용사업주가 파견기간의 제한을 위반하여 해당 파견근로자로 하여금 대상업무를 계속 수행하도록 한 경우에는, 특별한 사정이 없는 한 그 파견기간 중 파견사업주가 변경되었다는 이유만으로 직접고용간주 규정이나 직접고용의무 규정의 적용을 배제할 수는 없다."라고 판단하였다.

　　더 나아가 대법원 2019. 8. 29. 선고 2017다219072 판결은 "사용사업주와 파견근로자 사이에 직접고용관계의 성립이 간주되거나 사용사업주에게 직접고용의무가 발생한 후 파견근로자가 파견사업주에 대한 관계에서 사직하거나 해고를 당하였더라도, 이러한 사정은 원칙적으로 사용사업주와 파견근로자 사이의 직접고용간주나 직접고용의무와 관련된 법률관계에 영향을 미치지 않는다."라고 판시함과 아울러, 파견근로자가 파견사업주와 근로관계를 종료하고자 사직의 의사표시를 하였더라도, 그러한 사정만으로 직접고용간주 규정이나 직접고용의무 규정의 적용이 배제되는 사유인 '당해 파견근로자가 명시적인 반대의사를 표시하는 경우'에 해당한다고 단정할 수는 없음을 분명히 하였다.

　　한편, 직접고용의무가 발생한 파견근로자는 사용사업주가 그 소속근로자에게 지급의무를 부담하는 임금 외 포인트, 상품권, 주식 등도 그 지급을 구할 수 있다. 민법 394조는 채무불이행으로 인한 손해배상에 관하여 "다른 의사표시가 없으면 손해는 금전으로 배상한다"고 함으로써 이른바 금전배상의 원칙을 규정하고 있으므로, 직접고용의무가 발생한 파견근로자들은 금전으로 손해배상청구

　　모두 용역업체가 직접 한 점 등의 이유를 들어 근로자파견을 부정한 하급심의 판단을 그대로 유지하였다.

를 할 수 있다.119)

　　덧붙여 실효의 원칙과 관련하여 대법원 2023. 4. 13. 선고 2021다310484 판결은 "파견근로자에 대한 직접고용의무가 발생한 뒤 파견근로자가 상당한 기간 동안 고용의 의사표시를 구하지 않은 사정이 있더라도, 법률전문가가 아닌 파견근로자가 법률에 의하여 발생하는 권리인 직접고용청구권을 그 권리의 발생일로부터 오랜 기간 동안 행사하지 않았다는 사정만으로 위와 같은 권리가 더 이상 행사되지 아니할 것이라는 점에 대하여 사용사업주가 정당한 신뢰를 가진다고 보기는 어렵다."고 판단한 원심의 결론을 지지한 바 있다.

　　한편 대법원 2017. 3. 22. 선고 2015다232859 판결에 의하면, 위와 같은 법리에 따라 파견근로자가 사용사업주의 직접고용의무 불이행을 이유로 임금 상당액을 손해배상으로 청구한 경우, 파견근로자가 사용사업주에게 제공하였어야 할 근로를 다른 직장에 제공함으로써 얻은 이익과 사용사업주의 직접고용의무 불이행 사이에 상당인과관계가 인정된다면, 직접고용의무 불이행으로 인한 손해배상액을 산정할 때 사용사업주는 공평의 관념상 그러한 이익의 공제를 주장할 수 있다. 이러한 손익상계가 허용되기 위해서는 손해배상책임의 원인이 되는 행위와 피해자가 얻은 이득 사이에 상당인과관계가 있어야 한다.120) 이때 파견근로자가 사용사업주에 대하여 일부 임금 항목에 한하여 손해배상을 구하였다고 하여 그와 동일하거나 동종인 파견사업주의 임금 항목만을 손익상계의 대상으로 삼을 것은 아니고 파견사업주로부터 지급받은 임금 전액을 공제해야 한다.121) 다만 퇴직금은 후불 임금의 성격 이외에도 사회보장적 급여의 성격과 공로보상의 성격을 아울러 가지고, 발생 시점과 산정 방법도 임금과 다르므로, 파견사업주로부터 지급받은 퇴직금은 그 손해의 범위에 대응하는 이익에 해당한다고 볼 수 없어 손익상계의 대상으로 삼을 수 없고, 향후 사용사업주에게 퇴직금 또는 그 상당의 손해배상을 구할 때 비로소 공제할 수 있을 뿐이다.122)

---

119) 대법원 2024. 7. 25. 선고 2020다212187 등 판결. 이점에서 본래의 급부가 이행불능된 경우에 한하여 금전청구를 인정하는 고용간주의 경우와는 다르다.

120) 대법원 2024. 3. 12. 선고 2019다28966 등 판결. 피고와의 파견근로관계가 인정된 원고들의 직접고용의무 불이행으로 인한 임금 상당 손해배상청구 부분에 대하여 원고들의 소속 협력업체에 대한 선행 통상임금 청구소송에서 인용되어 지급된 법정수당도 손익상계의 대상이 되므로 해당 판결금이 실제 지급되었다면 그 원금은 피고가 원고들에게 지급하여야 하는 손해배상금에서 공제되어야 하고 그 지연손해금에서 공제되어서는 아니 된다고 판시함.

121) 대법원 2024. 3. 12. 선고 2019다223303 등 판결.

122) 대법원 2024. 7. 25. 선고 2024다211908 등 판결.

또한 사용사업주가 직접고용의무를 이행하였더라도 파견근로자가 근로를 제공하지 않았을 것이라고 평가할 수 있는 예외적인 경우에는, 사용사업주의 채무불이행 때문에 파견근로자에게 손해가 발생하였다고 볼 수 없으므로, 이와 같은 경우에는 파견근로자가 손해배상을 청구할 수 없다.123) 즉, 직접고용의무 발생 후 사용사업주에 대한 근로제공이 이루어지지 않은 경우 파견근로자가 해당 기간 동안 계속 근로를 제공하였다면 받을 수 있었던 임금 등 상당의 손해배상을 청구하려면 그 근로의 미제공이 사용사업주의 직접고용의무 불이행으로 인한 것임을 증명하여야 한다. 이때 파견근로자가 근로를 제공하지 않은 것이 사용사업주의 직접고용의무 불이행으로 인한 것인지는 앞서 본 직접고용간주의 경우에 사용사업주의 책임 있는 사유로 인한 것인지를 판단할 때와 동일한 기준으로 판단하여야 한다.124)

직접고용의무 규정은 사용사업주가 파견법을 위반하여 파견근로자를 사용하는 행위에 대하여 근로자파견의 상용화·장기화를 방지하고 파견근로자의 고용안정을 도모할 목적에서 행정적 감독이나 처벌과는 별도로 사용사업주와 파견근로자 사이의 사법관계에서도 사용사업주에게 직접고용의무라는 법정책임을 부과한 것이므로, 직접고용의무 규정에 따른 고용 의사표시 청구권에는 10년의 민사시효가 적용된다.125) 직접고용의무 불이행으로 인한 손해배상청구권의 소멸시효 역시 실무상 쟁점이 되고 있어 향후 대법원의 판단이 나올 것으로 예상된다.

아울러 직접고용과 정년의 관계 측면에서 사용사업주의 단체협약 등에서 정한 정년이 지나기 전에 사용사업주의 사업장에서 근무하던 파견근로자가 개정 파견법의 요건을 충족함으로써 사용사업주에게 직접고용의무가 발생하였다고 주장하는 경우, 개정 파견법에 따라 사용사업주에게 파견근로자를 직접 고용할 의무가 발생하였더라도 특별한 사정이 없는 한 사용사업주의 단체협약 등에서 정한 정년이 경과함으로써 위와 같은 직접고용의무는 소멸한다. 왜냐하면 개

---

123) 대법원 2020. 5. 14. 선고 2016다239024 판결.
124) 대법원 2024. 3. 12. 선고 2019다223303 등 판결. 파견근로자들이 협력업체에서 사직한 후 사용사업주를 상대로 고용의 의사표시를 구하는 소송을 제기하는 등으로 근로제공의 의사를 명확히 표시하기 전의 기간에 대한 임금 상당 손해배상 청구에 대하여, 해당 원고들은 외주사업체에서 스스로 사직하였고, 기록상 사직의 경위 등을 알 수 없으므로 피고가 직접고용의무를 이행하지 않음으로 인하여 이들이 근로를 제공하지 못하였다고 단정하기 어렵다고 보아, 손해배상청구를 인용한 원심판결을 파기하였다.
125) 대법원 2024. 7. 11. 선고 2021다274069 판결.

정 파견법 6조의2 1항의 입법 취지 및 목적에 비추어 볼 때 특별한 사정이 없는 한 사용사업주는 직접고용의무 규정에 따라 근로계약을 체결할 때 기간을 정하지 않은 근로계약을 체결하여야 함이 원칙인데, 이때 사용사업주의 단체협약 등에서 정한 정년이 개정 파견법에 따라 정년 전에 발생한 직접고용의무의 내용을 이루게 되기 때문이다. 나아가 이러한 경우 정년 후 근무기간에 대하여 위와 같이 발생한 직접 고용의무의 불이행을 전제로 한 손해배상책임도 인정될 수 없다.[126]

그리고 사용사업주에 대한 도산 절차의 진행 등과 관련하여 파견법 6조의2 2항은 파견근로자가 명시적인 반대의사를 표시하거나 대통령령이 정하는 정당한 이유가 있는 경우에는 같은 조 1항의 사용사업주의 직접고용의무 규정이 적용되지 않는다고 규정하고 있고, 파견법 시행령 2조의2는 사용사업주에 대한 파산선고, 회생절차개시결정 및 미지급임금 등을 지급할 능력이 없다고 인정되는 일정한 경우를 '대통령령이 정하는 정당한 이유가 있는 경우'의 하나로 규정하고 있다. 파견법이 이처럼 파견근로자의 고용안정과 보호를 위하여 사용사업주에게 직접고용의무를 부과하면서도, 위와 같은 직접고용의무의 예외규정을 둔 이유는 재정적 어려움으로 인하여 파탄에 직면하여 회생절차가 개시된 사용사업주에 대하여도 일반적인 경우와 동일하게 직접고용의무를 부과하는 것은 사업의 효율적 회생을 어렵게 하여 결과적으로 사용사업주 소속 근로자뿐만 아니라 파견근로자의 고용안정에도 도움이 되지 않는다는 정책적 고려에 바탕을 둔 것이다. 이와 같은 예외규정을 둔 입법 목적과 취지를 고려하면, 파견법 6조의2 2항에 따라 사용사업주에 대한 회생절차개시결정이 있은 후에는 직접고용청구권은 발생하지 않고, 회생절차개시결정 전에 직접고용청구권이 발생한 경우에도 회생절차개시결정으로 인하여 직접고용청구권이 소멸하는 것으로 봄이 타당하다. 다만, 사용사업주의 회생절차가 종결되면 파견근로자는 그때부터 새로 발생한 직접고용청구권을 행사할 수 있다.[127]

② 직접고용의무와 근로조건   현행 파견법(6조의2 3항)은 직접고용의무 규정 적용으로 사용사업주가 파견근로자를 직접 고용하게 될 경우 파견근로자의 근로조건을 명시하는 태도를 취하고 있다.

---

126) 대법원 2022. 10. 27. 선고 2017다9763 판결.
127) 대법원 2023. 4. 27. 선고 2021다229601 판결.

구체적으로는, (i) 사용사업주의 근로자 중 해당 파견근로자와 같은 종류의 업무 또는 유사한 업무를 수행하는 근로자가 있는 경우에는 그 근로자에게 적용되는 취업규칙 등에서 정하는 근로조건에 의하게 되고, (ii) 사용사업주의 근로자 중 해당 파견근로자와 같은 종류의 업무 또는 유사한 업무를 수행하는 근로자가 없는 경우에는 해당 파견근로자의 기존의 근로조건의 수준보다 낮아져서는 아니 된다.

한편 대법원 2022. 1. 27. 선고 2018다207847 판결에 의하면, 2년을 초과하여 계속적으로 파견근로자를 사용한 사용사업주는 특별한 사정이 없는 한 직접고용의무 규정에 따라 근로계약을 체결할 때 기간을 정하지 않은 근로계약을 체결함이 원칙이다. 다만 파견법 6조 2항 규정에 비추어 파견근로자가 사용사업주를 상대로 직접고용의무의 이행을 구할 수 있다는 점을 알면서도 기간제 근로계약을 희망하였다거나, 사용사업주의 근로자 중 해당 파견근로자와 같은 종류의 업무 또는 유사한 업무를 수행하는 근로자가 대부분 기간제 근로계약을 체결하고 근무하고 있어 파견근로자로서도 애초에 기간을 정하지 않은 근로계약 체결을 기대하기 어려웠던 경우 등과 같이 직접고용관계에 계약기간을 정한 것이 직접고용의무 규정의 입법취지 및 목적을 잠탈한다고 보기 어려운 특별한 사정이 존재하는 경우에는 사용사업주가 파견근로자와 기간제 근로계약을 체결할 수 있을 것이다. 그리고 이러한 특별한 사정의 존재에 관하여는 사용사업주가 증명책임을 부담한다.

여기에서 비교 대상 근로자의 개념은 앞서 본 파견법(21조)상 차별적 처우의 금지와 같은 차원으로 접근하여 파악할 수 있을 것이다. 비교 대상 근로자로 선정된 근로자의 업무가 파견근로자의 업무와 같은 종류의 업무 또는 유사한 업무에 해당하는지 여부는, 취업규칙이나 근로계약 등에 명시된 업무 내용이 아니라 근로자가 실제 수행하여 온 업무를 기준으로 판단하되, 이들이 수행하는 업무가 서로 완전히 일치하지 아니하고 업무의 범위나 책임·권한 등에서 다소 차이가 있다고 하더라도 주된 업무의 내용에 본질적 차이가 없다면 특별한 사정이 없는 한 이들은 같은 종류의 업무 또는 유사한 업무를 수행한다고 보아야 한다.128)

즉, 정규직 근로자가 비정규직 근로자와 비교하여 주된 업무(형식이나 명목

---

128) 대법원 2016. 12. 1. 선고 2014두43288 판결 등.

이 아닌 실질적 의미에서)는 함께 혹은 병행하여 수행하되 부수적·부가적 업무를 별도로 담당하거나 책임자와 같은 직책을 맡는 정도의 경우라면 양자는 같은 종류의 업무 또는 유사한 업무를 수행한다고 평가할 수 있을 것이다.[129]

　　반면에 예를 들어, 비정규직 근로자는 보험사고의 기초자료를 수집하기 위한 현장조사업무를 수행하고 정규직 근로자는 그 자료를 바탕으로 보험금 지급 여부를 판단하는 업무를 수행하는 경우처럼 서로 업무가 구분된다면 양자는 같은 종류의 업무 또는 유사한 업무를 수행한다고 할 수 없다.[130]

　　실무에서는 이처럼 같은 종류의 업무 또는 유사한 업무를 수행하는 사용사업주의 근로자가 없는 경우 사용사업주가 직접고용의무의 이행으로 파견근로자들을 직접고용할 때 적용해야 하는 근로조건을 어떻게 설정해야 하는 지 문제된다. 이 문제는 한국도로공사의 통행료수납원 및 상황실보조원 파견사건[131]에서 정면으로 다루어진 바 있다. 대법원은 사용사업주의 근로자 중 동종·유사근로자가 없는 경우에는 기존 근로조건을 하회하지 않는 범위 내에서 사용사업주와 파견근로자가 자치적으로 근로조건을 형성하는 것이 원칙임을 설시하면서 "사용사업주가 근로자파견관계를 부인하는 등으로 인하여 자치적으로 근로조건을 형성하지 못한 경우에는 법원은 개별적인 사안에서 근로의 내용과 가치, 사용사업주의 근로조건 체계(고용형태나 직군에 따른 임금체계 등), 파견법의 입법 목적, 공평의 관념, 사용사업주가 직접 고용한 다른 파견근로자가 있다면 그 근로자에게 적용한 근로조건의 내용 등을 종합하여 사용사업주와 파견근로자가 합리적으로 정하였을 근로조건을 적용할 수 있다. 이와 같이 파견근로자에게 적용될 근로조건을 정하는 것은 본래 사용사업주와 파견근로자가 자치적으로 형성했어야 하는 근로조건을 법원이 정하는 것이므로 한쪽 당사자가 의도하지 아니

---

129) 대법원 2012. 11. 15. 선고 2011두11792 판결, 대법원 2014. 9. 24. 선고 2012두2207 판결, 대법원 2014. 11. 27. 선고 2011두5391 판결, 대법원 2014. 12. 24. 선고 2012두21857 판결, 대법원 2016. 12. 1. 선고 2014두43288 판결, 대법원 2017. 3. 22. 선고 2015다232859 판결, 대법원 2017. 9. 7. 선고 2016두30194 판결 등.

130) 대법원 2014. 12. 24. 선고 2013두2525 판결.

131) 대법원 2024. 3. 12. 선고 2019다222829 등 판결(상황실보조원 사건, 원심은 피고의 현장직 직원 관리예규를 적용하여 파견근로자로서 고용의무 대상인 상황실보조원들의 근로조건을 정하였는데, 대법원은 현장직 조무원과 상황실 보조원들의 업무의 내용, 근로의 가치, 근무형태, 임금구조가 다르다는 점 등을 근거로 원심판결을 파기함). 대법원 2024. 3. 12. 선고 2019다223303 등 판결(통행료수납원 사건, 피고의 고속국도 톨게이트에서 통행료 수납 업무를 수행하는 외주사업체 소속 파견근로자인 원고들에게 피고의 현장직 직원 관리 예규를 적용하여 근로조건을 정한 원심판결을 수긍함).

하는 근로조건을 불합리하게 강요하는 것이 되지 않도록 신중을 기할 필요가 있다. 다만 이러한 요소들을 고려하더라도 파견근로자에게 적용할 적정한 근로조건을 찾을 수 없다면 파견법 6조의2 3항 2호에 따라 기존 근로조건을 적용할 수밖에 없다."는 법리를 설시하였다. 또한 구 파견법은 현행 파견법과 같이 직접고용 시 적용되는 근로조건에 관하여 규정한 조항을 두고 있지 않지만, 현행 파견법 6조의2 3항은 구 파견법의 해석으로도 도출될 수 있는 내용을 명문으로 규정한 것이지, 근로조건의 기준을 새롭게 정한 것은 아니므로, 법원은 구 파견법에 따라 직접고용이 간주되는 근로자의 근로조건 역시 현행 파견법에 따라 직접 고용하는 경우와 동일한 방법으로 정할 수 있다고 보았다.[132]

한편 사용사업주에 직접고용될 때 호봉이 잘못 부여된 파견근로자는 사용사업주를 상대로 그 정정을 구할 수 있다.[133][134]

라. 파견근로자의 불법행위와 사용자책임

파견근로자가 업무를 수행하는 중에 불법행위로 제 3 자에게 손해를 가한 경우 민법(756조)이 정한 사용자책임을 부담하는 사용자가 누구인지 논란이 될 수 있다.[135]

먼저, 사용사업주의 사용자성을 부정하기는 어렵다. 사용사업주는 직접 지휘·감독권을 행사하면서 파견근로자를 사용하므로, 파견근로자가 그 지휘·감독을 받으면서 일하다가 제 3 자에게 손해를 끼쳤다면 책임을 져야 한다고 해석할 수 있을 것이다.[136]

다음으로, 파견사업주의 사용자성에 관해서는 견해의 대립이 있다. 독일에

---

132) 대법원 2024. 3. 12. 선고 2019다223303 등 판결.

133) 대법원 2024. 7. 25. 선고 2020다212187 등 판결.

134) 대법원 2024. 9. 12. 선고 2022다270989 판결에서는 직접고용의무가 발생한 파견근로자인 초등학교 돌봄교사의 경우 단시간 교육공무직으로의 채용 가능성, 돌봄교실의 운영형태나 수요 탄력적 운영의 필요성 등을 고려하면 파견근로자가 종전에 근무하던 근로시간인 1일 5시간이 아닌 1일 8시간, 1주 40시간의 근로시간을 적용하여 직접고용의 근로계약을 체결하였을 것이라고 쉽게 추단하기 어렵다고 보았다. 이와 다른 취지에서 1일 8시간의 근로시간 적용을 전제로 임금 상당 손해배상의무를 인정한 원심판결을 파기하였다.

135) 파견사업주가 사용사업주에 대하여 사용자책임을 지는지 여부에 관해서는 일반적으로 파견계약상의 책임만이 문제될 것이다. 일본에서는 하급심에서 파견근로자의 사용사업주에 대한 횡령행위에 대하여 파견사업주의 사용자책임을 인정한 사례가 있는데[東京地裁 1996. 6. 24. 判決], 이에 대하여 학설은 부정설과 긍정설이 갈리고 있다고 한다. 문영화, 249면 이하.

136) 독일에서의 논의에 관하여는 문영화, 248면 참조. 만일 파견근로자의 불법행위가 그 부적합한 자격으로 인한 것이면 사용사업주는 파견사업주에 대하여 구상을 요구할 수 있다고 한다.

서는 사용사업주가 원칙적인 사용자책임의 당사자임을 전제로, (i) 파견근로자가
사용사업주가 아니라 파견사업주를 위하여 또 그의 지시에 따라 일을 한 경우,
(ii) 파견근로자가 파견사업주의 도구로서 사용사업주를 위하여 선임된 경우,
(iii) 파견근로자가 기계와 함께 파견되는 경우에 기계를 잘못 조작함으로써 제 3
자에게 손해를 가한 경우[137])에는 파견사업주가 책임을 지는 것으로 해석한다고
한다.

　　보험자대위에 관한 사안이기는 하나,[138]) 대법원 2003. 10. 9. 선고 2001다
24655 판결은 "파견근로자는 사용사업주의 사업장에서 그의 지시·감독을 받아
근로를 제공하기는 하지만 사용사업주와 사이에는 고용관계가 존재하지 아니하
는 반면, 파견사업주는 파견근로자의 근로계약상의 사용자로서 파견근로자에게
임금지급의무를 부담할 뿐만 아니라, 파견근로자가 사용사업자에게 근로를 제공
함에 있어서 사용사업자가 행사하는 구체적인 업무상의 지휘·명령권을 제외한
파견근로자에 대한 파견명령권과 징계권 등 근로계약에 기한 모든 권한을 행사
할 수 있으므로 파견근로자를 일반적으로 지휘·감독해야 할 지위에 있게 되고,
따라서 파견사업주와 파견근로자 사이에는 민법(756조)의 사용관계가 인정되어
파견사업주는 파견근로자의 파견업무에 관련한 불법행위에 대하여 파견근로자
의 사용자로서 책임을 져야 한다."라고 판시함으로써 파견사업주의 책임을 긍정
하였다.[139])

　　그러면서도 위 판결은 "파견근로자가 사용사업주의 구체적인 지시·감독을
받아 사용사업주의 업무를 행하던 중에 불법행위를 한 경우에 파견사업주가 파
견근로자의 선발 및 일반적 지휘·감독권의 행사에 있어서 주의를 다하였다고
인정되는 때에는 면책된다."라고 덧붙인 바 있다.

　　파견사업주의 사용자책임을 인정한 위 판결에 대해서는 대체로 지지하는
견해가 많다.[140])

---

137) 단, 파견근로자가 사용사업주의 지시에 따라 기계를 조작한 경우에는 사용사업주가 책임을
　　진다.
138) 파견근로자가 사용사업주 소유 자동차를 운행하다가 제 3 자에게 손해를 가하여 사용사업
　　주의 보험자(자동차종합보험)인 원고가 그 제 3 자에게 보험금을 지급하고 파견사업주인 피고
　　를 상대로 구상금을 청구한 사건이다. 파견사업주에 대하여 보험자대위의 법리 적용 자체를
　　긍정한 것에 대법원 2005. 9. 15. 선고 2005다10531 판결, 대법원 2010. 8. 26. 선고 2010다
　　32153 판결.
139) 이에 대한 평석인 문영화, 255면 이하에 가능한 견해의 대립을 포함하여 상세한 설명이 있다.
140) 김선수b, 10~13면; 박수근, 221~247면.

마. 파견근로자와 집단적 노동관계

노동조합법상 근로자란 타인과의 사용종속관계하에서 근로를 제공하고 그 대가로 임금 등을 받아 생활하는 사람을 의미하며, 노동 3 권을 보장할 필요성이 있는 사람은 모두 여기에 포함되므로,[141] 파견근로자 역시 단결권을 행사하여 노동조합을 설립하거나 가입할 수 있고, 사용자에게 단체교섭을 요구할 수 있다.

실제로 파견법(22조 1항)도 파견근로자의 정당한 노동조합 활동을 이유로 사용사업주가 근로자파견계약을 해지할 수 없도록 규정하고 있다.

파견근로자로 조직된 노동조합의 상대방이 되는 사용자를 누구로 파악할 것인지에 관하여 파견법에는 정함이 없다. 다만, 앞서 본 대로 파견법(34조)은 일정한 기준에 따라 책임 주체인 사용자를 구분하여 두었으므로, 그에 상응하는 파견사업주나 사용사업주가 각각 단체교섭의 상대방이 되는 사용자가 된다.[142]

파견근로자의 단결권 행사를 방해하거나 노동조합의 운영에 지배·개입하는 등의 행위는 노동조합법(81조)이 금지하는 부당노동행위에 해당할 수 있다.[143]

미국의 경우 둘 또는 그 이상의 사용자가 동일한 근로자들에 대하여 상당한(significant) 지휘·감독권을 행사하는 경우, 즉 고용에 관한 핵심적인 조건들을 규율하는 사항들을 공유하거나 공동으로 결정하는 경우에 이들을 연방노동관계법(National Labor Relation Act)의 적용 시에 공동사용자(Joint Employer)로 본다.[144] 이 때 말하는 핵심적 조건에는 채용과 해고, 근로시간의 결정, 근무복의 제공, 일상적 감독, 행정적 근태 관리, 급여, 징계, 취업규칙의 설정 등이 포함되는데,

---

141) 대법원 2015. 6. 25. 선고 2007두4995 전원합의체 판결 등.
142) 김유성 Ⅱ, 399면. 일본 最高裁 판례 가운데 "고용주 이외의 사업자이더라도 고용주로부터 근로자의 파견을 받아 자기의 업무에 종사시키고 그 근로자의 기본적인 근로조건 등에 대하여 고용주와 부분적이라고 말할 수 있을 정도로 동일시되는 현실적 혹은 구체적으로 지배·결정할 수 있는 지위에 있는 경우에도 그 범위에서는 위 사업주는 노동조합법 7조의 '사용자'에 해당한다고 해석함이 상당하다."라고 판시한 것이 있다[最高裁 1995. 2. 28. 判決(朝日放送 事件)]. 이는 파견법이 적용되는 사업적 파견에 관한 사례는 아니고 방송제작과 관련하여 도급사업체에 수급사업체의 근로자가 파견된 사안에 관한 것이기는 하나, 도급사업체가 지배·결정하는 근로시간, 근로태양 등에 관한 사항에 있어서는 단체교섭 응낙의무가 있다고 본 점에서 근로자파견에 관한 위 해석과 같은 맥락이라고 할 수 있다.
143) 사용사업주의 사용자성에 관한 논의로는 조경배c, 65~66면; 최홍엽c, 225~248면.
144) Holyoke Visiting Nurses Association v. N.L.R.B., 11 F.3d 302 (1st Cir. 1993); N.L.R.B. v. Browning-Ferris Industries of Pennsylvania, Inc., 691 F.2d 1117, 73 A.L.R. Fed. 597 (3d Cir. 1982); Painting Co. v. N.L.R.B., 298 F.3d 492, 2002 FED App. 0243P (6th Cir. 2002).

공동사용자로 인정되면 사용사업주는 파견사업주가 독자적으로 범한 부당노동
행위라고 할지라도 (i) 이를 알았거나 알 수 있었고, (ii) 항의하거나 이를 저지
할 수 있는 모든 계약적 권리를 행사하지 않음으로써 부당노동행위를 묵인한
경우에는 부당노동행위 책임을 부담한다.[145]

6. 벌 칙

파견법에서 정한 주요 벌칙 규정 내용이다.

성매매, 부정식품·부정의약품·부정유독물 제조, 부정의료 행위 등의 업무
를 목적으로 근로자파견을 하는 경우에는 5년 이하 징역 또는 5,000만 원 이하
벌금에 처한다(42조).

근로자파견 금지 혹은 파견기간 제한 규정을 위반하거나 허가를 받지 아니
하고 근로자파견사업을 하는 경우 및 그러한 파견사업주로부터 근로자파견의
역무를 제공받는 경우, 파견사업주와 사용사업주가 연대하여 부담하는 임금지급
의무를 이행하지 않는 경우에는 3년 이하 징역 또는 3,000만 원 이하 벌금에 처
한다(43조).[146]

파견근로자에 대한 차별적 처우의 시정신청, 노동위원회 참석 및 진술, 노
동위원회의 판정에 대한 재심신청이나 행정소송 제기, 확정된 노동위원회의 시
정명령 불이행 신고를 이유로 불리한 처우를 하는 경우에는 2년 이하 징역 또
는 1,000만 원 이하 벌금에 처한다(43조의2).

쟁의행위 중인 사업장에 그 쟁의행위로 중단된 업무의 수행을 위하여 근로
자를 파견하거나 정리해고 이후에 2년이 지나기 전에 해당 업무에 파견근로자
를 사용하는 경우에는 1년 이하 징역 또는 1,000만 원 이하 벌금에 처한다(44조).

법인의 대표자나 법인 또는 개인의 대리인, 사용인, 그 밖의 종업원이 그
법인 또는 개인의 업무에 관하여 위와 같은 위반행위를 하는 경우 행위자를 벌
함과 아울러 법인 또는 개인에게도 벌금형을 과하되, 법인 또는 개인이 그 위반
행위를 방지하고자 상당한 주의와 감독을 게을리 하지 아니한 경우에는 벌하지
아니한다(45조).

---

145) 조임영b, 232면 이하.
146) 헌재 2013. 7. 25. 선고 2011헌바395 결정은 위 규정이 죄형법정주의의 명확성 원칙(근로자
    파견과 도급의 구별 가능성 관련)을 위반하거나 직업의 자유를 침해하는 것은 아니라고 판단
    하였다.

차별적 처우에 대하여 확정된 시정명령을 정당한 이유 없이 이행하지 아니하는 경우에는 1억 원 이하 과태료를 부과한다(46조 1항).

직접고용의무가 성립하였음에도 파견근로자를 직접 고용하지 아니하는 사용사업주에게는 3,000만 원 이하 과태료를 부과한다(46조 2항).

Ⅳ. 외국인근로자의 고용 등에 관한 법률

1. 외국인고용법의 입법 경위

1980년에 이르러 국내 산업의 고도화와 소득증대에 따른 중소기업 등 기피직종의 인력난으로 외국인 인력 도입에 대한 요구가 커지는 한편 출입국관리정책 완화로 외국인의 불법취업 사례가 늘어나면서 그에 대한 양성화 논의가 본격적으로 이루어지게 되었다.

이에 따라 1991. 10. 26. '외국인 산업기술 연수사증 발급 등에 관한 업무처리지침'(법무부 훈령 255호)이 제정되어 해외투자기업에 한하여 산업연수생 도입을 가능하게 하였다. 이후 위 지침이 1993. 12. 28. 개정(법무부 훈령 294호)되어 단체 추천 산업연수제도가 추가되고 연근해어업, 건설업, 농축산업 쪽으로 확대되었다.

그러나 산업연수제도는 산업연수를 통한 기술이전이라는 본래의 취지와는 달리 처음부터 외국인 인력 활용을 통한 국내 인력난 해소가 중요한 목적이었기 때문에 규정과 현실 사이에 상당한 괴리를 안고 있었고, 이러한 괴리는 외국인근로자에 대한 착취, 인권침해, 사업장 이탈로 이어져 많은 문제를 낳게 되었다.

이에 1995. 2. 14. '외국인 산업기술연수생의 보호 및 관리에 관한 지침'(노동부 예규 369호)이 제정되어 외국인 산업연수생에 대해서도 근기법 일부 규정을 적용하고 산업재해보상보험 및 의료보험의 혜택을 받을 수 있게 하였지만, 여전히 외국인근로자의 보호에 미흡하다는 비판을 면하기 어려웠다.

이후 2000년 4월 연수기간 중 일부를 취업기간으로 바꾸어 취업기간 중에는 근로자의 지위를 갖는 외국인 연수취업제도가 도입되기도 하였다.

그럼에도 산업연수제도의 내재적 문제[147]를 근본적으로 해결할 수 없어 고

---

147) 외국인 산업연수생을 근로자로 인정하지 않아 그에 대한 보호를 제공하지 않는 것은 외국인근로자에 대한 균등대우 원칙 등에 반하는 위헌적 제도라는 비판을 면할 수 없었다. 산업연수생제도의 도입과 변천, 그 위헌성에 관한 비판으로는 김지형a, 22~25면; 최홍엽g, 76~77면 참조.

용허가제를 내용으로 한 입법이 추진되었고, 마침내 2003. 8. 16. 외국인고용법이 제정되어 2004. 8. 17.부터 시행되기에 이르렀다.[148]

다만 외국인고용법 제정에 의한 고용허가제의 도입으로 산업연수제도 자체가 폐지된 것은 아니어서 고용허가제와 산업연수제도가 병존하고 있었는데, 고용허가제 시행 후에도 불법체류자 문제, 송출비리, 인권보호의 미흡 등과 같은 문제가 여전히 성행하고 있으며, 산업연수제도의 병행 실시에 따른 제도적 한계와 오히려 산업연수제도가 확산되는 결과를 가져온다는 비판도 꾸준히 제기되었다.[149]

결국 후술하는 외국인력정책위원회의 결정에 따라 산업연수제도는 2007. 1. 1.부터 폐지되었다.

2. 외국인고용법의 내용

가. 적용 범위

외국인근로자란 대한민국의 국적을 가지지 아니한 사람으로서 국내에 소재하고 있는 사업·사업장에서 임금을 목적으로 근로를 제공하고 있거나 제공하려는 사람을 말하지만, 출입국관리법령에 따라 취업활동을 할 수 있는 체류자격을 받은 외국인 중 취업분야 또는 체류기간 등을 고려하여 대통령령으로 정하는 사람은 제외한다(외국인고용법 2조).

이에 따라 출입국관리법 시행령 [별표 1] 중 [단기취업(C-4)], [별표 1의2] 중 [14. 교수(E-1)부터 20. 특정활동(E-7)]까지의 체류자격에 해당하는 사람, [별표 1의2] 중 [28. 관광취업(H-1)]의 체류자격에 해당하는 사람으로서 취업활동을 하는 사람, 출입국관리법령상 체류자격의 구분에 따른 (취업)활동의 제한을 받지 아니하는 사람은 외국인고용법의 적용 대상에서 제외된다.

그리고 선원법의 적용을 받는 선박에 승무하는 선원 중 대한민국 국적을

---

148) 산업연수제도에 대한 한국 사회의 반성을 일정 부분 법제화했다는 점에서 이전보다 한 걸음 전진한 것이나, 산업연수제도의 문제점이 그대로 남아 근본적인 해결책이 되지 못하였다는 평가를 받았다. 김현민, 77면; 윤여림, 71면.

149) 사업주들로서는 손쉬운 구인 절차나 4대 사회보험 미가입, 세금 납부 회피 등 외국인 불법 채용이나 노동관계법의 적용이 문제되지 않고 내국인 구인 노력 의무가 면제되는 산업연수제도를 선호할 수밖에 없었다. 그리고 1사 1제도 원칙이 폐지되기 전까지는 산업연수생을 사용하고 있는 업체가 고용허가제로 전환하는 것을 원칙적으로 차단하는 문제도 있었다. 특히 양 제도가 과다한 도입 규모 경쟁으로 관련부처 사이에 갈등이 지속되고 행정비용이 낭비된다는 지적도 높았다. 남주혁, 81~93면.

가지지 아니한 선원도 외국인고용법의 적용 대상이 아니다(외국인고용법 3조 1항).

나. 외국인근로자 고용절차

(1) 개　　요

외국인근로자에 대한 일반적 고용절차는 외국인근로자의 고용허가를 받은 사용자가 송출국가(외국인근로자를 송출할 수 있는 국가)와 협의하여 작성된 외국인구직자 명부를 토대로 외국인근로자를 선정·도입하는 고용허가제이다.

외국인근로자는 근로계약을 체결한 후 입국하여 최초에 취업한 사업장에서 계속 근로하는 것을 원칙으로 한다. 고용허가를 받은 외국인근로자에 대해서는 합법적 '근로자' 신분이 보장된다.

(2) 외국인근로자 고용 관련 정책 결정(외국인고용법 4조, 5조, 7조)

외국인력정책위원회는 외국인근로자 관련 기본계획 수립, 외국인근로자 도입 업종 및 규모, 송출국가의 지정과 취소 등에 관한 사항을 심의·의결한다.

또한 고용노동부장관은 외국인근로자 도입계획을 외국인력정책위원회의 심의·의결을 거쳐 수립하여 매년 3월 31일까지 공표하게 된다. 다만 국내의 실업 증가 등 고용사정의 급격한 변동으로 인하여 외국인근로자 도입계획을 변경할 필요가 있을 때에는 마찬가지로 외국인력정책위원회의 심의·의결을 거쳐 변경할 수 있다.

아울러 고용노동부장관은 송출국가와 협의하여 외국인구직자 명부를 작성하며, 그 과정에서 한국어능력시험이나 일정한 자격요건의 평가 등이 수반된다.

(3) 내국인 구인 노력(외국인고용법 6조)

외국인근로자를 고용하기에 앞서 사용자는 '내국인 고용기회 보호의 원칙'에 따라 내국인에 대한 구인 노력을 선행하여야 한다. 즉, 직안법(2조의2 1호)에 따른 직업안정기관에 우선 내국인 구인 신청을 하여야 하고 업종에 따라 7일(예외적으로 3일) 또는 14일(예외적으로 7일) 내에 내국인을 채용하지 못하였을 경우에 내국인 구인노력 증명서를 작성하여 고용허가를 신청할 수 있게 된다.

(4) 고용허가서 발급(외국인고용법 8조, 20조)

위와 같이 내국인 구인 신청을 하고도 인력을 채용하지 못한 사용자는 고용허가서 발급을 신청하고 외국인구직자 명부에 등록된 사람 중 적격자를 추천

받으면서 고용허가서를 발급받게 된다.

고용허가서를 발급받기 위해서는 (i) 외국인력정책위원회에서 정한 외국인근로자 도입 업종 및 외국인근로자를 고용할 수 있는 사업·사업장이어야 하며, (ii) 정당한 이유 없이 내국인의 채용을 거부한 경우가 아니어야 하고, (iii) 내국인 구인 신청을 한 날의 2개월 전부터 외국인근로자 고용허가서 발급일까지 고용조정으로 내국인근로자를 이직시키지 아니하였어야 하며, (iv) 내국인 구인 신청을 한 날의 5개월 전부터 고용허가서 발급일까지 임금을 체불한 전력이 없어야 하고, (v) 고용보험 및 산업재해보상보험에 가입하고 있어야 하며, (vi) 이미 외국인근로자를 고용하고 있는 사업·사업장인 경우에는 그 외국인근로자를 대상으로 후술하는 보험·신탁에 가입하고 있어야 한다(외국인고용법 시행령 13조의4).

고용허가를 받지 아니하고 외국인근로자를 고용하거나 고용허가가 취소된 사용자, 외국인고용법 또는 출입국관리법을 위반하여 처벌을 받은 전력이 있는 사용자에 대해서는 그 사실이 발생한 날부터 3년간 외국인근로자의 고용을 제한할 수 있다.

(5) 근로계약 체결(외국인고용법 9조, 10조)

사용자가 선정된 외국인근로자를 고용하려면 고용노동부가 정한 양식의 표준근로계약서를 사용하여 근로계약을 체결하여야 한다.

이 표준근로계약서에는 근로계약기간, 근로장소, 업무내용, 근로시간, 휴게시간, 휴일, 임금, 임금지급일, 지급방법, 숙식제공 등 핵심적 근로조건이 국어와 영어로 병기되어야 하고, 사용자와 외국인근로자가 연명으로 서명하여야 한다(외국인고용법 시행규칙 8조 별지 6호 서식).

한편 근로계약은 고용허가서가 발급된 때로부터 3개월 이내에 이루어져야 하며, 외국인근로자의 사망 등 불가피한 사유로 그 외국인근로자와 근로계약을 체결하지 못하거나 근로계약을 체결한 후 사용자의 책임이 아닌 사유로 외국인근로자가 근로를 개시할 수 없게 된 경우에만 고용허가서를 재발급받을 수 있다(외국인고용법 시행령 14조).

사용자는 외국인근로자와 근로계약을 체결하고 출입국관리법령에 따라 그 외국인근로자를 대리하여 사증발급인정서를 신청할 수 있다.

(6) 근로계약기간 및 취업활동 기간의 제한(외국인고용법 9조, 18조, 18조의2)

고용허가를 받은 사용자와 외국인근로자는 3년의 기간 내에서 당사자 간 합의로 근로계약을 체결하거나 갱신할 수 있다. 여기서 3년은 취업활동 기간의 제한, 곧 외국인근로자가 입국한 날부터 취업활동을 할 수 있는 기간의 종기이다.

다만 일정한 조건으로 취업활동 기간의 제한에 관한 특례가 인정되는데, 이 경우 사용자는 취업활동 기간이 연장된 외국인근로자와 그 연장된 취업활동 기간의 범위에서 근로계약을 체결할 수 있게 된다.

(7) 보험 · 신탁(외국인고용법 13조, 14조, 15조, 23조)

외국인근로자를 고용한 사용자는 외국인근로자의 출국 등에 따른 퇴직금 지급을 목적으로 외국인근로자가 피보험자 또는 수익자로 된 보험 · 신탁에 가입하여야 한다. 사용자가 출국만기보험 · 신탁(외국인근로자가 귀국 시 필요한 비용에 충당하기 위하여 가입하여야 하는 보험 · 신탁)에 가입한 경우에는 퇴직급여법상 퇴직금제도를 설정한 것으로 본다.

이에 더하여 상시 300명 미만의 근로자를 사용하는 사업 · 사업장 등 대통령령으로 정하는 사업 · 사업장의 사용자는 임금체불에 대비하여 외국인근로자를 위한 보증보험에 가입하여야 한다. 외국인근로자도 일정한 경우 질병 · 사망 등에 대비한 상해보험에 가입할 의무가 있다.

외국인근로자에게 국민건강보험법을 적용하는 경우 그 외국인근로자를 직장가입자로 본다. 외국인근로자에게도 고용보험과 산업재해보상보험이 적용됨에는 의문이 없다.

국민연금의 경우에는 국민연금법(126조)이 정한 바에 따라 상호주의 원칙이 채택되어 있다. 즉, 외국인근로자의 본국법이 대한민국 국민에게 적용되지 아니하면 국민연금법 역시 외국인근로자에게는 적용되지 않는다.

(8) 고용허가의 취소(외국인고용법 19조)

직업안정기관의 장은 사용자가 거짓이나 부정한 방법으로 고용허가를 받거나 입국 전에 계약한 임금 그 밖의 근로조건을 위반한 경우, 사용자의 임금체불 또는 노동관계법 위반 등으로 근로계약을 유지하기 어렵다고 인정되는 경우에는 고용허가를 취소할 수 있다.

(9) 사업·사업장 변경(외국인고용법 25조)

외국인근로자는 최초 취업한 사업·사업장에서 계속 근무하는 것이 원칙이지만, 해당 사업·사업장에서 근무하기 어렵게 된 경우에는 사업·사업장 변경을 허용할 필요가 있다.

구체적으로는, (i) 사용자가 정당한 사유로 근로계약기간 중 근로계약을 해지하려고 하거나 근로계약이 만료된 후 갱신을 거절하려는 경우, (ii) 휴업·폐업, 고용허가의 취소, 고용의 제한, 사용자의 근로조건 위반 또는 부당한 처우 등 외국인근로자의 책임이 아닌 사유로 인하여 사회통념상 그 사업·사업장에서 근로를 계속할 수 없게 되었다고 인정되는 경우, (iii) 상해 등으로 외국인근로자가 해당 사업·사업장에서 계속 근무하기는 부적합하나 다른 사업·사업장에서 근무하는 것은 가능하다고 인정되는 경우, 외국인근로자는 직업안정기관의 장에게 다른 사업·사업장으로의 변경을 신청할 수 있으며, 이후 그 외국인근로자의 고용은 앞서 본 절차와 동일하게 진행된다.

이러한 사업장 변경은 3년의 취업활동 기간 중에는 원칙적으로 3회를 초과할 수 없고, 연장된 취업활동 기간 중에는 2회를 초과할 수 없으나, 외국인근로자의 책임이 아닌 사유로 사업·사업장이 변경되는 경우는 포함하지 아니한다.[150]

(10) 특례고용(외국인고용법 12조, 18조의2)

외국인력정책위원회가 일용근로자 노동시장의 현황, 내국인근로자 고용기회의 침해 여부 및 사업장 규모 등을 고려하여 건설업 중에서 정하는 사업·사업장 또는 산업별 특성을 고려하여 서비스업·제조업·농업·어업 중에서 정하는 사업·사업장의 경우 사용자는 아래 특례고용가능확인을 받은 후 출입국관리법 시행령 [별표 1의2] 중 [29. 방문취업(H-2)]의 체류자격에 해당하는 사증을 발급받고 입국한 외국인[151])으로서 국내에서 취업하려는 사람을 고용할 수 있다(외국인고용법 시행령 19조).

내국인 구인 신청을 한 사용자는 인력을 채용하지 못한 경우 특례고용가능확인을 신청할 수 있으며, 직업안정기관의 장은 위와 같은 요건을 갖춘 경우 특례고용가능확인서를 발급하여야 한다.

---

150) 헌재 2011. 9. 29. 선고 2007헌마1083 등 결정은 위와 같은 사업·사업장 변경 횟수 제한이 헌법에 위반되지 않는다고 판단한 바 있다.
151) 재외동포법상 외국국적동포이다.

특례고용가능확인의 유효기간은 원칙적으로 3년이고, 취업활동 기간 제한에 관한 특례가 인정된다.

3. 외국인근로자의 법적 지위

가. 외국인근로자와 개별적 근로관계

외국인근로자 중에서도 취업자격 있는(합법체류) 외국인근로자가 근로자성을 전제로 하는 법적 보호를 받을 수 있다는 점에는 그다지 의문이 없다. 다시 말하여 개별적 근로관계를 규율하는 법령을 차별 없이 적용받게 된다.

실제로 근기법(6조)은 국적을 이유로 근로조건에 대하여 차별적 처우를 하지 못하도록 규정하고 있다. 외국인고용법(22조)도 사용자가 외국인근로자라는 이유로 부당하게 차별하여 처우하는 것을 금지하고 있다.[152]

대법원 역시 근로관계의 실질에 따라 외국인근로자(산업연수생)의 근로자성을 긍정하면서 개별적 근로관계를 규율하는 법령이 내국인과 동등하게 적용됨을 분명히 한 바 있다.[153]

이와 달리 취업자격 없는(불법체류) 외국인근로자는 법적 보호를 받을 수 없는 것 아닌지, 다른 각도에서 그 근로계약(고용계약)은 무효가 아닌지 논란이 될 수 있다. 출입국관리법(17조, 18조)이 외국인은 체류자격과 체류기간의 범위에서 체류할 수 있도록 하면서 외국인이 취업하려면 취업활동을 할 수 있는 체류자격을 받게 하고 그러한 체류자격이 없는 사람의 고용을 제한하고 있기 때문이다.

그런데 대법원 1995. 9. 15. 선고 94누12067 판결은 외국인근로자가 단지 '취업자격이 없다는 이유만으로' 법적 보호를 받을 수 없는 것은 아니라는 취지로 판시하였다.

위 대법원 판결은, '출입국관리법령이 취업자격 없는 외국인의 고용을 금지하려는 입법목적이 있음을 인정'하면서도 '이는 취업자격 없는 외국인의 고용이

---

152) 국적에 의한 차별금지에 관한 자세한 내용은 법 6조에 대한 해설 Ⅲ. 2. 참조.
153) 대법원 1995. 12. 22. 선고 95누2050 판결, 대법원 1997. 10. 10. 선고 97누10352 판결(외국인근로자에게 산업재해보상보험의 적용을 긍정), 대법원 1997. 3. 28. 선고 96도694 판결(외국인근로자 취업알선이 유로직업소개사업에 해당한다고 판단), 대법원 2004. 5. 14. 선고 2004도1745 판결(외국인근로자가 최임법상 근로자에 해당한다고 판단), 대법원 2005. 11. 10. 선고 2005다50034 판결(외국인근로자가 근기법상 근로자에 해당한다고 판단), 대법원 2006. 12. 7. 선고 2006다53627 판결(외국인근로자가 근기법 및 최임법상 근로자에 해당한다고 판단). 관련 평석으로는 최은배c, 472면 이하. 관련 설명 및 관련 행정해석을 취합한 것으로는 구건서, 72~74면.

라는 사실적 행위 자체를 금지하려는 것일 뿐 취업자격 없는 외국인이 사실상 제공한 근로에 따른 권리나 이미 형성된 근로관계에 있어서의 근로자로서의 신분에 따른 노동관계법상 제반 권리 등의 법률효과까지 금지하려는 규정으로는 보기 어려워 취업자격 없는 외국인이 근로계약을 체결하였다 하더라도 그것만으로 그 근로계약이 당연히 무효라고는 할 수 없음'을 근거로 들어, 취업자격 없는 외국인근로자도 근기법상 근로자에 해당하고 따라서 산재법상 요양급여를 받을 수 있다는 결론을 도출하였다.

다만 그 판시 내용 중 "취업자격은 외국인이 대한민국 내에서 법률적으로 취업활동을 가능케 하는 것이므로 이미 형성된 근로관계가 아닌 한 취업자격 없는 외국인과의 근로관계는 정지된다고 하여야 할 것이고, 당사자는 언제든지 그와 같은 취업자격이 없음을 이유로 근로계약을 해지할 수 있다 할 것이다."라는 부분, 즉 근로관계가 정지된다는 표현의 의미가 명확하지는 아니하다.

이는 개별적 근로관계의 당사자가 '장래를 향하여' 각자 근로계약상 의무의 이행을 상대방에게 강제할 수는 없다는 뜻으로 여겨진다. 근로계약이 해지되지 않는 한, 그 사법상 효력은 불완전하나마 여전히 인정된다고 이해하는 쪽이 타당할 것이다.

한편 손해배상의 일실수입에 관한 대법원 1998. 9. 18. 선고 98다25825 판결은 불법체류 외국인인 경우에도 국내에서의 취업가능기간(입국 목적과 경위, 사고 시점에서의 본인 의사, 체류자격의 유무 및 내용, 체류기간, 체류기간 연장의 실적 내지 개연성, 취업현황 등을 고려하여 판단) 동안에는 국내에서 실제 얻고 있던 수입 또는 통계소득을 기초로 일실수익을 산정하여야 한다고 판시하였다.[154)]

나. 외국인근로자와 집단적 노동관계

근로자의 단결권·단체교섭권·단체행동권, 곧 노동 3 권의 법적 성격에 관해서는 국가의 간섭 배제를 강조하는 자유권설, 국가에 적극적 보장을 요구하는 관점에서 접근하는 사회권설, 양자를 아우르는 혼합권설 등의 논의가 있다.

외국인이 노동 3 권의 주체가 되는지에 관해서도 이를 긍정하는 견해가 있는가 하면 원칙적으로 부정하는 견해도 있다.

나아가 단결권, 단체교섭권, 단체행동권 상호 관계를 어떻게 파악할 것인지

---

154) 위 대법원 판결에서는 '불법체류 외국인의 취업활동 자체가 공서양속이나 사회질서에 반하는 것으로서 사법상 당연무효가 되지 않는 이상'이라는 표현을 사용하고 있다.

에 관해서도 유기적 관련성을 인정하는 단체교섭권 중심설이나 단결권 중심설, 유기적 관련성 자체를 부정하는 견해 등이 존재한다.

그렇지만 근로자성이 인정되는 외국인근로자의 노동 3 권은 마땅히 균등대우 원칙이 적용되어야 하는 영역이므로, 이를 보장할 필요가 있겠다. 1990년 이주노동자권리협약 26조 1항 (b), ILO 97호 협약 6조 1항 (a) (ii), 151호 협약Ⅰ. 2. (g) 등에서도 외국인근로자에 대하여 내국인과 동일하게 단결권 등을 보장할 것을 요구하고 있다.

따라서 근로자성을 부인할 수 없는 취업자격 있는 외국인근로자에 대하여 집단적 노동관계에 관한 법령을 적용함으로써 그 노동 3 권을 보장함이 옳다.[155]

개별적 근로관계와 마찬가지로 취업자격 없는 외국인근로자도 노동 3 권을 보장받을 수 있는지 문제가 된다.

이에 관해서는, (i) 출입국관리법령상 취업자격 내지 체류자격은 행정목적상 단속기준에 불과할 뿐 노동조합법상 근로자인지 조합원 자격이 있는지를 판단하는 기준이 될 수 없고, 노동조합법상 근로자 정의 규정에 부합한다면 취업자격 유무를 떠나 노동조합법상 근로자로 보아야 한다는 관점에서 전면 긍정하는 견해, (ii) 사용자가 언제든지 근로계약을 해지할 수 있어 장차 근로관계가 계속될 수 있음을 전제로 단체협약의 체결을 통하여 근로조건을 유지·개선하는 것 자체가 원천적으로 가능하지 아니할 뿐만 아니라, 사용자에게 고용이 금지된 사람과의 근로관계를 장래에도 지속하도록 일종의 불법을 강요하는 결과가 될 수 있다는 이유로 전면 부정하는 견해, (iii) 취업자격 없는 외국인근로자라도 기존 노동조합에 가입하여 활동하는 것은 가능하되, 취업자격 없는 외국인근로자만으로 혹은 취업자격 없는 외국인근로자가 주축이 되어 조직한 단결체는 근로조건의 개선을 목적으로 하는 노동 3 권을 실현할 수 없어 허용되기 어렵다는 견해 등을 상정할 수 있다.

대법원 2015. 6. 25. 선고 2007두4995 전원합의체 판결은 "타인과의 사용종속관계하에서 근로를 제공하고 그 대가로 임금 등을 받아 생활하는 사람은 노동조합법상 근로자에 해당하고, 노동조합법상의 근로자성이 인정되는 한, 그러

---

155) 실제로 인천 연수구 소재 어학원의 외국인강사들이 노동조합을 결성하여 2009. 11. 24. 설립신고증을 받은 사례가 있으며, 초기업적 노동조합인 전국금속노동조합을 중심으로 외국인근로자가 노동조합에 가입하고 단체협약에 외국인근로자 관련 조항이 삽입되는 등의 사례도 있다.

한 근로자가 외국인인지 여부나 취업자격의 유무에 따라 노동조합법상 근로자의 범위에 포함되지 아니한다고 볼 수는 없다."라고 판시함으로써 취업자격 유무와 노동 3 권의 보장은 차원이 다른 별개의 문제임을 분명히 하였는데, 매우 타당한 결론이다.156)

4. 벌 칙

외국인고용법에서 정한 주요 벌칙 규정 내용이다.

직업안정기관이 아니면서 외국인근로자의 선발·알선·채용에 관여하는 경우, 외국인근로자가 귀국하기 전에 금품을 청산하지 않은 경우, 고용허가가 취소되었음에도 외국인근로자와의 근로계약을 종료하지 아니한 경우, 외국인근로자의 사업·사업장 변경을 방해한 경우, 법정 권한 없이 근로계약 체결의 대행이나 외국인근로자 고용에 관한 업무의 대행 혹은 외국인근로자 관련 사업을 하는 대가로 금품을 받은 경우에는 1년 이하 징역 또는 1,000만 원 이하 벌금에 처한다(29조).

출국만기보험·신탁에 가입하지 아니한 사용자는 500만 원 이하 벌금에 처한다(30조).

법인의 대표자나 법인 또는 개인의 대리인, 사용인, 그 밖의 종업원이 그 법인 또는 개인의 업무에 관하여 위와 같은 위반행위를 하면 그 행위자를 벌하는 외에 그 법인 또는 개인에게도 벌금형을 과하되, 법인 또는 개인이 그 위반행위를 방지하기 위하여 해당 업무에 관하여 상당한 주의와 감독을 게을리 하지 아니한 경우에는 벌하지 아니한다(31조).

근로계약을 체결할 때 표준근로계약서를 사용하지 아니하거나 외국인구직자 명부에 등록된 사람 중에서 채용하지 아니한 사용자, 출국만기보험·신탁의 매월 보험료 또는 신탁금을 3회 이상 연체한 사용자에게는 500만 원 이하 과태료를 부과한다(32조).

[김 성 수·김 선 일·이 현 석]

---

156) 불법체류 외국인을 주된 구성원으로 하는 단결체는 노동조합법상 노동조합으로 볼 수 없다는 이유로 노동조합 설립신고서를 반려한 노동청의 처분이 위법하다고 본 원심의 판단을 지지하였다. 김선일a, 385면.

제10조(공민권 행사의 보장)

　사용자는 근로자가 근로시간 중에 선거권, 그 밖의 공민권(公民權) 행사 또는
공(公)의 직무를 집행하기 위하여 필요한 시간을 청구하면 거부하지 못한다. 다
만, 그 권리 행사나 공(公)의 직무를 수행하는 데에 지장이 없으면 청구한 시간
을 변경할 수 있다.

〈세 목 차〉

[참고문헌]

김수복, 근로기준법(개정 4 판), 중앙경제(2016); **김형배a**, 근로기준법(8판 증보 신판), 박
영사(2001); **박상필**, 한국노동법(전정판), 대왕사(1988); **이상윤a**, 근로기준법, 법문사
(1999); **하우영**, 노동법(Ⅰ), 전남대학교 출판부(2003); 石松亮二・宮崎鎭雄 外(**石松・宮
崎**), 現代勞働法(4訂版), 中央經濟社(2006); 新勞働法講座7(**新講座**), 勞働保護法(1), 日本勞
働法學會, 有斐閣(1966); 安枝英訷・西村健一郎(**安枝・西村**), 勞働法(第 9 版), 有斐閣(2006);
片岡 昇(**片岡**), 勞働法(2)(第 4 版) ― 勞働者保護法, 有斐閣(1999).

Ⅰ. 의　　의

1. 취　　지

　법 10조는 근로자가 시민으로서 공적 활동을 수행할 수 있는 시간을 보장
하고 있다. 이는 근로자도 주권자이기 때문에 국민으로서 권리 행사와 의무 이
행을 할 수 있도록 보장하기 위한 것이다. 따라서 근로자는 공민권 행사 또는
공의 직무 집행을 위하여 해고 등 불이익을 받지 않고 근무에서 벗어날 수 있
고, 사용자는 근로자의 공민권 행사 등을 방해할 수 없다.[1]

1) 김유성, 46면; 김형배a, 94면; 하갑래, 386면.

다른 한편, 시민의 정치 과정 참가, 공직 참가 등 공적 활동은 민주제 국가에서 불가결한 요소가 되고, 시민의 상당수가 근로자이기 때문에 법 10조는 근로자의 공적 활동이 요청되는 민주적 제도의 실효성을 확보하는 측면도 고려하고 있다.2) 법 10조는 바이마르 공화국 헌법 160조에서 유래한다.3)

이와 관련하여 법 10조가 민주제 국가의 제도 유지를 위하여 근로자를 민주적 제도에 참여할 수 있도록 국가가 근로계약에 의한 구속을 일시적으로 해제하는 일종의 공용 징수와 같은 작용을 한다고 보는 견해도 있다.4) 이 견해에 따르면 국가가 사용자의 희생에 대하여 보상을 하는 것은 사실상 불가능에 가깝기 때문에 사용자의 손실을 최소화하기 위하여 '시간의 변경권'을 부여함과 동시에 근로자에 대한 임금 지급 의무 역시 면하게 함으로써 국가 제도의 유지와 노사 간의 희생을 조정한다는 것이다.5)

법 10조는 일용직을 포함한 모든 근로자에게 적용된다.6)

2. 권리의 성격

근로자는 법 10조에 근거하여 공민권의 행사 등에 필요한 시간을 사용자에게 청구하는 경우에 거부당하지 않을 권리를 갖고, 사용자는 이에 대하여 근로자의 공민권 행사 등을 방해하지 않는 이상 근로자가 청구한 시간을 변경할 권리를 보유한다. 이러한 규정의 구조는 약간의 차이는 있지만 연차 유급휴가에 관한 법 60조 5항7)의 구조와 유사하다. 따라서 연차 유급휴가에 관한 논의가 법 10조에도 기본적으로 적용될 수 있다.8) 즉, 근로자는 공민권 행사 등에 필요한 시간을 지정할 수 있는 권리를 갖고, 사용자는 이에 대하여 지정된 시간을

---

2) 注釋(上), 134면; 新講座, 70면; 勞基(上), 102면; 片岡, 40면.
3) 바이마르 공화국 헌법 160조는 "고용 또는 근로관계에 있는 피용자 또는 근로자는 공민으로서 권리를 행사하고, 업무의 집행을 현저하게 저해하는 경우를 제외하고 위탁을 받아 공적인 명예직을 집행하기 위하여 필요한 자유 시간을 가진다. 이에 대한 보상청구권은 법률에 따른다"라고 규정하였다[勞基(上), 102면에서 재인용].
4) 新講座, 70면; 片岡, 40면.
5) 新講座, 70면.
6) 하갑래, 386면; 2002. 6. 8. 근기 68207-2159.
7) 법 60조 5항은 "사용자는 제1항부터 제4항까지의 규정에 따른 휴가를 근로자가 청구한 시기에 주어야 하고, 그 기간에 대하여는 취업규칙 등에서 정하는 통상임금 또는 평균임금을 지급하여야 한다. 다만, 근로자가 청구한 시기에 휴가를 주는 것이 사업 운영에 막대한 지장이 있는 경우에는 그 시기를 변경할 수 있다"고 규정하고 있다.
8) 注釋(上), 134면.

변경할 수 있는 권리를 행사할 수 있다.

II. 법 10조의 적용요건

1. 공 민 권

공민권이라 함은 법령이 국민 일반에게 보장하고 있는 공민으로서 가지는 권리이다.[9] 헌법 개정을 위한 국민투표권, 국회의원과 대통령의 선거권, 지방자치단체 및 의회 대표자를 소환하기 위한 주민투표권 외에 근로자 스스로 입후보하는 경우 피선거권 등을 포함한다.[10]

지방의회의원 입후보 이후 자신을 위한 적법한 선거운동도 공민권 행사의 범위에 포함되고,[11] 공직선거법상의 선거 또는 당선에 관한 소송 역시 공민권의 행사라고 보아야 한다.[12]

하지만 다른 후보자를 위한 선거운동은 공민권 행사에 포함되지 않고,[13] 민사소송의 원고·피고로서 소권을 행사하는 것은 개인적인 권리를 실현하기 위한 것이어서 원칙적으로 공민권 행사에 해당하지 않는다.[14]

2. 공의 직무

공의 직무란 법령에 규정된 직무로서 직무 자체가 공적인 성질을 가진 것을 의미하는 것으로, 근로자 자신이 공법상의 직위에 수반되는 권리·의무를 수행하는 것은 물론 국가의 사법·행정상의 작용과 관련하여 이에 따르지 않을 수 없는 경우까지도 포함한다.[15]

국회의원, 지방의회의원,[16] 노동위원회 위원으로서의 직무와 민소법·노위

---

9) 김유성, 46면; 김형배a, 94면; 이상윤, 130~131면(다만, 공민권에 의무를 포함하는 것으로 해석하고 있다); 임종률, 387면; 하갑래, 386면.
10) 김형배a, 94면; 박홍규, 177면; 이상윤, 130~131면; 임종률, 387면.
11) 김형배a, 94면; 1991. 6. 20. 근기 01254-9404.
12) 김형배a, 94면; 하갑래, 387면 각주 4).
13) 김형배a, 93면; 박홍규, 177면; 이상윤, 131면.
14) 김수복, 59면; 김형배a, 94면; 菅野, 238면; 이에 대하여 재판권은 시민생활상의 분쟁해결을 종국적으로는 재판에 위임할 수밖에 없는 현대 법치국가의 공적 질서를 유지하는 권리라는 점, 실제 소송 당사자가 되는 경우에 시간 보장이 필요하다는 점, 공민권 행사의 보장은 최저기준에 불과한 것으로 임금지급의무가 없다는 점 등을 고려하면 공민권의 범위에 포함되어야 한다는 견해도 있다(石松·宮崎, 48면).
15) 김유성, 47면; 김형배a, 95면; 이병태, 503면; 이상윤 131면; 하갑래, 387면.
16) 2002. 7. 29. 근기 68207-2612.

법 등 법령에 의한 증인·감정인으로서 법원에 출석하는 행위,[17] 국회의 증인 및 감정인 또는 노조법 83조에 의한 증인의 직무, 주민등록 갱신 행위,[18] 예비 군법·민방위기본법 등에 근거를 둔 예비군 훈련 소집 등에 응하는 행위[19]는 모 두 공의 직무라고 할 수 있다. 국민의 형사재판 참여에 관한 법률에 따라 배심 원으로 형사재판에 참여하는 행위도 공의 직무이다.

부당노동행위 또는 부당징계 등 구제신청을 하고 증인이 아니라 구제신청 본인으로서 출석요구서를 받고 노동위원회에 출석하는 것은 공권이 아닌 사권 의 성격이 강하여 이를 공의 직무로 볼 수 없으나,[20] 이에 대하여는 공법상의 규정에 의하여 수행하여야 할 활동은 원칙적으로 모두 공의 직무로 보는 것이 타당하고, 노동위원회의 판정이 공적 성격을 가지며 출석하지 않으면 공정한 심 사를 기대하기 어렵다는 견지에서 공의 직무로 보는 견해도 있다.[21]

노동조합업무는 조합 자체 즉, 사적 이익을 위한 행위로서 공의 직무가 아 니고,[22] 정당활동은 공민으로서 국가 또는 공공단체의 공무에 참가하는 것이 아 니며 직무 자체가 공적 성질을 갖는다고 볼 수 없으므로 '공의 직무'가 아니 다.[23] 판례는 운수회사의 노동조합 대의원선거에 입후보하여 그 선거운동을 한 다는 이유로 회사의 배차지시를 거부하고 결근한 것은 정당한 사유에 의한 결 근이라고 볼 수 없어 징계해고사유에 해당된다고 한다.[24]

3. 필요한 시간

공민권 행사 등에 필요한 시간은 구체적으로는 근로자가 청구하는 때에 지 정되지만, 사용자가 거부할 수 없는 '필요한 시간'의 범위는 근로자가 청구한 시간에 좌우되는 것이 아니라, 해당 공민권의 행사 또는 공의 직무의 성질에 따 라 객관적으로 실제 필요한 시간인지 여부에 따라 판단해야 한다.[25]

법 10조의 취지로 보아 공민권의 행사 또는 공의 직무 수행에 필요한 충분

---

17) 박홍규, 177면; 이상윤, 131면.
18) 박홍규, 177면; 이상윤, 131면; 1983. 12. 12. 근기 1451-30552.
19) 박홍규, 177면; 이상윤, 131면.
20) 하갑래, 387면; 임종률, 387면; 2002. 10. 7. 근기 68207-3016.
21) 김형배a, 95면; 박홍규, 177면; 이상윤a, 115면.
22) 하갑래, 387면.
23) 하갑래, 387면; 1971. 1. 13. 근기 1455-323.
24) 대법원 1992. 2. 11. 선고 91다5976 판결.
25) 김유성, 47면; 김형배a, 95면; 이상윤, 131면; 임종률, 387면.

한 시간이 되어야 하므로, 공민권 행사 등에 필요한 최소한의 시간뿐 아니라 왕복 시간 등 부수적인 시간, 사전 준비나 공민권 행사 후 사후 정리에 필요한 시간을 포함한다.[26]

III. 법 10조의 효과

1. 거부의 금지 및 근로의무의 소멸

근로자가 공민권 행사 또는 공의 직무 수행을 위하여 필요한 시간을 청구하면 사용자는 이를 거부하지 못하고, 공민권 행사 등에 필요한 시간에 해당하는 근로자의 근로의무는 소멸한다.

사용자로서는 근로자가 공민권 행사 등을 하기 위해 충분한 필요한 시간을 허용하면 그것으로 충분하고, 그 시간에 근로자가 공민권 행사 등을 하였는지 여부는 문제되지 않는다. 반대로 공민권 행사 등을 위해 필요한 시간을 부여하지 않더라도 공민권 행사에 직접적인 지장을 가져오지 않는 경우에는 그 시간을 부여하지 않을 수 있다는 행정해석이 있다.[27] 근로시간 중에 공민권 행사를 하는 것이 어려운 야간 근로자들이 이에 해당할 것이다.

취업규칙에 공민권의 행사 등은 근로시간 외의 시간에 이루어져야 한다는 규정을 두고 있더라도 그 규정의 존재만으로는 법 10조 위반이 아니지만, 실제 그 규정을 근거로 근로자의 청구를 거부하는 경우에는 법 10조 위반이 되고, 위와 같은 규정은 법 규정에 정면으로 반하므로 무효라고 보아야 한다.[28]

사용자의 법 10조 위반은 거부 행위 자체로 성립하며, 거부의 결과로 근로자가 공민권 행사 등을 하지 못하였는지 여부는 문제되지 않는다.[29]

2. 시간의 변경

사용자는 공민권 행사 등에 지장이 없는 이상 근로자가 청구한 시간을 변

---

26) 이상윤, 131면; 서울남부지법 1993. 1. 19. 선고 91가합19495 판결(원고가 광역지방의회의원 선거 후보로 출마하기 위하여 필요한 기간을 명시한 휴직원을 제출하였으나 회사가 휴직 청구를 거부하고 그 기간 동안 출근하지 않았다는 사유로 해고한 것은 징계권의 범위를 일탈한 행위라고 본 판결이다).

27) 1991. 6. 28. 근기 01254-9404.

28) 注釋(上), 136면.

29) 김형배a, 96면.

경할 수 있다(법 10조 단서). 연차 유급휴가 등의 시기 변경에서는 사업의 정상적
인 운영을 위해 필요한 경우일 것이라는 등의 한계가 있으나, 법 10조는 공민권
행사 등에 지장이 없는 이상 그 시간의 변경에 대하여 아무런 제한을 두지 않
는다.

    법 10조는 같은 취지의 일본 노동기준법 7조의 구조가 '근로자의 시간 청
구권-사용자의 시각 변경권'인 것과는 달리 사용자에게도 '시간의 변경권'을 부
여하고 있다. 따라서 법 10조 소정의 시간의 변경에는 '근로의무가 소멸하는 시
간의 양'뿐만 아니라 '근로의무가 소멸하는 시기(始期)와 종기(終期)'를 변경하는
것도 포함된다고 해석된다.

    시간의 변경에 '시(時)'의 변경만이 가능한지, '일(日)'의 변경도 가능한지 문
제될 수 있으나 공민권 행사 등에 지장을 주지 않는다면 일(日)의 변경도 가능
할 것이다.[30]

    휴게시간은 근로시간에 해당하지 않기 때문에 사용자가 휴게시간을 이용하
여 공민권을 행사하도록 요구하는 것은 근로시간 중의 행사를 보장하는 법 규
정에 반할 뿐만 아니라 휴게시간 자유 이용 원칙에도 위배된다.[31]

3. 불리한 처우 금지

    근로자의 직장 이탈이 채무불이행 또는 취업규칙상 징계 대상이 되지 않음
은 물론이고, 결근 처리, 주휴일 등의 출근율 계산에서 불리한 처우를 하지 못
한다.[32]

    근로자가 회사의 승인 없이 공직에 취임한 때에는 '징계 해고'한다고 정한
취업규칙은 강행법규인 법 10조 위반이 되어 무효이다.[33] 또한 법 10조를 배제
하는 당사자 사이의 특약이나 사용자의 승인을 공직 취임의 요건으로 하는 특
약 역시 무효이다.[34] 다만, 장기간에 걸친 공민권 행사의 경우 단체협약에 휴직
하는 것으로 정하면 법 10조 위반으로 되지 않는다는 견해도 있다.[35]

    이와 관련해서 공의 직무 집행이 장기간을 요하게 되어 근로계약상의 의무

---

30) 박상필, 103면; 박홍규, 178면; 이상윤, 131면; 하갑래, 388면; 하우영, 80면; 安枝·西村, 68면.
31) 김유성, 48면.
32) 1991. 6. 28. 근기 01254-9404.
33) 임종률, 387면; 菅野, 238면.
34) 安枝·西村, 68면; 下井, 75면; 菅野, 238면.
35) 하우영, 80면.

이행이 곤란한 경우 이를 이유로 근로자를 통상 해고하거나 휴직시킬 수 있는
지 여부가 문제된다.

　　법 10조는 정상적인 근로관계의 존속을 전제로 근로자의 공적 활동과 조화
를 이루는 데 그 목적이 있고, 근로자의 공직 취임에 의하여 정상적인 근로관계
의 유지가 불가능한 경우까지도 근로자의 해고·휴직을 금지하는 것은 아니므
로,36) 공의 직무 활동으로 사회통념상 정상적인 근로관계가 유지되기 어렵다고
인정될 수 있는 경우에는 법 23조에 따라 해고를 하거나 취업규칙 등에 의한
휴직 처리가 가능할 것이라는 견해가 있다.37) 현실적으로는 이러한 경우가 많을
것으로 짐작되지만, 해고는 공직 취임에 따른 업무 저해가 초래되더라도 공직
수행과 병행 가능한 직무로 전직하거나 휴직을 하는 등 근로관계의 유지를 위
한 조치를 기대할 수 없는 경우에 한하여 가능하다고 봄이 타당하다.38)

　　헌법재판소는 정부투자기관인 대한석탄공사의 직원들이 지방의회의원에 입
후보하려고 하였으나 구 지방의회의원선거법과 지방자치법, 정부투자기관관리
기본법의 규정에 의하여 입후보가 불가능하게 되자 이에 대하여 헌법소원을 제
기한 사안에서, 정부투자기관이 지방의회의원의 겸직을 금지하도록 한 입법은
지방의회의원과 정부투자기관 직원 모두의 직무 수행 성실성을 보장하고 그에
따라 정부투자기관의 효율적 관리와 운영을 도모하는 한편, 지방의회 기능의 활
성화를 통한 지방자치제도의 정착이라고 하는 공공복리를 위하여 필요한 기본
권의 제한에 해당되고, 입법자의 입법형성권에 속하는 사항이라고 보았다.39)

---

36) 김형배a, 97면.

37) 김수복, 61면; 김형배a, 97면; 임종률, 387면; 2002. 7. 29. 근기 68207-2612; 2004. 5. 12. 근기
　　68207-2328; 서울고법 2017. 2. 1. 선고 2015누66174 판결(임기 4년의 시의원으로 당선된 원고
　　에게 회사가 정상적인 근로관계의 유지가 불가능하다고 보아 위 기간 동안 휴직명령을 한
　　것은 법 10조에 위반되지 않는다고 본 판결이다); 한편, 하급심 판결 중에는 법 10조의 입법
　　취지는 근로자가 사용자와 근로관계를 계속 유지하는 가운데 근로시간 중에 선거권, 그 밖의
　　공민권 행사 또는 공의 직무를 집행하기 위하여 필요한 시간을 청구하면 사용자는 이를 허
　　가하여야 한다는 것이므로, 이로써 나아가 근로자가 공직에 취임 재직하는 경우 사용자가 근
　　로자에게 그 공무담임 기간에 겸직승인 또는 휴직명령을 하여야 하는 것으로 볼 수는 없다
　　고 판단한 사례가 있다(서울고법 2012. 7. 18. 선고 2012누883 판결). 이 사건에서 서울고법은
　　지방의료원에 재직 중인 원고가 원장의 승인 또는 휴직명령을 받지 않고 지방의회의원직을
　　겸직하는 것은 정관과 인사규정 등에서 규정한 겸직금지의무에 반하는 것으로 징계사유에
　　해당하지만, 인사규정에서 지방의회의원직 겸직을 직권면직사유로 규정하고 있지 않음에도
　　불구하고 통상해고(직권면직)를 한 것은 정당한 이유가 없어 무효라고 판단하였다.

38) 김유성, 47면; 2002. 7. 29. 근기 68207-2612; 下井, 75면(휴직도 직무수행과 양립할 수 없을
　　것을 요건으로 한다고 본다); 菅野, 238면.

39) 헌재 1995. 5. 25. 선고 91헌마67 결정.

4. 임금 지급의 요부

법 10조는 공민권의 행사 등에 필요한 시간의 청구를 사용자로 하여금 거부하지 못하게 하고 있을 뿐이고, 공민권 행사 등에 필요한 시간 동안 근로를 제공하지 못한 것에 대하여 사용자가 임금을 지급해야 할 것인가에 관하여는 아무런 규정이 없다. 단체협약, 취업규칙, 근로계약 등에 별도의 정함이 없는 한 공민권 행사 등에 필요한 시간에 대하여 사용자가 임금을 지급할 법적 의무는 없다고 해석된다.40)

한편, 공직선거법 6조 3항은 "공무원·학생 또는 다른 사람에게 고용된 자가 선거인명부를 열람하거나 투표하기 위하여 필요한 시간은 보장되어야 하며, 이를 휴무 또는 휴업으로 보지 아니한다"라고 규정하고 있는데, 휴무 또는 휴업으로 보아서는 안 된다는 것은 유급으로 하여야 하는 것으로 해석된다.41) 예비군법 10조42)와 민방위기본법 27조43)도 마찬가지다.44) 판례는 임금의 지급형태가 비록 일당 도급제라 하더라도 사용자는 예비군훈련이나 민방위훈련으로 인하여 일을 하지 못한 피고용자에 대하여 최소한의 임금을 지급하여야 하고, 그 최소한의 임금은 일당으로 간주되는 금액 중 기본급으로 책정된 금액으로 보는 것이 상당하다고 하고 있다.45) 이에 대하여 노사가 합의하여 투표일 전체를 무급 휴일로 지정한다고 하더라도 법 10조 위반이 아니라는 견해가 있으나,46) 이는 강행 법규 위반의 합의로서 무효로 보아야 한다.47)

---

40) 김수복, 61면; 김유성, 47면; 김형배a, 95면; 박홍규, 178면; 임종률, 387면; 이상윤a, 117면; 하갑래, 389면; "공민권 행사를 위하여 근로를 제공하지 못한 시간에 대한 임금지급 여부는 법령이나 당해 사업장의 단체협약이나 취업규칙 또는 근로계약에 정한 바에 따라야 할 것이므로 위 규정 등에 당일을 유급휴일로 한다는 특단의 정함이 없는 한 사용자가 임금을 지급하여야 할 법적 의무는 없다"라고 하였다(2004. 5. 12. 근로기준과 2328).
41) 김유성, 47면; 김형배a, 96면; 박홍규, 178면; 이병태, 539면; 이상윤a, 117면; 임종률, 387면; 하갑래, 389면; 2012. 5. 9. 근로개선정책과 2571.
42) "다른 사람을 사용하는 자는 그가 고용한 사람이 예비군대원으로 동원되거나 훈련을 받을 때에는 그 기간을 휴무로 처리하거나 그 동원이나 훈련을 이유로 불리한 처우를 하여서는 아니 된다."
43) "타인을 고용하는 자는 고용하는 자가 민방위 대원으로 동원되거나 교육 또는 훈련을 받은 때에는 그 기간을 휴무로 하거나 이를 이유로 불이익이 되는 처우를 하여서는 아니 된다."
44) 이와 관련하여 건설현장의 일용근로자나 백화점 등에서 일하는 근로자의 경우에도 공직선거법상의 투표권을 행사하기 위하여 공민권 행사가 가능하고, 이를 휴무나 휴업으로 처리해서는 안 된다는 행정해석이 있다(2002. 6. 8. 근기 68207-2159).
45) 대법원 1989. 5. 9. 선고 87도1801 판결.
46) 1992. 4. 28. 근기 01254-422.
47) 이상윤a, 117면.

평균임금의 산정 시 병역법, 예비군법, 민방위기본법에 의한 의무 이행을 위하여 휴직하거나 근로하지 못한 기간 중에 임금을 지급받지 못한 기간이 있을 경우에는 그 기간은 평균임금의 산정기준이 되는 기간에서 제외한다(영 2조 1항 7호).

5. 벌   칙

법 10조에 위반하는 경우에는 2년 이하의 징역 또는 2,000만 원 이하의 벌금이 부과된다(법 110조 1호).

[이 용 구·임 상 은]

제11조(적용 범위)

① 이 법은 상시 5명 이상의 근로자를 사용하는 모든 사업 또는 사업장에 적용한다. 다만, 동거하는 친족만을 사용하는 사업 또는 사업장과 가사(家事) 사용인에 대하여는 적용하지 아니한다.

② 상시 4명 이하의 근로자를 사용하는 사업 또는 사업장에 대하여는 대통령령으로 정하는 바에 따라 이 법의 일부 규정을 적용할 수 있다.

③ 이 법을 적용하는 경우에 상시 사용하는 근로자 수를 산정하는 방법은 대통령령으로 정한다.

영 제 7 조(적용범위) 법 제11조 제 2 항에 따라 상시 4명 이하의 근로자를 사용하는 사업 또는 사업장에 적용하는 법 규정은 별표 1과 같다.

[별표 1] 상시 4명 이하의 근로자를 사용하는 사업 또는 사업장에 적용하는 법 규정(제 7 조 관련)

구 분	적용법규정
제 1 장 총칙	제 1 조부터 제13조까지의 규정
제 2 장 근로계약	제15조, 제17조, 제18조, 제19조 제 1 항, 제20조부터 제22조까지의 규정, 제23조 제 2 항, 제26조, 제35조부터 제42조까지의 규정
제 3 장 임금	제43조부터 제45조까지의 규정, 제47조부터 제49조까지의 규정
제 4 장 근로시간과 휴식	제54조, 제55조 제 1 항, 제63조
제 5 장 여성과 소년	제64조, 제65조 제 1 항·제 3 항(임산부와 18세 미만인 자로 한정한다), 제66조부터 제69조까지의 규정, 제70조 제 2 항·제 3 항, 제71조, 제72조, 제74조
제 6 장 안전과 보건	제76조
제 8 장 재해보상	제78조부터 제92조까지의 규정
제11장 근로감독관 등	제101조부터 제106조까지의 규정
제12장 벌칙	제107조부터 제116조까지의 규정(제 1 장부터 제 6 장까지, 제 8 장, 제11장의 규정 중 상시 4명 이하 근로자를 사용하는 사업 또는 사업장에 적용되는 규정을 위반한 경우로 한정한다)

영 제 7 조의2(상시 사용하는 근로자 수의 산정 방법)

(생략. 본문 참조)

〈세 목 차〉

[참고문헌]

구미영, "가사서비스종사자의 노동법적 보호를 위한 과제", 노동법학 50호, 한국노동법학회(2014. 6.); **권창영a**, "선원법상 재해보상에 관한 연구", 사법논집 35집, 법원도서관(2002. 12.); **권창영b**, "국제근로계약에 관한 국제재판관할", 노동법실무연구 1권, 노동법실무연구회(2011); **김수복**, 근로기준법, 중앙경제(2000); **김지형a**, "국제적 근로계약관계의 준거법", 저스티스 68호, 한국법학원(2000); **김치선**, 노동법강의, 박영사(1990); **김형배a**, 근로기준법(8판 증보 신판), 박영사(2001); **김홍영**, "영세사업장의 비공식 고용과 근로감독 제도", 성균관법학 25권 4호, 성균관대학교 비교법연구소(2013. 12.); **노상헌**, "영세사업장에 대한 노동법 적용과 근로감독", 노동법연구 37호, 서울대학교 노동법연구회(2014); **문영화**, "외국국가를 제3채무자로 하는 채권압류 및 추심명령에 대한 재판권행사", 성균관법학 27권 3호, 성균관대학교 비교법연구소(2015. 9.); **박선영**, "가사근로자 보호를 위한 입법과제", 이화젠더법학 8권 1호, 이화여자대학교 젠더법학연구소(2016. 6.); **박제성**, "사업 개념의 재검토: 가능태로서의 사업", 노동법의 존재와 당위 ― 김유성 교수

정년 기념, 박영사(2006); **변종춘**, "근로기준법상 근로자의 범위", 민사재판의 제문제 9
권, 민사실무연구회(1997); **석광현a**, 국제사법해설, 박영사(2013); **석광현b**, "국제근로계약
과 근로자보호", 노동법학 13호, 한국노동법학회(2001. 12.); **이상윤a**, "외국인 근로자의
노동법상 지위", 저스티스 70호, 한국법학원(2002); **이상윤b**, 근로기준법, 법문사(1999);
이승욱, 사업양도와 근로자의 지위, 서울대학교 대학원 박사학위논문(1997); **이철수**, "4인
이하 사업장에 대한 근로기준법의 적용확대", 노동법연구 6호, 서울대학교 노동법연구회
(1997); **장주영**, "노무조항의 문제점과 개정방향", 아시아사회과학연구원 법·언론 연구총
서 9권, 아시아사회과학연구원(2000); **장준혁**, "주한미군 소속 고용인의 비직무활동 및
고용관계에 관한 실체재판면제와 그의 임금·퇴직금채권에 대한 집행면제", 판례실무연
구 11(상), 비교법실무연구회(2014); **최공웅**, "국제사법의 적용대상과 섭외성의 판단", 법
조 48권 8호, 법조협회(1999. 8.); **최홍엽**, "국제근로계약의 준거법과 해외투자기업 산업
연수생", 노동법연구 19호, 서울대학교 노동법연구회(2005); **하갑래a**, "가사근로자의 법적
지위에 관한 연구", 노동법학 37호, 한국노동법학회(2011. 3.).

Ⅰ. 의   의

법 11조는 법이 적용되는 사업 또는 사업장의 범위를 규정하고 있다. 법의
적용을 받는 범위를 명확히 함으로써 적용 사업장의 근로자 보호와 사용자의
법 준수 의무를 원활하게 확보하려는 데에 그 의의가 있다.[1]

법이 적용되는 사업 또는 사업장의 범위를 업종을 기준으로 규정하는 방
식[2]도 있을 수 있으나 법은 상시 근로자의 수를 기준으로 법의 적용 여부를 규
정하고 있는 점에 특징이 있다.

2008. 3. 21. 법률 8960호로 개정되기 전에는 상시 사용하는 근로자의 수를
어떻게 산정하는가에 관하여는 학설과 판례에 맡겨져 있었다. 그러다가 위 개정
법률로 상시 사용하는 근로자 수를 산정하는 방법에 관하여 영으로 정할 수 있
도록 위임 근거가 마련되었고, 이에 따라 이에 관한 규정이 2008. 6. 25. 대통령
령 20873호로 신설되었다(영 7조의2).

---

1) 민변노동법Ⅰ, 296면.
2) 이철수, 358면(일본 구 노동기준법 8조가 이와 같았으나, 1998. 9. 30. 법률 112호로 개정되
면서 삭제되었다).

Ⅱ. 사업 · 사업장의 개념

1. 사업 · 사업장의 의미

법은 원칙적으로 상시 5명 이상의 근로자를 사용하는 모든 사업 또는 사업장에 적용되고, 상시 4명 이하의 근로자를 사용하는 사업 또는 사업장에 대해서는 법의 일부 규정만을 적용하도록 하고 있다. 법상 사업 또는 사업장은 법의 적용단위로서 그 의의가 있다.[3]

사업 또는 사업장의 개념이 서로 다른 것인지에 관하여는 사업과 사업장을 대체로 구별하지 않고 하나의 동일한 개념으로 파악하는 견해도 있지만,[4] 사업은 방문판매나 중개업과 같이 노무제공이 반드시 일정한 장소에서 이루어질 것을 요건으로 하지 않는다는 점에서 장소적인 개념을 포함하고 있는 사업장과 구별하는 견해도 있다.[5] 판례는 "근로기준법의 적용범위를 규정한 구 법(2007. 4. 11. 법률 제8372호로 전부 개정되기 전의 것) 10조(현행 법 11조 참조)는 상시 5인 이상의 근로자를 사용하는 모든 사업 또는 사업장에 적용한다고 규정하고 있는바, 여기서 말하는 사업장인지 여부는 하나의 활동주체가 유기적 관련 아래 사회적 활동으로서 계속적으로 행하는 모든 작업이 이루어지는 단위 장소 또는 장소적으로 구획된 사업체의 일부분에 해당되는지에 달려있으므로, 그 사업의 종류를 한정하지 아니하고 영리사업인지 여부도 불문하며, 1회적이거나 그 사업기간이 일시적이라 하여 근로기준법의 적용대상이 아니라 할 수 없다"[6]고 하여 사업과 별도로 사업장 개념의 정의를 내리고 있다.

2. 사업의 개념

가. 개   관

법은 11조 이외에도 2조 1항, 16조, 18조, 23조, 24조 등 여러 곳에서 '사업' 또는 '사업장'이라는 개념을 사용하면서도 그 개념에 관하여 정의하고 있지 않다. 판례는 구 법 28조 2항[7]의 퇴직금제도와 관련해서 "여기서 말하는 '사업'

---

3) 김형배a, 44면; 이상윤, 83면.
4) 박홍규, 267면; 이상윤, 84면.
5) 김형배a, 46면; 박홍규, 266면; 변종춘, 39면; 임종률, 33면.
6) 대법원 2007. 10. 26. 선고 2005도9218 판결.
7) 1997. 3. 13. 법률 5305호로 폐지되기 전의 법 28조 2항으로, 2005. 1. 27. 법률 7379호로 개

은 특별한 사정이 없는 한 경영상의 일체를 이루는 기업체 그 자체를 의미하므
로 경영상의 일체를 이루면서 유기적으로 운영되는 기업 조직은 하나의 사업으
로 파악하여야 한다"8)고 하여 '사업'을 '기업'과 동일한 개념으로 이해하는 듯
한 태도를 취하고 있다. 이와 유사하게 사업을 경영상의 일체를 이루는 기업체
로서, 예컨대, 법인체 또는 개인 사업체를 말하는 것이라고 해석하여야 한다는
견해도 있다.9) 그러나 사업은 사업주가 물질적 · 비물질적 수단을 이용하여 재화
와 용역의 생산이라는 기술적 목적을 상시적으로 수행하는 조직체이고, 기업은
영리를 얻기 위하여 재화나 용역을 생산하고 판매하는 조직체를 의미한다.10)
즉, 이윤의 획득을 목적으로 하지 않는 조직체는 사업일 수 있지만 기업은 아니
라는 점에서 '사업'은 '기업'과 구분된다고 보아야 한다.11)

　　법의 적용을 받는 사업이 되기 위해서는 일정한 장소에서 유기적인 조직
하에 업으로 행하여야 한다.12) 따라서 개인이 목수를 고용하여 집을 수선하거나
정원사로 하여금 정원수를 손질하게 하는 것은 업이 아니므로 적용 대상이 아
니다.13)

　　사업이라고 하기 위해서는 계속적일 것을 요하는지 문제된다. 이에 대하여
일본에서는 노동기준법 제정 당시부터 행정해석이 사업에 관하여 "공장, 광산,
사무소, 점포 등 일정한 장소에서 조직적으로 서로 연관되어 계속적으로 행하는
작업 일체를 말한다"라고 하고 있고, 학설상 별다른 이견이 없다.14)

　　우리나라에서는 업으로 행하는 경우 이를 계속적으로 행하여야 한다는 견
해15)와 일회적이거나 일시적이라고 하여도 계속할 의도로 행하는 이상 법의 적

　　정되기 전의 법 34조 2항 "1항의 퇴직금제도를 설정함에 있어서 하나의 사업 내에 차등제도
　　를 두어서는 아니 된다"의 규정과 같다.
　8) 대법원 1993. 10. 12. 선고 93다18365 판결.
　9) 김형배a, 46면.
　10) 이승욱, 14면.
　11) 박제성, 49면[오늘날의 노동법에서 사업은 하나의 '가능태(可能態)', 즉, 법의 요구에 따라
　　표현을 달리하는 '동태(動態)'로서 이해되어야 한다고 한다. 이 견해에 따르면 사업은 기업
　　그 자체로 나타날 수도 있지만 하나의 기업의 하부단위 또는 기업의 상부단위로 나타날 수
　　도 있다].
　12) 이상윤, 84면.
　13) 이상윤, 84면; 임종률, 34면; 대법원 1987. 4. 14. 선고 87도153 판결, 1980. 9. 4. 법무 811-
　　22540.
　14) 注釋(上), 160면.
　15) 김유성, 49면; 김형배a, 44면; 민변노동법 I, 298면; 변종춘, 38면; 하갑래, 20면. 일본의 勞
　　基(上), 109면도 같은 견해이다.

용 대상에서 제외되는 것은 아니라는 견해16)가 있다. 다만, 사업의 개념을 업으로 계속적으로 행하는 것이라고 보는 견해도 구체적인 경우에 계속하려는 의도가 있는 이상 사업이 일회적이거나 사업 계속이 한시적이라 하여도 법의 적용대상이 된다고 하고 있다.17)

판례는 법의 적용 대상 사업인지의 여부는 상시 5명 이상의 근로자를 사용하는지에 달려 있으므로 상시 5명 이상의 근로자를 사용하는 사업이라면 그 사업이 일회적이거나, 그 사업기간이 일시적이라 하여 법의 적용대상이 아니라고 할 수 없다고 한다.18) 판례의 태도가 적절하다.

업으로 행한다 함은 반드시 영리를 목적으로 하여야 하는 것은 아니다.19) '모든' 사업에 적용된다는 것은 예컨대, 사회 사업을 목적으로 하는 단체나 종교 단체 등 그 사업의 업종 형태, 영리 추구 여부 등을 묻지 않고 모두 적용된다는 의미이다.20) 결국, 사회 통념에 비추어 업으로서 이루어지고 있다는 점을 인식할 수 있는 모든 경우를 포함한다.21)

사업은 국내에서 운영될 것을 요한다. 국내에서 운영되는 이상 사업주가 내국인인가 외국인인가 또는 국내 법인인가 외국 법인인가를 불문한다.22) 따라서 본사가 국내에 있는 경우에 그 외국 지점·출장소에 근무하는 내국인 근로자에게도 법이 적용된다.23) 그러나 외국에서 운영되는 사업에 대해서는 그 사업주가 내국인 내지 국내 법인이라도 법이 적용되지 않는다.24) 판례도 법 11조의 사업 또는 사업장은 대한민국 내에 위치한 사업 또는 사업장을 말한다고 보고 있다.25)

법은 대한민국의 국민 사이에 체결된 고용계약에 의한 근로인 이상 그 취업장소가 국내이거나 국외이거나를 가리지 않고 적용된다.26)

---

16) 박홍규, 266면.
17) 김유성, 49면.
18) 대법원 1994. 10. 25. 선고 94다21979 판결.
19) 김유성, 49면; 김형배a, 44면; 박홍규, 266면; 이상윤, 84면; 이상윤b, 47면; 하갑래, 21면; 勞基(上), 109면.
20) 민변노동법 I , 298면; 勞基(上), 109면.
21) 勞基(上), 109면.
22) 박홍규, 267면; 임종률, 345면.
23) 임종률, 345면; 1994. 9. 14. 근기 68207-1996.
24) 박홍규, 267면; 임종률, 345면.
25) 대법원 2024. 10. 25. 선고 2023두46074 판결.
26) 대법원 1970. 5. 26. 선고 70다523, 524 판결, 서울고법 1971. 6. 23. 선고 70나2264 판결, 서울고법 1973. 6. 29. 선고 72나1004 판결.

나. 구체적인 경우

(1) 정부투자·출연기관, 공기업체

영리를 목적으로 하지 않는 대한주택공사(현 한국토지주택공사),[27] 대한석탄
공사,[28] 농지개량조합(현 한국농어촌공사),[29] 한국수자원공사[30] 등 정부투자기관
이나 공기업, 국가 및 지방자치단체[31]도 법이 적용되는 사업장이다.

(2) 교육단체, 종교단체, 정치단체, 기타 비영리단체

종교단체,[32] 사회사업단체 및 정치단체[33] 등에도 법이 적용된다.[34] 갱생보
호회[35]와 같은 사회단체나 아파트 자치운영회[36]와 같은 비영리단체, 법무사 합
동사무소 등과 같이 법령에 의해 설치된 단체도 사업의 범위에 포함된다.

(3) 설립 또는 청산 중인 사업

설립 중 또는 청산 중인 법인도 사업에 해당하는지 여부가 문제되는데, 이
는 회사뿐만 아니라 기타 법인, 단체 등의 경우도 마찬가지다. 회사에 관해서는
상법 245조에 "회사는 해산된 후에도 청산의 목적 범위 내에서 존속하는 것으
로 본다"라고 규정하고 있으므로 청산 중 회사가 법 11조의 사업에 해당한다고
보는 것에 이론이 없다.[37] 설립 중의 회사에 대해서도 법 11조의 사업에 해당한
다고 보는 것이 적절하다.[38]

(4) 위법한 행위를 목적으로 하는 사업

위법한 행위를 목적으로 하는 사업에 대하여 법의 적용이 있는지 여부는
해당 사업에서 근로를 제공하는 근로자를 보호할 필요성이 있는지 여부를 기준
으로 판단하여야 한다.[39]

---

27) 대법원 1990. 3. 13. 선고 89다카24780 판결.
28) 대법원 1990. 11. 27. 선고 90다카23868 판결.
29) 1990. 10. 12. 근기 01254-14183.
30) 대법원 1991. 3. 12. 선고 90다15457 판결.
31) 대법원 1979. 4. 24. 선고 78다852 판결.
32) 대법원 1992. 2. 14. 선고 91누8098 판결(대한예수교장로회 대전중부교회 산하 유치원 교사
    관련), 서울행법 2006. 6. 23. 선고 2005구합21194 판결.
33) 대법원 2007. 10. 26. 선고 2005도9218 판결.
34) 김형배a, 44면; 박홍규, 266면; 이상윤, 84면.
35) 대법원 1978. 7. 11. 선고 78다591 판결.
36) 1980. 3. 27. 법무 811-7401.
37) 勞基(上), 109~110면.
38) 변종춘, 45면; 勞基(上), 110면.
39) 勞基(上), 110면.

　　무허가사업, 법률상 금지된 사업 등과 같이 정책적·행정적 목적으로 일정한 규제를 받는 사업도 관련법에 의한 제재를 받는 문제는 별론으로 하고 법 적용대상인 사업이다.[40]

　　마약제조·판매 등과 같이 형사상 범죄를 구성하는 사업의 근로자는 사용자가 범죄행위를 하는 것을 알고서도 협력하고 있으므로 법의 적용대상이 아니다.[41] 다만, 근로자가 도굴사업에 참여하면서 허가를 받은 사업으로 알았고, 그것이 사용자에게 기망 당한 결과라면 법의 보호를 받아야 한다.[42] 접객업소 사용자가 사용종속관계를 남용하여 종사자로 하여금 윤락행위 등과 같은 범죄 행위를 하게 한 경우 인가된 접객업 자체가 위법행위를 목적으로 한다는 이유만을 들어 법의 적용을 배제할 수는 없다.[43]

3. 하나의 사업·사업장의 판단기준

　　사업 또는 사업장은 일정한 장소에서 업으로 행해지는 작업의 일체를 이루는 것으로서 기업과는 구별되므로, 하나의 기업 또는 법인체에는 여러 개의 사업 또는 사업장이 있을 수 있다.

　　이와 관련해서 법 규정의 적용에 있어서 독립된 개체로서 하나의 사업 또는 사업장의 범위를 확정하는 판단 기준이 필요하다.

　　사업주가 여러 개의 사업을 영위하고 있을 때, 각각의 사업에 법이 개별적으로 적용되는지, 이들 중 일부 또는 전부를 하나의 사업으로 보아 법이 일괄 적용되는지는 개개 사업의 독립성에 따라 판단된다.[44]

　　구체적인 판단기준은 장소 및 독립성을 기준으로 하는 것이 일반적이다.[45]

　　하나의 사업이냐 아니냐 하는 것은 주로 장소적 관념에 의하여 결정해야 할 것이므로 동일 장소에 있는 것이면 원칙적으로 이를 분리하지 않고 하나의 사업으로 하고, 장소적으로 분리되어 있는 것은 별개의 사업으로 보는 것이 일반적이다.[46] 다만, 같은 공장시설 안에 있는 식당이나 진료소 등과 같이 같은

---

40) 하갑래, 21~22면; 勞基(上), 110면.
41) 하갑래, 22면; 勞基(上), 110면.
42) 하갑래, 22면 각주 2); 勞基(上), 110면.
43) 하갑래, 22면 각주 3).
44) 김형배a, 45면; 이상윤, 85면; 하갑래, 26면; 勞基(上), 111~112면.
45) 이상윤b, 44면; 1990. 9. 26. 근기 01254-13555; 注釋(上), 161면.
46) 김형배a, 45면; 이상윤, 85~86면; 하갑래, 26면; 注釋(上), 161면.

장소에 있더라도 근로의 형태가 현저하게 다른 부문과 구별되고, 그 부문에서
종사하는 근로자와 노무관리 등이 명확하게 구별되며, 서로 다른 단체협약이 적
용되거나 인사 관리·회계 처리 등이 독립적으로 운영되는 경우 등에는 다른 사
업장으로 보아도 무방할 것이다.[47]

　본사·지점·출장소 및 공장 등 여러 개의 사업장이 서로 다른 장소에 있으면
원칙적으로 각각 독립된 사업으로 보는 것이 타당하다.[48] 다만, 장소적으로 분
산되어 있더라도 그 규모가 현저하게 작고, 조직·지휘체계 등을 감안해 볼 때
하나의 사업으로서 독립성을 갖추고 있지 않은 경우에는 별개의 사업으로 볼
수 없다.[49]

　판례는 사업 또는 사업장은 경영상 일체를 이루는 기업체 자체를 의미하는
것이라고 하면서 경영상의 일체를 이루면서 유기적으로 운영되는 기업 조직은
하나의 사업이라고 한다.[50] 나아가 판례는 법인격의 분리 여부가 독립된 사업
또는 사업장에 해당하는지를 판단하는 우선적인 기준이 되므로 법인격이 다른
기업조직은 특별한 사정이 없는 한 하나의 사업 또는 사업장을 구성할 수 없음
이 원칙이라고 보면서, 다만 별개의 법인격을 가진 여러 개의 기업조직 사이에
단순한 기업간 협력관계나 계열회사, 모자회사 사이의 일반적인 지배종속관계를
넘어 실질적으로 동일한 경제적, 사회적 활동단위로 볼 수 있을 정도의 경영상
의 일체성과 유기적 관련성이 인정되는 특별한 사정이 있는 경우에는 이들을
하나의 사업 또는 사업장이라고 볼 수 있다고 한다. 이때 복수의 기업조직이 하
나의 사업 또는 사업장에 해당하는 특별한 사정이 있는지 여부는 업무의 종류,
성질, 목적, 수행방식 및 장소가 동일한지, 업무지시와 근로자의 채용, 근로조건
의 결정, 해고 등 인사 및 노무관리가 기업조직별로 구분되지 않고 동일한 사업
주체 내지 경영진에 의하여 통일적으로 행사되는지, 각 단위별 사업활동의 내용
이 하나의 사업목적을 위하여 결합되어 인적·물적 조직과 재무·회계가 서로
밀접하게 관련되어 운영되는지 등과 같은 사정을 종합적으로 고려하여 신중하
게 판단하여야 한다.[51]

---

47) 김형배a, 45면; 이상윤, 86면; 注釋(上), 161면.
48) 이상윤b, 44면.
49) 김형배a, 45면; 이상윤, 86면.
50) 대법원 1993. 2. 9. 선고 91다21381 판결.
51) 대법원 2024. 10. 25. 선고 2023두57876 판결.

'하나의 사업'에 해당된다고 한 사안은 한국방송공사의 방송 업무 부분과 시청료 징수 업무 부분,[52] 무역 관계 업무를 담당하는 주식회사 대우의 서울 본사와 섬유제품 생산업무를 담당하는 부산 공장,[53] 주식회사 대우의 국내 사업 부분과 해외 건설 사업 부분,[54] 학교법인 고려중앙학원 산하의 고려대학교와 그 부속의료원·병원,[55] 동일한 외국기업을 지배기업으로 하여 같은 사무실 내에서 동종 호텔판매업을 영위하는 한국법인과 '외국법인의 한국영업소'[56] 등이다.

행정해석[57]은 한국표준산업분류상 산업이 다른지 여부, 서로 다른 단체협약이나 취업규칙을 적용받는지 여부, 노무관리, 회계 등이 명확하게 독립적으로 운영되는지 여부를 기준으로 제시하고 있다.

Ⅲ. 상시 근로자의 기준

1. 상시의 의미

상시라 함은 '상태(常態)'라는 의미로서 사회통념상 객관적으로 판단해야 하므로[58] 근로자 수가 때때로 5명 미만이 되더라도 일정 기간 중에 고용된 근로자 수의 평균이 5명 이상이면 상시 5명 이상으로 보아야 한다. 이에 관하여는 해당 기간 중 5명에 미달 또는 초과하는 일수가 2분의 1 이상이라면 초과 또는 미달로 보지 않는다는 영 7조의2 2항의 특칙이 있다(아래 2. 가항에서 설명한다).

근로자는 법 2조 1항 1호에 규정된 근로자로서 당해 사업장에 계속 근무하는 근로자뿐만 아니라 상황에 따라 일시적으로 사용하는 일용 근로자,[59] 불법으로 취업한 외국인 근로자도 포함한다.[60] 근로자의 범위에 관하여는 아래 3.항에서 좀 더 설명한다.

---

52) 대법원 1993. 2. 9. 선고 91다21381 판결.
53) 대법원 1993. 10. 12. 선고 93다18365 판결.
54) 대법원 1997. 11. 28. 선고 97다24511 판결.
55) 대법원 1999. 8. 20. 선고 98다765 판결.
56) 대법원 2024. 10. 25. 선고 2023두57876 판결.
57) 1990. 9. 26. 근기 01254-13555.
58) 김수복, 33면; 김유성, 48면; 김형배a, 46면; 박홍규, 266면; 이상윤b, 49면; 임종률, 344면; 하갑래, 28면.
59) 김유성, 48면; 김형배a, 46면; 이상윤b, 49면; 하갑래, 28면 각주 3).
60) 임종률, 345면; 2000. 11. 16. 근기 68207-3601.

2. 근로자의 수 산정 방법

가. 대통령령 규정

영 7조의2는 법 11조 3항의 위임을 받아 상시 근로자 수 산정에 관하여 다음과 같은 규정을 두었다.

(1) 1개월 평균 사용 근로자 수

먼저 '상시 사용하는 근로자 수'는 해당 사업 또는 사업장에서 법을 적용해야 할 사유(휴업수당 지급, 근로시간 적용 등 법 또는 영의 적용 여부를 판단하여야 하는 사유를 말한다)가 생긴 날 전 1개월(사업이 성립한 날부터 1개월이 되기 전에 법 적용 사유가 생긴 경우는 그 사업 성립일 이후의 기간을 말한다. 이하 '산정기간'이라 한다) 동안 사용한 근로자의 연인원을 같은 기간 중의 가동 일수로 나누어 산정한다(1항).

(2) 예   외

다만, 다음과 같은 경우에는 그렇지 않다. 즉 위와 같이 근로자 수를 산정한 결과 법 적용 사업 또는 사업장에 해당하지 않더라도 그 산정 기간에 속하는 일별로 근로자 수를 파악했을 때 5명(법 93조 적용 여부를 판단하는 경우에는 10명. 이하 이 항에서 '법 적용 기준'이라 한다)에 미달한 일수가 2분의 1 미만인 경우에는 법 적용 사업 또는 사업장으로 본다. 그리고 반대로 위와 같이 근로자 수를 산정한 결과 법 적용 사업 또는 사업장에 해당하더라도 그 산정 기간에 속하는 일별로 근로자 수를 파악했을 때 법 적용 기준에 미달한 일수가 2분의 1 이상인 경우에는 법 적용 사업 또는 사업장으로 보지 않는다(2항).

(3) 연차 유급휴가 관련 법 규정 적용에 관한 특칙

법 60조부터 62조까지의 규정(연차 유급휴가에 관한 규정. 다만, 60조 2항에 따른 연차 유급휴가에 관한 부분 제외)이 적용되는지 여부를 판단하는 경우에 해당 사업 또는 사업장에 대하여 위와 같이(즉 영 7조의2 1항·2항과 같이) 월 단위로 근로자 수를 산정한 결과 법 적용 사유 발생일 전 1년 동안 계속하여 5명 이상의 근로자를 사용하는 사업 또는 사업장은 법 적용 사업 또는 사업장으로 본다(3항). 연차 유급휴가에 관한 법 규정은 1개월을 기준으로 근로자 수를 판단하지 않고, 사유 발생일 1년을 기준으로 그 1년 동안 월 단위로 상시 근로자 수가 5명 이상이 되어야 그 규정이 적용된다는 뜻이다.

(4) 퇴직급여법상 상시 근로자 수의 산정

퇴직급여법 3조, 퇴직급여법 부칙(2005. 1. 27.) 1조, 퇴직급여법 시행령 부칙 (2010. 9. 29.) 2조에 의하면, 퇴직급여법은 2005. 12. 1.부터 근로자를 사용하는 모든 사업 또는 사업장에 적용하되, 다만 상시 4인 이하의 근로자를 사용하는 사업은 2010. 12. 1.부터 시행하도록 규정하고 있다.

판례는 퇴직급여법에 따른 퇴직금 지급의무 여부를 판단하기 위한 상시 근로자의 수를 산정함에 있어서는 영 7조의2가 적용되지 않고, 해당 근로자의 전체 근무기간을 기준으로 산정하여야 한다고 하여,[61] 2010. 11. 30. 이전의 퇴직급여법상 사용자의 퇴직금 지급의무와 관련해서는 퇴직일 전 1개월 동안이 아닌 해당 근로자의 전체 근무기간 동안의 상시 근로자 수를 토대로 4인 이하의 근로자를 사용하는 사업인지 여부를 판단하도록 하고 있다.

나. 판례, 행정해석

판례는, 법의 적용 범위를 정한 법 11조 1항 소정의 '상시 5명 이상의 근로자를 사용하는 사업 또는 사업장'이라 함은 '상시 근무하는 근로자의 수가 5명 이상인 사업 또는 사업장'이 아니라 '사용하는 근로자의 수가 상시 5명 이상인 사업 또는 사업장'을 뜻하고, 이 경우 상시라 함은 상태(常態)라고 하는 의미로서 근로자의 수가 때때로 5명 미만이 되는 경우가 있어도 사회통념에 의하여 객관적으로 판단하여 상태적으로 5명 이상이 되는 경우에는 이에 해당하고, 여기의 근로자에는 당해 사업장에 계속 근무하는 근로자뿐만 아니라 그때그때의 필요에 의하여 사용하는 일용근로자를 포함한다고 해석하여야 하고, 또 그 적용 대상인 사업(또는 사업장)에는 계절적이거나 일정 기간의 사업(또는 사업장)도 포함된다고 보는 것이 법의 근본정신에 비추어 타당하다고 한다.[62] 또한 판례에 따르면, 주휴일은 법 55조 1항에 의하여 주 1회 이상 휴일로 보장되는 근로의무가 없는 날이므로, 주휴일에 실제 근무하지 않은 근로자는 법 11조 3항의 '상시 사용하는 근로자 수'를 산정하는 기준이 되는 영 7조의2 1항의 '산정기간 동안 사용한 근로자의 연인원' 및 같은 조 2항 각호의 '일별 근로자 수'에 포함하여

61) 대법원 2013. 12. 26. 선고 2012도5875 판결.
62) 대법원 1987. 4. 14. 선고 87도153 판결, 대법원 1987. 7. 21. 선고 87다카831 판결, 대법원 1995. 3. 14. 선고 93다42238 판결, 대법원 1997. 11. 28. 선고 97다28971 판결, 대법원 2000. 3. 14. 선고 99도1243 판결, 대법원 2000. 3. 23. 선고 99다58433 판결, 대법원 2003. 12. 26. 선고 2003도4543 판결, 대법원 2005. 2. 22. 선고 2005도7520 판결.

서는 안 된다고 한다.63)

　행정해석은 '상시'란 상대적인 것으로서 사회통념에 의거하여 객관적으로
판단해야 되고, 일정기간 중 매일 5명 이상 되는 날과 그렇지 않은 날의 일수
여하가 중요한 결정요소가 되는 것이므로 구체적인 사실을 조사하여 '일정사업
기간 내의 고용자 연인원수'를 '일정사업기간 내의 사업장 가동일수'로 나누어
산출하여야 한다고 보았다.64)

3. 근로자의 범위

　먼저 영 7조의2 4항은 파견법이 정한 파견근로자를 근로자 범위에서 제외
하고 있다. 이를 제외하고는 해당 사업 또는 사업장에서 사용하는 통상 근로자,
기간제법이 정한 기간제근로자, 단시간근로자 등 고용 형태를 불문하고 하나의
사업장 또는 사업장에서 근로하는 모든 근로자를 포함한다(영 7조의2 4항 1호). 동
거하는 친족과 함께 근로하는 근로자가 있으면 그 동거하는 친족도 근로자 수
에 포함된다(영 7조의2 4항 2호).

　행정해석에서 문제가 된 사안을 보면, 여러 명의 사업주가 공동으로 근로자
를 고용하고 있는 경우 각각의 사업주를 기준으로 하면 상시 근로자 수가 4명
이하이지만, 공동으로 고용하고 있는 근로자를 포함하는 경우에는 5명 이상이
되는 경우에 각 사업주가 영위하는 사업의 상시 근로자 수에는 공동으로 고용
하고 있는 근로자를 포함하는 것이 타당하다고 본 사례,65) 사업주가 소유한 6대
의 덤프트럭에 대하여 차량별로 각각 사업자등록을 하고 사업을 운영하고 있더
라도 동일한 사업주가 동일한 장소에서 근로자와 사용종속관계 하에서 근로에
종사하게 했다면, 그 사업 또는 사업장은 법상 1개의 사업 또는 사업장이라고
보아야 한다고 한 사례,66) 국내에 본사가 있고, 출장소나 지점 등이 국외에 있
는 경우에는 그 출장소, 지점 등은 본사와 함께 법이 적용된다고 보아야 할 것

---

　63) 대법원 2023. 6. 15. 선고 2020도16228 판결(주휴일은 매주 일정하게 발생하는 휴일로서, 주
　　휴일에 실제 출근하지 않은 근로자를 상시 사용 근로자 수에서 제외하여야 해당 사업장의
　　보통 때의 통상적인 사용 상태를 제대로 반영할 수 있고, 이를 제외하여도 사용자나 근로자
　　가 근로기준법의 적용 여부를 사전에 파악하는 데에 어려움이 없어 법적 안정성과 예측가능
　　성을 해하지 않기 때문이다).
　64) 1965. 8. 30. 노정근 1455-3398.
　65) 1999. 5. 14. 근기 68207-1088.
　66) 1999. 11. 22. 근기 68207-685.

이므로 본사에서 파견된 근로자뿐만 아니라 현지에서 채용한 한국인 근로자에 대해서도 법이 적용된다고 본 사례,[67] 근로자 수가 수시로 변동하는 사업 또는 계절사업, 건설공사 등에 있어서 상시 근로자 수 산정 시 일정한 사업 기간 동안의 평균 근로자 수 개념을 사용하여 판단하도록 규정하고 있고, 이 때 사업 기간의 해석은 근로자의 보호법익과 관련하여 해석하여야 하는데, 처음 출근한 근로자가 산업재해를 당한 경우 법의 적용 여부를 판단하기 위한 사업기간은 당해 사업장의 사업 시작일부터 재해 발생일까지로 보아, 그 기간의 평균 근로자 수를 산정하는 것이 타당하다고 본 사례,[68] 국내에 사업장을 운영하고 있는 사용자가 해외에 법인을 설립한 후 해외투자법인 소속의 근로자를 국내 사업장에서 연수를 시키는 경우 해외투자법인 소속의 근로자가 국내 사업장의 상시 근로자 수에 포함될 수 있는지 여부가 문제된 사안에서 해외투자법인 소속 근로자가 순수한 기술·기능 또는 지식의 습득을 목적으로 국내 연수를 위해 체류하고 있는 경우라면 법상 근로자로 볼 수 없으므로 상시 근로자 수 산정에서 제외된다고 한 사례가 있다.[69]

외국법인이 국내에서 사업활동을 영위하며 근로자를 사용하는 국제근로관계에서 '상시 근로자 수'의 산정방법이 문제되는데, 대법원은 원칙적으로 '국내에서 사용하는 근로자 수'를 기준으로 판단해야 한다고 본다.[70]

외국인의 근로계약관계에 대하여 준거법이 우리나라 법으로 결정되어 법이 적용되는 이상 상시 근로자 수를 산정할 때에도 외국인 근로자를 포함하여야 한다. 이 경우 외국인 근로자가 불법으로 입국하였거나 체류자격이 만료된 불법 체류자인지, 체류 자체는 적법하지만 취업이 허용되지 않는 불법 취업 상태인지 여부는 문제되지 않는다.[71]

판례는 외국인 산업연수생에 관하여 산업기술연수사증을 발급받은 외국인이 정부가 실시하는 외국인 산업기술연수제도의 국내 대상 업체에 산업기술연수생으로 배정되어 대상 업체와 사이에 연수계약을 체결하였다 하더라도 그 계약의 내용이 단순히 산업기술의 연수에 그치는 것이 아니라, 해당 업체의 지시

67) 1999. 12. 31. 근기 68207-1002.
68) 2000. 3. 23. 근기 68207-873.
69) 2002. 3. 8. 근기 68207-966.
70) 대법원 2024. 10. 25. 선고 2023두46074 판결.
71) 김형배a, 54면 이하; 이상윤a, 51~52면; 하갑래, 28면 각주 3).

에 따라 소정 시간 근로를 제공하고 그 대가로 일정액의 금품을 지급받으며, 더
욱이 소정 시간 외의 근무에 대하여는 시간외 근로수당을 지급받기로 하고 해
당 기업의 지시·감독을 받으면서 근로를 제공하고 그 대가로 임금을 받아왔다
면, 이러한 계약은 그 명칭이나 형식에도 불구하고 실질적으로 고용계약이고,
그 외국인 연수자는 법 14조(현행 법 2조 1항 1호) 소정의 근로자에 해당한다고 판
시함으로써 산업연수생에 대하여도 법이 적용될 수 있음을 명확히 하고 있다.[72]
또한 취업 자격이 없는 외국인이 출입국관리법상 고용 제한 규정을 위반하여
산재법의 적용 대상 사업장인 회사와 고용계약을 체결하고 근로를 제공하다가
작업 도중 부상을 입었을 경우 그 고용계약을 당연무효라 할 수 없고 그 부상 당
시 외국인은 사용종속관계에서 근로를 제공하고 임금을 받아 온 사람으로서 법
소정의 근로자이어서 법상 요양급여를 받을 수 있는 사람에 해당한다고 한다.[73]

다만, 장애인고용법에 따른 장애인고용의무(28조 1, 3항)와 부담금납부의무(33
조 1 내지 3항)에 관하여 판례는, 장애인고용의무제도는 대한민국 헌법 32조 1항,
34조 1항, 2항, 5항에 근거하여 장애인인 국민의 사회적 기본권을 보장하기 위
하여 계약자유의 원칙과 기업의 경제상 자유를 제한하는 제도인데, 외국인은 원
칙적으로 대한민국 헌법에 따른 사회적 기본권을 누릴 수 없거나 제한적으로
밖에 누리지 못하는 점, 국내 법인이 해외의 현지에서 채용한 외국인 근로자는
국내 노동관계법의 적용을 받는 근로자가 아니므로 장애인고용법의 적용대상이
되지 않는 점, 같은 법 28조 3항의 의무고용률을 정하는 기준이 되는 '전체 인
구', '장애인', '전체 근로자', '장애인 근로자', '장애인 실업자' 등의 수는 모두
대한민국 국민을 기준으로 산정하는 점 등 여러 사정과 관련 법 규정을 종합해
보면, 국내 법인인 원고가 해외 사무소의 직원으로 채용한 현지 외국인 근로자
는 특별한 사정이 없는 한 장애인의무고용 및 부담금을 정하는 기준이 되는 '근
로자의 총수'에는 포함되지 않는다고 한다.[74]

---

72) 대법원 1995. 9. 15. 선고 94누12067 판결, 대법원 1995. 12. 22. 선고 95누2050 판결, 대법원
    1997. 3. 28. 선고 96도694 판결, 대법원 1998. 3. 27. 선고 97다49732 판결, 대법원 2005. 11. 10.
    선고 2005다50034 판결, 대법원 2006. 12. 7. 선고 2006다53627 판결.
73) 대법원 1995. 9. 15. 선고 94누12067 판결, 대법원 1997. 10. 10. 선고 97누10352 판결.
74) 대법원 2010. 4. 8. 선고 2009두21055 판결.

Ⅳ. 적용사업의 예외

1. 동거의 친족만을 사용하는 사업 또는 사업장

법 11조 1항 단서는 동거의 친족만을 사용하는 사업 또는 사업장을 법 적용사업의 예외로 규정하고 있다. 동거의 친족만을 사용하는 사업 또는 사업장을 적용대상에서 제외한 이유는 동거 친족만을 사용하는 경우 사용종속관계를 쉽게 인정할 수 없고, 근로자·사용자의 형식적 구별이 곤란하며, 혈족 또는 이에 준하는 자의 상호관계에 법이 간섭하는 것은 부적당하기 때문이다.[75]

친족이라 함은 민법 777조에서 규정하는 친족, 즉, 8촌 이내의 혈족 및 4촌 이내의 인척과 배우자를 말한다.[76] 동거라 함은 세대를 같이하면서 생활을 공동으로 하는 것을 말하고[77] 반드시 동일 가정 내에서 함께 생활하는 것을 의미하지 않는다. 또한 동일 가옥 내에 거주하더라도 생계를 달리하는 경우에는 법 11조의 동거에 해당하지 않는다. 동거의 친족 이외의 근로자를 1명이라도 사용하고 있다면 전원에게 법이 적용된다.[78] 영 7조의2 4항 2호도 같은 취지에서 동거 친족 근로자를 상시 근로자 수 산정 대상에 포함시키고 있다.

동거의 친족이라 하더라도 근로계약을 체결하고, 동일한 사업장에 근무하는 다른 근로자와 마찬가지로 사용자의 지휘·감독하에 임금을 목적으로 근로를 제공하는 자라면 법상 근로자에 해당한다고 한다.[79]

2. 가사 사용인

법 11조 1항 단서는 가사 사용인을 적용대상에서 제외하고 있다.

가사 사용인이 무엇을 의미하는지 법이 정의하고 있지는 않으나, 일반적으로 개인 가정의 운전기사·가정부·파출부 등 가사에 종사하는 자를 말한다.[80]

---

75) 김수복, 33면; 김유성, 51면; 김형배a, 47면; 민변노동법Ⅰ, 301~302면; 박홍규, 268면; 변종춘, 41면; 이상윤, 87면; 임종률, 346면; 하갑래, 31면.
76) 김유성, 51면; 김형배a, 47면; 민변노동법Ⅰ, 302면; 박홍규, 268면; 이상윤, 87~88면; 하갑래, 31면.
77) 김유성, 51면; 이상윤, 87면; 하갑래, 31면; 1978. 9. 7. 법무 811-19400.
78) 하갑래, 31면; 1978. 9. 7. 법무 811-19400.
79) 2003. 5. 23. 근기 68207-619.
80) 김형배a, 48면; 민변노동법Ⅰ, 302면.

가사 사용인은 본래 근로자이지만 그것이 개인의 사생활과 관련되고, 근로조건에 관하여 국가적 감독이 미치기 어려워 법의 적용 대상으로 하는 것이 부적당하다고 본 것이다.[81) 또한 가사를 법상의 사업으로 보기 어렵기 때문이기도 하다.[82)[83)

가사 사용인인지 여부는 가사 사용인의 근로가 가정의 사생활에 관한 것인지 여부를 기준으로 하여 근로의 장소·내용 등을 구체적으로 판단하여 결정해야 한다.[84) 가사와 다른 업무를 겸하는 경우에는 본래의 업무가 어느 쪽에 해당하는지에 따라 판단해야 하고,[85) 가사 일을 하는 경우 명칭이나 계약 당사자가 누구인지는 문제되지 않는다.[86)

한편, 사적 영역으로 간주되었던 가사노동이 저출산·고령화 추세로 점차 시장화되고 있으며 여성의 경제활동 참여가 늘면서 가사서비스 수요가 지속적으로 증가하고 있음에도, 종래 가사서비스 시장은 대부분 직업소개소나 사인을 매개로 한 비공식 영역에 머물러 있어 가사서비스의 품질 보증과 가사근로자의 보호에 미흡한 측면이 있고, 특히 근기법이 가사 사용인을 적용대상에서 제외하고 있어 가사근로자의 열악한 근로조건을 개선할 필요성이 있다는 이유에서, 가사근로자의 고용개선 등에 관한 법률이 2021. 6. 15. 법률 18285호로 제정되어 2022. 6. 16.부터 시행되었다.

위 법에 따르면 "가사서비스"란 가정 내에서 이루어지는 청소, 세탁, 주방일과 가구 구성원의 보호·양육 등 가정생활의 유지 및 관리에 필요한 업무를 수행하는 것(2조 1호), "가사서비스 제공기관"이란 위 법에 따른 인증을 받고 가사서비스를 제공하는 기관(2조 2호), "가사근로자"란 가사서비스 제공기관의 사용

---

81) 김수복, 33면; 김유성, 51면; 김형배a, 48면; 이상윤, 88면.

82) 김유성, 51면.

83) 가사 사용인을 법 적용 대상에서 전면적으로 제외하는 것에 대한 비판적인 견해로는 구미영, 264~265면; 박선영, 49~50면; 하갑래a, 214~217면. 이러한 견해는 가사 사용인을 사용하는 것이 사업에 해당하지 않거나 가사 사용인을 사용하는 장소가 사업장이 아니라면 법 11조 1항 본문만으로 적용이 배제될 것이므로 개념조차 규정되지 않은 가사 사용인을 별도로 거론할 필요가 없고, 산재보험법 시행령 2조 1항 4호 및 고보법 시행령 2조 1항 3호에 따르면 가사서비스업(가구내 고용활동)도 사업에 해당하므로 가사서비스업에 종사하는 가사 사용인은 사업장에서 근무하는 자에 해당한다고 보아야 하며, '사생활 보호'와 '근로조건의 보호를 위한 감독'은 상호배타적이라고만 보기 어렵고, 사생활의 본질적인 내용을 침해하지 않으면서 행정적인 감독을 할 수 있는 방안을 강구할 수 있다는 점을 논거로 가사 사용인을 법 적용 대상에서 제외하는 근거를 비판한다.

84) 김형배a, 48면; 이상윤, 88면; 하갑래, 31면.

85) 김유성, 52면; 김형배a, 48면; 민변노동법 I, 302면; 하갑래, 31면.

86) 김유성, 52면; 김형배a, 48면; 하갑래, 31면.

자와 근로계약을 체결하고 이용자에게 가사서비스를 제공하는 사람(2조 4호), "입주가사근로자"란 가사근로자 중 이용자의 가구에 입주하여 가사서비스를 제공하는 사람(2조 5호)으로, 가사서비스 제공기관과 가사근로자의 근로관계 및 가사근로자가 이용자에게 제공하는 가사서비스 이용에 관하여 위 법이 적용된다(5조).

위 법의 적용을 받는 가사근로자는 근기법 등 근로 관계 법령의 적용이 제외되는 가사 사용인으로 보지 않게 되고, 위 법의 적용을 받는 가사근로자가 행하는 가사서비스는 퇴직급여법 등 근로 관계 법령의 적용이 제외되는 가구 내 고용활동으로 보지 않게 되는데(6조 1항), 가사근로자의 근로 관계에 관하여는 근기법 17조, 54조(입주가사근로자의 경우는 제외함), 55조, 60조 1항·2항·4항 및 5항을 적용하지 않고, 입주가사근로자의 근로 관계에 관하여는 근기법 50조 및 53조를 적용하지 않는다(6조 2항). 또한 가사서비스 제공기관은 가사서비스 이용자와 이용계약을 체결할 때 근기법 및 위 법에서 정하는 근로조건 등에 반하는 내용이 포함되지 않도록 하여야 한다(9조 2항). 위 법 4장에서는 가사근로자의 근로조건을 정하고 있는데, 가사서비스 제공기관의 사용자는 가사근로자와 근로계약을 체결할 때에 근로조건을 명시하여야 하고(14조 1항), 가사근로자의 최소근로시간은 1주일에 15시간 이상이어야 하며(15조 1항), 가사서비스 제공기관의 사용자는 가사근로자에게 근기법 55조 및 60조에 준하는 수준의 유급휴일 및 연차 유급휴가를 주어야 한다(16조 1항).

3. 상시 4명 이하의 근로자를 사용하는 사업 또는 사업장

법 11조 2항은 상시 4명 이하의 근로자를 사용하는 사업 또는 사업장에 대하여는 대통령령이 정하는 바에 따라 이 법의 일부 규정을 적용할 수 있다고 규정하고 있다. 상시 4명 이하의 근로자를 사용하는 사업 또는 사업장에 대하여 구 법(1989. 3. 29. 법률 4099호로 개정되기 전의 것)은 법의 적용 자체를 영에 위임하였다가, 위 개정으로 법의 일부 규정을 적용할 수 있다고 규정하였는데, 실제 영이 1998. 2. 24. 대통령령 15682호로 개정되기 전에는 4명 이하의 근로자를 사용하는 사업 또는 사업장에 적용되는 법 규정을 따로 정하지 않았다가 위 개정 이후에 일부 규정이 적용되기 시작하여 현재에 이르고 있다.

소규모 영세 사업장까지 법 전체를 적용할 경우 현실적으로 소규모 영세 사업자들이 법을 준수할 수 없고, 행정 감독 관청도 이를 감독하기가 어렵기 때문에 결과적으로 법의 규범적 효력이 약화되는 결과를 가져오기 쉽다는 이유에서 법은 상시 4명 이하의 근로자만을 사용하는 사업 또는 사업장에 대해서는 법의 일부 규정만을 적용하도록 하고, 구체적인 범위는 영 7조 [별표 1]에서 정하고 있다.

구체적인 적용범위를 보면, 제 1 장 총칙 규정 중에서는 법 14조(법령 요지 등의 게시)의 규정을 제외한 나머지 규정들이 모두 적용된다.

제 2 장(근로계약) 규정 중에서는 법 16조(계약기간. 2007. 6. 30.까지만 유효하다), 19조 2항(사용자의 근로조건 위반 시의 노동위원회에의 손해배상 신청 및 사용자의 귀향여비 지급의무), 23조 1항(해고 등의 제한), 24조(경영상 이유에 의한 해고의 제한), 25조(우선 재고용 등), 27조(해고사유 등의 서면통지), 28조(부당해고 등의 구제신청), 29조(조사 등), 30조 내지 32조(구제명령 등), 33조(이행강제금), 34조(퇴직급여 제도)의 규정들이 적용되지 않는다. 즉, 상시 4명 이하의 근로자를 사용하는 사용자는 보다 용이하게 근로자를 해고할 수 있다. 이들 규정의 적용을 배제하는 것은 사용자의 법 준수 능력을 감안한 것으로 생각된다. 다만, 퇴직급여의 경우 퇴직급여법 부칙(10967호, 2011. 7. 25.) 8조에서 퇴직급여법 부칙(7379호, 2005. 1. 27.) 1조 단서에 따라 2010. 12. 1.부터 상시 4명 이하의 근로자를 사용하는 사업에 관하여도 퇴직급여제도가 시행된 것으로 본다고 정하고 있다.

제 3 장(임금)의 규정 중에는 법 46조(휴업수당)의 규정만이 적용되지 않는다.

제 4 장(근로시간과 휴식)의 규정 중에는 법 54조(휴게), 55조 1항(1주 평균 1회 이상의 유급휴일 보장), 63조(적용의 제외)의 규정만 적용되고, 나머지 근로시간과 휴식에 관한 규정은 적용되지 않는다. 즉, 탄력적 근로시간제와 선택적 근로시간제, 연장근로의 제한, 연장·야간 및 휴일근로, 연차 유급휴가 등의 규정은 적용되지 않는다. 이들 규정의 배제는 법과 현실의 괴리가 심해 규범으로서의 실효성이 떨어지는 것을 감안한 것으로 보인다.[87)]

제 5 장(여성과 소년)의 규정 중에는 취업의 최저 연령, 미성년자 및 18세 미만의 연소자 보호에 관한 규정(법 64조, 66조 내지 69조)은 모두 적용되고, 임산부(임신 중이거나 산후 1년이 경과되지 않은 여성)에 대해서는 법 73조(생리휴가)와 74조의2(태아검진 시간의 허용 등), 75조(육아시간)의 규정을 제외한 나머지 규정이 모두 적용되며, 임산부가 아닌 18세 이상의 여성근로자에 대해서는 72조(갱내근로

---

87) 이철수, 336면.

의 금지)의 규정만이 적용되고, 나머지 규정은 적용되지 않는다.

　제6장(안전과 보건)의 법 76조(안전과 보건) 규정과 제8장(재해보상), 제11장(근로감독관 등), 제12장(벌칙)의 규정은 상시 4명 이하의 사업장에도 그대로 적용되고, 제7장(기능습득)과 제9장(취업규칙), 제10장(기숙사)의 규정은 모두 적용되지 않는다. 이 역시 사용자의 법 준수능력을 고려한 것으로 보인다.

　법 11조가 5명 이상의 근로자를 사용하는 사업 또는 사업장과 그 미만의 근로자를 사용하는 사업 또는 사업장을 구분하여 법의 적용을 달리하는 것에 관하여, 비판적인 견해가 있다.[88] 그러나 헌법재판소는 '상시 사용 근로자 수 5명'이라는 기준을 분수령으로 하여 법의 전면 적용 여부를 달리한 것은, 법의 확대 적용을 위한 지속적인 노력을 기울이는 과정에서, 한편으로 영세 사업장의 열악한 현실을 고려하고, 다른 한편으로 국가의 근로 감독 능력의 한계를 아울러 고려하면서 법의 법규범성을 실질적으로 관철하기 위한 입법정책적 결정으로서 합리적 이유가 있으므로 평등원칙에 위배된다고 할 수 없고, 인간의 존엄성을 전혀 보장할 수 없을 정도는 아니라는 이유로 헌법에 위반하지 않는다고 보았다.[89]

4. 법 자체의 적용 제한

　법 자체에서 특정한 자에게는 일부 조항을 적용하지 않는 경우가 있다. 법 4장과 5장에서 정한 근로시간, 휴게와 휴일에 관한 규정은 일정한 농림 사업이나 축산·양잠·수산 사업, 감시(監視) 또는 단속적(斷續的) 사업에 속하는 근로자에게는 적용되지 않는다(법 63조). 자세한 내용은 법 63조에 대한 해설 참조.[90]

---

88) 김홍영, 575~576면(4인 이하 사업장 및 그곳에서 일하는 근로자의 비율이 높기 때문에 영세사업장의 고용을 단순히 일부의 예외로서 방치하는 것은 노동정책상 타당하지 못하고, 동일한 업종에서 동일한 근로를 하더라도 어떤 규모의 사업장에서 근무하는지에 따라 법상 근로시간 및 해고 제한 등의 규정이 달리 적용되어 근로자간의 형평성 문제가 제기됨을 이유로 노동관계법의 기본적이고 원칙적인 내용은 5인 미만의 사업장에도 적용되어야 한다는 견해이다); 노상헌, 16~18면(법이 노동보호법으로서 근로조건의 최저 기준을 규정하고, 법 위반 시 벌칙을 부과하며, 법 준수를 감독하는 역할을 수행한다는 기본원칙에서 모든 근로자에게 효력이 미쳐야 한다는 견해이다); 민변노동법 I, 302면(우리나라의 낮은 노동조합 조직률과 단체협약 적용률을 감안할 때 집단적 자치규범을 통한 영세사업장 근로자의 근로조건 보호는 거의 불가능하므로, 모든 사업·사업장에 대한 법의 전면 적용을 궁극적인 목표로 단계적으로 그 적용 범위를 확대해 나가야 한다는 견해이다); 하갑래, 27~28면(사업장의 규모가 작을수록 근로조건이 열악하다는 점을 감안하여 적용범위를 넓혀가는 것이 필요하다고 한다).

89) 헌재 1999. 9. 16. 선고 98헌마310 결정.

90) 한편, 구 법(2007. 4. 11. 법률 8372호로 전부 개정된 것) 35조에서는 해고예고에 관한 법

5. 특별법상 적용 제한

가. 의   의

특별법에서 특정 근로자의 근로조건에 관한 사항을 규정하는 경우 당해 부분에 한하여 법에 우선하여 특별법이 적용되고, 그 법에서 특별한 정함이 없는 경우에 법이 보충적으로 적용된다. 어떠한 법이 특별법으로 인정되기 위해서는 입법 목적, 규제 대상 등이 근로자의 근로조건 결정에 관한 것이어야 한다.[91]

나. 공 무 원

국가공무원 및 지방공무원의 임용, 인사, 보수·복무 등에 대하여는 국공법 또는 지공법, 공무원임용령, 공무원 복무규정, 공무원 인재개발법, 공무원수당 등에 관한 규정 등이, 퇴직금 등에 관하여는 공연법이 적용되므로[92] 공무원인 근로자의 근로조건에 관한 사항은 원칙적으로 법의 적용을 받지 않는다. 그러나 공무원이라는 사정만으로 근로자에 해당되지 않는 것은 아니므로 근로자인 공무원에게는 해당 특별법에서 그 적용을 배제하는 규정이 없는 한 법이 적용된다.[93]

다. 선   원

해사노동의 특수성을 고려하여 선원의 직무·근로조건·직업안정 및 직업훈련 등에 대해서는 선원법이 적용되지만, 선원법 5조 1항은 법 2조 1항 1호부터 3호까지, 3조부터 6조까지, 8조부터 10조까지 등 일부 규정을 선원의 근로관계에 관하여 적용하도록 규정하고 있다.

또한 총 톤수 5톤 미만의 선박, 호수·강 또는 항내만을 항행하는 선박, 총 톤수 20톤 미만인 어선으로 해양수산부령이 정하는 선박 등 일부 소규모의 선박에 승무하는 선원과 그 선박의 소유자는 선원법 적용 대상에서 제외되며, 법

26조의 규정은 일용 근로자로서 3개월을 계속 근무하지 아니한 자, 2개월 이내의 기간을 정하여 사용된 자, 월급 근로자로서 6개월이 되지 못한 자, 계절적 업무에 6개월 이내 기간을 정하여 사용된 자, 수습 사용 중인 근로자 등에게는 적용되지 않는다고 규정하였으나, 근로자로서 6개월이 되지 못한 자를 해고예고제도의 적용예외 사유로 규정한 위 35조 3호는 근무기간이 6개월 미만인 월급근로자의 근로의 권리를 침해하고 평등원칙에 위배된다는 헌법재판소의 위헌 결정(헌재 2015. 12. 23. 선고 2014헌바3 결정)에 따라 위 35조 전체가 2019. 1. 15. 법률 16270호로 개정된 법에 의하여 삭제되었다.

91) 이상윤, 98면.
92) 대법원 1987. 2. 24. 선고 86다카1355 판결.
93) 대법원 1998. 4. 24. 선고 97다57672 판결, 대법원 1998. 8. 21. 선고 98두9714 판결, 대법원 2001. 3. 23. 선고 2000다39513 판결.

적용대상이 된다(선원법 3조 1항).

선박 회사의 근로자라 하더라도 선박에 승선하지 않는 육상 근로자는 법의 적용을 받는다.94)

한편, 하나의 회사의 근로자가 선원과 육원으로 구성되어 있는 경우 이를 하나의 사업으로 보아 선원과 육원 사이에도 구 법(1997. 3. 13. 법률 5305호로 폐지되기 전의 것) 28조 2항(현행 법 34조) 소정의 퇴직금 제도 차등금지 규정이 적용되는지 여부에 관하여 판례는 법상 퇴직금 제도와 선원법상 퇴직금 제도는 그 의미와 성질이 다른 별개의 제도로 보아 소극적인 태도를 취하고 있다.95)

라. 사립학교 교직원

사립학교법상의 교직원은 교육공무원이 아닌 법상 근로자이므로 사립학교 교직원의 근로조건에 관하여 사립학교법이 규정하지 않은 것은 법이 적용된다.96) 사립학교 교원의 자격·임면·복무·신분보장 및 징계 등에 대하여 사립학교법은 법과 별도로 규정하고 있으므로 사립학교법에서 규정하고 있는 근로조건에 대해서는 법의 적용이 배제된다.97)

사립학교법에 의하여 설립된 학교법인 또는 사립학교에 근무하는 사무 직원의 임면, 보수, 복무 및 신분보장에 관하여는 사립학교법에서 학교법인의 정관으로 정하도록 하였을 뿐이고 그 내용을 규정한 바가 없으며 그 근무관계는 본질적으로 사법상 고용계약 관계이므로, 학교법인 또는 사립학교 사무 직원의 보수, 복무 등 근로조건에 관한 사항 중 사립학교교직원 연금법에서 정하고 있는 퇴직 시의 급여 등을 제외한 사항은 법의 적용을 받는다.98)

마. 공 기 업

공기업 관련 법률에서 해당 근로자들의 근로조건과 관련된 사항을 명시하고 있는 때에는 관련 부분에 한해 법의 적용이 배제될 수 있다. 그러나 이러한 법률들이 특별법으로 인정되기 위해서는 입법목적, 규제사항 등이 근로조건 결정에 관한 것이어야 한다.99)

---

94) 하갑래, 33면 각주 5).
95) 대법원 2002. 10. 17. 선고 2002다8025 전원합의체 판결.
96) 김형배a, 51면; 이상윤, 99면; 대법원 1979. 9. 25. 선고 78다2312, 2313 전원합의체 판결.
97) 김형배a, 51면; 이상윤, 99면; 1991. 6. 27. 근기 01254-9246.
98) 대법원 1997. 7. 22. 선고 96다38995 판결, 대법원 2003. 6. 13. 선고 2003다2093 판결, 대법원 2004. 6. 25. 선고 2002다51555 판결, 대법원 2006. 12. 8. 선고 2006다48229 판결.

바. 청원경찰

청원경찰의 보수, 복무, 징계에 관하여는 법에 우선하여 청원경찰법령이 적용되고, 그 법령에 규정되지 않은 사항에 대하여 법이 적용된다.[100]

청원경찰의 복무에 관하여 구 청원경찰법(2018. 9. 18. 법률 15765호로 개정되기 전의 것) 5조 4항은 국공법 57조, 58조 1항, 60조, 66조 1항 및 경찰공무원법 18조를 준용한다고 규정하였다. 그러나 구 청원경찰법 5조 4항 중 국가공무원법 66조 1항 가운데 '노동운동' 부분을 준용하는 부분은 헌법에 합치되지 않는다는 헌법재판소의 결정[101]에 따라 구 청원경찰법(2018. 9. 18. 법률 15765호로 개정된 것)은 국공법 57조, 58조 1항, 60조 및 구 경찰공무원법(2020. 12. 22. 법률 17687호로 전부개정되기 전의 것) 18조만을 준용하는 것으로 개정되었고, 청원경찰법 시행령 7조는 청원경찰법 5조 4항에서 규정한 사항 외에 청원경찰의 복무에 관하여는 해당 사업장의 취업규칙에 따르도록 하고 있으므로, 근로시간과 휴게 및 휴일, 연차 유급휴가 부여 기준 등에 관하여는 법의 적용을 받는다.[102]

V. 국제근로관계

1. 의   의

사회·경제의 국제화가 진행됨에 따라 외국인 근로자가 국내에서 근로를 제공하는 경우, 우리나라 근로자가 외국에서 근로를 제공하는 경우, 우리나라 근로자 또는 외국인 근로자가 우리나라 소재 외국인 기업에서 근로를 제공하는 경우, 외국인 근로자나 우리나라 근로자가 외국에 소재하는 우리나라 기업에서 근로를 제공하는 경우 등 국제적인 근로관계가 증가하고 있다. 이를 통칭하여

---

99) 대법원 1990. 3. 13. 선고 89다카24780 판결, 1991. 6. 27. 근기 01254-9222.

100) 이상윤-b, 54면; 민변노동법 I, 304면.

101) 헌재 2017. 9. 28 선고 2015헌마653 결정.

102) 한편, 구 청원경찰법 시행령(1999. 9. 30. 대통령령 16562호로 개정되기 전의 것) 10조 1항은 국공법 56조 내지 60조, 63조, 65조, 66조, 71조 내지 73조, 경찰공무원법 18조, 공무원복무규정 2조 내지 5조, 14조 내지 19조 및 22조와 경찰공무원복무규정 4조, 5조 및 8조의 규정을 준용한다고 규정하였고, 10조 2항은 1항 이외의 복무에 관하여는 당해 사업장의 취업규칙에 의한다고 규정하였는데, 당시 판례는 청원경찰의 복무에 관하여 적용되는 공무원복무규정에는 공무원의 휴가에 관하여 법과는 달리 연가·병가·공가로 세분하여 별도의 규정을 두고 있으므로 청원경찰의 경우 휴가에 관하여는 공무원복무규정의 해당 조항이 우선적으로 적용되고 법 소정의 휴가에 관한 규정은 그 적용이 배제된다고 하였다(대법원 1996. 6. 28. 선고 95다24074 판결).

국제근로관계라고 부를 수 있고 이러한 국제근로관계에 우리나라 법을 적용할 수 있는지, 우리나라 법원이 재판관할권을 가지는지 여부가 문제된다.

2. 국제근로관계의 개념

국제사법의 적용을 받을 국제근로관계에 해당하려면 해당 근로계약관계가 국제사법 1조에서 규정하고 있는 '외국과 관련된 요소가 있는 법률관계'에 해당해야 한다.

이 경우 '외국과 관련된 요소'의 의미와 관련하여 견해의 대립이 있다. 형식설은 법률관계를 구성하는 요소에 외국과 관련된 요소가 있는 사법상의 모든 법률관계는 아무런 제한 없이 국제사법의 적용대상이 되는 국제적 법률관계로 파악하여 국제사법을 폭넓게 적용하여야 한다고 본다.[103] 이에 대하여 실질설은 외국과 관련된 요소의 유무를 단순히 법률관계를 구성하는 객관적 사실 요소의 유무에 의해서만 형식적·일률적으로 판단해서는 안 되고, 당해 법률관계의 국제적 성격이 상당한 정도에 이르러 그 법률관계에 국제사법을 적용하는 것이 합리적이고 타당한 경우에 한하여 국제사법을 적용하여야 하며, 비록 외견상 외국과 관련된 요소가 있다고 하더라도 그것이 단순히 우연적이고 형식적인 의미가 있는 데에 그치는 경우 등에는 국제적 법률관계의 범위에서 제외하여야 한다고 본다.[104]

판례는 "양 당사자가 모두 내국인인 경우 불법행위지가 단순히 우연적이고 형식적인 의미를 갖는 데에 그치는 경우에는 일반적으로 섭외사법을 적용하여 처리하여야 할 합리적인 이유는 없다"고 하여 실질설을 취하고 있다.[105]

형식설에 의하는 경우 국제적 법률관계의 적용범위가 지나치게 확대되는 문제가 있고, 국제사법의 적용범위에 구체적 타당성을 도모하려고 하는 점에서 실질설이 타당하다. 실질설이 통설이다.[106]

따라서 국제근로관계에서도 우선 근로계약의 법률관계를 구성하는 객관적 사실 요소인 당사자의 국적, 주소, 상거소, 거소, 영업소, 노무제공지, 근로계약 체결지, 행위지 등 어느 하나가 외국과 관련되어 있을 것이 필요하고,[107] 구체

103) 김지형a, 230면; 최공웅, 20면; 최홍엽, 269면.
104) 최공웅, 20면; 최홍엽, 269면.
105) 대법원 1979. 11. 13. 선고 78다1343 판결.
106) 김지형a, 231면; 최홍엽, 269면.

적인 사안에서 외국과 관련된 요소에 의하여 당해 근로계약관계의 국제적 성격
이 상당한 정도에 이르러 국제사법을 적용하는 것이 합리적이고 타당한지 여부
를 판단해야 한다.

3. 근로계약관계에 대한 국제사법의 적용

가. 개   관

근로계약관계에 대한 국제사법의 적용 여부에 관해서는 종래 근로계약관계
에서도 당사자 자치의 원칙이 적용되어 당사자가 근로계약에서 준거법을 결정
할 수 있는지, 당사자가 준거법을 결정하지 않은 경우에 준거법을 결정하는 기
준은 무엇인지 등 준거법 결정 및 강행법규의 적용과 관련하여 많은 논의가 있
었는데,[108) 국제사법은 상당 부분을 입법적으로 해결하였다.

국제사법은 45조 1항에서 계약의 준거법은 원칙적으로 당사자 자치에 의하
여 결정된다(주관적 준거법 결정)고 규정하면서, 48조에서 근로계약의 경우에 그
제한을 인정하는 특례를 두었다. 근로계약 역시 채권계약의 일종으로 분류할 수
있으므로 당사자주의 원칙이 근로계약에도 적용된다고 본 것이다.[109) 나아가 종
래 당사자가 계약에서 준거법을 결정하지 않은 경우에 행위지법이 적용됨으로
써 발생할 수 있는 부당한 결과를 피하기 위하여 당사자의 묵시적인 준거법 결
정이 있었던 것으로 해석하는 경우가 있었는데,[110) 국제사법 45조 1항 단서는
계약의 내용 등 모든 사정으로부터 합리적으로 인정할 수 있는 경우에 한하여
묵시적 선택을 인정할 수 있다고 제한하였다. 그러면서 국제사법 48조 2항은 당
사자의 의사가 명확하지 않은 경우 노무제공지 등 객관적 연결점에 의한 준거
법 결정(객관적 준거법 결정)이 이루어지도록 하였다.

한편, 국제사법 신설 이전까지 우리나라에는 국제재판관할을 직접 규율하
는 성문법규가 없었고, 그에 관한 원칙은 판례에 의하여 발전하여 왔다. 종전

---

107) 김지형a, 236면.
108) 상세한 내용은 김지형a, 244면 이하; 최홍엽, 270면 이하 참조.
109) 최홍엽, 273면.
110) 대법원 2004. 6. 25. 선고 2002다56130, 56147 판결(외국의 근로자공급사업자와 국내 항공회
사 간에 체결된 근로자 공급계약에 기하여 국내 항공회사에 파견되어 근무한 외국인 조종사
들이 국내 항공회사를 상대로 퇴직금의 지급청구를 한 경우, 항공기 조종사들인 원고들의 일
상적인 노무급부지가 우리나라라고 볼 수는 없으나 노무제공의 수령자인 피고가 우리나라
법인이고, 원고들이 우리나라 법에 의하여 청구를 하고 있는 사정 등을 고려할 때 근로계약
관계의 성립에 관한 준거법은 우리나라 법률이라고 한 사례).

판례는 "섭외사건의 국제 재판관할에 관하여 일반적으로 승인된 국제법상의 원칙이 아직 확립되어 있지 아니하고 이에 관한 우리나라의 성문법규도 없는 이상, 섭외사건에 관한 외국 법원의 재판관할권 유무는 당사자 간의 공평, 재판의 적정, 신속을 기한다는 기본이념에 따라 조리에 의하여 결정함이 상당하고, 이 경우 우리나라의 민사소송법의 토지관할에 관한 규정 또한 그 기본이념에 따라 제정된 것이므로, 그 규정에 의한 재판적이 외국에 있을 때에는 이에 따라 외국 법원에서 심리하는 것이 조리에 반한다는 특별한 사정이 없는 한 그 외국 법원에 재판관할권이 있다고 봄이 상당하다."고 하여,111) 원칙적으로 국제재판관할에 관한 규칙과 토지관할에 관한 규정을 동일한 것으로 보되, 그 결과 국제재판관할을 인정하는 것이 조리에 반한다는 특별한 사정이 있는 때에는 국제재판관할을 부정할 수 있다고 보았다.112)

그런데 국제적인 민사소송이 증가함에 따라 국제재판관할에 관한 명확한 기준이 요청되었고, 국제사법에서는 국제재판관할에 관한 원칙을 두되, 종래 국제재판관할에 관한 연구가 충분하지 않고 헤이그국제사법회의의 차원에서 국제재판관할에 관한 전 세계적인 협약을 성안하기 위한 노력이 진행 중인 점을 감안하여 과도기적인 조치로 2조 1항에서 법원은 당사자 또는 분쟁이 된 사안이 대한민국과 실질적 관련이 있는 경우에 국제재판관할권을 가진다고 하여 종전 대법원 판례의 입장을 반영한 일반원칙만을 규정하고, 각칙인 채권의 장(5장)에서 사회·경제적 약자인 소비자와 근로자를 보호하기 위하여 국제재판관할에 관한 특칙을 두었다.113)

이후 국제사법이 2022. 1. 4. 전부개정되어 2022. 7. 5.부터 시행되었는데, 개정된 국제사법은 2조 1항에서 국제재판관할의 원칙적 기준인 '실질적 관련'의 유무를 판단할 때에 기존의 판례가 제시한 '당사자 간의 공평, 재판의 적정, 신속 및 경제를 꾀한다는 국제재판관할 배분의 이념에 부합하는 합리적인 원칙'에 따라야 함을 명시하였고, 3조 내지 10조에서 일반관할, 특별관할, 관련사건의 관할, 반소관할, 합의관할, 변론관할, 전속관할 등 민사소송법상 관할 규정에 대응하는 규정을, 11조 내지 15조에서 국제적 소송경합, 국제재판관할의 불행사, 보전처분의 관할 등에 관한 규정을 신설하였다. 한편, 개정 전 국제사법은 28조 1,

---

111) 대법원 1995. 11. 21. 선고 93다39607 판결.
112) 석광현b, 22면.
113) 석광현b, 21~22면.

2항에서 국제근로계약의 준거법에 관한 내용을 규정하고, 28조 3항 내지 5항에 국제근로계약에 있어서 국제재판관할에 관한 특별규정을 두고 있었는데, 개정된 국제사법은 43조에서 국제근로계약에 있어서 국제재판관할에 관한 내용을 규정하고 48조에서 국제근로계약의 준거법에 관한 내용을 규정하는 것으로 조문을 분리하였다.

나. 국제사법의 적용 여부

근로관계를 형성하는 계약(근로계약, 고용, 위임, 도급 등)이 국제사법 43조 및 48조의 적용대상인 '근로계약'에 해당하는지 여부를 판단하는 준거법이 무엇인지 문제될 수 있다.

이에 대해서도 여러 견해의 대립이 있는데, 우리나라의 유력한 견해인 국제사법 독자설(법정지국의 국제사법 자체의 입장에서 독자적으로 판단하여야 한다는 견해)에 의하면 각국의 실질법을 비교·검토하여 공통되는 법개념을 도출하거나 국제사법 해당 규정을 그 입법목적, 취지 등에 따라 해석함으로써 규율대상인 법률관계의 성질을 판단하게 된다.[114]

판례는 계약의 형식에 관계없이 그 실질에 있어 노무제공자가 노무수령자에게 사용종속적인 관계에서 근로를 제공하였는지 여부에 따라 근로계약 여부를 판단하여야 함을 전제로,[115] "산업기술연수사증을 발급받은 외국인이 정부가 실시하는 외국인 산업기술연수제도의 국내 대상 업체에 산업기술연수생으로 배정되어 대상 업체와 사이에 연수계약을 체결하였다 하더라도 당해 외국인이 대상 업체의 사업장에서 실질적으로 대상 업체의 지시·감독을 받으면서 근로를 제공하고 수당 명목의 금품을 수령하여 왔다면 당해 외국인도 법 14조(현행 법 2조 1호) 소정의 근로자에 해당한다"[116]고 하여 근로관계에 해당하는지 여부를 법정지의 실질법에 의하여 판단하여야 한다는 법정지법설의 입장을 취하고 있으나,[117] 국제사법도 '근로계약'이 사용종속적인 노무 급부 관계임을 전제로 근로자를 보호하려는 데에 입법 목적을 두고 있다고 해석되므로, 근로계약의 해당성 여부를 우리나라 법에 의하여 판단하더라도 결론에서는 차이가 없을 것이다.[118]

---

114) 김지형a, 256면.
115) 대법원 2001. 4. 13. 선고 2000도4901 판결, 대법원 2006. 12. 7. 선고 2004다29736 판결.
116) 대법원 2005. 11. 10. 선고 2005다50034 판결.
117) 권창영b, 386면.
118) 김지형a, 257면.

다. 국제근로관계의 준거법

근로계약 당사자 사이에 준거법 선택에 관하여 명시적 합의가 있으면 그 합의에 따라 준거법이 결정되는데(국제사법 45조 1항 본문), 준거법 선택에 관한 당사자 합의의 성립 및 유효성, 합의의 방식은 그 합의가 유효하게 성립되었을 경우 적용되어야 하는 준거법, 즉 당사자가 선택한 준거법에 따라 판단한다(국제사법 45조 5항, 49조 1항, 31조 1항). 다만, 당사자의 권리능력이나 행위능력은 당사자의 본국법에 의한다(국제사법 26조, 28조 1항).

근로계약 당사자 사이에 준거법 선택에 관하여 묵시적인 합의가 있는 경우에도 그에 따라 준거법이 결정된다(국제사법 45조 1항 본문). 다만, 묵시적인 선택은 계약내용 그 밖에 모든 사정으로부터 합리적으로 인정할 수 있는 경우로 한정한다(국제사법 45조 1항 단서).

나아가 국제사법은 근로계약 당사자가 합의에 의하여 주관적으로 선택할 수 있는 준거법의 범위를 제한하지 않으므로 아무런 관련이 없는 중립적인 법의 선택도 가능하다.[119] 근로계약 당사자는 근로계약 전체에 대해서 뿐만 아니라 그 일부에 관하여도 준거법을 선택할 수 있고, 당사자는 합의에 의하여 당사자가 이미 선택한 준거법 또는 객관적 준거법을 변경할 수 있다(국제사법 45조 2항·3항). 계약 일부에 관하여만 준거법의 명시적인 선택이 있는 경우에는 나머지 부분에 대하여도 동일한 준거법의 묵시적인 선택이 있다고 인정될 수 있다면 결과적으로 하나의 준거법이 선택되겠지만, 그렇지 아니한 경우에는 명시적·묵시적인 선택이 없는 부분에 대하여는 객관적 준거법이 정해지고 이에 따라 명시적인 선택이 있는 부분과 서로 다른 내용의 준거법이 결정될 수 있다.[120] 법선택의 합의는 반드시 근로계약 체결 당시에 있어야만 하는 것은 아니고 계약 체결 후 어느 때라도 할 수 있고, 소송계속 중에도 사실심 변론종결시까지는 가능하다.[121] 또한 근로계약이 체결된 후 법선택에 관하여 합의하거나 준거법을 변경하기로 하는 합의가 있으면 그 효력은 당사자 사이에 특별한 약정이 없는 한 근로계약 체결 당시로 소급하여 효력을 갖는다고 해석된다.[122] 다만, 근로계약 체결 후 이루어진 준거법의 변경은 계약의 방식의 유효성과 제3자의 권리

---

119) 김지형a, 259면.
120) 김지형a, 260면.
121) 김지형a, 260면.
122) 김지형a, 260면.

에 영향을 미치지 아니한다(국제사법 45조 3항 단서).

　　당사자가 준거법을 선택하지 않은 경우에는 근로자가 '일상적'으로 '노무를 제공하는' 국가의 법에 의하는 것을 원칙으로 한다(국제사법 48조 2항 전단). 노무제 공지라 함은 근로자가 현실적으로 근로하고 있는 사업 또는 사업장의 소재지를 의미하고, 근로자가 '일상적으로' 노무를 제공하는 장소를 의미하므로 근로자가 '일시적으로' 다른 나라에 소재하는 사업 또는 사업장에 파견된 경우라 하더라 도 원래 취업하고 있던 사업 또는 사업장이 일상적인 노무제공지가 된다.

　　한편, 근로자가 일상적으로 어느 한 국가 안에서 노무를 제공하지 않는 경 우에는 사용자가 '근로자를 고용'한 '영업소'가 있는 국가의 법에 의한다(국제사 법 48조 2항 후단). 여기서 영업소는 법 11조 소정의 사업 또는 사업장의 개념과 동일한 것으로 해석된다.[123]

　　위와 같은 준거법 결정에 대하여 노무제공지 등을 기준으로 한 객관적 준 거법이 해당 근로계약관계와 근소한 관련이 있을 뿐이고 그 근로계약관계와 가 장 밀접한 관련이 있는 다른 국가의 법이 명백히 존재하는 경우에는 그 다른 국가의 법에 의한다(국제사법 21조). 근로계약관계를 구성하는 여러 객관적 요소들 을 종합적으로 판단하여 밀접한 관련성 여부를 판단하여야 할 것이다.[124]

　　이와 관련하여 외항선에 승선하여 국제 화물·여객 운송업무에 종사하는 선원의 근로계약관계에 관한 객관적 준거법에 대하여는, 국제사법 48조 2항 후 단에 의하여 일상적으로 어느 한 국가 안에서 노무를 제공하지 아니하는 경우 에 해당한다고 보아 그 선원을 고용한 영업소가 있는 국가의 법에 의하여야 한 다는 견해(제 1 설), 선원이 일상적으로 노무를 제공하는 곳은 선상이므로 국제사 법 48조 2항 전단에 의하여 선박의 국적에 속하는 국가의 법에 의하여야 한다 는 견해(제 2 설), 선원의 근로계약관계에 있어서는 오히려 국제사법 21조의 규정 에 따라 가장 밀접한 관련이 있는 국가의 법에 의하는 것을 원칙으로 하여야 한다는 견해(제 3 설) 등이 있다.[125] 제 1 설을 취하는 견해는 거의 찾아볼 수 없 고, 제 3 설에 의하면 선원의 근로계약관계와 가장 밀접한 관련이 있는 국가는 통상적인 경우 선박 국적 소속 국가이고, 다만 편의치적과 같이 선박의 소유자 가 외국인이나 외국법인의 명의를 빌려 그 소유의 외국 국적 선박으로 등록하

---

123) 김지형a, 262면.
124) 김지형a, 264면.
125) 김지형a, 264면; 석광현a, 359~362면.

는 경우에는 선박의 국적이 아니라 실질적인 선박 소유자의 본거지법이 준거법이 될 가능성이 크다고 보고 있으며, 제2설에 의하더라도 편의치적의 경우에는 가장 밀접한 관련이 있는 다른 나라의 법이 준거법이 될 수 있다고 그 예외를 인정하고 있으므로, 제2설과 제3설은 결과에서 큰 차이가 없다.[126] 판례는 원칙적으로 "선원근로계약에 관하여는 선적국을 선원이 일상적으로 노무를 제공하는 국가로 볼 수 있어 선원근로계약에 의하여 발생하는 임금채권에 관한 사항에 대하여는 구 국제사법(2022. 1. 4. 법률 18670호로 개정되기 전의 것) 28조 2항에 의하여 선적국법이 준거법이 된다"고 보지만,[127] "구 국제사법(2022. 1. 4. 법률 18670호로 개정되기 전의 것) 8조 1항, 60조 1호, 2호의 내용과 취지에 비추어 보면, 선박이 편의치적이 되어 있어 그 선적만이 선적국과 유일한 관련이 있을 뿐이고, 실질적인 선박 소유자나 선박 운영회사의 국적과 주된 영업활동장소, 선박의 주된 항해지와 근거지, 선원들의 국적, 선원들의 근로계약에 적용하기로 한 법률, 선박저당권의 피담보채권을 성립시키는 법률행위가 이루어진 장소 및 그에 대하여 적용되는 법률, 선박경매절차가 진행되는 법원이나 경매절차에 참가한 이해관계인 등은 선적국이 아닌 다른 특정 국가와 밀접한 관련이 있어 앞서 본 법률관계와 가장 밀접한 관련이 있는 다른 국가의 법이 명백히 존재하는 경우에는 다른 국가의 법을 준거법으로 보아야 한다"는 입장이다.[128]

라. 국제근로관계에 대한 강행법규의 적용

국제근로관계에서 준거법 결정을 당사자 자치에만 의존할 경우 사용자가 근로자에 비하여 사회적 · 경제적으로 우월한 입장에서 자의적으로 준거법을 선택할 가능성이 있으므로 일정한 범위 안에서 당사자 자치의 원칙에 적절한 제한을 가함으로써 근로자를 보호할 필요가 있다.[129]

국제사법은 세 가지 측면에서 강행법규의 적용을 규율하고 있다.

먼저, 근로계약 당사자가 준거법을 선택하더라도 객관적 준거법 소속 국가의 강행규정에 의하여 근로자에게 부여되는 보호를 박탈할 수 없다(국제사법 48조

---

126) 권창영a, 635면.
127) 대법원 2007. 7. 12. 선고 2005다39617 판결, 이는 외국의 근로자공급사업자와 국내 항공회사 간에 체결된 근로자 공급계약에 기하여 국내 항공사에 파견되어 근무한 외국인 조종사들의 일상적인 노무제공지를 우리나라로 볼 수 없다고 판시한 판례(대법원 2004. 6. 25. 선고 2002다56130, 56147 판결)와 대비된다.
128) 대법원 2014. 7. 24. 선고 2013다34839 판결.
129) 김지형a, 265면.

1항). 여기서 말하는 강행규정은 근로자의 보호를 정한 규정으로서 당사자가 계약에 의하여 그 적용을 배제할 수 없는 법규를 말하고, 법상의 근로자 보호규정이 대표적인 것이다.[130] 또한 모든 요소가 오로지 우리나라와 관련이 있는 순수한 국내적 근로계약관계에 있어서도 근로계약 당사자가 외국법을 준거법으로 선택할 수 있지만 이 경우에도 우리나라의 강행규정은 그 적용이 배제되지 않는다(국제사법 45조 4항). 국제사법 48조 1항은 로마협약 6조의 영향을 받은 규정으로, 유리의 원칙 또는 최저기준보장의 원칙이라고 불리는 것이다.[131] 즉, 당사자가 선택한 준거법이 객관적 준거법보다 유리한 보호를 부여하는 경우에는 당사자 자치를 허용하되, 당사자의 준거법 선택이 당사자 사이의 대등한 합의의 산물이 아닐 수 있으므로 노무제공지 법의 보호를 관철함으로써 근로자를 보호하기 위한 것이다.[132]

다음, 국제사법 20조는 "입법목적에 비추어 준거법에 관계없이 해당 법률관계에 적용되어야 하는 대한민국의 강행규정은 이 법에 따라 외국법이 준거법으로 지정되는 경우에도 적용한다."고 규정하고 있다. 따라서 여기서 말하는 강행규정은 준거법에 관계없이 적용되는 것이므로 단순한 국내적 강행법규를 의미하는 것이 아니라 국제적 강행법규에 해당하는 것이다. 근로계약관계를 규율하는 우리나라의 강행법규 중 국제적 강행법규를 결정하는 기준에 관하여 법규정의 대부분은 국내적 강행법규에 속하고, 집단적 노동관계를 규율하기 위하여 제정된 법규이지만 그것이 개별 근로계약의 성립 및 효력에 영향을 주는 강행법규는 국제적 강행법규로 분류될 수 있다고 보는 유력한 견해가 있다.[133]

마지막으로 국제사법 23조는 "외국법에 따라야 하는 경우에 그 규정의 적용이 대한민국의 선량한 풍속이나 그 밖의 사회질서에 명백히 위반될 때에는 그 규정을 적용하지 아니한다."라고 규정하여, 외국법을 준거법으로 적용한 결과가 법정지인 우리나라의 공서에 명백히 위반하는 경우에 그 적용이 배제됨을 명확히 하였다.

마. 국제근로관계에 관한 국제재판관할

국제사법 2조 1항은 "대한민국 법원은 당사자 또는 분쟁이 된 사안이 대한

---

130) 김지형a, 265면.
131) 최홍엽, 275면.
132) 최홍엽, 275면.
133) 김지형a, 270면.

민국과 실질적 관련이 있는 경우에 국제재판관할권을 가진다. 이 경우 법원은 실질적 관련의 유무를 판단할 때에 당사자 간의 공평, 재판의 적정, 신속 및 경제를 꾀한다는 국제재판관할 배분의 이념에 부합하는 합리적인 원칙에 따라야 한다."고 하여 국제재판관할에 관한 일반원칙을 규정하고 있고, 2조 2항은 "이 법이나 그 밖의 대한민국 법령 또는 조약에 국제재판관할에 관한 규정이 없는 경우 법원은 국내법의 관할 규정을 참작하여 국제재판관할권의 유무를 판단하되, 1항의 취지에 비추어 국제재판관할의 특수성을 충분히 고려하여야 한다."고 규정하고 있다. 종래 2조 1항은 법원이 실질적 관련의 유무를 판단함에 있어 국제재판관할 배분의 이념에 부합하는 합리적인 원칙에 따라야 한다고 규정하여 추상적인 기준만을 제시하였는데, 개정 국제사법은 "법원이 국제재판관할권의 유무를 판단함에 있어서 당사자 간의 공평, 재판의 적정, 신속 및 경제를 기한다는 기본이념에 따라 국제재판관할을 결정하여야 하고, 구체적으로는 소송당사자들의 공평, 편의 그리고 예측가능성과 같은 개인적인 이익뿐만 아니라 재판의 적정, 신속, 효율 및 판결의 실효성 등과 같은 법원 내지 국가의 이익도 함께 고려하여야 하며, 이러한 다양한 이익 중 어떠한 이익을 보호할 필요가 있을지 여부는 개별 사건에서 법정지와 당사자의 실질적 관련성 및 법정지와 분쟁이 된 사안과의 실질적 관련성을 객관적인 기준으로 삼아 합리적으로 판단하여야 한다."[134]는 판례에 따라 구체적 판단기준을 명시하였다.

　　국제재판관할에 관한 특칙인 국제사법 43조 1항은 국제근로관계에 있는 근로자가 대한민국에서 일상적으로 노무를 제공하거나 최후로 일상적 노무를 제공한 경우에는 사용자에 대한 근로계약에 관한 소를 대한민국 법원에 제기할 수 있고, 근로자가 일상적으로 대한민국에서 노무를 제공하지 않거나 않았던 경우에 사용자가 그를 고용한 영업소가 대한민국에 있거나 있었을 때에도 대한민국 법원에 소를 제기할 수 있다고 규정하고 있다.

　　이와 달리 43조 2항은 국제근로관계에 관하여 사용자가 근로자를 상대로 소를 제기하는 경우에는 근로자의 일상거소가 대한민국에 있거나 근로자가 대한민국에서 일상적으로 노무를 제공하는 경우에는 대한민국 법원에만 소를 제기할 수 있도록 규정하고 있다. 근로자가 사용자를 상대로 소를 제기하는 경우(1항) 2조에 따른 관할에 추가적인 관할을 정하고 있는 것과 달리 전속적인 규정이다.

---

134) 대법원 2005. 1. 27. 선고 2002다59788 판결, 대법원 2010. 7. 15. 선고 2010다18355 판결.

    국제사법 43조 3항에 따르면, 근로계약의 당사자는 국제사법 8조에 따른
국제재판관할의 합의를 할 수 있으나, 근로자에게 부당한 재판관할합의를 방지
하기 위하여 분쟁이 이미 발생한 후에 성립된 합의이거나 사전적 합의일 경우
근로자에게 유리하도록 대한민국 법원 외에 외국법원에도 근로자가 제소하는
것을 허용하는 경우에만 효력이 있다고 규정하고 있다. 판례는 대한민국 법인인
피고가 직접 투자하여 설립한 중국 내 현지법인에 입사하여 근무하던 중국인
근로자들인 원고들이 위 현지법인과 출국연수약정을 체결하고 국내에 입국하여
피고에서 근무한 후 피고를 상대로 미지급 임금과 퇴직금 등의 지급을 구하는
소를 제기한 사안에서, 원고들과 위 현지법인 사이에 체결한 출국연수약정에
"위 합의로부터 야기되거나 위 합의와 관련되는 일체의 법률적 분쟁은 원칙적
으로 쌍방의 협상으로 해결하고, 협상이 되지 않을 경우 중국 법률에 따라 노동
중재를 통하여 해결하며, 노동중재 재결에 불복할 경우 소송을 할 수 있다."는
내용이 포함되어 있다는 이유로 피고가 원고들이 제기한 소는 재판관할에 관한
당사자의 합의에 위반하여 제기된 소로서 부적법하다는 본안전 항변을 하였으
나, 위 재판관할에 관한 합의는 근로계약의 당사자가 분쟁이 발생하기 전에 대
한민국 법원의 국제재판관할권을 배제하기로 하는 내용의 합의로서 구 국제사
법(2022. 1. 4. 법률 18670호로 개정되기 전의 것) 28조 5항에 위반하여 효력이 없다고
판단하였다.135)

4. 판례에서 문제된 사안

    국제근로관계가 문제될 수 있는 사안은, (i) 외국인과 외국 기업이 외국에서
근로계약을 체결한 후 외국인인 근로자가 우리나라에서 노무를 제공하는 사안,
(ii) 우리나라 사람과 우리나라 기업이 우리나라에서 근로계약을 체결한 후 우리
나라 사람인 근로자가 외국에서 노무를 제공하는 사안, (iii) 우리나라 사람과 외
국 기업이 우리나라에서 근로계약을 체결하고 우리나라에서 노무를 제공하는
사안, (iv) 우리나라 기업과 외국인이 우리나라에서 근로계약을 체결하고 외국인
인 근로자가 우리나라에서 노무를 제공하는 사안, (v) 우리나라 사람과 외국기
업이 외국에서 근로계약을 체결하고 우리나라 사람인 근로자가 외국에서 노무
를 제공하는 사안, (vi) 우리나라 기업과 외국인이 외국에서 근로계약을 체결하

---

135) 대법원 2006. 12. 7. 선고 2006다53627 판결.

고 외국인인 근로자가 외국에서 노무를 제공하는 사안 등을 생각할 수 있다.[136]

첫 번째 유형이 문제된 사안에서 판례는 우리나라에 소재하는 외국인 기업에서 근로를 제공하는 외국인 근로자에 대하여 법이 적용된다고 하였다.[137]

두 번째 유형이 문제된 사안에 대해서 판례는, 법은 대한민국 국민 간의 고용계약에 의한 근로인 이상 그 취업장소가 국내이거나 국외임을 가리지 않고 적용된다고 하여 파월근로자에 대하여 법을 적용하였다.[138] 이에 대해서는 노무제공지에 따라 준거법이 결정되는 것이 원칙이지만, 근로계약의 당사자가 모두 우리나라 국적을 갖고 있고, 근로계약서도 국어로 작성되었으며, 근로계약의 체결지도 우리나라인 점, 노무제공지가 외국이라는 사정은 근로계약관계에서 근소한 관련이 있고, 오히려 우리나라가 근로계약관계와 가장 밀접한 관련이 있다고 보아 결과적으로 우리나라 법이 객관적 준거법이 될 수 있다는 유력한 견해가 있다.[139]

세 번째 유형에 대해서는 외국인 사용자가 우리나라에서 한국인 근로자를 고용하여 사용자의 지위를 가지는 이상 자연인 또는 법인을 불문하고 법상의 규정 및 의무를 준수하여야 한다는 견해가 있으나,[140] 근로계약에 명시적·묵시적 합의가 있는 경우에는 그에 따르고,[141] 이러한 합의가 없는 경우에는 노무제공지인 우리나라의 법이 적용될 수 있으며, 나아가 당사자가 준거법을 외국법으로 결정한 경우에도 노무제공지인 우리나라 법에 의해 보호되는 내용을 박탈할 수 없으므로(국제사법 48조 1항) 준거법의 근로자 보호가 법상의 최저기준 이하인 경우에는 법이 적용될 수 있다.

네 번째 유형이 문제된 사안인, 국내 항공사에서 근로를 제공한 외국인 조종사의 퇴직금청구 소송에서 판례는 내·외국인을 불문하고 법에서 정한 사업장에서 근무하는 근로자라면 누구나 법상의 근로자에 해당하며 외국인이라는 것을 이유로 근로조건에서 어떠한 차별을 받지 않고, 이 사건 근로계약의 준거법을 대한민국 법률로 정하였다는 이유로 법의 적용을 인정한 하급심 판결에

---

136) 김지형a, 236면.
137) 대법원 1992. 7. 28. 선고 91다41897 판결(미합중국 하와이 주의 법률에 의하여 설립된 외국 법인의 서울 사무소에서 근무하던 외국인 직원들의 해고무효확인 소송).
138) 대법원 1970. 5. 26. 선고 70다523, 524 판결.
139) 김지형a, 272~273면.
140) 김형배a, 49면; 박홍규, 267면; 하갑래, 23면.
141) 서울행법 2008. 6. 19. 선고 2007구합26322 판결.

대한 상고를 기각하였다.[142]

다섯 번째, 여섯 번째 유형에 대해서는 외국에 소재하는 우리나라 기업에서 근로를 제공하는 우리나라나 외국인 근로자에 대해서는 법이 적용되지 않는 것이 원칙이라는 견해,[143] 법이 국가법으로서 국내에만 적용되고 통치권이 미치지 못하는 국외의 사업에 대해서는 적용되지 않는 것이 원칙이므로 한국인이 경영하는 외국 소재 기업체에는 법이 적용되지 않는다는 견해[144]가 있으나, 앞에서 본 국제사법상의 준거법 결정의 원칙에 따라 법의 적용 여부를 판단하여야 할 것이다.

한편, 주한 미군에 소속되어 있는 한국인 근로자와 관련하여, 한미 주둔군지위협정(SOFA협정) 17조는 합중국 군대의 군사상 필요에 배치되지 않는 한도 내에서 합중국 군대가 그들의 고용원을 위해 설정한 고용조건, 보상 및 노사관계는 대한민국의 노동관계 법령을 준수하도록 규정하고 있다.[145] 하지만, 협정의 부속서인 합의의사록 17조 2항은 합중국 정부는 국제법상 정해진 면제를 포기하지 않는다고 명시하고 있어 합중국 정부는 대한민국 사법부의 결정이나 행정기관의 사법적 결정에 복종할 의무가 없다. 판례는 미국 군대가 운영하는 패스트푸드점에서 해고된 원고가 미국 정부를 상대로 해고무효확인을 구하는 사안에서 우리나라의 영토 내에서 행하여진 외국의 사법적 행위가 주권적 활동에 속하는 것이거나 이와 밀접한 관련이 있어서 이에 대한 재판권의 행사가 외국의 주권적 활동에 대한 부당한 간섭이 될 우려가 있다는 등의 특별한 사정이 없는 한, 외국의 사법적(私法的) 행위에 대하여는 당해 국가를 피고로 하여 우리나라의 법원이 재판권을 행사할 수 있다고 하여[146] 우리나라의 재판관할권을 인정하였다.[147]

다만, 판례는 피압류채권이 외국의 사법적 행위를 원인으로 하여 발생한 것이고 그 사법적 행위에 대하여 해당 국가를 피고로 하여 우리나라 법원이 재판권을 행사할 수 있다고 하더라도, 피압류채권의 당사자가 아닌 집행채권자가 해당 국가를 제3채무자로 한 압류 및 추심명령을 신청하는 경우, 우리나라 법원은, 해당 국가가 국제협약, 중재합의, 서면계약, 법정에서 진술 등의 방법으로 사법적 행위로 부담하는 국가의 채무에 대하여 압류 기타 우리나라 법원에 의하여

---

142) 대법원 1998. 3. 27. 선고 97다49725 판결(원심 서울고법 1997. 9. 30. 선고 97나15250 판결).
143) 이상윤, 84~85면; 하갑래, 25면.
144) 김형배a, 49면.
145) 2001. 4. 2. 발효된 한미 주둔군지위협정.
146) 대법원 1998. 12. 17. 선고 97다39216 전원합의체 판결.
147) 장주영, 157면.

명하여지는 강제집행의 대상이 될 수 있다는 점에 대하여 명시적으로 동의하였거나, 우리나라 내에 그 채무의 지급을 위한 재산을 따로 할당해 두는 등 우리나라 법원의 압류 등 강제조치에 대하여 재판권 면제 주장을 포기한 것으로 볼 수 있는 경우 등에 한하여 해당 국가를 제3채무자로 하는 채권압류 및 추심명령을 발령할 재판권을 가진다고 볼 것이고, 이와 같이 우리나라 법원이 외국을 제3채무자로 하는 추심명령에 대하여 재판권을 행사할 수 있는 경우에는 그 추심명령에 기하여 외국을 피고로 하는 추심금 소송에 대하여도 역시 재판권을 행사할 수 있다고 할 것이고, 반면 추심명령에 대한 재판권이 인정되지 않는 경우에는 추심금 소송에 대한 재판권 역시 인정되지 않는다고 하여, 대한민국에 거주하면서 주한미군사령부에서 근무하는 갑의 채권자 을이 우리나라 법원에서 제3채무자를 미합중국으로 하여 갑이 미합중국에 대하여 가지는 퇴직금과 임금 등에 대하여 채권압류 및 추심명령을 받은 후 추심금의 지급을 구한 사안에서, 위 채권압류 및 추심명령은 재판권이 없는 법원이 발령한 것으로 무효이고, 우리나라 법원은 추심금 소송에 대하여도 재판권이 인정되지 않는다고 판시하였다.[148]

[이 용 구 · 임 상 은]

제12조(적용 범위)

이 법과 이 법에 따른 대통령령은 국가, 특별시 · 광역시 · 도, 시 · 군 · 구, 읍 · 면 · 동, 그 밖에 이에 준하는 것에 대하여도 적용된다.

〈세 목 차〉

I. 의   의

법과 영은 국가, 특별시 · 광역시 · 도, 시 · 군 · 구, 읍 · 면 · 동, 그 밖에 이에

---

148) 대법원 2011. 12. 13. 선고 2009다16766 판결(이에 대한 평석으로는 문영화, 155면 이하; 장준혁, 17면 이하).

준하는 것에 대하여도 적용된다. 이는 공무원과 공무원이 아닌 근로자를 사용하
는 국가나 지방자치단체 등에 대해서도 법이 원칙적으로 적용된다는 점을 주의
적으로 규정한 것이다.[1)2)]

　　다만, 국가공무원 및 지방공무원의 인사·보수 및 복무 등에 대해서는 국공
법과 지공법의 적용을, 퇴직금 지급에 관하여는 공연법의 적용을 받게 되므로
그 범위에서는 법이 적용되지 않는다.

Ⅱ. 내   용

　　법 12조는 법이 국가에도 적용된다고 규정하고 있으므로 근로자와 국가 사
이에 근로관계가 인정된다면, 예컨대, 국가 소속 기차역에 일용잡부로 근무하는
사람이 한 사람뿐이라고 하더라도 법의 적용이 배제되지 않는다.[3)] 즉, 이 경우
에는 법 11조 소정의 상시 근로자의 수와 관계없이 법이 적용된다.[4)]

　　한편, 국가나 지방자치단체에 준하는 것은 공무원을 사용하는 기관 또는 단
체를 말한다고 보아야 하고, 정부투자기관 등 공법인도 공무원을 사용하지 않는
이상 법 11조에 의한 법의 적용대상 사업에 해당하여 법 12조의 규정이 아닌
11조의 규정에 의하여 법이 적용된다고 보아야 한다.

[이 용 구 · 임 상 은]

　　※ 이 조에 관한 각주의 참고문헌은 제11조 해설의 참고문헌을 가리킨다.

1) 이상윤b, 52면; 임종률, 346면; 민변노동법 Ⅰ, 306면; 대법원 2002. 11. 8. 선고 2001두3051
　　판결.

2) 지방자치법상 지방자치단체는 특별시, 광역시, 특별자치시, 도, 특별자치도와 시, 군, 구의
　　두 종류로 구분되므로(지방자치법 2조 1항), 이에 해당하지 않는 '읍·면·동, 그 밖에 이에
　　준하는 것'의 의미가 무엇인지 문제될 수 있다. 법조문의 해석만으로는 법이 적용되는 지역
　　적 효력 범위를 나타내는 것인지 법의 관할 대상으로서 사용자의 범위를 뜻하는 것인지 여
　　부가 불분명하나, 후자의 해석이 타당할 것으로 보인다. 위 조항과 대응하는 조항인 일본 노
　　동기준법 112조는 "이 법과 이 법에 따라 발하는 명령은 국가, 도도부현, 시정촌 기타 이에
　　준하는 것에 대해서도 적용된다."고 규정하고 있다.

3) 대법원 1987. 6. 9. 선고 85다카2473 판결(마산역 일용잡부로 근무한 근로자의 퇴직금 지급
　　이 문제된 사안), 대법원 1992. 4. 14. 선고 91다45653 판결(공립국민학교에 고용된 일용잡급
　　형태의 과학실험조교의 임금지급이 문제된 사안).

4) 민변노동법 Ⅰ, 306면; 임종률, 346면.

제13조(보고, 출석의 의무)

사용자 또는 근로자는 이 법의 시행에 관하여 고용노동부장관·「노동위원회법」
에 따른 노동위원회(이하 "노동위원회"라 한다) 또는 근로감독관의 요구가 있으
면 지체 없이 필요한 사항에 대하여 보고하거나 출석하여야 한다.

〈세 목 차〉

Ⅰ. 의   의

법 13조는 법에 따른 행정감독을 위하여 사용자 또는 근로자에게 법의 시
행에 필요한 사항에 대한 보고와 출석의 의무를 규정하고 있다.[1]

법은 근로조건의 개선 등을 위하여 근로자에게 법률에 의하여 사용자에 대
한 일정한 권리를 확보해주는 것을 목적으로 하는데, 이러한 목적을 실현하기
위한 방법의 하나로 사용자가 근로기준을 준수하도록 하기 위해 고용노동부와
그 소속 기관에 근로감독관을 두고(법 101조) 여러 가지 행정적 감독 권한을 부여
하고 있다(법 102조 이하).[2] 법 13조는 위와 같은 행정 감독을 위한 보고·출석 의
무를 규정하고 있다.

Ⅱ. 보고·출석 요구권 및 의무

보고·출석 요구의 권한을 가진 자는 행정감독권이 부여되어 있는 고용노
동부장관, 노동위원회, 근로감독관이다.

법 13조의 보고·출석을 요구하는 근로감독관의 권한은 법 시행에 필요한
행정 감독을 위한 것이기 때문에 법 13조에 의한 제출 또는 출석 요구를 사법
경찰관의 권한인 수사를 위한 출석에 이용할 수는 없다.[3]

법 13조에 의하여 근로감독관의 출석요구에 응할 의무가 있는 사용자는 출

※ 이 조에 관한 각주의 참고문헌은 제11조 해설의 참고문헌을 가리킨다.
1) 민변노동법Ⅰ, 307면; 하갑래, 51면.
2) 김형배a, 4면.
3) 김수복, 97면.

석 요구 당시에 사용자의 지위에 있을 것을 요한다.4)

Ⅲ. 보고 · 출석 의무 위반의 효과

　　법 13조에 따른 고용노동부장관, 노동위원회 또는 근로감독관의 요구가 있는 경우에 보고 또는 출석을 하지 아니하거나 거짓된 보고를 한 자에게는 500만 원 이하의 과태료를 부과한다(법 116조 2항 1호). 종전에는 500만 원 이하의 벌금에 처하도록 하였는데, 법 13조가 사용자뿐만 아니라 근로자에게도 보고 · 출석의무를 부과하고 있어 근로자의 보고 · 출석 의무 불이행에 대하여 벌칙을 적용하는 것은 노동보호법의 성격에 맞지 않는다는 지적이 있어, 2007. 1. 26. 법 개정 때 상대적으로 가벼운 법 위반 행위에 대해 형벌에 처하는 것 대신 과태료를 부과하도록 개정되었다.

　　　　　　　　　　　　　　　　　　　[이 용 구 · 임 상 은]

제14조(법령 주요 내용 등의 게시)
　① 사용자는 이 법과 이 법에 따른 대통령령의 주요 내용과 취업규칙을 근로자가 자유롭게 열람할 수 있는 장소에 항상 게시하거나 갖추어 두어 근로자에게 널리 알려야 한다.
　② 사용자는 제1항에 따른 대통령령 중 기숙사에 관한 규정과 제99조 제1항에 따른 기숙사규칙을 기숙사에 게시하거나 갖추어 두어 기숙(寄宿)하는 근로자에게 널리 알려야 한다.

〈세 목 차〉

---

4) 대법원 1983. 10. 11. 선고 83도2272 판결.
※ 이 조에 관한 각주의 참고문헌은 제11조 해설의 참고문헌을 가리킨다.

Ⅰ. 의   의

법 14조는 사용자에게 법령의 주요 내용과 취업규칙 및 기숙사규칙을 근로자에게 널리 알릴 의무를 부과하고 있다. 법 14조의 취지는 취업규칙, 기숙사규칙 등을 명백히 함으로써 그 적용을 충실히 하려고 하는 것과 근로자의 무지에 편승한 부당한 대우를 미연에 방지하는 데에 있다.[1] 또한 근로자의 권리와 의무를 미리 근로자에게 널리 알리고 이를 납득시키는 것은 적정한 노무 관리와 분쟁 방지에도 기여할 수 있음을 고려한 것이라고 이해할 수 있다.[2]

Ⅱ. 게시 등의 대상

근로자에게 알려야 하는 대상은 법, 법에 따른 대통령령의 주요 내용, 취업규칙, 대통령령 중 기숙사에 관한 규정, 기숙사규칙이다.

법에 따른 대통령령은 영이 주된 것이다. 법은 이들 법령의 전문까지 널리 알릴 것을 요구하지는 않고 그 주요 내용만을 알릴 것을 요구하고 있다. 주요 내용이라는 것은 법령을 쉽사리 이해할 수 있도록 발췌하여 정리한 것을 말한다.[3]

한편, 취업규칙 및 기숙사규칙은 법령과 달리 전문을 게시하거나 갖추어 두어야 한다.

외국인 근로자를 사용하는 사업·사업장의 사용자가 법령과 취업규칙, 기숙사규칙을 게시하거나 갖추어 두는 경우에는 해당 외국인이 해독할 수 있는 언어로 된 법령의 주요 내용과 취업규칙·기숙사규칙을 게시하거나 갖추어 두어야 할 것인지 문제된다. 법 14조가 법령의 주요 내용과 취업규칙, 기숙사규칙의 내용을 근로자에게 널리 알릴 의무를 규정한 것이므로, 한국어 이해 능력이 없거나 부족한 외국인에게는 그들이 이해할 수 있는 언어로 된 법령의 주요 내용과 취업규칙·기숙사규칙을 게시하거나 갖추어 두는 것이 법 14조의 취지에 부합한다. 산안법 37조는 사업주에게 유해하거나 위험한 장소·시설·물질에 대한 경고, 비상시에 대처하기 위한 지시·안내 등 안전보건표지의 설치·부착의무를 부과하고 있는데, 외국인근로자를 사용하는 경우 안전보건표지를 해당 외국인근

---

1) 김수복, 97면; 민변노동법 Ⅰ, 308면.
2) 김수복, 98면.
3) 김수복, 98면.

로자의 모국어로 작성하여야 한다고 규정하고 있다.

Ⅲ. 게시 등의 방법

사용자는 법령의 주요 내용, 취업규칙을 근로자가 자유롭게 열람할 수 있는 장소에 항상 게시하거나 갖추어 두어 근로자에게 널리 알려야 한다. 또한 영 중 기숙사에 관한 규정과 기숙사규칙을 기숙사에 게시 또는 갖추어 두어 기숙하는 근로자에게 널리 알려야 한다.

2006. 12. 21. 법 개정 전에는 '상시 각 사업장에' 게시 또는 비치하도록 규정하였으나, 위 개정 법은 '근로자가 자유롭게 열람할 수 있는 장소에 상시' 게시 또는 비치하도록 규정하여, 사용자가 법령과 취업규칙 등을 게시하거나 갖추어 둘 장소를 보다 구체화시키고 근로자가 사용자를 의식하지 않고 자유롭게 법령과 취업규칙 등을 열람할 수 있도록 하였다.

게시 또는 비치는 법령 등을 알릴 수 있는 방법으로서 한정적으로 명시되어 있다. 그러므로 근로자가 위 방법 이외의 방법(예를 들어 회람, 구두의 설명, 인터넷에 의한 공개)에 의하여 법령 등을 알게 되었다고 하더라도 사용자가 소정의 의무를 이행한 것으로는 되지 않는다.[4] 이와 관련하여 게시 또는 비치는 법령 등을 주지시킬 수 있는 방법으로 예시된 것이라고 보는 견해[5]가 있다. 그러나 이러한 견해는 취업규칙의 효력발생요건으로서 실질적 주지의 방법이 게시나 비치에 한정되지 않으므로 이와 관련하여서는 타당할 수 있더라도, 그 위반 행위에 대하여 과태료가 가해지는 법 14조 1항의 의무에 관한 해석으로는 타당하지 않다.

이와 관련하여 근로자가 사무실에 비치된 컴퓨터를 통하여 회사의 취업규칙에 쉽게 접근할 수 있을 정도였다면 사용자가 근로자의 취업규칙 열람 신청에 대하여 별도의 조치를 취하지 않았다 해도 사용자가 취업규칙을 게시하거나 갖추어 둘 의무를 위반하였다고 단정하기 어렵다고 한 판례[6]가 있다.

---

4) 西谷, 58~59면.
5) 해고와 임금, 287면.
6) 대법원 2001. 4. 10. 선고 2000두10151 판결.

IV. 법 14조 위반의 효과

사용자가 법 14조를 위반하여 법령의 주요 내용 등을 근로자가 자유롭게 열람할 수 있는 장소에 항상 게시하거나 갖추어 두지 않은 경우 사용자에게 500만 원 이하의 과태료를 부과한다(법 116조 2항 2호). 종전에는 500만 원 이하의 벌금에 처하도록 한 것을 2007. 1. 26. 법 개정 때 현행과 같이 과태료를 부과하는 것으로 개정하였다.

한편, 취업규칙이나 기숙사규칙을 전혀 게시하지 않거나 열람이 가능하도록 갖추어 두지 않은 경우 해당 취업규칙·기숙사규칙의 사법적 효력에 관하여, 판례는 "법 13조 1항(현행 법 14조 1항 참조)은 취업규칙의 게시 또는 비치에 의한 주지의무를 정하고 있지만 이러한 규정은 단속법규에 불과할 뿐 효력규정이라고는 볼 수 없으므로 사용자가 이러한 규정들을 준수하지 않았다고 하더라도 그로 인하여 바로 취업규칙의 작성 또는 변경이 무효로 되는 것은 아니다. 그러나 취업규칙은 사용자가 정하는 기업 내의 규범이기 때문에 사용자가 취업규칙을 신설 또는 변경하기 위한 조항을 정하였다고 하여도 그로 인하여 바로 효력이 생기는 것이라고는 할 수 없고, 신설 또는 변경된 취업규칙의 효력이 생기기 위해서는, 반드시 법 13조 1항에서 정한 방법에 의할 필요는 없지만, 적어도 법령의 공포에 준하는 절차로서 그것이 새로운 기업 내 규범인 것을 널리 종업원 일반으로 하여금 알게 하는 절차 즉 어떠한 방법이든지 적당한 방법에 의한 주지가 필요하다"라고 하고 있다.[7] 따라서 새로운 취업규칙이나 기숙사규칙을 근로자들에게 전혀 알리지 않은 경우에는 해당 취업규칙이나 기숙사규칙은 효력이 없고, 이러한 규칙을 근거로 근로자에게 불이익한 처분을 할 수 없다.[8] 또한 자유롭게 열람할 수 있는 장소에 항상 게시하거나 갖추어 두어야 하므로, 자유롭게 열람할 수 없거나 열람하기 어려운 곳에 게시하거나 갖추어 둔 경우에도 마찬가지다.

[이 용 구 · 임 상 은]

---

7) 대법원 2004. 2. 12. 선고 2001다63599 판결, 대법원 2004. 2. 27. 선고 2001다28596 판결.
8) 민변노동법 I, 309면.

사항색인

제 2 판(수정증보판)

근로기준법 주해 Ⅰ

초판발행	2010년 9월 15일
제 2 판발행	2020년 1월 30일
수정증보판발행	2025년 4월 30일

지은이	노동법실무연구회
펴낸이	안종만·안상준

편 집	한두희
기획/마케팅	조성호
표지디자인	이수빈
제 작	고철민·김원표

펴낸곳	(주) **박영사**
	서울특별시 금천구 가산디지털2로 53, 210호(가산동, 한라시그마밸리)
	등록 1959. 3. 11. 제300-1959-1호(倫)

전 화	02)733-6771
f a x	02)736-4818
e-mail	pys@pybook.co.kr
homepage	www.pybook.co.kr
ISBN	979-11-303-4740-0 94360
	979-11-303-4739-4(세트)

copyright©노동법실무연구회, 2025, Printed in Korea

* 파본은 구입하신 곳에서 교환해 드립니다. 본서의 무단복제행위를 금합니다.

정 가   55,000원